U0909685

域外漢籍珍本文庫編纂出版委員會

域外漢籍珍本文庫

第一輯

史部

西南師範大學出版社
人民出版社

名宦

晉　嚴高　太康三年爲晉安郡太守時初置郡詔治閩越故城高顧視險隘不足容衆遂改築子城又鑿西仙[illegible][illegible]達于澳橋通舟楫之利城外則瀦東西二湖溉田若干至今遺迹存焉高寬惠能得民心于郡有開創功

劉宋　虞愿字士恭餘姚人泰始末爲晉平太守初立學教郡子弟爲政廉平人懷其惠

唐　常袞京兆人建中間以前宰相出爲福建觀察使初閩人未知學袞設鄉校躬臨勸講課之爲文又延名士歐陽詹輩禮遇之袞素以文章自名由是閩士感勵歲貢與內州等後祀袞學宮（是時不別置刺史多以福建觀察使領福州袞亦然）

吳湊濮陽人貞元間爲福建觀察使蒞政以廉敏著湊起外戚而有治才在郡多所建白

柳冕字敬叔河東人貞元中在朝以好直不容出爲婺州刺史徙福州觀察使自以居外久累表乞代入覲德宗許之自安史之亂多有專地不朝者冕獨積思闕廷率先天下時論賢之

閻濟美貞元末由婺州刺史爲福建觀察使前使奏於閩中置監牧馬既非閩產又法弊而民苦之穎濟美奏罷

五代　張睦固始人昭宗時入閩王審知爲威武軍節度使請于朝授睦三品官領榷貨務睦當撫懷之際歛不加暴而用亦足後薛文傑繼睦竭取于民閩人益思之

宋　楊克讓字慶孫馮翊人太平興國初以兩浙西南路轉運使權知州事會有泉寇克讓討平之

謝泌字深源歙人景德初知福州有恩于民既去而人聞其卒相率縞素哭之若喪私親太守嚴碎彊怪而問焉對曰侯不張權不恃威真吾父母也時嚴頗尚猛聞其言改亦爲寬泌嘗修澳橋易木以石郎中元積大書夫思二字表之郡人陳烈爲記

王平莆田人大中祥符中知州事轉運使王贄言

福州官田評私宜視漳泉州且是額外加稅也民
何以堪令請罷之
王臻字及之？陰人天禧中知州事閩俗諠訟殺
人皆多自嚼野葛有司類不能辯也往往無辜抵
死矣臻驗其狀由是冤者得釋俗亦為之少變又
民間惡少利火作擄掠人財臻悉捕首惡遷之海
州時服其嚴明
胡則字子正永康人天聖初知福州時有奏福州
官莊田二稅外仍令輸租米者則奏官田地多瘠
且濱海常有風潮之患不宜增稅詔從之
章頻字簡之浦城人天聖中知州事僞閩時官田
歲止徵二稅轉運使方仲荀欲鬻於民謂可得緡
錢二十餘萬頻疏陳止民免重輸之困
鄭戩字天休吳人以知州事以循良稱先是謝泌王臻章
頻皆有惠政民間歌之曰前有謝王後有鄭章
蔡襄字君謨仙遊人慶曆間由右正言直史館乞
郡養親出知福州役古五塘以溉民田減五代時
丁口稅之半嘉定初再知州事首延名士周希孟

教授諸生又禮致陳烈鄭穆等風勵之作為五戒
若浮屠巫覡蠱毒之害一切禁止閩俗丕變州民
刻石紀政
劉夔字道元崇安人皇祐中知州事雅重周希孟
親至其學舍質問經義有古干旄之風
曹穎叔字秀之亳州譙人皇祐中儂智高寇嶺南
朝議憂閩中備弛選知州事有古治行
程師孟字公闢吳人熙寧初以直昭文館知州事
先時州議築子城費詘不果師孟至劉彝轉運使曰
第得錢二千萬緡可就矣乃拓舊城西南隅廣之
又以餘力浚河湟治橋梁甫半歲而畢師孟有幹
濟才發奸摘伏如神當時治行為東南最
曾鞏字子固南豐人熙寧末以直龍圖閣知州事
兼福建兵馬鈐轄時賊廖恩既降其黨復合
旁連數州鞏計散之餘衆或歸或降自是境內無
息矣官舊無職田歲鬻園蔬以供公作鞏嘆曰太
守豈可與民爭利耶遂罷之學者咸名其政故
吏不敢為奸閭里無追呼之擾

孫覺字莘老高郵人元豐初知福州初閩俗厚於
婚喪其費無藝覺裁爲中制令資裝無過百金塋
埋之費亦殺什五覺有風槩俗率示之以禮談者
尚之
柯述字仲常南安人元祐五年以左朝散大夫知
州事州舊無貢院大比則試士於廟學述始擇地
創之士人爲立祠院中
程邁黟縣人建炎四年以朝散大夫知州事時建
寇倡亂邁請師于朝命參知政事孟庾少師韓世
忠討平之郡人德焉立祠祀二帥并邁又更名戴
德堂曰止戈以紀其功紹興間再知州事
張守字子固晉陵人建炎初以資政殿學士知福
州閩自建寇范汝爲亂後公私空乏守撫綏凋瘵
奏蠲民間貸常平錢十五萬緡人賴以安又僞閩
初分八州之產爲二等上給寺觀中下給土著流
寓守斟酌經費秩留四十餘剎餘悉爲實封以助
軍資充辦料當時便之
張致遠字子猷沙縣人也紹興中權顯謨閣待制
知福州致遠有幹畧初爲給事中以母老丐外出
知台州矣時朝廷以閩寇鄭廣等未平故又改致
遠致遠至郡而廣降致遠因而用之選其衆四百
營於城外即令廣率之以討羣盜不數月悉平
張浚字德遠綿竹人紹興間以資政殿大學士充
福建安撫大使兼知州事浚有重名政簡訟清山
海之寇招撫殆盡時時引郡秀子弟與之講論又
勑郡縣令長老知書者俾勸誘後進毋強俾爲鄉
黨羞政久而人益懷去浚去郡之日攀送相屬於
道
葉夢得字少蘊吳縣人紹興間以觀文殿學士知
福州時海寇朱昌明倡亂詔夢得挾御前將士便
道之鎮夢得設方畧誘之遂平閩寇
薛弼字直老永嘉人紹興間福州大盗五黑龍等
勢甚熾詔以弼知福州弼請武士周虎臣爲副將
陳敏爲廵檢選丁壯千人日給糗糧責以滅賊凡
四年而賊平
辛次膺字起季萊州人紹興間以左中大夫敷文

閣待制知福州爲政貴清簡先德化
汪應辰字聖錫玉山人紹興末知州事寛厚愛民
奏蠲一切苛征
汪徹字明遠浮梁人乾道間自寧國移知福州兼
安撫使嘗言起自寒微所以報國惟無私不欺爾
自奉清約雖貴猶布衣時
陳俊卿字應求莆田人乾道間以觀文殿大學士
知州事兼安撫使爲政寛厚待人心定海水賊倪
郎侵軼閩廣俊卿授統領官郭慶方畢恭擒之
特遷銀青光祿大夫越明年爲祠淳熙初再知州
事民習其政不勞而治時有盲畫發本路海船及
陳棨帥俊卿奏而止之民立祠祀焉
梁克家字叔子晉江人紹興進士第一淳熙間以
資政殿大學士知州事克家有海內重名在郡尤
留意民事不以貴顯自異嘗修三山志四十卷
趙汝愚字子直餘干人宋宗室乾道間進士第一
人淳熙九年以集英殿脩撰知州事汝愚長厚寛
白政有惠愛以閩湖民貧以漸門人析秋寒汝愚
請而罷之至今利焉紹熙初再知州事多有善政
林枅長樂人初授閩清簿改丞福清所在著聲後
擢知州事政簡賦寛人人言便前守馬大同欲築
城不果至枅始成之
鄭僑字惠叔興化縣人紹熙中知福州政尚簡靜
古田稅重僑爲減之又罷義倉和糴之弊民感其
惠
辛棄疾字幼安歷城人紹熙中知福州兼安撫使
棄疾嘗曰福州前枕大海賊淵藪也且四郡皆上
瀕俗悍易亂乃積財奈何旋政期歲積鏹至五十
萬緡榜曰備安庫欲以其錢糴穀二萬石招強壯
補軍額時訓練之則不憂盜矣志未就爲臺臣劾
歸時論惜之
陳宓仁字安行興化人慶元初知州事甫入境適
有賊即部兵剿平之臨事毅然有守雖宗室暴横
亦繩以法
黃度字文叔新昌人嘉定初知州事守正不阿決
訟牒煩劇而裁決周滯

林幼學字行之瑞安人嘉定初知福州進安撫使
政尚寬大福建下州例抑民買鹽皆出常賦之外
幼學力請蠲之不報撓衆叫令民以田高下藏新
會予不從若稽其資幼學嘆曰困民而可忍之
予惟有去而已因乞祠錢幣未均力求罷免
楊長孺吉水人嘉定間知州事兼安撫使真德秀
嘗薦之於理宗曰長孺帥閩實有廉聲
真德秀字希元浦城人紹定中以徽猷閣待制知
泉州改福建安撫使德秀名儒政多師古求所部
無濫刑無横斂無徇私贖貨舊有市令司官市於
民則減其直德秀命罷之物同則價相若公私何
異耶海寇縱横以計漸殄暇日則延聘耆儒躬臨
講席教郡子弟流風餘韻至今誦之
魏了翁字華甫蒲江人嘉熙初自紹興改知福州
兼安撫使卒于官疾革之際猶衣冠對門人口授
遺表閩人以其名儒敬而慕之
趙必愿字立夫汝愚之孫也淳祐間知福州兼安
撫使必愿樂易忠信持戢上前年臨政藹然有

惻怛之實尤留意武事遣書海防修水戰法輿丞
相福王相繼蒞閩中人尤愛戴之
王鎔景定五年知福州事先是州學火鎔至撤郡
居材構之郡人感其德林希逸爲記
洪天錫字君疇晉江人寶慶中知古田縣聽訟明
允累官福建轉運使後又改安撫使時亭戶買鹽
多至破家天錫奏罷之人懷其德素性清介法不
可撓文信公甚稱焉
陳鑄字師回莆田人嘉定初知南雄府教諭以母
老求通判福州便養州自景祐建學歲調內帑錢
贊其守延師教之一時學者靡然向風
林霽字德甫莆田人紹興中通判福州適朝廷計
僧口給食籍餘財輸戶部霽言閩地瘠貧托寺觀
餘財悉籍戶部則州之歲計缺必及民矣遂白帥
奏止
姚希得字逢源潼川人判福州徒步至官吏不知
爲郡倅也希得清儉自持好引善類不受眷共專
羅必元字亨父進賢人學有淵源風節甚峻著[illegible]

閒爲福州觀察推官以執法爲人所擠時論惜之
王晞亮字季明晉江人紹興中爲福建安撫幹辦
官會有山寇晞亮參帥軍事授諸將方略群寇五
黑龍之餘皆束手請降
徐鹿卿字德夫豐城人嘉定間教授南安辟福建
安撫司幹辦官會有汀邵寇鹿卿贊帥禦之民避
入城者多方賑恤全活甚衆
元董文炳字彦明藁城人至元間文炳以參知政事
中書左丞將兵取福州入城之日市肆不移郡人
德而祀焉
王翰字用文靈武人襲世爵千戶元末爲福州路
治中三魁盜起造壘諭降之遷同知又遷理問綜
理永福羅源二縣翰性清介敷政以愛人爲主而
蔽於御史後累官潮州路總管元亡屏居山中
[illegible]以廷薦起之翰不收奉詔遂爲勝國死同時有
吕復者以行省都事撫長樂　天兵下福州復亦
[illegible]州永武人大德間爲州學教授諸生愛之卒
祠于學
國朝湯和字鼎臣鳳陽人洪武改元　天兵下福州
和由海道入郡城至還珠門秋毫無犯市不易肆
論者謂三代元老之將不是過也
楊士英洪武中知福州府爲政嚴明興禮讓厚風
俗凡百建置吏民感服闔郡則焉
畢亨與縣人景泰間知福州清而能恕吏弊去其
太甚尤加意學校縉紳安悅後官至都御史
唐珣字廷章華亭人成化間知福州珣爲政以
學勸農爲先務始至即新學宮增置書院延師以
教郡之子弟創迎春亭于東郊時省耕斂江洲可
田者令民墾之爲田五千畝海潮害稼築堤障之至
今利焉珣於民便孜孜知無不爲先時會省諸監
司徭役郡獨當之請于上使七郡均其勞水口三
山二驛夫不足爲衆小船白沙之驛船損益無
不悉中其他善政若興四門鄉義倉設四關叢塚生
死蒙賴德遠矣珣勤於政通敏而持己峻潔人不敢
以私干自正統後海上內郡守大抵屈於藩省憲臺

珣獨長揖一御史衔之奏至府檢閲庫獄文簿竟無毫髮可以爲罪者珣官後至都御史郡人祀之西郊今百餘年稱賢守者必曰唐公云

韓淡字子川上饒人弘治間知福州淡性峭直鎮守官騎恣淡守法獨不少屈貴游宮禁遣巾使擄袍歲費公帑萬計淡上疏罷之後遂間歲一遣鴻臚官至今賴焉撫字郡人尤有恩澤與張命忠不合棄官歸

葉溥字[illegible]龍泉人正德間知福州溥少從師於閩人清士俗備知之矣及其爲郡也每聽訟片言决之無敢欺者溥又能以儒術飾吏治政暇蒐集祀典崇獎節義以興教化入覲京師無以爲貢適家其父賜之乃能治行

汪文盛字希周崇陽人嘉靖三年知福州文盛有吏才而足智多方畧初至值大侵飢乞糴粳發廪復四鄉社倉倣朱文公備荒法行之是歲也雖饑而民無流徙嘗爲郡興水利開上王蓄洪塞新河灌田四千餘頃又減丁錢省供費議處琉球私餉法施於後文盛操下嚴一錢不得用費公帑上之人若鎮守若監司稍有取於民必衔禁之政暇則課諸生教之爲文復古乙酉登賢書甚衆文盛力也素善大書縉紳以其人重之後官終大理寺卿

胡有恒字貞甫山陽人嘉靖間知福州府有恒爲人勤敏練達於事先時郡驛傳例役富民多自重貲法奸人因而利之往往破産有恒議更催役令民出錢輸之官而貴始有經御史下其法於七郡至今[illegible]引諸生與[illegible]義得其指授多有擢第者後官終廣西布政使[illegible]有恒治尚廉摧豪禁不得干號時議頗以爲病之者用寬政吏民狎說而俗益偷敗者復思有恒云

江袒字崇善歙人天順間爲福州推官廉謹而明郡無冤獄

胡瑞新淦人嘉靖間同知福州瑞短於才而持身廉疾惡過嚴常不見其喜容世目之爲胡悶後官終長史惜不究其用云

業經上虞人嘉靖間福州推官經矜容止勵節操
遇事屹然有立郡人敬之後入爲御史號敢言分
宜嚴相深忌之廷杖死
王尚學馬平人嘉靖間福州推官尚學雅有志操
浦城巨姓以計殺三人獄具郡不能決監司移尚
學訊之時有當事者得賄欲釋其罪尚學固持不
可屢與諍尚學貌寢當事者易之兼辭以他事詈
尚學終不爲奪也後入爲職方郎中
林[illegible]上虞人嘉靖間福州推官[illegible]士大夫
有禮入爲御史亦著聲臺中
孔慶孔子之裔也正德間教授府學慶和而介諸
生愛之遷官去送之江滸者數百人咸依依不忍
別無忝聖人後云
顧承芳懷遠人嘉靖間舉進士領鄉薦承芳却
諸生餽謝諸生服其廉奉教令無敢違者
潘松宜興人嘉靖間教授府學先時督學使者恒
重其選自嚴分宜用事始或不得人矣松與督學
爭是非輒不爲屈諸生以是重之

閩縣
唐李茸太和三年爲閩縣令閩地東際海多鹵傷稼
茸爲築堤捍潮七年又築長樂海隄立斗門以備
蓄洩所在皆成良田
宋陳鱗字夢兆沙縣人大觀中知閩縣有勢家欲徙
人墓部使者偽鱗不從使者怒杖其吏終不從使
者人求翠羽他邑惟命獨閩縣無有也使者愈怒遣
謂汝何恃敢爾對曰惟潔己自守耳時與黃秦翁
谷諸同十三禰史
劉循字晦伯建陽人由建城令改知閩縣庭無滯
訟爲民興利知無不爲
杜杲字子昕邵武人初授海門監揚官尋閩尉民
有子溺死誣人殺之者杲驗其中得沙謂曰而舍
旁池沙也柰何誣人
國朝魏谷才永樂初知閩縣平易近民人人得輸其
情
陳敏政臨安人宣德間知閩縣時求方物中貴人
聚城中者旁午敏政能以智應變中貴人不得肆

舒語餘千人正德間知閩縣有清操踰年卒官行
囊蕭然官歸其喪
陵明揚州人嘉靖間閩縣丞胡都御史之子家故
饒財蒞政不敢妄取民一錢性嗜酒令頗不悅也
胡來辭謂曰朗但有酒過此外直飲閩水耳堂尊
乃不見容耶
馮喬字遷之德安人嘉靖間閩縣教諭喬性温雅
口不言利諸生親之初爲侯官後轉閩侯官弟子
員數百人歲時脩謁問遺如教侯官爵轉士心者

此

侯官縣

宋方叔完莆田人元豐中知侯官民有與懷安民訟
水利者叔完按直之二邑稱公時曾鞏爲帥少與
可獨重叔完爲之了朝
吳及字與道靖海人爲侯官尉閩俗相讎多飲毒
誣訟及前後雪冤獄蓋五十人也監司下其法諸
邑
余克濟字叔濟安溪人慶元間尉侯官克濟在下

倅而能行立一方游求尉廨盖其居州既許矣克
濟力爭卒不能奪
國朝陳如綸字德言常熟人嘉靖間知侯官綸通敏
有才吏民便之時有陳龍圖之號
嚴敦洪武中侯官主簿時邑多盜所在擄掠敦捕
之急有大偷與其黨欲穽敦詐他人置酒延之敦
覺就席擒焉
劉子敏洪武中以御史謫侯官典史嘗自署曰祿
薄儉常足官卑廉自高永樂初復爲御史

陳建東莞人嘉靖間侯官學[illegible]於
家故典尤強記所著書極多其曰學蔀通辨者發
明程朱之旨有補於世者也初建[illegible]諸生嚴諸生
頗不甚親及建後罷歸諸生或見其書又恨當時
未及請益云

懷安縣

宋吳評字正詞崇安人治平中知懷安嘗與水利有
惠愛
魏必昌字世復晋江人爲懷安尉時有豪家訟田

吏不能决久矣必呂年少一訊而服後修興化訟
事聳允稽籍
[國朝]薛武龍泉人洪武九年知懷安時縣治始遷于
子城北武盡心撫字民賴之如父母
周備洪武中知懷安稔性剛方邑有惡黨數十人
倚諸監司勢横閭里間號野年子備悉擒治之
蔣穩宜山人洪武末知懷安蒞民以寬嘗置簿書
以里之廣狹産之輕重爲科差人服其均云
胡節龍游人成化七年知懷安節政先教化邑有
不孝子召至懇諭之其人遂感激改過公暇則召
屬吏與講律令始若迂闊久而民信之凡訟者但
遣執木皂追呼無敢不至
古田縣
[宋]初賢令薛琪不知何許人也琪以廉著邑人愛之
其後有李堪
李堪常州人景德間堪爲令務以德教移風俗政
暇則集諸生并邑父老與之講求治理邑人亦愛
重之以比琪堪退讓每自謂不及也其後有許當
許當在慶曆間去後見思其後有陳昌期
陳昌期字世卿嘉祐間爲令昌期脩學勸士平易
近民昌期者俱失其地然古田稱循良必曰薛李
許陳
廖天覺字仲先順昌人知古田有忠愛民負逋供
錢布數多天覺爲處償之
陳諒字友仲仙遊人知古田民以其愛人也號爲
佛子迨解歸爲藏無廩或阻之朱文公爲言於帥
陳宰廉吏也爲善實勤事遂得釋
傅康字仲良晉江人以宣義郎知古田先時邑稱
胥匿簿書盜賦入使不可考莫之察也至康始廉
而治之吏民畏服
薛舜庸字惠父同安人以朝奉郎知古田故事民
間有牛死者令輸錢于官舜庸歎曰民不幸失牛
柰何重困之立除其法
蘇文木以通直郎知古田外樂易而中有守請託
不行年踰六十猶勤于政
丘鐵爲泉州人知古田嚴於吏而寬於民人不可

干以私

趙若櫄宋宗室也知古田賞罰必信卒于官士民流涕

吳公誠政和初尉古田有林利等寇山谷公誠將卒生擒之而散遣其黨福建提舉累章論薦改京秩

游九言字誠之建陽人乾道間為古田西尉律己廉莅事敏九言名儒邑人愛慕之

趙希倰字安道漳州人開禧初為古田尉以廉[illegible]

[illegible]寇悉辯為從首釋之

楊士訓字尹叔清漳人開禧間為古田西尉與游九言齊名

林仲國字定叟莆田人咸淳間為古田西尉清介絶俗俸不給皆典賃於人

元

馬合麻色目人延祐初為古田達魯花赤明於聽訟邑內以為神在官三年民無不化

張寧元貞初尉古田有文學而持身清介民懷之患

國朝

王友俊上虞人洪武初宰古田蒞政嚴明流逋悉復卒官見思

花綱生字蘊上邵武人永樂間知古田綱生名臣教民種藝興學以造就邑之子弟惟多善政最聞擢督學浙江

張旻字以暹平樂賀縣人宣德間知古田疏渠砌路建橋累葺祠宇多便民之政

屠宏崇寧人弘治初知古田有惠政及民尤留心於學校以疾去人思之

[illegible]孟暎洪武間授古田簿時百姓新去為火戶多逃亡孟暎聚荒田千餘頃請蠲其額邑人始復業

張貴臨淄人弘治末為古田簿時白水洞寇發邑司調兵捕之貴與其子思仁戮力鋒鏑間卒平寇

學

陳侃字孝元錢塘人永樂初授古田教諭秩滿諸生願留詔許之司教二十年勤于訓迪

丞之良有吕泰洛陽人洪武初任 教之良有沈原素邑人洪武初任原素創學舍以居諸生泰居官廉後擢僉憲

閩清縣

宋 史溫祥符間知閩清滿去行李獨琴書

黃琮字子方莆田人初尉福清人甚便之淳熙間擢知閩清時方興道藏郡守黃棠命縣歛錢琮獨以己俸輸之改知同安尋命為福州方田指教官琮均量無私閩清人喜其復至聚而迎之歡呼載道琮介特所在守官人不敢撓諸同寮戲目之曰黃公清廉無比執拗有餘

元 董穎至順中尹閩清政清而簡在官六年瀕民四歸野有新倉學有新宮

蔡嗣宗以閩簿遷知邑事時有外寇募兵擊却百姓歌之

國朝 沈源字文淵湖州人洪武中御史謫知閩清以治行聞詔復其官

余琮正統間知閩清沙尤寇犯境琮奮不顧身率民兵禦之民德其功至今不忘

劉爲安福人正德間知閩清時有 詔清戎使者責郡邑嚴甚里胥畏罪輒以虛名補伍大抵當[illegible]者皆非隸尺籍矣有司役累歲微發民甚苦之爲至毅然為白其不當遣者閭里始安其居蓋感之鏤骨也為學有養聽訟時或有所怒必退而思也待其氣平而後再聽之

彭琪龍泉人也嘉靖初知閩清先是邑歲漕軍餉於定海衛民病遠涉琪爲請于監司輸銀代之也民便焉嘗建學宮備祭器葺公署創門樓役與而無所擾

長樂縣

宋 李莽太平興國間知長樂勤政不懈邑東沙京與頭田濱海患潮葺救築堤防遂成沃壤

吳仲舉皇祐間宰長樂賑貧乏杜私謁常以學道愛人自勵

閔希聲皇祐末為長樂令鋤強植弱催科不擾

蕭誠熙寧中宰長樂邑有東西南北四湖歲役而濬之溉田若干畝

袁正規字道輔陵陽人元祐間為長樂令約己[illegible]民嘗與水利人名之曰袁公港

共一鳴字伯大南劍人紹興五年令長樂[illegible]聽獄縣豪宗逋租歷數令尹不能徵一鳴[illegible]則年倉廩皆盈

陳維德字徽之莆田人天僖間爲長樂[illegible]時有誣人殺人者獄不能決監司檄維德驗[illegible]得其狀竟脫爲人誣者時維德年十九[illegible]民莫不驚服

國朝王迪道蘇州人永樂中知長樂專務以德化民尤崇重學校導迪博學謹禮士民敬之

齊普山東人宣德間知長樂普內行修事親以孝聞躬行率民不嚴而治

龍韜曲江人正統間知長樂韜以平易得民心嘗建退思齋政暇則靜坐其中省所行之失類非俗吏所能爲者

潘府上虞人弘治間知長樂時邑多浮屠之宮府取爲書院集[illegible]士講學其中又教民[illegible]鄉約以正風俗每春秋佳日輒巡行田野問[illegible]勞疾苦田夫野老以縣令[illegible]至或求其筆札其實[illegible]有如此者

鍾紹東莞人正德間知長樂紹持身廉其爲政也尤重風教境內民有善行惟恐[illegible]知或有以告必覈其實請表揚之時海內吏治人[illegible]所務簿書筐篋論者謂如紹絕少

汪瑄婺源人嘉靖初知長樂値歲饑荐臻[illegible]日夜勤於撫恤[illegible]監司發倉賑之時閩郡亦饑太守汪文盛遂與瑄謀通閩　部綱其私邑民歌之大降殃兮歲卒荒民免溝壑兮賴二汪

何應和字景陽東莞人嘉靖間知長樂應和之官不挈妻孥官署隙地則課僮僕治畦種蔬自奉若寒士然爲政清靜不擾民有以重刑相告訐者必欵欵諭之令其熟思然後遣歸久而民信之閭里幾於無訟

趙允[illegible]執中潮陽人洪武間[illegible]勤於爲民興利十一都海塘堤壞害稼[illegible]至今賴之

孫大雅江陰人永樂間教長樂[illegible]爲先不[illegible]章句學所造就最多

余珙饒平人弘治初教長樂珙爲人有操行以禮
教人常以冠婚喪祭四禮與諸生講習於社學
潘援昇寧人弘治間教長樂援精於經學於諸生
無所厚薄而所養完粹門人益親
郭岱番禺人嘉靖間教長樂溫厚恂恂莫窺其喜
怒而取與有節操諸生敬之
胡大韶永康人嘉靖間教長樂諸生貧者助之以
禮自防不干縣令上論尤重同時有郭翰者顧[illegible]
人也亦能勵操不失色於人

[illegible]則有張文可永樂間任朱襄成化間任莆田人咸淳之[illegible]
則有劉有源永樂間任尉之良則有黃本吳川人永樂初任
可與令王邉道同時導道每曰是善佐我本縣[illegible]
捍潮有功邑人祀其績

連江縣

唐劉遂咸通初知連江縣有東湖溉田四萬餘畝歲
久[illegible]塞[illegible]豪宗所侵遂奏復之民立廟湖上
宋鞠仲謀端拱二年知連江大興東湖水利以斗門
用木易壞石代之創小橋六小斗門七邑民感德

與劉遂並祀
黃沭建寧人也政和間知連江以父保嘗爲是邑
尤留心於愛民政肅刑清邑人宜之
傅伯成字景初泉人也淳熙間自諫垣出知連江
課農桑裁浮靡又嘗修築東湖斗門石閘二百餘
丈邑人德之邑有井伯成所鑿也名之曰傅公泉
趙善蕎宗子也嘉定初知連江常修南塘水利溉
田百姓歌之
朱定縉雲人嘉定間知連江決滯獄正役版吏屏

其嚴民樂其政
游義肅字子敬建陽人嘉熙間知連江首修學宮
益其田以養邑弟子員其他善政若浚東湖復九
井創平糴倉成南江橋蔡相公覺上民相與植碑
紀之
宋日隆字道大眉山人也咸淳間知連江當是時
宋室將危虜患孔棘所在郡邑困于征求獨連江
賴有賢令家給人足夜柝不驚而又以餘力凡橋
梁道路公署吏廨靡所不完

元劉濬字濟川河内人至正間爲連江縣尹善綽[illegible]
檢江西賊王善寇閩濬妻女行才畧與濬出悉登(?)
物募兵賊既破羅源分道寇福州濬拒戰屢捷俄
又與賊遇濬突陣斬其前鋒五人賊兵大至圍濬
中箭墜馬其子徤下馬掖之俱被執濬戟手大罵
賊怒斷濬手足罵彌厲又斷其舌而死雖賊亦義
之乃令徤徤歸請于帥府復讎弗聽散家貲結死
士百餘人詐降于賊夜半發火大噪賊營中賊驚
擾不知所爲自相屠戮徤手斬殺父者并擒王善
等帥府上其事贈濬福建行省檢校官授徤古田
尹又詔爲濬立祠郡北門外有司致祭
國朝范希節鄞縣人洪武間知連江時值歲歉希節
鎮之以靜募開東湖饑者得食而水利亦興
李鳳海陽人洪武中知連江能以安養爲首務勸
課農業邑人懷之
歐陽翰泰和人景泰間知連江獄無冤滯門無干
謁秩滿而去民思之不已以其嘗修東湖之利也
立像劉鞠廟祀之

郭軒崇陵人弘治間知連江軒雅好儒術每政暇
輒至學宮與諸生講論邑中童蒙則擇師教之後
卒官祀于學
唐相澧陽人正德間授連江典史明於折獄嘗築
湖閘有勞百姓歌之唐縣官爲我興水利事既竣
兮我不費思昔劉鞠二公兮不過是
丞之良則有商準蘇州人洪武間任蔣永昇宜興人洪武間任
之良則有鮑近人紹興人洪武間任尉之良有趙真同封人永
樂間任率勤民事具才而有守

羅源縣

宋黄爲(?)字宋顯建寧人紹興中爲福建帥幕調羅源
令嘗築白柯塘以利民田時制官擭強盜至二十
餘人者當受賞爲每有所獲多從輕釋不自爲功
林介卿晉江人紹定間調羅源令邑有巨族長其
勢者多徇請託介卿不爲撓民愛之如父母
國朝鄭復初開封人洪武初知羅源性仁厚愛人山
寇剽掠大軍勦之復初慮邑民爲賊擄者或遭妄
殺遂數詣軍中辯釋無辜亂定之後撫其頑民招

使復業盖日夜盡瘁即一時循吏鮮有及之者志誤作東福令今改正

郭宗文河南人洪武中知羅源勸善懲惡先教而後刑

李惟金華人也洪武間知羅源邑有荒田惟請讓其征至今賴之

黃寛字汝和江陰人也正統間知羅源時沙尤作起攻掠諸郡邑寛度力不能禦諭民避之盟賊之後寛政績祖邑有孔通之懷

嵩文端安仁人景泰間知羅源初三山驛防步夫歲差後羅源若干人民甚苦之至文端始爲奏免

孔思敬衢州人宣聖五十四代孫也洪武間除羅源簿思敬長者又以教官擢邑弟子員多從之遊思敬講解勸課孳孳不倦逮考績士民不忍其去

胡璉貴溪人弘治間授羅源典史璉明於聽斷然已有善必歸諸令不欲顯取民譽時論尤賢之

李昱安溪人景泰間教羅源時值沙尤亂之後學宮傾圮昱與訓導陳亮出資葺之諸生咸頌

黃鑾字舜臣泰和人成化間教羅源以身先之諸生於學宮課其夜讀給以焚膏教之良有包麟松陽人成化間任葉授金華人弘治間任

永福縣

宋

林光朝字謙之興化人乾道三年出知永福光朝名儒治多善政大臣論薦不已未久擢去

方大琮莆田人端平間知永福時值軍旅饑饉大琮守險監發倉廩雖庶務鞅掌而延士講論不輟

明

王矩字志方陽曲人洪熙元年以給事中外補知永福剛毅廉謹不避豪勢益期年而政平訟理

趙博河南人正統間知永福嘗蠲豁荒田之稅民爲立生祠於一都祀之

梁宏高要人嘉靖間永福典史警敏有才福清逋租監司聞其能檄往徵之不踰月而辦性尤廉靖無求官雖卑鄉士夫雅敬之

張志學崇德人永樂中教諭志學性嚴毅博通經史終日危坐爲諸生講學一時人物多其造就

龔列清江人弘治中訓導教人以船行爲要邑經

沙寇亂之後學宮廢壞烈州倅爲士民先師而新之

丞之良有嚴德峻東陽人洪武間任　尉之良有黄宋泰黄岡人嘉靖間任　教之良有程世鵬桐陽人嘉靖間任　世鵬有師範德峻吏才見稱後擢郡四川

福清縣

唐林攢字會道莆田人貞元間爲福唐尉以未及將毋棄官去觀察使李若奏而旌之

宋郎簡字叔廉臨安人祥符中知福清豈弟愛人嘗以俸市藥飲病者其惠利之政若浚石塘陂以溉田若障海鹵而築郎官湖邑人德之至今　初簡之爲邑也不求薦達真宗識之謂宰相曰郎簡是必恬於進取者遂擢其秩邑天寶陂有簡祠

莊柔正興化人以奉議郎宰福清柔正爲政有方略嘗以謀改築天寶陂於[illegible]以陂旁大姓下令投牒者人輸一石以[illegible]不數月陂成名之曰元符陂陂石皆鐫銘其中至今爲百世利

顔師魯字幾聖龍溪人紹興中知福清値歲大侵發廪賑濟又勸富民出粟故高其糴價冊載者四集

劉朔興化人紹興間知福清勤於爲政聽訟使兩造自詣公庭里巷無追呼者

李元吉湖州人淳祐間知福清爲人峭直不私始視事時訟日三百餘牒未朞月幾無訟矣翊建盜起監司令諸邑增官練兵元吉獨鎮之靜曰無庸擾民也病且死惟惓惓閔雨對妻子更無別語

傅楫字元通仙遊人少從陳襄學襄以女妻之治平間爲福清丞郡守曾鞏獨禮敬之

傅大聲字重廣淳熙中爲縣簿辯冤獄四十餘人時論稱之

黄國鎭字子方元符間爲福清尉性孤介絕俗每遊僧寺雖飲茗必償去官步歸一僕從之

元馬合馬沙字士達以泉州市舶提舉遷福清州達魯花赤至官適軍興乏費出己俸給之斷訟得允人不敢欺瀕海有亡徒冒名兵籍得私鬻帆以良

民取贖濟司雖知其冤無爲雪之者焉合馬沙教
然曰吾豈顧身利害而俾千里罹其毒痛懲以法
境內大安
劉志宇國惠至正間爲牛田場鹽課司丞時四郊
多壘軍需百費皆出於鹽人民流散志招而復之
國朝汪仁後更名恕漢陽人洪武間知福清恕性剛
果凡注措必先具條教使民知所向乃責之使民
畏而愛之
葉光親樂清人洪熙初知福清以廉能[illegible]
[illegible]者率凌遏爲邑獨福清民無所[illegible]
校禮賢優老務以厚道化民
周玹鄞縣人正統間知福清以廉惠持政凡折面
造必苦諄戒諭使之息爭賦役刻期以輸民自不
敢違
麗璣南海人成化間任瓚有謀畧以邑人好訟用
嚴治之吏卒縮手不敢爲奸凡邑之公署吏廨爲
一新又廣學宮以祭器時稱能吏云
鄧槩新淦人弘治間知福清廉靜寡欲不求人知

雖無赫赫聲而士論謂歲計有餘
陳迈常熟人嘉靖間以他邑茂才調政尚嚴明凡
賦役無敢匿戶邑雖素號健訟爲之肅然
陳永新城人嘉靖間授福清丞永有異才特使恩
福州軍事倥傯恐撫阮鶚使永贊餉凡軍需永能
給餘立辦東當廣其能轉別駕與化永起刀筆交
超擢也初鶚令永賂倭永計阮中丞素多詐特欲
使倭殺我滅口遂私啓緘易之乃免人服其智[illegible]
錄中錚錚者

國朝武職
陳旺字邦威遷江人也永樂間襲右衛副千戶初
旺兄興死無子旺以弟及越數月興遺腹子生旺
撫而教之及其長也以官讓焉旺性孝友每諱及
其先父母輒泣下治衣事寡嫂尤謹
王勝字子奇其先合肥人也勝爲福建都閫遂占
籍右衛指揮使少孤事母凌甚孝有司以聞 詔
旌之景泰初剿賊陳莧讓嚴於盛寇負海諸縣應
前後招降千百餘輩又蒞官清介雅爲搢紳所重

朱璣其先直隸淮安人也嘉靖間以右衛指揮使守烽火門水寨屢與倭戰有功隆慶二年廣海賊曾一本寇閩璣以舟師乘勝追之海上中砲死璣喜功名而數奇嘗爲賊獲歸將府愛其才弗罪也

詔以璣死事蔭官得進二級

閔溶其先河南人也溶爲人沉勇多智善擊劍嘉靖末倭寇閩溶以左衛指揮將兵禦賊前後戰海上十餘年所斬千級功未及上又與賊戰于舟山溶以火攻之風急溶遂力不敵戰死 詔進其子世襲進二級

論曰吾福辟海隅兩漢雖嘗置郡除吏大抵羈縻而已自晉以後始可得詳然舊志所載即不賢者勿論即賢而俎豆之矣猶或得其人而無其事或得其事而無其實蓋當時未嘗有執筆記之者縱有記之而文釆不足以傳是以至今泯泯也大植田嚋誨子弟有大造于我矣而使善政不少槩見是誰之咎歟余故釆見聞詳著于篇雖下吏細事不敢或遺至若職不專郡邑而世值亂亡時當尊貶能拯民湯火者亦并録之以示不忘余故多端名公序亡有外補而尋召還有左遷而旋貶竄雖光臨教上其大功大節非一郡一邑所得私也不敢僭載之云

選舉

唐[illegible]進士

[illegible]名[illegible]以便考

【唐】貞元十年甲戌李程榜

【閩】陳通方 名及第第四人時稱上南陵院官

貞元十[illegible]年丁丑鄭巨源榜

【閩】陳詡 字載物戶部員外郎知制誥有傳

貞元十五年己卯封孟紳榜

【閩】邵楚萇 字待徵祕書郎有傳

元和五年庚寅李顧行榜

【閩】陳彥博 字朝英貴溪令

元和十四年己亥韋謨榜

【侯官】[illegible]大防 字文晉及第[illegible]府副使

寶曆元年乙巳郗璟榜

【閩】陳[illegible] 字[illegible]有文名官至監察御史[illegible]子[illegible]俱登進士第

太和[illegible]年庚戌[illegible]榜

【福清】林簡[illegible]州刺史

太和九年乙卯[illegible]榜

【閩】侯固 字子堅同下章事有傳

開成三年戊午裴思謙榜

【閩】李滂 字注善大理評事 【侯官】蕭膺 字次元大理司直是歲閩中登第者四人

會昌二年壬戌鄭顥榜

【閩】鄭誠 字中虞刺史有傳

會昌三年癸亥盧肇榜

【閩】林滋 字厚象兵部郎中有傳

會昌四年甲子鄭言榜

【閩】陳訥 字[illegible]之子大[illegible]

大中元年丁卯盧深榜

【侯官】陳鏞 字希聲鄂州刺史有傳

大中五年辛未李郜榜

【閩】林勗 字公懋吉州刺史有傳

大中十二年戊寅李億榜

【閩】侯獻 字公祝

咸通二年壬午薛邁榜

【閩】薛承裕 字餘中國子四門博士 【福清】王棨 字輔之水部郎中

咸通七年丙戌韓袞榜

閩 歐陽林 字端卿 袞之子 侍御史
咸通九年戊子趙峻榜
閩 連總 字會川 有傳
咸通十年己丑歸仁紹榜
閩 歐陽玭 袞之子 書記 長樂 林慎思 字虔中 萬年令 有傳
乾符二年乙未鄭合敬榜
候官 陳蔚 字昌言 刺史 有傳 福清 鄭隱 字伯超
乾符五年戊戌孫偓榜
閩 陳蜀 字文
中和五年乙巳許祐孫榜
候官 倪曙 字孟曦 能賦 太學博士 唐末避亂入閩 仕劉龑 為其侍郎平章事
大順元年庚戌楊贊禹榜
閩 林袞 字讜言 秘書省校書郎 連江 張瑩 字昭文 禮部尚書 有傳
大順二年辛亥崔昭矩榜
候官 黃璞 字德溫 校書郎 有傳 後徙莆田 福清 陳鼎 校書郎
乾寧二年乙卯趙觀文榜
候官 黃誚 字仁澤 璞之子 宣義郎 節度巡察判官
乾寧三年丙辰沈崧榜
閩 沈崧 唐末仕錢鏐父子 拜戶部員外 天祐中解官東歸 後失節為梁諫議大夫 有文集二十卷 福清 翁承贊 字文堯 官右拾遺
乾寧四年丁巳楊贊圖榜
長樂 卓雲 時稱名士
光化三年庚申裴格榜
福清 翁承裕
五代
唐天成三年戊子郭晙榜
閩 陳保極 字天錫 禮部員外郎 以文名
宋太平興國二年丁丑呂蒙正榜
羅源 張蔚 參政
太平興國三年戊寅胡旦榜
古田 李棐 字仲棐
太平興國五年庚辰蘇易簡榜
閩 呂奉天
太平興國八年癸未王世則榜
閩 林倓
端拱元年戊子葉齊榜

連江李亞荀 字宗卿端拱間及第官終夔州路轉運使歷官所至以有風采著稱

淳化三年壬辰孫何榜

閩林殆庶 字希顏度支員外郎有傳 余貫之 長樂李坦然 字平仲朝奉郎

大理評事兼太常

水部員外郎王彬 卿

咸平元年戊戌孫僅榜

候官吳千仞 字儀之推有文名鄉邦所重太常博士知處州

咸平二年己亥孫暨榜

閩連作礪

咸平三年庚子陳堯咨榜

閩陳易則 字簡之清之弟校書郎 沈厚載 字元輿屯田郎中 林休復 字仲[illegible]

正北部員外郎 候官林介然 字子 黃誥 字簡之

咸平五年壬寅王曾榜

閩劉若虛 字叔陽莆田籍歷大理評事召試中書累官屯田員外郎知郡武軍卒有士望蔡襄

銘其墓

景德二年乙巳李廸榜

候官張翼 福清翁緯 承贊之孫新會令

景德四年丁未[illegible]榜

閩林陶 字仲謨比部員外郎

大中祥符元年戊申姚曄榜

閩林太素 殆庶之弟相州節度推官 陳曄 字蒙之宜興主簿 陳範 字仲[illegible]貧善大

夫 陳宗奭 字亞公大理寺丞知惠安縣 陳清 字晦之州縣善令 林祥 字子通石

銘 長樂林敦復 字子重休復之弟太常博士 潘衢 字子莊樹之弟屯田郎中 潘

衢 改名循字子述著作郎 羅源張黄裳 字叔文 福清劉天錫 字成之大

理寺丞

大中祥符五年壬子徐奭榜

閩劉韡 都官員外郎 林咸德 屯田郎中 劉若冲 字叔之之弟秘書丞 潘若虛 林

太微 殆庶之弟殿中丞 陳簡能 字知柔泉州幕官有傳

大中祥符八年乙卯蔡齊榜

閩童穎 字藏之父居明沒於王事詔賜一子出身穎登第終職方員外郎 候官王甲

少有俊聲未仕卒 福清林高 字子羽屯田員外郎有傳

天禧三年己未王整榜

閩鮑稷 字賓幕 候官王平 字保衡甲之弟侍御史

天聖二年甲子宋郊榜

閩許忱 字季先 候官陸廣 字彥博員外郎 永福張沃 饒州都曹

天聖五年丁卯王堯臣榜

閩黄貢 庫部郎中 李平 字泰符都官員外郎 候官江階 虞部員外郎 長

閩黼字□□監官員外郎知宋州　池澤字文明縣令

天聖八年庚午王拱辰榜

閩劉奕字象伯若虛之子屯田員外郎通判潤州卒蔡襄銘其墓　韓丙字壽先秘書郎梧州通判

劉昇字成伯若虛之子屯田員外郎　李述字公明平之子秘書丞知韶州

景祐元年甲戌張唐卿榜

閩林慥字慎之太常少卿　卓祐之字長吉歷秀州判官生而正直自謂死當爲神及卒

果著靈異里人即其居祀之今閩山廟尚存　陳詰字伯倫更名謨漳州通判　鄭同文字

閩　長樂林嗣復字延叔休復之弟太常博士　福清林槩字端甫高之子秘書

郎有傳

福州府志卷之二十六　選舉

寶元元年戊寅呂溱榜

閩湛俞字仲謨屯田郎中有傳　陳序字以公之子丞忠郎　簡能　李惟肖字夢得知

秀州戶曹　長樂林箒字公權敦復之子屯田郎中　永福朱昂臣字希夫大理丞

福清翁彥升字元卿職方郎中

慶曆二年壬午楊寘榜

閩蕭汝霖字殿丞　蘇攻字閩之鄉官員外郎　王綸都官員外郎　候官陳

襄字述古知制誥學士院有傳　連江李處厚字載之亞荀之子提舉淮南等六路茶鹽

慶曆六年丁亥賈黯榜

閩林琪殆庶之孫朝奉郎　劉□□字執中都官丞知桂州有傳　陳預字伯舉　林

世矩字子儀休復之姪知楚州致仕　官　江震字孟仁通判□州朝請郎　懷安

傳字伯可易簡之弟朝請大夫　劉□簡著作郎　永福張澤汎之弟朝奉郎　福

清陳固字道夫秘書丞　黃子春朝散郎

皇祐元年己丑馮京榜

閩蕭傑　陳中庸字伯通　孫奕字景山福建轉運使有傳　吳元瑜字君喻

之弟林誼字德元漢州令　丁世衡廣州錄　林卞字公美知山陰縣　候官劉

靖迪功郎　古田魏昂字高卿大理評事　閩清黃積字彝叔朝請大夫　黃蒼

開字忠叔承議郎　長樂林罕廣州司理　李川坦然之子吏部員外郎　連江謝

宋臣字君俞安主簿　歸趙谷字道卿試大理評事知□城縣　永福柯伯華

福州府志卷之二十六　選舉

福清李敷字昌言奉議郎　劉庾約字景仁殿中丞　劉延之

皇祐五年癸巳鄭獬榜

閩湛庸字伯通□州司理　吳君瑜□尉　吳周卿字憲甫大理評事知黃梅縣

候官陳君章字時發襄之弟朝議大夫　黃嘉會字伯通朝奉郎　曾伉字公

六朝散郎左司員外郎　鄭穆字閎中國子祭酒有傳　長樂潘整字孟文迪功郎　連

江林彭年字君直儒林郎真州　永福張肩孟字醇叟朝散郎通判欽州　福

清許原字原古承事郎知政和縣　林榆字公美知山陰縣　許叔達

嘉祐二年丁酉章衡榜

閩張宗閔字尊道從政郎知建陽縣　李皇臣字道夫朝議大夫知贛州　候官陳

長僊字才仲頗之子朝散大夫　曾默字識之以太子中允爲本路運判　陸衍字道源朝
請郎通判鄆州　王向字子直平之子同之弟峽石主簿有傳　王回字深甫平之子忠武軍節
度推官知南頓縣有傳　陸悳元字道祖知祥符縣　古田陳俗字亢見之弟秘書
丞　長樂林密字伯通慎思之曾孫知潮州　福清林開字道甫高之孫校書郎
林希字子中槩之子省試第一人哲宗時除中書舍人章惇黙元祐諸臣司馬光等數十人希草制
詞極醜詆白鄉年依地曰壞了名節矣拜同知樞密院事後以端明學士知太原府宣和初治其黨罪奪
職知揚州　林旦字次中槩之子河東轉運使有傳　林棐字信甫新昌令

嘉祐四年己亥劉煇榜

閩陳偁字景通校書郎　朱敏中字仲有編林郎　侯官陸宣字潜甫更名畸朝散
郎知潮州　福清林邵字才中槩之子寶文閣直學士　林顔字仲和槩之子爲太府少卿附
章惇蔡卞惇卞嘗惡陳次升次升使頗致巳意以美官
次升貴之曰君爲大子鄉士而爲宰相傳風古耶然
中奉大夫　王伯虎字炳之朝請郎樞密院檢詳
直秘閣

嘉祐六年辛丑王俊民榜

閩鄭适字正之朝請郎大宗正丞　吳杲卿字仲明周卿之弟試秘書省校書郎字與化軍
錄事參軍　侯官吳卞字道卿　陳敦夫字中裕朝散大夫秦鳳路提刑　王冏字平之
子四向之弟新蔡主簿兄
弟皆有文集曾子固爲序

嘉祐八年癸卯許將榜

閩許將字冲元第一人觀文殿學士奉國軍節度使有傳　倪材字長民溫州推官　侯

官張俗字孟仁　羅源宋鈞字成叔迪功郎　永福王俞字用之奉議郎　福
清游冠卿字子忠朝散大夫　倪筏　林勳字逢吉奉議郎建州教授縣無考

治平二年乙巳彭汝礪榜

閩李譚字庭光　王祖道字若愚再舉制科歷監察御史徽宗時知桂州希蔡京意開邊
置黔南路時論惡之歷官端明殿學士　辛琮字華國朝本大
知福州後召爲刑部尚書及京敗追貶
夫本路轉運判官　陳韡字復之　侯官池鄂字頑之　懷安劉儀字公表
之弟承議郎　長樂陳毅字子中朝散郎知賀州
知南恩州

治平四年丁未許安世榜

閩鄭友朝奉郎　朱敏元字先道敏中之弟朝請大夫　黄疇明字□□知□□
縣　陳時字權濟奉議郎　陳幾字道甫朝奉郎通判滁州　王疇字明遠大夫知饒州
林璋字國器朝散郎通判溫州　侯官江通字濟道朝散郎知廣州　閩清陳祥
道字佑之秘書省正字有傳　連江李處道字深之處厚之弟興國軍知錄　福清鄭
俠字介夫將仕郎有傳

熙寧三年庚戌葉祖洽榜

閩李適字彥正朝議大夫　朱功字彥仁敏中之弟中大夫使改鋮功　侯官江庶
字希顔階之子知縣　陸長愈字季謙廣之子宣州僉判　黄羣字文中郎　泉縣丞　文林　古
田陳植字表民司理參軍萊州

熙寧六年癸丑余中榜

閩吳干字無求，周卿之子，承議郎。林安道字文父，文林郎。陳景參字子孝之子，奉議郎，知陽信縣。連江李撰字子約，奉大夫。羅源俞清字堯老，太中大夫，徽猷閣待制，知泉州。永福張勱字深道，宥孟之子，中大夫。福清夏臻字幾道，朝奉郎，知梧州。

熙寧九年丁巳徐鐸榜

閩鄭邦直　吳洪奉議郎。侯官林敷字錫遠，奉議郎，知同安縣。劉會元字天常，中奉大夫。閩清林汴知羅縣。傳林腆浦城簿。永福張勔字道，宥孟之子，勳之弟，朝散郎。福清劉誂字應伯，處約之子，太常寺少卿，有傳。林祖誼縣無考。

元豐二年己未時彥榜

閩陳舉字得任，龍圖閣學士，廣東經略。侯官吳開字伯通，宣化郎，知寧德縣。崔登字仲誠，朝請郎，通判汀州。懷安唐最字夢得，朝散大夫。永福黃選中奉大夫。陳邈字彥遠，太學博士。王嶼　陳郊　林介上四人縣無考。

元豐五年壬戌黃裳榜

閩李移忠字孝則，宣教郎，知新昌縣。侯官孫大廉字少虔，通直郎。黃國才字公隱。閩清陳安道字請之，祥道之弟，宣德郎。羅源余深字原仲，清之弟，御史中丞，與同郡林攄俱諂附蔡京，拜尚書左丞，歷中書門下侍郎，宣和初進太宰，封衛國公，嘗以少傅知福州，建炎中謫居臨江軍，餘見宋史。

元豐八年乙亥焦蹈榜

閩韓用章字俊民，丙之孫，承議郎，宗子博士。劉知至字伯時，㚟之孫，朝請郎，知南外敦宗院。劉及儀曹。侯官洪浩字元卿，朝奉大夫，左司員外郎。王洵信州推官。陸如岡字稚山，德元之子，提舉成都府常平。懷安卓元龜字大年，元規之弟，朝奉郎致仕。長樂潘震同安簿。王昭明　劉公摯　張翶　沈觀上四人縣無考。

元祐三年戊辰李常寧榜

閩劉介山若中之孫，朝奉大夫。湛存字公中，俞之縣建州司理。侯官陸佃字[illegible]仲宣[illegible]散郎。崔國賓字世傳，朝請郎，知邵武軍。葉聲字彥聞，源之弟，朝散大夫，知衢州。連江韓鑄字仲禮，侍御史。福清鄭侃校書郎。劉毅縣無考。

元祐六年辛亥馬涓榜

閩林天若字稚道。林璹字仲璞，奉議郎。李師回字潛聖，[illegible]浦令。楊脩字持正，建寧軍節度書記。侯官王勲字伯達。懷安柯遠字臻道，奉議郎，知南漳縣。陳公器字國珍，提舉本路常平，朝請大夫。古田魏需字君舉，通判潮州。閩清黃昞字文叔，朝奉郎，知袁州。長樂鄭邦彥字公佐，朝散郎，知建州。福清盧彥達字義行，朝奉郎，湖南提刑。方向字南功，承奉郎，湖北運幹。李諭字義翁，閩南之弟，朝奉大夫。林虡字季野，希之子，秘閣修撰。林辯字載中，棐之子，朝請大夫，南京少尹。林迪字[illegible]中，承議郎，知餘姚縣。陳噩字子文，周之子，徽猷閣待制。

紹聖元年甲戌畢漸榜

閩 徐合 字全之琰之子朝議大夫 王澤 字伯光晦之子中奉大夫華州安撫 陳元老 字大年吏部員外郎 懷安 潘志道 字天隨奉議郎 陳斌 字用冲 閩清 蕭縏 字安國昞之弟朝請大夫有傳 長樂 陳杞 字君材承議郎通判信州 永福 陳季淵 字萬宗司戶 湛執中 字適權承事郎南頓縣丞 陳裕 蕪湖縣簿上二人縣無考

紹聖四年丁丑何昌言榜

閩 王濤 字徽明晦之子朝散大夫 韓遠舉 字彥明丙之曾孫宣教郎 李康 字彥侯[illegible] 黃唐佐 字堯臣奉議郎澧州教授 林亨 字亞元 陳義夫 字汝權中大夫湖南提刑 陳天與 字夢選朝散大夫 侯官 葉源 字彥中承議郎兩浙提舉學事 藴 字博信宣之子舉河北兩浙學士遷太常少卿累遷御史中丞顯謨閣學士劾奪職褫復集英殿學士卒藴在臺論事頗中時病但崇寧中召對排斥元祐諸君子謂為俗學不宜使為守令遂得美遷論者病焉 葉闢 字師聖承務郎 葉正臣 字致一南劍州司理 柯廷堅 字誠季朝奉大夫 陳之邵 字季仲朝奉大夫宗正少卿 懷安 陳公格 字仲承朝請大夫知漳州 劉霆 字亨伯朝散大夫 卓元規 字大正杭州教授 林敏元 字夢協朝議大夫知通州 永福 黃 長樂 潘潛 字彥淵衛之孫朝請大夫知南劍州 羅源 陳天常 永福 黃遠 字明仲遷之弟文林郎知莆田縣 福清 李剛南 字彥遠敷之子述古殿直學士 蔡肇 字信道饒州教授 林雲 字德祖旦之子朝請郎提舉淮東學事

元符三年庚辰李釜榜

閩 高公𢽾 字君贄朝請郎知邵武軍 辛炳 字如晦球之子顯謨閣直學士知潭州有傳 黃唐俊 字堯章唐佐之弟鴻臚少卿 曾經 字與權鄂州教授 王賓 字元特龍圖閣學士太中大夫 陳侁 字後之清之曾孫宣教郎洪州錄事 陳適道 字彥正朝請郎知肇慶府 陳鍔 字彊翁直秘閣 侯官 鄭修 字季常承議郎司門員外郎 陸愷 字強仲悼之弟太常少卿 余忱 字孚中朝請大夫 懷安 高臨 字濟智朝散郎直龍圖閣知衢州 曾汝霖 字商甫文林郎 長樂 林登 字即道承議郎知漣水軍 連江 陳袍 字彥符 福清 羅源 宋汝弼 永福 張勸 字閎道有圭之子勳勔之弟工部尚書 陳材 字幹伯 林適 字述中第三人寶文閣待制知廣州太中大夫 倪登 字彥及朝請大夫以取燕雲奉使沒於王事特贈太中大夫 丘朝俊 字叔文朝奉大夫知肇慶府 林竹壎 字大任朝議大夫知惠州

崇寧二年癸未霍端友榜

閩 許份 字子大將之子龍圖閣學士有傳 陳禹臾 字彥[illegible]縣 黃唐傳 字堯翁唐佐之弟徽猷閣待制 黃懋 字德敏朝散郎通判開德府 陳天禧 字百[illegible]時之孫 徐楫 字升可 林作乂 字彥[illegible]惠安令 侯官 陸藻 字倬禮公之子[illegible]之弟知福州 曾旻 字叔陽忱之子宣教郎知泰興縣 葉碩 字晉卿承議郎太學博士 方時可 字亨仲中大夫 陳彥衡 字彥達宣教郎知仙遊縣 懷安 陳公彥 字國英公輔之弟中大夫集英殿修撰 卓毅夫 字彥仁歆夫之弟承直郎知將樂縣 連江 鄭南卿 字仲升朝奉郎 福清 劉詢 字信仲燮約之子太學博士

崇寧五年丙戌蔡薿榜

閩 柯棐 字季忱第二人 太子舍人知宣州朝請大夫 右文殿修撰 陳覯 字文煥 迪功郎 黃

文仲實 字元 潘闢 字 孫劉歆大夫 韓蕪 字彥和 丙之 孫國子司業 李隱

字天升 碑 李撰 字德修 朝議大夫 候官 陸震 字 禮部郎官 鄭

強 字南美 知汀州 有傳 劉方翼 字 太學博士 會元之 周恩 字上達 鄭畋

字武 于朝議大夫 李邁 字 懷安 劉登 字 東撰 黃邦

光 字 朝奉郎 陳天申 字仲益 大夫知惠州 卓厭夫

連江 李蘅 大 字似矩 工部 永福 黃 年 之子

宋庭傑 陳國材

直 劉彥適 字立道 廣西經略使 知徐州 姚合 李宋臣

徐 初名漢臣 中大夫

大觀三年己丑賈安宅榜

閩 陳尹 字岸恭 州教授 王朝俊 字元 宣教郎 林雲 字公澤 陳璉 字景

王朝請大夫 林天申 字昭 漳州司理 迪功 陳安上 字彥禮 奉大夫 鄭存

字誠中 祖德之 鄭祖德 字彥 通判 宋俊 字聖 從政郎

弟 陳州教授 李芘 字積仁 奉大夫 有傳 候官 翟瑀 字彥

韓邑 字知剛 孫之 子朝奉大夫 洪元壽 字彥仁 承事郎 吳暇 字彥 朝議大夫 張

之子 永 域志所編修官

務 字應和 本路轉運副使朝請郎 黃畿 字 州教授 吳昉 字彥昭 于建炎中

南軍與妖賊戰歿 于陣 彭元達 字宜仲 閩 朝議大夫官其子 關韶

立 余恂 字允中 朝散大夫 劉寔 字明可 靖之孫 岳州兵曹 崔宛 字彥

正 從仕郎 李謙 懷安 柯翌 字仲舉 化教授 葉擇 字元舉 承議郎

樊繹 字伯成 朝請郎 曾 字德基 陳公袞 字朝章 宣教郎 閩清

林公選 字君章 朝請大夫 陳懷古 字公明 朝 長樂 黃邦達 字

善 朝請郎 潘師孔 字聖時 州教授 連江 李蘅 字似之 子

政和二年 永福 羅源 余光庭 字

黃大名 字 永福 黃叔卿 字楊 給事中 福清 黃邦光 字君

政和二年壬辰莫儔榜

閩 陳汝仕 字信之 承議郎 鄭鷹 字勉仲 知循州 郭茂 字秀實 朝請郎 林晨 字

揚 改名 朝散郎 高適 字觀成 柯森 字積仁 從政郎

鄭甸 字宣 黃覲 字德 黃文若 字元質 劉達

夫 字宣子 若冲之孫 候官 黃珪 字元功 監察御史 謝良

翰 字朝倚 陸綎 字叔華 崔實 字彥輝 陸渙 字仲

之孫 廣東提 湛剛中 字柔 劉宇 字朝中 林夫

犀 字鉉仲 以朝請大夫 陳之英 字才伯 懷安 王與

字彥思 陳炳字若蒙朝奉郎 陳天益字希錫川司理 古田李廣文字彥
授朝散大夫知潮州有傳 閩清許登字公進宣教郎知泉州孫 長樂王南夫字傳
仲彬之孫監行在左庫藏 羅源余光庭字朝陽美知州南 余嗣字德卿朝散郎
通判潮州 永福盧光前字嗣宗劍州參軍 黃邦俊字宋英邦光之弟遠之子知英
州有傳 盧楚字叔韶琮之弟知南雄州 王行已字恭大河北提舉 福清林李
字執禮之孫儀曹 李揆字晉侯欽州 商若虛字仲實通判靜江府朝請郎 石
廉字子之大夫朝請知潮州 陳浩然字彥章承議郎通判台州 劉綱字君舉之弟承議
郎

政和五年乙未何㮚榜

閩徐登字彥升知縣 葉庭芳字天茂郎國子學錄 迪功林淙字叔厚 侯官
奉郎 郭中行字聖與從政郎 李友直字端叔建安縣 知陳亨道字彥通衢之第奉
判建州 通陳洪字秀穎迪功郎 鄭昂字尚明九域志所編修官舒之孫詳究 懷安
陳曦字景初知海豐縣 張胥字柔直閩知處州有傳 直龍圖劉正字道純之孫朝請
大夫曾辰字夢發弟宣教郎 樞之潘宗孟字養浩建州教授 古田林慶老
字昌孺通功郎 閩清陳積中字彥載察御史 監林沖字子和奉議郎 羅源陳
熊字毅然郎劍浦丞 奉議陳傑字仲才郎通判真州 承事永福柯宗孟字伯醇通
判廣州 吳天駟字君任宣教郎 四梁汝霖字允濟秘閣更名巖老知泉州有傳 直福
清鄭載文字渙之南城丞 陳丕顯字揚休興化軍教授

重和元年戊戌王昂榜

閩柯若禔字安上奉郎諸王教授柴之子朝 余伯達字周臣 林貫字彥坤
梁國賓字景賢朝散郎 黃傅康字彥得 葉庭傑字彥英 侯官葉大
仕字華老弟朝議大夫顯之 陳溫卿字天和從政郎 黃紳字存道宣議郎 林永字仲
思 陳向字民瞻 林求字得益 陳杲字亨道 懷安施禹功字彥成 興
化高預字先覺州教授 泉古田周開字聖傳迪宣教郎 閩清劉滂字商
令 長樂鄭彥敏字德政從政郎 永福梁宗範字世則郎通判信州 朝請福
清夏之邵字潛夫之子 知漳黃祖堯字宗道荊州曹 楚張大卞字彥仲承議郎
浦縣夏之文字蒙夫邵之弟吏部郎中 祖堯之子紅西提刑 林聰字嘉謀朝奉郎 陳
允功字仲試 黃大知字守愚 劉侯亞字彥本朝請郎 黃[illegible]字元振
亨字彥嘉太學正上四人縣無考

宣和三年辛丑何渙榜

閩柯彬字季文文林郎 森之陳賓字承之從政郎 陳允文字昭德從政郎 林
朝俊朝奉大夫知惠州 弟林猷材字廷輪宣教郎 王宁字元弟衛尉寺丞 聘賓之陳
定國字維翰散大夫知惠州 誥之孫陳亞卿字次仲郎通判汀州 朝請李茂則
字叔憲師回之子迪功郎 王普字伯照子侍郎有傳 賓之侯官周孝嗣字世延興化軍
知錄 葉南仲字晉明知新州 劉彥和字元 楊彥字邦傑迪功郎 懷安劉
判顯字公益承事郎 劉國鎮字文禹朝請郎 彭文嗣字仲文迪功郎 崔發字德長丞

郎知寧縣[古田]黃光庭字庭烈迪功郎吳昭字彥融朝奉郎通判歸州[長樂]

林安行字彥由晉江丞鄭季夫字功叔莆田縣知羅源陳祚字慶長宣議郎

[永福]陳秀穎字光遠秀實之弟迪功郎盧榕字叔材安仁令有傳[福清]陳良

顯　陳翁字仲人蔡之弟朝奉郎通判廣州縣無考

宣和六年甲辰沈晦榜

[閩]黃匪躬字昌朝朝請大夫知建昌軍朱倬字漢章庭佐之子尚書右僕射有傳朱

作字嚴起之孫儒林郎林彥達字叔通奉議郎通判永州[侯官]陳倬然字

叔文　洪元英字仲傑朝散郎林郎鄭文經字國賓蕪湖尉劉知已字什常泉州録

參　陸祐字亦顏行之孫提司幹辦公事有傳　江達字上達　陳祖禮

字元範君章之孫朝散郎通判鄂州葉顒字迪功郎[懷安]劉衡字仲鈞迪功郎張

安節字介夫　黃鮪字獻可知龍溪縣連康時字良弼朝奉郎李畛字德載承

議郎[古田]李冀字堯封本路提刑司幹官[長樂]陳致一字貫道廣東茶鹽提舉

李邦光字明甫坦然之孫朝散郎太常寺簿林遵善字適可南劍州司法迪功郎陳

宗禮字夢昌迪功郎[連江]林昇字彥明興寧簿[永福]吳元美字仲實有文名

為忌者所搆秦檜嫉有司謂其指斥譏訕高宗持宥之　吳元衡字季公元美之弟通直郎廣東

運幹[福清]陳洪範　黃祖舜字繼道祖充之弟同知樞密院事有傳

建炎二年戊申李易榜

[閩]胡文炳字仲虎文林郎甌寧丞　林汪价字元圭興化軍司法胡文煒字德文

萌之弟政和簿陳南美字冠卿奉議郎知陽山縣嚴褒字華仲朝請郎林茂實字美

奉郎通判泉州[侯官]林安宅字居仁歷戶部郎中同知樞密院事兼權參知政事端明殿學

士在政府有時名　陳宗古字述之朝奉郎孫夢良字宋傅朝奉郎知平陽縣[懷安]

楊幹字之才朝奉郎通判韶州陳顏字聖錫通直郎[古田]陳文昌字夢錫宣教郎

宜黃丞　余敏義字彥中[閩清]陳剛中字彥柔大府寺丞有傳[連江]王

聿求字朝聘知光澤縣[永福]張嘉賓字朝美朝奉郎通判宣州鄭知剛字李

和太府丞知嚴州　張登字明遠　陳節字仲和尉縣無考

紹興二年壬子張九成榜

[閩]鄭公明字仲遠祖德之子宣教郎知新昌縣　黃濤字會儒庭佐之子泉州司戶

陳肅字雍之奉議郎知石城縣上官徽字洵美南恩州司戶梁國林字德俊通判興

化軍李簡能字從易皇臣之孫歷監察御史浙西提刑朝散郎五秘閣胡彥達字仲通文

林郎洪州司理黃廷瑞字舜軒朝散郎通判泉州吳忠孺字孝卿迪功郎[侯官]陸

承休字慶中憲元之曾孫汀州司戶陳叔嘉字仲亨承議郎[長樂]潘飛英字元

傑師孔之子朝奉郎知肇慶府林聿字德脩奉議郎知南安縣[永福]黃世昌字純

[福清]陳若冲字德用承議郎通判廣州　黃顏學　劉安世下州文學縣無

考

紹興五年乙卯汪應辰榜

[閩]任文薦字遠亦秘閣修撰知建寧府有傳　謝鳳字子儀建昌軍教授林肇字

武[illegible]縣 洪毅字幾仲迪功郎 薛召字夢亨朝散大夫知韶州 李格字文叔林郎知四
會縣 薛槐字省曆軍節度推官 平海 鄭必明字南仲知於潛縣 周偉字景長主簿
候官 黃觀國字建侯郎知平陽縣 從事 黃究字先致迪功郎 曾旺字乾填以直數
文閣知廣州朝請大夫 懷安 陳從易字和夫州教授 處 劉藻字昭信部員外郎祠
卓庶字幾仲迪功郎湖城尉元規之子 閩清 劉凱字角不奉大夫湖北提刑滂之子朝
葛延年字少格郎知惠州朝奉 長樂 周芹字菁材朝請郎宗正寺簿鱗之女 陳
宋森字元零安令有傳同 陳佐堯字朝弼郎通判廣州朝散 連江 王元量字大
司廣東經幕司幹官 福清 林上達字逵大州司戶 建 劉[illegible]字宋衡[illegible]教授 廣 曾
[illegible] 劉師堯字[illegible] 上二人[illegible]

紹興八年戊午黃公度榜
閩 林賓字叔華宣教郎知漳化縣 陳長方字齊之江陰軍教授[illegible]之子 朱介卿
字介夫教授 翁之章字仕穎從政郎 陳彌作字季君燕權尚書歷吏部侍郎知泉州教
文閣直學士大中大夫 周宜未字克彥郎本路帳管 從政 陳升卿字與臣判泰州通
黃瑀字德藻知漳州有傳 候官 彭公永字景修奉議郎 懷安 陳休烈字昌
中迪功郎 閩清 黃瑜字閏甫積之曾孫靜江倅 陳嘉猷字道美迪功郎龍泉主簿 長
樂 林孔彰字嘉言南外宗學教授華之孫 魏勗字德厚太常寺卿 黃宋翰字元
侯通判封州 永福 黃毅字德雋朝奉郎通判欽州 福清 高澐字伯達處之子[illegible]
州教授

紹興十三年壬戌陳誠之榜
閩 李格字承叔朝奉大夫 陳東哲字體明迪直郎 陳銳字順仲郎知金華縣[illegible]
李栩字常季林郎漳州教授格之弟 文 鄭景衡字彥尹州教授 袁 陳禾字文秀明
北參議朝請大夫 候官 尚元邑字次公朝請郎通判 林安國字邦翰宅之弟 安 承
議郎監察 建康府椎貨務 懷安 陳千雲字大舉迪功郎南劍州司理 古田 黃康
國字必濟松溪簿 黃公度字恭臣康國之子 長樂 陳誠之字景明一人第[illegible]
檜當國誠之對策專主和議遂[illegible]首選爲時論所[illegible]明追封[illegible]公謚[illegible]可[illegible]
[illegible]歷清華由樞府拜[illegible]
者 [illegible] 葉璋字君[illegible]州教授 鄭僑字[illegible] 福清 王祥字[illegible]
[illegible] 宋[illegible]字寬夫[illegible] 林玠字介[illegible]王
[illegible]

[illegible]實字景宣師堯之弟迪功郎 宜黃尉 上二人縣無考
紹興十五年乙丑劉章榜
閩 楊丞 陳師尹字民瞻紹興十四年特奏名特奏殿試迪功郎 李應字慶和新
州推官 候官 林楙 崔源 黃槐卿 陳偉然 姚公
特 葉儀鳳 懷安 崔惟孝迪功郎 施[illegible]宣教郎知江山縣 何
元達字驥夫承事郎 長樂 鄭丙字少[illegible]士吏部尚書端明殿學常勤朱子善類之厄丙羅
爲多 黃希文字[illegible]章奉議郎湖南提刑司檢法 陳溉字仲子清傳祀之湘簿 崔[illegible]
英字仲榮福建路市舶提舉 永福 黃亞仲字幾叟迪功郎 陳諫 陳師[illegible]
字實道景先之子迪功郎 福清 黃巖[illegible] 林昌言 許文剛 李[illegible]

科　黄榜

紹興十八年戊辰王佐榜

閩 吳璵字景玉宣教郎　李升字上達大冶尉　陳仲諤字叔夔　周敎字仁仲臨
安府敎授　李全之字景純迪功郎　候官 蒲堯仁字彥性章之弟　蒲堯章
字彥成迪功郎　葉翔鳳字子翔朝奉郎通判廣州儀鳳之弟　朱江宗字朝　余溥字仲
傳通直郎　劉坦字道夫迪功郎　懷安 陳經國字世顯迪功郎　陳伯山字仁叔上
高丞　劉煥字章仲文林郎　洪澤字元湧南劍敎授　長樂 陳大方字廣少高州敎
授　林次融字仲衆通判成州　王堯臣字唐卿松溪簿　陳思文字公揆承議郎
峽州僉判　連江 林鑄字仲和迪功郎曲江尉　羅源 陳康嗣字起之迪功郎宜
丞　永福 梁汝昌字大任迪功郎莆田尉　卓宬字聖爲迪功郎永嘉簿　陳秀
實字光華宣敎郎知興國軍　王傑字才特宣義郎東莞丞　福清 吳利見字舜□連□
州敎授　曾貢字子文　劉公特字朋甫知龍溪縣　上二人無考

紹興二十一年辛未趙逵榜

閩 陳夢良字子直迪功郎　林文勉字懋之從政郎萬水令　陳元圭字德□
化司戶　嚴瑟字選仲羹之弟迪功郎　陳賓字彥光羨之之弟泉州敎授　邢炳然
字文達福州敎授　曾景奎字邦文迪功郎　候官 陳安卿字仲山信豐縣　知　林
岊字德陽　林之奇字少穎校書郎有傳　楊嘉績字熙之　鄭祚字元昌迪功郎
莆田 陸楠字國材承議郎建康府總幹院　懷安 劉師尹字伯任奉議郎□□□□

□□□帶丞　古田 周頴仕字洪任迪功郎　閩清 葛元隲字朝□□敎郎知晉
江縣　林自字夢錫知廉州　林育字德温光澤丞　蕭德藻字東夫　長樂 林次
齡字仲秀次齡之弟　連江 陳鎬字仲升迪功郎監廣州東莞場　羅源 陳行先
字徽成新興令　永福 林仲熊　卓津字少清從政郎肄陽令　盧炎字當世知
平陽縣　福清 李元禮字安卿知同安縣

紹興二十四年甲戌張孝祥榜

閩 林綸字彌甫迪功郎　黃長字贊叔承議郎通判南安軍　陳獻字伯山迪功郎平陽
尉　陳剛中字彥恭景參之孫迪功郎　鄭文字貴父貢州敎授　何士良字□□博迪
功郎　潘丞強字知柔□□丞　蕭偉字子章文林郎湖南提舉司幹官　候官 黄□
字□仲　洪元芳字德廣　懷安 程佐字右之迪功郎惠州監場　趙載字厚之宣
敎郎　長樂 陳摹字宏遠宣敎郎　連江 黃茂材字少魯知黃州　羅源 楊曾
字景參迪功郎　黃槐字公應宣敎郎廣東提幹　黃惟則字安國本路提舉　倪允字信
仲迪功郎廣州司戶　永福 黃中立字少度通判德慶府　福清 李昂字圭仲知長興
縣　林文潛字景昭宣敎郎知鄱陽縣　黃光宗字錫朋彥之孫南安簿縣無考

紹興二十七年丁丑王十朋榜

閩 陳峴字汝仁誠之之子四川制置使　陳確字德固知長沙縣　邵德一字長卿
黃啓宗字華之匪躬之子　陳許國字忠東撫幹知江　陳阜字孝應宜州敎授
詹元禹字實夫秀州敎授　鄭禹字季明樞密院幹辦官西運判　鄭之奇字□□

陳芷字伯秀 侯官 陸琰字倫宛愷之孫知南昌縣 陳昭嗣字子晉 林宋
顯字孝揚江西安撫司機宜 黃崇字允溫溫州教授 懷安 吳三傑字秀輔 陳
餘慶字昭彥頌之孫泉州教授 林秀字元實宜教郎 朱英字秀實雄州教授 古田
蔣康國字彥禮饒州司法 長樂 陳端友字士魯鄂州司戶 羅源 周邦
翰字立卿容州教授 黃掄字公擇梲之弟太常卿 吳丙成字德常從政郎馬平令
永福 黃輔之字成德通判舒州 張春字景陽湖州司戶 張廣字行儉奉議大
夫 黃文度字萬頃 福清 林介字幾叟昌言之子 張構字元幹太學錄 江
文叔字清之 何若字知白士貴之弟汀州教授 王宗已字子由 陳駿字[illegible]
之上四人
縣無考

紹興三十年庚辰梁克家榜
閩 馮田字宗易知夔州 陳嶠字次山巒之弟漳州司戶 余宗字伯宗建寧教授 徐
壽字體仁 林譽字茂實蕡之曾孫建昌教授 黃冲遠 陳宗召 任
文茂 陳朝章 陳伯震字景方肅之子邵州教授 鄭鍔字剛中 黃
杲字升卿瑀之子宜教郎 周擢字芳彥偉之子掄之弟 林元奮 侯官 林
仁壽字元齡 黃由 王亘旦之弟 葉世美 姚俊之字[illegible]明分
宜射 解梓字少良 懷安 陳唐佑字佑之寧周司教授 林世用 王明
𨾊字共臣知龍南縣 張竑字大明承務郎 閩清 蕭德榮字清夫宜教郎 陳[illegible]
章字煥然 羅源 陳善字子燕太學錄 黃標字公材梲之弟 永福 林公壽

韓成章字景達從政郎 福清 林禴字[illegible] 鄭永年字壽卿年之弟 朱
高份字元質 鮑析 高衡夫字正叔 林英 陳公紹 朱
用亨字坊公 林淀字正甫淬之弟 楊興宗字似之惇禮之孫
上五人縣無考
隆興元年癸未木待問榜
閩 楊翼之字獻臣 樊仁遠字少從 王唐字宗堯從政郎 黃鉦字子大
黃惟孝字公友興國軍教授 侯官 陳敦脩字伯厚杲之孫 陳宋稱字元用
莫子震字震卿子春之弟 程澤字仲遠迪功郎 柴子春字震叔 林炳然
字[illegible]甫奉政郎 林虎字伯康安國之子知保昌縣 懷安 王襄字子允 林穎秀
之字貴卓迪功郎 字郭義吉州[illegible] 閩清 劉已立字宋弼迪功郎 長樂 陳

彥齡字彭年祈宗教 羅源 陳申字景伯 李願年字世卿迪功郎 余廣
珍字侍聘 楊秀實字茂材 永福 吳拱辰字望之崑山尉 鄭瑞字景梓
吳會字致堯玉山丞 張淵字叔潛 福清 商侑字元佐份之弟 張可遠字伯
永 林楠字子長仲堪之孫 王仁字俊夫迪功郎 鄭椿年字春卿廣州戶曹 黃
洽字德潤資政殿大學士有傳 何萬字一之 林師莘字子野同之弟 林淳字質
甫潮陽尉 鄭嗣誠字明叔 陳言應字景亨元應之弟
上五人縣無考
乾道二年丙辰蕭國梁榜
閩 趙燁字景明第三人燁之弟 陳悅字彥安崇安丞 周掄字聖擇偉之子東陽尉
許仲容字必通 曾植字元徐 張暈字去華 王靜字子仁縣令 連

辰字叔達　陳祐字子仁　黃孔光字晦叔　南朝英字進之　李洞[illegible]伯
廣廉之孫　張少英字叔俊　王浩字彥真迪功郎　劉岳字崧甫　鄭湜字溥之刑
部侍郎有傳　侯官　彭演字子山公永之子煥之弟　余衎字子揚　林猷字山甫縣
令　李宗甫字崧老朝奉郎　田質字文伯　楊梅卿字子和　陳德銘字[illegible]
叔　懷安　楊冲字飛卿宣教郎寧國府僉判　古田　陳滂字宋[illegible]　閩清　蕭
必豫字伯謙教授　池獲字叔大保昌尉　黃士宏字時用朝請大夫　長樂　陳
以人字用以侍郎　劉礪字用之砥之弟有傳　林彖字國和通判[illegible]
二萬餘人累官兵部尚書禮部侍郎卒封秦國公[illegible]朱熹為世所稱　劉砥字[illegible]之有
傳　陳孔光字德[illegible]　連江　陳少英字俊明[illegible]山尉　羅源　張瑜字[illegible]

何琟字公端　永福　蕭國梁字梃之第一人著作郎太子侍講兼禮部郎官　江司
直字惟清知萍鄉縣　朱煥字尋蒙　梁京字景大　吳景辰字應之　黃公
槐字仲炎迪功郎　福清　陳信字武仲溫州司戶　劉潮字伯時　張可宗字因
叔可遠之弟　章次郇字[illegible]之　鄭煥字文伯　林資深字居安　黃朋舉
字無黨　鄭棠字公遠迪功郎　鄭穫字必先迪功郎麗水簿　林中字執中　郭彥
濟字邦傑迪功郎　周文權字升伯　王椎字伯準　楊譙之字叔厚迪功郎上[illegible]
[illegible]人縣無考

乾道五年己丑鄭僑榜

閩　陳樞才字元卿[illegible]才之弟　陳涇字景清　盧南金字舜伯知歙州　王深

任字元之　李宗允字與權　林可行字用之　陳孝錫字純仲　李寔
元字與善宗允之弟　陳堯佐字元翁　侯官　洪杞字季實建寧教授　馬瑒
字公實　莫子春字春卿　岳牧字朝咨　楊應字定夫　陳嘉運字京[illegible]南
恩州教授　洪格字伯正知瑞金縣　王基字[illegible]之　張伯宗字[illegible]叔　林之[illegible]
字少淵化州教授　陳山甫字次仲　懷安　林叔秀字文之秀之弟　林褒
字秀實　古田　余宋興字輔之　閩清　黃景說字巖老　長樂　鄭舜[illegible]
卿字[illegible]任[illegible]孝之孫　徐長卿字元公英州教授　陳茂英字秀實長興尉　林珪
直[illegible]　連江　林昂字[illegible]卿　羅源　陳駿字[illegible]仲　永福　鄭僑字惠叔第一人
[illegible]文殿[illegible]七　杜中字景[illegible]朝請大夫　黃師尹字[illegible]　黃揆字[illegible]

福清　陳震之字長大海鹽簿　高南壽承奉郎　林棣字子華[illegible]之孫晉江令
林丙字晦卿　林廷端字端甫華亭簿

乾道八年壬辰黃定榜

閩　李泳字深卿　邵觀字明卿　趙焯字景昭　張侍舉字文貴　林致
字覺之　陳鶚才　陳炳字宜之禾之子戶部侍郎顯謨閣待制出知邵州　陳嗣
明字子文　林煇字煥然　侯官　陳億字億年邵州司戶　洪叔莊字端卿元
芳之弟　林行可字可叔　李崴字景清　鄭睎璿字介之　鄭適字聲之
之孫　陳仲禮字和叔　懷安　俞言字昌老　葉明之字伯晦　古田　邵
景之字秀山　閩清　蕭誠意字正甫　長樂　陳百揆字汝宅一之子

州教授 陳百呂字汝京致一之子百揆之弟英德府僉判 翁韶字伯紹通判 林肇

黄旦字昇叔 陳公亮字欽甫 陳桂字岩起居郎 林彦常建陽尉

永福 黄定字泰之第一人國子祭酒有傳 蕭說字巖起 黄岳字帶臨師尹之弟

黄方開字必先從政郎 福清 游士衡字宋衡 潘元震 鄭少魏

字良臣 張渙然字子文 梁甫字仲將保昌丞 高安世字景長介卿之子 高

介卿字元節迪功郎 劉文植字季成師堯之子 楊繼祖字光宗上七人縣無考

淳熙二年乙未詹騤榜

閩 宋士挺字君卿 翁順之字正之 陳昇字士平參之曾孫 楊東

卿 王廓字彦容之弟 王韶佐字公 林鳳字子皆 楊惠字彦仁

肇之字子仁德之孫 侯官 楊敏仲字彦之 陳孔碩字膚仲夙之弟秘

閣修撰有傳 闕文通字叔介之曾孫 劉商衡字美 范文壽字元龜

余伯寬字景仁 彭煥字子冉來之子 陳次公字容叔鼎之子 葉楠

字叔特 鄭應辰字伯告 解渙字子述 懷安 彭松字伯岳 劉公予

字君錫正之孫 閩清 林文仲字次章選之孫 長樂 潘必勝字孟武 吳

節字立卿知縣 李中字叔初 林立之字士立 張叔向字子政 陳樞

字周之御史 陳萬字亮功 羅源 王得遇字晉卿 張十南字唐英

節度至兵部郎中 倪民獻字襲周忠州教授 福清 陳少卑字舜卿 林穎

字叔寓 楊楸字時叔州教授 和 姚宗虞字脊叔 陳聰字上達 陳宗召

吳桂字子芳 江立叔字權卿叔之弟 文 陸伯正字景端 王萬

全字子耕 高邁字德遠上四人縣無考

淳熙五年戊戌姚穎榜

閩 湛循字復之 鄭應中字崇叔 陳介卿字通叟 孫[illegible]甫字周翰

陳石字潤甫 鄭瓚字黄中楷之弟 梁大亮字明叟猷之子 陳用之字景

亨誥之孫 侯官 方嶸字仲和 黄泰之字茹之 林釆字質夫之孫 大 陳綱

字文龍 懷安 曾春字子仁 長樂 卓杰字梁父州學錄 卓[illegible]字上

刑 陳自強字勉之慶元中以韓侂胄童子師得太學錄未幾入館擢右正言遷諫議參知政事右丞相

丞相審聯貪黷侂胄誅 陳絢字實卿知曹城縣 李昂字文瑞知建縣

叙死廣州詳見宋史

陳寬字次公朝散郎 陳平字道卿衢州判 劉允成字士 陳樸

字元老 連江 陳子擇字昔甫 羅源 潘鳳字儀仲麟之弟 潘麟字仲信

余及字企和知撫州 鄭禧字天錫 陳公顯字叔晦孫公奉之弟 黄序字子

申維則之子兵部侍郎 永福 陳明作字用晦教授 柯才聳字才迪功郎德化

溥 謝昂字新伯承議郎 蕭國馨字隱之國均之弟英州教授 蕭國均字秉之座

陵簿 福清 鄧林字楚材石城丞有傳 王方 鄭鑄字叔尚 林懋 陳

震卿 字魏 朱木字仁叔 任燁字仲章 張若霖字佐之 柯甲字德初

張鬲字東卿 吳罕字允成 姚祖賡字子復瀛之弟 楊梅字通老 王宗

信直 字元 劉岳字公輔裴之子 彭夢賜字德寬 林劉舉字漢士上十人

無

淳熙八年辛丑黄由榜

閩 朱昂字調父 孫格字正甫 王瑜字器之 王宗度字叔震 陳仕

表之字表 歐賡字少皋 黄左之字繼周 陳永叔字脩父 黄楠字景

成文林郎 何庇字叔信 陳宗訓字彝叔仲誇之弟 李公升字上召 侯官

潘士表字伯仁 蔣斌字文叔 王椿字春卿 洪綬字恭叔 陳朴字義

叟 陳綽字景陽 洪公巽字伯權 曾銖字聞之 池申字崧卿 方寀

字同甫 洪鑄字成文 陳脩字脩年德之弟 懷安 陳珪字清叔 李賁字彥

實 林觀國字邦光 古田 陳岡字伯嵩 閩清 黄瑾字子周之子[illegible]

郎 葛有與字可大 長樂 張紹字誇父 張紱字文代 陳可行字[illegible]允

功 永福 林谷字聲之 王泰之字[illegible]通直郎 吳畯字力本江山丞 蕭[illegible]

字方叔知興化縣 福清 俞南仲字山甫 林僩字子實 陳天宜字祐之

朱淵字似 潘湑字普之 周震字永叔宜老之孫 曾髀字嵩仲賁之子 陳

亢佐上六人縣無考

淳熙十一年甲辰衛涇榜

閩 呂啓宗字景初 高旹字景端 林士衡字商卿 潘子儀字行

父 連虞鳳字應韶 林昉字子揚 鄭域字中卿 何士顯字昇甫 余

周之字行仲 鄭欒之字衆 高名世字與之 梁禹字景明 侯官[illegible]

宜中字行可 陳旺字仲卿 楊安之字勉 鄭昌之字伯耆昻之孫 曾應

字謹之 懷安 林文蔚字宗之 長樂 王益祥字謙叔第三人益祺之弟江泉

提刑有傳 陳纘字嗣公兩淮運使 陳綰字晉卿知德慶州 鄭沐字宗魯 連江

李燊字旹中 陳舜申字宋謨侍郎有傳 羅源 周士貴字良彥博士 葉

景溫字仲寶 永福 江伯虎字君明朝散郎 張起宗字起之 福清 林

瑑字景長第二人適之孫 方壽曾旹可之孫[illegible] 陳子冲字致遠 林瓌字景

宋適之孫 林復之 林瓌字景溫適之孫官至直天章閣年九十終所著有通鑑記纂

夏允中字彥執 劉[illegible]字仲新 薛孟能字子之東機宜 黄善字子[illegible]

陳瀾字伯晉 林叔起上三人縣無考

淳熙十四年丁未王容榜

閩 林選字擇行聲之子 陳元衡字華夫誘之子 林執剛字[illegible]國 朱[illegible]

識吏部尚書兼侍講 林千字能之億之弟 柯坟字經父 鄭昭先字景紹知樞密院

有傳 陳誘字循仲公格之孫 陳方字與直 陳誠中字表之 黄恂字[illegible]信

陳億字叟卿 沈康字五叟 林栱之字應中 謝伯常字夔叟 柯謙

宗字次恭 陳壽字仁甫 林子發字藻之 鄭德美字景紹 吳申字[illegible]

直 侯官 陳元字仁之第二人 陸彥敏字誠之蘊之曾孫 林翹然字[illegible]夫

劉松字公茂奕之曾孫 吳孝齡字仲彥 方巖起字伯[illegible] 閩清 林伯

成字性之自之子 長樂 陳核字崧卿通直郎 林邑字仲山參之弟太常少卿 陳[illegible]

烈字尚卿朝散郎壽州判官林時英字才甫連江黃子壽字元大林
琪字材甫新化令李庚字子西陳德豫字子真大理卿有傳羅源陳公夲
字叔導作之孫陳甫字景山甫中之弟永福黃宏字彥之子黃自誠字平
史福清方沂字伯春商价字介節份之弟朱金發字伯龍巖簿有傳林
侁字謙之僑之子

紹熙元年庚戌余復榜

閩潘景伯字仰之師孔之曾孫顯伯顒伯之弟淮東提刑林廸字順卿淮東提舶廣陳
櫄字宜之林億之孫字一林挺秀字君實李昭字晉甫柯時中
蒙字伯李元輔字俊卿陳士表字正叔廣州倅黃廣字炳文潘顯伯
字肅之朝散大夫徽州倅潘顯伯之字懸黃勻字鈞可鄭行可王元
應字堯初堯臣之孫大理寺丞許俊第之字用侯官張益之字子吾王
口字子周陳子堅字子然之子正倬洪搏之字舉姚有容字君介房州倅
懷安高惟月字明之中奉大夫潘文煥字章李熹字吾若鄭垕
字叔曾準字正叔春之弟廣東提舉古田林演字宜長樂陳涇字正
仲林藉字叔軒丁熙連江陳冲字翼羅源葉宗魯字
驂黃瑄字漢珍邁之弟陳暌字叔大大理評張牧字起之子陳擬字
之與行之子通直郎黃備字叔熙陳德進字實張從之字子翻之子擇
廣東運判陳與行字叔度知化軍余大迪字叔永福黃諭字靖

州郎教授潮黃千里字及之建陽縣知梁發字亨甫湘陰縣知張任國字梓
陳儀之字士麟柯萬卿字通老縣丞盧鎮字伯真振之孫黃甲字仁
叔縣丞福清林振字宗王仲堪之曾孫知邕川卓石字起甫林灼之字俊
劉植之字直之鮑黔之字表潘梅字子調馮欽字龔仲鄭牧之一
徐次鐸字叔文陳桂字景遷縣無考

紹熙四年癸丑陳亮榜

閩任一鶚字冲卿中奉大夫孫文蔚之李宗申字之翰曾𡨴字子植之子肅
齡之弟大理寺正朱荀字景荀知宣城縣連士登字元晉之縣令陳惟和
字伯溫蘇端準字平鄭楠字廷碩陳克之字俊陳至和字季濟
之子黃民表字儀可陳彥績之字文侯官陳怡字子朴之弟如陳興
字公部之孫林子冲字叔陳忠之字誠陳武字子公之弟文炎懷
安林復之字幾叟知潮州任匯字會卿吳功亮字汝亮之弟吳時
亮字汝弼古田林師臯字古之瑞金宰閩清陳萬頃字萬司理應葛
有立長樂陳景年字通卿孫吏部架閣堯佐之陳伯震字震之襄之八
世孫龍圖閣學士王冲用字用之連江陳德一字長明朝請郎舜中之子知宜
州有傳羅源林仲龍之字學黃士清字仲子知賀州通槐之黃士特
字仲子鎮州倅沉擦之黃說字仲宜永福黃守字問之州教授永林獻字仲
可福清劉之邵字仲六合縣美知鄭牧林昱字明中馮多福

孚季求寄常州　蘇興甫字起宗上二人縣無考

慶元二年丙辰鄒應龍榜

閩　邵應祥字子百　鄭孝純字士頴　陳鑑之字明　陳同伯字升父元
之之　楊景尚字子起　鄭唐臣字師稷　陳京字景大　林景達字泰
叔　邵應瑞字子祥之弟至應　任一龍字驤卿文之孫　張可大字子功
鄭流字深之　柯必卿字茂之　林景中字及甫　林應龍字升之　陳
諤字士雄行南司理　阮慉字君光聘澤丞　柯龍戈字用之　朱景筌字伯魚
林起莘字任之湖南倉　歐質字少康藥之弟　鄭天麟字仁父漢之子　候官　鄭
拱字恭甫　張士炳字然　韓同字遊　葉箕字實之史部郎中
夫　方隆字景可之曾孫　葉發字定叔奉議郎　陳沖字和仲　陳季[illegible]
之子　安卿　懷安　洪杲字巽之子　余經國字伯文奉議郎　潘剛字
剛　古田　余亮字夔州判官　余夔字良叔贛州司理後之　長樂　林關
啓　字伯　陳淶字季江彥孫江東提幹之　鄭益字子友　王益棋字叔願周
申甫字及　連江　陳權叔字懋立從政郎四川茶幹　羅源　陳一清字父季
永福　劉三益字巽大　福清　林清之字直前大夫直華文閣楙之子中奉湖南
曾　林信字景伯　王淑字叔觀　葉子高字安仲大理評事　葉觀字家
劉宜之字行可上四人縣無考

慶元五年己未曾從龍榜

閩　林癸字仲申　湯震字子春　傅起巖字用卿　鄭碩字叟　鄭
字逸之之弟　李起渭字望　項為開字啓叔奉議郎　池鑄字成大　方杰
字宗卿朝奉郎　楊惟寅字恭叔　陳亨建字山　侯官　梁丙字南叟朝奉郎
知泉州　李沖字蒲卿子監簿　蒲開宗字國章之子　蕭杞字先之克南朝奉郎
江公宜字行之承議郎　陳孔夙字文叔之子有傳　林龔字寅伯克
楊譽洵字誠叔卿之弟梅　姚子才字君用有容之弟國子祭酒　齊琥字
李大有字景溫丞相綱之孫奉議郎　懷安　王天言字誼　李德立字
卿　劉洙字光大若監之玄孫　陳端字仲　古田　蘇大璋字作有
長樂　林魁英字伯實之弟　黄岦字季立　陳起光字
卿　高雯字正武　歷源　何應酉字方子知德安府　永福　黄寔字
之子斗南之子知汀州　柯蒢字景光才之弟通直郎　福清　敖陶孫字器之陵僉判有
傳　林孝聞字賁父大理寺丞知撫州　陳大雅字德　陳貴誼字正起居舍
人有傳　劉沐字季新潮之弟　林圖字伯農　林申字伯浙運判

嘉泰二年壬戌傅行簡榜

閩　柯誠中　陳俞字益之太常博士　葉楠字伯材　陳夢章字文卿通
判　余嘉泰　楊景良　林光敷　陳士表字正之之孫
之子知岳州　李增興字維岳　鄭震字叔起　侯官　吳俯字伯昇
王同字會之之子亘架閣　丁謙字貞甫　林半千字君選擬刑　姚同[illegible]

江巖公 陳端甫字莊卿 [懷安]田元晉字明卿賁之弟 林
字通甫 [古田]林森字子林 [長樂]林得中字仝晉劍州通判 卓然字叔
昭 林晉之字明卿宣義郎 潘子京字貴高冠英之子 [連江]張邦用字惠
卿 趙綰字伯達朝散郎宣黃簿 陳槐卿字懷叔英之子 少 侯國字千里 [羅
源]黃孟永朝議大夫 [永福]蕭巘字師先均之子 李伯塵字景叔 [福
清]陳紘 鮑介然字全叔 張渙 趙綝字君善 林子正字少
蒙上三人原無考

開禧元年乙丑毛自知榜

[閩]周鼎來字方叔放之孫 楊公俊字君 陳琢字端正父宗少卿 劉熠
字景文明 黃灝字商老刑部郎中 林執善字成己 陳李麟字文儀 連
懋字勉之辰之子 李萬傳字聲之 陳垓字漫翁禾之孫直寶章閣淮東提舉 林
應行之字宜 羅誼字宜之 林鈞字大鳴 仵公玉字潤父 林子昌
字文甫 儲天祐字保之 陳韡字子華孔碩之子參知政事有傳 梁成大字
之寶慶初轉對陰詆真德秀諸賢拜監察御史復論
德秀及魏了翁等宜更加貶竄除右正言進左司諫
權刑部侍郎端平初竄湖州與李知孝莫澤號三凶 李起巖字肖說 [候官]吳應龍
字復之龍之弟 文 林公紹字仲遠 謝伯恭字安卿奉議郎 黃從字景古知韶州
曾應甫字聲之曾孫 安 楊宏中字充父宜中之弟知武岡軍有傳 姚自
蓋有容之 承議郎 黃公謹字謙之崇之孫 阮登字雲卿 [懷安]曾

余震字東卿 姚默字章父 卓山甫字仲山 鄭志學字立 陳甲
字景初 [閩清]葛從龍字濟之朝散郎監丞 黃肅字功父定之弟教授 薛東從字
厚 陳愷字則之迪功郎 [長樂]鄭選字辯父彥之孫 邦 陳壁字中文 [羅源]
陳逵字通卿公奉之子知楚州 [永福]陳王度字慤伯泉州司法 黃容字欽之
[福清]丘師陶字鈞父 劉龐字世叔知瑞州 姚直夫 吳當可字時
父竿之子 中奉大夫

嘉定元年戊辰鄭自誠榜是科及第三人鄭自誠爲……德興黃桂皆福州人……
傳以爲

[閩]許應龍字共甫仲容之子……明殿學士有傳 吳實字士 朱起章字之
補之子 任應龍字升卿文蔚之孫朝請郎 鄧復字仁 黃德洪字公大濟之孫
連德嘉字時辰之弟 周森字用叔 鄭仲路字文之子知連州 林
少從字振鈞之弟 陳震字東父監察御史大理少卿 陳時舉字舜選 陳子
是字去非子承議郎 葉棠字華伯 陳元之字太初 陳公益字遜之纍
官兵部侍郎兼侍讀紹定中御製敬天法祖四十
八條詔公益與近臣等撰述箴辭褫便數有覽 [侯
官]鄭自誠字信之第一人史彌性之參知政事有傳 黃桂字雲卿常少卿 太 徐範
字癸甫朝奉大夫有傳 曾夢傳字君之之玄孫 黃順卿字英伯之子主管官
諱 陳元震字伯聲春年之孫 朱伯旻字夢龍 [懷安]鄭斯立字立之
院
鄭闡珍字德昭志之弟 陳道卿字之 [古田]高子升字子官終

寺郎致仕節退清 脩爲後華所敍 施漸 字非父 閩清 黃燦 字子公 桐之子 長樂

陳朴 字德先 厚霖之孫 陳有聲 字廣宗 陳景仁 字春卿 之孫 朝請大夫致一

夫江西安撫司參議 羅源 朱實之 字允實 知興化軍 永福 黃安之 字仁父 承

五郎 黃與 字與之 泉州教授 梁子張 字振叔 京之弟 建寧教授 馮三傑 字漢英 汀

州錄事 張豹變 字仲甫 都痛 鄭夢鈞 字景石 福清 孫德與 字行之 稀

甫之子 江西提刑 特旨 林獲 字識身 知梅州 陳去非 林文禺 字明甫 廣州運

幹 陳起問 字待 沈更 字子初 縣無考

嘉定四年辛未趙建大榜

閩縣 蔡應辰 陳辰 鄭士儀 字敬之 林越卿 一 郭泳 字子

大 張宗 劉誼 字通叟 松之子 洪卯 字時伯 陳伯寬 蕭崧中

阮賓 朱春 字景榮 周千里 字駒父 震之子 林發之 黃飛

字彥翔 蔡公中 字崧卿 知惠州 侯官 李照 字輝仲 黃從仲 南劍 徐孝

顯 陳飛 陳真卿 黃愷 字魯之 曾孫 劉庚 字景長 仕上寧

陳彥信 字議史 懷安 劉浩 知邵武軍 劉珙 林樞 字景元 朝奉郎

陳雲 長樂 張琳 字蛍卿 朝奉郎 左司郎官 黃宜 字義父 學博士 宗 蔡金

陳子愚 字君愚 知營道縣 黃千鈞 字和叟 連江 黃之望 字子萬 奉

議郎 陳德林 字元發 奉議郎 黃襲 字甫 知建安縣 李韶 字元善 郭實章 閣直學 之

上知泉州有導 李寧之 字適夫 知韶州 羅源 張庠 弟 張確 字濟之

學官國子祭酒端明學士同知樞密院事進封長樂郡公卒贈少師諡忠肅爲祭酒時史嵩之謀再相林力攻

之時稱其直 陳貞言 永福 張輔 字左之 鄭良翰 字子蒙潛 之弟 朝散

郎通州 林元 字君舉 國子錄 黃夢高 字宗甫 福清 孫禮與 字發之 晞甫之

子德興之 弟建昌倅 陳祐孫 林良顯 字伯高 知連州 林護 上舍 縣無考

嘉定七年甲戌袁甫榜

閩 張正子 字子大 知晴州 朱晉 字景昭 張元簡 字敬父 制置副使 公江 李

澤卿 字叔王 王立節 字景大 湛巔 字俊備 曾善 字元甫 侯官 李

士煒 字華國 奉議郎 陶季侍 字景誠 陳及濟 字無 陳子震 字東卿 吳

文震 字元立 余觀國 字賓王 鄭國之弟 知邵武軍 鄭光增 字明之 奉議郎 鄭

自得 字賓之 之曾孫 李邁 字用之 子秘書監 中之 陳義和 字子紹 監簿

林仁伯 字敬甫 張煥 字晦卿 葉儀鳳 字子儀 黃林發 字藻卿 方

翀卿 字飛英 子奉議郎 家之 懷安 劉拱辰 字正甫 馮若水 字濟卿 戴

杰 字懷英 古田 唐麟 字德大 閩清 黃起宗 字升之 祈陽縣 知 陳季

林 字藻之 崎之子 長樂 曹伯成 字子諒 連江 林子升 字升之 宣教郎 羅

源 黃倈 字叔遠 奉議郎 黃欽 字叔若 奉議郎 黃夢穎 字秀實 子法曹參軍 宿之 永

福 柯適 字君正 判漳州 通 陳綰 字士章 福清 林倚 字數與 林炎 字中

大承議郎 陳綬 字宗之 顏惟直 字伯溫 鄭垕 字信父 李衛 趙豐

亨 字仲漁 居平江 寄 許藻 上三人 縣無考

嘉定十年丁丑吳潛榜

閩 王維祺字萬卿 鄭良臣字堯叟太常博士 陳士撝字謙仲 黃辰

顯字過卿 潘繼伯字遠華 劉忖字盛叔 林士宗字伯遠士衡之弟 陳

栗字莊叔溧之子 連嶸字清父 梁琮 陳德遇字顯仲 鄭清卿字子

直 林應辰字義夫 池昇字東叟 林觀過字自知糧料院 鄧夔字景卿

陳士介字正父 潘觀字正父 候官 楊公羽字雲翁 林紘字航之

連世榮字仁遠縣士登之子 康時之 王萬字光大同之弟 方應祥字有嘉時可之

孫 鄭應龍字春卿 吳文龍字會之 方烏錫字文 福安 李仲

滄字行可 蔡文炳字章叟 余伯泰字吉父 古田 力起字

舜字伯玉最之孫太常少卿有傳 余夢鵬字公玉興之子 閩清 黃華

舜望之子知婺源縣 長樂 李公伉字清父 連江 陳調一字叢善中之子 如

新州 李鑑字汝明東提舉 廣 包榮父字景仁郎知建陽縣 奉議 羅源 黃之望

字巖瞻奉議郎 永福 陳興龍字雲叟 吳丙字景南判惠州 通 梁子强字莊

叔奉議郎 陳垓字經甫淳祐中除左司諫兼侍講遷侍御史與鄭寀周坦華排斥善類實祐初以賓

贓不法謫潮州 梁廷蘭字甫 福清 林珪字介卿仲甚之孫奉議郎 陳伯禹

字元鎮 林宗烈 姚文褒 林公慶

嘉定十三年庚辰劉渭榜

閩 鄭順孫字正卿 林子陽字德剛 林應運字泰卿 林公演字

之 黃士華字從伯 陳如晦字景明 林叔震字廷發 周說字壽卿

子 來之 林公慶字子仁 楊時升字季美 陳子直字剛中 王庭字簡

夫 黃亮字公甫 連少嘉字亨父 徐敏功字德新 黃稷字子卿 陳

光大字高叔 魏復亨字景陽 梁夢庚字季明庚之弟 應 任友龍字

卿第三人文篤 潘可叔字君猷衛之孫 宜 教郎淮西運幹 候官 王振

之孫贛州倅 父 字宗起 盧壯父字武子同父之弟直學士院 曾齡字公壽 彭綸字明之公

來之孫 南 葉一新字一 推 曾部顯字子紹佽之孫 吳易簡字敬甫元

外宗院 衡之 柯亨宗字衣開 懷安 陳寅亮字恭甫 王振字巖起 王泰

子 字

定字充甫 陳澄子字景淵 李公鑰字舜臣卿之弟 慶 古田 林敏字正

父 閩清 黃師參字子魯子南劍添倅 景說之 徐夢得字宗說 池洙字元

魯 長樂 陳子誠字若虛朝散大夫 周甬字子餘 徐漢章字清之 林

搢字舜咨 永福 何守約字宗臣 黃起渭字濱叔知富陽縣 黃君鳳

字仲父毅之孫 福清 陳景明字仲晦 劉垕

嘉定十六年癸未蔣重珍榜

閩 謝觀國字賓之知新會縣 張如恩字亦發知瀏陽縣 鄭清子字景夫

曾公威字誠叔 戴翼字汝諧知邕州 馮惟說字巖起 任一鳴字登卿

陳瑄字宏玉 任惟明字華卿一鳴之弟 一鶚 陳士脩字教卿誠之之孫表之弟

鄭公孫字仲矣 陳子順知永豐縣 候官 陳夢庚字景長 陳元鳳

儀叔 知東莞縣 曾必大 字萬子 梁柱 字君佐 黃脩 字誠之士龍之子貢廣府
陳應龍 字景雲太常博士廣德軍添倅 游繼榮 字華甫 葉及新 字汝熙
陳著 字居晦 懷安 林楠 字景長樞之弟通直郎建寧教授 劉天乙 字伯應
林龔鳴 字巽孟 卓杰 夢呂之弟 廖福孫 古田 王公廙 字子敬
蘇志洪 字伯大 閩清 鄭德起 字功父元樞之子知興化軍 葛崇節 字陶
翁大理寺正廣東運判 長樂 陳逢寅 字必發 鄭嵩 字伯齡 連江 李任
字之遠紹鑑之弟朝請郎 羅源 黃萬 字成大 杜輔良 字敬老 永福 林宋
煒 字力叟廣東提刑 福清 林明之 字濟父仲樸之孫清之之弟 林呆 林
桀 字伯遊 林濟 林琥 字君玉 林奕 字起伸中之孫大理寺丞 彭犛午

……錄考

寶慶二年丙戌王會龍榜

閩 湛若 字自然校書郎 沈膺 字多福廉之弟 陳一震 字文夫 阮國實
鄭申 陳駿之 字景贊諧之曾孫 陳鑄 字禹臣炳之孫朝請郎主管玉局觀 梁
應庚 字本仁 鄭岩舉 字克臣 鄭公望 字孔章崇舉之子 侯官 陸棋
老 字翼翁 林晉 字季山 陳士晉 林勵 字勉夫賓州教授 鄭概 字應
禹光 增之弟 陳斗應 字上建建之曾孫朝奉大夫 盧同父 知汀州 王震定
字東父泰定之弟通判漳州 陳樵子 字楚老 懷安 田元煥 字和晉之弟 鄭元
林桂 洪昇 字平叔 陳應龍 字震之 閩清 黃夢應 字汝端之孫

州 通 黃師雍 字子敬景說之子禮部侍郎有傳 池師魯 字遹伯 鄭濬
大 朱日炎 字汝明 長樂 李角 字國 率定 陳樅 字君晦子愚之弟知惠安縣
陳文新 字德益 潘津 字公登濬之孫立本之弟 林夢龍 字仲攀 連江 嚴
懋德 字叔文安溪尉 黃公賞 羅源 余冲 字雲翼 永福 黃起顏
字庸叔 林聃子 字應之 鄭宅 字淮西遷管 黃發 字乾叟知興化縣殁於王事封忠壯
侯 福清 林宗邁 字仲遠 徐天驥 字退之漢章之弟 林杞 林充
國光 字伯 林洪源 字汝濟良顯之子 鄭師申 字景嵩晉先之弟 上官栗
卿 陳瑞榮 商景春 字熙叔上三人羅鎰考

紹定二年己丑黃樸榜

閩 陳裕龍 ……同祖……之孫 林伯虞
傅士龍 州添倅 遽同之 嘉之弟 顏得 謝謚之 字君益 陳桂芳 字
州教授 湛霖 衍之孫 連士看 字廷舉 陳伯圭 字禹錫泉州教授
張元嘉 字鼎叟擢之子 林禹臣 先慶神童科免三次文解 黃昌 字建之 侯官
黃朴 字成父第一人歷館閣吏部郎廣東漕 余正 字載 章以貴 字運幹 一人
徐孝忠 字德復 李慶卿 字舜元 楊豈 字維岳 陳同叔 字方 李
宗勉 字景全 林櫄 字以樞 懷安 卓炎子 字起晦 黃伯餘 字中立
古田 張亨庚 字子西 蘇士穆 字敬父大璋之子知福安縣 閩清 陳鶴
子 字肖翁知東莞縣 長樂 黃用賓 字宗孟 潘立本 林關先 字

滸夢春字得可知監　吳建中字子大度判官　[連江]陳鑑明
陳高子字粲良架閣　劉漢英字彥實　陳瑜字純夫　[羅源]林貢
孫字叔登　[永福]黃濤字源長文閣知吉州　張楠字景東運幹　大賓　屢章
字鑑叟師孟之孫　[福清]林公度字伯厚　劉應東字震潮之孫　丘元龍
字肖翁知晉江縣　高建翁　彭雲震字欽仲　彭寅之壽午之弟　林公志
字伯成通判泉州　何士順字昇平迪功郎　孟端慧　朱珏　林德宜
周僎上八人縣無考

紹定五年壬辰徐元杰榜

吾名字伯　黎濟之字　黎克庄字　陳一鳴字中

劉翔同理　陳信字子志晚之孫　高元椿　曾應之字仲　陳子
雲字景內士衡之子知寧化縣　[候官]陳南英　黃發古字希文　陳子
智字長仁　張天定字能甫　吳瑩卿字士輝　王辯字士康　王必張
字景韶泰定之子　[懷安]張卿明字如月　何淡字撤山　陳由字以義　魏
教字舜咨　王子端字正臣　[古田]林貢謙字敬仲　鄭公王字澗甫
判通判有傳　蔣逢午字君過潮州尉　[閩清]黃一震字聲道　黃淯字仲
[長樂]張鎮字重甫第三人之子通判紹興府　郭正子字養正州教授　陳子
椿字若彭孫知英德府　致一之　林元晉字德父學導　林楷字伯武　王
卑孫之知潮州　[羅源]陳惟月字萬里　[永福]張曾仲字景翼東之子　雲

黃鈞字均國　鄭益祥字進卿　林經德字伯大　洪夢龍字
縣無考

端平二年乙未吳叔告榜

[閩]潘昉字昇堅第三人子儀之孫潭州通判有傳　張興龍字雲卿架閣　林存字以道累官吏部侍郎中書舍人兼直學士終同知樞密院事兼參知政事存受業真西山之門居官有時名
鄭發先字景仁　郭夢龍字能甫　陳夢炎字南國之曾孫　王潭字
甫　陳垌字魯翁孫江州添倅　陳應甲字松叟主管西外睦宗院　林似孫字
有　林端起字伯起　陳繼祖字公紋　[候官]曾希林字茂實　謝正
卿字允中　葉天佑字吉甫之曾孫　葉　字長　[懷安]陳

余帝與字　張仕表字仲　林發實字夫
賓字光仲文新之子　潘午亨字子通　陳子植字日華文閣　起直　陳炎子
字宗合高子之第三省架閣　陳容字公大夫有傳　儲朝散　王龍應　[連江]林
漫　蘭斗南知貴溪縣　[羅源]葉哲佐　[永福]張堯翁字文伯
林昱字子禮內舍　[福清]林希逸字肅翁中書舍人有傳　許一鳴　連
復孫　陳準　鄭如祖　林應炎　陳福龍　丘
字成作　陳夢龍　裘牲　張宗傳　陳登　鄭士謐
黃師心　阮嘉謀上十三人縣無考

嘉熙二年戊戌周坦榜

閩鄒澤字君美第二人陳士發字崇叔林奭字君召元耆之孫通判寧國府劉
同叔字恭甫歐陽起鳴字以韶候官許文岳字英叔姚逢午
字南起王履定字和甫泰定震定之弟黃士度字則陳中孚字信字蕃
陳存夫字若翁建安尉懷安林昌泰字壯行梠之子郭元龍字[illegible]臣閩
清黃渙字子達師參師雍之弟陳根龍字光用黃玠字宜父顯之子林
應龍字辮叔長樂林汉立字公可連江常挺字方叔參知政事有傳
陳切學字行父鑑叔之子黃宜羅源陳天典字唐佐黃綱字[illegible]
秉純之子林日華字世[illegible]永[illegible][illegible]德垕字子[illegible]黃[illegible]
[illegible]

徐華老字君實徐壽發字君[illegible]老之子[illegible]張應炳字[illegible]起林湖孫
姚震鄭奕馬巖叟林望龍許子正上九人[illegible]
無考

淳祐元年辛丑徐儼夫榜

閩潘龍字友夔馬載字性厚任仕宏字叔達友龍之子鄭嗣祖字士
蒙劉英發字漢叟翁涇老字清叔陳森字榮仲陳必大字明叔光
大之弟候官黃景亮字通父林畊字耕叟陳珪字季望程應斗
字拱夫陳首龍字隱翁黃澤字可大陳叔似字少洪程若水字涇
甫懷安陳天福字[illegible]子林立叔字子善古田陳德應字叔[illegible]

長樂高洪宗字晞曾卓右龍字帝弼陳知章字華叟震之子[illegible]
江趙沂孫字晞曾羅源黃俞字堯咨銳之子曾州教授吳龍起字曾應
永福吳附鳳字于韶奉大夫朝蕭泰夫字宗道王榮公字仁叔泰之孫
福清宋伯奇字汝穎蔡應龍字舜臣林藩字厚甫林登林
時龍高霆字閣季沈金煥字濟卿縣無考

淳祐四年甲辰留夢炎榜

閩下元虎字仲元李大有許必發林得龍候官
余孟成字根之王得一字善甫葉自黃庚孫林公[illegible]
字庭植張榮[illegible]連通懷安陳夢辰字東父閩清[illegible]

孫字貴夫[illegible]之玄孫長樂陳合字[illegible]翰林學士同僉書樞密院事
坐累免終宣奉大夫貴政殿學士謚文惠張鏜字[illegible]甫陳多福字日升列學正
盛載連江林公玉字文振[illegible]人有法其地始有登第者貢士
之子學林禾林宜高知潮州縣羅源蘇[illegible]字世光永福陳[illegible]
字浴甫盧鉞字威仲戶部尚書林起巖字濟叔興化令福清鄭格字迪民
飲縣有傳林疇字用[illegible]陳仝千卓石詩俊第馮欽
林振祖

淳祐七年丁未張淵微榜

閩林孔賜字[illegible]桂陳鑒之字剛父王光亨字汝通陳沂夫字[illegible]

陳棟孫字壯翁 候官姚垣字洪勳同之孫授館文思院 方澄孫字蒙
中 方大任字君用 吳珪字君直 葉觀光字元賓 卓夢呂字周翰
葉應得字吉甫 懷安林士愷字仲容 曹有開字必卿 林應發
字華遠應炎之弟 陳堅字節夫 古田張疆字庭實 章孝參字魯士[illegible]慶殿
授有傳 閩清葛鑄字禹仲 陳福龍字景雲 長樂鄭棋先字介甫
陳獻字眞叟 林鑑字起巖 連江陳應元字季仁 鄭景仁字季彰
孫鼎來字中父朝請郎 林介甫字正叔 鄭能定字啓夫 吳驥伯字仲
良 黃顏卿字大過 陳應角字軒伯三徽之子 李圖孫字子舉 福清
林夢壽字伯章汀州連城尉 范庭義字行可太學 林希道字存翁 夏

午字宴仲潮州推官 高全誼字行甫縣無考
淳祐十年庚戌方逢辰榜
閩清陳皆 長樂陳天麟字以仁咨之子 陳子冲 林公度
連江王夢龍字應祥侍郎 鄭應大仲南安軍 陳炤字克明廣東路安撫
使 永福黃潮東字東海 福清陳君實監左藏庫 陳西應 林
仲仔昭州立山尉 許霽炎 林公聳 孫附鳳 陳無咎
黃裳 陳時 陳元德 方夢開 張尚德 丘
闢之 王以寧 潘德遠 黃秀實 楊尚 林開
先 王應霖 張珽彥 王景魯 游明復 黃黌

陳霆 陳與埶 陳塏 陳應弼 黃士虎 洪
應辰 陳師呂 王同叔 潘同叟 林均 黃維
銳 劉元常 蕭和 潘涇律之弟 鄭一鍔 曾森
陳子祥弁之子 林昌實 王弢 曾士衍上四十人縣無考
寶祐元年癸丑姚勉榜
閩張錫留庠之子 林津龍禹臣之子迪功郎 吳秀發字宗魯光祿卿有傳
候官陳垕子燕子之弟 懷安陳瑛唐佐之孫 長樂陳剛翁字[illegible]
散大夫知循州 林友龍縣尉 高載震之子 陳夢發字以道容之子通判[illegible]
府 陳夢圓高子與子之弟 連江孫應高劉 王文龍中 林坤

戴迪功郎 羅源鄭東之 林璧秀之孫 福清郭時中 陳
彙夫 陳立翁彙夫之子 林自懋 林福翁 林公明
林泳希逸之子 林黃 吳起龍 周應復 蘇春孫 鄭
得助 鄭子酉 馮應及 陳用和 林孔實 葉
木 李特昭 任豈潛 陳秀瑋 張澤 陳懋欽
潘文卿 林貢子 黃明 陳中正 吳洪 林孔
范 王飛卿 周堯咨 陳琥 高達之 陳應遜
劉君遇 王維新 王霖龍 黃岳上二十九人縣無考
寶祐四年丙辰文天祥榜

古田蘇德載　許一鳴　李斌字允大泉州教諭　閩清薛叔
之　張夢高字起龍　林應昂字仲順　陳仲賓　鄭文龍
長樂林鏜字時大大理寺簿　林春一字端父公燮之子通判泉州　楊琦太學
博士　林元復字仁初沙縣簿　楊次鄭　楊夢年琦之弟　林伯介字剛
中　陳懿伯字宗癸奉議郎　楊叔濟琦之弟　連江劉木潤　鄭應
雷　羅源陳賞　陳同明字師晦　陳俞字與叅　永福倪洪
上舍　福清鄭君薦　許自作郎　陳龍齊　劉午道　章贊
王禮文　李周翰　陳卯東字子中之曾孫　郭陳庚字子長
翁仲德　王龍應　李光大　李振祖皇臣之玄孫　陳若
蒙雄之孫　歐崴　吳之選　任汝賢　洪子壽　林林
黄應辰　吳之道　林光龍　黄必大　黄逐
王良翁　林孟磯上十七人縣無考
開慶元年己未周震炎榜
古田李體學　連江趙時玧　羅源鄭蜚聲　朱文
備　福清陳介潮州判官　林嵩兩浙運幹　陳逢鯉字壽節慶判官　張雷
震主簿　林方春廣州鹽幹　林象祖饒州教授　趙必給縣令
景定三年壬戌方山京榜
閩清黄文焴　蕭趙夫　長樂林起東運幹　羅源王鼎

于則仕推官　福清陳巖石介之子　陳庭芝鼓之孫　王鶴
令　林友龍縣尉　盧龍應教授　丘應申制幹　林登龍教授　林申旦
咸淳元年乙丑阮登炳榜
古田林塤　湯芳　閩清黄明豐　黄應午　秦季
梁　長樂林永字子用通直郎　陳輔伯興化令　羅源陳天驥江州
教授　福清陳介　林圭惠安丞　林君榮吉州司户　潘應庚潮州司户
咸淳四年戊辰陳文龍榜
古田李弼傳字宗　李春舜字丑父　林君賓　閩清萬天民
連江陳方叔　陳婚叔之孫　陳濟　羅源鄭鎮　鄭
季友　福清陳卓　林用中　郭拱龍　陳异翁
鄭巖　陳寀　章采次旬之曾孫　莫崙　林應申嘉興縣丞　張
敬簡　林濬子經德之子　林以弼
咸淳七年辛未張鎮孫榜
古田余發林字希董學能爲文章每操筆立就官終崇安縣尉傳　李若虚　閩
清許若彭字翁壽　陳愬翁　長樂李文發　連江林槼
羅源倪以仕字時可台州教授　吳炎午　福清何君弼
高應嵩　王光佐
咸淳十年甲戌王龍澤榜

[莆田]余遜之　[羅源]張銳　[福清]林名喜　陳[illegible]

林襲龍　林海

元至治元年辛酉宋本榜

[候官]楊栻　[羅源]林興祖 字宗起 有傳

泰定四年丁卯李黼榜

[古田]張以寧 字志道 有傳

天曆二年庚午

[永福]林泉生 字清源 有傳

元統元年癸酉李齊榜

[連江]方季茂

至正二年壬午陳祖仁榜

[福清]林雋

至正八年戊子王宗哲榜

閩清陳珪 字子美

至正十四年甲午牛繼志榜

福清林韶

至正二十年庚子魏元禮榜

[福清]莊較　薛理元

至正二十三年癸卯楊輗榜

[閩]林文壽　林海　徐宏　陳信之　[候官]蔣允文

[福清]潘騰

福州府志卷之十六終

選舉

明進士

洪武四年辛亥吳伯宗榜

[閩][illegible]字□從授□縣丞　黃綬字伯固授博平縣丞　何文信字孟誠授南樂縣丞

鄭貞仲字子正授濬縣縣丞　[侯官]林器之授文登縣丞　葉德潛字孔昭授□慶縣丞

[懷安]陳信之字信之授禮部主事　林信孚字信孚會試第三人授鄆□縣丞　林德亨授齊東縣丞　[長樂]林文壽字仲仁授鄆平縣丞　[連江]陳說

中字純中授內丘縣丞　[永福]鄭廷實字禮賢授曲阜縣丞增入　[福清]王玄範字彥文授桃源縣丞　李昇字仲高授新泰縣丞　林嘉授沭陽縣丞　林大同授石首縣丞　蔡士實字文光授遂平縣丞　張必泰字子通授寶雞縣丞

洪武十八年乙丑丁顯榜

[閩]倪炯　高景材南康縣丞　孫崇字士謙御史　陳曾　[懷安]卓潤訓導　王福御史　林細　[長樂]陳仲完字仲完贊善有傳　陳洵仁字思永仲完之弟給事中庶介英果不隨時俯仰　羅知字思貞御史　[連江]李林士字□榮瓊山知縣　丁坤字可貞浮梁縣丞　林瑜字希瑾河南參政　陳燦字起文執中之子工部主事　林龜年字千朋揭陽縣丞　[羅源]余瑲金華通判　[永福]陳賓字齊志歷給事中江西參政　朱聰字欽仲縣丞　[福清]吳伸字允嘉廣西參政

字孟文御史有傳　王暾字從晦石首縣丞

洪武二十一年戊辰任亨泰榜

[閩]唐震字士亨第二人編修有傳　胡龍　[侯官]王廣　[懷安]馮伏都督府斷事　潘善應禮部員外　[閩清]鄭義秦府紀善　[連江]陳昂字伯舉歷御史雲南參政　游義生字伯方御史議論慷慨後以忤旨下獄死　[永福]彭貞字用芳刑部主事　[福清]王辛字孔勤　林京　陳堅御史以言事謫縣丞卒于官

洪武二十七年甲戌張信榜

[閩]高澤主事　高稹　[侯官]唐泰字亨仲副使有傳　李廣祐　[懷安]孔延　[連江]林英字孟華浙江僉事

洪武三十年丁丑韓克忠榜

是歲閩縣人陳郯舉第一尋除名專取北士郡有登第者皆不錄今亦無考矣

洪武三十三年庚辰胡廣榜

[閩]張聰字達夫永康知縣以子衍貴贈主事　余灝　[侯官]葉福字叔暐給事中有傳　[懷安]曾芑　[永福]陳義生字用質刑科給事中

永樂二年甲申曾棨榜

[閩]嚴光祖　鄭瀾　王槐　陳立本　[侯官]陳貞　胡敞　[懷安]程春荊山知縣　洪順字遵道按察使有傳　[閩清]許瑢

寧源陳中 字擇中 永福黃銳 萍鄉知縣 福清陳佛 字德性 知縣有傳

永樂四年丙戌林環榜

閩黃安 會試第二人 考功主事 蔡懋 葛回 山東僉事 侯官林壽 鴻臚

寺丞 懷安鄭回 邵輝 國子助教 陳閔 趙益 御史江寧縣籍 長樂

陳全 字晃之 第二人 侍講有傳 陳驥 字致遠 主事 福清鄭添 字孔益 工部主事

永樂九年辛卯蕭時中榜 永樂七年會試至九年始試 寄監讀書

閩林衡 字宗器 御史 侯官王善 字士濂 參議有傳 長樂吳實 字中美 僉

事有傳 高濬 字惟遠 知府 季慶 連江陳善 字惟敬 御史

永樂十年壬辰馬鐸榜

閩林誌 字尚默 第二人 會試第一人 學士有傳 戴乾 字自強 刑部主事 鄭閩 字公

望 會試第三 黃澤 字敷仲 以進士朝謁即拜河南參

人 教授有傳 政 嘗領丁役之京 穢馭有恩 見河

南省志 後官終浙江布政 學兼數長 林碩 字茂弘 會試第五人

充 精於堪輿之說 所註有地理集要

布政使 侯官孫曦 字明遠 刑部主事 懷安林文灃 字有蘭 會試第五人

有傳

御史 長樂馬鐸 字彥聲 第一人 修撰有傳 連江陳潤 字澤民 建府經歷

永樂十三年乙未陳循榜

閩陳景著 字景著 第三人 循之弟 編修有傳 鄭塾 字學初 歷禮工兵三部主事 鄭

塋 字壯初 劉鳳 字伯瑞 寧知州 鎮 陳輝 字伯輝 長之弟 副使有傳 戴禧 字弘祚

林道 字崇文 御史 鄭瑛 字希梅 劉麒 字伯禎 鳳之弟 南康知府 江寧縣籍 侯官

鄭璐 字希王 知府有傳 王良 字漢臣 程震 字叔起 林定 字伯安 王弼

字克佐 吏部主事 懷安林文秸 字嘉亨 文秩之弟 審理有傳 洪英 字實夫 會試第

一人 部御史有傳 何璦 字尚白 吏部主事 嚴烜 字熙叔 御史有傳 林文秩 字禮

亨 按察使有傳 古田章潤 字時雨 刑部郎中 長樂謝復進 字叔獻 山西參政

曹賢 字叔善 太常博士 陳聰 字有臨 行人 連江孫欽 字彥敬 江西僉事 陳

鑒 字和遠 福清韓弘 字士毅 參政有傳 曾佛 字用理 馬湖教授

永樂十六年戊戌李騏榜

閩郭燕 御史 董錡 貴州布政使 吳源 知縣 鄭憲 字貞仲 懋琮之子 撫州通判

林真 御史 王輝 懷安陳蔡 主事 林得 戶部主事 林茂叔 張

舉 海寧知縣 閩清鄭源 長樂李騏 字彥良 第一人 修撰有傳 潘正 字彥

方 行人 連江林奈 字廷美 州判官 韓魁 字士擢 交趾溫丘縣丞

永樂十九年辛丑曾鶴齡榜

閩洪嶼 淳安縣籍 陳叔剛 字叔剛 侍讀有傳 林元美 字元美 知府有傳 侯

官廖伯牛 字師舟 御史 長樂王錫 字克剛 嵩知縣 陳京 字士膺 縉雲知

縣 福清林至 字晋善 六合知縣

永樂二十二年甲辰邢寬榜

閩張衎 字理文 聰之子 刑部主事 羅澤 御史 侯官姚銑 字方 禮部給事中 有傳

懷安陳復 字以初 知府有傳 長樂黃文政 字子正 僉事有傳 連江顧

璿字景初雲南參政時隣藩貴州用師討冦督餉有功

宣德二年丁未馬愉榜

閩趙悌參政　楊永會試第四人御史　陳均厚　陳賜　侯官陳順字徽仲歷禮部主事南安知府　黃紹員外　懷安吳初知府　古田陳敏政會試第三人長興縣籍　連江林滙宗字本清刑部主事

宣德五年庚戌林震榜

閩薩琦字禹珪侍郎有傳　鄭建字弘中僉事有傳　懷安張文字彥周廣東副使

宣德八年癸丑曹鼐榜

閩鄭亮字汝明會試第五人璞之子戶部主事有文名致政家居學者多造門問業　方員字茂規參政有傳　侯官高旭字時旭同之子僉事有傳　長樂高耿字以明行人　連江趙恢字汝宏第二人授編修擢侍讀充經筵講官詹事府右春坊庶子兼侍講為人端謹鄉評推重

正統元年丙辰周旋榜

閩高岡字行若刑部主事　陳傅字嚴敏給事中　侯官黃廷儀字尚敬河南參議　懷安周傑字文英戶部主事有傳

正統四年己未施槃榜

閩孟玘字廷振授戶部主事正統己巳隨駕北征被傷而還舊志載其會試易經[illegible]又[illegible]朝南内[illegible]

大節別無所考姑從闕疑之例官終廬州知府　李榮字志仁行人　侯官陳鑑著主事有傳　懷安鄭崇字尚德　福清李燦字子玲通判有傳

正統七年壬戌劉儼榜

閩王英字孟育澤之子參政有傳　侯官劉賢字時舉會試第五人御史　長樂李森字叔嚴刑部主事　鄭序字志禮參議有傳　福清夏裕字孔裕貴州按察使　鄭敬字德聚河南副使

正統十年乙丑商輅榜

閩沈剛字孟舉中書舍人　陳叔紹字叔紹叔剛之弟副使有傳　侯官黃鎬字叔高尚書有傳　長樂李叔玉字叔玉惠州知府

正統十三年戊辰彭時榜

閩車寧字子靜布政使有傳　侯官劉景星字景昇景正之弟主事　唐濠字濠叢山東參政　懷安謝琚字仲玉參議有傳　福清何宜字行義布政使有傳

景泰二年辛未柯潛榜

侯官王佐字彥弼參政有傳　懷安林璟字繼文御史曹州同知　林孔滋字孔滋庶吉士　連江陳鴻漸字廷儀刑部郎中有傳

景泰五年甲戌孫賢榜

閩莊敬字克誠　王衢字文燦御史　邵銅字振聲知府有傳　鄭同字本初太僕寺丞有傳　王盧字廷器　謝瑀字叔和布政使有傳　懷安林孔仁字孔仁[illegible]

□□林宗字惟正陽□知縣 婁璦字公玉刑部主事 長樂謝士元字□
仁□□東有傳 福清俞璟字景明廣東僉事
天順元年丁丑黎淳榜
閩黃塡字叔和廣西參議 鄭克和字克和郎中有傳 林迪字允吉貴州參政本
勅撫流民有遺愛 福清王克復字師仁仕郎有傳 林孟喬字望之戶部郎中
天順四年庚辰王一夔榜
閩葉公大字純仁戶部主事 李廷美字廷美廷韶之弟刑部郎中以竹近直外謫官
欽州太守篤於交誼肖西新人與遊者皆傳其像 林清源字用清純之子主事有傳 陳
煒字文□叔剛之子布政使有傳 長樂黃景隆字升叔坳之弟吉安知府 陳錦裕
字□初官僉監察御史基中號有鳳儀 福清項澄字□□溫州知府 蔡濬字文哲府
州知府 薛世恒字維約臨江知府
天順八年甲申彭教榜 先是七年癸未春二月會試場屋弗戒於火部務獄入
月會試至是春三月始廷對唱名
閩楊成字成玉揚州知府 鄭觀字建中鑒之孫克敬之弟□人寬厚以戶部郎中終□家
居十餘年觀終乃出守終湖廣參議 李宗達字時望溫州知府 侯官林玭字□□會□
試第三人副使有傳 懷安潘汝輔字汝弼戶科給事中 長樂黃熙字□□□
中有傳
成化二年丙戌羅倫榜

閩林瀚字亨大元美之子尚書有傳 林廷膺字廷膺淳之弟知縣有傳 王俊□
癸會試第四人參政有傳 黃嵩字世用主事有傳 鄧珙字弘中布議□傳 侯官俞□
晏字宗海先任主事再疏請告歸省終廣東副使謂其終養考家傳不同官 長樂陳瀍
字孟明李之子浙江參議 福清韓鏞字文堯陝西參政 林堉字克茂御史
成化五年己丑張昇榜
閩陳紀字叔振御史有傳 張純字仕和聰之孫子續之弟淳安知縣 葉亨字□
建寧圖知府 周熙字世祥刑部員外法不阿士論韙之 鄭炯字叔亮廣東參政左遷□
州知府 蔡齋字克恭貴州僉事 福清張穀字伯穀廣東僉事 林□字□□
□知 陳鑑字□熙戶部主事
成化八年壬辰吳寬榜
閩鄧焯字廷昭以文名官終雲南參議 林塋字世綱歷吏部郎中廣東左布政使藩政以寬
八稱其厚 林濬淵字用淵鉉之子濬之弟副使有傳 李燁字文輝烜之弟知府有傳
林泮字用養鉉之子尚書有傳 王祿字正夫澤之孫奏之子會試第二人文有時名爲兵部□
中使陝西稱旨擢拜光祿少卿 侯官張瀚字克□參政 懷安游興字周□郡興□
府 福清林清字源潔□化知縣
成化十一年乙未謝遷榜
閩任文遂字思順饒州知府 鄭克昭字克明瑩之孫克剛之弟南雄知府 □
鄭珙字元主榮之孫官終戶部主事先任會稽令後改秀水俱有惠政 李尚瓚字□□

有張源棨字希白江西僉事【候官】宋宣字世廷主事有傳趙明
昭兵部主事右衛籍【長樂】王有恬字德安參議有傳陳景隆字如初僉事有傳

成化十四年戊戌曾彥榜

【閩】林鑾字世雍鑒之弟貴州參議林昊字思欽主事鄧焌字廷耀焯之弟會試第五
人授翰林官至侍講有文名陳烓字文用歷御史會試第三人浙江僉事劉芳字未錫南
寧知縣陳文玉字德輝海陽知縣許坦字養夫易學門下多所造就大理知府精於
卜筮鄭璠字德美圖之孫璵之弟【候官】林璿字尚玉駙馬都尉有傳余亮字
宗美戶部員外郎【懷安】陳煐字德崇御史有傳【長樂】林則方字正夫刑部
行人劉則和字至樂林特淵字益之

張境字孟輝廣安知縣【福清】周信字汝誠廣西僉事

成化十七年辛丑王華榜

【閩】莊宥字世寬戶部主事陳憲字孟章禮部主事郭文旭字仲昇蕭之孫海寧
知縣倪珏字文玉浙江參議林籥字繼和碩之孫潮陽知縣【候官】黃克守字守
正揭陽知縣林璿字廷玉珖之弟御史有傳【懷安】林鏻字世堅璟之子貞州參議年未
六十致仕山居養靜不至城府王定安字至善戶部郎中王昺字畧之佐之子右都御史
有傳【長樂】陳崇德字季廣布政使有傳樊廷選字舜舉改林姓尚書有傳【福清】
陳羲字克宜戶部主事張烜字伯彰毅之弟御史

成化二十年甲辰李旻榜

【閩】姚繼字德紹銑之孫潮州推官戴同字公呂大廣知縣林謹夫字世玉士翮之
子歷杭州真定徽州三府同知平生好文學修福州府志書雖未成討論甚勤吳鏘字仲和揭陽知
縣張澤字孔仁廣東僉事林渙字尚文淮安運副【候官】林廷玉字粹夫芝
之子都御史有傳【懷安】劉琮字廷瑞戶部郎中【長樂】鄭昊字繼大戶部郎中
石璧字仲玉瓊州知府【連江】歐信字汝孚順天薊州籍

成化二十三年丁未費宏榜

【閩】鄭炤字叔昭改庶吉士南雄知府何顯字繼善晟之子貴州參政謝瀚字汝大貴
之子戶部主事葉鋌字惟剛【候官】王廸字允吉浙江運副

弘治三年庚戌錢福榜

【閩】李廷儀字鳴鳳廷美之弟同知有傳【懷安】廖雲騰字時和誠之子刑部郎中
在曹衆其職居家約於自奉爲縉紳所稱【古田】羅榮字志仁布政使有傳

弘治六年癸丑毛澄榜

【閩】林亨字貞甫林璋字廷玉渭之孫大理評事林坌字世榮陽江知縣許天
錫字啓衷都給事中有傳陳熺字師晦姚昊字文大陝西參議鄭汝美字希
大戶部郎中高文達字思德昇之子副使有傳【長樂】陳時憲字孔章安之子刑
川僉事鄭錫文字禹範布政使有傳【連江】楊公榮字仲仁

弘治九年丙辰朱希周榜

【候官】王士昭字希賢歷御史廣西參政【長樂】陳文試字道行御史有傳

弘治十二年己未倫文叙榜
閩林庭㭿字利瞻會試第五人元美之孫瀚之子尚書有傳　懷安林琦字□珍□御史右布政使大興縣籍　長樂謝廷柱字邦用十元之子僉事有傳

弘治十五年壬戌康海榜
閩戴敔字廷韶昂之子江西副使　林㙉字廷光高州知府　鄭濟字克明叙州知府
張諧字汝諧聰之曾孫綸之子彬之弟六合知縣　長樂謝廷瑞字邦慤瓊州知府　陳王成都知府承鹿衛籍增入

弘治十八年乙丑顧鼎臣榜
閩陳銳字克脩太倉知州　劉珹字伯度芳之子臨江縣籍　陳琛字德潤叔剛之孫使有傳　鄭行字世濟懋之曾孫南通御史　陳達字德英雄之子都御史有傳　鄭善夫字繼之吏部郎中有傳　侯官林文纘字德緒玠之子湖廣參議危身慎格鄉人稱敬之年九十五而卒　長樂陳言字獻可歷御史浙江僉事

正德三年戊辰呂柟榜
閩林通字維介廷瓛之子工部郎中　周朝佐字獻可熙之子歷御史廣信知府　懷安朱晃字文中太興縣籍刑部員外　長樂陳談字允默德隆之子知府有傳　閩清陳天錫字廷爵徙姓謝行人選御史按北直隸身勤慎爲民鑿渠以洩洪水衝水□縣二邑人深德之　陳伯諒字執之副使有傳在臺有聲

正德六年辛未楊慎榜
閩張孟中字道宗澤之子兵部郎中卒於官贈主事時嘗諫南巡受杖　趙德剛字□鄭汝宜之曾孫武昌通判　懷安謝源字仕榮御史　連江游璉字世重廣東副使征黎有功長於五言詩　福清鄭燾字思舜陞之子歷御史知溫州有清聲家居約於自奉官終湖廣副使

正德九年甲戌唐皋榜
閩林炫字貞孚元美之曾孫瀚之孫庭㭿之子通政參議有傳　侯官李景元字一之忠之子南寧知府　林春澤字德敷程番知府　田邦傑字世英雲南知府

正德十二年丁丑舒芬榜
閩陳則清字君揚御史有傳　劉世揚字實夫副使有傳　郭波字□戶部主事有傳　鄭漳字世績英之玄孫亮之曾孫伯和之子侍郎有傳　侯官蔡經字廷彝復姓張尚書有傳　懷安廖世昭字師賢讓之孫雲鶚之子傳士有傳　長樂陳良珍字聘之戶部郎中　鄭憲字有度光祿寺丞有傳　林文沛字惟德復姓陳行太僕卿有傳　鄭源漢字與聚錫文之子桂林知府　陳毓賢字則英參政有傳　莊惟參字□卿禮之孫文玄之子南昌知府　陳嘉謀字仲詢京之孫廣東副使　林公黼字質夫評事有傳　戴王成字孝章餘姚知縣

正德十六年辛巳楊維聰榜
閩高世魁字紹甫授慈谿令有治績選御史嘉靖間以議大獄罷官隆慶初追贈光祿少卿　林鉞字克相埜之子御史有傳　高應楨字貞甫河之玄孫旭之曾孫刑部郎中　謝蕡

字惟盛𤪊之縣知府有傳周朝俔字勤可會試第五人熊予朝佐之弟雲南副使蔡貴
字弘偉堅之子御史戴亢字思賢昂之孫啟之子嘉靖初與同官聯名上封事廷杖牲徇介僵塞宣
遷官終貴州僉事候官楊叔器字德周御史林成字世王兵部主事謫官通判右
衛經歷長樂陳太濩字則啟大用之弟思恩府同知以子省貴封僉都御史

嘉靖二年癸未姚淶榜

閩許縉字士成坦之子鄉官令貴縣著之弟南安知府候官王欽字公寅佐之孫兵部主事卒于
贛中衛經歷懷安鄭淮字惟東長樂陳讚字允撝德陞之子孫陞陞
涘之弟貴州副使李性字仲傚廣州知府陳大用字則可大濩之兄歷御史常州知府
連江吳世澤字宗仁嚴州府判人睿之孫諸大尚官終廣西副使福清方日

乾字國道歷御史終山西僉事在臺論時事號建國體

嘉靖五年丙戌龔用卿榜

閩倪緝字惟熙珽之孫欽之子組之弟為人溫厚歷南吏部郎中湖廣副使以守制歸遂不復出
倪組字惟才珽之孫欽之子歷御史黃州知府鄭允璋字德卿汝美之孫子建昌府同知
戚字伯震珙之曾孫齊之子寧波知府陳希登字伯龍為人敦尚行誼先任教官新城縣不苟
取後官大理評事本生母卒奔歸終養見子士諭倪鏡字汝公工部主事懷安龔用
卿字鳴治第一人發酒有傳鄭鋼字南金鎡之孫嘉興知府林塈字茂貞璣之孫臨安知府
為人外謹內介官歸甚貧楊烶字允光行人陳京字世周金華知府坐事之
字德守嚴蔡酬其孫長樂陳秉雍字希尚弘之子林承訓字夷天平湖知

縣連江王德溢字慭中歷御史官終廣西僉事竟會
議傑倭患蕪湖慈谿頃有惠政傍家創築城之
鄉人德焉福清毛秉鐸字道鳴四川副使何世祺字魁翼明之子台
州教授先任廣東
歸善令有善政

嘉靖八年己丑羅洪先榜

閩陳節之字尹和編修有傳曹世盛字際卿歷吏部郎中廣西參政朱德楨
字必興穎林繼皐字德謨繼顯繼祿陳子文字在中
州府同知之弟廣西知府錄之子
副使許繹字士成坦之陳公陞字伯皐憲之候官林
有傳子溫州教授孫江西副使
壁字茂東玠之孫文纘之子官終廣東僉事性耿介
官二十餘年僅止五品自持甚清多與物忤士論
借之長樂鄭慶字有章廣東參議鄭世威字中任四川參政
起湖廣參政尚通

政都察院副都御史南吏部侍郎改刑部侍郎致仕林恕字道近按察使有傳林山字士仁副
使有傳陳捷字仲遷廣東僉事連江李士文字在中按察使有傳歐思誠
字純甫衛福清陳一貫字魯得杭州知府
輝知府

嘉靖十一年壬辰林大欽榜

閩鄧熺字世輝珙之曾孫慈谿知縣陳文浩字子川在兩淮運同
府候官俞世潔字與之國子博士林應亮字熙載春澤之子歷禮部主事郎中周亮字尚賓榮之曾
字德知府江西副使參政按察使布政
使總理河道副都御史戶部右侍郎
孫歷御史官終大理寺丞為人通敏和厚王釴字公廣昇
官俸所得置產均分其弟世以為難
之子紹興府長樂陳豪字志興德陞之孫蕤之陳時
判知有傳子歷御史四川副使

事宜之通政參議直隸涿鹿衛籍【福清】薛廷寵字汝承都給事中有傳傅鎮

尚副都御史林春字子仁會試第一人吏部郎中直隸泰州籍陳仕賢字邦□都御史

有傳

嘉靖十四年乙未韓應龍榜

【閩】黃宗器字時震歷戶部主事員外郎中知府湖廣副使楊一謨字世文弱冠登第以

賀州參議終養者十餘年卒于家林庭機字利仁元美之孫瀚之子庭桂庭棉庭枝之弟改庶

吉士歷翰林檢討國子司業祭酒太常卿南工禮二部侍郎權工禮二部尚書致仕陳進字德輝

之子達之弟布政使有傳陳士儀字德儀吉安府同知林庭壆字利節歷給事中雷州知

府【侯官】許穀字仲貽會試第一人太常少卿應天上元縣籍舒汀字爾安歷御史副使

有傳王鍠字孟聲鏞之孫介之子刑部主事吉安府同知藍濤字用柳歷御史梧州知府

【懷安】林廷琛字世獻戶部郎中有傳陳元珂字仲華歷兩京戶部郎中金華知府

浙江副使湖廣參政廖世魁字師文終瓊州知府精於易學門下教授多所造就馬森字孔

養後之孫歷戶部郎中太平知府江西副使參政按察使布政使巡撫副都御史戶刑二部侍郎大理寺

卿右都御史兩京戶部尚書在告【長樂】吳鎮字利用後姓林長史李璽顯字□文歷

御史贛州知府鄭錫麒字惟禎歷州府同知【福清】施千祥字善徵四川副使參政

吳從義字思中歷給事中四川參政翁世經字可貞布政使有傳王一言字□行

□戶部員外郎郭萬程字子長刑部主事卒於官事母以孝聞好古力學惜不究其用

嘉靖十七年戊戌茅瓚榜

【閩】洪世文字闇章英之曾孫喧之子歷刑部郎中山東副使致仕陳淮字□戶部□

事黃宗槃字時節禮科給事中葉春澤字仁甫【懷安】張煌字用□雲南參

議【連江】孫文錫字公爵歷御史大理寺丞歐思賢字希甫思誠之弟兵部員外郎

天府尉州籍【福清】何御字乾之思之孫兩淮運使

嘉靖二十年辛丑沈坤榜

【閩】黃深字舜詩戶部郎中林大章字章之州知府彭謹字德全學正中式雲

南事林懋和字惟介改庶吉士歷禮部郎中提學副使參政按察使廣東左布政使許

嗣宗字紹德坦之孫戶部郎中孫渭字應清河南副使【侯官】王應鍾字□發殿

庶吉士歷御史提學副使山東參政【長樂】曾茂卿字時育戶部主事擒盜□知縣陳時

霖字商卿歷兵部員外交州府同知陳玉字汝良歷刑部郎中贛州知府陳時範字敷

寄文沛之子布政使有傳【福清】李廉字季卿綱之孫刑部郎中先令金華有惠政民立碑頌德

嘉靖二十三年甲辰秦鳴雷榜

【閩】羅一鷲字應周惟達之子歷戶部主事員外郎中知府副使湖廣參政林懋舉字直

卿廣東左布政使在南省論事弾劾貴要私人居官韓著能聲陳全之字粹仲叔剛之曾孫

燁之孫歷禮部郎中潮州知府運使山西參政【懷安】張邦彥字士珍歷戶部郎中潮州知府

【福清】張德熹字宗儒工部郎中魏文焲字德章歷戶兵主事郎中知府副使參政

廣西按察使終養

嘉靖二十六年丁未李春芳榜

[閩]元思讓字子益山西臨汾縣籍歷僉河南副使四川布政使　林爌字[?]元美之
孫瀚之孫庭機之子歷檢討修撰洗馬兼侍講太常卿國子祭酒吏部侍郎翰林學士南京禮部尚書
姚仕顯字祭學行人司副　黃季瑞字宗和源大之子仲陽之弟歷御史太理少卿　鄭
銘字[?]魯歷戶部主事員外郎中潞州知府　[候官]黃騰旋字生之戶部員外長史　[長]
[樂]陳惟舉字亢孚廣東按察使

嘉靖二十九年庚戌唐汝楫榜

[閩]陳柯字岱則源清之子歷戶部主事員外郎中知府江西副使參政　鄭璉字世美歷工部
郎中廣東參議　[候官]王應時字懋行會試第五人歷工部主事兵部員外僉
事參政雲南按察使調貴州僉事　[懷安]陳元瑛字仲文元珂之弟楚雄知府　[長樂]卓爾康字[?]

平茂馬少卿　[福清]毛孔暉字茂對戶部主事

嘉靖三十二年癸丑陳謹榜

[閩]陳謹字德言第一人中允有傳　陳奎字汝星歷戶部主事員外郎中知府副使廣東參政
按察使　蔡本端字幼貞漳德知縣　[長樂]鄭源彬字汝宜戶部郎中　陳懋
觀字孔質歷給事中處州知府　石梁字士升龍游知縣有異政卒于官邑人思之　陳瑞
字孔麟垩之孫歷御史提學副使副都御史任刑部侍郎　[連江]孫用字行可歷御史荊州知府
[福清]黃仁惠字廷信新淦知縣

嘉靖三十五年丙辰諸大綬榜

[閩]鄭雲鎣字邦用炤之孫歷戶部主事員外郎中提學副使參政按察使任河南左布政使

陳聯芳字以成歷御史任光祿卿　張焯字雲京崑山知縣　林應雷字[?]任浙江
選[長樂]陳後升字以見廣東副使　林德字有本楚府長史　[連江]吳文
華字子彬世澤之子歷南京兵部主事員外郎中參議提學副使參政按察使布政使府尹副都御史
任戶部侍郎　[福清]薛會字師孔歷吏部員外四川副使　何邦禮字大中[?]州推官

嘉靖三十八年己未丁士美榜

[閩]蔡茂春字元卿會試第一人三河縣籍　林朝聘字君珍[?]縣之子南京戶部主事
[懷安]林茂勳字汝業東南寧推官　林舜道字允中歷刑部郎中知府副使貴州參政
[長樂]陳省字孔震大震之子歷提學御史大理少卿任副都御史　[福清]陳懋典
字[?]南[?]州[?]知

嘉靖四十一年壬戌申時行榜

[閩]林烴字貞耀元美之曾孫瀚之孫庭機之子爌之弟歷戶部主事南京兵部員外郎中任太平知府　[候官]鄭惇典字君勅閣之孫任袁州知府　[長樂]陳應春字有[?]任廣西參政
陳洙字伯訓時憲之孫鏡之子歷戶部郎中知府提學副使貴州參政　[福清]薛[?]
統字守正蘭谿知縣

嘉靖四十四年乙丑范應期榜

[閩]趙參魯字齊卿塾之弟歷給事中河南提學副使在省中有讜言士論許之　林元
立字宗介允大之孫刑部主事謫新會知縣　陳鴻猷字用中徽州府同知　施愛字[?]
[?]如縣左　[候官]潘仲徽字克典　林如楚字道[?]應亮之子[?]

禮部郎中廣東提學副使　懷安嚴用和字可行庶吉士兵科給事中杭州籍　長樂[illegible]

世章字尚闇南工部郎中　福清施觀民字于喬戶部郎中常州知府廣東副使　魏

體明字用晦歷給事中副使任山東參政

隆慶二年戊辰羅萬化榜

閩陳巖之字泰仲任大理評事　閩清詹洪基字子震任雲南僉事　長樂鄭

岳字求輸歷給事中雲南副使

隆慶五年辛未張元忭榜

閩江文沛字良雨任行人司副　鄭人遠字克漸任南戶部主事　懷安林應

訓字子啓任南道御史　長樂陳長祚字以介瑞之子任兵部主事　福清林庭

植字視卿任龍州知縣　薛夢雷字汝[illegible]夢[illegible]之弟任御史

萬曆二年甲戌孫繼皐榜

閩陳招字以道慈谿知縣　翁仲益字維翰任太平知縣　長樂謝杰字漢甫任

行人使琉球賜一品服

萬曆五年丁丑沈懋學榜

閩魏濬字象深任開封府推官山東益都籍　吳堯弼字宗舜庶吉士雲南鶴慶籍　羅

源尤光被字子輝任信陽知州　福清陳璧字道良任歸德府推官

福州府志卷之十七終

選舉

國朝鄉舉

洪武三年庚戌李昇榜

閩縣學黄綬春秋字伯固進士　魏雲詩字雲從進士　鄭貞仲書字子正進士

孫文清易字師炎進士　何文信春秋第一人字孟誠閩縣人浙江中式　候官縣

學李輝　林器之春秋進士　葉德潛易字孔昭進士　懷安縣學陳

信之禮記第三人字信之進士　林德亨易進士　林信孚易字信孚進士　趙晟

易　長樂縣學林文壽春秋字仲仁進士　陳洽祖詩字伯禮進士　連江

縣學陳執中易字執中進士　游好德易連江人應天中式助教　趙士奇字[illegible]

孔珍連江人應天中式知州　永福縣學鄭廷實詩字禮實進士　福清縣學

李昇春秋第一人字仲高進士　張必泰春秋字子通進士　王玄範春秋字彥文進

士　林嘉春秋進士　薛理原詩進士　林大同詩進士　蔡士賓春秋字文

光進士

洪武四年辛亥林谷顯榜

閩縣學李卬　邵行清　候官縣學林文福　懷安

縣學楊全　古田縣學許孟陽　長樂縣學林谷顯

第一人沔陽知州　周清字谷漾彭澤縣丞　趙裕字伯容[illegible]　陳伯琇　連

江縣學蘭同甫書永城知縣　福清縣學林煒　陳臨　馬
英字德華同知有傳　林清夫字居爾同知　劉炎　陳徹字景容御史
洪武五年壬子
閩縣學裴希和　懷安縣學王孚　古田縣學鄭煒
易　閩清縣學陳珪　長樂縣學葉允吉主簿　連江縣
學陳子晟易第三人字仲暢伴讀有傳　羅源縣學陳奎　永福縣
學柯葉常寧縣丞　福清縣學林環　鄭宗淳　陳源字一源主
簿　鄭本初
洪武七年甲寅

洪武九年丙辰
舊志所録其人俱前後榜中重出雖通志亦誤蓋考
之掌故此二年俱不開科今並刪之
洪武十七年甲子
府學陳曾進士　倪烱進士　高景材進士　孫崇字士進進士　閩縣學
唐震字士亨進士第二人　盧章　候官縣學陳益　懷安縣學
王福進士　卓閏進士　林細進士　閩清縣學鄭義進士　長樂縣學
陳仲完字仲完進士　陳洵仁字思允仲完之弟進士　羅知字師貢進士　陳
璲字惟玉南陽知府增入　陳湜字思清海陽教諭　潘思字宗魯以貢應天中式教諭

入
連江縣學李林易字士榮進士　陳煥易字起文進士　林瑜詩字士璜進士
丁坤詩字可貞進士　陳注易字孔澤巴陵教諭增入　林龜年易字十朋以貢應天中式
進士　羅源縣學余琯進士　永福縣學陳賓字尚志進士　朱聰字敏
仲進士　福清縣學鄭理春秋第五人字廷文進士　夏伸詩字允郁進士　王璥
士詩字從隆進士
洪武二十年丁卯
府學馮伏進士　王廣進士　潘善應進士　林謹　閩縣學任貢
教諭　胡龍進士　候官縣學宋瑜　懷安縣學汪義瑞州教授　趙
綱貴州府經歷　陳祿教諭　劉琪　長樂縣學林興字彥倫

子英山教諭　陳益字伯武漳溪教諭　陳震字叔華教授　金　陳讓字士熙德慶知
州改入　林源字士仁以貢應天中式岐府紀善增入　潘艮字伯時以貢應天中式府班增
入　連江縣學陳昂易字叔舉進士　游義生詩字伯方進士　羅源縣學
張留孫字思哲廣東僉事　永福縣學彭貢進士　黃澄字元定溫州教授
福清縣學林京進士　陳堅進士　王幸字孔勤進士　陳鉉字尚白公
安教諭
洪武二十三年庚午張伯福榜
府學唐燦詩第三人字士昭教諭　陳錡　王偁字孟敭翰林檢討有傳　陳
昇　孫源　閩縣學張伯福易第一人　王潛　姜宗　候

官縣學趙仝平度知州陳桂　張信　黃玫　懷安縣學
吳鎰易鄭琮貞仲之丁教授李和教諭長樂縣學黃銅字孔光州知
州陳顯字汝宜丁助教　連江縣學林桀易字德眷教諭孫保濟字易
用弘御史孫奕易字文戊陵水教諭鄭麟詩字景昭學正鄭貞易字惟正主事楊讓
詩字受益以貢應天中式龍游教諭羅源縣學陳廣字德運田教諭青福清縣
學林演字景文南城典史　周昌字叔敏廣州教授　孫達字用秀城教諭
洪武二十六年癸酉林賜榜
府學孔延進士張璉　程垕　林璡　林真　楊仁
陳毅　王褒字中美以貢應天中式翰林脩撰有傳　高澤以貢應天中式進士閩

縣學唐泰字亨仲進士李廣進士張順　陳普　侯官縣
學高楨進士江軸　潘玄　懷安縣學傅蘆刑部主事卞漢
方廣　古田縣學趙定字子靜府紀善　閩清縣學曹閩以貢
應天中式安仁知縣長樂縣學林賜第一人字伯子教諭有傳陳京字叔國子助
教連江縣學林英詩字孟華進士羅源縣學林皓字德府教授
鄭遂字明初兵科都給事中　福清縣學鄭孟御史有傳
洪武二十九年丙子李騏榜
府學王通易第四人字可華孝教諭　林善同　陳長教諭潘閩
□良山成方瑾　陳鄭禮記字安仲以貢應天中式進士第一人

知補於象緯之術一　閩縣學陳童　侯官縣學吳璽
名遇多與之遊　勤惠　懷安縣學鄭玄州
字選涓薦授龍泉知縣奉
臺不得禮辱與利舉廢多有惠政
學正蔡海教諭不屈罵賊而死象山教諭倭寇至見　陳衍國子助教　古田縣學林
賓字允誠以貢應天中式寧遠教諭　連江縣學林籽易字力本梧州教授蘭侃
春秋字直方　陳全易字有德以貢應天中式瑞安訓導羅源縣學吳安字克恭畢
字教　阮復興字思齊以貢應天中式本郡提舉　李安字士行以貢應天中式桐廬教諭
諭　永福縣學丘膺字特中春城教諭　福清縣學李騏字孔第一人進
定海知縣有傳陳正字則方餘教諭　陳嵩字師尹德化教諭　陳琦字可玉武昌教
諭　陳賽字季理安教諭　林奇字叔茂縣教諭

洪武三十二年巳卯楊子榮榜
府學王端書　陳昂詩字雲南參政所著有萃樵稿　王福詩　閩縣
學唐濤春秋第四人　張聰詩字達夫進士　鄭驥詩　余鏞詩　余顯詩進
士　趙奉春秋　李恭易字仲謙以貢應天中式驩州學正　候官縣學葉福
詩進士　三人字叔　陳壹易第五人　程仲詩　懷安縣學曾芑春秋字希文進
士　連江縣學唐亨書字叔泰訓導　吳彬詩字質夫慈谿知縣　陳節詩字叔文
義烏知縣　永福縣學陳義生字用質以貢應天中式進士　福清縣學林
福詩字士禎山西理問
永樂元年癸未陳用榜

府學洪順禮記第三人字遵道進士 何曾字□ 王庸 任賁
宗容 黃安進士 鄭濟字新定教諭 閩縣學胡敬進士 陳亢
本進士 鄭顒遵府紀善 林賢 候官縣學鄭濶進士 陳貞
進士 王偶進士 嚴光祖進士 陳旻 懷安縣學程春進士
長樂縣學王愷字仲恂瑞安教諭 金第 古田縣學馬宗誠
字克敬以貢應天中式濟南訓導 閩清縣學許琦別省中式進士 羅源縣學
黃鉞字景輪進士 黃潤字原陽教諭 黃須字克禹教諭 福清縣
學陳佛進士
舊志有洪武三十五年壬午一榜考之他郡不同是

歲革除故次年開科舊志誤分為二今正之
永樂三年乙酉楊端儀榜
府學林貞字汝賓知縣有傳 劉賜詩道州知州 高同春秋以子旭貴贈兵科給
事中 徐麟書教諭 溧水李聰書高州知州 黃岳詩池州推官 閩縣
學郭蘭禮記 林均詩進士 葛回詩進士 候官縣學王善字許士□
進士 蔡慈進士 林京安易 林壽詩進士 王良易進士 王璲書中□
式 懷安縣學邵輝春秋進士 陳閭書進士 沈慧書國子助教 王徽
書 張安書宿州同知 徐禮春秋建德教諭 趙益詩以貢應天中式進士 鄭回
以貢別省中式進士 古田縣學蘇光字彥謙主簿 戶 長樂縣學高济

□會□ 陳全字果之進士第二人 池鯨字景安訓導 大濟 陳驥字致□縣人江西
仕 中式進士 高濂字惟遠長樂人學中式進士增入 學徒 連江縣學方義字仕 春秋
官 丘文政易字宗達 林樞易字惟樞以貢應天中式武陵教諭 永福縣學倪
濟字時用封川教諭 丘政字汝正沛縣訓導 福清縣學教□字時旭 汪
清 鄭添字孔益進士
永樂六年戊子楊慈榜
府學陳輝書字伯偉長之弟進士 陳外詩 張銳詩教諭 閩縣學
鄭義禮記第五人 戴乾詩字自强進士 鄭宗禮記 林衡書字宗器進士 徐福
[illegible]濟 陳敘中式 □易進士 候官縣學林[illegible] 陳文[illegible]縣學

陳傑春秋第四人 鄭斌春秋字次王懷安教諭 陳興書廣信訓導 秦顒書九
江推官 林平春秋 林文遠春秋字有源以貢應天中式進士 古田縣學王
麟禮記字孔禎 魏亨書 閩清縣學鄭敢書 長樂縣學吳寶
詩字仲賁進士 林錦書字仲褒 林衡詩字叔達新淦教諭 林泉詩字達性以貢應天中式
增入 連江縣學陳善易字惟中教諭進士 陳潤易字澤民進士 陳鑾易字和遠進士
福清縣學葉極詩字惟中榜邵縣教諭 陳最春秋字茂光萬州學正 陳得安
詩字師善儒士中式淮安訓導
永樂九年辛卯林誌榜
府學林誌易第一人字尚默進士 黃澤詩第二人字仲潤進士 孫[illegible]

明遠進士 林碩 春秋字茂弘進士 楊安 詩 閩縣學張舉 書舉人進士 鄭
憲 書貞仲之孫琮之子進士 郭熏 詩進士 戴禧 詩字弘祚儒士中式進士 林褱 詩儒
士中式 林容 春秋以貢大中式進士 劉麒 春秋字伯禎應天中式進士以貢 鄭闓
禮記字公望以貢應天中式進士 候官縣學林定 詩字伯安進士 王鄉 易字克佐
進士 陳順 易字徵仲進士 楊壽 詩字久齡洛陽教諭 鄭璥 詩字希禹以貢應天中式知縣
懷安縣學江繼宗 書訓導 龍泉 彭順 春秋訓導 陳芝 書 陳蓁 書進
士 林曾 書 林文積 春秋字嘉章儒士中式進士 文秩之 古田縣學吳
牧 書 曾斌 春秋字士均昌知縣有傳 進 長樂縣學陳李 禮記字彥白縣丞知
縣 陳鉡 春秋字彥進貢教諭 馬鉎 詩字彥彝以貢應天中式進士第一人 陳昌

字叔銈以教諭應天中式 連江縣學鄭莨 詩字叔發戶部主事 丁鐮 易字質重坤之
子濮州知州 韓魁 詩字士權以貢應天中式進士 丘細 字汝舟以貢應天中式 林森
易字廷茂儒士中式嘉興教諭 羅源縣學林琚 書字宗行廉州訓導 永福縣學
黃璐 書字景行石城教諭 許通 書字達善 福清縣學韓弘 詩字士毅進士 黃
濟 詩字子亨 曾佛 字用理以貢應天中式進士 林至 春秋字晉善儒士中式進士

永樂十二年甲午何瓊榜

府學洪英 禮記第三人字實夫會試第一人 陳景著 春秋字景著禮之弟進士第三
人 鄭塾 春秋字學初進士 陳皓 春秋字希白樂清訓導 陳循 詩 鄭瑛 字易
翰 劉鳳 書字伯翰進士 閩縣學鄭塗 春秋第五人進士 陳叔剛

聚 春秋字叔開進士 羅澤 春秋進士 陳宗琦 書 卓堅 禮記 鄧斌 書 貫
儀 春秋儒士中式進士 陳豫 易閩縣人以吏中式 候官縣學程震 禮記字叔起進
士 業簠 易 林生 詩 王溥 易更名孚字若石東莞教諭 林真 書進士 鄭
珞 春秋字希王瑛之弟儒士中式進士 懷安縣學何瓊 詩第一人字尚白進士 嚴
烜 詩字叔熙進士 林道 書字宗文進士 林道明 書教諭 林得 詩以貢應天中式進
士 林文秩 禮記字禮章懷安人江西中式進士 古田縣學江潤 詩陽江教諭
張隆 春秋字仲戴以學之孫平陽教諭 章闓 詩字時雨進士 長樂縣學謝復
進 春秋字叔獻進士 劉應 春秋字叔顯 蔣復 春秋字叔亨常山教諭 曾贊 詩字
叔 書 陳拱 詩字叔向松陽教諭 劉徵 易字志廣大庾知縣 陳惟 詩 衍 詩 陳

聰 詩字有睦進士 王用懌 詩字悅中靖江府長史 儒士中式 連江縣學孫欽
詩 字彥敷進士 孫瑀 詩字彥瑜潮陽訓導 孫後 易字叔謙 羅源縣學倪廷資
書 字叔善 永福縣學張泗 書字魯宗 福清縣學陳廉 詩字孟矜 林餘
詩 字季通電白教諭 林添保 詩儒士中式

永樂十五年丁酉李馬榜

府學林崇 禮記 陳良璒 詩 林茂 詩叔士 進 曾聯 禮記 蘇堃 禮記
林友清 詩 閩縣學劉環 禮記 陳源 書 王澤 書字民悅子英貴贈戶 以
部郎中 羅紋 春秋武進訓導 胡璡 易 薩琦 易字廷珪進士 羅繹 易紋之弟新河
教 王禪 禮記以貢應天中式進士 鄭瑛 詩字希晦湖廣中式 吳源

士中式進士　洪嶼　春秋儒士中式進士　侯官縣學廖伯牛　第五
人字師冉御史　翁清　詩　陳宗　禮記　程晶　禮記衷之弟武邑教諭　楊佛童
詩更名復渊員外郎　包閘　禮記教諭　戴珏　書　林彤　教諭安仁　謝錡　春秋
儒士中式　懷安縣學劉哲　詩教諭樂安　陳恭　易　張福生　訓導　申
晃鐸　春秋靳水教諭有傳　閩清縣學陳膚　春秋　長樂縣學李馬
詩第一人字彥良進士第一人賜名駿　張汶　春秋南豐教諭字孟泰　陳睿　詩字穆中於
教諭　陳灝　詩字季周按察使有傳　陝西　高淮　禮記字泰仲　林鵬　詩字叔善　陳京
詩字士喆進士　何惟善　詩字從善　潘正方　詩字彥進士　林希　書字文教諭　馮賁
詩字彥誠儒士中式　連江縣學陳貞　詩字西　元山　趙癡　詩字

進士　林奈　易字廷葵江西中式進士　江人　羅源縣學尤端　易字克正
順德訓導
永樂十八年庚子異魁榜
府學陳復　春秋第四人字時初進士　姚銑　詩字孟進士　馬瑗　易　王濟　禮記
林鐸　詩　趙建　書　金璧　禮記知府　閩縣學張衍　詩字理之子進士　文甗
會洪記　陳乾　禮記　陳鐸　禮記　鄭理　劇　春秋字志初安教諭有傳　方立
書　林隨綠　詩　林元美　易字元美儒士中式進士　侯官縣學高旭　禮記
第四人字時旭岡之子進士　劉和　禮記　姜志　易　林權　詩　王獻　禮記　懷安
縣學陳潤　詩　郴廣　易訓　王信　禮記　林齊　詩教　林文安

易　鄭崇　春秋字尚德士中式進士　林玉　書懷安人以吏中式　長樂縣學王
康　字德安　高森　字惟嚴州學正　鄭瀚　字德新　王錫　字克明應天中式　以貢進
士　黃文政　字子正中式進士　儒士　潘財　儒士中式　高紹保　儒士中式登州教授
戴均　字士賓長樂人以吏中式荊府伴讀　連江縣學董容　易字則揭陽訓導　趙
恢　詩字汝弘進士　趙璉　易字維清程鄉訓導　永福縣學林聰　字伯英慶訓導　肇
福清縣學卓觀　字用賓學正　鄭欽　字惟敬　陳實　字孟立縣教諭　鄞　王
神祖　儒士中式
永樂二十一年癸卯汪凱榜
府學何宣　詩字叔布吏科給事中　按　陳治　易　陳光　春秋字同教諭　林彥輝

詩　陳恭　書　閩縣學王景　禮記　趙佛　書士　黃鑄　易　游珊　書
劉文端　書字文端　蔡文璟　詩儒士中式　張瑜　詩字理玉衡之弟儒士中式衷之子
林鈍　禮記字叔式貴興國教諭有傳儒士中　高瑾　禮記浙江中式　閩縣人　侯官縣
學陳均厚　春秋進士　黃紹　書士進　鄭珙　書字希聖鄭縣教諭　林琛　書儒士中
式國子助教　張衡　書中式儒士　林瑭　春秋儒士中式　懷安縣學程珙　禮記
教諭　陳濟　春秋訓導　陳勝　詩　方福　易諭　陳徽　易教諭　陳陽　書字用升
教諭　長樂縣學李孟玉　禮記府學教　潘仲郇　詩字仲晉肇慶訓導　金佛
詩　潘休美　詩字子緒清遠教諭　田鈞　儒士中式　連江縣學詹理　易字宗澤
縣陵川　林淮宗　詩字本清進士　陳瞰　易字明甫平樂訓導　葉端　易字文正文昌教諭

羅源縣學林塤 春秋 字和 福清縣學周暄 禮記 字孔昭 兗州同知
陳美 詩 字允懷 曾寀 詩 樂清教諭 陳濬 易 儒士中式
宣德元年丙午林時望榜
府學鄭建 書 第二人 字弘中 進士 楊永 春秋 第五人 進士 林渭 易 海豐知縣 有
傳 吳初 春秋 進士 晏寧 書 播州教授 陳述 詩 王志 春秋 訓導 黃均 詩 字
平叔 靖江 閩縣學陳康 易 鄭府長史 鄭志 禮記 教諭 楊澄 易 溧水教
府長史 吳康恕 禮記 封教授 陳賜 春秋 進士 鄭亮 禮記 第三人 字汝明 之子 儒士中
式 進 侯官縣學李宗應 易 盧恩 禮記 德慶學正 懷安縣學林
士 惠正 易 學 古田縣學陳敏政 詩 進士 長樂縣學陳昊 詩 字孟高
鄖城教諭 陳俞 詩 字彥章 無錫教諭 陳淮 春秋 字源清 國子助教 陳彴 詩 字彥武 連
江縣學張子初 詩 字明善 御史
宣德四年己酉李瀚榜
府學朱奎 詩 瓊州教授 劉垕 書 方員 禮記 字規 進士 趙文鏗 書 字
學道 教諭 陳晶 禮記 字清伯 道州學正 鄭華 詩 馮瑆 春秋 字廷瑞 翰林檢討 閩
縣學林澄 易 第四人 字元清 瓊州知府 清謹有為 李子官 王珏 春秋 侯官縣學
張文 易 字周 進士 懷安縣學陳文升 詩 通判 林震 易 全州知州 楊
議 春秋 儒士中式 茂名教諭 古田縣學林徽 詩 字士通 縣令教諭 閩清縣學
鄭正 書 第二人 上 教諭 有傳 長樂縣學陳瑄 詩 字孔壁 漳州學正 鄭萬

奎 禮記 字孔明 廣州教授 連江縣學林桂 易 字儀周 彥 教諭 周禮
靖江教諭 林禎 詩 字彥吉 以貢應天中式 虹縣教諭 增入 林漢川 人 蘂之子 浙江中式
肇慶教授 增入 羅源縣學陳子瞻 春秋 第三人 福清縣學林昊 詩 字
叔昭 龍川教諭
宣德七年壬子林同榜
府學黃環 春秋 字舜玉 夏津教諭 劉繼 禮記 華教授 胡翔 禮記 教諭 林昆
詩 閩縣學金叔朝 詩 唐坦 禮記 林春 書 吳惠 春秋 第四人 閩縣人
延平府學中式 鄆城教諭 黃澄 詩 字存仲 江山定安二縣教諭 閩縣人 福寧學中式 任
存陰 李子官 鄭瑆 春秋 字奇玉 瑩之子 閩縣人
子孫因居定安 曲江教諭 以子克 贈刑部員外郎
侯官縣學鄭建 禮記 第五人 饒州訓導 徐宗稷
懷安縣學林璟 詩 字時瑩 紹興教諭 閩清縣學余琬 春秋 長樂縣
學高耿 詩 第二人 字以明 進士 連江縣學陳晴 易 字光霽 高州知府 羅源
縣學陳廷珏 詩 字寧波 訓導
宣德十年乙卯高崙榜
府學高崙 書 第一人 字行若 進士 羅均 春秋 第四人 字伯正 盧漢知縣 陳傅 禮記
第五人 字岩觀 進士 謝囘 詩 陳暉 春秋 字叔熙 詩文有緝齋存稿 定安教諭 連福
詩 閩縣學李清源 詩 張祐 詩 字瑞安 訓導 師武 朱章 禮記 州訓導 張
易 侯官縣學黃廷儀 詩 第二人 字尚敬 進士 懷安縣學趙能

學教諭知縣周榮字文八進士林應詩教諭長樂縣學陳敦詩則禮

教諭定海羅源縣學王遠詩字惟明衛學教授黃貞易字志貞福清縣學

林燦春秋字孟明樂清教諭

正統三年戊午林僑榜

府學李忠禮記第五人字思誠孟縣教諭孟玘書字廷振進士李榮春秋字志仁進士

士陳永崇詩教諭劉永剛易訓導江武詩瓊州教授陳拳禮記字守

中教諭許敏春秋教諭閩縣學張厚春秋李叔彝春秋閩縣人以吏字文宜

順天中式貢州僉事有傳鄭傳詩字以古田縣人以吏順天中式貢南陽教諭侯官縣學

余昇人訓導二詩學林壤禮記字叔義滁州知州劉景正春秋教授清禎禮記

字景祥陳鈍禮記字魯之進士懷安縣學中春秋連江縣學莊

諭長樂縣學林僑第一人字叔惠賜之子父子有傳首閩中所僅見也無爲教諭陳

希孟字養浩丹徒知縣陳遊字叔深都昌教諭鄭序字志道進士潘瓊字

王長樂人當該縣順天中式階州學正林孟清長樂人當該縣順天中式連江縣學

吳善易字復初葉縣教諭周儀易字仲威永福縣學張鐸字彥潮州訓導

福清縣學郭誊詩字士英泗州學正李璨詩字子珍進士

正統六年辛酉方班榜

府學羅增春秋第五人字伯均之弟蜀府長史趙寧書字國子學錄鄭鎮春秋

字孟聲程林琇春秋訓導陳福書教諭邵增詩字希大黃恭春秋教諭

陳良弼禮記拳之弟四川按察僉事程文詩字晶之弟杭州教授閩縣學王

英易字孟育瀚之子進士唐鏗禮記坦之子歸善教諭侯官縣學施俊春秋

教授黃鎬禮記字叔高進士周文端易饒州訓導劉賢禮記字府栥次貢應天中

式進士懷安縣學陳漢詩王府教授古田縣學趙汝宜書訓導

李森字叔嚴長樂人別省中式進士連江縣學趙醇詩字廷梓之子滕縣教諭

陳隆易字伯昌馬少卿有傳永福縣學黃勤易字伯欽王府教授福清縣

鄭恭詩字德容九江教授夏裕詩字孔裕進士林泗詩字叔淮以貢應天中式教授

鄭敬福清人廣東中式進士增入

正統九年甲子黃懋榜

府學沈綱易第二人字孟舉進士陳叔紹春秋第三人字叔紹叔剛之弟進士林

建春秋字弘立建寧府伴讀高昇春秋字景初有傳姚舉詩教授鄭文鎬春秋

字文鎬理劇之子王府伴讀陳興詩陽春教諭閩縣學王鑑春秋郭政春秋

吉安朱宗榮春秋陵水教諭王昺禮記字源教諭鄭伯純詩以貢應天中式

侯官縣學何濬禮記南康教諭周榮易訓導熊漢易訓導懷安縣學

劉琮易字子端教諭丘毅詩良之子以貢應天中式長樂縣學李達字仁規

之孫無爲州學正李叔玉字叔玉進士福清縣學許納字廷韶陳慶

字惟善英德訓導鄭陸字叔端安教諭

正統十二年丁卯陳俊榜

府學邵銅詩第二人字振聲進士 唐儀易西安教授 龔福禮記錫翰林檢討
詩爲人誠篤能詩 李實春秋榮之弟教諭 謝賡詩字元恩林檢討有傳
致仕十餘年卒
車寧易字子靜進士 林倫詩 閩縣學陳煒春秋字文明之子進士 戴
昂春秋東昌教授 陳瑄詩 潘岳禮記字景崇潮州通判 黃溫春秋儒士中式仁化
訓導 侯官縣學唐濱春秋第四人字汝霖進士 劉景星易字景昇正之弟進士
林清源禮記字用清銑之子進士 懷安縣學謝琚禮記第五人字仲玉進士 王
浩春秋香山知縣 閩清縣學唐鏘禮記坦之子之弟保昌訓導 謝瑀禮記字叔
和進士 長樂縣學鄭天錫詩字惟寄襄府審理 王阜之子詩字公大英德訓導
導 王曙詩字公晉連江縣學林基易字文質高州教授 趙琰禮記
字文璧鄰之子揚州府知府 福清縣學何宜易字行義進士 王克復字春秋
仁進士 俞璟詩字景明進士 龔章春字允文吳橋訓導
景泰元年庚午鄉試榜
府學馮珏春秋珪之弟 鄭浩禮記字敦諭 王盧易字廷臣進士 王佐春秋
字彥弼進士 官伯齊詩字伯整歷教職所至能舉其官臨江教諭 林孔璲易字孔徵
進士 陳谷常禮記春陽潮州訓導 卓奇禮記字閩 春秋字潮州府同知 莊敬詩字
克誠 林榮易教諭 黃德齡春秋安之子大鎮知縣 閩縣學鄭同春秋
進士 崔求詩字監城訓導 王衡書字文縣進士 林士淵春秋州訓導
第四人字本初進士
尚宗成禮記儒士中式天壽教授 李熙詩閩縣人以承順天中式 侯官縣

景泰四年癸酉鄉試榜是年中一百三十七人 詔開科福省
府學林迪易第三人字允吉進士 陳鄖春秋第四人 鄧珙禮記第五
人字弘中進士 陳演易訓導 陳廷玉春秋鄭楷之子教諭 龔鎰春秋字叔
明後姓陳萊州教授爲人孝友質直善於訓迪 徐軫禮記句容教諭 朱泰詩訓導 鄭克
載春秋字積中垣之子塾之孫紀善 楊滕春秋州教授 吳溥詩 林瀚春秋字亨
大元美之子進士 林宗文禮記訓導 林城春秋字世守順德知縣 林剛詩訓導
鄭必顯春秋字恒中塾之孫潮州教授 林璠禮記 林整詩字世恭樂安知縣 鄭鋹
以貢應天中式 閩縣學余亮春秋兗州學正 黃塤詩字叔和進士 王晏春秋教諭
鄭克剛春秋塾之孫理之子訓導 謝琮禮記莒州知州 陳孟舉人以閩縣

學姜琺禮記第五人歸安訓導 陳消春秋教諭 周文奇易衢州教授
楊懋實春秋教授 徐安詩嚴州教授 懷安縣學林璟詩字季文進士 黃
景隆詩字升叔進士 林孔仁詩字孔仁進士 鄭鎡易知縣 潘汝楠禮記字汝
翔儒士中式 鄭浩易懷安人順天府中式龍川訓導 長樂縣學陳文粳
詩字 謝章甫春秋孫海寧知縣後進之 林公傑詩香山教諭 施伯淳詩字
士仁儒士中式賓汝教諭 連江縣學翁賓詩第一人字文廣東廉訓導 林旦易字
公著春秋教諭 林鎰易字貴章廣東副使有傳 宋叔詩字用剛泰州訓導 陳鴻漸易字
叔和 福清縣學林文詩字教可 李瑋詩字德白訓導 敖建易字廷玉
進士 薛世禎詩字旦之進士
訓導

□順天　張潛詩字孔昭閩縣人以沔陽中式沐陽教諭　候官縣學張僖
中式
璫禮記教諭　陳文鉞禮記字克和　林璽春秋□原訓導　宋經禮記訓導　林玭
易字廷珍進士　盧瑋禮記子教諭　禮記忠之　林希玉詩訓導　王集禮記　林芝禮記
字懋瑞律府紀善以子廷玉貴封給事中　步性剛而多略與人交尚義時輩敬之　林廷器易
上中式　懷安縣學張文禮記　曾師孔春秋芭之孫海鹽教諭　鄭琳禮記
登州教授　林宗詩字惟正進士　姜瓊禮記字公玉進士　吳文□禮記□教諭　陳
鐩易字安知縣　張汝華詩祝之子知縣　鄭垣禮記上知縣　鄭王春秋浩之弟以
訓導□天中式　長樂縣學林蔚春書字□松陽教諭　陳度詩字叔全之子辛新
興教諭　王思澤詩武緣教諭　王德□詩字志壁山教諭　黃□詩字敬閩進士□
士元詩字仲仁進士　江□□黃瓊□訓導　宋□□□縣學陳汝
珪易台州教授　福清縣學陳璽詩字廷□□林知州　林洪春秋字□大同建教
諭　何熙詩字敬止陽山教諭　江輝詩字叔明龍泉教諭　許善繼詩字廷尊監士中式
晉城訓導

景泰七年丙子楊琠榜是科始定各省中式之數以後每榜九十人

府學黃華易第三人字子英　林敦禮記仁化教諭　趙德詩　林淳詩字□□
□陽教諭有時名尤善教家兒爾士論　陳寬詩全華教授　張景純易盈山訓導□之子
劉朴禮記陽春訓導　張純易字士和聰之孫榆之子繼之弟進士　高瑶書字堅訓導
子春昌知縣有傳　李宗進詩字時進士　林□詩黃梅訓導　閩縣學官□

□春秋第四人字□□經鄉知縣　林槱詩樂會訓導　張續春秋字士□孫瑜之子彥明潮州□　鄭
教授　朱鐸禮記　陳汝傑易汝珪之弟　張榮春秋字彥明□學教諭有傳
克和春秋字克和瑩之孫　黃友直春秋門教諭　李煊易字文熙　陳安禮記第五
人儒士中式　葉思應詩第一中式儒師教諭　曾盛本春秋儒士中式壽光教諭
孟晟書閩縣人廣丙中式　候官縣學劉琦易訓導　方彥京春秋訓導
黃襟絢易秀水教諭　林必芳易儒士中式　懷安縣學陳廷璧書青陽
之子訓導　包綺禮記岡之子儒士中式長史　古田縣學趙昴禮記字元□唐縣訓
導　長樂縣學鄭榮詩字□崇之子　陳鍔詩字叔□太平訓導　林時益
詩　林則明詩□封教授　陳德隆詩字世英儒士中式□教諭　建江縣學
張偉詩字仲英之子仙居教諭　林□冶詩字□高州通判　羅源縣學高□
詩□州教授　福清縣學林槐詩字景祐寧波訓導　林埼詩字克茂進士　蔡傑
詩字世英鹿邑教諭　林燧詩字孟陽安陸知縣　戴濬詩字文□進士　林孟喬詩字望之
儒士中式進士

天順三年己卯楊琅榜

府學陳子皐春秋第四人景著之子高安教諭　林洋禮記第五人字用養蔡之子清
源之弟　何湜書字源潔國子學錄事母鄭以孝聞後因母病解官歸養士論稱之　吳伯
進士
璋春秋字伯璋懷之子樂清教諭有傳　張濬春秋字哲之平知縣有傳　陳曄詩教諭
李廷韶禮記字廷韶□教諭　高圭詩字惟敬同之孫合州判官　林坤易字世順

州知州李塤禮記字景和子寧國府推官忠之郭清詩字□南教諭王釗孟時易
潮州府通判陳溫書字伯潤黃巖訓導王鑛禮記字則叔應天訓導閩縣學陳
中春秋光之子訓導李廷美禮記字廷美部之弟進士羅玄錫易舜之子惠州
教授葉公大禮記字純仁士中式進士儒鄭文鑰春秋理鑰之弟儒士中式剛之子文
信豐教諭李尚達詩字時望士中式進士儒林廷庸詩字廷庸閩縣人廣東中式齊之弟
進士候官縣學葉蘊書安仁教諭陳綸易字克理子剛門教諭品之懷安
縣學鄭溯禮記陳鑾禮記光州學正王佐春秋字廷平教諭以子用官終□陽貴贈
都御史佐兩歷繳藏遺號爲多生平善與人交同輩朝其有古友直之風古田縣學莊巖
詩字叔敬贛州教諭閩清縣學鄭文述春秋字文述壽安訓導長樂縣學
陳□□□初進士林□□詩陳元□□字孟□□□教諭馬叔文
易瓊州府同知黃注詩字景之松江教授陳養德詩字復初寧波教授謝炫易字
紅禮記字仁仲□縣教諭連江縣學林崧易字廷甫衡水教諭福清縣學
陳瓚詩字孔彝程鄉教諭林域詩字克明繁昌知縣項澄詩字秉溫進士

天順六年壬午黃初榜

府學王俊春秋字世英進士姚忠禮記教諭葉徵書教諭鄭璦禮記周之
孫南宮王奎易教諭鄭觀春秋字實中孫克誠之弟進士廖誠易字伯純
汝城教諭存心忠厚年逾知命即自免歸諸子相繼登科士林尚其教家有法王祿易字正夫澤之
孫英之子進士張寶易海寧教諭胡翺禮記官瓊詩字伯玉伯壽之子新樂訓導

縣璧易湖陽知縣閩縣學黃政春秋字以正萬州學正車誠易楊成
禮記字成王進士趙綱春秋海豐知縣丘英易企華教諭藍昌易隨州學正鄭
堯弼春秋字克弼學之孫之子□州之弟進士詹景弘禮記儒士中式候官縣
學許寶四人禮記第程剛易吉安訓導袁昌易字世隆陳端易溫州訓導
的儀易方莊禮記儒士中式劉進宗春秋候官縣人以謝選順天中式懷安
縣學吳偉詩增城知縣王溯易浩之子林玠易字廷珏之弟嚴賀詩經
之子鄧清詩懷安人湖廣中式閩清縣學鄭文欽春秋字文欽剛之子文鑰文理
鑰之弟富陽教諭長樂縣學陳潭詩字孟明之子李進士鄭昊詩字大進士
鄭宗翰詩字士良於潛知縣林彥明詩李明璁詩□教諭金陳德威
詩字叔夫羅田知縣陳階詩字季升湯溪教諭宋福縣學張境易字孟輝進士黃
鋹禮記林璣詩福清縣學林清詩字源潔進士鄭昭詩字德懋廣信教授
張穀書字伯祿進士韓鏞詩字文亮進士項潭詩字秉淵潛之弟枝江教諭

成化元年乙酉趙珪榜

府學鄧焯禮記字廷昭進士林鎰易孟冏詩陳立春秋廣城知縣
業明易王澄易雨城教諭裴俊易字世累贈兩京戶部尚書孫春秋後姓馬宋
宜詩字世達進士閩縣學陳士顒二人春秋第陳定春秋子中之弟光之
訓導李燁易字文暉之弟進士知黃鸞春秋字世用進士林謙大世春秋字王淵
之子進士葉琚易石城教諭蔡肅禮記字克恭進士陳紀禮記字叔振進士陳

學詩張源清春秋閩州學正陳烜詩字士章以貢應天中式候官縣學
陳塤禮記字文樂國子博士翁晏春秋字宗海進士姚珏詩訓導林堅
禮記廬陵訓導林璿易字廷玉儒士中式進士北殉之弟懷安縣學鄭應易齡
之弟藍通易字世宜蘇州通判昌之姚伸易儒士中式餘姚教諭古田縣學
陳金詩長樂縣學謝文澄詩字仲澄州教授虞高以銳詩洪源教
諭連江縣學呂繼和易新城教諭陳賓易字仲賢子儒士中式陵之福
清縣學王馭詩字克正浮梁訓導陳鑑詩字德熙進士李冏詩字孟玉儒士中式
縣教諭

成化四年戊子黄文琳榜

府學周熊禮記第四人字世祥進士葉亨春秋第五人字叔通進士鄭炯易字叔亮
進士林璿易字衡玉進士陳明易字文淵沔陽學正有傳之子鄭健詩廣宗訓導
鄭宏易字德懋黟縣教諭余濂易字宗海富陽教諭閩縣學林堅春秋府竹讀
鄭珙易字元善之孫進士鄭琳詩字文玉象山知縣政人不敢以私千之邑有遺愛
官謂之鄭硬頭陳炷春秋字文用進士薛誼易字德方湖州教授林世琛詩
之子林濟淵禮記字用淵清源泮之第進士林世龍春秋士潤之子謹夫之弟
同黄賜易字思賢部州府同知鄧理禮記雲教諭崔恭易字世謙之弟求敘
知授楊儀易儒士中式訓導候官縣學鑑春秋桂陽州判翁玉易南康知
縣陳淮春秋字弘齊陳淵易訓導求盈何俊易字世英儒士中式懷安

縣學陳崇易字德崇進士潘昱禮記字克明游興禮記字廣進士劉誠
禮記遂昌教諭申屠逵春秋廷貢應天中式之弟以閩清縣學姚志仁易葵
源教諭章樸易字明遠長樂縣學林昌本詩字彥立復姓陳陳漢昌
詩恩平知縣丁銓詩字孟衡富陽教諭陳遂良詩字季元孫克州訓導洪之陳則
安詩字靜夫武學教授劉則和詩字至樂進士陳維新詩字伯冏濟南訓導宋福
縣學李汝潔易知縣福清縣學林璽詩字秉拱進士方漢詩字用章
昌化教諭楊廷用詩字廷用國子博士林綱詩字孟常儒士中式泰安州學正

成化七年辛卯余䕫榜

府學林塾書字世進士黄澄易字文淵教授薛端春秋字德充
子學李俊易字紀善府學林良禮記教授陳庠春秋字文學叔韶之子陳
蔡易宣化知縣陳泯易強滿春秋字克進士林奎禮記碩之孫閩縣
學陳齊易知縣盧劉宣詩廬州訓導董宗道禮記秀之子鎮江教授謝
增易王陞春秋教授吳偉禮記保昌教授李廷儀禮記第五人字鳴鳳
廷部廷美之第進士董宗成禮記宗道之弟黄克敬春秋廣州訓導德朱
麟禮記字汝時之孫杭州通判鄭孚舉易張孔傑禮記字孔彰儒士中式
官縣學危澄詩字特清高郵學正曾瑞易字德和第陽山知縣儀之李源易
本大五河教諭林琳易廷器之弟馬慶詩泰州州同趙明春秋第四人字孔昭進士
恭先易字宗英儒士中式進士懷安縣學丘祭易字載道德英知縣有傳林

詩教諭陳克震易佩之弟儒士中式長史有傳長樂縣學王有怡□
□□進士陳景隆詩字如初進士林時潤易字德溢進士石璧詩字仲王進士梁
符懋詩字克著眉州學正林節詩字甹清岐府伴讀高繼文詩臨海訓導王棠
詩字彥向常士中式德府長史連江縣學林泙易字思靜錦之子陳從儒易字
舜卿碩之孫會稽教諭羅源縣學張滿禮記字孔祐之子海寧訓導永福縣
學林璧書字世璧之弟進士福清縣學周信字汝誠進士王拱辰
字孔明儒士中式南康教諭有傳

成化十年甲午黃乾亨榜

府學劉璉易字金華教諭李貴春秋貫之子王佩詩字仁和訓導葉□易
□□訓導張紳詩□吳□易字□序□縣學張源□春秋字□人□白
源清之弟進士陳文王春秋字德輝進士葉宗周春秋仙居教諭鄭雍詩臨清學
正倪珏易字文玉進士王衡易衢之子陳文衡易賓州知州鄧穎禮記
第五人字廷輝煒之弟儒士中式進士鄭璠禮記字德美閩之孫進士任
文遂詩字思顯閩縣人順天中式進士侯官縣學許坦易第三人字履夫進士
縣鏞禮記字廬訓導陳宗禮記字仙居知縣用正懷安縣學任璽春秋□州
學鄭珙易字南京武學教授薛文旭易字孔昭國子學正閩清縣學劉琯
春秋字東平□□教諭陳倪易學正長樂縣學陳崇德詩字季廣進士謝文
詩字仲簡□□知府陳宗泰詩字晉夫□平教諭連江縣學鄭堪易字

高明□□教諭林彥脩詩字天爵儒士中式臨高知縣永福縣學林鏵書字振萬□
知州福清縣學吳華詩字彥英諸暨教諭

成化十三年丁酉蔡清榜

府學林爚禮記第五人字和碩之孫進士馬成易字用玉欽州學正林旲春秋
字思欽進士張琦易樊廷選詩字舜舉進士復姓林鄭時佐春秋字世卿□
之曾孫必顯之子汝寧府同知王凱春秋字器之之子進士林廣詩以府吏中式教諭
閩縣學林時中春秋第四人王士奇禮記楊域易嚴水訓導呂
世禎詩字克興唐以成春秋閩縣人廣東中式劉芳書字汞錫人廣東中式閩縣進
士侯官縣學陳仲堅禮記知州□水有著績吳鎔詩字仲和進士謝奎禮記
慶遠同知林寔詩澤之子化教諭懷安縣學林文振易林茂
堅春秋字惟貞嘉興府同知導水利清戎伍有著績翁文澤禮記字時潤知縣王定
安詩以貢順天中式進士閩清縣學楊檉禮記字成禮弟海陽知縣成之孫
錦易長樂縣學林則方詩字正夫進士林德陞詩字子高州府通判柳
林元立詩嵊縣教諭黃世忠詩字孝卿贛縣知縣有傳注之子林章詩字則文
儒士中式閩建教諭連江縣學林彥學詩字天祿彥脩之弟太平教諭林智詩字
彥明博平教諭福清縣學陳義詩字克直進士黃珏書字惟玉麗水教諭林經
詩字體綸尉先祿署正

成化十六年庚子吳稜榜

府學陳元成易第三人字克川祈門知縣 莊宥禮記第五人字世克進士 蕡
燦易字惟閑進士 黃世昭易字用晦維銘之子南陵知縣 陳敬禮記字克敬峽縣訓
導 林庭桂春秋字利芳元美之孫瀚之子以剛子錫貴贈都督府都事 陳欽易餘千教
諭 程定禮記餘杭教諭 鄭世澤易貞仲之玄孫琛之曾孫憲之孫範之子 閩縣
學陳憲春秋字孟章進士 戴同易字公大進士 王文規詩 張懋禮記光山
教諭有傳 陳文淵易永豐教諭 郭文旭春秋字仲旦蘭之孫進士 鄭蘊中春秋
字德輝瑩之孫貴池知縣有傳 蔡禹禮記靄之第儒士中式仙居教諭 候官縣學王
迪春秋第四人字允吉進士 周冕易字尚文邵州學正 黃克守易字守正進士 懷安
縣學林鑚詩字世堅瓊之子進士 劉琮易字廷璿進士 徐英詩字士傑太原府通
判 康彬禮記以貢應天中式 古田縣學鄭鈍禮記字世納長史 長樂縣
學高伯齡詩字平哲雩都知縣 鄭孔明詩字晦之萬州知州 莊禮詩字孟和東莞
教諭有傳 連江縣學趙瑩易字賓中倣之子桂林教授 羅源縣學林滐
易字文淵松陽教諭 福清縣學張烜詩字伯章殷之第進士 林鸞詩字應瑞 敖
汝室詩字孔厚 鄭拱詩字節中濟寧學正
成化十九年癸卯陳仁榜
府學鄭俊易第三人字孔亨 鄭珪春秋第四人同之子齊東教諭 傅琢易
何顯易字繼善湜之子繼高之第進士 鄭琅易字文琳審府長史 林玘易字仲玉 王
杜暉易字仕燁通之曾孫 高文達春秋字思德昇之子進士 潘常易字秉

姚繼易銳之孫進士 王泳易字叔清海州知縣 陳熺易字師聘進士 鄭坤
教諭 林克洪易英德知縣 陳冑春秋字汝明聘之子 林垈書字世集進士 侯濬
禮記宿選教諭 吳文生春秋惠之子蘭溪教諭 閩縣學張澤禮記第五人字化仁
進士 黃源大易字子通遂昌知縣有傳 陳日章易字用章 林煥禮記字文進士
林世瑞書肥城知縣 陳文僑禮記字廷用連州學正 吳叔和詩字尚節欽縣
縣丞 張彬易字孔中聰之曾孫瑜之孫紳之子鄉州學正 程士禮記字希賢士中式滸山教
諭 孟鑽禮記第四人字希遠閩縣人廣西中式河間府通判 候官縣學魏廷焉
易湖州教授 鄭昇詩字仲平國子助教有傳 曾瓘詩 黃清易字思清以貢應天中式
判府教授 林廷玉禮記第一人字彝夫芝之子候官人陝西中式進士 懷安縣學庠
選禮記字惟賢儀之子定遠教諭 閩清縣學鄭仲達春秋字成章兩浙運判 長
樂縣學鄭錫文詩字禹範進士 陳時憲詩字孔章則安之子進士 高德進
詩字文進南宮教諭 連江縣學陳讜光易字德輝 陳寵易字世榮隆之子 歐
信書字汝孚連江人順天薊州籍中式進士 羅源縣學黃潼以貢應天中式灌陽知縣
永福縣學林注春秋字時安肥城教諭 福清縣學林秉淵詩字立本
武寧知縣 林文城詩字廷璧
成化二十二年丙午林啓榜
府學吳訥詩字子潔嘉定教諭 高顯詩教諭 鄭炤詩字叔昭進士 林坒書字
世增璧之第 宋世用易 朱定易靜海教諭 閩縣學謝瀚詩字汝大庸之

子進士葉士美禮記字邦彥蘄州知州有傳陳璿春秋字德階暹之孫進士張
昱易字時輝長沙教授許顒詩字士揚豐城教諭鄭冉易字宗哲曾孫零水教諭趙
文元禮記字彥仁化州學正林文琛禮記字惟敏子通之弟寧州知州張經
禮記字孔常聰之曾孫諭之孫國子助教葉堅詩字茂堅大中式餘干訓導以貢歷候官縣
學蔣昂易字世彝文之孫道州學正姚銷易曾基導懷安縣學
朱麒禮記第五人字汝祥龍游教諭廖雲騰易字時和之子進士鄭積中易字
弘載汝府審理陳尚逵春秋字州學正阮時愨詩字勉夫明同知有傳閩清縣
學謝鏗易字士振子嚴州府通判長樂縣學謝廷柱詩字邦用士元之子
進士林世銘詩字宋戶部司務林則裕易字則明則方之弟上猶教諭黃子敬
知縣林文璧詩字彥城長樂人尤溪縣學中式連江縣學俞士參
詩字德厚太平訓導林袞易字秉彝龍泉知縣福清縣學林朝材詩字魯夫林
賢詩字君用上猶知縣敖瑰詩字廷選旦之孫璉之弟萍鄉教諭

弘治二年己酉傅咢榜

府學傅咢易第一人字用養吉水知縣有時名嘗主山東鄉試稱得人文鄭汝美春秋
第四人字希大進士陳宗大禮記第五人字景舞奎之子登州教授鄧文忠春秋字誠
之選知縣何岡易字繼先繼高之弟崖州知州昱之子顯吳文淵禮記字希本宜春知
縣袁昇易字世平南陵教諭林世瑞禮記德州學正王康易字炎長之孫何
澄易字叔清餘干知縣復之子蔡祐易字文吉莆田縣教諭林允大詩字太夫葉世

易字叔理亨之弟慶遠府同知許天錫易字啓衷進士鄭元褒春秋字弼賢教諭
何繼高易字伯堅混之子懷寧教諭林亨易字貞甫進士林孔潔易字文登教諭
閩縣學葉舉習微之子林文奎詩字彬章九江府同知孝之子趙宏易字孔弘
合浦教諭林璋禮記字廷玉渭之孫進士候官縣學黃偉春秋字公悅陵水教諭
潘嵩易字宗秀教諭李恕易字仁卿鉛山教諭潘璋易字宗玉南海訓導黃惟榮
易字德馨常山知縣鄭濟易字叔亨璉之孫蓬州知州懷安縣學林瑛易字廷潤
導林偉詩字邦器歷御史寧波府同知陳垕易文升之子薛文易易字孔時文之
之弟新城知縣陳明禮記字復姓侯安人以吏中式太倉州同知古田縣學吳榮
易字志仁進士閩清縣學林鵬易姚澄詩字惟清明府同知長樂縣學
學戴廷學詩字子立應山教諭李邦傑詩字克俊英山教諭連江縣學楊
公榮易字仲仁進士陳璽易字天瑞眉州知州陳儉易字用節荔浦知縣陳元寶
易字一章雲南提舉有傳福清縣學劉潤詩字世澤曹縣教諭

弘治五年壬子林文迪榜

府學張諾易第三人字汝諧聰之曾孫瑜之孫純之子彬之弟進士卓瑀易字宗王教諭
李文顯易字用晦州府通判趙紋春秋綱之弟鄭濬禮記字克明進士姚
昊易字文大進士蔣褒字仰德州府通判何繼周易字繼周混之子縣同知繼高之弟南
昌府同知閩縣學王積中禮記第五人字德大寧國府教授林鵬禮記字騰霄石
門知縣戴敔禮記字廷韶昂之子進士陳護詩閩縣人廣東中式候官縣學

曾文煥易字日章鐵之子興國知縣　張洪禮記字文範梧州教授　傅顯[illegible]
武岡知州再徙官不離湖廣咸有政聲居家孝友亦見稱於鄉評　陳廷用易字朝佐歙縣教諭
黃澍禮記字文禮鏞之子以官生順天中式姚安知府　懷安縣學王介春秋第四
人字節甫鏞之子府同知有傳　魏濱易字源夫湖州府通判　廖雲翔易字鳴和浚之子雲
騰之弟奉化知縣有傳　鄭元吉易字仲敬宏之子永康教諭　林琦詩字廷珍懷安人順
天中式　長樂縣學戴仁溥詩字子周天錫之子桃源訓導　林文材詩字
汝賢欽州知州　陳謹詩字允常德隆之子東昌府同知　黃公甫詩字仁舒鄉府長史有傳
謝廷秀詩字邦實黃陂知縣　福清縣學林宜祥詩字廷善熙之子　陳彥
鎮詩字嚴叔通判

弘治八年乙卯宋元翰榜

府學林克潤詩字良玉宜春知縣　張濬春秋字元宗璟之子南寧府同知　林庭
棉春秋字利瞻元美之孫濬之子庭枓之弟進士　陳宗典禮記字景昌安福教諭　李良
卿易字公輔永豐教諭　孟昺易字仲潔玘之子臨江府同知　潘文英易字世傑德平教諭
劉孔清春秋字濬源鄒縣教諭　曾棫禮記字德美撫州教授　閩縣學林文
韜易字尚德嘉祥訓導　陳世高禮記字世高儒士中式西安教諭　梁楠易字汝材以訓
導浙江中式　孟鐸書字希道閩縣人廣西中式　候官縣學王士昭禮記第五
人字希賢進士　黃榜易字積文　谷洪禮記字志學　林文績易字德緒玠之子進
士　懷安縣學陳鑑易字時敷惠州府通判　莫欽易字宗堯經歷　丁廷[illegible]

易字振夫儒士中式汝州學正　古田縣學張文造春秋字汝升知縣有傳　闕清
縣學蕭宗瀛春秋第四人字達夫寧府教授　長樂縣學陳讓詩字允恭徽隆
之子石埭知縣　陳秋鴻詩字道南俞之孫應天府通判　莊文玄詩字德升禮之子瓊州教
授　陳文試詩字道行進士　陳敬齊詩字則欽平陽教諭　連江縣學林錞
易字孔和積溪知縣　永福縣學張叔厚易字載夫臨江府推官　張克濟易字
叔仁臨江府推官　福清縣學侯文鏁書字廷粲惠州府推官　黃泗易字為見
甦之子興國知縣　林信詩字廷圭會昌知縣　林溥詩字孟通國子博士

弘治十一年戊午林士元榜

府學金文明易第四人字德容鑑之孫金聲教授　周武[illegible]　張[illegible]

孔[illegible]之曾孫[illegible]之孫[illegible]之子崇譜之弟奉化知縣　鄭仲彝易字元實昌府通判　林堂
易字用明滿江運判　陳亨易字繼元龍陽教諭　王璉易字孔與壽昌知縣　方洪禮記字宗
鈞藤縣知縣　閩縣學李賓易字中孚中之子鎮江府通判　龔澤禮記字汝霖廣東提
舉　曹梅禮記字德魁棫之弟會昌知縣　黃文省詩字用安賓之子　李廷詔易字
德宣襄陽府通判　林燧易字廷充進士　阮仲義易字士宜詔州府同知　朱文昌
春秋字世美儒士中式　侯官縣學林士元春秋第一人字克仁時中之子沔陽學正
鄭閭詩字師閔淮府長史　秦行健易字[illegible]乾高要知縣　閩清縣學陳銑易字
克脩進士　長樂縣學謝廷瑞詩第三人字邦應進士　楊維甫詩字鏡巖石城
知縣　陳天然詩字宗仁慶元教諭　陳用賓詩字則節崇德之子陽門知縣　林正詩字

純正徽州教授　陳球 詩，字則實，吉安教授　連江縣學林行簡 易，字居敬，寧城教諭
永福縣學林庭模 春秋，字利正，允美之孫，潮州府同知，雅有詩名，長於樂府，平生好惡
不拘流俗，鄉人嚴憚

弘治十四年辛酉張熒榜

府學鄭伯和 禮記第五人，字節之，瑛之曾孫，寧府長史，有傳　郭懿 易，字爾嘉
子舉之子　羅惟遠 易，字明之，從慶學正，以子一鸞貴，贈晉州知府，輕財樂施，友于其弟
任丘訓導
鄉評　鄭鵬 易，字于淑，淮府教授　張瀚 易，字孔昌，靖江教諭　閩縣學張天麟
見器　[illegible]　陳瓊 [illegible]　洪[illegible]
之子大[illegible]
字[illegible]
[illegible]
中　莊世瑞 易，字景徵，淮府教授　林[illegible] 禮記，[illegible]孫，海門教諭　[illegible]之　陳[illegible]
宗秀巷　張熒 易第一人，字明臣，[illegible]之玄孫，[illegible]之曾孫
州學正　[illegible]純之孫，彬之子，儒士中式，文昌知縣，為
人尚意氣，多聞識，議論倜儻，閩縣
冠高科，蛩不偶，禮部人共惜之　孟鎮 曾，字希範，閩縣人，廣西中式
候官縣學王德廣 禮記，字本循，[illegible]之曾孫，郢州知州　陳德懋 春秋，字時勉，淮
之子，平陽教諭　孫淵 禮記，字景源，崇之曾孫，高要知縣　懷安縣學陳勃 易，字希和
崇之子信　陳垄 春秋，字克學，紀善　閩清縣學葉文浩 易，字世宏，欽之
子，宜知縣
適州知州　姚世棨 禮記，字廷寶，州知州　長樂縣學陳言 詩，字獻可，進士
陳談 詩，字允默，德隆之子，進士　高璧 詩，字德滋，伯齡之子，安仁知縣，有傳　陳玉 長樂人，順
天中式進士　永福縣學林通 禮記，字維介，廷爵之子，進士
士，贈人

弘治十七年甲子黄如金榜

府學林元禧 禮記第五人，字德英　傅淵 易，字用調　郭麟 易，字節甫，崇之曾孫，新化
知縣　周朝佐 禮記，字獻可，熊之子，進士　林汴 詩，字允京，新興知縣　王公大 禮記，字通
行，士奇之子　林英 易，字邦器，知縣　鄒德賢 易，字尚賢，饒平知縣　陳世用
知縣，有傳
易，字邦佐，秀水知縣　謝寶 詩，字惟善，彥之孫，瀚之子，貴溪知縣　曾文銓 易，字德衡　梁鵬
易，字調卿，鎬之子　邵文恩 易，字仁甫，以貢順天中式，性通敏，和厚，工真行書，選直誥勅房
官尚寶卿，[illegible]外遷[illegible]同知致仕，年九十餘卒　閩縣學倪欽 易，字汝敬，廷之子，靖安教
諭　陳天祥 禮記，字景禎，隨州學正　陳宗翹 禮記，字景升，良輔之子，壽張教諭　黄
崇 禮記，字一夔，[illegible]卿　李源 詩，字[illegible]，之子，通判，有傳　陳[illegible] 禮記，字通夫　陳遵 春秋，字[illegible]
英，[illegible]之子，進士　劉竑 書，字伯度，芳之子，縣人，廣東中式進士　候官縣學舒劍 易第
四人，字仲勉　廖儀 易，字彥章，劉伯牛之曾孫，吉安府推官　鄭善夫 春秋
龍南知縣
字繼之　姚汝忠 詩，字良卿，珏之孫，進士　懷安縣學林子仁 書第二人，字由
己　陳則清 春秋第二人，字君揚，進士　鄭行 春秋，字世濟，璧之曾孫，進士　陶綸 易，字
廷美　余廷濟 易，字仁甫，電白知縣　邵廷瓊 詩，濟之子，懷安人，湖廣中式進士
安教諭
啓來 易，懷安人，河南中式　閩清縣學林幹 易，字克貞，襄陽府同知　長樂縣
學陳贇 易，字日襄，溧陽教諭　林文沛 詩，字惟德，進士，復姓陳　鄭宗仁 詩，吳之[illegible]
福清縣學陳伯諒 詩，字[illegible]，之進士

正德二年丁卯林文俊榜

府學高應禎易第二人字貞甫同之玄孫旭之曾孫進士林文焯春秋第四人字[illegible]
上明太平教諭有傳李景元禮記字一之忠之子進士方希哲易字世澤川作惟官
王道立春秋字思正後之子泰和教諭蔡洽易字元甫化州知州陳德易字日新香山
知縣林良弼書字克光清流知縣傅孟春易字如熙蔣之子鄭餘慶易字從善琮之
玄孫寔之曾孫世澤之子定海知縣有傳吳益夫詩字希南武學教授陳德本詩字[illegible]之
桂陽知縣閩縣學林球詩字文獻荊門學正王天與易字良貴奉化教諭黃堅
春秋字克誠儒士中式招遠教諭候官縣學黃祿禮記字穗立西安教諭王士
禮記字希齡士和之弟邵州知州丘孟喬春秋字孟喬合山教諭陳世美易字
[illegible]請之安陸王昇春秋字舉之壽[illegible]教諭[illegible]孝友[illegible]傳官[illegible]侍正[illegible]以子[illegible]貴[illegible]主事

安[illegible]學黃鏗易字[illegible]工部主事[illegible]於易學門下教授甚衆張孟敬禮[illegible]
之子安吉學正正德間聘爲林寬禮記字仁量茂[illegible]
府志總裁以多聞稱於一時之子高安教諭
朱晃書字文中以貢順天中式進士閩清縣學林汝舟禮記第五人字大用景州
學正長樂縣學鄭慶詩字有章進士福清縣學陳天錫詩字廷爵後[illegible]
謝進李楚詩字仲岳瀾之士子大合知縣
正德五年庚午黃廷宣榜
府學趙德剛禮記第三人字榮節汝宜之曾孫進士許繹易字士貴[illegible]之子進士
劉汝清易茂名教諭呂廷爵春秋字良貴知縣張孟中禮記字[illegible]宗澤之子
進士鄭乾清易字惟一琅之子荊山知縣林文聰詩字仲穎寧國知縣黃綱易字[illegible]

[illegible]教諭鄭伯棟易字公執松江通判鄭彬書字周華閩縣學鄭[illegible]
美春秋第五人字克之華亭訓導周朝倪禮記字勤可子朝佐之弟進士熊之陳[illegible]易字
德周上虞教諭張憲詩字監于[illegible]之子諭祚孔川戴允禮記字師[illegible]之孫敦之子進
士候官縣學林春澤禮記字德教進士宋邦瑞易字肇祥之孫寧海學
正楊華易字德敏東莞縣教諭廣林成易字世王進士懷安縣學陳瓚字易
成王像之曾孫明之子羅田教諭陳坡春秋字克[illegible]之弟桂林通判謝源[illegible]化[illegible]進
士陳憲易字克守崇之孫齊啓行春秋字景用吳川教諭長樂縣學高
士張[illegible]詩字德理章都知縣黃仕進春秋字德亨教諭陳景淮詩字景清長清教諭
陳桂詩字文秀山教諭陳[illegible]章詩字志賢[illegible]之子士中式潮州通判劉[illegible]

長樂人順天中式增入連江縣學游[illegible]易字世重進士永福縣學周尚
文易字質夫新建教諭福清縣學陳文昌春秋字希周青田知縣鄭慕詩字
師舜陸之子進士
正德八年癸酉張岳榜
府學林炫春秋字貞孚元美之曾孫翰之孫庭楫之子進士袁達易字德[illegible]貴溪知縣
有傳鄭威易字伯震孫濟之子進士琰之曾王思仁禮記字體元[illegible]教諭陳[illegible]
賢詩字則英進士李總平同知林汝建易字德孚王山知縣鄭樂禮記
字振之鎮之孫慶元知縣閩縣學劉世揚易第三人字實夫進士蔡奇禮記第五
人字弘偉堅周忠易字節夫尚文之弟[illegible]教諭劉勲易字孟昭[illegible]之子知縣
[illegible]之子進士

黄瀾易字時信聰之玄孫衍之曾孫建昌府通判　侯官縣學王希旦春秋第四
人字文周佐之孫禮部郎中有傳　林樾顯禮記字德純泗州知州　陳相易字良衡州府章
知府　王朝賓易字道明渾之曾孫英之孫國子助教　秦行賓易字體觀東莞知縣　袁
宗耀易字世明鋼誠教諭有傳　田邦傑易字世英進士　懷安縣學潘宇易字
弘夫桂林知府　陳思順易字子裕桂之子袁州府同知為人謹厚居官亦廉静鄉黨稱之　長
樂縣學陳讚詩字允頌德隆之子謙謹譽讓之弟進士　鄭憲詩字有慶進士　陳良
弼詩字時之進士　林公輔詩字賓夫節之子進士　陳宗誠詩字文訓德之子國子
監丞　連江縣學陳坦易字仁可戶部郎中為人和易居官亦有建立　王德溢字
禮中儒士中式進士

正德十一年丙子朱瀾榜
府學倪組春秋第四人字繼任珏之孫欽之子進士　魏廷美春秋字士彥益陽知縣
謝寬詩字嚴夫士元之孫廷柱之子象山知縣議選升難不墜其家聲　林德振禮記字知
王青城教諭　高世魁易字綱甫同之玄孫圭之孫進士　林文瀚易字德洪　鄭
波易字澄卿崇之玄孫珙之孫進士　黄雲禮記字德賓常德府通判　鄧允璋春秋字德
卿汝美之子進士　陳希登禮記字伯龍良弼之孫宗翰之子進士　林文炳春秋字上
昭文煒之弟縣知縣　閩縣學鄭漳禮記第五人字世積瑛之玄孫亮之曾孫伯和之子
澄之弟進士　廖堯仁春秋字宏治　林志麟易字厚德淳之孫文奎之子臨江府同知
道誌易字守文蘇州通判　侯官縣學蔡經易字丹舜後姓張進士　林樑

德良台州府通判　楊叔豁易字德周進士　懷安縣學廖世昭易第二人字師
賢誠之孫雲騰之子進士　邵桓易字用湖宿松知縣　孟邦傑禮記字七英巴之曾孫通州學
正　金廷貴春秋字君爵谿縣知縣　古田縣學林鉞易字代藏　長樂縣
學戴玉成詩字孝章均之玄孫進士　陳嘉謀詩字仲謨京之孫進士　范惟恭
詩字以莊肇慶府同知　莊惟春詩字元卿禮之孫文玄之子進士　鄭源澳詩字典黎
錫文之子進士　連江縣學李士文易字在中進士　陳邦瀛易字世忠　福清
縣學何英才詩字時英靖江府長史

正德十四年己卯陳公陛榜
府學陳公陛禮記第一人字秉憲之孫進士　王鑾春秋第五人字宗文濂之孫謝
部郎中有傳　翁繼榮禮記字汝厚文澤之子柳州府通判先任南國子助教於諸生有恩　謝
黄易字惟盛唐之孫進士　陶汝弼易字廷相連州學正　方邦望易字表弍惠州府推
官有傳　陳世仁易字德元　葉思齊易字可賢瑞州通判　鄭瀛易字克達　林庭
校春秋字利達元美之孫翰之子庭桂庭榭之弟有傳　林鉞春字克相塈之子進士　沈繼
易字廷甫從化知縣　閩縣學梁喬易字節卿楠之子鸞之弟武寧知縣　林炳春秋字用
晦來陽知縣先任宜城教諭能得士心　林士元禮記字世仁淵之曾孫璋之子當理先令香山
有惠政邑人祀之　戴亨易字師禮景寧知縣　藍淦易字德深渭之孫杭州通判　連用
誠易字性甫順德知縣　高應經易字繼道之義孫建寧州知州舉人高升後冒其姓應經始冠
於假自致青雲亦緣其官縉紳談之　侯官縣學林椿易字克齡嘉魚知縣　陳時清

春秋字君行聯之孫晉之子　陳劍易字勉之嘉善教諭　蔣鉞易字廷威蒙陰知縣　懷安
縣學趙士讓春秋字質夫明之子台州通判　羅劍易字彥時澤之曾孫章鄉知縣
林瑩易字茂貞珧之孫進士　林思誠易字思誠孔仁之曾孫助教　長樂縣學
鄭舜治詩第二人字師錫　鄭守恩詩字宗盛吳之孫恩恩知縣　陳鎣詩字允和
鄉陞之子璽立知縣　陳大濩詩字則張大用之弟進士　鄭珊詩字廷坤沅江知縣　陳大
用詩字則可進士　吳錫詩字有載之曾孫　陳鋑詩字用賓則安之孫蔣寵之子由安
府同知平昌謹菴民農家人稱其厚　連江縣學吳世澤易字家仁進士　鄭□字易
嗚侍省江知縣　謝爾誠詩字思平海康知縣　福清縣學何司明詩字致瀾上
教諭為人有操尚鄉人敬之

嘉靖元年壬午立倉榜

府學陳京易第二人字世周克震之子進士　鄭澄禮記字宣□玄孫亮之曾孫　陳東
和之子溫州府同知劭伯和官斂不迹郁人敬
其名德諸子俱貢世謂澄得其厚庠得其操
雍易字啓甫天熙廷之孫　倪繹春秋字鎡欽之子紐之弟進士　阮魚易字汝滿
時茂之子黃梅知縣　葉章易字弘達　許繼易字士咸坦之子繹之弟進士　何偉禮記字子
奇變之曾孫衢州府通判　許仕昭易字晉甫肇慶府同知　林燁春秋字貞肇元美之曾孫
庭模之子遷府長史家庭閒雅其多識亦
長於五言律詩以子坡貢封戶部員外郎　葉邦榮字易
仁甫頓之孫安吉知州　李鎔禮記字克成江之子俞綠知縣　閩縣學黃高易字師中
亨之弟惠州府同知　林春禮記字時亨　陳文浩易字子川進士　張世衡易字用吁

懋之孫松府通判　高叙易字茂和昇之孫　陳子文易字在中儒士中式進士　□之子
侯官縣學王訥春秋第四人字文晦佐之孫戶部主事有傳　龍用卿禮記第五
人字鳴治進士第一人　楊暉易字文孚喬之曾孫高淳教諭丙任教職督課甚嚴取與不苟　許
嗣宗易字紹德坦之孫進士　周亮易字尚寅恭之曾孫進士　王欽易字公寅佐之孫進
士　祝時泰易字汝亨廷玉之子德府長史有傳　懷安縣學徐灌易字汝澤金仲
府通判　鄭鋼易字南金越之孫進士　廖雲從易字石和樂安知縣有傳　林繼賢
詩字其秀偉之子河源知縣　鄭淮書字惟東以貢應天中式進士　長樂縣學林承
訓詩字廷可進士　林文獻詩字惟賢鍾祥知縣　陳朝慶詩字學卿興國知縣　李性
詩字仲復進士　曾茂卿詩字時育進士　福清縣學何世祺詩字勉賢司明之子

進士　方日乾詩字體道進士　鄭廷肅詩字子謹拱之子　鄭廷煒詩字子亮湘潭
知縣

嘉靖四年乙酉林東海榜

府學楊烶易第二人字允光進士　胡文舉禮記第三人字道卿御史　倪鏡春秋
第五人字汝公進士　林庭機春秋字利仁元美之孫瀚之子庭桂庭棉庭枝之弟進士　王鏈
春秋字公度佐之孫之子常山知縣有傳　朱德禎易字必興進士　何文偉易字廉甫
石屏知州　張增善易字子克克濟之子官終濱州學正教人務為實學不事浮靡士心誦之　林
宗桂禮記字世芳羅田知縣　周倫詩字世明官終南道御史先任太學博士以清慎見重於
時南臺未究其用鄉人惜之　李丕顯詩字憲文進士　曹世盛禮記字際榛之子進士

閩縣學陳節之易字尹和進士張廷器易字用大樅之孫田知縣爲人質實有
有前輩風林繼皋書字德誠繼顯繼祿之弟進士王舜易字師卿廣東僉事風裕峻整
居官所至墨吏望風畏之然時論頗謂過嚴鄭時暢春秋字世芬整之曾孫漢川知縣陳
清濂易字學周六合教諭陳應奎易字文明程鄉知縣張元秩春秋字經世濟之孫
天順之子寧波府通判候官縣學鄭璉禮記字東陽知縣祝廷玉字易
汝成思中知縣致仕俞世潔易字與之進士袁成能易字從道昇之子太僕少卿有傳
鄭瑛易字允修蔣鍠易字廷和新安知縣懷安縣學陳世熙易字師聯襄陽
府通判先令西華政著能聲家居周給宗親鄉黨稱焉林璧易字茂東琳之孫文續之子進士
陳命易字世卿元成之子榮城知縣林廷袞書字國章子仁之子錦句知府馬寅字易
明聰紀張世宜禮記字伯時濮之孫峻之子夔州府通判陳德華易字國實
善錙之孫世仁之弟全椒知縣古田縣學魏煥易字文甫臨江通判長樂縣學
鄭世威詩字中孚進士陳一中詩字公本景寧教諭高廷忠詩字允卿璧之子靖
江長史有傳李懷靜詩字守中香山知縣林山詩字士仁進士林恕詩字道近進士
陳捷詩字仲遲進士連江縣學陳秉誠易字成卿元憲之子歐思誠禮記
字純甫連江人順天潮州籍中式進士黃明良易字時際連江人雲南中式貴州僉事福
清縣學毛秉鐸書字道鳴進士林廷器詩字育成陳一貫春秋字會傳進
士林應禎詩字國與涪州知州居官有守爲人篤實鄉黨敬之許敎[illegible]

嘉靖七年戊子劉汝楠榜

府學陳席珍禮記字聘賓昊之玄孫桂東知縣曾廷榛易字長卿施廷美
禮記字寶實知縣林湖易字洞卿林天駿易字守良伶之子贛州府推官有傳閩縣
學陳淮春秋字東之進士鄧㬢禮記字世綱珙之曾孫進士林紹祿書字德用
北勝知州王應偲書字汝且聰之子會川學正上詰易字德欽信豐知縣鄧遜禮記
字世喬泉州府通判先令香山有績候官縣學張檗禮記第四人字孔瞻瑛之子衢州府
同知先任於潛歎戢甚得士心陳鍾書字惟英王時中書字敬之州知州終衰張煥
文衢易字克章信之玄孫曾星子知縣林廷榮易字世獻進士林應亮禮記字熙
載春潭之懷安縣學鄭守道易第三人字用行遺州府推官其多閩縣
子進士
不甚遠於政而官箴無玷裴森書字孔暹之孫進士汪澄江春秋字知宗之
子萬安知縣長樂縣學陳豪詩字志興德陰之孫謹之子進士吳鎮詩字利用
進士陳時望春秋字數蘊昌本之孫新城教諭鄭錫澄詩字惟志鄱陽知縣陳時
禮記字宜鹿衛籍順天中式進士連江縣學鄭儀則詩字士矩嘉定教諭
歐思賢禮記字希南連江人順天薊州籍中式福清縣學薛廷龍詩字汝承
進士項甚德詩字尚之濂之孫四川參議有傳卓邦清書字若泉富順知縣性質直居
官有守與監司不合拂衣而歸傅鎮詩字國易進士龔鐸春秋字孔音懷集知縣林珠
詩字待價恩平知縣林孟機書字成賢武寧知縣施千偉詩字善夜進士林春字詩
子仁福清人應天泰州籍中式會試第一人

嘉靖十年辛卯陳讓榜

府學林垠春秋字天宇元美之玄孫庭楧之孫燁之子戶部員外郎雅有詩名黃溹春秋
字弁靜進士陳源清禮記字孟陽如皋教諭黃仲陽春秋字宗乾源大之子長史
陳元珂春秋字伯渫進士葉繼美易字[illegible]來中部郎[illegible]可務工部員外郎中[illegible]府
謝宜相禮記字道安源之子附傳仁砥詩字道平靖江知縣羅尚絅易字希誠增之
曾孫知州鄭舜稱其賢識陳[illegible]易字長卿明之曾孫新州知州閩縣學劉鶴翔易字[illegible]卿
世揚之子彭澤知縣有傳穆旺禮記字相甫彭謹春秋字世全進士侯官縣學
施傳愛禮記第四人字仁卿王武春秋字公儀昇之子進士林庭璧書字介節進士
姚良弼詩字夢說旺之孫懷安縣學廖世魁易字師文進士楊道南
禮記字載吾貴州府通判朱龍禮記字國爵之孫長樂縣學陳王詩字汝良進士

連江縣學孫文錫易字公錫進士永福縣學王亜春秋字伯通以貢應
天中式崇陵知縣福清縣學張榮詩字仁甫林新祐詩字有秩吉安教授李
賢詩字應奉新知縣林一清詩字子靜都昌知縣薛二經詩字庭訓教諭陳仕
賢春秋字邦憲進士方秉鉞詩字體威乾之弟教授
嘉靖十三年甲午楊子充榜
府學葉春澤書字仁甫進士楊一謨易字世文進士王鏞春秋字公節思明府
同知致仕鄭天行春秋字孔松江府同知謝啟元易字本貞以子榮字貴贈工
部司務雅有詩名鄒文元詩字師善長史魏文炳易字德光進士洪世文禮記
字國章英之曾孫瞻之子進士何鍪禮記字廷用偉之子餘杭知縣沈一元禮記字本乾溫

知縣黃宗器易字時震進士閩縣學徐麟易字士密雲知縣陳暹春秋
字德輝進士林大章禮記字廷憲進士吳文舉易字官大子聰易字汝達
於潛知縣歷二任俱著績曾廷梅易字元輔高州通判陳士儀易字志附進士黃錦
春秋字尚絅河源知縣侯官縣學王鏜春秋字孟祥錦之孫介之子進士藍濟
卿易字用樟進士劉桂易字庭芳嘉善知縣舒汀易字紹安進士王應鍾
春秋字從復士中式進士懷安縣學薛欽易第三人字鳳甫太平教諭附傳方
桂禮記字德馨海豐知縣林懋舉易字貞卿鈍之曾孫淵之孫進士張煌易字用韜
進士長樂縣學石銘詩字明獻博羅知縣陳繼文詩字士華定建知縣楊應
和詩字子贊景陵知縣鄭錫詩字獻貞進士王琮詩字廷器有悟之孫福州知縣

福清縣學楊子充詩第一人字進貴費州府同知王一言禮記第四人字行恕
進士周坤詩字順州府同知陳一科詩字子泉伯諒之子應山知縣居官有守世稱
不愧家聲云魏濠書字方舟外郎有傳翁世經詩字可春貞進士吳從義秋
字思忠進士方塘詩字源甫日乾之子未及仕刪華其有操黃仁惠詩字廷佰進士
鄭萬經詩字子長以貢順天中式進士
嘉靖十六年丁酉韋日開榜
府學鄭逑春秋第四人字世吳琳之子進士林春秀易字彥甫府同知先任惠
州來鎮強扶弱民德之以詩名林春禮記字時和春之弟葉繼善易字兆元含山知縣官
德章禮記字達卿恩來知縣周應奎易字楨甫州府通判溫劉燁禮記字用亮

江知
閩縣學林洪易字禹範思明府同知鄭相禮記字克佐和之孫澄之子
滁州知州黃宗驛易字時節潭之玄孫進士林懋和春秋字惟介進士楊成字易
位中昌化知縣候官縣學楊世瑞易字鳳來寧國通判張文鏓易字汝器完縣
知縣懷安縣學徐拱禮記第五人字惟節灌之子附傳王建中易字懋德國子
博士有傳陳坦易字作舟郴州知州葉麟易字可仁應天中式附傳陳鐸易字孔振
宗之曾孫寅之子以教諭浙江中式欽縣知縣古田縣學郭文淵易字道衡以貞應天
中式保寧府同知長樂縣學何夢卜詩第二人字允孚陳時霖詩字商卿
進士陳時範詩字敷疇沛之子進士陳惟舉詩字克孚進卜陳燁詩字則韶安化
教諭陳英選詩字資任惟新之孫邢州通判石霖詩字丿孚之孫益陽知縣連江
縣學陳懋勛易字懋功魯府伴讀林金易字良玉以貢應天中式通山知縣福清
縣學林公璉詩字子啟教諭何御詩字瀧之之孫進士項志仁詩字元之
李賡詩字季卿之孫進士
嘉靖十九年庚子鄭啓謨榜
府學鄭啓謨禮記第一人字用文鏷之玄孫舉之孫蕪湖知縣為人專精墳典晚年家居未
嘗廢卷鄭汝清易字澄夫瀏陽知縣王繼芳春秋字師永安知州答余廷彬詩字
詩字國賢陳柯易字君則清之子進士源何子顯詩字獻忠和平知縣張嘉猷字詩
獻叔德府教授有傳閩縣學黃以賢詩字君向江府同知松陳全之字春秋粹
仲叔剛之曾孫辭之孫進士陳垣易字師能永教諭王鎮易字公重州郎中羅一

鷴易字應周惟遠之子進士孫渭春秋字應清進士林紀易字廷石城知縣鄭鑑
春秋字贊春進士葉繼熙禮記字兆學繼美之弟臨桂知縣胡廷順詩字袁美
湖州府同知吳悌易字仁卿以勉教候官縣學陳鎣春秋字朝憲定安知縣
徐機易字惟北諸暨知縣陳情易字子忠州之子懷安縣學魏道亨詩字
元盛騰之孫廷美之子武義知縣長樂縣學鄭功甫詩字以懋南京吏部司務吳
大德詩字介勉永豐知縣連江縣學陳址易字從坦之弟懋卿知縣福清
縣學張德熹詩字宗備進士陳喬嶽詩字邦卿應天中式辰州通判
嘉靖二十二年癸卯黃繼周榜
府學莊嚴易字汝和石城知縣劉鶴翔易字宇翀世楊之子鶴翀之弟清江長史林
塤詩字尚乾宣化知縣閩縣學王大經禮記字允常康之子南京刑部司務楊威
易字懋中成之弟登封知縣周文濂禮記字仲熙明之孫二水知縣姚仕顯易字
進士張樞易字世運瀚之子靈山知縣林志寅禮記字亮德廷廉之係文琛之子懷遠知
縣程伯鎬易字朝京儒上中式廣州通判候官縣學林嫌春秋字貞義元美之
孫廷模之子燁之弟清江長史葉廷萃易字允升南京工部郎中林服依道
知縣懷安縣學吳時昭禮記字以德嶼山知縣陳燦易字子中瑞金教諭張
邦彥易字士珍進士孫國隆易字傾卿圖城知縣李廷纘禮記字繼文王山知縣
古田縣學鄭士標易字可範長樂縣學陳夢雷詩字有威壞州府同
知連江縣學陳國信易字以貞新城教諭福清縣學何宗魯字詔

西宗憲州府同知居官清介鄉人思之　嚴以修詩字思永　莊應元詩字子儀真知縣
陳公彥詩字淵亭　施樸詩字範卿香山知縣

嘉靖二十五年丙午洪世遷榜

府學　周欽易第三人字允恭戶部員外　李鳴金書字閩舉　黃季瑞春秋字宗
和源人之子仲陽之弟進士　邵書書字仰文出之孫陵水知縣　鄭綸易字道啓御史　陳
九功易字惟叙憲之曾孫公陞之子龍川知縣　閩縣學　洪世遷詩第一人字關安
英之曾孫瞻之子世文之弟南大理評事改名世武　林爊春秋字貞恒小英之曾孫瀚之孫廣儀之
子進士　姚本崇易字春卿仙居知縣　黃河濱詩字允升瀚遠知縣　井應齊詩字
公陞州通判　林良材詩字君用　鄧幹禮記字貞夫誠之玄孫新興知縣　候官縣
學　林耀易字德舉太平知縣　林以穀易字成弘揭陽知縣　黃巖旋易字伯之進士　懷安縣
林嘉謨易字廷卿武岡知州　鄭維邦春秋字世輪琪之玄孫徐州知州　懷安縣
學　林則時易字以中新寧知縣　林高崗春秋字鳳鳴英德知縣　古田縣學
楊名易字實敷海豐知縣　長樂縣學　石磐詩第四人字民齋璧之孫廣東參議　鄭
景詩字子望裕州學正　陳懋觀詩字孔賓進士　陳瑞詩字孔麟李之孫進士　連江
縣學　孫用易字行可進士　永福縣學　王應時春秋第五人字懋行進士　福
清縣學　陳見詩字若愚伯諒之孫一科之子　林資深詩字學靜高州同知　嚴順
詩字道像東才教諭　龔澤詩字汝虛萊蕪知縣　陳湯敬詩字勝忽江山知縣致仕

嘉靖二十八年己酉黃上觀榜

府學　蔡本端易字幼貞浩之子進士　陳元琰春秋字仲文克珂之弟進士　吳
錡詩字利成鎮之弟象山知縣　林應標禮記字廷魁澄邁知縣　施可學春秋字敬
行愛之弟仁化教諭　陳仁易字一元崖州知州　阮北易字惟拱時懋之孫安仁知縣　吳思
齊易字汝賢欽州通判　閩縣學　潘易易字時卿　張焯春秋字雲京進士　候官
縣學　鄭元韶易第二人字志夔湖廣僉事　林源清易字河實鉞之子　陳德
易字愈盛元祐之子欽州知州　懷安縣學　鄭原玉禮記第四人字汝成淮府長史　林
應揚詩字思仲　王希周易字文治和平知縣　謝蒙亨易字仲時貢之孫啓元之子則
鄉貢　古田縣學　魏焯詩字貞甫　陳必遂易字元成清平知縣　長樂縣
學　陳琦詩字孔璧　石渠詩字士升進士　鄭源彬詩字汝宜進士　林森易字起新
均州知州　陳逢景詩字[illegible]遇贊之子　卓爾詩字易[illegible]可進士　連江縣學　丘行
義詩第三人字養和確山知縣　陳秉謨易字文卿博羅縣知縣　福清縣學　毛孔
墀詩字茂對進士　陳良柱詩字用大烏程教諭

嘉靖三十一年壬子黃星耀榜

府學　陳奎春秋第四人字汝星進士　薛一和詩字子中　周行詩字實示均州知州
高巖易字允瞻任眉州知州　林茂勳易字汝棐進士　鄭雲鑾易字邦用卿之孫進
士　陳巖之春秋字泰仲叔紹之曾孫進士　林應雷詩字宗復進士　閩縣學　陳
聯芳詩字以成進士　林貞相春秋字貞相澄之曾孫威恩知縣事父母以孝聞居官清謹有
為不忝政聲　黃應麟易字仁卿任永天府通判　陳謹詩字德言進士第一人　李遇

泰禮記字以仁縣任郴州知府德之林廷顯詩字斯德廣西太平知府李子洵字
懷允樺之曾孫實葉露新詩字凝之閩縣人雲侯官
之孫國子助教南中八滁州知州
縣學廖雲鵬禮記第五人字子翀國子博士羅誌禮記字默甫封川知縣林鳳
儀詩字婉臣濃六知縣李應陽易字希旦御陽知縣懷安縣學張夢牛春秋
字雅北戶部主事溫雅有守以徵官應大夯內轉以終養乞干家時華體之陳子芳字易
惟秀任南昌通判林舜道易字允中進士嚴用和書字可行浙江杭州籍中式後友人
進士長樂縣學林德詩字有本首進士連江縣學楊廷秀易字汝賢
永福縣學林大畜易字子縣知縣御郡福清縣學何邦禮詩字
大中進士

嘉靖三十四年乙卯黃懋中榜
府學林有臺禮記字德孫任戶部員外郎其克潤之李時春禮記字元御懋夔惟
官林元立詩字宗介大之孫進士允林東階詩字以升縣新城知縣通之鄭良
材易字廷成新興知州林惟謹易字懋賢陳元祐易字周侯江西中式有傳以教諭
閩縣學周暴易第三人字汝熙之子武昌府同知倫郭尚卿春秋第五人字王甫
江文沛詩字良兩進士鄭孔道春秋字以貞任瀧安知府鄭日新詩字孔作松江
通張燁春秋字德南之孫元秩之子燁之曾孫天馭南刑部郎中葉于僉禮記字永諧文
判浩之孫任青田教諭侯官縣學魏體明詩字用晦進士陳懋典詩字德甫進士
懷安縣學王謀易字信野潘州訓導康日章書字伯顯州府同知瑞閩縣

懷安縣學詹洪基詩字子實進士長樂縣學陳復升詩字以見進士陳邦
詩字以奇太和知縣陳治詩字伯進茂名知縣陳安詩字勉夫衡陽知縣連江縣學
吳文華易字子彬世澤之子進士福清縣學薛廷熙詩字剛州府同知
薛曾詩字帥孔進士

嘉靖三十七年戊午黃才敏榜
府學林劉聘禮記字君聘顯之子進士鄭雲鑾易字邦濟縣雲鑾之弟紹之
廖盤化詩字本成柳州府同知鄭惇典易字君彝之孫進士李國珍字詩
愈璟由情府推官謝汝韶詩字其虞長史侯官縣學黃璧詩第四人字本和
潘仲徵易字克與進士謝符禮記字其徵懷安縣學袁表易字景從宗

之朱應遇禮記字時命陳學麟春秋字尚經潮州府同知鄭克曾春秋字德
子貢賓州知州長樂縣學陳省詩字孔震濂之子進士林世章詩字尚閩進士
連江縣學王一岳易字思喬萬州知州吳應乾易字國欽黔縣知縣鄭源
洽詩字守夾林濂水知縣永福縣學林春茂易字深甫以貢順天中式春秀之弟遂濟
知福清縣學薛德範詩字守正進士林一鶚詩字宮臣縣封川知縣信之

嘉靖四十年辛酉趙秉忠榜
府學曾孔志易字汝富川知縣陳應徵禮記字汝廣信推官亮阮崍詩字
孟奇剛通判閩縣學謝廷策易字獻之潮州通判王應桂春秋字美佐之玄了
林烶春秋字員應元美之曾孫瀚之孫天中

進士 候官縣學鄭廷楨 書字君錫海寧知縣 懷安縣學楊春孝
濟字貢甫晉江人 長樂縣學陳洪 詩字伯訓孫鎮之子進士 陳應春
詩字有鄉進士 連江縣學吳尚誠 易字判州卿 丘懋觀 易字貢州 福清縣
學林廷讚 詩字上表南昌知縣任 王用賓 詩字汝敬 施觀民 詩字于哀
進士 薛廷亮 詩字汝采廷寵之弟以貢順天中式丹徒教諭

嘉靖四十三年甲子王大遴榜

府學陳鴻漸 詩第二人字鳴羽 鄭日休 易第三人字廷徐 趙喬 詩字肩卿
璧之弟進士 薛夢龍 詩字汝升 施霙 春秋字周進士 陳鴻猷 禮記字用忠進
士 施以敬 詩字子懋 鄭朝侃 詩字濟和 王熙 書字文和建業知縣 林世和

易字良順 閩縣學周仕 禮記濂之子仕順昌教諭 第五人字 文 陳公大
詩字子受 鄭岳 詩字來翰進士 候官縣學林如楚 禮記字澤之孫 道應亮之 春
子進士 朱尚賓 易字化南城教諭 趙世顯 易字文之曾孫 光安 鄧廷臣
詩字畫夫任洛陽知縣 懷安縣學陳模 易字君府同知 陳夢龍 春秋
字洛瑞 合 林大經 禮記字正甫以訓導廣西中式 古田縣學陳信
浦知縣
中 長樂縣學陳長祚 詩字以之子進士 陳經濟 詩字用懋觀之
福清縣學何邦靖 詩字崇仁知縣 林賓 詩字 之弟仕
縣 鄭天佐 詩字時才任桃源知縣 陳蓋 詩字人順天中式

隆慶元年丁卯

府學陳相 禮記字以道進士 林庭植 詩字鄉進士 鄭人達 春秋字克漸進
士 陳璽 易字朝章任徐州學正 閩縣學曾希孔 詩字 吳延光 禮
實 陳樂 易字九成銳之孫 鄭應平 禮記字世新興知縣 候官縣學
林繼志 春秋第四人字克尹春秀之子 懷安縣學孫承謨 易字 長樂
縣學丘問禮 詩字仲和 福清縣學劉鎮 詩字 陳文銓 詩字
子倒

隆慶四年庚午林奇石榜

府學楊懋魁 易字應梅 閩縣學王庭柱 春秋字士芳鎮之玄孫 陳
汝揚 禮記字應孚 鄭人和 春秋字克巖 王夢麟 易字之子以貢順天

中式吉安通判 亢孟禧 易字 縣人山西汾州中式 候官縣學
雲鎬 易字周卿 紹之孫 鄭熙 禮記字允輝伯和之曾孫 相之子 薛夢雷 詩字
汝奮夢龍之弟以貢順天中式進士 懷安縣學林應訓 易字子啓進士 郭愛 詩字
惠卿 長樂縣學謝杰 詩字漢甫進士 永福縣學陳朝鋌 春秋字元之桂
之孫達之子以貢順天中式任肇慶通判 福清縣學林晢春 詩字仁甫 鄭應禎
詩字 林守典 詩字 國經

萬曆元年癸酉蘇濬榜

府學潘桂 詩第三人字季選 陳茂鸞 春秋字瑞卿 陳朝倚 易字君重 陳
光欽 易字仲敬 鄭時華 詩字子實 陳天祥 詩字延和 李柱

詩中子石吳萬全禮記第五人字子倩以貢順天中式閩縣學翁仲益春秋第五
人字惟諭進士晋江人黃達卿禮記字君任鄭懋洵易字光啓候官縣學
彭穀易字有貽張炳易字應曉馬彥書字懷安人湖廣中式寅之子閩清縣
學陳以見詩字汝誠以貢順天中式羅源縣學尤光被易字子輝進士福
清縣學林春元春秋字叔寅
萬曆四年丙子劉廷蘭榜
府學卓揚烜易字含仲納之曾孫黃大有詩字仁惠之子楊繼顯易字汝謙
世林士劍詩字廷坤閩縣學林材詩字謹重懋之子袁敬德禮記字叔
吉宗煇之子陳植叔立春秋字□□詩字象海閩縣人山□□中式進士吳
堯弼書字□□閩縣人□□□中式進士候官縣學鄭日近易字志卿倪
思益春秋字□卿懷安縣學陳璧詩字道良進士長樂縣學陳長
濤詩字以哲大漢之孫省之子林裕陽詩字永光世章之子永福縣學林起
鳳春秋字紹虞江之孫福清縣學施懋勳詩字策甫謝洞詩字伯盧
萬曆七年己卯陳文選榜
府學游廷栢詩字良節吳志魯詩字汝貫朱家相易字宗輔林世禎
詩字汝瑞夔之孫林國相詩字汝贊閩縣學董廷欽詩字仲恭鄭士奎
春秋字仲文渭之子候官縣學黃大任詩字君用翁正春易字肇元閩清
縣學詹洪相詩字子翼以貢應天中式長樂縣學宋廷皋詩字萬全陳
榮詩字時發以貢順天中式福清縣學陳名彰詩字子美葉向高詩字
方懋學詩字壯行盧一誠詩字誠之以貢順天中式進士許天敘詩字敬之
子候官人上元籍應天中式

福州府志卷之十八

興化府志卷之十九 人文志四

[illegible]

[illegible]貢

府學鄭善慶 知縣 林坦 知縣 劉瑾 御史 林秀 府判 知 張添賜 知府

郎中 鄭源 知縣 王[illegible]褒 中式應天 高澤 中式應天 陳鄭 中式應天 林澤 陳

誠 教諭 程積 參政 王宗貴 陳般 王道 訓導 陳紉 [illegible]

劉安 知縣 蕭璐 訓導 吳榮 知縣 非淳 袁道 知縣 [illegible]

姚志大 知縣 [illegible] 以上俱洪[illegible] 林晶 知縣 林瑛 縣丞 陳

珏 府事 知 劉岡 教授 林厚 教諭 趙雍 訓導 林散 訓導 吳仕 訓導 鄭文

允 訓導 陳華 訓導 劉德 主簿 上十一人俱天順六年奉例充貢 丘鏜 州同知 蕭

真草書詩文 花茂 教諭 陳榮 訓導 鄭範 訓導 陳鈞 訓導 林章 訓導 倪璟

訓導 張漢 訓導 官正 訓導 鄭兆 訓導 郭琰 王言 訓導 方鎮 訓導 郭

春 蔣文 王文積 嚴凝 鄭鎮 中式應天 林霦 葉

康 癸禎 王聰 陳普 教諭 孫岂 訓導 嚴璟 唐欽

張溱 訓導 劉炫 姚棨 光祿署丞 王憺 衛經歷 馬禎 余均

陳禺 洪綱 縣丞 張政 縣丞 陳隊 教諭 林景清 興國州判官

施士奇 訓導 沈士宗 州判官 林德 曾霦 翁璣 訓導 鄭棨

蔡鏞 以上俱成化間 吳慎 鄭正 陳熺 謝文英 趙世

應 鄭明 邵漳 教諭 曾樞 車文昌 訓導 林永茂 林

文浩 吳文秀 蔣褒 林鉷 邵文恩 中式應天 黃騰

用 州判 高孔嘉 教諭 陳珏 以上俱弘治間 王京 鄭洪範 陳鈺

[illegible] 黃鉞 陳邵 鄭剛 吳文泮 馮九成 教諭 張繼

善 訓導 鄭瀹 訓導 莊世清 林鉅 林伯恭 鄭珉 訓導 鄭

榮 陳德善 鄭榮 陳瑜 以上俱正德間 王經 訓導 鄭忠

許天祐 陳文禹 張文昌 李宗大 陳景大 知縣

宋邦俊 高州府通判 周朝仕 教授 長[illegible] 蔡文清 王府教授 [illegible]

[illegible]世[illegible] 訓導 鄭文泰 [illegible] 何圻 [illegible]

汝善 訓導 張萬里 字廣陵 附傳 施士元 鄭墀 台州府通判 林庭

植 教諭 林庭枌 縣丞 林大蒦 訓導 鄭質夫 訓導 陳坤 陳元祐

江西中式 陳詗 陳元舉 李忠 知縣 鄭公寅 教諭 林庭材 教諭

陳塗 王澄 教諭 李裕 教授 張標 訓導 孫炳 訓導 翟羽儀 訓導 梁

澄 訓導 林東岱 訓導 吳璧 王廷器 王府教授 鄭邦瑞 教授 吳文

俊 教諭 鄭應璽 倪思齊 沈德琛 [illegible] 以上俱[illegible]間 鄭世

器 教諭 吳萬全 恩貢順天中式 林懋道 恩貢長沙通判 陳夢旭 知縣 謝勝

訓導 殷文林 知縣 王淩 訓導 林彥弼 紀善 以上俱隆慶間 鄧應禎 張

鈞 訓導 陳煒 訓導 施侃 訓導 王春穆 訓導 陳有建 張縉 翁

興賢 鄭□ 張顯
閩縣學訓導 趙明 王榮 鄭闓應天中式
鄭□戶部員外郎 李恭應天中式 林濬應天中式 劉麒應天中式
王銘 王漢 連文注 倪清 林魁 羅紹
林順生 周華 林俊 王瑄 鄭伯純應天中式
以上洪武至正統間 高孔英 戴恩 陳鑄 陳旻 吳文正
施文訓導 葉順教諭 林熊 林鋭 王珙 陳瑜教諭 王
鐘典史 林元錡訓導 李暉訓導 林本訓導 王懋知縣 魯文知縣 朱燃
知縣 江瓊 孟昊訓導 以上人俱天順六年奉例充貢 包鑽 陳煊應天中式

陳賢訓導 鄭增教諭 周恕訓導 郭昂訓導 黃昇訓導 黃璨訓導 吳初
林均 葉堅應天中式 林銅訓導 陳中 梁材以上俱成化間 陳
鉉 鄭克應訓導 張孔信 林克立 楊文英 林文
璧 吳大初 王侃 戴曜 葉宗 姜瀚 井泉
訓導 黃繼功 林珙 藍鐸訓導 官文昌教諭 鄭法 王仁
林銘 林萬以上俱弘治正德間 林惠訓導 吳尚夫 林
汝潔訓導 劉文焴 趙紳 張永教諭 官世奇訓導 張世
器教諭 孟希介教諭 郭様 高孝忠教授 葉逵枝訓導 郭恒
鄭文夫 黃英教諭 黃經教授 鄭亨教諭 李日章訓導 鄭仝訓導

陳文甫訓導 徐㮚知縣 以上俱嘉靖間 王夢麟恩貢順天中式 鄧希雍訓導 王
策 蔡坡訓導 以上俱隆慶間 張天錫 陳朝崟訓導 王大綸 倪
朝卿訓導 陳民極 何珊
候官學 陳廣 鄭興潛 陳貞保 朱文保 高昊
姚玄 吳道 鄭敬應天中式 戴宣 魏濟 傅壽按察副使
林增童主事 黃琦知州 鄭順同知 潘靈 楊榮推官 姚壽府經歷
馮範同知 袁端縣丞 上官普御史 孫回府經歷 金復教授 陳文訓導
陳福知縣 孫珏知縣 吳和 劉添教諭 鄭文主事 郭濟通判 李
祐教諭 陳良琟官 黃源縣丞 馬清經歷 陳宗政教諭 曾助訓導

從善 林文燧教諭 陳祥訓導 姚乾府經歷 王應 王復衛經歷
歷 沈煥知縣 黃鑑訓導 倪同宗知縣 林源 陳聆訓導 金顯宗
劉賢應天中式 盧華知縣 王鑄 鄭鏍 丁森教諭 姚溥教諭
姚志德訓導 黃濂 林鑑 魏澄教諭 李德 張鉉 連
璟 姜立訓導 宋宏訓導 陳瀚訓導 徐宜訓導 黃清應天中式 楊暉
訓導 以上俱洪武至成化間 楊鑄訓導 林繼茂府教授 劉釬知縣 余溥教諭
楊𤦹 姜成規訓導 藍敏知縣 江文贊 王世澤訓導 周易
林球以上俱弘治正德間 陳鉞訓導 孫邦彥訓導 田龍教諭 蔡楠縣丞倭變
張 王朝佐 陳鳳儀教諭為人溫恭不守企友任訓導 王文昭教諭

罵人重意氣朋友稱之 王文信訓導 陳克明訓導 林文坡訓導 王臺
唐廷用訓導 宋德偕訓導 陳泮訓導 鄭璟訓導 林一桂教諭 程恩
政訓導 林一倍訓導 陳用中教授 黃泰教諭升內秀 謝涇訓導 井廷
機知縣 鄭廷達教諭再任儒官有聞于時以上俱嘉靖間 莊鐸教諭 薛夢雷貢 恩
順天中式 鄧傳王府教授 林鳳翔以上俱隆慶間 王應曾訓導 鄭元衍訓導
黃道濂 張經濟訓導 林術
懷安學正 安福 卓堅主事 林傳 趙順知州 陳熙訓導 林
德教授 李興字希傑府有傳 知 王佐 王濟知縣 林璉 趙益應天
中式 林濟 陳鸎 林文澧應天中式 林鑑 李贇經歷 蔡長

知縣 趙原 廖章知縣 游勝 林得順天中式 黃和經歷 布政司 陸
濟經歷 游璡縣丞 郭顯紀善 林福縣丞 林榮 趙順 郭耕
立毅應天中式 王琨知縣 徐習訓導 王以順照磨 鄭琚州判 吳誠
王愫 李熙知州 葉機 王暄知州 陳旦通判 鄭敬知縣 上七人正
統間奉例充貢 葉綱訓導 陳文凝 鄭珽訓導 汪均大 王鏐
游洪知縣 章復 許鐸訓導 林文敏 馬傑知縣 曾環縣丞以上
俱洪武至景泰間 陳璠訓導 段德教諭 歐縉經歷 劉珙訓導 林魁訓導 鄭
昱 李景陽知縣 高俊 高景順 陳文輝 申層迪
張文機 李嵩訓導 以上十一人俱天順六年奉例充貢 王儆訓導 申啓捷

應天中式 程欽訓導 許遠訓導 劉梓訓導 王定安順天中式 姚份訓導 陳
暐訓導 康彬應天中式 孫鎬知縣 潘時 朱明縣丞 柴濟 陳宣
教諭 潘淳審理 鄭浩訓導 李屋訓導 陳旻訓導 陳燦訓導 陳克潤訓導
林世芳訓導 陳文瀚訓導以上俱成化弘治間 朱昆順天中式 段瑁訓導 吳
文漢訓導 王本仁字復初教授有傳 林文并訓導 嚴來磬訓導以上俱正
德間 鄭淮應天中式 劉世龍 陳禮 張潛教諭 林昊 · 吳槩
陳世弼 陳嘉猷訓導 陳鐸教諭浙江中式 齊啓和訓導轉教諭世質直
為交遊所重居官所在能得士心 葉麟應天中式 高以德教諭 陳任教諭 潘起
元 林燦 陳世忠 [illegible]仁 林球 [illegible]王

廷賛 朱泮教諭 陳世謙訓導 林庭彬訓導 丘有信訓導 李坦
教授 林大經廣西中式訓導 林應瑞知縣 秦濟訓導 鄭節識雅能文卒任上
論惜之 林德夫知縣以上俱嘉靖間 鄭來翔知縣 黃賓卿訓導 朱驥訓導
以上俱隆慶間 蔡德元訓導 陳文祜 黃應會 齊汝宜訓導 林
公昂訓導 羅枏
古田學 鍾良珪給事中 謝載御史 陳泰衛知事 林英知縣 林謙
祿 陳希顏 陳淳教諭 趙友紀縣丞 何慈廣西參政 張炬員外
郎 魏德按察使 張政知縣 林賓應天中式 林良楦鄧州經歷 陳序縣丞
羅恩龍川知縣 陳佑知縣 馬宗誠應天中式 張寶州判 林輝同知 林訓

琳　林源　曾泰　魏運　韓忠　曾約　卓茂
陳臻 衛經歷　方戊 推官　陳坤　陳暹 府經歷　鄭崇 通判
莊攸　王滄 縣丞　魏保 主簿　王廷生　羅琳 縣丞　朱觀 知縣　劉
俊 工部　游燦 訓導　何衷 推官　林仕　廖職 主簿　羅安祚　林
杲 同知　江誠　陳杲　魏璟 府經歷　林愈 教諭　張玹 教諭　林冲
教諭 鄧璣 衛經歷　王德慶 訓導　林燧 檢校　林淦 典史　黃玄齡　丁
達 府經歷　陳璉 僉使　張淇 所大使　曾濟 縣丞　陳淳　林賓
吳縉 同知　曾盪　湯維 訓導　黃通 訓導　章衡 廣東訓導　張淮 訓導
李郁　陳旋 訓導　陳漢　夏忠 主簿　林任 訓導　張觀 訓導　知林

俱 訓導　曾瓚 理問　林炳 訓導　章欽 訓導　丁鵬　魏德澤 訓導　林敷
訓導 林鐸 主簿　陳良臣 教諭　陳光 訓導　林淵 檢校　李文魁 訓導　林時
盛 訓導　林增 訓導　陳枝 訓導　魏元松 訓導　趙以祥 按察司經歷　魏元
桂 教諭　林文禮 訓導　陳文衡 訓導　丁崑 教諭　何璉 教諭　林文養 恩縣
知縣 張文選 大埔知縣　丁德升 訓導　曾德牧 教諭　余堂 教諭　魏炤 訓導
陳繼輝 訓導　曾元炤 府教授　陳仁 訓導　鄭文消 應天中式　陳佶
方克儉 淮府教授　曾璥 訓導　吳炯 訓導　張秉齡 教諭　張孔昇 教授　陳
文學 晉府教授　何諭 教授　趙旦 教諭　陳鏜 吉府教授　卓志聰 州判　王炫
陳喬　陳昌言 縣丞　張仲賓 和平知縣 以上洪武至嘉靖間　秦恩 訓導　陳

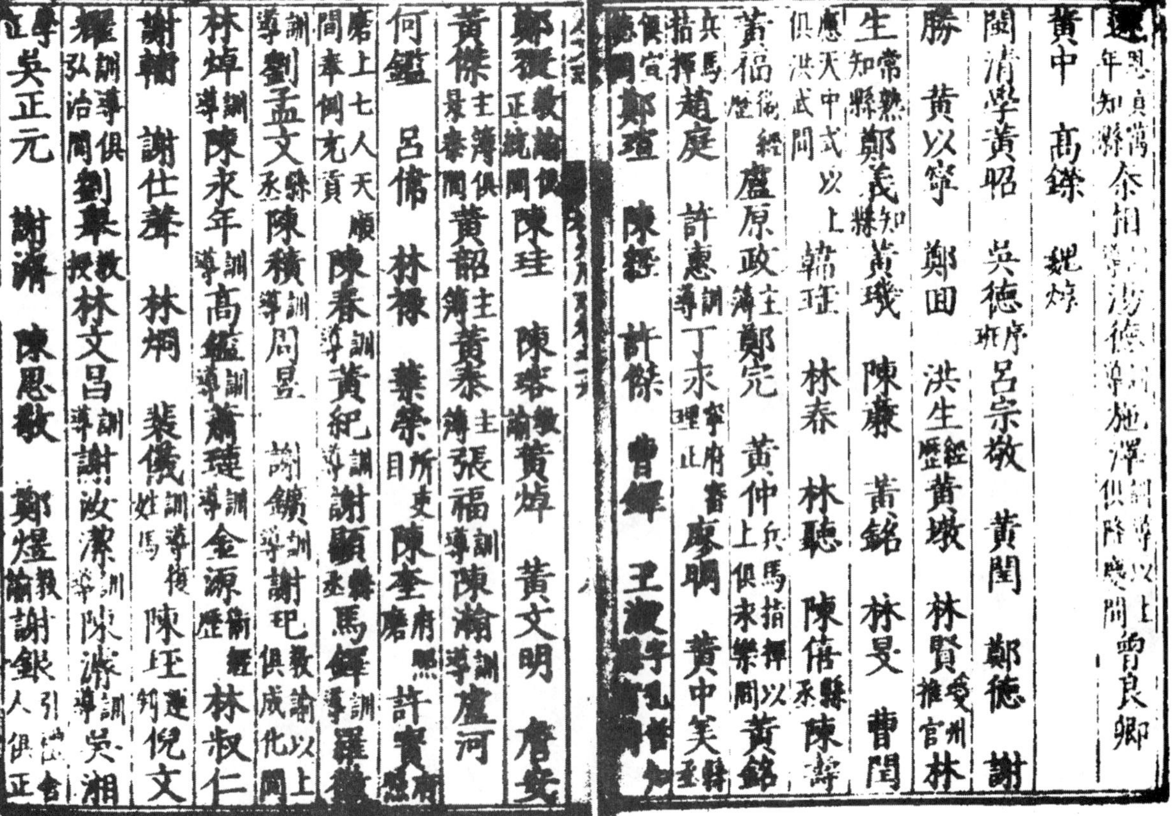

遷 思貞萬年知縣　余桐 訓導　湯德 訓導　施澤 訓導 以上俱隆慶間　曾良卿
黃中　高鏻　魏炫
閩清學 黃昭　吳德 序班　呂宗敬　黃閨　鄭德　謝
勝　黃以寧　鄭冊　洪生 經歷　黃墩　林賢 愛州推官　林
生 常熟知縣　鄭義 知縣　黃璣　陳賺　黃銘　林旻　曹閏
應天中式 以上俱洪武間　韓珏　林泰　林聰　陳僖 縣丞　陳壽
黃福 衛經歷　盧原政 主簿　鄭完　黃仲 兵馬指揮 以上俱永樂間　黃銘
兵馬指揮 趙庭　許惠 訓導　丁求 寧府審理 止　廖驪　黃中美 縣丞
俱宣德間 鄭瑄　陳錙　許傑　曾鏵　王淑

鄭琰 教諭 俱正統間　陳珪　陳瑢 教諭　黃焯　黃文明　詹安
黃傑 主簿 俱景泰間　黃韶 主簿　黃泰 主簿　張福 訓導　陳瀚 訓導　盧河
何鑑　呂僑　林祿　葉榮 所吏目　陳奎 府照磨　許賓 府照
磨 上七人天順間奉例充貢　陳春 訓導　黃紀 訓導　謝顯 縣丞　馬鏵 訓導　羅徵
訓導 劉孟文 縣丞　陳積 訓導　周昱　謝鐄 訓導　謝玘 教諭 以上俱成化間
林焯 訓導　陳永年 訓導　高鑑 訓導　蕭璉 訓導　金源 衛經歷　林叔仁
謝輔　謝仕華　林焵　裴儀 訓導 姓馬　陳珏 運判　倪文
耀 訓導 俱弘治間　劉舉 教授　林文昌 訓導　謝汝潔 訓導　陳濟 訓導　吳湘
學正 吳正元　謝濟　陳恩敬　鄭煜 教諭　謝銀 引禮舍人 俱正

德間陳良鳴字兆鴻有傳　謝澄天安知州　鄭炯　謝元生教授　詹文
瑛　金英教授　謝濂教授　謝昂教授　林一舉　許梁教授　黄允
盛教諭　黄宋教諭　黄杲訓導　陳思惠教諭　林一奇訓導　林誌教諭　吴
允賢教諭　謝準靈山知縣　陳良節教諭　王舉伯教諭　官世亮
訓導　池一龍訓導　鄭潤懷集知縣博學多識典故　鄭應星訓導　劉燔訓導
宗黨稱其孝友　吴允禎　鄭汝瀚　黄炌以上俱嘉靖間　陳
君官亦有聞　以見天順中式　許超宗　葉烯教諭　許儒宗訓導　王誠伯訓導
俱成化間　王季芳訓導　鄭尚學　詹洪相應天中式　上時泰
長樂學　鄭欽兵科給事中陝西僉事　潘思應天中式　潘民式應天中　林

宗　周傑　劉教御史　鄭森同知　陳銘大理寺評事　林源
應天中式　何從善博士　林思　陳鐸教諭　飄亮　蕭載
劉寬程鄉知縣　林緒　鄭雄以上俱洪武間　董裕知州　林宗
中式　馬鐸狀元　林庶　林垣知府　林思　張廣　同知
教諭　高瀚　李珂教諭　王錫以上俱永樂間　陳永　鄭嵩訓導
林彬　陳道樺教諭　鄭惟俱宣德間　陳貴
鄭崇　李綿　高瀚　林坦　田萬疇教諭
張仕祺以上俱正統間　鄭方　方樹　曹仲璋　高
惟杜　陳禮　高惟川　高谷學

彦美　陳礽正學　李時儀有傳　陳瑞　林滔
鄭珩　高理叔教諭　陳晋訓導　王汝沂訓導　李維繹　高仕
烈　陳日臍教諭　周文典　林彦平訓導　王仲華　陳公
盛訓導　陳宗禮　王京大
教諭　陳文明　李時舉訓導　鄭孟進訓導　陳洪訓導　上官任訓導
游時豫訓導　林珏訓導　陳德邵訓導　黄仕宜　陳誨訓導　陳順
德以上俱成化間　卓來濟教諭　吴麓　謝坤　林政
訓導　林垍訓導　黄鑑正學　謝文翰訓導　鄭庚　陳任　陳時雨
訓導　陳鳳　陳大護訓導　陳宗任以上俱弘治間　陳祐德訓導　黄彦

忠　陳惟浩　陳良貴　鄭文静訓導　陳時康教諭　陳公
達教諭　謝廷觀訓導以上俱正德間　黄謨　鄭賓教諭　陳德宗修訓
導　有　林時楙訓導　林世鐸訓導　劉文峻教諭　陳文龍訓導　鄭則
隱教授　陳和　謝廷袞教諭　陳嘉訓導　柯時偕　夔
教諭　董廷相教諭　林仕静教諭　柯文寵教諭　柯尚灝　陳朝輔
訓導　陳豫慶訓導　王言教諭　王文謙教授　陳景祥教授　陳時
亮教諭　鄭源潔　王文誠訓導以上俱嘉靖間　陳淑　陳樂縣丞
蕭汝陛訓導　施文良　陳表知縣　鄭道甫以上俱隆慶間　陳
民望　林仁山　陳榮　陳長進

龍江學林龜年應天中式 繆原知縣 劉子善知司 楊謙中式
繹御史 陳祉 趙光貴 阮嗣字宗彥雲南參政有傳 孫芝字秀山
西參議有傳 陳全應天中式 詹煜巡檢 黃儀知縣以上俱洪武間 楊河兵部主事
林樞應天中式 孫輔 陳宇衛經歷 鄭昌主簿 孫齊 韓魁應天
中式 楊錫 丘細應天中式 林晟知縣 李浩 蕭曾 翁靖番禺
知縣有惠政 陳彤府同知 陳善從知縣 許洪京衛經歷 趙侃 錦俊
黃式主簿以上俱永樂間 陳仍 黃禧知縣 張濯 陳保 王泰訓導
林禎應天中式 林汀 林祐知州以上俱宣德間 陳琛訓導 楊季知縣 陳
宗田鄧州通判 陳郁學正 鄭廣宗興寶府 趙成岳州通判 吳昱知縣

鄭助通判 李芮 趙祿以上俱正統間 陳昭 趙澤縣丞 翁壽
林禧 黃潤主簿 陳惠以上俱景泰間 陳輝訓導 林儒訓導 游宣訓導
黃従訓導 張慶知事 陳濯 翁宗仁 毛綱 林瑞 翁
宗衡訓導 吳熙訓導 林昆龍水知縣 蕭文訓導 余宜訓導 陳實縣丞以上
十二人俱天順六年奉例充貢 陳儀鳳 陳績 丁渲知縣 張敦教諭 鄭
塤訓導 趙瑞訓導 王朝訓導 林智教授 張洪弘訓導 蘭祿訓導 鄭文愈
訓導 謝儒訓導 吳森訓導以上俱成化間 陳宗廣訓導 張鏞教諭 李浚州吏
目 吳寅訓導 林塤訓導 趙堅訓導 林惠訓導 詹泗教諭 黃文直訓導
林鸞訓導 孫曦訓導以上俱弘治間 鄭采訓導 陳陞占訓導 黃許經歷 謝

廣衡訓導 趙崇教諭 林紀訓導 林彥文訓導 陳傑訓導 黃寵以上俱正
德 黃愈 陳一元訓導 趙紀訓導 陳价訓導 翁守中訓導 張謹
訓導 楊舉訓導 楊格教諭 黃鳴鶴豐城教諭 林金順天中式 翁世恩訓導
張世欽教諭 丘山訓導 趙綉訓導 詹時舉教諭 黃煒訓導 阮文璧
教諭 林述 陳文鉉 楊文綵訓導 陳天錫訓導 李秀夫
林仕杲教諭 何大純 余世貴教諭 丘璐訓導 楊應春訓導以上
俱嘉靖間 孫孔廉教諭 黃朝恩恩貢州判 林炤 林國鼎 丘行
逵俱隆慶間 陳邦燁 曾唯 陳國賢
羅源學 陳正兵部主事 黃壽浙江副使 陳晏海浙江參議 黃瑞知縣

葉源衛司經歷 丘保仙居知縣 阮復興應天中式 李安應天中式 黃
用主簿 鄔誼 華岱縣丞 楊漢吏目 陸誇 陳義 胥祖
邢銘 鄭廣 鄭瑄知州 張壽 丁俊州判 陳普 林
保縣丞 周敦縣丞 歐洪縣丞 黃鏵新興知縣 施榮縣丞 按察司經歷 潘垣
施徵 李泰衛經歷 阮長春衛經歷 陸駿歸善知縣 鄔嶼倉大使
阮銘主簿 陳禮訓導 陳暴訓導 倪斌訓導以上洪武至景泰間 陳立本
陳孟紀訓導 黃澂 陳顒知州同 黃汶 彭璐州吏目 林柘
衛經歷 邵耕縣丞 周暉縣丞 鄭彥藩以上六人天順間奉例充貢 黃瀣應天中式
林高連城知縣 陳元教諭 丁潑 陳璽訓導以上俱成化間 陳樹訓導 陳

激訓導全欽訓導黃汝訓導歐炫訓導張校訓導鄭瑄　丁宣訓導
黃臻　施佶衛經歷　陳中正訓導黃鏻訓導黃璽教諭以上俱弘治間
黃梅學正黃檜教諭吳橋訓導黃帥訓導黃模訓導黃寧憲以上俱正
德間林德昇教諭鄭大初訓導黃稷教諭倪元訓導阮文墳教諭陳
坦訓導陳志謙訓導黃賓訓導林旻教諭全祚教諭俱嘉靖間周澥教諭
阮文璽訓導黃鎮訓導黃良玉訓導黃鍾以上俱隆慶間倪鑑　尤
尚賓　倪録　林一佮
永福學吳彥清知縣陳整知縣倪春知縣黃濟知縣史曉知縣楊
源教諭張煙　鄭貞　張貞大理寺[illegible]陳嘉生應天中式林[illegible]

式間[illegible][illegible]和　張璿　張克本教諭柯偉　林
義　王顯　陳琳　柯伯榮　張理　柯廣　吳全
陳銳　廖壽　周全　沈仁以上俱永樂間張祖　馮安
廖晉教授林積德俱宣德間黃蕙訓導鄭福縣丞林達教諭林貞知縣王
錦知縣陳苗推官俱正統間丘勝　林澤　陳泰主簿林鏜　陳
金知縣張麟　王挺以上俱景泰間謝貢　葉茂吏目陳舉訓導黃
春以上俱天順間王文質教諭黃嬉主簿黃鐵　林昊教諭黃恩正
林淳訓導林廷美訓導柳潤州同林塾教授陳韶教諭黃焯訓導林
璽訓導陳文禹訓導以上俱成化間許泰訓導方燮　陳燮教授林[illegible]

明訓導鄭存測　林沂教諭林文[illegible]　翁世用訓導林庭[illegible]
張世谷　上官達訓導潘維彰以上俱弘治間張宗彩訓導林庭
奎　黃瑞　董琳知縣介材訓導方均知縣張文東　張文
熊訓導王熠訓導王紹訓導王鎰訓導以上俱正德間林宏器訓導張滄
訓導陳正　王[illegible]應天中式方朝元選貢教授黃楷歲貢典籍國子王
淵　王鏞訓導林繼教諭王墳　陳文玳訓導王兆立教諭林
森訓導林居美教諭王公有府經歷林鉦淮府教授陳軒教諭鄒
一麟紅縣知縣黃世揚訓導舒陽和教諭林春茂順天中式林秉仁
[illegible]知縣林文元知縣方[illegible]以上俱[illegible]陳明[illegible]應天

躍潛恩貢廣信推官林清知縣林春熙教授楊文大以上俱隆慶間黃仁
倫　顧潮訓導董用賓　趙京鏞　王德沛
福清學林榮兵部尚書查歷代列卿考兵部未載他書亦未載或國初年遠不可詳陳
復　吳隆　鄭定　林忠行人林清行人陳賢主簿陳基廣東
僉事鄭燦教諭劉憲員外郎劉寧主事林纘典史蔡曾上元知縣陳和
教授吳俅吳江知縣林良　周德　鄭觀吏部主事鄭逵　陳彰
林洸弋陽知縣方昌　曾佛應天中式林回興　陳徳潮州通判任
烋清遠知縣陳英昌邑知縣陳仕義　鄭陶　林福　陳桐
林盛　夏崇　陳養　陳美　歐環　陳福　陳趾

林外經 潘纘經歷 戴儕知縣 何好生戶部主事 王濩正

戴瓊知府 黃崇 陳添以上成化間 陳誠知縣 林瀨 林

愿瑞州同知 林泗中應天式 陳澧同知 陳容 周訓 林經兵馬

指揮 夏迪馬步 以上俱弘治間 以上佐同知 夏霖 林灼

歐鏗典寶 楊徹 溪知縣 以上 鄭璟 林硏 陳隆訓導

鄭成經歷 林宜 陳富 錦瑤訓導 何貢典史 陳儀 知 潘

忠經承 丁鎮龍川知縣 吳文瑞石城知縣以上八人俱 莫恪

訓導 李欽訓導 張棄 郭元欽訓導 潘鑄同知 鄭達訓導 陳文昇

訓導 莫烜教諭 林焯訓導 林淵訓導 江項訓導 張深經歷 陳鏜

李德濟訓導以上俱成化間 夏春訓導 林珪訓導 陳瑞訓導 邵文鎮教諭

鄭泰訓導 林叔禮 蔡仕達訓導 張信府教授 何文清訓導

薛尚飛經歷 夏文韶訓導以上俱弘治間 周文瑞教諭 韓塤訓導

劉鎬訓導 周焯訓導 薛德忠訓導 陳實學正 楊誠 傅鐸以上俱正

德間 毛克龍 吳正淑訓導 許廷禮訓導 林文淵訓導 林均

林倫訓導 周禮訓導 鄭公明推官 郭萬程應天中式 吳文盛經歷

陳喬嶽順天中式 陳瑋訓導 項英訓導 林仕訓導 林文釜訓導 林公

甫訓導 林公惠教諭 林峻學正 劉賓教授 謝公元教諭 何良材訓導

林廷貴訓導 嚴而泰學正 林奇教諭 薛廷亮順天中式 陳尚憲訓導

林待禮教諭 陳世良 林弘震訓導以上俱嘉靖間 王廷鍼

宗朝榮恩貢九江通判 何增贊訓導 林朝列訓導俱隆慶間 王克薦

盧一誠中式 鄭元和 吳志定 以上萬曆

潮州府志卷之十九終

福州府志卷之二十　　人文志五

選舉

國朝薦辟　前代

宋【閩】林元復 慎思之裔紹定初舉授奉議郎汾縣主簿 林稼翁 爲臣孫津龍之子恭而有禮才德著聞德祐中薦授廣東鹽運司奏案 【侯官】陳烈 字季慈宣徽郎有傳

【古田】李子潛 歷長江長史 【閩清】陳從道 授承務郎 【羅源】倪昱 天聖間三伏闕上書移縣治遷學紹聖四年以薦授邑所教官

元【閩】吳玉 太原石州知州 【侯官】高慶生 龍溪教諭

國朝【閩】鄭思亨 字景初有傳 陳文肅 四川按察使 林基 洪武初舉爲訓導有薦之者錦揚稱旨超拜吏部員外郎後坐累自殺 王沂 倉部郎中 鄧識 知府

黃麟子 刑部員外郎 王道 訓導 陳申 字孟齊知府有傳 陳惟贇 河南都事

林雲翰 國子學正 王肇 字開若褒之子有傳 董秀 教諭 林汝初 訓導 鄭垣

楊傑 訓導 林汝哲 伴讀 陳文廣 主簿 知州 【侯官】黃濟 趙府審理正以詩名

陳興 訓導 黃鍵 知縣 【懷安】王文廣 知府 時安遠 經歷 劉仲明

王時中 縣丞 史林志 縣丞 陳南 主簿 張伯載 州判 趙興 知府 通判

張汝玉 主簿 李榮祖 經歷 劉存 典史 陳靈瑤 訓導 林仕名 國子學錄

鄭居真 知府 林日清 府同知 趙觀 府同知 鄭善 知府 劉伯元 主簿

鄭觀 知縣 余臻 主簿 王孟信 主簿 周伯陽 知縣 陳伯輔 主簿 夏鼎

林原道 教授 李伯輝 訓導 黃谷民 教諭 陳思達 教諭 朱嵩卿 訓導

趙景 訓導 王仲叔 主簿 陳機 教諭 周玄 知縣 字從之員外郎有傳 葉仲衡

李似龍 知府 余源 判官 卓彥舉 通判 林佛 知縣 胡原振 主簿 知縣

周了佑 僉事 潘惟深 縣丞 林琇 【古田】王孚 理問 蔡奎 訓導

鄭熔 教授 陳泰 衛知事 蘇泰 布政司經歷 鄭原旅 訓導 謝漢 府同知

張煜 知縣 陳希曾 同知 魏子泰 主簿 程子器 同知 黃子陽 主事

謝正道 御史 鄭什 鴻臚序班 張允泰 典史 吳達夫 知縣 韓民善 主簿

陸德 主事 鄭文徵 主簿 王伯剛 同知 賴坤載 主簿 張文登 縣丞

林澧 河池 【閩清】王崇正 主簿 馬文聰 縣丞 【長樂】陳仲晉 字伯康知縣有傳 王堅 字子正刑部郎中有傳 陳祖 字富文縣丞有傳 陳良 字從政吏部主事有傳

鄭定 字孟宣國子助教有傳 高廷禮 字彥恢侍部有傳 王恭 字安中典籍有傳

陳登 字思孝中書舍人有傳 林尚志 禮部員外郎 李元清 袁州知縣

林聰 僉事 戴岳 伏羌知縣 林載 訓導 許伯原 縣丞 高時外 昌府同知

潘瑋 布政使 陳琪 縣丞 陳禹 瀏陽知縣 董玭 吉府紀善 蘇文鉞 國子助教

葉允吉 主簿 周清 知縣 林谷祥 番禺知縣 陳夔 貴陽知縣 陳輔 豐潤知縣

林叔仁 訓導 戴莊 初名壯役賜名莊都御史 陳合祖 知縣 林輿

林思敏 林希啓 州判 林思溫 教諭 林思和 陳伯遠

倪資臣 判官 陳漢卿 秘書監直長 陳弘道 湯陰知縣 林懋 國子學士

陳道符　謝辟訓導　黃攀訓導　[連江]丘彝書兵部郎中　趙原定
訓導　孫瑛吏部郎中　林筱慶州府同知　汪大賓字貢初員外郎有傳　陳時可
更名與　潮陽知縣　陳實一作碩國子學正　陳宗讓同知州　李仲甫訓導
吳廷詮教諭　林日孜訓導　孫端刑部主事　吳彥信訓導　吳和訓導
程耕野訓導　翁祿巡檢　林定御史　陳賢春坊　林才　林士貞瑞安知縣
黃克剛縣丞　張璟長洲知縣　鄭琛府經歷　[羅源]陳珪教授　陸引
字惟遠丞有傳　周桓合州府同知　鄒孟彝訓導　周仲和重深擬舉
黃子祥斷事　陳彥德有傳　彭德新州判　陳德和巡檢　詹原禮主簿
丁山郎主簿　黃志亮主簿　陳鈞縣丞　劉子寮教諭　林子和教諭

阮宗大瀘州府同知　余日新德州知　翁[illegible]知縣　林彝遠主簿
[永福]蕭惟大廣東副使　謝次文縣丞　黃用主簿　林惟芳縣丞
王文遂吉安府同知　黃植教諭　張惟康教諭　黃耿縣丞　陳景德知府
林叔載知縣　韓廷載知縣　林希曾濟南府同知　陳忠獻河間府同知
林惟賢池州推官　方英主簿　王偉教授　[福清]林鴻字子羽員外郎有傳
王國明同州知　李琯仁化知縣　李豫教諭　莊希俊親終廬墓巢其上所
有華壤集　臨洮同知　莊伯鏞僉事　潘時舉訓導　楊希孔教授　趙武知縣
朱榮縣丞　朱安縣丞　王寧訓導　陳昇知府　蔡憲教諭　王孟字文浩知州有
傳　何睦考功監令　夏太和洪武間以國子助教召見賜詩以榮其歸　魏中叔子

留賢訓導　林大可主簿　王廉訓導　任景順教諭　王師孟知縣
楊士良教諭　鄭琦訓導　鄭英府經歷　李魁教諭　陳誠訓導　陳务教諭
魏穆訓導　林景俊縣丞　陳嘉縣丞　何太和主簿　陳得夫知縣　陳英
陳政知縣　陳曽教諭　潘驗知州　陳鑄御史　林端教諭　林禮布政使
林汝愚主簿　林奈國子博士　王原衛事　李宗延通判　劉子善經歷
薛德衛縣丞　歐惟清經歷　鄭伯淳知縣　項外斷事　郭原河南參政
梁壽府經歷　李璞　戴長生鹽運司知事　林嘉通判　曹茂縣丞
李彥實知縣　陳侍　陳孜知府　戴彥真縣丞　蔡敏政縣丞　林信
戴宵蒙城知縣

選舉
國朝任子
[閩]林士昭字世賢學士誌之孫　林廷杓字利高尚書瀚之子愛遠知府有傳　薩
文明字仕仲侍郎琦之子　薩世榮字仁甫琦之孫蔭授南京府檢校　趙泉字世熙尚
書榮之孫　林桓字文奎尚書泮之子　林枕字文昭泮之子補蔭都司斷事　林煬字貞和尚
書廷鄉之子曲靖知府　林煙字貞霽尚書庭機之子順天中式　林世吉字天吏尚書燫
之子　[候官]黃澍字文澤尚書綸之子順天中式　黃梓字子安綸之孫補蔭懷慶知縣　張
恩恭字允卿尚書煙之子　[懷安]馬焚字用郡尚書森之子　[長樂]林玉汝
字于成尚書廷選之子惠州府推官　林逢春字希仁以父死事蔭順天推官　鄭應驄

[illegible]昌懿侍郎　陳長勉字以勉尚書端之子　連江　吳承燦字[illegible]侍御[illegible]孫之子　吳承熙字汝輔侍郎文華之子以軍功蔭　福清　王繼恩字宗澤侍郎[illegible]陵之孫

論曰取人以言非古也其以州里之選為不足信焉爾記云儒有懷忠信以待舉力行以待取古之士若是其寡也自隋唐始設科目由是士莫不自售以干有司待舉待取之風衰矣而世顧以為詳何哉殊不知科目者特仕進之一途而所謂賢不肖固不在此也宋政姑息設科亦雜而多端元明文獻不足二代諸科其人或多不可考矣舊志所載故不能盡存我國家取士之制有貢有舉有進士大抵因於前代今合而錄之并碑薦蔡叙統曰選舉若夫鄉論臧否則存乎其人矣去今稍遠或别而書之覽者論世固應得失之林也已

先儒

宋王蘋字信伯福清人程門高弟也充養純粹平居恂恂退讓及語當世之務即習從政者弗逮也楊時嘗曰同門後來成就莫踰信伯矣紹興間守臣孫祐薦其行誼對賜進士出身除秘書省正字後官至左朝奉郎當時名儒寶文直學士胡安國徽猷待制尹焞皆舉以自代

黄幹字直卿瑀之子也從朱文公學文公語人曰直卿志堅思苦與之處甚有益張南軒亡文公又與幹書吾道益孤所望於賢不輕後遂以子妻之丁母憂學者從講于墓廬甚衆文公編禮書獨以喪祭二編屬焉病革又以深衣及所著書授幹吾道之託在此吾無憾矣歷官令臨川新淦知漢陽軍安慶府皆有善政安慶人至以黄父稱之晚年家居弟子日盛卒謚文肅學者稱為勉齋先生

林用中字擇之古田人始從林光朝後從朱文公文公嘗謂為畏友與建陽蔡元定齊名用中不求仕

塞趙汝愚帥閩稚禮敬之躬允中字擴之文公目之
稱外而明於內嚴外而敏其中者也有竹[illegible]堂集[illegible]德
齋為序
李復字復中閩縣人紹聖間爲西邊使者嘗及識橫
渠先生其論孟子養氣朱文公謂其得大旨又曰近
世諸儒多以過高失之甚者或流於老莊不若此說
之爲得
林湜字丕顯連江人始與呂祖謙同師林之奇及祖
謙講學金華湜往從之祖謙謂諸生曰此閩中瑞物
也後又謁朱文公自以年且老不得時見鄉人有得
文公學者必造而問之篤志如此
林憲卿字公度懷安人從朱文公學色溫氣和擇言
謹行鄉鄰化之憲卿死無子鄉人即其所創存齋祠
焉
劉世南字景虞長樂人父加譽字德甫李延平門人
也世南少從林之奇遊與呂祖謙為友秉禮蹈義鄉
黨敬之官至吉州司理參軍子砥礪
砥字履之年六歲日誦千言每覽古人忠孝大節輒
歔欷感慨及長聞文公得濂洛之傳遂與弟礪師事
焉舉乾道二年進士以時方攻道學不復有意仕進
文公謚深器之為文宏博亦工于詩
礪字用之幼穎悟中童子科及從文公遊篤志于學
蔡元定編置道州礪與其兄獨冒時禁餽之子子
玠
子玠字君錫父卒乃生鞠于外家六歲哭其叔父如
成人既長從黃幹學平居退焉恭讓及見義必爲則
皆人之所難者嘗遜田數百畝與兄弟之子以成其
志鄉人咨美
劉康夫字公南彝從子也少從周希孟學庶字問進
志衛二十七篇其文皆根抵仁義鄭俠表其墓
潘植字立之懷安人父濬林之奇高弟也黃幹嘗受
學焉植與弟柄往武夷從朱文公遊雅工文詞而不
肯試有司其學以務實爲本師友稱之
柄字謙之年十六即有志於道所著有易解尚書解
學者號爲瓜山先生卒祠三山書院
程若中字實石古田人嘗從朱文公學躬行無偽終

身謹禮字孫侍側雖盛暑必冠服

陳宋霖字元澤長樂人登紹興進士官終秘監仍知同安適朱文公為簿因得友於文公其孫枅字自修遂受業焉當時為文公所友者又有古田程伯榮王龜齡沈有開傅子淵

余偶字占之古田人朱文公門人與呂祖謙黃幹為友所著有克齋集時同邑遊朱文公之門者又有林師魯林大春大春字熙之

鄧鞏古田人清之子也清見隱逸鞏與其從子景之以家學自相師友門下教授常百餘人鞏終布衣景之胡籍溪門人事繼母以孝聞終莆田令

林夔孫字子武古田人朱文公門人也黨禁起學者多更名他師惟夔孫從講論不輟嘉定中特奏名為縣尉有書本義中庸章句并蒙谷集行於世丞相江萬里嘗師夔孫為序其集

蔣康国字彥禮古田人嘗從朱文公講論文公楚辭集解多資之學者稱鼎山先生同時有頮源人陳焱亦有志於學

呼孔碩字膚仲侯官人少刻志力學以聖賢自期嘗從張南軒呂東萊游後復偕其兄孔夙師事晦庵於武夷淳熙初登進士第歷處州教授邵武瑞金知縣淮東曹司提舉常平終秘閣修撰孔碩居官有古良吏風凡所蒞人懷其惠著中庸大學解行于世學者稱為北山先生子辯別有傳孔夙慶元中亦登進士第

林學蒙字正卿一名羽永福人從朱文公學因築室龍門講明性命之旨不求仕進鄉人敬之弟學履字安卿亦遊文公之門

曾逢震字誠叟閩縣人幼讀書過目成誦慨然有求道志與鄭性之俱往從朱文公遂恥為場屋之文隱居道山家事有無不問也

陳祥道字祐之閩清人治平進士嘗著禮書一百二十卷近臣以聞詔尚書給筆札錄進除國子監直講後官終秘書省正字又有論語解行于世

弟暘亦著樂書官至顯謨閣待制當京卞用事進牙衡集以贊紹述儒者鄙之

堅晉字伯照劉藻字昭信任文薦字遠流俱閩縣人
朱文公嘗評福州前輩明禮者三人晉為最優藻次
之文薦又次之晉兼精律曆官至侍郎藻終布衣文
薦紹興進士官終秘閣脩撰所著有六經章句

李楞字若林閩縣人與林之奇俱師呂本中後領鄉
貢其學以窮經力行為主及門之士亦往往志尚脩
潔黃幹嘗稱之曰吾鄉儒學彬彬其以文行為學者
宗則若林其傑然者也有毛詩解行世

林之奇字少穎候官人呂本中入閩之奇甫冠從之
游本中器之累官校書郎會朝廷欲令取士參用王
安石三經之奇詩言三經率為新法地晉人以王衍
清談罪深桀紂王氏實似之三經說不可用或傳金
人欲南侵之奇作書抵當路欲與之和冝無憚於戰
則權在我議論持正多此類也由宗正丞提舉閩舶
遂以祠禄家居呂祖謙嘗師之所著有書春秋周禮
說論孟子揚子講義道山記聞等書行於世

林亦之字學可福清人肯林光朝門人也講學聚徒
於莆之紅泉趙汝愚帥閩薦於朝未及命而亦之卒

原書有缺葉

嘗可謂之儒矣因斯以該道學與儒林何以別乎予
故掇輯諸理學先輩總名之曰先儒其散見於名臣
固有儒其行而不必儒其名者亦猶皋陶伊尹散冝
生輩之於孔孟也讀者當自得之

名賢

宋陳襄字述古候官人少遊鄉校與陳烈周希孟鄭
穆為友講明理學鄉人重之稱曰四先生登慶曆進
士調浦城主簿轉知河陽縣郡守富弼見而器之號
相薦擢秘閣校理出知常州入為開封府推官鹽鐵
判官使契丹與虜爭坐主客有違言出知明州改侍
御史論青苗法不便請斥王安石呂惠卿以謝天下
又乞罷韓絳政府杜大臣爭利而進者不聽召試知

制誥以言不行辭乞補外留脩起居注又辭手詔諭
之乃就職安石屢欲擠之上不可踰年擢知制誥尋
直學士院安石竟摘其制語小失出知陳州改知杭
州卒贈少師謚忠文襄早有盛名蒞官必講求民間
利害始政浦城鞫盜人以為神常州運渠為郡害濬
而導之旁諸郡無受其利尤留心於教化有古循吏
風在經筵時神宗顧襄厚甚嘗訪以人才襄對司馬
光呂公著韓維可備心膂不宜久外鄭俠狂直願再
生還又薦范純仁蘇軾等凡三十三人帝不能盡用

長言六
許將字冲元閩縣人嘉祐中舉進士第一歐陽文忠
讀其文曰王沂公輩人也累官知制誥不試而除士
論榮之契丹以重兵壓境求代地朝廷遣使戚聘衆
莫敢往者神宗以命將將請詰樞密檢閱而行至契
丹館客果以代州為言將隨語折之館客不能詰又
與肄射將發先破的上聞之甚悅遂有意大用將矣
累進翰林學士權知開封府為蔡確所陷會治虞蕃
獄誣逮御史府踰月方解黜外歷知鄆州故事每上

元張燈吏必籍為盜者繫獄將曰是絕其自新之路
也悉縱遣之自是訖將去任無一人犯法者獄為之
空召為兵部侍郎慶上言兵事悉中幾宜熙寧中西
方用兵上遣近侍問兵馬之數將立具奏明日上問
樞臣不能對也將身無數器雅為上知而同儕多忌
之者元祐三年始為翰林學士紹聖初拜門下平章
事章惇蔡卞方日夜求元祐諸人罪欲舉漢唐故事
大行誅殛將諫曰本朝治道所以遠過漢唐未嘗輕
戮大臣也哲宗乃止惇卞又欲發司馬光墓上以問

將將又諫曰察人之裘恐非盛德事上又嘉納其言特仕三朝寵崇無替當時小人知其陰庇元祐諸君子御史中丞朱諤者故蔡京門下人也遂誣劾將左右視利幡然改圖出知河南府屢丐致仕奉祠卒謚曰文定

論曰孔子曰道不同不相為謀觀人者觀其相為謀何如耳許文定以文章致位兩府逍遥圖體迎刃運斤自為人主所才非因人以進者也論者乃謂其左窺右覘浮沉以取富貴豈其然哉文定當蔡確執政為所陷與惇卞共事對哲宗實有長者之言焉向微夫人之力元祐諸君子禍慘於漢唐矣彼所以處小人不相為謀若此甚哉論者之謬也大抵宋之士大夫好議論不樂成人之美撿夫一人排擊值黨固不足道迂儒曲士内實不能辨奸為大言而責人所難人主雖心知其不可而力且眩然外戒虛名常浮議弗敢決也故大以呂好問朱勝非紹興之際開社稷之功大矣王始與弗過也功成事定乃援跡斥逐蓋當時議者責朱呂以不忠責文定以不去耳嗟夫嗟夫古人所以其愚不可及者在與太丹其難也而能成天下之事以濟其君乃其難者也宋之議者如此乃欲聽之以進退人才不較於夷狄宜哉

鄭俠字介夫福清人治平中進士調光州司法參軍俠素為王安石所知秩滿至京感安石知己特謁其門安石問所聞對曰青苗諸法與邊鄙用兵在俠心不能無區區也安石不答俠乃退不復見矣久之監安上門安石猶遣論意欲辟為檢討淳拒焉會天久不雨俠見饑民流離困苦狀因繪圖以進請罷新法神宗感悟為罷放十八事又下詔求言越三日大雨執政入賀乃知出于俠也安石上章乞罷政務呂惠卿繼之益復新法持之愈堅俠又論惠卿取唐魏徵姚崇宋璟李林甫盧杞傳為兩軸題曰正直君子邪曲小人在位之臣與之暗合者各以其類為作以獻惠卿大怒詆俠訕謗欲置之死已謂其忠誠不深罪也乃竄英州哲宗初蘇軾孫覺薦為泉州教授元符中又再竄徽宗立赦還復故官為蔡京所奪俠性忠讜雖屢顛沛猶將不忘國家之心卒贈朝奉郎

里人揭其閭曰鄒公坊祀於學
劉㷆字軏中懷安人幼介特居鄉以行義稱從胡瑗
學第進士爲朐山令作陂池恤孤寡教種藝平賦役
抑奸猾朐山人德之紀其事曰治範熙寧初爲制
置三司條例官偁以言新法非便罷除都水丞出知
虔州俗尚鬼不信醫㷆盡斥淫巫使以醫易業俗爲
之變知桂州禁女人互市交阯陷欽廉邕或以罪㷆
坐貶又除名爲民初㷆從瑗明體用之學神宗嘗問
其師㷆以瑗學對甚悉㷆著治水[illegible]之㷆未敗
時京師久雨汴漲㷆請啓楊橋門洩之元祐初朝廷
思其功復以都水丞召道卒
張觷字柔直懷安人政和間舉進士爲小官待選京
師或薦之蔡京延爲子弟師觷以師責自任京子弟
素貴倨已不容觷一日又謂之曰汝曹知學走否
耶諸生曰何也觷曰天下事而翁壞之矣一旦夕亂且
作亂作賊必先至而家奈何不學走乎逃死諸生駭
以觷爲病狂奔告于京時京執政日久亦知天下之
怨已也乃就觷問計焉觷勸以亟引海內知名士底
陷其人觷爲楊時京因而用之然已無及矣未幾京
竟貶死家破果如觷言建炎間劇賊范汝爲陷建州
觷時守南劍賊遣其黨張徹攻之統制官任士安擁
兵城西不肯救觷帥州兵破賊賊潰臨陣斬徹觷命
函其首送士安州兵謗彼不卹吾患何爲以功讓之
觷曰不然非若輩所知也賊衆我寡今雖幸勝必且
再至非與大軍合力不能禦也明日賊果大至士安
遂與觷夾擊敗之賊又大潰劍州以全召爲考功郎
累遷直龍圖閣後知虔州復以蕩平餘寇進秘閣修
[illegible]
論曰余邑鼓山之陽有[illegible]鄉人[illegible]其[illegible]
云方蔡京父子用事勢震天下執政以直言進者張
君以下客犯吭拊背明說利害抑何壯也及守南劍
屈己下任士安彼豈畏一統制者哉勇怯各有所宜
嗟夫張君可謂奇士矣雖然張君專一城故能有功
若大用之未必然也何也宋之得天下也以詐故夫
人臣之握兵柄者則人主每疑其詐已也故疑積於
人主之心而禍成於讒佞之口矣烏能成厥功乎哉

憾忠愍岳武穆所以千載遺恨也是故深謀遠計亦
士世未嘗乏也宋非無奇乃有奇不能用耳可勝嘆
哉

辛炳字如晦候官人元符三年進士累官監察御史
兼權殿中侍御史先是蔡京廢錢運司轉般倉爲直
達炳極疏其弊京怒責監南劍州新豐場紹興初復
召爲侍御史首言公道壅風俗頹因疏三省乖失數
十事請諭大臣勿廢都堂公見之禮罷福建八州添
置冗食官上皆從之蘇胡地震詔求言炳又言大臣
無畏天之心何事不可爲遂劾丞相呂頤浩罷之張
浚召赴行在炳論其敗事誤國浚坐落職除御史中
丞會遣使議和炳抗疏今日所當講求者守禦攻戰
之策金人無信和議必不可從以疾乞外除顯謨閣
直學士知漳州未赴卒詔以炳貧無以爲葬厚賻其家
李彌遜字似之連江人登大觀進士累官起居郎
政和間上封事切直貶廬山令所補潑落若久之宣
和末起知冀州金人犯河朔募勇士邀擊斬獲甚衆
允求至戒虜勿犯其城靖康元年建康牙校執其帥
據城反彌遜時以江東判運領郡事單騎諭降誅首
惡五十八人撫其餘黨一郡遂安高宗素聞其名復以
爲起居郎彌遜自徽考時以言獲謫二十餘年再居
是官每直前言論事猶昔也大子亦虛己納之遷中
書舍人會秦檜再相彌遜獨有憂色未幾趙鼎罷檜
遂專主和議金使者至檜勸帝屈己臣金中外洶洶
檜乃盡逐異議者樞密院編脩胡銓校書郎范如圭
禮部侍郎曾開相繼竄斥彌遜請對力言其不可屈
己事讎何以作天下忠臣義士之氣此危國之道也
帝下其疏廷議群臣大抵阿檜意不敢違彌遜又力
爭檜邀彌遜私第啗以官爵政府虛員相待矣彌遜
拒之又上疏言愈切檜雖不從然亦以彌遜故館金
使頗殺其禮云彌遜言既不用累乞外補郡帝猶諭
留再三檜又嗾論落職家居十餘年終身不請磨勘
不乞任子不序封爵士論重之朝廷思其忠節詔復
敷文閣待制謚曰忠肅
黃祖舜字繼道福清人宣和進士紹興間累官權刑
部侍郎兼侍講知樞密院事卒謚曰莊定祖舜方朝

侃侃屢奏奪倖恩秦檜死其黨資政學士楊愿家乞
遺表恩檜子熺贈官太傅皆為祖舜駁議不行戶部
奏以官田給已汰使臣祖舜謂計臨安田僅千畝而
使臣汰者有一千六百餘人所給不均戶部乃止金
亮犯淮大將劉錡病不能軍事諸將王權劉汜退
敗上怒欲誅權汜祖舜曰將敗軍罪不可赦然劉錡
有大功于國家名聞而憤死得無快敵心上嘉納其
言祖舜持論知大體皆此類也祖舜學通諸經所著
有易詩禮說及歷代史義徽宗將膺進論語講義上
命校勘國子監板行

黃龜年字德邵永福人崇寧進士累官河北西路提
舉宰相呂頤浩薦之入為太常博士靖康中拜監察
御史遷殿中侍御史當時秦檜還自金不一年超拜
右相舉朝猶未知其奸中書舍人胡安國名儒也亦
爲檜所龜年獨首論之劾檜專主和議抗黨植權漸
不可長上乃罷檜與祠龜年又劾檜黨王喚等罷之
且言檜行詭而言譎外緇而中邪不畏天下之議無
所忌憚合投裔土上褫檜職又乞發明詔暴檜隱惡
以破姦臣之膽消朋比之風龜年攻檜不遺餘力檜
深憾之遷中書舍人以言者罷歸紹興中檜再相司
諫詹大方希檜意又論龜年落職尋卒于家龜年微
時或許以女及貴女家落矣人勸其別娶不從任子
恩先官其弟之子鄉人義其行

朱倬字漢章唐丞相敬則之裔七世祖避地閩中遂
為閩縣人倬宣和間進士調常州宜興簿張浚為其
才累官諸王府教授梁汝嘉制置浙東表攝參謀有
群寇就擒倬獨誅魁二人餘釋不問曰吾大父尉崇
安日盜坐死者七十餘人吾大父悉除其罪饑民劉
食耳不可盡繩以法也通判南劍有賊數千募勇士
擊之境內迄平倬有吏才為秦檜所厄檜死始召之
入為御史中丞嘗言人主任以耳目非報怨任氣地
必上合天心每上疏輒夙興露告若上帝鑒臨疏凡
數十上其大者如發倉廩蠲米價減私鹽罷軍食皆
有裨於時云紹興末拜尚書右僕射孝宗即位降資
政學士致仕明年復舊官卒贈特進倬長於料事為
小官時嘗因賜對策劉豫必敗高宗大奇遂有意用

之晚登政府金亮入寇倬曰虜上策聚兵反耕中策
備我下策妄意絕江虜必出下策不足虞也亮果授
首嘗薦史浩虞允文王淮陳俊卿劉珙後皆為名公
卿

黃洽字德潤侯官人隆興初太學生試春官第一以
觀察判官秩滿謁丞相陳俊卿薦之召試學士院除京
職緊官太常丞召對稱旨權祕書郎除右正言又除
試御史每有論列未嘗摭細故累人終身上以為
端士會水旱因祠祭上言此事全在陛下一心專精
在民身雖法宮心則壇壝洋洋左右理非漠然除御
史中丞又言薦舉請託必競於宰執臺諫之門若不
為人覓舉使士大夫得之以公豈不甚善或累有所
知露章以薦亦何不可時上方厲精求治洽言每嘉
納上謂曰卿良金美玉殆天以遺朕拜參知政事召
商權除日上大悅曰五十年無此差除也光宗受禪
特召以事洽奏用人為首務尋致仕卒贈金紫光祿
大夫洽常云寧不欺親仕不欺君明不欺人幽不欺
鬼何用求福居官時或勸治第曰吾未有以報國何
暇為此先人敝廬足蔽風雨矣時論推其每事得大
臣體

陳韡字子華侯官人開禧間進士淮帥辟京東
河北幹官韡為畫策禦金遂有堂門之捷遷將作監
丞歷倉部員外郎入對言臣前所陳前代數君事如
布德兆謀任賢使能區處藩鎮不事姑息減今日急
務願擇而行之紹定初盜起閩中除知南劍州兼福
建提刑招捕使以親老辭不許韡不得已受詔募土
兵擊閩寇盡殄之會群盜汪徐起衢陳搶三起贛勢
張甚又詔韡節制江西福建廣東三路遣諸將扼要
害而躬擐甲率精兵擣巢穴在軍中數年賊蹤三路
六州者悉討滅無遺詔褒嘉進權工部侍郎累官端
明學士參知政事兼同知樞密院事福建安撫使
知福州事卒贈太師謚曰忠肅韡少負奇氣父郊恩
當蔭不受以讓其弟從葉適學才長於用兵謀而能
斷初擊賊時兵寡或言賊勢熾宜招韡曰賊起僅百
餘招而不捕養至於千又養至於萬又將養至於無
算矣今但當議益兵耳乃請淮西精甲五千進討盜

急群賊畏其威名每出戰望見韡旗幟驚曰此陳招
捕軍也皆大哭故韡所向輙克士大夫論有將帥略
者必推韡云韡討賊時懐安陳以江州統領從韡戰死祠南劍州
李韶字元善彌遜曾孫也父文饒為台州司理參軍
嘗曰吾司臬多陰德後必有興者韶少穎異嘉定中
與其兄寧同第進士初教授南雄調慶元累遷右正
言侍御史出知漳州歷户禮吏三部侍郎兼中書舍
人遷寶章閣直學士知泉州召權禮部尚書累乞祠
以端明學士提舉萬壽觀卒韶為教授時史丞相有
所薦士欲充學職不與祭酒袁燮求學宫隙地葢其
居亦不與燮儒者反賢而薦之治郡所至俱有惠聲
立朝論建皆人所難言者魏了翁罷督予祠韶獨抗
疏請晋宦者陳洵益女冠吳知古頗居中用事韶論
其罪不報然朝廷肅然憚之其自泉州赴召也執政
史嵩之遣要慎勿言濟邸宫媪國本三事韶不答見
上卒以三事為請凡曰史墨有言季氏世脩其勤魯
公世從其失顓攬威福使不下移是時嵩之父子相
繼竊國柄韶葢指之嵩之深憾焉韶 公清篤實理宗
嘗有意大用韶自以不合當途故屢辭召命平生不
溺於聲色貨利默坐一室門無雜賓謚曰忠清
唐璘字伯玉古田人嘉定中進士時宰臣有參次對
官不許論邊事者璘因對策極詆之調瑞州學教授
用白鹿洞教法崇儒衆後文藝士翕然知嚮擢監察
御史璘以母在不欲為諫官其母賢母也勅璘曰吾
有而兄弟盡言勿以吾為累矣璘拜謝乃就職常上
疏切劘上躬言極剴直又謂宰相用時文之才為經
世之具不度事宜輕挑兵端理宗讀其疏為瞿然改
容璘又上言請號召土豪經理荆襄垂擇帥臣安集
淮西上嘉納之因問邊事甚悉璘感上知益盡言彈
劾無所畏避論執政鄭清之等誤國不報遂求改外
章凡七上後為廣州安撫使乞致仕上思其人亟命
入奏擢太常少卿母喪哀毀而卒璘在臺僅百日直
聲震朝著世擬之唐介云
陳貴誼字正甫福清人慶元中進士又中博學宏詞
科累官太學博士時議更楮幣法貴誼轉對不合遷
將作監丞慧王府小學教授又奏今觸犯忌諱者捕

為好名切劘時政者指為玩令一人言之未已或至十數人言之則又指為朋黨忠佞不分是非易位史彌遠惡之金人入寇大擾淮蜀貴誼為禮部郎又上言人才所以立國而倖門四闢言路所以通下情而循默婀阿語皆伇執政彌遠愈不樂諷臺官論罷理宗即位召為起居舍人累遷中書舍人直學士院內侍濫恩輒封還詔書又屢進讜言天子韙之紹定間上始親政以為參知政事面諭曰頃聞愛國之言朕所不忘擢爲同知樞密院事五上章乞歸轉四官知邑封致仕將行猶以汴洛出師上疏力爭卒贈少保資政殿大學士

鄭昭先字景紹閩縣人淳熙進士初授浦城主簿嘆曰問學未悉何以治人聞文公講明濂洛之旨遂往遊其門居官有惠愛秩滿之京謁萬丞相曰君浦城鄭主簿耶擊賊不受賞吾聞君名久矣擢知歸安累官左司諫議大夫知樞密院事進右丞相不拜卒之夕有大星墜于故居謚曰文清昭先居政府沉厚鎮靜以受護人才拔淹滯為已任景獻太子薨議建儲嵩先請以仁宗為法上意乃決會星變求言同列有欲罪上書者昭先曰求言豈可以直而罪之人稱其得大臣體

黃師雍字子敬閩清人少從黃幹學舉進士調為楚州官屬時李全反狀已露師雍密結他部都統時青圖之謀泄全殺青師雍不為懾全亦不敢害師雍秩滿朝議賢之辟出史彌遠門下不肯往見調婺州教授用李宗勉薦知邁之龍溪又用轉運使王伯大薦遷糧料院許史嵩之差知興化軍旋改郎武拜監察御史彈劾無所避嘗論史嵩之罷之理宗欲以為侍御史為丞相鄭清之所沮遷起居舍人兼侍講清之猶冀其少貶師雍終不為屈官終禮部侍郎師雍簡澹寡欲視外物輕甚每曰吾欲為全人故屢不合於當事者節槩凜然不愧師友云

許應龍字恭甫閩縣人嘉定初進士累遷宗學博士理宗即位再遷著作郎丐外知潮州時盜陳三槍起贛州寇閩廣間勢熾甚又有鍾全者與三槍合黨過潮應龍先補親兵日訓練以備要害賊遂不敢犯招

捕司遣師齊敏率師由漳趨潮追及餘寇應龍謂曰兵法攻瑕今鍾全殘寇若先攻全三餘可不戰擒也敏用應龍策群寇悉平僚屬欲上其功固讓乃止召為禮部郎上聞其治潮親勞焉拜端明學士簽書樞密院事卒贈資政學士銀青光祿大夫謚文簡初應龍在潮治兵時遷者獲行旅數人疑其盜應龍不肯妄殺特鞫釋之居政府亦不妄薦人

黃瑀字德藻閩縣人紹興中舉進士調饒州司戶參軍歲旱郡檄視屬縣民田當免租者瑀請免什九他縣或不以實告太守疑瑀俾更其狀瑀執不肯官可罷此不可易也改湖北轉運主管帳司用薦改知永春縣遷兩浙轉運司幹官權知華亭縣值歲凶不待報賑饑所全活無筭瑀居官存心愛人顧理直於利害無所避類如此建炎間汪應辰汪徹薦其賢授監察御史時王繼先以醫得幸於上恃寵蠹政中外切齒瑀欲論之病未及上同僚杜莘老素與瑀善來問瑀疾瑀臥不應莘老再三呼之亦不應莘老忽曰吾今日擊去王繼先矣瑀即瞿然起坐君能任職如此吾何病探枕中片紙授之皆疏繼先罪狀也官終朝散郎子幹從朱子遊別有傳

論曰吾郡在唐五代時其高人逸士多自足於山水間未有四方之志也及宋興陳述古以學行稱鄭介夫以節義著許仲元劉執中以文雅政事擅聲問皆一時之名臣也王室南遷福貫既狹所稱用者大抵吳越閩浙之人故吾福仕者或多登要津參國論經論則李似之朱漢章節槩則黃德劭李元善黃子敬黃德藻謀畧則張柔直許恭甫陳子華議論則黃[illegible]遠鄭景紹諫諍則李如晦唐伯玉陳正甫而吾郡號多士矣區區江左當強虜侵凌猶足延祚百年豈微變衰雖大厦支持固非一木而吾郡濟濟之功抑所謂社稷之衛非耶今去諸君且數百載矣故宅遺迹尚有存者里曲中父老時時能談其舊事猶使人讀然興思況於當時得親其德業者乎詩曰高山仰止景行行止此之謂也舊志所載頗畧予故詳採其大者著之篇庶與好古君子共之

林孫庶字希顏閩縣人舉淳化進士累官度支員外

郎秘閣校理知明州淳懿孝友士大夫多重之弟冋
人太素相州節度推官太微殿中丞太易永嘉縣丞
太蒙興化縣丞其家世貴子弟皆彬彬好學號德門
云

林高字子羽福清人大中祥符進士累官知廣德軍
令建平縣縣素多盜高性慈惠喜怒不形於色政簡
而民化之獄無繫囚累官屯田員外郎請老卒子槩
槩字端甫景祐進士禮部第一以秘書省校書郎知
長興縣會歲饑富室閉糶槩出倉粟以賑又勸其上
豪各輸數千石全活甚衆移知連州康定初數上疏
言事請復唐府兵法歛民為兵今私得畜馬以省養
兵費又言行陣出于臨時將帥取于倉卒軍權委于
宦侍雖得古之材循今之法亦必屢敗徙淮安軍會
蜀饑又上救荒策其言皆切事情可見之行後官至
集賢校理卒所著有史論日篇辨國語門十篇子旦
旦字次中嘉祐進士熙寧中為監察御史裏行甫五
月以論李定事罷久之乃起簽書淮南判官元祐初
養拜殿中侍御史上疏蔡確章惇既去其餘黨常懷
邪正惡直之心願留宸慮以折邪謀又論呂惠卿竄
謫雖貶斥未足盡其罪乞投散地以謝天下旦在臺
多所彈糾悉協公論出為淮南轉運使歷右郎中秘
書少監太僕卿終河東轉運使子膚亦有名登元符
上書陷黨籍

鄭穆字閎中侯官人皇祐中舉進士積官集賢校理
歷岐王嘉王侍講出知越州以老乞休與祠元祐初
召拜國子祭酒三年為荊王侍講又為揚王翊善太
學生乞為師復為祭[illegible]
祠給事中范祖禹疏留不報太學生數千人詣闕請
留亦不報穆既歸公卿大夫各為詩贈其行至空太
學出祖汴東門外明年卒于家穆性醇謹好學進退
容止必合於法度居館閣三十年多在王邸善講說
王雅敬之其在太學誨誘諸生雖童子必接以禮故
人有張景成死遺金五百而托其子穆為字孫長反
金焉鄉人高其行

王回字深甫侯官人回為人性質直平恕敦行孝悌
進必稽古人而不求名與嘉祐二年進士為衛真

溥不合擯病去居潁州久之廷臣多有薦之者治平
中以為忠武軍節度推官命下而卒同甫作告友辭
閔其道其論其粹所與遊皆海內名流同卒後友人
常秩上其文集詔補同子汾郊社齋郎二弟向字子
亢同字容季皆有文名向仕止縣主簿

劉銑字應宿福清人性至孝執親之喪有芝生墓側
鄉人異之登熙寧進士時朝廷聞其知樂累遷大成
府典樂銑遂上歷代雅樂因革及宋制作之旨因言
今燕樂音高急曲鄙俚恐不足感召和氣宋火德也
音尚徵臣按古制旋十二宮以七聲得正徵一調似
不可闕惟陛下裁取上善其言遂命銑按古鍾銑曰
此與今太簇太呂聲協取大成鍾扣之果應銑又言
鍾磬之無餘韻不如石磬從取合之聲益諧上悅又
命纂續內藏禮官終太常少卿

陸佑字亦顏侯官人登宣和間進士為莆田主簿判
湖廣南路宣撫司此備書道福建茶鹽司幹辦公事
年於中府鄉人推其學行名添差教授本州守臣某
襄得以聞命下而卒祐有學行治聞□□既外除矣
惑不忍去蔡側也剡意問學造次必於禮法不求售
進而居官所至咸舉其職尤盡心祭獄以讞之

鄭鑑字自明連江人乾道間補太學生上書陳輔德
市淳熙初除太學正入對稱旨上謂鑑曰良臣鄭鑑
議論甚切遂召試館職對策指大臣蔽賢上覽之又
謂其策可取除校書郎遷著作佐郎官鑑有陳述時
相惡之出知台州及辭東宮太子語之曰前後議論無
如侍講切直者後朱文公祭之以文有古爭臣之
風求之近世指鄭陳□□開而無作者也

陳德豫字子順連江人登淳熙進士乙科調建州戶
曹試教官分教宜城累遷諸軍糧料院官終大理卿
德豫居官每抗疏論事切時務理宗嘗因旱求言德
豫上封事致災之由在諱天變諱人言宜更其政識
者偉之德豫少好學博通諸子百家而能不詭于正
分教宜城時方禁程氏學甚嚴命所在焚毀其書郡
學舊有明道伊川遺文德豫護藏惟謹

陳舜申字宋謨連江人淳熙間進士歷衡陽簿歸教
授累遷知漳浦縣有惠政入為著作郎轉對稱旨會

有邑者出主管武夷沖祐觀起參議淮閫未赴卒所
著有易鑑四書集解淮灝發言審是集符中立朝有
節諱其學後進教子孫皆可為世法子德一少穎異
於經史百家靡不通貫紹熙中進士以朝請郎知宜
州卒官憂無裕著易傳發微德一兄弟四人二為
知州二為知縣累世同爨推德門云
王益祥字謙叔閩縣人淳熙間進士及第歷桂陽建
康二學教授有竹人功用陳傳良張杓薦得監簿編
修書出知寧國改[illegible]州將[illegible]
後提刑江東又會里中人陳自強拜丞相益祥以[illegible]
引歸其於仕進不肯苟祿若此
鄭性之字信之初名自誠後改今名候官人嘉定中
進士第一授平江軍教官除秘書正字出知袁州又
知贛州歷江西安撫使召為諫議大夫吏部侍郎後
官終知樞密事兼參知政事加觀文殿學士致仕卒
性之少從朱文公遊治郡所至務崇教化厚風俗民
有骨肉爭訟者輒曉諭諄切不嚴而治在上左右無
勸上虛已納諫嘗言人臣愛君者言不切亦不能

動今言路既開譬夾積水勢必盛發必激故言者多
則易厭言者激則難樂覺小有狀侂讒說乘間入矣
又言欲強國勢宜重大帥之權久邊守之任又言東
宮虛位請早定大計又言執政出一語侍從之臣間
有不同者則立中傷之此使人人箝口非國家福也
上皆嘉納性之立朝上封事多有裨補所著有端平
奏議及宋編年備要行于世
鄭湜字溥之閩縣人光宗即位為秘書郎因轉對首
乞盡事親之道以全大孝嚴家法之義以正內治[illegible]
教子之方以隆基本又乞省燕飲節用度親正人勤
省覽所陳皆讜論也慶元初為起居郎權直學士院
會趙汝愚罷相湜草制有持危定傾任忠竭節等語
韓侂胄惡之坐免後官終刑部侍郎謚文肅
蘇大璋字顯之古田人少穎悟絕人慶元間進士除
道州教官以闡明正學為己任召試館職為秘書省
正字累遷著作郎時方嚴偽學之禁大璋轉對力言
其不可執政惡之出知吉州卒于家初大璋父鴻鄉
人稱其有陰德及大璋貴邑嘗大水壞民廬田歲因

前不登大璋又為邑上書詔遣常平使者賑貸鄉人
尤德之
趙汝騰字茂實宋宗室也居古田寶慶二年進士累
官秘書郎轉對言節用必先自乘輿宮掖始又累遷
禮部尚書兼給事中入奏言前後奸諛之臣傷善害
賢自取要職何益陛下而深損於聖德興利之臣移
東就西自遂谿壑何益陛下而深戕於國脉則陛下
私惠群小之心可以息矣拜翰林學士辭歸累召乃
就職以端明學士兼翰林學士承旨知泉州卒贈
四官謚忠清汝騰平生一言不妄發朝廷嘗賜田宅
以旌其廉
章孝參字曾士古田人淳祐間以太學舍選登第授
德慶府教授好奬勸後進洪天錫嘗稱為大雅君子
又嘗語人曰規行規步章君是也
論曰宋之得天下也名不正矣是故多姑息之政愛
其敝也主威不立而國是不定士大夫歆言肆行以
惑聰明朝廷亦不知所以考其實而責之故宋三百
年政數勢弱卒不能自振者豈非其言有枝葉之過
也歟吾郡若孫子羽鄭宏中諸先輩皆可謂儻儻大
君子矣不但鄉國典刑抑求之當時未著亦不易得
云
陳葵字伯嚮閩縣人崇寧初試上舍優等蔡京籍元
符上書十八人葵其一也謫居衢州久之釋還授樂
清尉再調官以陳瓘門人又為京黨劾罷高宗即位
訪求元祐黨人有薦之者授承事郎將作監丞尋召
對除諸王　教授踰年又以趙鼎黨罷歸來屢厭而
不改操時論尚之
陳剛中字彥柔侯官人建炎進士剛中性慷慨敢論
事紹興初官迪功郎上言民力凋瘵請罷冗食去虛
文以足國用遷太府寺丞應詔又乞議恢復大忤丞
相秦檜意未幾胡銓以劾檜貶昭州剛中作啓賀其
行有曰屈膝請和知廟堂禦侮之無策張膽論事喜
樞庭經遠之有人又曰知無不言願借上方之劍不
遇故去聊乘下澤之車檜閱盜怒遂與張九成等七
人同謫差知安遠縣適有嶺冠剛中盡瘁撫定自殫
審死家貧不能歸葬士論嗟惜

翁應龍名績以字行僊游人與仲木詣闕上書言夏
人無故請和金既納欵趙良嗣童貫求降安中遂除
乞斬二人以爲信好不報應龍遂南歸不求仕進其
後應河帥劉仲戰沒上作□知蔡京當國莫敢言
者應龍以詩哭之聞者皆服其先所著有天山下議
陳東字菜玉連江人補太學生紹興間故相張浚都
督江淮有重名湯思退忌之其黨王之望尹穡
遂詆浚罷其兵柄東獨慨然不平與諸生張觀等詣
闕上書乞正思退等悞國罪思退與之望穡亦尋竄

士論偉之璟負氣磊落當時名流執弟子禮者百餘
人後單恩授貴州文學
楊宏中字充甫候官人慶元中臺臣李沐希韓侂冑
意劾丞相趙汝愚逐之祭酒李祥博士楊簡上疏論
救皆補外宏中爲太學生與同邑徐範爲父羅源
張衜周端朝等白明汝愚無罪時諸生中多有
欲與者聞侂冑將寘重辟或怖不肯列名徐範毅然
曰業已具疏何懼之有疏上侂冑果大怒俱編管遠
方侂冑誅始皆進用宏中登開禧進士爲太學正出

卑上封事指切無隱時論益重之官終知武岡軍徐
範登嘉定進士官終朝奉大夫嘗通判澤洲湘大
卑範賑饑民多所全活卒贈朝請大夫集英殿修撰
張衜官終泰和令當時宏中上書又有林仲麟蔣傅
周端朝天下號六君子
敖陶孫字器之福清人少倜儻有大志爲文立援筆
立就韓侂冑用事朱文公貶外陶孫時遊太學首以
詩送之趙汝愚死貶所陶孫又哀之以詩揭通衢云
左手旋乾右轉坤云何群小肆流言狼狐無地容姬

旦魚腹終天葬屈原一死固知公不免孤忠賴有史
長存九原若遇韓忠獻休說渠家末代孫侂冑大怒
遣捕陶孫變姓名亡命得免後登慶元進士終溫陵
僉判
張𤩽字定叟古田人以易義補太學生常叩闕上書
力詆史嵩之攬政後釋褐登第累遷國子監書庫官
又率同列丁應奎等十一人論丁大全閹并諫罷都
之失理宗特嘉納之𤩽性慷慨喜功名每論國家大
事其攻嵩之幾陷不測士論以是重之

潘牥字庭堅以字行閩縣人端平進士時對策者百餘人牥對獨以濟邸事為言有曰陛下承休上帝不宜阪德匹夫又曰陛下手足之愛生榮死哀反不及視七族人宜厚東海之恩裂淮南之土其言皆人所不敢言者也殿中侍御史蔣峴阿執政意劾牥策語不順欲寘之法上不許調牥鎮南軍節度推官遷潭州通判會日食求言牥又上封事熙寧日食詔郡縣掩骼今故王一坏共為暴骸甚矣請葬以王禮丞相游似心善其言不能用也牥疎逺小臣屢犯時忌雖顛沛猶不忘納忠後游丞相欲收用牥而牥卒矣士論甚惜焉牥廷試策傳京師為之紙貴議者皆曰子部龜齡輩人也

論曰傳云婺不恤緯而憂宗周之隕否之初六曰拔茅貞吉志在君也大當否之時內陰而外陽內小人而外君子無可為者矣仲尼故於始進之士有望焉曰庶幾哉初九不為時變或志在君則否猶可傾矣故曰貞吉亨其進也宋綱解紐奸臣執命強虜猾兵特在位者莫肯念亂而吾黨諸賢人微位下每懷嫠緯之憂顧欲以口舌爭之此當時所目為狂為專為無益于事者也雖然其為身謀也則過矣所以作忠義之氣使國是有賴其裨於世蓋所謂直諒三益之友者歟否之初九諸賢近之矣

名舉
趙榮字孟仁閩縣人永樂間從其父遊京師以
善書授中書舍人直　文淵閣正統己巳　英廟北
狩虜挾德勝門時中外洶洶　朝廷欲遣使者覘
敵往榮獨請行遂升大理少卿尋改鴻臚卿俾虜營
說也先虜退辭前職改太常少卿景泰改元又請奉
迎　太上皇大學士高穀義其所為解所帶贈之使
還陞工部侍郎天順元年　上復辟録前功陞本部
尚書榮起布衣列九卿嘗思奮不顧身徇公家之急
曹欽反榮聞難即率家人并里巷壯士百餘人助官
軍禦賊事平南陽李文達言于　上由是　上顧榮
益厚命兼大理卿天順末致仕卒賜祭葬初榮微時
館其舅翰林檢討琦家楊文敏公一見深器之孟仁貴
于其舅後果然
洪順字道濟懷安人永樂二年進士選翰林庶吉士
授刑部主事坐小失左遷行人歷官山東按察司僉
事尋轉其司使卒于官順舉禮部第三人以文名嘗
允順天府考試官又奉　命與諸儒臣修五經四書
性理大全上論榮之及為法官號精律例時有李將
軍者訐同金誣史張縁同列畏李強欲坐縁順獨持
不可竟寘李於法山東青州趙訓導婢為人所殺有
司蔽罪訓導訓導年老不能自明順讞獄詞必諸生
也有張剛者順疑訊之剛曰公真神人也訓導老無
僕妾我諸生輩共取此婢以事吾師今聞其素醜為
辱主翁吾恐師老旦夕命懸此人故殺之死固甘心
順義其所為請于　朝釋張生罪
王善字師舜侯官人永樂九年進士授南刑部主事
號明習法令囚有誣奏其受賕者　上密遣檢於家
但得　賜鈔乃大嘆嘉之遷官郎中尋擢雲南參議
正統間麓川蠻反　詔兵部尚書王驥帥師往討值
歲侵乏軍儲善為設方畧得穀數萬石以濟四川土
官賴馬非與永寧土官阿八爭地治兵相攻鎮守黔
國檄善居間二土官俱心服仇解善持身廉有濟物
局王威寧才其為命自秩滿當之京奏留參軍務居久
之以老丐歸

林碩字懋弘閩縣人永樂十年進士拜監察御史宣
德初奉　命按浙江見事風生毅然負澄清志尋遷
其地按察使時有中貴人裴可力督運浙湯千戶者
賄結之倚其勢横郡邑碩稍繩以法中貴人怒訴于
上誣碩格　詔出誹謗語逮至　闕下叩頭言臣前
為御史官七品今超遷按察使三品臣惟恐不能報
上恩臣實無誹謗語緣臣前是按浙江人多有不便
者今但欲去臣自便耳　上為動容朕固未信是以
面問汝耳　命釋之復其官[illegible]
竹左右處雷霆之下卒能自直士論壯焉在浙久人
懷其惠終廣東左布政

洪英字實夫懷安人永樂十三年進士改翰林院庶
吉士擢禮部主事轉吏部歷考功郎中正統中用大
臣胡濙薦擢山東左布政使尋奉　勅巡撫其地河
決運道阻　景皇帝命佐助臣治之事竣還右副都御
史鎮守浙江有　詔考群吏去留之一僉事以黜怨
英遂誣奏其私鄉人英不辨乞歸卒于家初英父與
隱居厲節屢薦不起及尤子順登第與乃遣英從鄉
故每勅其靜以成學故英器早成遂舉會試第一人
讀中秘書又與修三禮書歷官內外風格峻整雅有
廟堂之量雖登膴仕議者猶惜其不盡用也南陽李
文達與英先後為吏部郎素重之常曰洪實夫不求
知于人而人亦無知之者

韓弘字士毅福清人永樂十三年進士授戶部主事
擢韓府長史改寧府弘好直諫　王不悅誣以事被
逮繫至京師江西省臣為白其情得釋調同知永平
績最擢知楊州府滿三歲郡民相率赴　闕奏留
詔增俸一級歷轉浙江左參政致仕初弘之為楊州
也建安楊文敏公舟經其地雅聞弘德政為題郡壁
曰清廉太守

林文秩字禮章永樂十三年進士改翰林庶吉士授
監察御史號能執法從征高煦還奉　勅按應天畿
內民懷之詣　闕奏留　詔復按一歲擢山西副使
時有大獄當連坐者三百餘家文秩察其誣力為辨
釋活數千人

王英字孟育候官人正統七年進士歷南京兵部戶

部郎中成化初擢參議廣東會歲侵雷廉高肇四郡
盜大起都御史韓雍檄英賑之英立法平糴四郡賴
以濟又與雍謀立饒平縣控盜區由是賊遂衰息廣
人德焉官至雲南參政致仕英性恬淡不事表暴所
至以廉勤著既得謝杜門不出二十餘年

黃鎬字叔高候官人正統十年進士選監察御史十
三年奉　命按貴州時麓川蠻反　詔尚書王驥總
兵張軏征之未能定貴道梗鎬躬擐甲率精銳轉戰
而前會官軍為賊襲敗羣軍退屯沅濲時列城皆被
圍而平越尤急議者以平越無積貯欲棄委賊鎬獨
不可平越貴咽喉無平越是無貴也乃集城中軍民
檄撫苗共守之賊日夜攻圍人乏食至掘鼠羅雀而
氣益振會　朝廷遣大兵至賊潰方解圍蓋九閱月
也當是時微鎬貴幾殆景泰三年使還湖湘繇從反
命大臣甚定鎬參其軍湖湘平遷廣東僉事改浙江
復以為廣東左參政雷廉高三郡負海素多盜鎬皆
破滅之鎬按貴時年甫三十本起諸生及當群蠻燹
制勝伐謀若素閑軍旅者其後屢建戰功由是　朝
議以鎬為可大用歷長藩臬入為副都御史又轉戎
銓館閣群公莫不雅敬鎬拜南京戶部尚書以疾乞
骸　賜璽書馳傳歸卒于途贈太子少保　賜祭葬
諡曰襄敏鎬器局宏遠所在著聲赫赫每遷秩或不
足酬功未嘗自言不汲汲于進人以此重之

車寧字子靜閩縣人正統十年進士歷戶工二部主
事南京吏部郎中出參湖藩又轉參政廣東官終廣
西左布政使寧多學強記性磊落有權畧始居郎曹
著聲其擢湖廣也適保靖宣慰負險遠不可令即蒞
臬守廵其地者率兵衛乃往寧獨單車造之諭以
朝廷威德邊圉遂安在兩廣綏荒裔靜而鎮之蠻獠
數叛服不常或議兵勦寧不可曰彼貪獸耳逼飢寒
可不煩兵而服復單車諭之蠻皆歸附籍編戶六萬
八千四百口歲徵其租五千七百八十餘石事聞
賜金幣勞之寧家居尤篤孝友

何宜字行義福清人正統十三年進士授戶部主事
累遷兵部職方郎中職方所掌戎務也成化初虜
孛羅數入寇疆圉多故宜從容區畫本兵賴焉有大

識皆倚以決居久之遷參政浙江轉江西右轄卒官
同僚王克復為治喪檢其篋惟圖書數卷
林錦字彥章連江人景泰元年鄉薦授合浦訓導以
知兵聞時廣寇充斥巡撫葉盛雅聞錦名檄屬靈山
未幾遂薦為令　詔許乘驛之官錦單車叩賊壁前
後諭降二十餘壘又縱兵勦其不服者斬獲無算督
府上功擢同知廉州又用都御史韓雍薦擢按察司
僉事　賜璽書專守廉進秩副使錦完城浚池立營
堡練士卒賊遂不敢犯又以廉遍諸縣水陸險遠悉
爲關山徑建溪橋使所在積穀備歲歉為廉數世利
廣人深德之錦有雄略臨事勇於有為而自持謙抑
能甘澹泊莆田彭韶常稱其操可質神明
王佐字彥獬候官人景泰二年進士歷刑部主事員
外郎郎中官卒廣東參政佐在刑曹十有六年持法
公平凡訊鞫問律何如不自為重輕有指揮罪抵死
者投金一橐佐丞白尚書移他曹又有一富室或誣
以罪佐竟釋之其人來謝弗見也大司寇鄞縣陸瑜
雅重焉漸有大獄薦佐往按後又薦為廣藩司佐在
廣有平賊功值歲侵賑貸全活甚衆佐子孫登科相
繼人以為陰隲之報
謝士元字仲仁長樂人景泰五年進士天順中歷户
部郎擢守建昌士元為政以教化為先務大新學宮
闢射圃每公暇與諸生習古禮其中行講求民間利
病張弛之作敦化勸學二圖繫之以詩令民習誦有
兄弟訟田者士元取圖詩曉譬諄諄懇切遂感泣相
讓滿九載郡內吏民詣　闕奏留有　詔增俸一級
未幾復以為廣信太守士元治如建昌屬邑永豐地
接處處無賴聚穴山盜鑛士元率衆驅之伏發鎗中
其股裹創復戰竟擒賊禁其山穴而還永豐永賴焉
守廣信四載擢四川參政右布政使尋卒　命以副
都御史巡撫其地弘治初致政歸士元才長於治郡
有古循良風在四川政聲稍減天性孝友勇於為義
既得謝以所得俸市田宅與兄弟共之一門同爨食
指千餘兄弟子女婚嫁費皆已出不異所生閨內肅
雍士大夫尚其家法卒　賜諭祭官給之葬子廷柱
廷柱字邦用弘治十二年進士授評事歷官至湖廣

按察司僉事卒年九十六廷柱為人謙恭素朴善屬文有典則詩亦莊重能繼其家聲但酷好神仙風水之說亦通人之蔽云

王克復字師仁福清人天順元年進士授刑部主事歷員外郎用薦為江西參政轉湖廣按察使又轉江西布政使以副都御史巡撫南畿入貳留銓致政歸卒于家克復長于法律為刑部時大司寇鄞縣陸瑜深器之凡罪疑必以屬克復兩廣撫臣吳禎或奏其不法瑜薦于 上遣克復往按河南人誣布政使章繪等瑜又白遣克復凡兩奉 命讞大獄咸得情歸報稱 上由是著聲章澈出長藩臬吏民素聞王刑部名自不敢欺江西俗喜訟牒山積克復剖決竟日庭無留者時謂之王一火又謂王隔壁言其察明聽審也然克復雖善折獄持法平不苛所至發奸節取弛禁無濫及南畿清戎使者文深多所遣發訴臺克復奏其誣者悉為脫尺籍性質實然言笑刑部十五年布政九年同時後進或巧宦躐已未嘗介意晚歸與謝璉輩結耆英會敦尚齒鄉人以為美談

陳紀字叔振閩縣人成化五年進士選翰林院庶吉士授監察御史奉 命按兩浙鹽法改督學北直隸轉陝西按察使弘治中以僉都御史撫宣府尋入佐院為副都御史致仕卒遣官諭祭給葬紀天性孝友與物無競及當官而行歷內外憲職人不敢以私干之在陝西出滯獄八百餘人晚入長臺尤執法不阿時有中貴人有寵于 上諸公莫不造請其門紀獨不往中貴人敗諸公恐弁得罪皆夜見寺寺侯得辭時論益重紀焉紀生平不問產業卒未幾家貲蕭然

論曰昔三代之盛六卿分職各率其屬以倡九牧阜成兆民當是時也政出于一故自 朝廷以達四方師師然無不能其官者此世之所以治也我 國家盛時蓋亦庶幾無遺才才無遺用矣衆驥首爭於自效豈獨其人之能哉紀綱修賞罰信政使之然也即吾福一郡其仕者或內或外亦彬彬質有其文武焉譬頓風而呼登高而望其勢易矣趙尚書起布衣任股肱商人立賢無方之誼歟林廉訪以遠隙近韓藩相用陳忻親卒能自直有虞氏明目達聰何以過焉

張以寧字志道古田人也元泰定中進士累官翰林學士洪武二年徵至京師奏對稱 旨命撰鍾山說上之仍拜翰林侍讀學士知制誥兼修國史 遣使安南未至其國會安南王巳卒國人請授印於世子以寧不許使介馳請命 上大說 璽書嘉勞又御製詩十章慰勉之以寧尋卒交州 詔迎柩歸塟給三歲祿卹其家皆異數也以寧性忠亮通敏嫺于文詞與翰林學士宋濂善濂嘗序其文淸而不浮麗而不雜所著有春秋胡傳辨疑

王偁字孟敭永福人洪武二十三年鄉薦遊太學以養丐歸永樂初用薦授翰林院檢討纂脩大典 命為總裁官張英國南征交趾雅聞偁名請於 上辟叅軍務後坐事謫交州又坐與學士解縉善逮 詔獄瘐死偁性至孝母卒哀毀服闋猶廬墓六年鄉人咸高其行少從吳海學於書無所不通與遊俱海內名豪解縉嘗稱其人品當在蘇長公之列文亦相類至於詩則凌轢漢唐呂蘇不及也行草書入妙

陳仲完名完以字行長樂人洪武十八年進士授延平府訓導改寧國縣學永樂初用薦者擢翰林院編修侍 皇孫講讀仲完持身恭慎平居言如不出口至討論古今據理是非確不可奪 仁廟在東宮嘗問其所長對曰職所當為不敢茍有畏避 仁廟雅重之嘗謂侍臣春坊中淳實如陳仲完蓋鮮 仁廟登極仲完前一年卒居贊善蓋二十年不徙官也楊文貞為之傳甚惜之

馬鐸字彥聲長樂人永樂十年進士第一授翰林修撰鐸為人坦直無他腸其學博通經史百家為文章援筆立就士論推之 上幸北京鐸侍 監國為獻陵所知嘗顧近臣楊士奇曰馬鐸可謂質實無偽矣每翰林學士國子祭酒或缺必 命鐸攝之未及大用卒鐸本士奇所取士其卒也士奇誄之又誌其墓

李騏字德良永樂十六年進士第一人授翰林修撰守制歸卒于家騏性直諒篤於交誼或有過面告之而退無所毀為文章若不經意每出人意表即流輩鄉名士讓能焉大學士楊文敏公深器之惜不永于年云騏初名馬舉鄉試第一及對制 上親擢居首

爲改其名大廷臚傳無敢應者　上曰即李馬也司
儀乃引騏出班拜　恩士林榮之
論曰張學士一舉事而當　高皇帝重書勞之褒生
恤死恩至渥也豈非孟軻氏所謂　聖人見一善行
若决江河莫之能禦者歟觧大紳志大而昧孟歟與
之遊既已得罪又自放山水間非所謂慎慮而從之
者矣然觧王二公固一代偉才也自　文皇簡侍從
以備啓沃陳贊善李馬二殿撰率受知　明聖又有
人其側竟不至大用遠志騁于俊逸命也夫
林誌字尚默閩縣人永樂十年進士第二人授翰林
院編修秩滿陞修撰與修性理大全古今名臣奏議
以勞擢侍讀尋轉右春坊右諭德仍兼舊職給二俸
寵之宣德初卒官誌穎悟絶人從王偁遊日能記數
千言其學于經史諸子傍及天文地理醫卜之説無
不研究舉于鄉及禮部皆第一官翰林蔚以文著後
生輩多從質問經義門下造就為一時之盛焉性惇
厚恬于勢利每公退輒閉一室以詩文自娱或歌詠
竟日與世者不相涉者所著有蔀齋集楊文敏公稱

其文簡健學有源委云
論曰余好問長老先輩時事或為余言林尚默方遊
鄉校為弟子員即自負其才當冠海内士云然考其
時試諸生者則江右楊文貞公金文靖公也夫尚默
當時所肖特舉子業耳而楊金二學士皆文章宿老
蔚為儒宗尚默乃能必之二公若合符節何哉當是
時也學出于一上以是取之下以是習之譬作車者
不出門而知適四方之合轍也正德末異説者起以
利誘後生使從其學既儒先訓傳註殆不啻弁髦矣
由是學者倀倀然莫知所從欲從其舊説則恐或主
新説從其新説則又不忍遽棄傳註也已不能自必
况於人乎嗚呼士之懷瑜握瑾範驅而不遇者可
勝道哉是故射無定鵠則羿不能巧學無定論則游
夏不能工欲道德一風俗同其必自大人不倡游言
始矣

林文秸字嘉尊文秩弟也與文秩同舉永樂十三年
進士又同選為庶吉士授王府審理改岳州府判文
秸早有盛名宦不達能自砥礪在郡存心愛人政簡

而民便之常主試雲南中途有以黄金十數斤求賄
薦者文稽峻却焉
鄭建字弘中懷安人宣德五年進士改翰林庶吉士
授南雄府判南雄賦繁民多逃建為奏蠲逋負逃者
復業南雄德焉改處州處有銀鑛民爭訟累年建至
平其力役爭者既息銀課亦易辦會閩寇鄧茂七反
掠處建守龍泉率壯士禦之息黼與焉父子力戰數
月竟却賊石尚書璞除餘孽建又直擣其巢前後凡
斬首五百餘級脅從者悉散遣還所虜男女三千餘
人有司上功陞同知郡事仍增其俸後官終浙江按
察司僉事
論曰余嘗考學士文人所記林嘉亨初試禮部時其
文蔚然舉首也乃主試者嫌其名易之竟兄弟同選
讀中秘書鄭弘中在館　章皇帝親試以孔明可與
禮樂論擢為第一俱可謂榮遇哉顧中道棄之蕭條
郡倅彼二子者始以文章進雲翼梢棲似乖其用矣
然卒能自樹立業令名無窮焉易所謂晉如摧如罔
孚裕無咎者歟中世士大夫一躡清華覩觀津要或
稍失意即不勝其憤悱明自沮視先進之量何如也
王褒字中美閩縣人洪武中以國子生領應天鄉薦
授瑞州教授改長沙轉知永豐永樂初用胡文穆薦
與修　高廟實錄擢翰林院修撰又　命修大典為
總裁官改漢府紀善卒褒博學強記以文章自名
文皇帝御極會海內無事　上雅好詞翰每遇禎祥
或令節輒　命從臣賦詩　上覩品第其高下時元
夕張燈褒應　製稱　旨同黄宗之性愷悌樂善尤
引後進恒若不及褒長沙教事作令改職猶必進學
官為諸生講解經義孜孜忘倦在翰林前後所薦士
甚衆即其人或不當　上意褒獲譴不以故悔他日
復薦士　上亦弗之罪也同郡若春坊陳仲完待詔
高廷禮典籍王恭皆因褒以進漢國除褒已前死不
與其禍人謂為善之報云子肇
肇字朋若善詩能世其業都御史李慶寧波守鄭珞
俱薦不起玄孫應鍾復自翰林官至山東參政應時
官至雲南按察使
林鈍字叔魯閩縣人永樂二十一年鄉薦授常山訓

縣常山士久無登科者鈍至嚴立條約勤訓督之與諸生講論或至夜分忘倦由是相繼登賢書者八人遷興國教諭作人如常山所在諸生懷之鈍卒常山興國咸立祠祀焉鈍行誼高絜精于禮經子三人後皆登第曰清源曰泮曰濬淵時謂之三鳳泮別有傳清源字用清天順四年進士官終南京工部主事性耿介有父風泮及濬淵皆從清源受學事之如嚴師濬淵字用淵成化八年進士授刑部主事能持法不阿官終浙江按察司僉事

陳煒字文耀閩縣人天順四年進士成化初選監察御史奉　命按南畿改督學北畿遷江西副使歷按察使右布政轉浙江左轄未上卒于官煒為人風格峻整而敏達于政在臺中號敢言錦衣指揮使門達者自　先朝時恃寵干政屢起大獄莫敢誰何煒疏其諸奸利狀　詔投達嶺表中外快之南京給事中王徽因論大學士劉吉外遷煒又　上疏論救由是陳御史直聲震　朝著江西俗素喜訟煒屢拆疑獄善為鈎距以得其情赴煒訴者人人以為不究所至[illegible]民畏之若神然煒雖明察其用意甚厚蓋惟恐有濫及者盜越獄同僚欲罪守卒故縱當死二十七人煒不可一盜逆死者衆法大峻竟從減論弋陽樂平二邑人爭陂久不決煒為權其利樂平民得決水溉田萬餘畝而代弋陽輸賦若干二邑人咸便之其知大體周物情多此類也莆陽彭惠安嘗稱煒有澄不清撓不濁之量云

吳伯璋字伯璋閩縣人天順三年鄉薦授宣城訓導改全州遷樂清教諭伯璋三為教官勤於誨誘即諸生中有美質可進者汲汲造就之惟恐其或不能成也性恬淡不以一毫干人所在有司雅禮重焉全州大司空蔣昇與其弟少傅冕俱出伯璋門下文定受教尤深至今廣西人能談之

李廷儀字鳴鳳閩縣人弘治三年進士授定海令有惠政定海人愛之如父母滿九歲遷判順天府外戚奪民田為直其事以田歸民忤外戚謫六安州同知為邑霍山饑巡撫牒賑所全活甚衆用救荒勞擢貳南安南安巖郡也賊阻山谷時出剽掠莫能走險者

師之進討俘斬五百餘降渠魁陳白能等數千人贊府攘其功耻于自言遂以老疾引歸廷儀為人愷悌率諸無他勝雅嗜酒善聲詩床頭嘗置酒一甕或中夜起酌即吟咏達旦居官率常醉方其醉時同僚或語以公務不荅而三語之輒推以手具曉君言大抵俗事也同僚第謂遺落世故若無能者及處煩劇毅然不顧利害乃皆歎服内行純至篤于天倫年二十五以禮經魁多士一試京師不偶術者言至四十餘方登第蓋不北上禮部者十餘年也少孔于丘嫂曾事之嫂沒哀慟術者又言當忌臨喪吾嫂死哭何忌之有遂至感傷不起云卒後鄉後進監察御史林鉞葉奇吏部郎中鄭善夫處士傅汝舟高瀫素重其為人咸曰李大夫于仕宦進退以騏驥才服轅下未能究十之二三今大夫沒懿行又不得謚太常可若何請私謚曰夷穆公子源舉鄉薦官至嘉興通判有詩名

鄭伯和字節之閩縣人弘治十四年鄉薦授無為州學正轉國子博士秩滿當遷吏部郎薛蕙伯和門人也雅欲起拜伯和他官伯和固求散地乃以為壽府長史居久之致仕歸卒伯和坦夷長厚未第時以禮經授門下士甚衆及拜官又每以教為職故不樂他徙退而處鄉猶諄諄誨誘後進不倦聞人之善若己有之見人子弟力學有得辟舉者若己之子弟得之也天性至孝嫡母林幼撫有恩遇忌日必哀慕年逾耳順祭猶泣下親黨貧者隨多寡周給力雖不足而意每有餘鄉人咸敬服其德焉

袁成能字從道閩縣人嘉靖四年鄉薦授太平教歷華松滋二邑令轉通判廣州同知衡州觀風使者薦其賢又轉河東運同鎮遠太守以為遼東太僕少卿未上卒于途成能前後歷八任仕三十餘年未嘗治生產俸所入與兄弟共之凡兄弟子女婚嫁費皆己出蓋縉紳莫不高其行義焉其卒也旅於常德府之傳舍囊無餘資童僕方悲號靡控有龍翔霄者罷郡家居成能舊寮也素重成能於我乎殯遂買棺斂之及塟卜地又力不能售鄉人聞其為袁太僕也則數畝以讓不取其直

論曰夷穆公嫌外祖也伯父康懿公為兵部尚書郎時夷穆判顺天相善也康懿蓋兄事之嫌少時伯父時時為嫌語外祖事謹識之不敢失墜故詳著之篇鄭長史則嫌猶及見之若夫王内翰之推穀賢士陳方岳之盡心刑成袁太僕周恤宗黨吳林二文學造就後進皆發於中心惻怛之實噫漢人所謂長者其數公之謂歟

鄭憲字有度長樂人正德十二年進士禀性穎悟絶人而有雅量人莫不敬而愛之始授刑部主事司寇江右劉玉深器焉丁内外艱歸蓋不入私室者六年也服闋又請告在家積十四年矣猶以郎官調選其東禮恬退如此初憲與大學士方獻夫俱為尚書郎時相善也憲之赴　闕獻夫以議禮驟致通顯佐吏部憲見之止一揖而出獻夫以憲為薄己也啣之遂移覈稽遲待報逾年意在阻憲憲終不為屈時人重其風槩後遷光禄丞卒于官

陳謹字德言舉嘉靖三十二年進士第一授翰林院修撰左遷惠州推官轉太僕寺丞尋丞尚寶改南國子司業執政薦為知制誥改春坊右中允以憂歸卒謹内明外和自持謙抑恂恂然惟恐人之議其以高科驕人也是以見者莫不敬而愛之其左遷惠州也時　遣封宗藩謹為介當奉　册後至華亭徐相公欲薄其過嚴相弗許也謹華亭相公所取士故疑為之地後嚴相悔復收用謹不數年而謹卒矣華亭公為銘其墓有曰余嘗中夜以思士之可為　朝廷用者數人而德言猶在其中盖余愛其賢而忘其己也久矣其見重如此謹為文温潤醇雅有内制集并國子講章詩文稿藏于家

論曰鄭有度陳德言皆大雅之士也不永于年用究厥用中允温恭尤負公輔之望素與予善彼其之子可與晤言乃知莊生有感于郢斤向子不堪乎鄭笛古今同一情也

鄭閬字公望閩縣人博學善屬文與邑人林誌齊名永樂初貢入　太學應天鄉薦登十年進士觀政刑部以議獄欲貸無辜與尚書爭不能得遂乞教職為安陸學正改無為擢廣信教授致仕所至作人為多

然性剛嫉惡過嚴故仕不達蓋三十年不離教官也其鄉居也貧如寒士故人有為都御史歸者舉行李但役十餘人閩猶薄之衆皆往賀閩獨不往故人訝之公望雅舊又相去咫尺柰何不過我閩語之吾似聞公貲厚耳其介特如此

嚴烜字熙叔懷安人永樂中以楷書徵例得授八品官辭歸卒業後登十三年進士授監察御史按山東歲荒奏免其稅仍發廪以賑多所全活既又奉 命按河南按四川咸舉其職擢浙江僉事值其年大處州賊黨當連坐者甚衆烜訊無罪悉散遣為平民未幾坐讒當改他官遂乞教職便養得金華府學卒于官烜性至孝祖母陳疾篤刲股和粥進之居官三十餘年產業不增尺寸世無知者故官不達

高瑶字廷堅閩縣人景泰七年鄉薦授荊門訓導改宜興成化初詣 闕請復 景帝廟號特諭褒焉擢令番禺為政先風化而後簿書時天台陳選負海內重名為廣東左布政使察瑶治行古循吏也瑶母壽選繪圖為詩以贈其見重如此市舶太監韋眷縱下不法選持瑶治瑶籍其貲中貴人勢方熾遂誣奏選罪瑶亦被逮士民泣送者數千人戍永州釋還卒于家

黃嵩字世用閩縣人成化二年進士歷武寧當塗江山知縣轉工部主事改戶部以不合歸嵩令三邑俱有惠政在郎署能舉其職性素廉介囊無餘資時有空空歸故鄉之謠

林泮字用養閩縣人成化八年進士授南京大理評事歷寺副正遷知廣州府廣多猺郡也山寇多晝泮前後討平屢叛不服者會兵勦之可降者單車造壘降之在廣九年郡以寧謐擢參政江西由左右布政入為順天府尹戶部侍郎總儲務為逆瑾所嫉正德三年拜南京戶部尚書泮懼瑾中傷不敢之官乃上疏乞骸骨瑾矯 旨令致仕然亦以泮名臣也未即加害仍得馳傳給三代 誥命皆特典也泮既歸瑾求其江西罪罰米實塞下家居數年卒有司以聞賜諭祭官給之葬具泮自少受禮學于其兄清原恭異詳慎退然若不勝衣而中確有定守為諸生遊太

舉時人有誣奏祭酒陳鑑伏　闕抗疏直之南昌李士實者方飾詐竊重名出白鷺國子道承泮訓爲規戒有恐終美然之句十餘年士實果敗其遠識如此居官常俸外不私一錢入囊家既遭火又為逆瑾所罰至假官舍以居布衣疏食與諸生談經義泊如也雖議者或謂持法大深馭下太嚴不足貶其高焉

論曰以謚易名蓋周制也余嘗考春秋當其實者惟齊管敬仲衛公叔文子其餘列國之大夫亦少褒矣豈非所謂寧僭毋濫者歟及觀唐史記贊不肖一時用舍固未必盡當至于其鄭惠之典抑何公也蓋其制專掌太常議定而後以聞校勘論駁可謂詳且慎已公不亦宜乎我　國家以謚為恩雖考功儀曹得與其議而職無專官是故情之厚薄也視死事之重輕也視生故吾鄉先輩賢而不得謚則有若林司徒謚而實浮于名則有若彭惠安此所以衆心未壓而士論猶鬱也謂宜稍倣唐制凡應謚者有司上其事下翰林諸儒臣校勘臺省論駁無嫌與同必得其當不惟典闕勸沮而亦事資編摩者焉

鄭蘊中字德輝閩縣人成化十六年鄉薦授石首教諭其誨人教行為先門下士多所造就登第者相繼也擢貴池令與上之人議獄不合拂衣歸蘊中性狷介絕俗家居夫婦織席以為食有門生御史按閩屢往候之弗見也一指揮防海欲得善地持厚賄丐閩說嘆曰此言胡為及我哉再三懇之蘊中怒呼里人欲執之官指揮跽請固御史意也蘊中終不納年九十餘而卒

王介字節父候官人弘治五年鄉薦授婺源訓導陞令咸寧改江夏擢廣州判官正德間知全州忤貴人意以為武定軍民府同知未幾竟坐前事罷介為人剛正而果於有為所在人懷之歷二縣令民以其不阿也號鐵尹去之日老幼扶攜追送依依泣不忍別判廣州百姓歌之金玉滿籯難得府判袁與蕭黄鑒善樂聞之喜寄以詩為名流所重如此全州有光祿丞唐瓊者橫於鄉介稍裁以法瓊藉少宰姻也遂入其讒歸儆屋以居無擔石之儲子鎧進士官至吉安同知見子鎣

鎣字尚文正德十四年鄉薦授沔陽學正歷官刑部郎中卒鎣通曉世務嘗守壽州有惠政都御史下其法列郡家居孝友鎧少孤貧撫而教之

廖雲翔字鳴和懷安人弘治五年鄉薦正德中令奉化不以家自隨治民如處家未嘗妄鞭朴一人有貧負入者以俸貸之不責其償也鎮守中貴人守令謁者必重幣為贄或勸雲翔雲翔不聽吾為令不忍剥吾民以媚會當入 覲或又勸雲翔當齎貨遺京師貴要人柰何獨不持一物往雲翔又弗聽計吾歸不至飢死何必乃爾竟以擠調吳川遂致仕歸貧居三十餘年年九十三卒奉化人至今思之

陳逵守德英閩縣人弘治十八年進士授寧波推官逵弱冠登第為理官吏胥頗易之及見訊鞫明允即精法家弗逮也乃皆畏服不敢為奸擢南京武選郎尋入為職方大司馬山西王瓊雅重之每當遷秩輒言吏部願留陳職方共贊戎務居久之轉太僕少卿蓋超拜也嘉靖初又改大理寺以為僉都御史巡山西議節祿糧為 宗藩誣奏罷歸逵性慎恪所在有聲名而廉非其罪也前後觀風使者薦于 朝二十餘疏無與援貴輒報罷家居遠城市人罕見其面屢空假貸若環堵之儒云

鄭漳字世績閩縣人正德十二年進士授戶部主事歷員外郎中嘉靖初轉守肇慶坐事待察家居久之後起為登州秩滿擢兩淮鹽運使居官不為赫赫聲然廉而惠慎而寬登郡士民暨淮商德之所在為立祠二十三年轉參政廣西復改河南時建安李默為太宰默素重漳遂薦長臬藩入為南京兆刑部侍郎默得罪言者探當事微指遂誣漳年老漳丐歸卒于家 遣官諭祭有司給其葬漳貌不逾中人而中狷介不肯少屈廣東督學副使蕭鳴鳳恃鄉人永嘉張相勢凌諸郡守漳與爭論不平遂各上章相攻後朝議竟直漳而黜鳴鳳貴溪夏相言者與漳同年進士也邀漳往見時漳之官已出都城矣或再三勸之夏少師意殊厚漳竟不入嚴氏父子持國柄立禍福人方岳覦遺大抵珍賄磊落漳為左轄入 覲獨持青布數束為贄漳鄉居或病其簡貴少客卒之日嘗

無珍玩侍無妾媵所遺獨圖書若干卷是以知先輩
不易及云
陳文沛字維德長樂人先姓林陳復姓也正德十二
年進士授工部主事歷員外郎中奉使三吳開白茆
港築海塩塘有功用薦者　遣督邉儲又有功　詔
增其俸出為撫郡守恤弱鉏強撫人德之尋調蘇郡
擢霸州兵備副使以陝西行太僕卿罷歸文沛剛介
有執其歸實銓部汪鋐私嫌擠之家居貧時或自[illegible]
然終不改其操二十餘年不入城市予時見之[illegible]

嘉靖二十年進士官至雲南布政清約亦有父風
陳暹字德輝達弟也嘉靖十四年進士歷官自廷尉
評推守安慶兩淮運使廣西叅政終廣東布政使暹
愷悌沉靜雅好談數學能以人之生年月日而預卜
其壽夭窮通得喪又能兼數家之術其說浩汗幽微
或不盡驗暹為精思累日凝塵滿席恬如也暹雖玩
心於數居官事亦不廢持身廉甚為叅政服闋之京
不宿傳舍買舟沂江漢中路稱貸所親乃能自達仕
三十年屢執利權處脂膏不自潤書業未嘗長尺寸

論曰余嘗與建安李太宰共論吾郡士至陳暹長大
宰弗善也昔譴歸過淮而不吾送然則頃者　上復
召公迎乎曰否惟其不迎所以不送公何尤焉太宰
蓋咲而不荅嗚呼人固難知知人亦不易也信哉
林廷琛字世獻候官人嘉靖十四年進士授戶部主
事歷員外郎中十七年以元旦　朝後至左遷鎮江
判官時讁官者數十人銓曹以註誤遇薄不久悉擬
擢他官執政欲有所中傷也遂并黜諸擬擢者廷琛
既歸鄉居貧甚盖不至城市者十餘年也[illegible]

初戶部尚書金陵梁材有古大臣節凡其屬司利權
者必選廉潔往一時號得人後皆至大官獨廷琛未
究其用
論曰清為令德而世鮮或容嘗試論之世之病清者
蓋有六焉曰高曰簡曰察曰嚴曰能愧人曰少容物
高則以其名忌之簡則以其禮責之察則以其明畏
之嚴則以其少恩嘗之能愧人則以其勝已惡之少
容物則以其隘譏之凡此六者清者之所以不容也
雖然使世之病清者止於此六者則猶足以成其名

也而凡以不潔汚之而且以無稽謗之持其[illegible]
安所託乎甚哉獨醒之難也豫之初六節之上六其
義皆凶而辭不同曰苦節貞凶悔亡夫節而苦非聖
人所謂中也而節則聖人之所不易得也故曰貞焉
曰悔亡焉有取焉爾鄭公望高廷堅之數公者皆以
飲氷之操坎坷仕路或至窮約終身林鄭二司寇陳
中丞弟兄雖蹤華要然而賍前竟後阽危屢矣論其
節不無過苦固聖人之所取也雖道窮一時而百世之
下聞風興起有志之士盖欣為執鞭云

陳景著名從以字行閩縣人永樂十三年進士第三
授翰林編修預修五經四書性理大全書成丐祿便
養改本府教授及父没復以母老不願仕終于家

鄭序字志禮長樂人正統七年進士歷官刑部主事
兵部郎中湖廣參議特列郡歲侵盗起都御史督賦
趣辦朝夕序寛簡如平時曰寧我得罪不忍吾民顛
沛也都御史以序非理劇才牒吏部更任序遂乞休
居家二十餘年年九十卒

謝琚字仲玉懷安人正統十三年進士授南京兵科
給事中數上疏論事剴切出為浙江參議所至抑
中官黜墨守風節凜然年四十餘即自陳歸田里陋
巷一室衣敝茹淡人所不堪處之泰然

陳鴻漸字廷儀連江人景泰二年進士授刑部主事
歷廣東司郎中廣東司所主者錦衣列校訟獄也權
貴人倚勢輙有請託鴻漸一切拒以法權貴人怒欲
中傷鴻漸然鴻漸持身素慎莫能害也嘗奉　命讞
獄常州其罪人謀以重賄免鴻漸既不可汚以利同
事武臣以鴻漸防之嚴亦無敢過者時論服其廉且
有才天順末　詔庶僚即年未至而願致仕者聽鴻
漸時年三十九即以親老丐休家居二十餘年卒

林玭字廷珍候官人天順八年進士甫釋褐以親老
請告盖歸養者十有七年也親終服闋起南京刑部
主事歷員外郎轉浙江僉事雅為王端毅太宰所知
擢雲南副使致仕歸玭居官風節凜然學精于易象
蔡清師事之門人得其指授登第者甚衆

王有恬字德安長樂人有恬幼穎悟好學成化十一
年進士歷南京户部郎出為江西督糧參議先時民

逋稅大抵豪宗任為代輸以故負累年有恬至始下令蘿華悉督入官　淮王之封國道經九江水陸費以鉅萬有恬酌省其半以寬民力後自免歸杜門三十餘年窮約終身世味澹然

袁宗燿字世明閩縣人性至孝正德八年鄉薦以母病不上春官試嘉靖初授銅陵教諭蓋不徙官者九年或勸其干進笑而不答年四十餘尚未有子妻為置妾見之大驚曰此何為者耶吾日暮矣勿更累人即遣還家後其妻舉息嘗曰吾素多病本不慕榮進而嗣續是憂今幸有子歸老决矣擢開封教授不赴時年甫五十也家居敦尚行誼父愛庶子分産悉讓其弟

陳子文字在中閩縣人嘉靖八年進士授麻城令轉戶部主事歷員外郎中擢知長沙改池州官終湖廣按察司副使子文精敏沉毅始為麻城麻城俗幷訟或持吏長短號不易治子文綽然有餘凡赴訟者一見輒能記其姓名里居其政務在防舞文之奸法措必使下莫能知老吏猾胥縮手不得取民一錢隷卒豈庭中澟若不偶期年縣內稱治俗為之變後擢他官幷為郡大抵沿倣麻城然議若頗謂挾數御物米鹽纖悉勞甚惟子文精力能行之他有吏才者欲效率不能及也在湖廣以勤民事卒故不至大用初子文父鏊雅有知人鑒教諭貴溪識夏相言於諸生中厚遇焉及子文貴夏相以通家子欲致門下為攻美官子文固謝避夏相怒遂不復省錄士論以此尚之

林志德字尚之福清人嘉靖七年鄉薦授青田教諭擢吏部司務歷禮部員外郎中出為四川僉事

靖三十四年也會倭入寇福清城破志德子為所虜志德方奉　表入賀　萬壽聞之即上疏丐歸志德為人尚節槩重然諾平居與人語直而不阿雖諸公貴人所嚴事者與語亦然志德又雅閑音諸公貴人或不能了至再三咨之然未嘗不賞其諒也居官所至以廉慎稱在四川蜀人尤愛之其自京師歸也諸縉紳與遊聞其事者莫不厚有所餽計可得數百金郄不受或謂君清節固然柰愛子何持歸贖之庸何傷志德曰吾今已謝事幾諸公憐我固不責報是吾

三君子軒冕非貴雅有難進易退之風亦各言其志者歟陳內翰不卑小官其懿行尤為足尚云

陳艮字從特長樂人洪武中以明經薦授吏部主事永樂初與同僚鄔儀因天變陳言忤　旨下　詔獄儀死艮謫交阯爲役官　遣關遼東又陳軍中與政四事當事者忌之出判嚴郡舟行有大蛇隨之艮曰是必有婦人冤者比到官訊鞫得情遂釋之人以為神性友愛諸兄弟分產讓田尤有古人風

吳賞字中費長樂人永樂九年進士[illegible]

敢言不避權要時謂之鐵面廣州民相聚歃詞連甚衆實奏　命按獄微服廉之既得情出無辜百餘輩奏天殿災應　詔陳六事惜民力節財用重爵賞慎刑罰擇賢才嚴考課皆切時弊後官終廣東按察司僉事

陳灝字孝周長樂人永樂十五年鄉薦授訓導松陽改封川擢監察御史疏劾左右奸貪寘于法以僉事督學山西轉陝西按察使致仕初灝為教官時同郡嚴烜薦其才于　上及灝為御史舉職故世以烜為例家難以為利也未幾其子亦竟得歸

林山字士仁長樂人嘉靖八年進士授萬載令以最擢戶部郎李尚書者不習錢穀事又尚通諸公貴人多有所請輒下山山持不可尚書強之持愈堅尚書怒欲擠以事山曹事辦不能害也李尚書罷金陵梁材代為尚書材名臣也顧獨賢林郎中執法薦知徽州徽素號劇郡民賈四方富而喜訟諸公貴人所請益多書盈篋山一切不聽其斷獄明於聽察民以為神期年訟減久之郡內稱治擢廣東副使以親老丐養歸時年甫四十餘也山為人強有力能勞不恥惡衣食當官而行即有勢者或撓愈必信其志後已拜　命來小艇之任吏民迎若不知其為太守也入覲京師未嘗宿傳舍行李獨衣被與僕隸共載一車然特其清好面斥人過鄉人或有不諧萬載徽皆立祠以祀徽尤懷其德至今語林守有泣下者

論曰易曰知進退存亡而不失其正者聖人也因斯以談則夫賢人之居身可知已是故與其進也寧退與其得也寧失此古人損益之說也嘗治平無事二

知人

邵銅字振聲閩縣人景泰五年進士授監察御史天順初曹吉祥石亨恃功恒威福橫甚銅與同列上疏劾之　上怒下錦衣獄謫知壽光縣改慱羅所至俱有惠政從督府勦寇撫臣薦其賢擢知溫州後致仕卒

陳景隆字如初長樂人成化十一年進士授武康令改德清選監察御史擢山東僉事守制歸卒景隆嘗度坦夷號為長者而居官廉介有五為縣令[illegible]奉使倚勢橫索景隆拒之吾官可去剝民媚人不可為也在臺彈劾無所避

陳崇字德崇懷安人成化十四年進士授樂平令樂平舊俗生女輒不舉婚娶多逾禮崇嚴禁之又著厚倫正俗二篇示民由是俗稍變擢監察御史奉命按應天發奸摘伏人稱神明崇性純謹而遇事剛果不避難同列彭程嘗以言得罪崇具疏論救時議韙之

陳崇德字孝廣長樂人成化十七年進士授靖江令選南京監察御史同官楊茂元以直諫忤　旨禍且不測崇德抗疏救之擢廣西兵備副使會郴慶猺寇內侵督府討平用軍賞擢參政官終浙江右布政使

陳談字允默正德三年進士性耿介十四年　上將南巡談為刑部郎與同官上疏諫杖　闕下幾死嘗奉　命鞫囚權貴人以私請曰國憲也孰敢為重輕者權貴人遂不敢言後擢知兖州以病歸卒于途

劉世揚字實夫正德十二年進士改翰林庶吉士授刑科給事中歷吏科都諫謫江西布政司照磨稍遷判常州南京祠祭郎中廣西僉事越數月轉督學河南副使未上卒世揚內行修潔立志以古人自期嘉靖初在諫垣屢進讜言有內侍崔文若始與齋醮事世揚抗疏劾之又言詹事官非其人有　旨詰責下錦衣獄世揚猶執前議俄而得釋又上八事大臣惡之遂左遷世揚雖流落於外而直氣不為衰嘗奉命主試山東號得人

謝賁字維盛閩縣人正德十五年進士選禮科給事中敢言事　肅皇帝御極每虛己求諫時四川楊文

忠在内閣凡臺省上疏率優　詔答之貴諫乳媪濩
封因勸　上節恩澤戢内侍又論妝翰林呂柟等皆
宜聽納嘉靖三年大禮議起永嘉張相孚敬時方為
主事與楊文忠論不合貴同諸給舍力爭　詔杖闕
下未幾又論孚敬桂萼霍韜邪不可用復奪俸三月
明年遣使兩廣逐中又上言乞戒在外諸司酷刑
天子為感動下　詔榜諭天下尋擢太平郡守未上
卒于途貴在言路號知大體隆慶改元録　世廟言
事諸臣贈太常少卿

舒汀字紹安候官人汀為人簡抗重氣節少遊鄉校
家貧教授有建安巨室延之誨子弟主人微有違言
即夜棹舟不告而歸其勵操如此嘉靖十四年進士
以行人選監察御史奉　命按兩淮按南直隸按浙
汀素嫉墨吏一切重繩之獄詞皆成諸其手榜有至
死者時議頗謂文深然所至貪冒屏迹矣使還臺會
北虜數寇雲中上谷　世宗為旰食本兵毛尚書曰
置酒會客汀劾其不憂邊事　上怒罷本兵而杖殺
職方當事者忌之出汀為雲南副使初分宜嚴相之
為宗伯也汀與吏科給事中沈良才謀率諸給事中
御史列其罪將疏相入與幾務汀遂不敢發良才獨
抗疏論之語浸淫聞嚴相故汀之出也嚴實擠之既
而御史何維柏巡按福建復論嚴辭極醜懔嚴曰必
舒副使教之也先因常欲劾我者明年大計又謫汀
判官而汀死矣嚴相又悔為文祭而賻之

薛廷寵字汝承福清人嘉靖十一年進士以行人選
吏科給事中奉使　朝鮮還擢都諫廷寵在諫垣每
誦季孫行父之言見無禮于君者若鷹鸇之逐鳥有
志焉嘗上疏劾諸大臣皆當時用事者也有　旨留
者數人諸大臣以廷寵言直俱不敢辨獨嚴尚書在
禮曹新有寵輒辨廷寵復劾之後又屢有論建銓部
欲出之外藩或言廷寵賢不宜使去左右乃止未幾
卒家貧無以歛鄉人為治其喪廷寵内行修事繼母
李孝李有子恒依廷寵居其卒也李哭之哀感傍人
繼室衛京師人也時年十九衛父母憐其少又閩道
萬里欲留之衛不可竟扶柩間關返獨處一室即薛
氏親黨罕覯其面遇廷寵忌辰張遺像慟哭年四十

餘卒

論曰余嘗讀唐史裴弘中之在中書也三拾遺以遷官過謝獨讓嚴休復與夫二人孜孜獻納者夫均唐名相其言若此則夫臺諫之職可知已吳中芙蓉稜稜著風節二陳身非言官殆職思其外者歟舒御史不能頡折奸萌至飲恨以沒非古人先見之明矣然能為有無未可輕也薛給舍以身刑家余聞之焉司徒云

王堅字子正長樂人洪武初辟至京師試文華[illegible]授湖廣按察司僉事坐事左遷州守用薦者待詔翰林尋除刑部郎中尚書開濟弗善也濟時有寵言於上謫堅同知嘉興佐郡舉其職出獄囚無辜者六十餘人未三月放歸田里

陳全字果之長樂人永樂四年進士第二授翰林編脩脩大典書成　召赴行在又修性理大全以勞擢侍講署翰林院事全公勤篤慎所著有蒙菴集

黃文政字子正長樂人永樂甲辰進士選南臺御史官終山西按察司僉事文政剛果有為號一時賢執

法

薩琦字廷珪閩縣人父琅別有傳琦舉宣德五年進士選翰林庶吉士授編修後歷禮部侍郎兼詹事府少詹卒于官琦耿介持正其先色目人也琦獨變其習婚喪皆從文公家禮縉紳談之

孫芝字廷秀連江人宣德中以國子生授慶都縣令擢守汾陽時有建議欲刪削孟子書者芝上疏極論以為不可其議遂寢歷官至參議

高旭字時旭候官人宣德八年進士授吏科[illegible]陞兵科正統中擢江西[illegible]僉事景泰初罷各省提學後卒于官旭蒞政寬恕識微多所平反

李叔義字文宜閩縣人正統三年以吏中式順天歷廣昌訓導選南道御史官終貴州僉事年九十九卒叔義執憲能舉其職工于詩亦善丹青人得尺幅競寶之

陳叔紹以字行侍讀叔剛之第正統三年進士選監察御史擢湖廣副使卒于官叔紹少無宦情精於春秋有司欲以明經辟之弗就也年三十餘學于劉球

秦兒叔剛善雅聞其第名乃以屬督學使者令補第子員叔紹於是始有仕進意在臺中當景泰之初海内多故允有建白彈擊皆叔紹倡之爲一時名御史焉天性孝友毋林嘗病朝夕侍側服勤匪懈侍讀卒孤煒甫十歲叔紹撫而成之

陳隆字伯昌連江人正統六年鄉薦授松江同知成化間擢苑馬少卿累以疾乞歸轉太僕致仕隆所至以清著居家不殖產業無廩爲子孫佚游資也性好圖書終日静坐紛華恬如

謝璃字叔和閩縣人景泰五年進士歷官戸部主事員外郎中廣東布政司叅議叅政布政使致仕卒璃在戸曹奉使賑飢饑内全活甚衆廣東高雷廉三郡佐用兵征討璃督其餉以廉著聲性忠厚坦直治家有法飭嚴而睦

鄭克和以字行閩縣人天順元年進士歷戸部主事員外郎中有清名居官二十餘年卒無以爲斂

林塘字廷玉玭之弟也成化十七年進士授行人遷監察御史按雲南又轉督學南京塘教人以身率之嚴肅校公黜陟一時學者相慶得師卒于官

鄭錫文字禹範長樂人弘治六年進士授義烏令邑有秀湖瀦水灌民田若干畝久爲豪宗所據錫文至始復焉民德錫文立祠湖側秩滿選南京監察御史以病請告逆瑾奪其官瑾誅起雲南僉事上官治兵相攻錫文單車諭之咸服其罪歷官二十餘年苦節不渝終廣西布政

陳文試字道衡長樂人弘治九年進士授臨水令首除蠹猾政聲大著選監察御史祭　孝廟勵精治道樂聞讜言文試陳敬天修學十二事多見采行

王公大字道行閩縣人弘治十七年鄉薦授泗州學正擢南戸部郎尋擢武浙鹺官終程番守公大性廉介爲運同時鹽課例有羨金千餘大抵入私橐公大獨却不受後遷滇南以道遠遂乞歸養家郭外徒四壁觀風使者屢造廬禮之

陳伯諒字執之福清人正德三年進士授富陽令選監察御史督學兩京多士服其公後以爲四川督學副使未上卒中外惜之

李士文字在中連江人正德十一年鄉薦授高明教諭雅為督學姑蘇魏校所器嘉靖八年進士除南京工科給事中歷都諫官終浙江按察使士文所至能勤于其職持身廉約舍家居時按閩使者憐其貧欲以官地畀之不受

陳毓賢字則英長樂人正德十二年進士歷工部郎擢陝西參議轉兵備山西終廣西參政毓賢有治劇才為工部以濬漕渠勞超拜陝藩兵備地傍塞毓賢又曉暢軍事邊境賴之　代王左右欲於其北界侵河流庄田毓賢不可賂以黃金數十斤危言拒之乃不敢強在廣西有軍功未上卒居官二十餘年橐無長物時論未究其用

王昺字文暘候官人嘉靖元年鄉薦授海門教諭昺性愷悌樂道人善而陰護其短門下士無賢不肖皆樂親之擢國子博士用大司成薦為監丞轉戶部主事卒官自同僚以及吏卒哭者盡哀俸所入盡費之宗親賓客妻子未免饑寒

陳元祐字周候候官人嘉靖間貢授海門訓導轉臨川教諭舉江西鄉試擢建昌教授以遂寧王傅致仕卒元祐為人恭畏敏達雅善清談少多病遂精于醫居官所在諸公競迎致之然元祐恥以是名即請不得已往即餽謝不受也是以時人莫不神其術而高其行初元祐年二十夢已登科榜張于江首一人門姓中有墨迹不可辨也後久不第年五十餘矣以教諭試榜首乃閔姓云

陳良弼字廷器閩清人嘉靖初貢入太學十七年
上將南巡調　顯陵良弼上疏諫止　肅皇帝怒謫為民隆慶改元錄言事諸臣用之時良弼已老矣有司為上其事未　命卒良弼鄉行亦無訾云

論曰陳內翰諸君皆經明行修鄉之先生也惜或不究其用孫少參有功吾道舊志不可詳考矣　世廟南狩霜露之感蓋　聖人之德莫以加於孝者也陳上舍顧勞民是憂宜其不當　上意矣然區區之誠文中子所謂兵衛寡而欲求少是或一義也夫

林氏家傳

撫州守公諱鏻字元𡎺以字行閩縣人永樂十九年

進士授上猶令用大臣薦擢知寧海州天順初又用
薦守撫州越二年以老丐歸公弱冠登科仕四十餘
年會　國家治平重守令選父於其任公安之其為
政也寬嚴并濟而主於愛人撫綏疲瘵每躬歷田野
靡所不至一遇歲侵即上疏乞蠲逋賦必得請乃已
其或有倚勢作威為民害者亦上疏條其罪狀志除
蟊賊不顧利害為之故所在人愛之如父母上猶寧
海撫州咸立祠祀焉武林于肅愍公謙者公同年進
士也景泰間公以州守入　覲肅愍已位大司馬矣
于公雅重公為人以公家戎籍隸雲南太遠特為奏
改鄉郡公之去撫也吳聘君與弼感公德政大書金
井水玉壺氷六字贈之為名宦敬信如此公孝友愷
悌本於至誠執親之喪哀毀踰禮宦遊四方再乞歸
展墓登必泣下周恤親故無寧適厚少從鄉人羅泰
學易泰死為經紀其葬謁楊文敏公文銘之盖心喪
者三年也學兼衆長每退然不伐文安公夫人六七
齡時見之歎家是女必貴宜配吾子矣在寧海途遇
二僧馬盜也亟收之乃他郡越獄者而平日不以相

語人
文安公諱瀚字亨大撫州公次子也公少舉止異凡
兒甫弱冠舉于鄉屢試禮部不偶而同舍生有登第
者公以其人被病不忍遽別歸病良已乃辭去同輩
咨嘆他日又試禮部謂傍舍生曰吾表宿為之昨墜
驢手疾不能書矣吾為子誦之其人登第至率妻子
出拜盛德豈有此也公未貴時識者已知其有　廟
堂之量矣成化二年舉進士改庶吉士授編修以纂
修勞擢修撰尋轉諭德　敬皇帝即位驛召修　憲
廟實録用薦為祭酒馭諸生有恩而法不可貴勢撓
諸生悅服焉滿再考遷禮部侍郎仍掌國子監事先
時祭酒餐餞歲可百緡公不受貯之市公署一所自
是凡官太學者俱有公署實自公始之嘗上疏天下
人才日盛宜廣賢路增貢之典至今亦自公始也弘
治十三年改吏部攝銓事久之造請不行　上欲用
公為冢宰左右有言而止明年拜南銓會災異率群
僚上疏陳十二事未幾又率同僚疏重根本四事
上皆嘉納之有御史王獻臣自巡按被逮儒生孫伯

堅□中 旨授中書舍人公上疏力諫天命天討宜
恊至公有 旨詔讓自劾不報公之侍 講筵也受
知泰陵顧與當塗者多不合官太學不徙者蓋十年
也及在留曹屢乞骸骨 上不許輒見謂老成端慎
慰留再三而公又每論事侃侃當塗者滋不悦然海
內士大夫彌慕公名以公與莆田林公俊金華章公
懋浮梁張公敷華號為留京四君子云正德初太宰
缺言官丘俊石玠等交薦公剛方廉介可任 上不
用而用焦芳改公南兵公自以先朝遺老見 上左
右或多非其人日夜憂懼上疏勸 上割私任公不
改 先帝舊人不易 先帝舊政疏遠近習裁抑貴
戚皆人所難言者深為逆瑾所疾會南京給事中戴
銑等劾瑾逮 詔獄衆莫敢過其門公獨往送而贐
之瑾大怒令錦衣衛獄詞連公禍且不測兵部侍郎
才寬聞之奔告于瑾 累朝名德柰何失天下心寬
故瑾郡西安守也瑾雅信寬故怒少釋猶矯 詔謫
浙江叅政致仕瑾然公不已又矯 詔公與大學士
謝公劉公俱朋黨布告天下瑾誅公始復故官觀風
使者及大臣多有舉公者 朝廷欲復用公而年已
逾七十矣乃 命有司給廩米役夫尋又加存問皆
殊典也公壽八十六而終 賜諭祭官給葬具贈太
子太保謚文安所著有 經筵講章奏議及詩文行
于世學者稱為泉山先生公長不滿七尺而音若洪
鍾美鬚髯望之若神仙中人自燕居以至見賓容容
止未嘗少懈天性孝友質直好義居官四十餘年不
問生產平生不記人過若聞人一善及許人一言則
終身不忘也次子康懿早慧有鄭郎中克和者杯酒
間許婚後郎中夫婦俱死家落矣一世族累鉅萬將
殉戒其妻吾無子以女歸林顧割家資之半公不可
心許鄭久矣司空夫人于歸蓋有輿一乘也族人有
利吉壤潛穴祖塋側者舉宗憤疾公徐曰生既可同
堂而食死同地而葬庸何傷其於俗尚絕不嬰懷多
若此立朝論建悉本至誠至不畏強禦雖賁育莫奪
也関西王端毅公恕為太宰其子承裕以舉子遊太
學應對失辭公朴而撻之端毅詣公拜謝嵩時論兩
高焉洛陽劉文靖屬以相知為西安不從文選孫交

人為之請亦不從而補方襄愍時襄愍服未闋感公
知遇竟脫於難襄愍力也陳恖副伯憲稱公賤者不
知其為貴不肖者不知其為賢惟非意相干乃知其
凛然不可犯林貞肅稱公萊公大而疏廣平介而狹
獨公兼之而泯其迹者也章文懿嘗曰林文安有秦
誓大臣之容又有栁下惠之介西蜀楊文忠每謂公
未究其用當時皆以為名言公子九人知名者列于
左
康懿公諱庭㭿字利瞻文安公次子也弘治十八年
進士授兵部主事歷郎中擢守蘇州超拜雲南叅政
正德間入　賀乞歸省許之至家又乞終養　朝議
公有兄弟於制疑　詔特允其請以文安公故也公
家居十餘年文安公服闋起江西叅政歷布政都御
史廵保定嘉靖初與永嘉張相不合歸未幾京口楊
文襄為吏部薦之擢貳南兵轉工部尋拜大司空時
肅皇帝方稽古禮文創九廟建兩宫奉先備養以孝
治天下公規畫雅稱　上意　賜賚殆無虚日　上
常御便殿　召公顧左右竒其狀明日會公疏飾財
用省營建　上曰朕方顧咨谷乃言我得非林俊子
耶左右或對其父亦尚書非俊子也　上顧乃嚮他
日　上又御凝華殿出御製憶遐士七言詩令恭和
以進時與公同召者獨貴溪夏宗伯言暨　上所寵
用也明年廟工成增秩太子太保又明年以疾乞休
有　旨勉留再疏乃許　賜路費馳傳歸有司月給
廩歲役夫若干人卒贈少保諭祭官給其葬謚曰康
懿公穎悟絶人眉目疏秀如畫舉會試第五雅清談
善諧風流為一時之冠而通敏於事寛而有容識論
每依忠厚即文安公執友莫不器重之雖在郎署以
公輔期焉歷官内外厚下愛人曲有恩意蘇七邑大
水都御史不肯以聞公上疏請蠲稅以越職罰金
詔竟報可富室誣繫重辟憐其無子許納妻獄中後
乃産息郡人盧章初為小吏偶試竒之言於督學令
補弟子員尋登科第其人皆感深鏤骨雲南武官禄
不給累年矣沐國檄公徵之景東諸郡土氏逋稅者
公令牛馬布帛雜物俱得充常賦以給弁胥不旬日
而辦彼此俱便鼓舞歡呼公政所在得人心多此類

也晚蒙　世廟知遇雖家食而眷不衰時循錫賚談
者謂自公歸後迄嘉靖末大臣得謝者恩禮未有若
公云
慶遠守諱庭杓字利高少無子弟貴遊習文安公為
父康懿公為兄莫不賢而親焉蔭入太學授南京都
事擢經歷官貧饘粥自給出牧遠方能以簡靜宜民
滿九載將赴吏部考卒于途囊罄如也郡人立祠祀
之
舉人庭枝字利達少穎敏文安公愛之弱冠舉于鄉
天性愷悌愛人見人貧困必有贈遺力雖不及而心
無不盡娶於羅方伯女也所得資送施舍殆盡嘗慨
然慕范希文之為人故所與交者無貴賤賢不肖咸
親而敬之年未四十卒自縉紳士大夫以至田野人
哭者盡哀
右嫌所記家傳或曰志郡志也獨詳子家可乎曰善
可傳也夫他人之善者或所見異時或所聞異辭故
不得詳也嫌之先世得于見聞信矣記曰先祖無美
而稱之是誣也有而弗知不明知而弗傳不仁是故
不敢不詳也雖然吾祖文安公去今未遠也鄉老成
人猶及見之縉紳士大夫多能談之然大德細行亦
未及悉載也太守公世遠矣蓋僅得十三四焉若夫
嫌高祖贈太保公之德則僅得一二矣今謹識之贈
公諱觀字用賓洪武間隱居不仕善隸書性厚而直
鄉人化其善凡有訟者或不之官而之贈公直焉閭
俗好自殺以誣他人贈公居間身勸其解仇息爭從
而聽者前後蓋數十輩也嘗卜地葬父母得吉壤
石也鑿之土術者曰後當有至公卿者吾田野人
敢望此乎乃取族人火葬者二十四甕俱掩其中必
也有福與吾宗共之蓋縣令聞其事召而禮焉以子
貴贈知縣以孫貴贈南京吏部尚書以曾孫貴贈工
部尚書太子太保

忠烈

[傳]林慎思字虔中長樂人咸通中登第後復中宏詞科歷校書郎水部郎中萬年縣令黄巢入長安迫以僞官慎思不屈罵賊死所著有續孟子伸蒙子

黄碣閩人初為閩小將喜學問軒然志慕古用戰安南功高駢表漳州刺史徙婺州治有績劉漢宏攻之寨不可守棄去客遊蘇州董昌為威勝軍節度使表碣自副昌反碣諫曰大王捐田畝席貴盛之勢位將相非有勲業可紀今不能盡忠王朝欲自尊大誅滅無種矣夫僻嬰一城而為大逆碣請先死不忍見大王之滅族也昌怒碣不順我耶斥出之碣又移書幕府李滔越州建元以愚策之針可為輔耶或稱其書示昌遂為所害及其家百口詔贈司徒

[宋]朱庭傑字世英永福人登崇寧進士建炎中為雍州北海令華擇倅金人入殺官屬悉遁免庭傑獨堅守不去城陷有水度虜至必飲之投以野葛飲者多死俄而虜兵入城庭傑死之勅葬于郡之桑溪原

余光庭羅源人大觀三年擢第累官光祿寺丞出知南陽郡建炎初金人陷南陽不屈而死舉家殲焉

盧株字叔材初名郁永福人宣和中擢第調安仁令紹興初劇寇曹成擁衆數萬自江北掠湖南時帥臣向子諲兵不敵又無外援寇誠諜入楮躬率民兵戰死贈宣教郎詔官其子沂沂後與賊戰死又官其子鑄倅黄輔之哭以詩許國一心如鐵勁闔門萬口等毛輕

曾升字玉高福州人入粟補吏靖康中虜騎犯[illegible]當部士卒戍楚州至邵信縣適遇金人與戰死於陣事聞贈五官與一子恩澤立廟祀之

梁巖老字允濟一名汝霖永福人登政和進士靖康間金人犯闕巖老佐帥守城有勞明年詔使金虜欲臣之不屈虜怒囚僧寺中巖老每飯必留其餘居久之挾乾糇南奔晝伏夜行竟全節而歸高宗嘉之除直秘閣知泉州尋卒

林琦閩人德祐二年元兵迫臨安琦於赭山結壯士數千人防海以功補宣教郎文天祥開府南劍琦從

覺伯字宗尹長樂人登咸淳進士授泉州教授景炎初以上航海師次於泉覺伯率同列弃門起居遂從入廣宋亡憤惋不食卒覺伯與高應松為友節亦相類云

朱牧字子文閩縣人舉進士為安溪主簿調隆興府法曹宋亡死之鄉人私謚曰文貞祀學宮

國朝葉福字叔時閩縣人洪武三十三年進士授刑科給事中靖難兵起福守金川門死之初福見金陵勢危自期必死乃遣家人歸語其母曰不得為孝子矣又常語客孟氏所欲有甚於生吾人心事不當爾耶建安楊文敏公與福同年進士雖取舍異趣然重其為人福死二十餘年追銘其墓

姚銑字孟聲候官人永樂二十二年進士宣德間授刑科給事中改工科請告家居者久之正統初用大臣薦轉兵科都諫己巳從征北虜死于土木之難先時銑自誓必死在軍中遣僕伯通歸貽家人詩有曰許國丹心今日盡輸忠白骨幾時還海內士大夫聞而悲之同時死者戶部主事陳鈋周傑鈋同邑人傑從之及潮州移屯俱被執琦至建康發憤死

高應松字齊嶽長樂人寶祐間進士歷官權禮部員外郎翰林權直元兵至臨安應松不肯草降表及元兵入舉朝奔竄從官留者九人應松其一也後遷端明殿學士僉書樞密院事從瀛國公至燕絕粒死

林同字子真福清人公遇之子也蔭官家居性慷慨好義宋室將亡同自以其先適龍圖學士埏知杭州瑑直寶章閣累世事宋耻臣于元又有劉仝祖者其妻同女弟也仝祖仕歷督府監丞亦恥臣元遂與同謀起兵脩復仝祖即同宅開局募眾已復取福州興化南劍三郡矣未幾三郡叛降于元仝祖知事不濟走他邑自經死元兵至同盛服坐堂嚙指血書壁自誓亦不屈而死同仝祖並祀本邑

鄭所南一名思肖連江人也以太學生應博學宏詞科會元兵南下宋將亡矣所南猶叩闕上書元人爭目之遂變名思肖而隱示不忘趙氏也僑居吳下坐必南向時時望臨安舊都野哭若狂終身誓不見朝士或坐上聞北人語即引去

懷安人
林公黼字子實長樂人正德十二年進士授大理評事公黼少沉敏力學事親孝平生所為無不可質諸鬼神者十四年　上將南巡瑾誅死彬與寧用在上左右群臣或諫彬輩舟勸　上杖之時　上方大怒言者公黼又約同官以疏諫或謂公黼必且重譴不聽疏入　命繫詔獄五日又杖　闕下舁至旅舍卒　肅皇帝初褒死事贈太常丞　賜祭錄其子為太學生

論曰二給舍必死之志見于其友之誄弁寄家人詩固非臨事倉卒而不能自免者也若夫林太常則非志於必死者萬一諫行庶幾古人畜君之義焉　武皇時巡蠢賊內訌逆藩外窺卒之海內不搖安於泰山雖　孝廟遺德祈招有人抑諸賢臣　主大抵悟不顧身實足以陰折奸萌故有所畏而不敢動也嗚呼俱烈丈夫哉

卷之二十四終

福州府志卷之二十五　　人文志十

良吏

唐林勗字公懋閩縣人大中五年以開元禮登科為吉州刺史飲吉水而已家艱歸後復起為吉州

宋林諮閩縣人國子博士知南康軍有遺愛於民

孫奕字景山閩縣人登皇祐進士歷知南陵海陵二邑呂誨知開封薦知封丘誨為御史中丞又薦為臺推官遷監察御史論新法不便為鄧綰所劾出監陳州酒稅陳襄知杭州辟簽判襄在經筵又薦其士行著于鄉閭節義信于朋友歷官所至以善政聞可謂循吏宜使當一路以厚俗而安民元祐初除福建轉運使

蕭褧字安國閩清人紹聖初進士官至朝請大夫權知梧州軍管勾學事兼管勸農公事提舉錢塩磐課農桑興學校百廢具舉暇則引諸儒飲射讀法有古循吏風丐休賜紫金魚袋

許份字子文將之子登甲科四遷官國史編修政和中簡功臣子牧郡份知鄧州政尚寬平而人服其公在

州四年閩圍殄空攻蔡州值饑[illegible]賑之全活二萬六千九百有奇一日洪水暴漲城將沒矣份登城視曰政有失郡守溺死無恨百姓何辜翌日水退郡人德之方漢召杜云

李芘字績仁閩縣人大觀中以進士靖康初待次提舉兩浙常平州禁卒亂芘論定之擢直秘閣建炎間提點福建刑獄值葉儂入寇攻子城豊樂門芘冒矢石登埤與語賊乃亟去芘汝為反鄉民張毅秉[illegible]衆藥古田帥程邁請芘往招單車入壘使擒[illegible]劫賊平除知泉州芘居官屢有戡定功後終左中奉大夫

李廣文字夢授古田人政和中以舍選登第廣文勇敢過人始尉尤溪捕寇有功繼令浦城倅建安方臘葉儂入寇俱為廣文所敗嘗出囚于獄使破賊贖罪世服其畧

黄定字泰之永福人乾道中進士第一累官知潮州為政務刻弊蘇療潮民德之官終國子祭酒直顯謨閣廣東提舉有文集行世今祀潮州賢守祠

儀表臣字正甫永福人乾道中擢武舉知宜州以循良稱時經畧張玠歆誣殺無辜邀功希賞表臣獨執不可得釋者常文仲等九六十四人

李甬字定國長樂人進士累官潮州通判剛明果斷决獄多所平反有遺愛於民

鄭公玉字潤甫古田人登紹定進士官終朝請郎潭州通判臨民有德政公玉工於詩文尤好獎拔後進士林咨美

鄭格字廸民福清人淳祐中第進士為建寧司清操景定初轉廣東察推居官如司理所親或規之子永蕀凛然不知何以為出嶺資耶格應之曰既能入嶺豈不能出嶺改知攸縣卒于官

李大訓字君序閩縣人父士龍仕至奉大夫直秘閣老居里中喜誨誘後進鄉人稱之大訓初為廬陵丞歷知安遠龍泉二縣俱有能聲後再知歸善則務省事教民為政視俗所宜論者謂其儒而不腐吏而不俗云

元 林泉生字清源永福人天曆中進士授福清州同

知轉泉州經歷又擢知福清州累官翰林待制行省郎中為翰林直學士知制誥卒謚文敏泉生學深於春秋多權畧有將帥才前後在福清屢建武功始為同知適山海寇苑斥泉生悉以計殲之及為守會紅巾寇連江帥府檄泉生禦之泉生創保甲置屯柵立誅塩丁謀亂者七人捕殺長樂謀為內應者三十餘人先發制之賊遂驚潰不能為害泉生又善於聽訟能悉物情在泉州民負酒稅繫者多瘐死泉生至悉破械出之獄中下令舶商私醵者為之代償福清奸殺孤幼誣他人求賄不則訟於官泉生立連逮親隣法自是民不敢犯矣泉生時號能臣然頗自負其才為世所訾著有春秋論斷及覺是集行于世

林興祖字宗起羅源人至治間登進士累官知鉛山州鉛山豪吳友文造偽鈔輒殺人滅口家累巨萬歷數守無敢發之者興祖至廉得其狀遂寘友文於法竝誅其黨二百餘人州中稱治擢道州路總管會猺寇道州湖南副使哈剌帖木兒屯兵城外不肯救師將退矣興祖說之以乏軍需為辭興祖乃入城假崗商鈔五千錠取郡樓舊銅板為箭五百賂之師乃留賊聞遁去由是興祖威名震於四境洞猺畏之遂不敢犯在道三年民戴其惠州嘗旱有虫食麥興祖為文以禱忽大雨三日蝗盡死人以為神

國朝陳祖字富文長樂人洪武初以明經薦授新繁丞有老嫗孫為蛇所吞哭于途祖牒城隍刻日捕蛇至期果有群蛇集祖廳下祖曰無罪者去獨一大蛇不去若伏罪狀劒斬之邑人傳以為神後擢光山令

陸引字惟遠羅源人性鯁直寡諧鄉人咸謂之[illegible]洪武中有薦其材者　上問為政治民之術引對稱旨授象山丞給之以符徃盡乃心引小臣　天語叮嚀驚喜過望之官常俸外一毫不敢取于民視事二年孟家人不知魚肉之味也以勤民事積勞卒先一夕城隍守廟者寢夢傳呼甚喧新城隍乃陸丞也驚覺走縣問之而引絕矣

陳仲進字伯康長樂人性耿介尚氣節洪武中授宜陽丞攝孟津最調韓城居久之擢令江山有惠政後坐事卒于京旅櫬南歸路經江山邑人灑泣留衣冠

甃其地
趙明字景純閩縣人洪武間以太學生擢監察御史
忤 旨當刑 上奇其狀釋之黜為民永樂初令上
饒正風俗均賦役察奸蠹息盜賊政舉而人安之後
卒官無以為斂笥僅一金邑人如喪父母立廟祀之
王孟宇文浩福清人洪武中以明經薦授如皋教諭
政監城擢國子博士永樂初薦擢大理評事 文皇
嘉其明允御書䝉軒二字 賜之出知沔陽州有
政 召修大典卒于京孟性勁直居官所至以
名
鄭珇字孟文福清人洪武十八年進士授監察御史
坐事忤 旨謫令吳縣吏民畏而愛之以治行卓異
後入為御史按廣西卒官
李璵字孔逸福清人洪武二十九年鄉薦第一授陸
水教諭選刑科給事中坐事謫景州學正大學士楊
榮薦其賢擢弋陽令調定海所至公勤廉慎而人懷
之
陳寧福清人洪武初知許州會歲歉民流寧導湖水

縱取魚鹽其中所活甚衆
汪太寶字貢初連江人洪武中舉孝廉為廬州經歷
敷政公平知府殷華薦其賢擢禮部員外郎
李興宇希傑懷安人永樂初以國子生授太平府推
官興持法公而清人不敢以私干入為户部郎轉知
嚴州又改廣州俱有惠政秩滿行李蕭然
陳佛字德性福清人永樂二年進士令宜都有惜
之政邑人因其名號曰活佛居久之自免歸銓部
用辭疾不往
蕭福福清人永樂間任樂安典史以清慎著舉手敕
者咸樂其平後擢監察御史
林真宇汝霄閩縣人永樂三年鄉薦授慈谿令秩滿
擢江寧當上言時事 文廟嘉納之以疾乞補外改
宜興能勤于其職妖賊龔俏嶽詞所連甚衆真辨釋
八十餘人
鄭珞字希玉閩縣人永樂五年進士改翰林庶吉士
授刑部主事宣德初 上方勵精圖治尤重二千石
選珞擢守寧波 賜勅寵之珞為政嚴明而敏於書

歷郡數年均節賦力汰其浮羨奸吏老胥縮手不敢
弄法修舉廢墜即道塗橋梁以及公署傳舍民間堰
碓罔有不治珞又能飾吏治以儒術諮訪政理雖布
衣或方外之士言苟有裨與清談竟日不以人廢時
時至學宮進諸生質難經義奬其秀茂不率者懲之
寧波素號難治他守或日不暇給珞為之綽有餘力
由是郡內盜賊屏息民幾無訟為浙諸郡稱首居久
之會以憂去闔郡疏留　詔奪起視篆後陞浙江
政未上卒寧波人至今思之

曾斌字士均古田人永樂九年鄉薦令遂昌有惠政
正統間斌家居寇至竄山谷避之為賊所獲有識之
者曰此故遂昌令吾父也未嘗有一毫妄取顧語群
賊羅拜而去

陳復字禹初懷安人永樂二十年進士歷戶部郎正
統初用薦知杭州廉明簡靜杭人安之公庭無事日
坐堂上讀書時或與群吏講解律令杭劇郡也復處
之裕如會以憂去遮留者數千人省臣上聞　詔奪
情未幾卒官死無以斂民競致賻襚不受泣曰吾
父生平若何今以其死也貨污之乎按察使軒輗為
歸其喪

葉光閩縣人永樂間以明經為南海簿蒞政之初每
事遜之於尹及攝邑廉明吏不敢欺民歌之南海簿
性不貪百鳥鳳人中難

陳璞福清人吏員授進賢縣倉大使正統初用侍郎
趙新薦知高安璞才長於理劇先是邑之遠民不
璞至示以恩信弗率者繩之法境內翕然稱之

林燕字則忠福清人正統中任南安同知
門無私謁擢守潮州

李燦字子珍福清人正統四年進士授萬載令轉判
衡州燦居官寬猛得宜所至民訟為之衰息雅重教
化禮遇諸生士論翕然歸之觀風使者韓雍薦其廉
能于　朝後卒官橐無餘資

袁達字德孚正統間貢太學授陵水令達性愷悌又
精于醫在邑數年民愛之如父母凡有疾者達或至
其家為療之生平勢利澹然卒年九十

薛渭閩縣人正統中知海豐吏民不忍欺在治未及

[illegible]載庶務為之一新
王潊字孔哲閩清人景泰間以國子生知巴縣為政慈祥節儉越三年卒于官邑人為歸其柩立廟以祀之
鄭同字本初閩縣人景泰五年進士授安東令再改祁門遷太僕丞卒同為邑清慎寬簡興學愛民雖赫赫聲既去民益思之東安人樹楔題曰一清以[illegible]其操云
張濬字文哲閩縣人天順三年鄉薦授寧[illegible]四會擢饒平令卒官濬學有實用其治饒平興學勸農人不敢干以私鄉民有横于其里者俗謂之斗老言其科取莫敢誰何也濬以計捕殺之民情大悅先時濬在四會有海寇濬以策干總兵陳銳督府議其名至是廣寇充斥撫臣檄督揭陽等四邑兵禦之賊平功未及録旅櫬南歸家人空槖饒平立祠祀之
王俊字世英閩縣人成化二年進士改翰林庶吉士授户部主事以養歸復起擢知袁州俊為治持大體吏民始畏憚久而懷之九修學宮浚水利為袁人久遂計滿九載遷參政廣東撫化循徭廣人亦德之
鄧琪字弘中閩縣人成化二年進士令常熟為政嚴明鋤強扶弱後官終雲南參議
林廷庸以字行閩縣人成化二年進士令肥城有惠政肥城德馬毋從服闋補雅安亦宜其民以父病自免歸篤于孝友鄉人尤重之
丘策字載道懷安人成化七年鄉薦授英德令[illegible]廢政民心悅服
李煒字文韡閩縣人成化八年進士選御[illegible]議後累官常德知府郡有大偷群小偷附之歷數守不能詰煒至始寘於法屬邑武陵路當四達民疲於[illegible]煒為區畫疏請傍州縣分其勞費民甚德之
宋宜字世達成化十一年進士授定海令宜廉以律已嚴於馭下吏不能欺值歲旱徒行百里禱雨輒應用按察使楊繼宗薦擢户部主事　遣榷盐閩廣巨商無敢以私浼者未幾卒官
李尚達字特望閩縣人成化十一年進士知天長縣有惠政調桃源去後士民見思官終按察司僉事

黄世忠字孝卿長樂人成化十三年鄉薦弘治初知贛縣贛俗信鬼世忠諭之以理毀淫祠百餘所敷政平易贛民去思

黄源大字子通閩縣人成化十九年鄉薦知遂昌教諭魏進採其十事題曰遺德十蹟

葉仕美字邦彥閩縣人成化二十二年鄉薦知蘄州時流賊入寇仕美單騎集兵禦之城賴以全

阮時懋字勉夫閩縣人成化二十二年鄉薦[illegible]擢令宜山鋤強發奸無所畏避居久之[illegible]遠苦洞夷時出殺掠郡人聞時懋至喜曰是鐵宜山也吾屬無患賊矣時懋為設方畧禦侮又請于其上築四關土垣保障之功至今賴之後擢思明同知未任卒

楊徹福清人成化間以監生知遂溪政廉而寬遂溪民頌之

陳日光長樂人成化中為海豐縣丞抑強舉廢綽有能聲邑人立石紀績

陳元憲字一章連江人弘治二年鄉薦授崇明令先是邑有施氏鈕氏皆豪族也因爭田各聚衆千餘[illegible]捕急懼誅遂航海為盜元憲至諭令復業事聞　詔賜金幣旌之擢臨江判會大帽山賊掠諸郡縣元憲以兵討逐賊潰俘獲甚衆内有五十餘人販商也為賊所虜太守疑其賊黨元憲鞫實悉縱焉元憲有吏才而存心仁恕所至人深德之後遷雲南提舉以親老乞歸

高璧字德涵長樂人弘治十四年鄉薦授安仁令於民事晝夜不少休及卒篋中惟敝衣[illegible]慕祀之孝友之行尤為鄉人所重

張仲源字源深閩縣人弘治間判宿州政事通敏吏民愛慕

陳羿字德階閩縣人弘治十八年進士授東莞令之官止一僕自隨愷悌愛民政聲籍甚銓部以治行徵或按其裝明府行李蕭然若是乎曰吾素性如此家法如此羿世父方伯煒有海内重名故云後官終貴州按察司副使

鄭時儀字端夫長樂人弘治間以貢令潁上省刑[illegible]

毅而不阿貴勢邑人目之為板李編戶為增一十九
里
陳用明福清人弘治間以知印授金壇巡檢郡檄築
堤備旱澇用明勤于民事邑人德之擢主簿黄梅正
德間棄官歸嘉靖改元銓部 召欲用之辭以老不
赴用明雖起刀筆天性好義林中丞高逺副撫交
章用明與為貧居委巷達官貴人屢訪其廬
張文造古田人正德九年鄉薦授莆寧令
盗文造至始為方略鼓鄉長縛盗就之村
月朔各鄉勤息必以聞民間少有不法文造悉先知
以故盗不得發民盱始安席未幾卒官邑人哀慕
魏濠字方舟福清人嘉靖十二年鄉薦授教諭轉太
平令修水閘築海塘以利灌溉節費均賦太平人德
之先時邑多流亡及濠為政復業者衆田為增價後
官至南京戶部員外
高廷忠長樂人嘉靖四年鄉薦授奉化令甫至即剗
法之不便於民者十餘條每下令必順人情不務為
赫赫名有饋海錯者潛置金其中廷忠不受亦不揚

衆時論服其清而容物既去民祀之
林賜字伯予長樂人洪武二十六年鄉薦第一授樂
平教諭賜師範端又博學善屬文為士人所仰得其
題詠競寶之
申屠鐸懷安人永樂十五年鄉薦正統間授蘄水教
諭諸生貧者濟之質敏者課督之其誨人嚴而有恩
鄭理劇字志初閩縣人永樂十八年鄉薦宣德間教
諭靖安性質坦率諸生敬其文學
謝廣字元思閩縣人正統十二年鄉薦景泰間
安教諭訓人有方後官至翰林檢討兼國子助教
趙正閩縣人宣德四年鄉薦景泰間授上海教諭終
日坐堂講授夜振鐸以警諸生誦聲徹于學宮
莊禮字孟和長樂人成化十六年鄉薦授東莞教諭
以經義誨誘諸生未喻者必廣譬博諭使之達而後
已
陳克震懷安人成化七年鄉薦授慈谿訓導克震教
人以身率之諸生中貧而力學者資其費門下明經
第者甚衆初克震少貧耕于野以舟載糞穢石橋倒

時月夜諸生方聚講中庸克震戲手從傍聽竊呼之
諸生怒吾輩講學備也何知克震曰不然吾家貧業
農蓋常學而聞於師與乎諸君之說也遂為講解其
義諸生歎服改容禮焉官終長史
鄭昇字仲平候官人成化十九年鄉薦弘治間授揭
陽教諭能以禮誨諸生後擢國子助教官終長史
王拱辰字孔明福清人成化七年鄉薦歷南康教諭
素精舉子業年踰耳順誨人尤勤
黃希甫字仁岳長樂人弘治五年鄉薦授[illegible]
勤于誨人講論無間寒暑後歷官雍府長史
林文焯字士明閩縣人正德二年鄉薦任太平教諭
焯習于古禮諸生敬之
王本仁字彼初懷安人正德間以貢授徽州訓導官
終瑞昌潘教授本仁性朴直篤于行義教徽有恩及
遷官追送有不遠千里者致仕歸督學潘公潢舊徽
門生也本仁待之無加禮識者謂有先輩風養寡姊
敬事終身
黃雲從字石和懷安人嘉靖五年以貢授潁川學正

[illegible]以身率教擢樂安令
論曰予讀舊志至良吏未嘗不廢卷歎也陸丞下邑
小吏　高皇帝親給以符勉其盡職鄭寧波奉　璽
書之郡　宣宗又以御製招隱詩　賜之仰惟我
祖宗之責守令也如此夫官無崇卑上之所責則天
下莫不責也士為知己不難以死報恩況於萬乘之
主屈已責之訖其真安元元而臣下猶有不知竭力
奉公以應其上者則非人類也嗚呼此　國初之[illegible]
[illegible]以[illegible]名責之[illegible]
次[illegible]之二者[illegible]用之成化弘治
間吏治衰矣自是以降亦鮮有可述者焉頃議者[illegible]
欲梢倣治古令二千石縣尹咸久于其任以牧養小
民幾致太平愚竊謂必有以責之如　國初時然後
可以風勵群吏不然均之王事也賢不肖相去又不
甚遠也內外異勢顯晦殊途獨責守令以久于其職
抑或有鞅掌之歌積薪之嘆矣欲望其治行之進也
難哉

福州府志卷之二十六　　人文志十一

光澤

唐侯固字千重閩縣人太和初及第官至鄜坊寧武易定節度使同平章事固性仁厚雖談笑亦有規準鄉人愛之

宋謝德權字仕衡閩縣人父文節為南唐將拒宋師戰没德權自南唐歸宋補殿前承旨咸平初以功擢閤門祗候歷都巡檢使供奉官内殿崇班終西染院使德權有幹局善經畫朝廷興作之事悉以委之其持論亦每依忠厚為巡檢使時會有誣執政與許州民陰搆西夏者上命德權與溫仲舒謝泌鞫之按驗無狀德權等對便殿泌請追攝其獄德權曰大臣無罪不可辱如泌言則人君何以使臣上乃止不問又嘗建議廢京師鑄錢監從西窑務于河陰大省勞費德權於時名能臣天子亦每嘉賞之但資狷急好興功利自恃其廉見官吏徇私者必面斥又喜刺察外間纖微以聞為朝論所短

李彌大字似矩連江人彌遜之弟也崇寧間進士累遷起居郎試中書舍人宦者童貫宣撫永定走馬承受白鍔恃貫不報師期朝廷以貫故不之罪也彌大繳奏鍔坐除名彌大亦出知光州召入累拜禮部侍郎金人入寇與丞相李綱議城守不合罷未幾除刑部尚書為河東宣撫副使以圖復兩河靖康末召入援彌大不敢進兵高宗即位累官戶部尚書兼侍讀呂頤浩視師以為參謀官不肯受詔出知平江府奪職後復召起至工部尚書坐事貶兩秩卒彌大兵事非所長屢用不效而好議論與物競故功名遂不及其兄云

李彌正字似表彌大之弟宣和初進士為秘書省正字轉對言大臣進退之易實害治體又言古者創業中興之主必有謀臣任專責重憂勤逸樂與之始終今人才雖不及古願舍短取長擇忠實者推腹心任之則功可就緒矣上稱善命與修神宗哲宗實錄官終朝奉大夫吏部郎中

林栗字黃中福清人紹興中登進士累官兵部侍郎卒謚簡肅栗有治才喜論事金人請和約為叔姪之

[illegible]栗上封事極言其不可冬至將郊遇會慶節有旨上壽不用樂逌宴金使又有權用樂之命栗言祖宗二百年事天之禮今因一介行人廢之天之可畏過於外夷遠矣又嘗上疏言今日國體於四百四病之中名為風虛其言甚切栗立朝不無所裨但性剛褊好勝與朱文公論易不合遂肆攻詆為世所貶

論曰昔者孔子之道不行於魯沮封於齊皆晏嬰為之也由今言之則晏子者固孔子之罪人也然而仲尼終身嚴事焉曰若平仲可謂善與人交晏夫古之君子其論人也不以已而以天下之好惡為好惡也夫晏子者其持己也恭其致君也誨其制國也禮其周親也仁有君子之道焉特智不足知聖人耳若之何而絶之也林侍郎悻悻自好固非晏相之比然其立朝論建則不為無補矣予故采而列之以見朱子之道即孔子之道也雖然昔之詆朱子者非吾黨也今之詆朱子者則吾黨也昔之詆者是鄉隣而鬬也今之詆者是子弟而侮也予又不知其何說也游言倡則士尚衰嗚呼其可懼也夫其可憂也夫

[illegible]以夫字用甫宋宗室居長樂嘉定間進士歷知漳州邵武軍皆有治績嘉熙初為樞密副都承旨會曆官言是歲日當食季冬之朔以夫預奏修德以應之其言甚切拜同知樞密院事時上未立太子以夫編類仁宗高宗定儲本末具載諸臣諫疏及舉行次第上之上曰此事實不可緩官終吏部尚書兼侍讀

常挺字方叔連江人嘉熙二年進士歷官太學錄累遷監察御史兼崇政殿說書疏言邊閫三事朝廷二事言皆切中時務遷太常少卿累官工部侍郎為[illegible]者所攻以寶章閣直學士出知漳州召為兵部尚書擢權禮部尚書進帝學發題官終參知政事封合沙郡公

吳季發字宗勳與伯兄起巖同領淳熙鄉薦初為司戶參軍歷天章閣待制右司諫喟然嘆曰吾親沒矣國勢亦已危矣今在位者多非其人而竊祿不去寧無愧乎遂上書引退同時又有郡人黄唐字雍甫為考功郎韓侂胄為其父請謚唐不肯覆議亦棄官歸

論曰語云無求備于一人故瑜不掩瑕亦君子之所

感德也侯平章謝承旨之數公者或當時求全或後
世莫考然其顯于朝廷稱于鄉黨𥝠必有以過人者
矣論世尚友擇而從之是故毋輕議乎先進

國朝吳復字克禮閩縣人永樂間知印授太平府豐
濟倉大使擢海鹽簿改吳縣以才著遂擢其令歷官
工部郎景泰初超拜通政轉工部侍郎遣治河决還
報稱　旨命督易州柴炭廠居久之天順七年以年
至乞骸易州吏民詣　闕奏留後屢上疏又屢為所
留後乃焉省墓　朝廷知其意遂下使司章得謝大
學士南陽李文達為文贈之

論曰士大夫服儒衣冠言必稱先聖至于進退或有
遺議焉吳司空雍容知止蓋聞當時自李相以至館
閣諸賢𥝠不賦詠榮之彼起下僚卒自脩列九卿其
才識誠足稱云

林廷選字舜舉長樂人先姓樊林復姓也成化十七
年進士授蘇州推官選監察御史按廣西平寇有功
詔增俸一級尋擢浙江僉事歷副使廣東按察使左
布政入為大理卿以右都御史奉　勅鎮兩廣不
數歲遷南京工部尚書未上乞骸賜　璽書馳傳給
有司月給廩歲給役卒　賜祭葬廷選為人內明外
寬議論依于忠厚善以智自持始政蘇斷疑獄即有
能名在浙最久凡官舍所需必遣人於他省市之後
觀風使者諮庶有司強市民間物獨林按察無有也
由是名益章南臺交薦薦陟大僚兩廣盜賊充斥廷
選每專意招撫梗令者不得已而後征之家居杜門
自守奉身約甚時或過其親故粗糲食之食也人以
此多焉

羅榮字志仁古田人弘治三年進士授戶部主事歷
員外郎中擢參議廣東以剿寇功遷參政尋轉其司
布政使調貴州卒于官榮居官以才敏著性長厚愛
人其在廣東最久廣閩隣封也凡鄉人至者雖微賤
必接以禮古田舊無城榮為參政時上議創築至今
邑人德焉

論曰林司空羅方伯提躬以忠厚不欺為主其聲聞
輸籍累世有以也哉司空握重權兩廣不敢濫殺邀
功合于老氏慈儉之旨古田僻邑雖時有山寇不足

大廣嘉靖間倭夷使擾屠戮郊野然後知設險者之
功方伯一言其利溥矣
林廷玉字粹夫侯官人廷玉父芝景泰鄉薦後官終
韓府紀善遂占平凉至廷玉復歸于閩舉成化二十
年進士選吏科給事中薦轉工科都諫以論程學士
試事忤　旨下　詔獄謫判海州稍遷知茶陵歷廣
東僉事副使山西參政入為通政以僉都御史巡撫
保定調掌南京未幾論者言其偏拗遂丐歸累薦不
起卒于家廷玉為人剛果敏達初舉陝西鄉試第一
人沾沾以文章自許在諫垣號敢言　敬皇帝虛已
求諫廷玉嘗上八箴以規保治又言妖僧繼曉通誅
請正其法　上皆順納及左遷于外又長吏事屢斷
疑獄人以為神既謝政負其才意不無少望杜門二
十餘年日引知名士置酒高會家舊蓄也諸妓妾能
為秦聲每召客令奏樂于前眇然有玩世之志正德
戊寅會閩卒亂廷玉與其友高文達角巾造壘諭以
朝廷威德群黨解散越數月又亂廷玉與文達又撫
定之嘉靖末有司上其功　詔為立祠并祀文達

高文達字思德閩縣人弘治六年進士授戶部主事
請告家居久之復起歷員外郎中丐休銓曹上其賢
有　旨擢浙江副使致仕文達自其先家饒于財積
而能散鄉人德之然性剛褊與語好爭論常若含恚
石狀衆皆憚之既歸每自荷笠灌園客有造其廬者
不識文達以為僕也問高副使安在須臾乃束帶出
見即灌園者後因小忿將走京師自直卒于途
論曰余嘗讀詩蒹葭蓋憂美人之遲暮而刺世不知
所以求也夫士抱負其奇或多遺俗之累取節棄瑕
斯無廢事矣林中丞高大夫遡洄可徑以不容於世
擊坏灌園其志豈終遯者哉間出其奇特小試於十
數輩美矣叛卒蓋當時用人者過也
鄭孟福清人洪武二十六年鄉薦拜四川道御史孟
居官以廉著風裁凜然屢直言時政後坐忤　旨死
陳叔剛名振以字行閩縣人永樂十九年進士宣德
初拜監察御史預修　成祖　仁宗實錄以勞遷翰
林修撰未幾守制歸正統初服闋復起充經筵講官
尋擢侍讀叔剛性溫厚居母喪哀毀廬墓以文行重

時素與劉忠愍善忠愍死叔剛方請告居閩聞之
精神恍惚遂自經
許天錫字啓衷閩縣人弘治六年進士改翰林庶吉
士授吏科給事中歷轉都諫天錫性豪爽嫺於文辭
省中號敢言當 孝皇帝時 上虛已達聰天錫前
後所上三十餘疏多見嘉納嘗奉 命閱內廐馬劾
剔蠹歲省費四十餘萬士林咨美焉正德初使安
南歸報或譏逆瑾天錫自外國返金多其實天錫奉
曾受餽也時瑾欲籍沒天錫懼遂自經死瑾誅有為
之言者 詔恤其家天錫死時鄉人歛之橐罄如也
其家言天錫將死夜草疏極論天下事令一蒼頭最
堅者聞哉已亡矣天錫意蓋欲效古人尸諫而遽
絕命故世不得謂之史直云
論曰嫌嘗讀解縉大庖封事所以切劘時政言無不
盡也縉小臣少年新進恭聞 高皇帝不惟虛已聽
納又將長養之以成其材也大哉 聖人天地之量
即治古之諫鼓謗木已舊志載鄒御史見法以言遇
禍殆不其然彼必有以取之者蓋當時之失其傳也

陳內翰許給舍俱有時名非死之難所以處死者難
難矣
張經字廷彝侯官人初姓蔡氏後復姓張經狀魁偉
足智有文武才正德十二年進士授嘉興令選為給
事中歷都諫 世宗識之有 旨內推不敷歲至僉
都御史撫山東尋召入佐掌憲未幾奉 敕鎮兩廣
安南莫登庸久不廷朝議討之 詔經與兵部尚書
毛伯溫議軍事用副都翁萬達策兵壓其境登庸降
天子赦不誅而賞有功諸臣擢經右都御史未幾
平黎功又擢正卿兵部仍兼都御史鎮其地守制歸
詔徵用以言者論其復姓意附江西不果用嘉靖二
十八年復徵為戶部尚書督太倉又守制歸倭變負
海諸郡縣臺臣會薦經才可用起掌南鑰尋復 命
總制南直隸湖廣江西閩浙兩廣七省調其兵備禦
倭久屯直松江浙嘉興攻城邑殺掠人無算經計不
教之兵戰輒潰難以當賊請召廣西狼兵禦之經按
兵數月所召兵方至破賊於王江涇功未上通政趙
文華時 遣祭東海劾經罪下 詔獄論死

嘗曰老氏云知足不殆知止不辱誠有味其言之也
當嚴嵩趙用事苟非其黨也其或以修或以不修擠之
者可勝道哉張司馬自負其才苟能鑒古人止足之
義彼亦何能措其爪角乎而汲汲然自耀大冶必為
鏌鋣也無身之日雖有智勇將焉所效悲夫余在留
都特與少司空新城方公應善司空為余言督守松
江張總制所不禮也然其用兵御將師備要害實所
長云

阮嗣宗字崇芳通江人洪武二十七年貢授通州判官
政聲州衆譚應真者聚衆為盜嗣親往諭之郡民立
碑頌德擢戶部主事後歷官交趾布政永樂間以老
乞歸

方員字懋規永福人宣德八年進士以行人選御史
歷廣西參政官終廣東按察使員嚴于持己在廣久
精法律政多便民而民懷之

林璩字衡玉閩縣人成化十四年進士授滕州守政
皆州擢南京戶部員外郎後歷官遼東苑馬寺卿璩
政聲冉為州俱有善政在滕斷疑獄脫無辜甚衆
值歲饑賴以賑救二州人皆立祠祀之

王問字器之閩縣人成化十七年進士授上饒令政
稱樂陵選監察御史擢官大理寺丞奉　命羨勛臣莊
田歸報稱　旨詔增其俸正德間官至右都御史為
言者所攻　賜玉帶給驛歸卒贈工部尚書　賜祭
葬問為樂陵時值歲饑賑救有方流民歸者四百餘
戶邑人立祠祀之後位九卿以精法律稱子鏌
鏌字公慶嘉靖四年鄉薦授常山令卒官鏌大臣子
饒于財輸家以佐公費政清而惠常山人懷之

陳則清字君揚閩縣人正德十二年進士授泰州守
改祈州又調滁州擢南刑部員外坐誣謫判台郡未
幾擢守程番後以都御史巡撫雲南卒于官　賜諭
祭有司給其葬具則清三為州守俱有惠政在滁賑
荒全活甚衆滁人尤德之篤于交誼人雖微賤舊與
遊者書札問遺不絕

林恕字道近長樂人登嘉靖八年進士授江西知縣
歷都察院經歷擢守雷州後官終雲南按察使恕在
雷[illegible]濬渠[illegible]為民利鋤強扶弱不避權

福州府志卷之三十七　人文志十二

孝友

唐 陳執中字允之候官人觀察使徐晦聞其賢辟致幕下居親之喪躬負土營墓郡守黎植楊發相繼薦于朝官終汀州司馬

陳讜字昌言候官人登三史科官終韶州刺史讜性仁孝嘗以便養丐本郡長史居官餘祿與交親共之鄉人高其行

林郁閩縣人業儒通三史入內[illegible]艱歸以孝聞後終潮州刺史

林曰卿長樂人有孝行葬父廬墓側甘露降焉後應文行科出仕

五代 林安福清人事母至孝母死廬墓傍有石自裂湧泉閩王異之以其廬為湧泉寺

宋 林子冲字通卿之奇從子也登進士累官南豐簿歸盱江郡學遷將樂丞未上其父死徒步扶柩歸候官哀毀而卒子冲少為之奇所器門下教授嘗數百人在南豐盱郡太守陳岐延修禮樂著當時名公卿

郡人鑴石于庭紀其績

陳仕賢字邦憲福清人嘉靖十一年進士授戶部主事歷員外郎中擢杭州守後官終湖廣巡撫都御史仕賢為人寬和有容少事祖母以孝聞其守杭也市舶中貴人不法為民害抗疏論之數政平恕杭甚德焉立祠以祀及至大吏名頗損于治郡

翁世經字可真福清人嘉靖十四年進士授戶部主事歷員外郎中擢梧州守官終廣東布政世經[illegible]有才在郡署著聲為郡[illegible]下其法為列郡式秩滿三歲觀風使者奏留之郡立祠以祀

論曰予在翰林時厚武林高文端公謬知公素簡重每與予言盡也盡聞語其郡守之賢者必亟稱吾郡陳公庶幾哉古所謂平易近民者歟文端不輕許信矣惜乎晚節末路為習所移是故令名終之為難也詩云豈不夙夜謂行多露又云人涉卬否卬須我友嗚呼古之人歟古之人歟阮方二岳牧事很不詳見王尚書數公皆以守令著績而至大官

[illegible]太楊萬里皆許其精密

林正華字君輔至和中遊太學棄歸養母母卒水漿不入口者累日已而卜葬湧泉山躬鑿石營壙廬於其側號慕不已有甘露之瑞正華乃安六代孫也故世稱湧泉大小孝子

鄭異長樂人親終廬墓六年有甘露芝草之瑞元祐三年舉經明行修有司改其里曰賓賢

許僉字切度閩清人朱文公門人僉不畜私財不置私器三世不分異庭無間言丞相鄭性之嘗大書孝友二字扁其堂林羽為之記

高宗信長樂人養親承志里人陳烈上其行元豐四年以孝廉舉官至金紫榮祿大夫

元　劉從竹字友直福清人母終廬墓所居門楣及墓石俱產芝熊禾詩紀之

許知言閩清人兄逢言弟知白知什知億兄弟五人母病昕夕不離側越三月藥弗効知言乃齋戒籲天刲股以進母病遂愈及母卒知言兄弟哀毀踰禮周浮屠法俱燃香於臂以資冥福進士許叔度為之立

陳馨字馨夫福清人母疥病刲股療之子觀泗[illegible]達亦篤孝刲股療病有出譽之行焉郡守吳濤詩云他日啓予足惟天知此心

國朝　鄭英字伯華福清人性至孝家貧祖父母未能塋英承父志假貸營之越數載父卒哀毀踰禮洪武間舉明經以母老辭母數遘疾英侍湯藥未嘗解帶也後舉孝行授廣西南寧經歷

李墉古田人性孝友居母喪不御酒肉者三年家無分異墉對之面壁不忍聞也後弟竟拆先產悉取膏腴墉終身未嘗有言

何鉄福清人性孝友少孤父客死連江母已嫁矣及長乃扶父柩反葬于其鄉又迎母歸養伯叔之子散四方者招之聚居婚娶喪葬費皆已出

林元明福清人有孝行母病刲股療之及母喪家貧未能塋不御酒肉者蓋數年也

陳文亮字景明連江人少孤事母篤孝母嘗有疾文亮晝夕泣禱病果瘥母沒居喪哀毀鄉人稱之後以

平海衛黃贈官
黃熙字汝明長樂人天順八年進士歷官南京吏部郎中卒于家熙性至孝初領鄉薦以父老不赴禮部試父沒登進士復以母老乞終養前後居喪哀毀骨立其卒也命其子薄斂吾昔家貧喪吾父母未能盡禮故也

楊崇連江人自其高祖宗璉傳至崇六世同居其家法子弟無私財若田園所入穀米之屬必白于長者之廩若商賈所得錢帛之屬必白于長藏之[illegible]婚姻喪葬祭祀飲食費各有常數一門之内雍雍如也其家舊隸戎籍有司徵之崇諸弟方爭行適崇子孟自外歸又請曰孟世嫡也即辭父母于役成化初有司以其義行 上聞

高均字惟一江西僉憲旭子也旭卒于官均聞訃慟幾絶欲廬墓側母不可而止則每月朔之墓哭甚哀其喪母也如其喪父既合葬廬其側寢苫枕塊盖日夜號慕不絶聲也三年之喪畢乃歸弘治間有司上其事 詔旌之

黃恭懷安人府庠生性至孝父得風疾恭每夕籲天及卒哀毀幾於滅性水漿不入口者旬日不御酒肉者三年也後喪母如居父之喪提學副使周孟中聞而禮之

廖文子字子文古田人父沒事繼母陳以孝聞飲食必親饋姪衛少孤撫如所出與其子均分已產

黃文會候官人母高得風疾文會每夕禱北辰求以身代母卒哀毀幾絶及父又卒廬墓三年喪服已[illegible]每月朔望及忌日猶必齋戒至墓哭哀[illegible]日不忍歸也弘治間有司舉孝行 詔旌之

林顥孫字達叟羅源人少孤事母篤孝時邑有山寇顥孫負母以逃採拾為養備歷險艱寇定歸家市薪自給而供奉必極滋味鄉人名其居曰孝巷

蔡梅閩縣人母陳疾籲天求代刲股和粥以進母疾尋愈王偁為書孝子傳林誌為贊以美之

王勝字子奇其先合肥人也正統間授福州右衛都指揮使勝少孤事其母甚孝有司以聞 詔旌之曾撫海寇有功蒞官清介縉紳談之

張璨字彥明閩縣人少孤事母朱以孝聞朱嘗病璨刲股和藥進之景泰七年鄉薦終海寧教諭璨歷四縣學舉其官

鄭餘慶字從善閩縣人餘慶少孤母高守節明智婦人也餘慶為童子時即知敬奉其母之訓大母欲以先業多分叔父子餘慶請于母承志弗遠及舉於鄉授定海令舅氏家貧來省其甥顧以屋售焉既得百金矣母色不怡也餘慶即以券還舅在邑有[illegible]于官定海士大夫私謚曰恭孝

陳德宗字克修長樂人性至孝八九齡時侍母王疾晨夕不離側母卒事繼母服勞無異所生兄弟四人同爨五十餘年嘉靖間以貢授始興訓導

林惠字仁澤閩縣人父没廬墓三年凡祭先必敬將祭必齋兄弟六人同爨四十餘年雖妯娌亦無間言馬督學貴溪江以達聞其賢旌之嘉靖間歲貢官終增城教諭

論曰為人臣為人子者無以有己是故殺其身焉苟有益于君親忠臣孝子之所甘心而不悔者也唐史所載安金藏自剖以明睿宗賈直言代其父飲毒皆自分必死生者特幸耳此豈可嘗試而漫為之哉舊志孝子割肝以瘳親病者二人焉則予未之敢信也夫孝子者欲瘳其親非必志于殺身而割肝則殺身之道也又能瘳其親者何哉且所謂割肝者使人割之邪抑自割之邪人割之則世未有肯無故操刀而殺人者自割之其人已死矣又安能内探五臟辨其所謂肝者而後割之邪甚哉其妄也此必無之[illegible]世或傳之傳者妄也出于其人則其[illegible]為孝乎是故肝不可割割肝亦何益于其親之病乎故削之不使誣世而存其庸行之常者數人焉其事則人之所能行而亦不易得也嗚呼事親者使法數人可以無悖德矣何必行怪駭俗以取名哉

隱逸

唐陳蘩字德宣福清人歷官水部郎中早厭榮寵歸彌勒小隱巖讀書其中人罕見之

黄璞字德温候官人後徙莆田少與歐陽詹齊名大順中登進士官至崇文舘校書郎昭宗時歸隱杜門黄巢兵入閩以璞儒者戒毋燬其居自號霧居子所著有閩川名士傳及文集二十卷

林蘊閩縣人養高不仕善屬文嘗作閩中記十卷行于世

王仁續福清人閩王審知聞其賢命試大理評事仁續恥受偽命固辭焉隱居龍山

五代　陳皩福州人少有志操不樂仕進居廬山三十年學者多師事焉南唐主以幣致之皩布衣長揖進止閑雅南唐主欲授以官固辭還舊隱

宋俞咸熈閩縣人少應舉不偶遂閉戶窮經終于家操履純粹為鄉里所稱

[illegible]閩縣人傳通古今隱居教授弟子從遠方至者常滿其門郡守李欣薦授本州助教年八十[illegible]卒著述十三卷行于世

陳則之候官人有文行隱居不仕惟以著書為業鄉人董其德者莫不勵操行

洪介字仲漢閩縣人景祐中舉進士累官屯田郎中年五十即致仕歸三召不起所居舘前鄉人因名其隱坊

王伯起仁續玄孫也少遊京師授經於王安石安石於曾鞏樞密曾孝寬聞其賢延而館之奏[illegible]試國子監簿以假承務郎授嚴州教授力辭不就解官歸自號酉室先生一時名人翁江公望陳瓘皆與為友

許天瑞福清人家貧不娶以道自樂嘗解六經語孟弟人端亦有名人號為二許

邵清字彦明古田人元祐時太學生有十彦清其一也嘗從張横渠學易崇觀間還家遂不復出築室先塋之側聚書千卷角巾鶴氅徜徉其間鄉黨敬之不敢以名字稱因其嘗應八行舉呼為八行先生

劉渙字孟潛候官人隱居北溪以歌詩自娛元祐中郡守許懋聞于朝渙辭不就自號北溪翁渙子達夫

達夫字宣子元豐中入太學以渙年老歲一歸省渙卒達夫遂無仕進意隱居北山數十年崇寧中舉遺逸有司以達夫應詔授松江簿權溫州教授有薦于朝者召見將任以中都官辭曰仕非志也遷越州教授卒達夫雖嘗應召然時重其恬退有父風云

林幾復連江人學問該博時人謂之書厨隱居教授從者甚衆

陳烈字季慈候官人性孝友居親之喪蓋勺飲不入口者五日也動遵古禮雖童僕如對賔客從學者數百人以鄉薦試京師不利遂絕意仕進仁宗屢詔不起諸大夫郡守又交薦其賢以為本州教授歐陽修又言之召為國子直講皆不拜元祐初部使者申薦詔從其尚以宣德郎致仕明年復以為教授本州在職不受廩俸家租有餘則以周貧乏卒年七十六

周希孟字公闢候官人通五經尤邃於易與陳襄等為友閩人所號為四先生者也部使者相繼薦其[illegible][illegible]粟帛授將仕郎試國子監四門助教上表力辭門下教授七百餘人前後守州多造廬問業希孟喪門人相與祠于五福寺所著有詩春秋義

劉世修字景周長樂人性恬退不樂仕進嘗授承仕郎監行在贍軍激賞庫尋棄歸雅好黃老之術築室旁植花竹日與文人羽客觴咏談玄不預人間事宰相陳自強者其妻兄也以有道辟之力辭不就自號故獨不預其禍

林公遇字養正福清人以公遇性孝[illegible]以父[illegible]化尉不忍舍朝夕養乞奉祠南岳及父喪服闋調建之户曹辭不就闔門雍睦周給宗黨樂施不吝里閭化之一時名公卿若李韶輩以大夫屢薦其賢不起詔復薦之詔主管仙都觀卒公遇研道理博古今退讓恬淡故為時所重弟養直亦以孝聞

林搏字圖南福清人舉八行入太學政和五年中特科授楚州參軍不赴退隱於靈石九疊峰之下搏性豪逸落拓不肯輕為人鼓徽宗嘗召入內搏奏悲風曲上惡其名不樂而罷靖康之禍搏蓋先見云

孝元與字子貞古田人以布衣召除國子録不起

元 郭隚字德基長樂人至元中舉遺逸授泉山長遷興化路教授改吳江州再調興化卒隚為人易直內行修與人交彌久而信其詩文亦平和沉深不以琢鏤為工

陳仲文字全甫長樂人元季隱居山林性嗜學尤敦行孝友嘗與族子縶建書堂于藍橋林壑中以程朱學倡鄉人名曰義學

歐陽佺字以大隱居著述動遵禮法所著有四書釋疑五經旨要性理字辨格物啓蒙忠孝大訓女範幼學等書

國朝 鍾耆德字元長閩縣人性至孝元末隱居貧不能娶而竭力奉親及親沒每以甘旨不充為恨一家慟輒幾絶耆德博極群書所著有養正集省録其弟明德字叔遠與耆德齊名長於詩

吳海字朝宗閩縣人洪武初隱居不仕嘗集古今善行附以感應禍福為一卷名曰命本以教閭巷童稚令其誦習成性又著書一卷曰書禍淵排邪說謂楊墨佛老六經之賊管商申韓治道之賊遺事外傳史氏之賊上之人當悉禁絶世乃不惑海為人尚行檢重意氣嘗自榜其齋曰聞過以來古者與永福王翰友善翰為勝國死海經紀其家撫孤偁教之偁後官翰林檢討叙海文謂有益于世云

黃童字仲器古田人永樂間以楷書徵入例當拜官辭以母老丐終養後累徵不起

鄭炎字以明懷安人性淳謹隱居教授暇則課童僕耕稼不慕榮利祖潛嘗刱義學於瓜山之陽炎每朔望必幅巾深衣率諸生致敬於所祠先聖先師平生一語不妄發時人以迂目之炎自信益篤

羅泰字宗讓閩縣人泰性至孝母喪家貧數年不能葬語及未嘗不泣下也蓋既葬而後飲酒食肉年甫四十妻死遂不復娶曰吾既有子矣鄉人高其行咸敬慕之洪武永樂間海內治平閩士以明經取高第者後先相望泰學精易春秋獨隱居教授不樂仕進有識聞其名聘為考試官亦辭不往吾志善一鄉足矣彼鄉人士也安敢與知其去取素與同邑諭德林

議少宗伯薩琦友善誌嘗曰與宗讓談易每得吾見所不及琦父死家人欲用其俗色目治喪泰力止之琦深德焉泰勵行至老不衰晚自號覺非建安楊文敏公為誌其墓好古力行君子也

蔡以俊福清人少穎悟經史諸子靡不該洽隱居教授不求仕進

薩琅字用讓閩縣人性至孝家貧用勞養母鄉人稱之母病日夜禱北辰願以身代母絶而復甦神人告我而子孝加壽三十四矣母疾良已三年乃卒計三十四月也琅平居好義嘗遊後園得金珠首飾一囊乃里中人官捕之逃急而偶遺者悉歸焉買地掘白金盈缶還其故主恐君家舊物其人願分半以謝郤不受覲風使者屢欲薦之固辭不起後子琦官至侍郎

高昇字景初閩縣人正統間鄉薦試禮部不偶即歸隱教授門下士多所造就性樂易喜施舍鄉黨敬之凡有鬬者不之官訟輙就昇直

馬驄字良夫懷安人學慕古人年少讀書別館有鄰婦奔之閉戶不納舊與羅源令遊令得罪庾死寄藏千金期歲還其家故封識也年四十方育一子僕抱持偶墜而殞驄不怒徐謂曰命也而其亟逃不家人且將井心矣識量過人如此武林邵文僖公銳以時望督學閩中驄為諸生銳重其賢禮之子森官至大司徒有海內名次子楷士行亦為時輩所許楷之生也有斑在面若其兄墜傷之狀云

鄭墇字節之閩縣人墇生平無戲言無偽行精于易學閉門課二子造次必於禮法妻林氏文安公女也與墇齊德相敬如賓長子雲鎣舉進士今官河南布政使次雲鑾領鄉薦

福州府志卷之二十九　　人文志十四

文苑

〔唐〕陳詡字載物閩縣人貞元中及第三府交辟以文名於時官終戶部員外郎知制誥

邵楚萇字待倫閩縣人貞元中及第以詩名有題馬侍中亭子歌傳于時終校書郎

王鲁復字夢周連江人大曆間獻詩得從事邕府鲁復自高其才嘗謁郎中皇甫湜久未獲見移書責之韓文公接賢樂善孳孳不倦公師其文安可不師其道自此當攜酒弔文公墓不及門矣湜乃謝之在京師嘗草衣騎牛聞堂省有疑獄白時相願往鞫之其清狂若此

鄭誠字申虞閩縣人會昌初及第文筆峭絕累官國子司業刑部郎中郢安鄧三州刺史同縣人又有林滋字厚象詹雄字伯鎮時稱誠文滋賦雄詩為閩中三絕滋會昌及第累官兵部郎中雄布衣

連總字會川閩縣人咸通九年及第善作賦詩人溫庭筠稱之

陳蟠字希聲侯官人大中初及第文類西漢終鄂州刺史

張策字昭文連江人大順中進士賦有時名仕至禮部尚書

〔宋〕林簡閩縣人景德中宏詞科累官比曹員外郎著元統二十卷

陳簡能字知柔閩縣人能為古文詞亦有士操祥符中及第

林子充林仲嘉俱福清人子充著論語詩五十首林之奇解註多引用其語仲嘉能詩名流鄭俠王聖時林閎南李天與俱與為友時謂古也二賢

黃邦俊永福人元祐初進士累遷大理丞後知英州著真陽共理集二卷胥訓告文三卷纂韻譜六卷強記集八卷

朱金發字晃仲福清人嘗作天人相與交際論陳傳良稱之福清有二仲謂俞南仲朱晃仲也淳熙中擢第調龍巖簿著史論三卷

鄭林字楚材福清人淳熙中登第調泰和簿有文名

凡三上書歲切時政朝議惡之授石城丞
林文之字子彬福清人少孝文體纖弱文之獨用意
追古作者所著有通鑑綱目朱墨弁存文集
林宗道字仲學福清人景定間鄉薦宗道爲文章立
說又善隸書晚年用筆益蒼勁
余元泰羅源人擢進士第嘗采邑先賢事可裨名教
者類編成書名曰鍾嶂嘉話其後邑人陳燦又為補
遺燦字文奎事毋以孝聞
鄭東起舊名震龍福清人家居教授常百餘人為文
章有氣亦善書人多寶愛之
林萬頃字叔度福清人著詩易春秋解同縣有夏良
規字遵矩著六經語孟解林環字景温著通鑑記纂
又有連江李琪字孟聞官至國子司業著春秋王霸
世紀候官葉子儀著易玄神契
黃諤字忠甫福清人博群書所著有王融志容安拾
稿同縣卓立著西溪文集陳克著龍門集紀夢集黃
銳著龍山集陳華著巾隱集
國朝陳中字孟膺閩縣人博學善文詞工書與林子
羽鄭孟宣葉友善洪武間薦為衢州教授尋擢同知
嚴州轉潮州守有惠政潮人愛之稱文章太守
鄭旭字景初閩縣人洪武中薦為國子學儀　上幸
太學親選十人直　東宮旭與焉後坐事謫吏雲南
二十餘年復以明經薦起為高安訓導卒旭居家孝
友與遊者若王偁林誌輩皆一時名士所著有詩經
總旨初學提綱咏竹稿諸書子瑛亦有文名
林興祖閩縣人洪武初從父官遊遂家潮之海陽以
才行舉官終廣西參議所著有棠陰清趣集事母以
孝聞
王鍵字時鑰候官人永樂中以茂才薦授繁昌簿後
擢陽江令鍵善詩所著有鼓缶心聲二集居官能舉
其職
鄭愷閩縣人博學善詞章其文清雅
林鴻字子羽福清人洪武中以薦授將樂訓導官終
膳部郎中鴻性穎悟讀書過目不忘以能詩名從其
遊者閩周玄鄭關候官黃玄長樂林敏皆知名周玄
字又玄官至禮部員外黃玄字玄之官至泉州府訓

導鄭関字公啓林敏字瀫孟辟不仕
陳子晟字仲昭連江人洪武四年貢入太學選授判
府伴讀子晟善屬文從學士宋濂學年未三十卒台
州方孝孺與子晟善銘其墓稱子晟能直諫藩僚中
鮮有及者
唐泰字亨仲閩縣人洪武二十七年進士授行人歷
官至陝西按察司副使泰善詩與林鴻高廷禮王偁
鄭定爲閩南十才子
高廷禮一名棅字彦恢長樂人永樂初　召入翰林
待詔遷典籍卒廷禮博學能詩又善書畫時稱爲三
絶同時有同邑陳亮林紹閩王恭鄭定連江趙迪俱
與廷禮唱和廷禮在諸人中有士行善與人交恭字
安中以薦與修永樂大典試詩授典籍定字孟宣徵
爲延平訓導終國子助教亮字景明紹字淳裕迪字
景暘俱不仕
陳登字思孝仲進子也仲進見良吏登舉才學歷浮
梁丞永樂初　詔吏部簡能書儲翰林登以工篆籀
拜中書舍人宣德間卒官登少頴悟博涉經史尤精

篆書初入直翰林時待詔吳郡滕用亨者亦工篆籀
且著名矣見登後進忽之屢衆折辱登登不與校
後與登辨難許氏説文登徐應之連挫用亨館閣諸
公咸在用亨愧服至不敢出一語凡周秦以來石刻
既殘缺剥落歲月名氏無後考者登皆能辨之率十
中七八其精如此
陳煇字伯煒閩縣人永樂十三年進士官終廣東副
使煇學識高遠善草書工詩居官有清名
陳廉字平叔福清人性聰遠不樂仕進築室讀書其
中與高廷禮林鴻王恭輩遊善草書得張長史筆法
求者如市卯貴要不肯爲書或故人輙解衣揮洒數
十紙
陳明字文顯懷安人成化四年鄉薦善屬文歷官高
唐沔陽學正遠方之士負笈相從者甚衆性慷慨尚
義沔陽州守董萬英被逮明憐其貧捐俸贈之
鄭善夫字繼之閩縣人弘治十八年進士善夫弱冠
登第與洛中何景明同年相切劘善屬文尤長於詩
七言近體與致清遠議者或謂得杜之骨又謂正德

関中李夢陽模擬少陵然猶丐膏馥自出己意為
之至善夫并襲其意時非天寳地靡拾遺殆無病而
呻吟云善夫官終南吏部郎其同時有林釴傅汝舟
林釴字克相傅汝舟字木虚其詩大抵與善夫相類
釴不長於文好用奇字令人不識為工然釴所用字
非素習也第臨文檢古書得之日稍久或指以問釴
釴亦不識也釴為御史頗為鄉論所訾汝舟晚好神
仙之說數出遊諸名山往往與海内名流接汝舟性
恬靜耻干求士大夫咸以為壓表云釴舉進士官至
御史謫州判罷歸汝舟終布衣
林炫字貞孚康懿公子正德九年進士授禮部主事
嘉靖初以議大禮忤執政歸於家久之炫大臣子年
十九登第自謂通顯立致既不用益肆力文章日夜
賓客車騎填門觴咏自適與邑人袁達張萬里賡和
大抵尚富麗貴敷揚俗見炫早有盛名又樂易愛人
故其詩文爭重之炫所長善行書得王右軍筆意世
莫知重也炫後起官至通政司參議卒子世璧亦能
詩早卒

袁達字德修張萬里字賡陵達能為炫之富體雜而
詩冗萬里能為炫之敏味薄而理疎故皆名不及炫
達博學強記性迂不曉事世謂達為凝免貴溪令家
居無所其才嘉靖間詣闕下獻賦執政以其無奇也
罷之達大窮歸萬里與人交能不媕阿性嗜酒醉輒
罵其坐人萬里久不第睨睥達官勝己者每怏怏不
平醉所罵素所不平者也由是鄉達官或燕飲與萬
里同席必先引去或預聞有張生不往也萬里醉吐
衢市中且行且吐群犬爭嗜之萬里張目乜日勿爭
吾且盡吐所有市人大噱官終湖廣都司經歷
龔用卿字鳴治嘉靖五年進士第一人官至南京國
子監祭酒用卿美鬚眉丰神朗瑩未第時精舉子業
為古文詩歌典雅不尚浮靡其同時有陳節之
陳節之字尹和閩縣人嘉靖八年進士對策高第授
戶部主事未幾改翰林編修遷中允卒于官節之貌
王立為文簡勁有法
倪府泰字與亨侯官人嘉靖元年鄉薦授工部司務
官終德府長史時泰長于詩近體五七言用事切實

亦問出奇語不下高廷禮輩也時泰善與人交緣
奇倚罷官歸寓武林與諸名士結詩社
王希旦字維周候官人正德八年鄉試早有文名與
其弟昺旭奕昺別有傳希旦性豪舉屢試禮部不第
謁選太宰徽汪鋐閱其文大奇之欲授其部主事文
選郎執無故事以為銓部幕亦前此未有也轉禮部
員外郎中卒
廖世昭字師賢正德九年進士有文名官終國子博
士世昭多病好讀書始授海州守以病丐致[illegible]
能持清操夭死衆惜之同時有郭波字澄卿王鉞字
公儀俱登進士官不達以詩名
劉鶴翔字雲卿世楊子鶴翔能為古詩文亦雅健有
典則其同時知名又有張嘉猷林天駿王建中嘉猷
詩好為奇語天駿建中詩文不甚工而精于書鶴翔
嘉猷以不第進士負氣不肯下人即有勢者必與争
細故微禮故官不達天駿建中好附勢天駿篆書學
李斯自謂獨得不傳之秘其改官之京師也諸公貴
人丐其書無不與者天駿生時其書人莫知貴也天

駿死書增價一紙輒數金建中善草書學福清陳慶
能得其位置筆法不及也建中官太學家素貧貴人
有愛其書者建中輒市練為書之建中死負人千金
鶴翔官終彭澤令嘉猷字獻叔官終德府教授天駿
字守良官終膠州知州建中字懋德官終國子博士
方邦望字表民閩縣人官終惠州府推官邦望詩學
為平淡得古人之趣而學不足以充之其同時有邑
人薛教諭欽舉子謝啓元謝宜相徐拱葉麟俱有詩
名夭死模古似猶不及邦望云大抵吾郡之詩
國初有福清高同府英字德華唐編修震字士呂僅
見一二非後來作者所及也永樂間王偁為之冠嘉
靖間鄭善夫林春澤為之魁偁詩俊逸奇偉高季廸
之流不必步趨唐人多所自得春澤字德敷詞秀味
永過於善夫今年百歲尚能詩正德九年進士官至
程番太守
論曰予嘗校讐東觀獲覩金匱石室之藏往代文士
著述但有其目而書亡者蓋不可勝數也夫文士若
窮巖月蝕精神冀立言于後率磨滅無聞何哉㮣予

嘗著言非作之難而知之亦誠難也是故或藏甚富
年而沒世不稱或流傳異日而生平寡和譬千里必
顧于伯樂連城必辨于和氏夫文士者固亦有待于
識者之知已也其所待者未定則其傳固有幸不幸
者哉吾郡自唐相常公以文章誨後進當其時已彬
彬然儕上國矣歷數百載間名藝苑擅騷壇者非無
其人而乃今稍稍散失多不可考矣予特得其殘篇
斷簡恨靡見其全蓋未嘗不為嘆息于知已之難也
近代諸君其書俱存頗未行事之實感覽者亦想
具為人

鄉行

陳嚴光長樂人大建初鑿田為湖溉四百餘頃為鄉人利今邑西湖是也

隋林斃字仲高連江人斃家饒于財有田在東塘坂及北野若干畝鑿為湖瀦水以溉四萬餘畝鄉人至今利之立祠祀焉

唐林鷗字祥鳳長樂人開元中第進士為倉曹參軍邑濱閩湖其田所鑿也鷗娶于趙有奩田亦鑿之鄉人號曰林婆湖

宋林通長樂人登鄉薦元祐間廟學壞通作縣圖經鬻之得錢二十萬以倡鄉人助新廟學

鄭洙字敦先候官人景祐間擢三禮科仕至虞部郎中初郡未立學洙與試助教黃詢武等共請于權州謝微於是始表立學閩人德而祀之學宮

鄭伯淵羅源人性好義隣里有急不顧利害即暮夜赴之淳祐間邑嘗大旱伯淵時年七十餘矣遠至福源潭偕衆禱雨明年又旱亦如之邑有溪歲久而塞

者無所泄伯淵捐資倡鄉人濬之衆感其德

林珪字介卿福清人嘉定間進士累官朝請郎嘗創義塚於修仁里邑人德之祀學宮

陳顗懷安人性樂施家有餘則以周宗人或屢求弗厭也子七人孫二十八人曾孫六十五人玄孫一百三十人世多顯仕積善之慶云

元 鄭天錫福清人至元間忙古歹丞相統兵至境天錫執旗詣軍門曰此邦皆天子民願毋俘掠全一方人命丞相爲戢兵無犯鄉人德之卒年九十餘

國朝 李長孫字原善長樂人好義樂善鄉有貧不能葬者出資營之嘗鑿田爲溝以利灌溉鄉人德之名曰福田溝

林揚字儀中福清人世居邑之海濱山洪武初令徙其民于海口而海濱山田稅五千餘石有司猶徵之揚走京師奏疏事待勘未報蓋繫獄者十有八年也宣德改元始下 詔福建諸郡廣東浙江凡民移而其地虛者盡除其稅以揚奏故也利及三省矣揚子孫多貴顯

林清字自源懷安人性樂善每歲除必袖金數十潛行里巷間有貧而愁嘆怨泣者即擲金門內不使其人知也年九十四無疾而終今富厚累世曾孫庭壁進士至知府庭彬貢至州學正

張懋懷安人成化十六年鄉薦懋官河南藩察年老還鄉里正德間江淮群盜縱橫懋以俸市藥物數十籃載歸在途其子貨之多得數十金懋驚曰藥物有貴賤此人必誤矣時舟行已二百餘里懋勒子持往還之居家周恤宗人充厚孫廷器世衡俱登科

陳良業字伯猷元慶士顗之孫也良業早業儒家貧教授自給即少有所得樂施不吝有顗風養寡姊三人終身敬事之二子俱登第元珂官至參政以不能阿權歸元瑛官至太守

陳燿字孟輝長樂人博學而不願仕分產悉以資讓弟

魏鐸字廷振福清人鐸精地理而不以術自名嘗卜地葬其父傍有塚焉葬者之子請以地市鐸不可謂曰而翁與吾先人同遊地下可也子欲市此不過昔

貲耳遺數金而不有其地鐸子文炳今官廣西廉憲
鄭時進參議觀子也家饒于財性慷慨樂施嘉靖二十三年大饑時進積粟一囷悉散其族
陳伯亮閩縣人中允謹之父也伯亮生平不食言家積粟有糴者誤遺金而去伯亮急追之呼曰而更欲糴耶何為多與吾金其人感而謝之嘉靖間倭掠郊野伯亮自鄉移入城市屋者多售數百金其故屋主訟之阮巡撫欲罪其人而令臧直以歸中允伯亮不[illegible]可勑謹曰汝慎無為此向者吾避寇急于[illegible]價矣雖多得吾千金不悔也中允乃辭諸阮
施綸字克端閩人性慷慨樂義少善賈累貲巨萬徽椛親故之貧者嘗以二百金託徐三賜者貨鹽三賜私易以偽金後其人覺之詰綸綸不辨也笑而償之除夜過友人鄭建門聞譁聲時建負人金索者甚急綸入謂茲何夕耶乃尔相逼且劵安在第至吾家有處耳遂為代酬五十金焉唐太守珣者循吏也每修舉墜典或有興役綸必輸助唐稱之

福州府志卷之三十一　人文志十六

遷寓

陳虞寄字次安會稽人寄仕梁為宣城王國左常侍嫺於文詞常上瑞雨頌武帝謂其兄荔曰卿七龍也侯景之亂避地入閩陳寶應據郡欲署幕職固辭寶應有逆志寄度不可諫遂着居士服拒絕之自稱曰東山虞寄寶應敗條佐賓客多誅死惟寄獲免閩人愛寄名其隱所曰虞公庵
[illegible]人[illegible]朱全忠入閩依王審知以居天祐間天子思其忠復召之偓終不敢入朝
周朴字太朴吳人唐室亂羈泊入閩黃巢陷城得朴欲用之朴曰吾尚不臣天子肯從賊乎巢怒殺之湧白膏數尺閩人以為神祀烏石山
宋李綱字伯紀邵武人建炎間拜丞相為言者論罷屢遭貶竄紹興初始許自便居福州後數歲卒于寓舍塋郡之沙溪山綱宋名相雖流落不忘國家之憂韓世忠既克范汝為欲屠建州綱亟往救之世忠入

方技

漢 徐登永福人少牧牛山巔遇異人遂得仙術有東陽趙炳者亦得仙術與登遇於高蓋山二人各試其術炳能禁水使不流登噴酒着樹輒成花時又有莊君平不知何許人居福州人亦疑其仙云

梁 王霸自齊時渡江入閩居西郊之外少好黃老術嘗於怡山鑿井煉藥能為黃金歲飢則鬻金市米以濟貧者唐貞元中觀察使即其宅建中虛宮祀之并祀任敦董奉徐登為四仙祠

義妝不知何許人居萬歲寺時春不雨至夏義妝積薪通衢將自焚以禱炳舉而雨降

宋 張宏圖字巨濟福清人官保義郎精星曆寧宗時嘗上書諫西湖宴遊詔轉一官旌之

林霆閩縣人精曆數之學嘗作致日經以占決多驗理宗朝得召見

林文韜字宗孟福清人精星曆嘗論史記漢書皆書漢太初元年丁丑而二說不同史記祖顓帝曆漢書

綱乃別誅有罪者謂父老曰全汝曹命李相公力也初張浚在諫垣三疏攻綱及浚亦自政府謫福州綱與之歡然相得浚召還因附奏以進高宗雖不能用深知其忠嘆曰大臣不當如是耶綱事詳宋史

元 鄭潜字彥昭歙縣人元至正中為福建監察御史權廉訪使後以泉州路總管致仕寓居懷安爪山嘗建義學以教里之子弟又置渡舟於白苗楊崎二江口買田給撑舟者之費鄉人利之至今

明 羅倫字彝正江西永豐人成化間以[illegible]謫福建副提舉居久之　詔復其官倫舉進士第一人有海內重名閩人敬之有司為立祠曰一峯書院

舒芬字國裳江西進賢人嘉靖間亦以修撰謫副提舉　召還芬與倫同鄉俱舉第一而風節相類閩人敬之亦同至今以二公為美談

豐熙字原學浙江鄞縣人嘉靖初熙為翰林學士與永嘉張相議禮不合戍福州衛居久之卒于閩熙有文名顯于有司然世以其忤權寄死憐焉

祖黃帝曆也所著有曆集
陳咨字公儲長樂人端平二年進士官至朝散大夫
善畫龍世所謂所翁龍是也
楊士瀛字登父懷安人精醫學著活人總括醫學真
經
張聖者求福人貌絶醜採薪山中遇異人啖以苦菜
即絶粒食素不知書忽援筆作字能言人禍福事驗
多驗者卒而鄉人祀之
本逸閩縣人九歲出家參廬山還禪師入宮[illegible]
豐六年詔住大相國寺賜正覺禪師
元義高陳姓長樂人有道術太祖召賜金帛歸悉以
施貧者晉王嘗北征命從行王欲試其術時六月令
高祈雪高執皂旗麾之須臾六花飛灑軍中
國朝鐘誌字汝持閩縣人精陰陽地理之術又善楷
書得歐陽詢筆意爲人動止必於禮法士大夫敬之
鄭穀字孔濟長樂人工醫術診脉能豫知數年生死
朱宗明福清人善鼓琴永樂初徵至京未幾卒　賜
棺歛給驛歸

鄭克剛福清人得韓幹畫馬筆法宣德間徵入　賜
御畫其家至今寶之其同時有周文靖閩縣人林旻
時長樂人俱工山水文靖又長於古松亦以善畫徵
陳叔旦名旭以字行閩縣人善楷書公館坊門多其
所署生平好義縉紳稱之
林垍候官人善寫墨竹海内貴其尺幅及夏太常晚
出更精於垍名遂稍減
高鳳閩縣人善卜遇物輒以意推不專用易也傳[illegible]
未第時往求鳳占鳳曰君第一人也既而果[illegible]
其故鳳曰吾適剖柳子而傳君至其象釋員故當爲
解元後閩縣林士元亦舉第一先數日鎮守内臣欲
豫知其人書一輿字令占之鳳曰竊觀尊意得無在
輿化乎不然也今所書輿字乃從俗省書也其人在
中而八府俱下必閩城矣鳳竒中多此類鳳嘗自占
語人卜若可信鳳儒學吏耳當至五品京職不知何
從得之弘治間　召入宮占驗恩授工部郎中
任綱字必用閩縣人精堪輿家術所著有陰陽述而
性耿介不易致鄉人有居官累鉅萬者欲以厚幣求

爲卜兆綱深拒焉退而告人曰若得吉壤豈天道耶書術固擇人耳識者以爲名言

陳鏗部字尚聲閩縣人年二十餘喪妻遂散家資學長生術時時至鼓山絕巔默坐竟日久乃辟穀其父以爲病狂也拘繫焉數日見其能不食乃舍之鏗部遂遠遊大茅武當諸名山途遇鄉人有識之者皆不與言數年後歸以藥囊遺母士大夫或慕之迎致他舘亦不與言後竟莫知所終母啓其囊惟乾桑葉也

列女

五代 石氏二女長月華次雪英羅源人早失父母處州青巾作亂俱被掠長者曰吾寧死不受辱也即投於河次從之

宋 利氏女古田人父卒獨與母居從兄公讜利財秉間殺其母逸去女誓復讐因削髮爲尼歷四方求之至處州及湖南遇焉時公讜方擊毬不之覺女走訴官竟寘于法事在建炎間

招捕使陳韡夫人林氏儒遊人也紹定間寇陷汀邵諸邑韡守延平林氏居家聞之即治行赴韡官所曰死則同死耳延平人咸感激相告曰太守家尚爲死守討我輩何畏有從韡驅馳者其妻子林氏皆延之州宅故人盡死力求禦寇平議者雖韡素閑將略林氏亦有助焉

劉仝祖妻林氏福清人宋亡其兄同與仝祖起義兵俱死之林氏爲有司所執令具反狀林叱曰林劉二族世爲宋臣欲以忠義報國不濟天也何爲反乎[illegible]

知去歲有以血書壁而死者乎是吾兄也吾豈汝辱
辱者遂遇害

元柯宗實妻陳氏長樂人希亮女也至正間海賊掠其鄉陳念希亮老且病亟奔歸欲扶以避路為賊所執逼之登舟遂自投于江其父方時見女至呼之不應既而賊中歸者言陳氏死狀乃知其鬼也屍逆流而上夫取斂之

女弟適杜時賊至而杜外出姑曰汝年少盍逃陳曰夫不在逃將從誰賊突至擊姑仆地陳抱姑號泣賊掠之而去陳戟手罵賊斷其臂而死

林娥古田儒家女也時邑有寇氏皆避地山間娥為強暴所迫露刃臨之不屈遂遇害聚義其節擒賊收瘞

蔣國秀妻陳氏名道回古田人元至正十三年紅巾冦縣道回太姑蘇為虜詣賊懇代其死賊殺其太姑執道回欲汙之道回自刎死詔旌其門

陳義姑名中長樂人年十二父碩翁兄壽亡繼亡母又病失明兄遺孤坦生甫三月矣坦母鄭欲他適義姑留之不從姑遂誓不嫁養母而撫兄孤族人有利其產者每欲害坦姑備之得免母卒姑襄大事併其父兄之喪坦長為婚娶姑年三十八竟不嫁而卒坦服斬衰三年

國朝鄒孟妻王氏孟別有傳王氏性聰慧知大義孟洪武間為御史鞫罪人其人闞孟之亡也致賂而逸王氏急呼邏者獲之孟嘗以註誤當伏重法王氏擊登聞鼓乞入為奴贖夫罪　上特原焉孟後竟以忤旨死其友人戶部員外郎張璉斂孟遺骸將為歸葬王氏使謂曰幸少留待妾矣遂沐浴自經永樂初旌其門

張氏閩縣王英妻英客死張氏扶柩還葬洪武初有備倭武臣欲以重賄逼致之張誓必死置刃自防日夜號哭不絕聲竟全其節

王氏長樂林以德妻年二十六而寡撫其子孔居子卒又撫其孫享年九十有九卒洪武間旌之

潘氏長樂林祐妻也潘少許聘祐而父母死依伯父以居祐又罪謫遠方度不能歸請絕婚矣邑人有慕

其色強委禽焉伯父將聽之潘不可吾林婦也豈爲顛沛二心有死而已後祐得釋潘竟歸之

趙氏懷安馬斑保妻斑保死趙氏年二十四矢志靡他有二子長閏次旺趙素知書家貧撫二子教之閏長遊鄉校閏之孫俊領鄉薦今大司徒森趙六世孫也始斑保少育于裴及大司徒貴乃上疏復姓又聚族而謀吾始家馬坑窮鄉入閩城實自吾六世祖姑也向微祖母力今城中無馬氏矣且祖母賢應旌典有司未之舉也其立節母堂世祀之衆咸曰然南京兵部尚書汶上吳嶽爲之記謂司徒事雖制限禮緣義起云

方鸞妻黄氏閩縣人年十六適鸞甫四載鸞卒黄遂自殺時洪武九年也其時有爲夫而死者李廣妻盧氏游政妻倪氏魏祐保妻陳氏俱福清人正統間又有羅源饒建妻林氏隆慶間有長樂黄一卿妻陳氏萬曆間又有福清林秉仁妻楊氏

戴四娘長樂陳伯惠妻伯惠早卒子全遺腹生戴撫而教之全後舉永樂進士第二人歷翰林侍讀戴年八十有八矣全歲時爲壽邑人高廷禮繪圖以賀於其堂曰貞壽大學士胡文穆公廣爲之記

張氏二賢母賴道慈古田人文孫之妻也陳道真一清之妻也道慈生一清而早寡矢志弗渝陳奉其姑備姊順焉節孝萃于一門矣道慈孫以寧官翰林學士馬金華宋濂爲之傳

郭氏閩縣人葉時彦妻年二十八而寡其子理婦朱氏年二十二而寡時彦理父子皆夭卒郭與朱婦姑相依爲命理有遺腹順二節婦撫而長之葉氏不絶者二節婦力也邑人都御史洪英爲記其事

趙妙琬古田曾縉妻年二十五而寡誓不貳志事舅姑以孝聞正統間寇亂舅姑爲賊所執趙冒白刃哀求代死賊憐而釋之後家又厄於火趙紡績資養姑嘗遘疾割股療之事聞　詔旌

劉氏閩縣李岳妻大學士瓊山丘文莊公濬爲記其其節堂略曰婦人不幸遭人倫之變而得以節名豈其爲是歟不得已也然其始終一節忘其苦而以爲耳雖死不悔者蓋必有以見夫天理民彝之所當然

獨不容已則又非不得已也予於三山李母苦節尤
有感焉母年十九歸邑人李宗衡二十八而寡子陞
甫六歲家徒四壁內外期功之親無一足恃者旦暮
紡績自給百凡小大之事皆身任之艱難阨塞備嘗
之矣人蓋不勝其苦母則未嘗告勞焉嗚呼荼蓼之
苦荼董之嗜非不知荼董之苦也蓋必有以苦之者
矣苦之故忘之忘之故安之李母於此殆非不得已
而然者歟今二孫同領鄉薦而次孫廷美又登甲第
蒙恩歸榮李氏門閭駸駸大矣母之功也廷美介求予
文以記其所謂苦節堂者予亦早孤親見吾母之苦
其苦無異李母焉故為之記如此俾持歸書堂之壁

陳氏懷安吳孟恭妻年二十適孟恭甫二月孟恭疾
將死謂陳曰吾大父早世賴大母守志以鞠吾父吾
父早世又賴吾母鞠吾今吾殆不起矣汝能不辱吾
大母及吾母乎陳泣應曰諾孟恭卒遺腹一子又殤
陳矢無二志正統間鄧茂七反寇至火其居家蕩然
矣卒奉姑終孟恭大母梁母陳

王氏福清陳和妻和早卒王奉舅姑以孝聞舅姑又
卒家貧不能塟王日夜號慟鄉人義之助衆三喪
鄭氏閩縣余尚春妻尚春客死鄭扶柩以歸時其祖
姑及舅又相繼卒家貧三喪未舉或勸之曰曷從俗
火塟乎曰非禮也吾舅與吾夫儒者且孫亮他日長
寧無遺恨乎卒塟之以禮後亮領景泰間鄉薦縉紳
扁其堂孝節

林烈女名賓候官人少許聘同邑黃材未及娶而材
卒烈女年十八聞之號慟奔材殯所誓天不貳材
家貧烈女脫簪珥易棺塟之獨居紡績其節尤苦一
詔旌之

鄭氏閩縣舉人林庭桂妻庭桂文安公長子也鄭氏
府同知必顯之女素閑家訓夫病割股和粥以療年
二十二守節卒年八十餘文安公子九人鄭氏處諸
娣姒和而有禮咸敬而法之知府葉洲奏旌焉

劉氏閩縣人葉應翀妻也應翀母陳得風疾必得人
而後能動履又性急多怒應翀務悅其親時時以竹
輿兄弟肩之遊後園令諸孫導其前為笑樂劉奉姑
尤順日夜扶持起居積三十餘年也劉年九十一

孫繼善繼美繼熙皆登科

鄧氏閩縣人鄭坦妻年十六歸坦未幾坦卒父母憐其少微諷以言鄧氏即引刀斷其兩耳性聰慧凡烈女傳孝經皆能口誦以坦弟之子雲鏑爲後雖甚愛而不姑息日夜課令就學有司聞其賢者莫不致禮馬鄧氏年八十餘卒　詔旌其門雲鏑舉隆慶庚午鄉薦

二陳烈女俱福清人陳蘭女許聘林招德未娶而招德溺死女即矢節歸林孝奉尊嫜雖內午而養未嘗缺精於女紅獨處一樓日夜紡織聲不絕邑人益重其賢布數尺爭市之號曰節女布云

陳鏡女亦許聘施元衡將婚而夫卒鏡女聞之即自縊母救而止之遂適施紡績奉姑舅與蘭女同節嘉靖間有司上其事得　旌蘭女以居遠鄉猶未之舉

曾氏閩縣人孝正羅惟遠妻也年二十七而寡以子一鸑貴封恭人曾性明哲知大義惟遠有前妻子一鸞撫之猶已出也一鸞少病頭瘍臭穢不可近親爲洗滌療治蓋宗黨咸難之惟遠素慷慨樂施每願承求逮惟遠死有姻家嘗負惟遠金二百餘不肯償及一鸑貴恭人緣惟遠雅意取券焚之

陳氏閩縣人林焯妻焯爲吏客死家貧甚陳氏年二十九而寡携孤童懋和歸鄉里撫而教之嘉靖間以子貴封安人後懋和官至方伯夫人年八十餘而卒始懋和微時親故莫有恤之者及其貴也夫人不以前事介帶周恤林氏宗黨恩意尤至縉士大夫所難者

廖貞女吉安羅文毅公傳貞女名璧閩縣人父[illegible]

與彭嶽素厚善許女其子夢槐明年嶽死女爲去客飭不御若心喪然年十八歸彭有期矣夢槐舟行溺死女聞計哀憤即欲自經母防視弗獲乃請于祖母及母往視殮撫屍慟哭聲酸裂屍若爲更生泫泫且出淚口鼻血迸流廖氏挽之還踊而呼父母既以兒許人復何歸乎父母遂不忍復有言貞女舅嶽故江西人也娶于羅客閩後納薛氏舉夢槐嶽卒後羅與薛時不相能貞女泣諫曰新婦所恃爲命者二姑今二姑不一心若此新婦將何依耶言訖又慟哭二姑

感動亦哭遂和好無間時彭氏家落寥穉又無兄弟可賴特聞者莫不心惻嘆嗟洪尤曰獄所娶即予從姑余姑產一子携入閩夭死歲時音問恒為之悲故聞貞女甚悉茲事蓋傳實也貞女於萬曆五年卒年五十六七年　詔旌

林氏二烈女長金小次玉小閩縣人熹女也金小年二十嫁連江鄭輝育一子矣玉小笄而未嫁也嘉靖四十二年倭入寇至其村壺江金小適歸寧與妹挾母乘舟避之賊突登舟二女恐見污皆自投于小且死置其子謂母抱還鄭玉小則脫簪珥與母閩者莫不酸哀數日二屍逆流而上其父收瘞之

方氏閩縣趙天麟妻嘉靖三十八年倭寇入其鄉長灣夭屬田禦賊舉家浮江賊突登舟驅天麟父母入水方氏及天麟妹坤淑俱年少恐賊污投于江同時有福清陳一德妻施氏與小姑陳細娘遇賊亦相持赴水死

葉七娘閩縣翁文熺妻隆慶三年海寇刼其鄉海與瘳男女七十餘人葉不肯行賊以刃迫之呼曰吾死不從賊賊怒斷其兩臂而死官給銀以瘞

王瓊妹福清王汝采女也莆人陳商聘之未娶而商卒女告其母奔陳為持喪居數歲會嘉靖末倭寇其鄉峯頭瓊妹被執不辱拾刀自殺賊義而歛之併釋諸同虜者

林貞女萊姐其妹仁姐閩縣人叅政舜道女也貞女許嫁長樂中丞陳省子長源于歸有日矣長源死貞女欲奔其喪父母不可日夜號泣矢志靡他其妹友愛篤摯不茹葷已亦不茹葷姊病不能寢已亦不敢寢積勞瘁先卒貞女益憤鬱嘔血數升而絕將死曰瘞我必之長樂時萬曆五年六月也士大夫聞之姊貞而妹友即烈丈夫難之矣叅政友人林爐哀其志為楚歌以弔蘭生兮蕆蕤沐芳馨兮為誰施指蒼天以為正兮矢肝膽而陳詞兮余未見君子兮心既許而不移之死匪他兮奉父母焉聽之躬自悼兮遂余志夫何女弟之嬋娟兮友因心而獨至羲日夜其嘻余兮志寢食與勞瘁彼鶺鴒之在原兮痛姊變之永棄余既悲余命之不辰兮又重之以慘傷涕闌干而

流兮魂恍恍而飛揚掩浮雲而上征兮求靈修于
帝傍過宋都兮吊伯姬航淇水兮訊共姜歷九疑之
巑岏兮謁帝女而浮湘彤遼遼而不可化兮又難以
假翼于鳳凰吁嗟父母養我不卒兮不如無生覽女
圖以自鏡兮岳慕夫古之人有行雖歸骨于山麓兮
惟皇穹照余之精誠千秋兮萬禩安節兮令名

何王真福清林侹妻也倭寇福清侹父子俱執賊質
侹以求賂而不得侹死何遂自殺時同縣有林氏者
庠生張季臨妻也亦與姑俱執林求以身代姑免林
乃紿賊曰我宅前池中大有金寶賊信之林導往至
則自投于水賊以長鎗刺殺之

石禾萬參政璧之孫女也幼不妄笑語嘉靖間倭入
寇禾萬隨母避之即繫小刀衣帶間母怪問曰急即
死耳既而遇賊赴水陷泥淖中賊欲援之禾萬自殺
數日家人收其屍色如生

吳氏長樂許鑑妻嘉靖間倭寇長樂鑑夫婦俱見執
賊挾刃睨鑑吳抱而哭請代之賊遂殺吳同縣時有
盧氏林師學妻吳玉蓮陳九叙妻俱不肯污賊死

〔閩〕金氏千戶瑒泉妻　李氏曾理姪妻
潘氏謝獻妻　陳氏舉人李炯妻
黃氏林濟妻　陳氏張濟妻
陳氏張俊妻俊濟之子　李氏林克恍妻
吳氏鄧標妻　王氏楊和妻子永宜德丁未進士
潘氏陳隆妻子傅正統丙辰進士　林氏高明妻子圭天順己卯舉人
鄧氏高孔文妻　姜氏葉廷達妻
王氏舉人林珎妻子文緒弘治乙丑進士　張氏陳正謨妻子公陞嘉靖己丑進士
陳氏鄧煒妻子原玉嘉靖己酉舉人　鄒氏莊弘紳妻子瓛嘉靖癸卯舉人
〔侯官〕趙氏林文明妻　藍氏縣學生王鑾妻
林氏李徽妻子源成化辛卯舉人
〔懷安〕俞氏金石妻子文明弘治戊午舉人　蔡氏舉人馬俊妻孫森嘉靖乙未進士
〔長樂〕陳氏高伯明妻　陳氏謝礫妻
陳氏謝天壽妻天壽樂之子
〔福清〕王氏龔孟賜妻　何氏縣學生郭世治妻子萬程嘉靖乙未進士
盧氏主事鄭萬程妻　王氏縣學生林日休妻子旹春隆慶庚午舉人
謝氏林照擧妻子旋植萬曆辛未進士　王氏林岫妻

以上已旌者凡三十二人

■氏 林廷振妻子深成化庚子舉人
高氏 舉人鄭世澤妻子慶正德丁卯舉人
葉氏 劉文斌妻孫世揚正德丁丑進士
陳氏 知府孟玭繼妻子嵩弘治乙卯舉人
許氏 林焌妻
鄧氏 舉人余庭彬妻
何氏 縣學生林廣妻
朱氏 林澤妻澤廣之子
唐氏 陳嬋妻
葉氏 陳泰妻
胡氏 陳瑞妻
王氏 陳仕妻
王氏 劉璁妻
林氏 葉惟節妻
張氏 陳賢妻
李氏 楊懋妻
吳氏 教諭李廷■妻
林秀娘 鄭楊文正妻
鄭氏 副使陳叔紹繼妻
陳氏 縣學生官鳴妻
楊氏 陳珍妻
李氏 陳紹忠妻
黃氏 林世馭妻
羅氏 楊瑛妻
陳氏 沈聰妻
曾氏 府學生黃渙妻
林氏 陳鳳岐妻嗣子聯芳嘉靖丙辰進士
陳氏 舉英妻子熙嘉靖庚子舉人
李氏 縣學生蔣岡華妻
張氏 鄧魁妻
劉氏 贈太常少卿謝貴妻
謝氏 舉人林一夔妻
陳氏 舉人林允大妻
余氏 林世顯妻
歐氏 周詔妻
邵氏 贈主事陳源清妻

張氏 舉人李鳴金妻
陳氏 舉人林良材妻
王氏 貢士林庭奎妻
黃氏 縣學生劉尚敬妻
謝氏 縣學生鄧應禎妻
吳氏 林道行妻
董氏 鄭人彥妻
陳氏 縣學生鄭炘夫妻
陳氏 鄭湊妻
葉氏 張鄉棨妻
孫氏 張璉妻
〔候官〕林氏 何昊妻子瓔永樂乙未進士
吳氏 趙恩妻子正宣德己酉舉人
張氏 俞士淵妻
王氏 楊源妻子澄宣德丙午舉人
許氏 盧建妻
李寄娘 林繼成妻
張氏 楊文瀚妻
陳氏 程岡林育妻
鄭氏 楊英妻
周氏 舉人鄭瑛妻
陳氏 縣學生王應春妻
陳氏 張鑑妻
薛氏 林栢妻
黃氏 右衛謝鴉妻
戴氏 張道南妻
〔懷安〕俞氏 黃應妻子安永樂丙戌進士
陳氏 劉伯永妻
許氏 劉伯亨妻
吳氏 王惟善妻
胡氏 徐明之妻
趙氏 徐誠之妻
丘氏 徐景華妻
陳氏 林志學妻

姜氏舉人馮珏妻　潘氏中衛武生許宗顯妻
葉氏縣學生劉用譽妻　王氏府學生馬繼茂妻
古田羅氏縣學生楊琳妻　李氏縣學生鄧楊宗妻
沈氏李拳妻　蘇氏林洲妻
閩清陳氏縣學生羅步洲妻
長樂周氏董妻
連江趙氏縣學生陳寶妻
永福方氏林愈妻　林氏王拱妻
福清劉氏陳敏妻　林氏鄧舜民妻

陳氏鄭德洪妻　莊翠娘張孟堅妻
林氏李彥祥妻　林懋娘鄭亥妻
莊氏嚴有章妻　閩氏鎮東衛千戶呼文靜妻子良朋任都督
王氏林賓妻　陳氏縣學生方廷揚妻
林氏陳瓊玖妻　林楠女余文官妻
以上應旌未旌者九九十五人

論曰向予宦京師蓋閩少保江右吳公與群公爭論
也時有大臣夫人早寡者其家欲請旌與吳公在禮
曾弗許也或又為之關說吳公怒曰既命婦矣其又
何旌焉雖然少保之言是也而猶有所未盡也夫命
婦者固有以夫貴者亦有以子貴者矣以夫貴者是
貴而節也以子貴者是節而貴也貴而節不必旌矣
若夫節而貴者不幸而亂遺腹撫孤提大抵艱貞萬
狀當是時也彼豈預知其必能成立而徼他日之福
者哉是故其節也以夫其貴也以子則命之為恩旌
之為教並行而不悖者也惜也其時未有以茲說
告吳公者以定一代之彝制也我　國家著令甲凡
節婦當旌者歲終大宗伯必率其屬恭遇　天子

朝乃廷揚之若是其重也是故教化者天下之首務
也賢有司者之所急也然而閭閻之善每壅於上聞
者或產窮鄉或出微族或貧無為之助或賤無為之
言即能自達州郡者鮮矣幸而得達又稽勘待報動
淹旬月奸胥墨吏得操柄與市遠歲稍久則不復省
錄矣雖幽蘭不以無人而不芳貞女不以無知而改
操然甚非所以勸善而風化天下也茲因非予之所
得與議者也吾郡列女簡其尤異詳著于篇應旌者
列名于左以待賢有司之舉若節而貴者亦別而列

之濫　盛時公卿斟酌典禮或有采于余前論云

福州府志卷之三十二

之廢　當時公卿斟酌典禮或有采于余前論云

福州府志卷之三十三　　雜物志一

古蹟

漢閩越王城在冶山無諸舊都也　國朝王恭詩曙龍人去山河改草寒鴉起暮愁

歐冶池在冶山之麓閩越王鑄劍處　宋熙寧中郡守程師孟建亭池畔今廢

閩越王亭在石岊江之濵　今里人立廟以祀山神

越王臺在城南相傳越王餘善釣白龍于此故又名釣龍臺　三山誌以為無諸受漢冊即其地故址猶存　元薩天錫詩越王故國四圍山雲氣猶屯虎豹關銅獸暗塵秋露泣海鴉多背夕陽還一府人物風塵外千古英雄草莽間日暮鷓鴣啼更急荒臺野竹雨斑斑　翟瑾詩自古閩國富雄南環不與職方通江流禹畫縱横外山入秦封蒼莽中遂庇兵還神器定看龍人去釣臺空海門日落潮頭急何處繁華是故宫　國朝林鴻詩逐鹿群龍事渺茫空臺依舊[illegible]叢岡衣冠神禹傳苗裔風俗宗周列職方南越雲來螺浦白東甌天接虎門蒼登臨送別無懐古不用狂吟倒王[illegible]　林瀚詩秉鉞上越王臺滿目興亡事可哀宋主行宫惟綠草考亭舊業半蒼苔樓船東去家何在雲谷春深花自開山色不知風景別還從江上送青來

都尉營在芝山之東吳置典船都尉造舟于此

晉子城在越王山南晉太康中刺史嚴高謂故冶城不足容衆將改卜焉圖以資郡景純遂拓而廣之　志

□□□城于白田夜□非南無□□□山之□主之麓以八百年當大盛矣高遂遷于此郭璞遷□記□山爲海人事更吹六句甲子當有其害更重丧衣冠與重載鄭國歸朝重關爲待鳥出木空千載不昧前有變眉重旋紛黛漢潤水來盡歸于海主□其客客姓主在懸首東日尚山鎮案本自添金因成右窮但見銚影莫知坐處事渺方知知而未會龍山高高米□異代巧婦能載符令人愛若鮮脩心得其鹽信市籠放火榮桀岳錦有一老翁手把竹篇重漆新宰在言不在銘曰泰康之載遷卜厥基四色牢城層巒□邏洪流南流瑞龍北應其上□女現對花峰千載不替世代興隆諸邦萬古繁盛仁風其城形狀如鶯如鳳勢氣盤擊過兵不掠遇荒不饑逢災不祭六甲子滿廢而復用　又有人得一石於城南釣龍臺刻云按晉太康三年太守嚴高國越王山南之形勢以咨郭璞云方山秀拔于前二山環峙于後八百年後大盛識曰石間□□劍危亭八百年前光此名天降元精如漢佐岳陶靈氣似周臣中興不見□□□古渡無病療人好是審雲待今日醫當坊中人長生年世寄迹石刻令不獲惟故老口傳猶可攄云又遷城讖云南臺沙合河口路過先出狀元後出相公

螺女江在府城西北三十里江濱有祠搜神記閩人謝端得一大螺如十畜之家每歸餐必具因審伺乃一姝麗異問之曰我天漢素女帝遣爲君具食今去留殼與君端用以居糧其米常滿

金鏁江在城南七十里舊傳晉康帝時或釣得金鏁

二叉

虞公庵在城東東山之麓陳虞寄隱居處也庵久廢其城猶存

唐福州都督府儒學治在今布政司右　常州刺史孤及記

世與道交相與衰以之者在人非庚桑楚不能使畏壘大壤向化徵文翁留學不崇閩中無儒家流成公至而俗易民賴德施古今一也初成公之始至也未及下車禮先聖先師退而嘆堂室秋陝教學荒墜俱鼓篋之道寢子衿之詩作我先以易其地大其制新其棟宇盛其俎豆籩既修乃以五經訓民考教必精弦誦必時於是一年人知敬學二年學者功倍三年而生徒祁祁賢不肖勸家有洙泗戶有鄒魯儒風濟濟被于庶政大用十年歲在甲寅秋九月公薨于位於是州吏感民耆儒諸生雨泣廟門之外苦有望而不至號訴曰不歆斯文之漸漬于東甌之人歟不然何錫厥化而不遐公之年也吾黨嘅然嗚呼曷歸判官膳部員外郎兼侍御史安定皇甫政殿中侍御史潁川韓贄監察御史河南長孫繪幸門人部從事州佐縣尉相與遴以公之功緒羽示後世謂及嘗同司諫之列宜備知盛德善政見托論譔以實錄刻石曰公諱椅字某皇帝之諸父宗室之才子寬裕愷悌孝慈忠敬莊而成式文而經力治王氏易左氏春秋酌其精義以輔儒行故居處執事著書屬詞非周孔軌躅不踐也天寶三載應選辯論爲安陽縣尉中興之後歷御史尚書郎諫議大夫給事中十餘年周歷三臺言中彝倫動中大本上交不諂下交不瀆家貧不樂清近求爲京兆少尹無何出守弘農又移典華陰蒸御史中丞華陰之近者安遠者來天子以爲才任四岳十二牧之職大曆七年冬十有一月加御史大夫持節都督福建泉汀漳五州軍事領觀察處置都防禦等使八年夏四月龍旆六纛至自京師閩越舊風機巧剽輕資貨產利與巴蜀埒富猶無諸餘善之遺俗號曰難治公將治之已考禮正刑節用愛人緩賦遣役必齊其勞逸視年豐耗量入以制用削去事之煩苛法之梏挺者吏不奉職民不帥教則懲以薄刑俾浸遷善由是人知方矣公將安之也初哥舒晃反書至公謁及於門疲命上將帥戈船下瀨之師西與鍾陵軍會先聲術嗣二州以援番禺推誠誓衆士皆奮勇既而大

□寬毅五嶺底定民是以康緊我師是賴人無寇
寇賊之虞矣公將教之也考斯宮之制作□此學而
富政焉躬率群吏之稍食與贖刑之餘羨以備經營
之費而不淵于民也先師寢廟七十子之像在東序
講堂書室函丈之席在西序齒胄之位列于廊廡之
左右每歲二月上丁習舞釋菜先三日公齋戒肄禮
命博士率胄子修祝嘏陳祭典釋菜之日美罷用幣
籩豆在堂罍□在阼公玄端赤舄正詞陳信是日學
學士之版視其藝之上下審問慎思使知不足教之
導之講論以最之八月上丁如初禮歲終博士以遜
業之勤惰尊思之精麤告于公然其才者進其等而
貢之于宗伯將進必以鄉飲酒之禮禮之賓主三揖
受爵於兩楹之間堂下樂作歌以發德鹿鳴南陔由
庚嘉魚南山有臺以將其厚意由是海濱榮之以不
學為恥州縣之教達于鄉黨鄉黨之教達于泉系矣
公蒞之二年太常議按公叔發修衛國之班制以文
四隣故易其名曰文孔文叔其勤家風夙夜不懈衛
人銘其彝鼎以公尊教勸學德洽荒服乃褒□□□

雜物志　福州府志卷三十三　古蹟四

詔贈禮部尚書而刻金石之禮則闕而未備今也敢
播德業貽之無窮其銘曰　公之文肅恭且仁宣力
事君閈饒經術底綏斯民公之武□寡不侮剛亦不
吐率師勤王戡厥醜虜易俗移風經始頖宮百堵皆
興孔堂崇崇四科以班乃侯乃公秩秩祀典鏘鏘禮
容大昕鼓篋學士萃止袞衣乃儀登降以齒從公于
邁樂我泮水我閭我里講論賓始比屋為儒俊造如
林纓胡之纓化為青衿公宜難老為學司南釗日告
凶實天匪忱嗚呼和鑾兮不聞遺音□□思公
兮如玉如金鏤餘列于此石以塞羅布者之心

石佛像在烏石山南澗寺上方　唐歐陽詹記萬物闓闔各由□公無藝無
沿而忽以然苟非妖怪實為珍瓌斯石像者其珍瓌
敷始孕靈蘊質兆朕未見則峨我巨石叢峭山之鎮
郡城之前阜壓道宮之上界海若觀而莫動天時□
而終固皇唐天寶八年五月六日清晨忽騰雲霧湧
驟雨來集鱗鰍環駭軒訇若霆雄雄者雷聒然中震
避火噴野大猷殿空峯嶺嵯崛冲洞藏蕩頻史風雨

殺雲雷收霽勞輪田野咸中閩南奥地以棲靈址于
實而竭時不上不下不西不東亭亭厥心隱出真像
三十二相具八十種好備列侍從衛品貫有序莊嚴
殊養文物成秩端然慈而嚴矣儀形似倚嵬山而拔
法如開月睹以跌坐與矣状不曰傳聞乎未聆於睹
往不曰多智乎罔測其所来且物之堅莫堅於石況
高原廣袤又群石之傑一朝派剖中有雕琢其為造
石之物致有相而外封乎其為有石之後入無間以
內攻乎意不可以人事徵請試以神化察觀釋氏
發揮道精其身既傾其神不生等二儀以通變齊四
大而有力教於時有所顧彝人於教有所恍惚則爲
不可思議以晌以吹故示此無跡之跡寂然之然
知我存存我之門經曰千百億化身蓋隨感而應咸
身者則千百億之一焉昔諸佛衆見皆託於神命有
命則有生有生則有滅易若因其不朽之物焉乎不
動之基既長存法亦隨是與夫為童男而出世藏
長者以杂化玄玄之微則萃一永永之利則不伴可
以禮是而悔罪寄影以安樂予則求福不□當□□

雜物志　福州府志卷三十三　古蹟五

吏仰哉從釋子之後啟於覺覺之餘敬仰
書其所由來貞元六年七月十五日記

龍跡石在興城里舊傳唐廣德中忽有飛龍從地出
白晝風雷驟雨石上有遺跡焉林諝爲之記

李陽冰篆般若臺記舊傳刻於神光寺華嚴巖真巖寺
州新驛記縉雲城隍記聚水志歸臺銘世稱四絕今
廢刻亦無存

崔公井在烏石山唐崔干飲之實其井美遂名傍有
放鶴亭亦干得鶴放此今廢

閩竈在戰坂西閩王審知築南北夾城閩埠于此鑿

四□貢爲靈國使何事示以寬仁俾之來服□
十年之亂狼噬致然清一千里之封頓獲觀風奏
撫綏以單車入壁慶謝用綵旗籥軒以古出令猶議
隸提炙自人首賑難之後好賞賚聚斂之臣名類
濟廣即山鑄利任士化財峻設隄防顯開明睹泊繁
埠墟仍實海之嶽務者存乃海之輪峯鮮自
公按其縱課□以權衡盡從其規克彰密常而又奉
大緯之數常□善之□象法重與尊師□在虹梁
拱宸新切利之宮細軸牙籤更演毗尼之藏而又盛
興增塔多捨淨財日龍飛霞暎彩留頂蓋更向遠
邇歸依用伊群緣皆因妙果佛齋諸國雖同□然以
蔭擬衆舟車罕達亦瀚滄海來集鴻臚此乃公示以
中孚致其內附雖六異類亦慕華風究士龍蛇□宇
翻於往史條支雀卵諒可擬於前聞自燉煌西□□
乘東觀象壁之遺編莫採開陵之隆簡空存至今□
垂精於縹緗遠貢獻之開不假陳衆之求文□
題森羅表軸夫內降其中蓋當編草之期七德□□
必欽勸衡之備是以恢張制度圖堯基爲經[illegible]

十七

雁子來作事而逢富農隊之崇構之百雉表巨屏於
方嶽邑湯池曾何足數折衝禦侮因不可忽未君
精勞致烝求逸兵戈荐起帑庫多匱允列七德素重
無疵商旅以之而塞滯工賈以之而難貧公則盡去
繁苛經其交易關鑿市廛絕往來商舶皆除
守禦故得填郊溢郭攀轂摩肩竟數康莊之風騷然
禁暴之俗閩越之濱江海道成吭橋蕩漾以隨波篙
櫓崩騰而激水漁經上岐山號黃崎怖石驚濤覆舟
害物公乃且設香燎禱祀神祗有感必通其應如
響祭罷一夕震雷轟雨若有冥助達旦則移其艱險
別江平流雖書其事而長鯨拜浪遠近聞而異之
優詔獎飭仍以公之德化所及賜名其水爲甘棠港
神明顯應便與夫召神人以鞭石驅力士以鑿山不
同年而語矣於戲辨真金於大冶懿功革於疾風不
有良臣誰康厚問尋就加平章事檢校右僕射如故
腰懸相印手握兵符益壯軍聲彌新殊遷又改光祿
大夫檢校司空轉特進檢校司徒然而物議與詞功
厚賞□以爲□未□□廟於是異姓□封仍加其

令壇悉錢文後國歸吳越人以爲元兆云
琅琊忠懿王故宅在慶城寺亦今慶爲里杜唐侍郎
于兢撰德政碑文猶巍然峙社中 粤自乾坤合上之制雲師火紀之名
爲別九州允啓四岳莫不簡求良輔弘濟兆人彰克
勤克儉之能垂可久可大之業嗣太叔寬猛之政備
仲尼富庶之言既茂勳勞宜標篆刻公名審知姓王
氏琅琊人也其胙土命氏號源演派代濟其美史不
絶書後太祖諱祿光州固家于是郡爲曾祖友贈光
祿卿王父諱王贈太尉公即太尉之季子也初公兄
潮志尚謙恭慕鄉曲善於和衆士多歸之福建觀
察使陳巖聞其名又以所歸泉州求牧乃遣從兩
請之及到任頗著嘉聲後巖在軍病不能視事軍士
等推無統御皆願有所依從衆欲遂以郡委以什務
審郊而與公偕赴至則積惡者屏去爲善者獲安因
歸授節度使累加檢校尚書僕射於是刺其州郡[illegible]

章徵三軍將吏衆爲盛事衆請□罩三年僕射遘疾且付
公以戎旅仍與衆咨奏加刑部尚書威武軍留後俄
授金紫光祿大夫右僕射本軍節度使公器局端雅
識理深明寬猛高之真簡特旺贍之妙略及清帝命
密隆委遺網柳達營植繁緣色著盧蔡政革新逢春
一年兩足食足兵再歲而知禮知義方隅之內仰止
攸同靈以選舉縣廣人從農墾畜夫釋耒工女下機
公既就藩垣勵精爲理強者抑而弱者撫老者安而
少者懷使之以時齊之以禮故得汙萊盡闢雞犬相
聞時和年豐家給人足既國既信井賦孔殷處以由
庚取之盡微夫述職之道底貢爲先九丘慶序於厥
猶五伯是徵於縮酒繼制綏之近江淮之中或遇阻
艱亦遵輸賦惟公盡堅□獎鎮守規程松栢後凋風
雨如晦逓征旁午天難克盡與仰勤紘成知匡贊常
以學校之設是爲教化之原乃令誘掖童蒙興行敬
讓幼已從於師訓長皆崇於國庠俊造相望康秀時
興閑以飭學校由人尚令修或因俊傑薦珠或以劍
爲華藍特揚德譽□公嘉之以恩撫之以[illegible]

邑轉檢校太保鄂州邵王食邑四千户食實封一百
户公之仲兄鄂部刺守泉郡一紀于兹點馬步殺
人盡泰公性樸雄雄氣稟中和韻契頌德政治甫
可謂高明燁然超絕一時者也公以天下兵馬[illegible]
太付中書令渠王然機守吳越服華夷奉大[illegible]之[illegible]
盟為列藩之表率令節度都押衙程贊及軍州將史
百姓耆老等久懷化育頌紀功勳列狀上聞請樹紀
勳元帥崇上以公如河嶽若匪石清堅累貢長章願
陳保爲朝廷與弘秀勒持示襄陽作建邑碑令攸爲
索兢渥於清列會之維文頌救掌淬皇華徵恩裹旨
降於視聽覩欽嘉獻令之韻簡流聲符以研精罩思
備陳諡績實無品詞乃作銘曰 日月麗人丹陳清
川內外克又股肱惟賢非水長清維嶽方寧爰隨祥
遠材為時生伯氏雄特泉人仰德求瘼斯勤頌聲有
則紀年救疾付以師律政數莉張上照寧謐然後閩
越帥寅英猷地列川封心驗鋸關地澤江洋元戎[illegible]
行有典有則為龍為光高勳泰統理道自勝比壓[illegible]
仁遠營禀令航海梯山貢奉輸琛務其綸安母靜[illegible]
綠周征之術公田什一約以有程守而勿失爰從海
峡詎敘載路高掩龔黃遐追召杜鄉校皆遊帝家來
求推道靡靡儒風優優惟祝吹壽久依山谷用宏陸
架覺欣柔服法宮梵宇嶙囷所主崇構斯精福禄攸
聚佛齊之國綏之以德架浪自東駛山拱北瑩蒨遺
編繪寫精研麟臺麗爾武觀森然秩鋒其勒推堞連
雲永制爾敵用壯我軍闔湛不從水陸無滯遐邇懷
來商旅相繼黃嶠之勞神攸驚濤役盜祇力保千萬
艘劉躔苟龍壇覓雍雉推邦惟倫以何以公所師梁
王武步能懷提彼七德剖平四方公能事大拱心斯
在風雨無渝歲寒不改殊勳茂績盡齊宮力閩之冊
青邦之柱石依經台為任陸兵柄重以微章龍分異
姓優洛錫功萬古英風
貞珉是勒垂之無窮

通津門在舘前唐天復間閩王審知於子城之外築
羅城有永安利涉海晏安善通津清遠延遠諸門今
惟通津存俗呼青門樓

還珠門五代偽閩所築在今布政司南當時子城有
門者七東曰康泰西曰宜興豐樂東南曰安定西南
曰清泰正南曰虎節虎節之外為重門今六門廢惟
存閩尚存宋大中祥符間名曰還珠後燬于火
國朝正德壬申重建尚書林瀚記門以還珠名後古
數百步上為樓舊關其下分兩途如立閩城通衢一
方之鎮條爲鄭志載其為五代唐王審知所鄰建譙
宋時僞削平大中祥符間嚴碑編以侍御史出治
福名曰還珠蓋取漢孟嘗守合浦德政所感去珠
還之意故以是名焉後八九十載政和中黃[illegible]
士象兩知是郡因其頹圮新之名猶舊也大[illegible]
氣觀民俗敷宣德化以安黎元後先一轍耳至我
國朝成化丁酉回祿重建更署曰鎮閩臺弘治甲寅
正德戊辰上下三十餘年已三罹于災矣蓋其飛簷
聲隸雖極工緻而延燎易及識者病焉辛未春錢塘
陳珂位大方伯視篆未幾百廢皆舉而此門樓實藩
司重鎮雙門出入經之尤所先也爰捐俸募工伐木
採石經始於是歲之季冬官不廢帑民不勞力越明
年壬申仲夏告成址度廣輪並如昔不增但夾以高
垣堤以堅甓通以闇道四面明楹洞達無礙樞節棁
之華宏朴渾堅可壽悠遠他度釋然矣於是方伯白
公某人參政孫公燧輩僉諸公斯舉上追千載之規而
鎮俗安民用心尤密者矣可無文并諸不朽以諭邦
人也因偲及之竊惟門揭還珠者取碑藩鎮名非公
獨見之明亦曷克復古人之制而自古人四百年後
之心哉况公位望之隆撫一方而藩屛 王室非若
孟若嚴若黃所可班者故旬宣于是邦以公明勤慎
巖然具瞻則一門之續奚足以多公也如郡邑官
亂與神祠鰲縣寺以及先世六臣門閭凡有所

門不令工修葺完焉公之宅心何簿耶茲一舉則事於後古而思患預防匪直為今民發其為後民憂也深矣閩人感公德化仰覩門名宜不華葺從忠思遷前古之淳風也歎昔黄龍圖去此進秩八座為宋名卿公之大勳業予尚有望焉

戰坂在城東北十餘里相傳五代晉開運三年南唐兵與李仁達戰於此今荒蕪中營壘之址猶存

水晶宮在城西西湖上偽閩時跨湖築室周廻十餘里號水晶宮每攜後庭遊宴從子城複道中出 宋辛[illegible]詞翠浪吞平野挽天河誰來照影臥龍山下[illegible]宜晴更好約略西施未嫁待細把江山圖畫[illegible]中堆疊頗似[illegible]舟欸下疊嶂馬中有句[illegible]盡入西湖社記風流重來手種綠成[illegible]故國十里水晶臺榭更復道[illegible]空清夜舞[illegible]中洲歌妙曲問當年魚鳥無存者堂上燕又長夏 覓句如東野想錢塘風流處士水仙祠下更憶小孤煙浪裡望斷彭郎欲嫁是一色空濛難畫誰解胸中吞雲夢試呼來草賦看司馬須更把上林寫[illegible]舊日漁樵社問先生帶湖春漲幾時歸也為愛琉璃三萬頃正臥水亭煙樹對玉塔微瀾深夜[illegible]如[illegible]供報事誰特達數手皆[illegible]著春草夢也宜夏 [illegible]野笑人間江[illegible]平陸水雲高下自是三山顏色好更看雨婚烟嫁刹未必龍眠能盡繳向詩人求幼婦倩諸君妙手皆談馬須進酒為陶寫回頭鷗鷺亦泉社莫吟詩莫拋酒尊是吾盟也千騎而今遮白髮忘却滄浪亭榭但記得灞陵呵夜我輩從來文字飲怕壯[illegible]烈須歌者蟬深也絲陰夏 綠漲連雲翠拂空十分風月處着衰翁垂楊影斷岸西東君恩重教且種芙蓉十里水晶宮有時[illegible]去笑兒童戲劝郎湖[illegible]風船兒性且[illegible]花中

西湖閣在越王山之南宋丞相趙汝愚改[illegible]西湖樓為之先是子城有九樓曰薪宜曰西湖曰五雲曰三山曰清微曰東山曰[illegible]王曰綏帶曰望京今皆不可考獨西湖樓遺址猶存水滸 國朝萬曆間按察使徐中行重建尚書馬森為之記

竹林井在今仁慶坊內舊傳井有龍金鱗隱見宋紹聖淳熙間里人弗戒於火彷彿見有撲滅之者

道山亭在烏石山之西宋熙寧中程師孟建以其際海門周覽郡城可比道家蓬萊故名曾鞏為之記

[illegible]江[illegible]家風白[illegible]道山[illegible]色野亭[illegible]天涯[illegible]海水[illegible]蓬萊近[illegible]霜落汀洲橘柚[illegible]社望每懷王[illegible]翁遊空上買生青四郊但[illegible]休戎馬獨客何妨老釣魚

石岊亭在一都岊山宋建炎間建相傳亭東有石歲覺增長 宋朱熹詩春江日東注我行[illegible]其波揚[illegible]西巖西岸青山多青山自[illegible]遶[illegible]石空[illegible]綠樹生其間幽鳥為相和[illegible]獨語無人晤茲懷竟如何 傳[illegible]石岊館鮮[illegible]名都固多才我來[illegible]濤中流[illegible]發天風水生鱗 [illegible]仁茲然同舟濟詎止朝[illegible]覩相期豈今夕[illegible] 國朝林[illegible]基詩夜[illegible]白沙驛亭午至水口中[illegible]風[illegible]雨[illegible]

止戈堂在布政司之壯宋大將韓世忠待制程邁奏政孟度破建賊飲至處也今廢

經史閣在府學內宋朱熹記福州府學在東南為最盛弟子員常數百人比年以來教養無法師生相視漠然如路人以故風俗日衰士氣不作長老憂之而不能有以救也淳熙四年今教授臨邛常君濬孫始至既日進諸生而告之以古昔聖賢教學之意又為之飭厨饌葺齋館以豈其居然後謹其出入之防嚴其試課之法朝夕其間訓誘不倦於是學者競勸始知常君之為吾師而常君之視諸生亦閔閔焉唯恐其不能自勉以進於學也彼當慮其無書可讀而業將病於不濟則又為之益置書史合舊為若干卷度故御書閣之後更為重屋以藏之而以書來請記其事且致其諸生之意曰願有以教之也予惟古之學者無他明德新民求各止於至善而已夫其所明之德所止之善豈有待於外哉識其在我而敬以存之其亦可矣其所以必曰讀書云者則以天地陰陽事物之理脩身事親齊家及國以至於平治天下之道與凡聖賢之言行古今之得失禮樂之名數下而至於食貨之源流兵刑之法制是亦莫非吾之度內有不可得而精粗者若非考諸載籍之文沉潛參伍以求其故則亦無以明夫明德體用之全而止其至善精微之極也然自聖學不傳世之為士者不知學之有本而唯書之讀則其所以求於書不越乎記誦訓詁文詞之間以釣聲名干祿利而已是以天下之書愈多而理愈昧學者之事愈勤而心愈放詞章愈麗議論愈高而其德業事功之實愈無以逮乎古人然非書之罪也讀者不知學之有本而無以為之地也今觀常君之為教既開之以古人教學之意而後為之儲書以博其問辯之趣是則以致其奉守之嚴則亦庶乎本末之有序矣予雖有言又何以加於此哉然既已而有一焉則亦曰然使二三子者知夫為學之本有無待於外求者而因以致其操存持守之功則存乎此者既已[illegible]而有以為讀書之地而後宜其學之可以得其本末先後之序以大[illegible]天下之理其必有以書其識之而一以貫之其所以措諸事業者亦將有本而無窮矣[illegible]勉之哉[illegible]七月戊戌[illegible]為錢[illegible]有奇

頭陀巖在烏石山之麓安文頭陀遊南澗寺於巖中得一竇側足而入僅可容身宴坐其間嘗磨石崖云客至不點茶相看淡如水白雲深谷中穩坐浮生

嘉福院在九仙山宋狀元陳誠之讀書之[illegible]廢

嚴勝門在今府治東北隅宋有嚴氏居邇于壕家豐米取贏極薄時方憂旱太守夜夢神人告之必得如嚴者使禱羅致之果雨

八閩第一江山石刻宋蔡襄書在南臺

南臺二字趙汝愚隸書在釣龍臺山

天風海濤石刻宋文公書在鼓山絕頂[illegible]

松風堂李忠定嘗寓在城南時昇里報恩光孝寺內今廢

平山福地陳宜中書在城東南開化里濂江之濱宋

少帝嘗駐蹕於此

黃璞宅在府城黃巷內 許將宅在府城東狀元坊內 朱倬宅在府城東太平公輔坊 張賞宅在東北里嗑源 鄭昭先宅在江左里洋嶼 陳烈宅在府城郎官巷內 王益祥宅在府城衣錦坊 鄭性之宅在府城通闠坊內 陳襄宅在八都古靈 林安宅宅在十都嶼頭

古田 溪山第一亭扁朱文公書在縣北宋淳化二年建

閩清 僊人坐化石在十四都舊傳張眞人演法水中坐化於巨石傍有九龍潭遊魚群聚其中雖淡淡溢不散

陳祥道宅在二都

長樂 吳航頭今縣水次是也閩中記云吳王夫差乘船暑地至此故名

紫陽樓在二都後灣玄應宮東朱文公避學禁嘗寓此

連江 筠溪釣臺在縣西清河里濂湖山為吏部侍郎李彌遜隱其間築臺湖上釣魚為樂刻石志之遺址猶存

羅源 仙人石在縣南三里許相傳昔有仙人遊此足跡尚存

永福 太原名在縣治東唐泰初中邑宰王若室人賦詩云何事潘郎重別筵離情未斷妾心懸太原灘下相思處猿叫青山月滿船今詩碑唯太原二字在

福清 祭苗墩閩王審知犒軍處在縣南除仁里傍有鼓樓亦閩王築堤障海建之

軍寨在縣西蒼福里石竹山下宋初頓重兵於此禦盜故名今傍村猶有名虎巖者

古屯在縣西蒼福里邑人屯兵之所

蒼霞亭扁摘揮塢石刻並朱文公書在靈石寺

福州府志卷之

此處缺四葉

閩之法歲入不登其數匡範私借於民以兆人苦之
民厭政怨聲載道
開運元年閩人殺文進重遇迎審知子延政於建州
將立之延政為南唐所虜福州將李仁達殺延政子
繼昌而立雪峰寺僧卓儼明已又殺儼明仁達更名
弘義降於南唐
宋太平興國八年二月知福州何允昭獻芝二本
至道二年詔福建民負人錢沒入男女者還其家
四年除民歲丁錢

景德元年颶風為災詔賑之
大中祥符元年芝生于龍眼樹上次年又生于荔枝
樹是年遣使取占城稻種
天聖四年大水有詔賑恤
六年除福州民逋官莊錢十二萬八千緡
政和二年福清溪漲有物騰波浪間蕩民居數百家
靖康元年八月福州軍亂殺其知州事柳廷俊
建炎四年詔奉安祖宗神御于福州時御舟航海將
避于閩是歲建州范汝為作亂城中大震

紹興二年饑斗米百錢
六年饑有詔賑之
十八年候官縣有竹實如米饑民採食之
二十九年大水入城漂閩侯懷三縣田廬憲臣樊光
遠不以聞坐黜
隆興二年地震是年大旱
乾道二年福清縣石竹山大石自移聲如雷石方可
九尺所過成蹊山之木石如故
三年霖雨禾麻菽粟多腐

淳熙四年大水漂民廬數千家
十二年饑令守臣賑貸
十四年旱命有司賑之
紹熙二年四月霖雨至于五月大水候官懷安古田
閩清壞官民廬舍
嘉泰二年古田縣大水漂官民廬甚衆溺死者數百
開禧元年旱是歲又水有詔賑之
十四年旱詔賑恤
嘉定四年十月一夕再火燔城門僧寺民廬千餘家

十三年饑人食草根
十七年五月大水候官井蔗嶺漂數百家多溺死者
水口鎮民廬皆盡是年秋颶風大作損稼
紹定三年
端平[illegible]年大旱詔州縣軍旅之後遺骸棄道路咸傷
和氣有司收葬之
十二年大水詔賑之
寶祐元年旱詔賑之
景定四年颶風十一月火
[illegible]炎元年吉王建元兵于閩
二年元大將董文炳師帥入福州秋毫無犯宋御舟
趨于海
元貞二年饑賑粟有差
大德六年饑五月丁巳賑以糧一萬四千七百石
至正四年大旱
六年寇入連江
十四年大饑人相食
二十三年連江縣有虎入縣治羅源亦有猛獸害人
非虎非熊或曰駁馬云
二十四年七月白晝獲虎于郡城西
國朝洪武元年大將湯和由海道入福州兵不血刃
執陳有定歸于京師
四年永福賊溫九作亂寇掠鄉里有司捕之遁去後
復來寇鄉義士楊惟吉率衆圍而獲之
二十年大旱
二十一年長樂大水
[illegible]
正統八年戊辰鄧茂七作亂於沙尤福州山賊攻劫
諸縣殘羅源[illegible]永福閩清死者不可勝計廣州賊
乘亂入連江福[illegible]藏避寇扶攜入者日以千計
成化十三年[illegible]琢門及民廬數百家
十六年長樂縣十八都旅山里突起小阜高三四尺
蹊之輒陷明年復於其左湧起一山廣袤五丈餘是
年大疫民多死
十八年長樂半山山崩壓死[illegible]有死者連江大
水漂縣公署學宮倉廒壇壝民舍溺死不可勝計

十九年六月庚辰大風雨拔木傾學宮公署民廬不可勝計城上敵樓類壞殆盡閩縣候官長樂懷安連江福清羅源永福閩清九縣同日官私船漂沒無算死者千餘人

二十年十二月戊寅地震有聲

二十一年三月雨不止至閏四月閩縣候官懷安古田閩清連江羅源永福八縣俱大水民多溺死

二十二年古田連江大疫

二十三年羅源賊劫縣庫官軍尋獲之

弘治七年正月還珠門火

十一年春長樂十九都靈峰山產芝二本

十四年古田白水寇逼縣城爲官軍所殲

十六年長樂馬江大風覆舟死者幾百人

正德三年還珠門火延居民廬舍百餘家

四年連江地生白毛焚之有臭氣

十二年四月地震是歲地五六震皆有聲

十三年四月雷震常豐倉五月雷震[illegible]福州

三衛軍作亂初官軍月餉八斗時給之價布政使伍

背以罷賜錢之軍上訴御史戚不定有進首棄元僕者留而毆之嘯聚圍城陷坐謀逆衛命七門守之鈍伍布政一子[illegible]婿將殺焉城中大震致仕都御史林廷玉副使高文達出諭乃定至八月[illegible]復亂大索城中金銀聚衆屯開元寺林中丞高公副使出命不聽兵備副使李志剛點計討之有姚景通者亦皆黨也以分金不平而爲內應李與鎮守謀遂率北門軍攻皆皆走追斬之盡殪其黨

十四年長樂雨雹

嘉靖四年梅花鎮海水忽變赤色經旦復清魚蝦可數

五年正月夏旱知府汪文盛奏蠲租賦

九年候官縣獄囚反時正月二十九日夜也初候官縣令黎文會素酗酒守獄者狩因金繼之有林汝美故縣吏也以殺人論死申小二則御劉盗也二人私以兵器藏衣中遂率衆斬關而出殺候官令攜南門將逃于海適三司長候御史于南察院遂殺布政查約參議楊瑀都指揮使王翔經歷周煥賊逸去頗追

神海濱
十一年大雨雪里巷中群犬狺吠是歲閩果不實
十三年二月雷震萬歲寺浮圖火光如巨燭照城中
十八年閏四月颶風大作瓦屋皆飛
十九年賊寇連江
二十一年羅源大水山崩沙壓田
二十三年大饑巡按御史何維栢賑之何尋以事逮詔獄士民哭送萬餘人
二十九年地大震海賊入長樂

三十年雨石于連江有聲如雷
三十一年二月烏石九仙二山土中產珠郡人競取之着手輒碎
三十四年六月大雨雹倭寇福清海口鎮殺數百人大掠而去
三十五年正月大雨雹是歲也民間訛言有海駋精狀如螢着人衣裾必死城中家擊金鼓若防巨寇夜不敢瞑數道士市符治之有司疑即道士所爲也將寘之法道士逸去怪亦絶　十一月大雨雪

三十六年倭由海入寇至福寧轉掠而南遂逼福州賊衆數千人四郊焚火照城中死者無筭南臺洪塘民居蕩然
三十七年閩諸縣有李樹生桃福清江陰里楮蟻齧肉亦如丹四月倭躪連江踰北嶺後逼會城焚掠尤慘遂陷福清是歲仟　旨逮阮巡撫言官劾其貿軍餉過多故也阮自浙參政超拜其地巡撫甫稔鎮于閩閩承平日久民不知兵倭猝寇城内外無備倉黄措置遂費閩庫銀至六十餘萬云

三十八年倭由福寧寇福州城門晝閉遂掠近郊陷永福而遁義士謝介夫戰死介夫福清人故吏也好勇喜俠前歲倭屯城門外日暮酒酣皆擐戈熟寢介夫結死士欲襲其營當事者阻之不果至是有司復遣介夫領兵追賊殊死戰衆寡不敵遂爲賊所殺同時有福清人夏叔慎及其息子朋兄息子國亦追賊戰死
三十九年倭舟猶屯海濱劉巡撫燾下令大開城門不禁往來者親率兵追賊于閩安鎮劉精騎射家

賊兇數十輩供習戰賊素聞其威名遁去
四十年倭寇泉州分其黨圍福清廣兵王賦等作亂
自江西渡閩欲東約寇福州至茶洋聞城有備不敢
下劉巡撫單騎諭之還所擄男女七百餘人
四十一年正月元旦地震有聲三月三衛軍郭天養
等作亂先時海巡撫震得遣兵征古田山寇通判彭
登瀛與指揮王寵爭禮不相得師旋無功彭通判委
罪於指揮巡撫怒斬隊長四人三衛因閧教塲大譁
爭擁監軍副使汪道昆圍之自旦至暮戶部馬侍郎
森陳參政元珂出諭乃定　八月浙兵來援倭圍福
清未解游巡撫告急于浙胡總督宗憲遣戚參將繼
光率戴都司沖霄把總胡守仁等兵萬人由閩道趨
閩戚御兵有律所過居人無擾者福清人大悅家具
簞食餉兵入屯于城夜半出擊賊斬首千餘級賊退
屯牛田泥塗數里先是官軍率不能至繼光忽下令
人負草一束將領不知所為明晨疾馳賊營以草填
地賊愕官軍卒至赴逕江死萬計
十月衛軍郭天養等再作亂以藩司勾弄月粮衆譟
[illegible]襲前公署皆閉天養等益驕突入龔祭酒家奪
其柱莆田黄侍郎新構將軍山駿之馬侍郎復出諭
乃散
四十二年大將戚繼光大破賊于興化既解其圍遂
分別將劉顯俞大猷趨福州合擊長樂賊破之斬首
二百餘級倭屯海上者盡遁饑寒五百由壯償覆會
城千總胡世兵驟之多赴海死先時倭為閩患累年
華亭徐相公憂之薦劉巡撫又不合於嚴相竊見閩
亂益滋山寇起衛兵驕人情洶洶咸莫知所[illegible]
室家矣至是徐相得專政柄適倭陷莆徐相耻之寢
不安席乃與兵部楊尚書博謀超拜譚參政綸為御
史大夫又以巡按福建李邦珍屢薦戚繼光戰功用
為總兵發南京庫銀二十二萬兩足其軍餉譚巡撫
至以戚麾下千人自衛始申法令峙糧儲為賊賊討
召亂軍郭天養誅之三衛股栗山海寇則遣諸將以
次討平由是流亡者復業閩人始其食其土矣故職
者謂勘定禍亂雖諸將戮力若非仰賴我　世廟明
見萬里運籌得人未必成功若是之速也蓋其所謂

蓄備不在邊疆而在朝廷六

隆慶元年詔蠲福州連江

萬曆二年八月□寅中□□地大震方山巨石墜于田

五年龐尚鵬奏蠲福州□□□□□□數萬兩

六年五月大水候官懷安穀損什之六

福州府志卷之三十五　雜物志三

立墓

漢閩越王郢冢　東越王餘善冢

唐懷安丞相□□□　長樂水部林慎思墓

五代候官梁公張睦墓　十都赤塘山　懷安閩王王審知墓　閩始建龍山下唐賜神道碑張文寶撰文左司陳守約墓　寶曆四年為盜所發有司修治　泉院前山人　閩始人晉天福間徙閩葬白　光祿大夫馬游墓　人南鄉卯峰山因而葬焉　南唐時從閩縣二十四都

宋閩丞相許文定公將墓　樞密許應龍墓　俱連江

狀元陳誠之墓　易俗里寶月山　候官先儒林之奇墓　一都清泉山

太師陳忠肅公韡墓　九都龍湖村　樞密林安宅墓　三都鄉松亭傍

侍郎張瀛墓　坑山　通判楊宏中墓　四都厚山　懷安祭酒鄭穆墓　平北里　員外郎劉若虛墓　越城里　龍圖張嘗墓

丞相李忠定公綱墓　十九都大嘉山　龍圖陳瑑墓　太平里　丞相朱忠靖公倬墓　沙山　御史黃瑀墓　黃勉齋先生幹墓　俱六都長檟山　僧撰陳孔碩墓　南山　樞密黃洽墓　一都洪山　提刑王𡋯祥墓　二都連山　閩清傅十陳祥道

墓寶恩里白雲山［長樂］丞相鄭性之墓六都院山安撫林安上墓七都鳳里樞密高應松墓五都元里尚書趙以夫墓東城正統間被發有司修葺［連江］學士李彌遜墓新安里門寺側丞相鄭文靖公昭先墓鳳凰山少保常挺墓光臨里張旗山先儒劉礪墓寶林寺東［羅源］尚書陳顯伯墓臨濟里九龍村［永福］狀元黃定墓狀元鄭僑墓二十八都［福清］參軍鄭俠墓新豐里永南山先儒劉砥墓修仁里龍首寺西僉判林敖陶孫墓東皋山孝子林正華墓方成里鼓底山隱士林公遇墓清遠里翁暉山

元［閩］布衣鐘耆德墓延壽里御史韓瑋墓鳳丘山

墓二都女沙山［永福］學士林泉生墓二都總管王翰墓龍泉山

國朝［閩］布衣羅泰墓三山池知府林元美墓贈尚書林山少保林康懿公庭㭿墓榕林山有司營葬按察使洪順墓鳳上里渡山按察使林碩墓合北里長灣山侍讀陳叔剛墓副使陳叔紹墓布政使陳煒墓俱西禁里文筆峰孝子黃恭墓易俗里寶月山知縣林渭墓鳳丘山御史鄧銅墓永南里湖東山番禺令高瑤墓秀山嶺侍郎吳復墓仁惠里黃嶼山同知李廷儀墓斗門山御史陳崇墓孝義里金峰山副使陳煒墓西禁里鐵牛山知縣黃

讓大墓鼓山里黃演山諫議許天錫墓東山通議林炫墓壺江都御史陳達墓大義山布政使陳遲墓七田牙獅山祭酒龔用卿墓嘉崇里獨山狀元陳謹墓至德里洞山葉烈婦墓［侯官］尚書黃襄敏公鎬墓六都芝田有司營葬康靖王墓都閩山永樂間侍郎薛琦墓司營葬諫議葉福墓一都教授鄭闓墓副使林玭墓一都雲峰山御史林瑭墓二都參議謝琚墓都御史陳紀墓人鳳山有司營葬尚書林廷選墓有司營葬右都御史王鼎墓高安山有司營葬贈尚書長史鄭伯和墓

山知府謝賁墓佛國山都御史陳則清墓象山有司營葬御史舒汀墓西禪山郎中林廷璟墓十都赤塘山［懷安］布衣吳海墓鷂心嶺探花陳景著墓蝶峯山尚書林文安公瀚墓龍腰山有司營葬修撰王褒墓浮倉山榜眼林誌墓二都府山知府鄭珞墓龍腰山陵水令袁達墓大峰山都諫姚銑墓桐口山右都御史洪英墓大峰山副使林文秩墓寺理林文秸墓俱十都斗門山御史嚴烜墓陽崎角山僉事高旭墓孝子高均墓俱文山裏都御史謝士元墓九都鸕鶿山有司營葬布政使車寀墓杜塢山參政王佐墓二都樟山布政使謝瑀墓

二郎中侍郎王克復墓在北臺山　教諭林鈍墓贈尚書林汾墓　吏部郎中鄭大墓　處士馬騤墓　郎中高鳳墓　教諭吳伯瑋墓　參政王俊墓　主事宋宣墓　都御史林廷玉墓　副使高文達墓　知縣廖雲翔墓　知縣張濤墓　同知王介墓　副使劉世揚墓　侍郎鄭濟墓　教授袁宗耀墓　主簿陳用明墓　山人傅[illegible]舟墓　副使陳子文墓　少卿袁成[illegible]

[illegible]主事王壽墓　廖貞女墓　古田學士[illegible]寧墓　長樂贊善陳仲完墓　狀元馬鐸墓　僉事吳寶墓　狀元李騏墓　評事林公鍊墓　陳義姑墓　林貞女墓　連江參議孫芝墓　副使林錦墓　永福翰林王偁墓　福清布衣陳廉墓　都諫薛廷寵墓　都御史陳仕賢墓

二十五卷終

福州府志卷之三十六

雜物志四

寺觀

郡城中之寺觀九十二十四舊寺多廢今載其可考者

開元寺在靈山之西芝山之南梁時建初名大雲寺唐初改龍興開元間改今名宋慶曆中更名開元莊嚴禪寺國朝為觀里之祈佛殿舊有寺又有靈源閣殿之東有堂北有銅鑄佛像高大丈下有古井又東院地今為居　萬歲寺在九仙山之西有民所舍舊名經院地也　塔北舊日萬歲塔五代閩王南法雲寺九仙山南偽法海寺在縣山之王審知建閩建宋賜額下五代晉名日興福院　慶城寺御橋東北五代晉　普光塔寺在宋改之今廢　建宋賜額今廢東門外崇坊內宋建舊有塔五級　國靈峯慈[illegible]洪武間增七級今寺塔並廢

[illegible]內靈峯崇聖禪寺　廢院　九仙觀在九仙山之麓宋崇也成化間重建今廢　靈間以烏石與九仙對峙虎踞太高故建觀其上名曰萬壽政和間尚書黃裳增建政和元改今名　國朝內臣累修今開廣以宜　嵩山觀在嶽麓坊厂戊山麓與建之南今廢以上閩縣　神光寺在烏石山之麓唐為金光明院後改今名　仁王寺在神光寺右偽閩建報國寺在神光寺左梁建偽閩改　石塔寺在南澗寺今名　國朝成化間重修　東[illegible]使柳曼建　塔名為貞元無垢淨光塔偽閩改建國朝永樂宣德景泰成化間重修今中[illegible]為民所侵　國朝嘉靖間[illegible]其[illegible]有下　紫極宮在界人看鸞世外上方僧定覺天級之句　達坊內唐建今廢在遷寺門以上侯官　華林寺在越王山之麓宋錢氏時守臣鮑修讓建初名吉祥[illegible]今廢

大中寺在鐘山梁太守袁士淡捨宅為之正德間重建 叫佛庵在[illegible]林寺西 西河道院在定遠橋邊元建舊傍有玄壇祠 迎仙道院宋迎白玉蟾真人于此故名嘉定中賜今額 劍池院在越山劍池之上 煙霞觀在子城坊 沖真道觀在登雲坊 國朝正統初知府張徽修成化間知府唐珣重修 佑聖宮在新營巷 朝真堂在小鼓樓 洪武間建今並廢以上懷寧

城外寺觀凡五十二

鼓山湧泉寺在鼓山里唐時有龍現于山之靈源洞因建寺鎮焉後改為鼓山白雲峰湧泉院中有華嚴臺妙峰閣一多庵勝坐軒懸崖室無盡門總名曰華嚴 國朝復改為寺宣德初建禪院成化間太[illegible]之重建 國朝陳[illegible]詩[illegible]梵宇來山寺[illegible][illegible]懸石[illegible]泉行[illegible][illegible]花竹坐來幽林[illegible]風光入澗空[illegible]方[illegible]月白招送虎溪頭 林[illegible][illegible][illegible][illegible]山[illegible]

[illegible]中[illegible][illegible]山[illegible]承上白雲多 文殊般若寺在東山[illegible][illegible][illegible]中[illegible]文殊般若寺 國朝成化七年重建今廢 龍瑞寺在永南里唐建 枕峰寺在西峽渡之南宋建驛道往來候潮之所 國朝正統年重建 瑞迹寺在耳泉山嶺萬曆初重建 雲門寺在南洋[illegible]宋建 石泉寺洪武二年建 衡山寺在江右里唐建 海文殊寺在嘉登里 大乘愛同寺在東山梁時置大乘寺愛同寺唐時合為一因名宋丞相許將請為功德院中有夜光臺神僧室鑑淨軒故生池 華嚴寺在瀛頭宋建其地本唐翁承贊之第有畫錦亭狎鷗池 寶月寺唐建宋陳誠之請為功德院 國朝永樂間重建 東禪寺在白馬山唐建時號東禪淨土寺 國朝成化間重建改名寶峰 太平興國寺在光俗里舊名成通嚴若宋賜今名 靈洞寺在至德里唐建 雲林寺在永南里宋建 梁山寺在還珠里上十二寺[illegible][illegible] 吉祥

寺在橫山宋建 國朝成化間知府唐珣重建近廢今復 方山寺有貫[illegible]亭[illegible]碑銘詩今廢 報恩光孝寺有宋李綱撰碑銘寺今廢 卧雲庵在梓材里金鷄山 雙龍庵在龍窟山 玄妙觀在東門外宋建舊名天慶觀 國朝洪武改為叢林正統間鎮中太監許通重修 混元堂在紹興里元建 聖泉庵在東山上覺寺 怡山西禪長慶寺在[illegible][illegible]唐時建[illegible]號怡山長慶寺中有李[illegible]閣[illegible]亭放生池 國朝宣德間中貴[illegible]重修[illegible]朝[illegible]義人詩一春外[illegible][illegible]可[illegible]病[illegible]野[illegible]也聞[illegible]意[illegible]枕頭出城郭[illegible]便[illegible]有[illegible]到西[illegible]大[illegible]求食[illegible]卜[illegible]山年間門僧[illegible][illegible][illegible]江有行役[illegible]行[illegible]興[illegible] 精嚴寺在七都唐建有妙觀亭[illegible]庵[illegible]峰亭綠陰亭清見亭俱宋時建 國朝洪武間重修 靈峰崇聖禪寺在二十八三十一都唐建宋賜[illegible][illegible][illegible]有藤山閣[illegible][illegible]庵[illegible]春堂文[illegible][illegible]

雲堂卧雲堂乘雲臺 國朝唐泰詩[illegible][illegible]葉[illegible]慶闕河古寺清秋倚薜蘿[illegible]葉獨遊飛鳥去好山偏向夕陽過三花祇苑遺僧少獨樹空林積雨多僧盡閒皆說勝果下方塵土[illegible][illegible] 超山報國寺在十三都隔江沿浦而入有孤阜超然突起故名元建 妙峰寺在妙峰山嶺 洪山寺在洪山之南舊廢正德間布政陳珂重修 石松寺宋建 國朝成化間重修 仙宗寺在五六都五代唐建有寶峰亭白鶴嶺洗鉢池[illegible]花嶺[illegible]松關金鷄岩卓錫泉[illegible]經臺八景 楞伽寺在一都唐建 奉先寺梁建 龍安寺唐建[illegible]重修 國朝成化並在二都 安元寺在五都宋建 國朝正統年修 靈隱寺在八都唐建 禪林寺在六都五代唐建 南禪寺在十四都五代梁建 新興寺唐建 香林寺偽閩建 靈峰寺宋建 南報恩寺王審知父子相繼初建有七塔上十三寺並廢 金山塔庵在洪塘江中

廬宮在西禪寺之南偽閩王延鈞
□隆慶間移建以上倶宦
隆壽保福寺二十都馮壇南 昇山靈巖寺在飛來山巔唐陳苑贈[illegible]上人閩
詩出自北郭門村村好林藪我行訪精廬百折渡溪
口茜與方濟勝柱杖還入手幽深足探討十步停六
九飛覺近可觀尚覺發頗久適知地位高上可挹星
斗靈巖下窺嶼象髻皆培塿千村繞城郭百水爭奔
走茫茫浩劫中萬象俱摧朽名山自千古半爲空門
有吾師智力大叱咤龍象吼經行閑幽翠爲我闢户
牖未論清淨理且進醍醐酒吾然物外心
許脫俗塵垢明屐下烟閑悵望空山首 彌陀寺在九
都 玄沙寺在昇山下五代梁建 國朝永樂間重修 王泉寺西[illegible]
野寺經殘夏空房欲暮時夜猿聽不睡秋思客知
竹迥烟生薄山高月上遲欲登塵路去難與世相期
鳳池寺在鳳池山門寺甚廢宋元詩州人來此見
池山朱轂時來此往還回塵杯盤在天上遙

軒風雨落人間 延善庵在平山下 靈雲庵在十九都以上俱安
□田吉祥寺在縣治後宋建有石浮屠 國朝成化間修 極樂寺在縣西十二都
唐建有息見亭自貞軒放生池 國朝永樂間重建
成化間修宋李堪詩空門出白雲梵宇依岩岫天色
淇瑶光春華結野秀簷間綺羅被池底星斗瀉香沉
蟾家餘文彙雨碑舊恬智斷可春寒實復誰扣幽適
隱菜燒盤薄穿花澗圖草露嘶瑟瑟空香逕釁臺
大鑑半雙堅漲泉透谷空綠鐵瓦拖苍清陰瘦獨鵠
倏飛鶩深蕭苦紛構驕涉行汀州芥了觀靈鷲爭土
人不來塵寰廊然盡許當詩合園散山河倏然隔
埃塔晨夕誦梵音飄香五雲外空花無盡幽巖寺偽閩
香大乘有真諦禪領得餘閑徙倚青蓮地
建洪武間重修 禪林寺在三十六都宋建 國朝永樂間重建 曹山寺宋建 國朝成
化間 開寶寺宋建 國朝成化間重建 資福寺宋建 國朝成化
重建 間修建二寺在八

都 靈瑞寺在十都 朝天順間修 國朝 天王寺唐建成化間修 國朝 齊雲寺
宋建 上生寺五代周建 朝成化間重建 國 報國寺 菩慶寺宋建 非宋建 國朝成
化間 長生寺在四十二都唐建 國朝成化間重建 瑞巖寺天順間修 國朝
重建 小鳳林寺唐建成化間重建 國朝 西峰寺唐建成化間修 國朝 金仙庵
在縣東十四都 西竺伏虎庵在縣西十二都 九建 國朝成化間修 李[illegible]庵在
五都洪 正德間重修 紫極宮在縣坊九建 醴泉道院在縣西[illegible]山下 仙披
武間建 貞院在縣西南玉華山巔 元建
閩清白雲寺在賓恩里宋建 報恩普賢寺在崇仁里五代梁建 圓通庵
在縣西 靈洋堂在仁居里正統間建 福善堂在平蓋里宣德間建 金沙堂
宣政里

在金沙里宋建 國朝正統間重修 雙溪堂在普賢寺前景泰間建 漳溪堂在賢照里
宣德間建 積善院在縣南蓋下里宋許忠完將貢院廢今
光滿域中共憐今夕嬋不與昨宵同禍來今氣來天不清
冷露庭虛瑟瑟風玉宇高下影如在廣寒宮 片山觀
在鍾南山一名仙源洞相
傳仙玉蟾學道處今廢
長樂天王寺在縣西 唐建 西峰寺在六都五代梁建 [illegible]
登臨入寺山偏秀閣鍾聲更深古松高倚
蓋流水細鳴琴咲問同遊者渾爲淨土心 三峰塔寺
在縣西陽登高山宋建 當陽寺在七都 竹林寺在十
國朝永樂間重修 山唐建
都唐建有一十六庵今廢 光嚴寺在十二都陳[illegible]人 靈峰寺在十
捨宅爲之
九都 靈山寺在二十一都唐 國朝重修 皇恩寺在二十三都梁建 恭山
唐建

寺在二十四都唐建　祥雲寺在方安里唐建　崇信寺在大玄里宋[illegible]
[illegible]
一庭[illegible]
[illegible]　巖泉寺在一十一都[illegible]建[illegible]國朝[illegible]
[illegible]
茶詩[illegible]
[illegible]
流[illegible]
[illegible]
五[illegible]寺在十七都唐建今廢　龍門庵在[illegible]　仙源庵在十二都宋建　雙潤
巖在五都元建　國朝林[illegible]詩[illegible]
[illegible]
僧[illegible]觀音堂在[illegible]

建　葦塘觀在十四都　眞元觀在十六都宋建　臨水宮在南山嘉靖初建　玄
應宮在二都宋建　顯應宮在十[illegible]都宋建　寶積寺在二十七都宋建　國朝
蓮江　龍臥寺在欽平里隋建國朝正統間[illegible]　大中玉泉寺在清河里
正德初[illegible]　龍興寺在嘉賢[illegible]國朝景泰間重建
重建　王泉[illegible]建　國朝[illegible]　宣德間重建　國朝　崇壽
永樂[illegible]間[illegible]修　護[illegible]　[illegible]建　清洋寺在[illegible]
寺[illegible]宋建[illegible]重建　寶[illegible]寺[illegible]　[illegible]
周建[illegible]國朝[illegible]　龍[illegible]　[illegible]建　報恩寺在[illegible]
龍興觀在欽平里宋建[illegible]國朝永樂正統間[illegible]　玄部觀[illegible]　三仙觀[illegible]

清源水陸寺在縣東隅舊縣址也五代閩時建國朝嘉靖間重修　金粟寺在崇樂
五代唐建　普明寺在香化里宋建　聖水寺在蓮花峰下宋建山有八景曰筆硯峰龍虎巖
仙源泉岩石巖下壺井金鐘潭栖雲洞風鶴亭沐白
上巖詩騎鶴乘遊來寶山山中石室水光寒巖前晴
壁松花落午夜月明初煉丹山僧問我家何在笑
指浮雲帶日斜佩劍朗吟明月下落花流水足生涯
慶田寺在安金里唐建　雲峰寺在瀛洲里宋建　龍華寺在徐公里後唐建　聖
壽寺在羅平里後唐建國朝弘治間重修　龍興寺在羅平下里宋建國朝嘉靖間重修　應
德寺在新順里唐建　旃檀寺在黃重里唐建　曹山寺在黃重下里後周建　崇
壽寺在新豐上里唐建　鳳山寺在霞口里唐建　信安寺在擲井里呂洞唐建　普
賢堂在縣西南登高山下國朝景泰間重建　洞宮天慶觀在縣東北唐建有八仙[illegible]

永福
方廣寺在縣東保安里五代漢建國朝永樂間重建　重光寺在縣南十里
唐建國朝萬曆初知縣陳克侯重建　能仁寺在縣西南保德里五代梁建初名奇林唐改瑞峰宋改今名
極樂巖寺在縣東北十五里隆慶間重建　名山寺在縣西二十[illegible]部[illegible]
山上林寺在一都　方壺寺在二十一都　桃峰寺在縣東八十里　[illegible]清觀在縣
東　藍田宮在二十三都　獅子宮在三十三都石礎百餘丈中有[illegible]天成因
其內　銀鳳宮在縣西南二十九都雙峰坊立若華宮後巨石有仙人跡　烏石宮在三
十五都
福清
聖蹟寺在縣北五代唐建國朝弘治間重修有靈源洞　國朝　瑞巖寺在新安里
宋建　國朝洪武間重建　國朝林鴻詩海口橫秀
色[illegible]山河[illegible]黃金[illegible]積翠開峰[illegible]登高化[illegible]

邊汀日絹避觀地迥雲物古天秋松桂寒冷烟霞鑑
清東演淨波淵書開有靈草可以駐顏類刃思營舟互回峨生羽翰盤石寺在縣西清源里唐建有仙人啼嶠撫巖向道社祭饋亭朱文公書額黃
蘗寺在縣西南清遠里唐建國朝重建嘉福寺在化北里宋建欽石寺在欽石山
國朝隆慶間重建黃蘗塔寺鷲峯寺二寺並國朝重建應峰寺在縣
西清源里唐建玉峰道院在縣西鄰邊宋建國朝永樂間重建福真觀在海口宋建
水陸觀一名朝元觀在新豐里靈寶觀在石竺山

福州府志卷之三十六終

新會縣志

提要

《新會縣志》十八卷首一卷，清賈雒英修，蘇楫汝等纂，日本東洋文化研究所藏清康熙二十九年（一六九〇年）刻本。每半葉九行二十字，白口，四周雙邊。前有康熙二十九年新會知縣賈雒英《新會縣志序》，康熙庚午（二十九年）余玉成序，康熙己巳邑人蘇楫汝序，康熙庚午邑人李朝鼎序。此書分圖像、星野志、疆域志、沿革表、事紀、建置志、地理志、秩官志、名宦志、選舉志、學校志、祀典志、兵防志、賦役志、人物志、流寓志、列女志、仙釋志、藝文志等十九個部分。

新會縣志序

今天下郡邑之志其卽古邦國之史乎周禮職方辨九州之封域於喬嶽沃瀛民生物產洪纖畢具外史氏掌之用以詔觀事於王而告諸司之不假易也後世史官爲宏綱爲細目悉推本於王制而取材於聖經觀其經天緯地扶陽抑陰蓋取諸易敘國家治忽傳人物臧否蓋取諸書編年紀事占豐歉祭災祥蓋取諸春秋至風土貞淫奢儉下及鳥獸昆蟲草木蓋取諸詩其選造賓興儀文度數日用飲食之宜蓋取諸三千三百是知史者經之類編而志者又史之副本也我

皇上文德誕敷聲教四訖爰命
儒臣纂輯一統志舉凡封
域山川民生物產之數皆
得彙之史冊須行天下於
是省有通志郡有府志邑
有縣志府職其要縣職其
詳蓋耳目近則蒐羅者廣
也古岡南斗分野僻處海
堧三代以前粵在荒服秦
漢置吏未變椎結唐宋而

降衣冠文物彬彬中州釋
卉服之陋習懷鄒魯之好
音豈非天地氣化自北而
南故澤國事幾自微而著
亦理勢有不得不然者哉
迄於今土田日益闢戶口
日益稠錢穀軍賓日益繁
學士大夫日益衆五禮六
樂三物四維畜牧耕桑營
建規制日益踵事而增華

使傳之旣往者無以續之將來致杞宋無徵日就湮泯誰吏茲土而可謝其責乎余於丙寅冬捧檄入岡城見邑之北山發源崑崙牂牁之水過九江而趨厓門爲邑襟帶壯哉五羊一大都會也顧茲勞勞俗吏弗克修此盛典實慼予懷所幸三載來

上憲惠養斯民禁徵派省繇役戢奸宄設汛防民安物阜賣刀買犢之風於今再見簿書暇日每與紳士咨訪岡城軼事逴逴署而弗詳廼索　介石余先生癸丑所校舊志謀諸　用濟蘇先生爲訂訛補闕芟繁益新禮一時之名宿順德薛君邑士湯君相與輯定

以考厥成爲例一十有八
始於圖經星紀而分野定
矣繼之疆域建置形勝物
產而地利昭矣事必紀年
沿革有表而古今詳矣列
其秩官載其賦役而王制
彰矣志兵防以固其守志
選舉學校以登其良志人
物貞烈以揚其懿而人事
備矣僊釋藝文亦所不棄

者也其事則增於前其文
則簡於舊庶幾文獻之足
徵乎雖然以東魯至聖修
明二代之禮宜無俟考證
於他書猶必謂得之夏時
得之坤乾誠以夏時者姒
氏之史坤乾者地統之經
也吾人經學未貫勉事三
長卽可告無罪於當世何
敢謂不謬於聖人悠悠千

載筆之削之知難免於剿說補綴之譏余滋懼焉余滋懼焉

時

大清康熙二十九年歲在庚午嘉平月吉知新會縣事古渤海賈維英書於寧遠堂

新會縣志序

志者史之遺意而志非史也史以明彰癉志以備紀載故史嚴而志寛史畧而志詳然亦有不盡然者事非關民社緩急風教興替而一已之得失一人之恩怨則志亦在所畧焉此又標舉大義捐細闕疑志亦猶乎史者也吾邑志自秦泉鳴山兩黄先生相繼續輯而後絶筆者八十餘年中間因革異宜淳漓異致休咎異徵政教異軌書缺有閒矣其軼猶時見於稗乘與夫耆老所覩記里巷所傳聞者未嘗不可攷而知也今者

聖天子嘉意風謠命閣臣請循古輶軒意

將博採於天下毘邑以成一統無外之紀甚盛典也先是癸丑歲邑侯王公爲玉成校定舊志稍爲損益甫脫稿而王公遷去未獲授梓今

邑侯賈公蒞剛三載政通人和爰及志事迺集紳士禮薛湯二君更爲蒐輯詮次成書復親加訂正壽諸梨棗

謂余曾事校讐不可無言紀之余自顧蔣劣碌碌因人何事復贅然有說焉吾邑當東西之衝滄桑之交頑孽狂逞剽掠公行二十年間遭難之民孝義節烈所在都有斯實有關風化故雖微必錄以見彰善之公而癉惡一端苟非大憝大戞紀之不可勝紀則在所或遺焉至於世運之升降風俗之厚薄天行之常變治化之深淺與夫山川陵谷之遷移都里戶口之盈縮貢賦物產之饒乏名山勝蹟之廢興殘缺補之失次序之繁者或殺之仍者或創之是非存大道之公威勸見忠厚之至蓋已開卷瞭然若指

諸掌斯前後志之所爲美必傳傳必繼者乎若夫傳者易於失眞春秋寧爲郭公之闕斷者不可爲續風人不贅白華之詞則又傳信而不傳疑去名乃以存實操觚者亦猶行古之道也於以仰答

朝廷廣蒐博採之至意而副我邑侯承

宣著述之盛心雖不敢知曰古今得
失之林亦聊以備
昭代談彪之採擇云爾是為序
康熙歲在庚午仲冬朔日邑人西梧舊
李余玉成書於禪山之汾水舟次

新會縣志序

志取義於史昉紀載於禹貢周職方
自直省至府州縣各自有志以體國
以經野以攷俗以準治以彰美闡幽
以正名辨物無容缺畧為也顧省郡
志該該則約州縣志專專則詳今
徵邑故於郡志十不得一於省志
不得一邑自為志則必盡一邑之
有而籍記之經緯鉅纖罔不具舉已
閱年既遠則前人創作必藉後人輯
修新舊相承庶不致嘆文獻於莫徵
吾新會志撰於嘉魚李世卿嗣後黄
泉鳴谷諸先生相繼修之迄今又
十年矣計八十年間事故變易

亾指夫會故僻邑也今則當嶺西之衝稱要區焉高凉有事輙屯重兵於會以扼西嶺喉咽而固省會藩籬形勢一變皐原阡陌縱横今山澤之區率多棄土而復界之後未報墾者尚十之二三土田一變自明季亂作以来民死於盜賊疲於軍旅苦於

賦役耗於疫癘離散於遷徙流亡户口一變向者都鄙村落如星羅棊布煙火相望雞犬相聞自四郊多壘荊棘生焉敗礫頹垣所在興嗟里井一變山澤之民儉以樸城邑之人温以雅今則淳龎風泯機利習興強有者尚氣而健訟富豪子弟日趨侈亡

風俗一變至於西逆兩次入寇蓋吾邑一大變亂之會也猶記甲午之冬困城者三閱月賊攻於外兵掠於内城中絶食掘鼠羅雀以救殘喘而卒為悍兵俎上之脯枯骸委地見者心悸丙辰寇屯杜阮土賊應之殺掠之慘古今未有尸山血海盈野盈城而

係累載道者更不下十餘萬一時孝子義婦多慷慨奮不顧身使不於此時加意搜採述所見聞與所傳聞而一一筆其事於邑乘後之人又孰從而傳之又孰從而信之哉况鼎革而後燐燹之餘舊志殘缺非於此時慎採遺籍以質諸黄髮老成人將愈久

而愈失其真矣
令上允閣臣請下様郡邑志以備顧覽吾
會獨缺焉未備前王令公集邑紳士
裒輯成稾未付剞劂令
邑侯賈公潔已愛民才敏而慮周蒞
治三載政通人和百廢具興爰及邑
志慨茲墜典謂不可一日緩而屬載
筆於予予悚然曰言之無文行之不
遠矧不佞苫塊餘生寸管欲握輒手
與心棘其曷敢當是役迺商之公敦
請薛君起蛟湯君晉刻期張局分類
編摩十閱月而書成公覽而善之曰
體裁備矣義例彰矣紀述詳矣復一
一手自訂正以示不佞公之用心為

綦密矣夫會之文獻其大者有江門
學道與厓山忠節攷古者所首及稽
往質訓匪漫然已也不佞仰承公諄
諄見委至意竊不自揣妄加參酌事
核其實言撮其要遺者補之疑者闕
之雖不敢曰謬董厥成而自今以往
庶幾一邑典故復使燦然可攷所謂
新舊相承不致嘆文獻於莫徵者其
或在斯乎
旹
龍飛康熙歲次己巳菊月邑人蘇楫汝
譔

新會縣志序

眉山蘇氏謂經以道法勝史以事辭勝槩舉其理而事畧辭簡者經也若史則條分縷析務極詳明而惟恐有錯軼則郡邑之志其諸古史之遺歟然屬事比辭將以質於今亦以傳於後紀載宜舉其大也見聞宜覈其眞也議論宜持其公也吾邑志之不修者八十年於茲矣先是歲癸丑邑侯王公毅然爲之而沮於時論今丙寅賴 賈邑侯奉
今上一統通修之令雅意董成聘薛湯二君分曹編帙予時承乏玉堂槩乎未有聞也茲已告成功所爲紀載之大

見聞之眞議論之公具見於中而賈邑侯暨諸薦紳先生亦槩有序詳哉言之矣乃及於予予自顧謭謭何所簉言則亦贅一詞於諸君子後以爲從同同之義而已矣夫志紀一邑以傳信也中間年月世次輿地山川秩官選舉與夫風俗食貨之盛衰忠孝節烈之常變旁及昆蟲草木僊釋禽魚無不備著倘珥筆者不得其人而是非頗謬於良史不有質於今而能傳於後乎故細者可捐而大事不可不紀也眞者宜列而矯誣不可不芟也公者當從而偏狥不可不斥也夫以宣聖之博學猶闕郭公之疑非

元凱之勤經執辨門王之誤而謂一時所紀公論攸關其可不慎歟乃縱觀茲編其紀事也能見大也其傳序也能覈眞也其蒐補也能持公也將此八十年間斷者已續殘者已全微者已彰淑者已旌而慝者已表有萬世之傳信而無一時之訾議者其在斯乎則我邑侯政教之成所以一道德而同風俗者茲編非其一班也哉

旹

龍飛康熙歲次庚午仲冬月穀旦邑人

李朝鼎譔

新會縣舊志序

楚嘉魚李永箕撰

孔子曰吾猶及史之闕文也又曰我欲觀夏道杞不足徵而得夏時焉我欲觀商道宋不足徵而得坤乾焉聖人宜無所不知必待此而後發明何也至於叔世人各自私據意見而是非謬矣予於是而有感於聖人之言也予蒞白沙憲使陶公以書令纂修新會邑志予辭之曰平物吾心乎明理吾知乎適用吾才乎達意吾詞乎衡誠懸規矩誠施輕重曲直斯不謬也識陋心粗何足以語此時有司以公命之不可辭告予然後考它書蓋新會自秦通南越置吏至於今殆千有餘年其歲月不爲近矣幅員開擴殆五百餘里其地不爲小矣然而世變興亾人事因革及夫山崩水溢災祥恠異之屬苟可以損益世道而存乎勸戒者漠乎如雲沒鳥散而無所於考矣於是準世俗誌書之例采其近時之所可知者或八九事或數人詩文百餘篇倉卒成之以答公命非所以存勸戒也

香山黃　佐撰

新會邑於宋開寶甲子凡五百三十有五載爲弘治戊申嘉魚李世卿氏乃譔誌又四十載爲嘉靖己丑邑士容翹輩踵成之會常熟張君侯公儀至覽之歎曰猗乎厓山報祀曷爲詳於圭峰乎非制也顛白沙陳子以薦舉而序諸貢吏之間抑舛矣亟就訂於予予病未能也及長樂陳君侯士輿至則又懇予曰夫植三綱之謂道通三才之謂儒厓山白沙昭在茲邑是惡可無紀予盍筆諸予乃發例傳門人述焉惟土地人民政事侯之寶也惟庶富教政之經也循李氏

舊本而加緒正可矣於是蒐羅芟潤定爲數卷首之以縣紀存帝制傷宋亡也表秩官恪位者也表人物章黎獻也建極開人奠厥有土故輿地次之分土域民爰有政事故規制次之政莫大乎厚生故版籍次之庶則承之以富故食貨次之富則承之以教故禮教次之藝文教之餘也故又次之教成而人文煥矣故世家次之樹實流聲以昭勸也圖機方外皆所不棄故列傳終焉紀記也表著也記著夫文獻之大也存者徵諸其所未足也世家以崇道也無使泯泯猶吾魯東家也傳者傳也事之可傳者也惟張君侯諫厥始惟陳君侯成厥終載筆則南海蕭廷相繕寫則邑士湯天民彭漢李淳學捐貲助工則邑民湯子相也刻於孟秋凡三閱月而梓人告成時嘉靖丙申冬十月之吉

閩漳王命璿撰

古列國各置史官掌記時事周禮誦訓掌道方志以詔觀事漢司馬遷採上古方書以作史記有列傳志表成爲一家言其間叙山川險易俗尚淳漓犂然臚列今之郡邑志亦史氏之副墨也新會僻在秦通南

粵置吏迄今遠矣迨弘治戊申嘉魚李世卿始譔爲志邑士容翹等踵而成之嗣後長樂陳侯繼修而屬筆於太史黃泰泉氏迄於今七十餘年所不及此時亟爲稟輯無論文獻罔據繼吏茲土者又奚以攷古爲夫會故岡州爲南交逖土號稱都會亦惟是北枕圭山南薄大海黃雲紫水實兆禎符其大者如撫厓門之勝磊落嶙起而忠臣義士之氣鬱勃怒濤卓有生色憲宗時先儒陳白沙氏倡道東南號海濱鄒魯

至今人士尸而祝之屢請崇祀學宮炳炳乎名垂天壤矣惟是輿籍星野軍輿錢穀舊制秩官人物位著之繁與夫三物四維賓興行旅之典以至巖巒闤闠之倫往者已傳來者未續非有司之責而誰也不佞邀命謬涖是邑閔玆曠典慚弗克修乃謀諸博士賴君于君孔君偕弟子員闢館分曹稍爲搜訪尤虞寡陋之識事溢覩記之外遂禮請縉紳鳴谷黃先生見所李先生均風高義重實主志事披其故實兼採輿論義例雖仍夫舊而行事竝識於今自嘉靖丙申迄

萬曆己酉蒐羅放失咸就詮次書成凡七卷以授剞劂氏夫昔以證今今以竢後庶幾足以風勵來者視已成緣俗成理斟酌控馭而輕重布之措其土宜以愼固封守不佞凡籍是以稍逭玆責乎若曰紹明世繼春秋本詩書禮樂之際則余何敢焉萬曆己酉菊月初吉

邑人黃　淳譔

周禮一書周公之寄仁也不亦遠乎闡至誠之精畢元聖之慮悉意綢繆宏創王業由朝廷而遐荒而文敎武畧而輪形毛實而貢輸委積而鳥獸草木靡不庀理而誌焉彙爲周禮載師外史之所掌藏之天府布在有司正所以思後世磷緇而吾仁之寄不足以及遠也故歷數百年周禮猶盡在魯孔子猶藉以作春秋春秋因所以維周禮之衰也後而太史合二書將何取裁新會建置古矣一邑規制事不繫於周禮而經緯織鉅則亦有同焉者宋元文獻已無可攷豈誌之無人抑地僻世亂有如周公之思乎李氏承箕張氏詡始作誌亦不能傳疑於無徵之世或曰新會

之所重於天下者以有江門道學厓山忠節在然忠節非道學孰表章是李張二氏胥出白沙陳子之門時陳子尚無恙義不得詳於者嗣後黃太史佐湛太史若水講學於鄉不無矛盾陳子之學雜見傳記不無𤦹蝕黃太史後誌間有采輯率貴博述不暇精擇爲三十年前嘗與以龍李君言此思一正之未能也王令公命璿披覽舊志慨然興作新之念將無慮及此乎今皇上睿見特允詞臣議詔陳子與從祀文廟登日文恭吾道輝煌後進激勸正學大明有不竢斯

誌之贊削王令公特命淳同李君董志事固辭不獲因念吾二人俱白髮牖下夙志弗酬更竢何日迺承令公雅意互相蒐輯如淳少有太史之迹老乏左氏之筆謾爾成書聊役令公之命云爾何足以謝李張諸作者嗟乎淳之學周孔之學也涵養弗至郎周情孔思安得灑灑胸中文何關禮義匪春秋惡夫誌惟區區念及陳子寔起海濱上接周孔之傳名滿天下爲世儒宗倘令聊蝕不明枉生斯鄉有負前喆力疾成誌惡有徵長率先誌事則敎諭賴君絲訓導于君

大猷孔君灝咸裨厥成應得並書萬曆己酉菊月之吉

邑人何熊祥撰

吾邑故有誌實李世卿氏所載筆也其後宮詹黃泰泉先生蒐而輯之亦既彬彬願垂七十年來事變遞更紀載尚缺文獻足徵似不其然虞石王侯蒞邑五年治具畢張一日檢舊志而嘆曰不可當吾世而失紀載迺搜諸曹掾故牘暨訪士紳家乘以及逸史開局纂修而敦請鳴谷黃先生見所李孝廉以如椽之筆總其事志成余得寓目焉余嘗聞中國形勢皆發源崑崙蜿蜒而南以及海瀕夫海則吾邑襟帶也厓山之外吞天浴日赤縣之南極於此吾邑南鄙亦極於此而邑之發源北山亦曰崑崙淑氣磅礴走數百里而爲縣治東則群峒環繞掖端溪浈水過九江而下滙於海有似東溟西則層巒插霄聯絡擁護亦猶西極峨眉諸峯云故嘗私論會雖一邑粲其幅員殆廣輪之小者也夫豈幅員哉迺事幾亦往往與寓宇相應矣成弘之際天下重理學於時白沙先生出爲

世儒宗俎豆黼宮晚近徵於多僞見談性命者鮮不姍笑則吾邑亦然孰能無待而興利風未熾天下無事吾邑亦與之無事自中瑠出遠近疲於奔命而吾邑庚子之變死縣門者踰五十人計天下罹稅害者莫此甚矣自倭蹂躪屬國寇在門庭征兵轉餉騷然煩費今隱憂罔無已時也蠢爾澳夷亦在我東偏近迺日以勾倭爲事喆之則曰爲紅毛番備年積薪厝火未可謂安計吾邑之虞澳也不猶天下之虞倭乎今中外物力詘矣探九肱箧何處蔑有迺色以山海

與區尤易數盜水備則虞陸陸備則虞水此其兵脆盜劇又不與天下同患乎夫置吾邑於宇內何啻黑子之著面䢅幅員相彷彿者猶云千一而事幾相感應者蓋已十九然則今計治安者動曰崇正學撫疲黎罷錐刀戒衣袽也大之安天下小之安一邑庸異術乎王侯宜當宁德意爲民造命數年間咻煦窮簷綢繆牖戶法已無不畢舉而於敎化尤三致意焉今政通人和舊志是修夫述已成之事以詔來茲令世世放方策踵而行也非嘉惠無窮不及此而以近知

遠以小知大其行舉而措之之遐思哉侯聞之曰富哉言乎非不佞始慮所及也不佞藉手兩先生以舉曠典竊多兩先生之勞請以斯言無忘成勞爾何子曰匪直勞足多也蓋奇足詫矣夫黃先生壯年解組雖位不宮詹而抗志烱霞文章行誼直將與宮詹伯仲李先生遺榮嗜學足絕公庭方諸世卿居然厲行夫載筆四賢上下百餘年間以學以行以姓無一不符斯不足詫一時之奇而爲誌添勝事乎且也昔以隔世各司述作今以同堂共持袞鉞昔以異境第記所聞今以邑人且述所見相提而論今之志豈昔之志等乎哉王侯曰然遂以綴於末簡萬曆己酉菊月

新會縣志　卷首　舊序

新會縣志目錄

目錄終

縣境圖

圖象

新會縣志 卷首 圖象

城邑圖

大海

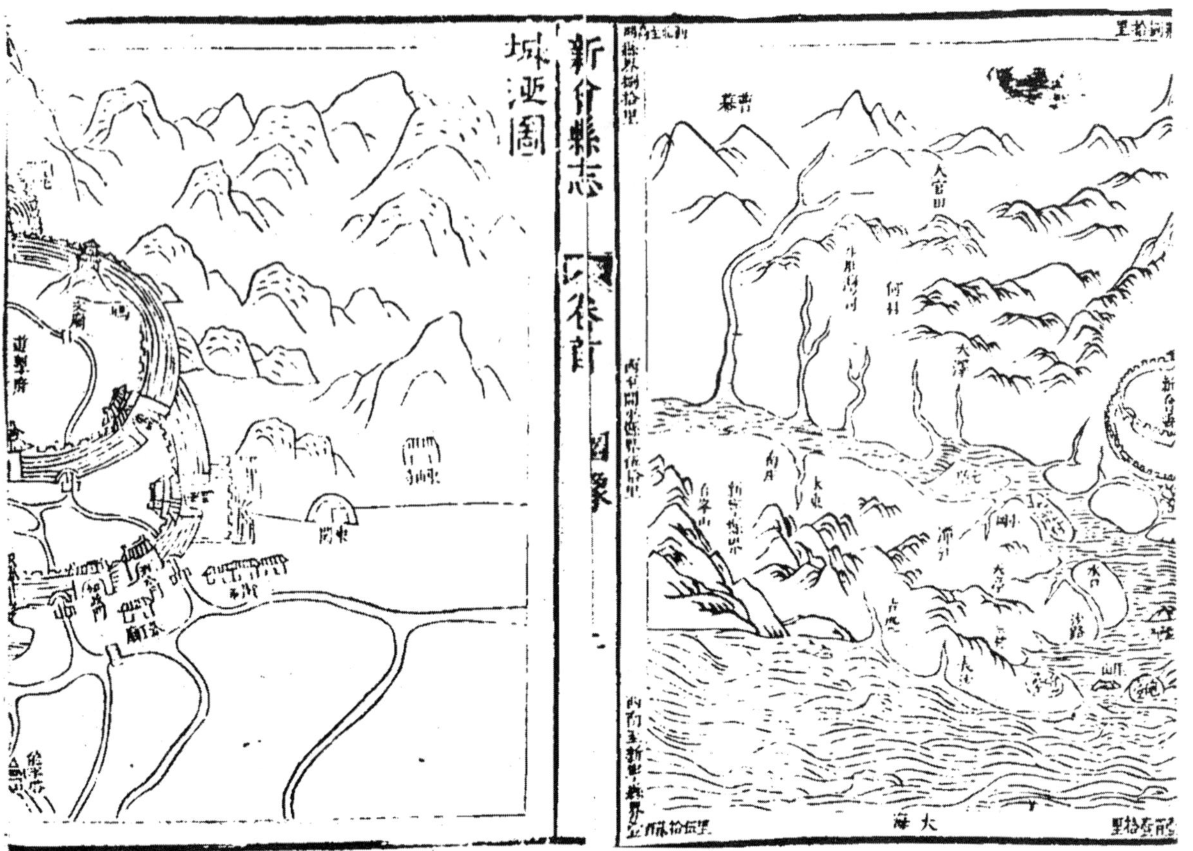

新會縣志
卷首
學宮圖

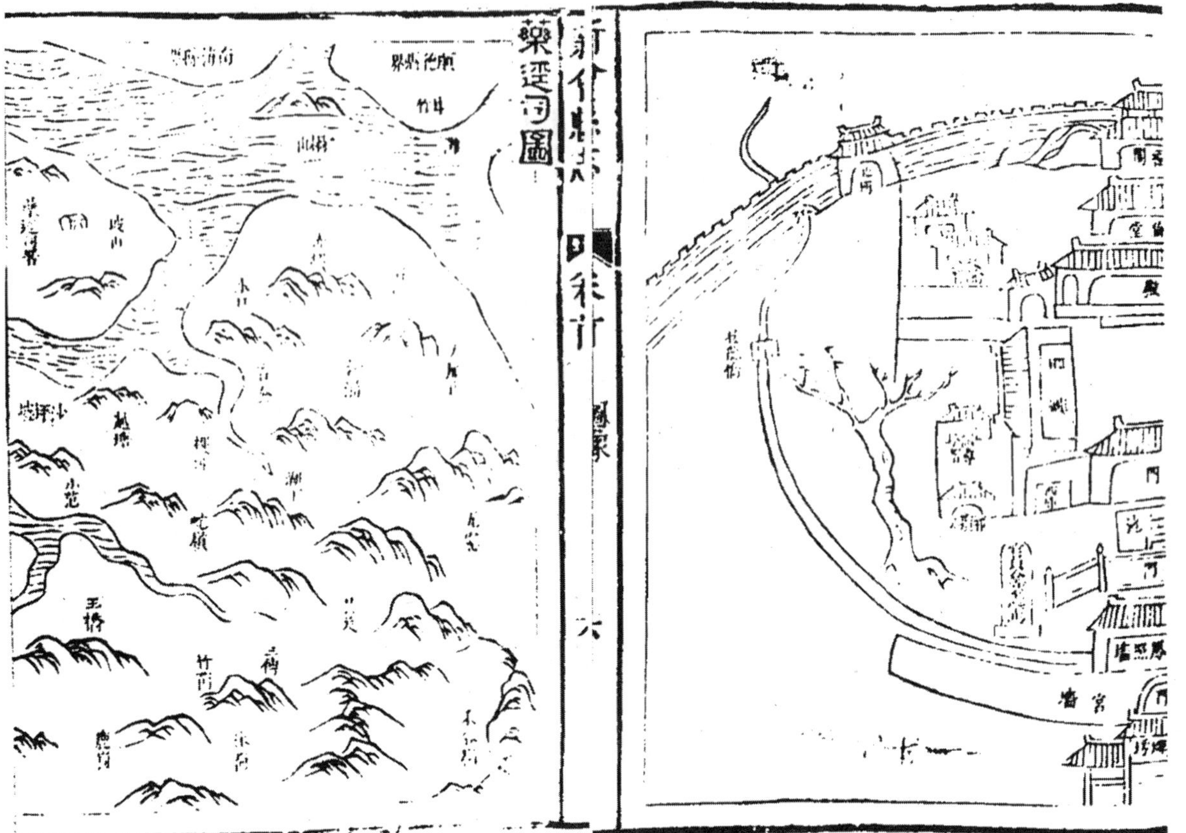
新竹縣志

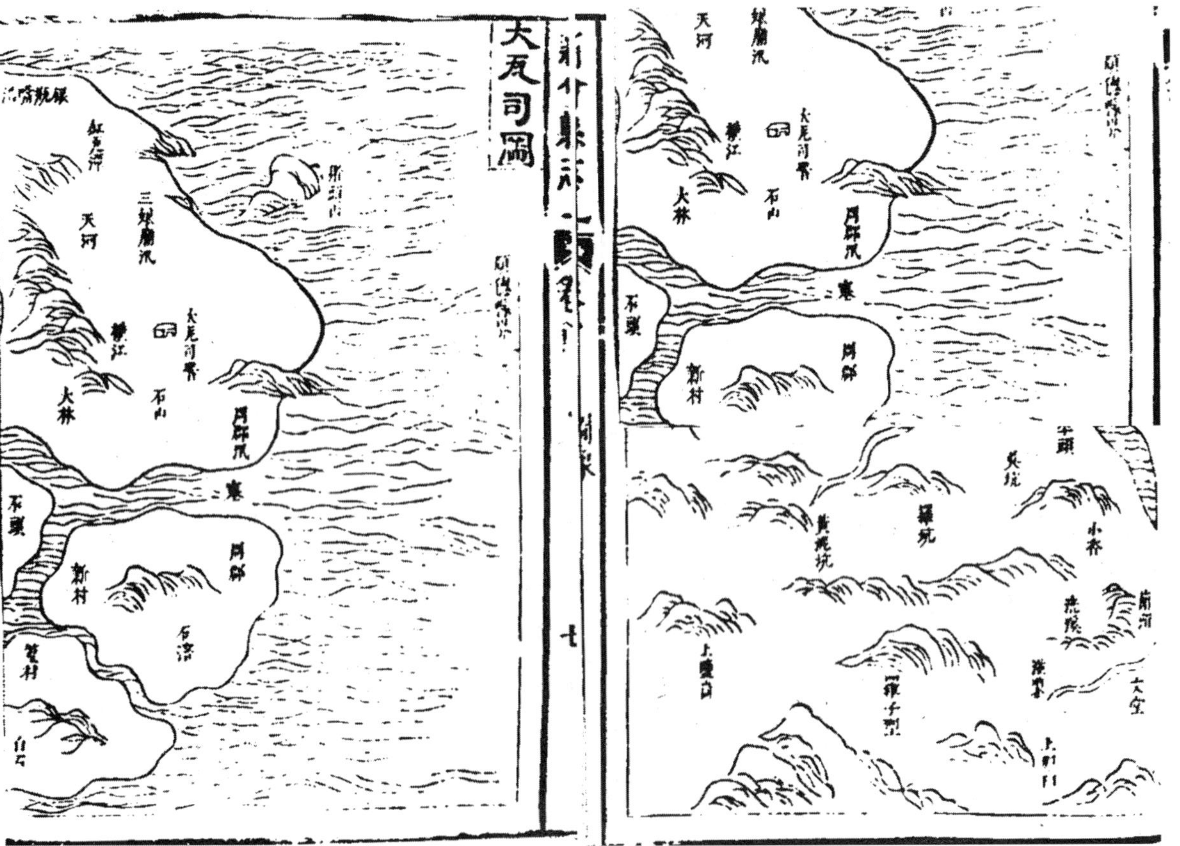
新竹縣志
大林
新村

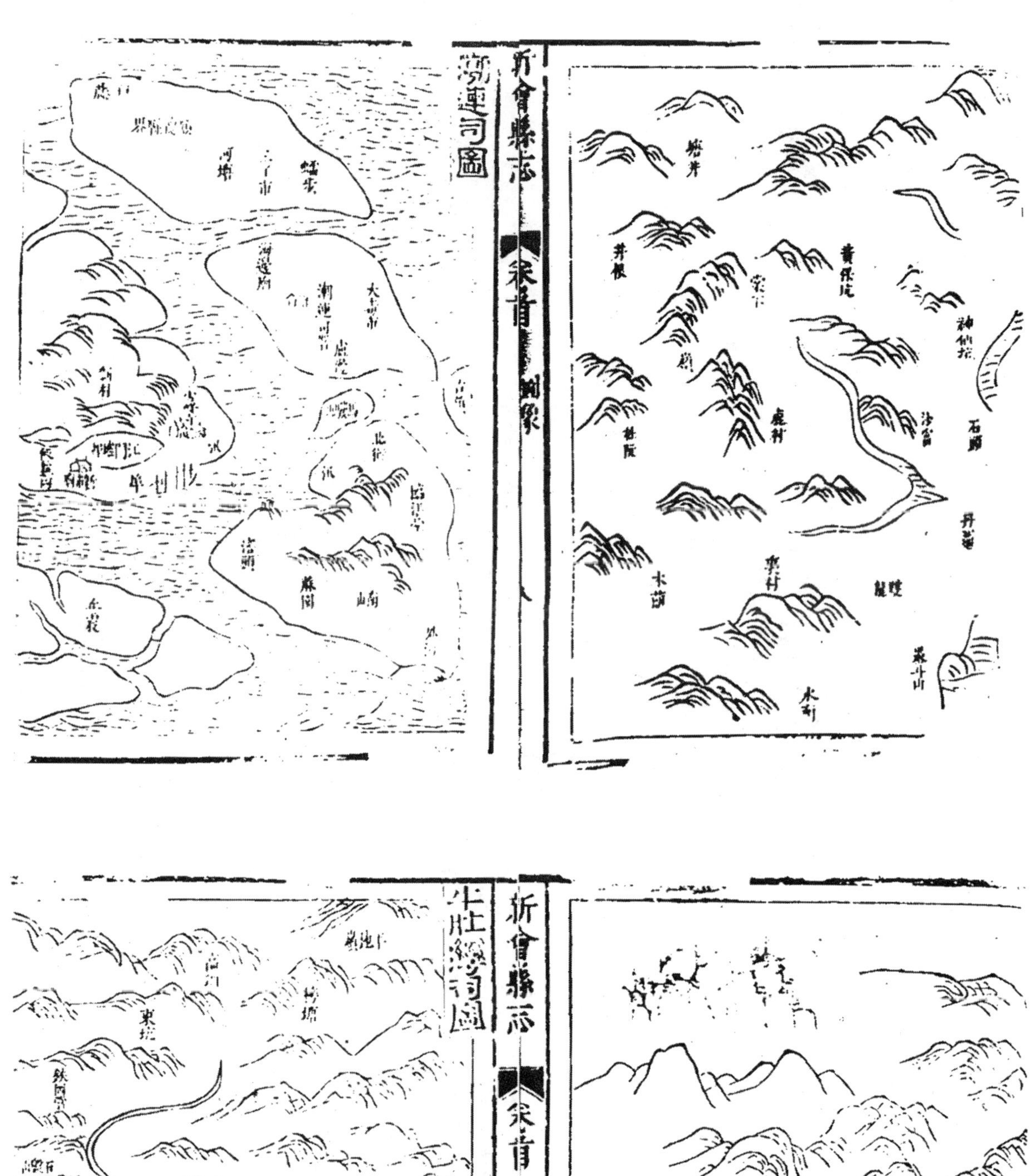
潮連司圖
新會縣志
卷首
圖象
大亨市
潮連司署
牛肚灣司圖
新會縣志
卷首
圖象
西甲
東甲

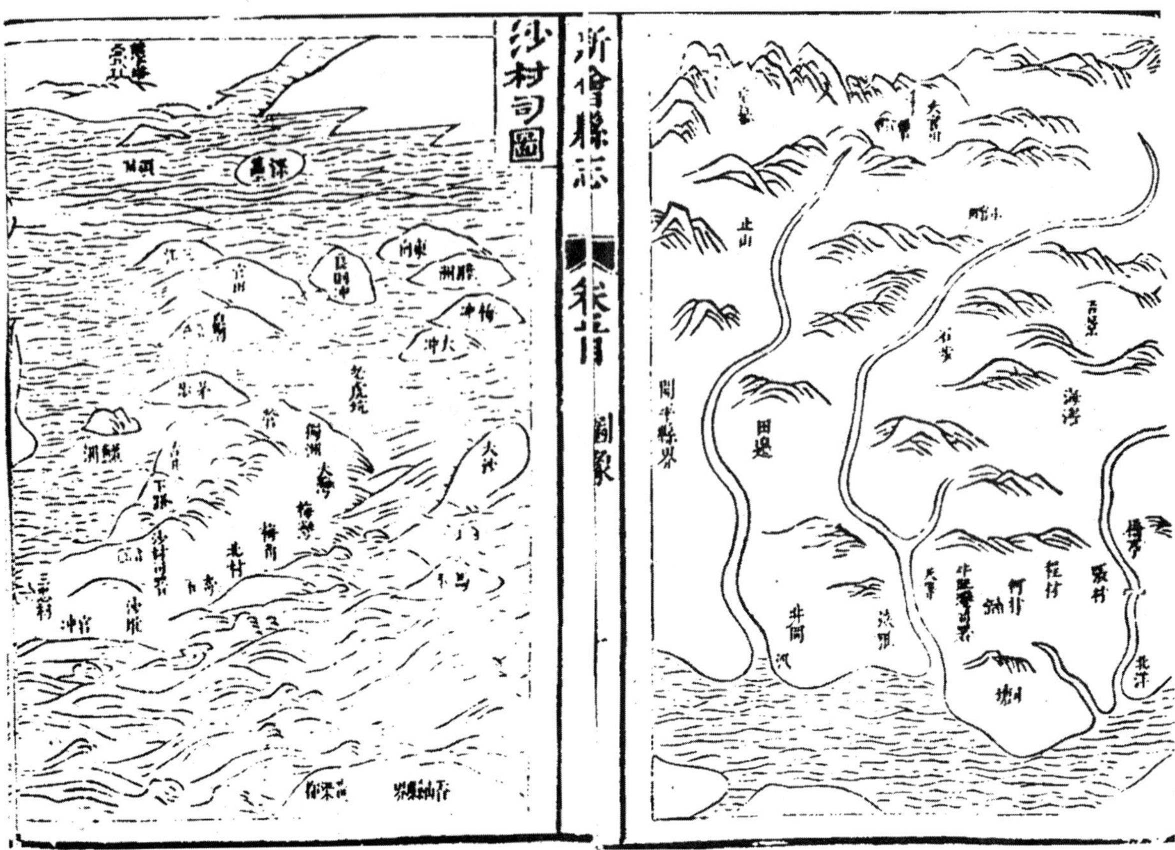
沙村司圖
新會縣志
卷一
圖象
開平縣界
田邊

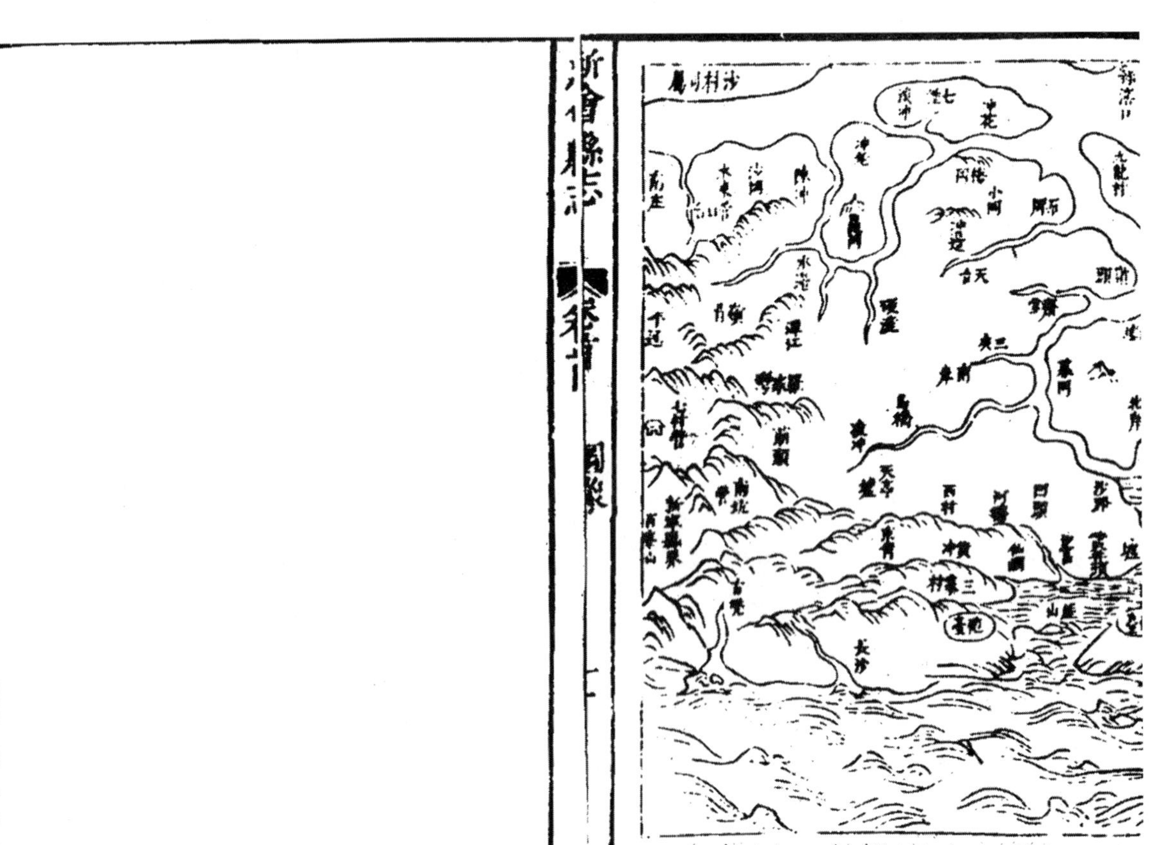
新會縣志
卷一
圖象
沙村司屬
長沙

新會縣志卷之一

知新會縣事渤海賈雒英訂定
邑人佘玉成
蘇楫汝
李朝鼎分校
譚起蛟
湯　晉仝纂

星野

在天爲分星在地爲分野天官家言之詳矣而誌一邑者毋略星野豈以地方百里其於分星所繫無幾耶粤稱揚州境自史漢後咸繫之婺女牽牛或繫之南斗星紀黃淳舊志又以粤之瀕海爲南斗不隂爲牛女然乎否乎按帝王世紀唐天文志諸書總之不離星紀者近是新邑雖彈丸亦星紀之所繫也班固曰政失於此則變見於彼卿士惟月可不慎歟作星野志賈雒英紀

周禮　保章氏以星土辨九州之地所封封域皆有分星以觀妖祥

史記天官書　斗江湖牽牛婺女揚州

漢書地里志　粤地牽牛婺女之分野

春秋元命苞　牽牛流爲揚州分爲越國

南越志　南越之地牛女分野揚州之末土也

宋史　嶺南當牛女之分

通典　牽牛婺女越之分野

明一統志　廣州牛女分野

星經　牽牛六星次三星主南越明則王道昌

帝王世紀　斗十一度至婺女七度一名須女曰星

紀之次於辰在丑於律爲黃鍾斗建在於吳越分野

魏晉書　星紀分野廬江以南盡於珠星皆揚州分域

晉天文志　自南斗十二度至須女七度爲星紀於辰在丑吳越之分野屬揚州

唐天文志　自河南丁流絕南紀之曲東南負海爲星紀初南斗九度餘四千四十二抄十二太中南斗二十四度豕淮水南盡東海又踰南河而南涉

越門訖蒼梧南海踰嶺表自韶廣以西珠厓以東
爲星紀之次
唐僧一行謂天下山河之象存乎兩界兩界之紀分
爲南北自南紀之首循嶺嶠及東海爲百越
秦二世二年十月五星聚東井任嚣日秦方喪亂此
南方偏霸之象也按星經河戍六星夾東井當南
北兩河各三星南日南戍主越門東井秦分也漢
王以十一月入關是爲星聚東井之應其東井傍
之南卽南戍餘氣及之可知其爲南越偏霸之象

然黃佐又謂東井位對南斗此衡氣也故竝存之
漢孝景元年正月癸酉金水合於婺女婺女粤也又
爲齊二年七月丙子火與水晨出東方隨守斗十
二月水火合於斗斗牛吳也又爲粤故三年七國反
遣周亞夫討平之吳王亡走粤粤人攻而殺之
武帝元鼎中熒惑守南斗南斗越分也其後越相呂
嘉殺其王及太后漢討南越平之
梁武帝大通六年四月丁卯熒惑在南斗是年蘭欽
帥兵攻魏而廣州賊起

大同五年十月彗出南斗其後李賁稱帝於交州發
吳越兵討之
宋恭宗德祐元年八月熒惑犯南斗
帝昺祥興元年八月庚申月貫南斗乙巳星隕於海
明正統十二年八月有星孛於南斗
嘉靖元年正月朔金星犯牽牛
三年甲申春正月朔五星聚於營室
十九年秋九月壬子熒惑犯南斗
二十一年秋七月己亥火星犯南斗第二星

二十二年秋七月熒惑犯南斗
二十四年春閏正月金星晝見　十二月癸卯日旁
黑氣如盤與日相盪七日乃滅
四十五年冬十月甲申夜金星入南斗
隆慶六年夏六月彗星見
萬曆四年秋彗星見　六年秋彗星見
萬曆七年秋九月彗星見西方
九年秋九月啓明星不見至於十二月
十四年秋八月星入月中

二十三年東方有大星出小星羣繞
二十七年春三月有火自西流
四十六年秋九月癸丑彗星見
天啓三年夏六月熒惑入南斗
五年夏六月有大星東流入於南
崇禎四年秋七月啓明星不見
十五年夏四月熒惑犯歲星　五月犯鎮星
國朝
世祖章皇帝順治元年甲申秋太白經天（是年爲故明崇禎十七年）

（至八月 國朝定鼎燕京江淮以北俱奉正朔江以南尚奉故明也）
今上皇帝康熙十九年庚申冬十一月彗星見東方
十一月白氣亘天
康熙二十一年壬戌秋七月彗星見東北方
康熙二十八年己巳冬十月彗星見東南方

新會縣志卷之二

知新會縣事渤海賈雒英訂定
邑人余玉成
蘇楫汝
李朝鼎分校
薛起蛟
湯　晉仝纂

疆域

形方氏掌制邦國之地域所以正封疆也新會古

三百三十八里自明析立順德恩平新寧開平四邑雖猶提封百里而疆域倒除非其舊矣其間山陵林麓川澤溝塗居其半東西南北犬牙相錯道里之遠近未易引繩定也嗟乎建邦啓土今古代殊詩曰職思其居牧是邦者但使地無曠土人懷樂利誠不在乎區區廣狹間也作疆域志賈雒英

紀

新會縣編戶一百七里共境廣一百五十里袤一百九十里（據壬子志）

東至順德縣界八十里
西至肇慶府開平縣界五十里
南至香山縣界一百一十里
北至南海縣界八十里
東北至順德縣界一百五十里
東南至香山縣界一百五十里
西北至肇慶府高明縣界八十里
西南至新寧縣界一百二十五里據康熙二十二年輿圖
至廣州府二百三十五里至京師八千三百六十

五里
附近之地隷縣不屬巡檢司若宣化源清禮義三坊
所分巡檢司地凡五
東爲潮連司轄華萼歸德二都與順德香山接界
西爲牛肚灣司轄懷仁新化遵名石碑四都及得
行新與之倫爲與開平接界
南爲沙村司轄文章潮陽瀧水潮居四都與新寧
香山接界
北爲樂逕司轄古勞一都與南海高明接界

東北爲大瓦司轄中樂一都與順德接界

沿革表

自黃帝經理天下畫野分州南至熊湘而止則粵地已入版圖唐虞分天下爲九州粵固揚州之南境也夏商之世因之春秋爲越地周顯王時服於楚越之子孫散處嶺海之間或爲君或爲長是謂百粵秦始王滅楚平粵置南海郡不聞有縣趙佗割據漢武平之以郡屬交趾建安初改交州徙治南海又以郡屬荊州三國時地入於吳分合浦以北置廣州郡如故於是始析郡地置平夷縣晉太

康初更名新夷元熙初又析南海新寧二郡地置新會郡治盆允領縣六新夷屬焉然惟新夷初賓義寧二縣爲今新會縣地隋開皇十年廢新會郡爲封州州治封樂領縣四曰封樂新會封平義寧復改允州尋爲岡州大業初州廢析置懷集縣省封樂入新會封平入義寧俱屬南海郡唐武德四年以新會義寧二縣復置岡州又析封平封樂二縣屬焉貞觀十三年移岡州治於義寧在今縣治北黃雲山下至是岡州始爲新會地故新會今稱古岡而邑中一山亦以古岡名之實自此始前此書新會郡新會縣及岡州者皆今之四會縣也開元二十三年廢岡州以新會義寧屬廣州宋開寶五年移新會治岡州省義寧入焉明景泰三年析新會華萼都地置順德縣成化二年又析新會地置恩平縣屬肇慶府弘治十二年又析新會得行文章二都地置新寧縣後又析新會登名古博平康得行四都地置開平縣而壤地日削矣

世代	州郡	縣
唐帝堯	南交（堯命羲叔宅南交）	
虞帝舜	（舜巡狩南至於衡山奏九成於韶石崩於蒼梧）	
夏禹王	揚州（禹貢淮海惟揚州粵爲揚州南土）	

商 湯王	南越 成湯始定南越獻金
周 武王	南海 武王定南海爲藩服
顯王二十四年	百越 越伐楚子孫爲人敗之越遂散處江南海上皆服于楚號爲百越亦號揚粵
秦 始皇三十三年	南海郡 秦遣任嚣趙佗略南越平之置南海郡以嚣爲尉
二世元年	南越國 南海尉任嚣病將卒召龍川令趙佗語之佗行尉事自立爲南越武帝
漢 高帝十一年	南越國 漢遣陸賈封趙佗爲南越王

武帝 元鼎四年	南越國 佗五世孫胡采內屬丞相呂嘉作亂殺其王及太后	
元鼎六年	交趾部 南海郡 漢平南越[illegible]南海郡領縣七	
獻帝 建安八年	交州 交趾刺史張津上表乞立爲州置牧	
建安十六年	荊州 時改爲貢九州故郡并交州爲荊州而州實爲孫權所據	
昭烈帝 章武元年 吳孫權黃武元年	交州 吳孫權始析南海郡置縣曰平夷	平夷縣 在今開平縣蜆岡堡及西南部今新興縣地皆爲新會
後帝 建興四年 吳孫權黃武五年	廣州 孫權分南海蒼梧鬱林高涼四郡置廣州廣州之名自此始	

新會縣志　卷之二　沿革　八

晉 武帝 太康元年	廣州 是年平吳更平夷縣曰新夷	新夷縣 以平夷在臨允新興之交故易名新夷後分爲初賓	
恭帝 元熙二年 分南海新寧二郡地置新會郡[illegible]盆允新會之名自此始	新會郡 治盆允在今新會縣北二十里領縣六曰盆允曰新夷曰封平曰初賓曰義寧[illegible]	義寧縣 析新夷東南[illegible]置[illegible]	
宋 文帝 元嘉元年	新會郡 析南海新會新寧三郡地置宋安新熙永昌始成齊安懷化六縣屬新會郡	義寧縣	
隋 文帝 開皇十年 廢新會郡改新安縣置封州	封州 治封樂領縣四曰封樂曰新會曰封平曰義寧	新會縣 廢新安郡置新會縣之名自此始 義寧縣	
開皇十一年 改封州爲允州移治故新會郡	允州	新會縣 義寧縣	
開皇十二年 改允州爲岡州	岡州	新會縣 義寧縣	

新會縣志　卷之二　沿革　九

煬帝 大業元年 廢岡州析置懷集縣省封樂入新會省封平入義寧俱屬南海郡	南海郡	新會縣 義寧縣	
唐 高祖 武德四年 復置岡州治新會併復封平封樂二縣	岡州 領新會義寧封平封樂四縣	新會縣 義寧縣	
太宗 貞觀十三年 廢岡州省封樂入新會省封平入義寧屬廣州尋復置岡州以新會義寧二縣屬岡州	岡州 移治義寧在今新會縣北黃雲山下	新會縣 義寧縣	
玄宗 開元二十三年 廢岡州以新會義寧屬廣州	廣州	新會縣 義寧縣	
後五代 梁朱友貞貞明元年劉巖稱帝於廣州改國號大漢	南漢國 廣州	新會縣 義寧縣	
宋 太祖 開寶五年	廣州 移新會治于古岡州	新會縣 省義寧縣入新會並是新會始爲今縣治	

開寶六年	廣州	新會縣 復析新會新興地置義寧縣
高宗 紹興二十年	廣州	新會縣 割東南瀕海地附香山縣
帝昺 祥興元年 有黃龍見海中陞廣州爲翔龍府	翔龍府	新會縣 廢新興入新會
元 世祖 至元十五年 改翔龍府爲廣州路總管府	廣州路	新會縣
明 太祖 洪武元年 何真以廣州歸附改路爲府	廣州府	新會縣
代宗 景泰元年	廣州府	新會縣 割羊蓼都地附立順德縣

憲宗 成化三年	廣州府	新會縣 割新會及新興陽江地置恩平縣
孝宗 弘治十二年	廣州府	新會縣 割得行文章二都地置新寧縣
國朝 世祖章皇帝 順治五年	廣州府	新會縣 析登名古博平康得行四都置開平縣

新會縣志卷之三

知新會縣事渤海賈雒英訂定

邑人余玉成

蘇桥汝

李朝鼎分校

薛起蛟

湯　晉仝纂

事紀

龍門涑水代有紀冊惟朱子綱目一書猶倣春秋編年之義新會自唐宋以前所存僅建置沿革數端其他率多湮沒豈厓山之讀藏篇散亡文獻遂不足徵耶顧古今治亂災祥之大畧以及政有興替人有臧否考之遺編猶可述而志也語曰臨明鏡者無遁形庶幾前事之足傳者後事之可鑒云爾作事紀賈雒英識

帝顓頊南至交趾莫不砥屬

唐堯命羲叔宅南交

虞舜巡狩至衡之南奏九成於韶石 韶石今韶州

夏禹導黑水入於南海

商湯始定南越獻令 按汲冢周書諸侯獻方物湯命伊尹定爲獻令令南越以珠璣玳瑁象齒文犀翠羽菌鶴短狗爲獻

周武王十三年初定南海爲藩服 通鑑周王既滅殷乃正九服徹法以南海地在東南揚州之裔定爲藩服乃經土地而井牧其田野以達於海

惠王六年命楚子熊惲鎮南方 楚成王惲即位布德施惠使人獻於天子天子賜胙曰鎮爾南方無侵中國於是楚地千里南海臣服焉

唐高祖武德四年復岡州治新會領新會義寧封平封樂四縣

武德六年岡州刺史馮士翽據新會入廣州刺史劉感討平之使復其位

八年置岡州鹽場

太宗貞觀十三年移岡州治義寧 在今新會縣北黃雲山之前至是岡州始爲今新會地前此所謂新會郡新會縣者乃今岡會地故於從前所書新會事多畧之以其名是而實非也

睿宗景雲元年岡州黃雲見

林皋曰舊志云有黃雲見於岡州治後故名其山曰黃雲而前志書慶雲見夫五色爲慶三色爲矞

豈得以黃雲稱慶雲哉

玄宗開元二十二年廢岡州以義寧新會屬廣州

昭宗天祐二年清海軍節度使劉隱置錫場於義寧

宋太祖開寶五年廢義寧入新會移新會縣治岡州

故址卽義寧仍屬廣州至是新會始爲今縣

仁宗皇祐三年新會溪水變爲紫者旬日

神宗元豐元年縣令周諝不行青苗法

高宗紹興元年新會盜起討平之

紹興三十二年割東南瀕海地附香山縣

孝宗淳熙十年罷白皮鹽場及蛋戶丁錢

寧宗嘉定十四年大旱詔賑之

理宗淳祐五年夏五月海溢大雨水（颶風大作夜潮不得退濱漆頻午潮溺之民溺者百餘家）

恭宗德祐元年八月熒惑犯南斗

端宗景炎元年夏六月新會令曾逢龍及東莞民熊飛率師復廣州冬十月詔以逢龍判韶州元將呂師夔入寇逢龍及飛力戰死之

帝昺祥興元年夏六月乙亥帝舟次於厓門建行宮

慈元殿

初端宗航海至廣州元兵已毀州城乃奔高涼次於碙州（碙州在化州吳川縣南海中當南北道乃雷化犬牙處）四月戊辰帝崩庚午衞王昺卽皇帝位年始八歲（端宗之弟）有黃龍見海中改廣州爲翔龍府碙州爲翔龍縣尊端宗母淑妃楊氏爲皇太后時左丞相陳宜中奔占城右丞相文天祥帥師在循州乃以陸秀夫爲左丞相兼樞密使加檢校太保節度使張世傑太傅世傑以雷州已陷而六軍所泊孤嶼居雷化犬牙間

非善地厓門在大海濱去新會八十里與奇石山相峙勢頗寬廣而港口如門可以藏舟遂以己未發翔龍縣乙亥至厓門駐蹕焉時官民兵二十餘萬所需資糧皆取辦於廣右諸郡與海外四州乃遣人入山伐木造軍屋數千立行宮三十殿曰慈元奉皇太后居之造舟楫治器械至十月始罷先是宋之興也有讖文曰一汴二杭三閩四廣又曰逢厓則止嗚呼天定之矣

秋八月庚申月貫南斗己巳星隕於海

巳巳夜初鼓天狗星大如斗西北流後有小星千餘墮東南海中聲如雷數刻乃巳封張世傑越國公文天祥信國公以姚良臣爲右丞相夏士林參知政事王德同知樞密院事張德殿前都檢點秀夫内爲軍旅外調工役雖顛沛流離猶日書大學章句以勸講

九月壬午朔葬端宗皇帝於永福陵（陵在厓山）時以觀文殿學士曾淵子充山陵使

祥興二年春正月辛酉元張弘範侵厓山太傅張世

傑等禦之二月甲申師潰丞相陸秀夫負帝赴海死宋亡（舊志宿癸未師潰今遵綱目改正附記以俟知者）

先是弘範至循執文天祥於五坡嶺（嶺在海豐）從潮陽港乘舟入海至甲子門獲宋卒知帝所在遂趨厓山時翔龍府巳陷元李恒亦自廣州以兵會之世傑恐久在海中士卒離心遂燬行朝艸市結大舟作一字陣碇海中中艫外舳貫以大索四周起樓柵如城堞奉帝居其間爲死守計弘範出騎兵斷汲路以輕舟載茅茨沃以脂膏乘風縱火世傑以泥塗艦縛長木以拒火火不能及世傑有甥韓在弘範軍中使招世傑凡三反世傑曰吾知降生且富貴但義不可移耳因歷數古忠臣以答之弘範又令文天祥爲書以招世傑天祥曰吾不能扞父母乃教人叛父母可乎固命之遂書過零丁洋詩末句云人生自古誰無死留取丹心照汗青弘範笑而置之使人語厓山士民曰汝陳丞相巳去文丞相被執汝復何爲士民亦無叛意但樵汲路絶軍士茹乾飲鹹者十餘日多嘔泄世傑猶日督戰

帥蘇劉義安撫方興等大戰二月戊寅朔統制陳寶叛降元巳卯元都統張達夜攻營亡失甚衆甲申有黑氣出山西是日弘範命李恒軍厓山北乃分其軍爲四相去里許令諸將曰宋舟膠厓山潮至必東走急攻之勿令逸去遂麾恒軍存向世傑以淮兵禦恒恒乘潮却至午弘範隨潮而北與恒南北夾擊世傑兩面受敵士皆疲乏自朝至於日中俄見各舟檣旗皆仆世傑知事巳去急抽精兵入中軍諸軍大潰翟國秀劉俊等叛降會薄暮風

雨暴作咫尺不能辨世傑乃與蘇劉義等斷維以十六舟奪港而去秀夫走帝舟舟大諸環結不可出於是先驅妻子入海朝服奏帝曰國事至此陛下當爲國死遂抱帝赴海後宮嬪御及翰林學士劉鼎孫權禮部尚書徐宗仁兵部侍郎茅湘吏部趙樵樞密高桂等從死者不可勝計御舟畜一白鷴哀鳴躑躅亦投水死越七日浮屍十餘萬弘範遣人護文天祥北行天祥日謀蹈海不得在道不食八日不死乃復食至燕不屈死之宋亡後越數

百年每遇烈風暴雨漁人常見玉璽浮沉海面或見波光燄燄燭天彷彿若有城闕師衆意爲忠魂所結嗚呼異哉

太傅張世傑奉皇太后還厓山皇太后赴海殉國五月元兵追世傑於南恩世傑死之

世傑奉楊太后還厓欲收散卒求趙氏後立之不得太后知帝已崩撫膺大慟曰我忍死間關至此正爲趙氏一塊肉耳今無望矣遂赴海死世傑瘞之海濱世傑將往安南再圖興復五月四日舟次南恩平章港颶風大作舟人欲艤舟避世傑曰無以爲也爲我取瓣香來至則仰天祝曰吾爲趙氏亦已至矣一君亡復立一君今又亡我未死者欲求趙氏以存宗祀天若不欲存趙氏則大風覆我舟舟遂覆世傑死焉時潰卒維揚陳氏脫死達岸糧絕欲食馬肉夢人謂曰慎勿食今夜有舟來共載驚寤果得舟歸維揚徙居盱眙有女適仁祖是生明太祖

弘範刻石紀功而還

弘範於海中奇石磨山厓大書鎮國大將軍張弘範滅宋於此十二字宣慰使司同知白佐謀平厓山記銘

元世祖至元十二年以新會屬廣州路設達魯花赤及縣尹 按艸木子達魯花赤猶言荷包上掌子一云囊口壓子即今俗語所謂總撿也

至元二十年春三月新會民林桂芳趙良鈴等兵起王守信擊斬之 舊志鈴誤作詮今按元史改正

桂芳兄弟與良鈴聚衆萬餘稱羅平國改元延康林泉曰林桂芳等起兵不能遵奉先朝正朔以聲

大義而稱國改元亡不亦宜乎

至元二十一年春二月新會民黎德等兵起林梁按元文類及廣東通志載黎德之事甚詳舊志不書今補入

南海民歐南喜自稱宋將軍與黎德聚衆十萬殺居民破城邑嶺海騷動遣張玉將兵萬人會江西行省擊之官軍與戰屢為所敗

至元二十二年春正月歐南喜襲廣州不克遂走新會

冬十一月江西行省也的迷失會兵擊敗南喜及黎

德等於海上擒德斬之南喜走藍濮檻送德弟浩及招討吳興等於京師

英宗至治二年新會民氾長弟兵起廣東副元帥烏馬兒率兵捕之

順帝至正十五年土寇黃斌作亂攻陷縣城縣尹遷治潮居民皆流散

新會民日擊厓門之役故義憤所激兵起無寧歲若周之頑民然至黃斌作亂虐民不可與林桂芳等同日語者也故不書兵起

至正二十五年元使太常卿余觀國航海至新會招諭諸起兵者

嶺路為盜賊所梗故觀國由海道至時新會擾亂百姓不能自保惟北到中林文秀能守其鄉不遭寇擾之禍觀國褒之

明太祖洪武元年戊申春二月癸卯遣征南將軍廖永忠取廣東

三月壬辰元江西行省左丞何眞降

夏四月永忠入廣州遣兵誅黃斌新會平

成祖永樂十九年辛丑夏四月詔蠲逋負

新會免追銅錢顏料者以千計民大悅

仁宗洪熙元年乙巳春正月詔弛金銀坑冶之禁

新會淘金坑諸處民競掘淘終無所得

宣宗宣德三年戊申冬十月己亥陳獻章生

英宗正統八年癸亥秋大饑

廣州饑新會為甚詔義民出粟賑濟者冠帶榮身民得為義官自此始

正統十三年戊辰八月有星孛於南斗

正統十四年己巳南海冲鶴賊黃蕭養作亂圍廣州
流刼新會
代宗景泰元年庚午都督董興討黃蕭養誅之餘黨
悉平析華萼都及南海地置順德縣
景泰三年壬申夏四月海賊寇掠新會總部都指揮
僉事杜信與戰死之 舊志不書
英宗天順五年辛巳秋八月嘉禾生
邑平安甲產嘉禾九穗者三本七穗四本六穗五
穗各八本時知縣王重縣丞陶魯皆有善政人以

為和氣所感
天順六年壬午春廣西賊入寇縣丞陶魯討平之
時廣西賊入寇居民多被擄掠魯募邑子弟有恒
產者號敢勇兵討平之自是威名益著尋擢知
縣
天順八年甲申春正月詔免稅役
時英宗以正月十七日崩皇太子即皇帝位是月
二十日詔廣東寇賊生發多因官司采辦物件守
令不得其人以致饑寒逼身嘯聚為盜情犯雖重
詔書到日能悔過行散悉宥其罪戶下拖欠稅糧
等項悉皆蠲免仍免雜泛差役三年
憲宗成化二年丙戌析新會陽江新興地置恩平縣
以天順中西賊流刼由此出沒也
冬十一月詔赦盜賊
聽其復業免其糧差二年官司善加撫恤
成化五年己丑僉事陶魯奏請建祠厓山祀宋丞相
文天祥陸秀夫太傅張世傑三人賜額大忠
成化十六年庚子春正月知縣丁積定禮式

夏四月縣民陳猷陳顯葉麻等謀作亂丁積及指揮
倪麟捕誅之
成化十九年癸卯秋九月徵舉人陳獻章至京師授
翰林院檢討疏乞終養許之
孝宗弘治四年辛亥冬十月建全節廟於厓山
布政使劉大夏翰林檢討陳獻章建議 十三年按察司僉事徐紘奏請入祀典從之
弘治六年癸丑秋八月丙戌颶風大作民多溺死
弘治十年丁巳秋八月府縣民歐陽中妻黎氏貞節

弘治十二年己未春正月壬戌大雨雹乙丑雨雹
二月析得行文章地置新寧縣（舊志上三年歲干支俱誤今改正）
都御史鄧廷瓚奏割得行文章二都海晏矬峒二
鹽場及望高巡檢司置新寧縣廣海倉印仍隸本
縣
弘治十三年庚申春二月翰林院檢討陳獻章卒（作己未誤）
弘治十四年辛酉夏五月饑知縣沈章賑之（活饑民五千八百名○舊志作十五年誤若十五年則非辛酉知縣亦非沈章矣今改正）

弘治十七年甲子夏五月饑知縣羅僑發粟賑之（活饑民一千四百名）
初僑修豫備倉清出各倉算艄及銅錢十萬四千
有奇葺完之至是饑發倉粟賑活甚衆
武宗正德六年辛未春有蝗
正德七年壬申知縣徐乾定均平
正德八年癸酉自春正月不雨至於夏四月饑知縣
徐乾發倉粟賑之（活饑民四千五百有奇）
正德十一年丙子夏四月大水知縣徐乾立保甲修
子城
正德十四年己卯春三月饑
正德十五年庚辰新寧新會賊起兵備副使王大用
帥兵討之
時廣郡以西盜起諸賊憑陵險阻刼掠居民勒金
贖命緩即殺之大用至縣分督官軍扼其要害令
賊宗黨自首獲渠魁誅之羣盜稍息
世宗嘉靖元年壬午春正月朔金星犯斗牛督學魏
校毀淫祠興社學

嘉靖二年癸未調諸路兵討賊
羣盜連年猖獗於是徵兵大衆諸巢穴斬賊首萬
計而布政使章拯濫殺頗及無辜
嘉靖三年甲申春正月朔五星聚於營室
嘉靖四年乙酉春二月大雨雹
嘉靖八年己丑夏颶風作毀折文廟櫺星門及牌坊
嘉靖十年辛卯提督兩廣軍務兵部侍郎兼都御史
林富討新會新寧諸盜平之
先是自正德末各賊倡亂雖經大創而大隆相尚

諸山賊首曾友富宗英方長復聚流刼富乃調集
漢狼兵三千分道討之俘斬一千九百人餘黨悉
降
冬廣海有虎纍知縣張文鳳募人搏之
文鳳懸賞募搏虎虎皆奪魄見羊豕亦不敢近槁
死者六患遂息
嘉靖十一年壬辰知縣張文鳳設鄉兵
嘉靖十二年癸巳知縣陳豪罷商稅
縣瀕海舊有海舶商艘及魚鹽市舶例赴縣投稅
歲可得數百金爲公費豪悉蠲免民蒙其惠

嘉靖十三年甲午毁大船
瀕海民造雙桅大船將爲海患故毁之
嘉靖十四年乙未知縣陳豪查復權清屯田
縣有守禦所因有豐貲倉有廣海衛因有廣海倉
若縣時也官軍糜餉於是乎出舊有貲開欺役包
攬侵漁諸奬通暗倉攢納戶受其勒抑皆官舍旗
甲之狡猾者主之其在廣海衛則虛名食丁月支
月石亦同正軍前此委官清查莫之究也知縣陳
豪又委乃窮詰之一論以法參千百戶而下二十
餘人逋倉官月支者千戶酏啃二人官攢之充戍
者二人又委並諸屯田查出田若干頃參千百戶
又十餘人雖任怨不追恤也
夏五月大水
嘉靖十五年丙申春大饑是歲復大旱知縣陳豪勸
賑旌表邑民湯子相
水災饑甚民不耕作者益窮迫外海游民嘯聚數
百艘欲出海行刼若民洶洶知縣陳豪曰此非叛
民也欲苟延旦夕耳於是開倉賑給人米二石民

皆帖然而倉儲不足乃立法勸貸設印契爲民借
於富室或錢或穀書之契上秋成按數取償其貧
極度不能償者官乃賑之蓋於勸借之中寓審戶
之法富室靡不樂從湯子相慨然出穀二百石義
不取償豪償以羊酒扁其門曰尚義以嘉之
海道副使葉照兵備僉事朱道瀾招海寇區聖祥等
降之
潮連大獨貧民疾其鄉富戶閉糶不肯借貸遂與

南海逸四區聖祥等倡亂出海知縣陳豪告於海
道葉照兵道朱道瀾募兵分守要害招聖祥降之
地方賴安
嘉靖十八年已亥冬十月地震
嘉靖十九年庚子秋九月壬子熒惑犯南斗浹旬兩犯
嘉靖二十一年壬寅秋七月已亥火星犯南斗第二
星占主東南大饑
嘉靖二十二年癸卯詔賣各寺觀地田
邑僧田民已私買爲業稅寄寺僧其寺廢僧亡者
里豪竟收其稅至是議賣知縣何廷仁估價太重

民破產鬻子不能償
修復厓山祠廟設忠義壇以祀宋從死之士先是嘉靖九年有司以海道險遠徙建圭峯至是督學林雲同建議復祀厓山知縣何廷仁修
秋七月熒惑犯南斗
嘉靖二十四年乙巳春閏正月金星晝見
知縣何廷仁行掩骼令
冬十一月詔祠浙江按察副使陶成及其子瀏廣布
政使魯於廣州

成死王事魯蔭新會縣丞歷官湖廣廣東轄治廣
西蠻寇勦平兩廣盜賊不可勝紀其鄉讐賊發其
墳墓殺其族屬子孫不敢歸遂奏請賜籍廣東至
是上多其功命守臣祀之
十二月癸卯日旁黑氣如盤與日相盪七日乃滅
嘉靖二十五年丙午署縣事通判龔良猷定徵榷法
秋八月颶風傷稼壞舟楫民多溺死
嘉靖二十六年丁未春三月小雨如血
嘉靖二十七年戊申春謝邊賊起知縣林騰蛟勦平

之賊魁謝大用伏誅
大用舊爲縣吏至是聚黨行劫知縣林騰蛟調兵
勦平之其妻嘗勸大用無爲亂不從及被擄見大
用有提而擲之曰不用吾言遂至於是欲投厓死
左右救免林釋之以歸其丈
夏六月知縣林騰蛟計擒長潭賊首何二鄭清誅之
餘黨悉平
騰蛟初涖邑見賊勢猖獗權行招安賊首何二鄭
清等即奪長潭民村據之依險恃固時出爲患會

騰蛟丁鼎賊不爲備乃以計致二等縛寘檻車送
遣官兵擊其巢穴賊平
嘉靖三十一年壬子廣西新寧羣盜據白石塱剽掠
平康得行登名古博石碑等都兵備僉事王德討
之不克
嘉靖三十二年癸丑春城西門雨血
血不成點烈日中其形如縷
盜據梁金山鄉長張復初拒戰死之
夏四月大饑知府謝彤臨縣賑濟

賑銀二千條兩宣化坊民吳湖出穀一百二十石
知縣余恩祐其門曰尚義出穀百石以下者甚衆
海賊陳文伯作亂
五月西賊流劫平康諸都僉事杜聰遣百戸吳世傑
征北獵山馬騮寨破之
賊首何老猫再寇會寧時兵備杜聰駐邑約領西
兵同進百戸吳世傑等破賊寨斬首七十級俘獲
二十七人奪回被擄三十四名廣西斬獲稱之越
數日於倉步村擒斬賊首何老猫地方稍安

嘉靖三十三年甲寅春西賊據梁金山五坑遥劫掠
各鄉官兵討之不克賊勢愈猖
三月署縣事廣州通判汪應奎會兵擊陳文伯破之
海賊平
癸丑大饑饑民謀擄奪爲亂應奎榜諭大書曰饑
餓事小梟首事大民畏而沮乃爲糶無益之費民
稍蘇息未幾有陳文伯者又煽饑民爲亂應奎謀
於衆曰兵糧未集遽與賊戰徒損威耳不如先遣
人諭之以緩其毒乃令人齎榜往諭再四文伯不

聽擁衆海上肆行劫掠殺官兵二百有奇賊黨日
衆應奎亟召各都鄉老沿鄉宣諭禍福賑以錢穀
民皆改圖惟古鎮因其百戸尚璁應奎除令百戸
吳相以計斬賊首惡二十八人從亂者稍息於是
具戰艦募運艘命典史馬卿造神機銃螺螄箭及
諸戰具調選精卒千六百人會諸邑兵五千有奇
授以方畧擊文伯於海上文伯中銃死追至黄洋
羅洲灣連破之獲文伯屍及其母妻斬賊黨百五
十級有奇傷墜溺者三百餘人餘黨奔潰遂擒勝

從及自首者謝孔文張仕龍百人乃招諭良民復
業未幾餘黨復起應奎又設策勦平之
夏六月千戶黎輔征壁山賊不克死之
先是盜據梁金山五坑逕官兵屢征不克賊勢愈
猖嘯聚壁山僉事杜璁率各營兵往勦有哨官當
行病作廣州衛千戶黎輔請代之往至壁山與賊
戰却之追至馬牯山賊反攻後援不至輔遂被殺
紳士義之欲附祀三廣公祠側爲忠義勸當事者
難之遂寢

秋七月颶風大雨水
城內水深四尺壞民廬舍甚多啓聖公祠敬一亭
儒學號舍都御史曾能牌坊俱爲傾圮
嘉靖三十四年乙卯春正月不雨至夏四月始雨知
縣熊坦竭誠露禱雨遂霑足是年大稔
六月知縣熊坦定里甲均役之制
嘉靖三十五年丙辰大征嶺西南羣盜平之
自邑以西羣盜猖獗迄無寧歲巡按御史邹文周
以聞命都御史譚愷調兵征之副使畢竟容受命
經畫尋以他事並去都御史王鈁繼之駐肇慶副
使余維屏駐新寧參議吳良輔僉事丁彥宷駐新
會都指揮使王麟參將鍾坤分哨統兵抵各賊巢
勦之自春徂秋新會石陂那西等賊俱就戮招安
有方民以不擾百姓德之
嘉靖三十六年丁巳春二月古勞都大雨雹
形如甎石傷人畜壞廬舍
秋七月晦地震
八月有火告見爲祟至九月終乃息

冬十一月縣丞黃元爵行掩骼令
合塋飛鵝山北豎石誌曰義塚爲文祭
嘉靖三十七年戊午春署縣布政司經歷薛清奉檄
旌表死事省祭黃尊額其門曰忠義
先是嘉靖三十三年倭擾蘇松兵部郎中吳一瀾
至廣州府募兵省祭黃尊召精兵二千至南京及
倭戰斬首數千餘級後遇寇得勝港口力戰死之
部院移文復其子差徭給祭銀仍旌曰忠義吳一
瀾有詩弔之時本縣練長伍維統同往以功得授

廣海衛百戶

夏五月地震

嘉靖三十九年庚申春三月地震

嘉靖四十二年癸亥夏四月地震

秋七月大雷雨城中水深三尺壞廬舍無算

八月盜踞沙頭入輔城大掠

八月十六賊首羅獨奔周高山梁裕等千餘衆刼掠沙頭越入輔城至大雲寺薩灣油步涌殺擄甚衆先是攝縣推官李有年賦民錢養兵守城號李

家兵賊至皆潛匿不出里老沈高發兵李大詬曰汝盜殺汝民於推官何與吾所養者李家兵非汝兵也閉門不出盜踞沙頭幾一月血腥薰城中民乃乞救於上官以推官周儒代之民心始定會主簿鍾器至器有志畧頒兵擊賊郭中獲安等招鄉兵議勦給諫陳吾德復以江西鄧子龍至子龍善刀馬附戰陳羣盜畏之或固守巢穴或遁之羅旁以避其鋒時倭寇厓門當道檄指揮陶燦同子龍剿賊倭遁去既而倭逼新寧子龍馳赴新寧擊走之

嘉靖四十五年丙寅盜刼鄉會主簿鍾器追擊走之

穆宗隆慶元年丁卯知縣林會春修子城建敵樓

冬十一月甲申夜金星入南斗

隆慶二年戊辰春二月雨雹

隆慶三年己巳知縣林會春逐厓山番舶捕治通番民湯惟蛟等

初番舶泊厓門祠廟數爲焚瀆奸民多畧良家子女賣之惟蛟兄弟其首也至是會春請之上官悉

逐番舶收惟蛟兄弟寘之法民患始息

隆慶四年庚午大雨壞民廬舍

隆慶五年辛未春正月雨雹是年大饑倭賊寇掠瀕海諸鄉

隆慶六年壬申春三月旱饑

神宗萬曆元年癸酉知縣伍睿築外城

夏六月彗星見

秋大有年

萬曆二年甲戌春正月命建陳獻章特祠遣官賜祭

萬曆四年丙子秋彗星見

萬曆六年秋彗星見見於東流於西尾長五六丈白氣亘天至十一月終乃滅

冬雨雪

萬曆七年己卯大雨水

布政司理問王夢麟攝縣事夢麟恤民廣興賢才修學宮士民德之

秋九月彗星見西方

萬曆九年辛巳知縣袁奎奉檄清丈除浮稅之累民者

時各縣清丈惟求足額於是南海有定弓順德有加八之害惟奎清丈有法別上中下三壤定賦均其徭役使國賦無闕而浮稅不累至今賴之

秋九月啓明星不見至於十二月

萬曆十二年甲申夏六月地震

七月復震

萬曆十三年乙酉詔以翰林院檢討陳獻章從祀孔子廟庭

先是嘉靖中言者請進薛文清瑄從祀孔廟汎之者謂其鮮著述無大裨益隆慶初言者又欲併王文成守仁陳檢討獻章祀之卒莫定至是臺臣詹仕講王學會復以爲言下館閣議儒臣李廷機曰學之祀孔子何也謂其道爲萬世師也孔廟之有從祀何也謂其羽翼孔子之道也諸生誦法孔子者衆矣然或獨得稱羽翼者何也謂其徹乎道也國朝理學浸浸追宋而上之漢唐弗論也則愚以爲三人者與有力焉國初固多才然而挺然任聖道者寡矣自河津薛公起而引聖道爲己任危言細行必準古遺訓而繩之蓋自是天下學道者四起争自濯磨以承聖範豈謂盡出河津哉要之黙自河津啓之也然而士知修質行已矣於心猶未有解也自新會陳公謂學必有源靜而反觀乎此心之體得其自然而不假人力以爲至樂其是矣其於世之榮名若遺也蓋自是天下學道者浸知厭支離而反求諸心豈謂盡出新會哉要之黙自新會啓之也然以其初知反本真也則猶隱然與應感二之也自會稽王公於百難萬變中豁然有悟於學之妙機以爲天下之道原自吾本心而足

也於是揭人心本然之明以爲標傷人不離日用而造先天之秘不出自治而握經世之樞及其隨所施而屢建大勛則亦由學之約而達也蓋自是天下學道者浸知顯微之無間體用之一源翕然有中乎道之竅卻登謂盡出會稽蓋要之然自會稽啓之也愚故以爲此三人者皆所謂羽翼孔子之道者也今河津既儼然列於孔廟矣則進新會會稽而三之夫豈曰不宜世之撓其祀者故多端諸卑卑設說勿論也高者見謂顓求性命之精使

人忽躬行而廢多識此亦未深究夫先生之學者夫兩先生以爲心鏡之不明安取躬行之中否而修之是故而求諸心也正所以爲制行之權也學而求諸心則彌見洽聞皆所以啓聖天之聰賷其心而惟聞見之求雖盡天下之物而識之無當耳今考新會之論曰識見要超卓踐履要篤實會稽則曰人須在事上磨鍊做工夫乃有益彼卻何嘗忽躬行也新會之論曰以我而觀書隨處得益會稽則曰以蓄其德爲心則多識前言往行孰非蓄

德之事又卻何嘗廢多識也而猥以此爲兩先生病兩先生有所不受矣比者擯斥諸言理學臣毀其講壇士人噤口結舌今幸廟堂黜以理學布諸政柳既下令弛其禁矣然而人心猶未釋然信也誠以此時附兩先生廡序中儼可以立儒幟而起士風乎愚以爲從祀兩先生則人心當從祀兩先生於今日則時又當云云鄒德溥曰王文成陳白沙二先生之學蓋所謂嚅嚌道真涵泳聖涯一代學士先生之表然者也文成用世悟道於斂闇體

驗之餘白沙高世得道於沉潛靜篤之中故一則曰致良知一則曰戒愼恐懼曰勿忘勿助曰自然良知之說似創而非也有是孟軻氏無爲不爲無欲不欲之宗旨也彼其歷試險夷躬當盤錯磨礱練習而後有以見夫宇宙之内千變萬化皆出自吾心一點靈明不過致其良知而足也是以獨標以爲教也戒愼恐懼勿忘勿助自然之說似洽而非也有是吾人收心養性集義養氣之節度也彼其用意檢點極力收束強勉刻勵而後有以見夫

戒慎之功纔忘纔助俱不是吾心自然本體不過還之自然而足也是以歷舉以爲教也蓋二先生學皆出於聖賢而非出於胸臆皆得之踐履而非得之講談嘗試稽之年譜參之輿評則其立身行已其居官任事其治家處鄉並無有得而容議者咸乃見其一二門人不厭衆心也而並有惑志於文成見其陽春臺中端黙獨坐也而以禪學疑白沙夫自尼聖已不能保其往與其退而靜之爲禪將所謂未發之中者非邪愚以爲二先生之學並

不背乎聖人而二先生之祀各有補於世教祀文成以勸夫縉紳者使人知用世之爲學不必藏而後可以修祀白沙以勸夫道遯者使人知不用之亦爲學不必仕而後可以顯蓋以宋代區區而祀於黌宮者尚若干人我明二百餘年人文之盛視宋何如哉而僅僅一河東也進二先生而祀之其誰曰不可而議者紛紛續又奉命禮部會同九卿科道廷議歸一部議又請獨祀布衣胡居仁少師大學士申時行乃具疏上言皇上重道崇儒德意

歷下深切著明如此今該部覆議乃請獨祀布衣胡居仁臣等切以爲未盡也彼詆崇王守仁陳獻章者除所謂僞學霸儒原未知守仁不足深辯其謂各自立門戶者必離經叛聖如老佛莊列之徒而後可若守仁言致知出於大學言良知本於孟子獻章言主靜沿於宋儒周敦頤程顥皆祖述經訓羽翼聖真豈其自撰一門戶耶事理浩繁茫無下手必於其中提示切要以啓關鑰在宋儒已然故其爲教曰仁曰敬亦各有主獨守仁獻章爲有

門戶哉其謂禪家宗旨者必外倫理遺世務而後可今考文如獻章出處如獻章而謂之禪可乎氣節如守仁文章如守仁功業如守仁而謂之禪可乎其謂無功聖門者豈必著述而後謂功耶蓋孔子嘗刪述六經矣然又曰予欲無言曰吾無行而不與二三子門人顔淵最稱好學矣然又曰於吾言無所不說曰退而省其私亦足以發夫聖賢於道有以身心發明者此於以言發明其功尤大也其謂崇王則廢朱者不知道固互相發明並行而

不悖蓋在宋時朱與陸辯盛氣相攻兩家弟子有
如仇隙今並祀學宮朱氏之學昔既不陸廢今獨
以王廢乎大抵近世儒者褒衣博帶以為容而究
其實用往往病於拘曲而無所建樹博物洽聞以
為學而究其實得往往失於見聞而無所體驗習
俗之沉錮久矣今誠祀守仁獻章一以明真儒之
有用而不安於拘曲一以明實學之自得而不專
於見聞斯於聖化豈不大有裨乎若守仁之純心
篤行衆議所歸亦宜併祀我國家二百餘年理學

名臣先後輩出不減宋朝至於從祀乃止薛瑄一
人殊為闕典昔人有言衆言淆亂折諸聖伏惟聖
明裁斷主持益此三賢列於薛瑄之次以昭熙代
文運之隆制曰可於是令天下學校皆祀守仁獻
章居仁位在薛瑄之下

萬曆十四年丙戌大饑斗米至二百錢

夏四月大雷雨地震

秋八月星入月中

萬曆十五年丁亥秋八月大風破屋壞船民多溺死

萬曆十六年戊子秋七月颶風作膃肭入大口涌獲
之

萬曆十九年辛卯冬十一月東門城樓災

萬曆二十三年乙未東方有大星出小星羣繞

秋大旱

萬曆二十四年丙申春大饑斗米二百錢餓莩載道

秋八月地震

萬曆二十五年丁酉春三月大雨雹

城中雹大如拳城西諸鄉大如斗破屋殺畜民無
所避

萬曆二十八年庚子春二月知縣鈕應魁激變縣門
內踩死五十一人縣丞蔡道全給庫銀殮之

時上差內監榷稅所至橫行差官陳保至縣擒富
民數十人懸儀門樹上拷訊之入金乃免二月二
十六日居民赴縣求救知縣鈕應魁詬之民號哭
喧嘩應魁怒嗾皂卒操戈擊民民爭奔出踩死譙
門中者五十一人傷者無算縣丞蔡道全支庫銀
殮之當道各給棺瘞銀有差

夏四月逮梧州府丁憂通判吳應鴻舉人勞養魁梁斗輝鍾聲朝下詔獄越四年吳應鴻瘐死獄中

初譙門之變禍由知縣鈕應魁懼託縣丞求解於鄉官吳應鴻等應鴻等辭不能主簿郭一儒典史陳元振爲計曰先發制人若不斷權監題奏必有後禍而勵舉人勞養魁等以事忤應魁舉人梁斗輝鍾聲朝又以弟及姻戚爲係所害晉求應魁應魁遂賄權監誣奏詔應鴻等倡亂有詔緊逮入京逮之日士夫哭於家百姓號於市當道無不切齒

應魁者惟方伯山陰王沐力護之既至下詔獄時巡按御史李時華及諸臺諫咸爲應鴻等訟冤工科給事王德完特具疏救疏曰臣惟廣東新會民變前已奏行逮繫提問有差彼時臣未習粵事何敢妄言然爲粵中來者皆云粵士何罪罪在縣官臣猶進疑未信頃接廣東院司咨諸文冊內開新會知縣鈕應魁惟急羨餘常例不知東隸保民中使差官提拿富戶多人嚴刑拷掠士民方切疾痛父母之呼本官漫爲秦越泥務之靦以至百姓積怨生仇積仇生亂始則擁衆堂皇蹂踐而死者五十一人既乃闖入衙舍犯署而者兩晝兩夜決百年紀法之防駭四方衆庶之聽禍本雖由中使激變實自縣官尤可恨者既倚中使之勢而莫敢誰何復假中使之威而因以爲市蔓延士類逮繫無辜誣爲厲階殊可切齒臣讀飛章疏髮上指冠恨不手刃以復匹夫匹婦之仇以洩四民四方之忿臣始不能緘默無言矣夫守令何官親民之官也守令何任保民之任也當應鴻搏擊惟父母爲之救援盜賊倡狂賴乳保爲之捍蔽今應魁未事而漁獵於先因事而箝楚於後不消弭於衆怒水火之日顧萌勗於黎民糜爛之秋畏威附勢正名敎所不容乘變刼財尤犬豕所不食殘民之惡已稔誣士之禍尤深訪得舉人勞養魁於萬曆二十七年十二月往省城娶婦離家計五閱月離縣計四百里通判吳應鴻近以憂制回籍舉人鍾聲朝梁斗輝又皆窮約杜門激變緣由毫無干涉查該縣初詳撫按司道則曰差官陳保流殃捉惡林權撥置再申則曰生員七人上盟亂民劉七星等鼓譟並無養魁四人名姓查税監李鳳知會手本亦只拘犯李芸易等十二名被生員聚譟與陳保捋被相同亦無養魁等四人名姓滿天臣網何故突入其中臣猶恐文揭難憑乃密檄守道李同芳親至新會定亂數日廣詢士民訪求首惡絕無養魁四人細求其故念罰養魁之父以

鹽事激怒縣官訟在臬司未結向欲以奇禍中之又該縣自知傷衆人衆民怨莫解託縣丞參道今登鄉官舉人之門求爲勸和而應鴻斗輝聲朝以衆怒難平不果出遂嫌之初欲借人解脫罪乃誑揭中傷不惟殘害百姓仍且嫁禍縉紳此宜提問重究以警海內者也

都御史溫純暨諸科給事咸以爲言大學士沈一貫朱賡又具揭請

萬曆三十二年甲辰秋九月詔釋舉人勞養魁梁斗輝鍾聲朝回籍

萬曆三十三年乙巳夏五月地震

六月地震

秋七月地震
八月地震
冬十一月地震
萬曆三十四年丙午春正月地震若再
萬曆三十七年己酉春三月有火自西流 三月十三日昏有火大如盞由西起直向中天分三星而沒
夏六月晦天赤如焚是夜大雷雨蕩民居
秋七月颶風作大雨七日東城崩 平地水深數尺壞民居無算
八月詔諡翰林院簡討陳獻章曰文恭

冬十一月震雹
萬曆三十八年庚戌夏六月颶風大雨壞禾稼
冬十一月晦大風雨雹如栗
萬曆四十三年乙卯詔復衆人勞養魁梁斗輝鍾聲
朝赴京會試
時吳應鴻子思友亦以茲秋舉於鄉遐邇愉快獨
鍾聲朝抱恨先歿
冬十二月地震
萬曆四十五年丁巳春聖池龍起城內外砂礫竹器
飛騰蔽天有白氣見東方如刀
萬曆四十六年戊午旌表邑民鄧誥妻譚氏貞節
秋九月癸丑彗星見 先數夜有白氣自東亘西形如刀與彗星並見鋒芒如帚兩月乃滅
熹宗天啓元年辛酉大有年
天啓二年壬戌詔贈故梧州府通判吳應鴻尚寶司
少卿賜祭廕其孫孟祺入國子監讀書
天啓三年癸亥夏六月熒惑入南斗 是月十六日初昏守斗中十餘日乃從西轉東去

天啓四年甲子饑
天啓五年乙丑夏六月有大星東流入於南 是月八日夜有大星如毬光長數丈自東流於南聲震一聲其光迸散十餘道照耀如日觀者大皆驚
天啓六年丙寅大旱饑知縣黃師堯賑之
天啓七年丁卯夏六月大雨海水溢浸城門四五尺
毀壞廬舍
崇禎元年戊辰自春正月不雨至於夏五月乃雨歲
大饑
崇禎二年己巳饑

崇禎三年庚午旌表沙岡民林孳妻袁氏貞節袁氏生員林翹秀之母舉人林聯纓之祖母也

夏五月大雨七晝夜壞廬舍歲大饑斗米至百八十錢

崇禎四年辛未旌表蕭中音妻徐氏貞節徐氏工部主事蕭衆之母

秋七月啓明星伏數月不見

崇禎七年甲戌夏六月福建盜劉香寇江門諸鄉

福建賊劉香寇掠廣東沿海州郡六月十五日從虎跳門直抵江門帆檣蔽天銃砲震地劫掠珍貨殺擄男婦復縱火焚燒十六日劫滘頭井坭十七日竄入大悅滘迫瞯城池擊傷叅將脅其知縣卞應聘築寨津要賊不能入遂寇都會西甲十八日纜舟熊海聯觀城中二十日出厓門掃蕩奇石諸鄉先是總督熊文燦撫閩招撫鄭芝龍爲授叅將大職其治賊無他方畧率多用撫及督兩廣閩賊劉香卽至人咸咎之而文燦不知猶冀用撫賊入大悅滘日馬滘河塘共出鄉兵躡賊至白沙有差

官土繩武持招撫旗止兵勿動賊遂揚帆而去於是郡邑洶洶咸謂文燦召寇縱之劫掠郡人陝西道御史胡平運抗疏論之邑舉人陳中生作水激石鳴行敘云歲在甲戌有巨寇曰劉香者徒黨萬衆樓船百艘直抵江門長驅都會所過鄉村莫不焚掠殆盡毒焰障天肝腦塗地此數百年未有之變也星飛告急上如充耳且曰劉香近已受撫此殆他盜云噫是何言哉天下事可知矣里謠媿實明告君子水激石鳴遑知忌諱耶詩曰可憐我黔首不幸當陽九高山川湊涯豺虎蹊地吼飽鷹不爲用千金享敝帚弊之富家翁長田養狼彘一旦逢天荒閩家鄉東手北日摛臨門斲首鄭消受強地奇血流妻孥南北走裂犬梲吾原野蹤縱已濟長驅人無人誰爲衆裡守包骨哭秦廷不聞屯細柳嗟嗟千所遺芫芫春家狗洋洋隨賊去悠悠不難後發閭養癰漸成瞋道路日哀哉復哀哉地遠天莫耶恐誰爲繪鄭俠圖天子臨軒誰執咎文燦疑爲卞應聘撰將以危法中之中生乃自署名刻詩布於通衢且跋云不敢以赤子之齡啼貽累父母也噫中生可謂不畏強禦者矣然文燦卒委兩道臣往招爲賊所留乃調鄭芝龍擊之敗之於魚珠驅之於海外盡殲其黨其後文燦復撫張獻忠卒

以撫敗
崇禎八年乙亥夏六月颶風作壞民居（是月十日也）
崇禎十三年庚辰夏四月颶風作城塌一百六十丈
十四年辛巳知縣李光熙委約正林用行督修城垣
一百六十餘丈（用行實心急公費省功倍直指李公以筆給冠帶旌之）
冬十月辛卯朔日食晝晦
林臬日日食不書此何以書晝晦也日食於天而
新會爲之晝晦焉故書也十月之交朔日辛卯日
有食之未有如是之甚者也後四年而有燕都之
變六

崇禎十五年壬午夏四月熒惑犯歲星五月犯鎮星
旌表何汝標妻黎氏百歲貞節給其子何燁冠帶
以旌孝養
秋八月地震
崇禎十六年癸未旌表陳應進妻許氏貞節
是年百峯山賊起
志亂始也時平康得行登名古博四都賊起以沙
岡張酒尾那伏闢逢三爲魁往往嘯黨百峯山中
肆刼鄉落浸至踰城夜刼莫可如何知縣李光熙
廉其主名沿鄉捜捕然渠魁劇盜皆逃入山新會
之賊遂自此始蓋嗣是四十餘年無寧晷矣
國朝
世祖章皇帝順治元年甲申（是年爲明崇禎十七年至八月　國朝定鼎燕京北方始奉正朔自江南已下聲敎皆尚未訖）知縣李光熙勦那伏獲闢逢
三誅之遊擊郝時登擊張酒尾殲其黨
秋太白經天署縣事市舶提舉姚生文招撫山寇
時張酒尾闢逢三雖死而賊勢尚熾前縣執不肯
撫署縣姚生文至下令招撫於是落頭司徒義潘

村鄭歪嘴鄭丁康那伏闢逢四沙岡張述興張允
初張産旺張村黃宗炯程村梁華韶潭稚闢肥三
麥村麥長公斗洞伍仲幾錢岡簡番王那有許甲
三新村許亞保大岡李玉林龍塘何榮勇沙岡林
崇勒等劇盜渠魁凡數十人皆出就撫其時刼掠
稍息然時事日非賊亦從此日盛
順治二年乙酉（是年六月江南已下廣東未入版圖）
二月社賊起

奴叛主也禍始於順德冲鶴延及新會東則麻園外海潮頭河塘西則樓岡波羅龍塘潘村河村南則簕竹門凌涌沙富陳涌率皆殺逐其主據其田廬甚者擄其妻子掘其墳墓兵連不解踰二十年其禍始息

三月不雨至五月終乃雨

四月土寇流劫古勞大墟

設城守鄉兵三百以生員許鵬騫統之

順治三年丙戌是年十二月十六日廣州始下會寇犯城寇退民始剃髮歸順

夏四月白旗賊至

先是高鎮林芳黃信麥明襲葉亘居黎侯甯梁帝覺帝明等聚黨百餘艘出海剽掠名白旗賊監紀陳其招之入伍遂稱義師揚帆至邑人莫敢抗知縣黃灝中乃招所撫山寇入城謀擒制之未幾葉亘居在城下抄掠把總司徒義出擊之亘居敗遁獲其黨數十人殺之諸賊遂散各鄉爲亂

五月白旗賊劫江門

八月海道副使洪天擢海防同知姚生文率兵勦白旗賊擊走之殺撫目鄭金督

八月設城守官兵以李承鍾爲遊擊

時以盜賊充斥請於兩院設城守遊擊一員中軍都司一員防兵五百名

冬十二月雷

國朝兵下廣州

總督佟養甲提督李成棟率兵由閩入惠將抵廣州以七騎僞爲邏卒入城殺守門者大軍繼之城遂不守時十二月十五日也越數日始傳檄至邑

是月土賊黃鎬長黃信等犯城城內捕斬賊黨張述璽等百人把總司徒義擊信斬之賊退

初撫目張述璽等皆以効用把總隸城守李承鍾部下惟司徒義與鄭于康殺賊有功及廣州破山海各盜將襲邑城承鍾陰與述璽謀通諸賊共掠城中子女玉帛分之遂招外寇李玉林等竄居城內惟撫目司徒義及把總黃武等以爲不可承鍾亦悔乃共謀殺述璽二十四日海賊黃信等先至樹幟都會山上二十五日承鍾招述璽入議殺述

璽及其黨八人勒兵捕李玉林等百餘人誅之是日山賊黃鑾長張允初張產旺麥長公關逢四黃宗炯梁華韶等亦至屯五馬大雲諸山大掠城外城上擲述璽玉林諸賊首級示之賊氣稍沮時山賊甚夥皆按甲不動惟水賊攻東北方甚急鄉官譚正國何士䍩劉坊莫若僑等相與率先發礮擲火藥賊稍懼僉謂水賊易與若先擊破之則山賊不戰自退矣於是何士䍩劉坊發士䍩弟姪生員許法願數家捐銀一萬爲犒賞費俾司徒義鄺于

康各帥所部撫丁出擊之以二十九日縋城下直奔水賊陣斬無算司徒義擊黃信降馬取信首級馳其馬而還衆賊遂潰是夜山賊亦退次日李承綜逃知縣黃灝中出署官兵皆散城門不閉而賊方去未遠闔城洶洶乃權司徒義至遊擊府奉之守城以待　木朝官至

順治四年丁亥春正月知縣林鳳翔至

二月獨岡賊黃鑾長糾合羣盜攻城總兵張月郝尚久擊之賊潰

時新會新寧新興恩平遠近諸賊凡十餘萬以二月初四日圍城用雲梯攻濠橋一帶城堞盡爲鉤廢士皆傳餐而食司徒義百方禦之鄉官何士䍩募鄉勇三百人游巡策應至十一日賊毀附城民居以磚石投城下與城齊是日大霧援兵猝至從教場直奔馬山賊大潰追至分水江截斬無算時商販不通穀價日湧生員李枝橋乃詣縣給票勸諭各商運穀赴城賴以賑給

三月大雨雹

秋八月地震

九月盜殺知縣林鳳翔

時傳故明閣部匿萊巢山中鳳翔謀往擒之以邀功至杜阮遇害

順治五年戊子春三月大饑

時斗米至錢四百餓殍盈道人有相食者

夏四月提督李成棟以廣東叛

順治七年庚寅冬十一月平南王尚可喜靖南王世子耿繼茂復廣州

順治八年辛卯春二月夜雨雹時二月十四夜也雹大如棋子

夏五月知縣劉象震請兵勦簕竹門社賊平之斬首五千餘級　大有年

順治十年癸巳大旱饑知縣劉象震出倉粟糜粥行賑

時棄兒載道隱士楊大進謀之貢生何鋒英諸生何九蘭等各捐貲出粟收諸棄兒寘南山廟側一大空舍雇婦媼養之至穀熟令所親認識各還其家無所歸者許人抱養凡活棄兒數百大進故名諸生後出家爲石鑑禪師見僊釋

順治十一年甲午春二月地震

夏五月總兵吳進功參將田雲龍協防新會

時李定國偵軍楚中跳身南寧以永曆年號稱安西王陷雷廉高進逼梧肇將至新會藩院會調官兵協防以鎮壓之

六月地大震李定國遣兵犯城

秋七月藩兵擊御之

八月陳奇策據江門水師總兵蓋一鵬與戰死之

九月李定國復遣兵犯城閏十三日遁去

冬十月李定國擁衆攻城圍困至十二月

十二月守城兵掠食居民

靖南將軍朱馬巴牙喇纛章京敖拜率八旗兵來援與藩院會兵擊走之圍解

先是李定國凡兩遣兵犯城皆擊御之至十月四日李定國親督兵至號二十萬重圍密布大砲日夜轟擊不絕城內兵民協力防守越十餘日又爲地道攻城夜發如雷西山城忽崩陷復拒禦之士民爭築甕城十一月二日定國又以大砲擊務前城崩十餘丈死士盡銳奮登然阻於城濠飛箭烏銃如雨定國前鋒擊殺過半卒不得入乃伐木填濠逼累城下謂之細青欲令木與城齊用復而登城中以膏沃薪縱火焚之惟葵樹不壞乃復伐葵城中恐懼鑿城出民彼從外投此從內運遂不能累定國頓兵堅城幾二月計無所施會諜者言城中饑乏定國遂罷攻犒士連營分守重圍以

絶徧道爲持久計建造行宮署置官曹誅求鄉落諸所徵發淩雜米鹽民甚苦之是年城中秋蕢不登而闔城之内自五月防兵一至悉處民房官給月糧爲其私有日用供需責之居停貧民日設酒饌徧兵辦芻豆飼馬少不豐贍鞭撻隨之仍以糗糧不給爲辭搜栗民家子女玉帛恣其捲掠自是民皆絶食掘鼠羅雀鼠雀既盡乃食浮萍草根至臘月初兵又畧食人爲脯腊人肉蒲盆以充口腹殘骼委地不啻萬餘衆人莫之蓮貢生李齡昌生

員余浩僧僉李炅登等皆爲俘土之肉知縣黃之正莫敢誰何撫膺大慟而已十有四日援兵解圍城中馬有餘粟兵有餘糧所遺民雞骨不支督院李率泰慰勞將士存恤百姓爲之流涕日諸將雖有全城之功亦有肝人之罪此諸將所以自損其功也而悍卒不頓猶勒賊中子女質取金帛不能辦者盡俘以去李督院數爲力言始覈一二還民至於靖藩所掠槩留不遣蓋自被圍半載饑死者半殺食者半子女被掠者半天降喪亂自古及今未有如是之慘者也先是徧援告絶大兵秋馬省城未有行意邑民何廷賓潛行水中出敵營外致蠟書請師城賴以完亦廷賓之力也

順治十二年乙未春正月總督尚書李率泰發粟賑濟城内難民

順治十三年丙申春二月地震　知縣黃之正修學宮勸掩骼葬縣治　沙涌賊劉保踞官田黑坑作亂

保於前後諸賊爲最桀黠所部林時象李山官七

梁經玉劉爵進劉爲啓黃元沛黃元述等皆劇賊自保起後連年用兵至康熙八年總督盧興祖招而殺之林時象等斧歸復爲盜魁

順治十六年己亥冬十一月雨雹

順治十七年庚子秋七月巨盜流刼古勞無虚日至八月終乃息

九月官兵進勦官田

冬十一月大雨雷震古勞雨雹大如鷄卵

今上皇帝康熙元年壬寅　詔瀕海民内徙　大有年

旋八月官兵進勦馬岡朱寵等賊至冬十二月師旋
賊勢復熾
康熙二年癸卯春二月古勞雨雹
夏四月西潦漲至六月古勞中樂大浸
冬十月番禺蛋目李榮周玉叛突入江門遊擊張可
久死之
康熙三年甲辰復徙瀕海居民
時愆於李榮之亂又值潦浸內河皆成浩淼於是
逼城爲界邑地遂遷其半民皆扶老攜幼流離載

道見者惻然唯都司耿光日於鍬界處所置祠爲
樂遷民貧者行乞街市露宿衢道往往餓死門有
死者則署縣經歷李廉豐藉究死因連遞付甲隣
佑賠累多人閭閻民臥不安枕每夜守坐有垂斃
者曳至別甲以避禍
夏六月知縣龍之鑑抵任即其詳界外海田俟收稻
畢方徙一時遷民賴稻以救目前之困
冬十一月地震
康熙四年乙巳春遷民饑疫署縣事金爽勸募賑之

時遷海貧民流離失業至於仲春餓殍蔽野棄兒
塞路生員余開臨關業鴻等乃懇署縣發給印冊
沿門勸募得米二千石同事何榮亨等五十八分
番直事在大雲寺廒粥舖之自春二月至秋七月
赴食者五六千人病不能興者寢處文昌宮下開
臨與僧雲巖親至病所日投粥二次給以藥餌然
死者日常十人開臨榮亨等復募金掩胔所存濟
者四千有奇時海防高元勳捐掩胔銀三十兩署
縣金爽給米一百石縣丞楊振捐掩胔銀三十兩

米二十石衆人羅鉅璘捐米五十石貢生何錯英
捐米三百石至捐二四十石以下者不可勝紀其
勞苦功高則開臨爲最榮亨次之
康熙五年丙午春二月出孝子黃慶錫於獄赦之
先是順治六年土寇黃景緣屠慶錫之族殺其祖
及其父生員黃甲一家九人慶錫年方幼學寄養
舅家景緣屢撫屢叛康熙元年復出就撫沿壍族
屬一日從數賊黨徑突慶錫叔家責取撫餉慶錫
忿不顧身直前擊賊其僕馬美才佐之奪賊佩刀

斫賊斷其頭挈之歸家血告父祖自詣有司請罪人觀者如堵知縣胡襄國至慶錫家逮其母及其妻子下獄胥役乘機抄掠家貲一空推官陳大常閱之釋慶錫母妻寧家改慶錫於番禺縣獄諭獄吏善視之至康熙五年督院盧興祖以慶錫祖父母及父爲強賊所殺而慶錫擅殺報仇律杖六十具　題蒙　允復以事在

赦前免罪出獄闔邑稱快

先是西邊村生員李兼季北洋民林體俊俱以父母之讎手刃讎敵不共戴天之義蓋相覩而效之矣

冬十月設中路巡海大人于新會

時　命近臣巡視海界中路應駐順德及檄下乃駐新會邑民洶洶比至安靜無事而是時知縣蘇文燦又以身翼蔽小民一切節省民以不擾

十二月大雷雨

康熙六年丁未冬十月雷

十二月雷

康熙七年戊申秋八月撤巡海大人回京復設中路水師總兵于新會

康熙八年己酉　詔展海界令遷民復業

初康熙元年以海氛不靖徙瀕海居民於內地三年復以遷民竊出魚鹽恐其仍通海舶乃再徙近海右民時督院及大人臨縣勘定海界會潮水大至稻田彌望皆爲莖莖互浸署縣經歷李摩豐城守都司耿光欲因以索賂於民一時民無以應於是近郭腴田悉爲界外附郭居民流離失業轉死溝壑至是以巡撫都御史王來任遺表重以總督部院周有德疏擧之皆力爲陳請遂有是命於是元年所遷百姓得返鄉土讙呼遍於海隅焉

康熙八年己酉春二月古勞大雨雹

三月颶風作是歲颶風凡六

三月初一日颶作五月三日復作六月五日十六日二十日一月三颶七月二十六日又作

秋七月參將趙某（忘其名按舉人勞之琦序文稱其字爲鷹哲）率兵剿官田長沙渚賊破之獲所掠男婦一千四百餘人擒

賊首劉萬多等三人賊氛少熄　大有年

先是羣盜猖獗刼掠肆行藩院歲發大兵至則逗留邑城悉索夫役賊皆先遁從無加遺一矢惟所至縱掠民有賊梳兵箆之歎邇叅戎以七月二日徑擣官田連破梁經玉李山官七諸寨救出被擄男婦一千三百四十餘口遽稱班師賊不爲備八月十三日疾馳長沙襲擒賊首鐵爬沙劉萬多等三人奪回被掠男婦又數十餘口民皆引領冀其滅賊俄奉檄回

康熙十年辛亥知縣錢肅教諭劉臨芳修文廟

康熙十一年壬子知縣王家曆講六諭行鄉約

夏五月郭外有虎暴知縣王家曆爲文驅之

時帶郭諸山多猛虎一月之內食樵薪者四人乃爲文祭告山川城隍虎患遂息

冬十月新興民來歸化

新興都當綦客出没之墟自崇禎以來流離失業餘四十年不貢兩稅不應賦調奸民詭飛稅諷者遂以新興爲逋欠藪依山阻險竟爲化外之民間有跬步近郊者或爲胥隸所獲則以金錢求免不則以比追積逋瘐死獄中父告其子兄戒其弟以城市爲畏途至是催科有方各戶逋欠不以波及完糧及無稅者開布大信新興之民相率歸化勉力供輸焉

康熙十三年甲寅土賊李山官七梁經玉等羣盜復起

秋九月厓門海中出煙一道疾冲縣西北方踰時而散

時九月十六日午見者以爲西南某方失火後始知出自海面

冬十月平藩左翼總兵班際盛水師總兵張偉率兵勦官田賊不克進屠六洞河村馬涌等鄉殺掠良民無算

班際盛以李山官七祖籍六洞屠六洞村以梁經玉所棄之妾在河村屠河村遂及馬涌張偉又乘機掠數小村及同平南王以際盛殺無辜繫獄王子尚之信爲請出之至十九年尚之信敗後所掠

婦女乃奉
旨給還然死者賣者已過半矣
康熙十四年乙卯
時西逆馬雄既陷高州與總督金光祖相持余嗣皋盜四起響應日謀犯城及余嗣兵潰賊勢漸逼城中恐懼城外居民盡逃自東關以至水南皆無煙火
冬十月水師總兵張偉落下總兵班際盛先後率兵入城防守

十二月土賊張斌等乘夜踰城城守千總張雄等率兵巷戰却之越日羣盜悉至圍城總兵孫繼宗以兵來援擊賊大敗之賊遁去
時馬雄將至土賊李山官七梁經玉等謀攻邑城賊衆未集十二月十五夜其黨張斌劉子文等遽以數百人從賓成樓踰城入奪西山砲臺據之以砲反擊城內疾持紅旗遍插城上餘衆佈滿街衢把總陳龍德守馬山手刃一賊千總林達繼之殺賊多人復據西山千總張雄率兵巷戰賊勢不支乃跳城出十六日總兵張偉開城門逃偉兵大掠民居城內百姓見總兵走亦挈家出偉盡驅其婦子以去至江門遇總兵孫繼宗詰之偉誣城內盡叛逐之以出有潭大川子某亦城內人在孫帳下馳告城中會土賊雖遁尚屯汾水江待衆賊至將復攻城城中倉惶乃與知縣王家齊謀往江門請援時已入夜舉人李英陳吳昌武舉譚韞梅監生李梓芳生員黃中雀葉嘉鄉民余爾宣等數十人挺身縋城而下夜趨江門哭請於孫偉猶在坐詈

請援人爲賊孫不直之乃發馬甲三百馳救時賊已合圍不意有兵遽前擊之賊衆大敗斬數百級城幸獲全張偉復入城內殺無辜數十人
康熙十五年丙辰春正月逆賊馬雄至
雄本廣西提督吳三桂反叛降三桂受僞伯爵三桂命之東犯自余嗣兵潰雄遂長驅而下欲破新會以攻廣州所過土賊從之正月十六日至杜阮耀兵於圭峰諸山人心風鶴至二月十六尚之信援兵出至葦涌闕江門水師已變跟倉而還

二月江門兵叛時二月十五日

先是藩下水師參將趙天元率諸水軍控扼江門

天元遂刼諸將叛降馬雄於是新會援絶

總兵張偉城守遊擊芮夢龍以新會降賊

三月逆賊馬雄劫掠各村殺擄男婦一十餘萬自三月初一日始

時偽糧道耿文明遣役下鄉催餉民不肯輸文明因指村民爲逆馬雄遽發兵勦兵遂肆行殺擄七堡天亭小岡大門潭墩等數十餘村新化遵名石

碑潮陽潮居諸鄉貴賤老幼男婦被殺者數千被擄者數萬時有天亭村築壘禦賊與賊相持十日殺賊數百賊呼之爲蓮花寨後力竭村陷殺擄八百餘人

逆賊馬雄撤兵往肇慶

康熙十六年丁巳夏五月廣東闔省歸正

康熙十八年己未春二月雨雹潮陽潮居二都壞民居一千餘間

康熙十九年庚申冬十月彗星見東方

是月二日五更彗星見東方南指凡十餘日始沒

十一月白氣亘天

是月二日昏見白氣一道自極西指北其長亘天

康熙二十一年壬戌秋七月彗星見東北方

是月二十七日將曙彗星見東方迤北芒頗短至八月初三日入夜忽在西北角指斗杓下倏忽遂沒後以陰雨不見初九晚復見則指東南

康熙二十三年甲子春二月　命大人展海界

康熙二十四年乙丑

御製萬世師表四大字頒懸文廟

康熙二十七年戊辰十一月　詔天下軍民七十以上免一子雜泛差役侍養八十以上給帛一匹綿一觔肉十觔米一石九十以上倍之

新會縣志卷之三終

新會縣志卷之四

知新會縣事渤海賈維英訂定

邑人余玉成

蘇衍汝

李朝鼎分校

薛起蛟

湯　晉仝纂

建置　城池　公署　坊都　井泉　墟市　水利　橋梁　津渡　宮室　坊表

地險山川也王公設險以守其國則不能無建置

建置所以爲民也高城深池以固其圉設官分職以理其俗釐里墉井以遂其生陂塘津梁以通其利濟坊表以示勸懲樓臺以興觀感皆所以爲民也建之自上官與土者與有責焉賈維英紀

城池

舊城西北跨西山東跨馬山周圍五里凡六百六十八丈高二丈九尺厚如之爲門四曰東曰西曰南曰北各有樓櫓高一丈（自築新城東西南三門城不復修樓亦傾圮惟北城北樓修）東西角樓舊二座城上窩鋪凡十有三水門三曰西水關北水關南水關明洪武二十四年築土城三十年千戶宋斌砌以磚石

池一千六百八十丈舊闊三丈深七尺自新城惠民門至新東門（今盡爲民居侵佃泥塞於案）東西與北乾壍存之

新城東接馬山西跨象山至舊西門延袤凡七百六十丈厚一丈高一丈八尺爲大門三南曰鎮海（即舊南門）東曰賓井西曰寶成各有樓櫓便門四南曰鄉武東曰泗水西曰旋民（即深橋門）又西曰惠民城上敵樓銃臺八座垛一千四百四十五水門三東曰騎虎關南曰清化關西南曰五顯關小水門二西曰隆興關（即惠民門下水）南曰小富涌關（今壅塞如舊）明萬曆元年兵備僉事何子明知縣佰府建

新舊兩城周圍共一千三百七十丈（按古尺六尺爲一步三百步爲一里古尺七寸又六八寸以七寸計之即古尺一千九百五十七丈）計十里零一百五十七丈

按新會自吳大帝肇建平夷其後爲新夷爲義寧爲初賓爲新會爲岡州凡數易而併爲新會治[illegible]實凡數[illegible]而始定茲邑章武以來未有

城郭溝池之固元季僞樓主簿徐開可始築垣備寇黃斌作亂破之邑復爲墟洪武十七年邑人岑得才建言請置千戶所及城池是年設都指揮王臻領兵一千立柵鎮守二十四年始築土城外環以池三十年千戶宋斌始砌以磚石周圍五里天順六年西寇焚掠郭外知縣陶彝始築土爲子城內設馬路外鑿重濠濠外又築竹基重塹次年寇至卒莫敢犯乃委土易以牡蠣爲經久計謂之蠣城周一千六百八十八丈高一丈二尺外濠二千一百二十五丈深一丈五尺濶二丈二尺竹基

一千五百八十七丈外塹三千一百六十八丈深八尺歲久子城復隳正德十一年知縣徐佖修復延袤一千七百丈高八尺濠塹馬道一如陶彝之舊其後又隳萬曆元年六月兵備僉事何子明知縣伍脩鄉官彭漢陳吾德林大章黃淳許大之許欽文議築外城士民歡呼請築於是量力鳩工上者至四十丈下者五尺又以寺田之價討叛之徵及城中間架助工東自馬山西跨象山至內西門嬰堞帶溪於是屹然稱名城矣鄉官謝啓二十九丈彭漢十二丈李果十丈鄉民蔣耀先四十丈張思豫蔣茂卿各十九丈六尺謝崇秩十二丈六尺劉汝大十一丈許舜遷十丈七尺潘伯殷十丈黃自性六丈備官陳業築騎虎關生員施仁容愈大容舒築泗水門餘或數丈數尺多不具載今見東亭驛知縣伍脩築城記勒碑萬曆三十五年知縣王命璿謂舊城北一帶野曠民稀睥睨低薄別無重城輔衛乃東自馬山西自舊城計三百丈益以甎石增高三尺崇禎十三年城崩一十餘所計百餘丈知縣李光熙修

國朝順治四年內外城各增高三尺順治十一年增建銃臺敵樓五座

城外關門三一曰東關在新東門外今廢一曰西關

在西郭白虎頭舊爲子城關門以衛西郭一曰妙宗橋關在西關外沙頭今廢水關一曰龍溪在花橋亭舊爲子城水關今廢

公署

縣署設自隋開皇十年歷代因之元末燬明洪武二年知縣吳奉建十四年主簿蔡貴中修宣德四年知縣陳希律重建深七十二丈廣四十六丈正堂三間堂後爲正衙衙內左側舊有圭如堂右有秋漢堂正堂左爲贊政廳堂東爲東衙縣丞若之堂

西舊爲西衙主簿居之主簿裁衙廢堂前東西廡爲掾房案牘在焉儀門三間儀門左爲典史衙吏舍十六間庫房三間獄房二十間儀門外左爲寅賓館譙門三間天順元年縣丞陶魯修置譙門上鼓樓弘治十七年知縣羅僑易譙門以石嘉靖三十四年知縣熊坦建庫樓樓之左建官衙有池隆慶四年知縣林會春重修縣署萬曆十八年知縣蘇看山復修萬曆二十九年知縣周思稷以譙門蹀血寃魂夜號爲文祭告之盡易拱石而重新焉

國朝康熙五年知縣蘇文耀捐俸修譙門二十三年知縣何漢英修東西掾房修贊政廳二十四年於西衙舊址創建預備倉一所改左側舊主如堂爲寧遠堂

遊擊府署在縣治左明爲守禦千戶所

國朝康熙元年改城守署三年改遊擊府署遊擊魯一府修葺大堂川堂重建大門儀門後衙東西兩廊深五十五丈廣十丈五尺大門三間門內兩廊房屋十六間右有餘地儀門三間門內左右廳二間大堂三間左右小房五間川堂三間堂後爲內衙有池左爲箭道深三十四丈二尺廣八丈五尺康熙九年遊擊苗英復捐買衙後地叚魚池深十九丈五尺廣二十丈三尺

儒學署在縣治東北明倫堂右宋慶曆四年設元因之至正末燬明洪武三年知縣吳李教諭吳汝梅仍舊址創建宣德八年知縣林廷芳修正統二年提學彭琉修天順二年縣丞陶魯弘治十四年知縣羅僑正德八年知縣徐乾歷修嘉靖元年兵備

莫相重修後圮崇禎五年教諭王貴德捐貲建復邑人林枝僑有記　國朝順治十六年教諭姚上裘修康熙二十年教諭吳孟麟重修訓導署舊在兩齋　國朝設訓導一則在修業齋東向順治十五年圮訓導陳龍光議復十八年訓導裁不果康熙二十年復設訓導衙宇久廢訓導蕭煒光捐俸創建於戟門右吏衣亭舊址

守禦所署舊在縣治左今改遊擊府所署未建

潮連巡檢司在華蕚都深二十八丈廣二十丈明洪

武十四年巡檢胡毅建今廢
藥逕巡檢司在古勞都舊在邑嶠藥逕口明洪武四
年巡檢顏宗明徙於坡亭村深十五丈廣十丈
大㘭巡檢司在中樂都深六丈三尺廣十一丈明洪
武十年重建弘治十五年巡撫劉大夏徙建橫江
村今廢
沙村巡檢司在潮居都舊在厓山明洪武三年徙長
珠大神岡巡檢范得成建七年又徙仙洞巡檢崔
克忠建二十七年都指揮花茂徙厓山之長沙弘

治中復建於厓山深二十五丈廣二十四丈今廢
牛肚灣巡檢司在遵名都舊在牛肚灣海濱明洪武
二年以水患移河村巡檢伍德剏建深十五丈廣
十丈今廢
陰陽學舊在禮義坊明洪武十八年訓術呂金旺建
久廢
醫學舊在源清坊明洪武十八年訓科黃孟英建後
改遷守道前今廢
僧會司舊在龍興寺明洪武十六年僧會觀濤建萬

曆二十一年僧性明重建
道會司舊在龍興觀明洪武十六年道會陳明祖建
萬曆二十三年僧三乘重建
舊察院行署在縣治東北門街明正統元年建深二
十四丈廣十丈正堂五間後堂五間川堂三間東
西兩廊十四間儀門五間大門一間署後有池嘉
靖二十六年知縣王交于大門外建坊曰嶺海紀
綱萬曆三十五年知縣王命璿重修今廢
紫微行署在治東察院前明正統七年建深十二丈

廣七丈今廢
分守道行署在治西舊爲府館明正統三年建深十
二丈廣五丈正堂後堂儀門各三間東西兩廊六
間嘉靖二十六年知縣王交以城隍廟後地建後
堂三間前後東西兩廊各二間後改爲守道署萬
曆三十五年重修今廢
兵備道行署在治西明嘉靖八年建深三十丈廣二
十四丈正堂五間後堂五間川堂三間東西廊十
二間儀門五間外門五間私衙正堂五間後堂五

間厨房四間東西廊八間東西伺官亭十二間後有山有池有亭萬曆三十九年重修今廢

舊河泊所故址在宣化坊深十六丈正堂三間東西廊六間門樓一間明洪武十四年大使裔務建今廢（魚課米三千二百五十二石四斗二升）

豐積倉舊在治後深二十五丈五尺正廳三間東西廒六間以貯實徵糧米後爲預備倉倉廒二間貯贓罰穀以備賑濟明正統五年建四倉于四鄉以備荒十四年寇毀嘉靖十一年知縣張文鳳修復

機寺田若干項以備荒歉萬曆二十九年知縣周思稷重修三十七年知縣王命璿以其餘地建見龍樓爲五經會館以課諸士亦爲縣治屏障云

國朝康熙二十四年知縣何漢英改建於縣堂右主簿署故址

教場在北城外深七十五丈廣一十七丈八尺演武亭一座三間明洪武中建後嘉靖三十五年僉事林璧增建一座三間東西廊兩間外屏墻一幅

旌善亭在縣門左舊志深九丈五尺廣二丈六尺明嘉靖六年知縣周延重建萬曆三十三年知縣王命璿修　國朝順治十一年廢于兵後僅存地一段深三丈八尺廣二丈二尺康熙二十年小民承蓋小屋宣化里長收其租供城隍廟香燈

申明亭二一在縣門右舊志深五丈六尺廣四丈明天順建知縣丁積重修壁間列四禮條款　國朝順治十一年廢于兵後僅存地一段深五丈闊四丈六尺康熙二十四年古勞里民胡兆祥承右一半蓋屋三間歲租三錢

江門市申明亭深九丈三尺前廣四丈七尺後廣五丈五尺知縣丁積建今廢

養濟院（卽孤老院）舊在城北後遷懷仁都深二十五丈廣六丈正廳三間門樓一間房屋四十二間明嘉靖九年建今廢

又有貧子院設以養瘋癩惡疾之人近養濟院後以癩兒行刼乃焚其院遷城西郭下然地僻逼城而城西之水自惠民門入由西而南由南而東幾經一邑澣沐者衆大雨時至穢潦流注民有恙其

疾者僉云使癩兒據上流以貽患於衆作俑者之過此不可不爲亟遷者也

驛遞附

舊東亭驛在源清坊深十七丈廣十三丈正堂五間後堂五間川堂三間門樓一所舊在宣化坊務前明成化十七年按察司副使陶魯徙建於此置驛丞一員後以羅旁寇平移驛丞於得行都之蜆岡今得行析隸開平東亭驛廢

康熙二十七年秋八月知縣賈雒英詳請修復有紀

急遞鋪十日總鋪在縣門右深六丈廣五丈六尺曰圭峯曰大圍在歸德都相去各十里曰橫楼曰潮現曰古蠶曰坡亭俱在古勞都相去各十里達於南海曰蓮塘懷仁都曰橋亭新化都曰草坪遵名都相去各十里達於開平

坊都

坊三 附郭

禮義三啚 宣化二啚 源清三啚

鄉四

崑崙 在縣西五里北距禮義坊南盡石碑都 常德 舊在縣西九十里西距羅漢山南距長沙海今割開平只餘文章都得行都數都 壽寧 在縣南五十里東北距鍾洲南至崖山 龍溪 在縣東二十里北距圭峯之南東跨橫江盡於外海

都十三

歸德 華萼 懷仁 新化 遵名 石碑

得行 文章 潮陽 潮居 瀧水 中樂

古勞

啚村

蘆村 窖村 松園 杜阮 與歸德一啚 麥園 南山

蘇園 歸德二啚 白石 大塘邊 廈村 耙涌

歸德三啚 趙村 都會 金榜 江嘴 歸德四啚 白石居

仁里 坑尾 歸德五啚 木蓢 龍榜 井根 歸德六啚

禮樂 白沙 丁公祠 汲芳里 嶺梅 賣羊

橋 白沙祠 嘉會樓 歸德九啚 滘頭 北街 歸德十

十啚 外海 長坑 石嘴 大康市 歸德十一啚 水南

雲遝 雋社 江門 歸德十五啚 大山嘴 山頭

坊 麥園 湯村 河塘 三丫 華萼一啚 高邊

良村 華萼二啚 潮連 石坂寨尾 華萼三啚 潮連高沙

坦邊 義來 芝山甲 雷灣 上涌華夢四啚
潮連大蘇華夢五啚 蟠步 禾岡華夢七啚 篁灣 隔
嶺華夢八啚 龔邊 霞村 岡頭 深涌 龍田
華夢九啚 羅岡 陸村 松蓢 桐井 小橋 岑村
桐井 大井頭 赤嶺 圓嶺中樂一啚 白步嶺
東澤 文虹 林屋灣 步頭陂邊 忠勲里
井邊 塘下 井下路 金竹岡 小涌尾
根竹凹 石瀨中樂二啚 後岡 良塘 坑尾 岐
山 石頭塘 慈灣 大昌中樂三啚 裘村 深坑

厚潭 外村 裘村墟 雙龍 新村中樂四啚 周
郡 圓岡 蓬村 萊村 富田 梛鬱中樂五啚
横江 石山 古今 大灣 寶頭中樂六啚 岡美
井灣 長岡 上巷 西頭 小行 劉道院
老富 大凹中樂七啚 顯溪 蘇村 塘美 天
河南安 南坑 北坑 天河莽邊 龍灣 銀
瓶嘴墟 橋頭 裘村 大神前 平岡中樂九啚
圓山 草園 炯羅 龍馬 丹井 中心 廟
子前 大龜墟 旺水 蕉岡 椅南 蓬萊

聖堂中樂十一啚 曲江 舊村 良邊 沙富 松
園虎頭 藤澤 北星 大嶺尾 大嶺 裘村
大坑、良溪中樂十二啚 大林 新昌中樂十三啚
篁庄 石涌 朱紫尾 洞塘 篁邊中樂十七啚
浣溪 橋頭 鷲臺 水母灣 山頭 霞村
古斗沙頭嘴村 大田中樂十九啚 神仙坑 南涌
寶口墟 茶溪 積谷邊 佛坑 李步 雲
洞平岡丹竹 良坑 大坑 天河滙水 天河
墟 華屋灣中樂二十二啚 水東沙頭 石坑黃邊

東坑 林冲 高嶺文章一啚 南庄 井岡文章六啚
七村 楊冲文章七啚 橋頭 沙岡 文村潮陽一啚
羅坑 沙塘横岡 沙塘墟 周坑 李屋邊
棲坑 杜岡 天湖蓢 陳冲潮陽二啚 新地村
冲老灣 横頭路 冲盈潮陽五啚 逕邊 飯籮岡
潮陽六啚 冲花村 潭冲七堡 潭冲墟潮陽七啚 蘆
霞 潭江 嶺背 石叟 梛塘 石嘴川巷
南門巷 水邊潮居一啚 梁家村 天台洋洛 倉
邊 大行玉堂 羅曾坑 小岡潮居二啚 長沙竹

彎　門樓　霞露　南海寮　右井　右路　古
井墟三潮居畓　大樹下　獨洲　那伏　大灣　梅
灣四潮居畓　談村　仁和里　冲茶　錘家付　龜
岡　熊子五潮居畓　洋冲　河田吉　齋堂　小墳
梅岡　盤淺七潮居畓　朱村　冲邊　忠岑　大
石橋　衙前七潮居畓　小冲茶　超峯　冲式潮居
八畓　帝洞橋　小渡九潮居畓　大灣　草坪　榕村潮居
十畓　伍村　嶺頭村十一潮居畓　上下官冲　奇石
長樂　北村牛眠步　慈佛頭十二潮居畓　龍泉

新會縣志　卷之四　建置　廿五

梅冲　大冲　東向　睦洲十九潮居畓　良則冲
下炯　洋美　茶岡　皮子裡外　官田　三江
謝冲二十潮居畓　梅角　沙堆　沙角潮居二十一畓
大沙　馬木　南蔄　洋邊　茅步潮居二十二畓
南坑　黄村　産步　赤木嶺　上邪冲　墟美
田心　坑美山　沙富　石屋　冲美瀧水一畓
天亭　蔄頭　談冲瀧水二畓　横嶺沙路　沙頭墟
趙家坑　滐冲村　仙洞　水背　王井頭
瀧水三畓　坑口　官田　山口舖頭　田墩　南坌

京背　黄冲　黄冲墟　平岡　三家村瀧水四畓
豪山　上下凌冲　蔣山　岡頭　烏橋　天亭
墟瀧水六畓　塔嶺　塘河　土塘　霧嶺　西村
瀧水七畓　沙蔄　上下洋美　南岸　三合　兀坒
大貝山　橋頭　龍脊新村瀧水八畓　灣頭　水口
中心　水口　學洞　健冲長洞　北岸瀧水九畓
田心瀧水十畓　大小蔡岡　泊羅山　竹塊冲　鯉
魚冲　下寮村　五斗六冲　流壆　下那冲
瀧水十一畓　白莖蔄瀧水十四畓　古塊長沙　下黄冲

新會縣志　卷之四　建置　廿六

横水瀧水十八畓　尾寮　平岡　隔蔄　文樓　沙
牛岡古勞一畓　清淡　陳仙　黄洞　泊步古勞
越塘　小范　蔡塵邊　沙坪墟古勞三畓　橋頭
羅江古勞四畓　祿洞　沐河　草塘古勞五畓　大塱
大塘　大蔄　沙洞古勞六畓　古勞　麗水　上坑
大坣頭　古勞墟古勞七畓　坡山古勞八畓　古蚕
石頭　傑州古勞九畓　芸蓀　東山南峽古勞十畓　樓
冲　龍嶺　石硯　湖下古勞十二畓　龍灣　龍井
朱福　盤洞　浪石古勞十三畓　竹蔄　錢塘　三

傳 烏石(古勞十四啚) 尭溪・文塘 小香 南安(古勞十五啚) 那白 安分 倉下 四峽(古勞十七啚)
麥村 黄村(古勞十八啚) 圜墩(古勞十九啚) 沙涌 赤坎
雲雁 黄竇坑 沙田(古勞二十啚) 水口 蜆岡
橋坑 大圓嘴(古勞二十一啚) 上沙堤 下沙堤
南耕 九龍 稔寧 小梅 聚龍 佛冲 小滘
灣 潭墩 邑美 小澤(懷仁都一啚) 蓮塘 李堂
井岡 許坑 大坑口 大坑尾 下山(懷仁都二啚) 南洋 新塘基 果園 南邊 龍田 潮

新會縣志　卷之二　建置

逕 沈黄 庄頭 蘇龍 謝村(新化都一啚) 萊巢
李村 高圳 風岡 岡尾 東坑(新化都二啚)
平地嶺 大絲合 漢塘 榜塘 曹坑 麥園
大門 萊蘇 那吉 武村 那姜(新化都三啚) 上冲
濂 西冲 開田 山向 大鈇岡 小鈇岡
(新化都四啚) 大澤村 官路 東邊 西邊 張坑
呂村 那齊 那陳 山下 安堂 三合(新化都五啚) 湯邊 鶴邊 湯坑 西界 山頂(登名啚)
東洋 北洋 田心 張村 舊宅 三水 沙

灣 平岡 黎村 松下 石逕 良耕 小官
田 井村 沙冲 大范墩 鹿州 新基 程
村(登名都二啚) 馬冲 龍灣(登名都三啚) 潮東 倉邊
田心 板橋 假冲 大姚 大姚圻 浪冲
北邊 上鶴冲 下鶴冲 潭坪(登名都八啚) 談雅
塘邊(石碑都一啚) 沙坪 小塘 霧山 天等
(石碑都二啚) 王佐岡 上梧村 下梧村 塘美 田
邊 傅善 東邊馮(石碑都三啚) 横逕(石碑都四啚) 上石
步 下石步 鶴步 秸冲 橋下 鄧岡 古

新會縣志　卷之二　建置

猛(石碑都五啚) 苑岡 那鄧 海滘 吉境 小黄
村 吉水(石碑都六啚) 小姚 大界 乾塘 夏冲
冲甘 鍾邊(石碑都八啚) 大六冲 上河橋 下
河橋 增邊 高田 鄧邊 大岳 小岳 對
冲(得行都十六啚)

薛起蛟曰昔之村大者或數千家小者亦數百家今則閭井蕭條無復雞犬相聞之舊鄉村之盛衰不同而戶口之盈縮因之矣鄭岡之繪不無厚望於在上者

井泉

隆興觀前井（俗名前口井）在惠民門外疑即舊志所稱譚家井邑人譚聖裕鑿者泉清而不溷爲邑煎茶第一泉

甩窖井在西門外長塘泉清而味甘類達磨泉

江灣井在東關外石山下味次隆興觀泉

龍泉井在油步涌每潮退汲者如織

煉丹井在源清坊舊城濠畔相傳李真人曾煉丹於此

程村田頭井在程村路傍田畔有泉湧出味甘可比隆興觀井

北上廟方井在源清坊陶魯鑿

石井在源清坊邑人謝景依鑿銘曰象山之麓磨石如玉劚得其源甘泉湧溢酌之不貪用之云足宜人之壽益人之祿

細井在象山下金牛廟側泉自湧出邑人何稅成甃之

道姑井在邑西元至治張道姑鑿

大井在禮義坊元至正邑人林濟鑿

鐘樓山井在縣治東邑人林厚鑿

雙義井在遵名都何村里賊陳有得叉殺蕭積善置井中欲汚其妻何氏不屈投井死知縣丁積建亭其上題曰雙義井

紫衣井在邑南仙湧山相傳有紫衣和尚見石罅泉隨湧出故寺曰仙湧

牛蹄井在潮陽都塘尾村

墟市

市曰縣前曰東門曰南門曰西門曰十字街（俱在城內）曰務前曰驛前曰滘橋（俱在城外）曰大康（歸德）曰大賁曰河塘（俱在華萼）曰談雅（仁得）曰寨前（遵名）

墟曰新街（在古）曰沙頭曰小澤（俱在懷仁）曰大澤曰潮透（俱在新化）曰張村曰白廟曰寨前（俱在遵名）曰談雅曰大簝曰河村（俱在仁得）曰江門曰外海曰杜阮（俱在歸德）曰河塘（華萼）曰棠下（中樂）曰古勞曰沙平頭（俱在古勞）曰小岡曰南門巷曰古井（俱在潮居）曰潭涌曰沙塘曰雞籠岡（俱在潮陽）曰天平曰水口曰沙路（俱在瀧水）曰北洋（遵名）曰上橋曰上

石步石碑日冲口得行

水利

越塘閘在右勞都明洪武三十年鄉人馮原仲等赴京陳告工部差員劉思誠同縣官與築灌田五十三頃

斗南堰塘在沙涌村鄉人伍斗南築灌田五頃餘

坡亭大水基閘在右勞都明洪武二十七年鄉民梁文善馮覲興以告工部差員劉永旋修築灌田二百二十三頃

坡亭小水裝閘明洪武二十九年鄉人黃原善易和等以告布政司飭縣典築灌田七頃六十五畝

麥村小水基閘明永樂二年鄉人黃佛成等以告工部差員江淵同縣典築灌田六頃二十畝

大田閘在中樂都明萬曆十五年舉人廖文炳築以護大田諸鄉灌田六百餘頃

招村水閘在右勞都明洪武二十七年興築灌田一十八頃三十二畝

天河水閘在中樂都修築與越塘閘同灌田一百三頃八十畝

炭竈水在縣南舊常壅塞淹浸田禾一百餘頃鄉老張光輝奏行委官疏瀹未通鄉民周源捐財力買要地鑿通後無壅淹之患民利之名新開圳余統有記

禾流坑在懷仁都鄉民共築潦洩旱灌利田一百餘頃

落驛陂在新化都明洪武初民周觀善率鄉人共築灌田二十餘頃

舊志黃淳曰昔陂閘多鳴之上上使人爲築之今則皆民力而已歲有塌壞疲勞自若近而興西江水泛溢異常西北一帶閘破田沒饑溺甚慘尚厪當路爲稷之憂

橋梁

泮宮橋在文廟欞星門內跨泮池爲中道知縣熊坦重建

化龍橋在學宮左跨文溪初知縣陶魯建文溪左右橋僉事李文鳳建亭其上後皆廢知縣王命璿敘

論賴彩訓導于大猷孔灝於左橋故址再徙而東爲化龍橋建亭其上曰宮墻第一流

國朝康熙六年教諭姚士裘重修

北溪石橋在北門內

韓屋大石橋在東門內 以上舊坊內

府門石橋明洪武十八年守禦千戶田清建後屢新之

東門板橋明洪武三十年建

北門板橋今廢

四門大石橋明萬曆二十一年鄉官黃淳重修

北上石橋在北隅街明嘉靖五年攝縣事原戶部員外郎徐問縣丞林應驄建萬曆二十二年鄉紳屠葉永澤募修

西隅板橋在西隅街跨五顯溪鄉官劉杰許墻之重修康熙十九年生員劉鑣重修

鎮民石橋在東隅街明嘉靖二十六年知縣王交建

邑人何孟倫有記

清化板橋舊名和尚橋明天順元年知縣王重縣丞陶晉建正德十一年知縣徐乾重修

余政胡拱辰記畧曰天順改元余叅廣東政郡十七而邑六十求惠義如子產者俾新會令王重丞陶晉而已附郭之陽一溪受衍曰溪涌厥地漭爲海宋元爲湖田我朝洪武爲糸川茳蒲雜蓬葦荒蓁宜德初民等乘土鑿次以若橋名和尚始於浮橋正統癸亥也規隨年獲春水漸之江漲則路絕舟泛莫進少減則舟膠乍港細民患乎排悽途旅病乎陷涉洵卸慨然捐公貨禁化緣之名弘其規深其址岸甃海石高十有五尺廣十有八尺厥鳴二十有四竹堅貴齊而利舟車耕者樵者忻忻如行者負者坦坦如邑人感其德之庶橋之成以工而不以民曰曰清化橋夫王陶爲政風移俗變人欣其惠未易枚悉非齊大夫一輿比余倅而年之記畢請者復謌澂老之謠俾錄于後清兮秋兮秋月寒江德兮量兮居海汪汪齊巨川兮平平王道兮我民泰泰[illegible]於虞淵風于古孰與王陶紫水其長圭峯其高

義濟石橋明嘉靖三十四年知縣熊埠建

知縣熊埠記曰縣城之東有河一曲抵源圭峯水漫而深民以浮之舟則老者呼幼者悲負戴者阻而絕架木爲橋久壞而圮民有胥溺者余因衆心僦工而易之石不越月而告成余竣而覩曰盍橋成而民濟矣不亦義哉宜以義濟名橋因思夫橋之未成也民以爲病矣橋之既成也民以爲利矣利病之相去僅于橋之一成而其成本於衆心之合然天下之望濟如橋者多矣民之不能爲如橋者亦多矣苟能因是達之使親族相賙鄰里相蓄患相保助則其所濟豈直一橋之利哉用以告于多民時丙辰秋九月望日也

大板橋二在五顯涌

騎虎關板橋知縣徐乾建

關帝廟石橋以上俱在新城內

知政橋在務前知政門外橫跨縣池舊柱木五間架板丁上明正德十一年知縣徐乾建知縣張文鳳陳豪相繼修之易柱以石中爲弔橋可拔以通桅檣萬曆四十年知縣熊維鐘生員孫顯祖重修架板上置欄楯與馬便之

黃淳記曰天壤間自有名山大川爲門帶礪若粵古岡哀山帶河亦形勝區也天河帶矣西距長沙渺然東趨宗滙南墟崖山直以一門鑰之外而天嶹皇波走帆檣而度碧空內面鏡心華渚橫橋梁以接元衍在知政右通濟微然伏波中應昔之功亦云偉矣歲値圯乘凡舉踵而臨流濡處論濟者恒競艷馬通只通濟槪新矣在之長任道而右由莫不若勞怯遠乎故昔學愁然乎客感孫君題輒蘇告尚賢等買舟故議濟爲之倡嫗工引開甫焦侯維鐘制命從事不日告成東西望望同大觀而徒而輿若槓康莊名以知政長官當也抑是橋也安獨爲便涉計哉斡旋元運環抱文風亦有裨焉蓋有關形勝若大人正士垂紳正笏乎巖廊之上綠蘿崗崗張屏張也玉臺巍巍延蓋整也馬前象鱗龍拳虎插鏡心一水環合如帶二橋肅肅帶縈紫也橋若虹龍將乘風雲而翔霄漢宛若虹霓欲與霖雨而澤寰區以故詞客學士雷動波與衡翳車馬術竟簪紳而昔之徵玉堂祀璧宮若我文恭先生有明應矣今更而巽塔截建天祿巍巍直與二橋相映帶則有大人正士彬彬名世策勳帶礪以光壎我文恭道學者復當何如耶工始於萬曆辛亥冬訖于壬子夏制猶通濟凡架構巨木琛砥長石雖視昔不加高而固逾之諸文老謂橋成蜀記於淳蓮記其有裨于形勝者如此除悉諸碑陰且告之日佐上傑士以之授書經世文人於焉題柱右風形勝無論文恭道學即勳業辭章必有若淡二公者出諸文老唯唯遂登之石

通濟橋在東亭驛右與知政橋相望制亦如之明弘治十五年知縣羅僑建嘉靖十一年知縣張文鳳重修萬曆三十一年署縣吳邦俊封君何上新重修

許炯記曰按岡經谿水出武陵進邇而南即邑之東水也分水自龍池以合于紫溪即邑之西水也吞吐厓門滙爲大川方夫潮勢洶湧若萬馬奔馳爲師失據海賈介類則荷檣而立者有望洋之歎今如水落石殺疾流駛波渦盤輪旋則褰裳而渡者多失足之虞具是二患民病濟焉吉水羅侯蒼梧徐侯先後牧爲二橋東日知政西日通濟舍舟而與去涉而步利在不窮民視爲常奈何驚濤日侵寒蘇蕩蝕爲空枯勢頹前危過者凜凜千尼常熟張侯蒞篇營葺日暮工伐木以石起魚甖之架作龍脊之中蓮互石於深淵沈精金于隙岸費有不給民樂輸施功將就緒侯以覲去首役差虔如侯侯在上給以長樂陳侯竟致完美又繼以前田陳侯甃欄楯蓮爾大成陳侯使馴鳥筆記之今觀二橋北則通衢要津貨殖聚焉南則星羅碁布子民出焉上則車馬徒負經焉下則艅艎舴艋過焉寧無黃石傳書如子房帝師者出乎寧無駟馬題柱如子長雄文者出乎茍有若人斯橋爲不朽矣

禮義板橋知縣伍睿指揮陶燦建今廢

按舊志西墩之水昔郭斜飛置橋截之亦縣流之鎖鑰不獨便行旅也然當時尚以木所結構過者競危謂易以石庶幾永久民免阽危今廢且數十年非修舉者所當務與

永恩板橋明萬曆二十七年重修

油步涌口石橋明永樂十年鄉民譚觀福建

西龍石橋在滙灣口議政西墩水由沙頭達於分水江則邑之風氣不泄而海寇亦無直入之處

細鑿石橋舊用木明嘉靖二十五年生員蘇道克易以石

官來石橋在西墩頭明嘉靖二十二年知縣何廷仁建

永安橋在縣西顯學里明萬曆十二年余良棟建

大濟橋界禮義源清間明萬曆二年生員潘陞倡建崇禎末鄉官何士琨捐金重修　國朝康熙十五年逆賊馬雄犯城橋廢鄉官余玉成梁官華同里人葉在田張元哲募修原木三板橋今易以石甃

之橋在邑河南

余玉成記曰濟人之事非一橋梁爲大何則所濟者衆而所及者遠也吾邑襟帶之水滙于城南出小河以達大海大口涌居一焉兩岸相距雖不數武而盈盈一水跋涉爲艱往來學海君倡議爲橋司寇何公士琨成之名曰大濟上架大木者三修名三版歷數十年風雨浸漬圮朽盡壞獨彴僅存行人倈息予嘗行與過之惴惴不敢軋度因歎橋梁之設本于王政當此政治人和之日百廢俱興而此橋闕焉不修非所以稱人濟之義也乃與諸父老謀爲文勸捐以授居人葉在田張轉告募購石鳩工更置石趾穹而梁梁如限月于是車徒過者無復顛躓之虞矣顧石梁之架其下穹隆其上斜纖拾級而登旁護石欄而橋制始備今募金已竭工料不敷雖不足誇五柳百花之勝然以較之獨木則不可不謂有濟雖然橋以利涉而已而此橋之修又不與他橋同在堪輿家言謂大口涌水斜飛直出于邑下利倚不壅塞則宜高其橋梁以蓄風氣後之君子苟能合衆力而崇飭之克成

厥終將見吾邑之人文日盛闤闠日富則其所謂濟者不更大乎是不能不厚望于後之君子也已于是乃更爲言曰吾昔架木爲橋歲一易之故夏令曰十月成梁而子輿氏亦謂歲十一月徒杠成十二月輿梁成然其所以成者未嘗不用民力蓋因天時修地利乎人和多助不爲功吾邑大濟一橋易以石甃亦陀往來通行可垂永久余記之頗詳矣惟是工料未敷石級扶欄未備今歲九月父老子弟復向余言欲余爲文募諸闔邑余曰前言已責其可再乎僉曰否否善言必再古之訓也昔以濟人非善事乎先生言之非善言乎在詩有之靡不有初鮮克有終今厥功已就而不一言以勸非視其忍之也余不獲已用贊片言共戒仁人長者不惜九仞一簣之勞爰賜七級合尖之助則大濟之義善建爲不拔矣因述記之以附于前記之後

流杯橋在邑郭流杯

金紫馬橋在新開落 以上在荼坊
野渡大石橋在趙村頭宋紹興元年趙碧厓建明永樂十五年施野渡重修
黃阬石橋在都會明萬曆三十一年重修
奇榜大石橋在奇榜村圓明庄前
貞節石橋在陂頭村明陳獻章爲母林氏建 黃淳詩橋葉陰陰霞小渡行人橋上晚潮低阿婆天負陂頭上歲歲青邦駒馬蹄
楚雲橋在楚雲臺前 明陳白沙詩一木欲度溪岸高江門丈人放步牢腳底太行開從岸秋風隨處混鴻毛

大虹板橋一日象涌在江門口
文步板橋在江門東
社橋在歸德白石村
萬成橋在歸德外海村明鄉賢陳吾德建
西華石橋在歸德石涌村
富溪橋在華萼大富村
廣濟板橋在華萼高沙鄉渡頭明鄉賢區越建
塔岡板橋在華萼塔岡村
廣濟石橋在華萼都四篙明鄉賢區越捐貲建仍砌石路直通至海設立高沙橫水渡以濟往來
水松石橋在華萼河塘村 以上在城東諸鄉
拱北板橋在中樂良絲岡明萬曆二十五年黃元宰重修
成西板橋在中樂漖十邊明成化十七年鄉老黃紹紘建
見龍板橋在中樂龍灣步明萬曆十三年生員譚榜儉建
藤澤板橋在中樂明萬曆七年建

松萠板橋在中樂松萠村 以上在城東北諸鄉
花橋亭大石橋一名龍溪橋宋開禧三年知縣蔣宜建上立彩亭元末亭廢
妙宗大石橋在沙頭跨紫水宋紹興十一年道人胡妙宗建
小市石橋元至順三年鄉民陳辛甫建
小梅石橋
美成石橋在蓮塘宋紹興元年僧惠明建
井岡石橋明正德二年鄉官鄭銘建

大澤板橋

橋亭橋在橋亭村當邑西孔道每潦水出則行旅艱足明萬曆三十九年重修黃淳爲之記今久廢

老女石橋在張村昔有老女不嫁以奩資建

河村石橋元至正間建

慧龍橋在石碑以寺名

天等石橋明洪武十八年潦廢　國朝康熙二十年僧得大募修　以上在城西諸鄉

鄰梓汝記曰天等爲邑西孔道近接開平遠訖高雷諸郡凡自邑赴高雷者道必由之而前阻大溪

有橋焉以通往來歲久橋壞溪流沖齧復使兩崖崖日崩剝由是向所謂僑者僅餘四橋獨立溪中傾與岸不相接行旅車徒欲度橋者必涉而登既登行獨木中勢峻且危下視湍流箭激則心悸股自栗往往墜而溺或溺而死然自橋之廢也已數百年爲得大上人爲天等梁氏子從雷峰歸者其時四嘆然曰橋以濟人豈以溺人吾何愛此頂踵而不乞諸檀越以治此橋橋而不治吾其以精禱與也趨而謀諸巡尉鄭君茂發往視羽程其工費存冊授上人展轉告募一時紳士皆老隨力樂輸上人斂金購石庀材鳩工于兩崖前各築石臌以復岸之故址撤其廢不朽木更累大石爲四石檻檻如蹲鴟上架巨木爲橋五道長各丈有六尺大凡二尺有咫橋相接屹若長虹于是行旅過者無復向時之患矣是役也經始于辛酉之春以癸亥秋落成屬予作記予曰橋之完弊非細故也先王之教曰九月除道十月成梁陳無梁焉有大咎矣後人粗率猶以爲患而况于人乎向使上人受其力人備其財更將因循廢以歲月吾不知負溺凡幾矣援人一溺猶有美報而况于友危爲安易險而夷乎是不可以不記

仕路橋在潮居北到村明鄉賢湯和建

新橋石橋在潮居北到龍城村明鄉賢湯和建

仙井橋在潮居跨仙井溪流

長橋在潮居區村長凡五孔今廢

舍人廟橋在天臺村　國朝康熙三年生員戴國球募建兩岸甃石高丈餘大稱之廣六尺長一丈有奇旁列欄楯輿馬便之

大石橋在瀧水水背村

慕岡橋在瀧水八啚慕岡村

塘河橋在瀧水七啚塘河村

光義橋在瀧水六啚雙涌寺前鄉賓張思仁建

李英光義兩橋碑曰吾鄉天亭爲巨市市之傍有溪焉其發源自將軍洪聖諸名山延迴二十里直達於雙涌寺前達於海往來絡繹日以萬計除晴霽安流勿論至於潦漲潮漲排空滔日行者跋涉其間被其淹沒者不可勝數戶部凌山公切成進士議爲之橋有志未就公從子張君思仁進威前成之作凌涌一橋以接天亭名曰步天作雙涌寺前一橋以彰先德名曰光義兩橋既成遠近往來咸便之與若複長江而爲坦途起脊溺之衆而登之雲衢之上也因而誌之以傳不朽云

沙塘石橋在潮陽明永樂十一年鄉民葉大吉建

永寧石橋在潮陽檀溪元至正十年鄉民林文驥建俗名小報橋石傍鐫永寧橋中元辛未石匠張四六工夫十四大字元無中元年號若至正十年則爲庚寅而非辛未或橋成之日節值中元日爲辛未不可知也

大報石橋明洪武三十年鄉民宋永建

洽陽橋在潮陽硬步杜岡村今廢石存以上俱城西南諸鄉

磨鐮步石橋在圭峯山下明萬曆三十四年黄家相募修

新會縣志　卷之四　建置　卅三

浙江橋在右、勞沙坪墟番禺知縣毛汝麟鄉民陸子陽建南海李邢義記

接龍橋在古勞　國朝順治八年勞之琦募建以上俱城北諸鄉

按黄淳橋論謂自孟子小輿濟而後知橋梁爲王政之大新會澤國也廣袤異谿要僻異津病涉一耳毁者既各則好義者亦視之以沮窮里下落有司安得一一而代治之廢而不治歲則有溺容忽豈予程其結搆驅石伐木俾各有濟仁人事也昔有人衛而津無梁者頋其國中日衛何仁人之寡也衛人復之客曰惜一梁費而令客幾溺乎吾懼衛之溺不止客也溺而不拯惡得仁衛人謝而成梁夫不仁之名人所同疾也則不無望於仁者

津渡

新墅渡一

蟠步潮連渡二

石磑江門鉄巷口渡一

潮連葫蘆牛眠石等處渡一

新會縣志　卷之四　建置　卅四

江門燒灰步前山下渡二

高沙坣渡一

下村横江渡一

白米洲渡一

大基頭渡一

古勞三峽渡一

古勞三洲李村渡一

村前大基頭塘坊渡一

古勞沙平渡一

石駱沙滘渡一

古勞河滘九江李村渡一

古勞織洋尾蕉岡頭沙滘渡一

深滘周郡渡一

鶴臺村前北溪渡一

烏洋萌銀瓶嘴丼竹渡一

銀瓶嘴烏洋萌大坑口沙田埠渡一以上俱橫水

江門往省渡二

江門往佛山渡五

江門往香山渡一

江門往肇慶渡一

江門往碧江渡一

華蕚墟步滘往省渡一

周郡裹海往省渡二

譚雅往佛山渡一

李七埠往佛山渡一

企礀往佛山渡一

譚滘蒼邊往佛山渡一

下廟赤坎往汾水江門渡二

銀瓶嘴往省渡一

三娘廟往省渡二

坡山往省渡一

古勞坡山往省渡一

古勞坡山水口渡一

古勞往江門渡一

古勞往丼竹渡一

江門白石往香山渡一

古勞往佛山渡一

古勞三峽水口渡一

潮連高步往江門渡一以上俱長行

宮室

黄佐曰宮室其有係於人之觀感也乎夫所謂宮室者非崇高土木之謂也或以事重或以人傳前賢刱之後人低徊而悲弔焉則其所以庇於風教人文者大矣豈不重哉

見龍樓在治後明萬曆三十五年知縣王命璿建

知縣王命璿記曰將爲重樓高閣於城市中以恣騁睇乎則必礱石雕棟轉櫨節稅稱物力窮歲月費許多措据而始得之此其可已者也若乃不役時不費力相其地所固然用其人所同然得已乎不得已乎右岡枕山負海城以北故有山與圭峯互峙爲一邑學宮時遷世殊則剝蝕漸堙荒墟幾不可復識矣予承乏初至其境則見環城皆山出於林木之末者蒼然森然鬱乎若蒼色曰是必有奇於是躋雉堞躡石磴直縣邑而北矣然倚空狀如端笏正立者非耒峯乎過廻嶠路數十里許一支蜿蜒蜒奔而西又折而北而入城突起一峯屈曲而下地勢頗高即向所云剗削處也議建樓其中時以採珠之役滴日流離議竟中止越二年役罷年豐海波息警商諸士大夫咸曰可遂簡倖若干合諸助工若干材不煩而集室不飾而美不三月而上功告成每風止雨收天晴山碧集諸二三士大夫登焉舉目橫空林巒蔥翠雲冉冉崑崙圍矗乎望外見近東望江門白沙之故址猶存南瞰崖海怒濤蹴天奔雷毀地忠魂之氣依稀見焉西睇象山泉石鮮寒煙霞吳曳隱君子之所居也凡若峙若流若植若欹若歛若數若聲若行若結實若沈若浮若俛若仰若盤若躍若蹲若踞若決褻者清風拂而成響朝日耀而增輝固不必皆隱智技藝奇日顧不奇耶顧其奇日見龍若見之龍橋知皇故名謂倏而飛伏然而天龍在前處同也夫以相其時因其地協其人事所不得已者而尤備有如斯之奇可無記乎哉

鐘樓即東角樓在內城東馬山上學宮之左亦名向陽明天順二年都督張通令千戶所建爲樓三層高二丈成化中知縣陶魯修弘治十七年知縣羅僑修日久圮毀萬曆三十三年知縣王命璿重修

國朝復毀於兵康熙二十七年知縣賈雒英以一邑人文所繫首爲修葺命諸生黃岳降等董成之

知縣賈雒英記曰丙寅之冬予承乏會邑過覩筆架登馬山之巔望圭峰瞰滄海翁鬱拱翠怒濤呈奇洋洋乎大國之風也學宮之左上有鐘樓巋然秀聳影藏文壇爲前朝邑宰王公所重建蓋公之厚期乎多士而用以補其形勝也惜兵燹之後遺構僅存凄風莫蔽予與司鐸吳公蔣公謀所以葺之一時邑之賢士大夫咸樂勸其事遂鳩工庀材闕者補敝者易不逾月而告竣煥乎改觀噫嘻非止新一時之耳目已也王公厚期乎多士而車建於前予與諸君子踵其芳規修復于後從茲多士奮興名賢繼起掇巍科樹鴻業顯當世而耀邦家者予于諸士亦有厚望焉因刻石以記之

鄉科汝記曰會邑治之東偏有阜高聳而廻抱曰馬山前瞰厓海下瞰文淡山側則白沙陳子祠在焉每過之令人肅然其敬有明時建大魁閣向陽樓于山上以壯勝觀向陽樓規鳴鐘處也亦稱鐘樓歲久荒落所謂大魁閣已湮沒于荒煙蔓草蕩然無復有存者獨鐘樓故尚在也然榱桷圮折甃石圯陷亦浸浸乎有崩廢之勢矣今邑侯賈公奉簡命來蒞茲土下車覩學登高經一二閱月覽形勢輒慨然有修舉廢墜之思廣文吳蕭二君日進屹然東鎮者鐘樓也爲邑文明之象今不修且就圮公鎮之興日諸士述公意以語予予唯古人爲政每先其巨而後及其細急其所急而後及其所緩巨細緩急之間有次第焉公甫視事其巨且急者在下察利弊訪民隱正田賦清訟獄清奸宄興教化經營有方設施有漸非漫然已也彼區區此樓之修復雖曰細故然備嘆存舊循良事也豈與等常臺榭爲遊觀者可同日語哉予因嘆天下事興廢相尋蓋亦有數向者兵燹頻仍古今遺跡淳沒殆盡過而睇覩焉有問者今兵革休息人相安于晉熙之餘久矣而此樓岌岌乎始賴公以不朽

豈非氣運之數即在一物亦有待而後興耶況公之嘉惠吾邑政通人和將百廢具舉也獨鍾樓乎哉

大魁樓在馬山即八角亭明萬曆三十年知縣周思稷改建邑人黄淳記又以其餘金置買驛城外蓬鋪四所爲祀大魁資　國朝廢於兵燹

按堪輿家相傳有象麟馬角之讖故前人既建鍾樓復建此樓於馬山而邑當盛時象山盡爲亭館若鱗次然及廢於兵垂四十年民生日悴仕宦科名皆不如昔今鍾樓既修則此樓亦所當議復者也爲管議

郑陰樓在城西上又名西角樓

凌雲塔在熊子山上明萬曆[illegible]十七年建先是新會文運未顯知縣周思稷以[illegible]南獺弱于法宜補而山在巽位正爲人文之應乃議建塔以鎮之及任滿去知縣王命璿繼之而就語詳山川熊子山下越三年壬子舉於鄉者遂十三人癸丑成進士者三人自是科名日盛

國朝順治十一年廢於兵燹

知縣王命璿記曰新會爲粤東巖邑號稱海濱鄒魯歲甲辰余不佞而釋褐奉命蒞茲土務舉弊捐偕来所以當上意者奉天時綠地利採風土所宜卜與民更始時諸紳衿及父老旅進曰會故依山阻海客譁擁衛爲我粵藩籬而形家言東南鼻削形氣箭易往邑侯周思稷議建塔以鎮壓之竟未果就君侯造福元元冀湖宏規以與境内更始余曰唯唯否否夫天爲分星地爲分野乃確質自然之符何可盡廢會自考卜以来其星紀應牛女之墟北旁土山屹然高峙文分兩掖天馬伴而余牛伏負形勝區也堪輿方隅創當水口得無如青烏氏所謂青龍垂首也者是宜塔傾時諸衆總力不任也越五稔縉紳及諸父老復以爲請乃依周侯思稷所定舊基請張千兵煒董其事卜日鳩工甃石纍疊迴若廣若千丈高纍七層總若干丈宽若鰲峰突兀層霄吐煙霞海屋愁爵一目而盡江以南一柱石也夫形家指巽山爲文峯塔基正位東南水土悅演山若揹而高補其不足補相地宜所

因黙造化之工緻人力之巧而成一方之勝槩弄那邑文運從茲啓昌融禳濟濟多士奕葉蟬起則自然之徵已要以天時久而始興地崇闕而後闢則氣化使然余特迎其會耳敢云力爲是役也何甚若黄大隱實主其議募勸邀縣諸田藏翰鳩工集事然非張千兵煒乃心力胡能成功若此之速也塔起於萬曆辛丑歲仲冬十有七日竣事于己酉歲仲秋名曰凌雲塔蓋以卜文明之兆云

游心樓在縣後明成化十八年知縣丁積建

東莞林光記略曰舉動不可以不息息之者所以閒之也是故閒以冬閒日以夜閒宵以地閒之以淵閒有蟲以蟄其理然也不閒其心而應天下之務是猶汨泥揚波而求照於水也昔尹和靖見伊川半年而後授以大學西銘豈無故哉浴沂歸詠夫子與點亦以其無所累而中閒也夫人之心息之極而閒之至足以叅兩閒而役萬物不足以相挽死生不足以爲變觀其義者猶若物

物而況於功名富貴也三江丁君彥誠以名進士來尹古岡既三年爲僕于治第之右以爲遊息之所經始于成化辛丑十月踰兩月而落成百齋先生名曰游心樓爲賦五韻詩予過白沙丁君來拜予求爲記予謂今尹天下之劇吏而古岡又嶺南之冗邑其地廣衍其民殷富上下之間喜訟出入文書簿會旁午沓至日行於利害之途而涉乎愛惡之境使不閒其心應之徒乾乾終日不遑暇乎汨泥揚波而求照於水者能借予未及登君之樓然知斯樓北面巨壑山勢隆然日臨於前嵐飛翠滴煙雲景象朝暮凡廊而告朝治之隙偷得遺遙于中其心與白雲相綠繞乎又將洗耳重聽款歌以隱君所得之淺深也雖然不出部屋之下不足以既日月之無窮不挾太空而遊不足以視山河之有限君其不迂予言請劉諸石

陳獻章詩　城外青山樓外城城頭山勢與樓平坐來自日心能靜看到浮雲世亦輕高閣祇宜封

新會縣志　卷之四　建置　四三

斷簡半年湖外讀何緣佐坤

黙龍門意今付當年廣彥明

江浦莊采詩　心到不游原亡亡其心游條

更存存老夫欲說游遊否月滿西齋思一言

碧玉樓在白沙村陳獻章宅小廬山右

陳獻章詩　樓遠見諸山日短意不盡天陰水在

典碧玉所以鎮　百尺空中天眼濶三更月底夢

詩成安排枕几還公聊巳有闌干信客兒鄉里過

從廬行者海山或遇羨門生當年碧玉無雷賦何

處青雲更擬凌

郡人黃佐詩　室前雙楠走蒼虬苔白使堦鶴自

謀怪底詩翁貧到骨野風蕭瑟蔗塘秋　百年開

道傷斯人碧玉中藏太古春今我登樓望江水青

山紅樹四無鄰　獨上高樓望八荒浮雲飛盡月

滄江人間亦有此搏容投老狀向白一邪　鶴骨

寧藻畫楣開龍鞭何當起泉臺翰林榮茂豚然化

曾見先生鳴首來

嘉會樓在縣東白沙江明天順甲申御史熊達爲陳獻章建萬曆四年巡道何子明重修

郡人黃佐詩　嘉會樓前誰主賓老樹扶風鳴向

人坐槎仙客不可見江水滔滔勞問津　江沙白

白楓葉紅鰦魚攬刺波搖空相逢

漁史不留識醉舞藤蓑明月中

廓然樓在青膽石臨海濱

嘉靖五年莆田林應驄記曰維嘉靖丙戌予有事於新寧自秋徂冬舟楫往還往咸泊于膽石之濱石周遭數百步塊奇礝態潮落石出爾仙字隱隱猶存其下爲大洋海海之外萬山前陳中一峯秀抜不羣與崁石對石南行二里許爲林氏居六代相望餘千人予每至助教君世璋司教君魁斎恒

新會縣志　卷之四　建置　四四

秀宗子一二歲慨辛丈老以相慰勞效其譜系自予族唐人余宗人夫之役云越明年春二萬年宗人錫使以請於予予爲命之曰廓然蓋天下之理自一而爲也何未有不殊自偶而一也又本始不一推見其一而吾忘之云云而不私也吾之愛易矣而不比也吾之閒見擴矣而不滯也時雖春風和日旭于宮衛懸于斯以天地爲帷幕日月爲扃戶烟雲爲衣被岡巒爲屏障梧石潑流鋪霞夕灑鳥嚶嚶蛙閣閣泉冷冷鼓吹也檐楹掛低掛掛披蔽虧日月吾旋旋也潮汐運乳太來如織爛人漁父行歌假息吾侶伴也興至翁聽于石渦之四行父老歌應鳴予歌棠棣父老歌出車予歌南山意洽而席以和不其樂耶噫斯境也士遊之名息貫遊之利息達人騷客遊之與有以見夫古今日暮也死生晝夜也廓廟江湖一其致一而已矣是之謂廓然噫予之樂宗人同宗人之樂誰若與衆今警報日急民流離廢業固無暇於斯樓也當道勤恤我民稍一掃而廓清之莫厥攸居遊斯歌斯舞

爾斯斯樓之樂不甚尤尊也耶助而成皆千兵國
君佐董其事者善政茂遠一明皆宗人也於是予
書　又詩云虛樓誰築迥南天流落何當父老齒
喜有酒巵奄歲月媿無文字紀山川潮痕落後尋
仙掌風雨來時泊客船萬古登
臨眺還憶我夢槎度海亦丁年

敕書樓在潮居小岡里梅岡村康熙九年敕封文林
郎河南開封府太康縣知縣蘇儒奇建

齋椷汝記曰
皇帝御宇之九載黎庶乂安海隅向風于是覃恩
內外大小臣工弘錫類之仁以推崇其所生維時
臣椷汝承乏陽夏令躬逢盛典煥焯寵錫儷
然臨之臣父率臣私庭望拜伏念草廬卑微曷由
格共　題命君前有岡鬼陂江環峯峙乃作敕
書樓于其上樓成臣父顧謂臣曰絲綸之重遐
邇聽觀盍徙今榮岡里已哉以尊　璽書則恩尺

天威不咫不恭焉以彰　君賜則對揚　休嘉不敢
下敢焉以垂後人則家慶國華澤流奕葉世世保
之勿敢替焉是不可以無記臣通升于稽首颺言
曰國家所以勸臣工者務以勤其忠孝之誠
而已矣古者有位于朝而無封親往往世祿之家
勞盡瘁至畢其志之士非若祿無以蓋親者有任
以顯親故有操躬耒耜而不為榮原顯任而不為
一日間朝廷有推予之詔則靡有引領莫不思
得一當以效諸父母至于踴躍感激而不自已者
此斯時之幸書錦之榮昔人所以嘆為殊遇而不可
必得者也顧臣經術空疎吏能短淺方當致身之
始即遂烏哺之情而臣父砥礪名行亦自分布衣
終老豈期家常下被閭巷俯誦溫綸仰荷高
厚將何以圖報稱于萬一也哉夫勿賦而不遑私
者臣子之分也勸士而不忘報者君父之恩也進
無違親之憂退有榮親之樂遭逢之感寧獨在百
爾有位者與庶幾冠簪之儲巖穴之士以追耕餘
發歎之樂同風輦舉相與念　君恩之厚而勉為

忠孝之思將見　榮寵在一時風厲及天
下千以傳爲美聞誌爲盛事豈偶然哉

圭峯閣在玉臺寺

陳白沙詩　勝處不在遠杪秋何處登步崖碧澗
落暝石青松陰地少滄溟入天高鳥鶩沒此時間
峙望難識
何關心
黃桐詩　千仞岡頭一振衣溪山相對已忘機泉
聲似玉來丹竈鳥語如歌度翠微超遙風前無鳥
過尋常嚴下有雲飛逍遙人日
晚下山去十里月明相伴歸

秋坡釣臺在縣東五里都會村邑人黎貞所築

陳白沙詩　去年塵外訪遺蹤覲拜先生舊德容
人物偉然流俗表一竿臺上釣秋風　少年朝暮
釣池傍嬉戲吟哦送夕陽卻憶
子陵臺上月至今千古共蒼光

阿蘅詩　偶步荒臺上憑欄慰瀨清坐餘歌短曲
釣罷濯塵纓水闊有相語波深魚不驚仰看今夜
月還此
爲誰明
區元晉詩　漁磯寂寂隱仙蹤路轉鶯花更
幾重十里水光流不斷至今教人憶釣絲風

楚雲臺在白沙村楚人李永箕所寓

白沙與李永箕容貫聯詩　蕭蕭寒雨濕芭蕉短
短清吟送酒殘萬里歸心辭楚客一年無計駐蘭
橈飛鳴背逐雷前馬來往無端海上潮黃鶴樓中
吹笛罷月明何處夢相招　遊走東南未有公真
成冀北馬群空共推賈誼年方少更說相如賦最
工獻策未會登漢闕當壚時復笑臨邛乾坤何處
還高步先到
羅浮四百峯
緇修湛若水詩　晨興度楚雲躊躇重徘徊十年
登大地今日成高萊寒鴉啼荒樹疊幽穴蒿臺矜

理有興廢天運使然人事安見濟處
此恨百哀同薄窮萬古絕矣不可哉
山人張問行詩　何年高起讀書臺臺上陰雲
黯翠着明月在天風在椰吏無人自楚中來

臨江臺在縣東北三十里兩榕夾生其上東南波濤洶湧魚鳥上下有金山之勝

觀德亭在射圃上今廢

演武亭在教場後明萬曆二十九年重修三十五年復修

邑人鄭銘詩　入韻春臺已見清閒兵猶作近郊
行六花別出當年陣細柳與屯此日營金鼓聲傳
千谷應旌旗影動四山明舒徐
五丈原頭步賦得詩成玉梨横

壯哉亭在邑城西三廣公祠後

陳白沙詩　新亭開百窮遠勢借崑崙天地雙崖
調滄溟一日吞公來常不厭上死廟常存憶昔千
戈際南征萬里奔　壯哉亭瞰鄭智時鄭館此川
雲烏南天模糊萬里山亭此客孤又借南風吹一
月湖菊盧
打樂爲蘆

道源亭在明倫堂右觀物沼上明弘治十七年建

提學副使濟府記曰新會學宮無別勝地惟漾然
有亭亭之上顧然多上垠然藝然而有聲蓋邑令
羅僑濬其沼作其亭提學濟了聚四方之英以
講六經濟子曰六經聖賢之迹也道之攸寓也諸
子能因其迹而求其道之源乎夫斯道之傳也久
矣由孔子之前伏羲堯舜禹湯文武周公傳所得
以作經者也由孔子而後顏曾思孟周程張朱傳
所傳以修辭者也而我皇祖神宗尤有功焉此其
源也蓋生日言蓋於此乎曰太極生天地天施土
聖人聖人垂六經以教萬民教化者道之流也太
極道之源也曰言蓋於此乎曰太極甚妙矣聖人
達矣六經浩繁矣求諸近且要者乎曰道心要矣
道心微而人心危六經將奚治爲六經一中而已
中者治心之要先萬世道學之源也曰言愈寡理
愈與易舉其易見者乎乃指而歎曰斯沼之木也
混混其源與道體也古之感精其源也觀濟者觀
其源也皆有見於斯道者也道之源
易見者水也水之源可見者斯亭也

致虛亭在縣東山學宮左御史黄如桂爲陳獻章立

後樂亭在龍興寺後今毀

予濟亭在天妃廟前今毀

定帆亭在城西鳴山洞黄淳建中書曾士鑑書之亭

日不作風波於世上別有天地非人間諸遊客多有詩見別集

思德亭在城南門左明成化五年父老爲陶魯建

余統記陳獻章書其後曰成化八年壬辰夏廣右
陶公由吾邑長運秩憲僉六年考滿如京將行邑
諸父老相與捐思德亭碑文一道請予爲言以爲
瞻日將以是致也諸父老坐定予撫碑數日嗟夫
昔壬午之冬寇忽至城下民被剽掠死者甚衆公
方備他寇于外聞至哭徑歸及郊哭入城呼士卒
慟哭撫之告以賊民皆感激增氣指聲赴賊震
動一邑此吾與諸父兄所共見也盜充斥公由是
建子城與民固守又董地遠近爲營以塞四境要
害設守備之法内外戒嚴賊不敢犯民到于今賴
之凡使吾兄弟妻子得免流離老稚謳歌田里與
鄰壤異者公有識慮善撫度其所施爲事務實而

不爲虛文故能取必於此經歷久遠民受其賜而公之功有成此吾與諸父兄所共知也公家廣右之鬱林去賊近吾邑在吾省西南近者多饒資民賊利得之每歲蒞將入邊之賊不得逞賊退過公先塋境將伐木取杯土以爨公傾忠烈之靈震怒在天賊等畏不敢近嗚呼此公合一家之危以易一邑之安吾與諸父兄所共聞也夫是之謂能公實能之以惠吾民所以頌公之德在此一片石則或闕之而不言或言之而非專實諸父兄與作碑者意耶公爲縣久其有勞於吾民不可具書蓋公之治民如其兵因應隨機初無定體其治兵也如文士作文奇生筆端無事蹈襲故能使人畏之而卒以取勝此皆公精神心術之奧之運人不可得而窺故尤不可得而書可見者迹之顯者耳書其遠而民莫不信余以是口言之以補碑之弗及若夫述職贈言以勉當道此係夂之分君子之任非吾與諸父兄之宜

遺愛亭在古文洲之西知縣張文鳳有德愛於民既去而民思之明嘉靖庚子父老爲建知縣陳士嶽記

懷恩亭在五顯溪板橋側爲署印推官陳某虞有惠政立劉杰捐地黃淳記

去思碑亭在東亭驛鏡心亭右知縣袁奎有德政去後士民思之相與立黃淳記

題名碑亭在儒學明倫堂前明天順七年知縣陶魯建亭廢有碑移豎堂上參政胡拱辰記題名內書梁臨進士及第蓋國朝開科臨即爲人文首倡者志以爲三甲

陶魯宅 名世烈堂

李承箕記曰吾身在天下國家而死生以之難其人乎難其人也無名在天下國家以世繼之而能不有其功難其人乎難其人也正統末國家承平日久腐夫指權華小爭趨以圖富貴于是濫正直幾諱官民犯其分四郊多壘此小人之必避而君子獨身之秋也浙江妖賊起於是聲震東吳按察憲副陶公成楨身殉國卒死于事既而公之子自強由新會丞歷今憲使誅逆撫順推承宜力廣人享其治乎之功者纍四十年於桂之不復爲蒲草芝蘭之不復爲蘭草蛟龍之不復爲犬羊虎豹之不復爲狐兎其類異也於乎若公之父子古之所謂勞臣歟然而功大者報必崇其享于世長久而民不厭三王以來皆然矣白沙陳石翁題其所居之堂曰世烈所以表陶氏之勛先家宗者有其道而朝廷崇德報功之典亦昭昭乎無窮也歐陽子爲韓魏公記晝錦堂其言曰仕宦而至將相富貴而歸故鄉此人情之所榮而今昔之所同者是有其言之淺淺哉其於公之世烈蓋孟子所謂廣居大丈夫之位君子之所屬望而又將以告其後人者也公命記之予不敢以不敏辭於是乎書

象山書院在縣西象山明洪武中知縣謝景賜爲張搗建後築外城以其故址建知縣伍賡祠祠前有故洗硯池 照黃淳舊志

象山書院在城西原爲象山寺後廢改象山書院明嘉靖二十三年知縣何廷仁講學于此匾越作何

侯去思記萬曆間詔廢天下書院以一道學拆建
迎賓館嘗其地於民熙黃淳舊志
古岡書院在縣西南元至正中知縣沈壽爲羅李正建明洪武十七年以築城廢
盧阜精舍在白沙小盧山上陳獻章建一名小盧山書院吳廷舉詩閒歌客易谷歌雞此是乾坤第幾闗眼孔今時小東魯脚跟吾已到盧山松陰過雨青天迥花徑封苔白晝閒一鶴我謂三宿去山靈莫浪笑登還
按書院之建不一有官成講學自建以居及門者有處士名聞官建以迪來學者其爲自建子孫雖百世守之可也其爲官建則官物爾有興有廢惟

其時可東可西惟其使不閒視爲私物也如吾郡城濂溪書院宋建於春風橋元廢明初建於棠洲嘉靖間督學魏公以棠洲爲官街乃遷建於粤秀山麓始稱祠明末廢今中丞李公復改建於清水濠合文成文恭祠之凡四易地務存其名而已蓋地以人重非人以地重也不明於此適紛紛膠柱刻舟惑矣仍照舊志原文登之薛起蛟識

坊表

義寧坊在縣東

金紫街坊在縣南爲宋馬持國父子建、
攀桂坊在鐵爐巷口明洪武二年爲梁臨建
嶺海紀綱坊在察院門外明嘉靖二十五年知縣王交建今廢
仰聖門坊明嘉靖十九年僉事李文鳳建萬曆二十七年知縣王命璿重修
天朝文獻坊在學前街明萬曆二年知縣伍府王簿周子愛建
理學名臣坊在縣前明隆慶二年知縣林命春爲陳

獻章建王命璿重修今廢
兩庚科第坊爲戶部主事張傑夫建
雙鳳聯鳴坊爲學錄李翰太守李翔建
白沙祠道坊在儒學東明嘉靖二十四年清軍御史王紹元建今廢
都憲坊在治南明景泰七年爲巡撫都御史晉能建
繡衣坊在治南明成化九年爲御史余濂建
繡衣坊在西門街明成化十三年爲御史余統建
豸繡傳芳坊在縣前明正德元年爲御史余敬建

進士坊在治南明成化九年爲張廣建

進士坊在東門街明成化中爲馬炯建

進士坊在東隅街明成化二十二年爲李渭建

橋輝接暎坊明嘉靖九年爲進士鄭銘父子建

兄弟進士坊在府門直街明嘉靖二十五年爲莫如

爵莫如士莫如善建

解元進士坊明弘治元年爲陳經綸建

父子忠勲坊在東隅街明嘉靖九年爲按察使陶成

左布政陶魯建

白沙里坊在嘉會樓前明嘉靖二十一年御史姚虞

爲陳獻章建

孝節坊舊在縣南大金街明成化十三年爲李伯璉

妻謝氏建嘉靖十一年知縣張文鳳重修萬曆元

年因建外城拆毁曾孫李枝椅具呈察院改建大

墩

貞節坊在歸德明弘治八年爲陳雍妻鍾氏建

貞節坊在白沙明成化十三年爲陳琮妻林氏建知

縣王命璿重修

貞節坊在金紫街明嘉靖十三年爲魯文鑑妻湯氏

建

義士坊在古博都爲陳元輔陳英輔出粟濟厓山宋

師建明正統末燬嘉靖二十四年御史陳儲秀重

建

旌義坊在文章都斗洞村明正統八年爲出粟賑饑

義士伍艮建

義民坊在懷仁都明正統八年爲出粟賑饑義民鍾

仕和建

世沐恩光坊在祿峒村明成化二十二年爲進士李

渭建萬曆中知縣袁奎重建

百歲坊在知政門右土名東亭洲明萬曆四年爲義

士陳元琛建

元琛瀧水都人明嘉靖二年布政章拯討古兜賊元琛以布衣上策願家貲集鄉兵破賊有功官兵欲屠長沙元琛力爭得免事聞給冠帶復其家殁爲樹坊建祠長沙

恩綸荷錫坊在猛巷明崇禎九年爲奉直大夫部

福建清吏司署郎中事員外郎林鑾建

三世尚書坊在大新街右巷口明崇禎十三年爲贈

尚書何昂封尚書何上新太子太保南京吏部尚書何熊祥建

新會縣志卷之四終

新會縣志卷之五

知新會縣事渤海賈維英訂定

邑人余玉成

蘇楫汝

李朝鼎分校

薛起蛟

湯　晉仝纂

地理

形勝　山川　古蹟　陵墓　風俗　歲時　氣候　物產

古者諸侯祭其域內山川貢其方物天子巡狩則太史陳詩蓋以四方之風氣不齊剛柔異尚如燕

氷不洋越草不零風土之殊未可一致論也新會負山僕海形勝之區紀畧備存徵信奚自況民情物力有殊疇昔旣不敢以無實而取譏亦不敢以纖微而弗錄哉亦採風問俗考古訂今之証乎作地理志賈維英紀

形勝

新會形勝之國也綠護爲屏圭峯作鎮厓山爲烏猪大洋之鎖崙江門扼三瀝古鎮之咽喉新會固

則弼以西之賊不能越而窺郡據形勢以扃封圉會亦一要區哉薛起蛟識

圭峰高峙龍津縈曲舊通志

厓山據險奇石瞰流扶輿擁曹幕之翠屏流瀧浮江門之巨浸其潮汐則由厓門而入支析派分以通村郭舊府志

郭北三里圭峯綠蔓爲邑屏障左蹲天馬右伏金牛前列五山歸然拱揖濠橋之水匯合龍津縈洄屈曲經縣而南蜆岡東注江門西趨滙爲熊海邑幕

崑崙迤邐爲元鎮虎跳猪洋浩矣大觀文丞相天祥嘗曰自厓山至五羊壯哉郡負形勢之國也信乎愼固封守蓋五嶺之咽喉哉解兩舊邑志

岡州爲南交逖土號稱都會亦惟是北枕圭峯南憑大海黃雲紫水實兆禎符其大者如撫厓門之勝磊落嶒起而忠臣義士之氣鬱勃怒濤卓有生色王命籲志序

山川

新會蓋負山濱海山則起於曹幕介新興高明恩開之間析而爲四西自崑崙迤邐南馳至於綠護卓爲圭峯大鴈踞其東北百峯峙於西南以開邑治其間蜿蜒扶輿磅礴而鬱積者蓋不可勝數矣川則自肄水南注鬱水山海經肄水出臨武郎溙水之流南復分又南注於鬱者也桑欽水經曰溳水出武陵東至茶梧又東至高要爲鬱水東流合海順德西至三瀝沙南入江門旋繞治東江門復分二水左經石嘴至虎頭門入於海右經縣治至熊海熊海之東經香山爲小梁海其西源發蜆岡自北而東受諸溪澗滙於厓門以入洋海爲邑襟帶此山川之大畧也湯育識

山

圭峯邑之鎮山一名玉臺在城北三里西連綠護嵯峨插天南望厓門汪洋浩淼爲一邑壯觀相傳秦時有二仙人居此山中仙井在綠護南丹竈今所存者指其遺蹟上有祈雨壇李眞人名之先邑人宋景炎初尸解明成化間封眞人朝斗石陳白沙講堂故址又有千手堂玉皇閣文昌宮眞人菴朝天門今廢中爲玉臺寺建於漢桓帝前寺有僧銘建和元年唐僧一行卓錫於此寺

後售爲圭峯開闢後巨石嶙嶒林木蓊蔚有惟石如龜名石龜昔一老僧坐化其內前爲石池爲玉虛宮左爲關帝廟又爲諸天廟水月宮又前爲南天門今廢門以外左有石澗名霏溪有石塔名天王塔右爲半月池石笋廟廟右爲石磧爲瀑布泉李之世詩雙流懸瀑落百轉度丹梯迸作飛空雨瀉爲潄玉溪蒸雲噴宿霧揮濺飲晴霓可是巫山女垂垂珠箔低上爲瓊華洞洞有潄玉池沉醉地浣醉池一石方丈名交丈石又上爲觀山亭今廢山後爲摺欒巖又有少室巖巖有石牀石枕爲李真人

新會縣志　卷之五地理　四

棲修之所其東爲小廬山有盧山精舍白沙先生講學其中詩云一壺嵌甫廬山下萬乘之君不得臣者此也明末廢爲榛莽僧棲林墾闢無檥募邑司寇何士琨種植松篁　國朝康熙初僧無懷於山右肩建雲峯庵以臨石澗有林泉勝二十二年僧雪披於舊寺後擴地重建玉臺寺寺右今遷玉虛宮唐僧黃雲元詩好倚玉臺天上月夜深留待老僧看分明照出塵寰路可惜人間壇樹寒宋蘇軾詩不傳元羅蒙正登圭峯懷蘇長公詩久向風塵厭奔遊到來象外且淹留溪邊石棧和雲臥巖畔山茶帶雨收古寺丞僧非舊

圭跡林晴邑又新秋坡仙題詠今殘剝詞客登臨誦未休明黎貞詩秋叢有高上指石松下坐忽憶圭峯無抱琴欲相過陳獻章詩天風吹人紫雲層高閣逢秋扶一登多少傷花隨柳意遥餘一爾玉臺僧李以龍詩試綠石遥上雲竹數十年來又一登澗水松風渾落莫玉臺空憶舊時僧鄺露詩孤峯延佇思悠悠日落長熊萬塹咽綠蘿天荒南渡跡玉臺鐘叢建何年泉香惠若飄書帶暗静松花驚講筵湖海昔聞鄒魯地春風池草碧芊芊

綠護屏在縣北十里左連圭峯爲邑屏障周迴八十里頂有湖六又名六湖亦謂之玉壺有白沙釣臺玉壺村李翔綠護書舍李翔詩李性樵夫似過真玉壺山遠靜無塵松枝拔折變妨鶴桃片驚飛怕惹人過藥身輕成往事觀非村塢郎何因非仙非釋非時採落魄雲邊一

新會縣志　卷之五地理　五

爲巾其東爲大林洞有鐵佛寺莫鑑詩青林開寶刹一逕迴風盃竹簪微遊雨松跡不可尋天花空外落仙梵靜中聞共結香煙留真成鷥鶴莘上林寺又有蓮花池醉雲石洗鉢泉了經巖玉虹橋其南爲石澗峭壁萬仞飛瀑從天而下夾岸惟石嶙岏紆迴備極幽勝上有楞巖寺鄺露詩翠屏千仞峯寒簾曲澗盤雲待客遊紫竹僧屏清夏顯綠天人語近秋河邀厨叟鶩浮香積人鉢吟龍引嘯歌無限琴心對流水可憑諸謝覓羊何東北爲蒲澗源發崑崙丹石激流九節菖蒲叢生澗畔上流可以泛觴其下水簾千尺許炯詩晴天宿雪半空飛瀉射寒光望眼迷一派銀河斜月照四簷花雨亂風吹發人巧織水精簾星女停梭玉箸垂

恍似水晶宮裏見珠簾瑤箔影參差注於大小龍潭龍潭者聖池也亦名雲潭潭有白龍常出行雨禱之輒應陳白沙嘗謂聖池瀑布天下奇觀第一又三里許爲圭峯

古岡州山在城隍廟前相傳隋設州治其下故名

馬山在文廟左下瞰文溪城跨之後建外城拾級而上與內城接名百步梯其上有鐘樓有大魁閣甲午廢於兵其側爲學宮其下爲陳白沙先生特祠

象山一名金牛在縣治西形如蹲象石角崚嶒明萬曆初築外城西踞其上相傳昔爲石磯名象山角

新會縣志　卷之五　地理　六

舟人視爲險灘嘗有漁人見金牛帶索出浮水面驚逝入石後淤爲田今山麓悉爲通衢廬舍櫛比然附山居民浚井時有龜甲維纜折戟之屬出於泉壤則所傳似亦不誣云山之左曰鳴山舊有壯哉亭亭下爲陶三廣公祠祠右有梁以衡墓黃磐金牛洞黃淳定帆亭亭下有鳴山洞右有文昌宮宮下爲兵巡道何子明祠祠右即象山有雷峯下院有象山書院有知縣伍睿祠有蘇楫汝西巖

黃雲山在城西北一里其前爲古岡州治唐睿宗景雲元年有黃雲出山上其色如金僧一行曰後八百歲岡州當產大賢因結菴於此名黃雲寺今廢師去其徒元禪師居之稱黃雲元及明宣德三年而陳文恭獻章生其言果驗陳獻章詩繫馬黃雲下黃雲幾度歌登高雲壓帽度寄雨沾簑濶漿害鳴室山花貴䕶離野人鬻茗樵路向鉄橋過

大雲山在城西里許有龍興寺建自隋唐又有文昌宮天妃宮六祖堂其山盤鬱如雲環遶寺宮若隱几然

雷電山在城西里許蕭莊二節婦墓在焉

新會縣志　卷之五　地理　七

龍山在縣西五里懷仁都上有洞穴九以石投之殷殷如雷在東者黝窅莫窺在西者玲瓏下矚俗呼龍窩往雩之應其下有山曰分水岡岡下有江亦曰分水江爲邑西舟楫津岸上有市陳獻章詩歸舟欲背南風發別盞初開落日斜杜曲寄聲憑鷹子武陵回首惜桃花東遊肉迮經旬日揮翰雷詩到幾家滿眼却愁歸路暝時從野老問江汊

熊子山在縣南二十里山凡五在海中曰熊子曰鼠熊曰馬鞍熊曰東熊曰長熊而通名之爲熊子熊音那三足鱉也山各有三足故名知縣周思稷更其

中日中台左曰天壽天福右曰天祿天馬併改鐔
洲山曰拱奎蠶洲曰合璧爲文告之刻石鏡心亭
又以巽方薺削形家謂之青龍垂首於邑不利議
建塔於天馬未就萬曆巳酉知縣王命璿乃集縉
紳黃淳封君何上新等論田徵輸推監生生員劉
思聰林嘉詔黃家在譚經李時潤許欽賢等董其
事千戶張煒舍人張焕里民李光漢鳩工築之名
凌雲塔自是人文日盛云
南山在縣東二十里歸德都圓如覆釜其南麓石上

新會縣志　卷之五　地理　八

有足跡長二尺許前有葫蘆山
赤坭嶺在縣東二十餘里外海村陳獻章嘗讀書於
此白沙集中有赤坭山下小蓬萊之句
天臺山在縣西南二十里潮居都一名茂山其山自
將軍山來崛起數峯曰馬尾曰小岡曰梅岡曰石
脾東盡於海山下舊爲義寧縣治故址今衙前倉
邊橫街南門巷等名尚沿不改山下有天臺廢寺
石牌山在天臺山之東有石如牌方廣十餘丈偃臥
水際雖巨浸不没山麓峭壁屹立榕樾如蓋旁有

石高二丈許平廣可坐十數人每潮長則四圍浩
灌如石浮水上舊志稱爲釣魚臺云
梅岡接連馬尾小岡諸山而峰巒特高前起一阜盤
伏都中山石秀聳林壑幽邃上有葝書樓望遥峰
如障長江如帶
圭峯在北燕巖在縣北二十里歸德都峭嶂凌
空巨石層疊巖前有石澗水聲潺湲宋嘉泰中有
羊呼羊石坑明大司寇黃公輔閣而治之易今名
玉蟾於此得金芝十二莖服之成仙人以石多類

新會縣志　卷之五　地理　九

環巖皆植梅花
皂帽峯在縣北二十里歸德都峻峭如前下有自然
湖陳獻章墓在焉湛若水詩　皂帽何處峯青天欲笑蓉帆蹤花裔頂若蓬萊宮本自同大塊精氣有所鍾酒落百諸山諸山起海同翠峯與萬壑拱揖如朝宗嶷立十萬仞鳳凰翔高風於此擬埋玉可以配我公二紀猶此塳五百隱奇蹤一朝過神異黃北馬翠空
蓬萊館山在縣東北三十里中樂都與綠護屏相望
倸呼雙梅嶺上有懸路田澗丹井丹竈烟蘿諸勝
雙節婦劉氏馮氏墓在焉
石船山在縣西二十里新化都上有巨石如船浮動

而蓄水相傳昔有樵婦浴其中爲雷所擊石亦震落一角云

金人峯在縣東北三十里中樂都上有烽堠

龍護山在縣東三十里中樂都四山旋繞下有龍湫

桃萌洞在縣西北三十餘里新化都深谷中巖洞幽異爲一方之勝明崇禎間有乩仙惡之與人酬唱不倦

將軍山在縣西南三十五里潮居龍水二都之間其山自潮陽燕子尖山迤邐而來與雙門逕山相接山高而大盤踞一方故名 林夭培詩 何年鐵將軍名大樹功勲細柳營當宵在野燒傳烽火曉聞人角起旅芬實流洞戸鼓張幕雨過林巒爲洗兵可見數奇侯未得虎頭猨臂暮煙橫

大嶺山在縣東三十六里中樂都上有古松鄉人於此祠社

鯉洲山在縣東南四十餘里潮居都海中又南數里曰蕩洲山亦曰銀洲知縣周思稷改鯉曰拱奎蕩曰合璧 陳獻章詩 夕筋淩大波北風吹我帯冥冥鼇洲煙宛對君山君來鳫知大寒歸人看月色超超塵外心浩然周八極

石徑山在縣西南五十里潮陽都山有巖如屋可容數十人列石多類人獸前有筍山如笋

九德山舊名九曲在縣南五十里延袤厓海中有飛瀑成潭曲澗逶山而出名仙井陳獻章弟子湯奮偕李獻章講學於此學舍基址尚存後人因呼爲學堂嶺 湛九德詩 繫馬振衣千仞崖凌虛身世羽毛輕長天雨歇雲容淡遠樹風來音氣清松鶴一聲聞碧落漁舟幾點杏滄溟逍遙不盡登臨興更向仙泉共濯纓 又有龜山與來新嶺對峙及城門頭諸山景頗幽勝

石螺岡在縣北五十里古勞都

龍蟠嶺在縣北五十餘里古勞都其上常有雲氣鄉人禱雨於此

仙涌山在縣南六十里潮陽都相傳古無此山一夕風雷大作涌出平地故名仙涌或曰以泉涌名其泉曰紫衣泉昔一紫衣僧至此見有飛泉自石隙出因甃爲井上有仙涌寺 宋方信孺詩 龍伯何年釣巨鰲兩峯漂蕩送洪濤人間靈跡無尋處仙涌羅浮相對高

六秀山在縣西南六十里潮陽都林木蓊鬱下瞰大江

慧龍山在縣西六十里石碑都其南一水潔洄地僅
小阜而周圍水繞林木鬱葱中有寺名月華寺建
於唐神龍間久之廢圮至宋景祐僧行宣振錫至
此曰此地似與海潮上下靈惟依焉宜鎮以寺俄
有物蜿蜒草莽中飛天拔木而去
橫江山在縣東北六十里中樂都前有表山至三瀝
沙海中復起一島俗以形似呼猪頭山海凋多岐
舟楫戒心非遊觀之所故無嘉名
石山在縣東北六十里橫江海傍峯圓而秀時有雲

霞繚繞其下爲山村 黎翼之詩 亭亭孤峙大江邊直挽天河障逝川萬頃波光青嶂外數家烟火夕陽前雲依古岫深猶淡風度晴嵐斷復連莫道岡陵多變態赤城氣自年年
偶山在縣東北六十里從大雁蜿蜒至歧洲絕海突
起駕鵝小萊二峯屹然並峙故名偶山木石花卉
池圃田疇畢具依山臨水築室百堵亦海邦一名
勝也 何維柏詩 開向江門放釣舟偶從此地識丹丘雙峯遠在波間出一水平分檻外流風送濤聲廻砥柱樹含秋色護瀛洲憑高未盡登臨興揮筆題詩最上頭
大雁山在縣北六十五里古勢都界南海高明間其

高插天周廻四十餘里從白雲望之與西樵圭峯
並峙上有清怪潭潭水清洌下有飛瀑明嘉靖中
遊人以不潔投之水忽逆流而上投者幾墮潭中
其山宜茶北五里曰三重頂頂有泉冬夏不竭
昆崙山在縣西北約七十里兩山並峙高近千仞白
沙所謂氣蓋東南萬萬峯者也頂有水注爲潭曰
白龍池有龍居之旱雩則應相傳昔有道人植桃
李其上人得就食懷歸則雲迷出處 陳獻章詩 涵虛數尺鏡光懸猶是頭陀洗鉢泉又有山人來洗耳白龍休占水中眠雲影天光共一池池中消息白龍知仙

翁騎龍上天去只有月明照漣漪 又四十餘里爲綠護屏
厓山一名厓門在縣南七十里高四十餘丈綿亘約
八十里四面皆海西與湯瓶嘴山對峙如門門中
有一小山門以外汪洋浩淼不知所際遙望大小
螺珠虎跳白浪諸島在空濛中僅如蒼煙數點宋
紹興中置厓山寨控扼烏猪大洋之險祥興初太
傅張世傑奉帝昺自碙洲駐蹕於此爲元將張弘
範所攻兵潰丞相陸秀夫抱帝赴海宋亡死者十
餘萬人自是每遇風雨波光燭天恍惚若有城闕

師衆喧鬨呼號聞者傷之其上有宋行宮草市故
址帝昺遣軍屋千間行宮三十間太后所居爲慈元殿及鎖江石世傑排鐵索以遏元師顧叔元詩鐵鎖江頭三片石即此官涌宋百官泊此後以名村端宗永福陵
陸秀夫抱帝自沉處又有奇石元張弘範鐫崖大
書鎮國大將軍張弘範滅宋於此十二字明成化
間御史徐瑁惡而廢之復有全節廟即舊慈元殿故址大
忠祠忠義壇哀歌亭弔古者多往焉今圯宋謝翱
哭厓山詩南寫去來盡宵昔不可憑經過發瘴嶺闘捐是臣膺滄海沉秦望愁雲起舜陵獻應魂夢在何首舊陵稜總戎臨百粵花鳥瘴江村落日失滄海寒風下蓟門雨晴餘化血林黑

見歸鬼欲哭山陽笛隣人亦不存明黃佐詩極目厓門塵暗帝輦樓船南去迸斜暉已無
虎帳鳴金鼓漸有龍涎葬寶衣猶衛向明壞海潮
蒼梧終日見雲飛貞魂苦化鬼宮燕應是年年一
度慇歸孤臣血淚滿衝衣有戰山河事
歸陳茂義人詩已非金甲總是黃霧散石門空
想翠華歸風生急[illegible]蒼隔樹
影衛獨有英魂卻海日[illegible]今猶[illegible]八龍飛許炯詩
天涯舟楫泣途窮愁[illegible]山河王氣終良死秦歸陵
樹盡蒼梧實散鼎湖空先朱海上千峯雨恨滿山
陽一笛風回首中原何處是依稀猶記下更鐘
古祠牢落對行宮朝市荒凉夕照中玉璽久歸滄
海去銅駝空見碧苔封已無坏土藏遺劍猶有餘
民流墮弓一曲纔門歌不盡滿山松栢起悲風
梁有譽詩誰悟當年識已眞汴杭同首總成塵慎無勿踐三千士死恨田橫五百人海上
乾坤春夢短崖前風雨客愁新英魂苦作啼鵑去蔦嶺山頭哭萬鬼王孫蘭辛未進士南部

遺廟犇祀名宦無錫縣人題慈元廟詩當年宮殿委寒沼荒丘空山哭杜鵑廟傍荒漠
春秋寂寞開炎微草芊芊闘闕湯沂無完土塊肉從戎不共天千載貞魂哀怨在暮潮聲吼帶雲邊
湯瓶嘴山在縣南七十里龍水都與厓山對峙如門
其山自新寧金雞山北沿海而來至古兜與煙管
嶺甜水坑等山相接以形似名陳獻章詩北風吹浪捲滄溟步復
梢頭候曉潮滿路寒風吹不斷一帆細雨溼湯瓶
百峯山在縣西南八十里巍峩翁鬱磨蔽一方西自
新寧延袤文章潮陽潮居龍水諸都凡數十里層
巒疊嶂不可勝數然皆謂之百峯中多材木其白

沙蓢七村支分而出者爲古兜山
古兜山即百峯山之一支而巍峩聳拔前瞰大海旁
臨潭潛與銅鼓角山相望山深谷邃林木蓊翳不
逞之徒往往嘯聚近設訊防盜始漸息
曹幕山邑山之維首也在縣西北約九十里界新興
高明恩平開平間綿亘古勞新化諸都巍然横列
如重城兵衛官曹幕府之狀故名曹幕或稱皂幕
則以黛色參天如幕也多材木中有猺人壍山爲
崙其南有石門崦峒林木蓊翳西南有花果閬相

傳舊有曹幕寺云凡二十餘里至崑崙

水

文溪在學宮前其水發源圭峯合諸溪澗入城北關遶學宮經韓屋橋趨東南關（俗名水關頭）出外城接東西舊城濠水經義濟橋趨騎虎關出城外河其支流自義濟橋下入橫冲右通爵芳巷後

按此溪環遶學宮水宜渟蓄前人建化龍橋文昌閣於學左所以閉水口也而爲沙坭壅淤水皆不留若自北關下濟至水關頭使海潮直透北關否

則就學宮前濟數十丈俾令水常渟蓄豈不於學宮有裨耶

五顯涌在外城西其水自五顯關湖入經北上橋轉而南與深涌水合深涌者又自外城南清化關湖入經宜民橋竹屋巷至北上橋與五顯涌水合其支流自清化關內郢文橋下分入塞竇口至南山廟後

按黃淳舊志初築子城鄉主簿許能辭謂知縣陶魯曰此水似與縣治署背乃於北上橋左開一小

溪遶東北而入橫接西城濠水以環之後築塞若半猶存若半今復通之可也然自黃淳修志以後此溪所存之半久已湮沒而內城濠塹自惠民門至新東門所謂濶三丈深七尺者在亦無幾惟崇禎末騎虎關內舟楫尚達西門廠下五顯清化兩關則彼此相通可以方舟並行　鼎革後皆爲民居侵蝕坭淳壅淤今三關之河自北上宜民義濟三橋以上盡如溝洫淤者可濬侵者可復夫爲川者決之使導若壅淤之又侵蝕之譬之一身血脈

斷絕宜邑之日就於凋弊而莫之振起也顧舊志於城內外河及諸衢道皆無丈尺惟濠有之然其未侵者可丼也關與橋有舊址焉可度也則濶狹深淺可以類推矣

小富涌在東亭驛右有小水關今湮塞如溝

城外河在外城南東達江門西達鯆魚頭海前有泗涌大口涌新開滘西墩諸河

按此水爲邑襟帶官舫民船往來輳集向祗都會沙㘵常苦阻淺近自都會至西墩計五六里皆淤

而務前驛前滙瀝一帶皆爲舖舍所侵河路日狹
今不疏濬更閱一二十年必有舟楫不通之患且
河既遶城前而泗涌大口涌新開滘西整水皆斜
飛直出於邑不利明萬曆間署縣推官黄華秀以
爲泄風氣海寇自縣滘口易突城下議塞西整諸
水開濬蘇巷官來沙小河從滙瀝西陞橋遶達沙
頭至分水江會黄遮去遂止其後屢議舉行邑紳
中有沮之者事寢不果人以爲憾若俟物力稍豐
疏濬諸河取土以塞斜飛直出諸水畚埆之役出

之公旬於所塞處許民承買裁作數十洿池官賣
之以其價僦船運土則民不勞而事集矣此百世
之利也
紫水在縣西三里源白龍山遶萬壽寺出妙宗橋過
分水江入海宋皇祐間水色變紫若旬日人以爲
瑞故名
牛海在縣西五十里河村昔人嘗見有犀牛出没故
名
青膽洋在縣西南六十里受恩平開平新寧諸溪澗

出蜆岡浴於長沙西合曹幕梁金山諸水經濘陽
至牛肚瀝迎潮汐以滙於厓門汪洋百餘里爲西
南天塹其厓有青磨石仙人跡石上有廓然樓
江門在縣東十五里分而爲二左山右嘴出蘇園合
諸水東至虎頭門西至厓門入海有爲小河經黎
岳漏第六涌大悦滘口至城外有東南遶西出縣
滘口至厓門入於海
外海在縣東三十里其水自北街口出合諸水南通
香山左通順德右通厓門

天河在縣東北約八十里其水源自廣西至三水思
賢滘合南雄水南行過河清海經坡山下卄竹至
銀瓶嘴分爲二一趨順德一西南行經三灘沙至
天河下横江自銀瓶嘴下至白藤右爲新會左爲
順德分福岸江尾諸水入海
横江在縣東北六十里中有草鞋洲其地多盜黄浮
舊志謂萬曆三十一年知縣周思稷於横江海築
寨鈌口嘴併石山棚壑二滘以絶盜賊灣泊新涌
横江爲通鄉田園灌溉則用杙不塞格給黄德承

嘗立海天永賴碑樹之驛右永杜復開云自横江下右接州郡白石兩水左分蠕步北街口兩水始至江門近州郡塞滘以防潦横江作竇以灌田遠近賴之

天臺硬灘水在縣西南二十里仰存義寧縣之帶水也其水西由馬尾山逶茂山東注出大涌口南折而奔於海因水口傾瀉故縣立隨發明末海賊乘流入涌焚刼殺擄無算里中舉人梁日輝葉陽翀等倡義勸築隄塞楓灘歲丙申舉人余玉成捐貲

興築爲文以祭海神築塞大涌口通里出工助之浚牛濠小水挽流而上北逶石牌山以入於海既無海氛之患而數年之間舉於鄉者多人玉成及蘇楫汝相繼成進士轉移氣運實改水之力云

厓門海在縣南百里外達烏豬大洋水流湍急常作洶洶聲宋末有黄龍横海元將張弘範彎弓射之明丞相汪廣洋詩群犁流水碧潺潺潮落潮生草木間一片海雲吹不起楚人遥指是厓山

黄淳曰新會水國也晝夜潮汐縮有攷爲按候潮法浙最近潮生處而又爲龕赭二山所捍激岣怒不洩奮而上躋如素蜺横空奔雷殷地故觀者膽掉涉者心悸餘在四海或因遠近少有遲速而信則一耳獨瓊海之潮半月東流半月西流大小隨長短星不繫於月此其異也大槩闔闢之運大氣舉之方儀之静大水承之氣有升降月有盈虚故潮有起伏朔望而盈兩弦而虚息於朓朒消於朏魄而大小準矣晝潮之期日常加子夜潮之候月必在午月爲陰精日爲陽宗陰必從陽水必依月

卯酉之月陰陽之交故潮大於餘月大梁析木河漢之津也朔望之後天地之變故潮大於餘日寒暑之大建丑未也一晦一明再潮再汐一朔一望再虚再盈天一地二之道也月一晝夜凡一加午故潮一日再生月一日退天十三度十九分度之七故潮日遲於一日所以初三之潮晝遲而入十八之夜十八之潮夜遲而入初三之晝生落盛衰各有時刻天地之至信也在天爲月在地爲水月於一月有遲縮潮於兩信亦有遲縮秋月最明秋

潮最盛數與卦通理則然也梁斗輝曰月臨卯酉則潮漲乎東西月臨子午則潮漲乎南北自朔至望常緩一汐自望至晦復緩一潮朔望前後月行差疾故晦前三日潮勢長朔後三日潮勢大望亦如之二弦之際月行差遲故潮之勢亦稍小一月則潮盛於朔望之後一歲則潮盛於春秋之中歲之有春秋猶月之有朔望也春爲陽中秋爲陰中秋中尤盛於春望後尤盛於朔水本陰而從月也仲春水落氷生而汐微仲秋月明水落而潮盛五

月晝潮大十一月夜汐大蓋陽生子中極於午中陰生午中極於子中其長在晝者陰根陽也長在夜者陽根陰也若謂地在天中水遶地外氣有升降地有浮沉故潮有盈縮不知天形斜倚半在地上其南入地下纔十一度而已地至靜者也而謂地一日再沉再浮何所見乎大約五行皆貞於信維水之潮最若子思子所云至誠無息非邪

古蹟

薛起蛟曰蹟以地言也古以年計也蹟非人不傳人非古不著有志之士生今之世方恨我不見古人幸而識其身親經歷之地羹墻由之矣洞俗之塵每嘆我不生蓬島幸而覩彼神靈變現之區警悟因之矣豈特低徊不能去於以懷忠仰烈竊親切也

隋岡州治故址　在縣北黃雲寺前唐貞觀十三年廢或云在縣水路東下十五里州郡村是蓋以村名意之也不可考

宋義寧縣城故址　在縣西南二十里小岡里天臺

村宋開寶四年裁義寧併入新會其地今爲民居猶有南門巷衙前倉邊横街等鄉名

宋行宮　在厓山祥興初帝昺駐蹕於此因建凡三十間環以軍屋千餘間又有行朝草市

慈元殿　在行宮後以奉楊太后今即其地建全節廟陶魯爲僉事時所上議也

鎮江石　在厓山宋張世傑曾以鐵索自厓山貫奇石而鎖之以遏元師因名

奇石　在厓門海旁有鎮國大將軍張弘範滅宋於

此十二字明成化丙午御史徐珝舟過泊此夢僊人相訪臨別指曰此千古遺恨也珝覺命石工鑿去之石有上奇石下奇石二處

神仙井　在城西十餘里兩大山側澗水流劚石間或漥爲池大小不一皆有高下層次中生天然石梡一大如盂光滑似精工成者巖左隙中一水直注梡內味甘㛮而清他流異是梡傍有仙掌跡二一直一斜幘蹟一有指額痕相傳白玉蟾醉後過此踞地飲水頭觸手按處入石成痕不滅其井前

水皆平行石面滲曲迴旋可引爲流觴曲水供脩禊避者之遊今爲砂礫所壅好事者闢除之栽花建亭其上比石潤尤勝

仙人字畫　在厓門奇石對岸黃涌村巨石崛起大如屋簇磊成山奇巒峭拔高數十丈以臨海石壁上有畫山水圖一幅下横書賫安黃石來五大字似額䂓公行書深入石中寸許非人跡可到相傳唐末有異人乘蜥由海上至寫訖凌空而去蜥化爲石兩目螯爪皆具大亦丈餘每風起水湧浪花竟與山齊亦一奇觀也

李真人宅　在新城內仙鞋里真人名之先宋皇祐間人道成尸解去後有遇之南恩州者寄音其家取遺鞋啓棺視之惟隻履耳里以此名

朝斗石　在圭峯絕頂大約五尺高四尺餘平如席傍有七石圍聚李真人每夜於此朝斗山側有真人庵今石尚存庵已廢

煉丹井　在城內西街水清見底冬常不竭李真人嘗汲取煉丹故名

北燕巖　在杜阮村怪石崚嶒洞壑幽邃旁有珠簾瀑布古梅數百株昔白玉蟾得金芝十二莖於此其巖石多類羖羊明里人大司馬黃公輔取黃初平叱石成羊之義名曰叱石巖於其旁建文昌宮地藏閣結社吟咏其中

坡亭　在坡山石螺岡亭居山麓危石欹江奔濤齧岸其東澄江如練一瀉千里宋紹聖中眉山蘇軾謫儋過此樂之留止旬日邑人爲築坡亭并以名村邨人黃佐湛若水陳子壯各有題詠勒石

國朝叅軍金陵馬稀建朝雲亭於其傍方伯嘉禾曹
溶爲之記
秋波釣臺　在都會鄉處士黎貞辭辟命時所築
覗海亭　在龍興寺後宋慶元中番禺尉方信孺攝
縣時建元末廢今碑字猶存
臨江臺　在外海村負山襟海水石巉巖魚鳥上下
似金山之勝石簇壘如壺古木盤鬱一望浩渺無
際宋人謂扼數縣之衝建戍以守弋船翼之明初
猶然見給諫陳吾德斯杜將軍序中

茶菴　在外海村環山曲澗林木陰翳前望厓海波
光隱映石井清冽山頂產茶味特佳相傳高僧一
行經此養茶得名
赤坭嶺　陳文恭讀書於此黃志稱先生在外海村
遇異人白沙集中有赤泥[illegible]下小蓬萊之句
浣醉池　在圭峯寺右昔人闢除榛莽於石皆旁見
此三大字因洗剔出之苔蘚不蝕不知何代時書
也
友丈石　在瓊華別洞有石方丈昔人鐫曰友丈字
類米南宮
沉醉石　在瓊華洞明進士黃淳與詩人結潄玉社
於此鐫沉醉地三字石上自比竹林劉阮
石龕　在圭峯後昔有老僧坐化於此李之世有詩
日石龕鎖青壁窅窅有燈燃乍映摩尼色偏臨靜
樂天飛雲流玉鏡特地湧金蓮但悟無生理何須
學四禪
古石塔　在玉臺寺前與寺同建後易以藏經臺上
仍置小石塔

白沙釣魚臺　在綠護屏後前臨湖水
楚雲臺　在白沙鄉陳文恭築以館嘉魚李世卿
自然湖　在皂帽峯下白沙先生墓前葬時有日者
日早爲也前得水爲佳後數日忽成湖增城湛尚
書若水因名曰自然
陳白沙讀書處　在綠護屏下前有淺渚六深冬不
竭名六湖湖邊爲釣臺
蒲澗龍潭　在綠護屏之上蒲生澗底一寸九節者
甚多澗畫與瀑布爭道而出下爲龍潭深不可測

靈物居之嘗興雲雨昔邑令丁積遇大旱登此祈禱其澍如注今壇猶存

蘇楫汝曰會邑隋爲岡州宋爲義寧縣建置沿革其來舊矣故址尚存圖籍可考至厓山忠節江門理學其遺蹟與日月並永憑覽者豈僅作山水遊觀已哉

陵墓

宋端宗永福陵 在厓山祥興元年九月葬端宗於厓山陵曰永福右民爲之葬其處

楊太后陵 在厓山海濱時太后聞變赴海崩張世傑營葬於崖卒莫辨其處又有疑陵在香山縣

花坡一在墳頭崗

南漢劉王塚 在邑西古博都舊在斗山久蕪沒或曰疑塚

宋府法叅軍余元鏗墓 在華蓼都良村龍蔓岡余忠襄十一世孫蓼鄉封川令令始徙居新會河塘村泰議大夫進士吳桂發爲墓表

太守馬持國墓 在西門外道始井山

太守馬脩驥墓 在歸德都井根村大馬洒山

提領大夫黃大有墓 在蘿木馬門頭山

侍郎趙後山墓 在趙村或云郎吏部侍郎趙樵同殉節於厓山者

縣令陳昆山墓 在歸德都

原書有缺葉

叅政區越墓 在黃雲山蒲田林雲同爲墓銘

烈女蕭氏墓 在雷電山按舊志云景泰己巳討拔水軍停一女于香山小欖村年少艾將犯之不從撻之不從擬以刃亦不從舟還大東亭驛召人辱之女曰吾有死而已吾豈由汝賁引頸斂髮受刃觀者流下邑人李彥英謝英祖指發棺斂葬之成化辛丑縣令丁積訪遺事始知女姓蕭名烏頭娘故民蕭思敬女也命工修其墓且剏廢廟田六十餘畝命人歲守祭事後有記日者言欲改遷以自便者陳文恭公爲賦以止之香山何濮行予烈女墓詩有百年俎豆嗟殊土千古綱常耀短碑之句

知府鄭銘墓 在新化都龍竹坑

知府李翔墓 在潮連大疇山

封吏部尚書何上新墓 賜葬在石碑都鹿角塘

同知湯毓墓 在城西貴青坑

僉事陳吾德墓 在中樂都丹竈村

才子岑廉許才女許婦余玉蓉朔墓 在新化都牛山常產異花不由種植

同知鄭時舉墓 在懷仁都大松山

吏部尚書謚文懿何熊祥墓 賜葬在都會村孔雀坑

廉使林枝橋墓 在城西十里逆塘村

吳節婦莊氏墓 在雷電山莊氏海康人隨夫吳金童避亂於新會剉鉐梁狗家二人罔其色潜殺金童於海上莊未之知也二人則益爲撫存狀數日金童屍隨潮□至剉門外莊出沒識之抱

屍働哭是夜潛出負女赴水死鄉人哀之聞於官御史龔成按誅劉銘梁狗于市成化戊子僉事陶魯爲立墓於邑西吳村里知縣丁積撥廢廟田六十餘畝命邑人主其祭事弘治中知縣羅僑遷于雷屯山與蕭氏墓並稱雙節墓嘉靖中有奪其祭田者知縣張文鳳追復之陳文恭詩有曰此里有此墓千年亦不磨知縣丁積詩有曰東風送我吳村墓綠野無煙草樹暮

知縣丁積殤男二墓 俱近黃雲山演武亭側原撥有祭田門沙陳子尚孫管祭黃子詩曰黃雲山下便愁雲雲裏鷓鴣啼小塚莫道哥哥行不得令公俎豆有餘芬

節婦馮氏劉氏墓 在蓬萊僧山

黃道娘墓 在都會路旁陳文恭公詩曰道娘坑東近官路是也道娘捨田香寺近千頃廣郡尤孝寺僧主其祭掃

利烈女墓 在雙節墓側

名孝廉李以龍墓 在歸德都白沙坑鄧公嶺

處士李以麟墓 在潮居都茶園村有當道縉紳詩文祭碑

推官李之世墓 在歸德都金榜坑獅子山

國朝封文林郎蘇儒奇墓 在潮居都上奇石村大學士成克鞏撰墓誌銘

義阡地 一在教場之左邑令熊維鏜捐俸大理倫肇修協捐置 一在城西後岡共八畝四分中秘劉坊置俱以掩道殣并葬貧者

義塚 在城西二里土名西山向山一段長二丈五尺闊五尺又一在城東道娘墓西官路傍長二丈闊二丈康熙二十一年知縣何澳英捐俸命義民李天爵黃振標於各荒郊拾得枯骨四百五十七副生員黎士登莊奇傑因捐此地爲塚葬之有義塚碑

蘇楷汝曰厓山一抔之土當播遷之會關興亾之數數百年來狐嗥鬼哭行道嗟嘆況乎古賢達之藏歲久世遙松栢摧殘碑碣埋没鞠爲茂草者多矣或者覩其地之美而侵逼及之可慨已過墓思哀不妨詳誌之俾以永久蓋亦仁人孝子之用心歟

風俗

余玉成曰嘗聞古云聖人不易民而治言乎俗之

不必變也又曰風俗與化移易此何以稱焉蓋鄉城言語異音飲食服食異尚因於地者爲土俗此不必變者也聖人因而利道之故不勞而治俗有因乎時者如雍岐之風周以底刑措秦以粟强悍朝歌之俗紂染爲沉湎武作之而維新則爲習俗此其必變者也琴瑟不調改弦而更張之治斯善爲會邑風稱醇樸明成化盛時理學倡明教先率謹人重廉恥而寡犯法比屋可封至隆萬以降澆漓極矣僭侈無章名分莫辨罔上亾等有可爲長

大息者今窮必思通奉
聖諭勸宜人稍知歛戢而僞染已深餘風未易殄也
挽回而善變之久道可幾化成端有賴於移風易
俗之君子焉

俗尚門第矜氣節人多慷慨好義無所詘屈

章甫縫掖之士多重實學不逐虛名

居官者以恬退爲樂競進爲耻

民間冠婚喪祭多循考亭家禮

閨門嚴整婦翁嫂叔非歲時慶賀不相見

西南多農餘賈依山瀕海者以薪炭排漁爲業民皆
呰窳偷生無積聚而多貧故其民樸而野其流弊
也獷悍而不馴東北多商餘農賈者則習工技勤
於治生故其民桄其俗文而巧其流弊也刁而詐
訟

語音鄉城迥異東西南北各不同音大抵邑聲多仄
於四聲中平中之陰與去聲頗同

隆萬以前士先行誼人知自愛而重犯法萬曆以後
漸趨驕奢兼併豪強之徒或以武斷鄉曲俗又懁
急好競強弱不肯下人數十年來益多誣命爭山
之訟甚至合族而鬬或致殺人則世風日下有心
世道者所當亟爲挽救者也

謹按官民墳墓律例各有丈尺士民之墳不過穿
心九步而止其在南海番禺順德諸縣率多鱗次
櫛比相安無事未嘗有斬關截脉之控惟自新寧
開平以西訖於高雷山多人少一墳常踞一山新
會接壤高肇風遂浸淫雖隔骨繼據爲固有後塋
者難於得地多方巧鬬於是弱者反被侵占強者

徑行逼壓山勢既有高下偏正之不齊界至又無
丈尺繩墨之分別東西南北隨其影射互相執爭
故新會獨有十命五誣十山九訟之謠貧家多畏
搆訟停柩不葬常至暴骨惟是申明律例定其丈
尺界限之外即許扦塟若有執爭從重究處則此
風或熄其爲仁施將百世賴之矣 楊晉識

歲時

立春迎於東郊行慶施惠禮也會俗相傳以迎東郊
爲不利故迎於西從民便也是日喜微寒諺云春寒長[illegible]

（春殘春寒）進辛盤啖生菜以迓生氣元旦交相賀禰祀用素菜酒果好事者往龍興寺放爆竹觀比勢是日雨賓兆豐年（諺云冬乾溫年叅浸滿田）元夕張燈燕飲行遊街市簫鼓喧闐雜劇之戲絡繹不絕十六夜小民婦女出遊謂之走百病大家則否仲春社日祠土神以祈年寒食不禁火清明有事墓祭自始祖以下皆遍祭之草木之旅生於墓次者芟薙掃除故亦謂之剷青三月上巳爲餈食四月八日浴佛用蕉葉裹糜分送姻戚五月一日爲蒲艾酒角黍祀畢羣飲饋遺親隣至五日皆觀競渡舟楫橫江鼓樂喧天夏至磔狗以除陰氣七月七日曝經書裳衣前一夕婦女陳瓜果於庭以乞巧汲河水貯之謂之仙水月半爲盂蘭會預日設酒食焚楮衣以祀其先中秋賞月兒童設糖塔糖鷄蹲鴟爲供取瓦礫砌塔實薪焚之謂之燒梵塔九日登高飲茱萸酒童子競放紙鳶圭峯諸山遊人如市冬至祭始祖以下至於祖禰雜魚肉之類煮之環坐而圍食謂之邊爐卽東坡所云骨董羹也臘月二十四

日謂之小年夜祀竈除夕享祀祖禰徧祀門堂井竈諸神少長咸集陳酒脯謂之團年是月末旬復有事於先塋謂之送年飯此時序之大較也

氣候

新會爲揚越裔土天地盛德寄旺於火一歲之間暑熱過半冬無霰雪草木不凋一日之間雨暘寒暑頃刻輙易夏秋之間時則有颶風其作也斷虹先兆（俗呼爲颶母）海氣沸騰狂飈震撼毀屋拔樹徙舟於陸浮苴於林其勢起東北而竟西南或一歲一發或數歲一發又有石尤風其作也黑雲翔湧猝起俄頃舟行急從避之至夏月暴雨風起飛砂謂之青凍其常率多南風臘除而作謂之送年南漢書云揚越之地少陰多陽其人疏理鳥獸希毛其性耐暑投荒錄云嶺南方盛夏倏暘倏雨大雨傾注頃忽赫日已復大雨故炎熱甚於北土自三月至九月皆夏令也舊志云瀕海地卑土薄故陽燠之氣常泄陰溼之氣常盛二者相搏少寒多暑而村落依山者炎氣鬱蒸尤甚

物產

穀多黏品多稻品多糯品多菽品有黍有麥

昔周以農開國曆數獨長豐則樂歉則憂國家命脉大率賴此頗凋獘無狀潦暵不時加之海颶蟲螟十歲之間較無再稔雖正之供上必取盈決外之征倍而不蠲欲民不淪於盜也希矣輕稅而重農薄賦而厚民社稷靈長不越於周吾不信也

布帛桑多少布帛所出也紬曰大紬曰火紬曰木紬冬衣所出也麻曰白麻曰青麻曰火麻曰蕉麻夏

衣所出也曰葛麻絺綌所出也曰胡麻曰黑白芝麻油所出也

蔬

芥 莧 藤 芹 芥蘭 菘蒿 君達 蘿

山藥 薯(有多種) 芋 茄 芸薹 蘿蔔 筍 茭

蔄 芫荽 苦蕒 薑 葱 蒜 薤 韭

豆(有數種) 蕨 扶留(俗名蔞與檳榔同嚼)

瓜

瓠(俗名蒲瓜) 葫蘆(有大小) 西瓜 甜瓜 王瓜 香瓜

水瓜(又名絲瓜) 冬瓜 土瓜 金瓜 木瓜 蒲達(俗名苦瓜)

花

蘭 珍珠蘭(木本) 魚子蘭(草本) 玉蘭 蓮 桂 木樨

菊 茶蘼 玫瑰 薔薇 玉綉毬 葵 虞

美人 賽楊妃 剪春羅(多品) 鳳來紅 海棠(多種)

臘梅 緋桃 碧桃 素馨 茉莉 含笑 玉

簪 小玉 蝴蝶 雞冠 絨線絨(即雞冠之最佳者) 錦

堂春 錦屏風(即西番蓮) 夜合 鶯粟 山丹 山茶

馬纓丹 蜀茶 荳蔻 萱 芙蓉 朱槿

佛桑 菩提 鷹爪 月桂(俗名夫人桂) 夾竹桃 紫薇

鳳 杜鵑 女貞 指甲(有香木本) 鳳仙(俗名木本) 貝多

老少年 露頭 七姊妹 芭蕉(俗名有日紅) 午時

果

橙 柑 桔(即小橘) 柚 桃 梅 李 柰 梨

棗 栗 柿 菱 鵝 橄欖 欖(烏黃二色) 蓮子 蕉

香蕉(有青黃) 荔枝(多品) 龍眼(一名龍眼) 石榴 羊桃(即三稜)

安母子(即木子) 人面子 蒲桃(即向柰) 甘蔗 茨菰

餘甘俗名油柑　㮕桃熟則香甜　蘋婆　菩提　蒲萄　楊梅

棯俗呼羊棗　五味子與藥五味不同　千歲　萬字

藥

木香　木鱉　遠志　蛤蚧　斑貓　乾薑　薄荷　鹿茸　白芨　香薷　乾葛　山藥　青蒿

陳皮　枳殼　巴豆　益母草　香附　天門冬　金銀花　鹽布被蛇咬取根葉搗爛服立愈　草麻　接生草

豆蔻　苧根　五倍子　海馬　石斛　苦楝

良薑　枸杞　半夏　黑牽牛　紫蘇　紫背

瓠　大黃頭

竹

桃斑　紫筋　筋　石單　苦　佛肚

籬　籠葱　白眼　孟冬　大頭　青皮　鷹爪

鵝眼　鶴膝　雪

木

黃柞　紫荊　水椰　秋楓　葵葉可製扇　桄榔　木棉　黃楊　烏桕　相思　楠　桂　櫃　橡

杉　樟　梓　桑　柳　松　柏　水松　何

赤棃　黃桐　鴨脚　青藍　槁　榕　槐　櫟

山蓼　碎椰　桃花蓼

羽

灰鶴　鵲　鷹　鷂　鶻　鴉　鶯　燕　鷗

鴞　鴉　鴛　鴨　鵓鴿　潮雞　山雞　雀

慈烏　畫眉　鷓鴣　伯勞　翡翠　鬼　鵁鶄

鸕鷀　鸚鵡　繡眼　杜鵑　羊角　鵜鶘

塘鵝　白頭　鵪鶉　蠟嘴　禾雀　鳫　鷺

毛

馬　牛　羊　豬　犬　貓　虎　豹　豺　獺

鹿　麂　麞　猴　狐　狸　猿　鼠　山豬

箭豬　蝙蝠　飛鼯

猺人戕猿於岡聲言樵於山見黃猿墮地死一黑猿從之號鳴不已乃子母猿也取歸投以果物皆不食益號鳴不已置其母皮於前趨而抱之嘗試之果如其言李承箕作孝猿記黃淳舊志

鱗

龍　鱘鰉　鯉　鰣俗名三黧　鯇　鯿　鯽　鰍　鱸

蒲　黄　鰤　鮸　鰍　金　赤斑　鮎
針沙〔俗名白飯〕　砛　鰛　鱅　鰔　鱘〔一名赤眼〕　黄花　銀魚
黄皮　黄雀　鳳尾　錦鱗　鰽白　赤頰
河豚　金鼓　衔殼　沙鑽　白頰　青鮎
白鯿　履帶　鞋底　馬鮫　牛尾　鵝毛、硬
鱗　藍刀　黄鱔　鰻鱔　蝦〔明蝦〕

甲

黿　鼉　鼈　龜　蜆　蠔　蚶　蟶〔即刀蜻蝶〕　蚌
蟹　田螺　蟛蜞　沙螺〔即西施舌〕　蠔〔一名牡蠣先用以砌墻〕

蟲

螘蟻　螺蠃　蜈蚣　螳螂　夏蟬　秋蟬　蜘
蛛　蟢子　禾蟲〔狀仲乎蚓望乘潮出于田民多以食可以資貨者〕　蜂

食貨畧　附

禹貢揚州厥土惟塗泥厥田惟下下周官職方氏東南曰揚州其利金錫竹箭其民二男五女其畜宜鳥獸其穀宜稻蓋南海本揚州裔土新會為邑負山瀕海地廣而瘠勞於力本而鮮於為商土無珍奇惟產黍稻荳麻蔬果粿鮮食物而已瀕海以魚鹽為生負山以薪炭材木為利然器藝織作亦漸精巧矣夫食所以勤本業也貨所以通用物也邑民所賴以為食貨者四曰田利曰海利曰山利曰造作之利吏茲邑者所以厚民生而利其用之道亦有四焉曰勸課曰預備曰厲禁曰無總貨寶象山之下苛皆滄海民生其間不爲波臣者幾希今則淤為沃壤望不可極厓門以內猶然浩淼歲受西水種荻積污日為浮生鼓之以獻投假之以科陞豪門貴客迭相爭奪古勞一帶籠築陂圍以禦

西水一孔之決舉闔莫收此田利而亦有害焉東自三源沙西自蜆岡放於厓門網罟罾箵棘簾罧樂窮極巧術則與魚遇魚而不能聞響跳躍薄蓉擊榔聲徹四濱植木波間罾截流是為罾罭觸之覆舟陳獻章詩異此波心木是也斥鹵之所沾溉不獨魚族蝌蠔蠣蜆悉堪海錯鹽之所出一煎一曬竹釜蠣塗轉久彌密此煎法也功倍於曬視淮浙煮而用鐵者尤便蠣蠔房也民取諸海砌結環堵十室而九煅燒成灰用塗宮壁堅耐且華

至如業食紹門賣民之利家猾擄敎額誅不完負
海爲盜固其勢也河泊所亦已毀矣此謂海利而
亦有害焉曹幕之山勢峻林深材木不可勝計斧
而材之筏難盡致則焚以爲炭野蘚繭則纅以爲
絲麂麖虎豹蚺蛇之筋骨可登用芝蔴烏桕雜榨
爲油木綿三月花落絮飛謂之攀枝可織爲布藉
爲蓐地宜竹捦矢牌笠皆是資也顧或旦夕豺狼
逆込風波盜賊之遭猫蟲之毒時不得免此謂山
利而亦有害焉藤桃綦精緻其蕉苧與絲治爲布

帛然不甚工也天蠶有絲施諸祭麻瑩潔可愛俗
鮮繅商獨癸之制幾遍天下癸值以畝畝爲數金
大颶翣吹鋅妨束手曾見旋風掛捲盤飛如星收
捨百一歲力空空況官家之供日繁乎此謂造作
之利而亦有害焉民間生計大都爲是而已俗好
𧰼欽知縣陳豪銷其餅餽爲文廟祭器者洒戒而
後民知本業設預備倉於鄉坊亦惠政也然勸民
入粟遇饑而賑顧久儲則蟲鼠風雨之所耗豪梗
便滑之所貸區畫經制講而弗豫吾未見其能濟

也天順中都御史韓雍謂蜑烘宜稼鴨可治之田
有滯穗鴨得食之稅爲軍需亦一策也乃立埠焉
革之已久正德初復僉民之有恒者立埠如故蹂
禾失業至有掠鴨而鬭者於是復革國初行洪武
通寶上命都指揮花茂開鑄局礶中新會民多爲
冶工竊其範法以歸什是蟓而曹岡咸鑄僞錢混
真而售屢禁不可止後折入新寧此獘所遂廣
海衛倭澳番舶不時至焉奸民勾引安能保無徃
歲佛郎機之變乎知縣林會春屢由一驅衛澳鮮

至亦百世之功也交廣自隋而上貿用金銀唐以
後始用錢景泰天順以前錢法通行成化元年二
年忽擇錢過當以二折一謂之掛索踰年乃復舊
嘉靖間錢法忽又不通猶成化元年二年時乃變
而用銀愚夫愚婦或持隻雞僅易片鐵絕食相怨
卒致隕命如是者亦四五年始漸通於戲利害之
變時也通其變以安民上也使吏蒞上者誠能塵
視金玉子視疾苦民尚詎於富哉先王之世食上
毛者亦惟正之供而已非貢賦而斂下謂之暴非

貢賦而奉上謂之耗耗與暴物之尤民之蠹也

舊志

黃淳舊志曰猺者椎髮跣足刀耕火種食盡一山則徙他山居焉喪葬作樂歌唱謂之暖喪獞者性質粗悍露頂跣足居處山谷花衣短裙鳥言夷面自耕而食又曰山人者是也今邑蔡山多向化猺人居之○又山中諸猺其長技在竹弩藥箭發即奇中儻遇寇倭足備戰守永樂十三年敕爲良猺後歲荒思亂祿洞生員李宏自鬻已田賑之亂止

坊按撫猺官職世襲宏孫盤嘉靖二年領征新寧縣上川六寨生猺賊首徙甄于昌等數有賞之間上移猺耕守續擒番倭嘜啲嚤等盤生介介生瑛瑛生浩浩見集撫管世號李山官云

按諸猺地析隸開平本誌可以不載存之以備稽考

新會縣志卷之五　終

新會縣志卷之六

知新會縣事渤海賈雒英訂定

邑人余玉成

蘇楫汝

李朝鼎分校

薛起蛟

湯　晉仝纂

秩官

封建易而守令之職始重令者撫字一方與百姓最親者也聖門自求賜仲由而外無取焉漢元始中詔祀公卿之有益於民者惟文翁召父而已予讀陶三處公傳有明天順迄今二百一十六年之間時事已遠猶能使人仰其清風邈其偉烈心竊嚮往之蓋亦難矣然官斯土者倘得備書俾後之人從而指之曰某也賢某也不肖不更深於勸懲耶作秩官誌賈雒英紀

黃淳舊志　按淮臨朱明府十論跋云明府自去新會以善最俱著加秩爲秋官尚書郎出判松江臨行二名鄉十論傳播中外余間名公多題跋表彰之異日史氏有採廉張二公將不得頌

此處缺二葉

陶節夫祀名宦有傳

周　諝祀名宦有傳

鄧　泉廸功郎韶州人

蔣　宜　三年任

曾逢龍咸淳末任祀名宦有傳

謝觀國閩人進士

陳世安翁緯蔣宜謝觀國舊志缺今據通志及僑記補之人蔣宜舊志書開熙三年任考前宋無開熙年號竟爲郭公之闕云

元

黃　昭至正中任祀名宦有傳

沈　壽至正末任

明

吳　拳洪武二年任卒於官塟黃雲山後祀名宦有傳

謝景暘洪武七年任祀名宦有傳

趙　禎直隷溧水人

陳　顯福建人監生

陳　養福建人監生

陳　端江西豐城人永樂十二年任

謝伯成直隸人監生永樂十七年任

姜　中浙江遂安人永樂十八年任

林廷芳福建莆田人進士永樂二十年任臨事果斷宣德二年丁憂去民遮道留之六年復任八年以事去

陳希律江西人宣德四年任以酷虐免

左重威江西人正統元年任

王　選江西豐城人正統四年任酗酒無度以事

免

楊　傑浙江武康人吏員正統四年任

吳　巽

李　欽

藏成學江西吉水人監生景泰四年任性昏愚而經半年以罷軟罷

王　重江西安福人景泰七年任祀名宦有傳

楊　懋湖廣通山人監生天順六年任次年丁憂去

陶　彝天順七年任祀名宦有傳

李　憲湖廣襄陽人監生成化七年任

韓　昇浙江秀水人成化八年任有政聲

王　豫福建龍溪人監生成化九年任

曹　偉湖廣京山人監生成化十一年任

丁　積成化十五年任祀名宦有傳

楊　如福建松溪人監生成化二十三年任

趙　瑩湖廣人監生弘治二年任

陳　鉉廣西臨桂人舉人

莫　扦廣西南寧人監生弘治六年任

沈　章福建人監生弘治十年任

羅　僑弘治十四年任祀名宦有傳

林　齊福建人弘治十八年任

雷世鳴廣西人舉人正德三年任政事隳弛寧小得志見黃卬集

徐　乾廣西人正德七年任祀名宦有傳

林與韶福建莆田人監生正德十二年任

彭　昉蘇州衛人進士正德十五年任

方　策廣西右衛人進士嘉靖三年任

周　延江西吉水人進士嘉靖七年任祀名宦有傳
吳紹祖廣西桂平人舉人嘉靖七年任
張文鳳直隸常熟人進士嘉靖九年任
吳懿德浙江慶元人進士嘉靖　年任
陳　豪福建莆田人舉人嘉靖十八年任
陳士載福建莆田人舉人嘉靖十八年任
何廷仁江西雩都人舉人嘉靖二十年任祀名宦
有傳
王　交浙江慈谿人進士由給事中謫嘉靖二十

五年任
林騰蛟福建永安人進士嘉靖二十七年任祀名
宦有傳
尹　照浙江龍游人舉人嘉靖二十九年任以賂
御史斥去
余　恩四川保寧籍浙江永嘉人選貢嘉靖三十
一年任
熊　坦湖廣通山人進士嘉靖三十三年任以清
勤著三十六年丁憂去

孫繼武貴州人舉人嘉靖三十七年任
陳宗虞福建人舉人嘉靖四十五年任以憂去
林會春福建惠安人舉人隆慶二年任陞戶部主
事祀名宦有特祠有傳
伍　府廣西全州人進士隆慶五年任有築城功
祀名宦有特祠有碑有傳
曹學參廣西全州人舉人萬曆四年任以憂去
袁　奎江西豐城人進士萬曆八年任清丈有法
士民德之以行取去人爲立碑祀名宦有傳後

官順天府尹
方世義浙江人選貢萬曆十五年任以改任去
鄧壽鵠廣西全州人舉人萬曆十六年任以事去
蘇眉山福建莆田人舉人萬曆十八年任以贓抵
罪令香山典史陳大章家人挾銀至江西清江
行賂爲巡按御史子覺發移究去
李自芳江西東鄉人進士萬曆十九年任自陳改
教歷陞汀州府知府
吳瑩然福建澄海衛人舉人萬曆二十年任左遷

去

周道行南直崑山人舉人萬曆二十二年任以調

去

鈕應魁浙江會稽人舉人萬曆二十六年任以附

瑞激變去見事紀

馮思稷貴州貴陽人舉人萬曆二十九年任多善

政以遷去

王命璿福建龍巖人進士萬曆三十三年任以惠

愛稱有傳後巡按廣東官至工部侍郎

熊維鏜江西南昌人舉人萬曆三十八年任

曾熙丙福建侯官人舉人萬曆四十二年任

葉憲祖浙江餘姚人進士萬曆四十七年任

黃師蘷福建人進士天啓五年任

卞應聘南直丹徒人進士崇禎五年任卒於官有傳

譚景行湖廣湘潭人進士崇禎十一年任以被訐

去

王泰徵南直歙縣人進士崇禎十三年任以憂去

李光熙福建漳浦人進士崇禎十四年任

黃灝中福建晉江人舉人崇禎十七年任

國朝

林鳳翔福建人順治四年任

劉象震江南人貢生順治九年任

黃之正江南人貢生順治十一年十月任

王世昌山西人貢生順治十六年八月任

胡襄國廣西人舉人順治十八年七月任

林于續福建人貢生康熙二年十月任

龍之繩湖廣人舉人康熙三年六月任有傳

蘇文耀旗下人由筆帖式康熙四年六月任有傳

王復興山東人進士康熙六年七月任

錢雨江南人進士康熙九年八月任

王家啓山西人舉人康熙十一年十二月任

祖澤濬旗下人由筆帖式康熙十六年三月任

徐統基遼東人監生康熙十七年九月任

何漢英遼東人監生康熙二十年七月任

賈維英直隸河間人舉人康熙二十五年十月任

縣丞

宋

陳景魏福建永春人嘉定初任

游子賢江西上饒人貢士宋末任

明

棐思祖

張　善浙江杭州人監生

朱思全浙江金華人

秦　昂

陳　立湖廣黃陂人

黃　華廣西藤縣人監生

林敏順福建福州人監生

梁通祖

王起霖福建人見嶺南聲詩鼓吹

李　宏廣西平樂人監生正統六年任

孫以清浙江桐廬人吏員正統七年任

黎　澄廣西岑溪人監生正統十年任

劉　寬湖廣零陵人監生正統十二年任

林　烜福建長樂人監生景泰二年任以事黜

李永昌湖廣衡州人監生景泰五年任

陶　春廣西鬱林人廩生景泰五年任天順七年遷知縣見名宦

劉　龍福建上杭人監生天順八年任

李　珙江西鄱陽人承差成化三年任

董　濂江西臨川人監生成化五年任

郤文梧浙江臨海人吏員成化九年任

黃　廉福建建陽人監生成化十五年任

何　欽廣西太平南北廂人監生成化二十年任

彭　倫湖廣永興人監生成化二十二年任

林　軫福建莆田人弘治二年任

魏汝賢福建莆田人吏員

黃　雅

彭　鐵湖廣宜章人監生正德八年任

張　鑲湖廣雲夢人監生正德十五年任

周　濟雲南人監生正德十六年任

胡　沛浙江餘姚人監生嘉靖二年任

鄧 奇江西鄱陽人監生嘉靖五年任
盧 環湖廣祁陽人監生嘉靖十三年任
龔 憲湖廣巴陵人吏員
丁 元浙江縉雲人監生嘉靖二十一年任
張 吉廣西博白人選貢嘉靖二十七年任以憂去
陳 漢湖廣武岡州人歲貢嘉靖二十九年任
張公顯浙江開化人知印嘉靖三十五年任
黃元肅浙江鄞縣人監生嘉靖三十六年任

史
祝 浩
李 浣
黃文獻萬曆元年任
萬理明萬曆四年任
曾 緝監生萬曆八年任
彭 冊萬曆十三年任
程美大江西上饒人萬曆十四年任
梅 僑浙江龍泉人選貢萬曆二十年任

謝五福四川巴州人選貢萬曆二十二年任
蔡道全浙江蕭山人援例監生萬曆二十七年任
有清聲去
高一元浙江仁和人吏員萬曆三十三年任
陳 伸福建永定人吏員萬曆三十七年任
王嘉瑞南直江都人
周文明崇禎初任
潘可學崇禎六年任

國朝
傅 琯遼東人生員順治十一年任
任光遠陝西人貢生順治十八年任
楊 振浙江人吏員康熙元年任
林 喬福建人康熙六年任
史 欽浙江人吏員康熙十年任
李 怡陝西人貢監康熙二十二年任
馬呈祥遼陽人監生康熙二十四年任

主簿

宋

李能卿韶州人

元

徐聞可 有築城功

明

何居敬

黃 照江西人監生

楊善興

蔡貴中

何 同

黃浩然

黃 章湖廣興國州人監生

黃 惠廣西臨桂人監生宣德九年任

趙 祿廣西武昌人監生正統八年任

黃 森湖廣江陵人監生正統十四年任

任 洪四川岳池人監生景泰三年任

俞 義湖廣孝感人

周 興湖廣邵陽人監生景泰六年任

何 綸廣西蒼梧人監生天順七年任

蘇 勝廣西靈川人吏員成化元年任

祝 鐸浙江宣平人成化六年任

張 倫福建邵武人監生成化十五年任

梁 鏞廣西北流人監生成化二十一年任

江 哲湖廣麻城人吏員

屠 夔江西人

陳嘉禮廣西賓州人監生

李 經

林貴容福建莆田人吏員正德五年任

曹勉學湖廣人監生

張 僑湖廣安鄉人監生正德十五年任

王 儒江西吉水人知印嘉靖元年任

莫 熈廣西修仁人監生嘉靖四年任

莫 簡廣西蒼梧人監生嘉靖十一年任

張 鑑南直安慶衛人監生致仕

孫從善南直舒城人監生嘉靖二十年任

葉繼芳廣西馬平人監生嘉靖二十三年任
劉景哲江西上猶人監生嘉靖二十七年任
周　禎浙江崇德人嘉靖三十一年任
趙　敘江西上高人吏員嘉靖三十六年任
鍾　器廣西富川人歲貢嘉靖四十二年任祀名
宦有傳
丁　湜
周子愛浙江人
蔣　穟吏員萬曆八年任

王　仁萬曆九年任
陳嘉會萬曆十一年任
傅以德萬曆十四年任
戴舜臣萬曆十六年任
熊維易江西南昌人監生萬曆十九年任
周　崧福建甌寧人吏員萬曆二十三年任
郭一儒南直宣城人監生萬曆二十七年任
汪一正湖廣黃州府蘄水人吏員萬曆二十九年
任

徐大伸浙江金華府永康人知印萬曆三十二年
任
黃有仁江西建昌府南城人知印萬曆三十五年
任
馮汝濟浙江義烏人
陳惟寵福建龍溪人
以後裁缺無考

典史

宋

利　鑄韶州人

明

李　賢

楊　福福建人承差

高伯成

梁　通吏員

戚　成

張　千福建延平人吏員

劉文素山東人承差

黃　忠廣西人吏員

曾文應江西人吏員

秦邦貴廣西人吏員

熊　鼎江西豐城人吏員正統二年任

萬　鍾湖廣興國人吏員正統四年任

曾友銘湖廣衡山人吏員正統六年任

包廷儀浙江臨海人吏員景泰五年任

羅　俊景泰七年任祀名宦

李克恭四川長壽人吏員天順元年任

何　寶福建順昌人吏員天順四年任

黃　輝惠州人監生成化二年任

李本清廣西永淳人監生成化五年任

林　曆福建懷安人吏員成化十年任

魏　高江西南昌人監生成化十七年任

鄔　瑛江西豐城人吏員成化二十年任

毛　海

陳　獻

陳仕能

趙元怡

楊文光福建人

李　評湖廣人

金　瓊吏員正德八年任

陳　收浙江臨海人吏員正德十二年任

賀　恩湖廣人

屠　鋮浙江鄞縣人嘉靖二年任

陳天球福建莆田人吏員嘉靖九年任
姜　濟福建莆田人吏員嘉靖十五年任
徐　兆江西豐城人吏員嘉靖二十年任
周景福福建上杭人吏員嘉靖二十三年任
吳一鵬福建人
馬　鄉浙江錢塘人吏員
林如卿
朱一鳳南直涇縣人
金　聲萬曆四年任

黃　漢吏員萬曆八年任
趙子程萬曆十一年任
周萬良萬曆十六年任
楊夢熊南直無錫人吏員萬曆十九年任
陳文述福建莆田人吏員萬曆二十一年任
陳惟振福建長樂人吏員萬曆二十五年任
袁邦俊廣西全州人
鍾夢麟浙江山陰人吏員萬曆三十年任
徐有幹萬曆三十二年任

吳宗蕃福建龍溪人吏員萬曆三十五年任
吳　書
曹　沐
李華春
許　名浙江人崇禎中任
任永銘崇禎六年任
包[illegible]崇禎末任清勤惠愛甚得民心爲士大夫所重去日送者塡溢
餘俱缺無可考

國朝
唐斯俊江西人吏員順治四年任
陳名甲浙江人吏員順治十二年任
趙　洪陝西人吏員康熙二年任
馬成名順天人吏員康熙六年任
張敏德陝西人吏員康熙二十一年任
丘　斌山東人吏員康熙二十五年任
王之臣山東人吏員康熙二十八年任

巡檢

國朝

沙村司巡檢

沈時中浙江義烏人由藩委實授順治十年任

徐　成浙江紹興人吏員康熙五年任

汪金甌江南歙縣人吏員康熙十七年任

劉　瓚直隸大名人吏員康熙二十一年任

范國璜直隸天津衛人吏員康熙二十六年任

樂逕司巡檢

周　望浙江山陰人由吏員順治十六年任

周　彪浙江山陰人由吏員康熙九年任

王允文浙江諸暨人由吏員康熙十年任

張國賢江南無錫人由吏員康熙十四年任

唐文漢陝西富平人由吏員康熙十九年任

劉學禮浙江餘姚人由吏員康熙二十八年任

潮連司巡檢

吳　鶴福建寧化縣人由監生順治九年任

孫國樑順天通州人由吏員康熙九年任

胡　杜順天通州人由吏員康熙十六年任

彭之縉江西南昌縣人由吏員康熙二十二年任

葉慈功直隸金吾衛人由吏員康熙二十六年任

大瓦司巡檢

呂宸奏福建晉江縣人由生員順治八年任

吳邦傑浙江山陰縣人由吏員順治十六年任

張　瓊浙江山陰縣人由吏員康熙十一年任

梁天爵山東鄒平縣人由吏員康熙十三年任

彭三元直隸肅寧縣人由吏員康熙十九年任

王明珍山東濮州人由吏員康熙二十二年任

牛肚灣司巡檢

鄒斌卿福建莆田縣人由監生順治八年任

鄒詡礽浙江山陰縣人由吏員康熙四年任

鄭茂發浙江山陰縣人由吏員康熙十五年任

李攀龍山東館陶縣人由吏員康熙二十四年任

明

稅課司大使（久廢）

邢　昭　洪武八年任祀名宦有傳

河泊所大使（久廢）

喬　務　洪武十四年任

儒學教諭

明

吳汝梅

按鄧林撰湯有容墓志載其父汝翼明洪武五年教諭吳汝梅爲舉授邑訓導而舊志教諭無吳汝梅訓導無湯汝翼及閱學宮學署之下始載洪武三年知縣吳蓉署學事儒士吳汝梅創建蓋作者以汝梅儒士以汝翼爲出汝梅遂意其爲委署之官而削之也不知明初用人不循資格儒士有初授給事中者而洪武五年正罷科舉專用舉薦之年也資格之重始于明衰後遂執爲成見釀爲錮習牢不可破此陳啓新之所以指爲病根而效賈生之痛哭者也（湯晉識）

劉惟德

阮宗達

史　達

胡　澤

黃　昂　江西崇仁人洪武二十年任

劉 履江西人洪武間任見嶺南鼓吹聲詩集

周必達

戴 珏

陳義安

胡 南四川人舉人天順元年任

陳 縉福建人山人材天順八年任

劉 瀚江西人舉人

陳 昱福建人由人材

梅 芳廣西人舉人

黃 瓊廣西臨桂人舉人成化二十四年任

戴 啟福建閩縣人舉人弘治壬戌登進士

黃 科福建莆田人舉人弘治十五年任

沈 鉞廣西橫州人舉人

林 墰福建莆田人舉人正德十一年任祀名宦
有傳

羅士賓廣西柳城人舉人嘉靖五年任

黃 旻福建莆田人歲貢嘉靖十一年任

方 濟廣西桂林人舉人嘉靖十四年任

沃惟祿浙江新城人監生嘉靖二十年任

李成春廣西宜山人舉人嘉靖二十四年任以憂
去

俞 璋浙江崇德人歲貢嘉靖二十六年任辭去
人高之祀名宦有傳

蔡 鍾福建永春人歲貢嘉靖三十一年任

陳元舉福建閩縣人歲貢

康日章舉人嘉靖三十八年任以陞去

蕭學初江西廬陵人舉人嘉靖四十一年任以陞

去

吳天賦福建龍巖人歲貢嘉靖四十五年任志行
光絜以陞去

熊 濂福建甌寧人歲貢隆慶二年任以陞去

支國柱廣西人舉人隆慶五年任卒於官

蕭九州福建福寧人歲貢萬曆元年任以陞去

許 符南直隸人歲貢萬曆五年任以病去

余天祿南直隸人歲貢萬曆七年任以致仕去

蕭端升湖陽人舉人萬曆八年任陞瓊州有去思

碑有傳祀名宦
陳欽宸潮陽人舉人萬曆十三年任多壞學規以憂去
林一岳福建羅源人歲貢萬曆十七年任以左遷去
鄧養貞廣西全州人舉人萬曆十九年任以陞去
梁一道封川人歲貢萬曆二十五年任以陞去
龔遠銘曲江人歲貢萬曆二十七年任以致仕去
胡良工浙江泰順人歲貢萬曆三十二年任教寬

志勅力士塔議以不妄開劣等生許督學左遷去
孫克恕廣西馬平人舉人萬曆三十四年任以陞去
賴　綵始興人歲貢萬曆三十五年任以左遷去
劉上觀廣西全州人舉人萬曆三十八年任陞邢陽知縣
陳孔教浙江人舉人天啓三年任
盧　琚

王貴德　人崇禎中任捐貲修建明倫堂
金學斌南直徽州人舉人崇禎中任勤于課士每月兩課捐俸供億
陶汝鼐湖廣人舉人崇禎末任工詩文善書有名士風

國朝

王廷賓福建人歲貢順治八年任
姚士袠澄海人舉人順治十六年任
劉聯芳永安人歲貢康熙六年任

吳孟麟開平人舉人康熙二十[illegible]

訓導

明

易　禮

湯汝翼陳鄉林葵志參秋坡文集補入

卓　堅

黃清寧

唐　智

鄭　球

王　均

王　琛

詹　蕭福建漳浦人舉人天順元年任

董　齡浙江臨海人舉人天順五年任

許端弘浙江天台人舉人天順七年任

馬　華廣西人監生

羅　聰江西吉水人舉人正統六年任

黃　丁福建人舉人

蘭　葆福建人監生

宮　政江西人

尹　傑廣西象州千戶所舉人

魏　璀福建建安人

唐　選福建侯官人

周　祥江西清江人

林文璧福建人

莫　文廣西臨桂人

彖　禎浙江會稽人祀名宦有傳

周　鼎江西吉水人

莊安期福建晉江人

陳　賓廣西柳州衛官籍正德十六年任

蕭　濟江西新淦人

王　鳴福建人嘉靖八年任廣東鄉試中式

徐　椿江西人嘉靖九年任

王天祈廣西平樂所人嘉靖十五年任

陳鳳儀福建侯官人嘉靖十五年任

李守正廣西宜山人歲貢嘉靖二十一年任以陞

去

朱應奎廣西宜山人歲貢嘉靖二十二年任

江逢恩廣西全州人歲貢嘉靖二十七年任以陞去

張　瓊廣西慶遠衛人嘉靖二十九年任以陞去

沈　亨福建晉江人歲貢嘉靖三十五年任祀名宦有傳

楊[illegible]

陳仕達福建羅源人歲貢嘉靖四十二年任以左遷去

陳　謨廣西人歲貢嘉靖四十三年任以陞去

蕭文元湖廣沔陽人歲貢隆慶二年任以左遷去

羅　棐廣西馬平人歲貢隆慶四年任以陞去

許逢陽福建詔安人歲貢萬曆二年任以左遷去

張　新江西大庾人歲貢萬曆三年任以陞去

馮萬經廣西陸川人歲貢萬曆四年任辭歸養親士林重之

郝　翀廣西馬平人歲貢萬曆五年任以陞去

馬　堪廣西桂平人歲貢萬曆十年任輕利重士以陞去

伍　策保昌人萬曆十三年任未幾以憂去士至今思之不衰

陳應禮廣西宣化人歲貢萬曆十四年任以陞去

葉逢春澄海人歲貢萬曆十五年任性悖爽嗜勢利以陞去

曾思學河源人歲貢萬曆十七年任以陞去

彭延賓江西寧都人歲貢萬曆二十年任卒于官士哀思之

聶　寀始興人歲貢萬曆二十一年任以病去

彭紹齡廣西來賓人歲貢萬曆二十六年任以左遷去

鄒　桂保昌人歲貢萬曆二十七年任清而寬以陞去

殷　廉博羅人歲貢萬曆二十八年任卒于官

劉庭萱福建漳浦人歲貢萬曆三十二年任以左遷去

于大猷浙江嘉興府嘉善人恩貢萬曆三十二年任以陞去

孔　灝肇慶府高要人歲貢萬曆三十六年任以遷去

林天啓惠州府海豐人歲貢萬曆三十九年任卒於官

鄧觀政韶州府曲江人歲貢萬曆四十年任

翟河斗惠州府長寧人歲貢萬曆四十一年任

黄甲登

黄日新高明人歲貢崇禎末任

徐俱鈌無可考

國朝

羅圻彥福建人貢生順治八年任中式廣東甲午副榜准衆

陳龍光興寧人歲貢順治十六年任十八年[illegible]

蕭煒光平遠人歲貢康熙二十年任

衛所

明

指揮同知

潘　玘由百戶以功陞授以事降署正千戶　潘　昱玘子　潘　敬昱子　潘　鄜敬孫

倪　雄由指揮僉事陞授　倪　麟雄子有文學爲陳白沙增　倪　鳳麟子以事失襲

指揮僉事

李　森由千戶以功陞授　李　明森子調廣西

倪　敬由千戶以功陞授　倪　雄敬子以功陞指揮同知

張　俊由正千戶征海寇有功弘治十七年陞授

孫　鉞由正千戶有功嘉靖三十三年陞授　孫天爵鉞子　孫君達天爵子

歐學顏由副千戶以中武舉授指揮

陳宗智以副千戶有功薦兼屯田都司僉書

吳繼爵世襲百戶陞千戶以三中武舉例授指揮累遷軍政獲賊有功

正千戶

米　斌洪武十三年調至有築城功

田　清洪武十七年調至

弗繼爵 百戶兆奇子恩授千戶三中武舉例授衛指揮

汪受恩 由副千戶以功陞正加衔守備管軍政崇禎六年開遠剿香老犯邑皆禦有功

潘 策 百戶光宇子崇禎十六年授千戶掌印

副千戶

汪 貴 郴門人永樂元年調至 汪 義 貴子 汪 政 義子 汪 玫

汪元宗 政弟 汪 汗 元宗子 汪 度 汗子 汪 麟 度子

汪受陞 麟子 汪受恩 受陞弟以功陞正千戶

孫 成 成化元年調至以功陞正千戶

陳 文 全椒人以鎮撫陞調至 陳 剛 文子 陳 政 剛子 陳 瑜

新會縣志　卷之六　秩官

瑜子 陳 [illegible] 陳 綸 [illegible]子 陳應熊 綸子 陳大邸 熊子由中以功

武舉[illegible]以督軍士撫守[illegible]武署將軍 陳宗智 大邸子以功爲守郎兼都司僉書管屯田

歐 清 百戶歐源子以功陞授 歐 [illegible] 清子 歐 佑 [illegible]子 歐 倖

佐子 歐崇德 倖子 歐學[illegible] 崇德子以三中武舉授指揮

苑 忠 百戶芳子弘治八年以功陞授副千戶 苑 正 忠子嘉靖二十年襲 苑

高 正子嘉靖三十八年襲 苑 麗 高子萬曆二十八年襲 苑麟秋 麗子萬曆三十三年襲

俞文器 以百戶大征有功陞授陣亡

張 藝 洪武十七年調至

周 麗 永樂十五年調至 周 安 麗子 周 端 安子 周 成 端子

周 定 成子 周紹武 定子 周愈昌 紹武子 周應爵 愈昌子

賀 俊 宣德八年調至 賀 通 俊子

林 清 宣德八年調至

陳 武 宣德九年調至 陳 雄 武子

李 霖 宣德十年調至以功陞指揮同知

倪 敬 正統十五年調至以功陞指揮僉事

孫 成 成化元年由副千戶調至以功陞正 孫 昱 成子 孫 禮 昱子 孫

新會縣志　卷之六　秩官

敏 [illegible]子由武舉[illegible]建所[illegible]以功陞指揮僉事

張 信 [illegible]調[illegible]東清遠人弘治三年陞[illegible]指揮僉事 張 俊 信子襲正千戶以征瀚南功弘治十七年陞指揮僉事 張廷悅 俊子襲正千戶 張廷怵 悅弟 張

武備 廷悅子 張 燁 武備子嫌正軍以功授同[illegible]

王 輔 調入由副千戶弘治[illegible]年以功陞正 王邱綬 輔子三選軍政 王 僑 邱綬子革職

潘 鄌 敬孫襲指揮同知[illegible]指揮正千戶 潘 寵 鄌子[illegible]以功[illegible]選軍政 潘

欽 [illegible]子中 潘 延 欽子六[illegible]武舉奏紀錄題授指揮僉

俞上英 以父百戶文器功陞授正千戶 俞大綍 上英子

王輔 百戶綱子以功陞校

百戶

吳脩 淮安山陽縣人洪武十七年調至 吳昌 脩子 吳海 昌子 吳

清 海弟宣德二年調征交阯攻破昌國賊寨陣亡當事不以聞 吳琛 清子

吳英 琛子 吳龍 英子 吳世傑 龍次子受事陞功進承敕□□八十

吳兆奇 世傑孫以生員襲 吳繼爵 兆奇子恩校千戶

潘百善 洪武十七年由廣州左衛後所調至 潘安 百善子 潘雄 安子

潘麟 雄子 潘勇 麟子 潘聰 勇子 潘應台 聰子 潘光

潘宇 應台子 潘策 光宇子襲經軍政考選管理備倭僉書兼操捕事緝閣賊劉香

□獲上□有功七經絕餘又討倫崔門抄稅奸佞崇禎十六年陞授獎為授千戶掌印

新會縣志　卷之六　秩官

吳升 洪武二十年調至 吳真 升子 吳通 真子 吳琮 通子

吳瑄 琮子 吳輔 瑄子 吳喬 輔孫 吳容 喬弟

苑潔 洪武二十八年調至 苑祿 潔子宣德三年襲 苑秀 祿子正統

苑 三年襲 苑芳 秀子景泰五年襲 苑忠 芳子陞本所副千戶

俞良 洪武二十九年調至 俞英 良子 俞敬 英子 俞芳 敬姪

俞禎 芳子 俞剛 禎子 俞文界 剛子陞副千戶

殷壽 浙江長興人洪武三十年調至 殷得 壽子 殷旺 得子 殷

森 旺子 殷隆 森子 殷尚忠 隆子 殷應祖 尚忠子 殷應齊

應祖從弟 殷應選 應齊弟

祝斌 永樂四年由百戶陞調至以功陞交阯又安衛

王貴 宣德二年調至正統五年調守廣西陣亡贈昭信校尉 王綱 貴子 王

輔 綱子以功陞副千戶

余聰 六安州人宣德二年調至 余芳 聰子 余靖遠 芳子 余安遠

靖遠弟陣亡 余應麟 安遠子 余兆柄 應麟子 余仕廉 任職有功

總督熊文燦題授千戶崇禎己卯武舉十四年管理本所屯田印務

單忠 宣德四年調至 單銘 忠子 單澄 銘子 單端 澄子 單

武定 端子絕

新會縣志　卷之六　秩官

巖端 直隸崑山人正統九年調至 巖信 端子 巖敬 信姪 巖

明 敬子 巖武 明子 巖鎮 武子 巖權

潘玘 許昌府人世襲百戶宣德十年調至以功陞指揮同知子世襲

彝保兒 直隸涇縣人由總旗以功陞百戶正統三年 彝孔仁 保兒子 彝承

惠 孔仁姪 彝詞 承忠子

商純 正德十二年由總旗以功陞百戶 商喬 純子 商楚 喬弟

歐源 由鎮撫陞校 歐清 源子以功陞副千戶

王崇政 以文王倚華正千戶降襲百戶考選增城所軍政 王明佐

何彬 湖廣衡陽縣人由總旗有功陞百戶陣亡故失襲 何文秀 由總旗以功陞試百

何陽文秀子襲試百戶舊志稱其平易自處信義幸人　何倫陽子

何偉倫弟　何可亮偉兄　何應元可亮孫

鎮撫

孫洪洪武三十年調至

歐鉞永樂元年調至　歐全鉞子　歐源全子以功陞質授百戶

閆聚正統十年調至　閆琯聚子　閆德琯子　閆俊德子

國朝

黎省之從化人由武生順治十年任

吳良弼京衞人由武舉順治十五年任

朱　瑾直隸新安人由將材康熙三年任

賀　儼京衞人由武進士康熙九年任

張世勳京衞人由將材康熙二十二年任

史　斌江南六安州人世襲拖沙喇哈番康熙二十三年任能詩善奕儒將風流

城守

國朝

守備

馮世祿

郭同僉書管守備事

耿　光京衞人由武進士順治十七年任後設遊擊改中軍以訐告去

遊擊

蔡一麟遼東海州人由鑲黃旗下兵部通事康熙三年任

鄧孔璋湖廣巴東籍河南鄧州人由將材康熙五年任

苗　英陝西米脂人由行伍康熙九年任

王　豹山西大同人由行伍康熙十二年任

芮夢龍江南溧陽人由武進士康熙十三年任

梁　斌香山籍新會人由行伍康熙十六年任

歐陽嗣爽江西安遠人由行伍康熙二十二年任

林　瑞福建惠安人由將材康熙二十七年任

中軍守備

耿　光京衛人武進士初以都司僉書管城守守備事康熙三年改中軍守備

李應登河南洛陽人由行伍康熙六年任

苟期用陝西咸寧人由行伍康熙九年任

王仕明江南徽州人由行伍康熙十三年任

張　雄湖廣嘉魚人由行伍康熙十七年任

施　傑京衛人武舉康熙二十二年任

白大成湖廣籍陝西人由將材康熙二十五年以都司僉書管中軍守備事

名宦附廉能傳

周官小宰以六計弊羣吏曰廉善廉能廉敬廉正廉法廉辨所謂廉者察也以六者計而察之也今則以爲廉潔之廉而舉其二曰廉能者以概賢有司意良厚矣新會自隋唐置縣稱廉吏者代遠莫稽宋明以來始班班可攷有祀于名宦者有不祀于名宦者苟一善可紀必據實而書之祀不祀無論也孟氏有言仁者宜在高位夫形去而名存後之人指其名而貞其實吁可不念哉作廉能傳

宋

陶節夫字子禮饒州鄱陽人晉大司馬長沙公侃之後咸平中起家進士爲廣州錄事叅軍後知新會縣民方困盜賊與嚚訟不知禮教節夫乃日勸農桑興庠校瀕海風俗爲之一振嘗盡心民事每以勞瘁人或勸使自寬笑謝曰吾先公嘗刺是州服勤運甓吾敢貽先世羞耶爲之益力獄訟既清盜亦斂跡廣州守章楶重其材薦之終虞部員外郎

周諝字希聖龍溪人熙寧六年登進士知新會縣王

安石行新法䄵縣風靡詔獨不奉行致書政府力陳其弊因求歸田里邑民得免於青苗徵求之患所著有孟子解義一時門生稱爲周夫子

曾逢龍贛州寧都人慶元間進士咸淳末爲新會令爲政務重風化有古循良風見國事日非能以忠義自許制置使趙溍雅重之景炎元年六月元督呂師夔遣其將黃世雄寇廣州經畧使徐直諒遣郡人李性道領兵拒之性道降於世雄受其官爵秋九月連韶諸郡降於元趙溍舉逢龍可用乃陞

逢龍通判韶州往禦之時東莞民熊飛起義兵復廣州世雄遁逢龍率新會鄉兵禦敵亦至州城性道迎謁乞哀逢龍擒而誅之時端宗在閩降勅褒其功未幾師夔復入寇溍遣逢龍師往南雄拒之與夔遇力戰師潰逢龍獨不屈知大事已去乃正衣冠繼死事聞端宗下詔嘉獎贈龍圖閣學士贛郡開國公

元 黃昭字觀瀾江西撫州樂安人由進士授本縣尹政尚德化一介不苟取因謁廉訪司書吏以書魚索題昭援筆書之結云從來不食鈎頭餌縱有絲綸奈若何吏銜之適瀾廣聘校文遂辭任而歸後累官至兵部尚書至正乙未安撫江西以讒罷

明 吳奉湖廣人洪武二年知本縣凡縣治學校壇壝祠宇皆其修復鄉坊都甲街道巷陌皆其葺治政平易民懷之洪武五年終於官墓在黃雲寺後

謝景暘陝西人洪武七年知縣事有清操善撫字賦役均平民德其政以疾卒於官民思之不置迨新令至父老輒相謂曰能如謝公否

邢昭洪武八年司邑稅課廉介過人月支之俸饘粥不克日中無食男女啼饑人遺之米輒令持去語妻曰寧饑餓而死不可苟受於人任滿去無道路費丈老贐一無所受至廣州嫁女貲以歸

工重江西安福人景泰七年以進士令本邑臨民莊律身嚴法司羅致之獄待以刑具重曰願還官毋以刑也從容不撓部民同在獄者承奉多方巍然如在堂上時月餘按驗無所得遍邑訟其清白得釋天順五年卒於官囊篋蕭然常器縣丞陶魯自

爲之師董誨之使讀書明理識古今治亂得失後魯有軍功爲名臣每言得力於重之教召其子報之甚厚

羅俊江西泰和人景泰間爲御史以言事出爲本縣典史日惟與諸生講解文字凡見童子氣質之美者必令向學或遣吏登門請之無事則遊山飲酒于于然不知其爲謫也性剛介不容人過人亦多憚之

陶魯字自強鬱林人父成歷官浙江副使以禦賊戰

死贈官蔭子魯年弱冠以蔭爲新會丞令尹王重江右宿儒也見其機警英決甚器之因勸之問學遂師尹每晨後堂授經史講解大義然後視事自是背誦覆講日有會悟重喜曰始目丞風儀叩丞才識已大過人今皷學若此他日必大顯庸爲國名臣吾不及也勉旃毋忘吾言時廣右猺賊流刼雷廉高肇破城殺官吏戮掠男婦四郡無完廬而新會潮茗大嶺南坑陴頭那西等鄉羣盜蜂起相應各數千人所在剽刼窺伺孤城民氣恇怯魯嘗

父死於賊誓討賊以成父志重因悉以勦討措禦機宜委之魯擇民子弟之材武者千餘人號勇敢兵訓練武藝各因其長分授器使步伍統率相邑要害增築補城建營堡多設方畧明間諜一方有警各營邀擊身先士卒所向披靡前後擒斬無算兵威大振賊每聞陶家兵至即號泣叩頭求爲良民撫降那西等賊幾萬人邑賴以安能名益著會都御史韓襄毅公雍總師兩廣討大藤峽諸賊檄魯隸麾下雍威嚴如王者諸司進見長跪白事惟

悚若不自勝一日念峒賊最強險難下者方籌畫未決魯時直膳侍左右漫謂曰丞揣我何意魯曰得非某賊耶雍曰然丞能往否曰匪直能且易易耳雍怒曰賊銳甚又扼阻自衛非大兵不可入部下文武數百人熟視無可當吾寄者吾方欲身往安得易若食粟能之耳乃言擊賊若妄當笞魯不拜抗言曰夫賊難攻者非賊難也難其攻賊者也謂魯解食粟不解擊賊者明公未悉魯也蔣琬龐統廢邑事後皆爲蜀名臣公幸毋棄魯使得畢技

當盡縛諸醜以獻雍異之攻客曰若所將幾何而辦曰三百人足矣曰何少也曰魯猶以爲多兵貴精請任選擇雍曰任爲之魯乃標式約曰有能力舉百鈞矢射二百步者來募數日足魯乃爲別將門操練陣法椎牛酒犒士甘苦共之士爭願爲死率以先登大破賊所得賊穴子女金帛悉分之已無與者衆益奮所向成功雍大稱賞言於朝擢本邑令晉肇慶府同知仍掌縣事後奉檄討白水鉄爐坑大嶺將峒石灑上涌等賊擒斬巨魁撫散脅

從編立約束而新會新興陽春陽江等縣地方悉平尋陞廣東按察司僉事晉副使轉湖廣按察使左右布政使三奉勑書撫治兩廣提督楚粵軍務討平三廣土寇猺蠻開建兩粵十七縣城邑世稱三廣公蔭子荊民錦衣衛千戶次子梁民百戶俱世襲賜籍廣東按魯由縣郡丞歷布政平後山賊置從化縣平恩平陽江賊置恩平縣平白水賊置新寧縣平潯梧荔浦府江田州諸賊西省帖然凡斬首惡二萬一千四百有奇救回擄口暨撫散向

化之民凡十三萬七千有奇爲兩廣保障寄民生安危者殆四十有五年建議置帥府梧州控兩廣遏潯梧府江之賊銜蓋軍國至計百世之功云魯用兵客謀神運或先半年調兵食或先數月運軍械多屯寨戍守兵調多寡無計數賊益不能測運糧聚兵惟曰戍守賊懼爲備兵則不進賊懈弛忽數路進兵賊奔不及亦不能戰而殪師行裨將不知所向惟檄所署曰某封某日某時發及發乃知進兵即數路如期至其神速不可及也常宴客忽

急報寇至座客皆駭愕魯聲色不動書片紙密授裨將方畧復燕飲歌舞勸客如常樽俎未撤已馘賊還報矣咸比之狄天使云魯恒言除寇賊化之爲上殺之不得已也故古賢之靖亂先除戎器以戒不虞乃修比閭族黨以正民化乃修庠序學校以崇民教古賢之奠安天下凡以格民也故魯平陽江縣賊即修陽江學平恩平縣賊即修恩平縣學徙電白縣治以避寇即修電白縣學平寇避寇俱建學吏治所謂迂也魯曰吾以廣化也又曰表

忠烈以勸爲臣也亦化頑也乃修厓山三忠祠復修新會忠勇祠又敬禮眞儒陳文恭時造其廬咨以政理曰所以示民趨也論者以謂有得於爲豖時學問之力故事業顯著規模弘遠有古大將風而功德之在新邑者尤百世不諼宜俎豆勿替云餘績載功次冊纍纍以非在邑令時事故不全錄

論曰文臣運籌制勝有之矣躬履行陣身冒矢石難哉攻必取戰必克非勇畧震世神機莫測豈能所向成功若陶三廣公者要之訓練爲本廉毅爲

律智謀爲用敎化爲倡顧耑閫者加之意而已眷沒四十年兩廣賊復熾有司不以時聞勢益猖乃議征議兵復啞啞然無可否或如雜訟謀議先洩賊得預爲備或逆師出空歸旆捲又至甚者戮民以謬功級剝財以飽士橐未聞兵期里甲已壘鋒刃未接良民已荼釀爲明季之亂三廣公之功德所以沒世不能忘也使賞功在漢世萬戶侯豈足道哉

丁積字彦誠贛州寧都人成化戊戌進士知新會縣聞邑中有白沙陳子喜曰吾得所師矣其同年梁儲李祥皆陳子門人請書以爲先容比下車未覩篆即上謁陳子欲事以師禮月分其所得俸陳子每遜還之凡有所聞行之惟恐後乃問民俗曰富而不教令之過也見詞牒健愬好越訴曰令不足於政民弗畏也乃下教令明約束抑強扶弱而示之法晨雞鳴鼓三通里胥以次入受事不旬月百廢具舉自是日有餘暇焉四方學者往來白沙之門每林光張詡至必欣然往會旦夕聽其議論輿

一峯羅倫雖素昧平生然每思慕其賢訃聞專使走湖西致奠捐俸金以助葬事其尊賢樂善無間存亡如此天性疾惡如讐去民之蠹如疾在己有中貴弟梁長責民償通過倍復妄訴之積積廉知其情繫長獄悉追貸劵焚之由是權豪縮頸是是非非苟罹於法雖素親愛不少貸未踰年民大趨令越訴者止凡干謁之來厲詞色以拒之甚者揭其姓名以示衆嚴賭博竊盜之禁旣置於法復大榜其門曰某賭博某竊盜之家月朔令赴縣庭聽

戒諭俟其悔然後去其榜其良家子弟陷於賭博者悉聚之廡下使誦小學書親爲講解莫變化其氣習嘗爲民辯冤忤當道繫獄百姓惶懼欲爲營解積示手書曰君子但求無愧於心而已禍福之來有命爾等愼勿妄動以貽我羞事竟白有積年起滅詞訟者官司病之莫敢誰何盡擒之斃於獄尤善節財用前此上下往來非誼之餽一歲所費無算民苦之積痛革其弊曩時當甲首者均平錢悉貯於官復令出私錢供用名曰當月錢官吏里

胥乘時侵尅毎歲雖單丁小戸所費亦不貲貧者鬻子女故逃亡者衆積乃令毎丁派均平錢月支里胥供用備足外不妄科一錢毎歲甲首納均平錢畢即歸田畝吏不令在縣當月故陳白沙樂歲詩有云長官願似丁明府甲首終年不到衙蓋實錄也俗侈且僭爲申明洪武禮制參之文公冠婚喪祭之儀節爲禮式一書使民有所據守毎鄉擇老成者數人主之月朔進問於庭優禮其能者都老馬廣爲衆推讓於元日進廣於庭率諸鄉老再拜之春秋祭祀品物牲牢極其精潔役者悉令沐浴更衣然後將事俎豆既陳周視行列必極其整方止壬寅歲大旱春盡種未入土積憂之日令之責也遂於圭峯絕頂築壇禱雨時當酷暑山氣鬱蒸積長夕齋沐伏壇下致禱凡七日未雨羸甚左右諫少止呵曰民得雨吾病何憾至八日暑氣愈熾觸暑跪壇下衣汗浹踵大風忽作卷爐中火着積衣畧不爲動雨遂迸空下左右張蓋命撤之衣盡濕翼日雨止積復禱至十有一日雨足乃已常

於大忠祠置田二百餘畝節婦何氏莊氏蕭氏等墓置田共壹頃六十餘畝爲祭田擇人守之以示風勵民所敬事者惟令修復里社一壇其不載祀典之祠無大小咸毀之既得疾羸甚猶日夜究心民事遂卒於官年四十一卒之日民相弔哭於途歸德里有媪夜哭鄰人怪而問之曰來年甲首到丁大人死吾殆不能聊生矣是以哭邑民爲立祠歲時祀之

李承箕曰名不由外來未有本直而得曲影者也

苟廉平矣民必被其澤而有善聲苟貪虐矣民必被其殃而有惡聲百世而下君子褒鉞係焉況夫僇辱之必至乎後凡大書於名宦者皆廉平之幾焉者也其不得與焉者可無思乎

沈亨字體敬福建晉江人由歲貢授新會儒學訓導至則曰白沙先生吾師也而吾乃得師其鄉之士有不以吾師師之上則負先生下則負諸生中則負吾心吾學常謂學莫先於爲己爲己莫先於毋自欺毋自欺莫先於義利之辨乃作庠諷身率先

之以其學之所得筆之爲養正錄復探卦爻象占元旨手著易解多先儒所未發未踰年士咸率德樹惇推署新寧教事化行如新會下逮庸夫小子皆知有沈先生云居官常祿外一無所入猶曰惟其餘以郵貧生貧生稱贊及歲時禮際輒還之曰吾猶食粟公家視爾輩清苦若何新任教諭陳元舉卒於官竭力賻之門人田揚分守海北至學宮執弟子禮竟日先生且循循告語若平生致餽拒弗受有武士罹於法餽四百金營解弗視也居常

持敬臨祀益肅按院視學定生徒進見之儀至今循之日與黄孚陶益輩談名理至夜分不倦五載晉廣西宜山教諭多士維舟遠送不忍別衆議建祠亨聞走書止之未幾致仕歸蕭然過五仙城會寧諸生廝糧追送數百里猶依依不舍比歸自得益深自守益高屢空晏如越數載卒無以爲斂有司治喪具葬列入閩人物傳祀鄉賢萬曆己卯特祀新會名宦亨自少敦篤孝友以古有道自待嘗讀孝經小學輒掩卷靜思曰有一言一行不及古

人則讀書所爲何事故其學務躬行雖博極群書而精思力踐粹然一歸於正至其充養淵醇表裏洞徹一言一動靡匪至道在閩稱沈顏子在廣稱沈夫子楊將學歎其古風獨立閩志稱其肫肫躬行君子泉學比之程明道會碑謂其醇如仲舒介若淵明皆紀實也所著養正録庠諷易解行於新會又有卦畫圖論孟說太極圖解啓蒙疏存稿皆歸閩 六

孔子曰賢者百福之宗神明之主也不齊師之而

稟度焉惜乎所以治者邑也丁積或數日必過陳子率用其學以灑濯其心軌度其信令後先無及之者民至今不忘焉卒於治邑惜哉沈亨心遊陳子之學必躬先焉以推廸多士人言之曰子晚得一官若何爲也是使燕雀爲鴻鵠鳳凰慮也鴻鵠鳳凰至其郊必使德必盛義必大敎後先無及之者士至今不忘焉至於三廣公陶魯尤時時造陳子之廬或講學或咨政理而助著百粵澤流後世又豈特一邑之治已也以余觀於聖賢之學其存

其亡皆足以範天下淑後世於戲陳子之從祀也宜哉黄淳舊志

羅僑字惟升江西吉水人弘治十四年以進士知縣事政有質惠士民德之崇重白沙之學遵丁侯治邑禮式擇用都老訟平盜息建譙門修城垣歷四載擢大理寺評事以劾權宦歸尋起官歷本省叅政邑民歡迎如見父母未幾以老上疏乞致政不待報而去士論高之

徐乾字健夫廣西臨桂人正德七年以進士知縣事操廉行簡民心信服邑接壤新寧桀黠者往往挾買賊牛規利或於村店醵飲結黨乘醉公行劫掠盜熾訟繁大率由此乃嚴禁賣酒宰牛以絶盜端修山水子城以嚴衛守令民盡報丁壯立爲保甲屹樹柵門凡戸必有長都必有老使自科察賭博遊手必罪訟平盜息尤加意學校歷陞本省兵備僉事右布政使

魯稹字邦瑞浙江會稽人由監生爲邑學訓導性淳厚耻言人過敎人必先其行莅任數年士風漸美

生徒貧者輒助之夫妻俱官卒士民賻喪還其家

林壇字世宗福建莆田人由舉人正德十一年任敎諭性忠愨方正一毫不妄一介不苟而威儀凝重望之知其有道君子也敎人以孝弟忠信爲本闇明經學多前人所未及從之遊者率自遠而至諄諄啓廸大寒暑不倦惜才憫窮凡士之貧者輒捐俸助之敎成行尊士風翕然屢爲當道重二典文衡俱以得人稱尋轉南雄府學敎授程鄉知縣所至人皆感服去咸俎豆之

吳懿德字夏卿處州慶元人嘉靖癸未進士英州教授知玉山縣改知新會時縣久無正官弊端如毛民狃於訟且瀕海多盜縣不能制懿德至縣事無鉅細必親時新令蛋戶有給出錢受訴牒有酷息錢一切罷去凡仕族之流寓與惸獨顛連無告者糜食之春給貧民錢粟夏則和藥施之雖溝瀆亦時濬治其誠於爲民皆此類以廉介有聲辟通判廣州未及拜而卒將歿書於册曰平生薄宦甘受凍餒一毫不欺一介不取嘗祠晉刺史吳隱之于縣南以自勵邑民謂其清白無媿隱之遂配享焉祠今廢

周延字南喬江西吉水人嘉靖癸未進士補任新會性耿介操守清白爲政不避權要奸豪聞風震懾宿弊頓清邑故繁劇延剖决如流庭無滯獄時或獨坐堂上寂如空齋云在任三年召爲給事中尋以言事謫還任南京吏部郎中歷巡撫兩廣都察院左都御史

林騰蛟字士才福建永安人嘉靖戊申以進士任性行清謹有果斷才先是邑多苛政騰蛟至一切芟革之痛抑豪猾省節財用有劇盜謝大用何二等悉設法討平之大用者謝邊村人以吏罷歸鄉人畏其刀筆於是羣集無賴之徒爲亂竊富人尸柩爲利索余煥卿父柩贖千金倚長潭盜何二等爲聲援剽刼公行騰蛟遇言謝邊事者皆不答適新寧賊嘯聚金雞頭山佯發兵追之至水口遂襲謝邊村生擒大用斬首三十級俘獲無筭乃得煥卿父柩還民大喜將征何二亦不言長潭事方聞母訃使人招二等令護行二等方至縣則謂曰爾素蓄毒弩能贈我否二等諾願歸治具刻期遣之已遣驍勇伺其出卽擒縛二等餘衆奔白芒海生擒五十九人斬首六十一級俘獲男女百餘名口於是四境晏然奠枕安堵丁內艱去民咸悲慕之服闋擢山東道監察御史

俞樟浙江崇德人由歲貢嘉靖二十六年陞本縣教諭性嚴毅有識量嘗搜表邑之先哲及鄉之烈女以勵世風諸生中有貧乏者輒捐俸以助喪葬在

任五年士習翕然歸重尋引疾求去大吏慰留之去益決

何廷仁號善山江西雩都人由舉人令新會先是與黄弘綱恨不及白沙陳子之門意斯道不復有聞也繼得聞陽明王子學遂就師焉其言曰學務無情斷滅天理學務有情緣情啓釁不識本心二者皆病致吾良知莫能自欺有情無情自無不知知至至之更無可知所得如此陽明没始官新會至則以爲幸仕道學之鄉掃祠釋菜召諸生與遊於

象山書院中以靜坐爲門以無欲爲堂以自然爲室置社學立訓規政在易簡事無煩苛獨議爲寺田事處或過焉民因以病若戍松栢堡臨江臺則有功於保障厓山全節廟大忠祠作義塚以祀勤王死義之士則有功於世教尋擢南京工部主事後配享陽明王子廟云

鍾器廣西富川人由歲貢任主簿時近縣山賊交亂嘉靖四十二年八月突刼沙頭破西郭住彌月殺戮無算紫水爲之赤署縣推官李有年先以民力養兵數百日李家兵至是止以自衛不令禦賊父老相率請發兵李曰汝賊殺汝民於推官何與此吾家兵安得爲汝殺賊耶當道聞之亟命推官周標代焉標復任一杜知事愞懦豢寇賊猖獗益不可止繇西而東出刼都會江門諸鄉器忿民兵逡巡氣餒遂單騎直抵賊陣曰無戕吾民寧殺我賊稍懼引避之當道以其能命典巡捕即請招狼兵躬率訓練無日不堵截賊勢乃少沮城野始得寧宇當時使賊至沙頭之初李推官即以所養之兵

直擣巢之賊安敢肆然彌月以殺戮我民哉說者謂李利賊賄之入云後器率嶺西狼兵擣賊穴賊平尋病官卒百姓哭之罷市時驛丞盧位亦挺身殺賊官則卑而保民之志毅然可尚民亦德之

李以龍曰嗚呼曩者沙頭之亂憑陵而東延於郭内家無完室死亡離散荒落至今未已伊誰之責與都會之變熾昌尤甚於時兵不足食不繼城東之民岌岌矣鍾以一簿倅之微奮不顧身直當其衝賊勢頓止由是吾民之廬室以完妻孥以安城

郭且賴焉功豈小哉由是而狼兵舉則通邑之民皆賴以安矣由是而賊酋殲則鄰邦之民亦賴以安矣實勤軍務勞瘁以終易曰王臣蹇蹇匪躬之故鍾之謂與

林會春號石溪福建惠安人由舉人隆慶丁卯分考廣東等知新會縣時島彝以厓山爲澳私通闌市路海黠掠漢良家子女以歸願其貨可以佐縣官急上下利之往往舍而不問會春則擒戮掠之鉅魁兄弟凡三人置之理三人請貸一以存嗣會春

日嘗聞有數世數人延一子而掠賣之汝曾思若之嗣盍釋不聽彝乎竟論死歲久旱天忽大雨時厓山全節三忠諸靈節爲島彝所侮褻侮褻之船輒覆不能止復作祛彝議上當路遂檄而擯諸遠嶼不復入厓間民由是獲安暇建理學名臣坊以崇教化戶盜永業招安受撫其部曲陳標乃居城市以嚮禍決策去之當地方多故時誤用一生生甚贖貨卒默領其徂詐而使之盜亦稍息說者謂其使奸使詐得駕馭之度云

伍膺字用思號明宇廣西全州人由進士聰穎異常授新會知縣興學恤民弭盜破奸一見其人即易年尚憶其以某事至名爲某故人不敢欺旣而度山寇海倭充斥不築外城無以保障乃集衆思計工程審原龠均力役上之兵憲何子明凡建城九百有餘丈民不見勞財不見費誠百世之功也膺鄉試座主爲大吏思得城龕金膺不從竟以此得調去士民爲之立祠於象山

袁奎字文卿號嶸台又曰敬宇江西豐城人由萬曆

庚辰進士任來令時年甚少能執簡御繁使事事有經緒教化因之七出納聽之民訟獄不之理刑罰揆之情法戢吏胥威行盜賊水旱札瘥一通之誠禮祕操丈攢戶稽籍無或欺焉設可行之規立不易之度數年間所推行一順軌則陶民使自趨自治而已新道學之碧玉樓楚雲臺厓山時享必齋宿而後行禮無少惕後秩滿去官民思之建祠於青門海濱祀奎及陳公基虞王侯命璿曰三賢祠云

端升字日階潮陽人少從羅念菴先生遊舉於鄉授廣西羅城知縣左遷新會學教諭日與諸士講求江門之學集六約以迪士士翕然興起旁搜白沙先生遺稿校定林坡先生文集梓於邑尋擢瓊州府學教授日嶺外之學惟陳丘二先生而已吾皆得仕其鄉幸天不使孤吾聞也及行諸生依依不忍別有負笈涉海以從者瓊之人曰先生正己率物卽燕居無惰容諺語故遊其門者不覺躁妄潛消而善心默動也暇取朱文公家禮丘文莊儀

節諸書附以國朝正法纂以己議曰諭蒙禮要知府周希賢梓行之李以麟曰先生貌質而心爽行端而言慤接人無貴賤一以眞誠遇事無巨細必求當理雖酬酢紛如亦徐而應之未嘗見疾言遽色其爲教也首以立志之高而要於用功之密論文章事業則日本乎涵養論求放心則曰無如靜坐與人以善欲人以和賢者禮而進之不肖者曲而成之正而不泥寬而不縱宜其澤之及人者入而彌深也

陳基虞字志華福建同安人由萬曆己丑進士歷南雄府推官庚子新會變起民皦皦弗靖兩院特檄虞撫集之視篆首問疾苦一意安全痛民倒懸率先解網時增重餉急催科悉心調停爲民請命民安之任數月而代黜黎介胄臥轍攀轅扶老攜幼擁不可行百十年來所未有也旣去劉杰指地相與立碑黃淳爲記復祀之三賢祠

按前志攝篆無紀客有善政泯泯不可得而聞也近於耳目所睹記則有通判汪應奎賑荒平亂推

官劉朝璽理直摘奸知縣侯應爵之慈明提舉何一達之節愛子民愛戴不啻父母置而不紀後何勸焉若李節推之黷貨養寇林督捕之酷刑虐善殆亦邑之刼數哉因併及之以詔後云

上命瑢字虞石福建龍巖人萬曆三十三年以進士知新會縣治尚撫循寬徭均賦刑清政簡爲士民所親愛五年之間百廢具興民安盜息修邑乘建凌雲塔見龍樓化龍橋斡旋地運士多蔚起以治最召去後民思慕之建三賢祠與袁奎陳基虞並

祀尋擢御史巡按廣東有惠政洗冤澤物所至愛
戴嘗行部至新會百姓攜老挈幼壺漿迎至塡巷
陌戀車擁不得行乃進父老與言倩如家人父子
爲留十日始去仕終刑部尚書
卞應聘字蓮生丹徒人崇禎五年以進士知新會縣
性剛正廉公有威肖餙僚屬輯胥隷禁民遊賭上
下肅然訟至立爲剖決兩造咸服悉罷一切贖鍰
不染一錢人莫敢干以私灑口蛋賊屢出剽掠應
聘開誠撫之四境獲安蒞任六載卒於官卒之前

一夕夢城隍神揖請代已罹告家人曰吾死矣方
坐堂上決事遽卒百姓爲之罷市哭弔蒲路乃立
祠縣左歲時致祭焉
國朝龍之綱湖廣公安人康熙三年以舉人知縣事
時再定邊界遷民所過流離載道之綱肩輿入境
一見惻然不覺潸潸淚下會遷界未築餘禾棲畝
即請聽民刈穫小民間得聊生比視事卽傀道華
耗羨廉潔慈愛一切與民休息凡可惠利小民者
·不憚委曲成之每下一令出一語悉皆至誠惻怛

嘗勸民息訟曰爾等俱不聊生幸存性命百念俱
當灰冷何暇復競強弱耶偶以催科笞一里甲退
即榜門自責受笞者亦爲感泣先是經歷李肇豐
攝篆與都司耿光濟惡民問夜臥不安至是始出
湯火亡何之綱忽病是日闔城罷市士民洶洶祈
禱願以身代問安者數千人竟移疾去紳士攀留
不得乃爲詩文送之前後蒞任三月半屬臥治而
感人之深從未有也
蘇文耀蒲洲籍直隸人康熙五年由筆帖式出知新

會縣性正直能愛民不畏強禦戢悍卒捕流棍抑
諸上官胥役境內肅然催科不事鞭扑民皆樂輸
時折海後内地大兵駐紮中路駐節邑城又大軍
數出剿賊文耀殫心竭力常以身翼蔽小民蒞任
兩載聽訟悉出至公從無一錢暮夜民甚德之以
盜案論罷卒於邑百姓哭弔絡繹男女老壯皆相
與賦斂爲營佛事致奠醊者以千數
蘇楫汝曰觀吾邑所稱賢司牧而知政治與理學
無二道也丁公積陶公魯當涖邑時嘗造白沙陳

子盧詔政理何公廷仁根生不及陳子之門及令
新會以得仕大賢之鄉爲幸立書院摯邑弟子日
講白沙之學彼三公遺愛在民有以哉若吳公懿
德之清白曾公龍逢之忠義林公騰蛟陳公基虞
林公會春平寇定亂伍公膺袁公奎建城均稅廉
明若王公命璿剛正若卞公應聘
國朝龍公之繩愛民肫懇蘇公文耀臨事嚴毅皆史
所謂去後令人思者也是故慈惠之師忠信之長
志不虛書前者可則後者可興

新會縣志卷之七

知新會縣事渤海賈雒英訂定
邑人余玉成
蘇栟汝
李朝鼎分校
薛起蛟
湯　晉仝纂

選舉

古者鄉大夫三年大比考其德行文學而上賢能
之書自漢川三科隋用九品唐廢徵辟而尚聲歌
宋崇經義而兼括帖勝國始由辟召後則專事制
科夫王制用人或以德進或以事舉或以言揚爲
三不朽之業我
朝三途並用使天下爭自濯磨而又首重以科目誠
風勵之善術也古岡雖僻在海隅然名賢間出秀
哲繼起代不乏人論者稱爲海濱鄒魯信矣作選
舉志賈雒英紀

薦辟

宋

馬持國知容州祀鄉賢有傳

黃大有咸淳六年薦仕至提領大夫

馬宜祖畱州守晞驥子朝奉大夫知英德府舊志馬晞驥傳載其官階不詳出身附補於此

元

湯以禮下街人至治中以明經薦授香山教諭據香山縣志遷廣州路學正據黎秫坡文集補入

湯以義下街人至治中以明經薦歷陽江海豐教諭據黎秫坡文集補入

伍起龍斗峒人正議大夫高州路總管據黎秫坡文集補入

伍廷鳳起龍子湞陽衞翁源尉據黎秫坡文集補入

伍元德斗峒人陽江簿據黎秫坡文集補入

伍彥通斗峒人奉議大夫廣州路總管據黎秫坡文集補入

羅蒙正南庄人至正中以明經薦官南恩州教授

祀鄉賢有傳

周　修至正末以明經薦爲邑訓導祀鄉賢有傳

蔡養晦至正末以學行舉邑訓導有傳

明

林以豫沙岡人洪武五年以明經薦爲本邑訓導

湯汝翼下街人洪武五年舉明經爲本邑訓導

黎　貞都會人舉明經祀鄉賢有傳

謝文淵洪武十五年以薦辟授清江知縣

陳獻章白沙人由舉人以理學徵辟授翰林院檢討謚文恭從祀　文廟有傳

進士

宋

馬晞驥持國子朝議大夫知畱州有傳

明

洪武四年辛亥吳伯宗榜一人

梁　臨漏驛人仕至禮部主事有傳前志謂學中舊題名碑曰臨進士及第按黎貞漁隱序稱臨隱於天臺山標題下有小書稱臨爲元探花云

景泰二年辛未柯潛榜一人

楊顯嘉兵部武庫司員外郎舊志陽今據題名記改正楊

五年甲戌孫賢榜一人

魯　能金紫街人巡撫甘肅右副都御史賜葬祭

祀鄉賢有傳
天順八年甲申彭教榜一人
余　誥草涌人湖廣按察副使祀鄉賢有傳
成化二年丙戌羅倫榜二人
馬　驌塘河人徙古鎮廣西慶遠知府
余　統樹下人南京監察御史祀鄉賢有傳
八年壬辰吳寬榜一人
張　瑛沙岡人沅江令秭子初授萬安知縣廉潔
端方有政聲後補廣昌清介自苦未嘗私一錢
邑人歌曰但飲廣昌水不沾廣昌塵以母病乞
歸行李蕭然琴書外一無所有

十一年乙未謝遷榜一人
吳　轍海心人浙江瑞安知縣
十七年辛丑王華榜一人
梁　鞏沙頭人江西萬安知縣
二十年甲辰李旻榜一人
李　渭六洞人官淮安府同知祀鄉賢有傳
二十三年丁未費宏榜二人
陳經綸滘灣人會試第三人南京戶部主事論象
州州同祀鄉賢有傳
弘治三年庚戌錢福榜一人
黃　申杜阮人官梧州府同知祀銅陵名宦有傳
余　敬樹下人官南京監察御史有傳
十八年乙丑顧鼎臣榜二人
區　越潮連人江西參政祀鄉賢有傳
鄭　銘許坑人官袁州府知府有傳
正德六年辛未楊慎榜一人

劉文瑞荷勞人刑科給事中有傳
嘉靖二年癸未姚淶榜一人
李　翔潮連大蘇人福建邵武府知府有傳
十七年戊戌茅瓚榜一人
歐陽廷篁村人福建清流知縣
二十年辛丑沈坤榜二人
何孟倫河塘人第三人官戶部郎中有傳
莫如爵南京雲南道御史
二十六年丁未李春芳榜一人舊志誤泰鳴今改正

莫如士翰林庶吉士歷浙江道御史大理寺左寺
丞
二十九年庚戌唐汝楫榜二人
莫如善福建按察使
張傑夫䨇涌下村人南京戶部主事有傳
四十四年乙丑范應期榜一人舊志誤三十四年今改正
陳吾德外海人湖廣按察僉事祀鄉賢有傳
隆慶二年戊辰羅萬化榜一人
黃　卷邑人徙居順德由戶部郎中出爲知府

萬曆八年庚辰張懋修榜一人
黃　淳高地街人浙江寧海知縣有傳
十七年己丑焦竑榜二人
陳宗愈沙頭人廣西左江道按察司副使
張翀旦義井頭人福建連江知縣御史陳子貞謂
其禔身似玉防意如城郗御史許孚遠謂其孤
介剛明任重致遠之器疏調晉江縣旨未下卒
於官
二十年壬辰翁正春榜一人

何熊祥河村里人累官南京吏部尚書贈太子太
保謚文懿有傳
二十三年乙未朱之蕃榜一人
趙應元北到人工部主事有傳
三十五年丁未黃士俊榜一人
倫肇修沙頭人大理寺正卿有傳
四十一年癸丑周延儒榜三人
俞士瑛湯村人厚重謹敕篤於行誼主考葉向高
拔置第十二觀政後卒所著有讀史要易貽說

二書
林聯綬沙岡人秀水知縣歷刑部郎中恤刑廣西
多所平反遷福建延平知府改汀州府
何龍楨龍塘人累官工部主事監督慶陵工程有
功轉員外郎歷贛州鳳翔知府遷雲南洱海道
副使
四十四年丙辰錢士昇榜二人
黃公輔杜阮人湖廣寶慶道參政有傳
林枝橋濟頭人貴州按察使加服俸一級有傳

天啟二年壬戌文震孟榜三人

梁鳳翔小橋人湖廣黃岡知縣

梁應材大等人吏部文選司員外郎有傳

高賚明馬潛人御史

崇禎四年辛未陳于泰榜二人

區驥芳邑城人江西道御史有傳

胡一魁白藤人知縣有傳

七年甲戌劉理順榜一人

鍾鼎臣下煙人浙江嘉興知府殉難有傳

十年丁丑劉同升榜一人

譚正國沙富人巡按貴州御史有傳

十三年庚辰魏藻德榜二人

陳世傑邑城人會試第二人授中書　國朝起刑

部郎中復姓朱

劉大啟邑城人浙江嘉善知縣有傳

十六年癸未楊廷鑑榜一人

唐元楫白石人兵部主事有傳

國朝

順治十五年戊戌孫承恩榜一人

余玉成忠孝人廣西梧州府推官

十八年辛丑馬世俊榜二人

蘇栴汝栴岡人河南太康縣知縣內補中書科中

書舍人

黎翼之中樂南涌人不仕

康熙十二年癸丑韓菼榜二人

殷　章邑城人候補中書

任清漣霞村人江南清河知縣請告終養

二十四年乙丑陸肯堂榜一人

李朝鼎小塘人翰林院檢討

三十年辛未戴有祺榜二人

胡一麟劉本姓古勞人

梁貽燕帝臨堂人

舉人

宋

馬特岡見薦辟

黄大有見薦舉

余夢弼河塘人特奏名授廸功郎任封川令

余元鐸夢弼子任肇慶府司法參軍有傳

元

林　孫沙岡人延祐元年榜見黎林坡集

林　恪沙岡人延祐七年榜見黎林坡集

明

洪武庚戌科一人

梁　臨見進士

壬子科一人

張景承

按黎貞集洪武間景承舉薦史稱藩府告老而歸舊缺今補之

丙子科五人

雷　溍湖廣京山訓導遷府伴讀

湯有容下街人官唐府伴讀祀鄉賢有傳

李　宣中樂松蔚人禮部主事陞四川成都經歷

茹　連中樂石滘人官湖廣長沙知府有傳

鄧　林寺前街人官吏部主事有傳

永樂乙酉科二人

劉　源廣西南寧府教授

吳　鐸交趾古雷縣丞

戊子科四人

蕭道安周郡人交趾鳳山主簿

蕭嘉祐官廣西恭城知縣有傳

謝　俊廣西陸川知縣調湖廣綏寧知縣

温　琇福建永春知縣有傳

辛卯科一人

甄　賓廣西田州府通判

丁酉科一人

盧　英江西大庾訓導

庚子科一人

楊勝安潮透人

癸卯科一人
伍　服浙江海寧知縣
宣德己酉科一人
麥　齊廣西南寧府武緣教諭
乙卯科一人
吳　安廣西柳州上林教諭
正統戊午科一人
陳　顒湖廣長沙教授
辛酉科一人

林　超北到人廣西北流知縣有傳
甲子科五人
蔣　濬梅閣人福建漳州府同知有傳
楊顯嘉見進士
林　端廣西鎮安通判
陳　斌廣西梧州府教授
張　紳沙岡人進士瑛之父以歲貢授應天府學
訓導在南闈中式官湖廣沅江知縣有傳
丁卯科一人

陳獻章白沙人第九人見薦辟
景泰庚午科二人
吳　韶第三人
魯　能金紫街人見進士
癸酉科五人
馬　馴塘河人見進士
張　紀沙岡人知縣紳弟兩中會試乙榜擢試御
史未就官卒有傳
崔　誠程鄉教諭

余　蒜見進士
楊　英不仕有傳
丙子科五人
梁　溢滘頭人第八人廣西興業知縣
李宗本江西南昌教授
鄧　佐浙江永康訓導
梁　惠廣西梧州教授
伍　敬江西斷事
天順己卯科三人

羅　素雲南尋甸軍民府知府
鄺　文潘村人江西宜春知縣
李　棨江西宜黃知縣到任卽以憂歸後不仕
壬午科七人
何　逓龍塘人第二人福建福州府教授有傳
柯　鸞塘河人第三人直隸和州學正
張　瑛沙岡人第七人見進士
李　貫福建龍巖教諭陞國子監學錄
陳　瑋湖廣辰州通判

梁　華浙江海寧知縣
鄺　慈潘村人廣西柳州通判視民如傷行已不汚
成化乙酉科八人
黃　釗廣西梧州教授
張　欽江西南昌府訓導
湯　毓下街人浙江溫州府南直隸松江府同知遷知府
鄭　縉許坑人

李　昇石步人從遊白沙先生之門故業不仕
佘　肆樹下人御史敬之父福建莆田訓導
陳　瑶儋州學正
鄺　坮潘村人浙江嚴州推官
戊子科四人
梁　華見進士
佘　紹夔湖廣黃州江西贛州通判
譚　超福建建安知縣
吳　轍見進士

辛卯科四人
鄺　璇潘村人江西瑞州府訓導
蔡　文顯電白教諭
鄧　文廣西貴縣知縣
李　興滘灣人福建長泰知縣補廣西博白有傳
甲午科三人
梁　全第八人福建漳平知縣
陳　復廣西陸川知縣
李　渭六洞人見進士

丁酉科六人
劉　頌由儒士江西贛州教授
蔡鍾英廣西陽朔教諭
李　經浙江仙居知縣
李文璧宣之孫
周　京麻園人南直隸應天府通判有傳
黄　誥以親老不仕孝養三十年志行高潔
庚子科四人
謝　璧湖廣龍陽知縣

張　衆塘洞人
嚴　謐廣西[illegible]縣知縣改廣西按察司經歷
何　龍江西龍泉教諭遼府長史
癸卯科四人
陳經綸滘灣人第一人見進士
黄　佐第二人廣西太平府推官
譚　律琫步涌人江西建昌府學教授有傳
黄　印杜阮人三以儒士應試後由巡檢司轉考
吏[illegible]式見進士

丙午科五人
余　敬草涌人第三人見進士
梁　衛不仕
宋容重廣西賀縣知縣
黄　在四川蓬州學正
李　彰福建同安知縣忠信明決惠及鰥寡陞鎮
江府通判左州知州俱以廉能特薦報陞梧州
府知府未任卒嘉靖壬戌副使劉存德至謂彰
仁明兼用德威兼濟撫恤孤寡制服猺獠樂民至

今不忘因出俸金三十兩行縣致祭
弘治己酉科五人
楊景墜仙洞人不仕
馮　殷那竹人福建懷安知縣改建安教諭
譚以良琫步涌人教授律之子不仕
伍士廉湖廣歸州學正
梁　毓福建龍溪教諭
壬子科六人
施　用第二人南直隸太平知縣

黄　元第六人福建龍巖知縣改直隸武德衛經歷
李　江黎洞人第七人有傳
李　鸞
曾　兢翼文橋人以父老孝養不仕
李　翰潮連人知府翔之兄會試乙榜第一人國子監學錄陞山西道御史

乙卯科五人
區　越第七人見進士

鄭　銘見進士
劉文瑞教授頞之子見進士
趙汝弼山儒士福建同安知縣
陳紹業外海人遙授浙江布政司都事

戊午科四人
李文明福建建寧府同知有傳
鍾　旦不仕
梁大廈江西豐城教諭
余　英福建泉州府通判

辛酉科六人
梁　秀福建歸化教諭
胡呈章福建德化知縣
劉　珣湖廣江華知縣
周　正順天府通判寶坻教諭
林　積羅坑人福建邵武府通判
李　昇直隸石埭知縣

甲子科三人
梁　峻知縣華之子由儒士福建漳州府通判

張璧光廣西懷集知縣有傳
容　益以祖籍賓州由廣西中式官南寧府教授

正德丁卯科三人
易　逵坡山人第六人由新寧學湖廣桃源知縣
李　翔潮連人御史翰之弟見進士
盧秉章監利教諭聘修國史陞萬載知縣至五月籍籍有聲即思母老解官歸養囊無一錢菽水盡歡母亦樂之

庚午科一人

黃　彥江西宜黃知縣

癸酉科三人

李德治澾灣人知縣興之子浙江湖州府通判

許　修澾灣人

黎文英直隸嘉定教諭

丙子科三人

周必誠麻園人應天府判京之子衡府紀善加正

五品服俸進階長史

許　相流杯里人建安教諭有傳

鄭時舉許坑人知府銘之子官廣西南寧府同知

有傳

己卯科三人

歐陽建篁村人見進士

何　相江西饒州府同知

鄧文憲潛頭人由學錄擢南道御史以言事貶驛

丞歷南京戶部員外終江西建昌府知府

嘉靖壬午科二人

余宗文湖廣黃陂教諭

黃　碧小渡人江西安遠教諭博學高才歿於家

教

乙酉科四人

葉　漢大廟頭人江西寧都知縣

區元晉潮連人參政越之子福建興化府同知

鄧惟紀厓州學正剛介忤當道歸

林時暢彭澤知縣

戊子科三人

曾　遠潮連人江西瑞昌知縣

余　弘不仕

溫孔德大澤東邊人直隸河間通判

辛卯科五人

許　炯客巷人教諭相之子不仕有傳

李道長澾灣人通判德治子知縣興之孫不仕

梁存誠直隸任縣教諭

彭　漢宜民橋人南康知縣祀鄉賢有傳

莫如爵順天府中式見進士

甲午科二人

何孟倫河塘人見進士
莫如善順天府中式見進士
庚子科六人
譚維鼎天河人第二人累官廣西按察副使有傳
林允達官興業七載弭盜安民百姓歌頌見興業
名宦晉平樂府通判致仕
容朝望四川保寧府同知晉長蘆運同降知陝西
商州有傳
李　雲不仕

張傑夫凌涌人見進士
莫如士由順天府學見進士
癸卯科七人
宋　治福建仙遊知縣
李　峻不仕
林大章潮陽沙岡人知縣大芳兄江西東鄉知縣
有傳
黃　磐小渡人碧之弟廣西慶遠府同知改知和
曲州有傳

劉守陳珦之孫福建漳州府通判
盧讓德廣西隆安知縣
梁以蕃橫嶺人以訓導由廣西中式第三人官連
城知縣祀鄉賢有傳
丙午科六人
盧大元廣西潯州府通判
高上黃江西雩都知縣
李從龍紺戚角人江西武寧知縣孝友正直方嚴
樂易居官一塵不染教子清白傳家

林大芳潮陽沙岡人知縣大章弟江西安義知縣
鄧思仁滘頭人知府文憲子不仕
梁大中號慕韋滘頭人初授永豐教諭遷福州教
授其教士子皆務實行擢漳州府推官讞刑慎
罰不以發摘爲能漳人稱爲梁佛歷署龍溪漳
浦南靖詔安龍巖五縣皆有政聲遷賓州知州
歸節割俸入賑饑爲弟置產以祖宅讓之其平
居不言人過雖臧獲終身無疾聲遽色年七十
六卒越四十年閩寇劉香犯邑掠其鄉見門外

棹楔署大中名曰此梁佛家也皆相戒不入其
感人如此
已酉科四人
李　果瀧水𤞟山人陽朔知縣以親老乞歸講學
一十二載都御史海瑞疏薦擢南京戶部主事
羅兆鵬古勞人福建長泰知縣加大夫秩改知寧
洋有傳
聶龍靈河塘人不仕
陳　試外海人會昌知縣有傳

壬子科五人
許培之客𣪍巷人廣西養利州知州有傳
余繼芳敎諭宗文子年五六歲無字不識人稱神
童父同年黃碧一日遍試之應答如響惟一蒜
鸚鵡字少思卽對後以縱飲卒
陳吾德外海人第二人見進士有傳
陳　詰外海人知縣試之弟興化府通判有傳
容學周由廣西中式
乙卯科三人

劉　䆮五顯冲人江西新城知縣有傳
潘大壯花園巷人雲南大理府通判有傳
盧　鵠潮連人不仕
戊午科二人
李以龍東亭人不仕有傳
李　積河南涉縣知縣有傳
辛酉科三人
黃文星杜阮人懷寧知縣改武平知縣
廖文炳天河蠶臺人瓊山敎諭註唐詩鼓吹行世

嘗捐貲築堤護民居十餘村障田六百餘頃一
方得免水患人皆德之
勞守謙古勞人廣西馬平知縣有傳
甲子科二人
容雲鵬不仕
黃　卷邑人徙居順德石涌見進士廣西廣南知
府
隆慶丁卯科三人
盧游潮連人湖廣應城知縣清介守貧淡如也

鄧鼎臣 趙村人不仕有傳
黄　淳 馬尾街人見進士
庚午科一人
易道源 坡山人累官戶部郎中遷雲南永昌知府
萬曆癸酉科二人
黎文燮 直隸鎮江府通判有歸去平樂府等集
李維春 桂林推官
丙子科一人
陸梁賢 福建松溪知縣有傳

新會縣志　卷之七 選舉　表

己卯科二人
李　發 南岸人江西大庾知縣有傳
關　沛 福建龍巖知縣調直隸河間府經歷
壬午科四人
余　鐘 西盩人善摛文領薦以所給路費奉親甘旨已復丁內外艱凡三科不赴春官乙未落第即就清河教諭富道廉其才推長書院教授十二屬生徒遷知融縣融多盜以教化先之單騎入盜壘委曲開諭皆稽首向化良民株累者悉為解網清積逋治包攬招流移立中貴八鑑擊皆可書也吳別駕繫獄多方橐饘且許歸鬱水經紀其家以入覲卒京邸人皆惜之
吳應鴻 下街人廣西梧州府通判贈尚寶寺卿廕一孫有傳 舊志作廕子誤
何如簡 潮廣命同知縣
關世教 談雅人浙江杭州府通判有傳
乙酉科七人
馬茂良 潮連人直隸江浦知縣
陳文耀 福建歸化知縣

新會縣志　卷之七 選舉　表

盧　鶖 潮連人
容大德 河塘人南京監察御史
梁耀德 田瀝滘人
李　瑤綸 峨角人從龍子
容　肯龍 由廣西中式福建松溪知縣
戊子科四人
張初旦 花橋亭人見進士
何熊祥 河村人見進士

陳宗愈沙頭人見進士
譚　純王佐岡人知府
辛卯科七人
林耀初塞貢口人解元
伍繩武下街人第三人浙江平陽知縣
湯敬升河村人江西星子教諭主白鹿書院有傳
歐陽與篁村人江西新昌知縣
趙應元北到人見進士
區日振原名應能新街人累官廣西驛傳道副使

葉秀岳大廟頭人沙縣教諭彭應了
甲午科七人
陳應進第五人浙江麗水知縣
許鐵時知州培之子
潘之佳通判大壯子福建南平知縣補湖廣監利
有傳
楊奇珍泗涌人
易文炳橋頭人
張大衆白沙人湖廣會同知縣

許華國象山嘴人欽文子
丁酉科九人
勞養魁古勞人第二人以民變事爲知縣鈕應魁
誣繫詔獄久之得釋
張　元塘河人
余　萃草涌人
梁斗輝花橋亭人初爲鈕知縣誣逮詔獄在獄從
爲應京講學著述甚富官太平府同知有傳
陳時務[illegible]人

劉汝忠蠕岡人山泰州學正擢陸川知縣盜弭民
安遷江寧丹去日民爲建祠立碑在江寧悉革
陋規當事賢之以目疾告歸黨宗肅然
鍾聲朝沙頭人同養魁[illegible]告歸教授里中弟子
譚　直白石人廣西南寧[illegible]
李茂蓍緡賊角人兩淮鹽運使
庚子科六人
余士光南門人四川劍州知州有傳
譚大捷不及仕卒

林聯綬湖陽沙岡人見進士
張　鴻登名沙岡人湖州通判
區舉吉改名日揚新街人副使日振弟江西南安
府同知
梁夢桂花橋亭人同知斗輝弟由選貢
癸卯科二人
倫肇修沙頭人見進士
黄　早改名敵泰徙順德桂林由順德學選貢官
劍州知州

丙午科四人
馮九霄下街人
李之世東亭人池州府推官有傳
茹　發中樂石潛人廣西象州知州有傳
李一鵬瀧水南芹人
己酉科六人
李芳春潮陽流霞人
陳椿生外海人直隸寶應知縣
林枝橋潛頭人見進士

容德輝　人
潘起鵬邑城人初任象山知縣海寇薄城擒渠魁
曾伯仁混江龍等築堡捍禦象人賴之又禁溺
女革陋規象人爲之建祠遷南康推官未至左
轉大庾寇息民安晉鬱林知州議勦八排指顧
底定構書院祀朱考亭肖像置田以給寒士未
幾辭歸御史王章贈以詩所著有存稿行世
蘇奉初仁沙人湖廣茶陵州知州
壬子科十四人

俞士英湯村人見進士
陳善繼涌洲人主事經綸孫廣西隆安縣知縣
趙如楚潛頭人
梁鳳翔小橋人見進士
何龍禎龍塘人見進士
胡一魁白藤人見進士
容習休東亭人
俞士琮河塘人雲南金騰道叅議有傳
譚尚絅瑾步涌人湖廣石首知縣遷廣西梧州府

同知改南寧

區應期湖連人少穎悟年十八鬮中擬魁多士以後場字誤不售初授博羅教諭遷福建清流知縣革火耗雜派愛養小民邑處山僻多盜修城置械皆捐俸家寇犯城躬親守禦民賴保全上官欲登薦剡而意有所待遂棄官歸優游泉石年九十餘卒

黃公輔杜阮人見進士有傳

陳應中政名中生外海人會昌令試之子事繼母孝友愛諸弟官潮廣石首知縣以不狥情不媚上權貴憚之旋解組歸民爲建祠閩賊劉香犯廣僉疑總督熊文燦召寇中生作水激石鳴歌諷之語見事紀海盜爲盜力陳勦撫鄉人德之又爲建祠名報恩祠

謝高賢　人

梁應村天等人見進士

陳善繼經綸曾孫黃公輔甲曾孫譚尚綱仲曾孫先三公同科今三曾孫復同科

乙卯科五人

吳思友下街人

葉　琦涌邊人河南靈寶知縣有惠愛靈寶人思而祠之君官俸入悉建家廟及置祭產

李鳴鳳瀧水羅家灣人河間府通判

歐陽蒞草村人山廣西訓導中式

陳受甲山番禺學

戊午科十人

關崇信邑城人知州

李之標東亭人少有文名工詩及書性高潔制行

操儉一如古人事父母終身孺慕

區志遠潮連人戶部主事有傳

關熙蓮淡雅人

譚大振大墩人知縣

尹志伊邑城人四川威遠知縣所著有詵詵草詩集易經臆談

唐元樟白石人知縣

高運元馬潛人

譚經邦下街人博羅教諭

張應橋凌涌人江西上高知縣補湖廣監利

天啟辛酉科十人

劉大啟邑城人見進士

區聯芳邑城人見進士

高賚明馬灣人見進士

蕭　棨下街人工部主事

許運鵬潼灣人雲南南安知州

林宗堯沙岡人

唐貞棨白石人知縣

伍春霖西塽人

吳　馴下街人性穎敏嘗爲駙馬王昺草書請練
京兵上覽之嘉歎將欲以名聞馴力辭歸　鼎
革後四壁蕭然邑宰劉象震一見重之歲餽
粟不受年八十三所著有野鳴集

黎弘基三丫人南直隸和州知州全家殉難贈太
僕寺卿

天啟甲子科六人

唐元暉白石人見進士

陳　璣潮連人福建順昌知縣有傳

潘自省邑城人知縣

呂孝昇邑城人浙江崇德知縣有傳

林奇鳳潛頭人

佘　乾塘尾人

丁卯科一人

梁奇顯天等人茂名教諭有傳

崇禎庚午科四人

易奇際坡山人有傳

張貞貴河塘人

林之蕃沙岡人

吳振秀儀岡人

癸酉科四人

陳世傑邑城人見進士

鍾鼎臣見進士

容今式河豬人

陳應緯外海人事生母孝蕉園盜起當事議剿撫
成策應緯言於總督熊文燦撫之壽道以平盜

餽之金不納羣相誦義有吏在賊中聞之言於
海道晏清清屢向人稱其義感羣盜年八十五
卒臨終自題銘旌曰吾明人不媿孝廉稱明孝
廉可也

丙子科十二人

潘　佳湖連人

李壯國天等人

傅尚霖湯村人

朱景星邑城人

譚正國沙富人見進士

趙夢足三江人

譚喻孫步涌人

何　淳龍塘人　國之弟

何　國龍塘人教諭淳之兄

高玄薦馬滘人　國朝感恩教諭

劉苑芳城南人

許世標邑城人

己卯科十八

劉大光邑城人

梁日輝小岡人以恩貢領薦教授生徒常數百人
平居正直長厚爲人信服戊子己丑盜賊蠭起
鄉人推爲約正日輝爲立條教明約束反亂爲
治一鄉肅然

楊士錫獨岡人

胡嗣廣邑城人

林聯纓沙岡人

趙夢獬北到人有傳

壬午科十一人

余開泰蘇邊人

羅鉅璘本姓張　沙岡人　國朝雲南蒙自縣知縣有
傳

莫芝蓮邑城人由恩平學

李子春邑城人

譚圓棨凌涌人　國朝西寧教諭

吳如祈吳村人　國朝福建龍巖知縣

劉奇蘊蟠步人　國朝山東利津知縣居官有政

聲未仕時兵勦社賊艮歹不分奇蘊力請于帥全活多人鄉族德之

梁宣蔚蘭洲社人

屈應矩大悅滘人性恬淡不治生產兵勦鄉鄉劇賊艮歹不分應矩力爲辦白救活無辜數百人人餽以金及割田產文券致謝悉拒不受日吾憐無辜耳豈望報耶　國朝授定安教諭勤課生徒所著有泌園集瓊遊草

梁作楫城外人性好學恬於聲利　國朝授永安

教諭勤於課士教子貽蕤復舉於鄉成進士

陸光祥岑村人贋丙中式

國朝

順治辛卯科八人

張國紳沙岡人第三人連州學正明末曾經中式

呂夢琦古勞流涌人江南江寧知縣

黃離炤黃涌人陝西米脂知縣有傳

譚德馨邑城人

陳　瑋潮連人

馬逢祿潮連人山東海豐知縣

鄧元位瀧水三合人

馮光股那竹人

甲午科七人

譚　勳凌涌人教諭同策子

李　英霧山人現韶州府教授

盧珽臣石頭人

楊宗英邑城人

呂化龍古勞流涌人浙江會稽知縣

余玉成潮居忠孝人見進士

吳李[illegible]二甲人湖廣宜城知縣有傳

丁酉科九人
葉夢稷涌邊人有傳
譚君祐凌涌人教諭園策弟現惠州府教授
唐龍禎白石人現海陽教諭
莫慶元邑城人廉州府教授
黎起龍三丫人茂名教諭
蘇楫汝梅岡人見進士
宋奕鑾古勞平岡人
鍾昌先沙頭人浙江烏程知縣有傳

俞滋慧湯村人黎議士宗子江南江寧知縣
庚子科四人
容如玉新村人
馮天鍾學堂人
陳　釗河塘高邊人惠州府教授
黎翼之南涌人見進士
康熙癸卯科三人
譚　幾凌涌人
梁偉仁本姓張 凌涌人現揭陽教諭

莫與蛟本姓容 河塘人
丙午科五人
唐郁文白石人
譚經略天河人
區孟賢潮連人山東泗水知縣
陳茂猷外海人授海陽教諭
梁雯階邑人若南海現感恩教諭
己酉科五人
任清漣霞村人見進士

李兆熙榕村人恬淡孝謹與物無忤
殷　章學前人見進士
吳　昌本姓陳 陳涌人有傳
楊大期仙洞人現儋州學正
壬子科八人
陳宜猷外海人
唐奎文白石人郁文弟
伍仰旦麥園人山西大同縣知縣
王心吾本姓勞 古勞人陝西平涼縣知縣

陳　玉湖連人福建詔安知縣丁艱

殷世燧學前人

李雲龍紳䟫角人廣西中式

乙卯科七人

李洪宸蘆霞人解元

梁珙樹趙村人

王廷楨東門人有傳

伍　倫西墩人

陳一明陳涌人

陳　吉本姓[illegible]人

莫象年[illegible]人

戊午科九人

蕭一鶚天河人

劉佐國蟠步人

盧文斗潮連人

劉用賓蟠步人

梁貽纛帝臨堂人敎諭作楫子見進士

譚祜藾沙富人御史正國子

譚廷占凌涌人敎授君祐子

藍重光東邊人湖廣江陵縣知縣

伍鳴佩南山人

辛酉科二人

劉廷用蟠步人

李朝鼎小塘人見進士

甲子科五人

李芹藻水口人

胡一麟本姓劉古勞人見進士

戴大成天等人

胡敬貴河塘人

郭　仁本姓鄭斗門人

丁卯科二人

葉公斐涌邊人夢稷子

李上林杜阮人

庚午科六人

李錫庶潮連人

許　雲邑城人

劉與可邑城人
劉　駿邑城人
許魁毛邑城人
許[illegible]可鄉人

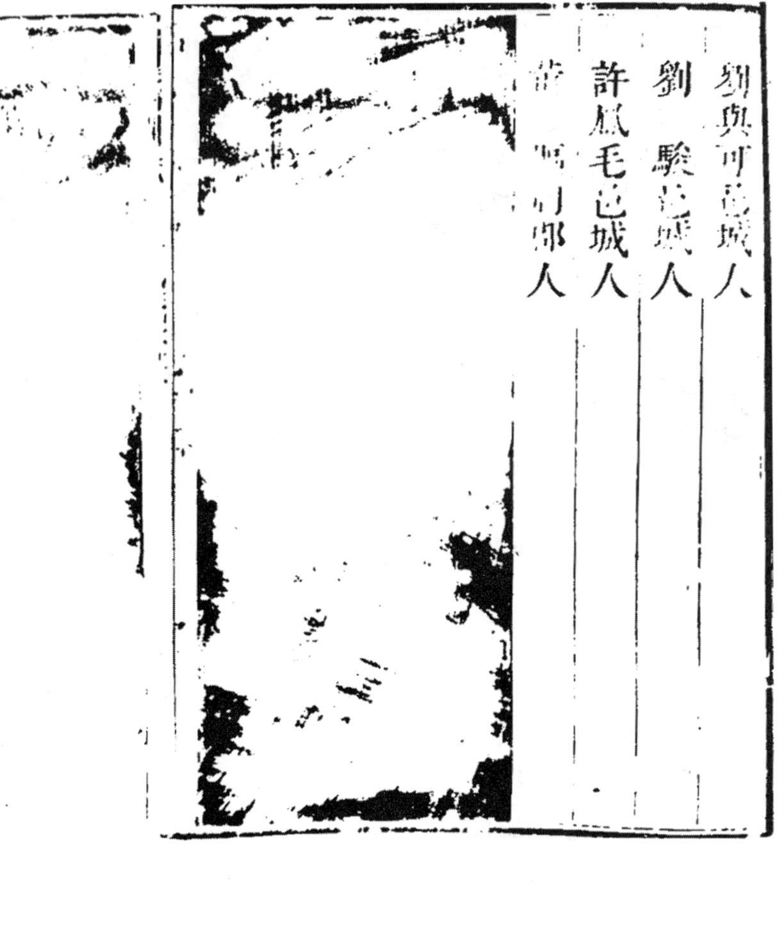

歲貢

元

馬季遜　遼陽教授

馬德遜　潮陽教諭

明

何岳　受刑部主事

潘　鏗　戶部主事

王希成

鄧彥良　廣西思恩知縣有傳

余　慶　江西南安知縣有傳

陳　京　廣西融縣知縣

謝　泰　南直隸太平推官

周思敬　江西永新知縣

李　讓　浙江縉雲知縣交趾原州同知有傳

陳　春

周　禮

溫　良　雲南南寧知縣

葉　信　廣西懷遠主簿

伍　益廣西鬱林州訓導

余　鐸四川萬縣教諭

何　讓廣西柳州府檢校

李　淮

譚　俊

湯　和北到古魯人官瓊州府定安知縣祀鄉賢

有傳

蘇　顯陽江縣丞

李　直

湯　霖

鄭　爽福建福州照磨

李　敬

劉　岳湖廣茶陵州同

張　紳見舉人

林　鸞福建訓導

曾　確交趾古雷知縣

李賢佐交趾美良知縣改廣西陽朔

湯英璧交趾九眞州判改陝西乾州

黃　信交趾典史

陳　璡交趾新安府推官殉難有傳

曾　貫江西鉛山知縣

李　麟交趾麻溪知縣改廣西蒼梧知縣

林　善交趾州判

陳　珪交趾思容主簿

陳　競

謝　佐

黃　彝

胡　貧

林　芳

梁　濟知縣益之子[illegible][illegible]教諭

倫　侃

李　謙歸善訓導

施　鑑廣西宜山知縣

湯紹光南直隸泰興訓導有傳

蘇　駒南直隸徐州吏目

譚　迥

趙善端龍溪縣丞有傳

譚　埴訓導降趙家園河泊

譚　琇廣西宣化訓導

劉　僎北京羽林衛經歷

劉日球彬州吏目

龔　俊能之弟岑溪訓導

葉　蒼成化十三年貢官國子監助教

伍　鴻廣西太平府推官

李　復浙江象山知縣降湖廣廣濟教諭

鄭　偉縉之弟廣西柳州府學訓導

李　時

余仕能雲南吏目

雷　寬

湯　倬

朱　璣

黃　輔福建都司經歷

施　軏南靖訓導

趙善宣

陸　華江西萍鄉縣丞

雷　顯廣西桂林訓導

梁　臣江西鉛山教諭

宋容恭

葉尚豊

司徒綬乳源教諭

趙　熙

林　暢廣西平南教諭

陳九疇遞授訓導職銜

譚以賢教授徐子舉人以長兄陳白沙弟子官會同訓導有傳

林　苑廟兆參[illegible]

鍾　銘湖廣醴陵[illegible]辭歸侍養

鄧　驥浙江秀水訓導

譚景韶浙江江山教諭江山志稱其學博教勤風度近古

李　琳江西吉水訓導

陳　德

林　璋雲南蒙化府經歷
林　昭廣西南寧府教授致仕
劉　昕福建清流訓導
趙汝夔
易　龍福建汀州訓導有傳
吳　順
梁　佐南直隸靖江教諭
湯　梅江西廣信訓導
林　青江西進賢訓導

李良輔
伍　方廣西藤縣主簿
葉應元廣西横州吏目
林霜清
余　田訓導
許　奇福建南安訓導
朱　裳
彭　祥
李允寬福建將樂訓導

李　暢江南贛縣教諭
鍾　藪福建汀州府訓導
周克譽直隸趙州州判
吳　漢鐵力衛經歷
魯　傑廣西陽朔訓導
伍崇岳
何　愚河南登封訓導
梁　準江西南康府訓導
何　魯四川南川訓導

陳景易白沙陳獻章子
周良佐主簿
何　時廣西桂林教諭
關　中湖廣岳州府訓導
梁　文衡山訓導
陳　謨
伍萬期衢州府學訓導
容　璘有傳
鍾人萃

譚　球
宋善政寧府伴讀
陳　弼廣西橫州吏目
林仲良茂名訓導
梁　卓
張　韶
陳　曉白沙陳獻章孫
陳　福浙江寧海教諭
梁　年湖廣麻陽訓導

戴　升
陸　顯江西玉山訓導
雷　漢
余廷相
李　能福建沙縣教諭
關　佐
饒　敬廣西容縣知縣
伍　典湖廣澧州學正
李朝輔武岡州判致仕䘏府賜以清高二字

易時燦福建歐寧縣丞
梁　偉
方陽生北京武學訓導
張　瑞
蕭彥良廣西陽朔教諭
何希淵浙江武康訓導
湯　寬
蕭　順荆府審理
梁　木大厦子福建德化教諭

梁以衡賓州訓導中式廣西癸卯第二人祀鄉賢
見舉人
區元復叅政越子江西弋陽教諭
楊　冲廣西柳州府訓導
施應岳王府教授有傳
周世雄福建松溪訓導
蔡　實雲南井鹽司提舉
呂盡善益府教授致仕
侯　輔

梁朝貴平海衛訓導陞教諭
謝　巡周府教授
梁　禹廣西武緣訓導
林　相浙江樂清訓導
徐一瀚廣西富川教諭
李　森
林　樹貴州會定衛教授
周復乘廣西貴縣訓導
伍　鼎廣西太平府經歷

李　欽廣西蒼梧縣丞
李愈昇
阮應有福建邵武府訓導
何　宥
饒　璽
李若桐
李　達福建福寧州學正
李　越福建漳浦訓導
黄　超廣西馬平訓導

李　僑崖州訓導
鍾　遠湖廣江夏主簿
梁　集
伍邦佩
唐　朝
張茂材臨高訓導
梁世望
楊應舉
余若江浙江臨安訓導

湯　旒
陶　銓永新訓導有傳
歐陽達嘉靖三十九年貢福清教諭
陳元吉
馮致雲
梁元杲知縣
梁　輅
伍雲龍建陽訓導
李文相崖州訓導

葉　機浙江湖州訓導
余紹賢永新訓導
譚　耿
馮松德積學能文任雍中有名擢福建南安主簿大司成王荆石給諫石介峯皆送以詩及之官清丈得法民爲繪像有灑川之謌以不阿巨室左遷荆府奉祠正歸太守洪遜齋惜之亦贈以詩
蘇　節廣西全州訓導

莫踰恒福建邵武府經歷
譚邦基高尚不仕
黄　孚福建德化教諭有傳
譚啟運儋州訓導
關中行
許大叅興寧教諭
湯　殷邑郭大整人萬曆二年歲貢擢林州學正有傳
吳[illegible]江祠鄉縣丞

呂　槐福建大田縣丞
楊志論會寧教諭
葉彭熈福建沙縣教諭
梁鳴燕廣西永淳教諭
丘宗岳廣西梧州府推官
徐茂梓訓導
羅彥俊南京廬州府訓導
陸繼先文昌訓導辭歸侍母當道稱其林下一人
林安民南直隸常州府訓導

張世法萬曆十二年歲貢由訓導歷平樂府教授遷王府紀善爲人清操自守所至能得士心家居四舉鄉飲壽八十四
容三省心平氣和與物無競
孔大易高尚不仕
盧　鶴
謝　訓
謝　諫和平訓導師四明周應治著講義大司馬葉夢熊大宗伯楊起元皆謂其得江門主静之

旨祀於王文成祠李學一爲之記

丘宗岱廣西桂林府通判

許欽文福建詔安知縣

李仕文選貢雲南彌勒知州

梁輿辰江西廣信府訓導

謝玉成

李時暢選貢

陳一得選貢

馬尚舉選貢

譚　虬選貢

陳大圭武平訓導

陳一夔

呂　桐萬曆二十三年歲貢樂昌訓導

伍鳳翔高要訓導

伍大順惠州府訓導

林嘉讓南直山陽訓導辭歸

盧　鴻福建同安訓導

張乃心

伍大聰泗涌人訓導

許應運萬曆三十二年歲貢潮州府教授

徐弘道

潘　階萬曆三十三年貢母老不仕嘗從蕭自麓先生講學立大同州社以講六諭設社規十欵教其鄉里

黃應龍石坑村人由新寧學萬曆三十四年貢江西龍南訓導

莫自泰

高雲翼

譚化龍

歐陽萓廣西潯州府訓導中廣西鄉試見舉人

周允廸

區孟麟萬曆三十九年歲貢

譚可升雙州府教授

梁文芳化州訓導

李　恭韶州府訓導

伍如文萬曆四十三年歲貢潮州府訓導遷湖廣

襄陽衛經歷

陳天輿白沙里人南雄府教授

胡　顒

莫踰則授廉州府訓導

陳　榮萬曆四十四年歲貢歷江西瑞州府教授

有傳

高　達合浦教諭

胡斯覺坡山人七歲能文隨父謁邑令命詩鳳凰

樓三大字因奏小賦令奇之餽以生鴉十七稱

名上歷試冠諸生者凡十有六中乙榜者八萬

曆四十六年以序應貢不仕

倫常修

蕭正音

黃彥之南雄府教授

何士域尚書熊祥子天啟元年恩貢湖廣新寧縣

知縣

張元度浙江分水知縣有傳

林堯世梘察枝橋子授通判

許欽猷

張王佐直隸河間府通判

林堯嶶觀察枝橋子崇禎元年恩貢不仕性好學

手錄群書數篋與弟太學堯揆友愛出入必偕

時勢家橫者多藉縣丞簿尉禁人城樓以恣所

欲會新令下應聘在都以利弊訪堯嶶首陳其

害且言防盜禁奸拒佞清蠹五事卞力行之夙

弊頓革 據通志

梁日輝見舉人

梁夢春

伍耀世

劉　坊崇禎庚午副榜武英殿中書

莫若麟授休寧訓導

何士璋

陳時徵

何　雅茂名教諭所著有渠園集遊燕草

梁　萃

李　執

古謙元
古意存化州學正
黎新之廣西桂林府教授
李應日肇慶府教授
莫若簡
梁宜華崇禎八年由府學拔貢　國朝江南武進
縣丞壽八十五歲
何士塤尚書熊祥子崇禎八年拔貢歷仕未幾
鼎革後寇數犯城與兄郎中士琨捐貲守城順

治十一年以存城功總督李率泰疏題奉
旨敘用隱居不出惟閉戶吟咏所著有嘯閣清史會
心格言澤月齋古照堂諸詩
任鳳祥
伍　袞
李允寬福建將樂訓導
李若桐
莫熙祿
黎堯夫

鄺健齡浙江慶元訓導歷廣西桂林府衛經歷
趙鄲文
許昌期
何士坊尚書熊祥子貢補十三年歲貢
莫弘先
黃良宷
陳冠玉
許　沂直隸中山衛經歷
容南英

吳　鄲
楊會英
李應期
陳王鼎壬午副榜
莫　淇
伍翼蓮廣西潯州府教授遷桂縣知縣
伍世標
曾起虬
莫景先會同教諭

譚奇遇

李雲楊順治五年歲貢原任瓊州府學教授卒於官

劉龍光

李挺英

許際期

楊昌文

容象升

何鏘英

許良楫

何鉅英

劉鎬

劉鏢

李廷球

何九潤

譚君祉

李龍章

陳元謨

黃元炤

黃篤望

黃篤觀

劉鍾奇

國朝國初兵燹頻仍繼以折海民多轉徙寄籍他邑外學應貢者獨盛然其先皆邑產也故併志之

容象震順治六年歲貢

李齡昌順治七年歲貢

伍　宋順治九年歲貢陽善教諭壽九十

譚福成順治十一年歲貢韶州府教授

陸緯國順治十一年拔貢

劉　顯順治十三年歲貢肇慶府訓導未任卒

余　敘順治十五年歲貢瓊山教諭

唐應明順治十七年歲貢和平訓導

李廷標順治十八年歲貢

陳元修康熙元年歲貢

葉陽啟康熙九年歲貢恩平訓導

李光貞康熙十一年歲貢

霍　瓗康熙十二年拔貢廉州府訓導

梁琪樹康熙十三年歲貢乙卯科中式見舉人

余士怡康熙十五年歲貢

蘇礪汝貢補康熙十五年歲貢龍川教諭

楊人德康熙十七年歲貢

楊國選康熙十九年歲貢

梁世輝康熙二十一年歲貢

李卓培康熙二十三年歲貢

何清明康熙二十五年歲貢

劉　澄康熙二十五年拔貢

陸　德康熙二十七年歲貢

黃圻錦例貢現任瓊州府教授

周　沾例貢

梁廷弼例貢

許嗣唐本姓湯例貢

黃宗聖例貢現任開建教諭

梁元謨康熙庚午科副榜

已上俱本縣學

梁始亨順治十七年歲貢乳源訓導年八十八

劉士課現任陽春訓導

歐陽英騎康熙十二年拔貢連州學正

余名遒康熙二十五年拔貢

林　蒽康熙庚午科副榜
已上廣州府學
阮世陞欽州學順治九年歲貢
葉陽參廉州府學順治十一年歲貢
鄭世登欽州學順治十一年歲貢會同訓導
葉達揚欽州學順治十二年歲貢
張玉琪南海學順治辛卯科副榜准貢
楊文英廉州學順治十三年歲貢
陳煥昌廉州學順治十四年歲貢東莞教諭
盧承曾東安學順治十五年歲貢新興教諭
林　鄧欽州學順治十五年歲貢保昌訓導
陳大猷欽州學順治十六年歲貢
尹中龍廉州學順治十四年歲貢
梁　標陽春學順治十六年歲貢
呂士矜信宜學順治十七年歲貢開建訓導
莫　倚恩平學順治十七年歲貢
黎見龍信宜學順治十八年歲貢
余福汲開平學康熙元年歲貢

歐陽敕雷州學康熙九年歲貢
吳孟禨德慶州學康熙三年歲貢
陳寵之高州府學康熙十一年歲貢
吳孟禎康熙十二年歲貢
王　培本姓張東安學康熙十二年拔貢
陳　晉本姓歐陽雷州府學康熙十一年拔貢陵
水教諭
張文明高州府學康熙十二年拔貢陽春教諭
李鳳章靈山學康熙十三年歲貢現任曲江訓導
莫元擢恩平學康熙十三年歲貢
李寶光四會學康熙十五年歲貢
潘　琟欽州學康熙十五年歲貢
伍瑞國康熙十五年歲貢
余礪汲開平學康熙十五年歲貢
李國龍高州府學康熙十七年歲貢
汪英璽新寧學康熙十七年歲貢
莫英奇廉州府學康熙十七年歲貢
莫以相恩平學康熙十七年歲貢

林聯顯陽江學康熙十七年歲貢
鄺光文開平學康熙十七年歲貢
陳任美廣寧學康熙十七年歲貢
梁　輝肇慶府學康熙十八年例貢現和平教諭
區亮佐廉州府學康熙十九年歲貢
林聯紹信宜學康熙十九年歲貢
陳士濟東安學廪生康熙十九年例貢
陳常夏本姓湯陽山學康熙十九年歲貢
莫執權信宜學康熙十九年歲貢

莫以模恩平學康熙二十年例貢
歐陽椎雷州府學康熙二十年歲貢
歐陽博雷州府學康熙二十年例貢現清遠教諭
陳國瑞肇慶府學康熙二十一年歲貢
莫以棹恩平學康熙二十一年歲貢
歐陽焯化州學康熙二十一年例貢
楊光斗高州府學康熙二十一年歲貢
容上英廣寧學康熙二十一年歲貢
歐陽發東安學康熙二十二年例貢

歐陽珍西寧學康熙二十二年例貢
余三錫開平學康熙二十三年歲貢
黎　獻陽江學康熙二十三年歲貢
李三槐南海學康熙二十三年歲貢
黃愼延靈山學康熙二十三年歲貢
梁　璉連州學康熙二十四年歲貢
張朝英廉州府學康熙二十五年拔貢
歐陽棟番禺學康熙二十五年拔貢
呂惟尚廉州府學康熙二十五年歲貢

李峻猷雷州府學康熙二十五年拔貢
伍三錫新寧學康熙二十五年歲貢
盤有光德慶州學康熙二十六年歲貢
李侯淑開建學康熙二十七年歲貢
李金枝高州府學康熙二十七年歲貢
鍾士燦東莞學康熙二十七年歲貢
莫爾能恩平學康熙二十七年歲貢
歐陽峻肇慶府學康熙二十七年歲貢
伍　瑞靈山學康熙二十七年歲貢

許逢泰從化學康熙二十七年歲貢
何　演清遠學例貢龍川教諭
張國瑞雷州府學歲貢
容鳴鳳德慶州學歲貢鎮平訓導
黎士望本姓容陽春學歲貢瑯翁源訓導
李　杜靈山學歲貢番禺教諭
何錦英連山學康熙二十五年歲貢
呂哲臣信宜學歲貢
蕭一鶚番禺學康熙壬子副榜准貢中式戊午科

舉人
盧元芳信宜學康熙甲子副榜准貢
伍　邵番禺學康熙丁卯副榜准貢
廖名昌肇慶府學康熙二十八年歲貢
劉漢鼎肇慶府學歲貢石耕養母遵父遺命遷葬高明祖山道帶者壽封經歷劉瑞賓孫
謝嘉遇增城縣學歲貢曾祖必洪百有二歲見耆壽傳祖煦文祥呂俱邑增廣生
余　鍊廣州府學歲貢變山教諭余毅之子曾壽鄉賢余樞之曾孫樞有傳見人物行誼
馬啟中開平學歲貢文學錦英子崇贈冠帶繼先孫國朝舉人光殷侄弘治舉人淮安知縣殷元孫
已上俱外學

監生
明
溫　琇永樂中監生福建永春知縣調建陽縣有
　傳
李　誠永樂中監生累官南直隸淮安府同知祀
　鄉賢有傳
鄭紹祖知府銘孫同知時舉子光祿寺監事
聶宗夔

鍾紹任照磨
聶成靈
聶尚賢
聶　照
鍾岳靈
容　汪江西雩都主簿
戴服黃
聶鼎臣
李一善
伍　臻照磨

李愈芳光祿寺監事辭歸侍養父恭儼而承順不
少忤鄉以孝稱
莫如艮鴻臚寺序班辭歸侍養性和厚與物無競
許大之壽州吏目
莫如謙鴻臚寺序班以官封其親孝養不衰
劉上國
區必選鴻臚寺序班
莫踰儀雲南提舉
盧　獵上林苑監

莫踰誼雲南提舉
李道源由廩監爲鴻臚寺序班誥授登仕郎封父
如其官遷河南杞縣縣丞晉唐府紀善
莫踰謊鴻臚寺序班
陳桂生知縣陳試子理問
劉　晉知縣杰之子有傳
陶應棕原名杞
蔣尚賓序班
鍾應期河南光州吏目

蔣愼言理問
陶應樞由廩生苑馬寺監正
莫踰位五城兵馬
許欽賦北直中山衛經歷致仕
劉思聰
陳纘祖授徐州州同以父祖年老辭歸
許欽發
鍾惟芳
周佩芳光祿寺署丞

李[illegible]鴻臚寺序班覃恩得封父母
鍾鳴旋
容文林
劉秋節
劉秋日
陳士容中書舍人
梁之棟由附學生員崇禎初授鴻臚寺序班
林堯揆觀察枝橋子由增廣生孝友寬和與物無
競

陳中言考選通判壽九十四
容士醇性好施捨宿揜骼兩賑大饑鄉黨以安
容士慭由本學生員崇禎己巳授兩淮運判陞武
英殿中書
李光韶
許欽德由新寧學生員
黄之秀由增廣生員
張日曦由高明學萬曆十二年授安慶府經歷遷
陝西寧遠知縣

許欽中
國朝
何銑英
何之龍
黎謙光由附學考州同
許　燦考州同
張士熊由附學
李梓芳由附學
鄺冠彥由附學考縣丞

陳茂琦
何　洲
蘇霖汝
何九洲考州同
蘇　樞
張學華
鄧學賢考州同
李天祐考州同
關元白考縣丞

陳邦瑞由附學考縣丞
馮聯中考縣丞
譚顯鳳
梁上昇
歐陽荃由庠生
何　濤由附學
馬象賢
張番庶
尹國賓由附學

鍾　英
鍾躍龍
梁　彦
戴成業考縣丞
李鳳翥本姓歐陽由附學
蘇上翔考縣丞
談文煥
許標文考縣丞
林廷秀考縣丞

林元芳考縣丞
林廷獻考縣丞
馮龍光
呂　澍由附學
何發祥
王　湛
張朝賓
梁　琊由附學
李贊韶

湯學升
李　暘由附學考縣丞
伍　謙候選州同
譚廷煦考授州同
劉登龍本姓譚考授州同

武進士

國朝

康熙己未科

譚洪猷白石人

武舉

明

孫　敘正千戶後陞指揮僉事見秩官

鄧　聰

梁　高

施大勇

伍前鋒

丘弘仁

聶用韶

潘大猷舍人

馬負圖

苑　高署千戶見秩官

黎應珍

陶　灤廣州左衛指揮僉事萬曆壬午乙酉二科

新會縣志 卷之七 選舉

中式見武功

容　謨

陳大印副千戶中式二科見秩官

俞上英千戶見秩官

潘　欽應襲正千戶見秩官

郭中立由儒學生員

吳繼爵千戶中式三科以衛指揮體統行事見秩官

聶　琛

戴日強

歐學顏千戶中式三科以衛指揮體統行事見秩官

胡以麟

戴鴻鈞

陶宗器

潘起鸞由儒學生員崇禎己卯中式

梁無雙崇禎丙子科中式仕至前山叅將

簡洪明江頭人崇禎壬午科中式

□朝

康熙癸卯科

盧斌臣

康熙丙午科

譚福海

呂循龍

康熙己酉科

伍柳士

梁雲

李觀光

康熙壬子科

莫琎

黄傑氏

鄺雲龍

聶夢奇

康熙乙卯科

吳從龍

劉錫爵

鄧元禎

譚洪猷見進士

莫以桂

康熙戊午科

黎和國

康熙辛酉科

聶夢龍

康熙甲子科

陶禹汲本姓譚

康熙丁卯科

譚秀然解元

譚廷升本姓張

謝克淳

羅積珍

伍廷佐

武職

明

阮宗達潭岡人洪武六年以軍功歷南京鎮南衛指揮世襲調雲南臨安衛

陶梁民先世鬱林人以父布政使觴賜籍廣東為邑城人由錦衣衛舍人授廣州左衛左所試百戶子壯襲百戶無子從子滐襲恩授左衛指揮僉書中萬曆壬子乙酉二科武舉辭職養母母張太守女年九十六滐事母以孝聞長子應禎疾辭職次子應桓借襲加衛指揮僉書卒應禎子矢襲百戶陞千戶

黃　尊初為吏省祭嘉靖三十三年倭犯蘇松兵部郎中吳一瀾募兵廣東尊募二千人從之與倭戰於三墩又戰於蕉樹墩前後殺賊無算兵部尚書張葵奬之曰設伏多奇已破倭奴之膽統禦有方深得士卒之心後遇倭於得勝港日力戰死之部院檄行本縣復其子差徭給祭銀旌曰忠義吳一瀾有詩吊之

伍維統與黃尊同應募擊賊有功授廣海衛百戶

李承錫邑城人知府李翔孫崇禎七年以撫蕉園賊功補東海把總八年以獲番賊追擒劉香賊黨諸功題敘九年以獲洋賊擒番賊安哆𠰰等寶授下中總十三年以擒各賊調勦雷廉海寇陞廣海守備卒

戴大霖天臺人山勑用崇禎中總督熊文燦題授下東把總征袁自老有功陞守備後死於兵

戴　鴻天臺人大霖子崇禎中由武生遴選總督

熊文燦題授廣海衛守備

梁無雙沙頭人崇禎丙子武舉累官前山寨參將

國朝

司徒義水尾滘頭人（今屬開平）由[illegible]以把總守城擊賊有功百姓推戴擢遊擊[illegible]詳見事紀總督佟養甲下粵委補東莞城守遊擊

梁　豹沙頭人無雙子由隨征授梧州水師守備遷陝西榆林衛綏鎮都司僉書康熙二十年陞山東[illegible]參將卒

梁文奎邑郭人本姓湯由隨征劄授梧州水師千總康熙十三年夻補守備十四年西逆犯藤縣奉委督令城陷死之事聞卹給銀兩

林　森橫涌人順治十一年以把總守城　題敘劄授守備補潮鎮城守營以守備管千總康熙五年任晉寧縣城守卒

譚大用邑城人順治十一年以把總守城　題敘劄授守備任英德縣城守

陳明耀邑城人順治十一年以把總守城　題敘劄授守備補廉鎮右營任靈山縣城守調督標隨征

何廷賓邑城人順治十年李定國犯城援絕廷賓踰城乞師圍解與把總董飛咸大星等同時題授守備

甘　露河村人本姓湯由行伍便委把總遷新會城守營千總調防欽州

林　奇麻園人由行伍劄授廣州鎮前營右哨千總任順德縣城守

莫志正瀧水塘河人由行伍歷督標援勦營叅將康熙十七年委理英淸水陸地方會　題實授

朱鳴鳳禮義坊人由効用隨征雲南　題敘功加都督同知

甘俊傑甘邊人由効用隨征雲南　題敘功加都督同知

黃　芳古勞人由督標領旗隨征雲南　題敘功加都督同知

張　紀北街人由將材以守備隨征廣西雲貴　題敘功加都督同知

黃元龍古勞人隨征雲貴廣西等處　題敘功加署都督同知

封廕

恩封

明

鄧彥昇以子林贈承德郎吏部驗封司主事

魯　眞邑城人以子能封戶部署郎中事員外郎

眞六子長賢邑諸生次能進士副都御史次英

義官次俊歲貢訓導次秀出貲賑荒授徵仕郎

次傑歲貢訓導俊子文學以功授世襲百戶

楊　英舉人以子敷贈衛經歷祀鄉賢有傳

余宗珍字添瑞以子統封南京山東道御史

劉　禮以子岳贈徵仕郎南京天策衛經歷

余　復以子涼封南京河南道監察御史少失怙

恃事叔父甚謹永樂初征交趾民餽運者多道

死時叔當行復請身代卒無恙歸人多稱之

陳伭方以子經綸贈南京戶部江西清吏司主事

羅　紀以子素贈奉政大夫修正庶尹廣西梧州

府同知

李　殷以子渭贈文林郎南直隸鳳陽府推官

佘　肆字習之成化乙酉舉於鄉初授莆田訓導

遷永豐教諭以子敬封南京湖廣道御史

鄭　琦以子銘贈承德郎戶部主事

周　齡以子京贈承德郎應天府通判

區　鑑以子越封承德郎戶部貴州清吏司主事

繼贈奉直大夫戶部湖廣清吏司署郎中事員

外郎

黎文奎以子超封徵仕郎金吾左衛經歷

劉　頌贛州府教授以子文瑞封徵仕郎刑科給

事中

何　溱以子寵贈奉政大夫遼府左長史

鄧　組以子文憲封南京工部都水司郎中

阮　章以子詔封北京薊州左衛經歷

李得祐以子翰贈承德郎刑部山西司主事以子

翔累贈奉直大夫戶部福建司郎中

莫達仁官錦衣衛左所正千戶以子如爵封南京

雲南道監察御史達仁五子長如爵御史季如

德大理寺左丞

何　魯以子相贈承德郎順天府通判
莫　疑錦衣衛冠帶總旗以子如善贈戶部四川
　清吏司主事
譚應昌以子維鼎贈泉州府同知
陳文炳以子吾德封行人封給事中徜徉山林鮮
　至城府賓筵重之
莫蓮習邑諸生以子如謙封鴻臚寺序班年九十
　餘
黃　輔以子自性贈廬州衛經歷

李　湯以子維芳贈京衛經歷壽九十六湯三子
　維春府推官維芳州判
趙崇經以子應元初贈文林郎無錫知縣再贈承
　德郎工部虞衡清吏司主事家故貧不憚周人
　急嘗爲惡少橫加笑受不校返拾金脫危命解
　紛息囂鄉里服之父熙遊白沙先生之門
陳　碩以子宗愈贈南京大理寺右寺正
何上新以子熊祥累封南京吏部尚書卒賜祭葬
　祀鄉賢有傳

區大韶以子日振贈文林郎寧德縣知縣加五品
　服色大韶三子長日振季日揚推官祀鄉賢有
　傳
李　榛邑庠以子道源贈登仕郎鴻臚寺序班
容兆遜以子大德贈知縣
倫大禮以子肇修累封大理寺右少卿祀鄉賢
林應禮以子枝橋贈奉政大夫北京吏部驗封司
　郎中祀鄉賢有傳
潘　豪以子起鵬贈文林郎象山縣知縣

梁大績以子斗輝贈同知祀鄉賢有傳
余　傑以子士光贈知縣
林　華以子騄綬封奉直大夫工部員外郎祀鄉
　賢
黃文耀以子公輔贈山西道御史祀鄉賢
李本貞以子茂蓉封奉政大夫徽州府同知壽九
　十一
何　燦以子龍禎贈奉直大夫工部員外祀鄉賢
俞嘉徵生員以子士琮贈奉直大夫雲南按察司

僉事

梁　呥以子鳳翔贈文林郎湖廣黃岡縣知縣

譚夢鯉以子直封文林郎廣西南寧府推官贈承德郎四川司主事

譚可何以子尚絅贈知縣

梁崇作以子應材贈吏部主事

陳至忠以子善繼贈知縣

區國金以子聯芳封文林郎泉州府推官

陳　琴以子椿生贈知縣

張志尹以子王佐封通判

唐　英以子元桂贈兵部職方司員外郎

國朝

蘇儒奇以子桂汝封文林郎河南開封府太康縣知縣舉鄉飲壽八十五

莫觀光恩平學增廣生康熙二十四年以子象年候選知縣封文林郎現年八十有三

恩廕

明

何士堄生員以父尚書熊祥廕歷官南京刑部郎中有傳

何中英生員以祖尚書熊祥廕歷官南京應天府治中

何鋁英生員以祖尚書熊祥廕官生

吳孟棋以祖應鴻郇贈廕官生

吏材

明

楊 敷舉人英子豸滿赴部銓曹胡某詢白沙起居併及陳詩敷錄數百首以復胡大異之因問其家世知父英孝養不仕臉以詩曰昭代江門惟正學海濱鄒魯是吾師何人得似楊公子能誦白沙千首詩授南京留守司經歷權儀真革匿稅弊補福州左衛經歷屯兵爭餉有備倭功歷九載歸家計澹然而濟物無難色壽九十無病卒

黎 評典史

李 玉典史

佘 謙倉大使

林 俊驛丞

黎 玉驛丞

黎 贊驛丞

佘 秀倉大使

梁 佐主簿

黎文莘典史

潘 河縣丞

佘 成巡檢

陳 璇典史

梁 顯巡檢

李 隆衛經歷

張 季巡檢

鄭 良巡檢

鄭文達巡檢

鄭時吉巡檢

龐 盛縣丞

梁 裕光祿寺監事

張 錦廣西典史

尹 璜倉大使

黃 呂典史

袁應祥倉大使

蕭一鳴巡檢

李 標驛丞

張　弘稅課大使
蕭　管主簿
梁　舉縣丞
劉　恩典史
鄧　全衛經歷
蕭　文主簿
馮　覺衛知事
李　弘巡檢
阮　章鳳陽府廣儲倉副使廣西平縣清寧鄉巡
　　檢後以子詔封衛經歷

曾文健州吏目
郭　韶州官
林　趣典史
潘仲和巡檢
湯　明倉副使
李　謙織染局大使
潘　澄巡檢
彭道東典史

阮　詔衛經歷
潘　淳巡檢
黎　超衛經歷
郭　原州判
黃　義倉官
黃子和典史
黎　超州同知
區景祥典史
黃　翰典史

吳　彥驛丞
葉　裔倉大使
鍾　器典史
梁　志典史
梁　泰衛經歷
鍾　傑稅課大使
李文通巡檢
陳　志倉官
李民望潮廣倉大使

呂　純典史

陳　忠驛丞

鍾　儀湖廣衡陽縣縣丞

何　安典史愛物耆聲解馬有功

梁　泰寧州州判

李　材廣西永康典史平忠州土[illegible]知有功

陞主簿復平柳州峒蠻等賊俱有功後鎮守柳

州卒於難

鄧　偉雲南檢校有清聲

陳九韶錢塘主簿有去思碑據舊錄

黃日德南京鳳陽府廣儲倉大使

黃自性歷州衛經歷賓州州判在衛解京銀悉羨

餘入之部尚書郎陳然禮之都憲吳桂芳嘆其

有才有守云

黃尚選南京工部清江提舉司提舉

李維芳廣西州判

葉承澤授經歷孝養不仕與物沖和無溢色

梁以忠[illegible]典史

駱元啟廣西北流典史

高　建廣西賀縣典史

魯竟明南京倉大使陞應天府江東宣課司

李應龍江西南康典史

梁本木聽選縣丞居家孝友處鄉公平

駱元運北京倉大使

梁能振巡檢

張大立廣西倉大使

陳吾道經歷

陳如鳳龍溪柳營巡檢

李　贊京衛經歷

唐一初太寧典史

陳　炤湖廣衡山典史

梁建殷典史

梁　惠南京應天府廣積庫副使

麥　穗宣城典史忠州吏目

麥大英萬全蔚州衛經歷

盧夢裘湖廣黃州府知事

鍾　秀初授四川石砫司經歷轉重慶府經歷值
兵變城中官皆被殺秀倖脫請纓赴援値賊圍
成都秀與賊戰斬獲有功改守備以老辭歸
劉廷猷廣西潯州衞經歷隆慶六年奉差運米賑
濟廣東
唐大志湖廣荊州府經歷
胡大相山東濰縣縣丞崇禎間以運餉有功遷府
經歷
梁　昌山東陵縣主簿
梁起鵬福建南安典史
梁　鳳雲南鎮用州河泊大使
李　萱福建詔安典史陞崇府典儀
勞懋蹟廣西武靖州吏目
勞嘉蹟廣西巡檢
勞超蹟湖廣巡檢
鄧光榮梧州府照磨
倫　敬江西萬載典史
容根雲泉州倉大使薦授州判殉難有傳子如王

新會縣志卷之八

知新會縣事渤海賈維英訂定
邑人余玉成
蘇栩汝
李朝鼒分校
薛起蛟
湯　晉仝纂

學校 附社學 禮儀

君子而欲化民成俗其必繇學乎舊志謂邑學之
興始於宋慶曆其時養士以田然其所以廣厲者
莫得而考元時諸生以租米九十二石五斗中統
間增鈔六錠四十二兩一錢十或不給學令之間
斷斷如也明洪武二年詔天下郡縣立學歲令
擇官民子弟年十五以上俊秀者入學各治一經
廪膳咸給於官教諭一員統之又分禮律書爲一
科樂射數爲一科訓導二員分掌教之內則監察
御史外則按察使巡歷考覈不成材者黜之其考
試縣學生學不進者六人令罰俸半月教官一月

學不進者十二人令罰俸一月教官黜十二人以上令咨四十正統中始專命副使僉事提督學政其所以責成者至嚴且重也然古之設教明倫敦行而已所謂春秋禮樂冬夏詩書者毋亦使之知類通達強立不反於以化民而成俗即漢置博士弟子猶以好文學敬長上肅政教順鄉里出入不悖所聞爲重後徒求之詩書六藝之間抑末矣乃自嘉隆以還教官不過具員號舍竟爲虛設學使者歲科考校惟論文藝雖有修潔博習之士無所

用之由是士日濡首於八股之中揣摩掇拾以求科第而博富貴即詩書六藝亦且視爲贅疣置之不講而況求所謂明倫敦行者耶嗚呼此學校之所以日遠於古也 湯晉議

新會縣儒學在縣治東北宋慶曆四年建元因之至正末毀惟存欞星門石柱六明洪武二十年知縣吳拳輿署學事儒士吳汝梅仍舊址創建十五年頒臥碑鐫於堂左十八年設守禦所闢擴城垣逼近學宮教諭劉惟德以爲言主簿傅霖爲徙於前百餘步建置如故復於堂東創建射圃宣德八年知縣林廷芳重修正統二年提學彭琉增修天順二年縣丞陶舜鼎新之弘治十年知縣沈章十五年知縣羅僑正德八年知縣徐乾十二年僉事陳綱相繼修之十七年提學副使潘府創道源亭於明倫堂右嘉靖元年僉事祝品重修學宮八年颶風折欞星門及牌坊兵備僉事莫相修復十一年頒御製敬一箴知縣張文鳳建敬一箴亭祠啟聖公祠增建饌堂三間十二年僉事朱道瀾建號舍

三十餘間尊經堂一間十九年僉事李文鳳立尊經閣於明倫堂後改泮池於欞星門前建東西步[illegible]洛沂二橋易泮宮坊爲仰聖門立宮墻萬仞坊於前二十一年仰聖門東西墻垣圮二十二年知縣何廷仁重修學宮深凡四十五丈廣三十三丈中爲先師廟五間東西爲兩廡前爲戟門又前爲欞星門廟後爲明倫堂凡五間輔以兩齋東曰進德西曰修業各五間堂後爲尊經閣東爲啟聖祠三間兩廊各三間號舍十二間西爲教官廨三間[illegible]

堂一間號舍四十餘間倉厫一間今廢三十三年學宮敬一箴亭啟聖公祠仰聖門東西垣墻及學西號舍俱爲颶風所壞三十四年知縣熊思重修啟聖公祠鉶泮水中橋隆慶五年知縣伍府主簿閔子愛建天朝文獻坊於學前街建大觀亭於學宮左馬山之上萬厤十年署縣理問王夢麟修號舍十二年知縣袁奎教諭蕭端升建文昌閣於學宮左二十五年知縣周道行修聖殿明倫堂及門廡兩齋左爲名宦祠右爲鄉賢祠二十七年署縣

南雄府推官陳基虞修櫺星門及左右橋三十六年知縣王命璿教諭賴彩移左右橋於東閣上曰化龍橋崇禎十五年按院柳寅東捐俸銀一百兩重修學宮

國朝順治八年啟聖祠圯知縣劉象震重修十一年李定國犯城城內士馬屯集學宮毀壞十三年知縣黃之正重修聖廟康熙二年生員區燦文修櫺星門六年教諭姚士燊修化龍橋十年知縣錢雨教諭劉士芳鄉官黎翼之生員區燦文等修文廟介臺兩廡戟門泮橋東西垣墻二十年署教諭詹龍修明倫堂邑人蘇楷汝譔碑記二十一年知縣何漢英教諭吳鉉蘇訓導潘煒光修尊經閣二十四年

御製萬世師表四大字頒布天下摹勒扁額懸之學宮

蘇楷汝重修明倫堂記曰吾邑沐先正文獻教積涵濡鄒魯學宮與諸郡邑爲校重先是歲久頹圯邑紳士於治人殿兩廡戟門泮璧煥然一新鉶酒倫堂尚有存也歲久廢先生來涖學政登堂睹目此堂不修則就圯嗟乎學以明倫無堂無學無學無教無教無士在諸鄉邑且不可一日綏矧茲理學之邪乃亟謀於邑侯徐公鳩工繕葺始丁康熙二十年不數旬落成先生集諸生堂上詔之曰學

以明倫倫明則教行教行則士尊諸生登斯堂也毋忘斯義諸生唯唯退先生復詔之曰尊經有閣俾士稽古是力典制也今此閣不修則就圯在諸都邑且不可一日綏矧茲理學之邪委此林而新之乃工未竣而先生行矣行之日諸士相與嘆在微予記予惟古之作臣者有書終書此以記時而已無多詞詞非古也大事其臣於學校之興舉先生推本先聖王設學明倫之意且將申吾鄉先正文恭之敎以重新斯堂義不可無書乃記其大畧如此先生名龍福建人

名宦祠在儒學左明天順中建弘治十六年知縣羅儒重修深四丈六尺廣三丈正堂三間外門一間嘉靖二十年知縣何廷仁重修後寢頽圯兵燹之餘廢爲平地

國朝康熙二十七年知縣賈維英捐俸重建以祀

宋知縣陶節夫

宋知縣周　諝

宋知縣曾逸龍

元知縣黄　照

明知縣吳　參

明知縣謝景暘

明知縣王　重

明稅課大使那　昭

明挂學人致事朱端儀

明知縣陶　魯

明教諭林　琿

明訓導傅　祉

明典史羅　俊

明知縣丁　積

明知縣羅　僑

明知縣徐　乾

明知縣周　延

明知縣吳懿德

明知縣何廷仁

明知縣林騰蛟

明訓導沈　亨

明知縣林會春

明教諭俞　樟

明主簿鍾　器

明知縣伍　岸

明教諭蕭端升

聖天[illegible][illegible][illegible][illegible]崇[illegible][illegible]當今[illegible]其首崇學校凡鄉邑長吏
前得崇奉之常者春秋一仍舊制匪第有祭分
[illegible]亦即以[illegible][illegible][illegible]其[illegible]使是非不[illegible]當世勸懲
可無[illegible]藝[illegible][illegible][illegible][illegible][illegible]成自明[illegible]治[illegible]於[illegible][illegible]
[illegible]百[illegible]年[illegible][illegible][illegible][illegible][illegible]草余不失承之[illegible]邑
也其[illegible]也[illegible]作[illegible][illegible]然與[illegible][illegible][illegible][illegible]有之[illegible][illegible]
乎[illegible][illegible][illegible][illegible][illegible][illegible][illegible][illegible][illegible][illegible][illegible][illegible][illegible]不[illegible][illegible][illegible]
不須民力[illegible][illegible][illegible][illegible][illegible][illegible][illegible][illegible]一[illegible][illegible]以[illegible]
垣[illegible]蒼[illegible][illegible][illegible][illegible][illegible]其事[illegible][illegible][illegible][illegible]其最[illegible]
而漢若中乎若上蓁若[illegible]部[illegible][illegible]使民去後見思
祖是曰[illegible]善於[illegible]子之其所何之崇非以功德在
人於世不朽上有其表下有異[illegible]自生民以來未
之能易邪也之名宦於宋則有若周冀部勳與
學周希聖東克耆崔曾龍圖忠勇[illegible]國於明則有
若三賢公羅給事民丁彥誠廉平慈惠何伍袁王
諸公之賢宇保章如學博如察佐如散秩無論崇
卑殊途迅異轍苟有利社稷福蒼生均得請而

列祀之夫傾否亨屯長官任也崇德報功與昔無
也儀備几筵具𥫗繫也若之何其長諸草莽也矣
褻室以妥之姓字以奉之柔鬯馨香以登薦之於
是乎祠成而是非不謬勸懲華昭諸賢之靈爽有
不歆然而來格乎嗟嗟今日之黃蕉丹荔即昔日
之蘋蘩懸魚也今日之牲牷肥腯即昔日之羊牛
帶犢也今日之琴瑟聲鼓即昔日之鳴琴悲笳也
今日之祝史陳詞即昔日之歌吟載道也雖祇蓮
剎復祠亦有待而興然與坏同長沒世滋斷蹟萬
代而表章之不愈見當年之盛事哉後有蒞茲土
者尚其念因政之不可荒民情之不可拂而景因
撫民一一步趨先哲爲諸賢中當必有虛左席以
俟之者余不佞盍瞪
乎其後矣是爲記

鄉賢祠在儒學右明嘉靖二年署縣事林應驄建深
三丈九尺廣二丈正堂三間外門一間康熙二年
貢生何鏌英生員區應中等重修以祀

宋知容州馬持國
宋知雷州馬驎驥
宋州判伍隆起
元教諭羅蒙正
明徵士黎　貞
明處士張　詡
明翰林院檢討陳獻章
明唐府伴讀湯有容

明副都御史魯　能
明湖廣僉事劉文瑞
明戶部主事陳經綸
明教授譚　律
明安安知縣湯　和（已上十三人祀於嘉靖三十年內）
明司訓周　修
明吏部主事鄭　林
明淮安府同知李　讓
明處士陳　琮

明庠士林緝光
明常州府同知李　渭
明御史余　諒
明御史余　統
明邵武知府李　翔
明戶部主事梁以衡
明江西參政區　越
明袁州知府鄭　銘
明兵科給事陳吾德

明長沙知府茹　連
明工部主事趙應元
明孝廉李以龍
明南康知縣彭　漢
明贈御史黄文耀
明贈徵仕郎楊　英
明贈當塗知縣林應禮
明贈中議大夫區大韶
明封刑部郎中林　梁

明贈太平府同知梁大楨
明贈南京吏部尚書何上新
明贈大理寺少卿倫大禮
明贈工部虞衡司員外何　燦
明杭州府通判關世教

區越鄉賢祠碑記曰昔者聖人辨是非之實以榮辱天下也將以勸懲之而已矣寔嘗其善而天下以榮榮則勸賤嘗其不善而天下以辱辱則懲夫有所勸而斂於善也有所懲而阻於不善也而天下有不治者乎鄉飲之禮賢者賓卒之而不肖者黜焉以致天下也鄉祀之典賢者俎豆之而不肖者遠焉以敎後世也此皆公是公非榮辱勸懲之所寓聖人轉移世道之大端也國家彰善癉惡已致謹於鄉飲養老鄉賢祭祀之典百餘年來民風澆正視諸古無媿焉然積漸既久等爲弁文至有是非混淆而不足以示勸懲者識者憂之焉鄉吾山何侯廷佐來宰是邑下車之初即以表章風俗爲首務晉謁鄉賢見其祠宇頽毀慨然嘆曰茲表率士人之基而何以至是也爰名鄉賢之後淳善箕陳大棲與其裔劉應來縈資等經營規畫去地爲固易腐爲新不數月間奐然翼然觀者改視善箕等又以侯命請不敢記用詔邑人區越受而循之俎豆茲祠者在宋曰馬公持國馬公騏伍公隆起在元曰翟公蒙正在國朝曰黎公貞張公愷陳公獻章湯公有容曾公能劉公文瑞陳公經綸譚公律湯公和凡十二人有道學者有文學者有南貞者有立朝忠藎者有治郡廉能者有仗義者有振孫謁者英風懿範既久益芳誠兪乎百世之上而足以興起乎百世之下者也是故崇正道則學術興矣正文藝則士習純矣闡南貞則隱德光矣忠藎昭而使役畏矣廉能著而貪饕恥矣仗義彰則民知所行矣凋振則士思奮進矣是不可謂俗已乎然未必今日兩數賢自宋而上已寂無祀賢才之生尚盛於今曾同時輝爲隆致然邪侯更考論正之亦容有日爲而嗣者者感過情之祭實行同乎君子弗由也揮容有淚焉而失記皆吾邑闡幽之盛舉[illegible]邑不爽俾有所之下咸知公論之不容淆焉則國家化民成俗之意實賢侯攸賴不獨吾邑人士之懲勸也已

社學明洪武八年詔各府州縣在城在鄉三五十家令秀才一人開學教軍民家子弟務要成效自是提學監司實兼社學領之成化中提學僉事趙瑤張習檄知縣丁積楊如相繼舉行凡坊隅鄉都皆

立社學嘉靖中提學副使張希舉考選社師之有儒行者分司教讀自是俊秀子弟日多造就萬曆三十六年提學潘士達知縣王命璿考選社師復其身以優之其後社學遂廢學地或爲居民所侵勢家所奪不可考賢長吏崇起教化庶幾其幸出舊章乎社學凡十九宣化坊二曰騎虎廟曰南山廟源清坊二曰五顯巷曰顔居巷禮義坊三曰雷山下曰白虎頭此二處無民居今曰流杯歸德都一曰市子步華蔞都二曰龜山曰雷江中樂都二曰橫溪曰西溪潮居都二曰艸芊曰龍城村邑士湯需捐地知縣張文成建瀧水都一曰凌涌惟懷仁新化遵名石碑潮陽文章古勞及見割開平之古博發名平康得行凡十一都未設社學知縣何廷仁社學訓規文○蒙養正之功久缺今之社學猶有存者之意但仰其養蒙之實則又不過記誦詞章爲取青紫而已所謂孝弟忠信禮義廉恥之教槩乎無聞而先王之遺意遂湮沒而不傳吾爲此懼敎請諸賢責禮社師講明古道而訓迪諸童蒙亦推以養德性而正心術爲本乎心術邪正之辨風俗之淳漓係之使蒙養既正則風化轉移自有其機今不必過爲高深元虛之說以爲教就以童子良知所不能已者尊之已耳孩提之童無不知愛其親及長無不知敬其兄皆是童子不學而知不慮而能者苟順導之則德樂之心油然生矣至於讀書作文大豈可少但亦要知所本聖經賢傳皆古人已行之迹使不尊之誦讀研窮而開發其聰明則童子何以遂法乎聖賢而近反乎身心其於所成終亦不遠是故必教之者存講訓者正欲其沉潛反覆而存其心觀感興起而觸其志也然心之誠僞每因言而宣言之無文行之不遠故於所學亦莫究其淺深而考其誠僞是故又教之作文者蓋不專馳騖詞章之習亦不過道養德性因言考行將摭躬中之蘊達之詞耳是讀書作文誠不可少矣然又必教之歌詩習禮者何也大抵童子僻狗檢而樂嬉遊陽明先生訓規嘗謂教童子如草木之始萌芽舒暢之則條達摧撓之則衰痿譬之時雨露被草木莫不萌動發越自然日長月化若使冰霜剝落則生意蕭索日就枯槁故誘之歌詩者非但發其志意亦所以洩其跳號呼笑於詠歌宣其幽抑結滯於音節也導之習禮者非但肅其威儀亦所以周旋揖讓而動蕩其血脈拜起屈伸而固束其筋骸也凡此皆順導其志意調理其性情潛消其鄙吝默化其粗頑使之日漸於禮義而不苦其難日入於中和而不知其故是蓋先王立教之微意也苟是而行則蒙養自無不正人才由而風化自成其於先王之教庶乎其幾矣諸賢念之念之幸無滑時俗之言改廢繩墨○貴淳社學流界○良知良能童蒙之正也就而養之以擴充其愛敬之良即可以知堯舜孟子曰人皆可以爲堯舜又曰堯舜之道孝弟而已矣此所謂聖功也若夫記誦之學詞章之習青紫之求大聖人之途日遠何與於正何貴於養今人心術之正孱爲記誦詞章青紫所壞師之所以教弟子之所以學果能有知蒙之當發養之在正而能以聖功爲任者乎時乎教之詩書以博通乎今古時乎教之樂歌以流暢其性情時乎教之禮節以防範其動作無非養正爲事而全其良知良能之天是赤子而大人大人而聖人矣故曰聖功予少時猶有習孝經小學者今間有社學師弟子皆不識何也風俗可知矣安得起朱

子而與之語小學之道哉

自社學久廢

國朝順治九年知縣劉象震聘五經師各一人開塾於邑城內康熙二十四年督糧道參議蔣伊設義南義學於郡於是郡邑始設義學知縣何漢英設於接龍樓二十五年設於許家祠二十六年知縣賈維英設於余家祠二十七年仍舊然未有學舍所延經師皆知縣捐俸以爲脩脯

林祭酒記言之禮之教化也微其止邪也於未形

使人日徙善遠罪而不自知也故班朝治軍涖官行法教訓正俗分爭辯訟禱祠祭祀周旋俯仰於是乎取之新會禮教宋元以前靡得而聞矣明太祖著爲禮儀載之會典施於有政者三百年

國朝因而損益之殷因於夏周因於殷因其宜也然國奢則示之以儉國儉則制之以禮順時施宜以補短移化其在忠信之本乎成化中知縣丁積與檢討陳獻章酌爲四禮儀式教訓其民觀祭陶魯提學趙瑤頒而行之亦友今修古同心向道之一端也附著於篇

開讀禮　凡奉　詔赦齎　詔者預日聞於縣官設供仗於東亭驛迎至縣治行禮

慶賀禮　聖誕元日長至　千秋節　國家祥瑞先期知縣率其屬習儀於龍興寺至日黎明於縣治慶賀如　制

講上諭禮　康熙九年奉

上諭敎孝弟以重人倫　篤宗族以昭雍睦

和鄉黨以息爭訟　重農桑以足衣食

尚節儉以惜財用　隆學校以端士習

黜異端以崇正學　講法律以儆愚頑

明禮讓以厚風俗　務本業以定民志

訓子弟以禁非爲　息誣告以全良善

誡窩逃以免株連　完錢糧以省催科

聯保甲以弭盜賊　解讐忿以重身命

十八年禮部頒發直解於每月朔望縣官親帥寮屬詣明倫堂或於東亭舊驛上讀

上諭牌十六次香案左鼓一右鐘一現任官立東階鄉

官立西階生員分立堂下啓前設講案於下左列
約正約講右列約副約訓百姓聽者分立於下各
官就位三跪九叩頭禮畢序立擊鼓鳴鐘者三木
鐸老人詣香案前以次請
上諭牌一人捧諭一人振鐸循東而下至西而上司講
生員詣講案前開講老人振鐸高唱官民靜聽講
畢繳牌

朝覲禮每三年縣官籍其土地人民之數與官吏能
否生民利病爲冊詣吏部以述職於 朝

祭社稷山川城隍以春秋二仲上戊日牲用羊豕

祭邑厲以清明日牲用羊豕各二

祭先師春秋二仲用上丁日陳設至聖位爵三登鉶
各一籩豆各八簠簋各一帛一篚羊一俎豕一俎
行三獻禮四配東配位爵三登鉶各一籩豆各六
帛一篚羊一函升於俎羊豕析爲四體爲一函西配亦如之
十哲東哲位爵各一共鉶一籩四豆四簠一簋一
帛一篚豕一函升於俎西哲亦如之兩廡東廡位
爵各一共籩豆各四簠簋各一帛一篚豕一函升
於俎西廡亦如之

行香禮每月朔望詣文廟及城隍廟行禮新官蒞任
之三日詣先師廟行香禮畢升明倫堂學官弟子
講書有司非儒者則行禮而已

祭啟聖公名宦鄉賢祠以祭文廟日分祭爵三羊一
豕一帛一籩豆各四

祭旗纛廟守禦武官主之

祭全節廟用春秋二仲上旬如古帝王儀牲牛羊豕
明月祭大忠祠牲用羊豕

祭白沙丁侯陶公三祠皆於釋奠畢印官行禮禮生
用邑弟子員失儀者罰

蒞任禮先日致齋於城隍廟質明祭城隍遂詣本治
具公服謝恩易服受參署公移

鞭春禮先期一日縣官率其屬迎春於龍興寺至日
昧爽行禮

鄉飲酒禮明制每歲正月望日十月朔日縣官前期
具書速賓凡致仕官及民有齒德篤行者咸與至
日於明倫堂行相見禮三揖而後至階三讓而後

升堂縣官爲主位於東南大賓位於西北僎位於東北介賓位於西南九十者六豆八十者五豆七十者四豆六十者坐五十者立佐貳學官之屬序爵坐皆西向耆老儒士序齒坐東向教官一人爲司正揚觶致辭恭惟　朝廷率由舊章敦崇禮教舉行鄉飲凡我長幼各相勸勉爲臣盡忠爲子盡孝長幼有序兄友弟恭内睦宗族外和鄉黨毋咨廢墜以忝所生生員一人講讀古御製大誥文曰鄉飲酒禮朕本（闕二字）不過申明古先哲王教令而

已所以鄉飲酒禮叙長幼論賢良别奸頑異罪人其坐席間高年有德者居於上高年淳篤者以次序齒而列其年曾違條犯法之人列於外坐與同類者成席不許干預良善之席主者若不分别致使貴賤混淆察知或坐中人發覺主者罪以違制奸頑不由其主紊亂正席全家移出化外的不虛示嗚呼斯禮乃古先哲王之制安良民於宇內豆古至今從者鄉里安鄰里和長幼序無窮之樂又何言哉吾今特申明之從者昌否者亡又講讀律文一章勸戒官吏人民務要熟讀國家律令賓主立聽畢再拜然後坐乃行酒不過十行賓主拜揖乃退其坊隅鄉都百家爲一會里長爲主席以賓之年德最高者居中衆序齒居左右主席者居其末選一人讀大誥及律文既畢行飲酒禮拜則年長以倍者坐受十年以長者立受相若者抗蓋叅酌唐宋之制也

射禮　明洪武三年詔天下儒學就學闢射圃習射凡官府及學校遇朔望詣射圃行禮其鵠正南北向

執事者各事其事置射位於三十步張侯以布爲之設正爲的主射以正官中者學鼓爲節凡賞酒中的用三爵中采用二爵司射必往下而上毋射二人自縣官以及弟子員以次爲耦射俱畢納弓矢還詣主射正官前圖揖而退蓋約古制以從宜也其後去賞酒之制置觶如禮揚之不中者取觶立飲其禮不行久矣弘治十八年知縣羅僑縣丞魏汝賢教諭黃科乃率諸生謂以賢林紹光湯寓黃彥棻尚壹等損益儀禮具器及樂習之正德初

提學副使閩人林廷玉至縣觀射賦詩志喜使諸
生往郡學教肄於是徧行諸學故嶺南射禮復行
實自新會始

附載知縣丁積酌定冠婚喪祭四禮儀式

冠婚喪祭禮之大節也近世民偽日滋禮教寖廢
大則害義小則傷財明成化中知縣丁積酌爲禮
式揭而示之每都擇年高有德者一人爲都老又
於四鄉推擇年德愈盛者四人爲鄉長以教其民
將行禮者先赴都老議之其小大相承不率教者
都老白於鄉長召諭之不從則上其名於官依法
懲之能宜布□俗導民於禮者縣優待之鄉長都
老容情不舉所在生員舉糾之縣懲其怠婚禮以
田產厚薄定爲三等田十頃以上爲上户五頃至
九頃爲中户一頃至四頃爲下户商賈之家較其
所積多寡準是爲差無財產者通爲一等

冠禮之條二

一冠禮士人家行之衣服美惡享客豐儉稱家之有
無

一鄉老於月朔以子弟之始冠者見邑長待之以禮
誨以成人之道

婚禮之條十五

一古有問名納采納吉納徵請期親迎六節今隨俗
省畧

一男女婚嫁以時男未十六女未十四成婚謂之先
時男二十五女二十以上未成婚謂之後時先時
者夭過時者病非所以保合太和也鄉長省而諭
之

一納采用酒牲檳榔果品隨俗上户所費銀不過三
兩中户不過二兩下户不過一兩

一納徵用金幣（羊酒檳榔茶果之屬）上户通計費不得過十五
兩中户不過十兩下户不過五兩

一請期不分上中下户惟遣人通書不用禮物

一親迎不許用鼓吹雜劇迎送交儀

一納采納徵請期其書如女氏女氏復書禮也鄉俗
疊用三緘於親迎之日貯之銀筒以往鄙俚之甚
今悉依家禮改正

一壻至奠鴈畢主人酌之酒而勞之幣此鄉俗之褻
宜去之
一鄉俗納聘女氏復以帛名曰回盤宜不用
一女子首飾衣裳隨俗不許用違禁之物上戶通計
所費銀二十兩奩裝器物之費半之中戶所費不
過十兩奩裝器物之費半之上戶女從者二人中
下戶或用一人無者不强
一家禮婦見舅姑用幣餘皆不用明義分也鄉俗見
諸親有帛今正之親迎後三日七日及遇俗節女

氏使人於壻家用米飯麪食今不用惟用茶果可
也凡此皆所以樽節財用勿爲無益之費以仆取
蒼匱
一鄉俗僭用珠冠命服金銀酒器有禁
一賀婚非禮也今更賀爲助禮物隨宜
一三等之下聘用酒一埕鵝一隻冬布二疋茶一盒
婚荊釵布裙見舅姑而已貧不能具者都老率閭
里科少錢助之勿令失時
一媒妁爲八議婚須通達兩家之情待其許諾毋得
饒舌虛誑以貽他日之悔事發罪媒妁
喪禮之條七
一居喪以哀戚襄事爲主不許匿喪成婚弔賓至不
許用幣不許設酒食亦不許易凶爲吉赴他人酒
席鄉俗有旬七會客有山頭等酒會客此最害義
犯者不恕
一鄉俗赴奠不用香茶燭酒果而代以楮幣此惑於
浮屠之教不可用也
一停柩踰時不葬者罪之

一用鼓吹雜劇送殯者罪之
一弔賓自遠至者老者爲具素食餘不用
一壻女及親戚爲奠許用一豕上戶所費不過三兩
中戶二兩下戶一兩不能則隻雞絮酒盡哀亦可
一屠牛宰馬是僭也犯者科罪
一三等之下葬用薄棺不許焚屍貧不能葬者都老
率閭里科少錢助之毋令暴露
祭禮之條一
一祭禮所以報本追遠不可不重邇士人之家多不

行四時之祭惟於忌日設祭前期不齋臨祭無儀
祭畢請客飲酒皆非禮也今悉依朱子家禮正之
上戶立祠不能祠者亦就正寢設龕櫝奉祀歲時
朔望如禮時祭畢歸胙於都老

通諭之條七

一諸禮有官爵者宜遵洪武禮制不在此例

一鄉老都老既爲衆所推舉先須以禮自整頓己身使化行一家以爲衆所取法鄉老出入於鄉都老出入於都道路見者拱立避路致敬毋得狎侮凌

犯違者治罪

一月朔鄉老率都老盛服以次赴縣縣主賜坐啜茶問各鄉風俗美惡禮教行否勸懲加焉

一各鄉有好爲異論鼓衆非毀禮義不率教之人鄉老訪實以姓名陳於縣懲治

一鄉俗子弟多不守常業惟事戲劇度日致喪良心日就放蕩或興鬬訟或事賭博犯刑憲而喪家產者往往有之甚可惜也古者四民各專一業今不分上中下戶子弟須令有業非士則農勿事戲劇

違者鄉老糾之

一上中下戶有衣冠之族者平居出入閭里必整頓衣冠不可爲詭異之服以變亂古常

一鄉俗爲酒會須曉古人所謂會數而禮勤物薄而情厚之義殽饍之設不得過侈飲酒不得致亂酗而成訟者罰及其主

右丁侯所定四禮其大意不過欲興廢典以淑人心去俗弊以防遠患其事在於崇本質抑浮華革僭亂明義理防人欲存孝敬而已而是時都老馬廣力能衆行變其鄉俗知縣進諸堂上率鄉老以下拜之自是人皆鼓勵一年之後風俗漸正獄訟日少庠序之士益知趨向編民雖在僻壤亦慕禮義而識廉恥皆丁侯一變之力也至隆萬間知縣猶有講教化拜都老者 邑人李朝鼎識

新會縣志卷之八終

新會縣志卷之九

知新會縣事渤海賈雒英訂定
邑人佘玉成
蘇樺汝
李朝鼎分校
薛起蛟
湯　晉仝纂

祀典

壇廟何爲而設哉民非土不立非穀不食故祀社稷山林川澤財用出焉故祀山川風雲雷雨所以生物也城隍治幽則祀之先聖祀其能敎人也祀名宦所以報有功祀鄉賢所以敬有德也以死勤事則祀之若楊太后三大忠之類是也以勞定國則祀之若陶三廣之類是也能禦大災則祀之能捍大患則祀之皆所以反本修古不忘其初也

湯晉識

壇廟

社稷壇在縣北城外北向深一十五丈廣二十丈齋亭省牲所在壇西南

按周禮小司徒凡建邦國立其社稷又州長以歲時祭祀州社白虎通曰人非土不立非穀不食土地廣博不可徧敬也五穀衆多不可一一而祭也故封土立社示有土尊稷五穀之長故封稷而祭之也古者祭日用甲今用戊

山川壇在西郭外南向深一十七丈二尺廣二十四丈省牲所齋房俱在壇東

按王制諸侯祭名山大川之在其地者大宗伯以槱燎祀司中司命風師雨師唐天寶五載乃詔命祀雷明復加以雲祭日用巳

邑厲壇在社稷壇南南向深八丈廣七丈社稷山川邑厲三壇俱知縣丁積建張文鳳周思稷重修

按祭法王曰泰厲諸侯曰公厲大夫曰族厲左氏曰鬼有所歸乃不爲厲春以清明秋以孟望冬以孟朔於常祭外另舉一祭也

祈雨壇在圭峯山巔知縣丁積建

忠義壇在厓山全節廟之右明嘉靖二十二年知縣

堂三間外門一間萬曆二十九年重修

全節廟即宋慈元殿在厓山西向以祀楊太后明弘治四年布政使劉大夏建邑人趙思仁捐錢二百緡助役十三年僉事徐紘奏請定今名入祀典深一十四丈正殿三間東西廡各三間碑亭一座正德九年知縣徐乾重修趙思仁子鵬助役明諭祭文陳獻章張詡廟碑及嘉靖以前名人題詠俱載舊厓山志

天妃廟在滘橋直街一在三賢祠一在江門市一在

江門右瀕溪承澤捐地

關帝廟一在新城東門內爲內城濠之滸明萬曆二十七年千戶陳大仰少子兄弟買鄧東谷周尚信民地創建有石橋[illegible]楼門天地正氣以精忠大節一在西鑒三[illegible]渡口知縣王命璿建以收去水

文昌宮一在城內象山何迺祠上一在大雲山

[illegible]廟在北上橋

騎虎廟在東門何廷仁建以祀宋死義士李

文廟

啟聖公廟俱詳學校

名宦鄉賢祠俱詳學校

城隍廟在縣治右南向而右岡山明洪武三年知縣吳季建天順中知縣陶魯丁積重修深二十五丈廣門丈五尺大堂三間後堂五間儀門三間大門三間嘉靖中知縣王交重修知縣余恩建感應門於儀門外

李永箕廟碑畧曰嘗使陶公語箕謂常遣人齎折稅銀之京師將抵于城爲賊所刼乃下令得賊渠者賞且告於城隍以必得賊爲誓是夕臥廟中恍惚若有人執予手付賊得矣予起出廟門行百步內一室燭光隱見嘈嘈鬨人語云官銀爲賊所刼我識其人而不知其姓名蓋嘗往來齎販於此者也明日使蹤跡果得賊其威靈有益於民如此

按城隍古不經見惟唐李陽冰有當塗城隍廟記則唐時已有之矣明初附祭於山川社稷後復敕立廟專祀之新官上任則與神誓

旗纛廟在舊守禦千戶所即今遊擊府後明成化三年建嘉靖三年千戶孫敏重修深八丈廣四丈正

石湾廟在東門外有井泉清洌
五顯廟在趙村
東山廟在城東右爲觀音堂故俗呼東山寺
真武廟在西整大涌口初創時基址狹隘明萬曆庚子漁人在廟前獲大木重修
張王廟在泗水門外明嘉靖間邑人容朝望爲崇慶州守舟泊瞿塘夜見光如車蓋繭爲蜀將張桓侯廟次日致禱請以還日迎神歸祀後遷郡東舟下瞿塘謀將趨廟會江流迅急不覺已踰百里朝望懊恨是夜舟忽逆流而上校起已還廟下乃奉神像以歸創廟於泗水門外屢著靈異順治甲午邑城被圍守者以廟近城縋卒毀廟三縋三絶見神提戈行廟上懼而止 國朝康熙十三年邑人趙友祿梁士璜輩以廟淺狹築河岸爲前殿益之陳恭尹有記
玄壇廟在西關白虎頭今廢
岳王廟在教場演武亭右
靈官廟在大瀝滘

環龍廟在大円涌口按此水不利於邑故建廟以鎮水口
三界廟在知政門外對河
大王廟在泗水橋
塘角廟在河村
陳家相廟即護鹿堂在沖色村明萬曆間建康熙二十二年重修
春魁祖廟在東隅街柵門內向南深一丈八尺濶七尺
三官廟在外海臨江臺凡賊舟泊此無不覆滅賊皆相戒不敢近岸
舜公廟在圭峯山右石巖中
南山廟
永安堂
帝臨堂
果靈堂
大忠祠在厓山全節廟前西向以祀宋丞相文天祥陸秀夫樞密使張世傑賜名忠義祠明成化丙午僉事陶魯奏請建祠賜額入祀典深二十二丈廣

六丈正堂三間東西兩廡各五間儀門三間外門三間碑亭一座獻章書其門曰宇宙萬年無此事春秋一例昉諸公其陳洙忠義祠碑羅倫大忠祠碑及嘉靖前名人題詠俱載舊厓山志

按舊志初知縣丁積剏廢寺田三頃餘以供全節廟大忠祠祀事復伍隆起後一人守之後嘉靖九年有司以海道險遠請於巡按李美徙建圭峯山顛丁一年知縣張文鳳仍往厓山恪修祀事其詩序云蓋不敢以厓山久廢涉海一行亦不忍以他貝攝之也二十二年督學林雲同建議謂厓山爲全節大忠死所不應畏涉風波望祭圭峯請之巡撫蔡經巡按姚虞毀圭峯廟祠復祀厓山於是知縣何廷仁修復生員趙崇綱捐貲成之巡按郭楫文復其家提學張希舉下檄褒奬容遠亦捐銀一百二十兩奬給優免不受萬曆三十年御史林秉漢重修後廢於兵燹至今未復有司歲時望祭而已

吳刺史祠在縣東明嘉靖中知縣吳懿德建以祀晉刺史吳隱之後士民以懿德清白無忝隱之遂以懿德配享祠久廢

吳公祠在城南邑人剏以祀知縣吳举後廢今此祠與吳刺史祠其地皆不可考

三廣公祠在外城西門街東向明成化十五年僉事陶魯建剏廢寺田以祀所部陣亡之士名勇敢祠深二十丈五尺廣八丈五尺正堂五間東西廡八間外廳三間儀門三間外門三間弘治中知縣羅僑改陶公祠祀陶魯而以陣歿之士配享兩廡祭田八十二畝嘉靖中復門三廣公祠

親祭陶魯勇敢祠記曰國家承平日久正統間帥臣失守廣右猺獞始爲邊患延及廣左高廉以東戍守迄無寧歲至天順間民□其□起爲盜雖時守令或能武夫□□無□由是□所在騷然矣余自景泰甲戌恭承新命至是滿九載將去其民相率以保障乞留於上章上命乃茲邑當時旁邑屢破有啓□□□之憂予乃進諸父兄告之曰願留我必盡發若子弟從我擊賊不然城壘雖堅未足守也諸父兄許諾退即選子弟之才者甲冑之堅者丁之壯者不日而集是人心恟恟推賊鋒之爲長至是始有固志邑西北當賊騎之衝相地爲寨寨各有長其險於外者爲長堤以衛火炮還卒以伺賊將至一寨有急諸寨畢應凡此所以扞其外也環郭爲輔城築其旁施設兵器曉夜戒嚴燎火燭天桴鼓如雷所以防吾內也子弟以技擊相高賊遇輒殊死戰屢破之三數年間危者

以安其居者以易舉有誠賊者皆此以爲應援是豈余之所能哉實由天子威德與諸父兄之教子弟之力也余累遷今秩子弟以功顯者寵帶受祿有差其尤可念者奮不顧身冒險阻觸白刃棄其妻子死者實衆感化辛卯予巡視至邑俯仰今昔問諸父兄存歿諸父兄咸願作祠以祀之爲請於都憲韓公買地城西造屋三十間正北爲堂傍列兩廡命門勇敢同祀於此者通六十五人報死事也割廢寺田若干頃爲祭需復一人爲祠藩事掌之嗚呼死者有知其無憾乎因書其始末於此

丁侯祠舊有二一在北門一在歸德都白沙村以祀知縣丁積在白沙者深八丈廣四丈正堂三間兩廊各三間儀門三間明弘治間建趙思仁助祭田三十二畝今廢

陳獻章記曰丁侯爲縣六年卒於官歷觀我邑令自洪武迄今求丁侯未有也侯仕不爲己恥以俗吏自待始至略爲式一編擇立鄉都老各數人統之俗淫於佛廬富者殫財貧者鬻產上無以爲教下無以爲守俗由是益壞鄉老以譏正之每歲按民丁產輸錢謂之均平錢上下吏胥民受其害侯量入爲出歲餘以還使民不知有役民甚賴之時有橫政虐民侯輒閉門守令之政在養民坐視其困而不救安在其養民也力請罷之雖以此得罪弗恤也侯之性拙於承奉而嚴於鬼神祭祀必親執事有恪春秋之祭齋如也凡祀典所載有功於教者爲立祭田使人守之其不應祀者毀之至於接人也亦然可者與之其不可者斥之其馭吏也不察察於案牘吏不敢欺其蒞衆也民服其威斷明察奸僞解作夫縣令官卑賞罰不加于天下而天下治由是而知遠之近知風之自知微之顯故予嘗謂侯用世材其有所試矣夫豈苟哉侯以仕爲學最服勤走白沙歲月內不知其幾顧何取於白沙耶甚矣人不可以無志也正其義不謀其利明其道不計其功侯亦無所不顧學而切於救民急先務也死之日耕者弔於野行者弔於途有嫗夜哭於其廬且往問之云嫗何哭之哀也曰問歲役且至死者不可作也故侯之爲縣多有可書其得民之實在簡册去之十有二年邑人共立廟於白沙祀之如不得已焉者思侯之功哀之非以徼福於神也後來繼之者亦將有感於斯乎侯名積字彥誠戊戌進士寧都人又詩云何時重借寇此地仰桐鄉四海諸侯望千年一炷香書之門曰青史又添循吏傳白沙初見長官祠

吳丁二公祠在北門街坐東向西深六丈七尺五寸廣三丈一尺五寸正堂三間儀門三間明弘治十五年知縣羅僑以丁積功在一邑而祠建白沙未

慰輿情故議建爲丁公特祠邑人鍾淑助金百兩羅僑乃命迺氏胡伯倚李術正董其事置丁公祭田四十九畝叅政羅僑有傳崇禎十四年以名宦吳參特祠傾廢附祀丁公祠撥大沙田六十一畝供祀事並吳丁二公祠于額於門

僉事何公祠在鳴山右以祀按察司僉事何子明何築外城有功邑人祀之今廢

伍侯祠在象山麓邑人以知縣伍廗築外城有功建祠祀之

林侯祠爲知縣林會春建在禮義大圓洲社右

何熊祥記曰林侯號石溪閩惠安人隆慶二年知邑事邑大治天子爲賜璽書擢戶部尚書郎去邑諸大夫父老思之謀而尸祝之言於監司監司曰侯功何若諸大夫進而僉稱曰侯有以無功爲功者有有功若無而人不知其功者有係立行一意自爲責育不能奪人不見其嚴而仰其功者有沐澤和愛人又以寬爲其功者嘉靖之際島夷嘯漢於知㷀㷀獄之贏瀾入於廛通闠市路潢八掠良家子以歸邑用驚動侯深其物可以佐縣官急議者不無嗟雖勝意方諸於澳曰無動爲大也侯正色曰澳之已誤其可再乎且奈何順吾民以爲利遂傳檄走諸外至於今無患故以無功爲功者此類是也邑城故伊減若以圍量無所蓄有警出門見寇侯大懼民荼毒於宇下與鄉大夫若彭而溪林虛巖陳省齋諸君議保障非隆新城不可單車起視周遺規盡之自馬山而南折而西北踰象山延袤千丈議井井具而侯遷侯去故有功若無面人不知其功者此類是也邑枕山控海橫目之民多出沒其間專剽掠依大豪爲穴不能問而大豪又遣其子給事當途左右持吏長短動輒中以危法侯曰吾鋤豪橫則危吾身不則危吾民然吾終不肯以身易民之危於是徽洗命法曰除盜不聞與盜同罪不數月盡得諸豪爲逋逃藪狀置之法邑皆股栗遂無雞犬之盜其欲中侯者見侯廉不持一錢請寄無所聽亦莫不嘆息去故係立行一意自謂責有之勇不能奪人不見其嚴而仰其功者此類是也侯嘗曰莠盛苗穢不可不鋤其支彝蘊崇是務不率灌溉朔望之會鄉長復事侯親問曰於子之鄉有若處好學秀出於衆者有則以告鄉長已於事而後又問曰於子之鄉有刻意尚行慈孝於父母發聞於里閈者有則以告鄉長已於事而後侯悉籍記之長其秀者育於學學則有訓旌其賢者徇於鄉鄉則有約惟驅去所謂陽鰲者是故匹夫有善可得而知也匹夫有不善可得而化也民是以和故沐濡卵翼人又以寬爲其功者監司曰夫庸知寬之爲嚴嚴之爲寬乎夫庸知有功之爲無功無功之爲有功乎尸而祝之無其己後何子問而嘆曰初後之有背庚桑楚君畏壘之山其民欲俎豆之至使南面而不釋斯尸其矣史遷不云乎當時則榮沒則已焉自君王不能必其後余惡知畏壘於庚桑之後耶何宋之能必桐鄉愛己奉嘗之甚於子孫夫能必其愛必有私愛者也非其杓之人誰敢必之故夫畏壘之久不如桐鄉桐鄉之眞不知畏壘則今世類功之浮薄兼有之要以沒其身而享之忘其心而自私之孰與侯取數多耶廣海之祠侯也亦惟是敬拾餘燼再甦之夫此俄頃之功耳今日曷從廣海而後也是侯爲桐鄉之治而吾民爲畏壘之感也烏知侯哉

三賢祠在新東門外海濱南向明嘉靖庚戌年建以祀知縣袁奎[?]署縣推官陳基虞知縣王命濬深十三丈廣五丈

黃淳記曰青門關廣袤界溪頭爰有勝區江洪玉以帶梁山疊翠面屛之茘圃橘洲金紫粲焉鶯汀鷗渚羽儀集焉餘若漁者帆[?]枕雨釣天烟之帆月之櫂猶然閑[?]暢後前宋歸木橋喚渡放展左而釣石牛爲水際可濯纓南望而厓山忠節之氣龍噓蜃結東眺而江門道學之波日麗星迴於戲斯勝蹟在人境倘非下見民胃上著國華卓有榮德懷衆甫而不可忘者烏乎祠乎不爾則典宮兕剎咨[?]有先之者矣萬曆庚戌紳交老聞與情而卜茲勝以祀三賢三賢伊何知縣袁宇袁公奎署縣篆門陳公基虞知縣王公命濬也昨而大郡[?]綏天清丈斯行蠲蠲敝弊[?]閭佛三農務招來在途大事也袁公行所無事始而恐恐然抱仰賦[illegible]乎旣則欣欣然以無懸稅樂也成去害馬化解佩牛敎神造士靡不捲捲圖終於始六載猶一日而無寬民袁公之衆德貫一也時而陳監郡[?]丐[?]侯[?]

虎牽牙爪而吮脂膏瘵血窟門士藩部以大第
也陳公保民靖變始而教誠然抱湯大擢乎究則
嬉嬉然遂安宅廑也不只民飼虎必先斥乎假虎
者乎循覔賦理寃活拓民始有天市不易肆代之
日焚香臥轍千騎葛擁下得行在昔未之見也陳
公之榮德賢一也動指山嶽直指職也一怒而文
武立變善惡蒙因大寃也王公以身衛覔始而怪
懍然抱供焚恐乎纔則悠悠然無波及感也彼彼
荊棘植我稻粱一念不欺諸法可循接龍躍龍與
前塔相輝映於是文運盛焉王公之榮慈賢一也
之三賢者久暫殊時正署異執總之悉歸英年作
舜藥色不大顯隣疏務撫濔亭也何武夫役云筵
不思之祠也堂面中洞洞空空三賢之心廟也門
而外鱗鱗應三賢之矩度也四隅直直三賢
政績也列棟偉偉三賢之幹理也左右榕陰
[illegible]
斯勝意造物之有待良不偶然顧三賢而崇祀而
崇饰方勤然拜鼎何俗於斯者亦與情之不可已
也苟無榮德即勞值重大曷能強人心於去後烏
乎祠烏乎勝雖然亦有說道為後之臨民者思民
心不可拂也而怛民如三賢即由三而進乎無汝
盡也○時司訓者爲孝廉歐采吉千戶張煒淪欽
禮部儒士張列錫茂才葉士御
客葉鍔等捐貲者悉勒碑陰

曾侯祠在禮義坊祀知縣曾熈丙時以祠地稅無可
歸舉人葉琦乃收入其戶且捐貲董成之

卞公祠爲知縣卞應聘建在縣治左仰德祠後路由
仰德祠左知縣王泰徵額其門曰畏壘遺思

劉侯生祠順治十一年爲知縣劉象賢建在今遊擊
府之左正堂三間大門三間深六丈六尺廣三丈
一尺祠後園地一方長二丈五尺大一丈五尺今
祠廢

白沙祠初在北門街明正德七年御史高韶建以祀
翰林院檢討陳文恭獻章嘉靖二年布政使章拯
遷像於會廳堂御史熊蘭提學副使歐陽鐸改遷
於開王廟即今祠初刑部尚書林俊捐貲置田二
畝嘉靖十年都御史林富撥寺田二頃知縣張文
鳳易置民田一頃一十畝以供祀事二十八年重
修　國朝順治十七年訓導陳龍光重修

莆田林俊記白沙先生之始起南海也不階一命
廿年布以老爲吉連終不得已起起而又去憲宗
皇帝知其賢特授翰林檢討先生辭弗就而去竟
未嘗立於朝無所得於言無所施於政以收有尺
寸之功然而所風遂被上溢旁流盡一世而仰服
之日領者神降聞風者意往賢者式不賢者愧以
阻且權壓肢體竊漆中之流聽下風而馴素節
黜浮領雅名儒高士後先焉先生於名教可謂兩
澤枯水息熔風聲矣其盛矣乎先生沒一十有四
年內江高君大用以御史來按部惻然曰大賢君
子身之所生政之所臨與凡過化之邦莫不有祠
表先民崇道化也先生白沙之祠顧獨無立非闕
與歟抑非吾人責歟大參黃君伯望僉憲王君叔
毅爲立祠堂又求先生故嘉會樓而修葺之義風
爲激邃邇騰勸舊門下士爲市田舍若干畝以充
祀將侍御以俊辱先生知書來屬記嗚呼元氣會

而名世生我南服楚吞陵岡建安當當其盛而貴
雲紫水亦宇宙川岳於今元氣之會意其時先生
蓋嘗之矣先生身長八尺布臉有七黑子開頡穠
人舉於鄉棄而從康齋先生學始求之博久之日
雜矣又求之靜久之日偏矣雜佛老超佛老張朱
二夫子先達而後蔑也遂以宋太儒爲依歸共立
志甚篤向道甚勇涵養其德器純粹脫落蕭灑
獨超造物牢籠之外寓言寄興於風水月雲鳥
之間與天地同流擊壤同其自得舞雩相始終焉
先生之德與措施之大致於是其矣用世之志阻
於鄉爭名者而晦處無聞其窮其達其亦同有命
耶夫麟之出爲其瑞也容有不知麟盡之在山在
淵其方所吝模量耶時也者聖人不能易也昔子
收諸已者厚而外取諸名者廉若之安而成其求
之是未定之一鄉一人而終定之天下後世彼俗
朋黨攻僞學其人安在議侍御君首及是舉其風
神意氣有所感乎而欲寄素衷於聽趨景行之外
獨表厲然後二君相成亦具知其趣矣○御史黃

如佳記曰佳自結髮知重先生名長而服教涵哲
始聞先生之學之大致而深以未及見與不得究
其旨爲憾戊申之秋桂與甘泉翁會於增江其論
先生之學若姉伯咳燕服先生若七十子服仲尼
佳是以得聞其學術之詳而願爲執鞭無從焉是
歲仲冬校新會首謁祠拜之祠弗稱人士從行咸
請改作六大參洗君應龍僉憲諸君徵之郡開曰
樹德作人政之經也弗可以已於是命通判王子
幹相度命知縣林子贍蛟經花事事以公需易民
君之相參訂者中爲神室遺像樓焉東西構堂合
視其地翼以兩廡帛廊其門宇後亭於後山之高
平處以志仰止既明年三月工告竣有司請題其
額嗟乎桂安敢易言嘗讀先生答張東白書云
虛其本也致虛所以立本元旦詩云除却東風花
鳥何更將何事答鴻鈞與李世卿閒談詩云五湖
州水能多少更整絲綸釣八溟是故讀濱海絲綸
之句可以觀志焉以名東堂讀東風花鳥之句可
以觀趣焉以名西堂讀致虛之文可以觀學焉以

名亭焉虛也後之同志者入是祠瞻遺像若見其
人睹諸題辭若親聞其教志先生之所志學先生
之所學必冀有得於東風花鳥之趣與舞雩游詠
鳶飛魚躍同一襟況是以先生之道尊之者尊之
至也而余今日之後亦豈徒哉或又曰記有之士
有田則祭祠而無祭虛器也乃復籍閒田三頃有
奇歲徵所入供祀事

參政區越祠在城東門

仰德祠爲封大理寺右少卿倫大禮建

尚書何熊祥祠在南門直街

廉使林枝橋祠在務前

國朝

敕封文林郎蕭儒甫祠在梅岡

附寺觀

僧道之有寺觀猶士之有學工之有肆也是故叢市喧闐無梵宮瓊宇不廣名區勝槩無蘭若丹室不幽亭榭園囿無鐘磬笙簫不韻繁花芝草無野衲黃冠不淸其可少乎吾粤號仙靈窟宅而新邑崇山疊嶂尤奇絕若蒲澗其先往往有高僧羽人托足始自唐宋龍天擁護稱古刹道場焉寺以山傳人以寺著不如是山雲寂寞矣　薛起蛟識

龍興寺在大雲山之陽府唐名洪化宋僧推直建場[illegible]縣陶希重建爲觀聖道場萬曆二十一年僧性明重修

寶積院在金溪山元末毀昔傳鍾鼎若此蘇軾來訪鼎已尸解因種荔于院曰東坡荔

玉臺寺在圭峯山上古名刹也建於唐建和間元末不廢明正統十四年僧懷海重建致曠境超逸院幽雅流泉夾石路達寺而下歲時遊觀不絕明季毀於寇國朝順治乙未有老僧棲林依古址結茅數椽種松千株而鐘磬粥具至康熙癸亥律僧弘峯來自鼎湖發願興復再造殿塔禪堂方丈僧寮供備佛相莊嚴繚垣堅厚堪以永久皆出其衣鉢資陸續成之

黃雲寺在圭峯山下唐僧一行首座黃雲元建明嘉靖元年廢六年僧本興重修今復廢

象山寺在源淸坊宋宣和間僧有定建今圮

萬壽寺在穀義坊初名龍山明洪武十七年僧明暢重建今廢

九源寺在遵名都上臺山山南有泉九故名宋政和間僧智璋建元末燬明洪武二十年僧廣壽重建以奉敕諡定應無際禪師師本縣南庄梁氏戒行淸嚴宋理宗寶慶二年作偈趺坐化于大雲深處故老迎歸寺中香火之知縣黃從政贊曰寫幾句偈毀一院粥莚邊天潤雲收彼岸山青水綠嘉靖四十二年光孝寺僧方見重修

雙溪寺在龍水都唐咸通間有梵僧自西來駐錫於此地始建元至正癸未重修後毀明成化七年僧眞賢重修今廢

月華寺在夾村甲慧龍山之南唐刺史孔戣奏賜月華寺額後圮宋景祐間重修安撫使吳鼎公浚重書表捐內奉肉身菩薩畢諱觀應元至正間僧慧濟重修寺有田六頃四十八畝稅寄石碑四甲陳興中戶內乃宋朝列大夫梁勇子雲巖孫廣東宣慰使梁學可捐俸布施兼擴地捨財修建向係光孝寺僧明深主持歷傳掌管有撫越堂祀梁勇雲巖學可三施主分租若干祭祀各有條約詳列碑記明末盜起僧逃田歸陳戶收管今寺半頹毀香火冷寂間有僧至多旁係齋醮不安其居如古刹靈區何噫竊吾之矣

梁祀記日新會山川鍾氣條淳龐則多奇觀淳則多樂施故金仙氏之宮從而盛邑西四十里餘有小山以慧龍名[illegible]之隋陪仰之[illegible]田激滿縈於外嘉樹蔭于中淸曠霏霧景象萬[illegible]唐禪師神會嘗過而奇之[illegible]此後人大之爲蘭若間遇旱潦所祈輒應元和時刺史孔戣奏賜月華寺額我宋景祐三年居民李捷軫懷隱痛寺廢沒將復之未果適賜紫遂儕大師行宣自六祖故宅振錫來遊寬周度語人曰茲土似與海渦上下靈怪依焉顧以班坊卿伏匿毋遺患人未以爲然俄有物蜿蜒草莽中飛天拔木而去[illegible]徐其沈几如昔之名是山者有由也乃劃榛棘葬坎坑[illegible]寒暑冒險毒勇猛精進工不告勞唱一和百未幾寺成今絲累安

撫使工部侍郎魏公觀秉椽定表揭美矣哉啟緣塊而中峙棲爭嶸而四起書滿其臺栗濤其金碧丹堊髀煜其修廊霜鐘曉清雨花晨亂晝敬楚唄之曲日露拈稻之薰禪心澄如水月法語吼爲天龍絲是寰揚隱尋擴境方百里皆春臺也一日宣公欲去此其徒契安等固留之因掌大笑合日退居可留也世緣竟汝能留乎佛湖之法言公之攜乎異日有儒者至則勾文以紀之吾行矣宗椿作頌跋坐而蛻蓋所謂會公者六祖湖也去三百載遺迹廢前規隳一宜公耳昔六祖將滅度大衆感愴惟會寂然不動六祖曰神會如吾行李所至也今宜公去來無礙殆矣住若行吾其可如之此則知會宜二公又同得佛祖之妙道矣雖然宣公道其所道而何爲託儒者爲之記是亦知尊吾儒之道者不可不記

尼姑寺 久廢

仙湧寺 在衙陽都唐咸通間僧法廸造久廢明永樂二年僧廣昭重修成化十五年僧眞光重建

齊興寺 在中樂都萬斛山舊名齊興院唐建中間僧登覺建元末燬明洪武八年重建今廢

廣化庵 原在縣內廢建兵備道今改建演武亭左爲廣化寺深九丈闊二丈七尺明萬曆辛丑年邑民張大然募緣建

聚寶庵 在歸德都都會村宋紹興九年僧慈載創奉稛越黃道娘謂之圓明庄其田明嘉靖十二年知縣張文鳳撥以祀白沙先生

六祖堂 在流水都元至元二年建元季燬明洪武二十年重建

六祖堂 在北到甲元季燬明洪武十五年重建其田二十九畝六分知縣丁積改撥入大忠祠

立仙堂 在縣西南庄村宋紹定間民朱立生有異質兒時牧牛或對人出語異淳祐癸卯五月立日于雲峯趺坐而化鄉人建堂以祀之額曰立仙田三十三畝八分四釐

道姑堂 在橋下甲

歸仙堂 在縣西北山之南唐僖宗中和四年九月九日邑人黃歸南悧髮坐化於此鄉人建堂以祀之曰歸仙元至和元年改建元季燬明洪武十八年重建

隆興觀 在縣北今在縣西源清坊宋皇祐間道人李之先結庵朝斗其後尸解邑人即庵祀之曰李先生祠後改今額明萬曆間僧三乘重修

報恩寺 在縣東歸德都奇榜村其田爲光孝寺有僧主之林應聰詩江上設悠名寺少舟人遙指報恩山疎林遠見高僧遯稚子欣傳少尹還香篆午浮青樹暝笛聲秋徹白雲閒干戈早慰昇平願借得沙門夜不關張問行詩昔年夢踏江門月此日經遊奇榜山山鳥不知行客意月華催趁釣舟

還身趙竹院思高風今笑浮生尚未閑明發天涯對卻已莫因流俗問陽關

雲峯精舍 在城北其山左接圭峯右連綠護高聳貫遮諸峯峻嶒崎嶇人跡罕到上有朝斗石上有半月池僧無懷愛其幽靜披荊棘種松篁於順治辛丑運木石建精舍於山坳以梵修焉

黃佛堂 在大都村

桂林佛堂 在黃邊村俱祀坐化成佛黃歸南士民共建祈禱輒應衆捨田五十畝僧成眞住持

雷峯下院 在象山側舊爲許文學者園明末爲僧菴邑士楊大進等一十餘人贈作雷峯下院爲放生所後大進成僧在雷峯得法稱石鑑和尚康熙庚戌歸自匡廬僧同講席諸檀越復買院左右地擴之頗有城市山林之趣

雪峯寺 在江門津頭淺山之側明萬曆三十三年僧無二始建觀音堂於天妃宮後崇禎間里人

刺史蘇泰初捨觀音堂後地一段僧尚雪擬雪建佛殿領曰雪峯折海時把復界後康熙壬子其徒寶藏與僧本立募化修復寺宇僧舍敞豁可觀

舊志載尚有曉清寺波羅寺今皆圻隸開平故不復列入

按以上各寺昔皆有寺田皆善信所捨而黃道娘為多寺或為畝千畝數百畝不等而大雲為多考之明嘉靖二十二年奉詔變賣每寺或少留或盡賣所不賣者惟光孝西禪二寺之田而已至萬曆元年邑築外城又議及此時僧復送出佑變以貲

敢築舊志謂後城工畢有未完價而自贖其田者夫僧既送出是官物矣買必當官則完不完官主之今各寺已無寸土而黃志修於萬曆三十七年尚仍故額載之近有按籍索贖者大費駁查為僧衆之累應盡刪之惟月華寺田至今猶存則由當時屬之光孝而梁施主祭祀繫焉子孫皆佑其處力陳於上始獲免是又不可不備載而明著其故如此 二樵薛起蛟識

天臺興寺 在城西南二十里宋紹定間里有陳道者童真得道坐化天臺山麓鄉人即其地建寺塑其肉身奉祀初報村木神化為人自往南海九江市之南示靈異遠近皈向祈禱響應明嘉靖初汰淫祠因毀里人李文宗吏捨訖井地為構宇三楹香火復興後年久將圮里人余玉成戊戌赴試禮部禱焉神示夢必捷已而果然因捐坊金倡募積而新之靈爽丕著更勝於前額曰天臺興寺

余玉成勒碑為記

記曰天臺興寺者何廢之故興之也傳曰有其舉之莫敢廢也有其廢之莫敢舉也天臺寺胡為而興耶蓋傳之所云莫敢舉者謂大劍制定自先王變置關乎典禮者耳若大祭祀歷代為昭則勝迹名山神物明蔑降福穰穰方頓之而走為斂數私利者之所廢是不可不舉而興之也我里之有天臺寺舊矣考宋紹定間有陳道者生湖居沖色村幼失怙恃育於姊家爲之牧羊年十八得道遷天臺山茂林之麓趺坐而化衆議寺之神徑走南海九江購木建寺以隻屐為信約賈人至渡水交易及至出其屐與座前隻屐相合賈人神之

捨不受值回至銀洲有竹木蔽橫流觸舟檣之後來捨而剖之乃所許木價八十金也僉以為神異爭捐金鳩工就地而建刹焉棟宇巍巍神光奕奕遠邇之人有求必禱有禱必應禮香剎者趾相錯也至明嘉靖初年有利其地為家祠者藉汰淫祀為辭毀其肉身血濺棟梁經久不滅里人李文宗篤信因果乃捨龍井宅地搆峻宇三間俑其骨而塑像焉香火復興如是者又有年至戊己滄桑里中梟獍復盜拆前廡貿與里人于府神示夢於告者亟還之而棟折墻敧不蔽風雨余每過之感慨流連有志修復而未逮也丁酉公車將北嘿禱許爲重修默示兆焉戊戌春榜未發而神先報已果不爽已亥假歸亟捐坊金勸助詢謀僉同乃鄰舊築而更新高其棟柱堅其垣墻經始於庚子秋杪至臘月告成額之曰天臺興寺志無廢也復念山門地還易田半畝鑿小蓮池池畔爲菜植蔬以給寺之住持者雖招提數椽而神所憑依猶漢高之不忘豐沛也後之君子踵華增美丹而藻之其規廁

于我人也
豈有量哉
化城庵在邑城西隅街奉供觀音大士鼎湖戒僧等用住持

新會縣志卷之九終

新會縣志卷之十

知新會縣事渤海賈雒英訂定
邑人余玉成
蘇楫汝
李朝鼎分校
薛起蛟
湯　晉仝纂

兵防屯田附

粵人阻險易爲亂自漢唐迄勝國葢無日不用兵

新會負山襟海綿亘百里桃林務浦伏莽多姦宄斯土者度地量形擒伏鈎距因時制宜思所以彌亂而保治爲未雨之綢繆計者不可一朝弛也甯特高爾城深爾池完爾汎營遂可臥理乎賈雒英識

湯晉曰邑之有兵所以奮武衛也新會四塞之邑濱海負山足以藪盜而又壤接肇高爲郡南咽喉控扼南順諸邑明設守禦千戶屯田百戶官吏旗軍制綦備矣正統間黃賊起南海乃募民間壯勇

教之操練遇警調發事平爲民謂之民壯天順末
定額六十名皆里長派取甲首當之後遂編入賦
額以糧派銀嘉靖間復募民兵謂之打手其後承
平日久武備廢弛軍皆孱弱不任戰征民壯則供
有司役使而打手或反通盜漸以裁撤崇禎間又
設飛鵝諸營以把總統之繼又設城守遊擊防兵
又割古博登名平康得行四都地置開平縣
國朝定粵城守改用守備康熙五年仍用遊擊官兵
至千餘名康熙二十三年始定營制此城守設兵

之大畧也然自明季盜起張酒尾關逢三黃巒長
等皆以百峯山爲窟穴巒長兩攻邑城賊凡數萬
其後賊首劉保等又踞官田黑坑諸山流刧廣肇
二郡總督盧興祖乃調諸州縣兵各守隘口大軍
從中追擊誘保出撫誅之其黨林時象梁經玉李
山官七及其從子劉裔進等相繼復起水東黃元
沛黃元連坑頭劉萬啟等亦踞古兜與爲犄角前
後三十餘年賊首不啻百人所刧新會新寧南海
順德新興高明開平恩平高要陽春陽江十餘縣

殺掠男婦以巨萬計守兵不敢加遺一矢第一捜
勦必請藩鎮大師而屬官田一山綿亘數縣古兜
百峯前臨大海皆道路險阻人跡罕通往往兵集
則遁兵去復出因而草草議撫數撫數叛康熙十
八年始議設兵官田古兜分屯要害賊魯乙降總
督吳大司馬興祚又捕黃元沛黃元連劉萬啟等
誅之然後兩郡之民始得安枕今惟官田七村調
有防汛守備一員鞭長不及將來或奉調遣廢置
不常則官田古兜復爲盜賊淵藪惟是置縣官田

請定經制官兵於古兜七村沙蓢諸處斯爲久安
長治之策耳

明

守禦千戶所一屯田百戶所七官吏一十八員旗軍
五百九十六名守城二百名備倭哨一百四十九
名窖草二十五名局匠二十二名窰匠十四名巡
捕哨二十名軍門兩哨班軍九十九名總兵府聽
用一名鼓吹手八名收屯糧九名軍伴三十六名
守關王廟一名守旗纛廟一名銃手二名守教場

二名守兵巡道衙門一名辦料解府一名守所一名幼軍四名

營十三曰冷水逕曰蜆岡曰赤水曰濠坪曰五坑逕曰鬼子窟曰沙塘曰松栢堡曰白墳曰白石水（今皆廢爲關下）曰良村曰臨江臺曰分水岡皆廢後於江門立二營又立飛鵝營於沙頭以把總領之本無定制今廢

烽堠十一曰企八曰月嶺曰江門曰分水江口大澤曰牛肚灣曰仙峒曰黃涌曰三江曰鷲臺曰赤眼涌今廢

把截所二曰水口曰厓門今廢

保甲本明道程子爲晉城令時保伍也其法甚鄉里遠近爲保伍使之力役相助患難相恤奸僞無所容孤煢老疾者責親黨使無失所行旅出於其塗者疾病皆有所養及王安石行保甲法則督民操練使自備兵甲器械天下始騷然矣獨邑有周諮得不困嘉靖中都御史王守仁立十家牌各開十戶男子年十六以上皆注各籍貫而懸之使每甲各自糾察凡平日習爲奸盜及窩通賊黨者同甲首報在官許其改過自新但有盜警一家擊鼓各家齊出截捕甲內之人不得容留盜賊右甲如此左甲復如此城郭鄉村無不如此則盜賊何自而生仍推選才行爲衆所信服者一人以爲保長專一防禦盜賊不許因而武斷鄉曲但遇盜警統率各甲追之今擬四鄉各立鄉老一人以爲保長行鄉約則爲約正每月朔望會衆於社學亭齒坐焉立彰善糾過二簿互相規戒社學之左爲里社其後爲社倉不必廠座雖竹圍亦可有過者罰入其穀以備賑濟春祈秋報則祀社而飲前爲學堂集童生常日誦讀朔望則習行四禮有面目生疏之人蹤跡可疑之事及違鄉約不聽勸諭者即行報官究治約以綜一鄉之政事學以司一鄉之教事倉以司一鄉之養事社以司一鄉之祀事保甲以司一鄉之戎事其所約大率如明道之法聽鄉老與民自行縣官不必稽考點閘待有成效縣官備錄親造其廬重加獎勵知縣徐乾嘗行之邑民稱

便

民壯卽古力役之征明正統十四年令募民間壯勇子弟以時操練遇警調用事平爲民有功一體陞賞罰之民壯天順七年定額六十名分上下兩班撥往梧州把港（時制府在梧）一班在官一班歸農皆各里輪派甲首當之不願當者上下兩班共貼錢三貫六百文僱人代當自成化初兵部定議本縣依舊編取六十名守城池或撥調捕盜弘治正德間乃通縣編之與原法不同每米六十石編一名冊有人一丁者准米一石凡單丁無米及逃亡死絕者免丁產多者爲長兵之工食皆責爲長者備征貼戶給之每年銀七兩二錢復有盜甲銀八錢嘉靖十三年知縣陳蒙再將米五十石編一名二十三年知縣何廷仁編依舊額二十六年知縣王交革爲長者例責里長排年將各民壯隨米編定每米一石取銀一錢五分盜甲銀另行徵收總納到官從官給兵領之賦役繁重辦納不前於是鞭朴日繁公私皆多事矣嘉靖三十二年冬司府議復舊制編取有田力者仍舊充爲民壯長又加編三百名蓋自僉事杜聰臨縣調征山海諸盜權令本縣里排每戶出銀一兩募夫三百聽調議在歲終事畢卽革知縣余恩因各總甲呈乞遂添編入民壯冊中杜聰如議行弗革而民益病矣

打手始自成化初都御史韓雍選僱敢勇以征寇盜事平罷之不爲定例正德中忽籍衛所餘丁號爲精兵代鎮彝營軍士守城嘉靖初右都御史張岳會諸司議罷精兵以其月糧僱募打手久之月糧亦爲虛名而打手民壯或罷伍歸農或操點汰黜往往哺黨行刦如外海白帶甲總陳文伯之寇流患不可勝言後始革之

國朝

城守營分守新會兼轄新寧地方

會寧遊擊一員

中軍守備一員

兩哨千總一員

匡門汛千總一員

南哨把總四員
官兵一千一百九十一名水陸各半歲支兵餉銀一
萬六千六百三十八兩
中快槳船十一隻自備槳船三隻
守城官兵一百六十五名分守新寧官兵一百一名
陸汛八曰虎臂官兵五十八名曰南坑曰長沙官兵
六十二名曰古勞曰朱六合曰坡山官兵二百二
十名曰崖門砲臺官兵九十名曰外海嘴砲臺官
兵九十三名

水汛十二曰江門曰馬元曰艮則涌曰崖門曰虎坑
曰沙路官兵一百七十三名曰馬拈屯曰坡山曰
銀瓶嘴曰猪頭山曰周郡曰北街口官兵一百七
十八名
新會所屯田附
原額屯田稅八十四頃米二千零一十六石內除
荒陷稅三十七頃四十五畝零七釐四毫四絲
八忽連減則共無徵米一千六百零二石五斗
九升六合零六抄四撮五圭六粟八粒八截

實徵熟稅四十六頃五十四畝九分二釐五毫五
絲二忽米四百一十三石四斗零三合九勺三
抄五撮四圭三粟一粒二截
原額屯丁一百零一丁康熙二十三年届編審新
增屯丁二丁
實在屯丁一百零三丁歲徵銀二十一兩九錢二
分三釐三毫四絲四忽遇閏加銀八錢一分五
釐八毫九絲三忽九微
一軍器等料銀二百零一兩七錢五分五釐八毫

軍汰無徵

新會縣志卷之十終

新會縣志卷之十一

知新會縣事渤海賈雒英訂定

邑人余玉成
蘇楫汝
李朝鼎分校
薛起蛟
湯　晉仝纂

賦役

任土作貢自古已然唐賦租庸調三科厥稱良規後乃雜出宋屢變更名目尤煩至明定爲一條鞭之法簡而易知誠爲盡善
國朝因之惟粵頻年軍興往往有大征繕大供億告罷困焉近際升平賦役復舊民慶昭蘇矣第邑田多濱海自折遷令下民轉徙他鄉雖八年而復然人與田俱亡者有矣按額責墾虛糧貽累復畝正界誠不可一日緩也作賦役志　湯晉識

戶口

宋

戶三萬九百一十三　僧道一百三十八

明

洪武二十四年
戶三萬六千八十八　口八萬一千二百八十

永樂十年
戶二萬六千二百二十七　口七萬五百六十五

天順六年
戶二萬八千六百九十　口一十萬四百八十

成化八年
戶二萬七百七十六　口九萬八千二百一十五

弘治五年
戶二萬五千二百八十　口七萬二千六百二十

正德七年
戶一萬七千九百九十八　口六萬二百七十七

嘉靖元年
戶一萬八千一百三十五　口六萬一千三百三十二

嘉靖十一年
戶一萬八千一百六十　口六萬三千九百二十三

嘉靖二十一年

戶一萬八千一百三十　口六萬五千零五十二

嘉靖四十一年

戶一萬八千二百五十一　口六萬四千三百七十三

萬曆十年

戶一萬八千二百五十七　口七萬一千四百一十六

萬曆二十年

戶一萬七千五百三十六　口七萬三千一百二十七

萬曆三十年

戶一萬六千九百七十五 據萬曆舊邑志　口七萬二千一百六十八

萬曆四十年

戶一萬 據萬曆舊邑志徐無攷

崇禎十七年

戶一萬六千九百七十五　口七萬二千一百六十八

據康熙十二年通志

國朝

全書開載原額人丁二萬六千七百六十八丁除割附開平六千一百七十五丁尚存二萬零五百九十三丁又除優免人丁二千六百一十五丁又丁一千九百六十五丁實存人丁一萬六千零一十三丁　原額食鹽課九千一百一十口除割附開平四千四百三十一口尚存食鹽課併扣清又丁六千六百四十四口

順治十四年

戶一萬六千一十三　口六千六百四十四

康熙元年

戶一萬六千一十三　口六千六百四十四

元年遷移人[illegible]食鹽課併

又丁八百七十七口

三年遷移人丁六千二百一十二丁　食鹽課併

又丁四千五百一十二口　續再遷移人丁六

百六十二丁　食鹽課併又丁五百三十三口

尚存人丁七千八百五十二丁　食鹽課併又

丁一千四百

三十二口

八年展界復回人丁三百八十二丁一分七釐四

毫零六忽六微　食鹽課五百八十五口一分

六釐八毫四絲

五忽一微

九年復回人丁八百九十九丁五分一釐二毫八

絲零叁微　食鹽課六百五十四口零七毫六

絲八忽

一微

十[illegible]年復回人丁一千五百七十丁四分五釐八毫

食鹽課一千一百四十五口四分九釐

七毫六絲

六年十年審增人丁一千七百十一丁　食鹽課六百一十九口

康熙十年

戶一萬二千四百一十六丁一分四釐五毫三絲六忽九微　口四千四百三十五口六分七釐三毫七絲三忽一微

十一年復回人丁一百九十九丁七分六釐八毫　食鹽課一百五十一口四分五釐五毫

十二年復回人丁七百八十八丁　食鹽課五百八十四口八分四釐

十三年復回人丁一十二丁五分二釐三毫　食鹽課九口六分八釐

十四年復回人丁一十二丁七分八釐　食鹽課九口四分五釐

十五年復回人丁四丁　食鹽課二口

十六年復回人丁一十四丁五分　食鹽課一十三口一分

十七年復回人丁六十四丁八分五釐三毫　食鹽課四十四口一分四釐

十八年復回人丁五百四十四丁六分二釐五毫八絲　食鹽課三百九十二口零四釐二毫六絲三忽

十九年復回人丁一十九丁一分三釐　食鹽課二十三口五分三釐

二十年復回人丁一十三丁七分五釐五毫　食鹽課八口七分三釐

二十年審增編丁九十丁　審除人丁二百五十五丁九分　食鹽課五十一口九分八釐五毫零一忽

康熙二十年

戶一萬三千九百二十四丁一分八釐零一絲六忽九微　口五千六百二十三口六分五釐六毫三絲五忽一微

二十一年二十二年復回丁口無

二十三年復回人丁二百八十二丁九分二釐一毫　食鹽課併又丁九百四十二口三分五釐

二十四年復回未陞科人丁四百六十八丁四分又復回未陞科人丁一十五丁五分五釐一毫　食鹽課併又丁三百四十八口八分八釐三毫

二十五年編丁九十丁　新增又丁一百九十七丁五分[illegible]　食鹽課四十二口五分八釐八毫零九忽八微

康熙二十五年

戶一萬六千六百九十一丁零五釐一毫一絲六忽九微　口七千一百五十三口八分七釐一毫四絲四忽[illegible]微

田賦

明

洪武二十四年

官民田地山塘一萬一千一百七十九頃三十一

畝六分　夏稅米四石六斗零五合三勺　秋糧米四萬四千六百九十一石六斗二升零五勺

永樂十年

官民田地山塘一萬一千二百一十八頃一十八畝七分一釐一毫　夏稅米四石六斗二升四合三勺　秋糧米四萬四千七百六十石一斗零一合一勺

天順六年

官民田地山塘一萬一千五百七十七頃一十畝三分　夏稅米五石一斗六升八合五勺　秋糧米四萬四千九百二十一石六斗四升六合七勺

成化八年

官民田地山塘一萬一千五百九十九頃五十二畝七分六釐　夏稅米五石一斗九升八合五勺　秋糧米四萬四千六百二十石九斗一升四勺

弘治五年

官民田地山塘一萬一千五百六十八頃八十九畝二分一釐　夏稅米五石一斗六升八合五勺　秋糧米四萬四千三百八十二石八斗五升三合八勺

正德七年

官民田地山塘九千一百九十八頃六十八畝六分四釐　夏稅米四石九斗七升五合九勺　秋糧米三萬六千五百五十九石四斗一升五合五勺

嘉靖元年

官民田地山塘九千一百零五頃三十一畝九分四釐四毫　夏稅米四石九斗七升五合九勺　秋糧米三萬六千五百八十石七斗零七合七勺

嘉靖十一年至四十一年俱無考

隆慶六年

官民田地山塘九千二百五十四頃四十一畝七

分八釐一毫　夏稅米四石九斗九升五合九勺　秋糧米三萬六千七百零九石三斗三升八合二勺

萬曆十年

官民田地山塘一萬一千九百七十九頃二十八畝八分五釐八毫　夏稅米四石九斗七升五合九勺　秋糧米三萬六千八百六十四石二斗零一合九勺

萬曆二十年

官民田地山塘一萬二千四十一頃五十一畝二分七釐四毫有奇　夏稅米四石九斗七升五合九勺　秋糧米三萬七千七百五十八石七斗三升九合　農桑米一石六斗　魚課米四百三十二石二斗六升五合

萬曆二十八年

新增實在秋糧官民僧尼道寵夏稅農桑渡海水稅魚課魚油翎鰾米共三萬八千一百九十七石五斗七升九合九勺　糧科派額凡二十條

京庫料銀三千五百四十兩六錢一分七釐五毫有奇　廣西梧州府廣備倉米銀三千零八十八兩七錢八分四釐八毫有奇　儒學倉米銀二百二十九兩八錢　庫開月折色米銀二千八百三十兩零八分有奇　存留倉米銀連簟價共銀五千一百七十六兩三錢零四釐二毫有奇　解司軍糧米銀七十兩九錢三分八釐二毫有奇　額派均一料銀一千二百九十三兩七錢五分一釐五毫有奇　續派四司料

銀七百八十四兩四錢六分五釐一毫有奇　鋪墊併京估料銀二百零五兩二錢八分六釐八毫有奇　增派紫竹梨木翠毛等料銀四十二兩二錢零一釐九毫有奇　軍器料銀五十三兩一錢二分二釐一毫有奇　總兵廩糧條吏衣資共銀一十五兩三分六釐一毫有奇　魚課米銀連水脚共銀一百一十一兩六錢一分三釐九毫有奇　魚油翎鰾料米銀連水脚共銀九兩七錢二分四釐

人丁除優免外實存編丁二萬一千七百零六丁
三分
官民夏農除優免外實編米二萬七千三百九十
石三斗五升七合八勺
徭役派額凡五條徭差無閏銀五十零九十三兩
九錢零四釐八毫　民壯無閏銀九千一百一
十兩九錢　驛傳銀二千四百四十兩二錢四
分七釐五毫有奇　均平銀九百三十六兩三
錢三分零一毫　戶口鹽鈔無閏銀八百七十
九兩六錢

國朝
順治十四年
官民僧道夏麥農桑斥鹵川堤山塘縉門渡涌共
一萬二千二百二十四頃七十一畝五分零八
毫內除割附開平縣二千八百四十五頃五分九釐存縣九千三百七
十九頃七十畝零九分一釐八毫起科各有則
例另列在後
計一萬零八百五十七頃三十四畝九分八釐
八毫內除割附開平縣田二千四百七十一頃二十八畝九分八釐存縣八
千三百八十六頃零六畝零八毫內
民田有四則
上則田六千七百九十二頃二十五畝八分五釐
五毫內除割附開平縣田八百一十四頃七十三畝九分八釐八毫存縣田
五千九百七十七頃五十一畝八分六釐七毫
每畝科官正耗米五合二勺二抄五撮四圭二
粟積一頃九十一畝三分七釐二毫爲糧一石
共米三千一百二十三石五斗零四合六勺每

畝又科民正耗米二升六合八勺七抄四撮五
圭八粟積三十七畝二分一絲爲糧一石共米
一萬六千零六十四石三斗三升零四勺
中則田八百八十二頃五十畝零五分五釐內除割附開平縣田三百二十五頃二十五畝六分五釐三毫存縣田五百五十
七頃二十四畝八分九釐七毫每畝科官正耗
米四合七勺零二撮八圭八粟積二頃一十二
畝六分三釐六毫爲糧一石共米二百六十二
石零六升七合五勺每畝又科民正耗米二升

四合一勺八抄七撮一圭二粟積四十一畝三分四釐四毫爲糧一石共米一千三百四十七石八斗二升四合八勺

下則田二千四百九十八頃七十畝零四分四釐五毫內（除割附開平縣田一千二百八十頃零七畝七分九釐一毫）存縣田一千二百一十八頃六十二畝六分五釐四毫每畝科官正耗米三合九勺五抄三撮九圭積二頃五十二畝九分一釐五毫爲糧一石共米四百八十一石八斗三升二合八勺每畝又科

民正耗米二升零三勺三抄五撮一圭積四十九畝一分七釐六毫爲糧一石共米二千四百七十八石零八升九合二勺

下則斥鹵田一百三十九頃五十一畝七分三釐二毫內（除割附開平縣田一十二頃二十八畝五分零九毫）存縣田一百二十七頃二十三畝二分二釐二毫每畝科官正耗米六勺九抄六撮七圭二粟三粒積一十四頃三十五畝二分九釐一毫爲糧一石共米八斗六升四合六勺每畝又科民正耗米三合五勺八抄三撮二圭七粟七粒積二頃七十九畝零七釐四毫爲糧一石共米四十五石五斗九升零八勺

僧田五百三十六頃六十四畝六分一釐九毫內（除割附開平縣田三十八頃九十三畝零二釐九毫）存縣田四百九十七頃七十一畝五分八釐通縣同則每畝科官正耗米八合七勺零九撮零三粟五粒積一頃一十四畝八分二釐三毫爲糧一石共米四百三十三石四斗六升二合四勺每畝又科僧正耗

米四升四合七勺九抄零九圭六粟五粒積二十二畝三分二釐六毫爲糧一石共米二千二百二十九石三斗一升七合一勺

道田七頃七十一畝七分八釐八毫每畝科官正耗米八合七勺零九撮零三粟五粒積一頃一十四畝八分二釐三毫爲糧一石共米六石七斗二升一合五勺每畝又科道正耗米四升四合七勺九抄零九圭六粟五粒積二十二畝三分二釐六毫爲糧一石共米三十四石五斗六

升九合一勺
地一千一百二十頃零五十三畝二分八釐二毫
內（除割附開平縣地三百零二頃八十四畝零八釐四毫）存縣地八百一
十七頃六十九畝一分九釐八毫內

民地有二則
一則民地六百頃零六十五畝八分四釐五毫內
（除割附開平縣地九十六頃三十四畝六分九釐）存縣地五百零四頃
三十一畝一分五釐五毫每畝科官正耗米三
合九勺五抄三撮九圭積二頃五十二畝九分
一釐五毫爲糧一石共米一百九十九石三斗
九升九合七勺每畝又科民正耗米二升零三
勺三抄五撮一圭積四十九畝一分七釐六毫
爲糧一石共米一千零二十五石五斗二升二
合六勺
一則秧地四百八十八頃五十二畝零八釐內（除割附開平縣地二百零一頃六十三畝二分八釐八毫）存縣地二百八十六
頃八十八畝七分九釐二毫每畝科官正耗米
三合四勺四抄一撮八圭一粟積二頃九十畝

零五分四釐四毫爲糧一石共米九十八石七
斗四升一合四勺每畝又科民正耗米一升七
合七勺零一撮三圭九粟積五十六畝四分九
釐三毫爲糧一石共米五百零七石八斗三升
一合五勺
僧地二十八頃四十六畝三分九釐四毫內（除割附開平縣地四頃八十六畝一分零六毫）存縣地二十三頃六十畝零
二分八釐八毫通縣同則每畝科官正耗米八
合七勺零九撮零三粟五粒積一頃一十四畝
八分二釐三毫爲糧一石共米二十石零五斗
五升五合八勺每畝又科僧正耗米四升四合
七勺九抄零九圭六粟五粒積二十二畝三分
二釐六毫爲糧一石共米一百零五石七斗一
升九合六勺
道地三畝七分七釐八毫通縣同則每畝科官正
耗米八合七勺零九撮零三粟五粒積一畝一
分四釐八毫爲糧一升共米三升二合九勺每
畝又科道正耗米四升四合七勺九抄零九圭

六粟五粒積二畝二分三釐三毫為糧一斗共
米一斗六升九合二勺
夏麥地二頃三十五畝三分四釐三毫通縣同則
每畝科夏稅米二升一合一勺四抄三撮二圭
積四十七畝二分九釐六毫為糧一石共米四
石九斗七升五合九勺
農桑絲地四十九畝八分四釐二毫通縣同則每
畝科農桑米三升二合一勺積三十一畝一分
五釐二毫為糧一石共米一石六斗

山三十五頃九十九畝九分三釐六毫內除割附開平縣山八頃三十五畝八分五釐　存縣山二十七頃六十四畝零
八釐六毫內
山有二則
民山三十五頃九十五畝五分五釐七毫內除割附開平縣山八頃三十五畝八分五釐　存縣山二十七頃五十九畝
七分零七毫通縣同則每畝科官正耗米三合
四勺四抄一撮八圭一粟積二頃九十畝零五
分四釐四毫為糧一石共米九石四斗九升八
合四勺每畝又科民正耗米一升七合七勺零
一撮三圭九粟積五十六畝四分九釐三毫為
糧一石共米四十八石八斗五升零七勺
僧山四畝三分七釐九毫通縣同則每畝科官正
耗米八合七勺零九撮零三粟五粒積一畝一
分四釐八毫為糧一升共米三升八合一勺每
畝又科僧正耗米四升四合七勺九抄零九圭
六粟五粒積二畝二分叁釐三毫為糧一斗共
米一斗九升六合一勺

塘二百零九頃一十六畝一分七釐六毫內除割附開平縣塘六十一頃五十一畝六分七釐六毫　存縣塘一百四十六頃
六十四畝五分內
民塘一百九十九頃四十六畝零八釐九毫內除割附開平縣塘六十一頃九十八畝零八釐三毫　存縣塘一百三十七頃
四十八畝零六毫每畝科官正耗米八合七勺
零九撮零三粟五粒積一頃一十四畝八分二
釐三毫為糧一石共米一百一十九石七斗三
升一合九勺每畝又科民正耗米四升四合七

勺九抄零九圭六粟五粒積二十二畝三分二
釐六毫爲糧一石共米六百一十五石七斗八
升六合四勺

僧塘九頃五十三畝三分一釐九毫內除割附開平縣塘五十三畝五分九釐二毫存縣塘八頃九十九畝七分二釐
六毫每畝科官正耗米八合七勺零九撮零三
粟五粒積一頃一十四畝八分二釐三毫爲糧
一石共米七石八斗三升五合八勺每畝又科
僧正耗米四升四合七勺九抄零九圭六粟五
粒積二十二畝三分二釐六毫爲糧一石共米
四十石零二斗九升九合六勺

道塘一十六畝七分六釐八毫通縣同則每畝科
官正耗米八合七勺零九撮零三粟五粒積一
十一畝四分八釐二毫爲糧一斗共米一斗四
升六合每畝又科僧正耗米四升四合七勺九
抄零九圭六粟五粒積二畝二分三釐三毫爲
糧一斗共米七斗五升一合

緍門四十二畝六分七釐每畝科官正耗米五合

二勺二抄五撮四圭二粟積一十九畝一分三
釐七毫爲糧一斗共米二斗二升三合每畝又
科民正耗米二升六合八勺七抄四撮五圭八
粟積三十七畝二分一釐爲糧一石共米一石
一斗四升六合七勺

渡埠九十七畝二分五釐六毫每畝科官正耗米
五合二勺二抄五撮四圭二粟積一十九畝一
分三釐七毫爲糧一斗共米五斗零八合二勺
每畝又科民正耗米二升六合八勺七抄四撮
五圭八粟積三十七畝二分一釐爲糧一石共
米二石六斗一升三合七勺

漏步二十七畝二分每畝科官正耗米五合二勺
二抄五撮四圭二粟積一十九畝一分三釐七
毫爲糧一斗共米一斗四升二合一勺每畝又
科民正耗米二升六合八勺七抄四撮五圭八
粟積三畝七分二釐一毫爲糧一斗共米七斗
三升一合

已上田地山塘緍門渡漏共派

官米除割附開平縣外尚存縣米四千七百七十三石三斗零六合七勺內除原額歷科米一十一石二斗四升四合八勺摘出另項徵作贏餘充餉外實米四千七百六十二石零六升一合九勺每石派糧料銀三錢一分九釐五毫八絲九忽該銀一千五百二十一兩九錢零二釐六毫不派四差

民米除割附開平縣外尚存縣米二萬二千一百三十八石三斗一升七合八勺內除原額歷科米五十七石八斗三升七合七勺摘出另項徵作贏餘充餉外實米二萬二千零八

十石零四斗八升零一勺每石派糧料銀六錢一分九釐二毫九絲三忽該銀一萬三千六百七十四兩二錢八分六釐八毫又派四差銀五錢一分一釐七毫二絲三忽該銀一萬一千二百九十九兩零八分九釐五毫每石總派糧料四差銀一兩一錢三分一釐零一絲六忽共銀二萬四千九百七十三兩三錢七分六釐三毫內除官紳舉貢監生員吏承優免米二千四百七十石零六斗八升三合二勺例免三差該銀

一千二百一十五兩八錢四分七釐九毫不編外實編銀二萬三千七百五十七兩五錢二分八釐四毫

僧米除割附開平縣外尚存縣米二千四百一十一石零二升一合七勺每石派糧料銀六錢一分零五毫四絲八忽該銀一千四百七十二兩零四分四釐五毫又派四差銀三錢零七釐零三絲三忽該銀七百四十兩零二錢六分三釐二毫每石總派糧料四差銀九錢一分七釐五

毫八絲一忽共銀二千二百一十二兩三錢零七釐七毫

夏稅米四石九斗七升五合九勺每石派倉糧銀五錢共銀二兩四錢八分八釐不派四差

農桑米一石六斗每石派倉糧銀五錢共銀八錢不派四差

外額徵

魚課米三百五十四石三斗三升每石派銀三錢一分五釐該銀一百一十一兩六錢一分四釐

又本縣岸民承補逃絕米七十七石九斗三升五合該銀二十四兩五錢四分九釐五毫共銀一百三十六兩一錢六分三釐五毫

魚油翎料米七百六十三石九斗八升本縣岸民承補逃絕米七十七石九斗三升五合每石派銀一分三釐六毫五絲共銀一十一兩四錢九分二釐

又一項地畝餉銀以通縣夏麥農桑斥鹵田地山塘紵門渡涌共稅九千三百七十九頃七十畝零九分一釐八毫照萬曆四十八年例每畝派銀七釐零三絲零八微三纖一沙共銀六千五百九十四兩七錢一分五釐每兩帶徵水腳銀一分五釐共銀九十八兩九錢二分零八毫

總計通縣官民僧夏稅農桑魚課魚油料米除割附開平縣外尚實米三萬零五百三十四石三斗一升九合六勺連男婦丁口共編派一條鞭銀三萬一千二百三十五兩四錢七分零一毫又地畝餉連水腳銀六千六百九十三兩六錢三分五釐八毫通共銀三萬七千九百二十九兩一錢零五釐九毫 項款開後

一起運併留克兵餉軍器原額銀一萬六千八百一十九兩一錢七分七釐四毫又地畝餉連水腳并驛傳節裁銀八千四百零八兩五錢六分六釐七毫八絲共銀二萬五千二百二十七兩七錢四分四釐一毫八絲內

折色起運

戶部項下

京庫銀二千七百七十六兩五錢一分七釐九毫每兩帶徵滴珠銀一分水腳銀二分共銀八十三兩二錢九分五釐五毫 滴珠銀傾入錠內起解小銷銀給官役解運盤費

鋪墊料銀一百七十兩零三錢七分六釐九毫

地畝餉銀六千五百九十四兩七錢一分五釐水腳銀九十八兩九錢二分零八毫 水腳銀給官役解運盤費

兵部項下

驛傳節裁銀一千七百一十四兩九錢三分零九

毫八絲
工部項下
、均一料銀七百四十九兩零五分一釐六毫
四司料銀七百八十四兩四錢六分五釐二毫
竹木翠毛等料銀四十二兩三錢零二釐
魚油翎料并水脚共銀一十一兩四錢九分二釐（遇閏加銀一兩一錢四分九釐二毫）
已上八項俱解布政司差官類解赴部
留備軍器

軍器料銀五十二兩一錢二分二釐二毫（解布政司聽支）（修整軍器）
留克兵餉
原廣西梧州府廣備倉米銀二千四百三十兩零六錢九分四釐八毫水脚銀三兩二錢三分二釐九毫（今留克本省兵食用）
解司備用軍餉米銀七十兩零九錢三分八釐八毫
本縣豐積倉米銀四千六百二十兩零五錢五分九釐九毫
本縣廣海倉米銀二千六百二十九兩七錢七分九釐八毫
本縣庫開月折色米銀一千九百六十六兩七錢、五分三釐七毫
本縣儒學倉米銀二百二十九兩八錢
原總兵廩糧改克兵餉銀一十二兩七錢九分零五毫
原中營操軍月餉改克兵餉銀四十七兩八錢四

分零二毫（遇閏加銀一十二兩[illegible]分零四毫）
魚課米銀一百三十六兩一錢六分三釐五毫（遇閏加銀一十三兩六錢一分六釐四毫）
已上九項留克兵餉銀一萬二千一百四十八兩五錢五分四釐一毫（遇閏加銀二十六兩三錢零六釐八毫）
存留
一條差民壯鹽鈔驛傳均平共銀一萬四千四百一十六兩二錢九分二釐七毫（內除驛傳節裁銀一千七百一十四兩九錢三分零九毫八絲剩在起運項下解部克餉外）尚銀一萬二千

七百零一兩三錢六分一釐七毫二絲內
傜差銀三千六百四十兩零六錢五分五釐八毫 遇閏加銀三百零三兩七錢七分八釐六毫
民壯銀六千九百一十五兩九錢五分八釐八毫 遇閏加銀五百六十一兩九錢七分二釐
戶口鹽鈔銀五百八十六兩零九分零九毫 遇閏加銀二十兩零一錢二分四釐八毫
三項共銀一萬一千一百四十二兩七錢零五釐五毫 遇閏加銀五百八十五兩八錢七分五釐四毫內

布政司解戶部腳兌并兌倫共銀一百八十四兩八錢四分九釐一毫 解布政司備支
按察司按察使
俸銀八十八兩八錢四分 遇閏加銀七兩四錢零三釐三毫
薪銀一百二十兩 遇閏加銀一十兩
蔬菜燭炭銀八十兩 遇閏加銀六兩六錢六分六釐六毫
心紅紙張銀一百二十兩 遇閏加銀一十兩
修宅家伙銀四十八兩
更換桌圍銀五十二兩

吏書三十名每名歲支廩給銀一十二兩共銀三百六十兩 遇閏加銀三十兩
門子四名每名歲支工食銀七兩二錢共銀二十八兩八錢 遇閏加銀二兩四錢
快手十二名每名歲支工食銀七兩二錢共銀八十六兩四錢 遇閏加銀七兩二錢
皂隸十二名每名歲支工食銀七兩二錢共銀八十六兩四錢 遇閏加銀七兩二錢
轎傘扇夫七名每名歲支工食銀七兩二錢共銀五十兩零四錢 遇閏加銀四兩二錢

聽事吏二名每名歲支工食銀七兩二錢共銀一十四兩四錢 遇閏加銀一兩二錢
舖兵二名每名歲支工食銀七兩二錢共銀一十四兩四錢 遇閏加銀一兩二錢
禁卒十六名每名歲支工食銀七兩二錢共銀一百一十五兩二錢 遇閏加銀九兩六錢
修監備辦刑具銀四十兩
按察司經歷

俸銀二十七兩四錢九分（遇閏加銀二兩二錢九分零八毫）

薪銀三十六兩（遇閏加銀三兩）

書辦一名歲支工食銀七兩二錢（遇閏加銀六錢）

門子一名歲支工食銀七兩二錢（遇閏加銀六錢）

皂隸四名每名歲支工食銀七兩二錢共銀二十八兩八錢（遇閏加銀二兩四錢）

馬夫一名歲支工食銀七兩二錢（遇閏加銀六錢）

按察司知事

俸銀二十四兩三錢零二釐（遇閏加銀二兩零二分五釐二毫）

薪銀二十四兩（遇閏加銀二兩）

書辦一名歲支工食銀七兩二錢（遇閏加銀六錢）

門子一名歲支工食銀七兩二錢（遇閏加銀六錢）

皂隸四名每名歲支工食銀七兩二錢共銀二十八兩八錢（遇閏加銀二兩四錢）

馬夫一名歲支工食銀七兩二錢（遇閏加銀六錢）

按察司司獄

俸銀一十九兩五錢二分（遇閏加銀一兩六錢二分六釐六毫）

薪銀一十二兩（遇閏加銀一兩）

書辦一名歲支工食銀七兩二錢（遇閏加銀六錢）

皂隸二名每名歲支工食銀七兩二錢共銀一十四兩四錢（遇閏加銀一兩二錢）

已上俱解布政司貯支

市舶提舉司提舉

俸銀三十七兩六錢八分四釐（遇閏加銀三兩一錢四分零三毫）

薪銀四十八兩（遇閏加銀四兩）

蔬菜燭炭銀一十兩心紅紙張銀二十兩共銀三十兩（遇閏加銀二兩五錢）

修宅家伙銀二十兩

傘扇桌圍銀一十兩

書辦四名每名歲支工食銀一十兩零八錢共銀四十三兩二錢（於順治九年四月會議每名月給銀五錢歲共給銀二十四兩裁扣銀一十九兩二錢解部）遇閏加銀三兩六錢（照前會議每名給銀五錢共銀二兩裁扣銀一兩六錢解部）

門子二名每名歲支工食銀七兩二錢共銀一十四兩四錢（於順治九年四月會議每名月給銀五錢歲共給銀一十二兩裁扣銀二兩四錢解部）遇閏加銀一兩二錢（照前會議每名給銀五錢共銀一兩

裁扣銀二錢解部

快手四名每名歲支工食銀七兩二錢共銀二十八兩八錢於順治九年四月會議每名月給銀五錢歲共給銀二十四兩裁扣銀四兩八錢解部遇閏加銀二兩四錢照前會議每名給銀五錢共銀二兩裁扣銀四錢解部

皂隸十二名每名歲支工食銀七兩二錢共銀八十六兩四錢於順治九年四月會議每名月給銀五錢歲共給銀七十二兩裁扣銀一十四兩四錢解部遇閏加銀七兩二錢照前會議每名給銀五錢共銀六兩裁扣銀一兩二錢解部

轎傘扇夫七名每名歲支工食銀七兩二錢共銀五十兩零四錢於順治九年四月會議每名月給銀五錢歲共給銀四十二兩裁扣銀八兩四錢解部遇閏加銀四兩二錢照前會議每名給銀五錢共銀三兩五錢裁扣銀七錢解部

聽事吏一名歲支工食銀七兩二錢於順治九年四月會議每月給銀五錢歲共給銀六兩裁扣銀一兩二錢解部遇閏加銀六錢照前會議給銀五錢裁扣銀一錢解部

鋪兵二名每名歲支工食銀七兩二錢共銀一十四兩四錢於順治九年四月會議每名月給銀五錢歲共給銀一十二兩裁扣銀二兩四錢解部遇閏加銀一兩二錢照前會議每名給銀五錢共銀一兩裁扣銀二錢解部

燈夫二名每名歲支工食銀七兩二錢共銀一十四兩四錢於順治九年四月會議每名月給銀五錢歲共給銀一十二兩裁扣銀二兩四錢解部遇閏加銀一兩二錢照前會議每名給銀五錢共銀一兩裁扣銀錢解部

市舶司吏目

俸銀一十九兩五錢二分遇閏加銀一兩六錢二分六釐六毫

薪銀一十二兩遇閏加銀一兩

書辦一名歲支工食銀七兩二錢於順治九年四月會議每月給銀五錢歲共給銀六兩裁扣銀一兩二錢解部遇閏加銀六錢照前會議給銀五錢裁扣銀一錢解部

門子一名歲支工食銀七兩二錢於順治九年四月會議每月給銀五錢歲共給銀六兩裁扣銀一兩二錢解部遇閏加銀六錢照前會議給銀五錢裁扣銀一錢解部

皂隸六名每名歲支工食銀七兩二錢共銀四十三兩二錢於順治九年四月會議每名月給銀五錢歲共給銀三十六兩裁扣銀七兩二錢解部遇閏加銀三兩六錢照前會議每名給銀五錢共銀三兩

裁扣銀六錢解部

籠馬傘扇夫二名每名歲支工食銀七兩二錢共銀一十四兩四錢於順治九年四月會議每名月給銀五錢歲共給銀一十二兩裁扣銀二兩四錢解部遇閏加銀一兩二錢照前會議每名給銀五錢共銀一兩裁扣銀二錢解部

已上俱解府貯支

本縣知縣

俸銀二十七兩四錢九分遇閏加銀二兩二錢九分零八毫

薪銀三十六兩遇閏加銀三兩

心紅紙張油燭銀三十兩遇閏加銀二兩五錢

修宅家伙銀二十兩於順治九年四月會議全裁解部

迎送上司傘扇銀一十兩

吏書十二名每名歲支工食銀一十兩零八錢共銀一百二十九兩六錢於順治九年四月會議每名月給銀五錢歲共給銀七十二兩裁扣銀五十七兩六錢解部遇閏加銀一十兩零八錢照前會議每名給銀五錢共銀六兩裁扣銀四兩八錢解部

門子二名每名歲支工食銀七兩二錢共銀一十四兩四錢於順治九年四月會議每名月給銀五錢歲共給銀一十二兩裁扣銀二兩四錢解部遇閏加銀一兩二錢照前會議每名給銀五錢共銀一兩裁扣銀二錢解部

皂隷十六名每名歲支工食銀七兩二錢共銀一百一十五兩二錢於順治九年四月會議每名月給銀五錢歲共給銀九十六兩裁扣銀一十九兩二錢解部遇閏加銀九兩六錢照前會議每名給銀五錢共銀八兩裁扣銀一兩六錢解部

馬快八名每名歲支工食草料銀一十八兩共銀一百四十四兩於順治九年四月會議每名月給工食銀五錢草料銀九錢歲共給銀一百三十四兩四錢裁扣銀九兩六錢解部遇閏加銀一十二兩照前會議每名給工食銀五錢草料銀九錢共銀一十一兩二錢裁扣銀八錢解部

民壯五十名每名歲支工食銀七兩二錢共銀三百六十兩於順治九年四月會議每名月給銀五錢歲共給銀三百兩裁扣銀六十兩解部遇閏加銀三十兩照前會議每名給銀五錢共銀二十五兩裁扣銀五兩解部

燈夫四名每名歲支工食銀七兩二錢共銀二十八兩八錢於順治九年四月會議每名月給銀五錢歲共給銀二十四兩裁扣銀四兩八錢解部遇閏加銀二兩四錢照前會議每名給銀五錢共銀二兩裁扣銀四錢解部

看監禁卒八名每名歲支工食銀七兩二錢共銀五十七兩六錢於順治九年四月會議每名月給銀五錢歲共給銀四十八兩裁扣銀九兩六錢解部遇閏加銀四兩八錢照前會議每名給銀五錢共銀四兩裁扣銀八錢解部

修理倉監銀二十兩

轎傘扇夫七名每名歲支工食銀七兩二錢共銀五十兩四錢於順治九年四月會議每名月給銀五錢歲共給銀四十二兩裁扣銀八兩四錢解部遇閏加銀四兩二錢照前會議每名給銀五錢共銀三兩五錢裁扣銀七錢解部

庫書一名歲支工食銀一十二兩於順治九年四月會議每月給銀五錢歲共給銀六兩裁扣銀六兩解部遇閏加銀一兩照前會議給銀五錢裁扣銀五錢解部

倉書一名歲支工食銀一十二兩於順治九年四月會議每月給銀五錢歲共給銀六兩裁扣銀六兩解部遇閏加銀一兩照前會議給銀五錢裁扣銀五錢解部

庫子四名每名歲支工食銀七兩二錢共銀二十八兩八錢於順治九年四月會議每名月給銀五錢歲共給銀二十四兩裁扣銀四兩八錢解部遇閏加銀二兩四錢照前會議每名月給銀五錢共銀二兩裁扣銀四錢解部

斗級四名每名歲支工食銀七兩二錢共銀二十八兩八錢於順治九年四月會議每名月給銀五錢歲共給銀二十四兩裁扣銀四兩八錢解部遇閏加銀二兩四錢照前會議每名給銀五錢共銀二兩裁扣銀四錢解部

縣丞

俸銀二十四兩三錢零二釐遇閏加銀二兩零二分五釐二毫

薪銀二十四兩遇閏加銀二兩

書辦一名歲支工食銀七兩二錢於順治九年四月會議每月給銀五錢歲共給銀六兩裁扣銀一兩二錢解部遇閏加銀六錢照前會議給銀五錢裁扣一錢解部

門子一名歲支工食銀七兩二錢於順治九年四月會議每月給銀五錢歲共給銀六兩裁扣銀一兩二錢解部遇閏加銀六錢照前會議給銀五錢裁扣一錢解部

皁隸四名每名歲支工食銀七兩二錢共銀二十八兩八錢於順治九年四月會議每名月給銀五錢歲共給銀二十四兩裁扣銀四兩八錢解部遇閏加銀二兩四錢照前會議每名給銀五錢共銀二兩裁扣銀四錢解部

馬夫一名歲支工食銀七兩二錢於順治九年四月會議每月給銀五錢歲共給銀六兩裁扣銀一兩二錢解部遇閏加銀六錢照前會議給銀五錢裁扣銀一錢解部

典史

俸銀一十九兩五錢二分遇閏加銀一兩六錢二分六釐六毫

薪銀一十二兩遇閏加銀一兩

書辦一名歲支工食銀七兩二錢於順治九年四月會議每月給銀五錢歲共給銀六兩裁扣銀一兩二錢解部遇閏加銀六錢照前會議給銀五錢裁扣銀一錢解部

門子一名歲支工食銀七兩二錢於順治九年四月會議每月給銀五錢歲共給銀六兩裁扣銀一兩二錢解部遇閏加銀六錢照前會議給銀五錢裁扣銀一錢解部

皂隸四名每名歲支工食銀七兩二錢共銀二十八兩八錢於順治九年四月會議每名月給銀五錢歲共給銀二十四兩裁扣銀四兩八錢解部遇閏加銀二兩四錢照前會議每名給銀五錢共銀二兩裁扣銀四錢解部

馬夫一名歲支工食銀七兩二錢於順治九年四月會議每月給銀五錢歲共給銀六兩裁扣銀一兩二錢解部遇閏加銀六錢照前會議給銀五錢裁扣銀一錢解部

本縣儒學教諭

俸銀一十九兩五錢二分遇閏加銀壹兩六錢二分六釐六毫

薪銀一十二兩遇閏加銀一兩

訓導

俸銀一十九兩五錢二分遇閏加銀一兩六錢二分六釐六毫

薪銀一十二兩遇閏加銀一兩

齋夫六名每名歲支工食銀一十二兩共銀七十二兩遇閏加銀六兩

書辦一名歲支工食銀七兩二錢遇閏加銀六錢

門子五名掌教三名分教二名每名歲支工食銀七兩二錢共銀三十六兩遇閏加銀三兩

膳夫二名每名歲支工食銀二十兩共銀四十兩遇閏加銀三兩三錢三分三釐三毫

教官喂馬草料銀共二十四兩每員銀一十二兩係廩生支領

沙村埠巡檢司巡檢

俸銀二十九兩五錢二分遇閏加銀一兩六錢二分六釐六毫

薪銀一十二兩遇閏加銀一兩

書辦一名歲支工食銀七兩二錢於順治九年四月會議每月給銀五錢歲共給銀六兩裁扣銀一兩二錢解部遇閏加銀六錢照前會議給銀五錢裁扣銀一錢解部

皂隸二名每名歲支工食銀七兩二錢共銀一十四兩四錢於順治九年四月會議每名月給銀五錢歲共給銀一十二兩裁扣銀二兩四錢解部遇閏加銀一兩二錢照前會議每名給銀五錢共銀一兩裁扣銀二錢解部

牛肚灣平巡檢司巡檢

俸銀一十九兩五錢二分遇閏加銀一兩六錢二分六釐六毫

薪銀一十二兩遇閏加銀一兩

書辦一名歲支工食銀七兩二錢於順治九年四月會議每月給銀五錢歲共給銀六兩裁扣銀一兩二錢解部遇閏加銀六錢照前會議給銀五錢裁扣銀一錢解部

皂隸二名每名歲支工食銀七兩二錢共銀一十四兩四錢於順治九年四月會議每名月給銀五錢歲共給銀一十二兩裁扣銀二兩四錢解部遇閏加銀一兩二錢照前會議每名給銀五錢共銀一兩裁扣銀二錢解部

潮連平巡檢司巡檢

俸銀一十九兩五錢二分遇閏加銀一兩六錢二分六釐六毫

薪銀一十二兩遇閏加銀一兩

書辦一名歲支工食銀七兩二錢於順治九年四月會議每月給銀五錢歲共給銀六兩裁扣銀一兩二錢解部遇閏加銀六錢照前會議給銀五錢裁扣銀一錢解部

皂隸二名每名歲支工食銀七兩二錢共銀一十四兩四錢於順治九年四月會議每名月給銀五錢歲共給銀一十二兩裁扣銀二兩四錢解部遇閏加銀一兩二錢照前會議每名給銀五錢共銀一兩裁扣銀二錢解部

大尾平巡檢司巡檢

俸銀一十九兩五錢二分遇閏加銀一兩六錢二分六釐六毫

薪銀一十二兩遇閏加銀一兩

書辦一名歲支工食銀七兩二錢於順治九年四月會議每月給銀五錢歲共給銀六兩裁扣銀一兩二錢解部遇閏加銀六錢照前會議給銀五錢裁扣銀一錢解部

皂隸二名每名歲支工食銀七兩二錢共銀一十四兩四錢於順治九年四月會議每名月給銀五錢歲共給銀一十二兩裁扣銀二兩四錢解部遇閏加銀一兩二錢照前會議每名給銀五錢共銀一兩

裁扣銀二錢解部

藥逕埠巡檢司巡檢

俸銀一十九兩五錢二分遇閏加銀一兩六錢二分六釐六毫

薪銀一十二兩遇閏加銀一兩

書辦一名歲支工食銀七兩二錢於順治九年四月會議每月給銀五錢歲共給銀六兩裁扣銀一兩二錢解部遇閏加銀六錢照前會議給銀五錢裁扣銀一錢解部

皂隸二名每名歲支工食銀七兩二錢共銀一十四兩四錢於順治九年四月會議每名月給銀五錢歲共給銀一十二兩裁扣銀二兩四錢解部遇閏加銀一兩二錢照前會議每名給銀五錢共銀一兩裁扣銀二錢解部

豐積倉大使

俸銀一十九兩五錢二分遇閏加銀一兩六錢二分六釐六毫

薪銀一十二兩遇閏加銀一兩

書辦一名歲支工食銀七兩二錢於順治九年四月會議每月給銀五錢歲共給銀六兩裁扣銀一兩二錢解部遇閏加銀六錢照前會議給銀五錢裁扣銀一錢解部

皂隸二名每名歲支工食銀七兩二錢共銀一十四兩四錢於順治九年四月會議每名月給銀五錢歲共給銀一十二兩裁扣銀二兩四錢解部遇閏加銀一兩二錢照前會議每名給銀五錢共銀一兩裁扣銀二錢解部

海晏場大使

俸銀一十九兩五錢二分遇閏加銀一兩六錢二分六釐六毫

薪銀一十二兩遇閏加銀一兩

書辦一名歲支工食銀七兩二錢於順治九年四月會議每月給銀五錢歲共給銀六兩裁扣銀一兩二錢解部遇閏加銀六錢照前會議給銀五錢裁扣銀一錢解部

皂隸二名每名歲支工食銀七兩二錢共銀一十四兩四錢於順治九年四月會議每名月給銀五錢歲共給銀一十二兩裁扣銀二兩四錢解部遇閏加銀一兩二錢照前會議每名給銀五錢共銀一兩裁扣銀二錢解部

新會縣志　卷十一　賦役

矬峝場大使

俸銀一十九兩五錢二分遇閏加銀一兩六錢二分六釐六毫

薪銀一十二兩遇閏加銀一兩

書辦一名歲支工食銀七兩二錢於順治九年四月會議每月給銀五錢歲共給銀六兩裁扣銀一兩二錢解部遇閏加銀六錢照前會議給銀

五錢裁加銀一錢解部

皂隸二名每名歲支工食銀七兩二錢共銀一十四兩四錢（於順治九年四月會議每名月給銀五錢歲共給銀一十二兩裁部銀二兩四錢解部）遇閏加銀一兩二錢（照前會議每名給銀五錢共給銀一兩裁扣銀□錢解部）

本縣儒學廩生二十名每名歲支廩糧銀七兩二錢共銀一百四十四兩

會試舉人水手銀一百五十七兩九錢九分三釐二毫

本縣舖舍十二處舖司兵二十三名每名歲支工食銀六兩共銀一百九十八兩（遇閏加銀一十六兩五錢）

孤老口糧銀五百二十八兩一錢六分四釐（遇閏加銀四十九兩八錢）

已上俱留縣支

通共留支經費銀四千七百六十八兩四錢二分五釐二毫（遇閏加銀三百五十九兩三錢二分一釐三毫）布政司解戶

水脚銀一百八十四兩八錢四分九釐一毫又

會議裁扣充餉銀三百二十六兩（遇閏加銀二十七兩五錢）

差兆歐鈔餘剩銀五千八百六十三兩四錢三分一釐二毫（遇閏加銀二百零一兩零五分四釐一毫）議留新定經制

官兵糧食

驛傳銀七百八十七兩五錢九分五釐七毫二絲

內

五仙驛支應銀三百三十三兩二錢四分八釐八毫

安遠驛支應銀五十四兩八錢七分七釐四毫

又五仙驛支應銀六兩四錢九分七釐六毫

逍遙驛支應銀四十兩零六錢六分五釐七毫

背康驛支應銀六十九兩五錢八分八釐

蒲葛驛支應銀三兩三錢九分一釐四毫

蜆岡驛支應銀一百三十四兩六錢二分一釐七毫六絲

議增蜆岡驛驛丞添僱夫馬銀七兩三錢六分七釐六毫六絲

本縣支應上司使客公堂廩糧夫馬共銀一百三十七兩三錢七分六釐四毫

均平銀七百七十一兩零六分零五毫內

歲辦

拜牌習儀香燭派銀七錢

春秋二祭派銀八十兩零二錢九分六釐內祭文廟銀二十八兩一錢七分六釐啟聖名宦鄉賢銀一十四兩九錢四分山川銀[illegible]錢八分社稷銀一十二兩外應祀神祇共銀[illegible]兩二錢五分於祭用租銀支辦不入均平銀外編徵

無祀鬼神每年三祭派銀一十六兩二錢四分二釐

曆日派銀五十三兩四錢五分解布政司支造曆書用

門神桃符派銀八錢

迎春土牛芒神春花等牲醴雨祈晴祈日食月食香燭謝當祭品等項派銀五兩五錢

鄉飲酒禮二次派銀一十八兩七錢五分

上司按臨并本縣朔望行香講書合用香燭給賞紙筆派銀六兩於順治九年四月會議全裁解部

本縣備支答應使客夫船派銀一百兩

孤老柴布派銀二百一十一兩二錢三分零四毫

額辦

察院按臨合用心紅紙劄油燭柴炭門廚皂隸米菜每年派銀一兩九錢七分

察院考觀風生員合用卷餅花紅紙筆每年派銀二十兩

察院閱操合用酒席犒賞花紅等項每年派銀四兩

察院審錄合用酒席每年派銀八錢

提學道按臨考校合用心紅紙劄油燭柴炭門廚皂隸米菜每年派銀四兩九錢六分五釐

朝覲官員酒席[illegible]劄每年派銀四兩

本府朝覲官吏盤纏每年派銀五兩七錢解府支

本縣朝覲官吏盤纏每年派銀三十二兩六錢六分六釐七毫

賀新進士旗匾花紅羊酒每年派銀二兩六錢六

分七釐
迎宴新舉人旗匾花紅酒席每年派銀六兩二錢
三分
起送會試舉人酒席每年派銀八兩四錢三分三
釐三毫
縣學歲貢生盤纏花紅羊酒每年派銀三十三兩
五錢
歲考生員童生入學合川果餅每年派銀二十兩
零八錢三分二釐三毫留縣支　續又增銀一十五
兩解布政兩縣供應

科舉生員盤纏花紅酒席每年派銀一十六兩八
錢二分八釐
修理察院衙門　文廟每年派銀八兩
雜辦
歲派銀七十兩留縣貯候迎接
詔赦香燭陞任官員執事祭江豬羊卷箱槓縧修衙
各衙門什物上司使客下程餃官出入夫船造
冊工食買辦檢驗什物總杀官員重務經過辦

送油燭小菜木鐸老人布帛及湊支孤老口糧
與一應合用未盡事宜俱於前銀內動支
已上共留支銀七百四十二兩六錢六分一釐
八毫又會議裁扣朔望行香充餉銀六兩
均平餘剩銀二十二兩三錢九分八釐七毫議留新定
經制官兵糧食
已上存留各款原額共銀一萬二千七百零一
兩三錢六分一釐七毫二絲遇閏加銀五百八十五兩八錢七分
五釐四毫內解戶水脚銀一百八十四兩八錢四分

九釐一毫各官經費衙役工食驛傳均平等銀
六千二百九十八兩六錢八分二釐七毫二絲
遇閏加銀二百五十九兩三錢一分一釐三毫又會議裁扣各役工食
修宅家伙朔望行香解戶部充餉銀三百三十
二兩遇閏加銀二十五兩五錢
差壯鹽鈔均平餘剩解部充餉銀五千八百八十
五兩八錢二分九釐九毫遇閏加銀二百零一兩零五分四釐一毫
議留新定經制官兵糧食用
另一項陞科開墾原額前項官民米并自報後逐

年陞科共官米一十七石六斗三升七合一勺
又續陞科官米九石三斗二升六合共米二十
六石九斗六升三合一勺（內割附開平縣米五石二斗三升七合九勺）
尚存米二十一石七斗二升五合二勺照派
糧料例編銀六兩九錢四分三釐一毫原額民
米九十石零七斗零八合七勺又續陞科民米
四十七石九斗六升四合三勺共米一百三十
八石六斗七升三合（內割附開平縣二十六石九斗四升一合一勺）
尚存米一百一十一石七斗三升一合九勺照

派糧差例編銀一百二十六兩三錢七分零六
毫原額魚課米一十一石六斗三升八合四勺
照派糧料例編銀三兩六錢六分六釐一毫共
銀一百三十六兩九錢七分九釐八毫不入條
鞭另項徵作龐餘解充經制官兵糧食用

派徵則例

糧料

官米每石派銀三錢一分九釐五毫八絲九忽
民米每石派銀六錢一分九釐二毫九絲三忽
僧米每石派銀六錢一分零五毫四絲八忽
夏稅農桑米每石派銀五錢
魚課米每石派銀三錢一分五釐
魚油翎料米每石派銀一分三釐六毫五絲

徭差

民米無優免每石派徭差民壯驛傳均平銀五錢
一分一釐七毫二絲三忽
民米有優免每石派均平銀一分九釐六毫一絲
三忽

僧米每石通融派銀三錢零七釐零三絲二忽
人丁無優免每丁派徭差民壯均平銀一錢八分
七釐七毫六絲六忽
人丁有優免除本身外尚帶免丁每丁派均平銀
一分九釐六毫一絲三忽
男婦鹽鈔每丁口派銀二分五釐零八絲二忽

起科例

上則田縉門渡阜涌步共五千九百七十九頃一
十八畝九分九釐三毫每畝科官正耗米五合

二勺二抄五撮四圭二粟例派官糧料銀一釐六毫七絲又科民正耗米二升六合八勺七抄四撮五圭八粟例派民糧料銀一分六釐六毫四絲三忽二微四差銀一分三釐七毫五絲二忽二微共民糧差銀三分零三毫九絲五忽五微計一畝連官民糧料四差共銀三分二釐零六絲五忽五微該銀一萬九千一百七十二兩五錢七分一釐五毫

中則田五百五十七項二十四畝八分九釐七毫每畝科官正耗米四合七勺零二撮八圭八粟例派官糧料銀一釐五毫零二忽又科民正耗

米二升四合一勺八抄七撮一圭二粟例派民糧料銀一分四釐九毫七絲九忽四差銀一分二釐三毫七絲七忽共民糧差銀二分七釐三毫五絲六忽計一畝連官民糧料四差共銀二分八釐八毫五絲九忽該銀一千六百零八兩一錢六分四釐八毫

下則田一則民地共一千七百二十二項九十三畝八分零九毫每畝科官正耗米三合九勺五抄三撮九圭例派官糧料銀一釐二毫六絲四忽又科民正耗米二升零三勺三抄五撮一圭例派民糧料銀一分二釐五毫九絲三忽四差銀一分零四毫零六忽共民糧差銀二分二釐九毫九絲九忽計一畝連官民糧料四差共銀二分四釐二毫六絲三忽該銀四千一百八十兩零二錢六分四釐七毫

下則斥鹵田一百二十七項二十三畝二分二釐

二毫每畝科官正耗米六勺九抄六撮七圭二粟三粒例派官糧料銀二毫二絲二忽又科民正耗米三合五勺八抄三撮二圭七粟七粒例派民糧料銀二釐二毫一絲九忽四差銀一釐八毫三絲四忽共民糧差銀四釐零五絲三忽計一畝連官民糧料四差共銀四釐二毫七絲六忽該銀五十四兩四錢零四釐五毫

僧道田地山塘共五百三十八項二十八畝三分零七毫每畝科官正耗米八合七勺零九撮零

三粟五粒倒派官糧料銀二釐七毫八絲三忽
三微又科僧正耗米四升四合七勺九抄零九
圭六粟五粒倒派僧糧料銀二分七釐三毫四
絲七忽四差通融派銀一分三釐七毫五絲二
忽三微共僧糧料四差銀四分一釐零九絲九
忽三微計一畝連官僧糧料四差共銀四分三
釐八毫八絲二忽六微該銀二千三百六十二
兩一錢二分六釐一毫
一則民秧地山共三百一十四頃四十八畝四分
九釐九毫每畝科官正耗米三合四勺四抄一
撮八圭一粟倒派官糧料銀一釐一毫又科民
正耗米一升七合七勺零一撮二圭九粟倒派
民糧料銀一分零九毫六絲二忽三微四差銀
九釐零五絲八忽二微共民糧差銀二分零二
絲零五微計一畝連官民糧料四差共銀二分
一釐一毫二絲零五微該銀六百六十四兩二
錢零八釐
民塘一百三十七頃四十八畝零六毫每畝科官
正耗米八合七勺零九撮零二粟五粒倒派官
糧料銀二釐七毫八絲三忽三微又科民正耗
米四升四合七勺九抄零九圭六粟五粒倒派
民糧料銀二分七釐七毫三絲九忽四差銀二
分二釐九毫二絲零五微共民糧差銀五分零
六毫五絲九忽五微計一畝連官民糧料四差
共銀五分三釐四毫四絲二忽八微該銀七百
三十四兩七錢三分一釐七毫
夏麥地二頃三十五畝三分四釐三毫每畝科夏
米二升一合一勺四抄三撮二圭倒派倉糧銀
一分零五毫七絲二忽該銀二兩四錢八分八
釐
農桑絲地四十九畝八分四釐二毫每畝科農桑
米三升二合一勺倒派倉糧銀一分六釐零五
絲該銀八錢
無優免例
官米一石實編銀三錢一分九釐五毫八絲九忽
民米一石實編銀一兩一錢三分一釐零一絲六

忽

倉米一石實編銀九錢一分七釐五毫八絲一忽

夏農米一石實編倉銀五錢

魚課米一石實編銀三錢二分五釐

魚油料米一石實編銀一分三釐六毫五絲

人丁一丁實編銀一錢八分七釐七毫六絲六忽

男婦每丁口實編銀二分五釐零八絲二忽

有優免例

免民米一石減編銀四錢九分二釐一毫一絲

免人丁本身一丁全免丁銀一錢八分七釐七毫

六絲六忽

前件糧差銀間有遇閏加編其四差丁糧每年優免多寡不一難以定額今以萬曆四十八年會計糧差爲例下年稍有增減但聽糧儲道每年覈實派單照派

廣海衛

一屯糧額徵本色米四千五百八十七石三斗二升一合七勺（除充各官兵糧食見奉文行本折相半）

一軍器料銀二十兩零六錢三分三釐三毫

一窨匠料銀七十二兩（遇閏加銀六兩）

一局料銀一百二十九兩六錢（遇閏加銀一十兩零八錢）

一軍需銀七十兩零二錢

一濠塘并倉邊地租銀一十二兩二錢三分五釐

已上五項留充衛所官經費

新會所

一屯糧額徵本折色米二千零一十六石（除充各官兵糧食見奉文行本折相半）

一軍器料銀六兩二錢三分零四毫

一局匠料銀三十九兩二錢（遇閏加銀六兩六錢）

一軍匠料銀三兩

一窨匠料銀六十七兩二錢（遇閏加銀五兩六錢）

一軍需銀二十兩零七錢六分九釐六毫

一採辦料銀七兩二錢零五釐八毫

一城濠磚磧地租銀十八兩一錢五分

已上七項詳允留充衛所官經費

附

一宋忠祭田民米六石一斗零四合四勺

一白沙祭田民米一十四石八斗三升四合八勺

一諭蓮祭田民米二石六斗八升七合五勺

一新會縣儒學祭田民米一石三斗三升

一蕭莊祭田民米二石四斗八升六合五勺

一丁戀祭田民米一石五斗五升四合二勺

已上六項祭田米俱係該縣徵貯備支祭祀

一府學租田五頃七十四畝二分三釐租銀九十一兩八錢七分六釐八毫 該學徑徵解府貯候詳給貧生燈油解卷盤纏用

一本縣學租田六頃一十六畝五分租銀九十八兩六錢四分 本縣徵貯候詳支給該學貧生燈油解卷盤纏用

一番禺縣學田二頃租銀三十二兩 本縣徵解番禺縣貯候詳給貧生燈油解卷盤纏用

一崇正書院學田一頃二十三畝零一釐七毫租銀一十九兩六錢八分三釐 本縣徵解本府貯給崇正書院作養各生員卷資解卷盤纏之用

一本府義倉田一十二頃二十六畝租銀二百四十五兩二錢 本縣徵貯議以每五年租銀內將四年解府留一年貯縣各糴穀上倉備賑用

已上倉學祠田崇禎二年內奉察院明文行理刑廳將倉學祠田丈勘丈得熟田共八十三頃七十四畝六分三釐一毫草坦二十一頃七十四畝一分白坦一十六頃九十八畝八分三釐八毫議定熟田每畝納穀一石一斗每年該租穀九千二百一十二石零九升四合一勺每畝派水脚銀二分共銀一百六十七兩四錢九分

二釐六毫內將二十頃撥入本縣預倉每年該租穀二千二百石水脚銀四十兩尚田六十三頃七十四畝六分三釐一毫撥入察院義倉每年該租穀七千零一十二石零九升四合一勺水脚銀一百二十七兩四錢九分二釐六毫草坦二十一頃七十四畝一分每畝徵租穀三斗共穀六百五十二石二斗三升每石折銀二錢該銀一百三十兩四錢四分六釐白坦一十六頃九十八畝八分三釐八毫每畝租穀三升共

穀五十石九斗六升五合一勺每石折銀二錢該銀一十兩零一錢九分三釐二項共銀一百四十兩零六錢三分九釐議充科舉生員卷餅又批義倉租穀每年撥穀一百石給修白沙祠宇香燈之資續又改支前項坦租銀一十兩不動租穀原府縣學田俱併義倉項下崇禎十四年蒙梆察院牌行廣州府理刑官丈勘得熟田九十四項九十九畝二分一釐二毫計溢原額熟田一十一項二十四畝五分八釐一毫歲共租穀一萬零四百四十九

石一斗三升三合二勺內照原批定撥入縣倉穀二千二百石計納府倉穀八千二百四十九石一斗三升三合二勺徵納上倉備荒賑貧川又丈得草坦二十七項六十二畝八分五釐三毫計溢草坦五項八十八畝七分五釐三毫歲共租穀八百二十八石八斗五升五合九勺每石折銀二錢共銀一百六十五兩七錢七分一釐二毫又丈得白坦一十九項七十六畝八分一釐五毫計溢原額白坦二項七十七畝九分七釐七毫歲共租穀五十九石三斗零四合四勺每石折銀二錢共銀一十一兩八錢六分零九毫草白二坦共徵租穀折價銀一百七十七兩六錢二分二釐一毫內照原議動支十兩給白沙陳獻章裔孫領爲修祠香燈之用尚銀一百六十七兩六錢三分二釐一毫解布政司貯充科舉生員卷資用

一本縣城濠地租銀五十六兩四錢二分零一毫徵解充餉

一西北二門外濠塹租銀一兩六錢徵解充餉

一縣前地租銀八兩五錢二分徵解充餉

一潮連巡司地租銀五兩徵解充餉

一本縣北門外舊城曠地硝礦銀七錢徵解充餉

一驛前地租銀一兩零八分徵解充餉

一本縣未入章程各鄉橫水小渡租銀一十一兩七錢五分徵解充餉

一稅契銀原無定額遵奉明文通行凡買產人戶每價一兩稅銀三分共奋撥開墾每畝稅銀五分俱據各業戶具單赴縣投納塡給布政司契

尾執照紙銀遞年隨徵隨解布政司類解戶部
及貯備科塲經費用
一文武缺官俸銀教官缺俸薪馬廩生空廩銀兩
原無定額每年遇缺隨扣隨解布政司類解戶
部
一文武缺官薪馬銀原無定額每年員缺隨扣隨
解布政司類解兵部
一沙塌餉銀原無定額如遇業戶告承新生委官
勘明照例徵納餉起解

一鹽埠原額鹽引二百三十五道節次增引一百
六十五道共引五百道內除割陷開平縣引六十六道今實行
鹽引四百三十四道正加餉引紙價共銀四百
七十八兩七錢零二釐係商人從鹽課提舉司承納起解
順治十七年　題割崩陷六十一頃四十畝九分
七釐六毫零八忽共除官民米一百四十九石
四斗二升八合八勺
康熙元年遷移稅四百五十六頃七十六畝四分
一釐一毫零三忽二微
康熙元年
官民田地山塘除冊報荒陷及本年遷移外實在
稅八千八百六十一頃五十三畝五分三釐八
絲八忽八微官民僧米夏麥農桑魚課油料米
二萬九千二百四十九石七升八合六勺三抄
三年遷移稅四千一百八十二頃四十八畝一分
九釐九毫九絲二忽六微　續再遷移稅四百
四十二頃零九畝八分三
釐九毫五絲四忽九抄
三年墾復崩陷稅二頃一十九畝八分二釐
四毫共科官民米七石零二升八合一勺
八九十年墾復十一年起徵稅一千八百二十頃
零五十五畝九分三釐七毫二絲零四微共科
官民米五千八百一十二石七
斗二升六合九勺七抄五撮
康熙十一年

官民田地山塘實在稅六千零五十八頃七十一
畝二分五釐二毫六絲一忽九微共科官民僧
夏麥農桑魚油翎料米二萬九百四十二石七
斗七升七合五抄八撮
十一年墾復遷移稅一百二十二頃八十四畝五
分八釐零三絲八忽　又墾復崩陷稅六頃八
十畝零五分三釐二毫七絲四忽
十二年墾復遷移稅四百九十六頃六十二畝三
分三釐四毫六絲六忽一微　又墾復崩陷一
十畝零七分
十三年墾復遷移稅九頃六十九畝九分二釐零
七絲一忽　又墾復崩陷稅一十六畝
十四年墾復遷移稅七頃三十七畝六分四釐九
毫七絲一忽七微五纖

十五年墾復遷移稅二頃四十六畝九分二釐零八絲
十六年墾復遷移稅十一頃二十畝零七絲九忽
十七年墾復遷移稅三十九頃六十六畝五分九釐五毫一絲八忽
十八年墾復遷移稅三百二十二頃四十畝零四分五釐一毫三絲零二微
十九年墾復遷移稅一十八頃二十畝零二分四釐三毫八絲五忽
二十年墾復遷移稅八頃二十八畝五分零九毫六絲八忽

康熙二十年

官民田地山塘實在稅七千一百零四頃五十五畝六分九釐二毫四絲二忽九微五纖共科官

民餉米二萬二千四百九十四石零四升二合四勺三抄三撮又魚課原額米四百二十二石二斗六升五合

二十三年墾復遷移稅九百三十頃零一十八畝四分
二十四年墾復遷移未陞科稅二百六十二頃六十八畝三分四釐一毫一絲八忽二微　又續墾復遷移未陞科稅七頃七十三畝三分六釐四毫九絲四忽

康熙二十五年

官民田地山塘稅八千三百零五頃一十五畝七分九釐八毫五絲五忽一微五纖共科官民餉米二萬五千八百五十三石五斗一升六合三勺四抄二撮三圭六粟又魚課原額米四百三十二石二斗六升五合

康熙二十六年

上則田緍門渡埠涌步共五千九百七十九頃一十八畝九分九釐三毫內除荒遷未墾及已墾未起徵稅八十二頃七十七畝六分一釐三毫二絲八忽零五纖尚見徵稅五千八百九十六頃四十一畝三分七釐九毫七絲一忽九微五

纖每畝徵糧餉銀二分九釐一毫四絲零六微六纖三沙六塵又徵胖襖雕漆衣裝及物料溢價銀三毫九絲四忽六微五纖又徵本色米八合八勺九抄五撮六圭七粟六粒五截

中則田五百五十七頃二十四畝八分九釐七毫內除荒遷未墾及已墾未起徵稅八十頃零二十七畝三分零四毫零八忽尚見徵稅四百七十六頃九十七畝五分九釐二毫九絲二忽每畝徵糧餉銀二分六釐九毫四絲零二微二纖

六沙又徵胖襖雕漆衣裝及物料溢價銀三毫
五絲五忽一微八纖五沙又徵本色米八合零
六撮一圭零八粒
下則田一則地共一千七百二十二頃九十三畝
八分零九毫內除荒遷未墾及已墾未起徵稅
七百二十八頃六十二畝七分二釐七毫三絲
九忽尚見徵稅九百九十四頃三十一畝零八
釐一毫六絲一忽每畝徵糧餉銀二分三釐七
毫八絲六忽二微六纖七沙又徵胖襖雕漆衣

裝及物料溢價銀二毫九絲八忽六微二纖又
徵本色米六合七勺三抄一撮零六粟二粒
下則斥鹵田一百二十七頃二十二畝二分二釐
二毫內除荒遷未墾及已墾未起徵稅一百一
十四頃八十一畝三分二釐九毫三絲三忽尚
見徵稅一十二頃四十一畝八分九釐二毫六
絲七忽每畝徵糧餉銀一分零七絲零二微一
纖又徵胖襖雕漆衣裝及物料溢價銀五絲二
忽六微二纖又徵本色米一合一勺八抄六撮

零九粟
僧道田地山塘五百三十八頃二十八畝三分零
七毫內除荒遷未墾稅二百八十五頃八十三
畝六分六釐二毫四絲九忽尚見徵稅二百五
十二頃四十四畝六分四釐四毫五絲一忽每
畝徵糧餉銀三分六釐七毫二絲八忽九微零
六沙又徵胖襖雕漆衣裝及物料溢價銀六毫
五絲七忽七微五纖又徵本色米一升五合五
勺七抄四撮四圭三粟三粒

新化縣志　卷十一　賦役

一則民柍地山三百一十四頃四十八畝四分九
釐九毫內除荒遷未墾及已墾未起徵稅四十
六頃七十四畝零四釐九毫尚見徵稅二百六
十七頃七十四畝四分五釐每畝徵糧餉銀二
分一釐六毫二絲九忽八微三纖八沙又徵胖
襖雕漆衣裝及物料溢價銀二毫五絲九忽九
微四纖三沙又徵本色米五合八勺五抄九撮
二圭八粟六粒
民塘一百三十七頃四十八畝零六毫內除荒遷

未墾稅六頃零六畝一分四釐尚見徵稅一百三十一頃四十一畝八分六釐六毫每畝徵糧餉銀四分三釐八毫一絲零六微四纖二沙又徵胖襖雕漆衣裝及物料溢價銀六毫五絲七忽七微五纖又徵本色米一升四合八勺二抄六撮一圭二粟七粒

夏麥地二頃三十五畝三分四釐三毫每畝徵糧餉銀一分三釐一毫八絲九忽四微八纖七抄又徵胖襖雕漆衣裝及物料溢價銀三毫一絲

零四微八纖六沙又徵本色米九合零三抄六撮八圭一粟五粒

農桑絲地稅四十九畝八分四釐二毫每畝徵糧餉銀一分六釐三毫二絲六忽三微六纖四沙又徵胖襖雕漆衣裝及物料溢價銀四毫七絲一忽三微八纖五沙又徵本色米一升三合七勺一抄九撮八圭六粟一粒

已上稅畝依全書內摘出官民米六十九石零八升二合五勺各照前例摘出銀六十九兩零九釐一毫列入餉科編徵充餉

魚課米併岸民承補逃絕米四百三十二石二斗六升五合內除原續遷移魚課米除招復至二十六年編徵外尚未復米一百零八石七斗二升九合五勺二抄三撮八圭一粟不編外尚實在米三百二十三石五斗三升五合四勺七抄六撮一圭九粟每石徵銀三錢一分五釐

魚油翎料米併岸民承補逃絕八百四十一石九斗一升五合每石徵銀一分三釐六毫五絲

前項稅米內除荒遷未墾及已墾未起徵稅一千三百四十五頃一十二畝八分二釐五毫五絲七忽零五纖照例除無徵本折糧餉銀四千六百五十九兩四錢零八釐八毫六絲五忽又原續遷移魚課除招復至二十六年編徵外尚未復米一百零八石七斗二升九合五勺二抄三撮八圭一粟該除無徵魚課米銀三十四兩二錢四分九釐五毫

康熙二十二年墾復大沙官田照下則例改納民

糧于二十五年起徵稅二十頃零六十六畝又
報墾大沙官田照下則例改納民糧於二十六
年起徵稅九頃五十四畝零二釐五毫每畝俱
徵糧餉銀三分一釐三毫九絲九忽二微九纖
三沙四塵六埃五渺
另一項原續陞科并前項摘出官民米共徵麤餘
克餉銀一百三十六兩九錢七分九釐八毫又
新承陞科二十五年起徵銀一十六兩七錢三
分一釐八毫
已上田地山塘縮門渡埠涌步等稅共九千三
百七十九頃七十畝零九分一釐八毫內除荒
遷未墾及已墾未起徵稅一千三百四十五頃
一十二畝八分二釐五毫五絲七忽零五纖不
編外尚見徵連二十六年起徵共稅八千零三
十四頃五十八畝零九釐二毫四絲二忽九微
五纖連實在魚課及二十六年起徵魚課米陞
科及卹囘優免克餉共徵糧餉銀二萬三千一
百二十九兩二錢四分零四毫三絲五忽又二

十二年墾復大沙官田改納民糧于二十五年
起徵糧餉銀六十四兩八錢七分零九毫四絲
零二微九纖八沙六塵九埃又墾復大沙官田
改納民糧于二十六年起徵糧餉銀二十九兩
九錢五分五釐六毫六絲又徵屏禊雕漆衣裝
銀一百六十八兩二錢四分一釐五毫又徵本
色白蠟溢價銀一百四十三兩一錢九分三釐
四毫又徵原本改折芽茶物料溢價銀二錢七
分一釐一毫又徵本色米七千零四十五石五
斗八升四合五勺亥米價銀七千八百八十二
兩九錢七分八[illegible]毫
人丁無優免丁一萬六千零一十三丁內除遷移
未復及已復未起徵人丁及編審開除丁共一
千五百九十六丁九分尚實在丁一萬四千四
百一十九丁一分每丁徵差鈔銀二錢一分二
釐八毫四絲八忽
人丁有優免丁一千三百四十一丁全免差鈔
又丁一千九百六十五丁內除遷移未復及已復

未起徵丁一千零一十五丁尚實在丁九百五十丁每丁徵鹽鈔銀二分五釐零八絲二忽

優免不盡人丁一千二百七十四丁每丁徵差鈔銀二錢一分二釐八毫四絲八忽計原免差鈔銀二百七十一兩一錢六分八釐三毫五絲二忽今抑回充餉

食鹽課銀五千三百八十九口內除遷移未復及已復未起徵及編審開除口共四百零一口九分九釐二毫三絲六忽七微尚實在口四千九

百八十七口零七毫六絲三忽三微每口徵鹽鈔銀二分五釐零八絲二忽

前項丁口內有遷移未復及已復未起徵丁口共二千七百零六丁口零七毫三絲五忽七微共除無徵差鈔銀三百一十九兩六錢六分六釐二毫五絲四忽六微七纖五沙九塵四埃

又康熙二十年届編審開除人丁二百五十五丁九分食鹽課銀五十一口九分八釐五毫零一忽共除無徵差鈔銀五十五兩七錢七分一釐六毫九絲一忽二微二纖零八塵二埃　康熙六年届編審新增人丁無優免丁一千三百四十一丁十一年届增八丁一千零七十九丁俱每丁徵鈔銀二錢一分二釐八毫四絲八忽

康熙元年届編審增食鹽課銀四十二口又六年届增六百零二口十一年届增二千一百四十二口俱每口徵鹽鈔銀二分五釐零八絲二忽　康熙二十年届新增編丁九十丁每丁徵鹽鈔銀二分五釐零八絲二忽

已上丁口原額共二萬五千九百八十二丁口內除遷移未復及已復未起徵丁口并編審開除丁口三千零一十三口八分九釐二毫三絲六忽七微不編外尚實在丁口二萬二千九百六十八丁口一分零七毫六絲三忽三微連抑回優免不盡丁克餉共徵差鈔銀三千四百八十八兩五錢一分八釐三毫零六忽一微零三沙二塵四埃　元年新食鹽課四十一丁口編徵鹽鈔銀一兩零五分三釐四毫四絲四忽

六年届新增丁口一千九百四十三丁口共徵
差鈔銀三百兩零五錢二分八釐五毫三絲二
忽 十一年届新增三千二百二十一丁口共
徵差鈔銀二百八十三兩三錢八分八釐六毫
三絲六忽 二十年届新增編丁九十丁共徵
鹽銀二兩二錢五分七釐三毫八絲
已上地丁通共徵銀二萬七千六百一十一兩
五錢一分九釐三毫三絲三忽四微零一沙九
塵三埃奉文存留錢糧銀七錢三收放內照全

書開載存留銀兩除改徵本色米價外尚存銀
五千四百九十五兩六錢一分一釐零六絲六
忽七微七纖九沙一塵八埃照例徵銀三千八
百四十六兩九錢二分八釐零六絲六忽七微
七纖九沙一塵八埃徵錢一百六十四萬八千
六百八十三文
共徵本色米七千零四十五石五斗八升四合
五勺
一本折起運

戶部項下
京庫金花鋪墊料地畝餉本折共銀三千八百七
十六兩九錢五分五釐六毫六絲內鋪墊料本
色銀七十五兩一錢二分三釐零一絲金花鋪
墊料地畝餉折色銀三千八百零一兩八錢三
分二釐六毫五絲
員役優免米銀四百八十三兩五錢七分七釐一
毫
兵部項下
驛傳節裁銀六百八十二兩零七分六釐四毫八

絲
工部項下
均一四司竹木翠毛魚油翎料并水腳本折共銀
六百三十五兩二錢四分八釐一毫內均一竹
木翠毛魚油翎料本色銀六兩五錢二分四釐
九毫均一四司竹木翠毛魚油翎料折色實徵
銀六百二十八兩七錢二分三釐二毫遇閏加銀一兩一錢四分九釐二毫

舊編存留欵項奉文節年裁扣修宅案衣傘扇薪蔬行香各役工食喂馬草料廩膳紙劄操賞公館下程　覲賀科舉花紅果餅鄉飲桃符孤貧等項共解部銀七百六十五兩二錢一分四釐五毫一絲遇閏加銀四兩一錢一分三釐八毫八絲九忽

裁官訓導市舶提舉吏目潮連巡檢海晏經歷二場官役經費共解部銀五百六十六兩遇閏加銀四十七兩一錢六分六釐三毫內除設役潮連司巡檢海晏經歷二場官役經費銀一百二十四兩五錢六分閏銀

一十兩零三錢七分九釐九毫八絲列回備支項下外尚實裁官經費銀四百四十一兩四錢四分遇閏加銀三十六兩七錢八分六釐三毫二絲

已上起運共實徵銀六千八百八十四兩六錢一分一釐八毫五絲遇閏加銀四十二兩二錢六分九釐四毫零九忽

一存留

額編兵餉并差壯均平餘剩銀七千一百七十二兩七錢四分三釐八毫九絲四忽遇閏加銀七兩四錢三分二釐三毫七絲九忽五微內除二十年屆編審開除丁口無徵銀五十五兩七錢七分一釐六毫九絲一忽二微二纖零八塵二埃閏銀二兩零七分一釐八毫三絲五忽三微五纖九沙一塵一埃尚實充餉銀七千一百一十六兩九錢七分二釐二毫零二忽七微七纖九沙一塵八埃遇閏加銀五兩三錢六分零五毫四絲四忽一微四纖零八塵九埃

軍器料銀五十三兩一錢二分二釐二毫

驛傳銀六百四十六兩一錢三分八釐六毫七絲四忽遇閏加銀一兩八錢一分四釐三毫

官役俸食經費解戶水腳均平曆日等項共銀三千五百三十七兩七錢二分一釐三毫九絲遇閏

此葉缺

此葉缺

起徵地丁銀六千二百七十一兩五錢一分一釐一毫四絲三忽遇閏加銀九十二兩九錢七分四釐零九絲二忽

康熙十六年墾復還移至十九年起徵地丁銀七十八兩一錢九分九釐一毫五絲六忽遇閏加銀一兩一錢五分九釐四毫

康熙十七年墾復還移至二十年起徵地丁銀一百四十六兩七錢一分零四毫五絲二忽遇閏加銀二兩二錢六分五釐七毫五絲五忽

康熙六年屆新增丁口銀二百兩零五錢二分八釐五毫三絲二忽遇閏加銀一十一兩一錢四分零九毫六絲五忽九微

康熙十一年屆新增丁口銀二百八十三兩三錢八分八釐六毫三絲六忽遇閏加銀一十兩零三錢九分一釐九毫八絲七忽二微

康熙二十年屆新增丁銀二兩二錢五分七釐三毫八絲遇閏加銀七分七釐五毫一絲七忽

康熙二十五年墾復還移至二十八年起徵地丁銀七十六兩六錢七分四釐九毫遇閏加銀一兩二錢零六釐二毫

康熙二十六年墾復還移至二十九年起徵地丁銀一百一十三兩八錢七分四釐四毫七絲遇閏加銀一兩七錢六分七釐

康熙二十七年墾復還移至三十年起徵地丁銀四十一兩五錢八分六釐一毫遇閏加銀五錢八分六釐四毫

康熙二十八年墾復還移稅三百二十二頃一十二畝一分五釐七毫四絲零二微崩陷在外

人丁二百五十七丁六分六釐四毫　又丁三百二十二丁零七釐七毫未起科

一額外
稅契銀三百四十兩
陞科銀一百三十六兩九錢七分九釐八毫 稅契 南洋 縣定予實稅 等項事例
雜稅銀八十五兩零七分零一毫內 上首金花礦 無徵存案 [illegible]
實徵銀六十九兩九錢七分零一毫
雕漆衣裝胙僎共銀一百六十八兩二錢四分一
釐五毫 題明部銀七錢六分零三毫
南工部匠銀一百五十一兩六錢五分水脚銀一
兩二錢一分三釐 一毫 遇閏加銀一十二兩六錢三分七釐五毫水脚銀一錢半一釐一毫
鹽引四百三十四道餉銀四百七十八兩七錢零
二釐 商人赴監司投納 康熙十五年加引餉銀二十一兩七錢今奉旨停徵 康熙十七年加引餉四百五十五兩七錢 康熙十九年加引五十一道四分二釐五毫共引餉銀一百二十三兩五錢七分四釐二毫七絲五忽 康熙二十二年加引餉銀四百五十八兩七錢二分六釐六毫二絲五忽
共徵引餉銀一千五百三十八兩四
錢零二釐九毫內 除兵餉 五分該餉銀二十四兩二錢 奉旨停徵每月加銀
七分一釐 二毫五絲 實徵銀一千五百一十四兩一錢三
分一釐六毫五絲
學田租銀六百六十五兩零三分一釐九毫 祭
田米二十八石九斗九升七合四勺 府縣義
倉租穀一萬零四百四十九石一斗三升三合
二勺 內于義倉久廢等事案內 題准豁免 徵卷資銀一百七十七兩六錢三分二釐一毫租穀一萬零四百四十九石一斗三升三合二勺 尚實徵銀四百八
十七兩三錢九分九釐八毫

新會縣志卷之十二

知新會縣事渤海賈雒英訂定

邑人余玉成

蘇偁汝

李朝鼎分校

薛起蛟

湯　晉仝纂

人物

昔人有言嘉卉奇樹名山之晢目也俊偉奇傑名邦之晢目也夫哲人之生川嶽鍾其靈造物畀其聰存則朝野倚毗沒則百世風興言晢目猶貌之耳新會多名山大川邑幕千仞厓門萬頃靈淑所鍾異乎他邑可知矣顧縣立自隋唐數百年間豈乏聞人可表見乃舊誌人物紀始南宋何哉或謂幼主駐蹕厓山戎馬蹂躪獨慘室家破亾載籍散失北宋已前故老文獻莫得而傳焉故闕文歟自明迄今詩書是澤物華遂昌海濱鄒魯蓋彬彬焉或學希聖賢道統天人之宗或修其職業蹇蹇著匪

躬之節若夫庸德之行盡其在我忠恕爲心人稱長者與摛詞黼藻飭躬砥行者若而人皆足炳烺震旦照耀汗青也爲分類次表其產之良以樹風聲示勸勵志之事也語曰擬人必於其倫豈敢軒輊乎　樵薛起蛟謀

理學

明

陳獻章字公甫號石齋都會村人後徙白沙學者以所居稱爲白沙先生父琮號樂芸能詩隱居不仕早卒獻章以宣德戊申生先是望氣者言黃雲紫水間當有異人出又占象者以中星見浙閩視右河洛百粵爲鄒魯獻章適應之身長八尺目光如星左臉有七黑子如北斗狀吐音洪亮少聰敏絕人讀書一覽成誦嘗讀孟子至有天民何嘆曰大丈夫當如是也弱冠補邑弟子員明年丁卯領鄉薦第九人兩上春官不第聞吳徵君與弼講伊洛之學於臨川往從之遊與弼性嚴來學者未與語先令治田獨異陳子旦夕與論究既受業歸足跡

不至城府叅議朱英聞其名造廬求見避之日閉戶讀書盡窮古今典籍旁及釋老稗官野史徹夜不寐小困則以水沃其足久之乃歎曰夫學貴乎自得也自得之然後博以典籍之言也否則典籍與我相涉乎遂築春陽臺日靜坐其中足不出閫外者數年久之又以爲苟欲靜則非靜矣於是隨動靜以施其功暇日或與弟子講射禮於野忌者爲流言時學士錢溥謫知順德雅重之勸之北上遂復遊太學祭酒邢讓試和此日不再得詩驚曰龜山不如也郎颺言朝著謂眞儒復出由是名震京師一時名公鉅卿如羅倫章懋莊㫤周瑛輩皆折節與爲友給事中賀欽師事之已而歷事吏部日抱案牘偕羣吏立廳事下不少怠諸司官皆勉令休對曰某分當然也識者謂得孔子委吏乘田之意侍郎尹旻賢之遣子從學辭焉成化己丑復下第寓居神樂觀薦紳謁見考德問業無虛日有北郡士數人謀共往困折之及見各不能爲詞退而屈服曰果異人不可抑也旣南歸不復出矣時年四十有二四方來學者日益衆天下日益聞其名乃築小廬山書室以待學者與門人賓友講學不倦縉紳爭先見之雖中官緇流番舶商賈接之無不得其歡心者有叩無不告僚穀不給時或貸粟於鄉人僉事陶魯聞之遺田若干頃不受御史熊達倣洛陽故事欲建道德坊於白沙力止之因爲建樓江滸顏曰嘉會有中貴人往謁御肩輿徒行數百步而入每出五羊城觀者如堵至權馬不得行江西方伯陳煒修復白鹿洞書院走書幣迎請主院爲十三郡士人師謝不往成化十八年粵方伯彭韶薦諸朝曰國以得賢爲寶臣等自度才德不及獻章萬萬且食厚祿獻章醇儒久未見用恐國家坐失爲善之寶請以聘吳與弼故事起之有旨命有司以禮勸駕巡撫都御史朱英亦疏薦之懼其終不起也疏末曰臣已趣獻章就道矣因告之曰先生萬一遲延其行則予誑君何乃不得已起往蒼梧與英別英預約東叅隨俟其至敢從甬道出入獻章辭英歎曰古聖帝明王尊賢之

禮有滕行式車者矣況區區乎至京師用故事内
赴吏部考試會病不果赴上疏畧曰臣母以貧賤
早寡俯仰無聊殷憂成疾老而彌劇毋子遠離愈
病愈憂憂病相仍理難長久臣又以病軀憂老母
年衰邁而氣已衰心欲爲而力不逮夫内無攻心
之疾則外不見從事之難上有至仁之君則下必
多曲全之士願乞放歸田里就醫終養疏上憲宗
親閱再三授翰林檢討俾親終疾愈仍來供職蓋
異數也獻章表謝而歸他日有問其出處對曰疏

陳始終願仕故不辭也與康齋不同各有攸宜爾
家居作詩談道自樂歲有薦辟皆援詔不行事母
林氏甚謹朝夕不離母病旦夕具衣冠露禱於天
曰願某身代母壽至九十有一而没章時年六十
八矣哭擗如禮及服闋絶不衣錦繡人問之曰何
者爲親娛耳猶善與人交羅倫當改官南畿謂之
曰子一代偉人也忠不擇地幸勉之及倫解官卒
爲位而哭爲之服緦三月御史袁道經歷張黻殁
服亦如之知縣丁積卒於官爲綜理其後事甚周

慕先哲崔清獻公之爲人懸像君玉樓事之如師
創議建慈元廟大忠祠於厓山以示風勵皆卓見
也常買婢得尹氏女既而知爲良家子撫育如己
出擇壻嫁焉知縣趙某遺兼金爲母壽嬰卻不獲
受而藏之後趙以贓去追還之封識如故都御史
鄧廷瓚倣林逋故事命有司月致粟米夫役力辭
御之方伯劉孟中市下車即造謁白沙欲延入省
師侍洛問以風一方辭弗就其踐履光明如此居
恒訓學者曰去耳目支離之用全虛圓不測之神

又曰知廣大高明不離乎日用求之在我優游厭
飫久之而後可入也又曰日用間隨處體認天理
又曰舞雩三三兩兩正在勿忘勿助之間便是鳶
飛魚躍又曰學以自然爲宗以忘己爲大以無欲
爲至蓋其學初本乎周子主靜程子靜坐之說以
立其基而造道日深自得之效則有合乎見大心
泰之旨故凡富貴功利得喪死生舉不足以動其
心者蓋駸駸乎無意必固我之氣象矣常有書答
張元禎曰夫學至無而動至近而神藏而後發形

而斯存知至無於至近則何動而非神故發而後發明其機矣形而斯存道在我矣夫動已形者也形斯質矣其未形者虛而已矣虛其本也或問著述曰伏羲著述數畫耳況書而元有易乎又曰六經之外散之諸子百家皆剩語也故其爲文主理而輔之以氣不拘於古人繩尺而自有大過人者性喜吟咏故其進退語默之機無爲自然之旨悉發乎詩與江浦莊泉齊名書法本顏魯公晚而縱筆委態橫溢頗類坡仙求書者衆以己意束茅代筆

人爭效之謂之茅筆字天下人得其片紙寶之若金玉安南人常以百縑購其手書一幅云四方來學者不啻數千人如遼東賀欽嘉魚李承箕南海張詡增城湛雨順德李孔修梁儲東莞林光其較著者也進士姜麟使貴州特取道師之下至市井婦孺皆稱爲陳道統云弘治十三年春三月寢疾屬纊前二日早具朝服命子弟扶掖望北嚮拜作一詩曰吾以此謝世遂卒七十有三先是給諫吳世忠等疏以陳子及尚書王恕侍郎劉健學士張元禎祭酒謝鐸等同薦入內閣得旨起用命將及門而陳子卒朝野莫不惋惜及瑩自藩臬守宰門人會送者數千人提學僉事宋端儀祀於鄉賢正德八年有司復建祠於邑之城東春秋祀以少牢十一年巡按御史吳麟葺祠於鄉之城北肖像其中載在祀典萬曆二年詔特祠命翰林院撰文以祭十三年詔從祀孔子廟庭予謚文恭

薛起蛟曰舊志列陳子於世家尊陳子也陳子何以尊以理學而尊也然世家爲封君有土者之稱

史記以尊孔子人猶議之況其他乎稱聖賢者以實不以名理學實也世家名而已且孟子不列傳乎別理學以道列傳尊之至也夫誰曰不宜附弟子

白沙弟子

伍　雲　字光宇邑人傳見理學

鍾　淑　字宜勉邑人知縣羅僑建丁積祠宜勉曰丁公道愛在吾民淑愿出百金佐工見羅僑丁祠記

林　棟　邑人陳子嘗曰所居之旁伍雲鍾淑林棟此其人皆可與遊而今亡矣

賀　欽　字克恭遼東人少凛于九歲丙戌進士仕給事中見陳子于京邸執弟子禮至躬爲

之捧硯研墨既别肯陳子作懸子别室自
大事必告既養病恒以書來白沙詩教陳
子答之有曰爲學須從靜中養出端倪
來方有商量處又寄之詩有曰此心自太
古何必生唐虞此道苟能明何必多讀書
後欽子諸衆子鄉忘向類其交陳子與欽
書曰三十年妥意古人之學衆說交勝如
水底撈月根不及與克恭論之今自謂少
有見處得其門而人一日千里其在
斋耶欽所著有脊閭山人集行于世

謝文信 字伯倚邑人有讓田于叔之美

林光 字緝熙東莞人成化乙酉舉人已丑會春官不第與陳子同舟南歸師事之毅然以道學自任初授平湖教諭終襄府長史致仕少陳子十三歲同門多言陳子面有七黑子類北斗狀光其書辯之曰吾事夫子最久何嘗抱之未見耶所著有南川集

楊敷 字崇夫吉安永豐人操挫不苟初事一峰羅倫充然有得後過白沙留數月歸作詩送類陳子貞爲福建永安訓導尋棄歸日以二六生之道自樂所著有痴菴集

張瑛 字粹遠著江都人成化丁未進士除衣尚寶于京師少陳子十七歲議論慷慨以好死生爲達墳淸望爲賢陳子稱之

麥岐 字彦夫邑人

李鴻 字從正邑人

李承箕 字世卿都御史承勛大理評事承芳之弟湖廣嘉魚人成化乙酉舉于鄉弘治戊申來從白沙遊最久作楚雲臺居之及歸送之序有曰或問論當世士有文章必問曰如李世卿否忽世卿少年夌邁高遠則有之優游自足無外慕嗒乎若忘在身忘言

在事忘事在家忘家在天下忘天下在世
卿未必能與我合孰知世卿有意于來耶
贈詩十二章其辭曰楚地多佳人可慕不
可求長江萬西浪五嶺障東峰部翻李叔
子晤語滄溟伏諸賢當未衰濟世者何發
歸去襄南州問訊李與劉謂李東陽劉大
夏也承箕少陳子二十歲陳子忘年時與
之投壺共飲倡和甚相得也爲古文有敘
桀邑人爭求之不復仕進築釣臺黄公山
下與兄承芳同隱所著有大厓集行于世

陳魁 邑人事陳子最久

陳[illegible] 字昔敬邑人

劉宗信 增城人

易元 字德元邑人爲郡學生有文名常謁羅倫永豐倫贈以南海三峰記謂南峰德元東峰陳秉常西峰容彦昭也見一峰文集

周鎬 字文邦邑人

周京 字文鄗邑人鎬之弟嘗築嘯日臺習靜其上仕應天府通判見人物

周正 字天統邑人舉于鄉仕教諭

鄧球 字俊士部州樂昌人成化甲午舉人少陳子二十二歲

黄在 字子察邑舉人仕學正

李祥 字元善南海人成化戊戌進士仕至布政使少陳子二十三歲

梁儲 字叔厚順德人爲諸生時提學僉事胡榮選有異質皆從陳子遊儲及李祥輩與焉初字藏用陳子有詩示藏用諸友皆仰儲也成化戊戌會試第一人授翰林編修累

官至少師兼太子太師吏部尚書華蓋殿大學士致仕謚文康少陳子二十三歲立朝休休有容至臨大節確不可奪議者謂其涵養學問有自云

陳庸 字秉常南海人成化甲午舉人仕州同知陳子嘗曰時雍之論道而遺事秉常論事而不及道時雍如師也過秉常如商也不及所著有東峰集

張詡 字廷實南海人性廉靜不苟取與成化甲辰進士初仕户部主事養病二十年當路交薦正德中起為南京通政司參議抵任歸卒謝少陳子十七歲從遊最久陳子送廷實序曰廷實之學以自然為宗以忘己為大以無欲為至即心觀妙以揆聖人之用其觀于天地日月晦明山川流峙四時所以運行萬物所以化生無非在我之極而思握其樞機端其銜綏行乎日用事物之中以與之無窮廷實同有甚異于人也[illegible]陳子行狀像贊墓表及所著有[illegible]言纂要新會[illegible]山志等書

黄元 邑人[illegible]白沙

何宗濂 番禺人[illegible]白沙

陳晄 南海人

容珪 邑人與其弟球與學從兄弟事陳子最久皆早卒

李孔修 字子長順德人家鄉城能詩陳子稱之曉以善畫聞古行古心得陳子之清吳廷舉為之禮垂之

黄佐 字希顏邑人能詩文仕太平府推官

羅晄 字聚周南海人

袁暉 東莞人

林敬 字子翼東莞人

易彬 邑人

范規 字能用南海人

龔日高 潮州人

何字新 字子完惠州博羅人居[illegible]有司以狀聞部旌表之弘治己酉[illegible]鄉仕至宗人府經歷世稱為孝子云[illegible]春夏雜開發有功直愚人地閉伏冬三巷纔欲了[illegible]淮意詣作還經老手封活水有源終到海遊絲無力祇隨風背將吾道千年計跳入羅浮四百峯

姜麟 字仁夫浙江蘭溪人少陳子十五歲成化丁未進士以史事使貴州得取道如白沙師事陳子出謂人曰吾聞人多矣[illegible]耳目口鼻人也所以視聽言動者[illegible]人也[illegible]之至京師有問[illegible]

梁貞 字[illegible]弘治己酉舉人

林琰 東莞人光之族子

崔楫 字希說南海人能詩

梁景孚 字宗正順德人

梁景行 字宗烈順德人弘治己酉舉人仕至府同知終長史

譚以賢 字希聖邑人以貢為訓導嘗註陳子律詩九日下廬山示譚希聖詩幾藤杖上小廬

山東墨何州親面難裝縯插花秋意思浩歌揮毬酒波瀾山中雲氣方迷蒼草際虫聲漸逼寒知我倚松長嘯罷江門水月正宜觀

譚以良 字上直由儒士領弘治己酉鄉薦文律兒以賢立志行已與不媿古人良少顯異能通古文事親定省溫凊復有古人風至赴春官輒以親老不忍行遊白沙先生門學先生教行敦本實凡邑中孝子節婦每爲表𥫗之其好善可掬也當時同門李世卿傾慕齋李子長湛民澤咸推重之所著有玉樓遺稿行于世一時當道論廣中父子兄弟之賢者必曰新會譚不但詩文之工而已

周儉 字用中邑人

黃壽 字叔仁邑人

謝祐 字天錫南海人善靜坐能詩

馬廣生 潮連人字元貞號默齋陳子之友子馬國馨娶馬貞同遊陳子之門嘗相與買田以法貝見其兄之無嗣者陳子目之曰與不爲惠慮不失幾馬氏不惜其田與古同之也係有恒產者死無子人爭爲之後其爭不嘗親族相驅命弗顧長老不能化朋友不能諫官司不能決甚矣哉禮爲人後者爲其父母服期夫生我者父母也所後之人乃傍親也以其所輕易其所重雖有父母之命賢者猶不其心焉況子爭奪以爲之後乎孔子人倫之至也薄乎欲爲人後者俾不得親射果賢者爲之乎風俗之澆漓人心之薄惡知求利而不知愛親其可哀也已馬氏叔姪亦善處變矣乎父母天全癸齊交致其重亦充是心而已西山之氣其卒勝佩竹之土歟凡世以嗜利之私

友于之情者觀此可以少愧矣知縣丁積稱馬氏處家有禮讓之風均田一事可法于後世勉之以詩有喜見林中有俊英之句

蕭立 順德人

黃彝

林紹光 傳見理學

李九淵 字之漢

趙思仁 字壽卿邑人捐貲二百千建全節廟又捐田以祀丁侯陳子稱之

黃鶴年 字彭

馬龍 字文祥南海人嘗從一峯羅倫學

陳紹裘 字曾吉邑人見科第

容貫 字一之番禺人陳子嘗曰容生卓犖無地從余遊者十有一歲未嘗對人作狀入京師見當利相赫赫不樂語人日古之仕者將以行其志耳徒食人祿而不知恥吾不能以一日居貫之志可謂篤矣此先生贈容一之歸番禺序中語也舊志邑人者非

容欽 邑人

胡旦

李瑜

李璿

胡岳

易龍 邑人傳見學行

李由

李方

李同

吳鍔

余善

黃澤 字日雨順德人弘治壬子解元癸丑進士有文名

陳護 字宗湯番禺人爲人端謹弘治壬子舉人仕浙江知縣與聞鳶魚微旨少陳子三十六歲與陳護詩君若問鳶魚鳶魚體本虛我拈言外意六籍也無書

林府嘉 字[illegible]東莞人

添漢 南海人國子生

葉先 番禺人

鄧德昌 字順之順德人訓導

林驄 福建莆田人

湛若水 字元明初名雨字民澤增城人少陳子三十八歲弘治壬子舉于鄉即往從陳子道陳子稱之曰民澤遠到器也日用間隨處體認天理若此一鞭何患不到古人佳處吾與李承箕曰楚雲臺自湛而來始數世吾之冷紹進騰直出其實之上晚景詩[illegible]

有益陳子卒後之日江門釣臺付與汝管將來有無窮之祝斯道已不落莫矣民澤服喪三年爲詞告之門成吾之身孰與盡吾之性教育之恩何異生養之勞在禮經則師無服之文在義起則例有緣情之制昔者孔子沒門人有三年之喪大抵禮緣情行例以義起亦天地之大經古今之通義也後復爲之政莖立碑乙丑會試第二人入翰林爲編修隱居西樵仕至禮吏兵三部尚書所著有人學測中庸測撫語雍語明論新論聖談衍三禮測格物通古易經傳春秋正傳諸書卒謚文簡時王文成倡道東南文簡與之並駕四方名士翕然宗之論者謂天將以振江門之遺緒也並議從祀云示湛甫詩見藝文

黃忠 字景臣邑人

黃昊 字公霞邑人陳子示黃昊詩高明之至無物不覆反求諸身柄柄在手

李亨 陳子序其詩曰李亨之定于十六歲意爲而莖不先一旦棄我而死不奉望矣子所以不能不爲之惻也

黎潛 南海人

蕭倫 順德人

陳東淵 增城仙村人

林高 字伯喬番禺人弘治乙卯解元仕知縣

湯[illegible] 字民悅邑人傳見學行

[illegible] 順德人少孤每誦陳子詩輒驩慕己未拜門下弘治辛酉舉人仕至南京戶部員外

郎

張天祥 字國卿番禺人

陳謙 邑人

伶確 字子彝惠州博羅人弘治甲子舉人工部員外郎

黃子賢 邑人傳見孝友

陳瑞 字德貞邑人性豪邁不羈善寫雲烟山水成化中馳名藝圃至京師授直仁智殿錦衣衛鎮撫漫筆爲希樊騎嘘兩盃精絕後師事陳子力于學嘗以非其罪罣名縲絏陳子救釋之後逆旅樓中客有議陳子之學瑞力辨之大呼墜樓折肱其篤信如此

黃球 字元海聞陳子倡道白沙由城南徙居白沙之陂頭就學子子正字梅所陳子嘗尋

梅所頗有詩島得隨處體認天理之旨雖[illegible]至淵遁蚓蚓鳥雀爭下食之日令童子[illegible]汲水灌注以逐其[illegible]長其[illegible]卸爽壽九十歲

陸犇 邑人見歲貢

黃彥 邑人見科第

關中 字時中邑人見選舉志

康沛 順德人成化丁未從陳子遊沛之言曰先生之爲教也文章性道因人而傳未嘗言易亦不言數沛遊門下十有四年教我靜坐靜而匯禪日用之間要見鳶飛魚躍寂然之中天機常動如洪鐘在懸不叩而鳴未嘗息此乃先生之教之全也

鄧珙 順德人

張希載 順德人弘治壬子同鄉珙從遊陳子嘗誨之曰君子之心常存恐懼於善有未遷于過有未改恐生懈怠於靜日惺惺於動日惺惺恐生實諦

梁大廈 邑人見科第其言曰先生經世之心始終欲行作聖之功垂老不息但修下學之常謹覺上達之方及等同與教中所見者欲水曲肱之樂溫溫恭安之容自然默之致究然孔氏之屋若大規則光方有光風霽月之趣天挺人豪而渾然天成之區初非一長之指是又先生之餘

林樟 字挺之邑人見選舉歲貢

施用 字以政邑人見科第

區越 字文廣邑人傳見德業

戴球 字汝強號息齋邑人長子思敬次子深俱庠生二子參字君惠次子元多從陳子門人陳子節畏窗開元一日精表[illegible]如今若[illegible]

戴昭 邑庠生

戴參 見[illegible]陳子[illegible]

戴軒 邑人

戴弁 字仲嵩邑人見歲貢

伍雲 字光宇南山人少陳子七歲垂四十始從白沙遊於山南大江爲光風艇置琴尊其中遇月夜水天一色乘艇賦詩仰天而嘯陳子扣舷歌而和之飄飄乎不知天壤之大也然夙病肺乃杜門息交構亭於南山之巖焚香正襟趺坐竟日後於白沙

築草塋三間號尋樂齋嘗曰雲妄意聖賢不知其所謂樂自覺惟坐爲樂耳每每讀書言愈多而心愈用用不如不用之愈也蓋用則勞勞則不樂不樂則置之矣陳子曰仲尼蔬食曲肱顏子簞瓢陋巷將求曲肱陋巷耶抑無事乎曲肱陋巷而有其樂耶其顧求之毋惑于坐忘也夫心不可用昔亦不可廢其爲之有道乎得其道則交助失其道則交病顧終思之仲尼顏子之樂此心也周子程子此心也吾子亦此心也得其心樂不遠矣雲前此

惟務意氣勝人凡出藩籬事亦無所不爲至是痛自懲革至曰若不自樹立爲人不如死與陳子論文曰黃涪翁題摹燕郭尚父圖畫之論書曰凡超鵠落法語也如畫者必知書其爲蘇長公乎至於詩則唐以下近體無取焉齋中疾作乃歸卒年四十七陳子爲詩文以志慟

黃子正號梅所求之子陳子嘗尋梅陂頭有詩與之得隨處體認天理之旨物雖至微皆護惜之池澗蝌蚪爲鳥雀所食子正日令童子逐鳥雀汲水灌注以遂其長其仁可知矣壽九十

林紹光字一榮沙岡人少從白沙陳子遊博通羣書得陳子律呂之學御史鄧文憲少貧貧而訓之傳以律呂所註雅樂不亡士出其門者甚衆皆彬彬有白沙之風督學林廷玉雅重之聘行射禮於各府故嶺南射禮自新會始至今稱有學行志古之士必曰林一榮云

陶益字維謙號練江三廣公孫也隨父附籍會邑少孤弱不好弄性聰敏讀書七行俱下博涉强記研

精書法尤粹於易終日端默然若無惰容事嫂倫氏如母念父兄皆沒於王事遂武修文與青蘿王漸逵鶴門闢於政講則白沙陳子之學常嘆陳子而學益篤就正於白沙高弟湛文簡公若水文簡嘆曰維謙脆醇淵摯其後學之領袖乎使得及吾師門將閔冉之流也構樾聲書屋別號江門迂客一時好學之士從文簡遊者文簡輒命之就見曰如維謙者吾師里人可謂千里一賢矣祭酒楊復所先生亦曰今日不枉爲好學者只有陶維謙

云爲人力尚躬行不事虛談名理有問難則解釋怠疲或勸之著書垂訓謝曰大道日繫而嘗存至理返求而大備昔陸九淵云六經皆注脚也又況濂洛關閩闡晰無遺乎但願與諸君體驗力行而已以明經授江西永新訓導既至官日集諸生坐明倫堂講白沙先生之學立考德問業簿以稽勤惰課督無虛日士之貧而好學者出俸給之如劉朝璽等數公後皆爲名臣復以其鄉行教養賑濟之法施於任撫按交章薦之部檄內轉以目疾力

辭歸里永新士人祭之祠於名宦年八十卒有樾磐集二十卷行於世見文湛池先生集傳及永新名宦志

薛起蛟曰昔文湛池先生傳陶公且繫之論謂公與衡山公交最善又謂陶公有詩字名尤工大書書法出自二王而理學皆原於白沙云衡山先生世稱其純粹之品精明之鑒不妄交亦不輕許可其言良足徵也前志若以老首蓄自好者傳之不復究其學問淵源所自非猶然資格之見歟余故取文大學士作參之鬱林人物永新名宦二志傳之

鄧鼎臣字廷和號覊軒趙村人早失怙恃從兄漢臣學見自以爲不及年十七卽有志聖賢之學常欲棄儒冠後得湛甘泉先生二業合一說復事舉業隆慶丁卯弱冠領賢書家人未欲其北上臣曰借此接識四方有道之士爲吾學資非爲一第行也有持陽明東廓二先生像至卽懸而事之旦夕景仰戊辰下第罄囊買古書歸閉門下帷凡一載曰

無益也白沙先生非吾師乎卽移館於先生祠出入必告朝暮必肅日靜坐以求所謂自得之旨未有湊泊聞石林何先生講學從之遊庚午冬應上春官曰苟於道無聞卽鼎甲何取知縣林會春貽車勸駕弗受歷書報兄若有得者未幾卒士林惜之謂使假之年足繼江門絕學云

李以龍字見所東亭人少穎悟事母至孝年十九舉嘉靖戊午鄉試以不忍離親依依膝下與弟以麟潛心理學嘗讀陳白沙詩文豁然有省因傳求理

學家言讀之得薛敬軒讀書要錄不覺心恍神隨遂合諸賢語錄手自編次以時觀省自銘其座曰不言而躬行不露而潛修存之爲德志無一息惰心無一刻放熟處是仁由是一言一動咸無所苟年過五十猶眷戀慈闈絕跡公車踰三十載每傷教化不興民行不興學者不知德性爲何物變化氣質爲何事用心一差大本已失故其學以居敬主靜爲本其教學者以忠信誠愨爲務所著有進學書師說感寓集及輯省心錄行世年九十一卒

萬曆丁巳崇祀鄉賢直指王命璿上言以能學追濂洛道配白沙宜錫論典以維正學其見重如此

李以麟字應叔號滄浒東亭人篤江門之學署其軒曰敬存補諸生敎諭爲端升講學重之許爲道器麟常曰學者不求放心第應事物既無事物此心安寄政如虛舟不繫柁柂暫移浦漵亦覺安瀾稍涉風波無不汨矣故於踐履獨嚴對客無媟容慢語手編宋儒格言薛文清讀書錄并先朝諸儒履歷及粹言研講不輟督學使者獎曰私淑江門曰庭有公蓺之風署無潛臺之跡黎貞汰祀首爭復之梓其集行於世尤工書善畫爲世所重子之世有文名

黄孚字顯伯號鳴鶴邑城人生而丰神瓌瑋孝友醇篤弱冠補諸生究心理學手錄性理至言千萬字無一字草錯學專慕白沙數館其鄉多辯析先生詩并註義可到師門而學者履常滿先風霽月與物無競人皆謂似程伯子惟遇有出語乖忠孝者則面斥之家故貧一介不妄取常督學勉嘆曰貧

如富賤如貴其黄生乎神宗登極始以恩貢授邑化訓至悉南徽鮮正學乃明臧否立規檢正身以率之時有富生欲奪貧士貢賀以勢力謂可必得孚叱而拒之且出俸佐貧士行管關德化論曰德教化或虧非德化矣既而告老歸年七十三卒卒之前日曰孔朱陳子皆七十三孚幸不得罪於前喆足矣所著有太極退性理眞詮白沙道事兩化集象谷詩稿

湯敬升字小槐河村人初名懋德少從邑博蕭端升

講學東亭及端升去思之因名敬升志不忘也其學專宗江門兼以主敬存誠爲務事母至孝兄弟嘗相讓產登萬曆辛卯賢書署星子教諭聘主白鹿洞書院立洞規學約敎諸生務敦實行遠近來學者益衆歲割俸錢市布以衣寒士署安義令邑故刁頑敬升以德化之幾至無訟去之日父老攀轅載道卒於官篋中僅餘數金至不能具棺殮諸生共治其喪督學姜養冲聞訃惻然檄郡守以洞租賻及歸未葬邑文學林天培等請於巡按御史

王命璿命璿欽其賢給貲助之乃克所著有朱[illegible]及緝宋明四書行世見癸丑廣府志

薛起蛟曰吾粵理學始自江門海內宗之其流風餘韻興起勿絕也時士大夫踐榮[illegible]而貴潛修及門多成德之士私淑紹統緒之傳其散見於他郡邑如湛黃諸公者未暇數若新邑則若近而去世未遠者也故諸子講學相繼至嘉隆間浸微矣東亭二李氏崛興篤志誠正之學以居敬爲要主靜爲樞踐履既嚴造詣益醇矣人比之二程若鄧黃湯三君子又其後起者也皆豪傑士哉

蘇樹汝曰江門之學以自然爲宗學者未易窺其涯涘然其教人祇在日用間隨處體認天理非徒使之致虛守靜已也一時潛心力行以親承教澤則吾鄉之士居多焉流風不絕私淑諸賢先後接踵稱海濱鄒魯不虛云今去先生之世未遠高山仰止景行行止士不奮自興起不虛生理學之鄉乎

德業

〔宋〕馬騊驥持國長子也弱冠入太學肄業齋中常臨學帖若有若上異之曰卿何勤[illegible][illegible]對曰思[illegible]千癸擢淳熙七年第進士初調交豐六[illegible]勾稽決訟人稱神明[illegible]府每疑獄必使聽慮咸以清能官目之改秩知衡山縣持國問曰汝作縣當何以騊驥曰寬民力急刑術期安之而已持國喜曰行矣[illegible]之至縣定差役懲預借息事寧民一以不擾爲務境內有山多茶民得採摘爲利比何爲勢家所奪騊驥力爭歸之民官滿老稚攜持留日追餞及判肇

慶府有潛以奇硯獻者聊驗謝之曰此非暮夜金但吾職肅郡當飲冰自勵何敢受長物玷家聲耶由是名節益著尋知雷州府時侍同亦擢州麾鄉人以爲榮壽五十四官至朝議大夫子宜祖官至朝奉大夫知英德府三世皆爲良二千石不易得也

余元鏗字仲宣河塘人忠襄公靖之後封川令夢弼子與文溪李昴英友善決科爲循陽法掾昴英稱其蘊籍淵深踐履嚴謹臨行謂之曰仕以行其學當官奉法無高下其手有不平必爭爭不得則去

是卽他時定大議臨大事之推也自謫官卑一事放過將終身悔之我朝翁服人物祇說二公忠襄公自是君家好樣菊坡遠業亦發軔於梅仲宣勉旃元鏗再拜受教折獄平恕後爲肇慶府司法叅軍益著廉稱致仕歸每歲飢賑里民以粟不求報人多德之

(明)鄧彥艮字希哲寺前人以禮自克凝重不遷同邑黎貞亟稱之姪林俔貴循嚴事焉洪武初貢授清河縣丞有廉能聲以薦陞廣西思恩知縣常奏知府徐授義推官張毅知事賀勉不法事秩滿父老詣闕保留令再任改擢運於賓州人德之禮部侍郎寶安陳璉曰彥艮溫良恭儉簡默沉重出宰思恩卓有惠政民祠祀之入思恩名宦云

茹連字彝貞石潞鄉人洪武丙子舉人初爲齊府奉祠副改四川江安縣丞陞刑部員外郎出知湖廣長沙府律巳甚嚴不受私託有鄉里爲縣令京邸召同鄉飲間夸其器用美麗連艴然怒曰君非剝民何以得此拂衣起其面折人過如此一日因奏

對上憫其老令致仕連對曰臣日食米數升臣去官無以爲食上曰卿日食幾何曰臣荷聖恩官太守未嘗有日飽上令光祿賜食嘉其誠也一時仕宦連獨著廉聲云

余慶字原善洪武時歲貢永樂中知南安縣知民積苦虛糧奏免崩堆海蕩賠賦米一千餘石流亾以復秩滿去民遮道泣留如失父母見泉州府志

溫琇字如玉大澤東邊村人永樂中由國子生知永春縣寬而愛人嘗奏減歲造皮張民德之後調繁

建陽以事至京病傷寒同門友鄧林日左右邀醫士史秉彝藥起之人咸謂溫能取友林能篤交誼云

蕭嘉祐堂河人永樂戊子舉人將赴禮部黎貞作構室說以贈之嘉祐再拜受教自是益務涵養以縱橫自用為戒選知廣西恭城縣心公政平待物以信雖山谷猺獞以片紙招之無後期者政暇講學士風大振卒於官民祠祀之

李讓字遜之寺前街人永樂間由國學生授縉雲縣

令臨政不擾撫字有方晉原州府同知去之日立祠列祀名宦既而丁艱起補淮安同知清操益厲卒祀鄉賢

林超字彥昇號樂澹北到鄉人舉正統辛酉鄉薦授廣西北流縣知縣以邑不知小學則建社學以養其蒙以邑不知稼穡則修耒耜以督之耕山是邑自陸川咸法焉猺寇薄城下設奇戰走之後中於讒闔邑士民赴當道上其功梧守袁秉衷申請兩院留之辭曰余年幾七十豈堪俛仰求容於世遂浩然解組歸行李蕭然白沙陳先生知其清白為作海澗天高之賦徜徉山水間人謂其似陶靖節云所著有遺愛稿

蔣濟字希舜梅閣村人正統甲子鄉薦知福建晉江縣明敏勤慎事事務在利民獄非重罪悉遣之視地宜給民以鄉種教之播耕民蒙其惠名曰蔣公稻常祿外毫無所取去後民思之刻石城南橋上曰愛民父母蔣公秩滿陞漳州府同知政如在泉致仕民為立去思碑

曾能字千之其先衛所籍自寧國來家新會為邑城人沉毅有智量博通經史登景泰甲戌進士由戶部主事歷員外郎中出為陝西叅議叅政晉布政使八年間凡四遷能饒於綜理日巡視山川要害儲峙多寡兵馬强弱將士堅脆無不周知既總司事創會計堂籌度出納酌量損益咸得其當藩封祿米亦均節推允自是邊儲有備甲辰關內大饑民至相食能隨事俾補委曲詳盡進都察院右副都御史巡撫甘肅時父已年近九十遣家屬南歸

侍養獨攜一僕自隨甫下車仰嚴部伍剔利弊甫三閱月而家訃至舊例守邊大臣有故非得代不許擅離能哀毁殊甚代者乘傳至而疾已大作歸至會府卒年五十有八囊中惟俸金三十餘兩而已訃聞上悼惜賜諭祭葬命武英殿大學士丘濬撰神道碑

佘諒字以貞草涌人天順甲申進士授南京御史三署都察院事晉福建按察僉事革屯糧歲例千餘金與丘文莊公校議家禮儀節刊行所部使民知

禮晉湖廣副使居官十有八年清操如一日悉讓故業諸兄弟姪自號蘇溪於物無競嘉靖丙午崇入直指陳儲秀覈悉其居官德政祀之鄉賢

余統字承之潮下村人成化丙戌進士爲行人擢南京監察御史上疏乞均用才以厲官守抑奔競以通選法罷陳糧以便軍餉併殘伍以省冗費禁宦弊以革吏奸修國學以崇文教侃侃數千言皆救時碩畫官京師時有奉使者託以妻子統避居僧舍俟還乃偕入其操類如是年五十卒於官

陳經綸字汝學漥灣人陳元輔裔孫也少穎悟甫弱冠領成化癸卯鄉薦第一登進士奉使廣西纂修成化實錄暇日講易士子翕然從之事竣授南京戶部主事忤權貴謫象州同知至則撫定猺民修學勸教舉措蔚然撫按交薦尋卒於官所著有寒泉遺稿

李渭字長源龐洞村人少以戶役爲縣令所辱乃發憤讀書二年不設枕薦遂博覽載籍領成化甲午鄉薦與梁文康公同時時謂梁儲筆李渭腹云癸

進士任鳳陽府推官決淹獄如流時妖術崔同兄以邪術惑衆將爲亂渭疾擒而杖之一笑自若而痛反移於他人渭朱書其名於背始呼號乞哀械繫送獄及夜渭方秉燭坐堂上忽狂風驟作飛沙走石屋宇震撼心念必妖術所爲使刷卒健兒抵獄所則桎梏已脱厲聲叱之搜左脇有妖書墮地立取焚之風沙隨息及斃之杖下僧至死始曰邪不勝正吾術誤矣妖書燬盡處有李渭收二字不滅其黨聞之皆竄匿解散渭亦不問一郡始安鄭

府紀善王澤作遊惡傳備詳其事仕終淮安府同知

薛起蛟曰漢黃巾之禍烈矣其時征討宣力諸臣往往得封侯或高官雀同兄當成弘盛時雖不足患要之爲唐賽兒不難也李公除患於早不煩兵革弭亂未形厥功甚懋惜當事無上功薦其才者徒使循資量轉何歟君子所以感於曲突徙薪之喻也

余敬字行簡樹下村人弘治庚戌進士出宰湖廣漵

浦縣修學築城訟清盜息七年最薦擢南京御史漵浦士民立去思碑天變上疏乞黜不職令貴戚歸民困清戎伍省輸運節國用罷不急凡七事立朝侃侃危言危行丁憂歸途遇寇南雄使歸善姚祥謫官道卒敬殯歸其喪服闋病卒於家倫以訓表其墓

湯和字清軒存齊人少穎悟言動有度貢入成均祭酒吳儼器重之知定安縣多惠政丁內艱囊橐蕭然惟家禮二冊章服一具而已服闋補官入都銓曹掾索常例曰我只飲定安一口水安得常例錢哉遂拂衣歸孫雲霄霓皆陳獻章門人能世其德年八十二卒祀邑鄉賢湛若水爲之贊曰立心公律身嚴居官介奉先孝祭祀敬享年永宜哉

李文明字朗光松前村人弘治戊午舉人初任湖廣衡州府通判有運糧領兵築城賑饑之功繼而朝廷有事乾清宮督運材木所支有羨餘銀四百餘兩悉歸之部以憂去補判湖松兩府理徭賦以清介聞陞福建建寧府同知居官三載以疾致仕堂

院敬禮之謂風不可及云卒年八十一

趙善端字弘仁邑城人貢入太學選開龍溪丞時民泰富民被誣繫獄屢年不決善端得其情爲白之富民夜遺金器以謝叱出之漳平賊發龍溪境土騷然賴善端鎮定漳州志列名宦日持己廉臨民寬事上不諂可謂良吏矣

黃淳曰李世卿氏嚴於取舍蓋以道律人者故周修而下皆有譏焉孔門與善取節而已如或責之備使生平祗行之徒至沒世泯泯不稱恐非孔氏

家法故荷有行義足以表正鄉俗爲輿論所與者
亦得錄之登曰秦無人乎
區越字文廣號西屏潮連人八歲喪母事繼母曲盡
其誠陳白沙作慈母詩遺之登弘治乙丑進士知
浙江嘉善縣以循良薦陞戶部主事歷員外郎中
皆以廉慎稱守建寧憂歸服闋補寧國府前此有
峻法故入民重罪者纍纍越廉知非辜悉爲申理
或疑其與成案反越曰三代之治罪疑惟輕今罪
當輕乃以成案重之深非國家愛育元元之意執

之愈堅卒無冤獄嘗夜寢覺大寒亟索衣出庇荷
枷者曰此非罪止示衆儆以械凍死是以政殺人
也遷浙江副使晉江西參政所至刑清恩給以老
致仕士民思之年八十七所著有西屏集子元健
弋陽教諭元晉由舉人任興化同知有廉名
李輿字叔起庇洞人由舉人知長泰縣賊濫文進倡
亂悉心備禦民賴以安丁憂起復補博白善撫流
民人多稱之
鄭銘字克新號岡州許坑人居禮義坊舉弘治乙卯

鄉書乙丑成進士會孝宗崩纂修實錄執政聞其
博洽命往滇南網羅散失銘徵採纖悉靡遺滇撫
吳文度歎曰良史才也還授戶部主事催餉德州
出納平允軍民稱便中使之虐取於民者咸憚其
剛介不敢縱歷郎中陞江西袁州知府勤恤民隱
修圮城修學宮百廢以漸而興政暇召諸生講學
於堂北袁俗嫁女率傾貲產之半故生女多不舉
前此屢禁莫能止銘曰殆未澄其源也爲定上中
下奩嫁之式奢者以僭論令行遂無溺女者又俗

多火葬銘痛諭之謂無異親炮烙之刑人子忍
之乎皆憮然悔僭銘爲政大都以真心行古行儉
樸爲先厚於爲民而薄於趨承上官多不悅一日
忽解組歸抵家再疏乞休乃允士民思之不得相
率勒石宜春臺上過者往往流涕銘與同里區越
若平皆以能孝稱事繼母均得其懽心太史陳獻
章兩作慈母詩遺之所著有岡州近稿二卷使滇
雜興九卷長子府舉丙子舉人仕至刺史有冰蘗
聲

鄭府舉字一鵬太守銘之子也正德丙子舉人知泰寧縣持守廉介罷令丞簿尉薪水之役重建利涉橋邑無廢事民安其生陞道州知州未至奔父喪歸服闋補海州首陳三議釐舉二十七事流民聞而歸之遷南寧府同知卒於官檢其遺惟衣篋書箱而已

李翔字舉南潮連人正德丁卯舉人嘉靖癸未進士授浙江衢州府推官以母老止攜一僕行凡事有裨於民者必堅持之動忤當道不變以廉介稱府

鎮守太監虐民翔手鐵如意擊之於座俾小懲警浙人呼爲李鐵尺按察副使潘旦者發人也發與衢地接旦之弟時與衢民郝冉婚姻有年矣冉後拓落時欲侮之旦助焉以牒授翔翔若不喻其意者執不可衢人益重翔在衢三年蕭然獨處惟敝帷一奩破簏二楷及圖書數卷而已與御史王演副使朱君裳都御史李義壯齊名號三清於兩浙陞刑部主事奉命冊封岷府黎山王既成禮一無所受還京以思母故請改南部以便迎養吏部郎中吳允祿曰君清介僉議美推盍少待翔曰近思老母今年九十有四矣兄爲山西道御史未任而卒母身獨居子母南北瞻望不及夢魂顛錯矣遂請得旨准除南京吏部文選司主事兼程而歸母已先病奉侍七日而卒人以孝感所致云補北京戶部員外郎陞郎中封贈父母如其官陞福建邵武府知府百爾措注一如在衢府屬縣之內社各立學學凡數十區弟子繫籍者凡幾千人文教蔚然大興入覲翰林編修康太和稱有古循吏風

然翔性剛方不能善事上官有僧繼間者罹法當死而指包節右之改戍南丹且檄守發遣翔對曰凡僧問戍例行原籍追解以便他日勾稽無就寄發遣之例包不悅罰其倨傲無禮翔聞笑曰吾棄此官如敝屣耳遂挂冠歸足跡不至公門嘗推明性命理氣之原闡所獨得凡數千言多先儒所未發學者尤尊稱之所著有似說問稿行於世嘉靖庚申巡按陳大用題祀鄉賢

許瑺之字曼植號圭所容徵巷人性溫厚領嘉靖壬

子鄉薦授福建永安知縣會兵戎饑饉邑地多寇
於大田寧洋戶籍容虛留豪占射培之摧梗招亡
撥清番察立生祠祀之晉興化通判建倉便輸郭
應聘有平海倉儲德政碑著甫田築捍海堤成田
數百頃鄭茂有海堤告成頌祀名宦再晉廣西養
利知州政聲益著以親老辭歸百姓攀轅不得行
子滋嘉靖甲午舉人
陳吾德字懋修號省齋外海村人嘉靖壬子鄉薦第
二人乙丑進士授行人奉命冊封蜀汶川王祭葬

李憲敏御史臨貽獨與李孟誠論學晉工科給事中
條陳廣東八事上從之元旦日食糾百官宴賀因
勸上修省語甚懇切元夕命作鰲山造中貴人織
衣浙江吾疏諫得報罷復力論採珠病民忤旨削
籍萬曆改元召起兵科給事中劾奏中貴人鄭真
傳官姪錦衣鄉御史劉蕡不宜名用禮部主事宋
儒兵部主事熊敦樸奸險亂政首相張江陵不悅
成國公朱希忠薨行金錢求贈王上疏爭之復大
忤江陵遂出守饒州會王府被竊坐謫馬邑典史

民攀留尸祝御史張尚復希江陵旨論吾德遊禁
講學削籍江陵敗臺省交薦起思恩推官寶慶同
知以親老皆不就親終起補紹興同知遷湖廣僉
事平巨寇劉汝國等上功賞鏹幣無何卒吾德以
生近江門日與同志講學於正學祠至於弭盜禦
倭建義倉築外城皆所旦夕經營者李中丞材曰
陳懋修立朝則正色居鄉則端表蓋所謂有道君
子也三學諸生會舉祀鄉賢所著謝山存稿中子
圖律呂等書

容朝望字飛石號他山河塘人早孤母蔡守節撫學
業事母朝夕不離側領嘉靖庚子鄉薦設帳淡經
從遊甚衆乙丑上禮部者以第一授知崇慶州晉保
寧府同知摘伏發奸有才受民有姓戴如父母當
道交薦之會蜀九絲蠻叛奉命督征畫策悉中機
宜賊平功不自居特旨授長蘆運同以讒左遷知
陝西商州百姓遮留塞道崇慶保寧皆有生祠至
商二載即解組歸一室凝塵僅蔽風雨詩八十一
所著有睡餘集

張傑夫字凌山凌涌人三歲失怙年十七試童子學使者大奇之庚子領鄉薦嘉靖庚戌進士授長泰令有異政鄉御史戴時宗薦其治行晉南京戶部主事長泰爲立遺愛碑焉鈔關淮安事竣得羨萬金盡入之公帑或尤之對曰幸四海乂安商旅輻湊因而有羨餘皆帝力也若以自私豈事君勿欺之訓乎常有盗刦官船仍冒官以免稅傑夫廉得其狀按誅之籍其所獲獻於朝上嘉之賜以所獲之半旌其廉也年四十一卒於官

譚維鼎字朝鉉號瓶臺天河人舉嘉靖庚子第二人筮仕同安時倭寇及僥獐饑盗動以千萬環瞰孤城鼎請減弓兵銀以甦疲困築土堡練鄉兵恩信兼多設間諜令伺俘虜凡先後奪回擄口并降活者數萬人憫疲兵暴骼庠以冢晉泉郡丞有姚攀轅詣府留委修莆隄費省隄固莆人賴之仙遊諸邑寇至檄鼎與都督戚繼光討平之疏功於朝賜鏹幣贈父母如其官晉都督府經歷尋晉廣西左江兵巡僉事減兩江商稅改力差爲僱役出所撰小學解督民習之忠州土官黃賢相占據門都鼎召典史李材授以方畧擒之贈秩本道副使督剿古田以久勞兵事謝病歸卒年僅五十未竟其用朝野惜之同寧闕既開皆進特祠俎豆勿絕鼎居家視弟雍子如己子置祭田贍宗族里閈高其義云

林大章字文經號虛巖涉岡人系出莆九牧父賢鄉族稱孝友章年十三操觚即見奇督學吳公器之嘉靖癸卯領鄉薦丙辰授江西東鄉令治先教化

催科有方民爭輸先直指林公督倫程公袞之時嚴相當國鄢懋卿用事徵責諸郡縣取金二百爲饋章留其檄竟以此見嫉給由徐長傳稿書曰公仁心惠政方爾淪洽而畏途險巇如此眞可太息然於公奚病清泉白石信步皆樂視世態直如白衣蒼狗不足供達者一笑惟爲道自愛大章返初服後澹泊節儉積頗贏乃割田以供先祀中外戚屬恩勞必報弟大芳丙午領鄉薦大積尚老諸生忞以父所分產讓之僑居西郭鮮至公門遐邇

外城諸大議輙身先之故今譚保障而樂安堵者
於章有遐思焉孫挺然爲諸生性耿介直諒有乃
祖風邑令卞應聘王泰徵皆敬禮之舉大賓榜楔
旌其門

何孟倫字愼明河塘人少穎悟家故貧嘗開關負米
事繼母以孝聞嘉靖甲午舉於鄉辛丑進士第三
人授鄞令擢御史調建寧政暇講學民歌士慕有
武城風晉用給諸生來學者復令新昌晉戶部主
事轉郎中推浙江督學副使未至卒門無騶僕家

新會縣志　卷十二　人物

無長物尤篤於交誼樵故人周雲殁爲營俸與之
溫孔德官河間滌末入卒爲紨道扶櫬歸厚恤其
家嫁其弱女俸餘倒囊歸母肉諸弟叔父兒女亦
胥字之至成立恪守清白遺子孫之戒子孫毖不
能存什號藥樵洵實稱云所著五代文選註八代
文策編餘閒剩語等書

羅兆鵬字少南號裕菴古勞人嘉靖己酉舉人選長
樂縣教諭起廢裁競士習以正擢知長泰縣卞哉
稟凛科則有規修民瀾書院日課群士戴耀唐范
欽諸鉅公相繼出埔邊塘而爲要官所敗民婁訴
不決鵬舉而歸之民寧洋益區首議建城身任其
勞版築既就遂成巖邑督府汪道昆譚綸直指李
邦珍陳萬言薦諸朝卯秩移治寧洋而向之要官
譏之歸矣二邑各立祠碑道左歸後閭里有宦女
媵武臣家厚贖而歸其母女後爲貴顯婦所著滄
浪一螺集家禮注補

陳試字惟功外海人嘉靖己酉魁於鄉授臨桂教諭
主桂陽書院諸士翕然嚮風遷會昌知縣遇劇盜

新會縣志　卷十二　人物

抵城下試悉力捍禦披甲彌月賊解去後兵失律
敗於賊當道坐試以不救罷之後朝議謂試有保
障功補臨賀賀邑小供億煩試釐奸剔蠹均徭役
稱甚一　爲富川有盜殺人司理誤坐之拷死相繼
御史下試覆審試歎曰禍始此矣殺人者人吾不
爲也竟雪其冤司理銜之時民流失馭蕩析民居
甚衆試撫恤流移先賑後聞值搶攘之卒以讒免
官家居清愼自守與物無忤閭里敬之

潘大壯字健行號粵屏邑城人嘉靖乙卯舉於鄉隆

慶戊辰授臨江別駕值郡饑攝清江即捐金賑粥
倉日坐郵亭粥餓者請府郡科取士額復攝新淦
汰省一切供帳及葦蓮米歇戶碓戶船戶諸弊攝
新喻不煩政令惟課諸生式異行而已太史西清
張春詩云談文四座澹無訟一庭空閩郡將失金
輒逮曰督吾職也柰何獨咎貳主府有旨聽調郡
人攀轅不得行庚午補大理別駕抵郡賑困乏明
功罪絕饋遺民大悅設策捕茅豁中盜有礦官恃
臺中人奧援轄貸礦民錢橫索息恫喝將激變大

壯盡法繩之民始安署曲靖關西嶺[illegible]建迷渡市
橋竟爲臺中人所中罷官少府潘[illegible]鋤奇日本
將鼎力支天地直有丹心泣鬼神歸事親得盡權
均俸金推故田廬予諸弟親喪所費一由諸己甲
午得疾子之任欽鄉書速之行曰汝受皇恩深
愿汝爲報乙未春卒

劉杰字守堂號右溪五顯沖人兄弟三人俱茂才有
聲其父獨奇杰嘉靖乙卯領鄉薦就署永春教諭
方七越月即以賢聲擢江西新城知縣祛邪巫崇

正學刑清政簡大旱露禱雨隨霑足士大夫建喜
雨亭詠歌之覲歸民歡迎如見父母挺直不阿爲
勢要以私憾中傷遂投檄歸閉門掃軌手自纂錄
古今詞翰若干卷性好客客至留飲必盡歡凡賑
荒築城建塔倡其資首倡之非公事不見邑宰優
正資筵壽八十三

李積字惟成河塘人家故貧力學自致初爲南海諸
生張督學希舉簽諸生無如積者命子受業凡三
年愼出入未嘗言及私事張甚器之嘉靖戊午領

鄉薦愈益恭愼里有富子毀橋石又有顯子欲進
志於富子因毀張其詞積曰爲令修復已耳何在
囂囂非厚道也始慚而止乙丑謁選得陳州學正
署項城訟民持數百金求直輒斥麾之不問其名
而斷決一揆於理丁卯知淶縣縣當孔道供帳日
繁民甚貧士甚瘠積一意樽節尊貴人過涉弗悅
弗恤已而以母喪歸無貲侍御鍾繼英助之乃得
歸痛毋骨立服闋卒

陸象賢字竹靜號印池小橋人少孤母蘇紡績教之

弱冠饗於庠領萬曆丙子鄉薦教諭程鄉督學陳
嗚華稱爲人倫師表丁酉晉福建松溪令明慎清
勤礦使開採調停有方民賴以安何文懿公稱其
貞誠可貫金石比考滿爲撫軍移怒浩然而歸居
鄉立規約訓子姪設祭田族有不足者隨力爲濟
環堵蕭然晏如也知縣王命璿稱其杜門清修高
風可仰閩人魏濬守嶺南常謂賢良遺愛在吾邑
卒爲文祭之所著有螺源社集
李藝字體倫號敘吾南岸人孝友恬澹萬曆己卯舉

於鄉教諭潮陽擢程課教禮義晉知廣濟縣丁外
艱補知大庾縣縣當孔道復際歲侵榷使繹騷獎
克己勵下調停費甚不以朘削爲逢迎復饗額正
丘賦民利賴焉方遷秩竟拂衣歸民立像豎碑道
左所著有奎光堂草
何熊祥字乾孚號閬谷河村人性沉默淹貫經史年
二十二舉萬曆戊子鄉書壬辰成進士選庶吉士
改御史衆止巖重寡言笑初奉命按上谷兼督學
政課士飭軍精彩煥然軍若積逋多逃疏奏豁之

時言利者請開採柳溝口幇水峪關山諸礦熊祥
抗言山當陵寢止脈何可擾動議遂寢再按閩首
劾撫臣侵牟關滯偏風采振刷有執槩槩又奏罷
礦稅閩民大悅先是李中丞材以講學見重撫滇
時爲蘇御史誣奏成闔有年爲特疏申辭士論翕
然稱之又按三吳疏請信詔旨以安人心時三吳
榷稅視他省獨苛既罷矣權璫傳旨復榷因有
是奏又奏免御額六萬旱澇五十萬夙逋金花六
十萬皆人所不敢言者又按南都七郡奏免稅契

十五萬有稅監欲併織造之權疏糾其奸天都吳
宗堯爲陳奉所虐逮下詔獄虎冠者橫起視徽郡爲
利藪蔓延甚苦熊祥爲申理疏凡十餘上語極剴
切可其奏故事御史六年秩滿得京堂祥九年乃
晉太僕又九年始陞大理卿人以爲恬淡所致不
之介也尋轉南少司寇時律例類多深刻祥獨持
明允諸所勘駁會文切理簡暢每謂兩京慮囚僅
有熱審一路久之不釋瘐死無算因疏請力行之
末減者甚衆會南京吏戶禮尚書俱闕推詳兼署

隨事補捄措置得宜擢南左都御史俄兵工尚書又闕復兼署之有考功郎爲建言子孫陳乞議覆幾罹冐濫之禍疏力援之得薄譴有臺臣糾諸大臣溺職語多侜激上怒削逐疏馳救之得賜環海忠介名雖易而嗣未蔭特疏請之得任子諸所建白皆政治安危攸繫者尋晉南大司空戎器戰艦漸集若素晉南冢宰掌京察進退賢否惟秉虛公無所徇撓旋以親老乞致政得溫旨予告侍養父上新受尚書封壽至期頤世比萬石君家風云熊

祥退居林下二十餘年至崇禎壬午卒年七十六

諭賜祭葬謚文懿

薛起蛟曰古者大臣禮絕百僚其措注亦異格甚心以正國是惠困窮以寧邦本務其大者而已余嘗讀公四巡疏鈔及南畿諸疏昌明條達得大臣入告之體而嬰請蠲逋於言利之朝動以數十萬計俱蒙報可豈非敷奏詳切故足動天聽而無沽譽市恩之嫌歟遂使數省貧民免於敲骨剝髓仁人之言其利溥哉

濟之佳字子美號華台潘大壯子也以詩經登萬曆甲午鄉薦任福建南平縣補任湖廣監利縣歷任公而明毅而斷公餘除課諸生外無事翁正春贈云四野桑麻無犬吠一庭烟雨狎鷗眠年七十六卒

余士光字允闇號曙台邑城人七歲而孤嘗問母以父所在母紿曰勤讀書見汝父矣即咿唔不輟萬曆庚子鄉薦時母先已沒以不逮榮事爲恨拜遣像涕泣選新興學諭課諸生甚勤形家言學宮水

直而駛不利於文士乃捐俸率諸生建塔洲前是科獲雋者二人晉廣西臨桂令臨桂省會要衝政務繁劇士光隨事綜理務無叢脞時桂嶺分藩宗支多凌轢小民光執法無所縱歲饑出積倉賑救存活甚衆陞劍州辭疾不赴歸家蕭然杜門課兒孫猶日講學不倦曰吾兒時貧不能購書見人一佳藝即手錄之如獲異珍汝曹效之爲無負矣嘗三與賓筵年七十九卒孫名道有文名領郡拔貢

倫肇修字得呂號五知沙頭人長身玉立志趣超邁

萬曆癸卯舉於鄉丁未成進士筮仕爲武學教授月率勳衞子弟談經課藝遷國子監助教陞戶部主事旋丁內艱服闋補吏部文選司主事晉驗封員外考功郎中銓政一清大璫魏忠賢方竊柄肇修不屑與周旋因請假歸省尋推湖廣四川參政皆不拜改尚寶卿光祿少卿遷大理寺少卿以事抗魏璫削籍南歸端皇登極起用逐臣得補原任任廷佩佩獄立論斷明允丁外艱起復晉大理寺正卿未任而卒里居時有庠生鍾巨器儒士湯顯

武平民趙長子爲仇所誣幾陷大辟肇修敢爲申雪脫獄口不言德常設義倉以備饑置義塚以掩骼云　國朝康熙辛酉部文徵其志狀入史局

趙應元字葆初號宵鶴北到村人居父喪泣血三年事母阮色養愈至萬曆乙未進士令無錫初過惠泉酌水自誓曰清不及此非夫也抵任延訪父老知官民戶賦役不均因履畝核肥瘠高下多寡引繩批根盡剔欺隱飛灑諸弊罷大里在官者使還業民感泣有期會一呼即集聽民訟各使盡言隨以片語折之至御豪關市魁則執三尺以從事威嚴不可犯又多智計廣布耳目每盜發知窟穴所在一搜即得盜驚以爲神徙避他邑常出公羨通九箭河新齋舍置學田搜故先正殘碑斷碣勒金石使流風不泯錫最號煩劇處之有餘暇焉稅事起璫涎錫富庶擻爲關榷所應元拒之璫擁衆至璫言已得請因懸黃旂赤羽白梃攖往來金百姓囂囂不樂生行旅洶洶聯百艘揮白梃相擊禦呼吸間且變起元列狀陳不便數十事爲民請命

當道相繼馳疏上特旨報罷後二日璫抗違疏至則闔之矣當是時非應元百姓室無寧宇後八載擢虞部主事士民挽留遮道不得行叟碑祠闕特祀芙蓉里以志不忘郎與璫爭榷會地也尋晉虞部郎理大工有綜幹聲奉使易州絕道餽取道歸省母宗族貧者葬代椁婚代禽嗇代雉內外翕然亡何卒無錫大宗伯孫繼臯像贊曰頎而長岳立者其躬也揚而威戟張者其容也一胸之中森然者武庫磊然者陽春皭然者清白井然者經綸望

之亭亭然鶴之行於青田卵之藹藹然麟之遊於郊原嗟夫靜止幾艾位僅爲郎啇所未盡爲後葉光名列循良傳澤流一方廟貌崇整俎豆潔芳則九龍之高而五湖之長千載而下覩吾邑之甘棠蓋實錄也所著有柄元集史粹葩經至言等書

梁斗輝字忠旋花橋亭人父大積邑弟子員以學行稱斗輝領萬曆丁卯鄉薦爲權璫所執逮繫大理斗輝在獄五年與湖廣僉憲馮應京荊州司李華鈺襄陽司李何棟如四十餘人講學讀書不輟所

著經世實用黃河議薦辟人物考馬政書任官考十三經繹詁疏皆獄中稿也萬曆四十二年以水災修省用閣臣沈一貫科臣梁有年等議詔赦斗輝及同邑舉人勞養魁鍾聲朝削籍歸里應京閣之曰聖學南矣斗輝歸授徒大雲寺問業者數百人四十三年給事中郭尚賓再疏復舉人詔起禮闈以禫服未除不就道受業者日益衆天啓二年任湖廣通城教諭能共官擢國子學正大司成李孫宸雅重之遷太平同知善析獄讞斷公平執決不撓稱鐵面江防云攝繁昌令召諸生講誠正之學郡縣皆建有講學祠以事去官林下二十餘年絕跡公門撰述聖學正宗諸書二十餘卷卒年九十

鄧馥字毓英號惺覺石濬人領萬曆丙午鄉薦初任遂溪學諭補署揭陽陞廣西象州知州適妖僧倡亂維容巨寇刼擄馥請討之躬任艾除不逾月悉平之院薦有弭盜禁奸皆爲實政之語考滿以足疾致仕民舉萬建祠歸隱三十餘年郡縣屢請賓

筵俱辭康熙丙午秋時年八十有八里老以重逢嘉宴呈舉撫院王來任致棹楔旌異之壽至九十六歲

林枝橋字陽仲濬頭人孝事父母博綜典籍從學者衆登萬曆己酉鄉榜丙辰成進士授當塗令常懲一郡吏太守至降手札爲解卒覈諸法除積弊決疑獄玗田數十年忠水築隄植柳民賴其功以最薦膺召邑人建祠采石祀之遷禮部主事歷吏部郎中起董其昌謝陞李逢節等皆一時正人時魏

閹擅權受譚某金謀奪新寧侯爵橋堅執不從銜之魏黨御史倪文煥以江北分司官請不許益銜之使橋度不免亟請假馳歸煥隨具疏誣以鬻爵然漫無指據忠賢遂矯旨與李邦華周宗建周順昌李日宣五人同日奪職旣歸復與生徒講學於講學書院崇禎元年瑞收復原官遷湖廣參議備兵承天時流賊張獻忠蹂躪商雒將及荊襄橋日事綢繆與將士厲兵講武一方倚爲安危轉福建副使以在楚時不肯任一窮縣竹直指意左考

夫官纔起貴州參政遷按察使所至祥刑肅紀得吏民心丁繼母憂歸壬午夏卒著有白鶴山房集行世子堯嶽崇禎元年恩貢爲諸生時有豪猾將某辱其友趙生嶽首倡攻之豪饋金爲解嶽不顧卒法豪與弟太學生堯揆友愛出必偕行好學老而不倦所纂述盈數篋世亂隱居不仕　國朝康熙辛酉奉　部文徵枝橋傳狀入史局

薛起蛟曰古人恥不得與黨人碑卓見哉林銓部得與李詞林周御史等五人同逐都人號五君子何其榮也時逆璫賊害忠良輙嗾其鷹犬肆排擊然後取中旨下之倪文煥者五虎之一也後烈皇登極立寘辟典被削諸臣皆復官公論已明閩壬子修志論人物載筆者尚以彈章爲疑噫奸邪陷正往往爪吏齊爲盜跖何所不至若楊左諸君子當日彈愈醜禍愈酷而名愈香緊矣故歛余故表而出之若者持彼見以讀全史則蕭望之陳蕃竇武諸公皆當抹殺久矣

梁應材字瑤石天等村人天啟壬戌進士初授江西

進賢令進賢爲豫章劇邑應材廉靜自持臨之以簡御之以寬政無不理匹何以類夫起補蕪湖令新學宮疏泮源繕隄堰申保甲文物蔚興奸宄潛息兩攝關篆稅課之外不問餘羨至火耗贖鍰俛遺供應一切禁革以治行擢駕部主事尋遷吏部文選司益清愼自矢峻絕路遺及請假歸遂杜門不出鼎革後隱居陽春山中足跡不入城市常着擯鼻短衣與田夫野老雜處相爾汝誡家人內外咸呼爲阿公有誤稱其官位者御之如是殆二十

年壽七十六卒見通志

胡一魁字伯連號台斗白藤人萬曆壬子舉人崇禎辛未進士爲人淡薄自廿處孝廉二十年足不履城市家食常不給每賦詩自遣年幾六十纔授南宮授福建漳浦知縣在任惟勤德學與文學政簡刑清不畏豪強不受私謁太史黃石齋先生雅重其品初去官至潮州即解銀帶鬻米襄案蕭然㒺內惟存所賞拔生童試卷而已卒之日無田一畝惟以清白貽其子孫

區聯芳字元美號長澤邑城人崇禎辛未進士授泉州推官泉爲閩劇郡獄訟旁午聯芳讞決中情多所平反癸酉聘分校漳南丙子分較閩闈皆號稱得人郡之同安爲洋貨所集在有陋規歲可得數千金聯芳撫其縣峻御之委查盤漳州併延平建寧供億糧自隨輒去一切餽遺供帳性剛訥延平有土豪坐贓諸縉紳力求出之芳但口照理無敢干以私者時稱爲區照理壬午召對擢御史巡按直隸宣大山西兼攝學政溫陵人懷之爲建去思祠紫雲寺西塑像尸祝儀部尚書黃汝良爲之記其李溫陵時邑有給諫子李某怙勢不避道聯芳叱吏卒前收之時直指使爲李同譜李亾走直指所直指謂芳曰伊父爲給諫不能庇一子乎芳曰職聞朝廷法不聞給諫子枸之益力其剛執類如此旣歸常矩矱自持嚬笑不苟邑人欽之

俞士琮字子旦號寰瞻河塘人幼有孝子之稱萬曆壬子與從兄士瑛同舉於鄉崇禎辛未司教程鄉巡按梁天奇重其文品丙子陞南京國子助教端

士習嚴程課首拔顧其言成名進士丁丑司南刑部務大司寇甄公淑天性端毅僚屬莫敢抗琮讞疑獄平反再三不少徇甄公奇顏從之入爲北京戶部主事尋轉員外郎嘗都城戒嚴庚癸頻呼而持籌猝辦出爲雲南僉事備兵金騰敦大體解煩苛練兵餙餉化頑獷歼累陞太僕寺丞光祿少卿加寶陞一級父嘉徵邑諸生以琮貴累贈至朝議大夫光祿寺少卿晚遇滄桑遯變歸臥林下者十餘年平心率物善於教誘有太丘彥方之風與季

弟交相友愛登臨倡和所著有二吹堂怡雲軒等集卒年八十有一弟士璡能爲古文詞詩歌與李宗伯孫宸伍兵憲瑞隆林觀察枝橋爲忘年交晚年以著述自娛嘗過猶子滋慧江寧署中邂逅陳常夏序其詩文滋慧士琮長子也順治丁酉以義經登賢書選授江寧知縣讞獄明決催科不收耗羨有廉能稱以詿誤停陞遂休致歸江民懷之

呂孝昇字光遠邑南城人幼失怙事母三十餘年承歡備至賦性忠誠閒庠士黃元道敦行古處以閑

邪立誠爲訓偕兄耀魁弟爰熹率之終身弗替遊其門者如區聯芳劉大啓輩皆著廉明剛方之聲登天啓甲子賢書授浙江崇德令潔已愛民不畏强禦有權貴責買珍珠昇曰吾豈媚人以負吾素者耶遂慨然致仕太守鄭瑄同李文德疏察其清介釀贈百金以返留章有八月縣令兩袖清風之語蓋實錄云子應馬同科乙榜軌行端正卓有父風

陳璣字禮璇石頭村人天啓甲子科中式舉人崇禎甲戌授福建延平府順昌縣知縣涖任三載潔已愛民善讞獄曾脫無辜五人於大辟抵土豪罪有富民爲豪紳誣貸千金璣察其僞取券焚之民大悅時值亢旱盡捐俸金賑濟復會酌平糶救活數萬家沈撫軍具疏特薦因丁艱回籍服闋復講學清白堂門徒千衆嘗負宿債爲人訟於縣縣令劉象宸重之捐俸金百餘代償壽八十三終於康熙四年郡守劉士芳厚爲殯殮鄉城莫不哀之

何工域字文起號耿菴尚書熊祥冢子也尚氣節雖

尊貴不爲挑倨由本學恩貢筮仕知湖廣新寧縣寧故巖邑難治且密邇帳藩有司多爲所挾士域甫下車會有校尉大索邑民之爲府中鹿者民皆重足立廉得其情執校尉杖之王怒遣數使立徵詣府士域正色言民皆王民也校尉誣民以逞飛而食人惡聲日彰翼虎之訴於王何賴焉王爲霽威下敎禁戢更言新寧好官爲折節交驩嗣是詩文往來無虛日五年之內民得安然無擾士域益礪節操勤政事勸農興學振弱抑强浚池修城百

廢具舉士民悅服賦課稱最兩臺交薦方欽取赴部考選適父文懿公訃至遂奔喪回籍哀毀骨立旋得疾卒於家年僅五十八歲未竟其用士林惜之著有烟霞清史珠樹堂遺稿

張元度字侯䄵號育生邑城人少能文儀木庠試輒冠軍岡州人士負笈從遊者每歲二百餘人區聯芳譚國策李壯國朱景星林聯纓梁宣蔚呂士矜等皆出其門天啟壬戌膺恩選崇禎甲戌除授浙江分水縣知縣革火耗禁淹女錮非贖築長堤政

簡刑清白廢具興臺薦治行第一以親老乞歸行李蕭然老少攀轅豎碑建祠春秋奉祀晚年篤信袁了凡先生修身立命之學計功省過焚券賙麥賑饑埋骨放生戒殺讀書勵行至老弗衰云

譚正國字康侯號儀公瀧溪人生而敏悟經史無不博涉棘闈十戰崇禎丙子丁丑獲捷初選中書舍人轉廣西道御史巡黔丙戌丁亥土賊困圍邑城正國率衆堵禦清除奸宄陣斬賊首黃信保危邑亂功力若多性孝友謙樸訓子孫以讀書立品爲尚子四長君祉府學貢生次君禧 國朝康熙戊午舉人孫秀然康熙丁卯舉武科第一子孫書香古閥稱盛

劉大啟字君昌邑城人天性孝友嗜學能文年十九以麟經舉天啟辛酉鄉薦二十年教授生徒執經問業者常數百人歲己卯與胞弟大光計偕北上京師目爲二劉文名藉甚庚辰成進士授浙江嘉善知縣三月政成輿人誦之時漕事旁午旱蝗洊虐大啟哀籲於天是夜颶風大作闔邑飛蝗撲滅

殆盡是歲東浙大饑而嘉善大有年邑民德之其冬癘疫俗用黃符禳辟奸民投匿上變郡太守指爲謀叛百姓洶洶懼禍大啟身自詣郡保之民賴以安平湖闕令當事以大啟廉慈檄之攝篆撫字勞瘁得疾卒卒時年四十三橐無一錢錢塘士士升推所具棺斂殯之百姓爲之罷市者五日甚至有爲孺子慕者通邑爭投賻襯始獲南歸足方古廉吏云見通志

國朝

張鉅璘字述明沙岡人長身修髯氣局魁偉性孝友親病嘗露禱願以身代領前壬午鄉薦講學於家門徒數千人戊子歲饑出粟以賑邑西接壤恩與二縣寇盜竊發鉅璘建議於倉步故址立開平縣以控扼之諸邑遂安康熙丁未謁選授雲南蒙自知縣潔已愛民捐俸修學置義田鑿河築堤以利民聽訟得情邑有豬藩橫暴者執法懲創不少假借以此忤逆藩意謫滇撫勦罷之家人攀留號泣於路會逆變作百姓導璘避深谷中皆資其乏凡七年不懈逆平始得歸追送者數百里不絕

譚圓策字旭光凌涌人祖奉弼崇禎庠生舉於鄉不售一意教授訓迪不倦嘗曰吾後必食詩書之報圓策其長孫也爲人有古行學問淹博舉前壬午鄉書順治戊戌會試擬元卒以三場五策不賅置之榜發後主司命刊其遺卷傳誦都門就教得西寧諭時學宮毀壞力爲修葺改建啓聖祠於殿左捐督月課培植士類論文發明理道之奥嘗捐俸買田六十畝入學養士子皆火載西寧縣志以爲

老致仕弟君禎子勳姪廷占皆舉人

黃離炤字爾錫黃涌村人膺順治辛卯鄉薦溫和孝友弟爾僢早喪遺一子教養兼至庚戌選米脂知縣邑因逆闖作亂民盡流亡城內外居民不滿百離炤加意撫字還者數千家舊例每歲科丁差銀一千餘兩流散之後民苦重役離炤力請減免學宮毀日久離炤捐俸倡修月於明倫堂三課士藝能文而苦貧者出布帛廩給以贈人始知向學歷政五載訟息刑清鞭撻不事囹圄虛空有鹽商用僞票販私鹽應置重典商哀告母老細訪得實遂從末減後商餽百金爲壽正色卻之其介如此兩經計典俱列上考甲寅冬卒於官宦囊蕭然櫬歸日士民哭聲載道送數百里不絕

吳季珩字逆季少與伯氏明經耶閉戶下帷自相師友領順治甲午鄉薦壬子授楚宜城令政尚寬簡當道屢奬歷任三載甲寅值黔滇叛亂全楚震驚時寇數萬下南漳窺宜城珩調集鄉勇扼險堵禦以待王師宜城賴安時鄧當劇衝軍興旁午日夕

迎送積勞成病及地方稍定上書乞休去鄢之日惟一肩行李一葉輕舟鄢父老遮道攀轅涕泣追送者三百餘人

鍾昌先字耀世沙頭人性坦易有大度嘗爲賊掠索贖幽禁中歲始釋一日遇之門外賊怖請死昌先邀之入室慰而遣之人問其故曰彼逼於饑寒耳非仇我也眾順治丁酉鄉薦授烏程令烏程爲吳興大邑號難治昌先惟以潔己愛民爲務會邑先被水歲饑至即糜粥以食饑者有請發倉平糶遍

歷阡陌閱視災傷請行蠲恤又請改漕運爲折色明年歲復大旱露禱得雨民大歡悅圩田崩陷受累者歷有餘年逋逃追呼多斃杖下昌先力請奏豁得除浮稅八十餘頃民困始甦有御史仁沈粢等三十二人以産價羈比十四載昌先爲力請破械出之先是邑多奸宄往往窩逋逃人肆行攫食昌先廉得其弊痛懲創人賴以安民有十大恩政之謠後以鹽斤踰限論罷百姓挽留不得因爲立碑以志去思爭相饋食斂錢贈之乃得歸里抵家數月而卒

蘇楫汝曰以余所聞吾鄉先達於仕宦之途每以營競爲恥云然隨其職位之所在立德立功蔚之史冊班班可考也恬澹之風清介之操士大夫至今不改蓋習俗然歟彼守己以安遇與貪榮以競進究其所得孰長而孰短哉

人物補遺 德業

補遺者何補前志之偶遺也年代遠矣奚其補曰昭昭在日彰彰在口前人有懿行足傳而不書畧

也志貴明備不聞以畧載筆者宜有事焉史闕文非有其人其事而闕之也余今補之春秋之法善善長惡惡短若從而記之謹[illegible]予否予 [illegible]

明

張紳字書紳號懷荊沙岡人秋潭子也秋潭爲黎秫坡門人負才名嘗從幕府征交趾及遊京省有交州行稿及金陵行稿藏於家早卒語諸弟曰二子尚幼當教讀父書紳及長見父遺書輒隕淚攻若刻勵下董帷者十年列諸生藉藉有聲尋以明

經司訓應天府正統甲子領南闈鄉薦授湖廣沅江知縣甫下車興利革弊愛民禮士鋤强扶弱邑有巨憝交結勢要出入公庭爲武斷人莫敢言前蒞茲土者多曆徇紳至絶不與交及犯事紳叱之曰爾獨非吾民耶何爲不守吾法按其情撲殺之其子訟於官闔邑士民共白其事上臺益嘉重焉紳賦性剛方持守清介不事逢迎有勸紳稍貶以自全者紳曰吾豈爲一官而受屈乎遂拂袖歸杜門讀書不慕榮利嘗講學於良金山下四方負笈

從遊者數十計有司爲建書院居之一府掇科名登仕版著聲者多出其門邑西人文之盛實由茲始紳庭訓尤嚴嗣弟紀領景泰鄉薦子瑛發成化進士廉能並稱於世

黃印字廷章號賓萊杜阮鄉人幼穎悟日記數千言十三經諸子百家無不淹貫以易經領成化癸卯鄉薦丁未登進士觀戶部政以才望奉命往薊州賑濟所活無慮數百萬命薊人德之事竣趨還京授浙江長興縣尹未至丁外艱起復補南直隸銅陵縣改吳江縣未至丁內艱後補浙江黃巖縣閱歷既多才益練達遊刃有餘而簡於奉上遷廣西梧州府同知東望故鄉咫尺嘆曰宦海風波履之熟矣張季鷹何人哉遂解組歸隱

關世教字維化號定宇其先睢寧人爲宋學士以直諫謫古岡因家淡雅後居縣城世教生而狀貌魁梧發性敏異以義經領萬曆壬午鄉薦府珠盜旁午奸宄乘隙告密詐嚇富人世教條其害陳之兩院事獲禁息乙未禮闈乙榜謁選江右清江教諭

補諭南城門惟與諸生講學益王暨世子郡王皆敬以賓禮稱爲江門理學一派署篆南豐有黠囚殺人行賄摘其奸竟寘之法有兩姓宦占商田斷還之一紳懼內棄妾子世教徑至其家立其妾於簾下大聲呵責之令抱子入內且諭之曰善視之脫有不測吾以故殺子孫法治若矣宦愧謝不已尋遷浙杭通判署府事吏惕民懷隨署昌化於潛臨安咸以廉明仁恕爲治諸凡抑豪扶弱平訟雪冤興學勸農有神君慈母之稱時杭之稅璫恭横

或以鐵箍人頭醋㖇人鼻酷拷平民十三命置土
窖中命垂絕世教力援出之不避璫威權卒得全
活杭機商欠貢上生絹二萬餘連年逮追商死囚
及妻子媚族瘐死者無算世教竟釋之坐此奪俸
欣然曰以一官易數百命便宜多矣況俸乎杭之
人肖像尸祝洎昌化於潛皆有遺愛祠焉南城勒
碑名宦旋以祖母恙報至嘆曰吾甲子將週所謂
報劉之日短者安用雞肋一官疏左右奉養予遂
解組歸嘗著八誡八勸垂訓歸後七膺鄉飲壽八

十三卒同社稱爲貞白先生邑舉祀鄉賢
吳應鴻字鳴漸城西下街人少失怙遭族人內難艱
危瀕死及長穎悟過人攻苦力學萬曆壬午舉於
鄉赴春官者六入彀而以額阻者再戊戌謁選得
松江倅同銓有掣梧州者應鴻衆以相易太宰大
噱曰松故名郡若舍而就梧何也鴻告以母老太
宰竦然聽之梧故有榷務上者多便私闞奸胥藉
以侵漁行賈鴻一滌宿弊而此估客逡巡裹足至
是臨集如歸長蔥丘大用與胥徒相倚爲奸飛而

攫食又工妖術眯人或縱淫穢爲梧劇患應鴻廉
得即麗之法或怵之正色曰寧有除民害而畏禍
者卒按以死尸諸衢郡有墉之役役者捨土范磚
未就陶而大雨土釋不可火費公家金錢無算當
事者泥文法相踵待斃應鴻爲設法釋之狼兵歲
肖餉不貲應鴻立分剳法逐隊查點虛冒爲之一
清北流令缺奉檄攝篆邑幕故墨甚傀以金立召
還之幕懼解組去旋値母喪解任歸値鑛稅事起
內侍充使分道四出使廣者爲李鳳肆爲攫奪又

陰籍富人懦弱者中以陞稅法淫刑以逞邑令鈕
應魁媚事鳳與其黨結皆使分肥繫民四十餘
家百姓赴愬者纍纍不絕令乃置其狠貪不之恤
也應鴻覩群情洶洶恐生他變因偕孝廉梁斗輝
勞養魁鍾應期萬鈕備歷百姓掄攫情狀披瀝詳
切鈕怫然而入邁勒愈急闔邑知孽由令作益皇
皇無措呼吸之間民衆至無慮數千充牣縣庭哀
鳴痛哭鈕不爲動旋索械召兵一時奔逃爭門蹂
踐死者五十餘人撫按聞變方擬繕疏鈕竟誣譖

於鳳以撓稅馳疏先入緹騎立至應鴻閉逮焚香
告祖青衫皂帽與三孝廉受械而行見者皆哭抵
京就訊應鴻抗辯不屈俱下詔獄時政府部科南
北臺臣明冤之牘幾滿公車王給諫李侍御兩疏
語尤激烈俱留中不報應鴻竟卒獄中凡十月得
賜收葬出獄前此所無也後鴻子舉人思友詣闕
陳情納言林熙春太常郭尚賓侍御溫皐謨吳其
貴等相繼疏請神宗悔悟詔贈應鴻尚寶司卿同
事舉人梁斗輝等皆准復會試就選

李茂蓉字蓮叔盤溪里人父本眞嘗還人遺金茂蓉
生而凝重萬曆丁酉舉人辛丑會試副榜知陽朔
縣愛民如子革火耗緩催科寬徭役及士輩於堂
下常令父老入坐問其疾苦若家人然邑多旱
爲築長堤蓄泄以資灌溉遷辰州府同知丁內艱
歸補徽州府同知刑滿公理兩攝休寧縣篆爲民
興利除害還郡日百姓攀轅臥轍者凡數十里在
休寧縣時嘗修汶溪石橋白嶽山路至今稱李公
路建亭曰李公亭志不忘也繼攝府篆尤多善政

郡豪家爪牙多爲民害茂蓉訪緝通衢有害民者
令聞聲卽集擒獲送郡按法懲之太監同呂工部
臨郡壓買吳仰春沒產刑及寡婦郡人洶洶變作
宦官走入郡署茂蓉諭之立解其得民如此徽人
爲立生祠遷兩淮運同晉鹽運使致仕壽八十
辭起蛟門余於順治甲辰寓天都年餘數登白嶽
每徘徊山路想李公亭憑吊懷古山高百仞而路
逶迤可以與公所修也邑人聞有仙城客輒麇至
就問我慈父李公年壽高下子孫賢否若至戚然

問述曩時政教有涖者至郡郡人問訊如天都仍
導至祠中偭容廟貌宏敞鮮潔鐘鼓爐烟不絕也
古稱循良在位無赫赫名去後令人思徽人之思
公至矣故書此於傳後嘗考黃志起萬曆己酉迄
乙卯七年而成斯時闕劉李三公或猶存故不獲
載至　國朝康熙壬子志則年久矣乃仿舊志而
畧之何哉余作人物補遺不得已也

陳策字文台外海村人萬曆丙辰歲貢初授封川縣
訓導歷陞定安縣教諭江西瑞州府教授其學以

濂洛爲宗秉道自重不事干謁三任教鐸務與諸士敦倫紀礪名節有江門宗風告老歸囊橐蕭然詳載瑞州學碑制府熊文燦榜其廬曰嶺南碩望三舉鄉飲正賓年壽九十八歲貌有童顏臨終預知時沐浴具袍笏北向四拜起端坐談笑而逝所著有愛竹齋詩二卷

林聯綬字澹生沙岡鄉人少嗜學有文名萬曆庚子舉於鄉癸丑成進士初授秀水縣尹爲政廉平諸所徵調經費務撙節以寬民力尤極意拊循凋瘵

流亾開風復業蠲剔虛糧逋累者三千家中請題鎔陞刑部主政歷員外郎恤刑粵西革一切鋪設供應慮囚平反一百四十八人上悉報可復命擢延平知府尋以憂去服闋補汀州及抵任益持大體不以鈎距爲能民安其政會江右寇警額撫羽檄徵援兵聯綬捐俸召募甲械糧糗呰咄而辦未幾解組歸嘗以羈絆宦途不能多讀書爲恨日把卷吟嘯悠然自樂不預門外一切事士論賢之

忠義

宋

馬持國字鯁臣南渡時入廣遂家新會金紫街博通經史有智畧見宋室削弱慨然有用世志紹興中踰嶺以策干督府張浚浚寘之幕下不合求去兵部侍郎胡銓時措置浙淮海道見持國策議異之日馬鯁臣議論操履表裏渾如不易得也廬州安撫使張師顏聞持國爲銓所知使招集流民淮帥吳總王希呂錄其功於朝淳熙二年借補土州文學攝武鋒軍都統司准備差遣向寨屋覆以蘆葦

持國請易以瓦後諜者言敵謀用火攻聞易乃寢皆服其先見召赴都臺執政王淮李彥穎龔茂良稱其論事有補列薦改嘉州文學旨迪功郎淳熙十年果州團練都指揮使郭棣奏持國在職六年事事辦集今任將滿若改常調恐未足以究其用有旨令再任又四年棣復薦持國宜力情敏持論公正乞賜旌擢得旨召對持國奏三劄皆切時務上嘉賞之特改授宣教郎仍與近闕屬官差遣持國以國家之恥未雪講和之謀爲非居常憤悒乃

著十論標曰中興自治萬全策畧又裒集平生江湖淮漢間稗晉成書稟議朝堂前後事宜曰愚忠錄繳進上顚嘉納執政周必大楊萬里見之曰持國之文淵宏偉傑深中時病有用才也後知和議不可破乞外調得廣東鹽幕及視事新會舊有白皮鹽塲爲民戶憂力請罷之蛋戶丁錢爲州縣廹促亦請蠲之紹熈中通判欽州不貿交貨遠近退讋欽人爲立祠知容州政務寬厚遠民懷之又相率祠於五賢堂持國力學有大志每語及恢復輙泣下志不克展奉祠而歸子晞驥最知名

薛起蛟曰南渡以還君臣酖毒於晏安凡思報靖康之仇枕戈待敵者宋室忠臣也彼佞人貪祿苟容鮮不希附和議以固位者馬公爲布衣即踰嶺挾策以干張魏公比稍稍見用則進奏中興自治策畧及愚忠錄若干篇無非以國家之恥未雪講和之討大非爲言其志亦可悲矣後乞外爲卑官雖及牧民非其素也觀其君平語及恢復輙泣下沾衣人臣事君始終一心可不謂忠乎

陳元輔陳英輔祖珠自汴梁謫官南雄遷邑凌村帝昺駐蹕厓山兄弟仗義勤王出粟數千石助師特旨命建義士坊凌村卒時遺戒子孫不得仕元其裔孫經綸至明舉解元成進士知縣何廷仁題其祠曰宋義士祠戶部主事涂瑾爲記

伍隆起邑人高祖珉高宗朝爲嶺南第十三將守南恩州卒於官因葬本州亂石山即今陽江縣也子朝凱擇新會文章里居焉朝凱生陽春尉之才才生龍井塲提幹天麟隆起天麟子也值宋季帝昺次厓山隆起以祖父三世受宋恩誓以死報遂率鄉民爲義兵備捍衛克行陣且貢米七千石爲兵糧元張弘範入廣州民皆降隆起力戰累日不屈潛爲其下謝文子所殺持其首降元丞相陸秀夫遣人收遺骸以香刻首葬於文遲口山後秀夫生募得文子祭隆起墓故今人猶名其墳爲香頭墳村爲香頭村云大忠祠成祀隆起於東廡題曰宋義士贈州判伍隆起位

廖汝楫初任學錄官至朝議大夫宋帝昺駐蹕厓山

仗義勤王出粟助師特旨賜寶帶以旌之子孫世居水南村

元

林文秀北到甲人元末黃斌作亂攻掠邑城文秀獨能奮勇率衆保固鄉里避亂者咸往依之先是劉德自四會避兵來依王簿徐聞可共保縣治爲斌所破遂與衆就文秀守北到元使太常卿余觀國招撫江南見北到一甲尚爲國守歎曰嗟夫編氓乃爾知義哉因命其鄉曰崇節云

冏修字學舒麻園人邑令聞其賢辟爲邑庠訓導修素剛直嫉惡如讐值元季擾亂雖名門貴族多與群盜交通以爲雄修移書誚讓詞語峻直賊帥黃斌見而大怒使其黨刼致之時諸生相與圖畫營解修不許曰死生命也安能屈身於人以求活耶及擁至賊前閉目不爲禮高聲數其罪叱之遂遇害太常卿余觀國招撫江南稱爲義士云

論曰亂世賊往往竊起義爲名實志在剽掠荼毒百姓而已誠古今一轍哉吾近觀甲寅僞周逆亂時群賊蜂起如梁經王李山官七劉爵進之徒皆黃斌流亞殺人如麻而結交甚廣交之者咸施施有驕色使周修而在一發匕首椹其胸久矣修之禍種於移書誚讓雖不憤罵亦無生理傳曰好盡言於亂國是以見殺存軀者往往託焉若修者可不爲直諒氣節之士哉使其立朝則逢比與遊臨大節則顏眞卿之操也　薛起蛟識

明

陳璡字濟美號完菴中樂石頭里人由歲貢選永州

府推官爲張英國公所知薦移安南新安府推官會叛寇楊恭僭稱王官軍追至新安峽山縣璡率杜布等設伏擒之後黎利父子復叛張成山侯王通敗績擅傳檄以淸化迺南城池與利所屬官吏悉令出城璡忿通所爲曰非朝命也城守不去竟遇害英國公輓詩云漢庭決策棄珠崖歸國衣冠渡五溪獨惜匪躬陳郡理郊原誰爲掩遺骸

劉文瑞字廷麟邑城人正德辛未進士授行人占城請封擇文瑞以往賜一品服宣國威德事竣擢刑

科給事中殺皇帝屢出遊文瑞抗疏請回鑾言矜
剴切其畧曰臣觀聖意所欲巡幸者自遼東宣府
大同延綏以及寧夏甘肅在於河南山陝諸省南
北直隸皆遍歷而後已然遼東延北地近戎□上
寒不生五穀軍民頗多罪徙一有遊幸家逃竄
其窮苦可知矣況宣大二鎮數經駐蹕今復繼往
民何以堪河南山陝與南北直隸則又水旱相仍
寇盜竊發民之凍餒而死者不可數計逃亡從賊
者將逾半矣災害旣㳺今復騷擾民將何所控訴

哉詩曰天命降監下民有嚴書曰民罔常懷懷於
有仁民心旣怨天意亦恐不能懌矣陛下聰明勇
畧超出天下夫何念不及此耶且前日應州之捷
人皆知陛下躬冒矢石所致及論功行賞則從征
之人有進秩一級者有超陞三級者又有加祿米
賞金帛至於廝子者則又有不經戰陣不與叅謀
而亦冒受陞賞者矣陛下所得特加公爵之祿耳
以天子之貴享四海之富而乃加公祿亦何謂哉
玆者聖駕又欲徧歷多方以耀武功臣竊以爲無

故輕舉殆非長策就使成功亦不過爲將士謀耳
儲位未繼府庫空虛民窮盜起災異迭見正當修
省而猶結怨於民臣竊爲陛下不取也不報正德
十三年三月也十五年陞湖廣僉事抵家卒文瑞
爲人樸厚慷慨不計羸乏卒之日殮葬不給鄉人
賢之

薛起蛟曰凡志載忠義率列死封疆勵王事者固
矣然委贄爲臣各修其職業科垣者以諫爭匡救
爲職者也況正德之時何時乎所事者狂蕩之主

而又有江錢諸賊臣誘導熒惑其心志草疏劾上
其不久下詔獄斃廷杖幸爾文瑞犯顏批鱗置生
死不計可謂忠矣故特表之

黃國賦名田以字行龍水黃湧村人嘉靖二年大征
布政章拯參政葛浩聞賦行義具禮遣千戶區朝
輔召用之賦不獲辭遂散財起義擒賊五十餘
徒長沙二鄉良民也官兵期勦之賦極力保全凡
三百餘家委招撫未平賊賊負固不服賦以大義
斥之不聽遂遇害章葛二公指揮程鑑賞帛吊之

旌門義士復其家表廬褒嘉者不一

黃尊邑人以掾吏滿考官省祭有才畧嘉靖三十三年倭犯江浙兵部郎中吳一瀾奉檄召募廣兵尊隸帳應募得其家子二千領之赴浙與倭戰於三墩設伏出奇勝之再戰於蕉樹墩又大勝之前後斬首數千級倭寇爲之喪膽尚書張臬深器重之薦奬其功後遇寇於得勝港口力戰死之兵部移檄給祭復其家旌曰忠義時有小校伍維統同征以功得授廣海衛百戶 見黃淳舊志

黃公輔字振寰杜阮村人萬曆壬子鄉薦丙辰進士授福建浦城知縣薄斂省訟一洗陋習浦民德之晉南御史多所建白有府屬謀奸文綱力爲昭雪餽以醯醬之金也還其金而切責之劾權璫魏忠賢李實言甚激切留中不報旋削奪回籍璫敗起湖廣參議分巡湖北境内帖然轉江西副使湖民數百抵京擁政府楊嗣昌門責其不爲桑梓保障討楊愷特疏題留還公輔於楚晉參政分守寶慶因入覲上疏言流賊猖獗勢將燎原征討宜急等事上嘉納賜宴優渥越二年兼備兵鎮長沙值賊犯城公輔設伏擒斬千餘始定未幾復回寶慶臨藍賊萬餘逼城督兵逆擊搗其巢擒賊首斬之餘黨悉平上功加俸二級錄蔭一子尋會推都御史撫治鄖沅以病辭歸癸未起太僕卿未仕轉南左通政刑部侍郎晉兵尚皆不作鼎革後避地新寧遁跡深山備嘗艱苦處之泰然惟每念君親輒痛哭如不欲生竟以憂憤成疾而卒年八十有四

吾門之先子曰周太常順昌爲福州司理時推知

黃公公周公爲吏部公遂擢御史以直聲相依周死於璫公遭逐後三十年卒以完節聞事不盡錄而山中人能言之語曰不知其人眂其友信矣 薛起蛟識

容報國字君能新村鄉人少有血性務學多奇能起家爲省祭親終喪葬循禮崇禎間任錦州倉大使錦爲巨鎮屯重兵倉庫賜局官吏盡逃報國只人兼攝之會計詳明州事倚以爲重諸倉歲羨悉歸之公祭祖將軍大壽錄其廉能薦授州判崇禎

庚辰傀運不繼與國間行出催糧至松山間國朝兵將趨錦松山尹石告勸之少逡巡候進止報國涖日錦兵掘鼠而食數米而炊糧若不入則無州矣寧可無身不可無州遂趨糧入城三日被圍糧盡援絕錦州不守報國其兵𡨋向闕五拜遂仰藥死錦卒李清逃出言於石故其事得聞後其父子如玉舉於鄉上春官遇石叩之得其詳主座主禮部主事劉煇爲墓志表之招魂以葬焉

鍾鼎臣字彝公下州鄉人年十三舉茂才餼庠二十

餘年洗經問業者多得高科顯仕鼎臣至崇禎癸酉始領鄉薦甲戌成進士祈願就教官爲文常若不及上以此多歸之釋褐授寧國府司李尋改河南散官聘分考山東丙子鄉試轉部郎陞真定知府改知嘉興時大兵已南略地或林之遲遲其行鼎臣赴部愈促期所親怪問其故答曰吾久欲覓死所今得之矣烏容緩哉遂與一老僕行間渡至蚚上解衣數十葉若何接新官者逆問太守來信不答步入一山菴衆覺有異但訝其行李簡樸隨覘之鼎臣方趺坐啜茗厭韈韈盡忽露文憑一小角競前取視始大驚曰是也相率推排拜謁疾走其儀衞簇迎盡卻之惟單騎赴任矣日仰與紳士徐石麒沈粹辰等誓師死守授甲登陴以御史陸清源等爲犄援月既望兵艦環集大兵西關躁血經旬不下再戰南關清源師潰孤城不支鼎臣朝服北面再拜曰臣力竭矣惟以一死報國遂自經死時年六十有二 見通志

薛起蛟曰語云死生之際亦大矣忠義之名人所

樂於卑命之條痛楚難受二者交戰無不回惑矣觀鍾公覓得死所一言臣子於勢不可爲時盟心如此痛矣使當一麾未出前途逡巡生避就卸不辭二姓要之爲 新朝巢許易易耳詎不旋踵得死爲幸嗚呼忠矣惜無廟余閩者公居平傲慢玩世蓋甲視一切讞擬子不足道也由今以思人壽幾何求存者多不過更活幾年身沒名穢草木同腐其計短盡節者亦不過痛楚斯須芳香名留爭光日月其計長也人縱不論名義亦當論計長短哉

區志遠字爾遂瀕連石坂里人萬曆戊午舉於鄉初授澄海教諭陞南武学教授兼國子監助教崇禎庚辰轉都察院司務出爲南京戶部主事歷員外郎甲申闖賊之變志遠痛哭至於毁瘠未幾馬阮政亂思開曹網補常稱疾鬱鬱乙酉大兵渡江南都潰　國朝下寬大之令凡投誠朝謁者多還職或補他官志遠獨挈妻子扁舟南奔道爲亂兵所掠備極艱苦始達江右臨江時嶺外阻絶因遯入清江深山縛茅以蔽惟祝大脊冀鄉黃諸故老知

其蹤跡嘗密過訪相對流涕若不自已遂發病自歎曰吾道窮矣口占一絶曰朝廷養我今何補空愧吊藏一丈夫大厦將傾支不得孤臣萬死有餘辜遂卒其妻顧氏同時自縊二子僧遂爲僧諸故老爲殯瘞淺土焉志遠爲人正直不阿任都察院時京師大疫有得其印帖者瘟鬼輒相語退避求印者盈門皆印紙書名銜與之悉安京師相傳爲包公再生云後二十年族孫孟賢赴春官與清江孝廉黃偕寢邂逅悉其詳于伯兄爲僧亦長同啟土扶櫬歸葬紳士賻賻祭奠其歎其忠百折不回云按甲乙之交江嶺未入版圖兵戈間阻時馬阮政亂官除授靡常區公道奔其家遂爲行狀或稱出守洪州或稱自盡清江皆傳聞之誤後公廣柳車還高安紳衿爲文祭送述蹤跡本末甚詳其記臨終詩亦稍異惜文中亡脱鄉黃諸故老名不彰故傳闕之

孝友

明

陳添佐陳涌人五歲失怙與少弟添佑育於母李値元季盜起隨母逃難山林間顛沛相失爲賊首所得母子不相見者十載添佐勤勞篤狀每思母欷

歔泣下賊首憐而縱之復得見母於登名里之樓岡羈棲貧困採拾以爲養者又二載洪武初始與弟添佑奉母還陳涌修復故業日增益之常於長堤高柳之間讀書且徜徉焉自號月溪處士有先人舊廬四十楹良田四百畝乃築報本亭於祖考墓次立報德堂於所居之偏闢娛親堂於正寢之北自奉儉素而祭必極其豐養必致其樂邑令胥用薛彌亮辟爲孝廉會添佑病故乃以母老辭後以事謫戍遼海亦以母老懇闔帥甫三載得代歸

未及家而母没初在途聞母病戴星倍道既不及
卽哀號入喪次饘粥苫塊以終喪未嘗一至私室
閭里以爲難治喪不用浮屠生平事親奉祭一遵
家禮而參以義門鄭氏家規旣又撮其要爲三省
九思十誡及家式百條以訓飭其五子俾世守之
同居共爨延名士鄧林於家塾措其行禮俾引於
勿替林遂述其立身行己之大畧作月漢孝義傳
按舊志知縣爲薛綱通志作薛𦞦兄福建莆田人
楊英字廷傑仙洞村人少能孝父喪三年不出戶景

泰癸酉領鄉薦母林羸而病目英日焚香祝天比
母初度日復明相持悲喜拜天之賜一意奉養絕
視榮名同年輩勸之仕弗聽服闋則與門人講學賦
詩未嘗入公門鄉有兄弟訟捐金乞求勝英諭以
手足誼卽引悔罷訟[illegible]人揭權貴子母錢者殁僅
遺一子妻思鬻子以償而不忍英捐錢贖券焚之
其妻踵門以子謝弗受仍給之以粟母卒哀慕如
禮葬畢竟不出子敷掾徽藩司轄者目爲儒掾云
赴京泛吉陽湖夜下帆救蘆中溺者至銓曹胡公

某詢白沙先生起居及其詩歎獎然錄將千首以
復胡大巽之因問其家世知文英孝養不仕贈敷
詩日昭代江門倡正學海濱[illegible]師何人得
似楊公子能誦白沙千首詩授南京留守司經歷
權儀眞衛旋陞福州左衛經歷籌餉有備倭功
九載歸家計澹然至齊物無難色壽九十無病卒
張璧光字純卿凌涌村、弘治甲子登賢書母黃九
十二歲每食必親供[illegible]老無怠容初知浙江慈
谿縣禁溺女存活甚衆再知廣西懷集縣城池橋
梁以大修卽省費賞民民德之年八十

容瑞字廷桂河塘人性孝早失怙每奉遺物輒泣不
已後盜火其居遺物獨存其孝感如此事母志養
尤篤由歲貢至京以母老陳情終養母喪復入南
監祭酒費宋尚書湛若水交薦嘉靖初廣東布政
使李中以聞詔旌其門後授遂昌主簿
周京字文郁麻園人幼孤事母兄以孝友聞成化丁
酉舉於鄉以母老不遠遊藏修十餘年正德戊辰
銓授應天府通判廉明公愼吏畏民懷卒於官後

報擢治中子必誠丙子舉人仕至衡府長史
黃子賢邑水南人以孝致甘露之祥而潔行好吟無
愧陳子之門云
李悅字子喜盤溪里人性孝友年七十言及父母輒
流涕長兄七子二十餘孫產薄不能自存以己財
產均之族人多來依者至百餘口庭無間言所居
臨海每颶風作棺骸漂集悅皆收而葬之今龍盤
山列塚是也提學章拯旌以帛年八十卒後拯以
布政使至縣聞悅死爲之歎惜偕僉事臧相賑流

水坑地葬之
李朝明字君表[illegible]人邑增廣生性孝友嘉靖乙
未饑饉廩爲賑父仲行爲盜擄去明挺身自赴贖
涕泣橫流㪅刲質盜雖得財多戕生口以淚迹至
是感動且悉其父子素長者遂釋之督學林雲同
褒之謂其孝能感盜也子挺舉慶府生亦孝友仁
厚有父風焉
黃韶字金卿號津菴小渡人性孝友年十七補諸生
父終寢苫枕塊不茹酒肉三年嘉靖癸卯領鄉薦

及母終守禮尤篤著居喪膚見編事兄碧猶父選
知曾安州興學育才門生蔣思孝輩多登第化土
官抑安氏革應付民愛戴如父母晉廣西慶遠同
知改知雲南和曲州還返曾安百姓攀留不得行
兄逝哀若喪父均俸諸兄弟閉户種蔬耽古文字
足跡不入公門嘗示子孫曰予平生不玷辱祖宗
不玷辱名教不玷辱衙門凡喪絕不用黃冠浮屠
屹然頹波砥柱所著有津菴集居喪膚見另編
黎應珍字聘伯良溪村人性孝友少孤事母袁年踰

九十日夕躬親寢膳兄弟同居至老不渝若鄉中
挹自牧常習射禮乙酉偶出膺武薦尋棄之遊嶽
侍養與水部大任輩游詠其中所著有浮岱閣草
姪學程邑諸生淑其芳清貞不阿歲荒捐粥活人
鄉人德之
湯應華字宜質河村人天啓間爲郡諸生生而孝友
七歲出就外傅嘗與兄從群兒戲嬉父訶責之兄
謾對應華自念曰人子何可欺親跪請受杖年十
三侍母疾數月不離榻及母年逾八十久臥牀褥

朝夕饔飧皆手自辦不以委人居兩喪哀毀踰禮七日粒米不入口遇忌日輒慟哭失聲出入必告孺慕至老不衰兄性剛急應華事之如父少時讀書郡城嘗夜吹簫鄰有和者忽見壁露隙光察之則鄰女也亟窒壁隙簫亡而壁孔復穿欲遷避之念同舍生非端士去之適遂其姦隱忍居焉恩平令江大任雅重應華以書迎致會有疑獄江命假湯秀才刺賈之其人進百金爲壽應華廉其不直御之江訝曰南恩小邑無可贈欲藉此以倒儀人

無庸御也竟固辭之其一介不取有如此爲人篤誠仁厚恬淡寡營言動必循禮法闔邑稱爲長者見癸丑廣州府志

劉錫杰子也性至孝親未就寢通宵不寐値父病朝夕流禱愿以身代夜夢神增親兩紀後杰果八旬有三善處宗黨及友朋復能濟急不自以爲德肄業成均未旣卒

黃慶錫名如金以字行瀧水都人文學黃甲長子也有至性當明季時族黃景緣聚黨爲盜惡甲阻誠不得肆一夕率賊圍而殺之凡殺族衆一百二十二人慶錫祖父賢則祖母溫氏叔祖賢箕叔亞奇亞谷皆死景緣手甲被傷血濺突走上控尋復尾而殺之及其弟僕慶錫年甫十歲依舅氏吳伯喬家得免及長爲諸生時時昔報祖父仇斧市匣劍常利其刃出入攜持夜置枕傍血漬斑斑染刃或與仇遇未得間則佯嬉笑無慣容人有詢其昔事者菸然若不憶景緣信以爲果幼忘之不復防也順治間景緣旣撫復叛刦擄如故會制府盧興祖

較捕賊急緣計窮乃投傜猺向平南王尚可喜招撫詭言有田產在鄉乞番賞就安插仍以兵隨行則以嘗田爲已業頤指隸令勒族人售重金錫叔景朋與焉追呼逼急朋避之他所適錫過候叔家景緣旋至聞人聲突入欲執朋猝與錫遇錫瞋目直前搏之出素所置劍猝刺洞胸仆地就斬其頭持歸哭祭父祖訖隨挺身首縣入獄請死萬人悚視稱快莫不憐慶孝子者事聞司李陳大常企景雖義之當以擅殺應死罪人律滿杖駁勘往返滯

獄四年得　旨始釋闔鄉咸加額歎呼曰孝子生矣競往慰勞比歸數年遠近皆慕邑士大夫擬舉孝義請旌旋得病遽歿易簀時曰吾得手刃仇人下報父祖復何憾哉年僅三十餘士林悼之

薛起蛟曰精衛填海荊軻貫日誠爲之也人子於親非不自致喪三年而哀痛漸衰日遠日忘禮雖制之積使然矣孰能十年一劍泣血染刃卒能手斬仇頭祭告祖父義烈之氣感動鬼神如黃孝子者當其慷慨直前一夫專決視死如歸豈知爲

國法之所許此漢司馬叔持龐娥親所以賢於專諸聶政之徒歟孔子曰仁者必有勇又曰志士仁人有殺身以成仁若黃孝子者仁之至義之盡也惜也無年未膺移孝然名與天壤弗朽矣

蘇楫汝曰當黃孝子手刃讐賊時年未弱冠十年一劍出之懷中取賊首祭告祖父即奔赴有司慷慨願受殺人罪何壯也彼賊時時談笑殺人何嘗有弱書生在其意慮中一旦事出叵測即株賊問之且膽寒股慄矣抑余聞孝子父之被害也賊結謀於巨奸假手於兇徒此二人者先以他事一死於囹圄一死於刀鋸天網恢恢疎而不漏又如是哉

王廷楨字伯堅號石澗邑城東門人性至孝十歲便能事祖父母晨夕問安祖年九十有四每食必親進侍側無少怠事父母承顏順志曲盡敬謹親教諸弟列貴庠康熙甲辰遷界流離載道楨捐米賑濟有餓困不能自食者躬調粥救之康熙乙卯科試第一餘庠是年領鄉薦壬戌計偕北上值東莞

孝廉趙徵莫雲翹卒於都中楨傾行囊以助殮人嘉其義父病經年侍湯藥及父終哀痛過度得病遽逝黨閭族屬咸以孝稱之著有竹廬詩集

學行

元

羅蒙正字希呂先江西廬陵人父稽叔以遊學至遂家於文章都之斗岡蒙正負氣秀拔勤學強記甫弱冠從肇慶羅斗明學詩一載而歸大有詩名縣尹沈壽創古岡書院禮之師席一時學者雲集未

幾爲高州學正秩滿歸仍授徒於書院至正丁亥
赴省試遇關武功銓人或勸其借註巡檢不屑就
以詩荅之曰儒冠不是將軍具只作當年措大看
自是流落不偶未嘗戚戚於懷遭元季亂避地郡
城館司隊趙式家式薦於行省授南恩州教授時
州判吳元良亦文士也素慕其名一見懽若平生
然陰謀吞併諸醜據有一方欲倚其籌畫用爲幕
官蒙正悟其意力辭弗就以詩謝之云願賜一壓
閑養病簡編燈火伴青衿未幾卒元良歸葬之

明

黎貞字彥晦都會村人性超曠不羇七歲時能出其
弟之溺父老奇之比之溫公破甕及長從郡人孫
蕡學博涉經史非流輩所及詩文滔滔無斧鑿痕
好論古今治亂興廢世道得失人物賢否多自得
之見著古今一覽全書初補郡庠生洪武八年以
明經薦至京師時側出薦辟者俱吏部赴考乃授
職貞獨不往賦詩而歸部使者以其有學行署爲
新會訓導志不樂仕築釣魚臺於所居宅前自擬

嚴光後以事爲訟者所誣遣戍遼東十三年艱危
困苦之中學愈博而識趣愈高氣愈充而議論愈
出闢帥賓禮之比脫伍歸祭聞益若四方學者畢
至貞循循善誘俯俯而就之隨其淺深有所造就
焉平素篤於道義在遼時孫蕡以事死於遼貞抱
屍以衣裹之殯殮如禮奉柩葬於安山之陽典衣
營其事爲文祭之讀者莫不墮淚赦歸時適薄暮
明月滿空呼舟中餘酒登所築釣臺曰風景如故
老夫亦復歸來吟嘯久之乃扣戶入其胸次灑落

風度超遠可想見矣同里陳獻章後貞出者素不
輕許可獨稱貞曰吾邑以文行誨後進百餘年來
秫坡先生一人而已秫坡蓋貞之别號所著有秫
坡集家禮舉要古今一覽等書行於世當薦辟至京
時見館閣諸公皆與抗禮議論侃侃不少屈部試
托疾不往使者促之竟浩然束裝歸賦出郭二章
貽館閣諸公相謂曰彥晦積學豈宜遽去乃挽留
訂禮攷文兩越月始行諸公歎曰堯舜之世下有
巢由如彥晦者豈易得哉相率餞於都門外其見

重如此語見翰林學士豐城朱善備序中
按舊志敘其薦辟由己卯似遣戍赦歸後事考之
李永箕黃文裕二傳皆云洪武八年薦辟查年紀
八年爲乙卯若己卯則建文元年矣且以在遼十
三年逆計是乙丑遣戍丁丑赦歸去薦辟時已二
十二年先生生於元長從孫待詔學歷年既久至
是老矣斷非在後可知爲考原傳正焉
梁繼顯字行素號澹齋澹頭人黎秫坡高弟博學有
行誼陳白沙稱之曰吾邑以文行教後進百餘年

秫坡一人而已余生也晚不及秫坡之門長而與
澹齋子益遊始拜澹齋澹齋誨余以秫坡之事縷
縷此豈一日忘其師者耶當時在秫坡門者不少
獨澹齋傳其學教授羅山下子弟有所矜式邑舉
能吳綸鄺慈皆出其門子益景泰丙子鄉薦第八
人知興業縣子文歲貢衡山訓導
張攄字彥謙邑城人蒙正門人也自幼性敏嗜學年
十八賦匡門懷古詩蒙正器之洪武初屢薦以足
疾不仕益潛心經籍知縣謝景暘爲搆象山書屋

俾邑人受業人咸以象山先生稱之其學以明理
爲要詩文以典雅爲本不事雕琢一時門弟子皆
能識其大要
鄧林字任齋寺前街人初名彝又名觀善少失怙恃
孤苦力學才名日起登洪武丙子科賢書初爲廣
西貴縣教諭器識弘邁能爲古詞章詩賦考滿至
京大學士楊士奇祭酒李時勉閱其所作相謂曰
嶺南一代文人也留史館修大典凡五年辭出教
授南昌任滿冢宰蹇義素聞其名復試高等成祖

賜更今名選吏部驗封稽勳二司主事時翰苑諸
公多與爲文字交林外灑脫內固介持宣德四年
以言事忤旨謫居杭州杭布政使黃澤憲使林碩
咸禮重之日與杭士大夫方伯能隱士夏誠輩遊
湖山相唱和忘其身之在謫也後太常少卿俞稽
陳贄參議廣東特造其廬歎曰於戲先生有大抱
負嗣遜弗達竟志以歿惜哉乃索退菴遺集梓行
於世
何述字宗道龍塘人少穎悟有志正學以名節自勵

天順壬午鄉薦第二人教諭容縣教授柳州福州
造就有方士類德之聘分考江西有以重金求入
彀者疵正色斥之曰天地鬼神其可欺乎其不苟
類如此及歸謝塵紛構室山旁日進諸士講學不
輟白沙先生過訪有蘇公渡口雲連海宗道艫前
雨滿山之句扁其堂曰斯文堂卒之日先生爲文
以祭奠之所著有性理窮說漁樵子漫稿
湯富字民悅號九山潮居石嶺人與兄雲弟霓皆從
陳文恭遊嘗延文恭至鄉入仙井山中講學與湛

若水友善時鄉射之禮久廢弘治十八年知縣羅
僑聘富及諸生譚以賢林紹光等損益禮儀具器
及樂習之督學林廷玉命之遍教各郡故嶺南鄉
射自富等始及年七十尚以詩寄區越自悔進德
修業之遲正德中與若水改葬文恭若水因留富
家爲富兄弟置田百畝而去據癸卯年舊志其習射一段見本邑志鄉射項內
梁大積字行健號秋江花亭人少補邑諸生事親孝
敬兄友弟無間存陸正已博學人爭師之嘗館恩

平開鄉有愛婦卽從去家教有方子斗輝夢桂俱
孝廉斗輝爲鈕應魁李鳳所誣逮獄曰聖明在上
汝速就縶毋貽昔燕北卽以守死善道爲勉督學
陳鳴華錫之冠帶署縣沐洛陽旌日理學耆儒賓
於鄉知縣王命璿紀曰忠孝貿學詩禮名儒道契
河洛之傳神遊得喪之外所著有忠孝仁廉讚皋
明政要雲窩與草壽八十五
容瀚字約夫號晴江河塘人七歲喪母旦暮泣血八
歲卽能順事繼母兄常恃才使酒結書臺避之綠

蘿山中後舖諸生卽負笈從湛文簡遊歸復從善
山何廷仁講學推田讓姪捐田養嫂親喪及修祖
墓皆自費不問諸姪送巴地擴公宇不受縣侯林
侯好察欲以耳目寄瀚瀚謝曰久已杜門莫知外
事安敢以風聞誤賢明遂不復見恩授冠帶旌其
門屢舉賓筵不赴壽八十卒之日無問識不識皆
臨哭焉
彭漢字源皤號前溪翼民橋人器宇恢宏十九爲諸
生嘉靖辛卯領鄉薦就浙慈谿訓庶子聘校江西

辛丑轉餘姚諭癸卯聘校四川復報行取供稱病
不赴旋晉江西南康令法土豪不爲賄動而亦以
是得遷城府條鞭法未行乃定三等九則編差逃
亡復業因查盤謫歸適志林泉獨憂山寇充斥
屢以築外城爲言會隆慶初倭奴復報急城議始
決城成而漢喜曰吾志遂矣未幾卒子梧桐俱庠
生桐將貢因訐李推官養兵玩寇縱番衆貨諸事
爲李所排憂憤卒輿論惜之

梁以薇字仲芳號南塘横嶺人性孝友弱冠以超貢
授賓州訓導嘉靖癸卯領廣西鄉薦第三人博白
陵教諭歷紹興府教授教人一本躬行貧不能婚
喪者必資給之己酉聘山東考官供帳甚盛薇弁
餽贐郵傳悉卻之自買舟行聞者歎服一時諸大
吏皆待以殊禮晉連城知縣潔己愛民逃亡悉復
修奎文殿葺黌宮恤死刑置義塚未四十乞歸養
連城祀名宦紹興士大夫相率立去思碑督學陳
鳴華祀之鄉賢

郭完字宗璉[illegible]人得閩蔡虛齋易學之傳授教

於邑東亭嘗書李延平默坐澄心體認之語於座
側又曰學貴守己白沙先生嚴干謁之戒此第一
義也從遊甚衆家無半畝之產側免者悉歸兄姪
旣老姪憐其貧稍償之仰以建祖祠屢空澹如也
年七十三卒友人弟子賻之乃克葬所著易義四
書義

施應岳字粤賓用第五子由歲貢授廣西潯州訓導
郤贄捐俸給月課遷古田教諭受攝縣事岳曰予
幸得爲人師剌經考藝退而婆娑長吟粗糲一飯
濁酒一盃吾修矣沒假而束帶掌印簿書鞭
撻黎庶非予志也辭不就遷南府教授薪水至不
給王憐之付之券令收民間子母錢數十萬岳出
嘆曰馮驩何人尚爲公子市義岳以儒臣職滯教
奈何以務使也王分不應行民間子母錢臣義不
應操井市權悉歸其券後以艱免王不忍含服闋
三徵之岳以母病固辭壽九十五

陳誥字惟巽外海村人弱冠領鄉薦杜門卒業未嘗
干謁有司授興化府通判一介不取初討倭舟遇

蘭谿趙相國交最厚相國旣顯人爭趨之諸洎如
也家居淸苦常乏食諸方把卷長吟妻遽前曰糧
絕矣吟詩何補諸徐應曰卽不吟亦復何補衆詩
不輟後過扶胥愛其簡僻因移家焉所著有貽燕
堂詩集

楊龍字體乾坡亭人博學強記性操端潔貢爲郴州
訓導其敎人必先明義利嚴程課而徐講古禮以
維之州人郎中何孟春亟稱曰吾黨弟子知根本
工夫者惟而行已治家可觀君之敎也艱歸喪祭
盡禮率其族建祠堂作家訓立宗子以統祭祀嘗
曰宗子不能修身庶子不加敬宗子皆爲不孝從
子達登科年已長而事之尤謹六服闋補官汀州
府學卒

湯啟字葵亭大鑿人萬曆中以歲貢授汀州府學訓
導諸生陳鳴春兄弟爲人誣穢學使者檄啟廉察
某懼餽金求庇啟斥不納已廉其事寃陰爲辨白
某未知也益大恐更厚其賂啟正色曰事誠虛誣
吾已覈實深諒然子數以賄來似非端士亟持金
去否則併聞學道矣遷隆安敎諭將入境値試諸
生家人促舟子進啟覺命艤舟曰諸生送學例行
脩脯前官今已左遷日暮途窮吾何忍至而攫之
俟送學訖然後登岸轉鬱林學正辭歸及歸而前
所救諸生兄弟皆登顯仕欲得一官粤地以報啟
德啟謂人曰吾無所用生惟家有吾田三畝生來
令歸吾田足矣其介如此（見公生廣脩志）

黃士欽名栻以字行[illegible]人由儒士補邑諸生旦
夕省讀母問曰兒欲急爲官乎曰人道具六籍中
備載急爲人非急爲官也居常出入別婦女肅尊
長睦閭里恪祭祀事親撫弟日益篤聞勢利語若
汚耳同學少年咸稱之曰小門沙云交官浙埋家
政一錢不入私室日取前言往行訂正之復集其
粹語自勵娶於趙郤畲田辭知縣袁奎所遺沙田
數百畝袁以問父父曰先人有誡兒輩故不受也
袁歎曰君家一何介也兄弟柿眺讀書不與外事
宦茲土者將行猶不識其君宇督學獎之曰篤志
鶴乎前修守已貞如處子萬曆丙午七月卒於家

道遐無不哀之有八十歲父老來弔下拜曰余非拜逝家子直拜好人耳所著薛敬軒陳石齋胡敬齋王陽明四先生辯義理學至言崖山志小稿

林天培字學彩沙岡人少遭不造折節讀書弱冠出就館穀上供滫瀡下備饘粥既壯有室容氏提甕操作工紡績事女紅以佐菽水尋舉茂才棘闈五躓席門函丈者四十餘年砥礪廉隅溫恭集木未嘗以聲色加人時從父爺讓宜教平南從弟宗堯舉孝廉從子聯綬成進士天培自歲時伏臘家廟

一見之外未嘗輕造其門至於傳經講藝丙夜不休有子四人宜逢宜遂阜楚材過庭問業兄弟自爲四友咸列儒冠天培壽七十終其後六年漁寇困城糧盡宜逢與其母容居圍城中臘初僅存飯粟宜逢食草蔬爲糜粥將母故母不大羸十有三日有悍卒突入欲取容氏烹之宜逢抱母大慟請以身代許之卒操刀挽宜逢去容氏隨而號曰我老人死在旦暮耳毋殺吾子卒解宜逢衣見其外襯有中乾義之曰此必忘其口而啖親者也殺孝子不祥欲舍之其黨不從其妻陳氏前曰子代母妻代夫孝義萃一門矣願就烹遂爲所食見列女傳云

梁日輝號匪莪小岡里頭斐村人幼列弟子員五試冠軍以恩貢中己卯科舉人閉戶讀書不與外事講學授徒遠邇從之遊者數百人明季地方擾亂里人以日輝品行可以服衆推爲鄉約正一里皆遵約束有王彥方陳太丘之風

李逢年字豊公瀧水水口人髫年補邑庠試輒前茅

棘闈七戰枯恒刻志攻苦操守端方設絳帳登仕籍居庠序有聲者多出門下爲人至孝晨昏定省出於至性母病癱數年侍藥嘗血悉爲親吮每赴場屋試甫畢即馳歸省視每謂功名易得親老難再從弟貧弱不能食力皆仰之舉火族屬不能婚葬者出館金助之里族咸化其德義云

唐元楫字應運號巖長江門白石人淹貫經史皆根極理要舉天啓甲子高第上公車二十年至崇禎癸未始成進士授兵部職方司主事遇覃恩得封

父母給假南還旋值變亂　國初定鼎佟部院發
甲得便宜拜官檄署梧州司李辭不就順治乙未
巡按疏薦起用與朱世傑同徵獨堅辭不起生平
賦性廉潔當名利之場淡如也事繼母以孝聞待
胞弟友于備至課子訓孫皆有義方所著西銘啟
蒙辨解太極圖說諸書尤工詩歌近體著有初築
集壽七十有八卒學者私謚爲文貞先生
藍大芳字發育東邊鄉人少聰穎十歲能爲文年十
五補郡諸生試輒高等未三十卽爲人師手註性

理旁訓綱鑑標題以授及門士貧而向學者尤加
意扶進從之遊者歩趨終身不忍舍有守獨介矜
名檢儒冠四十五年未嘗一涉公庭當事稔知其
名高其行求一見不可得也常言聖人說一恕字
眞可終身行身體實踐然後知之累舉不售色無
怨尤放榜後卽誦讀不輟二子騰漢捷昌俱諸生
漢子重光登康熙戊午賢書
國朝
張翩然字叔軒沙富人以文售傢邑庠舌耕藉餬脡

洪濟灑事母甚得歡心母終翩然慟哭幾絶得肺
病制藝倣先輩根極理要試必高等學使者侯艮
翰馮標張爲仁陳季昌俱以文行兼優旌之康熙
壬子闈中主司部昌賞其文爲宿學擬元值三塲
油污而罷撤棘後聞其名屬分考俞嶙手札通殷
勤者與相見留日儲者恥事干謁下第而乞憐非
也竟不往上論高之性剛介寡交講學於家以師
道自重及門有過雖貴介必面加譙讓遠方來從
者二千餘人皆教以居敬愼獨無燕惰之容望而

知爲張門弟子也常著經書要旨闡發紫陽奥義
爲儒者所宗至今稱不愧爲人師者惟翩然足當
之卒之日遠近學者爭斂錢助殯葬服心喪者甚
衆
葉夢稷潮居小圖里人父早世母遺腹生故自號瞻
何弱冠既廪白庠試輒前茅丁酉以詩經中式第
四名晨夕戀戀婿母膝下三上公車皆報罷多方
勸勉就道然卒不肯赴部揀選爲文自成一家遠
近傳誦一時名士多出其門生平曠懷安遇雖乏

不驚犯而不較彈琴樂道有白沙風

黎起龍字驄瑞號躍衢馬潛村人事親孝處兄弟友愛待里閈族黨謙以恭雖對田夫豎子未嘗有驕容和顏柔聲人親之如飲醇自髫苦志誦讀未嘗須臾釋卷爲文清瀚有奇致丁酉舉於鄉選茂名教諭訓士課文修學息事恤貧乏郤脩脯一出於至誠丁卯卒於官署當道嘆惜櫬歸之日茂名士子相率泣送至數十里不絕

薛起蛟曰莫學非道也莫仕非學也莫非道也以明理爲大莫非仕也以行所知爲大若前千餘之心學無色仕亦無色矣宋制登第授官三年乃策制科中者得賞擢既官復試所學學稍不重歟明初亦行薦辟諸科則明經修行懷材抱德預焉重學行也故余於人物志中標其目數年來有學行而不仕者登之有學行而仕貴者並登之明以學榮仕非以仕榮學也或疑已仕有聲應列德業余曰不然傅言士大夫朝修其德業猶言事功也志特彙其重者表之爾豈擠之哉昔寇萊公於賁宗朝非不功業震世張乖厓尚諷其讀霍光傳公歸取讀至不學無術句笑曰張公命我矣由斯而談在彼不在此

新會縣志卷之十二終

新會縣志卷之十三

知新會縣事渤海賈維英訂定
邑人余王成
蘇梓汝
李朝鼎分校
薛起蛟
湯　晉仝纂

人物志

行誼

明

湯有容下街人名栻以字行自少能文章勇於行義洪武丙子舉於鄉會試中乙榜教諭廣西蒼城再任典安聞兄喪即日告終養歸七年母曰君恩未報吾有諸孫可仰矣於是復官容縣時舉縣大疫縣尹彭清中疫病埶然一身人莫肯近有容欽其清苦省問不離側日令家人具湯粥清得不死人皆曰有容今之庾袞也或曰庾袞處兄弟有容處僚友尤爲難焉仕終唐府伴讀

伍驥字弘道文章里人典章之後總管士達子也兄騏以事戍遼海闕請代不得兄弟泣別路人爲慟嘗歸自京師泊舟白沙滸夜半忽聞水中呼救聲仰起援一童子詢之曰父贛人全家没入幸而得釋還所没攜吾母子三人附便舟歸父病死舟人圖財夜驅吾母子於江母與弟死矣吾以能浮得不死然彼必來追恐不免驥曰毋恐吾當爲汝復讐黎明賊果至紿曰平生止一子夜起墮水中救得者酬百金言訖即出金以示舟中人利之誘驥歸童子驥正色拒爲隨挾童詣白沙寨白巡官捕之賊徒伏法平生賑貸甚多　時名士邑黎貞南海王子倫劉濟番禺[illegible]屯皆延聘爲子師建祠堂築墓亭家規族譜皆爲之序皆名公筆也雖富甲鄉邑而儉樸如寒畯云

譚律字仲和瑶步涌人成化癸卯舉人任廣西蒼梧教諭陞江西建昌教授性嚴厲不容人過訓子弟雖燕居必繩以禮祭祀執喪唯求自致人往見之不修容則不敢亡子以民以賢有賢行與陳子高

弟

湯紹光邑郭人成化辛卯歲貢授泰興訓導居官清愼生徒有貧乏者出已貲周之聖賢像土燬頽損俸修復爲當事所重居數年致仕年僅五十有七既歸不輕出入不苟謗罵和睦宗族周恤鄉人家居以尊祖敬宗爲教遇朔望必整衣肅冠躬率族人羣拜家廟子弟不至者有罰族人貸錢廉其貧取券焚之邑人重其德義每鄉飲必推正賓以表率風俗年八十四卒

區鑑字元輝湖連人少穎悟通律數醫卜陰陽百家說事親至孝戒子孫勿出息錢引舉貸刻責多逆情欲然以力耕節用之爲民乎鄉人有鬬者爲開陳是非多解去里有潮田歲一稔鑑率衆築隄捍海爲蓄洩法遂獲兩熟成膏腴子越舉進士官大中大夫人以爲潛德所致也

許相字廷翰杏毅巷人端謹守禮鄉人推重由正德丙子鄉薦教諭建安正已率物身任敎化講明經學從之遊者多所成就年四十八卒於官

李元字景亨性好施里遭回祿出粟數百石濟之代庠生朱裳還負金訟爲之解溫孔德兒時貧不能遠從師元召至敎之卒成名士

李祐字元老文章里人尚書李喬木裔孫也性醇樸正直事親孝敎子嚴尤勇於濟人之急置書田以優鄉學者遇荒先行賑有鼓枚窓過其里日此李長者宅誡不入布政章拯臨邑大征仰善民無脫者得仇所指祐扮偷近社三人爲盜欲擒而戮之祐切切稱三人冤曰脫有私祐三子愿戮以償章

怒曰吾即戮之曰秦殉三良人百其身三子安足惜章始悟三人得釋僕與富民日鬨夜中風死衆鬨然起富民畏而逃託客償百金求息祐揮金不顧爲棺斂葬之殺不以告富民感遂永康二橋造四背鬨有二路行者利之子晉階超俱補邑弟子員有文風知縣王命璿匾其祠曰德義世馨云

易之敎字湛許號震亭陂山人以儒士補諸生既乃謝去從湛文簡公遊得隨處體認天理語終身自勅執父喪哀毀骨立時祖父已耄目障乃忍死日

謀奉其旨不倚諸父至祖喪亦如喪父然既而母病不解衣就枕侍藥吁天密禱願以身代竟不起號擗欲絕後策杖求墓地葬祖父母父母皆斂手自營暨月必沐浴遍展拜抑涕而歸弟子凡從之遊必先繩之禮而後訓之書多成立孫文炳以魁舉於鄉則引溫公少年登科語戒令閉門卒業無與外事曰汝曹稍不自勉他日負朝廷誤蒼生何以爲士先塋常被侵涕泣以請其人感悔還之嘗倡助鄉族喪葬惟恐後書座右曰存光明正大之

心爲光明正大之事里名居仁大書孝弟忠信禮義廉恥并善可法惡可戒者於衢亭凡近而居者莫不漸自被濯則無愧於教云年七十有九所著有景賢錄輝蟬集等書

陳元定字君準號可南外海村人蚤失怙奉母劉極孝兄弟怡怡至析田產獨受磽确邑令扁其堂曰和睦正德末山谷盜起韋布政拯果誅殺人無不畏之者縛無辜三十餘人將就戮元定方弱冠毅然詣韋公白冤悉得免族黨嫡庶久訟不解諭之曰千金佛馬首而俾族屬衣豨結衣如田氏之前易痒何周按察聞其言而嘉嘆之卜其後之必興訓諸子悉務砥礪行爲名士子試知縣諾通判孫桂生理問偵生太學中生孝廉仲孫椿生亦孝廉皆以經術顯識者謂盛德之報

勞守謙字光仲號荆巷古勞人父文益還人遺金夢生守謙守謨謙少穎異甫弱冠登嘉靖辛酉鄉榜尋以親老祿仕得桂陽學正率學者以身惠貧士以俸爲禹門姚督學所賢萬曆癸酉聘雲南同考

念庭舒御史察其行履附疏薦擢知廣西藤縣丁内艱起補馬平縣勤政愉民爲武弁中傷調歸士民相率立去思碑居家足不至城市屢辭賓飲族人盜賣嘗田則獨力贖還供祭遇橫逆每引咎不校所爲皆等倫不堪者謙獨夔然雲南考官時得欽賞金貯之每歲糶穀以防里中饑立家塾令子大臨訓里中兒不入束脩里人咸德之沒之日無寸銖尺帛以遺子孫殯殮悉貸之人可謂清白吏矣守謨亦以學行知名

鄺達禮字用和古博里人性慷慨出財賙乏嘉靖壬午西山賊擄同學何仲賢勒贖達禮聞之曰士爲知己死吾何坐視不救乎遂出所有詣賊求贖遭官兵至賊以爲間誤殺之督學魏校兵備王大用爲文祭之以勵友誼分巡沈某表爲義士督學田汝成命勒名於孝友坊

林應禮字紫崖澬頭人年十二喪父兩兄皆前母出而一爲人後及析產則三割之仍踞膏腴應禮所執磽确而已人謂何不鳴而求直應禮曰使我父

不續我母又安有我無我而兄所得不更饒耶卒無間言仲兄歿於賊應禮矢不共國忘衷若寢食者十年竟報兄仇家居無惰容與人端方不傲無遽色疾言里有爭必就取平片言折服知縣周思稷王命璿皆旌其門舉鄉飲賓不就卒祀鄉賢以子枝橋累贈奉政大夫吏部郎中

黃貞字邑芳國賦孫也瀧水黃涌人七歲失怙事母孝母患瘡旦夕舐瘡得愈爲藩吏會瓊州瘧數辟囚至拷掠無完膚食絶幾死曰此囚例不應辟若必以貧誤也各給粟力引例白之藩主疑且怒隨察囚果寃病始直貞言皆免辟旅店拾潘雁魚課金候還之撫兄遺孤視諸從弟若同胞築祿埜堂鄉前闢蒔花竹日遊詠其間丙午年八十一盜刦以去懼縣中兵捕緝一夜三徙之崎嶇萬狀度不可脫夜忽夢長髯神示詩一聯覺而思曰若得神護當必脫第見層巒疊巘無路飛越盜夜移札百峰山寢及半更聞呼可速去可速去應曰去將安之又聞曰第安行無患也諸盜鼾睡山頂紅光燭

天遂援崖出何火光走將曙見石穴隱於中豕出旦藏凡三日乃晝行越四日至寧水口渦遇二牧人翼入城熊侯聞之給青蚨遣兵護歸

區大部字而佐號慕峯湖連人少爲邑諸生尚節槩敦孝義恤族字孤鄧偉官滇南託以妻子偉旣卒爲之經理一如家人遇馬寧富室子逃難東鄉鄉人疑爲盜幾被殺韶察其形狀槩止亟救之市酒脯集鄉人護歸越歲富室子懷金十錠踵門謝却之閩鶴山顛千輿敎授林推官金有舊數以部與

黃淳行義言之會金攝縣屬一囚於二生所有言以免二生諳其曲不爲言囚別託顯者金曰二生不言必罪當也弗聽還郡言之林林義二生延而館穀之羅督學軍黃生詹南海欲見之弗之見林作色曰是何佬也詔趨入曰詹隙諸生奈何令黃生見林悅曰二生守義眞不可及也揭晦翁孝弟忠信禮義廉恥八字於堂曰丈夫子不能以一敬爲主八字爲防即勳業震世無足觀已長子曰擴生員次子曰振知府季子舉吉舉人所著易義十卷

湯良相字聖輔河村人萬曆間爲諸生沉毅方正雖燕居衣冠必肅性好施與人之急有貸錢不能償者取券焚之嘗以他事適郡城登舟見一人與羣輩言爲豪家所搆得百金若閒死無所恨良相從旁扼腕曰吾亦以事詣郡挈百金行今觀子言比吾事更急當以相助即倒槖與之不告姓名而去諸生伍大聰與良相初不相識一日以事詿誤語忤太守太守怒立追金數十兩將不測數隸卒督之行踉蹌道上遇良相詢知其狀即延入邸傾篋中金贈之且爲周旋大聰感泣後良相病疽大聰父子朝夕省視躬爲煎洗凡四十餘日不倦人兩賢之年八十六卒

楊景字元拱仙洞人事繼母莫氏鄧氏極孝設祭田祀其伯兄哀姪及姪孫貧予田贍之有侵其業者置不問足不及公庭遇饑即賑人有急即資助有司名其門曰孝慈世家四朝高劭云壽八十四林聯綴爲之行狀

潘陞字與登號水濂邑城人事親孝撫二弟友家藏陳子手書必讀奉爲居家法父老敬其行多遣子弟從之遊教人必先使任人倫上立腳然後讀書有弗率教者必開導懇懇使其心警悟乃已若旁一溪病涉者衆陞首倡橋之至今名大濟云年三十有七卒里人思其行相率俎豆於社弟階萬曆歲貢博雅能文同鄉梁吏科勸之仕以北堂春秋高堅辭不就營水竹居隱焉創永思祠以祀祖築麇爵堂以祀兄子孫俱能文好義有父祖風

允樞號養訥西塈里人性耿介童時其伯以事詣縣求直大忤令將笞責樞挺身直前叩頭出血曰伯年老願捐軀代之即斃無悔也辭淚俱下令義之爲改容伯遂得釋少習舉子業屢試不遇遂絕意進取閉戶爲古文辭詩有晉唐風邑進士黄淳嘗服其剛方以爲畏友所著有雲龍社詩集黄淳爲之序邑嘗公舉鄉賓壽九十五卒孫竹皆庠序有仕宦者人以爲樞之餘慶云

張思仁字崇體凌涌人少有文譽時藩伯與其叔傑

夫爲同年友憐其才欲爲推轂思仁辭不應傑夫重之權淮安關務委之衡軍因付以家政出納明晰會叔子早世思仁籍其貲產授爲後者嘗拾遺金坐待還之歲饑出粟賑貸吏作義塚以掩道骼里遇大疫藥而愈之者數百人萬曆中倭寇蹂內地思仁度形要建八角樓扼險禦之鄉枕河淮湖漲病涉因捐貲建步天光義兩石橋又建文昌閣及天亭社學與茂才周少厓輩論文講義中明禮敎爲子弟矜式朔望則申飭六箴以訓里人有搆爭者輒往質平思仁爲論曲直人人悅服常舟行遇盜知爲思仁遽還所掠愧謝負長者知縣袁奎聞思稷王命睹揚遇陽成旌其門壽八十六孫懋烈率德行仁尤樂施救急鄉間稱之

梁奇顯字肫慶石碑都人少孤力學事母及大父母孝謹弱冠已有文名舉天啓丁卯鄉薦爲人樸誠寬厚遊其門者歲常數百崇禎間爲茂名教諭日與諸生講學課文當塗重之遷工部司務不拜歸而教授生徒取給自食登科五十八載足跡不涉

公庭褐衣草履見者以爲田夫野老不知其爲官人也康熙二十一年知縣何漢英以邑士民共推禮請鄉飲年八十三卒

何士琨字文玉河村人文懿公仲子性孝友寬恕和藹由任子歷官至南刑部郎中治獄平允強年解綬優游林下施棺捨藥名聞鄉邑三經歲饑倡率弟姪炊粥賑饑存活無數寇逆兩犯邑城偕弟貢生士垻捐餉協守城賴保全督院李疏功奉俞旨准叙用孝子容端子孫中皆祠未入上節婦伍

氏瑞之孫媳也有李村田三十畝鬻之有友見堀義俠勸還其田以祀孝子卬慨然爽劵凡邑中有事艱於財者堀不吝解囊樂爲捐助邑人今每稱之

劉坊字懷黙啓之子也啓早世母鄭孀守坊能承顏順志補邑增廣生七戰棘闈三中副車庚午准拔貢廷試授撰文中書舍人癸未請假歸遂不出生平以禮自持盛暑不脫衣冠雖遇幼稚無怠容宴客豐厚而自奉儉樸未嘗濫費然好周急凡戚屬

有貧不能婚喪不能舉者輒助完之設義田以養子姓置義塚以便邑之貧喪丙戌丁亥寇兩犯邑城日爲酒食餉禦者數月不輟凡遇修築賑饑捐餉諸義舉皆欣然首倡晚年攻隸書嗜唫咏所著有燕遊集瑶玉館稿子鎔歲貢性温厚與物無忤總庠生身處素封常尚儉樸甲午演寇圍城兄弟捐貲餉兵以全城功奉

旨錄用

論曰孟夫子言巨室之所慕一國慕之朱註巨室世臣大家也古岡邑城向稱六大家何劉兩君居二焉夫豈徒金張史許之謂哉亦秉禮好義振之樂施緩急足恃之謂也觀昔羣盜犯城捐萬金募壯士擊賊賊敗城存皆兩公決策六大家之外未常科及編戶也若日飯乘城之民與餉戰士即演寇至時猶然何慷慨擔當如是劉公尤能追遠厚族莚貧皆善事也二子繩武以守城功邀敘餘慶哉　二樵薛起蛟識

國朝

余國爲號袁純潮居忠孝村人生朞月失怙母何氏早歲稱未亡人遭家多難焦心勞思撫一藐爾孤危苦累恭比長出就外傅精敏能文歷試有聲旁以督學歲科需滯省城及歸深自咎責遂絕意仕進啜菽飲水甘旨問侍未嘗一日離膝下惟設教邑中藉升斗以娛親風雨之餘絃歌不輟問業者戶外屨滿薦一以名教束物持矩矱耑嚬笑生徒化之望而知爲余門弟子云生平善賦詠搦筆數千言聲出金石雖長篇不纖無攢眉狀教子玉成

庭訓甚嚴十五列諸生觀場中副車薦詞曰得失何足介意獨吾家自三侍御以來學殖幾落而祖賁志早沒王母苦節未旌揚名爲後小子其謂之何迨玉成南宮捷至無幾微驚喜之色年過古稀猶及子之朱衣祝眉壽也世以爲篤孝之報云

黎兆祥字元錫號毓霖少負儁才十七補諸生與弟以祥皆有聲嘗僦居邑城撤榻趺坐晝夜不休博極羣書尤以誠意正心爲本每讀書至古人忠孝節烈輒慷慨激昂或時咨嗟涕洟至性然也生平

澹泊寡營不與戶外事有爲不善者聞聲色以諭之皆爲歛謝設帳三十餘年及門多名儁立志遠大爲期嘗訓子曰有志者事竟成吾屢困場屋而志未嘗衰今老矣折薪負荷小子其勉之及病將革猶手不釋卷壽六十有六子翼之辛丑進士瓜期至不赴人服其高尚

蘇儒奇字緒衍號擴生梅岡村人少英敏日誦數千言善爲文弱冠丈故有胥小與勢要朋奸謀侵奇奇挺身折之邑人咋舌曰是獨不畏虎噬耶長子栟汝成進士授太康縣令迎養至署適遇　覃恩封文林郎康故有臨漕二米解費及封貼偵夫工食最爲民病命栟汝革除之每有疑案必面命平反且謂古人蒲鞭示辱爲民父母何可以大杖杖民有犯罪枉桔者雪夜令亟釋之性至孝歲時拜掃墳墓涕淚不止瓜果之微未薦新不敢嘗祭祀豐潔杯盂几席皆手自位置不假諸子嘗曰吾得多一日即多爲子一日生平臨事暇豫履險如夷料成敗不爽絲髮尤愼名檢嚴取與訓飭族屬敦

睦鄉鄰遠邇化之邑長吏時時過存奇奇謝絕請謁一就賓席環僑觀者咸嘆息老得人所居梅岡有林巒之勝日與客嘯歌澗谷間童顏皓髮髣髴洛社中人壽八十五以無疾卒

陳吳昌字倬開潮陽陳涌村人鄉賓陳樂所孫也幼穎悟嗜學爲文高古有奇致嘗授徒講學從者甚衆登康熙己酉鄉薦性至孝每親疾侍藥衣不解帶人與交若飲醇醪乙卯僞周倡亂土賊困城時總兵孫屯兵江門觀望未進駐防總兵張偉抽兵

逅縣令集衆謀請救兵皆懼不敢前呂奮然曰事急矣吾終不惜一身誤一邑遂縋城而出見孫哀號求救聲淚俱下孫爲動容乃發騎兵間道躡賊前後夾擊大破之城賴以安父老見呂羅拜歡呼曰陳公活我越辛酉歲夏月以無疾談笑而卒

林堯聖字啓彥號瑞丰潛頭人性孝友仁厚壯歲客遊高涼歸而遭父母喪一慟幾絶族人救之始甦家故貧伯兄尤甚凡兄日用之需悉罄橐與之昔育一婢年二十餘而嫁尚處于甲辰遷界瑣尾流

離有負其債者避逅閒追之負債者急逅意以爲責償也比至則曰見爾貧舊券吾已焚之矣悉爾以逋負爲憂故急相告其人泣謝卒年七十

呂常作城富人與邑庠趙文槪素昧生平一日同遇緣林刼質閒之山寨凡數閱月患難中與語合遂定交呂家人罄貲産得百餘金贖呂將行趙與之別曰予貧無以爲計子歸我留命也永從此辭呂持趙大慟曰吳越尚爲同舟之救何況鄉井乎我當爲子留子歸力圖之不然寧爲羊左併死此間

義不獨爬也趙歸遍告親戚交游[illegible]十餘金較賊所約十纔一二乃慨然太息曰予得交呂之日淺而呂乃忘軀質歸于予貧不能自贖親知莫救乃以累呂乎貧富生死交情可見吾將歸死賊中毋久勞我知己爲也挺身持十餘金復詣賊代呂賊兩義之乃爲其飲併釋而歸論者謂兩人於是乎義俠稱生死交云

論曰趙呂兩人定交於患難中甚奇相信以心相許以死又奇而見於偸薄私利之末世則更奇志

宜哉乃或者謂呂井庠士噲之何足之不廣也上人稱奇書曰忠孝臨大節而不奪者幾人乎古者不佞然諾皆足見重於諸侯王若侯嬴朱亥劇孟之流太史公傳之至今猶勃勃有生氣不關以市屠少也作志者不法史將誰法乎

陳任美字重素外海里人少力學事親以孝謹聞府康熙十九年歲貢詣京師廷試得司訓職會滇亂未平有納級先用之例或勸之援例任美曰吾二十三時夢神人謂吾去此不過三十一年今四十

濟賴以全活者甚衆鄉里咸德之長子朝鼎康熙乙丑科登進士授翰林院檢討

文死

明

蔡養晦字益善以學行與爲邑訓導每教子弟必使端立寡言當元亂避地番禺及明兵下廣日與名士翰林典籍孫蕡給事中王佐輩結南園詩社人以高適孟郊擬之累徵不出後强之京師稱疾不仕而歸蕡輩甚稱重之

梁臨字彥良沙岡村人少從羅蒙正遊明尚書大義爲時推重洪武三年庚戌鄉薦中式辛亥登吳伯宗榜進士上賜宴中書堂策仕爲河南永城縣丞以廉平績最超擢禮部主事未既卒明朝時邑人進士及第自臨始鄭林稱臨詩文多麗則惜今不存臨元朝探花

張紀字振紀三歲失父從胞兄紳習讀父書閉戶不出者十年博通經史爲文千言立就既詩文頗崇泰癸酉鄉薦天順丁丑年中乙榜留居京師八載餘矣此夢若驗則吾侍養之日有幾敢營仕離親耶輕財好義數焚貸錢券康熙元年折海時寄家大凹後聞山賊攻圍大凹卽冒風雨徒步疾走乞師於守將韓遊擊吐詞慷慨謂數千生靈性命繫此頃刻安可坐視不救哭泣俱下韓爲動容立與之兵任美率以身先大敗賊衆全活男婦凡千百八年五十四果卒

任循龍字蒼璐號逸公霞村人處家雍睦有公藝風尤以撫孤恤寡聞歲飢出粟倡賑保全甚多邑大

夫敦請賓筵環橋觀者稱得人性閒適嘗作鷓鴣歌以自寫爲世傳誦子清漣以進士初令清河臨行若絜己愛民一一箴授之及清漣以親老告養歸僅一載循龍卒人以爲積德之報

李高登字道元號陛齋小塘人弱冠補弟子員爲文不蹈時蹊有先輩風性孝友樸實寡言父脩和爲賊所害矢志報仇每歲時祭掃悲哀不已買僮僕養育成長皆聽其歸宗不取值遷界時瀕海被移者多流離失所乃於鄉邊隙地築蓋廬舍多方周

辭敎職不就卒業成均庚辰復中乙榜一時所與交者皆海內名士見其文章推爲士林祭酒爲人豪岸身長六尺性溫雅而行直方且善筆劄成化初選草武臣誥命稱旨特拜南京監察御史未及到官而卒年止四十四知紀者咸以詩哭之

李江字朝宗藜洞人貌樸訥訥爲詩文則甚敏弘治壬子鄉薦第七人任梧州府推官梧猺未化往撫之盡服當道重之以文章忤當道歸至老以禮自重不輕入公門所著有梅花詩亦山集等書

許炯字彥韜相之子十歲不知書忽大病恍惚遊名山遇偉人邱炯宿學者有憾焉既愈觀諸書諳若素習不三年悉通經史百家言下筆輒驚人談吐風生坐客爲傾一時目爲神童余給諫英以女亦知書能詩年十九由儒士舉於鄉究心世務上書當事言利獘燦若指掌遇父母俱官卒拮据字弟妹累上春官不第乃退而著述文得韓歐手筆才情宕佚嘗修邑誌及匡山誌所著有吾野湯筆余氏有篋中集藏於家

陳如龍字用修邑城人父諱武彝生之性穎異父口成文宛有仙風爲詩超然有狂者進取辨詠歌之趣早世卒李以麟輯其詩以傳陳宗愈爲之序知縣王命璿弔之曰青門夙號謫仙狂逸興縱橫不可當莫是武彝乘鶴去故將遺履落松岡

黃淳字鳴谷邑城人舉隆慶丁卯鄉薦登萬曆庚辰進士授寧海令甫下車鼎新方正學祠堂以崇起敎化爲先務適度田令下躬巡阡陌徭賦維均吏胥不能上下其手時府鹽捕有豢民爲奸利者淳置之法上者嫉之淳素工樂府縱筆作樹石危峯

出等當蹊徑之外當道聞而索之淳應曰龍邑救過不遑遑及藩哉竟以此得罪謝病歸三十餘年闢洞鳴山搆定帆亭嘯咏其中不知老之將至閭里儀輒白當事發賑修先塋施棺轊議築外城邑人賴之晚年自稱六娜先生以爲出處大有類於陶彭澤云已酉與李孝廉以龍修縣志詩文自出機杼瑣錄俚謠尤匪夷所思有嘐嘐踽踽之態若有鳴山集李杜或問諸書壽八十五見通志

李之世字長度又字鶴汀邑城人父以麟兄弟皆以學行名語見本傳之世少有逸才工詩善書間作雲林山水皆清絕可愛少保朱燮元時爲督學名人倫鑒所拔士皆至卿相見其文曰霍湛而後爲嶺南生色者非子而誰萬曆丙午舉於鄉數奇不第嘗與番禺韓上桂道淮淮督尚書李三才號聲氣領袖兩人投剌謁之李未及見遣以數縑兩人留使者坐立裁報章頃刻千言騈麗典則章入李亟延見贈三百緡曰幾失名士晚年始就瓊山教

諭遷池州府推官日對囚纍非所樂也未幾移疾罷歸所著有壬山副藏剩水山房忘慮吟小草南歸稿家園草水竹洞稿集廬草行世

趙夢獬字伯良北到人工部郎應元從子其先爲宋裔年十五補邑弟子有聲諸同學皆事制舉業而夢獬獨好古文詩賦與世枘鑿然卒以論策典核爲主司所賞領崇禎己卯鄉薦日手一編吟詠不輟於書無所不讀雖家無擔石晏如也見後輩士嚮學汲汲引掖里巷寒畯藉之成立者多人後以事詿誤幾殆久之得釋自謂生與子瞻同日下獄又同因自號蘇生所著有補室集讀史集試軾草援蘇草拂礫草

林泉字應沚號筠若沙岡人年舞象録童子科第一稱阮禀弱冠領鄉薦以不預公車遂棄去時與博涉六經諸子游談野乘百家之言無不畢貫善屬文邑令劉象震式廬過之禮爲邑人師郡守黎民貴方伯馮秋水皆與折節爲布衣交常十年閉戶編通鑑綱目大成六十二卷欲藏之名山遂踰嶺

越豫章至浙河遍遊吳會所過名勝留題與人贈答以及傷今弔古發舒憤懣之篇彙成一帙命曰澇遊艸歸四年丁內艱服闋復浩然長往行崧臺抵蒼梧歷熊湘厄於洞庭作洞庭春三十韻仍是倦遊不復出矣晚年多病雞骨支牀猶力學不倦作同文說約未終遽得疾卒壽六十三所著有通鑑綱目大成六十二卷論史二卷古體詩一卷近體詩二卷圭峰志二卷訂定四書詩經正文行於世

隱逸

明

鄧信字行甫自稱木石山人情詩書隱居教授布衣蔬食環堵蕭然南海曾中書仕鑑遺咸折節與交蕭邑博慕其人遷瓊州教授索別草書一絕云散袖秋風老一株美人南去有詩無六年相問不相見夢隔城西曉月孤蕭覽而愧之嘗過剛外翰題其壁云陶潛今亦聖之清五柳柴扉近市城秋思滿天人欲醉碧雲屏裡一簫聲陶嘆服之進士陳

宗愈其門人也任廣西左江道副使舟泊江門謁一童子徒步行數里見之信談為治愛民之道術以雜黍而別

鄭相字文弼號過齋家貧甑斗室以居置古書數十卷灑掃雅潔中懸吳康齋先生像不啟三大字左閣一琴無絃右倚一方竹杖壁尾養花半面豆青瓶揹下魚一缸蒲一石一長春一株日吟坐其中澹如也客至必烹蔬留飲期於醉每歲教授童子止六七人出必恭入必敬遇諸塗咸知為過齋弟子也邑諸老咸樂與遊詩祖儲光羲字祖張旭閒為蒲石幽健不易及卒無嗣有過齋集

莫以寅字休倩邑城人訓導景先子少聰敏過目成誦年十五博通古今十六試高等補諸生食餼廪居平慷慨倜儻不羈而至性過人篤於君親朋友之義甲申聞明室亡痛哭閉閣自經其叔排闥救之得不死遂棄儒冠著道士服遨遊吳越山水間嘯歌自適年三十二卒於番禺山中所著有明史綱及西雲閣草

易奇際字開五坡亭人性孝有文行年十二侍母馮氏疾廢寢食者累月及喪哀毀骨立弱冠為郡若生舉崇禎庚午科鄉試第八人公車凡三上歷覽齊魯燕趙間與豪俊交遊意氣慷慨毅然以忠孝大節自期庚辰復走都城上書論邊防諸務時禮部試事未畢忽夢父疾亟遽束裝歸抵家父卒已逾月人謂情誠所感云服闋絕意公車講學授徒以克己為要主靜為宗為文高邁卓越卒年六十三門人私謚曰文哲所著有逸紀拂劍亭大易堂

集三十餘卷季子訓少能詩性狷介常往匡山倚
哀歌亭放聲大哭人莫之測也入蒼梧將採陽湖
之勝而終身焉視流俗若浼尋得瘴疾卒年二十
六著有東樵遺集

負汲者不告人姓名日汲井中水賣以自度得數錢
仰攏手行歌於道取火必寺觀絶不干人縣中人
呼之右引至譙樓外仰視曰我生平不入此翻手
傾墨而去一日道上拾遺金默坐其處人問之不
答旣而失金者至曰金在旁人教使言金合方得

還言合即大笑還之失者與之金弗受走失者亂
擔具向壞亟令從人[illegible]者爲易之曰吾不舍吾
舊且歌且走不顧

賣藥翁不知其名常手一篋誠九里明子採賣以爲
食其藥多生椎荔岡中旦暮入採之絶不覩椎荔
雖自落者亦不顧人惟問之曰自食是盜也人圃
必不容盜入是自絶吾生也日得十錢以其半入
酒肆醉即行歌歌曰入道春花春日好花開能有
幾朝紅一日道上拾鋒釧珠珥大笑置藥籃中歌
曰寶寶寶得好失好失好得好人莫測其意有一
女子哭失物趨問曰何物語合即籃出還之主者
饋以金搖首而歌曰不受不受莁不受還金籃香
得金臭悠然而逝後入山去不知所終

論曰天壤之間菀枯異集人之志趨使然讀漢高
士傳其蹊刻自處有尋常人所不堪者卉之如飴
何歟若負汲採藥二翁貧窶其身而高潔其行名
不傳而迹不可不紀殆古得道之徒歟抑廡下傭
者流也志之猶足以汗汨汨世利者背　二樵薜起蛟識

國朝

伍隹郎字抜千麥園村人少應童子科爲邑令王來
徵首拔補諸生事父負倩孝友好文喜客樂施
隹郎悉體其心以行值歲戊子大饑捐其積蓄借
有力者以賑鄉中賴存活者數百人生平淡於名
利足跡不夜公庭惟朝夕執經課子暇則栽花種
竹彈琴賦詩以遂志郎祖光宇師事白沙講學於
萬松軒尋樂齋中因繩其武築室雲沁山下宅邊
爲紅蓼洲芙蓉城酴醾院榔汁池洛蘭亭南湖別

業備朴堅之趣嘯傲其中悠然自得一時縉紳先
生若尹太常源進彭吏部褒讀其詩文雅敬重之
稱謂隱君子所著有洛蘭亭草釣槎近草寶蓮草
四書正解年七十八歲無疾而終學者稱爲孩只
先生子仰旦康熙壬子科舉人

耆壽

明

湯和吉嘗人成化歲貢知定安縣見德業傳壽八十
有二

黄　昭字永吉杜阮人別號天湖釣隱性聰穎博學
多聞而不樂仕進嘗以忠信篤敬爲本自幼至老
無惰容成化癸卯邑令丁積具幣造廬訪之投以
禮式一書託之轉教鄉人昭賦詩曰策杖東籬採
早梅家童走報長官來扶開九十慶昏眼夾拜青
春父母臺積善而和之自是常造問焉三舉賓筵
國人矜式越五年詔賜高年爵授冠帶粟肉帛生
洪武庚午至弘治戊申卒壽九十有八著有天湖
詩集二卷

譚　綬庠生遊白沙先生之門壽九十三子景韶浙
江江山教諭見歲貢壽九十孫公錫生員壽八十
八知縣周思稷題其堂曰德壽世家

譚文興性介而和材華而直出粟濟荒則歸之父至
捐田以祀十世祖尤其孝也壽九十

李士勤鄉賓操志清修教家嚴正孝思至老不衰壽
九十有六

周敬先有義行爲鄉里所敬壽八十有八

李文明松萠人弘治戊午舉人官至同知見德業傳
壽八十有一

陳　毓鄉賓壽九十三

區效忠鄉賓與物無競好善有常壽八十有六

魯孔裔都憲之孫鄉賓壽九十

馮松露鄉賓生平無惰容慢色壽八十有九子孫蓋
列庠序

譚必大鄉賓孝友力行壽九十有三

張　綉鄉賓潛心好古操行純正壽八十有七

楊　敷仕留守經歷見孝友傳壽九十無病卒

李承芳孝和恬靜與物無爭經歲不出戸有古人風
壽八十有五
余　榧號養訥工詩著有雲龍社集進士黃淳爲之
序舉鄉賓壽九十五歲已見行誼
陳　經守已甚嚴待人甚恕壽八十有五
區　越弘治乙丑進士歷官參政見德業壽八十八
黃獻策忠直尚義救被倭難婦二人不惜重貲後爲
公正犯能不校常拾已所鬻田契還買主人服
其正賦詩遣志初不求工嘗有詩曰贏得個中無

事事一竿閒釣月邊臺壽八十有一
梁宗孔庠生遊授訓導鄉賓壽九十
容　珏瑞之兄鄉賓壽九十七歲有司常致餼胙
張鷲瑞九十三康健若中年人問其術曰獨宿
鍾　論九十四歲嘗言無怒已五十年
劉　治鄉賓公直溫慈鄉族推重壽八十有五
阮百之鄉賓八十九歲清尚愛菊如淵明
吳　夔鄉賓壽八十有五弟麓鄉賓壽八十有二兄
弟至老尤極友愛

黃紹紘鄉賓九十六歲誥父
梁大積鄉賓作忠孝圖咏勸世見學行列傳壽八十
有五斗輝夢桂父
黃子正九十歲孚淳祖父見陳子門人
陳　坊府廣生學憲三旌德行歷試五經棘闈十戰
壽九十
孫端卿九十三歲父宗傑九十歲母馬氏九十三歲
兄孟卿九十三歲矩卿九十一歲萬曆二十四年
縣表其閭曰一門上壽

容　瀚性至孝潔文甫高弟從何廷仁講學推用
讓姪愛人樂善施予不倦見學行列傳壽八十
陸子陽九十八歲忠厚慷慨番禺知縣毛汝麒重之
禮請督修沙坪墟之浙江橋都憲李邦義爲之記
象賢曾祖父
甘邦翰質直尚義壽八十有七
容朝望河塘人嘉靖庚子舉人有詩文名歷官運同
見德業傳壽八十有一
許大位鄉賓眞良守已溫恭待人壽八十

許大基鄉賓公直不阿以善率人九十歲妻鍾氏九十六歲欽文父

李　鄧府庠鄉賓九十六歲

李　湯鄉賓九十六歲維春維芳父

梁　望邑增生棘闈八次壽九十二

黄　質鄉賓九十歲坦直和易終身無疾言遽色

黄冠裳溫厚和易壽九十五

楊　泮一百歲質直少文口無妄言目不邪視鄉人敬之

譚善章鄉賢譚律嫡孫早有神童之目十四遊泮棘

闈十三戰四登乙榜孝友睦族尤喜施濟能詩工書有詠史集邑令何廷仁爲之序鄉飲正賓壽八十有五

張　鑾性坦直無城府壽九十三

許　焯鄉賓九十五歲培之父

胡卓林積德行善壽一百歲子三省壽八十孫一鳳生員勤學好問敬老慈幼屢旌德行壽九十

陳元琛嘉靖二年賊首鄧醜耳等聚黨立寨古兜圓魚籠竹山口等處作亂流劫拾餘鄉制府遣布政使章拯興兵征討師出無功琛獻策捐家財募兵親往擒其巢擒鄧醜耳等三百餘人且力言長沙非從賊得免剿事聞朝廷賞千金不受賜義士冠帶復其家鄉人感其德建生祠於長沙祀之後琛年登百歲萬曆四年詔建義士坊於源清知政橋右

楊　露鄉賓性洒樂事母孝兄弟睦建祠甚麗遇荒先賑世稱隱君子壽九十

黄士敬結松林詩社於象山壽九十四子岡英原於

庠亦能詩

黄　宏品行端方不履城市壽九十

楊　喬九十二歲自言由少至老以敬持心

陳經元壽一百四歲子朝用九十六歲孫持業壽九十曾孫希堯壽九十六姪孫彥齊壽九十七一門上壽累世修德

葉　元漢之父機之祖魯能也八十九歲鄉賓

黄弘中卯之孫和睦孝友侍父疾衣不解帶壽天順

代壽九十
丘孔時性恬靜日坐池邊石無私營無私慝家貧槿差未及期卽付納若每當舉賓筵輒稱病不出壽九十
蘇昆禮梅岡人四舉鄉賓醇厚正直恂恂有古風壽九十二
佘士光邑城人萬曆庚子舉人官臨桂令見德業傳壽八十
梁彥信端厚善良里族共敬壽一百歲

梁邦尚東甲人樂善好施知縣卞應聘署縣同知姚生文先後兩舉鄉賓壽九十有
謝必洪端方凝重正直不阿壽一百有二歲
葉叔喬源清人鄉賓九十三歲助金督修分巡道城隍廟
李廷璽壽一百有二子舜化壽九十六孫鴻漸壽八十九里稱七世積德
劉　烋五顯頎人嘉靖舉人官新城令見德業傳壽八十有五

鄧英確壽九十一精爽不衰力行善事
呂　皦江門人邑庠篤學力行孝友敦睦年八十時邑令黃師夔賓之表其門曰望重儒修終崇禎辛巳壽九十有二
陳惟信壽九十德茂齒高有司旌門
李大鵬霧山人行巳端方爲人解紛一言立平萬曆年間清丈鵬時年七十五董其事稱公正邑令袁奎舉鄉賓優禮之表其門壽九十三孫英登甲午鄉榜現任韶州教授

劉瑞賓壽八十九以子廷獻封經歷
譚純性沙頭人節婦何氏之子也性溫恭孝謹平易克家壽九十舉鄉賓
謝復華操行純篤衾影無愧壽九十二
潘騰龍字禹化潮連人邑庠生能文工詩字儉約自守而好周急人多德之有關客貸錢三千緡踰年儀仰焚其劵洋船遇風儀乞於道爲贍養週年贈遣返國平居言動不苟晚號矩叟杜門若述或嘯咏園林山水間比耄猶行壯容行不策杖九十無

疾而終

林大成鄉稱善士壽九十弟大茂孝弟力田四世同

居壽八十有三

李本直字儀中盤溪里人嘗拾遺金伍拾錠忍饑坐

待主至還之其人分謝不受分文居平人稱長厚

後以子茂蓉貴封奉政大夫卒年九十有一

倫日瓏厚重誠慈與人溫和鄉賓壽九十

茹　馥石濟人萬曆丙午舉人官至象州知州見德

業至　國朝康熙丙午重逢鹿鳴嘉宴壽至九十

有六

曾道立公平正直言動合禮壽九十有八

陳　策外海人萬曆丙辰歲貢官至瑞州府教授見

德業臨終預知期至具袍笏北拜端坐而逝壽九

十有八

黎良弼壽一百有一清靜恬淡萬慮不攖太守宋應

昇禮之旌其廬

吳雲翰滙灣人篤學勵行師表一時萬曆戊午舉鄉

賓邑侯曾熙炳額其廬曰淑世碩儒督學張大麟

榮以冠帶享壽八十有九

何上新以子熊祥貴封吏部尚書持家教子惟以篤

庸二字壽八十有六

黃鶴露有賢行篤學不售以處士終其身壽九十九

歲露曾祖孟賢壽八十九歲曾祖母湯氏壽八十

七歲祖懷直壽九十七歲祖母林氏壽八十六歲

父淡吾壽九十三歲母林氏壽八十五歲三代麗

君皓髮俱以壽耆露善養生之術不事藥餌精神

康健及遘疾數日猶指授安詳神色如故從容而逝

余恒省樸直和厚有古風壽九十四

屈子鳴大悅濟人言行端方年八十時值吳林二逆

今迭請鄉賓額其廬曰齒德望重後十載年九十

乃卒孫應矩壬午舉人

張思仁字崇體淩冲人多行善事嘗還遺金見行誼

列傳壽八十有六子紹唐廣府庠生亦壽至八十

六歲

梁宗孟號鄒吾程村人邑庠廩生以孝友品行著聞

屢舉鄉賓壽八十

邦文璧邑城人孝友溫恭有儉德舉鄉賓爲士模壽九十有二

張世法字行可凌冲人萬曆甲申歲貢歷官平樂教授荆府紀善四請賓筵清操自守愛養貧士所至得士人心鄉稱孝友知縣王命璿匾其門曰達尊壽八十有四

陳璣天啓甲子舉人官順昌縣丞見德業傳壽八十有三

唐石南嘗破產代族輸賦高隱林泉人稱長者壽八十三

鄭畸遇本學生員能忍[illegible]而不校能追遠獨建先祠壽八十有九鄉賓

黄應鷟黄涌村人黄貞季子倜儻好義遇饑出粟以賑人德之年八十一舉鄉賓 國朝順治丙戌賊首張卓黎佐作亂屠戮最慘鷟三乞師於省爲秦庭之哭始討平之人樂更生壽八十八

梁斗煇字忠旋萬曆丁酉舉人歷官太平府同知有善政多著述見文苑列傳壽九十

俞士琮河塘人萬曆壬子舉人歷官光祿寺少卿見德業壽八十有二

蘇岡任梅岡人儒奇父孝友正直鄉邑推重壽八十有七

黎乾行世習儒業德行無玷壽一百歲九十六歲時順德丞王毅大署縣事名見優渥給匾曰達尊有二邑令王泰徵舉鄉賓從容成禮而退給匾曰聖朝嘉賓九十八歲邑令李光熙給匾曰盛世人瑞後二年满百始卒

陳任吾號樂所萬曆三十年內爲嵩府典膳舉鄉賓恭儉好禮壽八十有八

區體之字爾誠潮連人精醫行孝凡兩儀四象之與五運六氣之微皆能言其要領年九十無病而終

倫大禮喜作詩唫咏不倦以子承條貴封大理寺少卿壽九十有六

陳良猷字藎侯陳涌人至性純孝存心忠厚自少至老無惰容壽九十

黎應壽與物無忤自適其適壽九十二

陳　瑛外海人事母至孝恤貧寡捍災患鄉人德之
海防姚生文署縣事鄉事落焉壽九十有二
蘇大閏庠生梅岡人居鄉公義歷事練達壽八十三
李　魁素行清白教家有方邑令葉憲祖旌其門子
孫多在庠壽九十
梁堃瀚字德堅本學生員讀書之外不聞外事六十
始領庠棘闈十戰不衰舉鄉賓壽九十有二
湯應科孝友性成不與世競不入公門壽八十五爲
諸生者五十年

施尚震裏村人性質直爲事雙親教子訓人遠近稱
善嘗癸巳大饑斗米百錢震家之粟僅可自贍割
贅粥以賑已亦食粥九十七卒貧郊則至閭里追
慕之
陳日熙字顯吾外海人嘗捐貲倡役丈建里中義倉
仍捐田六十畝佐之凶歲有賴三舉鄉正明季鄉
賊作亂相戒無過其門依之保全者甚衆壽八十
有五
容德化字渠贊深冲人潛修儒行教二子皆領庠踏

鄉榜閭里推爲碩德壽九十有六
陳紹曾字景參日熙長子淳謹有度喜爲人排難解
紛鄉儕化之以耆德舉鄉正壽九十有五
陳中言陳涌人天啓六年監生歷事考銓通判壽九
十有四
湯時可號康石大鳌人庠生力學敦行怡情詩酒壽
八十四
何一吾博通經史教授生徒不求仕進壽滿一百歲
巡按御史陳保泰題請賜冠帶牌坊額曰百歲人
瑞

陳之信白沙陳子裔孫謙恭慈孝推重鄉閭制府[illegible]
鏡心給賜冠帶壽九十有三
王以璋號靜川江門水南人孝友性成常持忠恕仁
義四字以勸人爲善崇禎壬午舉鄉賓壽九十有
二
國朝
王萬輔孝友慈愛戊子癸巳兩値歲荒發粟以周鄰
里庚子舉鄉飲辭不赴翁也侯李棨戟咸有詩之

其德行壽八十有五鄉賓以璋次子也

王重邦歲饑以米濟饑者活千餘命甲午圍城兵奪鄉人子將烹重邦以珠易之壽九十四子孫數十人子英俊壽七十孫廷楨乙卯鄉榜

鄭世登字嗣芳太守銘元孫順治甲午歲貢司訓會同力爭有司之撻辱生儒者縣旱祈弗應夢神告曰當求學中老人呈如言果雨致政歸士泣別壽八十有五

陳呂期白沙村人誠敬自守壽九十縣寵以冠服

謝　劬精醫厚重謙謹治病不責報壽八十有七

勞士呂事繼母以孝聞壽九十有八

王日升稟生兩舉鄉賓臨直而終壽八十有八

鄧善確字抱真生平公直閭里衆爲約正邑令黃泰徵稱爲老成人望屢請賓筵堅辭不就寵以冠服表其堂曰尚德並高壽九十有三

伍瑞國字出卿西滘里人真誠不欺勤於學問孝於二親友于兄弟在庠六十年棘闈十六舉以歲貢遥授訓導壽八十七檢討鄭際泰爲之傳子倫康熙乙卯科舉人

譚儒璋字五素九龍鄉人慕李貞人之蹤朔望必登圭峰坐朝斗石上至暮始返每乙夜必向天四拜不問寒暑窮居晏然年九十有五欽唉衆止如壯年每言人能舉念以敬天爲主即不死良方也

陸孔建　人年九十九歲

查舊志載冠帶生耆於人物余訝而刪焉括以耆壽志并論之

按萬曆乙卯志列冠帶生員冠帶耆民附人物後

壬子續修因之又從而附益之耳目所習遂若覕爲決不可缺者予甚詫其名不在名志而乃之首見如李世卿次葉石洞又次黃文裕郭勛卿歷稽所撰郡志邑志皆不書惟此獨昔宣作者爲黃進士淳余不知何所見也或曰此即古賜高年爵之義夫何訝曰然然史有傳其名者乎有紀其行者乎無之而紀濫也漢制始由二千石上其數後直指使持斧巡行天下頒詔書引見賜之歸獻其籍於天子猶[illegible]、[illegible]直令之給直令操之耳微特令直舉若操之耳胡足書或又曰鄉飲酒禮冠帶而燕享因得稱焉非歟曰暫而已耳亦非古者養老之禮其迎三老五更謁者奉几安車輭輪供綏執事寵以度接禮交容温恭順貌天子親袒割牲執醬而饋執爵而酳其服郊紵大袍單衣皂緣領袖中衣冠進賢扶玉杖服物秩章隆重極矣其在郡縣行鄉飲酒於學校以正齒位之禮必於民聚之時其服元冠皮弁各有等殺尚賢敬老其義一也有明成弘已前風俗僕茂言行相顧禮以誠舉觀感興焉晚近以還教化日衰徒視文具塗耳目之觀開營競之門於是知恥有才者往往間舉而辭孰輕孰重見矣何者而必立此不古之名爲且是志亦詳將以品重則行誼載之將以年重則耆壽載之鄉賓未嘗不書獨不特書耳删之以存志體 二樵

薛起蛟識

新會縣志卷之十三終

新會縣志卷之十四

知新會縣事渤海賈維英訂定

邑人余玉成

蘇楫汝

李朝鼎分校

薛起蛟

湯　晉仝纂

流寓志

管子曰士羣萃而州處交修其德業各安其土而官其地諸侯之保民如此故無羇旅之患雖後世始有之非仕宦則播遷謫滴也天地逆旅今古傳舍高賢所經其名不朽若新邑則有陳文恭公倡道江門四方問道而來者不遠千里不間晨夕君子之至於斯也可以風與行世微特邑榮故並志之 二樵薛起蛟識

南北朝

馮融北燕馮弘之裔也弘爲魏所敗竄於高麗使其子業將三百人浮海奔晉至廣因留家新會融業

孫也世爲羅州刺史能以禮義威信鎮其俗洊引文士發中化之蕉荔之墟絃誦日聞每行部所至發酋焚香具樂望雙旌而拜迎者相望輒戒其下曰馮都老來矣毋爲不善以致罪戮都老俚言官長稱也自是溪峒之間樂樵蘇而不罹鋒鏑者數十年初融之蒞政也雖世爲守牧而酋之黠者尚未悉服乃爲其子高凉太守寶娶大姓冼氏氏賢能約束諸酋遠近懷畏於平陳嶺南共推冼氏爲主文帝賜繡幰鹵簿封譙國夫人子僕授高州總

管封越國公僕卒盎繼之世有越地貞觀初盎遣子智戴入侍七年太宗奉高祖置酒未央宮命智戴賦詩見綱目自融而上墳墓皆在新會實以後廼居高凉至今冼夫人春秋血食於郡（前志刻錯今爲改正）

宋

蘇軾字子瞻號東坡眉州人爲翰林學士孳小忌之屢遭讒謫元祐六年以禮部尚書兼學士召還執政嗾御史攻之不已竟論坐前草制訕謗謫知英州安置惠州軾文章政事詞翰才品爲當時第一天下無不知有蘇學士名者所至士民聚觀之未幾再謫儋州安置道出新會愛月華寺之勝徘徊題咏常過古勞鄉行山中士人競延留爲築亭以居去後名其亭曰坡亭鄉曰坡山焉孫典籍遊月華有詩曰急喚僧人早繫舟月華寺裏散離憂苔生曲徑人稀到門遶長溪水自流兩岸峯巒千古翠一川松檜四時秋坡仙遺墨成灰燼老衲如今說未休其流風餘韻後人欽慕如此

李喬木汴梁人丰姿瑰偉善詩文登建炎進士官兵

部尚書立朝忠直爲中外倚重紹興間抗疏數千言忤權奸因與莫汲等謫嶺南舟次南華留題云衣鉢相傳昔菩提湧爾栽好山僧獨占月若我初來野鳥迎人語溪塘傍竹開登臨問因果老衲笑相陪過新會遊瓊黎投朝議喬木才猷可託專閫奏復原職敕征一鼓成擒不妄戮一人被俘士女悉還其親屬復命經略南恩州卒葬城東二十里紗帽嶺後因名官山舖時金人寇汴其子玖領省解元奉母伍夫人係嶺南第十三將伍琛之女偕

居新會斗洞文章里遂占籍焉伍夫人卒葬於本
里松子嶺至今會寧間多其子孫代有表著衣冠
稱盛云
徐宗仁江右信州永豐人淳祐中進士歷官國子監
主簿開慶初伏闕上書言誤國之罪不誅則用兵
之士不勇累遷太府少卿兼侍講景炎初爲吏部
侍郎權禮部尚書扈端宗走海上及帝昺即位宗
仁從至厓山定行朝禮議其寓新會最久與丞相
陸秀夫輩夙夜圖回政理規復社稷已而帝昺崩

於海宗仁及樞密使高桂兵部侍郎茅湘吏部侍
郎趙樵翰林學士劉鼎孫等皆死之今厓山志死
節之臣獨遺宗仁何歟議者謂大忠祠宜以宗仁
諸公配享用妥忠魂亦禮也
伍典章汴人失其名宋末爲翰林典章德祐二年元
攻臨安扈官弁散端宗帝昺幸廣州典章扈從至
厓山不去宋亡遂遯居縣之西鄉文章里後其子
孫受元官多顯云

明

劉德彝定人祖宦遊嶺表家於四會元末避兵新會
依主簿徐聞可共保縣治已而城爲黃斌所破聞
林文秀固守北到德輿衆就之征南將軍廖永忠
以大兵至德往見永忠遂薦於朝授陝西鞏昌府
通判歷臨洮府同知湖廣襄陽知府福建都轉運
使洪武庚申引年卒於家
李承箕字世卿楚嘉魚人都御史承勛之兄大理評
事承芳之弟也成化乙酉舉於鄉即有志聖賢之
學聞白沙陳子倡道江門挈其子姪從遊最久陳

子甚器重之爲築楚雲臺居焉時與之投壺飲酒
賦詩倡和甚樂也惟邑令請志新會乃入縣城數
旬其餘俱朝夕江門承箕豪邁有詩文倡迅逸
宕類其爲人及歸陳子爲序及詩送之常目爲
與世卿論名理天地間所聞見古今載籍所存無
不語末語者此心通塞往來之機生生化化之妙
待世卿自得之爾歸不復仕築釣臺黃公山下與
兄承芳同隱所著有大厓集
湛若水字元明初名雨字民澤增城人弘治壬子舉

於鄉郎來白沙從陳子遊時北到湯霱迎陳子入
居其鄉仙井山中講學若水隨之盤桓數年後人
名其地爲學堂嶺以此陳子嘗稱之曰民澤遠到
器也日用間隨處體認天理着此一鞭何患不到
古人作處將卒復屬之曰江門釣臺付與收管將
來有無窮之視斯道已不落寞矣若水服喪三年
然後歸至乙丑擢南宮第二人入翰林爲編修歷
官兵禮吏三部尚書嘗以改塟陳子復至新會時
同門在者惟梁景行鄧德昌湯霱趙善鳴梁景孚

五人襄事畢仍與霱至北到徘徊故山寓其家數
月爲買田百畝然後去

鄒智字汝愚合州人幼聰異家貧讀書無繼
晷乃集樹葉代燭誦達旦如是者三年弱冠領解
首登進士爲庶吉士弘治戊申星變上疏極論陰
陽之理欲退萬安劉吉尹直而用王恕王竑彭韶
且曰君子不進小人不退宦官陰主之也疏入不
報明年吉㗋黨誣御史湯鼐妄言朝政并逮智下
詔獄身親三木無所撓詈對曰智與鼐等往來

或論經筵不宜以大寒暑輟講或論午朝不宜以
一兩事塞責或論綱紀廢弛或論風俗浮沉或論
生民憔悴無賑濟之策或論邊塞空虛無儲蓄之
具議者欲當以大辟刑部侍郎彭韶不肯判乃謫
石城吏目殺然就道衣結履穿徒步而至都御史
秦紘檄修書院得居廣州聞陳子講學江門之上
扁舟往訪談論不聞晨夕爲忘年交時以詩文相
唱因寓居三廣公祠中壯哉亭後順德尹吳廷舉
智同年進士風節相尚時迎致之遂往來新順間

所在有題詠遺蹟焉

蘇楷汝同余嘗過坡山訪坡亭丈老爲言瑞明經
過時所建也會雖僻壞名賢轍跡往往不乏及陳
子講學白沙遠邇來遊者且相接踵流風猶存後
之人懷古寄思心竊嚮往之矣

新會縣志卷之十四終

新會縣志卷之十五

知新會縣事渤海賈雒英訂定

邑人余玉成
蘇楫汝
李朝鼎分校
薛起蛟
湯　晉仝纂

列女傳

薛起蛟曰說者謂治世主陽陽爲剛德男子鍾之故治世氣節著於男亂世主陰陰爲地道女子鍾之故亂世守正著於女理或有然新邑負山阻海扼嶺西之衝爲必爭之地治日少而亂日多宜列女之盛於他邑也夫不事二姓之謂節克盡婦道之謂孝秉信度義蹈海冒刃不悔之謂貞烈若粉骨碎身以代所生所天尤孝義之最烈者有一於此皆可書也善善欲長以勵名教而已倘過爲苛求吾恐清風嶺女子又戟手夢中也其可忽乎

貞烈

元

何氏何村人贅蕭積善至正丁酉八月賊陳有得殺積善意在何氏遣賊衆刼致之何氏度不免白父母飲賊衆於堂紿之曰吾埋金釵井傍石下可取爲俻得至井投入死父母出屍與夫合葬之英爽屢見賊皆橫死至明成化間知縣丁積建亭井上題曰雙義仍爲建貞節坊置祭田五十二畝後提學林雲同知縣何廷仁查撥前田給祭後屢缺祀萬曆二十年布政司斷給何氏子孫管祀永爲定規鄉林詩追悯宿草塘雙墳今古空餘節婦村惟有轆轤牀上月夜深猶照井中魂

趙氏海晏場人適涌金村陳以安元壬辰夫婦避寇至銅鼓村夫爲海寇麥秀實所殺趙氏匿山林中羣寇搜得愛其美逼之歸趙氏執箭自刺死

劉氏李門劉艾甫女適鄉衆湯以恭元至元乙亥七月避亂過古博水口渡中流遇賊與夫訣曰吾婦人宜先自爲計亟躍入水死時年二十見府志

譚氏天河村譚仲悅女名珩年十七未適人元至正

二年土寇亂父母兄弟不相保珩與一嫗匿山林中爲寇所掠至山麓有潭遂投水死賊去嫗備述其故越八日父母得其屍潭中面目如生鄉人慕其貞烈因名其潭曰丫髻潭明洪武庚戌建廟潭側曰丫髻廟後黃蕭養亂燬族人再建廟於祖祠側黎貞詩鐵石肝腸死仰休賚家姊妹可爲儔由來貞節名難泯萬古清清潭水流

明

湯氏卯娘父應璧陝西乾州判官也年二十嫁馮崇

寧五越月彼擄賊徒與以獻渠魁卯娘泣且罵賊怒殺之時正統己巳也後天順癸未冬又有冢婦李氏聞流賊臨門自縊死

蔣氏梅閣村人年二十以室女歸譚廣恕爲後妻兩載而廣恕卒無子蔣誓死不他適三年服闋姑憐其少命之嫁蔣不可姑乃陰受黃姓者聘蔣慟哭曰人各有志何相逼如此乃盡碎其聘物事得寢又三年外兄弟以年淡哀淡必不堅執復受本村陳姓之聘蔣聞之曰且如外家衆皆喜比至則從容燕語無愁慘之色凡宗戚姊妹家各候過之笑語曰無幾相見矣如此月餘家人信爲意可轉也不之防後知期近忽一夜自經死時正統間西寇克斥鄉人不克聞官以故失旌表譚以賢爲之傳論曰嗚呼有稱從容就義蔣烈婦近之矣再醮之辱始逼於姑再逼於外氏以姑息之愛謀彼剛腸未亡人將安歸乎是欲安之反以殺之也有志不伸抑鬱誰語千廻百結惟一死可了生平烈婦籌之熟矣故不爲無益之悲憤動人防範闇然沉痛

志不大可憐哉焦薛起蛟議

蘇氏浦翼村張寅妻景泰初賊首周三等倚黃蕭養爲亂闖浦翼村盡殺張寅家蘇有美色賊留欲妻之蘇罵賊赴水死

盧氏華夢東村人十六嫁爲林宗婦愼出入里人鮮識其面與鄰婦合紗召工織布夫不在工以微言挑盧變色斥之他日工復使鄰婦通慇懃盧益憤欲控於官夫素怯畏工無賴不相敵置不較盧懷抱怏怏若不容於世者遂投江死年二十有五於

戲廉耻道喪世之號為士夫貪昧隱忍喪其本心
者多矣此婦以一言之辱卒耻而死何其烈也

許氏許仕傑女李伯亨妻嘉靖壬午古兆盜發許被
掠一子在抱盜悅其色過之許奮罵不屈賊怒殺
其子罵益甚遂殺之巡按戴璟列其名於貞烈坊

伍氏羅坑伍栢女為仙洞楊泮妻二十二歲誕一子
甫週歲嘉靖十六年秋流賊刼擄村中婦女凡數
十人獨氏抱貞自誓挺身罵賊速之殺賊憐其色
不殺罵益厲賊怒殺之後三日乃得殮面色如生

簡氏湖連女嫁為唐明妻有姿容性端潔刈麻郊外
薪氏劉惟芳將逼之簡奮罵不從遂遇害兵備僉
事李文鳳誅芳遣人致祭焉

張氏順德張宗達女庠生李夔妻事姑有婦道嘉靖
丁未盜破祿峒村掠婦女張氏在執中以死自誓
盜憐其色防閑甚嚴繫至大陂逕欲犯之大罵不
屈盜怒殺之至死罵不絕聲里老聞於縣知縣王
交請於督學蔡克廉表揚之

陳善娘外海村人陳與伯之女有姿色嘉靖三十三
年正月海寇刼擄下船時年十六誓不受辱賊以
威刼之度不免因紿賊曰稍緩即相從賊聽之善
娘遂得投海死後三日得其屍於石背海氣勃勃
如生署縣通判汪應奎為撥地塋立祠祀之知府
謝彬為文遣祭之梁以衡作記

雙節婦古勞都橋頭村一馮氏易鶴妻一劉氏鶴弟
生員易天準妻易兄弟同居二氏甚睦嘉靖二十
七年十月同為流賊所擄馮抱弱男劉抱弱女私
相語曰今當存若子女耳行至地名倉邊塘紿賊

曰吾各負一子女道路奔趨何堪盍緩吾索俾釋
子女可使於行賊從之二氏隨釋子女相挽投水
賊以短戈中馮胸立死水中劉抱馮屍俱沉而死
事聞當道褒表其門

林氏嶺背村鄉賓林東老女十六于歸十九夫死二
十一被狗逕賊擄至河邊時林背一兒賊迫之渡
河乃以釋襁紿賊棄兒崖上遂赴河而死時楚人
憲使吳國倫賦長篇以弔之

莫氏瀧水三家村李家婦皆娣姒工績紡嘗語人曰

我家近古兆賊所往來爭不能避禍一變出叵測
吾當不出門死矣聞者皆驚異及嘉靖己酉果爲
流賊所擄遂以兩手堅抱門限罵賊賊怒以刀斫
齒舌而死縣具其事聞之巡撫下府爲文遣官祭
之表曰貞烈
廖氏羅坑人嫁夫伍端痛父爲峒蠻所殺誓必報仇
徒步赴京鳴冤闕下上察其誠勅撫按監司爲討
賊端闘闕還至贛州疾作呼天而終氏時年二十
二歲貞節自持孀守兩歲子昌江雖釋服常以麻

經示不忘也子稍長教以詩書度能承祖祀撫之
而泣是夕竟從夫地下焉聞者哀之里人大理倫
[illegible]修題其墓額曰孝烈齊方爲撰孝烈亭碑記邑
人太常盧兆龍復題其亭額曰孝節叢蔭
方處女右宅村方載之之女年二十未適人嘉靖二
十七年爲流賊所擄出門即罵賊赴池自溺死
林氏天臺戴彰緒妻年二十二有子曰爾緒故以節
自誓日夜抱孤哭嘉靖丙寅強賊刼村氏負孤奔
命賊追逼度不能脫乃置子斷崖投水死賊[illegible]

去學士里老聞之縣知縣林會春云林氏年二十
二歲孀守撫孤殆未暇論強賊圍刼攜孤奔命度
不能免棄兒投水死以坤柔之姿無文史之訓乃
能全節不辱脫生於犬豕之塵甘命於清漣之波
此其視死如歸求亡如飴其所關繫綱常豈小哉
卒之孤兒生還能存戴祀豈非天祐其烈耶
林氏知縣林大芳女年十九爲儒士莫瑜式妻生一
子二十三式故林痛切自縊衆婦救解水漿不入
口者累日復磨金釧服之侍女覺灌之藥得不死

自是無日不求死家人極力防之拊柩痛哭肺肝
俱損吐血滿地父母使二婦寬勸接歸調治氏怒
曰生莫氏婦死莫氏鬼卽取平日紈綺焚之坐臥
不離柩時或起居繼姑陳已而陳疾病篤無一人
近氏曰吾求死不得獨身侍側手扶陳終及喪事
另立靈已臥所朝夕哀哭跬步不出閫乳母胡氏
僞言曰吾已擇富貴人令汝母允之矣氏聞言氣
激放聲大哭吐血滿地死子若齡見歲貢生
徐氏府庠徐玉樹女十八歸阮道裕裕家貧母老氏

工女紅剌繡養姑晨昏扶持時進甘脆及姑死抱
屍哀慟盡鬻衣奩營殯後裕死無子氏矢靡他朝
夕悲啼族憐其堅苦題贈薄貲俾爲乞養一子以
撫育逾年子又殀氏呼天曰薄命如此何以生爲
㑹絕粒不食病革不求醫數日而死聞者悲之
何氏張元運妻于歸數歲食貧養姑生一子運死決
志殉從姊妹多方慰之求死不得一夜伺人靜遂
抱幼女沉淵焉覺已不及乃就水涯殯之而芳魂
不昧每於深宵間入夢家人致其異室同穴之哀

忽有從元運塚來者持兩紅繡履衆視之乃其殮
時物也聞者多爲詩以紀之揚其幽烈焉
麥氏河塘監軍同知容士學之母也值明季擾亂鄉
遭社賊之變麥與娣姒閉樓自守衆聞道薷兵來
援賊踞他樓攻之不下又剌良民蜂擁而至衆家
惶恐氏泣撫坐曰吾女流與爾男子不同無以我
爲念遂登樓自縊未死聞兵突至解縊繩露刃驅
男婦下樓壯者殺之麥厲聲罵兵兵不殺驅至蜑
江步海上小舟將赴巨艦躍入江中死時士學被

擄別營各不相聞後同難者脫歸始備悉之是歲
冬有枯骸見於蜑步江濱鄉人感夢撿而葬於江
邊之高原立廟以祀禱無不應稱麥仙娘云其子
後招魂葬於潭岡與蜑江廟相望清明重九兩祀
之督院金光祖爲之銘

國朝

處子陳奇姐城外湯洭塘基人鄉民陳念其次女也
未及笄順治丙戌寇逆犯城擄掠郭外奇姐畏辱
於賊告母曰賊黨衆必不能璧全是固吾命卒之

時突言乾賊至與母黃氏俱赴水死
陳瑞昇之女亞蘭邑城人先許婚嶺頭村馮姓之子
馮父故拓落遂返故鄉就食於叔伯久斷信音父
母遂改婚於滘灣王姓蘭每借物微諫諷諭多方
父母不聽順治戊子年六月期及結禰先一日值
馮遣老嫗以土物通信女之父母堅却不受蘭聞
悲泣不自勝候鷄鳴時起拜天跪刎中庭屍不仆
地其後英爽屢見鄉里異之
何氏瀧水人適夫張耀高克盡婦道無間言未幾遭

亂家破與夫寄食外家貧若無聊或日一食或兩日一食氏毎忍饑飯夫夫染瘟病鄰里遠避氏侍湯粥衣不解帶夫私謂之曰汝年少貌美我死好擇佳配但以子幼家貧爲念餘無可囑氏哽咽曰願相從地下兒雖幼不能爲兒計矣遂相對悲泣旬日夫死自縊樹上母救之不死遂不飲食者三日因囑母曰女志已决幸瘞夫傍是夜投江而死母覓之江濱歸而昏昏若夢見氏在房内母喜曰汝死棄我正在悲愴不意復生吾有靠矣氏泣曰

女死所以不滅者以不得歸於夫傍爲恨故來訴耳母幸哀憐使遂所願母乃驚覺氏又見夢於舅其言皆同乃謀改阡發土見氏面色如生比至夫墓其棺已先在墓側矣遂合瘞之

伍氏潮陽里邑庠陳廷樞之妻素嫺禮義事翁姑以孝順治壬辰冬鄉賊䝉亂時夫遠出伍氏懼不免辱自縊幾死姑驚救甦及藩兵臨鄉勦賊剽及良民氏與姑俱在擄中氏抱姑泣曰吾不能奉養以送終命實爲之大聲呼天觸舟而死同難之人咸爲流涕聞者莫不嘆息焉

張氏許家奴翁萬可妻可傭保於譚時時有戲班呼可隨行入北洋賊寨演戲適官兵搗賊巢可混死於兵張聞變同翁姑尋至寨所求可屍不得歸絶飲食哭不欲生姑從容勸慰之張惟泣而已至可卒哭日遂以縗衣線結繩自經死

徐氏張耀思妻二十二被賊擄度不可脫即投井死

馮氏張雲際妻其姑乃雲際嬸也亦馮姓寡無子以雲際爲後遭賊刦姑媳同被執乃告同難者曰願

爲寄語吾夫當别娶以圖嗣續生死異途無相見期也遂同姑夜投水死

伍氏適學生楊梠相子苑我氏被賊擄去赴水而死

林氏吳細權妻于歸三日夫妻被擄賊殺夫欲留氏氏緊抱夫屍大慟不放併爲賊殺見者無不泣下

陳氏外海陳學傳策孫女歸林子瑄半載林中風病沒氏周旋殯殮如禮畢即大慟自縊死遂合瘞焉

宋氏右勞人生員許越翹妻性聰慧知書工刺繡常躬進湯茗供夫夜讀夫篤學有文名早世無子宋

年二十五屬纊之時與夫訣曰妾未從死者以嗣業未定及君喪葬諸大事耳泉下相見當俟三年所不如約者有如此指乃嚙指流血漬地後措據喪事纖悉無不周至服禪乃靚粧盛服拜木主泣然流涕曰吾今則可以死矣自經者再爲家人救阻妯娌犇勸慰曰引古未亡人以廣其心宋恒鬱鬱不自得或時泣不成淚飲恨吞聲後不食十餘日而卒聞者悲之

謝氏邑庠謝廷玉女許婚富民子後謝父母淪亡富民子悔婚氏之叔欲别嫁之氏泣曰女無再醮今若是何以生爲即閉戶自經死

涌翼吳氏張嘉言妻年二十五夫爲賊所殺突至其家見吳美欲污之吳大哭罵不絕口賊怒以石磨壓死之

謝佳姐年二十歸梁學章甫閱月章渡河溺死氏撫膺哀號寢食俱廢旬日嘔血而死

勞氏古嘉賢妻甲午之難勞氏與其姒任氏赴東池或甦救之勞曰母救我我死爲幸竟與任氏併二女更赴西池死之

許氏孝廉許弘女歸陳基砥順治年間兵征其鄉時氏有幼子在抱被擄至省即寄音夫曉于夫家人至許大哭持子交之曰吾之所以忍死含羞者以夫無他子存此爲後計耳今有所屬吾事畢矣明辰往則已夜死井中聞者哀之

虞子尹亞安尹振明女年十六順治壬辰被兵擄夫不辱乃挺至田稔村砍死

胡氏古勞楊春魁妻甲午之變胡氏赴井死其男與幼女殉焉

勞貞娘古勞人少孤性行潔順治甲午秋間李定國之殘賊嘗語其姑姊妹以死自誓及寇至貞娘遂赴水死

李氏古勞人古周平妻也甲午冬李定國圍刼古勞李氏更服肅拜辭於周平遂赴井死其女靈娘亦殉死焉

周二可女二妹十五遭甲午變避難容家塘基爲兵擄乃紿兵隨行至黄宗塘基投深塘而死

何氏城外泗冲人夫李仲珍新寧庠生順治甲午之變何年二十六兵驅下船何兩手擄地大罵不絕兵強下之掙脫投鱷魚嘴河而死

黎氏府庠黄圭瓚妻邑庠黎夢鴻女年三十順治甲午兵縱剽掠民氏同幼女英姬七歲被捉夜潛自縊俱死

潘氏馮亞斗妻歸馮週歲事姑有孝聞甲午西逆困城守兵糧缺擄民爲食其夫臥病在床呼母妻而言曰時變至此即康強猶所不免況如我者乎與

其虀充殘腹中孰與自投回祿爲揚灰清風也母妻哭慰之而鄰之被兵者亡命之聲已徹戶牖夫亟呼母妻他避自勉起碎廚戶爲薪潘泣曰夫行婦隨義也吾敢愛死使汝孤行泉下乎乃客促母已睡夫婦舉火自焚同室救之不得次早檢閱火堆惟兩心不燼而已聞者哀之

生員曾鰲長妹十八次妹十六皆有殊色甲午悍兵入其家殺曾鰲欲強汚之兩妹連聲大罵斫頭賊兵怒併殺之

廬女黄金繡張村黄若珩女年十八受聘湯世耀未字順治十一年丙西逆李定國犯城攻其鄉金繡隨母及諸婦女登土樓賊攻樓急金繡謂母曰樓陷則身辱兒請先死母止之不聽遂潛赴井死

李氏荊冲人嫁潘時益素有志節值寇發之際嘗語鄰人曰女子當亂世宜時時拚出一死豈可苟活順治丙申二月龍艇賊劫鄉擄去氏自分必死慮爲賊窺乃佯爲語笑賊防稍懈氏乘間躍入銀洲海而死時年二十

區氏張先初妻嫁七年鄰人不識其面順治辛丑爲賊黄景緣擄去罵賊不屈墜橋而死後撈其屍埋亂塚中久失其處一夕夢氏曰某地吾葬所也如言發之猶顏色如生夫感其節終身不復娶

陳氏許康策妻文章人康熙初新寧賊首鍾吉生伍世喜甄岙相擁衆陷劫其鄉夫被殺傷姑嫜家人擄禁陳氏不辱大罵賊奪刀自刎死

伍氏伍道襄女嫁夫陳用享以賢稱康熙庚申三月内海賊李積鳳劫鄉用享挈妻妹逃賊追急氏謂

夫曰吾必死汝速奔同死無益也夫不忍復促之
始逸賊追及驅之行氏罵曰吾良家子豈受賊辱
雖死不去賊以刃背擊之瞋目嚼舌血噴賊大罵
賊怒殺之後賊退用亨意已被擄方徬徨忽夢氏
曰盍收吾屍覺往尋果見氏屍烈日之下貌如生
潘氏茅步余孚先妻康熙甲辰寇起氏抱幼子被擄
船中求死不得俄舟過鍬洲得間同子赴海死
處子梁氏名羅丰小岡衙前村梁慶蕃女也許婚李
熙遇年十七未嫁康熙丙辰逆賊馬雄入寇三月

初七日流劫至鄉羅丰被掠罵賊求死賊不殺其
伯母談氏亦在掠中而矣老病賊欲殺之羅丰抱
持慟哭身當賊刃賊乃不殺驅之入舟至中流私
謂伯母及同難者曰吾今必死但恨劬勞未報爲
告吾親無以弱女爲念投江死聞者咸爲流涕
處女鍾四姑紫水里人鍾世恩女也幼失怙許字趙
在敬康熙丙辰馬逆入寇隨母避居天臺鄉僞兵
攻閘鍾泣曰吾命休矣以簪珥屬母遺趙尋死所
及破閘殺擄有逆弁豔其色挾之行鍾厲聲大罵

曰吾寧早死惡賊何得污我遂奮不顧身以頭觸
石而死逆怒碎其屍時目擊者莫不垂涕
陳氏生員伍瑞陞妻因康熙丙辰三月避賊馬雄之
亂寄居超舉村夫復遠引遺氏獨居馬逆焚劫通
鄉沿及其鄉氏不受辱赴海自溺賊撈之出挺身
罵賊遂被殺死暴露旬日不壞聞者莫不悲悼
楊氏仙洞人諸生楊瑜介次女也幼卽嘗通大義許
字趙氏子貴御值邊海內徙瑣尾流離趙議辭婚
氏告母曰背盟不祥吾守義而已父母知不可奪

遂婚焉于歸數載婦道甚修丙辰正月貴御外出
其兄元均夜潛入室謀行姦氏斥名大呼急引鋤
刀自斷喉死鄰人驚覺元均已遁比集衆往視則
熱血灑地不可救矣瑜介控於縣捕之不獲氏三
日始得就殯面色如生猶帶怒容遠近聞者莫不
痛悼臬司王令下檄急捕而罪人弗得乃血以節
烈流芳扁旌焉廣邑士紳競爲弔楊烈婦詩哀之
黃氏杜阮黃湛楚女年十九適外海陳鍾裔歸未踰
月海賊李積鳳劫村村陷氏罵賊求死賊不殺縛

送舟中慰誘不屈復脅以刃不屈日將殺何賊稍懈踴身躍入水死所俘男婦凡千餘人皆爲酸鼻時康熙十九年三月十六日也是夜夫忽夢氏泣訴死狀悸而寤見所臥地皆濕有血凝焉未幾以悼氏故鬱鬱亦死至今每歲當是日多陰風怒號白浪排空夜聞悲泣之聲人謂烈婦靈爽不昧云

孝烈

陳氏滙灣人壠學生林宜逢妻順治甲午居圍城中城中兵捕人殺食執姑容氏將烹氏與夫咸願代

新會縣志 卷十五 列女 [illegible]

死爭就鼎鑊兵乃釋姑與夫觭氏食之次日兵亦爲砲所斃碎首而死論者以爲有天報云

十一歲孝女梁阿喜程村人生員梁學慊女居城中順治甲午城被圍守兵掠人而食執學慊將烹喜牽父衣哀告兵曰我年小肉嫩味甘美願代父烹乞釋父兵舍父而烹女聞者哀之

林氏塘下人林子㫾女及笄適人康熙初土寇流刼避還母家而母已歿惟一弟尚幼會賊至挈弟登樓賊焚樓氏念與弟俱死則父無他子乃以襁褓負弟於背從樓上冒焰墜樓下氏死而弟獲存論者謂殺身存弟者義也而所以殺身存弟者則本於孝孝義貞烈氏兼備之矣見癸丑府志

義烈

關氏夏月寶妻甲午之變兵擄食居民月寶在擄內關氏捐軀乞代兵亦竟烹之月寶得免至康熙間尚存言及無戚容時論薄其人而悲其婦

徐氏年二十八生員尋赫妻甲午悍兵突屋擄其夫欲烹徐從容語兵曰吾夫已瘦斃殺之何爲苟舍

新會縣志 卷十五 列女 廿

之則妾之身家皆公有也兵然之踏其家徐寄告夫別竄匿晚兵逼污之徐緊抱幼女大罵力拒兵怒殺之又逼其妾李氏李亦死之

譚氏處士黃日女明經吳孟穙妻性聰慧夫婦相敬如賓事翁姑尤勤慎順治癸巳里中井忽浮故墮鉼水而衆往觀以爲祥譚獨曰鉼陶器土也久沉不着泥而浮上動也有水非宜井不可窺也此方其有易子析骸之變乎明年甲午滇寇圍城孟穙日賊若破城不能相顧矣各宜自保以圖後聚氏

泣曰君幸自重樂昌破鏡之事妾所羞爲也一遇患難妾惟有死而已未幾糧盡兵殺人而食有兵入室尋搜譚避床下孟禛破鋭臨以白刃氏見之躍出大呼曰彼瘦我肥何不食我兵舍禛向氏禛不忍相持爭死氏怒目揮之曰此何時尚不疾走孟禛甫脫回顧氏刃已交胸矣時十二月十一日也聞者莫不悲痛噫身代夫死甘碎體糜骨而不顧非貞義烈其孰能之惜食人事諱故無上聞者薛起蛟曰吾讀史至睢陽破後遺民僅數十人之

事未嘗不愾然長歎也新邑甲午之禍蓋幾幾似之矣然睢陽被圍年餘雀鼠皮楮俱盡然後食馬馬盡張許二公先烹愛妾殺奴以餉士人人皆泣故其民易子析骸而不叛忠義感之也新邑之圍三月耳儲蓄不貢責在有司乃案有餘糧肥馬在廐而兵先攫人而食非將兵者之罪哉最可恨者摧殘孝義之人女代父媳代姑婦代夫如梁氏陳氏關氏徐氏譚氏者甘心鼎鑊曾不少動其良心天良泯滅未有甚於此時者也事後又諱之不敢表揚使含冤地下卽不爲厲天必惡之宜其後傾覆不旋踵也爲將者必講仁義可不知戒乎

節孝

明

周氏十九歲歸郭宗育生一子三歲宗育死周守志不二姑老家甚貧資女工爲養宣德間有司以聞七經覆勘未及旌表而卒大凡人之得其心者死生皆樂也彼豈以表不表爲枸枸哉若激勸之道自爲政者先事云

陳氏歸德甲李宗長側室也宗長生男女四而陳無所出宗長夫婦死值元季兵亂乃收其系挾孤孺子女避於別鄉至明初始還修復舊業數千石租無少衰焉女求田於陳陳笑曰汝先人無遺命妾安敢擅割主人田也姊有宴集使陳上客辭曰吾安得有坐次於堂上其子與人博陳屢痛哭責之曰我艱守先業以遺汝汝奈何不自惜博徒爲之動不復與其子博子亦感悟病將死囑曰殮我布無以綺羨我廡下無於正寢瘞我於老孺人墓側

無高我封於我足矣嗚呼謹名分辨上下春秋論小人所以侵君子妾婦所以乘其夫由教化不明冠履倒置上下之分亡也陳氏豈知書者哉可以爲世勸矣

謝氏李伯謹妻年二十五伯謹卒謝守節事姑能修婦道稱未亡人者六十餘年有司以聞詔旌其門曰孝節孫李昇登成化乙酉鄉榜

林氏邑南廂人陳琮妻獻章母也年二十四孀居貞德乎閫姑呂性端重嚴密不妄言笑家人奉其繩

約若神林事之二十餘年得無怒色成化十三年有司其實以聞詔旌其門

鄧氏華萼都人馬奇生妻奇生早死其姑哭曰吾孫寡特兒與婦兒死矣吾何爲生婦何以托也鄧曰婦即子敢言及他事姑孝甚得姑心正統己巳賊作姑婦投城姑卒鄧倉皇間竭力殯之一不苟晝夜號泣悲動鄰里賊平歸葬悉依禮闔者莫不稱爲節孝

何氏陳滿妻有賢行年二十四滿歿一子亦死何矢一悲一絶如是者十餘年姑憐其少語之曰無以我爲累何泣曰婦所以不即死者姑老無他子孫也朝夕勤麻枲爲養日買魚乾奉姑炙餘肯自啖毫不受於人雖子弟有數十餘年不得一見者天雨牆壞家故貧不能募工即自以裙包瓦礫砌之識與不識皆曰陳節婦云後表之曰貞節芳馨

黃婦蘇氏妙果事姑有殊孝蘇歸黃時舅已死姑業他適及再寡來歸蘇曰果吾姑歟言動避堂坐作避舍寢處避床帷其甘旨問起居隻錢寸帛必稟

命而行如是者十餘年姑老病篤弗能動蘇晝夜侍不倦目流巾褥厠牏者至八九未嘗有難色姑卒既葬蘇哀傷不已鄰人亦未嘗聞蘇出一惡聲其淑愼如此

薛起蛟曰毋出則義絶服降死不得復祔於廟制也蘇氏之孝於出姑禮之過焉者也過則胡以書曰謂其能服於其名也所謂名義也名旣爲姑因其出而忽諸非其婦之心所安也從其心使初得安於室而事之其起敬起孝又不知何等矣吾常

麥氏古博都蘇木妻弘治間木任福建汀州府明溪驛丞卒於官麥年二十有七無子扶柩歸葬有富人遣媒議之麥曰夫影在堂聞之應吾亦許矣媒者慚而退自是不褫不飾專紡績以奉姑里老聞之知縣羅僑親拜其門表曰清閨白璧

何氏大河譚仲孚妻生一子年二十二而孀性孝謹舅姑在殯每遇風雨躬親哭視脫簪珥及嫁時奩資衆三喪禮窆焉外叔璩欲奪其志何以死自誓嘉靖中知縣林齊張文鳳迭獎之曰貞節開府林

富會疏提學蕭鳴鳳行縣以禮存問題其堂曰節孝尚書湛若水[illegible][illegible]孫節作政史萬詠以詩予統善孝養母哀盧墓三年按院陳儲秀憲司聶顯督學陳璘名其門曰節孝年九十尚川至墓涕泣知縣林會春聞而禮之曰孝壽統之子邦式邑諸生告侍養知縣周思稷旌之曰孝義傳芳嘗道嘉其能世孝復其家

湯克寬妻吳氏事姑篤得其權心卒年七十九弘治間尚書湛若水表其墓曰有四倫六德教諭林暉見里中悍婦勃谿於其夫之生母或主母者每歎教化之衰使與蘇易地必挺而逐之久矣若蘇者可稱純孝乎禮本順人情勿可譏也

梁氏始生而母死育於諸母年十九嫁爲趙不彊妻二十一不彊死非命諸父母謂曰吾將爲汝圖別富貴家梁歸哭於室舅姑怒曰服已祥矣何以悲亂我也梁默哽而絶者半晌自是不過父母家五六年梁自少律身甚端謹童僕稍涉輕佻者皆遣去常戒其子曰爾不務學不爲爾父復讐者不可以

爲子知縣丁積聞之時給胙云

湯氏統中之女爲都御史寧范子生員簪文鑑妻年二十四而孀志不再適母憐其少且無子爲受聘於何姓湯聞之以死自誓遂屏跡不至母家母知其不可奪乃還何聘自是益貞愼至老有司聞於朝奉詔旌表其門曰貞節云

黄氏謝亞明妻年二十八而孀遺腹一子守節無玷壽九十四里老聞之於縣知縣羅僑表其宅曰勁節凌霜

表其堂曰孝婦
譚氏都會里人黎翼妻年二十二而翼喪守節惟一子明民甫三歲教育以至成立年六十六嘉靖間掌縣事林應驄知縣周延皆爲之襃賞且給胙以旌李文明有記
蘇氏李仲芳妻生一子年二十二而仲芳卒蘇哀毀不食絶而更甦旦夕供湯藥侍繐帳事仲芳如平時事祖舅姑益篤父母憐其少欲令改志蘇泣不應凡有諷者即去不與言有媒者即正色斥曰

請問吾夫後莫敢有言者嘉靖初知縣張文鳳表曰節婦之門
倫氏百戶陶壯妻南海狀元倫文敘女會元以訓女弟也年十八適壯克閑婦道二十四而夫以奉使廣西卒氏矢志守貞嘉靖間知縣熊坦聞之都御史談愷愷行府表之曰瑤林白璧背之者臨川曾佩也嘉靖丙辰督府孫永思布政王鈁林璧等行本府訓導王佐表其門曰孝慈貞節
朱氏鄉宦[illegible]冠帶總旗莫疑妻年二十七疑卒矢志

守節躬勤紡績不出戶庭一子如善教之登嘉靖庚戌進士年幾六十順天府奏薦禮部復題欽准旌表其門仍行廣東布政司竪造貞節坊復其家以子貴封安人
嚴氏百戶嚴敬女本所舍餘孫祥妻年二十四祥卒勵志端守足不出門生一子孜具糜訓之事久疾姑程親執賤役維謹貧若萬狀鄰里皆以爲難年六十五卒孜力不能葬軍民里老聞之知縣熊坦坦曰貧能守節死無所葬誠爲可憫乃優恤之使

葬之
陸氏潮連里區超妻年十九歸超居七年超病篤曰吾家世業儒若能守節全孝吾無憾矣陸泣曰所不如夫子者天地鬼神共鑒之超死遂毀容厲節孝姑舅和妯娌儲所紡績資構夫祠墓側貞行著聞知縣熊坦御史陳儲秀督學陳愷咸旌之年六十三卒
區氏中樂里黄赦妻幼有淑德不苟言笑年十七歸赦事祖姑至孝生一子大典年二十二赦卒父母

憐其少命改適不從一日父母抱疾紿其還令兄弟苦勸之號天大泣曰欲奪吾志吾即死父母懼乃止鄉里見其節且孝欲狀其行以表之區聞之曰不可姑吾天也夫吾天也吾知不違吾天而已而以聞於外衰世之舉也孀居五十餘年卒

甘氏白石甘節齋女年十六適劉承業二十五承業卒甘期以死殉飲食絕不入口諸姑曰婦死孰若撫孤兒以安舅姑心令人者勿絕乎乃稍稍聽弗死喪畢外家人欲奪其志婦誓死不可奪子鳴世少任俠弗羈婦曰兒若此先人其弗嗣矣放聲哭鳴世懼跪泣請改出求師於叔杰杰曰無如黃先生孚者歸以告母母曰得之矣乃折節嚴書盡捐夙習撰義於矩甘由茲日寬意紡績事舅姑初姑張生承業蚤卒繼姑吳生二子共婦三甘承吳歡無間言每收物必薄劣者鳴世能體母志事祖父母孝事二叔服勞不倦乃喜曰是吾子也鳴世力學長能以直聲高誼篤服一時如友人鄭思允輩遇荒每卹金賑之率甘訓也甘勤苦操家政內外

截然不妄言笑六十四卒上夫里老以聞林布政司參議周師文素以道學稱行縣云甘氏青年守志白首不渝貞心無忝栢舟峻節可貫天日表曰貞節按院顧龍禎李時華各致旌焉

梁氏小江梁維藻女幼失怙恃育之伯父庠生梁大賓大賓家訓素嚴整年十八適儒生李思誠甫一歲生子之朝三月思誠死梁氏哀毀矢志曰吾所以不即死者爲此兒耳自是足不履中堂耳不聽絲竹宴不預坐席維鞠孤兒及承事舅姑而已子少長即令向學拮据教之朝爲博士諸生忽一夕語其子曰吾今可以見而先人地下矣子勉之無疾而卒年六十有一邑學聞之縣知縣王命璿旌曰節行可風

何氏年十九嫁沙頭譚讓生一子二十五歲而讓卒矢心不二誓不再適事姑孝教子義痛夫早世發心齋素至八十餘歲未嘗肉食體羸不勝衣垂盡呼子孫囑以勤儉敦睦而瞑子名純性亦平易克家壽至九十舉鄉飲賓

關氏年二十歸五顯涌劉汝顯二載生一子方五月顯病且革謂之曰我父母且老矣汝能終我事乎關掩泣曰願以兒名貞願名事親誓無他志語畢顯瞑目而逝關母欲奪其志關剪髮自誓足跡不至母家凡所以孝事舅姑而教兒貞者無怠心貞後爲諸生有文名且著德行督學廩優賞之知縣林會春表曰貞節年七十三卒

李氏生員黃宗國妻及笄事舅與繼姑甚謹二十三生子文耀兩月宗國卒李父母諭之曰守節良難李曰卒吾志守吾節何難之有呱呱兒吾忍不死者此耳即不事飾沐閉閣乳子慈嚴兼至長爲諸生循循禮法萬曆八年[illegible]門之縣謂禮義人道之大閑綱常國家之命脈節婦李氏自少至老貞一不變堪勵風化兩院批實表曰貞節

倫氏倫狀元文敘嫡姪女霍氏霍會元韜嫡姪女倫爲鄭御史文憲長男舉人思仁妻霍爲父男廩生思孝妻倫年二十六思仁卒霍年二十四思孝卒倫無子媒請別適曰吾家兄弟俱及第爲世名人而柰何令婦月二天辱也育姪嗣若已出姪亾復育一姪孫祈爲夫後霍止一子曰吾亦何等人家女與倫俱矢志不貳其女訓素閑於未適之先其婦道復勵於孀居之後恪守貞節足跡不至庭人鮮見面倫八十九卒霍七十二卒一門雙節會御史家中晉無爲曰幽貞者

何氏南海進士何文邦之孫年十八歸區夢鶴十九鶴卒生一子甫三越月氏哀慟絕而復甦者數將自經姑姆輩溫諭之曰保孤難若死兒誰與鞠是使鶴絕也氏始悟日惟事姑訓子一切外事絕不與即親族弟姪有不聞聲見面者其子應選孫鍾岳皆得補弟子員萬曆丙申士民聞之學道章以貞節禮旌之光祿寺卿郭棐貽文以贈按院賜粟帛知縣王命璿表以冰清賢節

黃氏進士黃印女孫年十八適譚啓業業結社於省日從名士遊氏能脫簪珥佐之會業病卒獨舉一子夢鯉氏號哭欲自經以殉諸母苦勸不聽乃抱兒泣曰汝母日夜求死汝呱呱向誰哺乃少忘勁

去容廢粧稱未亡人衣縞茹淡凡吉凶交際俱不出閾外會兩叔繼沒祖以八旬撫持弱孫里中豪涎其有時蔓鯉方十二歲氏曰孺子其梁之春秋凡三易始得還其業皆氏籌相力也乃作靜室焚香念佛經絕意諸事壽七十八卒

尹氏尹潤澤女爲儒士倫可學妻年十八可學入贅二十生子三才甫週歲可學卒尹氏以家中人娶欲易已志乃抱三才歸倫門事孀姑湯氏一惟湯命是承三十餘年姑沒而後承治家事勤女紅撫

孤子終身如一日三才長以戶役破家尹卒族衆賢之助衆葬幽沉四十餘年始聞之縣於戲不惟其節難而其孝尤難可以勸矣

曾氏府學生張思進妻生一子年二十三思進故遺瞽姑在堂曾之家欲敓其志曾大號曰一綫之嗣人或可存七十之姑瞽將誰恃令氏嫁氏則死氏死姑必死姑死孤得無死由是不復敢言事姑至八十執喪柴立撫子至長曰丈夫不儒則賈若不能攻儒衣當作書賈目覩儒籍可以自裨亦不忘世儒業也士夫里老諸生以聞於縣旌其門曰孝節

陳氏名正給諫陳吾德姊歸梁允章無子章病垂革囑曰若幸無他善視吾女屋數椽可爲祖祠薄田數畝可爲祠祀歲時伏臘得祔食其間吾目瞑矣氏哽咽收淚曰君脫不起吾何生爲兄弟之子獨不可爲後乎柰何其祔食哉章歿氏時二十六號痛厥絕及祥或以改志勸氏撫膺歎曰得有爲夫後者掃除墓地待盡耳寧夫棄我乎人不敢復言

擇弟允謙次子爲嗣亡何夫婦淪沒氏塊然一室勤苦自食乃指屋爲祠置田爲祭一如夫囑給諫幼時嘗爲總柿指授句讀賴以成就年七十二卒見陳所聞行狀

譚氏自右人生員莫踰漸妻歸三載漸死獨生一女內外諸戚以其無子宜別適譚曰再醮辱不如死家人防之不得死乃以嫁時紈綺悉焚之哭踊夫柩前誓以節自守閉門紡績以事舅姑孀居四十餘載若美玉無瑕年六十五卒

李氏古勞人年十九適儒士馮乾卿歸二年生一子半歲乾卿卒父母憐其年少家貧欲奪其志氏持守堅厲百撼不移事翁姑惟謹撫孤甚嚴壽六十七

李氏石步村李復之孫女年十九適譚天錫二十一舉一子二鶴未週歲天錫故外家圖另適堅志不從日字子事姑恭孝嘉靖四十年伯家疾獨遺伯母余臥病無敢視者氏獨提粥日往灌之余獲甦而氏亦無恙隆慶三年旱氏脫簪珥令二鶴糴穀

濟鄉中人五月而歲大有鄉人以母節子義舉於縣縣褒以節義聯芳壽八十二臨卒囑其子做慎自持以安我於九泉之下語畢卒

劉氏年十九歸生員楊志奇二十四生子孺眞方五月志奇卒時叔憫其少欲令改適劉剪髮自誓憤懣成疾臥床一十六年人不得見其面惟勉强起事老姑及嚴訓子孺眞而已年六十五卒

陳氏進士陳宗愈妹爲通判梁峻孫梁應聘妻二十五歲應聘死不改適家貧能事翁姑見通學呈舉

黄氏年十八歸石頭村儒士勞大進姑曾孝謹黄能嗣承譽洽鄉黨甫七歲進歿嫂慮其無子陰受彭姓之聘黄覺哭曰一身再醮辱甚於死所不即自裁者欲俟叔之子定繼以妥先翁姑及吾亡夫靈也彭覬黄厚奩遂速之獄知縣王命璿責彭利人之有奪人之節數而杖之人人稱快黄自是與嫂絶不往來居無何叔生二子卜以次者繼黄撫育若已出孝慈節義克全無玷云

伍氏斗洞人年十七歸李同栢十八生子煦方十日

而栢死伍欲死以從衆勸以有姑在堂子在乳不宜死乃稍自寬一意代栢事姑姑怡怡日有若婦吾子不死俟煦長稍知讀書之學令無失先人儒業煦後有五丈夫子俱[illegible]孝友皆伍嚴訓所致姑死伍哀痛傷明孀居八十二無瑕署印林裕陽表曰孝慈貞節知縣王命璿旌曰名門孝節中詳督學潘士達獎曰貞節

鄭氏太守鄭銘孫生員紹經女適知縣劉杰子太學生爵年二十五爵卒矢志守節孝事翁姑有側室

子二歲父母欲奪而嫁之泣曰是子卽吾子翁姑年暮何所依令吾改醮乎遂毀容絶葷出其奩一以奉甘旨一以供香火嘗語人曰吾心有見在佛堂上有活佛寺中有泥塑佛修此三事足了吾生貞志如石不可轉也旣送翁姑終趺坐靜室雖親兄弟至不相見年四十一次子沒號泣悲哀不食數日卒聞者咸爲涕焉

容氏年十八歸李以麟爲繼室以麟卒容年二十三育一女無子或勸改志卽斷髮自誓曰吾夫何如人且其子才也可移吾節不可移泪盡而繼之以血點點致喪明久而藥之稍愈則斷葷持素衣屏綌絲居常影不出寢閾帶不加櫛獲待前室子之世如嫡儼然毖敕事無大小不少専焉

王命瘤曰李君以麟遺行久而益章行且秩之俎豆前室區貞順自持態允示訓繼室容青年矢志秉節不移一門之內賢節雙輝宜表之閭以勵風俗云

楊氏廣海衞百戶楊喬女爲應襲生員吳勳熙妻二十

一歲生一子甫二十日勳故日夜泣血不已子少長竟以哭勳傷明而死

區氏參政區越孫爲百戶吳兆奇妻二十五歲奇卒孀守孝事祖姑里老具呈知縣王命瘤表其閭曰賢節馨聞

周氏年十八歲歸劉元興生子沛伯週歲興歿翁姑以其少子孤且家徒壁立諭之曰成事之難也汝豈能爲其難者苟無怠泉下别攜而長歸卽汝能成趙孤矣周跪泣大慟斷髮明不渝劉家故貧衣食不繼乃依母家勤紡織艱苦萬狀教育沛伯成立及孫大敵崇禎庚辰進士大光乙卯鄉薦直指柳行縣旌表其墓在趙村與子沛伯墓鄰從氏志也

趙氏北到人主事趙應元女年十八適樓江吳圭瓚五載夫死遺腹産子吳達氏矢志靡他族有欲奪其産者構訟連年時父應元已歿氏間關挈子依其叔應圖及從弟趙夢獬百方防衞孤始獲存家雖頗豐以夫沒不御紈綺惟日勤紡績以教其子

凡數十年如一日後達亦補諸生而遭亂破家卒
年復夭只餘一孫諸艱備嘗人皆憐而惜之云

袁氏沙頭林孳妻孳少負俊才篤學早世袁甫二十撫遺腹子翹秀卯翼恩勤家計在豐約之間門戶紛糾獨力支持茹淡薄供脩脯幾歷星霜而翹秀乃成立列諸生直指使王命璿旌表其節孫聯綴己卯鄉薦

李氏庠生伍思聖妻年十八歸伍十九聖死單生一男名世李孀守奉姑勤紡績撿積家計饒裕溫惠

著聲閭里按院王命璿疏奬賢節奉旨給金建坊題額貞節可風壽八十六

何氏小欖人大學士何吾騶從孫謝氏儒士惟仰女謝早侍庠生陶應綜綜幼失父母無兄弟及妻何氏歸後勸夫立妾乃迎謝氏二室相睦如姊妹綜入國學較文早故何年二十七有子數歲謝年二十四無子女矢志與何同孀守何泣謂謝曰吾爲陶家婦夫死子孤孀吾分也而敢以累汝乎人生如輕塵于其早爲計謝持何大慟誓死不去何遺腹復誕一子令謝子之乃毀容佐何持門戶雜諸婢操作殆四十餘年何六十有七謝六十四是年同月卒時督學魏賜扁額曰雙節褒之論者曰匪獨何氏賢乃其妾謝烈女也向令嫡去而子長爲婢妾者且不敢以貞名況兩髦我儀有爲之上者哉乃從而養者不必其子從而終者不必其配而篤節遂與松貞並茂焉所由與歸德陳氏爭烈矣

黎氏生員陳應科妻十九應科卒遺腹一子氏撫孤恩勤孝事翁姑三十餘年人稱其節

崔氏余元相妻十九歸余二十七而相卒生一子俊甫週歲氏以女雖卑異之家無腹心庭有辛螫氏綢繆備至歷濟艱險而鴟梟益張蠱加切盜孤幾不立崔乃撫孤泫然曰所不熄者此煢煢耳而與水火同域其勢必滅盡亦僑居而保汝乎遂避地居邑城依其新姻朝暮闔門晝夜飲泣垂二十年而子乃成立居恒濟困窮撫臧獲恩卹甚周鄰有不睦者崔爲片言折中無不欣服而去晚年持素念佛壽八十四無疾卒卒時猶口誦金剛經云及

孫王成順治戊戌進士蘭桂繁昌人以爲貞節之慶

李氏儒士陳應蘭妻年二十四蘭卒孀守一子家貧紡績供翁姑菽水六十二清白一節云

何氏大悅滘村人屈天任妻也氏二十歲歸於屈單生一女無子任棄世取伯之子過育氏時年二十二歲霜節自守至萬曆甲戌以貞行終知縣林晉春旌表給賜貞節扁額

盛氏郡庠梁明夔妻性貞潔十九結縭克遵婦道年二十五夫死子三歲家貧氏奉六旬老姑孝謹承歡閱歲兵荒拮据黽勉備歷艱苦教子成立秉志堅貞稱未亡人者殆數十年通學衆共貞操聞縣詳表之子先聲以諸生從戎爲廣海衛城守備有能聲

吳氏滘頭村人趙必桔妻也年二十三歲而夫喪甘貧孤守惟一子艮護教育成立行年六十一歲里老賢其婦守聞之於縣時天啟壬戌知縣葉憲祖以節孝旌其門扁曰喬門節孝壽七十有九

黎氏新城禮義坊人嫁本邑何汝標生子煒甫數歲而汝標卒氏年二十五歲矢志孀守孝事翁姑動循禮法後翁姑相繼卒命子營葬竭家財不惜也煒年長性至孝委曲承順以怡母志節孝萃於一門鄉人稱之以狀聞於上前後當事若御史王化澄藩司吳時亮知府余自怡俱有扁旌之順治四年氏年滿百歲煒年七十餘署縣同知姚生文稱百歲黎氏節實性成子煒孝原有本議建百歲貞節坊旌之

陶氏郡學生應揚女年十九歸庠士劉天瑞年二十生子應發次年天瑞病故氏痛哭屢絕幾不欲生旣而念翁老在堂稚兒在抱遂稱未亡人矢志孀守養老存孤以婦道而兼父道治家勤儉禋祀豐潔年二十五翁故應登甫五歲零丁孤苦內被欺凌外受侵侮氏節以才濟支持門戶備極艱難尚能延師教子解簪珥鬻衣襦以充脩脯至應登成立孫曾滿前始開顏一笑其秉禮如此卒年六十有八

何氏陳應進妻進死許貞守六十年直指使劉題奉
給銀建坊表其閭
周氏生員譚正己妻年二十四孀守遺腹子予又早
逝撫孫成立明崇禎間縣表其門曰柏操堪儀
張氏生員譚則詩妻年二十二孀守四十年卒縣表
其閭曰孝節
聶氏孝廉聶峙菴祖姑嫁未週歲夫歿柏舟自矢歸
告其妹曰吾與若不幸父母早世弟幼弱吾若更
適誰其撫字之聶氏之祚危矣妹感其義烈亦誓

不嫁遂同撫遺孤勤紡績置腴田爲聶氏子孫計
族人義而祀之設位於祠之左廡府郭符甲典試
粵中爲題其額曰孝節流芳
徐氏明經徐茂節次女蕭中音妻也氏年十七適蕭
守禮法盡婦道朝夕恭順怡如也年二十四夫卒
一子甫三歲姑張氏恐氏年少難守每憂戚成病
氏知之請於姑曰媳不幸失所天無所控告從夫
死分也今不死以姑老子幼耳媳志有在毋以改
嫁爲慮姑頷之自是毀容撫孤謝絕鉛華刀勤家

計務得姑歡心府姑病數年臥床蕭氏不離左右
飲食必親進侯食畢始退病時危急輒禱天願以
身代至孝所感常不藥而愈奉養至三十餘年尤
曉書史古今烈女貞婦無不評品各當侄子棨稍
長朝夕讀書一一經其指授焉天啟辛酉子棨舉
於鄉鄉之人欽氏之節且賢也以其事上縣府監
司直指以達於朝崇禎四年奉文旌表建節婦坊
縣旌之曰節凜冰霜府旌之曰躬操孟訓監司旌
之曰熊丸苦操云卒年七十有三

國朝
楊氏李汝寬妻舉人大庾令李彝之媳汝寬幼籍於
庠生子彌月而寬死是時氏年二十哀號仆地姑
多方慰勞氏乃撫子奉姑未嘗離左右順治戊子
饑氏罄貲賑里人爲給粥米癸巳再饑再賑里人
德之壽七十一卒子若孫皆庠序里人謂其慶所
餘
許氏徵仕郎許欽賦女年十八嫁邑庠莫與齊子用
吉甫數月言故無子其母欲奪其志許柏舟自矢曰

之死靡他共姜眞吾師矣遂周歷甘苦無爽節四
十六歲卒嫡姪景子繼景子庠生
曾氏柳行村人葉守眞妻年二十歸守眞守眞篤學
致疾氏侍藥晨夕四載無怠守眞死遺腹生子夢
稷父母憐其少欲奪志氏知其意遂絕跡外家日
惟奉侍姑姑性嚴能得其歡居恒不苟言笑勤紡
績教子夢稷弱冠餼諸生領順治丁酉鄉薦氏猶
健知常垂老無白髮壽八十一卒
周氏係明經周方泉四女也氏年十六歸張思敏夫

故氏年二十四矢志孀守教子義方以母道兼父
道焉晚年尤能扶危救急旌窮賑貧懿範頗著順
治十二年學校里排公舉節孝知縣黄之正覆勘
署曰時候經幾寒暄而克隆其冰雪百昌經幾開
謝而獨守其松筠等語三院會題奉
旨給銀三十兩建坊旌表督院李率泰以熊龙芳集
扁旌之知縣及儒學共以節孝芳閨扁其門
鍾氏沙堤里人鍾儀之女也氏年十八歸劉殤廣府
庠生踰三載生一子懷實殤故父母見其貧寡逼

令再適乃斷髮言曰餓死事小失節事大背所天
而之他死不爲也由是父母不奪其志居家辟績
奉翁姑能敬謹孀居六十年積置祭田撫孤成立
年八十二而終
潘氏鄉薦潘之佳女十八歸鄉薦余士光子易易列
諸生生子名適三歲易病且死曰子幼若年少即
不諱汝其自爲計潘大哀慟斷髮爲矢易死潘獨
持戶諸艱蚓集備極辛勤潘族憐氏貧苦欲奪其
志嚴詞正義拒之無敢啟口者子少長知書潘嘗

夜紡伴其讀中宵不怠曰吾不及曹大家明矣學
聚問辨孺子其勉之既餼於庠猶日教其親師取
友有陶母剉薦供饌之風性溫惠見人憂患緩急
涕泣分食飲族黨同舌賢之壽七十六無疾終子
名適現拔貢孫運犀庠生
蕭氏明經蕭正音女歸陸敬述年二十二夫亾無子
不復再適事姑四十餘年嘖有賢稱焉
陳氏張于芳妻歸五載夫喪無子遺一女晨夕哀泣
踰月翁復喪艱苦萬狀四壁蕭然常悲痛不能唇

塟二柩乃葺遺屋以營塟奉姑守節紡績度日二十餘年族人憐其堅苦擇族弟一子繼之陳恩勤黽勉教育有方里人稱之

何氏劉鏢之妻廉使龍禎女也年二十歸劉事翁姑至孝柔順閑靜遠近無間言二十二歲鏢卒氏欲身殉不飲食數日哭至氣絶後灸而甦翁姑勸其忍死撫嗣子以繼夫後始勉從之時氏母欲令改適氏剪髮自矢寧死無二竟閉戶自守孝敬益篤除晨昏定省外足不出閨中凡十餘年姻戚罕見

其面年三十八卒

蔣氏梅角村人蔣耀眞女因家貧乏年二十四始適本村吳弘禮爲妻年禮因搭船遇賊身死氏年二十五歲有孕未產越四月生子奕芳氏計貧乏矢志孀守人勸之嫁始終不移及子年長又死氏又撫孫成立備歷艱難孀守六十餘年得年八十七歲

李氏古勞村人生員劉進妻進有文行才名而夭遺孤甫五閱月氏時年二十八食貧茹苦矢節不二上事舅姑下撫孤子勉其子成學業比遭變亂每逞播遷必攜先世遺編以行命其子曰此汝家手澤不可失也卒年七十距夫亡時孀居餘四十年始終一節子一麟舉康熙甲子孝廉癸未進士

劉氏林氏一姑一婦劉潮居人爲潭江諸生阮遇雲妻年二十生子耀祖三月而夫亡家無舅姑伯叔族有涎其產者劉抱孤兒避之母家及耀祖長教之學補諸生娶婦林氏林潮陽人諸生林梓然女歸耀祖年二十二生子肇登九月而耀祖復歿姑婦兩寡共撫一孤三十餘年肇登亦以母訓補邑

弟子諸孫八人兩食餼廩劉年六十九卒林年五十八卒康熙二十七年知縣賈雒英表其門曰雙節可風

鄺氏泮村鄺躍文女年十八歸本邑陶應楨子陶參未及兩載參死遺子之藩生僅六月氏矢志不二撫孤事姑曲盡婦道姑終喪葬如禮比之藩長娶婦林氏生孫宗明孫僅三齡之藩復夭林與姑同撫遺孤兩世孀守凡數十年

冼氏凌村人朱良家子年十八歸明經何士坊爲副

室舉止安詳言必中度年二十二產一子名銑英
甫週歲而士坊逝氏沉痛惆默淚血盈襟未常敢
高聲哭也小祥後主母劉一日集諸姬令各言爾
志氏泣曰主父見背呱呱在抱心碎腸裂安知其
他妾願事主母撫孤兒沒齒無憾言訖淚如湧泉
劉由是敬之孀守三十餘年堅如金石未常有笑
容及子長抱孫猶日以謙遜勤儉和睦爲訓得病
不藥臨終曰吾今可見主父於地下無愧矣卒年
五十七歲

薛起蛟曰嫡庶之難安也匪特分甘難即共苦艮
不易易故柏舟之操見於庶猶少何也彼夫蛾眉
見妒昔已視同眼釘[illegible]从今且棄猶敝屣非
夙有令善宜家上下無間難以永終嗟乎燕子樓
空白楊作柱詩人所以形諸歌咏也或問節婦處
貧富孰難余曰處富難富則驕驕則侈侈則淫心
生人情之常也非嫻禮度義以理勝欲鮮不易志
若恍節婦蓋爲其難者矣
林氏潮居里人夫阮孟錫蚤逝林氏孀守一子誓不
再適母子相依勤儉紡績食茶自甘年六十五歲
卒四十餘年孀節里有口碑人無閒言
趙氏仙洞楊爾開妻年二十夫亾遺一子甫在襁褓
辛勤鞠育孝事舅姑不出中堂父母憐其年少勸
令改適趙以死自誓矢志益堅遂不復歸寧子成
大稍長勉令力學爲邑庠生子母年俱七十四歲
始卒知縣王家故匾旌其門
馬氏潮連馬茂材女歸黃玉白子生二年白死氏二
十三孀守紡績矢志不二善奉姑歡姑終營喪哀
毀見者爲之慟里稱爲節孝婦

李氏沙堤李賓國女文學王劭光妻生平嚴莊自持
言笑不苟于歸六載失所天遺子章週歲父母欲
奪其志乃飲血吞聲矢志不二時值順治甲午西
逆困城城內食人餓死者無算李氏依食外家日
減餐以遺翁姑由是免於餓死事無大小必告姑
以白翁然後敢行果實魚菜之類每新出必薦於
祖宗次奉翁姑未嘗先嘗撫藐孤朝暮悲泣不敢
出聲恐傷翁姑心處四十年之久備嘗辛苦曲盡

婦道黨族咸稱其孝節康熙甲辰遷界家徙四壁紡績教子以讀書有隣婦五棺在堂久未厝李氏憫其暴露慨然解簪珥以助葬焉人皆敬之

劉元娘河塘劉叔智女許婚白石唐世球未字而球亾泣請往吊母阻之請益堅遂自繡一花袱攜進唐門將靈主祀袱上大哭曰吾既不能生事夫子當以死從獨姑之菽水晨昏夫之繐帷香火爲可念耳遂成服取嫡姪唐賢勷爲後貞守三十餘載値移界奉九十老姑孝養他鄉姑死貧無以殯乃

鬻衣飾營喪如禮卒年五十二

李氏陳應遇妻性孝順溫睦値順治癸巳歲荒忍饑自甘將積貲及家存餘粒捐賑里中孤貧姑甘氏久病癱瘓氏勤侍牀蓐刻不相離十餘年如一日翁姑卒日夕悲號成病年四十七卒無子里人哀之

陳氏陳涌人文學開鵬女鍾蒞授妻于歸一載遂失所天稱未亾人四十年矢志不移淑愼如一日撫嗣弼艱難成立庠序有聲通邑公舉貞節邑令賈維英以節操可嘉扁獎之

王氏水南人生員王秉時妻十七于歸事翁姑克盡婦道三載夫死遺子週歲家貧無衣盡出服飾爲衣殮需翁姑以媳年少聽從他適氏栢舟自矢康熈三年 詔徙瀕海居民氏與翁姑內徙流離困苦舅氏勸其改志氏以生死有命節不可失惟紡績以供菽水教子力學得補諸生卒年六十有一死之日老幼悲歎隣里罷舂惜其苦節云

余氏年十九適生員林粹然年餘粹然身故氏遂矢心守節家貧紡績奉養翁姑越月產遺腹子至九

載翁姑繼亾哭泣葬祭禮節不愆氏得年五十有八孀守歷經三十九年節孝雙美

許氏潮陽陳涌里人待詔許法顧長女少嫻姆教年十八歸邑庠陳文育二十生一子紉芳逾年育病且死私謂許曰吾命薄不能與汝偕老吾死汝年少子幼孀守爲難是在汝矣許聞言悲泣欲絕夫亾截髮矢志奉事翁姑和處妯娌撫孤慈嚴備至後芳長遊泮仕爲寧陽司訓氏曰亂將作矣立保

解組歸遷居邑城是年社賊屠鄉鄉之受禍者十室而九許氏一家以避地獲全人以爲節孝之報卒年五十有二

蘇栟汝曰婦節死與守孰重有孤則保孤無孤則徇夫二者有難易無軒輊也十五國風以節著者僅共姜一人即春秋所書亦止紀伯姬何寥寥耶吾邑貞烈不乏人近數遭兵燹慷慨赴死者更不可勝數乃里巷窶人婦往往多湮沒不傳君子傷之闡幽微以翼世教毋爲過嚴蓋亦善善從長之意歟

補遺

勞勝娘勞若衍女性狷潔每獨居不與群女伍甲午十月滇寇至禍變洶洶女語人曰吾必死遲恐不及疾起圖死所而寇適至并驅之行女念前途難巷通塘至即伺間閃入疾走跡之已投塘滅頂死矣里人哀之爲賦貞娘之歌 據勞孝廉之琦管見錄採入

許氏處士陶玗妻十八于歸三載夫死許無子柏舟矢節兄欲奪其志剪髮毀容操持冰凜至四十四歲卒

曾氏前朝千戶苑正妻二十于歸兩載夫死一子遇歲誓志孀守家業衰落備歷艱辛撫子成立襲職屢建軍功年六十卒清操閭里共重

黃氏黃鎮淛女勞翕雲妻十九于歸連育二子夫商於楚道卒氏年二十二凶問至慟絕欲自殺以翁姑年老二子幼稚忍死孀守生計日窘佐以紡績二孤既長有室氏未亡人皤然八十有八乃故 採管見錄

關氏關君峯女古允沖妻十八歸允沖連舉二子而夫故氏年二十三矢志孀守姻戚憐其少且俯仰無資諷以改圖婦泣曰夫死而去之不義子生而舍之不仁舅姑在而棄之不孝吾以機杼紡績佐之遂毀容攻苦人憐其節爭厚其工值事上撫下數十年冰霜益勵年六十九以完名終 採管見錄

勞氏勞絅陽女性務女紅機杼年二十嫁夫郭慈叔產一子四月慈叔病亡父母憐其少令改適氏泣曰使吾易服過別船也將觸郭氏一塊肉共沉江

心耳乃不敢强服勤益加機杼聲無間寒暑宵旦一
子長勉之使成一藝年五十二以勞苦卒採訪冊
陳氏年十九適夫張于芳四載夫亡堅志孀守翁繼
亡手葬兩棺紡績奉姑伶仃艱苦嗣子張宗萬能
盡孝事母病亟天割臂療治氏年六十卒世稱一
門節孝
呂女名寧壽庠生呂應馬孫女也幼嫻書訓受聘於
許未嫁夫亡訃聞不食三日自經以死衣帶繫有
血詩云吾生曾締高陽君此身豈得事他人百拜

太婆憐念我遺骸葬傍夫墳

新會縣志卷之十五終

新會縣志卷之十六

知新會縣事渤海賈維英訂定

邑人余玉成
蘇楫汝
李朝鼎分校
薛起蛟
湯　晉全纂

仙釋

谷口青牛江濱航葦二氏之教其來久矣乃儒者多詆而非道不知聖人以神道設教則禍福之說亦以佐政治之窮夫志仙釋者志其誠然而已若必當事浮屠購求方士則秦皇梁武皆前鑒也賈維英紀

唐

僧一行早歲不群師事會寂禪師時有盧鴻者爲其所爲文至寺一行一覽輒誦鴻驚詡叔門是非君所能北面也當縱其遊學一行因窮大衍遍遊方外中宗神龍初至岡州居圭峯卓庵山巔弟子黃

雲元等相從者五百餘人有黃金雲色出於山中遍照巖谷臨別圭峯謂諸弟子曰岡州黃雲之應後八百歲當產大儒爾其誌之後八百年而白沙陳子生或謂其能前知云

黃雲元禪師僧一行弟子也一行至圭峯山結庵以居弟子從者五百餘人元爲首座初開堂以手撫禪床云諸人還識廣大須彌耶如尚不識看老僧升堂拈出乃曰獨目未曾無臨機何不道又曰獨目未曾無臨機道甚麼於是多有悟者

黃歸南文章里人生性悲幼牧牛遇異僧父老日以角黍相惠黍龍當飛騰致雨如言果雨什是知禍福因目爲仙童長益精修大中九年重九日指道北大報山謂其兄子衡曰能從我登高乎衡往則趺坐而化里人即其祀祠之宋紹定間邑之西鄉有陳道朱立者其異大率如歸南 舊志列黃雲元前今改正

荷澤禪師神會襄陽高氏子年十三即參六祖師問還將得本來否會曰以無住爲本見即是生及師欲離世間衆悉涕流神會不動師曰神會小師卻得師滅後會入京洛大弘曹溪頓教嘗過慧龍山奇其山水結廬於此後人因爲蘭若遇旱潦祈禱輒應 舊志列石鑑後今改正

宋

黃道姑歸德都人生至和己丑其父母富而無子惟道姑承之性少悲因看芭蕉有感遂不適人工紡績買田數萬施於廣之光孝韶之南華及開元東禪西禪仁王龍興等寺而光孝尤多紹興元年卒年八十三光孝寺僧爲立祠墓在即紫實庵也

僧行宣仁宗時以道行賜紫衣號慈悟大師景祐間從六祖故宅振錫來遊至吳村月華寺寺廢久行宣環覽周度語人曰此地與海潮上下虛怪依焉鎮以庭坊俾伏匿毋遺患也人未以爲然俄有一龍自草莽中飛去乃芟荊榛寺之行宣戒行嚴苦一日命其徒曰萬法有緣心從緣會吾今心緣俱竟矣趺坐而化肉身不壞鄉民塑之遇旱禱雨輒應

陳道者潮居里人也少失父母育於姊家精神內歛

出語不常或問其名曰我道人也因呼爲陳道姑使牧羊羊日肥碩無災疫及抵觸敗群者臥起行動呼之皆集如聽其使令人稍稍異之覘其所爲但於草坡終日端坐而已年至十八忽一日棟天臺山麓趺坐而化數日不僵顏色如故時聞異香衆以爲神仰其地建庵塑肉身事之多靈異禱無不應見天臺寺記

鍾鼎不知何許人遊文章里金溪寺祀以燒鉛煑汞爲事寺有丹竈三十六一日因涉而溺死有人復

見於羊城云或曰鼎羅浮人東坡常與之交者

李眞人名之先邑濠橋里人少嘗爲備書及長覆華陽故事遂有盟眞之志師事雲水眞人嘗負石結壇於圭峯絕頂周三十六步每夜朝斗及卒之三日有自南恩州來者遇之途云有事南行遺隻草履某所及有錢某所屬其家以還賣油者里人歸告其家覓錢與履如其言及葬引紼若虛啟棺視之隻履而已明丁積爲縣時朝廷建醮諸燭盡從跋上炎朝廷怪以問道士道士奏云監齋者新

此處缺一葉

南昌其子琳婚於寧府毎憶商人言謂己卯有灾
使琳遠避琳不能從及期宸濠果反琳死其禍宗
本嘗製藥入葫蘆中爲道士裝沿途施藥病者輒
愈遇知己者毎釋商人語曰司馬言者午屬馬合
言謂許字也宦官者右之寺人謂侍字也出直口
謂中字也此即許眞君侍中矣醉毎詠其所賦葫
蘆詩沿街兒童皆拍手序其狂然不自懸沮也意
其所遇或果異人云

李春字眞陽雲峩村人初籍陽春學性豪放後遇異

人教以施濟遂罄貲佈濟族閭凡婚葬有不給咸
賴之既乃什結草廬棲處日惟啖一二棗吸清茶
辟穀食如是者十二年不饑不病忽一日沐浴端
坐而逝時縣扁其廬曰李眞人其子李緯七歲能
文時有神童之目

石鑑禪師今覞本姓楊仙洞人居邑西墩初名大進
字翰序十五補邪諸生稍既廩試輒冠軍弱冠講
陽明氏之學於諸儒語錄無所不究崇禎甲申京
師陷毎恨天下無人訪求豪傑端方之士以天然
和尚早棄舉子出家意其猶潔可共功名欲說之
還俗因論儒佛異同不覺心折剃髮後遂謝諸生
會空隱和尚自長慶還邦擊頗鋭適年復見空隱
於海雲順治庚子落髮雷峯偶舉妙喜物格頌於
明皇劍擊閣守畵像守於陝西頭落一段公案遂
豁然大悟天然銘竹篦子授以大法偈云體露金
風莫可追相隨來也又奚爲瞎明鑑盡無遮護獨
荷全機賴石兒復云他日有人問着但拈竹篦子
劈口築殺甲辰舉西堂領衆之棲賢閲僧迎住長

慶半載復返使賢毎以祖庭未擴法器未成弘願
未踐勞瘁嘔血而逝

釋即覺法名今離黃涌人俗姓黃少孝友言動不苟
年十九補博士弟子與從弟眞佛殫心性理毎月
朔率同學集文昌宮檢舉身心功過讀法華經有
省遂披緇出家隨天然師入匡廬修行勤苦雖叅
禪宗而戒律精嚴細行必謹於同叅中纖息無所
假借一日聞鐘聲得悟天然許之將付法偈示病
自知時至出別大衆說偈曰懸崖撒手風猶晩未

上山時意若何遂合掌逝其從弟眞佛亦棄諸生
孝其子爾子出家爾子生時異香滿室九歲成僧
不數年遂悟大乘爲天然第七法嗣住棲賢有語
錄行世

釋宗範名弘戒邑城人俗姓余少習舉業見其母信
佛乘範亦篤信常爲人訟或教範詞以辨範唯唯
及對簿卒持已說樸訥不能自直遂受杖或尤之
範曰如汝所教非妄語耶後棄家祝髮依鼎湖門
下戒律精嚴喜放生山行但跣足懼傷螻蟻聞虎

傷人惻然夜起披衣持鉢入空山中爲虎說戒虎
不敢犯吳中玉林和尚聞其名向空稽首曰此西
方聖賢也年六十餘一日端坐而逝

新會縣志卷之十六終

新會縣志卷之十七

知新會縣事渤海賈雒英訂定

邑人余玉成
蘇栴汝
李朝鼎分校
薛起蛟
湯　晉仝纂

藝文上　奏疏　書　記　序　辯　論　頌　議

文者載道之器也易曰觀於天文以察時變觀於
人文以化成天下自唐虞三代以來治曰文治教

曰文教詩書所載聖賢所稱未之能易也新會號
海濱鄒魯文章代不乏人公餘披覽如入圖書琬
琰之藏而陳周彝漢鼎犧罇寶斝以相博古可不
謂盛焉但士君子操觚染翰將以紹文恭之絕學
則必務爲毛萇而不爲鄒枚爲陶杜而不爲徐庾
溫李庶幾其有得乎作藝文志賈雒英識

奏疏

乞終養疏　陳獻章

臣原籍廣東廣州府新會縣人由本縣儒學生員應正統十二年鄉試中式正統十三年會試禮部中副榜告入國子監讀書景泰二年會試下第成化二年本監撥送吏部文選司歷事成化五年復會試下第告回原籍累染虛弱自汗等疾又有老母朝夕侍養不能赴部聽選成化十五年以來左布政使彭韶右都御史朱英前後具本薦臣堪充任使吏部移文廣東趨令起程臣以舊疾未平母年加老未能慨行府縣官吏承行文書日夕催逼不免强起就道而沿途

病發隨地問醫痛衰扶羸僅不大憊於成化十九年二月三十日到京乃以久勞道路前疾復作日復一日病勢轉增耳鳴痰壅面黃頭暈視昔所染無慮數倍衆目所覩不敢自誣又於八月得男陳景暘書報臣母別臣以來憂念成病寒熱迭作痰氣交攻待臣南歸以日爲歲臣病中得此神魂飛丧仰思君命俯念親情展轉鬱結終夜不寐臣之愚迷實不知所以自處也臣自幼讀書雖不甚解然於君臣之義知之久矣仰惟我國家教育生成之恩陛下甄錄收采不

遺微賤之德至深至厚於此而不速就以圖報稱於萬一非其情有甚不得已者孰敢務虛名飾虛讓趑趄進御於日月之下以冒雷霆之威哉臣所以一領鄉書三試禮部承部檄而就道聞君命而驚心者正以此也緣臣父陳琮年二十七而棄養臣母二十四而寡居臣遺腹之子也方臣幼時無歲不病至於九齡以乳代哺非母之仁臣委於溝壑久矣臣生五十六年臣母年七十有九視臣之衰如在襁褓天下母子之愛雖一未有如臣母愛臣之深者也臣於母恩

無以爲報而臣母以守節應例爲府縣所白已蒙聖恩表厥宅里是臣以母氏之故荷陛下之深恩厚德又出於尋常萬萬者也臣 [illegible]以貧賤早寡俯仰無聊殷憂成疾老而彌劇[illegible]臣遠客異鄉臣母之憂臣月甚愈憂愈病愈病愈憂憂病相仍理難長久臣又以病軀憂老母年未暮而氣已衰心欲爲而力不逮雖欲效分寸於旦夕豈復有所措哉臣所以日夜憂憊欲處而未能者又以此也夫內無攻心之疾則外不見從事之難上有至仁之君則下必多曲成之上

惟陛下以大孝治天下以至誠體萬物海宇之內無匹夫匹婦不獲其所者則臣之微亦豈敢有所避而不獲自盡哉伏望聖明察臣初年願仕之心憫臣久病思親不能自已之念乞放臣暫歸田里日就醫藥奉侍老母以窮餘年俟母獲令終臣病獲痊仍前赴部以聽試用則母子未死之年皆陛下所賜臣感恩益厚圖報益深雖死於道路無所復辭矣

奏立兩廣總督疏　　陶魯

臣惟兩廣地方自正統年間被蠻賊聚衆流刦廂鄉

攻破城寨燒毀房屋殺掠人財連年屢歲民受荼毒無所控訴幸蒙朝廷軫念生靈俾命將帥總戎鎮守復命風憲大臣統率其政臣等亦得以展禨綫之才效涓埃之報故近年以來軍威稍振生民漸安良由總督得人之所致也自左副都御史韓雍丁憂去後兩廣軍機政務無人總理彼此背馳賊寇復漸猖獗況廣東廣西地方聯絡譬猶一人之身不可分拆脫若軍政分爲二塗則如頭目受害雖手足亦不屬運使況有相捍相護之理哉且如今年二月廣西等處飛報賊情侵境臣同廣東都布按三司呈請總兵官調軍征勦議論一月之久臣亦不能起程其意豈不以爲賊發廣西非我當先其廣西總兵官又豈不曰賊在廣東刦掠於我無預以此耽誤致被賊人深入境內偷刦地方擄掠鄉村人財一空臣雖督官軍連夜追捕緩不及事故得少失多雖獲微功無以贖其前罪又如方今九月將過兩廣防禦之師遷延尚未出城其所命議又皆彼此背馳而無定論之歸豈有相濟成功之理臣備員風憲職任軍務目擊其事若

不具情上聞誠恐失機誤事罪當萬死今將缺人總督情由以聞伏望皇上特命[illegible]在照馬昂葉盛與禎韓雍等事例特敕大臣一員提督兩廣軍務兼理巡撫庶使事體兵權皆有所歸矣

請建大忠祠疏見舊志今闕文　　陶魯

正禮儀疏　　鄧文憲

奏爲乞容直言采公論以正禮儀以光治道事臣於本月初四日伏承明部及見邸報知詹事霍韜都給事中夏言同議郊祀親蠶之禮言蒙賞而韜獲罪夫

陛下負不世出之資奮大有爲之志上嘉遠慕銳意復古因言建議喜而賞之賞之誠是也因辭與言言異遂用言言而罪辭臣未敢以爲是也何也蓋斯禮也言言未盡是而辭言未必非也臣見淺昧且諸臣酌古準今其說已詳臣復何贅姑即其事理至明且切者舉一二爲陛下言之人物以形相禪其實天地之氣生之也無氣化安得有形化乎無天地安得有人物乎由此言之父母小父母也天地大父母也名若虛而理則實也人物同本於天地然卓冠羣倫首

出庶物者天子也故曰大君者吾父母宗子名若虛而理則實也陛下旣爲天地之子則當以事父母之道事天地矣臣嘗伏讀我太祖高皇帝合祭天地之文曰爲人子致父母於異處安爲孝乎斯言也我太祖深得孝事天地之道者也此郊祀之禮所以先分而後合天地之心所以始違而終格也夫天地交而後萬物成陰陽和而後羣生遂若主分祀是以不交不和之道事之矣又豈聖人奉順陰陽之義乎且圜丘象天因地爲之也方澤象地因天包之也天子一

舉足也天地鑒之鬼神臨之若主分祀則將乎祭天置地祇於何所乎將乎祭地置天神於何所乎夫謂冬至一陽生陽屬天故祭天夏至一陰生陰屬地故祭地此議禮者意也以臣觀之黃鍾飛灰一陽生也謂冬至之氣專屬之天可乎祭天遺地可乎日陸南旋一陰生也謂夏至之氣專屬之地可乎祭地遺天可乎蓋陰陽之在天地無物不有無時不然不可分而爲二也且我朝行夏之時若用周禮則一歲之祭先地後天於序不順然夏時者時正令善此古聖哲

王欽若昊天敬授民時之綱要孔子定爲萬世法斷斷乎不可易也此郊祀之禮分祀不若合祀之爲盡善也至於皇后親蠶母儀盛節所以風化天下辭未嘗勸陛下莫行之也直謂宜行之苑中不宜行之郊外耳夫苑中郊外固有內外之防祖宗家法明訓具在誠不可不念也且親之云者躬執其事之謂固不問其地之內外也皇后若有親蠶則堂堂苑中仰其隙地桑園蠶室莫不可置舉而行之天下風聞自足以勸何必拘拘古禮必於北郊而後謂親蠶乎且皇

后出入妃嬪夾從所用女夫動至數千近者不足取辦於遠各處婦女不免奔走之勞而廢室家之修有司取辦不免僱倩之費而傷府庫之財孰若行之苑中一無所害可常可繼萬世無弊之爲愈乎此親蠶之禮郊外不若苑中之爲盡善也孔子曰殷因於夏禮所損益可知也周因於殷禮所損益可知也夫三綱五常世之大禮不可變者故三王因之至於制度文爲則當隨時損益使合人情宜土俗三王不必其皆同也今所議制度言泥古迹斟酌時宜依言者什

之二三依斟者什之七八於此可以觀是非矣伏願陛下虛心聽納勿主先入之言期於可行勿拘往古之迹則徵猷令典比隆三王而有光聖子神孫傳之萬世而無弊矣

謹天戒疏　陳吾德

題爲懇乞聖明俯納諍言恪守祖制以克謹天戒事臣待罪諫垣不敢詭隨以隳厥職臣聞董生曰天人相與之際甚可畏也蓋人事有得失則天道有休咎若影之隨形響之應聲昭然不爽而人君者尊無上惟天其子之一舉措一語默尤無一而不與天通者也奈何其不畏之哉古之哲王知其然兢兢業業天命自度不敢荒寧而爲之臣者又與之交相儆戒故能銷禍於未形而基福於微渺後之世主忽之而諫臣又爲不足畏之說是以災積釁兆而莫之救治亂安危之機豈不懸絕伏惟陛下聰明天縱勤學御朝政不勞落人無間言宜其無不可以當天心者何昨者火作慈寧宮至於震驚宸衷懼均自辟臣中夜以思宮闈之后象法鈎陳密邇宸極而焚如告變非

細故者天其或者以是悟陛下乎臣聞在五行爲火在五常爲禮禮得其理而貴賤分別官人有序率由舊章敬重功勳則火得其性而不爲害禮失其序而信道不篤惑耀虛僞讒夫昌邪勝正則火失其性而濫炎妄起故御廪臺榭之微春秋並書以爲戒如永和延福之火說者謂封爵之過差延熹嘉德之火史官以爲無功而多封此皆人事災祥之應昭昭於往牒者也陛下猥念成國公朱希忠生前勤勞加以王號臣等陳其不可陛下是其言而不俞其奏臣以爲

陛下於虛己納諫之美有未盡也若陛下姑以溫言而塞諫臣等亦以虛言而塞責是上下交欺而虞廷俞咈之風微矣陛下首元初政凡事莫大於敬天敬天莫先於法祖詩曰世德作求永言配命成王之孚若世德之不求何以永天命而孚人心焉我太祖首創洪基成祖纘正大統並櫛風沐雨闢百戰於時開國艱難之臣多勞苦功高然洪武六王永樂二王而已此皆有佐命翊運之勳非徒以其汗馬血戰之勞也列聖相承未聞輕以王號加人者惟定興之蒙

難永興之勤死得叨斯典議者猶有遺論況張懋以軍功得爵於武宗之時是祖制一壞矣陛下叡聖知之資建清明之治其剏正德之季何如奈何不遵二祖列聖之成規而復援武廟之過舉乎希忠平生雖勤慎鮮過然亦庸劣無聞若王號一加非惟無以服天下之公議臣恐榮逾其分亦非希忠之福矣陛下何不別加優恤而輕廢祖宗之法以遂一人之私耶夫賚不當功則獲者不足爲勸恩猶倖致則請乞由是成風臣竊恐陛下之聖明必不樂此也伏望陛下上視天意下察人心近遵祖宗之成法遠稽哲王之芳猷將希忠王號俯從停罷則聖治益光而庥祥可迓矣

條陳廣東善後事宜疏　　陳吾德

臣竊惟嶺海之間素稱多盜然往者毋有嘯聚之衆隨收底定之功未有亘歲連年征討不息者也蓋自份酋倡亂將領匪人我師屢衄南渡之敗全師覆沒省下之焚軍實盡喪公私罄竭盜賊乘虛蠭起瓊雷之間林容爲梗高廣之界則有程老王老肆虐皆連

艦數十擁衆百千至於山寇流刦所在而是民間耕作不得賦役不休富者轉貧貧者重困因而爲盜田里拋棄室廬荒毀沿海之際幾於無民困斃流離至是極矣譬人一身抱有沉痾癰疽生乎背腹瘦瘠附於咽喉無非受病之處其能動作支持不奄然逝者幾希耳茲者幸賴皇上威靈發內帑之金下夾剿之令兩省諸臣併力成功巨酋授首海濱之氓庶幾復有太平之望矣臣獨念以爲功忽於垂成者機會難再逢病加於小愈者施治難爲力則廓清掃蕩以收

平寧之績補導調養以圖延年之功在今日尤不可不加之意也夫海濱赤子延頸思治則凡經畧事宜當事臣工有地方之任者在皇上一責成之間必能掃除餘氛平定反側以副簡命之重鎮九重南顧之憂以臣之至愚極陋亦復何說然臣生長海邦憂切桑梓耳聞目擊非一朝一夕之故矣故嘗竊自憤悶以爲嶺海之民遭此荼毒日積歲釀何緣一鳴於君父之前以徃此而後朝食也茲者幸蒙皇上不以臣爲不肖使得備員侍從濫厠論思臣乃復遠嫌畏禍

不備論而極言之是上負陛下而下負臣素心也是以不揣狂瞽條爲八事上塵睿覽倘有一得之愚可備採錄伏乞敕下該部查議施行

一曰明賞罰謂涂澤民掩敗爲功而又攘人之功以爲已功及湯克寬之當罪李茂材之當錄

二曰復兵防謂中路東路西路皆全粵重地原兵艘宜復令各守備相機勦捕

三曰議船戶謂東莞新會順德之烏艚橫江民船宜復有四便焉收無藝之衆通商賈之利待戰守之需復稅課之額

四曰禁闌出謂嚴通澳之禁

五曰補假貸謂宜先足財用以募土兵吳越閩蜀往歲假貸宜如數解還以濟緩急

六曰覈虛冒謂兵無事不散及將領虛張額數冒支糧餉等弊

七曰議撫勦謂勦首惡撫脅從當事者失策令許朝光報水致曾一本林道乾繼興爲地方患

八曰卹忠勤謂都御史熊桴宜加卹典

春光已暮大典宜行疏　何熊祥

臣伏念社稷靈長之慶臣民屬望之情無急於皇太子之講學與夫皇長孫之講學者乃皇太子輟講已十餘禩春夏請之云俟秋秋請之又俟春和日復一日年復一年去秋忝有明春擇吉行之旨臣入春以來翹首跂足願望獨吉而未有聞也夫皇太子當道明德立之時而深於內廷高束芸卷侍從之臣不得一望顏色緝熙聖學其道奚繇且人之心未有無所寄不寄於詩書禮樂必寄於聲色貨利今日操

舍之間卽他日治亂之劑也雖曰睿德性成似無庸防乎其微然義理無窮學然後知不足安可謂已精而不益求其精乎況今災異疊出東西交警卽政事之沿革人才之邪正兵馬錢穀之分方輿險易之署亦當及時講求隨事咨詢而乃玩日愒月坐銷光陰臣不知其解已皇長孫岐嶷夙成英姿方茂中外臣民莫不頌聖壽無疆享祚長久而又以聖子神孫一堂際會不但二百年列聖未備之福亦從古人主難得之慶也疏請冊立率土同願迺拭目日久俞旨杳

然夫士民常情無不愛其子者又有愛其孫甚於愛其子者收數斛麥卽爲其子若孫延師授書纔得里選入庠衣冠濟楚便爾親識交賀門閭喧閙皇上雖貴爲天子於人情豈甚遠哉誠使冊立大典一旦允行選婚簡冑次第而舉其於慰聖母在天之靈延宗社無疆之祚皇上如天之福至樂之事當無逾此何所靳而不爲此又臣等所不解已臣等竊聞古者稱太子之宮曰東宮又曰春宮而所號禮樂之司亦曰春曹是知皇太子之進學於春爲最急而冊立之舉行亦於春爲最宜今春已將暮矣去淸和之時不遠矣不以此時舉彝大典坐曠時日雖冊立之禮無時不可行而儲講之典又將以入夏報罷然則去秋所傳明春擇吉之旨竟託空言也何以成大信於天下而慰臣民屬望之心哉用是合詞上瀆聖聽伏願聖明深維本計採納微言乘此春和亟定開講之期幷命禮臣諏吉亟行冊立大典則宗社幸甚臣民幸甚

熱審宜期曠典宜復疏　　何熊祥

竊聞帝王之德莫大於好生兩京之有熱審當炎蒸

暑雨之時爲赦過宥罪之政無非求其生以全好生之心故矜全民命至仁也乘時布德至順也惟仁與順浹洽民心泰和溢於兩間福慶歸於一人列聖相傳此爲特典皇上御極守成法而致盛治亦旣歲歲有行何至邇年而槩從寢閣也今玉體違和方在珍攝綸音未傳臣亦有因臣方齋心竭誠願候聖躬萬福何敢輕瀆致妨靜攝顧思古人嘗有開籠放雀以祝其主之壽而世傳西方釋子亦有救蟻命而延年者兩端雖小可以喻大臣犬馬微忱竊願以泣罪解

綱之芳規爲皇上祈天永命之一助用是直抒悃誠上瀆天聽若夫爲囹圄求福田爲囚徒延殘喘斯乃第二義耳伏乞聖明俯鑒微誠率由舊章敕下刑部照例熟審行臣部遵奉施行則洪恩流布和氣致祥聖躬之不藥餌而愈不導引而壽恆必由之矣

景運方新天心示警懇乞亟圖修省疏

何熊祥

臣惟自古災異之見告無非天心之仁愛故在久安長治之時天心恐其易狃也則出其災異以警之者

固所以欲其厚終在繼體嗣服之初天心恐其易肆也則出災異以惕之者尤所以欲其慮始善承天心者必於始焉致其慎也我皇上凝圖御極以大啟改元實自今歲辛酉始乃開歲未幾而遼東以日暈告矣京師以風霾告矣夫日者君之象也暈則其徵爲蒙爲塞何以不於京師而於遼東也意者蒙塞之徵至遼東而極乎風者四方之象也霾則其徵爲昏爲翳何以不於四方而於京師也意者昏翳之徵自京師而起乎臣不習占驗焉知天道然以皇上撫運方新而變已見於天夫非仁愛之至惕之以不得肆何以致此皇上無謂吾之福德如日方升吾之政教如風方動也當思遼東日暈爲天啟紀元始有之日變又思京師風霾爲天啟紀元始有之風變則知天心仁愛自此而始而克謹天戒者亦當自此而嚴詩不云乎敬之敬之天惟顯思挽回天變轉災爲祥莫如用敬皇上亦惟敬之而已矣故以端治本則未萌之欲宜防以握治樞則城社之蠹宜清以熙庶績則道揆法守之不可不修明以銷外患則練兵措餉率作

責成之不可不亟圖總之一念敬怠治忽攸關古今守成令主莫如成王其訪落之詩曰維予小子夙夜敬止臣願皇上之師成王也敢以敬之一言爲皇上修省之助伏惟聖明省覽竭誠致行於以善承天心仁愛轉災爲祥則於慮始之圖思過半矣

權璫竊柄壞憲章蓄奸謀乞正典刑以伸國法疏

黃公輔

臣竊見厰監魏忠賢奸閹小人幸蒙恩寵專擅朝政廣布心腹之奸箝制百官之口收小人爲羽翼目君

子爲黨人內有奉聖夫人客氏爲之彌縫左右皇上之一喜一怒忠賢盡已窺測肆行無忌大壞祖宗之法將貽叵測之憂憲臣楊璉首疏二十四大罪洞見肺腑皇上未察曲庇忠賢切責楊璉使神奸得志而諸子無所措其手足臣叨列言職緘口不言是負皇上之恩而得罪二祖列宗之靈也今特疏忠賢罪狀瀆陳伏乞皇上細加詳察爲國除奸永清禍本臣雖萬死實所甘心臣聞國有君子猶大廈之有棟梁棟折榱崩大廈必圮正人去國小人之幸非社稷之福

也憲臣鄒元標清介重望守正不阿忠賢忌其剛直恐露己奸百計排擠令不安其位其他朝臣稍有丰骨忤忠賢之意盡行降斥無脫奸網者是奪忠臣義士之氣閉人主之耳目而權璫得肆其荼毒以壞天下也今若不稍伸君子之氣嚴奸邪之誅臣恐元祐黨碑之禍再見於今日王振劉瑾之奸更甚於曩時也凡百君子國之幹楨忠賢何心必欲甘心於君子不爲朝廷稍留忠義一綫之脈忠賢何不捫心自思本市井無賴小人一旦驟列東廠衣蟒腰玉已出萬

幸叨小心謹愼保全祿位尚恐不足報聖恩於萬一而乃誅鋤善類引用私人把握朝政令天下事皆出其手意欲何爲也祖制票擬出自閣臣所以專責成而鉗內弊防微杜漸之制二百餘年莫之敢奸自忠賢竊柄往往旨意傳奉不經閣票竟行中外請皇上逐一清查從前內批果出聖意否抑忠賢之神奸實敢玩弄於大內也中旨紛紛四出誅求財貨遠邇騷然大爲聖明之累閣臣不知部臣不聞此何理也是亂祖宗責任大臣之制而無顧忌也祖制無內操之

設以京營五府諸軍足以備非常而固金湯而宸居左右戈矛宜遠也忠賢包藏禍心請立內操偏置羽翼於宮禁肘腋之下神奸用心殆不可測易曰履霜堅冰至履霜猶可冰至可若何語曰雖鞭之長不及馬腹今聚椎埋屠狗之人於禁城之內一旦變起倉卒雖有四方勤王之師寧救一朝之患所謂鞭長不及馬腹也遠慮及此可不寒心織監李實蠹食百姓傷壞國脈與忠賢表裏爲奸罪同一體忠賢之有李實猶王安石之有呂惠卿自李實到南都將從前織

造事例日改月更變壞已極計所傳造新袢袍價工費五十餘萬支銷何處女紅組織盡爲奸璫之襲斷工匠機杼盡爲奸璫之剝削留都之下蕭條停機折軸家怨戶泣莫可誰何實不悔禍作威作福挺民爲匠侵奪民田陵辱宗室箝制官司責屬吏之禮袢使用之費種種不法大爲留都之害邇來邊方多警兵餉方殷頭會箕斂已竭百姓之力又何堪此搜括爲也方且今日奉明旨曰內裏那借立刻解來明日奉明旨曰廠裏支過應與補足夫內裏那借那借何事廠裏支過支過何事奈何不經閣臣票擬不下該部查勘而竟襲上古令織造閹人得上下其手漁獵民生也是忠賢欺天罔上藐視祖宗三尺之法而李實衣鉢相傳線索貫通罪不容逭也伏乞皇上立下法司逐款嚴訊明正典刑除大奸以固國脈事權還之君子票擬專任閣臣徙內操於禁城之外革傳造以安留都之民則隱禍銷於未然皇阿弊於萬世天下幸甚臣性愚直不知忌諱伏候斧鑕謹奏

書

上神宗皇帝書

黃淳

臣聞大君臨御疇不願治然用人則否聽言則裕不聽則危故聖主慎任使而明主廣延納何也二者適治之道也臣仰觀唐虞人守其官終世不相移業誠慎之也任官之始因其能使各效其職此堯舜所以無憂而垂裳恭己也至於納言則不然都俞吁咈共一堂闕君德者得言之屬天命者得言之繫民心者得言之未聞禹必言水土稷必言稽臯必言刑而夔必言樂也詩曰詢於芻蕘而上者皆可言矣二帝致治萬代稱隆既用此道則今日所以堯舜吾君者當不出此臣請以慎任使廣延納爲皇上陳之蓋舟車大器也車陸而舟濟明矣易地而用之則二器皆廢今日之用人者限以資格所謂資格非猶水之舟而陸之車也不過問歲之久近與途之何如而已以一人歷數部更職欲一一責其成豈唐虞之才拘而今通耶一或有敗弗原其古用今棄一何輕耶彼以不才去此以不才至非知其不才而用之四海之廣庶僚之衆勢不能以識其才不才資格不可

廢也故因而授之耳既授之則又不能以盡知於是憑考語爲殿最豈知愛憎毀譽十九而偏老成持重曰無才質直渾厚曰不達而便輕踰阿巧飾趨競之徒目陳薦剡者日衆前之考稱幾於聖後之考詆過於蹠一人之身一任之間未必頓異如此信前以陟據後以黜未有稽覈其前後而究竟其是非者也臣謂天下之官繫銓衡一方繫撫按銓衡旣虛白其心志以任用天下賢才而所謂撫按猶不可不愼也必須正大磊落廉潔公平以國家爲心以人才爲念者

乃授之不徒以鷹揚鷙擊而已此其人鮮而易掄其歷久而易辨以是恪職斯吝訪明而衆劾分庶陽城劉上考而王成無僞售此臣所謂欲與天下之治莫若愼任使也如此御車而行操舟而渡不問津里其塗必窮問津無擇人問里無擇夫故賞諫罰不諫古之誼也今以言責付之六科十三道非無言也言之拗要有數袱諫垣曾無一言裨於至治若此者何也上無以容之也忠臣義士見其不言而奮激代言之又不能無越職之罪臣愚謂大凡曰沽名曰賣直曰

謗君曰訕上曰越職者皆不過忌言者借此名以箝天下之口耳盛時無有也爲人君者天下龐安無事孰不曰吾二帝也吾三王也至一有諫者不流則削不刑則錮臣覩二帝三王未有諫而罹法者故罪諫皆亂世也然罪諫有二因一者朝廷不能正心寡欲或偏廢而妄動常恐臣觸其忌諱而見白於天下不知天下雖遠若影隨形動於此彰於彼所幸者惟納讜言與天下共改之則民無不戴此二帝三王所以樂受言也皇上聖德日新萬萬無此然此亦改過不吝

從諫如流之盛節一者大臣討安天下彌忘畢慮常恐天下異己而亂其法不知周公大聖也且□吐而三握定見在我虛受盡言以昫救其弊亦集思廣益之道也而治可常理矣臣聞賢臣進者治之表也邪臣進者亂之表也故任使不可以不愼言路開者世道之盛也言路塞者世道之衰也故延納不可以不廣是二者治忽之機而理亂之源也聖德之輔養恒在茲天命之眷顧恒在茲民心之固結恒在茲今之用人一皆無私乎一皆無黨乎未也今之聽言一皆

嘉納乎一皆優容乎未也臣請皇上欲慎任使必自銓衡始銓衡又自撫按始銓衡撫按皆得其人而任使有不當無有也臣請皇上欲廣延納必自釋以言獲罪者始以言獲罪者皆得釋而嘉言忠論有不聞無有也狐白之裘非一腋所成純王之化非一人所致古之帝王用天下之賢聽天下之言日猶恐不足誠見任使手足也延納喉舌也廢手足而禁喉舌元氣不旣索乎此臣所以願皇上留心也昔有內舉不失其子外舉不失其讐以爲至公千人之諾諾不如

一士之諤諤亦爲其有益於人之國焉耳臣不勝激切隕越之至

上朱都憲書　　陳獻章

頃者獲拜執事於蒼梧十餘年間執事之心不忘乎僕與僕願見執事之誠交慰並沃於一堂之上一日之間至矣盡矣執事負一世之豪才際有年之嘉會故能受知當宁進位都憲奉璽書督三軍以經營於一方誰不瞻仰誰不歸藏僕一介書生生長東南闇見寡陋徒負虛名無補於世乃蒙追憶十餘年相與之牘往來之雅而賜見焉幸甚幸甚僕之齒非少然以方於執事則爲後進執事先生長者也長者有問不辭讓而對非禮也隱而不告非禮也僕之始至執事問以出處僕未敢率爾執事又益之以薦進之說且令回自決之僕於是乎若負芒刺避席而不敢言慚也退而思之又大慚也明日具以情告且言其不可當是時也執事亦見僕之顏色乎始者僕欲往見執事於蒼梧凡三復計之而後果行誠以執事之賢固所願識然自念二三十年所守進退之節一旦由

此而變亦不能不少踟躕也況論之以薦進之說耶僕竊以爲執事好崇奬人之善偶見一士少異乎人亟以此言寵之使勉乎善在彼不然則將悼其窮且老踽踽焉無所與同鄉邱焉無所與歸故問而遺之使自爲祿仕之計焉耳不然執事之明足以照物豈不知僕之駑鈍不可驅策而思進之萬里之途也執事又以韓退之之事見勗退之雖賢不及孟子孟子不肯枉尺直尋退之以書干宰執僕固不得舍孟而學韓也僕之歸白沙幾一月矣鄉之逢掖士無日不

來問詢僕告以所接盛德之光莫不鼓舞興起信乎德之流行速於置郵而傳命也惟是進退出處之念尚日來往於心誠懼執事所以待僕者如此而人之知僕者淺也此意已託丘侍御達之左右不審亮之否乎未能默默復此布聞且以代面謝惟少垂鑒焉

上葛侍御書　陳獻章

古岡病夫陳某頓首奉書侍御葛大人先生執事頃者廉憲陶公惠書稱執事之命以平後山碑文委僕爲之既辭以不能矣恐執事者不察僕之心而以爲

慢別簡託於東山劉先生自之今者道知縣仁甫還過白沙復申前命竊計區區之私非但執事與當道諸公雖東山亦未之悉也僕請畧言之僕嘗讀宋史至曹彬克金陵一事未嘗不對卷斂衽而歎趙太祖之仁與曹武惠之不伐也蓋自出師以至凱旋士衆畏服無敢輕肆克城之日兵不血刃凡所得一十九州三兵一百八十縣可謂有功矣武惠視之若無有也捷至羣臣稱賀太祖泣曰宇縣分割民受其禍攻城之際必有橫罹鋒刃者實可哀也命出米一萬賑卹之當是時君不知以得地爲喜將不知以克敵爲功一念好生之仁洋溢上下自秦漢以來未及見也史臣稱武惠位兼將相不以等威自異遇大夫士於途必引車避之不名下士意何以謙之至也易曰勞謙君子有終吉武惠有之今後山之役信有功於民矣諸公豈自與耶此賊近之省城民遭其毒者幾年於茲前此有司問有任其咎者矣夫以今日平盜之功補前禦武之不及正相乘除在於仁人君子之心視民如傷豈容有彼此先後之間哉夫上之治民當

休戚同之大外痛者不以得一日之安而棄補瘡之瘵病饑者不以得一飯之飽而忘終歲之憂執事試求之百姓憂樂之情而忘其在己必能以趙太祖之所存者處民以曹武惠之所存者處功則光明者益光明矣以僕觀於一時開誠布公未有如執事舍己從人未有如執事樂善忘勢未有如執事以執事之才應天下之務何所不可僕所望於執事者非直以曹武惠輩人爲法姑舉其一事之近似者爲執事言之耳惟亮之裁之

復江右藩憲諸公書

陳獻章

七月二十四日僕方因茗閉齋獨臥而李劉二生適至書幣交陳輝映茅宇僕再拜讀書識其所以來之意不敢當不敢當匡廬五老名山也白鹿名書院也諸公皆世偉人也修名山復名書院之舊希世偉事也僕生於海濱今五十有四年矣未始聞天下有如是之事悠然得趣於山水之中超然用意於簿書之外旁求儒師俾式多士將以培植化源輔相皇極以無負於斯世斯民也於乎盛哉昔朱文公之留意於斯也一賦一詩足以見之其與諸公之心蓋異世同符也諸公讀文公之書慕文公之道亦罔不惟文公是師也自文公歿至今垂四百載仕於江右者多矣其間有能一動其心於白鹿之興廢者誰歟文公固有待於諸公也諸公誠念之不宜謀及鄙人鄙人非不欲斯道之明也學焉而不得其術其識昏以謬其志弱以小其氣乏餒其行怠肆其文落莫而不章歲月侵尋老將至矣其於聖賢之道非直不能至而已其所求於其心措於其躬者亦若存而若亡雖欲自信自止而不可得況以導人哉百鈞之任以與烏獲而不與童子慮弗稱乎力也故夫天下之事慮而作者患恒少不慮而作者患恒多千里之足不蹶於遠途萬斛之舟不覆於大水其才足以勝之非不慮而作者也使之不以其誠任之而過其分與自欺而誤人者其失均耳諸公獨不慮至此乎天下有任大責重而祿位不與者苟能勝之則至大至通無方無體故能爲天地立心爲生民立極爲往聖繼絕學爲萬世開太平所謂建諸天地而不悖質諸鬼神而無疑百世以俟聖人而不惑此其分內也宇宙無窮當負荷伏惟諸公念之慮之勿遷惑於衆口明匹休於先賢收回束帛更聘異儒俾諸士子有所效法以無負於今日之意也幸甚幸甚

復彭方伯書

陳獻章

古岡陳某薰沐頓首復書大方伯彭大人先生執事新涼惟台候吉慶去冬林別駕過白沙得執事手書後又得所寄絕句詩具悉雅愛繼又聞諸人執事以賤名污薦尺天官以執事之言爲重亟賜允行近者

家造守令降臨衙守書幣煒煌先後叠至太守執筆宣喻於庭曰是大方伯彭公使某歸陳白沙徵幣也聞命兢惶罔知攸措執事當世之豪傑也吾黨以執事爲模範斯文以執事爲司命廟堂以執事爲柱石執事一嚬笑一舉措天下將視以爲輕重取舍甚哉執事之動不可輕也僕本麋鹿之性者也雖少讀書全無抱負中歲閉門惟近藥餌好事相傳類多失實執事徒信人言以爲可用斯名一出士類揚之閭里榮之僕不知何以得此於執事意者方今之俗廉恥

未興將以興之歟奔競未抑將以抑之歟不然執事眼高一世必不以天下之望負天下之人也夫天下非誠不動非才不治誠之至者其動也速才之周者其治也廣才與誠合然後事可成也孔子曰如有用我者朞月而已可也三年有成聖人過化存神之妙不可一二窺測天下不動不治動以治之聖人與學者一爾未有不須誠以動不須才以治者也如僕者忠信不修章句爲陋才既不足以集事誠又不足以動物徒以虛名玷汙薦尺進則無益於事徒喪所守以上累執事之明止則人將以我爲固守一節非通於道者亦非所以立大中而奉明訓也二者之慮往來乎胷中幾日而後決之子使漆雕開仕對曰吾斯之未能信開以夫子爲的者也夫子不能使之仕何則人之知己不如己之自知苟未信也師不能强於弟子僕自知甚明惟謹素履罔俾玷缺庶幾丘園之義尚足以少禆明時奔競者愧而恬退者勸亦僕所以報執事之萬一也若曰可以仕焉僕不知其可也矧今自汗又作俯仰或過衣裳盡溼此亦郡守所目

擊設任之勞事何以堪之伏惟執事察僕之志矜僕之愚而弗强焉幸甚幸甚

與何元煒書

陳吾德

詳觀來書所言分析歸除似有餘理然所稱歸餘比擬算家移零歸正實有不然算家移零如幾釐幾毫幾絲歸作一分近傍乃歸相遠則不歸亦未有移零歸正分作二項者也如所稱大呂分析奇零正音七十五小分八五一八四六歸正全數則七十六小分八六是也此恐只是依傍古人以臆見爲之其失更

甚於京房强弱之說新書譏其所稱强弱而卒無以見其强弱之幾何者不如新書之出於自然也及六律相生之序則宮徵商羽角也六律之相錯而成調則宮商角徵羽也所謂均者乃相錯而成調者也聲有八十四去二十四變不用爲調六十而已如黃鍾五均黃鍾本宮一均也爲無射之商二均也爲夷則之角三均也爲仲呂之徵四均也爲夾鍾之羽五均也十二管旋相爲宮隆殺有度音乃可和故曰律和聲也今所稱均者如黃鍾一均宮八十一徵五十四

商七十二羽四十八角六十四此黃鍾爲宮林鍾爲徵太簇爲商南呂爲羽姑洗爲角是矣至第二均則云宮四十三徵五十七商七十六羽五十五角六十八得非以應鍾爲宮甤賓爲徵大呂爲商夷則爲羽夾鍾爲角耶然宮商淩犯臣抗於君不合隆殺中度矣其可以和聲而作樂耶且於黃鍾不相屬而云黃鍾二均何也傳曰夫宮音之主也第而及羽又曰中聲以降五降之後不容彈矣中聲郎宮聲也必第而降然後成文不亂從律不姦今此書並不及旋宮中間長短參以相生而言均殊不合古人制作之旨與李文利恐相去不能以寸耳丈留心於此必取新書及漢律志熟讀彼此參考然後可正其是非某未第時曾學之數年乃頗有得然亦只是影響欲與古樂其必神解者乃可議此中間纖悉曲折諸累難盡容而詳之

上田豫陽督學書　許炯

僕鄙人也素無技能而志頗超曠嘗以爲時俗趦趄難以致遠思欲馭羽逝之輪躡追風之駟使造父執

策樓季爲右以與古人遇於太虛之外然索莫獨往懼陷迷塗顒望焦思未獲先導側聞執事盛德峻望傾動士林雅意元思獨追古作爲倣[illegible]出於常情亦嘗一望清塵未悉旨要宜以身受教之日久矣槩鹿之性僻習山林騃整衣冠似爲羈係意雖獨至迹則已疎今將覩藝幽冀之都驅馳萬里之道黙然遂已見且無期敬告下風展布心腹夫宮達之門是衆趨之市也沽名射利人各有心雖使伯[illegible]登堦包生執刺心如玉石行類風塵僕今者實懼於此執事倘

無以此待之幸甚幸甚僕聞時至則變勢激則趨昔
者邃古之初混沌元氣重厚敦樸聖人有作辟闢
琢文王化成天下歸中玉始去璞未爲珪璋然君子
以爲結繩之政已薄矣自時厥後矢激河流堯典禹
謨殷盤周誥觀其文字世變可知逮至春秋孔子當
極衰易定禮意懇詞繁羲軒之情暴白殆盡如金旣
鍊如玉旣雕如草木旣花形色盡露使天下後世無
復措手蓋聖人之功至此爲大而世變亦極矣遂衍
爲頌文支離浩瀚家執斧鉞人立藩籬土豚山谿各

以爲至莊周曠蕩左氏浮誇縱橫之徒變怪百狀而
言出成章雖時有可觀然大乖於道孔子曰惡夫佞
者豈不信哉漢與去古未遠幾有可爲然或毀冠嫚
罵或禮樂未遑故風遂不古加以秦火之後經籍不
完人各師師分崩離析賈董諸子振而起之董生淳
明賈生通達使在聖門與聞大道由賜之列可庶幾
也復有相如子長更生班固楊雄馮衍並稱大家類
能彌佐文風匡持聖道然玄談詭辯時適荊蠻瓶行
偏情或摧枳棘文勝之弊其何辭焉魏晉之間代有
作者唐宋繼起大振頹風韓愈宗元升堂入室子瞻
永叔遡流窮源其他聞風而興起者不可勝數也然
雕蟲之習已成而淳樸之風遂泯鄙棄前哲篤信奇
邪稜刻皮膚剽竊塵滓樂駑駘蹇而不知白蟻山子
之先飄風也甘食藜藿而不知熊蹯豹胎之適腸胃
也習聞鄭衛而不知咸池廣樂之張洞庭也媚若嫫
母而不知西施毛嬙之煥浮雲也嘯傲茅衡而不知
高臺廣榭之來薰風也玩視浮盃而不知天池渤澥
之擊風霆也飛止蓬蒿而不知大鵬斧有之翔寥廓

也因循守弊人授師傅波靡風流莫知所止必有直
偏鳴世匡直扶持以復元古使天下洗土鼓之耳聽
雷鏞之鳴徙陋巷之居視清廟之制僕雖庸劣顧在
後車執策升綏以俟啟發惟執事偏當重任司我化
權得可爲之時有能爲之力此百載一時也夫知者
不後時勇者不再決方今文運向復人樂從風因時
彌縫驅之於古知莫大焉自漢到今世變愈下障而
反之功莫大焉時變不通世趨不反乘舟入海卒遇
石尤舟中之人束手不救悲夫吾不知其所止也僕

狂妄之人無所顧忌知執事有古人之風故樂告以此又僕好談世故樂慕古人嘗讀先賢京都諸賦慨然有效古之心惟廣東之地北界五嶺南孕重溟自漢以來日益繁庶土產之饒民物之麗比之吳越未相上下而以偏在炎方故先賢莫有志之者僕欲網羅故實模做成篇庶幾有開亦一快事而貧病所繫僻居山林遠近風情無由訪覽徒有此志竟不能成惟執事任職以來巡歷殆遍切見刑布教條有所至延攬風謠故跡之說轍環之後所得必多若以僕爲

可言乞有以助之者昔左太冲將作三都賦陸機諸人相共誚之及賦既成始大愧服僕安敢望此比之風謠野史而已惟執事與之一言

上朱砥齋僉憲書　　許炯

僕自惟天下之事惟知者爲能謀惟勇者爲能決故審勢而討者智士之慮也見可而決者勇士之行也昔者劉項之際可謂急矣而留侯投之若左右手亞夫不畏七國之雄而喜於得劇孟夫彼險扶危乘時爭利惟豪傑之士能謀之亦惟豪傑之士能斷之而

庸夫孺子方自安於無故之變甘於豢養之樂非可以語於範圍之外者也當今之勢愚以爲其小者不足慮而其大者深可憂彼以爲無憂者固陋矣而其以爲憂者亦皆出於其小而未能及於其大者也夫人之治世如醫之治病陰陽寒暑之變是人之所不能免也然其或出於陽或出於陰皆可隨診而得其情投之以藥無不愈者何則其病之所鍾者淺故可以條析而理也至於疑似之間似無而有似陰而陽醫者莫能得其情雖病者亦莫易狀其所苦此其受

病至深殆不可以旦夕治庸醫以爲尋常而洞見肺腑者束手而去者也今之勢亦大類此夫年穀不登而盜賊竊發亦治世之所不能無猶人之陰陽寒暑也然其中有不可知者盤礴膠固於其間治之而暫寧觸之而即發與夫當治而不治不當治而治者交錯而莫之能辨至於積漸養成雖有大奸凶惡生於其中而未易去此亦衆人之以爲尋常而洞見之士束手而去者彼愚以爲皆出於小而未及於大者此也今之議者曰凡盜者饑寒所逼耳是同一說也然

有既招之後美衣足食遊手好閑至有小忿輒結黨連朋叫號拏搏以發其怒市井細民備甘凌轢而莫敢較有司畏其生變而莫敢治是養虎也必咆哮於山林然後足以發其性雖華其闌檻豐其芻豢終不可近矣今之議者又曰凡為盜者類至後悔招之無不服足又一說也然習俗既成先後相效今之為盜者曰吾當招耳後之為盜者亦曰吾當招耳夫始為盜而料於必招是下賊上之情也知其不可招而圖於塞責是上賊下之意也上下交相賊故雖有大奸

凶惡生於其中而未易去也愚以為當今之患非大憝劇不可如防大川豈不遽止然其潰也傷人必多今之最不可為者是招撫之說也夫招撫者盜之所大利民之所大不利也剽掠財貨劫殺人民凌辱子女是國法之所不赦人情之所至憤者一旦招撫之說行而冤死者無所訴受辱者無所雪孝子義夫勇決之士無所復甘心焉彼其始為國法之所不赦而卒奠於衽席之安置於無虞之地豐財厚食照耀里闘甚非所以示民教也古之為盜者被戮辱今之為盜者受榮顯轉相倣慕莫敢誰何其流之弊吾不知其所終矣或曰招撫之說古之人皆用之今何為獨不然是所謂得其名而忘其實者古者用兵取其鯨鯢以為大戮而其脅從之輩束手貫耳自抵軍門以丐餘息故為將者憫其陷溺與其自新故不殺已降此古之所謂招撫者也今之所謂招撫者異之耳為其所脅耳無可柰何而為之耳彼為盜者兒視官長草薙良民頤指氣使無不如意未招而肆行無忌既招而長惡不悛鼓惑愚民潛結兇慝無事則萃伙

敗度有事則横潰莫支故未招也盜在山海而人猶可避既招也盜在市井而人莫能避盜招撫之說官之以為利而可見者撤守備罷征伐停餉費而已耳而其不可見者良民被毒申訴無由冤憤之氣結為災沴是皆上之所不及見者也而惡得以為可哉或又曰招撫之害誠亦有之然今羽翼已成卒難剿絕欲且緩之徐圖其後是又腐儒懦弱不知兵之說者古人用兵有以寡敵衆者矣未聞以衆而畏寡者也且為盜者貪近利而忘遠患非有長久之計顧治之

者類不得其術故反爲所困而無成夫以百餘烏合之衆而皆昏頑無識之徒內逼於隄防外危於波浪苦鹵之地難以久居不得水泉坐見困渴備受衆害計當易撟而吾連千百之兵聚數千之糧器械之精明起居之便適百倍於賊而坐銷歲月與之相持久守不能有得此亦可見將兵之無能而時事之可惜矣設有大於此者其將何以禦之而或者猶欲以招撫之說用是眞所謂不知兵者也然則今之所患不患盜之不滅而患兵之不勇不患兵之不勇而患將

之無能不患將之無能而患大帥之不明於賞罰夫賞罰者御兵之要道也有功不賞有罪不誅雖以百萬之兵付之韓白之手不能與庸將較何者兵危事也戰死地也大者斷要領次者傷肌膚非有厚賞重誅於其間孰肯捐身以赴不測之地者夫惟貪者以進徼賞而怯者以進免刑進而未必死退而則必誅故有進無退此古之善將者所以百戰而兵不殆也今之爲將者吾惑矣視盜如乳虎視兵如嬰兒旅進旅退任其擇便至於退敗則曰賊勇而兵怯也以此爲將焉用之者昔周世宗戰幾敗矣斬一將而殺六可當李光弼兵既頓矣命取先奔之首而賊遂潰今武將之官類頑懦無能聞鼓而懼聞金而喜者何不數其罪過許以自贖數日之內責其成功如其不然先血是刃使彼亦得以厲其下誅一二不從令者以殉至於折馘執俘賞不旋踵如此而兵不勇賊不滅者吾未之信也然今之爲是說者則羣起而笑之曰徒言耳是以無人必斯世也而可乎哉譬之奕者傍視而袖手必其無能者也至其指畫縱橫寬窮成敗

則國手忌之何則天下之士未易測也信陵救趙百計不能而奪符椎鄙[illegible]卒出於夷門監者事豈有常也哉僕妄人[illegible]天下事雖未知其可用與否然狂夫之言聖人擇焉[illegible]開說事知人善斷開納羣言故怠其鄙愚略陳固陋若其有大於此者則固有待而後言而亦欲執事之少聽之也無任狂斐之至

記

龍岡書院記

陳獻章

昔者堯舜禹湯文武周公道大行於天下孔子不得其位澤不被當世之民於是進七十子之徒於杏壇而教之擇善力行以底於成德其在也與天地立心與生民立命與往聖繼絕學與來世開太平若是者誠孔子之教也大哉教乎今父兄愛其子弟教以六經誦之也惟恐其言之不熟講之也惟恐其旨之不明似矣不知其身之所教與七十子之進於聖人同歟否耶江西撫之樂安有龍岡書院今都御史謝公綬六世祖均福始建與其弟均壽講學其中福後以

宏詞領信州薦亦舉進士守耒陽歲久棟宇就廢公之父某復即其地而新之既而諸子皆以文章取科第爲顯官公謂其子琪曰書院舊田奚以守琪買田百畝擇謹厚者掌之以供祭祀及束脩之費公巡撫湖廣兩遣使走數千里至白沙爲文記之且以教其族之人予少無師友學不得其方汨沒於聲利支離於粃糠者蓋久之年幾三十始盡棄舉子業從吳聘君遊然後益歎迷途其未遠覺今是而昨非取向所汨沒而支離者洗之以長風蕩之以大波惴惴焉惟恐其苗之復長也坐小廬山十餘年間履跡不踰於戶閾俛焉孳孳以求少進於古人如七十子之徒於孔子蓋未始須臾忘也謝氏之先以儒起家傳數世至公父子兄弟皆能以文章取科第出爲當世用肩摩踵接盛於一門其得於龍岡者不亦多乎雖然父兄之教子弟之學將不但如是而已也今之學於龍岡者一短檠課之外未有聞也公能亮予言否耶橫渠先生曰學者必期至於聖人而後已予於謝氏豈敢謂秦無人

雲潭記　　陳獻章

白沙之西山則圭峯也而其連數峯最勝者爲綠護屏屏之南有潭淵然曰聖池下蟠蛟龍龍噓氣成雲變化萬狀里生周鎬偕其季京來爲予白沙時維仲春風日晴美予與二子携酒飲於西山之麓班荊而坐仰而四顧有雲起綠護屏絃爛如丹青郁紛若祥瑞予顧謂二子曰是聖池之雲也偉哉觀乎二子愀然正襟侍側曰是吾先子之志也先子居龍溪垂五十年無他嗜好惟一苦爲雲潭之觀故先子之號曰雲

潭乎曰噫有是哉若先子我舊不幸早世不及見若兄弟長也若豈盡聞之乎居吾語汝夫潭取其潔也雲取其變也潔者其本乎變者其用乎二子齊應曰然子曰未也野水也塵埃也雲也是氣也而雲以蘇枯澤物爲功易曰密雲不雨自我西郊是也水以動爲體而潭以靜爲用物之至者姸亦姸媸亦媸因物賦形潭何容心焉是之取爾二子喜相謂曰先生今我矣於是復進而告之曰天地間一氣而已誠信相感其變無窮人自少而壯自壯而老其悲歡得喪出

處語默之變亦若是而已孰能久而不變哉變之未形也以爲不變既形也而謂之變非知變者也夫變也者日夜相代乎前雖一息變也況於冬夏乎生於一息成於冬夏者也夫氣上蒸爲水下注爲潭氣水之未變者也一爲雲一爲潭變之不一而成形也其必有將然而未形者乎默而識之可與論易矣二子於是起而再拜乞書爲雲潭記

定山莊杲曰偶觀陳子雲潭記便是濂溪太極圖

邑侯善山何公去思記　區越

善山何侯以宰古岡拜命南京戶部主政既三載矣邑士庶思之弗能忘距縣郭之西有象岡者前俯熊海雲巒聳嶂如拜如揖望之隱然衆念茲勝槩侯昔視事暇與諸生講學處也因斂金備材建屋數楹爲侯書院肖像其中以繫景仰不數閱月而前工告成義倡事集宜其速也維時父老黃成文黎天與等偕邑之民庶詣西屏山人區越徵文以紀厥盛余曰嘗君德侯之深也可言其槩乎一人曰昔丁侯彥誠以禮教率吾士茂敦公甫陳先生之訓用是茲歌風渢

武城晉人既遠好懸相望邇年五十餘載矣侯始克紹前賢之軌廸士教民孜孜弗息至於勤學之文典則腒然迷途以啟賢鑒鑄而習之康衢者也余曰斯鄭休叔雅尚教化之遺風也可以爲善矣一人曰令民之父母也然操威福以赫臨於上則下情睽隔遠於萬里而吾民莫敢自直其寃侯邊幅弗峻而撫字惟勤民有赴愬者聽持牘徑抵案前盡其情僞徐片言剖之是非固武而庭無滯獄余曰斯王景興敦仁恕之遺風也可以爲善矣一人曰瀕海之邦早潦洊

仍標榜之夫乘間竊發而往者有司務玩愒視之迄無寧歲侯念茲孽起於民貧無名之斂隨事寬抑以紓凋瘵至如稅存實亡之田民貧斂急貽害日深爲之裁議歷歷有條相地險要更置營堡以抗賊衝以側以平而宵通征旅余曰斯其爲善也其諸宣澤屏盜黃次公之遺烈者歟嗚呼濟險之中文德以興教化會稽之務平易以結人心潁川之俱保障以靖疆埸彼皆所謂循良之吏也拓之成嘉績垂之爲休聲千載之下猶想其人焉侯萃而施諸古闕豈非吾士

人之幸哉越嘗聞之瑚璉千將天下之至寶也然非鏤飾淬礪之功則薦之宗廟試之盤錯吾未見其爲全美也侯少負奇志既領鄉薦後即慕爲聖賢之學從陽明王先生遊服膺定性稔有所謂無欲之要大公順應之常優之遊之完而好之非一朝一夕矣其發爲政事僉美前賢同有本也哉故由吾人士者之言侯之善雖畧能知之至於其所以經綸之蘊抱恢乎運之無窮如吾所云者則或未能盡喻也侯向用方隆行將爲召伯以何宜嶺服甘棠之頌當與斯士斯人裁歌於斯堂之上則其夢寐君子而復欲見之者夫何遠之有於是僉聞之喜曰茲宇之建也既有以係吾儕所已思茲言之聞也又有以慰吾儕所未思遂併記之侯姓何氏諱廷仁字性之江西雩都人進記

遊蒲澗龍潭記　李之世

跨邑故有圭峯山云寺其中當一壑耳又不勝險其它勝有巖有洞有樹有石有泉泉之勝者望之如挂雙練帺然受之曰龍潭蛟龍宅焉時興雲雨其源自

淵淵有蒲八寸九節道士元岩時時採藥於此隰與遊遨麥生瓊梁生恂常俱則有梁生涎介余猶子蕃春願從就余竹洞棲宿焉是夜風雨鼓窓余忽忽興欲闌臥不起有頃聞屐聲甚厲則梁生闖屏入因攜招麥生生方敝屣徐竟携屣往一千頭齋堂先之二人挾雨具從登陟四望曠埜無山黑雲堆墨時雨聲初歇嵐光冉冉逗衣裾鄰行數百步度石橋欠山麓拾級而進出沒雲際從西取道得石泉踞而樂焉俄而雲腳拔空金光跳出大江吞之流景注射顧瞻棟

宇璀燦陸離鐘聲隱隱從半壑墜余摳衣上則諸子
先至道士降迎班荆列坐黃粱初熟石耳佐之梁生
引滿一大觥遂起余戴笠扶筇自東嶺度可數百步
穴山腰折而東摩旗峯斜穿百千步吏直上距躍
又數百步進穴嶺自此一延踵可跨絕頂拾之從小
徑降度綠蘿屏綠蘿屏者峙如屏以蔽圭峯之陰其
高與峯齊延衣什之險更絕於是復距躍而力疲矣
則捫蘿跨磴數武一息度屏諸峯纍纍如覆盂周環
如墉中窪如釜滙而湖塗淖瀦焉衍而畦曲澗經焉

沿澗入愈深愈黝或如珪或如璧或如鏡或如蜿蜒
作深作淺淺者瀨瀨鮒鯉泳之深者洸洸鱓鰻窟之
大較緣澗者畦梳畦者山山窮則取道自畦畦窮則
取道自澗澗仄則超澗遂則涉行數里許山迴谷轉
澗道遂迷但聞有水泠泠疏地脈出則蒲澗也蒲生
澗底怪石嚙之青苔衣之上有昌陽一寸可百節吏
不知閱何年代其陽覆以叢林林端薜蘿袅袅垂倚
絕而下之若挪林中既下旋復合也傴行三十尺許
而蒲盡忽呆盈筐遂從陰道出少選疎林露光如箭

如滴已而砑然有大得故道焉澗盡而東仰龍潭瀑
雙練挂處蓋泉自蒲澗來百折迤邐至此層厓嵌空
澗水爭道而出兩山當其鎖鑰頑石拒之勢不肯降
長風突來更助其怒又其石中突旁欹突者如唇欹
者如吻唇噏之而吻吐之其噏之也如蔵奔馬如擁
雪山忽而吐之如噴如瀉如崩如墜鏦鏦轟轟虛潭
答之聲震百里聞者膽碎余乃脫幘潄流出向所采
昌陽嚼而澆之效道人盤足坐絕㰻處梁生劇欲浙
流下擣龍宮麥生挽住乃從谷口腰度僅鳥道耳顧

其下立石如戟傲之甚梁生轉跨山脊行其餘皆作
磨蟻既成度則汗已淫淫漫漸矣取故道還山選大
石憩焉麥生撫掌歎曰曩余賈吳楚閩越間所至名
勝庶幾寓目焉不謂蹕武之內失此佳觀余曰大都
天下名山大壑精靈儲之錯以人巧而勝始著故夫
磴梯之繚繞殿塔之雄沉香火之輝煌供帳之豐腆
皆足以助其勝槩夫勝以人著亦以人俗彼太華衡
霍之墟往來如織絃管啁啾車怠馬煩不翅囂矣且
夫中州[illegible]計不如嶺外之峭奇而人力遜之往

徑鞠爲茂草縱有靈巖閟洞亦委之荒烟殘照間與麋鹿共之斷橋塌壁倚徙罔依遊人宿舂餉不迨夕於是有樵夫牧豎者登焉而目命不能以一瞬也政唯如是以故山日益高泉日益深嵌谽樹石日益清寂夫以麋鹿之所不能遊樵夫牧豎之所不能得者吾黨因而窮其勝豈偶然哉道人從旁而笑顧兒梁生已摩絕頂上小梁就禪房借榻焉柟子方浴山而採蕨薇侍兒烹茗進壽報糧盡貸米香廚迺成一飽林先忽暝彊起索衣道人送之石橋長揖而別

張道孝感記　　許　炯

柳子厚志趙來章事言孝之道神吾讀而怪之今衡洲之間蓋有張氏子云張氏名道其父元璧弘治中死於王事者也初西賊之興也撫臣以東師討之元璧以總旗從征焉遇敵於北流之狐狸山力戰而死同行馬千里者收尸槀葬之怒氣勃勃如生咸嘖嘖曰壯士壯士時道猶妊也母朱氏誓不他適已而生道甫數歲母告之故郎涕泣曰安有爲人子而父無葬地者乎謀往求之母以其孤也弗之許久之知馬千里之塟其父也濟往拜之懇以同行時馬已老病北流往返且二千餘里誠憚於行道不能強賫志數年未嘗頃刻忘也一夜忽夢丈夫跣而踞呼名而告之曰而忘而父之尸乎郎跪泣曰不敢忘特未知吾父死所耳幸長者示之其人告曰狐狸之山楓木之傍因慟而覺其妻怪之旦整衣冠跪告其母曰兒夢如是殆吾父之靈也兒將詣馬翁驗焉死且必往母哀其誠許之至馬翁言其夢馬以其神也雖老病頗發憤亦許其行遂偕抵北流之狐狸山時黃埃白骨

斷雲落日淒迷於蒼莽間茲無稽誌而馬以歲年之久亦且弗能悉矣道慟哭再拜籲天自誓忽有老嫗徐徐而來問其所以告之故曰吁而非弘治之陷者耶道曰然嫗遽曰此吾田也吾知之疇昔之死者吾家以其金甲之異也意其達官貴人既改瘞之楓木之下矣道聞楓木語有驗遂從而啟之則骸在焉道泣而拜曰吾聞之父子氣通者也其血滲漉而入他人則否西征之役死者不獨吾父也安知不爲僞乎因齧指滴之入道曰是矣遂抱以歸改葬而追服焉

甫九月而毋繼卒哀毀骨立人以爲難君子曰忠孝之際難矣哉夫以元璧之死也所謂執干戈以衛社稷者可不謂忠乎毋之孀也幾三十年可不謂貞乎道之誠也通於神明可不謂孝乎三者有一焉足以立於世矣而張氏咸有之是何張氏之多賢也哉予故表而出之以勸爲人臣爲人妻爲人子者後之觀民風者亦或有採焉

重建啟聖宮記　趙夢鱗

觀於學之興廢而世之盛衰政之能否可見已聖人

之道無時不尊惟明體者早挈其機而教化之本其廣厲之事恒首寄於學宮郡邑立學其來尚矣乃啟聖之設昉自明嘉靖間用禮官議追祀升配以重彝倫之辨以極推崇之文其義爲最微而其事遂度越於千古歲久而弛風雨弗戒竟就墟地靈丘劉侯涖吾邑以龔黃之勤昭鳴琴之雅雖羽檄交馳百務尚殷而興學造士設館課文率有弘多於釋奠之際展啟聖之址惻然眷憫乃進廣文王羅二先生而諗曰學宮之奉吾夫子也豈非使諸士鼓歌有方而瞻仰之必肅也哉故崇其禮備其義下佈於廊廡以彰羽翼上隆於啟聖以稽淵源其事爲綦重今春秋特祀令鄉大夫布席於荷莽何以安夫子心而垂令範乎其亟議修建於是邑明經莫君某殷君某奉命鳩工徵材估值侯捐俸若干不足則邑大夫士出其私錢以助閱六月而落厥成嗟乎自軍興以來庠校兩廡之主顛倒失次又何有於啟聖乎乃侯旣式瞻廟貌贊以弦歌又揆考典章修舉廢墜蓋自啟聖宮重興而學中之禮始完備而無遺憾昔夫子不云乎吾

行在孝經蓋孝莫大於嚴父嚴父莫大於配天昔之聖人旣追尊其始祖又推始祖所自出以界禘郊之儀孝之至也乃學之中旣崇祀至聖復推至聖所從啟以闡明德之有自蓋達孝觀之志以隆報本之誠使人觀感而興起明人倫而講仁讓其理爲最切也諸生遊息其間感前此之傾圮何因念今茲之創復伊始覩榱桷之煥奕而侯振抜鼓舞之意相與俱深自今以往教化大成俾諸士由文藝而進德行揖讓進退斐然甚數上以助

天子圭璋之舉下以開吾邑莪棫之茂豈徒旦夕功哉

學宮文廟重修碑記　趙夢獬

學校者治化之首也三代後漢立博士建辟雍以闢
其蒙隋唐迄宋詔天下州縣各置學設學官弟子員
而孔子之祀益廣及明洪武間命天下郡縣皆立學
通祀孔子頒釋奠儀又頒大成樂器祭器之式於學
宮而崇祀之禮備故邑必有學學必有先師之廟其
制之隆庳廣狹華樸則視邑之大小物力之豐嗇人
文之雅陋以爲之差新會爲嶺南首郡巨簡在昔庶

富擬畿赤其學宮負山臨谿形勝既壯而宏麗稱之
人文蔚起自沙先生遂以理學特與昭爍海內非偶
爲一邑之望也因循末運棟宇漸圮四海雲擾邑益
亦熾軍興旁午有司急於治□不暇修建其勢然也
甲午被圍後榛莽頹敗及歲丙午恭遇
皇上致敬闕里且
詔天下飾學宮而廣文劉先生集衆經始然前此壬
寅甲辰重經圻海四圍流移時紬莫舉幸己酉展界
羣心曠然發蒙適錢侯下車首捐俸爲之倡而邑大
夫多士相率勸助會斧鳩工撰□諸生分番董役殿堂
門廡先後毖飭堧垣庫舍周洋□盡至於雕甍飛□
素繪丹雘翬然煥然始於庚戌之夏落於辛亥之冬
而告竣事焉於是諸生某某奉劉先生之命來請記
余乃撫而嘆曰善哉邑父母師長之誠而諸子矜
之勞也學成而教與其可勿念歟昔三代建學其術
爲已至矣始於明倫而極於政治有師儒以導之講
經進德文以禮樂優游涵濡以盡其致使志無邪僻
而行並相先故性定而器成任而獻之於廷有光明

俊偉之業其教之者豫也秦火既灰漢儒初出尋章
滯章句而傳守師說故其善者材具而質存及其流
也廣立博士其弟子誦習者萬計迄無補於經世之
用蓋學不貴其華貴其質生徒不惟其衆惟其賢洪
武初制郡弟子四十人縣二十人讀書學宮有齋舍
以居習游息有餼廩以給朝夕有膳夫以供使令有
勸懲賞罰以嚴防閑中古學以端其趨向士子好義
自愛以奔營稗生爲恥入官而仕皆有名績可觀其
宦成皆以厚業多產爲羞先王之教澤隱然可見迺

其後文教日盛因增廣而有附生學舍不足以益棲離葺伴散教習不一而學術岐紛即科第聯翩令人有今昔之感矣茲當改革之餘人心廢然思反

國家亦因而爲之制使之約而不煩謹而不肆而文章之氣歛而不放且也昔者生徒多而教職之員亦郡邑有分晉之長則教育授而耳目紛今裁歸於一而道愈尊有賢師長以臨之此亦棫樸作人之候也況廟貌維新講習有地課督有程使夫往而思焉宮牆之設非爲榮觀之美干祿之階而直以爲磨礪德

業之肆則其教本而從事於以進三代之隆而躋道學之徵也不難矣願列學宮者敬承懋勉之以遵

天子之化以彰賢父母師長之誼

重建東亭驛記　賈維英

會故岡州爲南交遯土亦號海濱鄒魯歲丙寅余補蒞茲邑務汲汲焉撫瘢黎崇正學以無負

朝廷恩拮据二載竊幸盜息民安於是修廢舉墜大及東亭驛蓋驛距

京師八千里有奇稱百粵孔道比

天使宣麻布愉德意　憲節省方問民疾苦遠邇賓客梯者航者輪者蹄者御者祖者行往來託足焉周官遞傳之設用峙委積列之遺人國僑毀晉垣文子謝過而爨諸侯之館驛之不修則守者之過也夫政在宜民法貴師古東亭舊賓館也三廣公從民便從建城南備其規制仍曰東亭苑典寅賓不易也亭曰鏡心見賢思齊毋邪之旨也年久風雨剝蝕萬曆間曾修復之今則蹊蹦漂搖者數矣僅僅舊堂一區不蔽霜露當道者議撤其材以充藝事故老見而嗟吁不啻黍離麥秀之感然猶傾望其址曰某堂某

天使館

詔而來

王命所式憑也某室某大夫所舍止巡省吾民補不足助不給也而今已矣斷碑殘碣將與衰草荒烟同其銷泯矣余題諸之紳士衆庶輿論僉同亟請　上憲俾免萃澤搜剔蕪穢剝修向廟宛堂銀三百餘金佐以微俸清侵地因故基爲正堂三間後堂五間穿堂三架門樓一所廚廐悉備經始於康熙己巳之冬落

成於庚午之秋不役一民不加一賦而圯者固爲令
新公私便之以此而奉若
王言則聲教迄海隅矣以此而信宿衮衣則嶼咮達
窮簷矣而熊水而負圭峯右金牛而左天馬則形勝
宏壯矣黄雲紫水拱護潆洄則禎祥輻輳矣師古者
在是宜民者亦在是後之君子臨斯驛者庶其等諸
太丘蒲亭可也

序

贈戴復常考績序　　明　黎貞

管子理魚鹽齊國富强吳王煑海利賦甲天下鹽
之利亦大矣吳爲揚州地廣乃揚之南域厥土惟塗
泥厥田惟下下厥賦上上錯田最下而賦不薄者人
工修也尉佗劉隱負之以霸國是則天下富强地非
獨齊與吳也然利而以義則害不作利而非義則害
必生若此者何天理人欲間不容髮以義而利乃上
政之先舍義言利如桑弘孔僅之徒取民盡錙銖其

爲害亦大矣古以俗吏稱之不虚也惟劉晏陳恕天
性明敏負經濟之才故能足國□民賴以後世又豈
俗吏之所能爲廬陵戴復常也□論爲非義利之判
講之非一日矣暨來莅政於[illegible]已一歷天官考課
最復常蓋能正身率下會計有方勸懲有道是故國
課賴以聚民用賴以足非苛虐取民計較毫釐以致
之也余居新會去鹺司僅百里與復常會再四思士
多器其材民多頌其德余竊自喜曰古今理財者鮮
有得人之盛而斯人任一命官於蕞爾地聲名藉藉若

此使總天下則必能足國裕民如劉晏陳恕可知矣余又聞事有得失民有利病國家討言之士皆可言新會虛徵糧千有奇深山窮谷有苦網之課此皆弊政之大者僕常思與其民解倒懸嘗欲言之今聖明嗣大寶愛民之仁厚民之生屢形詔敕履常入覲正其時也宜悉敷陳皇上聽之信之舉而行之是子以大義利國家不以小利傷大體異日所就其可量乎無俾新會民稱曰循吏余日望之

贈湯祖蔭南歸敍

黎　貞

新會湯祖蔭採山獲異石走萬里獻闕下九重嘉之恩賚優渥里人龔舜應將待銓天官欲得余言張其美乃偕祖蔭來語余曰石之所以異者光白爲脊溫潤如玉趾平頂銳羣峯矗矗高不踰咫捧之盈掬中瑩明珠光瑩奪目余曰石誠異矣然朝廷之賞祖蔭非以是也嘉其心之誠焉耳矣方今萬國執玉九夷貢琛奇珍上瑞駢臻畢集苟謂聖人所寶惟賢何貴拳石之異者顧念祖蔭海隅一氓生際昇平耕食鑿飲以遂其生仰事俯育以順其情良心發見思圖報德久矣所恨無以將誠一旦遇茲異石於寂寞之野自以爲天造地閟待時呈露爲國家之美瑞冀凡以將此誠矣與昔人負暄而適欲以獻於君者同一報德之心日月無私洞照情悃此天澤之所以下霈也祖蔭回鄉里其斗醴酒召族人故舊相與榮君賜必有盟慕祖蔭之爲而恨無祖蔭之獲者爲我語之心苟誠焉無備物也賢者進言愚者効力皆足以報德而受賜祖蔭倡伊誰和之厥美而張余有巨筆既爲大書特書又當不一書之

送黃古爲回京敍

黎　貞

永樂紀元之明年萬方嚮風輿情悅懌皇上稍以四海之廣田野未闢民乃艱食乃集廷臣播告之曰朕有天下誕作民主惟上下勤恤用惻於顛越民一夫不獲其所恫於朕心爾羣臣擇使之良者偕有司巡行草萊未闢者闢之俾吾民悉歸南畝無遊惰者則惟爾嘉羣臣咸稽首頓首颺言曰敢不奉揚休命於是妙擇才幹明敏練達治道者使四方若古爲黃公亦其一焉公出蒞嶺海夙夜寅畏來吾邑某等躬[illegible]

丘壠谿出荒田若干邑耆老暨稚孺咸舉手加額而相告曰聖天子明見萬里外而使臣宣布仁澤德至渥也暨公回朝戍卒擁馬首擊節而歌曰山不瘴兮海無波如虎如貔兮將若何賣刀買犢兮罷凱歌樂遐南陲兮投干戈使君之德兮千古不磨歌已民復歌曰分之常兮朝作夕息無立錐兮閔施厥力與我土兮草萊是闢粒我饑兮莫匪爾極樂此生兮順帝之則嗟乎觀里巷歌謠則知政教得失今公能敷達聖明盛心使遐陬之人擊壤鼓腹感歎興起形於歌謠若然信其無媿於皇華矣余目盛事遂紀其實以為敘

送鄧士齊之教貴縣序　　黎貞

予歸自襄平未期月闔泮生湯應璧劉源挐舟抵穗城袖手卷造吾廬揖而言曰丙午秋闈凡取士若干吾邑鄧士齊氏第居前列今年赴春官領廣西貴縣教促裝就職敢請先生一言以贈之余愀然曰貞也居塞外手不方冊目不俎豆十載餘古人有言聰明不及於前時道德有負於初心貞之謂也今二子遊上庠師巨儒種學積文非復吳下阿蒙廣文黃先生學與德崇為東南冠予不之請而謀及區區者何耶二生曰黃先生已序於前先生鄉之先進應璧等不遠數十里求一言不可得乎予既辭不獲乃謂曰昔寇準社稷器弱冠及第未幾位宰輔識者惜其太蚤故進銳退速麗發有成理勢然也今皇上深知育才之方凡進士釋褐年少質美者咸試以教職挫其飛揚勇銳之氣培其昂脊秘堅之才為異日棟梁具斯意豈淺淺哉如鄧子士齊年甚富志甚銳剸繁治劇

非不能也發奸摘伏非不敏也攬轡澄清非無其志也撫字宣化非乏其才也然舍此就彼得無意乎惟當欽體聖意以圖盡其道則庶乎可也惟洗滌以蓄其德惟教學以富其業植綱起儒以強其才去奢節欲以固其志則異日居大任決大事體立用行明乎道義無所疑配乎道義無所懼矣若出函丈垂絳帳立諸生執經問難設俎豆陳鐘鼓諸生演儀習禮孜孜於修文游藝灑掃應對之節此則士齊講之素而學之裕矣奚容予贅予歸請以予言質諸廣文先生

只爲何如

漁隱序 諱臨元朝探花 明朝進士 黎 貞

士未遇取適於山水之樂山水之樂莫過於漁樵耕牧故太公子陵適於漁買臣王質適於樵孔明龐公適於耕甯戚適於牧是皆曠世之俊傑也方其未遇皆寓迹於四者無亦天於數子晦其迹養其明而堅其志將降大任於異時也世之人見寓迹於此者目之曰野人上復從而賤之視之如僮僕然嗚呼彼誠賤人也不猶愈於奔競之士乎彼奔競之士

知有利而不知有義利欲在前苟得間而謀之雖父母兄弟弗顧也野人質樸肯如是乎況取適於此而志不在此所謂晦其迹而養其明堅其志而大其任如前數子之謂也吾國梁彥明氏世儒業隱居天臺山之陽天臺隹山水奪富春勝槩乃慕子陵清風自號漁隱尚志也時或操竹竿坐釣臺觀錦鱗遊狎鷗鷺忘機怡怡自得而物我無間矣或乘舟放中流明月在天水光一色舉酒高歌其樂洋洋而寵辱俱忘矣嗟乎彥明之樂其樂取適於山水之樂山水之樂尚隱者之所尚非憂天下者之所安也憂天下者可以仕可以止得聖人之出處者非姜子牙之徒其誰與願彥明其希之

送王希成還京序 黎 貞

士之偶於時者古今爲難尼父孟軻挺聖賢之資而生於春秋戰國之季王通韓愈負王佐之才而遇於暴隋衰唐之末雖汲汲以畏天命悲人窮爲心而時君視之如風馬牛之不相及是故有浮海之歎有臧倉之沮有退居河汾而終身不齒有降黜潮陽而幾

至極刑棲棲然縈縈然且不能安一身於朝廷之上況望其能澤被天下哉三代以降君臣相遇如孔明之輔先主王猛之遇符堅陸宣公之輔德宗趙韓王之相太祖一時際會魚水相歡非謂偶然而或偏安小國不是有爲或君臣相負有始無終求明良相逢於一時如唐文皇魏鄭公者千載一遇而已當今聖神在位雖昆蟲草木之微戴乾履坤向陽明而被輝光者咸囿於壽康之域況抱器懷才之士獲遇於時者乎孟子有云君子之欲仕猶男子之願室女子之

願家但恐不由其道耳今既有其器矣有其才矣而又偶於時矣不爲此文明一出色而伈伈俔俔偷活於荒崖邃谷間以巢由自居亦惡足以酬其弧矢之志哉予年念壯齡時頗有志於此柰命與時違凌遲塵土至於老病髮蒼蒼而視茫茫消埃無補於時嘗自歎安得明古識今通時達變之士與之語且勉之仕而告之可以有爲之時予雖陶陶然終老巖谷無憾也適王希成以文學釋服囘朝來告别請序希成可謂明古識今通常達變之士也遂疏古之聖賢不

遇於時與今之幸遇於時者以復之且告之曰天下當春秋鼎盛大有爲之志過唐文皇遠甚希成能以魏鄭公自期則古今同一揆也希成勿自慊有爲者亦若是

送李世卿還嘉魚序　陳獻章

弘治元年戊申夏四月湖廣嘉魚李承箕世卿裹糧南望大庾嶺浴道歌唫入南海訪予於白沙一見語合意先是五六年予會都憲公之子承恩於北京承恩世卿從弟也示予以世卿之文出入經史跌宕縱横筆端滾滾不竭動數千言沛然出之若不爲勢利所拘者予時未識世卿而知世卿抱負有大於人既不忘於心亦時於詩焉發之或聞論當世士有文章必問曰如李世卿否然又意世卿少年凌邁高遠則有之優游自足無外慕嗒乎若忘在身忘身在事忘事在家忘家在天下忘天下世卿未必能與我合孰知世卿有意於來耶自首夏至白沙至今凡七越月中間受長官聘修邑志於大雲山下五十餘日餘皆在白沙朝夕與論名理凡天地間耳目所聞見古今

上下載籍所存無所不語所未語者此心通塞往來之機生生化化之妙非見聞所及將俟世卿深思而自得之非敢有愛於言也時時呼酒與世卿投壺共飲必期於醉醉則賦詩或世卿唱予和之或予唱而世卿和之積凡百餘篇其言皆出於性情之眞非有意於世俗之毁譽至是世卿以太夫人在堂辭去欲留不可爲古詩十三首别之諸友相繼有言世卿歸以所聞於予者質諸伯氏茂卿登大厓山吟弄赤壁之風月予所未言者世卿終當自得之世卿之或出

或處顯晦用舍則繫於所遇非余所能知也予老且病行將采藥於羅浮四百三十二峯以畢吾願世鄉能復索我於飛雲之上否耶序以送之

道學傳序　陳獻章

自炎漢迄今文字記錄著述之繁積數百千年於天下至於汗牛充棟猶未已也許文正語人曰須焚書一遭此慕秦之迹文正不諱言之果何謂哉廣東左方伯陳公取元所修宋史列傳中道學一編鋟板與同志者共之宋史之行於天下有全書矣公復於此

留意焉噫我知之矣孔子曰十室之邑必有忠信如丘者焉不如丘之好學也後世由聖門以學者衆矣語忠信如聖人鮮能之何其與夫子之言異也夫子之學非後世人所謂學後之學者記誦而已耳詞章而已耳天之所以與我者固懵然莫知也夫何故載籍多而功不專耳目亂而知不明宜君子之憂之也是故秦火可罪也君子不諱非與秦也蓋有不得已焉夫子沒微言絕更千五百年濂洛諸儒繼起得不傳之學於遺經更相講習而傳之載於此編者備矣雖與天壤共敝可也抑吾聞之六經夫子之書也學者徒誦其言而忘其味六經一糟粕耳猶未免於玩物喪志今是編也采諸儒行事之迹與其論著之言學者苟不但求之書而求諸吾心察於動靜有無之機致養其在我者而勿以聞見亂之去耳目支離之用全虛圓不測之神一開卷盡得之矣非得之書也得自我者也蓋以我而觀書隨處得益以書博我則釋卷而茫然此野人所欲獻於公與四方同志者之芹曝也承公命爲序故及之公名選字士賢浙之臨海人先公勿齋先生宰新城遺愛在民公稱其家學

云

湯氏族譜序　陳獻章

家之譜國之史也本始必正遠邇必明同異必審卑而不援高微而不附彰不以貴易親不以文覆愆良譜也莫不有家也小大異焉莫不有世也升降異焉自吾之世推而上之缺其不可知者存其可知者良譜也世假譜以存者也譜存之家是名世家修譜者不知世之重也援焉以爲重無實而借之詞吾不欲

觀也湯氏邑之著姓也自言先汴人隨宋南渡居嶺南南雄世遠失傳今以始自南雄遷古岡日統者爲一世祖統以上無考譜亾於元季之亂續之者唐府伴讀八世孫有容也退菴鄉先生序之正統己巳之秋黄賊起南海一鄉騷然賊南攻湯氏之婦馬氏奮謂其夫溥英曰賊且至矣他物易得耳譜亾文獻無徵於是馬氏乎抱是編走邑城西北貴奇坑中入木火顛沛極矣譜卒賴以全湯氏之先以儒起家世有顯人序稱伴讀君之賢有曰今馬氏又賢也在宋欽

州守馬持國賢而有名馬氏幾世祖也其賢蓋亦有自云其子紹端念母氏之賢勞將托以告後之子孫俾咸念之徵予序予惟世家之譜可觀不按不附如湯氏亦良譜也内則賢婦女外則賢丈夫相與修維維持旣亾而復存湯之子孫念之亦允蹈之國史記事畧與家譜同史主勸懲譜勸而不懲不修其世而以譜重君子不重也卒亦不勸而已矣存世者譜也存而重之譜乎世之重以德譜之重以言德與言孰重重世乎重譜乎在湯氏

剛辯　　黎貞

酷吏以卞急殘忍爲剛世俗不察見其行事果決庶務夙成皆曰剛吏也嗚呼是暴而已矣剛云乎哉夫剛美德也剛則無慾不挫其志不屈於物雖偶寬博而不惴千萬人而吾往剛之體段如此若卞急殘忍尚得謂之剛乎外則刻剝以張其威内則貪婪以遂其奸其可謂之無慾乎善事上官惟命是從可謂之不挫其志不屈於物乎易曰天行健君子以自强不息夫行健天之剛也自强不息君子之剛也天人一理知天之剛則知人之剛不外是矣故氣餒則志不充質弱則行不篤心怯則守不固是皆無剛以主之

如公孫弘張禹孔光胡廣之徒是也若夫臨威武之際刀鋸在前鈇鉞在後抱理不屈死生不易節如汲黯蘇武朱雲段秀實之流蓋誠其人也今區區之徒役其小智以苛刻爲明以辦事爲能卽孔子所謂民賊柳公綽所謂奸吏舞文溫舒所謂刻木不對而今皆以剛稱之何哉雖然世俗不識剛之爲剛而以暴

爲剛此其所以失人也故不可不辯

論

邵易論 有序　　陳吾德

萬曆丁丑之春余謫官塞上經衛源入蘇門尋康節先生安樂窩登嘯臺下訪三仙洞憩百泉書院遍閱諸名公碑刻其中洛陽晦菴劉公謂康節之言一陽初動處萬物未生時及一動一靜之間指氣之初形流脉者爲理與孔子一陰一陽之謂道程子在物爲理其說有間以

是不得專祠心頗疑之因不揣爲論於左

夫易之爲書也天地萬物之理備是矣而君子之學之也則曰玩數玩象玩辭繇之曰玩意焉耳夫數也象也辭也莫非至理之攸寓也然不曰理而曰意者何哉嗟夫此眞讀書之活法耳豈惟易哉吾夫子曰書不盡言言不盡意意也者旨也得作者之旨而其言與書渙然釋矣不以文害辭不以辭害意是深於詩者也得意而忘言得言而忘象是深於易者也如以辭而已矣奚自而入作者之藩籬哉易有先後天先天伏羲之易猶之開創也後天文王之易猶之繼述也以理而言則謂先天之理即後天之理可也以意而言則謂文王之意即伏羲之意不可也明乎此可與論易矣邵子隱居河洛之間潛心二十餘年著有皇極經世一書以發明先天之蘊明天地之始終觀古今之治亂知人物之死生庶幾乎握天機心通造化者矣但其書命意命詞別爲一家引經引義別爲一說自非沉潛玩味使其倫類精熟脈絡貫通鮮能有得信有如蔡西山所言者他未暇論若前二言

則以爲邵子所以躡天根探月窟而獨得乎環中之趣者其竅妙正在於此耳請爲之明其意復卦唫曰冬至子之半天心無改移一陽初動處萬物未生時元酒味方淡太音聲正希此言如不信更請問庖犧此其意爲復卦言之也夫天之心何心也以生物爲心者也昊天生萬物而其生也以陽爲主方冬至子之半斯時也隆冬栗烈微陽始動物安從生然陽雖初動也而動也以之基物雖未生也而生以之始如水之爲酒非無味也淡而已矣惟其淡也有遺味者

矣如太古之爲音非無聲也希而已矣惟其希也有遺音者矣是故震交於坤乾之門闢焉其長也由小而浸大臨天根以知人不待至乾而羣龍見矣乾以後則愈分而愈雜巽交於乾坤之門闔焉其消也分大而爲小探月窟以知物不待至坤而堅冰兆矣坤以往則愈歛而愈微以此往來三十六宮一分一合一交一離兩儀互相推也四象交相錯也八卦遞相盪也此四時之所以行百物之所以生也而離合之際莫得而見其迹焉故聖人以此爲見天地之心者

也豈曰指茲昧者之爲理與觀物篇曰夫一動一靜者天地之至妙者與一動一靜之間天地人之至妙至妙者與此其意爲孔子言之也夫上既言皇帝王伯有其土矣孔子則無土以萬世爲土者也春夏秋冬配乎時矣孔子則無時運乎四時者也茲其爲皇極之統亦猶四象兩儀而同歸於太極云耳今夫地太極之一靜耳然亘古此一靜而未嘗無動也動中有靜靜中有動妙於動靜者也而其一者常存豈非至妙之謂與夫若此者信至妙矣猶有至妙者焉何

也動靜分者體之一定而不易也動靜交者用之流動而不拘也而猶有體用之可言也惟夫靜之極而將涉於動也動之萌而不離於靜也所謂一動一靜之間者也斯時也體用一源無中含有即有所謂無極而太極者也至此則天地不得而專之聖人與天地一矣何也聖人之心寂然不動感而遂通天下之故其靜也以天而不以我則雖靜而若無靜也其動也以天而不以我則雖動而若無動也三才之理同歸一太極焉耳豈不謂至妙至妙者與故曰仲尼所

以能盡三才之道者謂其行無轍跡也然則欲觀仲尼者舍天地奚之焉欲觀天地者舍動靜奚之焉或曰若爾則所謂一動一靜之間者正坤末復初相交之際朱子所謂與周程之言小異者此也曰夫安得而不異也朱子以爲異未嘗以爲非也言雖異者而理則同學者於其異而求同乃爲善學者也夫一陰一陽之謂道矣不曰易有太極是生兩儀者乎在物爲理固矣而未有物之先與無物之後理豈遂無乎大抵聖之立言有統言者有專言者無極之言古未

闢也自周卲二子發之周子統言其理意在於立教也立教故其詞顯卲子專言其幾意在於闡易也闡易故其辭微顯則可以言求微則本乎心悟或曰幾者何也曰幾者動之微吉凶之先見也一涉於動則衆所共見而知幾者何以謂之神乎故曰思慮未起鬼神莫知又曰何者謂之幾天根理微得意難言正在此矣嗟夫世儒之言天地也言陰陽也則曰其理如彼云爾而天地陰陽亦物耳矣不有先生孰闡與旨哉是故消長相乘者也然必有長而後有消而方其長也孰上張終始相因者也然必有始而後有終

而方其始也孰根底是此一言所以貫天地萬物之始終而必有為之元者經世之書所為而作也明乎此則由一而二由二而四由四而八由八而十六由十六而三十二由三十二而六十四分陰分陽迭用剛柔至于百千萬億而不可紊者猶根之有幹幹之有枝枝之有葉愈大愈少愈細愈繁合之斯為一衍之斯為萬故曰乾以分之坤以翕之震以長之巽以消之長則分分則消消則翕而其幾皆始於此一動而下動起於無動焉耳故物有出出於其幾者矣有入於其幾者矣莊生之言余有取焉而於卲子何疑

頌

皇都大一統頌 有序　鄧林

永樂十八年北京宮殿成明年春正月甲子朔皇上祇率群臣告於天地宗廟社稷御明堂受萬方朝賀華夏一統基業萬年神人胥慶頌聲交作臣草茅下士詞華未瀛言不足以揄揚盛美爾不勝蝉蝓微衷謹譔四百一十六字為皇

都大一統頌拜手稽首俯以獻其詞曰

天作神京山河鞏固奠皇宅之永臣寶祚大明啟運定鼎金陵皇上纘統而營北京維彼金陵俯臨淮甸龍飛渡江洪基肇建維此北京冀以堯封龍潛舊邸王氣所鍾昔在太祖心存北顧允惟聖皇是簡是付聖皇文武謨烈祇承聿追來孝聿觀厥成歲在丁酉星中營室正於四方元龜告吉工師効力山川獻材四方和會庶民子來爰法天經爰因地義斷自宸衷率由舊制廼營三殿三殿堂堂乃立九門九門將將

乃築圜丘乃除方澤父天母地于焉昭格乃嚴廟社
乃定市朝規模位置秩焉有條龍樓中峴鳳閣前峙
禁城萬雉邦畿千里乃廓阿閣玉戶金鋪奕然壯觀
偉矣宏模府第星羅廬井櫛比萬景一新兩京騈麗
歲在辛丑告厥成功元日甲子帝御九重虎衛嚴肅
蠻人報曉爾祭頌恩絲綸下詔萬國執玉八蠻貢琛
華夷一統臣民同心洪惟聖皇與天合德營此北京
象彼北極維北有極環拱衆星維北有京包舉八荒
洪惟聖皇德備神武郡縣南交衣冠北國洪惟聖皇

德備聖文六合爲家一視同仁拜手稽首聖皇萬壽
與天同長與地同久拜手稽首聖皇萬年博厚配地
高明配天日月貞明山河帶礪聖子神孫本支百世
簡編有紀金石宜鐫臣作頌章永世其傳

議

倉步建縣議　陳吾德

稗史氏曰嚶聞上大夫談經畧吏與者謂宜多置縣
或嘗怪其言之無當也以爲羊十牧九且茲擾爾矣
觀乎廣肇二安二寧之建置至今賴之非其明效大
驗也耶夫山海懸隔遥制爲難深谿可馮則狃圖易
起嘗諸山鹿野麋不近羈勒胡以服制從教習使然
也頃余登曹幕之峯四顧徘徊會明與恩四邑於此
襟喉焉蓋皆百里而近幾於聲教不訖矣議者欲因
倉步舊城益以會之古博平康與之雙橋一都置縣
數里變田價以修廨宇招流亡以復里甲蓋事一而
功百勞暫而逸永十年生聚教訓庶幾及道負而供
輸帶牛佩犢之衆盡絲南畝矣爲嶺西南圖治安者
計寧出此乎嘗聞豐城李公曰倉步建縣爲萬年計

建鎮爲數十年計獨柰何竟置也非其計不終日者
耶漢人有言曰屯戍之士非忠臣孝子不可盡繩以
法況法所不繩乎烏合蟻聚不逞之徒據茲沃土今
稍聞四出剽掠且爲逋逃藪矣建縣之議格不行焉
豈非吏事者限於後時哉

族譜議　湯敬升

曰族譜又曰家乘譜之言普也亦曰補也乘乘載也
所以普遍姓族補其遺亡者合而載之以成吾一家
也是故發一姓之根源提九族之總統備人道之始

終定昭穆列長幼彰往法後皆賴乎譜譜之所須大矣嘗讀蘇氏譜曰譜吾作故詳吾所自出其險乎其險乎如果蘇之爲見也則知吾祖僅出有吾至於世數綿微苗裔遜隔支派亾而功利起於是希慕貴勝輕忽寒悴强者或凌弱富者或奪貧而重本敦睦之意衰矣諺曰百裔同出一祖千葉同出一株故同姓爲宗合族爲屬雖遠不廢所以崇孝也崇孝之道莫急於尊親尊親莫大於合族合族莫先於修譜譜修然後長幼序長幼序然後禮讓興禮讓興然後不凌

弱不奪貧故族始稱

或問國史毛勸懲譜勸而不懲族有不孝不弟不睦爲奸爲盜爲暴閔不仁譜乎曰譜有三不書殊刑不書惡疾不書不得其死不書三者恥宗之顯也有之若人則宜殊刑宜惡疾宜不得其死未逮於斯三者吾姑譜其名以承前遷後傳曰稱美而不稱惡不欲以先人愧子孫也幽厲雖暴乎桓祖之廟祀不毀故春秋立諱於親厚之道也紀事不離故實要在不[illegible]夫弗錄有善[illegible]而升其爲悖道之行均耳君子蓋棺而是定言行身後而始章故弗錄生者俟也譜法有進有黜他姓之子後吾宗雖已成派吾其猶黜諸吾宗之子後他姓雖易世吾猶進諸

或問譜之不與人爲後者何也曰今之爲人後者以利焉而已卯本而亂禮之爲也吾何與焉卜子夏曰爲人後者孰後後大宗也晉張湛曰後大宗者所以承正統也必大宗之主小宗五世之嫡死而無後然後爲之置後支子不得置後不繼祖與禰也今之非所後而後焉是曰亂禮舍天性之愛而父他人孝子

不忍也是曰拂本苟有田產財計則爭爲後無則猶子於世父棄也是曰懷利三者皆自悖於先王之教者也予何與焉曰然則支子之無後者不無屬乎曰禮曰殤與無後者祔食於祖不辭祭也如之何爲屬也

或問孫遠死而無嗣其弟重以其長子彬後之夫長子不得爲後重之命非乎曰斯重崇宗之義也吾將以重爲知禮矣昔子思兄死而使其子白續伯父以主[illegible]合祖之祭然則孔氏非與

我小宗行五府經公早世臨危屬姚程氏曰能矢節不二與嫂李共保幼孤無惑衆咻爲繼立也姚如其言君子以爲知禮我　曾南淵公爲之義服三年特祀一櫝禮行五應祔食于今與　高曾世享於廟所以報也以義起也舊譜毋爲人後輒譜其後於所後之後而使其子爾於人弟先於兄何安乎何安乎吾譜雖不輕爲更制而但曰某後之至某宗支派列則各支其支各兄其兄而昭然不紊滅重所自出也亦以示禮也

婦有三不譜一曰大歸二曰更適三曰無嗣無嗣弗傳也更適爲義絕也大歸爲弗祔也義絕譜之則悖弗祔譜之則黷弗傳譜之則偽是故吾譜弗譜也或曰妾之得譜者何也曰貴有子也昔魯莊之成也文之嬴也襄之歸也成之姒也姿也舉以子故書薨書葬書夫人春秋之義也禮妾有子祔祖姑之廟廟可祔獨譜乎譜妾見於嫡下重嫡妾之分也

曰人有抱其同宗之子而育之則亦可以爲後乎曰可螟蛉有子化爲果嬴班氏之乳虎紀焉養育之恩大矣哉

新會縣志卷之十七終

新會縣志卷之十八
知新會縣事渤海賈雒英訂定
邑人余玉成
蘇佛汝
李朝鼎分校
薛起蛟
湯　晉仝纂

藝文志下

五言古詩

登高感興　黎貞

天地有終始人心無津涯浩蕩八極中妍媸相推排
固孔既云遠綱常日已乖擾擾聲利者吞噬如狼豺
似彼採芝老清風詎能儕登高一翹首潸然傷我懷

龍溪清隱圖爲趙小菴題

長笑宇宙間寓形復何時賈傅空太息宋玉徒傷悲
彭澤潔身者清風百代師淮陰功蓋世不免三族葅
得失既如此斯人竟何爲小菴樂天老晦迹龍溪湄
溪邊花木秀溪上魚蝦肥釣魚酌春酒帶花臨清池
登高意更遠眄柯顏自怡論心來鮑叔聽琴有鍾期
不學屠龍術不學歌採薇從容處斯世豈逐浮雲移
訥予性嗜酒陶陶日如痴遠遊感郊已看山傷別離
滿卷作圖畫聊寫長相思結廬此山下賦我歸來辭

盤桓雲壑圖

幽人厭塵煩放情在雲壑雲壑窈而深盤桓得真樂
野服製芰荷閑朋結猿鶴雲從膚寸生水自蒼巖落
興來發長嘯清風振林薄我本山水人羈棲向城郭
聞風動遐想題詩寄寥廓

和楊龜山此日不再得韻　陳獻章

能饑謀藝稷冒寒思植桑少年負奇氣萬丈摩青蒼
夢寐見古人慨然悲流光吾道有宗主千秋朱紫陽
說敬不離口示我入德方義利分兩途析之極毫芒
聖學信匪難要在用心臧善端日培養庶免物欲戕
道德乃膏腴文辭固秕糠俯仰天地間此身何昂藏
胡能追軼駕但能溯餘芳持此木鑽柔其如磐石剛
中夜攬衣起沉吟獨徬徨聖途萬里餘髮短心苦長
及此歲未暮驅車適康莊行遠必自邇育德貴含章

遁來十六載滅迹聲利場閉門事探討蛻俗如驅羊
隱几一室內兀兀同坐忘那知顛沛中此志莫能強
譬如濟巨川中道奪我航顧茲一身小所繫乃綱常
樞紐在方寸操舍決存亡胡爲謾役役斲喪良可傷
願言各努力大海終回狂

送李劉二生還江右用陶韻

夜聞桂樹芳晨起山烏喧客從遠方來歷我階西偏
手持諸侯書徵命往匡山我願謝人群遂往不復還
滯形宇宙內俛仰獨何言

漫題

仕者必期通隱者必期[illegible][illegible]成可恥肉食安可餐
聖人履中正白首濟川[illegible][illegible]荷蕢者果識聖心勞
浮雲馳白日黍稷生蓬蒿飯蔬食飲水曲肱謝遊遨
汶上去不顧陋巷貧絕交徒聞武城宰割雞以牛刀

和陶

歸田園

我始慚名韁長揖歸故山故山樵采深焉知世上年
是名烏榆非曰龍潛淵東籬采霜菊西渚收菰[illegible]

游月高原外披懷深樹間禽鳥鳴我後鹿豕遊我前
泠泠玉泉風漠漠墨池煙閑持一觴酒歡飲忘華顛
道遙復道遙白雲如我閑乘化以歸盡斯道古來然

懷古田舍

君子固有憂不在賤與貧農事久不歸道路竟徒勤
青陽動芳草白日悲行人沮溺去千載相知恒若新
出門轄窮厄得已聊一欣甘雨濡夕畛繁花莽春津
獨往亦何樂耦耕多近隣百年鼎鼎流永從耕桑民

藤簑

一簑費幾藤剞劂鍥朝斧交加落翠蔓制作類上古
吾聞大澤濱羊裘動世祖何如六尺簑滅迹蘆花渚
舉俗無與同天隨要中語今夜不須歸前溪正風雨

其二

新簑藤葉青舊簑藤葉白新故理則然胡爲浪忻戚
扁舟西浦口坐望南山石東風吹新簑浩蕩滄溟黑
須臾月東上萬里天一碧安得同心人婆娑共今夕

秋興

西風振庭木虛堂夜蕭蕭攬衣起步月歸鴈雙飄飄

天地豈予獨知音不可招寘心祈有合悵望空雲霄

有懷世卿

仙鶴去不歸黃鸝向人語空館忽相思雲山杳何許
出門望東海默默空延佇月出潮復來鳴橈下滄渚

其二

時雨日夕來郊原藹新綠白雲被重崖下映寒塘曲
情結竹上言魂銷井邊躅三年隔瀟湘書至不可讀

其三

伏枕廬山下春懷條不舒哀絃久去耳風韻今何如

灼灼花自媚嚶嚶鳥相娛高臺夕流盻古道行人疎

中夜思　鄭銘

午夜長風生撼我庭前樹[illegible]客意中人垂盡青衫淚
湘江波浪深寸緘達何許惆悵空斷腸燃燈達天曙

秋夜客至共酌池上　許炯

皓月出林杪清光映金波涼飈颯然至徘徊吹女蘿
秋聲入庭樹珠露傾池荷江濱有佳人攜酒夜相過
開樽紫水上坐笑熊山阿酒盡且復沽曲終還再歌
人生百年內歡娛能幾何良宵對佳客此夕意已多
明日東西去後會莫蹉跎

訪吳處士隱居

林下訪高士徑度茱萸灣洞門無俗客白雲府任還
蟬響谷逾靜水流心自閒幽花紅有意叢桂綠堪攀
始信神仙藥頓輕名利關日夕忘歸路明月照空山

贈月橋山人

幽人挺奇趣結構臨清渠彌足駕飛瀑彌道一何紆
脩篁斷來徑喬樹上參虛流飈動清響隱隱聞笙竽
芙蕖生短褐茶杜集長裾朝挹天河水夕宿崖門隈

曜靈匿西景轉睇流望舒澄川披素練疎林散瑤琚
鶴髮增華澤元貌亦醲腴伊余一傾蓋把袂共躊躇
溪花浮香茗野蔌出中廚悰懷良未極淹留興更腴
已入梯仙域何必問蓬壺

同羅少南黃叔化陪曹明府厓山吊古因泛舟

觀海得水字

登臨屬素秋厓山風月美茂宰肅精禋招攜集耆儷
生平吊古懷覽歷從茲始清晨陟崇原四望山煙紫
兩厓東怒濤萬籟鳴悲耳披蘼問行朝綠蹊覩宮市

一后有遺陵六師無故壘逵彼苑生關悟茲與亾理
泛海帝圖非指編臣節是長松皆摧殘虛殿半頹圯
感慨恨難平凄凉淚欲灑移尊凝海旁擊楫鯨波裏
人疑星漢遊舟以芥爲比未覩朝夕池安知百川水
回首崖慮消壯遊乃如此聊以散來章逈言不盈紙

山主峯歷蒲澗作　李之世

茲山果奇秀崔嵬中天峙丹梯鬱盤紆巖磴迴清閟
赤日吐大江朝霞共明媚乎空睹樓閣隱隱宿雲際
六月凉飈生冷然透衣袂攀蘿爲道長漱石泉聲細

中嶺出層霄度者如磨蟻一徑轉幽深千流瀉清泚
臨流擷澗蒲荷鍤餌仙髓須臾日就頹明滅林光翳
筞杖還故山偶與高僧偕茗分石竇泉飯煮香廚米
因眺一日閒春焉念人世

雜懷

屏居謝塵營委志事文藝一語破鴻濛便欲當吾世
名山無改移金石有剥蝕落落千秋情伊誰得深締

其二

豈無綠綺琴塵埃不復理拂拭向君彈泠然中宮徵
古有鍾子期斯人今已矣抱琴試問君高山定流水

戊辰歸來　黃淳

歸來多秋雨竹雲屯不晴空齋坐中夕蟋蟀周簷鳴
何以覺家好布衾寒夢清文章十年事誰更爲時名
離別無遠近不見總勞情安得洞天侶採此露下英

感懷　何士域

步出北郭門遙望北邙上多少錦繡人孤墳淚無主
白晝走狐狸清宵嗥豺虎榆柳紛成行一葉一風雨
蕭蕭總愁人無非關情處俯仰看乾坤側身閱今古

服食求神仙鸞鶴效冲舉王喬并偓佺差可相與語

擬古　余紹誠繼女余巨隆才女許孝廉[illegible]妻

西陸起涼飈高梧墜秋葉出戶聞寒蛩開窗見明月
美人天一方傷情又離別離別有所思夢寐恆見之
凜然松栢操瑩如冰玉姿爲言持貞素值時自有期
懽會未及終悵爾聞晨鷄亭亭東方樹漸覺含朝暉

七言古詩

聞笛　黎貞

江水澄清江月白夜攏扁舟南浦驛誰家年少不解愁頻向船頭苦吹笛笛聲飄飄高入雲離人更愁不恐聞商聲嘹喨羽聲急梅花落盡江南春梅花已歇復三弄離人聽之愁入夢聽之涕淚誰更多嶺南狂客成滂沱

贈王子敬凱旋

君家郡城東我家象城北相望百餘里烟樹濃晴碧憶昔元季雲擾時龍爭虎鬭交相馳君將才畧動邊帥伏軾六出陳平奇五年年少務遊俠走馬彎弓立勲業萬斛樓船夜渡江千丈雲旗秋射獵昔時身健正黑頭朝歌暮宴娼家樓買笑追歡不論直爭妍妒寵多明眸君輕富貴好才藝出入侯門衛長史學劍長懷楚項梁擲蒲不讓晉劉毅千金買戰馬百金得吳鈎取虜滅虢在呼吸飄飄逸氣凌高秋春花秋月年年度用盡黃金教歌舞天旋地轉慨與凶往事浮雲如塵土大明龍天開鴻濛草木爭秀含春風聖明

天子大一統九州臣妾俱來同君時出應風雲起拄杖蔴袍見紫芋白玉階前賜宴回五色雲中聽宣旨紺衣烏帽別金鑾旌旗出鎮青齊間柳營月冷兵威肅虎帳塵清將畧閑中原平定干戈息時清猶上安邊策六韜三畧素講論又何遼陽樹勲績君今兩鬢已成霜據鞍顧盼猶鷹揚矍鑠可同伏波老慷慨不減漢中郎今年誓師將征北獨請長纓稀沙漠馬鳴蕭蕭朔風高塵起漠漠塞雲黑元戎智勇比衛青鐵騎直上白雲城出塞豈論五千里漢南從此無王庭西風八月長城路奏凱班師賦歸去千乘萬騎西南行赤手收功在斯舉獨憐遊子感慨多年過三十猶蹉跎龍泉未出豐城獄白璧倒臥荊山阿每憶少年十六七蚤向番山學文術同門多讓先着鞭射策穿楊期第一興豪擊節聲飄飄健翮幾欲摩青霄不圖書劍半零落囊志今已成蕭條謫寓東彝沍寒地遙望天南恨雲水高堂痛別白髮親綵服斑斑向誰戲黃雲紫水塵外居高槐細柳環吾廬客懷落落已三載乘風何日賦歸歟君今獻捷龍顏喜衣錦南歸見

萬里宦成名立何所求表表聲名在人耳青山斜明夕照前木葉蕭瑟蹇驢啞强將卮酒爲君別吞聲躑躅淚如泉

采蓮曲　　鄧林

綠鬟雲擾紅玉頰日日溪頭弄舟楫采蓮采葉復采花蓮花蓮葉何稠疊萬里關山君別妾試問相思路幾重數盡蓮花數蓮葉

采蓮復采花花心有蓮子蓮子未可食花心苦無比采蓮莫采葉留葉製郎衣自從采蓮去冷落鴛鴦機

郎在寒江千里外蓮葉蓮花不成采無因折藕覓絲牽惹起吞愁深似海

示諸生　　陳獻章

江門洗足上廬山放腳一踏雲霞窄人行不加篤亦全堯舜與我都自然人者便割羅與滯守身當以藩籬先世間膏火來熬煎市朝名利相喧填百年光景空留連丈夫事業何由宣昔者綠鬢今華顛嗚呼老矣誰之愆

約潮歌　　鄭銘

窅窅黃雲洞岸屼崖門山今古潮汐環其間朝暮噓吸時往還吐吞烏兔不計歲與月漁歌欸乃遠近明滅蘆花灣惠魁老人與不淺放步潮頭作游衍且日高詠夕軒眠潮神要約同歲年眠空不見黃地大脫屣捨幅態江邊應平了海潮賦月離日八窮毫素高論自詫僕天人臆說泛泛失其故爭似海門封山潮候有月加卯午以離舍變化伸縮弦望間晝夜潮平非假借我之一身備天地燮理師贊還二炁仁義周流信亦隨躡彼洪潮豈其二日月至焉天地斯異重

爲告語海潮云一心與爾同朝曛高榻鉅榜終擬旗便是希夷向上人

湖上行　　許炯

蒲帆桂楫木蘭橈羅袖茜裙翡翠翹皓齒蛾眉楊柳腰清風明月可憐宵蓮舟蕩漾逐回潮鴛鴦浦內丹楓橋歌聲繚繞彩雲朝不數秦樓弄玉簫郎君何來嘶馬驕隔花相望路迢迢夜深歸去夢無聊啼珠淚污紅綃

崖門奇石歌

七星之水天上來雲浪暗捲銀山開紫霧黃雲蒸蜃
氣天邊七十二峰臺陽俟拜川東風起潮頭千丈蒼
淶寒雹擊雷轟下九天長鯨却走蛟龍避奇石亭亭
戴巨鼇海門獨立障洪濤川瀆河伯不敢動氣勢直
與衡山高海不揚波陵谷改幾見桑田換滄海雨鎖
風昏看更奇烟消日出依然在兩岸瀟瀟蘆荻秋尋
常來往只沙鷗湔帆掩映雲中轉桂楫蒼猶天際浮
山川奇特乃如此何況古來忠義士世上風波十二
時獨立狂瀾終不倚君不見洛陽賈生天下希漢庭

慟哭傷明時長沙謫去人皆惜前席歸來主獨知又
不見浙東王公天下力手批龍鱗捋虎翼昔年折檻
識丹心他日擎天看柱石

長歌寄贈蘇汝載　李之世

蘇郎意氣落落誰與儔自言欲託放浪遊出門東西
南北無一可而況六合與九州嗟哉世途傾仄不自
由何必太行百折之峻坂與夫瞿塘灩澦之洪流驀
然平地風濤起雨覆雲翻掌上收弓蛇往往分杯影
談笑之下藏戈矛君今欲度而無轂欲濟又無舟酌
君酒勸君留胡不廻車援棹且彝徜臥遊八索并九
丘此地中藏十千界延攬大可豁心胖一人知己無
不足鵝軍杜門死即休得句還應自唱酣疑處須與
古人謀洗寞可以周八極瞬息可以窮千秋不然覊
川棹入水竹洞與爾散髮垂釣終日坐溪頭

喬雲軒爲僧子湛題

黃雲城邊雲氣流千朶萬朶壓城頭中有蜃樓駕霧
閣青天幻出崑崙丘瑞雲一道騰騰起其色內青外
復紫青者如藍半拂烟紫處流霞初散綺非烟非霞

碧實藻如困如輪滿太空宛凝湛露金莖曉忽灑輕
埃玉樹籠曦陽隱隱紆丹藏注景含輝紛紛郁郁縹緲
長依天際浮氤氳自抱重巖宿翠微深鎖薝蔔藏臺幕
靄朝霞去復來卻看清夜燃藜處定有祥光燭上台

五言律詩

春日聞鶯　元 羅蒙正

旭日明臺榭微風散綺羅樹陰涼翠合鶯囀落紅多
閒寂懷人處間關奈爾何嶺南天氣好二月已清和

寄謝何東道

故人違我久千里慰相思樽酒成山甕籠鵝到墨池
青山荒草徑暮雨落花時賴有春洲鴈南來可寄詩

送別鮑通判　明 梁臨

江風吹浪急送別海天長白石龍寒水青山帶夕陽

六鰲今可釣一葦最宜航後夜相思處傍開白玉堂

水東村　黎貞

翠竹三叉路清流一帶村林間隱茆屋深處自桃源
秋風熟禾黍旭日散雞豚醉裏忘為客生涯即故園

慧力寺

寺住最幽處半閑雲外家綠搖風動竹紅落雨飄花
倦客頻登閣山僧屢獻茶相逢如舊識歷歷問南華

寄諸弟

幾載音書絕鄉關夢寐多愁來悲骨肉老去事干戈
路杳紅塵暗天長白雁過無由問慈母康健近如何

其二

平安經濟學半世苦為儒弧矢懷初志山河憶舊居
塵埃淹歲月風雪老髭鬚生得歸來好相攜讀父書

賜觀燈詩二首　鄧林

月影移宮扇燈光燭御筵魚龍呈百戲笙鶴會羣仙
花發連枝樹人遊不夜天華彝欣共樂萬壽祝堯年

其二

弱水環瓊島星橋駕碧虛九重天近處一歲月圓初

勝景看逾好新詩讀不如微臣逢盛事獻頌愧才疏

七夕

夜久銀河轉天空玉露零遙憐兒女輩獨看斗牛星
鴈斷沉書浦螢流拜月亭何當乘興去共躡鳳凰翎

石門　陳獻章

白髮非公事扁舟進此門山雲寒不雨江路曲通邨
玩世吾何有長途馬不存晚來堪一醉江月照空樽

飲陂頭

入崦花叢繞通陂有路高柴門過午飯村叟對春醪

水白都知練風清不作刀自然五字句非謝亦非陶

送客

濃綠新春酒疎紅隔水花官人騎馬醉江路遶山斜
桃李成春徑牛羊散暮沙林泉無宿客與盡且還家

登陶公壯哉亭

新亭開石窟遠勢借崑崙天地雙眸迥滄溟一口吞
公來席不暖士死劍長存惜昔干戈際南征萬馬奔

吳村弔莊節婦墓

豺虎何由近風濤浩若無行人看墓榜英爽在清都

江暝雲長合原寒草不枯乾坤不朽事持此報君夫

圭峯閣

勝處不在遠杪秋何處尋步崖碧澗落眠石青松陰
地少滄溟入山高鷗鷺沉此時閒佇望誰識倚闌心

南歸寄鄉舊

居士舊茅齋蕭然倚玉臺獨尋寺裏去每到日西回
魚躍水萍破風推巖戶開小橋殘板在長訝有人來

其二

碧草東西堠黃鸝遠近山巖春花氣足簷日鳥聲閑
文字虛堆几闌林不設關一條煙際路朝往暮來還

其三

江邊逢野叟叉手問官名立雀黃牛近啼魚白鷺腥
西田餘故宅北嶺多新塋駐馬斜陽外悽然感廢興

其四

紫水圍沙北黃雲古剎東樓吞滄海日幔捲玉臺風
物色求鍾鼎丹砂訪葛洪芙蓉開十丈天際白龍宮

寄太虛上人

太虛石洞居孤絕少人依遠客攜琴至逢師乞食歸

一蒲青草上四面白雲飛盡日無言說巖花落滿衣

次韻秋興感事錄寄東所

醉眠山影裏恨不與君同松下泉來冷鷄鳴日過中
就床梳白髮開戶納清風起視滄溟暮孤鴻没遠空

秋坐碧玉樓偶成

造次中秋過商量几日來詩將秋景澹菊傍老人開
時節陶潛醉江山宋玉哀平生滄海意不受白鷗猜

題新村書齋壁

茅棟依巖靜柴門洗竹通桑榆巷南北烟火埭西東

一逕漁樵入孤村井臼同鄰家得美酒吹笛月明中

病痱用后山韻寫懷

病枕愁更永籠燈對夜長千年無鮑叔一懶有柴桑
兒請栽瓜地妻評作麯方花時逢酒伴酩酊出扶牆

春日江村

時候花先覺陰晴鳥自知登山嫌避客得句樂呼兒
蔓草披香徑垂楊覆淺漪美人期未至江月幾盈虧

又

草帶籬腰綠花穿石頂紅林園開晝景鶯燕語春風

山靄霏霏合江流渺渺東獨來橋畔路高杖過眉笻

重過大忠祠

宋有中流柱三人吾所欽青山遺此廟終古厭人心
月到厓門白神遊海霧深輿亡誰復道猿鳥莫哀吟

喜梁文冠至

駐棨梅村夜風光勝早春直知花是路不覺月隨身
草木皆知舊江湖多賤貧短簑來往數等是最閒人

楚雲臺示世卿

行月嚴光瀨無金郭隗臺悠悠百年内又見一人來
水檻秋逾好山雲暝欲回相逢各心醉一語淡春醅

遊黃雲山

繫艇黃雲下黃雲幾度歌登高雲壓帽度澗雨沾蓑
瀑澗宵鳴瑟山花晝擁羅野人攜茗榼路打蠻橋過

端午夕宿峽江飲同舟諸子　黃　韓

客路憐佳節烏飛留篆沙茅柴和野店笑語驚林鴉
拚飲心猶醒放歌帽欲斜莫言蒲饌惡星斗落孤槎

經白沙里二首　許　炯

斷巷圍孤嶼寒流繞白沙高樓巢野燕古木聚寒鴉

壁篆昏塵壘潮痕剝釣槎山中猿鶴夢迢遞憶年華

又

楚客臺蕪没依稀認野田門前誰問字花下記談閒
綠痟春庭草紅消玉井蓮仍餘小山桂蕭颯帶風烟

聞駕幸承天恭賦

萬乘南巡日羣臣北候時塗山來玉帛湘水繞旌旂
鳳輦紅雲擁龍文紫氣隨聖情思舊國感歎大風詩

其二

帝里情先重皇陵意更深誰憐斷覊客空負觸懷心

國典遵虞狩君王問夏箴漢家徒有賦寂寞在汾陰

流杯晚渡

結廬依綠水修竹映柴關紅紫高低樹雲霞千萬山
燕啣春色去鴉帶夕陽還風送漁舟笛一聲何處灣

麥何榮樵

迢遞人千里飄零酒一盃風塵同作客湖海獨歸來
塵埋張華劍苔荒郭隗臺江南無去使誰寄隴頭梅

北濤候潮

暮色雲連樹停橈荻近舟潮回橋影動月照海波浮

人語靜清夜祈帶鷺行鷗客懷蕭索甚況復對高秋

·夜讀黃庭

隱几讀黃庭芭蕉滴露清一簾秋水色四壁夜蛩聲
漸覺道心重能令世慮輕古來眞隱者天下不知名

登壯哉亭二首

陶公留勝跡此日共登臨壯士衝冠氣孤臣報國心
郊原荒壘在松桂古祠深時有靈風至蕭蕭吹暮林

又

百戰幾人在千秋見此亭陣前曾飲血身後尚留形
鄉國無烽火將軍有墓銘龍泉土花蝕猶帶舊痕腥

雨夜 何孟倫

凉風入窻戶翻我讀殘書葉落苔階寂春閒木榻虛
陰晴看異局伎倆笑迂儒搔首獨長嘯幡懷太古初

丁丑元日 陳吾德

蒼龍初正馭萬國覲垂衣獨有孤臣夢空懸舊貢闈
年光隨曉箭春色到柴扉旅食眞何意迂疎事事違

入峽望圭峯 李之世

羣峯趨谷口絡勝有危橋望望玉臺寺鐘聲來碧霄

雲迷天路逈水抱花源遙况復高秋日登臨野思饒

玉臺寺

寶刹開靈境慈雲護法堂僧閒不掃地客到但焚香
塔影澄秋霽松陰散晚凉悠然忘塵慮隨意禮空王

玄帝殿

北極是天都玄眞護赤符風雲開法陣營衛肅辰樞
玉節時趨闕商飈颯戒途千年香火地斜日鎖金鋪

李眞人廟

空傳墜履跡猶想飡芝顏古廟無人到苍苔一逕閑

雲陰餘落日秋露滿空山何事令威鶴千年殊未還

望臨江臺寄陳瑜仲陳熙父

孤臺臨斷岸此地昔攀登擘石沉危浪盤空綴古藤
山童横牧篴溪婦晒魚罾極目觀濱漲垂綸愧未能

眞人巖

神室何人闢靈踪久已蕪古松巢野鶴陰雲飽饑鼯
石鼎三芝秀雲房五色鋪憑高望海氣一點辨蓬壺

石床 在巖右石壁障之隙而入可容一人

眞人椎面壁石榻僅容肱雨沒縈裾草雲垂交戸藤

鳥王嘶絳巢山鬼吹青燈指點靈奇蹟高風信可憑

朝斗石

片石分雲出生成礙斗躔星河七曜動環珮五更寒
靈雨陰長潤霜華剝不刊何來雙白鶴縹緲下層巒

文昌宮

靈洞清虛府天街白玉堂山河扶繡拱星斗煥宸章
獨攬中峯色還依帝座傍碧桃千萬樹偏浥露華香

定帆亭和韻

近山浮淺黛遠水漲微波地僻惟松菊亭閒任薜蘿

桑間時引雉池畔足籠鵝絕壁留題在空慚和郢歌

送黃達卿遊西粵次其留別韻

巖風起木末颯颯動高秋正值蕭條候況兼離別愁
人煙苗子國桂櫂夜郎舟向晚頻翹首蒼蒼天際頭

古臺吟　黃淳

碧嶼千流合孤臺舊雨開斷雲封遠樹醉候落芳苔
蘭有幽巖玉春生待臘梅尋源君不忘欲賦我憐才

庚戌三日卽事

地僻烟霞古心閒歲月長道人談白石孺子歌滄浪

洗竹驚猿鶴惜花勝稻粱太平天子德稽首望宸光

弔厓山　何工城

惆悵南浮日乾坤却浪然江湖無炊所陵廟有生年
轉戰功奚在瀕危志益堅悠悠千載恨杜宇泣荒烟

江門蚤發示文玉廷吹兩弟

曉風吹不斷客路乍揚舲睨柳恣情碧江雲作意青
餘寒銷短袂殘夢失長亭去去天涯杳孤鴻不可聽

贈潘景升老髯

詞壇推宿將郢曲和人難白首空彈鋏紅塵不[illegible]

烟霞新氣色湖海舊心肝世態無勞問憑將冷眼看

秋日玉臺寺同智公弁社中諸子分得天字

躡屐攀靈境雲霞別有天鳥啼紅樹裏人在翠微邊葉落頻僧掃花飛點客筵石橋歸路暝涼月霽疎烟

漫述

厭有烟霞癖偏宜物外遊世人頻按劍吾道自虛舟紅惜楓林晚香憐橘葉秋不須掃蘿徑無客問蓬丘

懷人　何士壎

白日生新事秋林悵故人愁從天外遠夢向夢中頻

月濟斜分影雲孤冷映身難忘郎易識揮淚越風塵

秋懷有寄

涼颸生兩鬢何事不堪憐宵雨停宵月新霜亂曉烟狂無方外侶興怯飲中仙鴈影燈前落猿聲攪獨眠

叱石嵓　何壯英

嵓寺桃山腰奔飛瀑勢驕人披朝霧入葉帶夜霜飄竹影籠雙壑梅花隔斷橋行行山路晚吾亦逐歸樵

雨後望圭峯　林皋

圭峯初雨後古木霽晴烟雲宿巖端寺風馳樹杪泉野僧凌峻阪歸鶴喚新田竹翠行看莫山光與月懸

寄別岡城諸子　釋今覞

不盡分攜意汀干憶此時方憐車馬送未作別離詩履日移雲影蘆花間鴈兒山堂風雨夜遼夢故人期

悽賢除夕

雪淨高樓迥燈明梵宇空山中猶記臘世外亦成翁自借壯心慕徒嗟吾道窮故云丘壑臥足紹古人風

寄李梅公大司馬

不盡猿鶴意廬山寄遠思紗籠損米帖雲起僧堂詩

嶄水孤懷遠滄桑一夢遲高齋饒勝事料得少人知

從家君赴任舟過清遠峽　余玉馨　才女

彩鷁凌晨發蒲帆直向東殘痕經雨綠敗葉帶霜紅望寺知程近看山到水窮仙家在何處時送隔林鐘

夏夜

微月近前庭風涼玉露零香眠花裏蝶星墜柳梢螢玉漏頻傳箭銀河若建瓴徘徊不成寐起傍小池行

遊玉臺寺　國朝　賈雒英

岡州南紀外古寺北山阿碉轉泉聲急秋空海氣多

中峯懸積翠帝座擁嵯峨自笑風塵吏三年始一過

餐蒴　黄居石

獨有宗均癖籬花作夕餐熱腸應盡滌渴肺欲生寒
味淡宜山茗香清浥露團絶無烟火氣誰道學仙難

新晴

壘嶂青初洗柔條綠尚斜鳩鳴應隔樹鷺跡滿平沙
涂淺微宜潤風輕[illegible][illegible]花月來如好客先爲啟窓紗

七言律詩

賡余太常觀國招撫江南航海至新會韻八首
今錄其二　元　羅家正

鳳掖珊瑚響佩珂龍池風暖綠生波節辭仙仗排閶
去帆趁春潮帶雨過北極神君尊帝座南箕星象過
天河驛人皆是瀟湘客幾濯滄浪發浩歌

世教湮微竟孰扶空嗟禹貢舊輿圖北庭淑氣仍燕
趙南國遺風尚越吳再節曉雲三島近濯纓秋水一
塵無九重前席長沙傅莫憚巖程聽鷓鴣

甲子年九月二十五日海寇犯高涼戰于坡山

原頭鐵騎氣如雲妖祲西來日昔斜千里西風吹戰
血半營殘月照城軍寵寒尚認飛仙跡骨冷難招猛
士魂盛代懷柔資輔治兩階干羽已敷文

洪武四年面聖恭賦　明　梁　臨

午門韶舞閶春輝閶闔爐烟細細時黄帕金盤擎虎
榜緋衣烏帽拜龍池身臨北極開天語面覲東宮見
鳳姿每慕仙瀛今始到壯行安敢負男兒

客中有懷

書劍蹉跎獨蹇予三年馬上若馳驅雲迷故國人家
少月淡荒村客影孤實賦相如歸上國狷狂阮籍在
窮途天涯不見傳書雁颯颯西風剪白蘆

寄劉教諭二首

六年甘苦與君同秉節全身禍亂中鴻燕去留南浦
潤魚龍變化禹門通山川過雨瓜浮翠汀渚沉烟蓼
吐紅雖老猶存三寸舌獨逢四海息兵戎

烈婦陳以安妻趙氏

君厄兇狠度不逃妾身妾命比鴻毛血凝白刃千年

艷名壓青山萬古高故國杜鵑愁草樹滄江精衛怨
波濤他年太史求貞節莫必無人爲顯褒

晚次䜌溪渡用唐韻　黎貞

楊柳條長鎖翠烟蹇驢吟到渡頭船僅乘客去知何
處劍作龍飛異昔年淚賤桃花飄赤錦風清荷葉弄
青錢寄言杜宇休調舌容我䜌溪一夜眠

出郭賦呈館閣諸公

東風吹雨灑蓬蒿白浪春淮息怒濤萬國時清來玉
帛三邊塵靜返旌旆上林春暖廻青鳥合殿香飄藏
袞袍疎病豈堪供筆札蓬萊宮闕入雲高

贈曾確之官交趾二首

將軍馬上凱歌還絕域塵清宇宙寬銅柱山河皆郡
縣雕題人物盡衣冠均施雨露回枯槁廣植桑田慰
倦寒聞說九重深有意盡將此責付郎官

右渠小假出沙堤堤路新晴多馬蹄道是萃賢辭上
國便從五嶺入䜌溪交情欲話心如織別酒初斟醉
已迷遙想旅途相憶處黃茅滿地鷓鴣啼

陳節婦　海晏人

生死榮枯謾自哉此身端不受塵埃井綠白髮催殘
景翻怨紅顏起禍胎管取聲名歸直筆聊將金石比
靈臺芳魂應化春啼鳥一度韶光一度哀

永樂里閒居叟

烟蘿影裏敞幽居石徑崎嶇客到疎滿地落花三月
酒一簾風雨五更書吳深蓮社詩壇靜月朗梅窗紙
帳虛老我剛躋泉石興萬花林外一牛車

憶友人張白牧久客邕州二首　鄭林

木落江空又暮秋故人底事久遨遊黃塵千里異鄉

踪明月半蓬何處舟計利徒貽妖鬼笑歸田早爲厭孫謀吟餘一送憑高目瘴雨連天風滿樓

半世飄蓬鬢已霜營營復爾爲誰忙歸田未說家山好作客尋辭道路長問信故人時共語候門童子日相望重陽已近無消息又負黃花一度香

寄題鄭文誨長義滄浪軒

蓮子塘西草尾灣幽亭風致隔塵寰蒔苔泡潤歸青壁楊柳分陰與畫闌春滿一犂江上雨曉橫雙鳥海門山滄浪歌罷無人和白鳥飛來相對閑

遊淨慈寺分韻得冬字

客況蕭條逼暮冬造尋方外散塵蹤路從西子湖頭入人在香山寺裏逢有到梅花吟正苦沽來竹葉味偏濃老僧舊是斯文友贏得相過不厭重

登北高峯

捫蘿百折上嶙峋世界仙凡到此分小朵岳蓮來異域孤撐天柱八層雲江河俯視盃中瀉鐘磬遙從地底聞借問須彌在何處老僧留客且論文

章亞卿徐通政奉使交趾還次錢塘會于公館賦詩贈之

瘴雨收晴毒霧開星軺遠自日南回皇華毋動征夫念薏苡無勞謗者猜八桂雲橫山似畫三湘露落水如苔可人多少途中景想有新詩取次裁

碧巖圖

碧巖聞說類方壺今向東風看畫圖峯頂晴嵐青欲滴澗門瑤草綠平鋪七千里外懷親舍四十年前歷宦途爲問舊時猿鶴侶壽盟還認老翁無

送趙僉憲

十年簪筆侍鵷行此日承恩出建章錦誥回鸞新雨露鐵冠衰豸舊風霜七閩有幸來常衮四海惟應數范滂去去莫辭行路遠九重威德待宣揚

壽肝江黃子純

擘麟爲脯兕爲觥此日麻姑壽蔡經人入西華金母籍天開南極老人星蟠桃不許人間種仙樂還從世外聽安得此身生羽翼也陪尊俎祝仙齡

傚屋里仁坊

謫居何處好逍遙仁里深深遠市囂夜色滿蕉湖上

月秋祭到桃海門灘上林鴉倡空相憶南浦鷗羣若
見招覆載無私天地濶暫容閑散在漁樵

春夕旅懐

萬里東風故國情十年幾度鳳凰城衡陽雁盡春三
月巫峽猿啼夜二更席上狂言因酒得鏡中華髮為
愁生靜觀富貴如雲轉拂袖歸來任俗爭

西山晚望　陳嶽草

晚來花雨濕詩囊獨上郵亭望大荒南盡海旁諸郡
淺西來天上一江長漁歌落日還孤艇樹隔啼鶯背

短牆料理恐高非一事樽前誰與共平章

奉陪趙提學厓山慈元殿弔古

信國諸臣近有碑一陵瀕海尚堪疑荒山野水無人
到落日輕風送客悲天地幾回人變鬼風波萬里母
將兒萋萋芳草慈元下邂逅漁樵問舊時

杜阮看山容貫卜居之地

曾於海上看羅浮魂夾高飛未得收一片好山還入
眼兩巡瘦馬更回頭青浮竹杪疑連峙紅浸花枝水
曲流君若卜居須卜此澗邊黃髮共樂山

次莊定山清江雜興韻

家學華山一覺眠圖書亦在枕頭邊傍花隨柳我尋
句剩水殘山天賜年竹徑旁通沽酒市桃花亂點釣
魚船平生我愛孫思邈自古高人方又圓

病中寫懐

世間賢智皆青瑣海上田家只白雲多病一生長傍
母孤臣萬死敢忘君諸公莫要連章說先帝曾將短
疏聞何處擁旌來勸駕買羊沽酒惜殷勤

次韻張侍御叔亨見寄

月出不扃溪上門白頭漁父向人言扁舟自唱滄浪

曲四海共知明主恩小飲未嘗沽市酒狂書時復弄
茅根相思也有臺官夢夢見當年住處村

次韻劉少參嘉會樓

九曲江邊一小樓滿川風雨夜來收扁舟東泛桃花
水香徑旁通杜若洲樓下脫簑眠翠浪尊前揮袂拱
浮丘公來二月春多少兩度詩筒向此游
天氣初炎過此樓江邊春色未全收烟消垂柳初凝
岸風遞平荷尚濕洲破屋數家還碧玉好山何處更

丹丘兩公勝會眞難遇結綺臨春是別游

晨起將出尋梅

朝騎橫野犢鳴陂索杖山齋起睡遲田父許留今日
酒梅花不欠去年詩銜寒索笑來何處帶病尋香出
每遲彷彿西湖夢中見水邊籬落忽橫枝
村南叉路細縈蛇注日寒江不見花遶樹帶烟風梟
斷長梢離岸石鉤斜看來欲洗溪邊竹折去須乘水
上槎買地結菴何處所老梅今擬作東家

楊敷別後有懷

江門春雨送歸槎破帽排風落晚沙向曉野鶯猶戀
樹感春遊子未還家山瓶兔甕沽來酒草閣空殘別
後花明日越王臺上望白雲何處杳飛霞

九日和朱子韻示陳生

正是詩憐酒亂時滿樓風雨不須歸將老晚表多秋
色紅樹溪邊叉夕暉九日共餐花有菊暮年誰羨錦
爲衣滄江野艇來何處遙望孤雲在翠微

白沙先生應辟赴京送別　馬廣生

莫怪悲歌起釣磯江湖廊廟兩相違蒼生喜看蒲輪
至白馬寧知水石非畎畝若無伊尹志塵埃那上老
萊衣一尊就醉江門道萬里蘭橈欲別時

送伍上舍寧告還鄉兼柬乃兄緝齋　繇能

皇都春暖雪初晴駐馬東郊送客行彈鋏暫辭雙鳳
闕挂帆遙指五羊城千林丹荔懷歸夢萬里青山帶
別情風雨對牀如問我一官今見二毛生

避寇覲岡　李謙

長笛亭前遠近村郵亭繫馬對芳樽山收宿雨雲歸
洞岸闊枯蘆水落痕世故炎涼隨處有風塵荏苒幾

家存臨風不用悲作髮戍角一聲還斷魂

春日偶題　李渭

一帶烟波隔市塵閒雲野鶴自相親坐忘水色山光
處管領千紅萬紫春長健難逢惟盛世追歡最好是
芳辰宦遊多少滄洲客數到還鄉第幾人

途中記事　黃印

江山紆目靄中詩吟弄風光只自知穿破亂雲飛水
鳥擘開紅毯見江籬四時勝境逢春好萬古驚塵逐

世馳芳草天涯歸未得斷腸遊子舊時衣

病起諸友相訪　　區越

幽居僻遠無人到病起荒涼有客過路逼隣墻難繫馬山當晴候易捫蘿津頭小市魚蝦少海上頻年罟網多小酌晚涼須半醉共君攜手看星河

白沙祠室　　鄭銘

崑崙萬丈來白龍一畝中有仙人宮草色猶餘楚雲碧蓮花別作濂溪紅客星無光塵夢遠鳳鳥不來吾道窮至今寂寞古祠下薰人依舊自春風

演武亭呈徐兵憲

八龍春臺已見清閱兵猶作近郊行六花別出當年陣細柳頻屯此日營金鼓聲傳千谷應旌旗影動四山明舒徐五丈原頭步賦得詩成玉壘橫

濱江即事　　李翊

種竹爲村近水旁家家初插水田秧應時雨好園林潤透幕風輕枕簟涼隔壁摘歸梅正熟傍籬長處荳初長閒情不共人間世牧唱漁歌管夕陽

楊太后陵

天南南盡欲何之有此天昏地暗時精衛力微徒切念杜鵑聲苦賸餘悲覆巢豈復存完卵塊肉堪憐送海涯行訪適逢山雨過淚珠猶綴野花枝

衙齋夜坐書事

官人時樣不相稱僮僕偏憐有髮僧浮世生涯風外絮異鄉心事夜闌燈閑拈禿筆連箋寫淨拂疎檽對雨凭何處天南歸去路雲山猶自隔㑊層

新春訪馬嵩高草亭留飲　　梁以蘅

菉履尋春到草亭東園嘉樹藹青青忽聞席上嬌歌發時有枝頭好鳥鳴自是陶潛偏愛飲何妨阮籍未

全醒即看日暖和風發更擬提壺出近垌

感秋

病客獨吟江上山臥看紅葉對柴關風來已覺桃笙冷雨過惟餘苔蘚閑堂上蟲聲喧坐榻城頭月色照沙灣少年許國心猶在感歎於今鬢漸斑

寄黃泰泉　　湯日祥

會日無多別日多只今無奈老衰何杖藜誰與聽鶯囀尺素空憑託鴈過大進象城來畫輯川臨牛海動

烟鎖僻門深巷時時閑愧負隣翁爲剪蘿

招隱詩寄歐楨伯　陶　益

白雲芳草漫悠悠太息王孫耐薄遊洗竹巖前鄰虎豹誅茆洞裏狎猨猴桂枝偃蹇經年翳山氣蘢葱爲客留莫道欲歸歸未得鴟夷元自泛扁舟

秋夜撥悶

斗轉河明夜未央新凉移奪芰荷裳蕭條作賦宜盤谷老大悲秋憶帝鄉月色滿林窺竹牖砧聲何處到山房浮雲目斷心如水習靜時焚柏子香

返樾墩書屋

京國初歸敝舊廬文園門巷柳陰肥靜看鳥雀巡書案閑釣菰蒲坐石磯客易只沽隣媪酒疎慵嬾着野人衣素心久已如禪定不是年來始息機

莊居漫興次何水部韻

釣罷林塘退食餘彈歌不羨武昌魚歸來僻病惟尋藥老去窮愁只著書得意青山如好友無心到處是閑居何因喚作桑麻長出見門臨上客車

見李世卿先生昔寓遺址蕭然念之

昔賢寓館此丘墟一望州雲三歎餘秋草已歸衡嶽鴈寒潭空没楚江魚微微野徑幽人遠寂寂荒臺到客疎天地往來吾道在宵因猶謝更蘧如

詠賀長公桃溪新築

數畝閒中獨樂身別從青野結溪隣倫枝折罷吹藜火柿葉書殘岸葛巾避俗已拚人共棄投閒還許鷲相親鏡湖一曲能如否解說風流老季真

嘉會樓讌集次韻　廖文炳

曉逐片帆臨澤國晴隨樽酒上樓臺清時避席慚芳

譽此日揮毫見異才樹色乍迷村徑合潮聲初動海門開憑虛一望黃塵絶得意魚龍向客廻

春日西園讌集同何粲樵作　許　炯

作客芳時不易逢江南三月雨濛濛酒當半醉半醒處春在輕寒輕暖中柳絮亂飄歌扇白海棠如妒舞衣紅晚來更按梁州調聲繞吳姬翠袖風

立春日讌少坡宅燕集

和風試暖着衣單彩燕銀幡送曉寒春信乍融三臘酒陽和先到五辛盤蕊簪金谷初調律柳色青青欲

棉簕爲問上林紅杏樹幾枝花發待人攀

將往京師留別親友

燕雲渺渺天邊黑庾嶺迢迢雨外青萬里幾經圓缺月三年依舊短長亭征衣易染臨岐淚痛飲惟愁作別醒明發家山長在望扁舟鴻雁不堪聽

讀余給諫諸疏

諫垣三載侍明光封事時聞近御床丹陛赤心孤捧日黃門白簡幾飛霜一生直節汲長孺千古高名唐子方鵬鳥賦成人已去更無鳴鳳在朝陽

題海珠寺四首

樓閣參差倚碧空六鰲擎出蕊珠宮微茫烟浪無人到咫尺蓬萊有路通縹渺乘槎襯日月依稀浮海駕蛟龍黃灣東去銀山湧障盡狂瀾足此中

萬頃玻璃浴化城龍宮隱隱送鐘聲寺從寶鏡光中見人向冰壺影裏行錦水連天斜日照白雲滿地暮潮平何時載酒清秋夜來醉波心共月明

未羡山陰雪夜舟粵王城外有瀛洲千尋浪捲四時雨八面風生六月秋蕩槳客來先起鵠渡盃僧過不驚鷗凭欄目送飛鴻去望盡青冥天際頭

三島樓臺一水分桃花隱映武陵津洲鄰元圃斷來征門對青山作主賓日晚海雲浮棟宇夜深燈火亂星辰清風明月無拘束盡付漁舟吹笛人

厓門泛舟

滄溟萬頃片帆開擊楫中流亦壯哉風定波光明似鏡雨餘山色淨如苔黃龍翔後烟猶暝白浪堆前潮自來彝夏興亡千古恨故宮殘壘總生哀

泊飛來寺　何孟倫

扁舟重過峽山寺老衲相迎停夕暉我到雲深人不到玉環塵寂事空聞諸山對峙雙門迥一水中流兩岸分千古依依名勝地斷崖枯木護閒雲

和曹明府相祠地白沙　陳吾德

水白山青四望開地留名勝昔人栽當歌共入春陽里把酒還傳碧玉盃雲去隔溪霜葉墜臺空明月夜烏來千秋祀典公籌度更從籃輿陟巘廻

削籍書懷

海上田園歸去來片帆風送大河隈白頭好向吟邊

冊立冠婚分封四詠

帝里祥光曙色曦瑤山高映五雲奇少陽已起中天運萬戶同歡履泰時合殿春回花綻錦青宮瑞靄露盈芝遙知甫冑風長在應有夔龍集鳳池

其二

門闢賓階日幾回龍樓深處正徘徊招賢不藉留侯策豫教常懸賈誼才鶴馭風清調玉燭黃階氣盎核蓬萊微臣更有承華頌留對君王次第開

其三

熙朝燕翼軼成周元服三加又好逑白虎開來習茀佇看麟趾叶睢鳩天開社稷千年運人樂乾坤萬古秋爲囑宅時籌珥處鷄鳴歌後漫淹留

其四

三星歷歷自分明光燭微垣燦玉京天上六龍乘日馭皇家五鳳綴雲英器凝寶籙綿周鼎坐擁雄藩定漢盟百二山河從此壯好將懷德固維城

庚子季夏勞梁鍾三孝廉吳別駕春逮北行愴然有賦　楊奇珍

過元草今從靜裏栽隨處風塵難浪迹浩歌天地一登臺黃雲紫水春無恙想像茅堂花正開

贈別青霞鍊師

舊約名山共息機年來眞得遂初衣秋高鄴下雙凫至歲晏遼東一鶴歸袖裡龍文人罕識枕中鴻寶世今稀丹成且莫冲霄去還記江門有釣磯

題黎氏隱居

聞道幽人臥草廬衣冠曾是昔賢居閉門已有潛夫論貧郭寧無長者車靜掃落花隨曉徑閒看流水傷

秋渠蘭臺金匱幽求盡還覓人間未見書

九日象山　鄭相

象山九月招攜地萬里秋光絳日餘騁寺烟深人語靜背巖寒近菊花初懷賢寧借情偏逈憂國江湖發未疎莫笑平生閒自放蓽門猶喜蘊殘書

萬壽節　梁斗輝

佳節巧聯少海辰祥雲璀燦月重輪虹光色動龍鮮曉霧靄香浮鳳闕春捧日丹心懸斗極瞻天喜氣溢勾陳欲將金鑑何緣獻目極堯階祝頌蘋

霜飛六月莽生寒病骨那堪強據鞍萬里黜來徐短劍幾人慘澹惜南冠鄒陽梁獄書堪上李白潯陽淚未乾慷慨侍臣爭折檻書生名已動長安

秋日徐子靖攜區金諸子過訪　李之世

積雨閑門碧蘚侵何來羣從遠招尋長林漫託幽人跡短鋏空懸結客心竹院雲陰時對酌石壇苔滑自鳴琴青葵濁酒山家味一醉看君意轉深

厓山吊古

岐嶒奇石倚晴霄大海風雲壓暮潮濤覆星辰驚地

軸陣迴魚鳥撼天杓人亾故國山河在碑隱荒苔世代遙無限泉魂招不得斷猿啼處草蕭蕭

其二

瀕危已失三千士誓死猶存六尺孤豈是龍蟠跨滄鼎可堪鼇背奠皇圖雲濤越徼□塵黯霜冷殘潮落日枯獨有金牌報國恨至今風雨泣昆吾

其三

廢寢遺陵落照間白雲蒼霧灑空山如聞肅衛趨金闕是否豈俾掩玉顏元鶴夜歸華表暝黃龍朝捧紫宸班當時輦蹕驅馳地松檜無風響珮環

其四

汴杭回首即荒濱三徙逢厓事竟眞天地有靈應一涕風波垂死泣孤臣何來赤手堪扶國卽去黃冠亦誤身還是中華千古地長風吹雨洗埃塵

走筆邀林遷之

笑爾昂藏一丈夫近來好事有還無燈前說劍神偏王覆下談天興不孤已辦青尊澆塊磊從教白眼看模糊莫言嵇阮風流甚到是公榮勝可俱

得余彩震七夕見懷詩輒答

待月城南鐘漏遲勞君尺素慰相思裁成錦字雲中色疑是霓裳天上詞玉宇無塵風淡淡銀河不斷影差差百年人世眞萍梗醉折瑤華欲寄誰

冬日書懷

氣至寒林慘不舒蕭然晏坐得眞如紅塵轉覺維心盡簡懶全於世法疎一葉爲家將鶴住三冬無事帶經鋤過逢半是丘中侶多暇還來種樹書

宿圭峯寺分韻得幽字

絡徑天藏古洞幽禪堂深夜一燈留雲邊露溼孤峯淨樹杪風含萬籟秋共倚疎林窺月色更臨幽澗聽泉流自憐浪迹空人世到處江山足勝遊

眞人庵

海上眞人去不迴千秋陰澗落莓苔風前尚想朝天舃雲氣長封禮斗臺玉乳時從暗澗落琪花偏傍石壇開紅塵擾擾仙都遠日暮空山猿鶴哀

游龍潭

飛流萬仞搗龍宮石磴千盤鳥道通白晝雷霆光隱現晴天雲霧翠濛濛聲半落蛟龍窟日影斜窺虎豹叢坐久石林淸嘯起恍疑身世欲乘風

秋日園若呈王老師兼寄湛仲賓

結束深居兀似禪聊從物外得清緣擠澆塊礧賒隣酒懶逐侏儒乞俸錢老興時能歌伏櫪蠹魚猶自抱殘編三年國士銜知遇矯首雲霄思惘然

寄張約之讀書白雲山中

白雲山上白雲多裊裊丹梯萬仞餘君自府莊尋勝跡何須服食檢方書三冬共樹依瑤圃半夜銀蟾傍玉除閒道班麟還可馭凌風聊試碧霞裾

中林曉坐同平子拈十四鹽韻

浪把年華夢裡占五驚秋雁度虛簷颸前落葉時敲戶雨後涼蟾半挂簾暗裡自通千澗入薄雲微露一峯尖俗情休問邯鄲枕與衛志懷寄黑甜

送龔學博

笑向明時早挂冠投閒應藉主恩寬三年作吏龜長冷九折回車路亦難歲月已憐新鶴髮江湖終戀舊漁竿黃雲絳帳談經地桃李陰陰春雨寒

新春寫懷　　葉菁

習靜觀空萬慮消傷人休更說蕭條塵棲自覺閑爲上世態誰憐賤轉驕花鳥當春勞杖履溪山隨意作漁樵十年奔走何爲者做盡先人箙徂貂

重九後訪玉臺道人

節過重陽興未闌杖藜時復扣黃冠石壇揮麈丹書古澗樹挂瓢碧落寒孤鶴似辭緱嶺至片雲長與道人看紅塵一望三千頃九轉何因生羽翰

登圭峯　　倫大禮

偶人仙源訪道家靈泉石髓好烹茶避烟老鶴歸松
表聽法神龍入鉢斜風定高林消暑氣雨迷樵徑溼
苔花蒲團坐冷山門寂策杖歸來帶晚霞

秋懷　何士域

倦遊曾憶馬相如歸臥雲林嘆索居滿目風塵空短
劍閉門歲月有殘書秋高野水蘆衣冷霜落空堂木
葉疎獻賦不妨猶未遇且將吾道狎樵漁

岡州紀勝　譚正國

圭峯綠護翠相連秀出岡州淑氣全斗石夜明仙梵
過瀑泉朝灑雪花濺鐘閒馬嶺蒼三錫雲起龍潭潤
八埏更羨銀洲波萬叠光[illegible]篙驕入

村居　吳馴

圍林綠水簇瑯玕野逕[illegible]佛足著消瘦
几髮疎涼到竹皮冠短笻長穫溪生計老菊衰蘭舊
歲寒日日雞豚賽村社酒杯常得小團圞

厓門吊古

元宋興亡詎可論樓船雲擁向南巡百年曆數應天
運一代君臣問水濱土掩蓋衣成往事波沉玉璽與
何人荒流夜半潮聲急隱隱猶聞戰鼓頻

謝客　何士壎

愛閒謝客臥烟霞羅雀門前噪晚鴉久矣訪泉清似
雪偶然拈卷笑當花四愁平子憑誰解八詠休文漫
自誇蕭寂不禁雄劍去終慚計拙舊桑麻

戊戌除夕和周二尊韻　李雲揚

重來端水重經臘空負流光只自知松響蕭騷寒影
寂蘭膏斷續漏聲遲閒仙檢句何堪祭賣子窮年未
了痴坐穩今宵不須睡鳴雞猶自覆殘棋

水中鳧字

鳥跡聯翩天上翔暮空寫照入瀟湘帛書時向銀河
落鴻寶還歸學海藏草檄飛文驚尘浪臨池濡筆挾
風霜浮沉尺鯉渺無影恰奏雲箋共一行

亂後九日登圭峯　何壯英

節序經秋首重搔可堪攜杖獨登高四郊白草空殘
壘九日黃花泛濁醪徒有江山留此日更無人地屬
吾曹蕭條人事年年異一雁寒聲隔海濤

新秋遊石澗作

齊諧窮愁嬾有虞卿在坐憶名山欲寄懷

歸雷峯與同學諸子　釋今覞

郡寺空江樂事兼今來重訪野情添新成高閣能臨水舊種松枝已過簷秋入平林猶有葉塔迷烟雨尚留尖倦遊眞有鄉關戀一枕寒潮夢亦甜

舟次江門

蓼花秋水淨沙汀紫水歸帆一棹輕海月夜寒鄉國夢樵歌初認土人聲斷崖葉向烽臺落衰草牛穿破壘行十載滄桑成往事荒烟無處不情生

輓李梅公大司馬

回首章門高詁時流雲逝水已如斯去來尚有相尋約關與僧郵憶別詩龍華未了三生債豹隱無忘五老期一枕黃粱今已覺碧天涼月更何疑

過安慶

雉堞迢迢據上游滄溟無際碧天浮海連淮甸吞遙島山壓長江湧巨樓百戰旌旗新壁壘六朝烟雨舊沙洲我來此地多清興添盃行吟答野謳

白崖

爽氣晨朝趁馬蹄支筇又過玉臺西寒泉遇坎平能去遠樹乘風吹更低白鹿人移秋澗冷赤髭僧到暮蟬嘶高原行露梵音寂賦得新詩醉懶題

象山秋月

高城雉堞與雲連象嶺西蹲萬竈烟自古秋山同一照幾人涼月共嬋娟光搖沙岸鳥霜杵露灌金波起暮蟬莫憶影娥池上事重蒙猿鶴記流年

經亂後與邑諸友九日遊圭峯　唐元楫

不躡名峯已十霜老僧閒坐過重陽一泓舊瀑因風

細萬樹新松遶徑長破院雲封香縹緲石臺斗近色青蒼醉來未盡登臨興倚杖高歌學楚狂

海月　易訓

海門人坐夜三更萬里潮來月又生歷亂江山還共照微茫天地漸分明珠光水蕩魚龍窟野曠風搖雁驚聲便欲乘槎窮絕島南濱秋望不勝情

病起　英上

楊柳欲垂啼野鳥閒雲無際掩空齋青山臥病草三徑漁父爲鄰水一涯早向枕中藏素問誰從天外寄

九日已過與未收登臨偏羨此林丘一天落葉潮當戶萬壑高寒月滿樓半世客懷黃鵠志百年幾日白崖秋招攜更有郡司馬先越層巒最上頭

重陽前一夕與黎貢仲陳錫君王人千諸子集海雲寺步月

故人邀集海雲巖林下幽尋破徑苔出寺杖藜沿澗岸隔坡回首見樓臺鐘連落葉兼秋遠雁逐寒潮帶月來無限詩情吟不盡重陽明日菊花開

留別粵中諸子

江岸楊花已滿林片帆遙指古田陰長途未看鑾溪語別筋偏憐粵客吟閒按水程尋古驛靜依沙渚數棲禽浮生蹤跡真如幻不□□□感自深

答林芥菴太守

生平傲骨不隨人宦海飄蓬一任頻欲作比丘還被謗力辭太守只安貧飛芝舊國思廬嶽垂釣青溪憶富春在昔勝遊成遠夢羅浮烟雨幾回新

清遠晚泊即事

綠楊帶岸草如烟三月晴光薄暮船山寺隔陂清磬遠人家臨水列燈懸戍城畫角催寒漏賈客琵琶醉夜絃惟有野僧禪坐穩獨燃殘燭荻洲邊

過吳雲御太史村齋

翰林家食自來清三逕逍遙等獨出迎草履簪冠居士服疏燈寒雨故人情酒酣白髮誇元亮瓜熟青門識邵平女嫁男婚今已畢肯將廬嶽聽泉聲

詠燕　余玉馨 才女

二月園林桃杏開重來還識舊樓臺應知冬向山中蟄漫說春從海上回銜雨柳塘粘絮絮掠泥花徑帶

蒼苔烏衣舊宅何人住滄海桑田幾劫灰

暮春

風柔南陌草芊芊漸近清和四月天雲淨高樓無去雁雨晴深苑有啼鵑掃除花錦鋪苔席播蕩春光飛柳綿屈指韶華如過隙可令容易負流年

惜花春起早

穠綠嬌紅舒嫩萼夭桃乍放緗梅落簾幙低垂白玉鉤鞦韆斜挂香絲索金屋佳人睡覺來侍兒秉燭照蘭臺九十春光容易老未明先看牡丹開

五言絶句

遣興　陳琮

箕踞長松下忘情白髮新城市有名利江山惟白雲

李秉箕曰此古岡樂芸陳公詩也美哉其遣興乎塵觀斯世而不惑者乎漁父之詞華而不逞樂而不淫者乎山水之詞其心休休其迹昭昭其得于天者多乎是何思韻之深長也年二十七而沒悲夫

對酒　陳獻章

放歌當盡醉飲酒當盡情門前烏桕樹夜半子規鳴

隨筆

小雨閑空齋青青竹映階道人終日靜一枕到無懷

九日

霜前淡淡花甑內潑潑酒今日陶淵明廬山作重九

又

同俗不同俗山杯映秋菊仍開席上歌不是人間曲

對酒

秋花新氣味秋月舊襟期獨唱花前曲閑傾月下卮

愛月夜眠遲

曉妝不整雲鬟卸梨花院落閑清夜桂影初移畫閣東紗窗斜映蟾光射玉人不寐倚欄干貪玩冰輪不覺寒銀漢星移繁露墜庭前猶自捲簾看

掬水月在手

玉盆滿注碧龍吐寒光直射清虛府水月相逢不可分山河倒影真堪數一泓清徹浸春葱學得嫦娥在掌中疑是瑤池仙子伴故將金鏡照天宮

弄花香滿衣

春暖東風曉來急亂紅深處佇人立摘將茉莉雪華明籍得薔薇露猶濕歸來蜂蝶趁成行鬱鬱清芬滿繡房不用沉檀薰羅綺錦衾猶帶餘芳

暮春感懷

九十春光似轉蓬半晴天氣霧濛濛一池新水今朝雨滿地殘花昨夜風畫閣簾開雙入燕碧霄雲淨斷歸鴻韶華過眼真堪惜何日王孫馬首東

秋夜雜詠 賦而比也　梁以衛

久立候月出有雨東南來須臾天一碧坐見浮雲開

其二

玉露滴泠泠竹竿垂裊裊萬籟空中寂孤鶴雲間矯

其三

樹影落新池魚行動碧樹有鶴掠人來忽然乘風去

毛延壽　許炯

范蠡傾吳國奇計進西施惜哉攻心策不遇越王府

素馨花

昔日三千寵君王獨愛才芳心托下土猶傍越臺開

雲巢

巖下禪僧

幽人臥丘壑相伴唯孤鶴夜半山風來時聞松子落

猛虎向我前山鬼向我後老僧已坐忘寂然無所有

題楊氏隱居

焚香雲滿窗坐聽風生竹惟有清谿人時來訪幽獨

別黃一元　鄭相

驛路卿新發春風人遠行別懷枯木出山閣語流鶯

感懷

西北是吾廬浮雲乍舒卷不見倚門人空見綵衣綠

七言絶

暮春吟　　　元　馬桂遜

青山去郭六七里綠樹拂簷三兩家山靜衙寒幽鳥起金櫻藤上有殘花

按桂遜字茂卿林岡裔孫仕爲遼陽教授値元季亂與弟瀾陽教授德遜歸隱白石村與羅家正並相吟詠舊志缺錄

和馬教授二首　　羅家正

蕭然紺髮映童顏塵世千年邂逅間三十六陂明月

夜許騎仙鶴過緱山

穠綠溪橋烟樹斜殘紅泡沼雨家家遊蜂不惜青韶去猶抱虛庭薺菜花

懷馬教授二首

陳編落落草三絶浮世茫茫海九環經濟功成疏傳老漢庭前日得身還

水生白石渡頭潮念子臨青共逆還今日相思不相見越南殘照海門山

釣臺書壁二首 歸自遼陽作　　明　黎貞

十年戎馬不離鞍沙漠長城萬里寒今日歸來無恙老青山留得白頭看

憶昔邊城夜未歸臂懸弓劍趁鵰肥殺心今覺消磨盡鷗鷺從教自在飛

謝陳宗沉

錦瑟銀箏白玉卮賞音自是有鍾期可憐孤雁長城外叫斷南雲總不知

、星明傳信錄云昔新會有秋坡先生與同邑陳湘俱在遼陽先生先歸湘不得與其兄盛席邀先

生侑觴以美妓先生不赴遺之詩云云其兄得詩爲之墮淚而罷宴

題畫二首

雅愛結廬芳樹林閒雲野鶴一生心醉吟不覺春歸去門外落紅成綠陰

幾年辜負釣魚竿從此江山老眼看一棹滄浪春夢遠西風吹不到長安

辭教職呈謝宗汪先生

生平牢落一儒衣虛譽應慚長者知主掌人文何事

業重頻青眼頽衰遲

南歸

太平不用戍邊關六合塵清戰馬閑聖代儒冠應有
用獨騎欵段出青山

送客還鄉　　鄧　林

朔風吹鴈鴈南飛有客還鄉逐鴈歸我欲從之無羽
翼黄金臺下立斜暉

題畫送客歸五羊

數椽茅屋鎖烟霞君住蒼崖第幾家賣藥修琴歸去

晚東風開遍碧桃花

和羊城梁俊民

眼目昏昏鬢雪侵還鄉猶未改鄉音良朋倘肯來今
雨便共燒燈話夜深

漁父詞　　陳　琮

前江風順水平流漁婦移舟折海榴折得一枝簪綠
鬢怕歸石渡對人羞

次韻張叔亨侍御見寄　　陳獻章

泗舫當年與未涯清宵人語白鷗沙如今縱有相思

夢不到長安御史家

贈釣伴

短短蓑衣淺淺灣夕陽倒影對南山大船鼓枻唱歌
去小船得魚吹笛還

東軒獨坐

桃花寂寞梨花開山中薄酒三五杯村西有客可人
意風雨今朝期不來

示建旌節亭役者

照曜乾坤功不小此風此日更須扶泮宮春土耆民

力不共城郡一倒書

初晴

初晴樓上燕飛飛撥下歌入白苧衣一曲未終花落
去滿林啼鳥送春歸

次韻陳冷菴僉憲見寄

五十四年右海濱偷將水月洗心塵今朝偶得西江
使濱海猶堪把贈人

社中

桑林伐鼓酒如川秋社錢多春社錢盡道昇平長官

好五風十雨更年年

社屋新成燕子來山丹未落野棠開三三兩兩兒童
戲美水拔花日幾回

社酒開顏一百家春風先動長官衙東君也解遊人
意紅白交開樹樹花

社日年年會飲同東原西埭鼓鼕鼕無人不是桃花
面笑殺河陽樹上紅

次韻張廷實東所寄與見寄

明月清風放兩頭一節挑到古尼丘而今老去無筋

力獨坐江槎看水流

路白飛雲過闞壺仙人迓我久趁起相期汗漫歸何
處獨占烟波理釣魚

邯鄲枕上看三台誰賦[illegible][illegible]與起來幽事不應全廢
御夜來風吼澗中雷

西風吹老木蘭花水閣氤氳帶晚霞溪上行人不相
識隔船對語問誰家

對菊

白雁南飛到海濱吟邊芳氣襲衣巾門通水竹三叉

路坐對求羊一輩人

梅花

一枝低壓塢籬斜細路穿雲竹半遮忽被暗香相引
去小塘詩景在西家

梅花如雪擁溪扉漁父村南負酒歸縱飲不知花落
去酒醒船上見花稀

日日花邊喚酒船梅花開處酒家眠青山一片無人
買誰與先生辦酒錢

送子長還玉臺兼懷林緝熙張廷實

來時濱滓許同科曾聽圭峯踏月歌今日君騎地官
馬白雲招手柰君何

湛民澤攜諸生遊圭峯比適奉寄小詩呈文定
上人

秋落遙峯翠幾層不知何處嘯孫登而今小坐黃雲
看誰道方袍不是僧

厓門春潮　鄭銘

誰向艱危問死生厓門忠義即燕京春風吹起祠前
浪直爲三仁灑恨聲

象岡秋月　鄭銘

新輝明月照横坡風景其如此夜何要識長官新政
好岡頭深夜聽絃歌

下嶺發舟　譚律

西風涼露下輕舟沙水蒼茫兩岸秋天北天南頻極
目白雲紅日近高樓

赴張井泉社酌諸詩伯　區越

晴郊着屐遠尋詩記得西山會有期同過石橋望秋
色不知東谷有薔薇

主人貰酒客停車入戶群山翡不如見說南枝標格
異又攜新釀下階除

春日郊遊和陳少參　梁以蕃

野老從西挈榼來山有村酒一俘開也知此只元非
惡相對同成一醉回

東鄭山人三首　陶益

城西卜築十年餘瀟洒懸崖只著書翠竹陰陰迷谷
口有人能認鄭公廬

其二

案天黛色三千丈鎖地烟霞十二重花果門前無俗
路仙風時送一聲鐘

江門舟夜　何孟倫

前村烟樹落微茫待月聽潮夜未央沽酒人家在何
處竹燈明滅隔滄浪

春草　鄭栢

觸目傷神倍愴然此花曾向北堂妍千今零落無尋
處那得忘憂似昔年

黄道姑墓　楊奇珍

東風無力近黄昏花事蕭條半委塵開到海棠趨細
雨飛來江燕已殘春

山行

千點萬點野花落一聲兩聲山鳥啼記得舊遊芳草
路石橋流水竹門西

送俞學博致仕

手種青松大幾圍十年重上釣魚磯風波似息機心
盡傳語沙鷗莫浪飛

息幕晴嵐

忽憶逃名舊布衣烹葵愛客共依依何當一別將秋
暮菰米蓮房水上稀

其三

淸齋高臥夢羲皇常日攤書與世忘不爲買山錢已
散故將餘詠寄空囊

即景

風暖蜂房放晚衙芰荷香氣度窻紗誰延入夜新來
月照見池塘遠近花

暮春　許　炯

不向人間怨白頭洞中雲臥幾經秋崩榴大地春如
海一任寒烟伴古丘

梅

昨夜犁頭駐玉輿白雲封盡蔭孤天風吹斷仙郎
夢萬壑半嵌夜月虛

客中九日

白露冷冷碧玉盤黃花褭褭紫霞冠他鄉此日休辭
醉腸斷故山風木寒

醉臥玉臺禪坊　黃　淳

翠巖流水菊花香竹院無塵秋晝長一枕遊仙禪定
側不知孤磬近斜陽

閒居雜興

半壑青山萬樹松白雲爲垒水爲舂石橋雨滑遊人
醉笑把漁竿當短笻

漁父船頭沽酒歸小兒吹篷婦停機半溪楊柳半溪
竹醉着還開月下扉

桃花洲上藕花磯吟臥花間忘卻歸村南有箇老漁
父釣得鱸魚不歎非

厓門弔古　林　梟

慈元舊殿盡荊榛碑壓頹垣鳥迹新惟有忠魂長不
沒怒濤猶撼海陵津

紫水漁舟　高日蓮

數間茅屋倚溪涯散髮漁翁臥若此日暮釣舟白住
還雲白山青水光紫

次和曹方伯製硯詩　唐元樸

誰解臨池學右軍豪來染翰嘅青裙多因紫石無塵
點共助揮毫落紙雲

秋夜　余玉馨 才女

秋聲昨夜入梧桐金井銀床影半空搗盡寒衣不成寐半鈎新月一簾風

附載

藝文篇籍

馬持國　愚忠錄一卷　中興萬全策一卷

羅蒙正集五卷

張　摛象山詩集五卷

梁　臨集十卷

黎　貞家禮舉要四卷　古今一覽二卷

林坡集十卷

鄧　林退庵集十二卷

陳　琮樂芸詩一卷

陳獻章白沙全集十二卷

湛若水白沙詩教十五卷

張　詡編白沙遺言纂要十卷　厓山志十八卷

王　交選白沙子二卷

潘　府孔子通紀十卷

魯　能强齋詩集二卷

梁繼灝濟齋集十卷

陳經綸寒泉集十六卷

遏惡傳鄭府紀善王澤爲李泗作定山莊泉

序

鄭時舉鄭氏家乘二卷

何孟倫五代文選註十卷　八代文彙十卷

梁　集邢渢梁氏家乘一卷

鄧文憲律呂解註二卷　奏稿一卷

念齋詩集二卷

徐　瀚亦溪集二卷

許　炯吾野漫稿四卷

葉　漢象洲集二卷

黃　選履蘇集四卷

李　江皇明聖訓十卷　亦山集十卷

梅花百詠一卷

黃　韶津菴集十卷　和千字文一卷

譚善章白沙解律二卷

容朝望睡厭集二卷

譚維鼎小學解二卷

陶　益樾墩集二卷　綠江子一卷

何　述性理膚說四卷　漁樵子集二卷

黃　印賓萊集十卷

區　越西屏集六卷

李　翔似說一卷　閑稿一卷

李　壯集六卷

譚　律詩集十三卷

李文明剩語二卷

區元晉見泉集十卷

李　謙詩二卷

譚以賢白沙律解六卷　玉岑集二卷

譚士直玉樓稿二卷　選黎貞遺稿二卷

易之教景賢錄二卷　輝蛳集二卷

鄭　銘岡州近稿二卷　使滇雜興九卷

管見九卷

劉　璧肱樂集二卷　白沙遺稿二卷

陳吾德序　黎陳二賢詩抄二卷李以時選

梁　益志學詩一卷

梁　峻五經類語余徵奏行

孚太極匙一卷　性理直詮一卷
陳白沙道事一卷　雨化集象谷稿共四卷
陳吾德謝山存稿十卷　編甲子歷年圖一卷
校立齋稿一卷　律呂書四卷
劉　杰古今文選十卷
廖文炳唐詩鼓吹註四卷
黄　淳鳴山定帆亭集十卷　厓山志四卷
何上新陰騭全篇一卷
佘　鐘台陽集二卷

勞守謙四書五經鳩玄錄一部　貽穀碎言一卷
修德會貫錄一部
陸象賢螺源社集四卷
李以龍寒窻感寓集十卷　省心錄二卷
李以麟應叔集十卷
梁斗輝還證錄一卷　纂條草一卷俱儀中著
邊防書　黄河議　薦辟人物考
取士議　覩賢考　任官考　馬政書
採珠議以上八欵刻在南畿經世實用編馮應京選汪國楠序

新釋地理備考全書

提要

《新釋地理備考全書》十卷，西洋瑪吉士輯譯，清道光二十七年（一八四七年）廣州海山仙館刊刻。每半葉九行二十一字，白口，左右雙邊，無魚尾。瑪吉士，澳門土生葡人，生平事蹟不詳。該書約成於道光年間。卷一，載有地球論、地球循環論、五星離地遠近論和日月蝕論等十九篇。卷二，有氣論、雲論、風論、雪論、雹論、霜論、潮論、水流、地震、火山等二十二論。卷三，邦國法度原因，政治貿易根本論。卷四至卷十載歐羅巴、亞細亞、亞非里加（非洲）、亞美利加（美洲）和阿塞亞尼亞洲等五大洲及各國各地區。所記世界各國、各地區七十餘，以及當時英、法、荷、比等諸國殖民地。

道光丁未鐫

外國地理備攷

海山仙館藂書

新釋地理備考全書卷一

目錄

新釋地理備考全書卷一

大西洋馬吉士輯譯

地理志

夫地理者地之理也蓋講釋天下各國之地式山川河海之名目分為文質政三等其文者則以南北二極南北二帶南圜北圜二線平行上午二線赤寒慍熱四道直經橫緯各度指示於人也其質者則以江湖河海山川田土洲島灣峽內外各洋指示於人也其政者則以各邦各國省府州縣村鎮鄉里政事制度丁口數目其君何爵所奉何敎指示於人也此三者地球之綱領也不可缺其一焉且地理以學而論之本乎天文由天文之理方知地形如何度數如何地面各處之所在天下人類之差別是以欲窮究此理之要先應思地體如球常旋轉于日球之外相距甚遠然後能悉地身與各星相關而地理之所謂文者乃可推測

地球論

昔人論地體不過曰其長無盡其厚莫測上居人道下屬鬼方在天逐日東升西沒之日月星辰不過為地之

點綴裝飾而已又有測度而云者地體圓扁週圍與天邊相連如表單與表面相合一般迨後人歷經實據始覺地體本圓如球昔論皆屬虛僞故今名爲地球其實顯然有情形甚證譬如天氣清明毫無遮蔽有船開行人則立于岸邊觀望其船漸漸去遠初則不見其船身後則不見其船桅又如有船自遠而來初則但見其桅後則方見其船若海面爲平者不能有此情形去船開行已遠身桅皆當不見來船既已臨近身桅皆當見之且船身比桅大去船何以自下而上先不見其身後不

見其桅來船何以自上而下先見其桅後見其身乎若在船之人亦如之去船先不見其平地後不見其高山來船先見其高山後見其平地可見地本係圓者此理之一也再前明正德十四年有二人一名瑪加連士一名德拉給從歐羅巴駕船向西而行一直西進永不改向或有阻隔不過畧爲轉灣迨駛過其處仍然向西行越一千一百二十四日不料復抵當日開船故處越數載復有安遜毅哥二人等駕舟往返循環亦皆如是若地係直者何能從西而往由東而返皆因地體本圓故

能循環此理之二也又凡有向北而走者但見北方各星如自下而上漸起漸高其南方各星又似自上而下漸垂漸低者若向南而走則見北斗星如漸降漸下行至赤道之間則北斗星即不見矣其南方各星又似自天邊而現漸起漸高者可見地由南而北亦係圓形此理之三也尚有一理最易明曉地體之圓在月蝕款內因此處未曾講明月蝕之故是以未載後解月蝕款內再爲補註

地球循環論

夫地體之圓前已引證解明無可疑矣至其循環之理則何也昔人云地球懸于渾天之中靜而不動日月各星晝夜循環于其外迨前明嘉靖二十年間有伯羅尼亞國人哥伯尼各者深悉天文地理言地球與各政相類日則居中地與各政皆循環于日球外川流不息週而復始并非如昔人所云靜而不動日月各星循環于其外者也以後各精習天文諸人多方推算屢屢考驗方知地球之理哥伯爾尼各所言者不謬矣并察得地球之轉有二一則日週一則年週日週者本身之週而

復始也晝夜運動西向東旋隨旋隨升凡十一時七刻十一分四杪方週故地上之人仰觀各星皆如東升西沒此乃地球東旋之明驗也且地球既晝夜旋轉地上之人何以不覺其動譬如乘舟或東行或西行值風息浪靜之際在船之人并不覺得船身搖動惟覺岸邊山林屋宇動轉船東行視彼如西往船西往見彼如東行此理亦可為證也年週者旋于日外之週而復始也因其隨旋隨升盡歷十二宮位凡三百六十五日二時七刻三分四十五杪方能一週故有四季之分寒暑之別

也

地球五星序秩

按哥伯尼各之法以日居中地球與五星循環于其外本體無光皆受日光而明近遠之度數相别循環之日期不同因其法順情合理故今之講習天文者無不從之茲將日體之廣大盤旋之日期及地球五星等本體之大小離日之遠近循環之遲速開列于左

日徑長三百一十五萬里比地徑大一百一十倍身大一百三十二萬八千四百六十倍居天之中樞紐盤旋不離本位凡二十五日六時一週復始

水星徑長一萬一千三百里比地徑小一倍半身小十分之九離日一萬三千三百六十一萬里循環于日之外凡八十七日十一時四刻十四分三十杪方行一週本身西向東旋至十二時零四分週而復始

金星徑長二萬七千八百七十里比地徑微小比地身小一分有二離日二萬五千萬里循環于日之外凡二百二十四日八時二刻十一分二十七杪方行一週本身西向東旋至十一時五刻六分週而復始

地球徑長二萬八千六百五十里離日三萬四千五百萬里循環于日之外凡三百六十五日二時七刻三分四十九杪方行一週本身西向東旋至十二時週而復始

火星徑長一萬五千九百二十里比地徑小一半有餘比地身不足一半離日五萬二千六百一十三萬里循環于日之外凡六百八十六日十一時一刻三分二十七杪方行一週本身西向東旋至十二時二刻九分週而復始

木星徑長三十三萬一千二百一十里比地徑大十一倍有餘身大一千四百七十倍離日一十八萬萬里循環于日之外凡四千三百三十日六時二刻方行一週本身西向東旋至四時七刻十一分週而復始

土星徑長二十七萬五千二百九十里比地徑大九倍有餘身大八百八十七倍離日三十二萬九千二百萬里循環于日之外凡一萬零七百五十六日二時一刻十二分方行一週本身西向東旋至五時一刻一分週而復始

五星之內惟木土二星與地球皆有跟星相隨其地球之跟星卽月也本體亦無光其所發之光乃受日光照射者其徑長七千八百二十里比地徑四分之一有餘比地身小四十九倍離地八十五萬九千五百里循環于地球之外故曰地之跟星其循環于地之外有二週一爲有定之週乃自某處起行循環一週仍歸某處也凡二十七日三時六刻十三分四秒一爲交會之週乃每月朔或望之際也凡二十九日六時二刻十四分三秒蓋月繞地行于本道地亦繞日行于本道至二十七日三時六刻十三分四秒月雖仍歸起行之本處而地已離原處去遠二十七度故月至起行本處不能如前之交會必須多行二十七度方能與日地三者交會也其行二十七度需二日二時四刻數分故朔至朔或望至望務月必二十九日六時二刻十四分三秒也每年共循環地球十二次因其循環之十二次不足三百六十五日之數所以三年一閏五年再閏也本身西向東旋至二十七日三時六刻十三分四秒週而復始

其木星有四跟星第一離木星九十三萬八千四百二

十八里循環于木星之外凡一日九時一刻十二分三十三秒方週第二離木星一百四十九萬零四百四十五里循環于木星之外凡三日六時四刻十三分四十二秒方週第三離木星二百三十八萬四千七百一十二里循環于木星之外凡七日一時六刻十二分三十三秒方週第四離木星三百一十九萬五千三百二十六里循環于木星之外凡十六日八時二刻二分八秒方週

其土星有七跟星第一離土星四十九萬里循環于土

星之外凡一日十一時一刻三分二十七杪方週第二離土星六十五萬四千五百里循環于土星之外凡二日八時六刻十四分二十二杪方週第三離土星九十二萬零五百里循環于土星之外凡四日六時一刻十分十二杪方週第四離土星二百一十萬里循環于土星之外凡十五日十一時二刻十一分方週第五離土星二百八十萬里循環于土星之外凡七十九日三時七刻三分方週第六此第一星相近離土星四十一萬一千九百七十四里循環于土星之外凡一日四時三

刻八分方週第七去土星尤近離二十四萬一千五百二十四里循環于土星之外凡十一時二刻七分方週再土星除七跟星相隨外尙有一圈繞于其體之外名之曰土星圈以至好千里鏡觀之見其如有二圈相叠約寬六萬三千里週圍離土星亦約六萬三千里旋于土星之外凡五時二刻二分十五杪方週按評論之至善者其圈非他乃無數之跟星萃聚各于本道圍繞其外其星雖非盡集于一所人視之相離甚遠惟見其光交射如一線之相連故人見其圈與土星相離也如此

可見土星雖離日甚遠所受之日光無多然而四面球繞之跟星甚衆勢必受其衆光照耀而益明也

五星離地遠近論

五星離地之遠近均以離日之遠近爲準其離日有比地近者有比地遠者近者以地球離日之里數爲度除去星離日之里數若干下餘若干即星之離地里數也遠者以星離日之里數爲度除去地球離日之里數若干下餘若干即星之離地里數也以此推之五星離地之遠近即可知矣此一定之理雖易明曉但五星與地

竝行于日之外遲速不同遠近各別其地球五星相離之遠近曷能槩論如各星地球錯綜而行時日不同然必有交會之期至星地交會或均在日上或均在日下勢必相離較近若各星已行至日上而地尙在日下或地行至日上各星又至日下其相離自然較遠今將五星離地至近至遠里數分列于後

水星與地球交會之際相離二萬一千一百三十九萬里時日當中相離四萬七千八百六十一萬里

金星與地球交會之際相離九千五百萬里時日當中

相離五萬九千五百萬里
火星與地球交會之際相離一萬八千一百一十三萬
里時日當中相離八萬七千一百一十三萬里
木星與地球交會之際相離一十四萬五千五百萬里
時日當中相離二十一萬四千五百萬里
土星與地球交會之際相離二十九萬四千七百萬里
時日當中相離三十六萬三千七百萬里

新查五星論

前論之金木水火土五星外另有五星亦循環于日之
外本體無光皆受日光而明遠近之度數相別循環之
日期不同其前論之五星自上古以來逐日考查無不
了然其後查之五星查出之年限未久故中華之書未
有記載但西國已定其名是以今將五星本體之大小
離日之近遠循環之遲速查出之年限查者之姓名按
西域之名而譯之開列于左以備便覽
第一星西域名曰嗚啦㕭乃按古書列仙傳之意即華
言土星之父也別名哂嗶唎又名㖿哈唎係西國一千
七百八十一年即大清乾隆四十六年習天文人㖿哈

唎查出者其徑長十二萬二千一百二十里比地徑大
四倍比地身大七十七倍離日六十六萬二千萬里循
環于日之外凡三萬零五百八十九日四時二刻九分
方行一週本身之旋因相離過遠視之甚小無可為記
故惟見其旋難定週而復始之期也又有六跟星亦係
㖿哈唎以後查出者第一跟星相離八十萬零一千一
百里循環于其外凡五日十時五刻十分五十五杪方
週第二跟星相離一百零三萬九千二百四十里循
環于其外凡八日八時三刻十三分四十八杪方週第
三跟星相離一百二十一萬二千零四十里循環于其
外凡十日十時七刻三分四十八杪方週第四跟星相
離一百三十九萬零三百三十里循環于其外凡十三
日五時三刻十三分三十八杪方週第五跟星相離二
百七十七萬八千八百四十里循環于其外凡三十八
日七刻三分方週第六跟星相離五百五十五萬七千
零七十里循環于其外凡一百零七日八時二刻九分
二十一杪方週
第二星西域名曰㗲唎噺亦按古書列仙傳之意即華

言木女神也係西國一千八百零一年卽大淸嘉慶六年習天文人吡啊哂查出者其徑長五千四百二十里比地徑小四倍比地身小數目未定離日九萬五千五百二十二萬里循環于日之外凡一千六百八十日六時方行一週本身之旋與上同故難定週而復始之期也

第三星西域名曰吧啦嘶亦按古書列仙傳之意卽華言學問女神也係西國一千八百零二年卽大淸嘉慶七年習天文人哦哩咱咻嘶查出者其徑長七千里比

地徑小三倍比地身小數目未定離日九萬五千八百九十二萬里循環于日之外凡一千六百八十日八時方行一週本身之旋與上同故難定週而復始之期也

第四星西域名曰啵嚺亦按古書列仙傳之意卽華言諸神之后也係西國一千八百零三年卽大淸嘉慶八年習天文人哈嘣吖查出者其徑長四千七百五十里比地徑小五倍比地身小數目未定離日九萬一千二百七十八萬里循環于日之外凡一千五百八十八日方行一週本身之旋與上同故難定週而復始之期也

第五星西域名曰啦嘶嗟亦按古書列仙傳之意卽華言火女神也係西國一千八百零七年卽大淸嘉慶十八年習天文人哦哩咱嘣嘶查出者其徑長若干比地徑小若干比地身小若干因其過小數目均未能定離日八萬一千五百三十萬里循環于日之外凡一千一百六十一日二時方行一週本身之旋與上同故難定週而復始之期也

其第一星目力佳者雖不用千里鏡亦能見之但覺體小光微實難辨其詳細其第二三四五四星更爲體小

光微若不假千里鏡之力則視之而不能見也

新五星離地遠近論

新五星亦如金木水火土五星並行于日之外遲速不同遠近各別時日不一勢必有交會之期如五星不異故今將新五星離地至近至遠里數開列于後

嗚啦啵與地球交會之際相離六十二萬七千五百萬里時日當中相離六十九萬六千五百萬里

嚓唎嘶與地球交會之際相離六萬一千零二十二萬里時日當中相離一十三萬零零二十二萬里

吧啦嘶與地球交會之際相離六萬一千三百九十二萬里時日當中相離一十三萬零三百九十二萬里吱𠴨與地球交會之際相離五萬六千七百七十八萬里時日當中相離一十二萬五千七百七十八萬里啦嘶嗟與日交會之際相離四萬七千零三十萬里時日當中相離一十一萬六千零三十萬里

再按西域天文書金木水火土五星及新五星與日月地球等皆有記號以便認辨今將各記號按其次序開列于後備覽

日　水星　金星

地球　火星　啦嘶嗟星

吱𠴨星　嘛喇嘶星　吧啦嘶星

木星　土星　嗚啦吸星

月

日月地球各星環道全圖

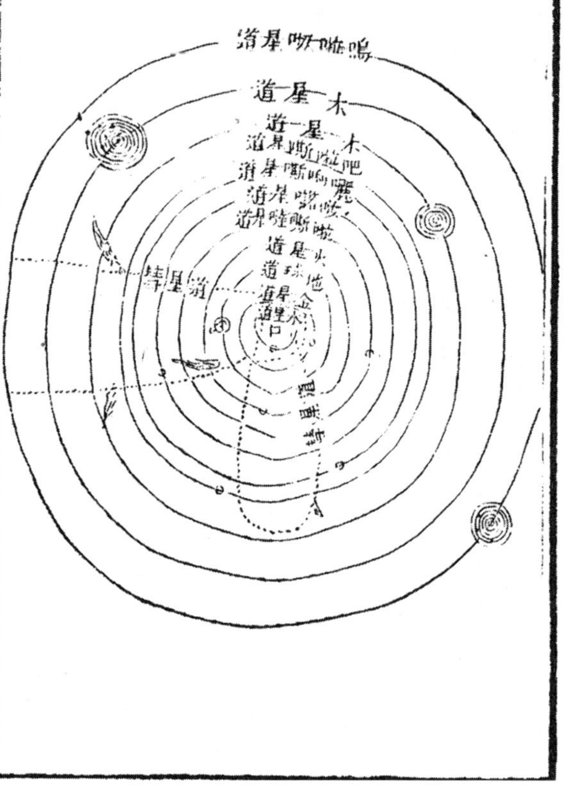

圖上正中乃日以外大小按次十一圓圈爲各星相離遠近所行之本道自水星起至嗚啦吸星止其道上所有之小圓圈乃該星跟隨星之循環道也又圖上各圓圈因紙地窄小故不能按離日之里數計算不過聊繪其形式而已再各星之本道雖前圖皆畫圓形乃截長補短歸于遠近畫一然而其本形實係如卵者但非似彗星所行之本道長而且尖也故日居其間四方相離有遠近之別今將各星行于本道離日之至遠至近開列于後

水星離日至遠一萬五千八百五十萬零四千五百里至近一萬零八百七十一萬五千五百里

金星離日至遠二萬五千一百七十七萬二千九百七十里至近二萬四千八百二十二萬七千零三十里

地球離日至遠三萬五千零八十四萬零四百三十里至近三萬三千九百一十五萬九千五百七十里

火星離日至遠五萬七千五百五十五萬八千一百里至近四萬七千六百七十萬零一千九百里

木星離日至遠一十八萬八千七百八十七萬四千一

百里至近一十七萬一千二百一十二萬五千九百里

土星離日至遠三十四萬七千六百四十八萬一千六百八十里至近三十一萬零七百零一萬八千三百二十里

月離地至遠九十萬零七千二百三十里至近八十一萬一千七百七十里

新五星因查出年限未久除嗚啦吸星之外其餘四星離日至遠至近之別尚無考查詳明故未備載今將嗚啦吸星離日之至遠至近開載于後

嗚啦吸星離日至遠六十八萬八千七百四十六萬二千零七十里至近六十三萬五千二百五十三萬七千九百三十里

以上各數日乃約計而算因各國之里數算法或有不同故不可以此為不易之數目也

太陰晦明消長論

月球本體無光借太陽之光而明故凡循環于地球之外每有晦明消長隱露更生之別此非他故乃因人居地上見其有如此者而月之本體總係半邊光明也譬

如以線繫一球對燈光而轉于一人之外則此球若在燈人之間或上或下其被光照而明之半邊則對于燈其背陰而暗之半邊則對于人若離其間往右而轉人視之見其黑者漸漸退少亮者漸漸增多也凡轉至人在燈球之間或上或下其被光照而明之半邊則對于人其背陰而暗之半邊則對于外若離其間仍往右轉人再視之其亮者又漸漸退少黑者又漸漸增多也但球之所在不論前後左右其體受燈光而照者永是半邊並無差別其所以晦明消長乃人之所見者也月體

亦然凡行于本道在日地之間或上或下其有光之半邊必然向日其無光之半邊必然向人此乃月朔之時也凡離于日地之間往西行本道越八分之一其有光者漸長無光者漸消人于地上觀之見其微露一彎光明故名爲蛾眉新月此乃初三四之時也凡行本道至八分之二人于地上觀之見其光漸漸長至半規故名爲上弦此乃初七八之時也凡行本道至八分之三人于地上觀之見其光益長至多半規猶卵形之式此乃十一二之時也凡行本道至八分之四卽半途之中其

光盈規人于地上觀之見其團圓如鏡此乃月望之時也凡行本道至八分之五其明又漸消晦又漸長人于地上觀之見其光初退一彎又如卵形之式此乃十八九之時也凡行本道至八分之六人于地上觀之見其光漸漸消去半規故名爲下弦此乃二十二三之時也凡行本道至八分之七其無光者益增有光者益減人于地上觀之見其微餘一彎光明故名爲蛾眉殘月此乃二十七八之時也凡行本道至八分已盡之一週復至日地之間其無光之半邊又向于人其有光之半邊又向于日此乃再月朔之時也可見月與日合則爲朔離則爲弦對則爲望但或合或對地月日三者不能常常正直故雖合而無日蝕雖對而無月蝕也蓋月地各行本道遲速不同至相合之際地與日正對而月在其間不上不下適當其中方有日蝕至相對之際月與日正對而地在其間不上不下適當其中方有月蝕若至相合之際地與日正對而月在其間或上或下所以每月皆有月朔而不能皆有日蝕也至相對之際月與日正對而地在其間或上或下所以每月皆有月望而不

能皆有月蝕也再月之上弦下弦何以分辨蓋月光彎環者向西則爲上弦月光彎環者向東則爲下弦也

日月蝕論

夫日月之蝕古人不明其理以爲不祥之兆故有向天祈禱禳解之舉更有惑于蝕字之名故以爲天上有蟾蜍食之先呑後吐亦謂不祥之兆且有恐其將來食盡不吐之憂是以鳴鑼擊鼓然燭焚香并召僧道設壇誦經者名曰救護凡此皆因不明日月之蝕乃天地造化自然之理也夫日蝕月蝕果何故耶蓋地月各行于本

道不息月乃地之跟星離地球八十五萬九千五百里循環于地球之外相離地球之遠近雖異于各星却有交會之際其交會之際如日居上而地居下月在其中斯有日蝕緣地本黑暗必受日光而明凡有月過其中勢必掩蔽日光不能下照且月之正面受日光而明者向上其背面黑暗者向下故日蝕必在月朔乃此時日月地俱平直相對也其交會之際如月居上而日居下或月居東而日居西地在其中斯有月蝕緣月本體亦黑暗必受日光而明凡有地過其中勢必掩蔽日光不能射照且月之循環地球之外必于十五日方能行至地球背面故月蝕必在月望乃此時月地日俱平直相對也再日月之蝕所蝕多寡不同故有三等之分一曰滿蝕一曰半蝕一曰圜蝕其滿蝕者乃本體全被蔽者也日月之蝕皆然日蝕者葢月道非圓其形如卵故月行本道離日地有遠近之分雖本體較日甚小但近日則不能全蔽其光近地則可以全蔽其光也且滿蝕更有隨蝕隨現蝕後微停始現之別葢日大月小日光照月月之黑影下垂尖銳離日愈遠其影愈尖勢必影隨

形轉地上之人若在月影之末其處黑影尖小月身一動其影即過人則即見日光故曰隨蝕隨現也地上之人若在月影之中其處黑影寬大月身雖動其影不能立刻過完及至黑影過完必緩斯須人則方見日光故曰蝕後微停始現也月蝕者地體大于月月經于地受日射之影中地大月小可以全蔽其所受之光月即黑故爲滿蝕且滿蝕亦有隨蝕隨現蝕後微停始現之別葢日大地小日光照地地之黑影上射尖銳地離日愈遠其影愈尖亦必影隨形轉天上之月若離地遠其處黑影窄小過之甚易毋庸耽延即刻可現人則即見月光故曰隨蝕隨現也天上之月若離地近其處黑影寬大過之較久必須遲滯不能即現人則微待方見月光故曰蝕後微停始現也其半蝕者有多半少半之分日月之蝕皆然葢此際地月各行本道雖然交會未曾平直相對或上或下惟蔽半光故爲半蝕其圜蝕者乃中間黑暗週圍露光也惟日蝕則然葢月體較日體甚小雖平直相對但月近日遠地其黑影未曾到地是以地上之人尚可見日之週圍圜光故爲圜蝕且日蝕非每

朔而有之因月行本道或左或右不能常與日地平直相對而交會也又月蝕亦非每望而有之因地行本道其影隨形而轉月行本道不能常常遇地之影也但日蝕月蝕每年至多不能越七次至少不能無二次且日蝕比月蝕較多但月蝕比日蝕易見至日之滿蝕甚少每十八年之間共約七十次乃四十一次日蝕二十九次月蝕也又不能天下各處皆然因有先後之分多寡之别故不能盡一也

補釋月蝕可證地圓論

上款已解明月蝕之故乃月上日下地在其中日所發之光爲地影遮蔽不能照于月身而地影射于月身也且影必如形一定之理若地體果方月中之地影必露圭角何以月蝕或滿或半或多半或少半人但見其黑影永爲圓者蓋地必圓形始有圓影此理之最易明曉者也

辨彗星論

夫彗星古者不明其理或以爲硫磺之氣由地上升而發發盡即息或以爲五星之流火或以爲地上之流星或以爲至高之雲受日光照射而明更有以爲妖星出現主有水旱刀兵之災紛紛議論不一而足凡此皆不明彗星之理者也自乾隆二十四年以後西域之精習天文者逐日多方考察漸悉奥理故將以前所有無據之議論一槩盡爲刪革也蓋彗星之現至高且久硫磺氣發由地而起何能及其高久即五星流火地上流星亦不過瞬息之光彗星則有數日皆現者數月皆現者且現必終夜光明其非流火流星也明矣如乾隆二十四年所現之彗星六月有餘更可知也況流火流星無

定期亦無定向而彗星則現有定期行有恆道即至高之雲日照而明一遇風吹或飄散或變形何能如其有定恆也至妖星之論尤屬荒唐彗星之現各國皆見若主災異理應各處皆然何以此國有刀兵彼國却無或彼國有刀兵又無彗星出現也此等議論乃古人不知彗星之運動惟見其時隱時現或有或無故以各無定之據爲證焉自咖哂吸及哈嘍等考查眞確始悉彗星之本體與地球五星相同惟所行之本道與地球五星相異耳故今人無不從其定論其所定論者地球與金

木水火土五星均循環于日之外月及各跟星又循環于所跟者之外除此尚有別星亦循環于日外者名曰彗星其循環之道與地球五星等行法不同葢地球五星繞于日外其循環之道近乎圓形日在正中彗星亦繞于日外其循環之道近乎卵形日在一邊前圖詳明因其本道長圓是以所行似有多寡不同其近于日則所行甚速日漸分明遠于日則所行甚緩日漸隱沒故時隱時現人不能常見雖用至上之千里鏡觀之亦不得見越數十載各按其本行輪迴之期而現人方得見

也且彗星非一體之大小不同所行之道亦不同有直橫斜三者之分或如卵形而行或直道而來繞過日體仍直道而去各從其所向行于本道所行較地球五星甚緩往返之年限亦久故人不能深悉其定期如地球五星之準然有數星亦知其輪迴之限矣如前明嘉靖十年所現之彗星越七十六載于萬歷三十五年復現西域習天文者推算其行度乃倒退而轉即嘉靖十年所現者至康熙二十一年又現較前所差不足一年之期後之習天文者按前推算始定其期云至西洋之一千七百五十七八年間即乾隆二十二三年此星必復現至期果然今以七十五六年之數計之道光十四五年間所現者亦此星也又康熙十九年所現之彗星光芒甚大查古書所載前一百零三年即明隆慶十一年所現者亦如此星按其運動行度推算此星乃一百零三年週而復始者至乾隆四十八年果復現今以一百零三年之數計之至道光六十六年其星必當復現也又康熙四十一年所現之彗星察其形體光芒即前康熙七年所現者按其運動行度推算此星乃三十四年

週而復始者越三十四載即乾隆元年其星復現至乾隆三十五年又現嘉慶九年又現道光十八年又現皆此星今以三十四年之數計之至道光五十二年其星亦必復現也迄今西域之精習天文者考查推算其彗彗星二十有一皆循環于日之外各行本道運動不同可見彗星亦如五星之類不過行法稍異耳猶有一者異于五星即其光芒也其光芒按吽嗷等諸精習天文者所論并非他故乃日之太陽眞火鍛鍊其星而星體所發之光遠射也何以見之如彗星之初現也離日尚

遠其光芒微細及漸漸近日則光芒漸漸長大其始退也離日尙近其光芒遠射甚長及漸漸遠日則光芒亦漸漸短小相離愈遠不惟光芒隱沒卽本體亦不見矣且其光芒與日相對如日在右其光芒則左射日在東其光芒則西射常散見于背後也譬如然物于空中若不動揮其烟必直上升若稍動之其烟必偏斜而上天上之彗星亦然再彗星分爲三等一名有鬚者一名有尾者一名有髮者其有鬚者比日先出光芒在前本體在後其有尾者日落方現本體在先光芒在後其有髮

者與日相對地間其中光芒在本體之後故人視之如在本體週圍若髮之在本體髴髴然也更有數星其體甚小光芒微暗人視之如無光芒者也以上之辨論實係考察詳明確據至理毫無疑義前人紛紛虛謬之論豈其然哉

恆星列宿論

凡論星者七政列宿皆在其中但因各星所發之光亮有大小明暗之別且因其所行本道有不離本處者有離本處可以常見者有又離本處又不能常見者故此

分爲三等一曰恆星一曰游星卽金木水火土五星與是也一曰彗星其游彗二星前已詳明今惟將恆星之理詳細解釋夫恆星者乃本體有光之星也彼此相離之遠近永無差異惟因地球本體西向東旋故人見其與日球每日似由東而西也其數目莫測其離地甚遠蓋天狼乃爲離地之至近者尙離一百三十八萬秭里譬如火礮所發至快之彈子每一時能行三千三百六十里雖飛行七百萬年亦不能及其他之遠者更難測度推算矣有用極長之千里鏡測者其見五星與月較

大數倍其見恆星則比前轉小惟光明耳蓋凡有光者遠觀之其光發散似大而暗近觀之其光團聚似小而明故用千里鏡觀恆星五星等之大小卽此理也其本體之廣大應按近遠而擬議之今以日球較驗譬如日體比地球大一百三十二萬八千四百六十倍其離地不過三秭四京五兆里而人觀之其本體大不滿五寸若再離遠十倍不過三十四秭五京里其體則大不滿五分再離遠十倍不過三百四十五秭里其體則大不滿五釐再離遠十倍不過三千四百五十秭里其體

則大不滿五毫再離遠十倍不過三萬四千五百秭里其體則大不滿五絲再離遠十倍不過三十四萬五千秭里其體則大不滿五忽若論其光亦當如之且小至釐毫絲忽相離又既甚遠如何能見不過推其理而言之今天狼離地遠至一百三十八萬秭里之多雖不用千里鏡而尚能見其體大如星光明遠耀可見其體比日體甚大其光比日光尤明此離地至近之恆星尚然若是其他更何能論定哉是以不能盡爲推算其體之大小離之遠近故凡精習天文者皆言各恆星之體相

離地球既已極遠尚能見其光明本體自必甚大也至于其數不假千里鏡之力而目能得見者約一千餘迨後按嗑吧嘛嘀者所算定之數二千零二十二星後之各習天文者逐日考察漸加漸多至嘰啦嚀嘶嘧者則論定數目增至三千因其身有大小之別故分爲六等其至近者視之體大光明故爲一等其次漸遠體光視第一等畧小者列爲第二等再其次則愈遠體光視第二等畧小者列爲第三等以次推之漸遠漸小次第而分故有六等焉若以千里鏡觀之則其數無窮矣蓋不

用千里鏡觀之但得見其如一星然若用極長之千里鏡仔細察看則見其尚有四面環繞之星甚多萃集于一所也又昴宿不用千里鏡視之惟有七星若以千里鏡觀之按喇咯者算有七十八星嗣後又有嚅嗟者算有一百零八星之多參宿不用千里鏡視之則惟有三星若以千里鏡觀之按咖哩喀者算有八十星嗣後又有嚅嗟者算之約有二千星之多其他宿及各星等之數目若用至上之千里鏡觀之尚有見不眞者焉能定論卽此可見但有數星時隱時現或明或暗雖均有一

定之期然觀之者斷難盡爲算得其數其循環之理亦如日月地五星等本身之盤旋且恆星本體之光與日相同日則離地較近雖然盤旋其光常明無所分別星則離地甚遠雖亦本體自有之光諒大小不等必非逼體一般故旋至光大者向下所射可以到地視之得見若旋至光小者向下所射不能到地卽不得見矣再其光亦非常明乃閃閃不定與五星之光定而常明者不同蓋五星受日光而明然其離地較恆星之離地甚近又光力充足故地中上升之氣不能遮蔽其恆星雖本

體自有之光而明然其離地較五星之離地甚遠又光力微弱故地中上升之氣得以或蔽但五星或臨沒或始出之際因天邊之氣比天中之氣盛多故其光亦閃閃莫定不能常明若遇有風之時氣之飄動甚速其光之閃閃更頻也今之習天文者皆言其恆星必如日球有別星環繞于其外惟因至高極遠難以計算故不能盡悉而定論哉

夫列宿者天文家以為數星之環集借鳥獸之名而名之也蓋上古呢吚哆同吧嗅囉呢啞二國之牧童夜間牧于田野仰觀天上各星集于一處或有多者或有少者其形不一因以地上庶物鳥獸等之名隨意而名之嗣後習天文者因其名已定且昔人皆仍之未改習慣自然故亦不肯改易仍照舊名即天文圖上亦按其名之形而繪之但其星之集本與所定鳥獸等之名毫不相似至其數目在天朝不過二十有八在西域曩時亦不過三十有三居北方者二十有一居南方者一十有二今之人逐日考察陸續增至七十七宿在黃道者一十有二居北方者三十有四居南方者三十有一其黃道之十二即十二宮也共有一千一百四十四星至多者乃西宮內有二百零七星至少者乃戌宮內有四十二星至于南北二方之宿日漸加增至今共查得有一百零八宿緣此書專論地球而各星與之相關者不過畧言大概並非解釋天文故未備載其名也

辨天漢論

夫天漢者古人議論紛紛皆無證據非惟中華為然即西域亦然緣彼時之人尚未深悉天文之理又無千里鏡察看不過因各臆說如華名河漢番名乳道各就其名以為說辭也今將其無稽之談一槩刪除特為察看眞實循理而解釋之蓋天河于晴明之夜不用千里鏡而觀之但見其茫茫如白烟一道橫于空際似殘破間斷者若以至上之千里鏡而觀之乃無數甚小之星萃集一條其光輝射照甚多則紛紜散亂故但能辨其為星而其星之數過多亦斷難推算且離地甚遠光力微弱是以無千里鏡觀之但能見其如白雲一道而不能辨其為無數小星之萃集也

璿璣圜線論

以上各款俱已詳明日本居中五星地球等率各跟星同繞于日之外惟因地球之本體每日西向東旋故人居地上觀日月及各星均如由東而西轉于地體之外而地在其中因此見日月諸星皆似一晝夜週而復始也但各精習天文者觀天上諸星運動其所行之圜線盡是平排均勻而有大小之别其過于地之正中則圜線似覺甚大其過于地之兩旁則圜線似覺漸離漸小且有二處似覺不動者如天與各星循環之樞紐故名此二處曰天極其在北者曰北極其在南者曰南極又

料二極之間有一線貫于渾天之中而運動者故名之曰天軸也後圖詳明

南北二極圖

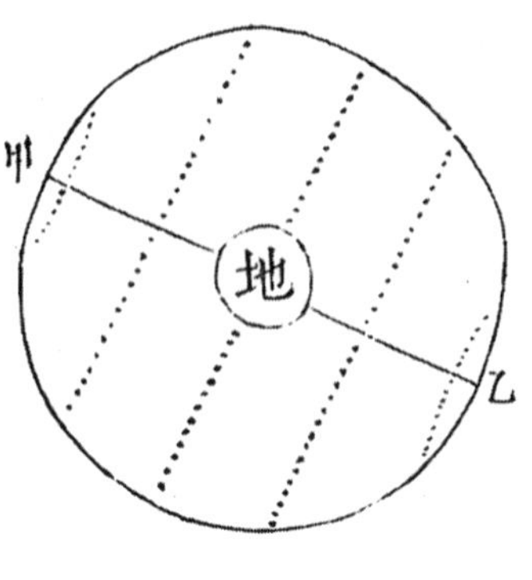

甲爲北極乙爲南極甲乙一線爲天軸大圜乃天圜小圜乃地球也其小點線乃星所行之圜線也

又觀春秋二分之時日所行之圜線與南北二極相距均平正對當中平分天體爲兩半故以此中分之圈名曰赤道亦曰晝夜平線蓋凡日到此處普天之下晝夜均平也後圖詳明

赤道圖

甲為北極乙為南極丙丁一線乃赤道也

又觀日似循環而行自冬至遞夏至即于一處而起每日漸進直抵于一處而止又自夏至遞冬至即于所抵之處而起每日漸退復歸于所起之處而止仍復前進往返不息週而復始因定其二處名之曰至蓋緣日至于是似覺停止而不逾也即于其所至之二處記畫二圈與赤道相平名之曰帶其在北者曰北帶其在南者曰南帶每離赤道二十三度二十八分後圖詳明

二至二帶圖

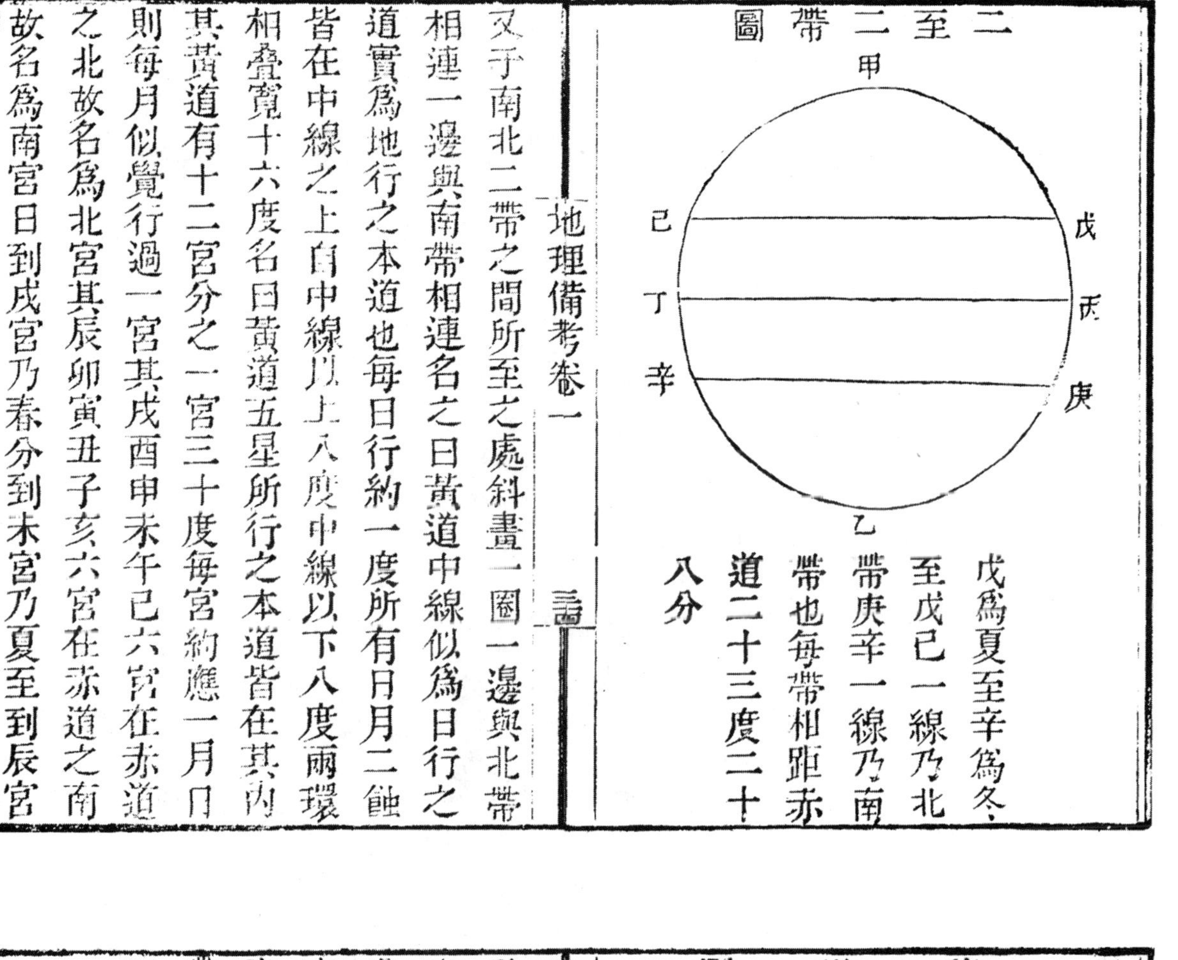

戊爲夏至辛爲冬至戊己一線乃北帶庚辛一線乃南帶也每帶相距赤道二十三度二十八分

又于南北二帶之間所至之處斜畫一圈一邊與北帶相連一邊與南帶相連名之曰黃道中線似爲日行之道實爲地行之本道也每日行約一度所有月月二蝕皆在中線之上自中線以上八度中線以下八度兩環相疊寬十六度名曰黃道五星所行之本道皆在其內其黃道有十二宮分之一宮三十度每宮約應一月日則每月似覺行過一宮其戌酉申未午巳六宮在赤道之北故名爲北宮其辰卯寅丑子亥六宮在赤道之南故名爲南宮日到戌宮乃春分到未宮乃夏至到辰宮乃秋分到丑宮乃冬至也後圖詳明

黃道圖

戊辛斜線爲黃道中線壬癸子丑二斜線所界之内乃黃道也寬十六度

又觀黃道離赤道二十三度二十八分其樞紐離赤道之樞紐亦應如之且日之類行于黃道凡逢冬夏二至之處其光惟照半邊夏至則照北極而不能照南極冬至則照南極而不能照北極故于黃道樞紐之處記畫二圈離赤道之樞紐週圍皆二十三度二十八分與赤道及二帶相平名之曰圜線其在北者曰北極圜線其在南者曰南極圜線也後圖詳明

南北圜線圖

寅辰二字爲黃道樞紐之處寅辰斜線爲黃道之軸寅卯一線爲北極圜線辰巳一線爲南極圜線也

又觀日之類行凡至赤道與黃道交會之處晝夜勻停無多寡之分故從此處至南北二極取中直畫一圈名之曰春秋分線又觀日之類行凡至黃道與二帶相連之處晝夜不均有長短之別故從此處繞南北二極週圍記畫一圈名之曰夏冬二至線後圖詳明

二分二至線圖

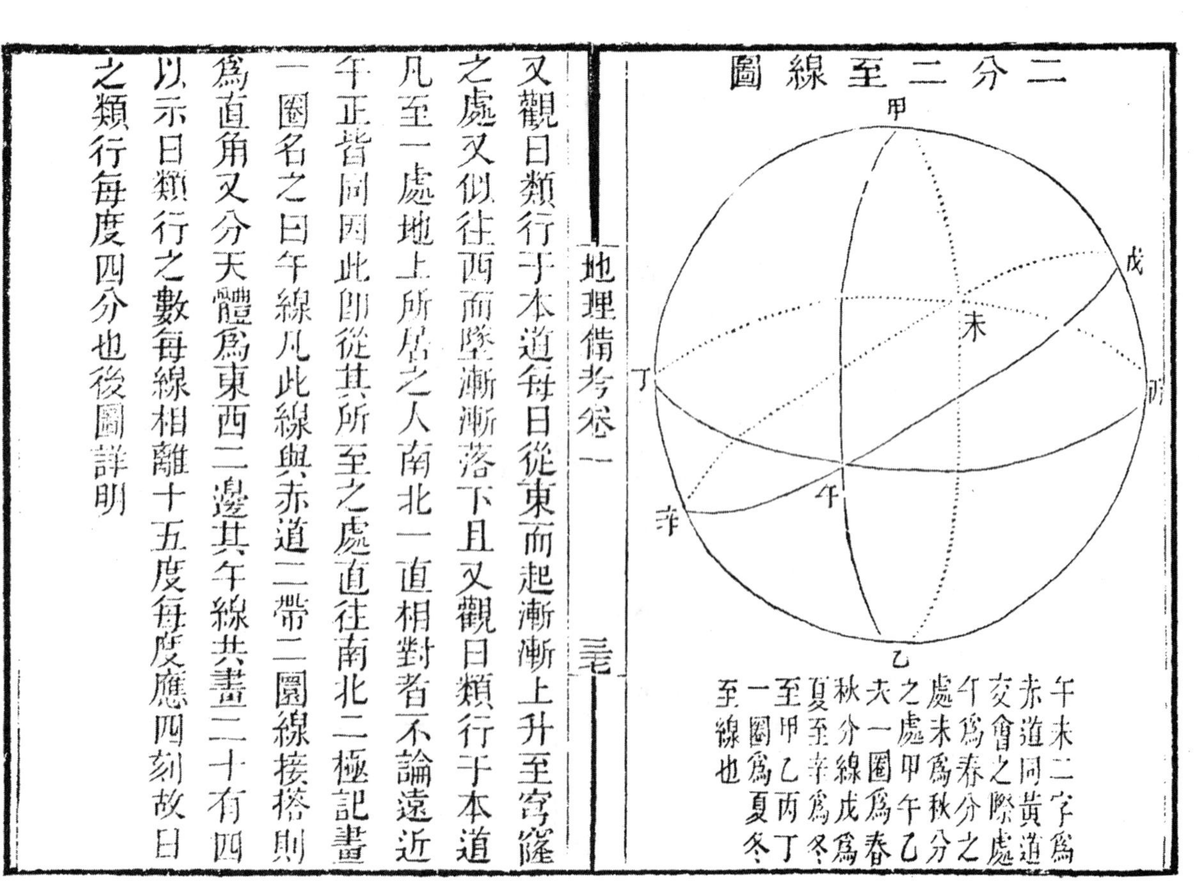

午未二字爲赤道同黃道交會之際處午爲春分之處未爲秋分之處甲午乙丙一圜爲春秋分線戊爲夏至辛爲冬至甲乙丙丁一圜爲夏冬至線也

又觀日類行于本道每日從東而起漸漸上升至穹窿之處又似往西而墜漸漸落下且又觀日類行于本道凡至一處地上所居之人南北一直相對者不論遠近午正皆同因此即從其所至之處直往南北二極記畫一圈名之曰午線凡此線與赤道二帶二圜線接搭則爲直角又分天體爲東西二邊其午線共畫二十有四以示日類行之數每線相離十五度每度應四刻故曰之類行每度四分也後圖詳明

午線圖

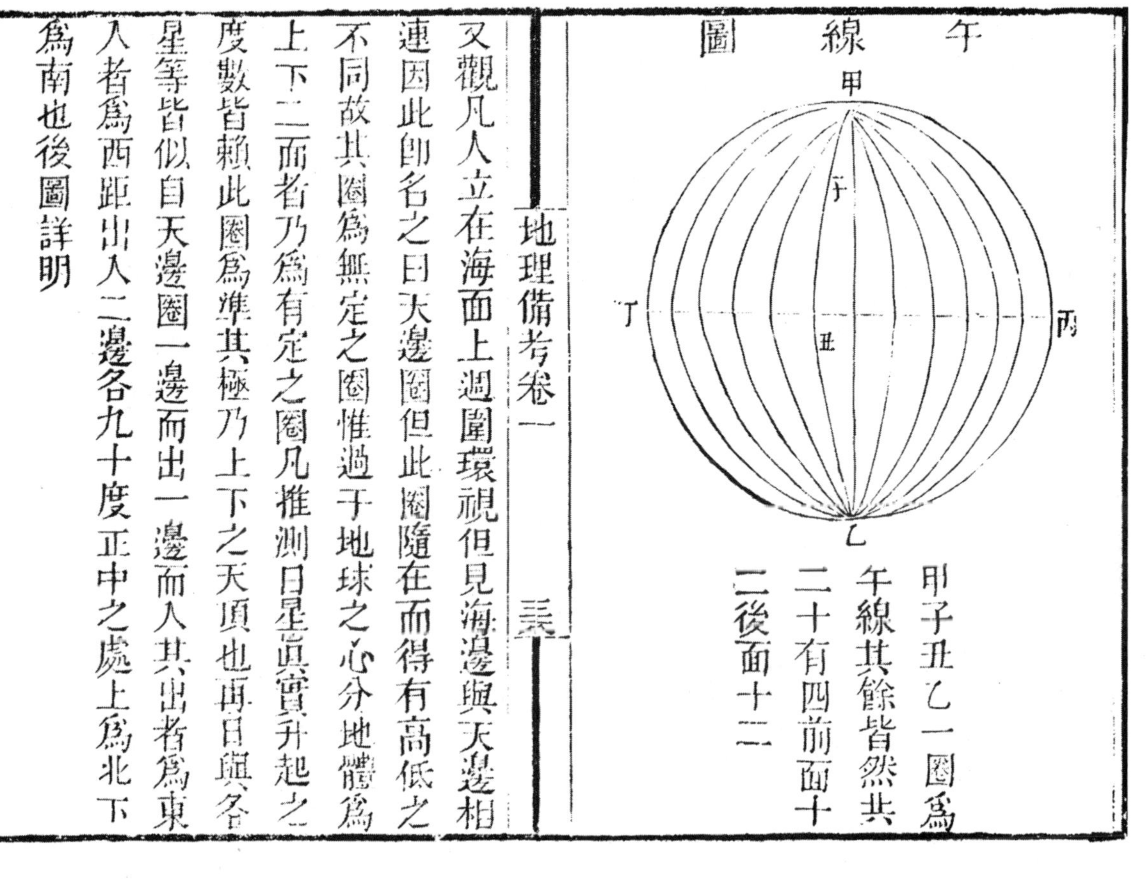

甲子丑乙一圈為午線其餘皆然共二十有四前面十二後面十二

又觀凡人立在海面上週圍環視但見海邊與天邊相連因此即名之曰天邊圈但此圈隨在而得有高低之不同故其圈為無定之圈惟過于地球之心分地體為上下二面者乃為有定之圈凡推測日星眞實升起之度數皆賴此圈為準其極乃上下之天頂也再日與各星等皆似自天邊圈一邊而出一邊而入其出者為東入者為西距出入二邊各九十度正中之處上為北下為南也後圖詳明

天邊圈圖

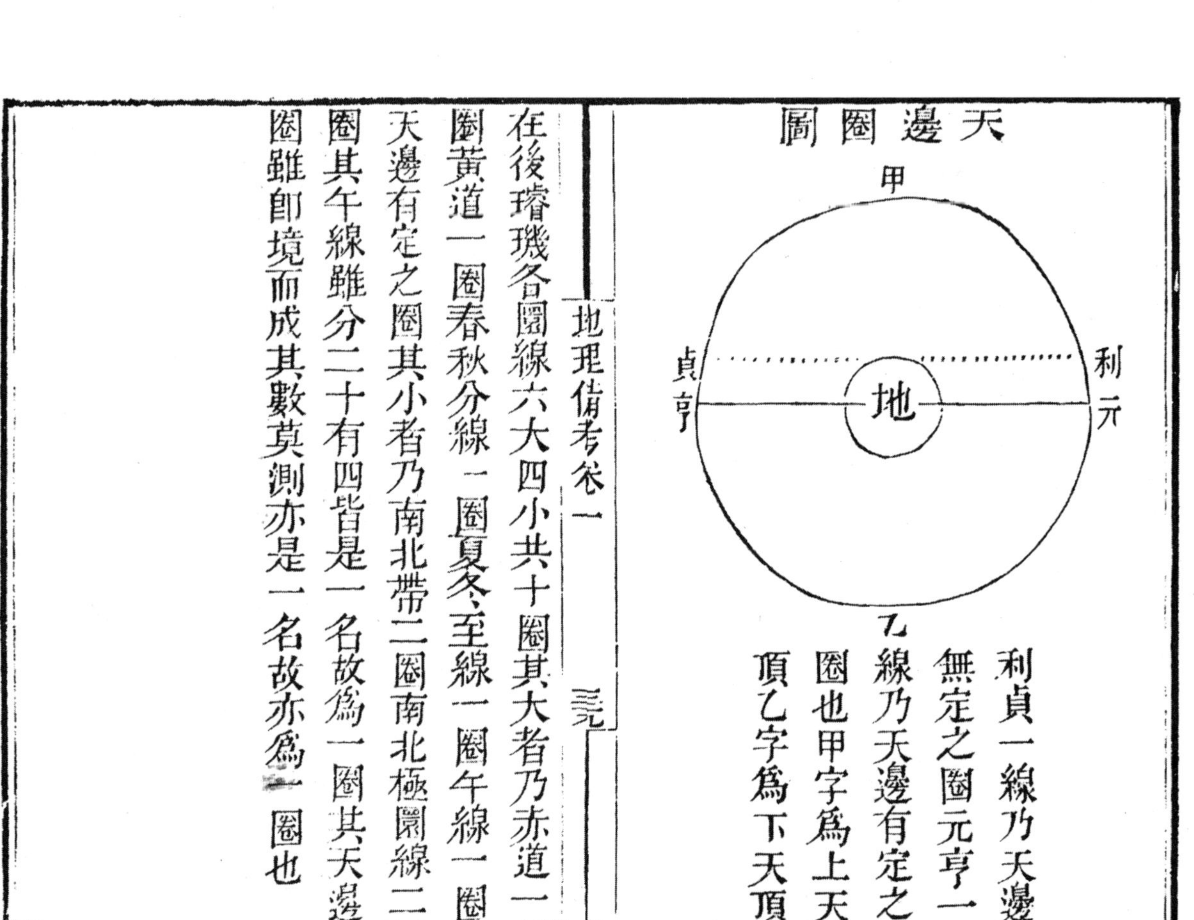

利貞一線乃天邊無定之圈元亨一線乃天邊有定之圈也甲字為上天頂乙字為下天頂

在後璿璣各圖線六大四小共十圈其大者乃赤道一圈黃道一圈春秋分線一圈夏冬至線一圈午線一圈天邊有定之圈其小者乃南北帶二圈南北極圍線二圈其午線雖分二十有四皆是一名故為一圈其天邊圈雖卽境而成其數莫測亦是一名故亦為一圈也

璿璣圖線全圖

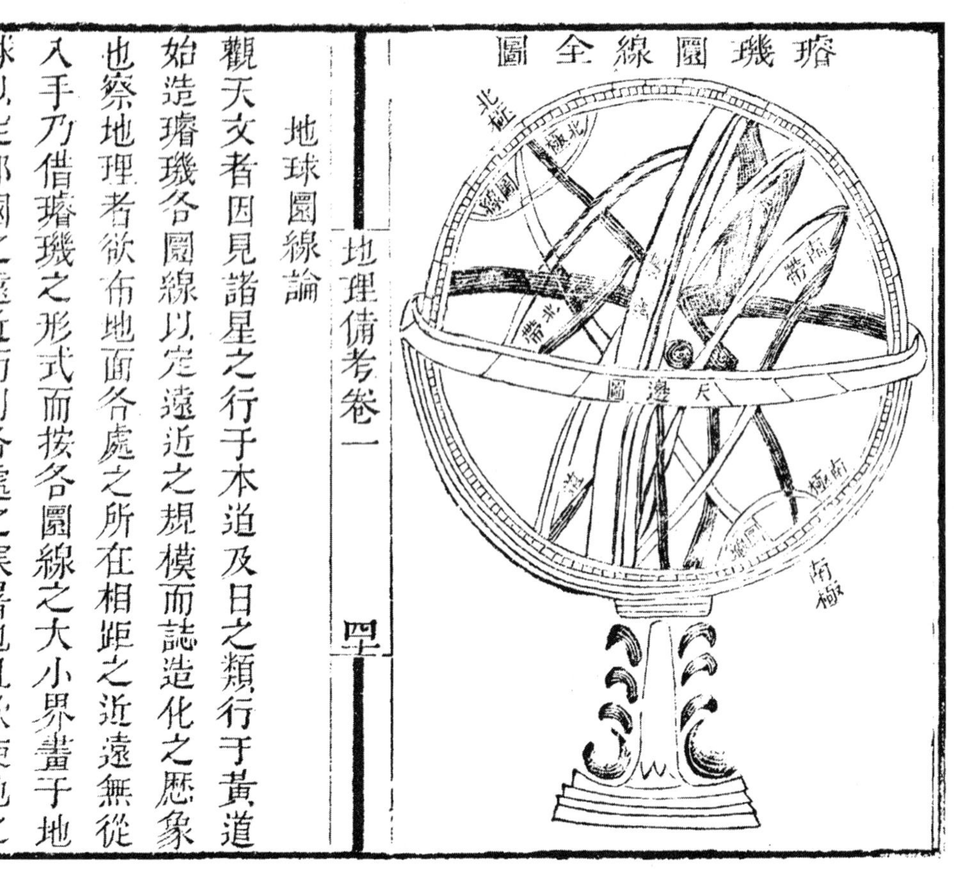

地球圜線論

觀天文者因見諸星之行于本道及日之類行于黃道始造璿璣各圜線以定遠近之規模而誌造化之歷象也察地理者欲布地面各處之所在相距之近遠無從入手乃借璿璣之形式而按各圜線之大小界畫于地球以定邦國之遠近而別各處之寒暑也且欲使地之體勢更為顯然昭著是以二者合而為一創造璿璣地球圖仍以璿璣各圜線之名而名之此乃地之所謂文者也前圖繪明備覽今將地球之軸二極樞紐大小圜線詳細解明

夫地軸乃人摹擬之線貫于地之中心而地借此每十二時由西向東而轉者其軸之兩端即樞紐乃地極也一于北方一于南方與天之北極南極直對相應也

地球之圜線共十圈分為大小二等其大圜線有六圈乃過于地之中心分地為兩平半者其小圜線有四圈乃不能過于地之中心亦不能分地為兩平半者也不論大小每圈皆分三百六十度每度六十分每分六十秒每秒六十微按中華二百五十里為一度也

地球之赤道乃大圈之一也居地面之正中離南北二極同遠平分地體為兩半在北者為北方在南者為南方按圈之本體分三百六十度按日之類行分二十四段每段十五度每十五度應四刻所以日之類行每度四分也赤道別名晝夜平線蓋此線凡與日正直相對則晝夜均平此線之樞紐乃地球南北二極也其徑度之遠近或往東或往西皆在此線之上而算凡有線與此線相平者則為平行線後圖詳明

平行線圖

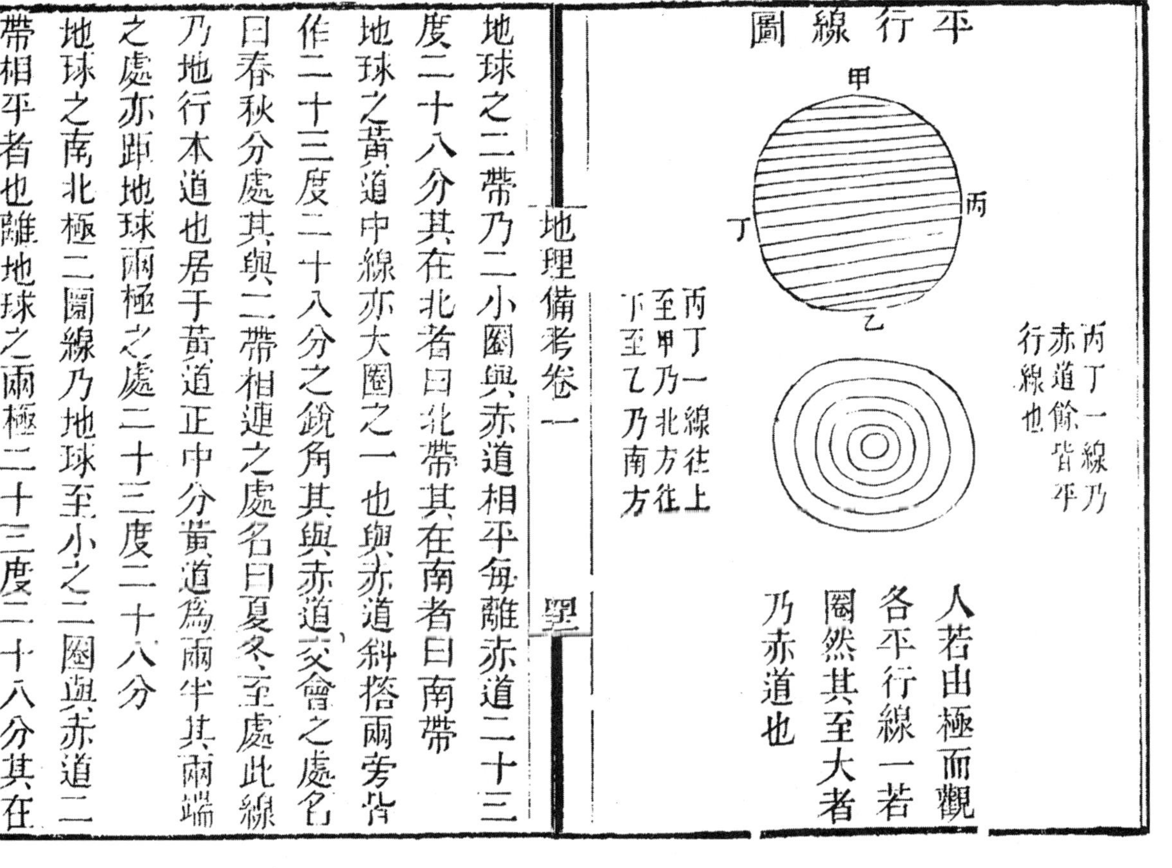

人若由極而觀各平行線一若圈然其至大者乃赤道也

地球之二帶乃二小圈與赤道相平每離赤道二十三度二十八分其在北者曰北帶其在南者曰南帶

地球之黄道中線亦大圈之一也與赤道斜搭兩旁皆作二十三度二十八分之鋭角其與赤道交會之處名曰春秋分處其與二帶相連之處名曰夏冬至處此線乃地行本道也居于黄道正中分黄道爲兩半其兩端之處亦距地球兩極之處二十三度二十八分

地球之南北極二圖線乃地球至小之二圈與赤道二帶相平者也離地球之兩極二十三度二十八分其在北者曰北極圜線其在南者曰南極圜線

地球二分二至之圜線乃二大圈也此二圈在地球南北二極兩端之處十字交搭又與赤道爲直角并記四季之分至其過于赤道與黄道交會之處者名曰春秋分線其過于南北二帶與黄道相連之處者名曰夏冬至線

地球之午線乃一大圈過于地球之南北二極搭赤道爲直角而平分地球爲東西兩半均平者也其午線雖總名爲一但赤道可分若干之處卽可畫若干凡察地

理者定立午線每從所在有名之處先畫一線爲首隨後計算卽從此線而起往東一百八十度往西一百八十度于背後相對之處而止因此嘆咭唎人以畫于本國觀星台之午線爲首線咈囒西人以畫于吧嚟嘶京城觀星台之午線爲首線呂宋人以畫于咖喇嘶地方之午線爲首線昔西洋人在京師欽天監卽以越于京都觀星台之午線爲首線從此可見定午線之首任意而定各國皆以畫于本國京城或本國觀星台之午線爲首線也至名之爲午線者葢凡日之類行及于此線則

同在此線上一方地位午正莫不相同且日之類行不能兩面光照其一面日當正午一面則應正子若一面正午一面亦必正子也至于地球之上往往但畫二十四線每線相離十五度在赤道上計算也若地理圖上多有畫三十六線者每線相離十度易于計算也

地球之天邊圈乃一大圓平分地球爲兩半者也一半在上得日光而明一半在下背日光而暗此圈用以解明各星之升没者蓋凡星之出于圈邊而上則曰升落于圈邊而下則曰没其天邊圈非一各處不同蓋地

球體圓人若遷移他處則先所視之圈不能復見而見者則另爲一圈也其樞紐之處亦隨所在而易之其上極則直對人之頂者故爲上天頂其下極則直對人之足者故爲下天頂察地理者分天邊圈爲有定無定二等其有定者乃過于地之中心均分地球爲上下兩半者也其無定者乃人在海上而目爲海所限也與有定天邊圈相平其圈分爲三十二段每段十一度十五分應羅盤一方其三十二方後圖詳明

三十二方圖

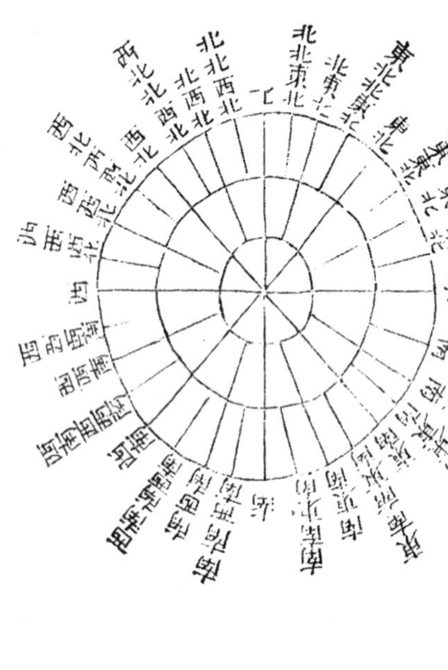

按大西洋㖊囒哂唤咭唎等國四方偏隅之名不過二方相合而成譬如東南東北西南西北四方之偏隅也其名不過二正方相合天朝亦然但天朝除四正方即東西南北及各方偏隅即東南東北西南西北共八方外其餘未見其名且各西國三十二方非他乃以挨近之方相合而成如以正四方兩兩相合而得偏四方之名偏四方與正四方相合而得小八方之名小八方與至近之方或隣左或隣右相合而得次十六方之名共三十有二方故畫前圖備覽

寒温熱道論

地球大小各圈既已按處繪圖詳明無不週備察地理者又觀其四小圈必橫分地球爲五段而各段中之處或在南或在北或在中勢必有寒温熱三者之別各自不同故以每段而名之曰道其一乃熱道也在南北二帶之間者寬四十六度五十六分古之人以爲此段地方正當日光直射其地甚熱盡是荒沙故名之曰熱道道後世之人稽查詳明始知古言錯悮蓋此段地方有長夜大露風雨及時而降不惟使其地之人能安居更爲

繁產每年田禾稻穀兩季收割不但一處且各色香料藥材等惟此地出產并所產之五金寶玉較別段更爲精美如阿非里加阿細亞阿美里加三處地方所有在此段之中者其水土膏腴所產各物比地球諸處尤爲豐美也後人仍名熱道未曾改易蓋因日之類行于本道不過于二帶之外其光比別段直射正照其地亦較別段微熱并非人所不能安居者也其二乃温道也有二道焉一在北帶北極圜線之間者一在南帶南極圜線之間者每寬四十三度四分名之温道者蓋因此

段日之光照斜射非同熱道之正直相對故其地稍減其熱漸覺温和也其三乃寒道也亦有二道焉一在北極圜線之内者一在南極圜線之内者每寬二十三度二十八分名之寒道者蓋因其此段每歲多半不見日光即或得日照臨其光亦不過斜射也且日凡在天邊下之時甚覺寒冷無處不凝結成氷其地雖不若熱温二道之舒暢與人居之合宜然而其地亦有居人并非甚不能安者也後圖詳明

五道圖

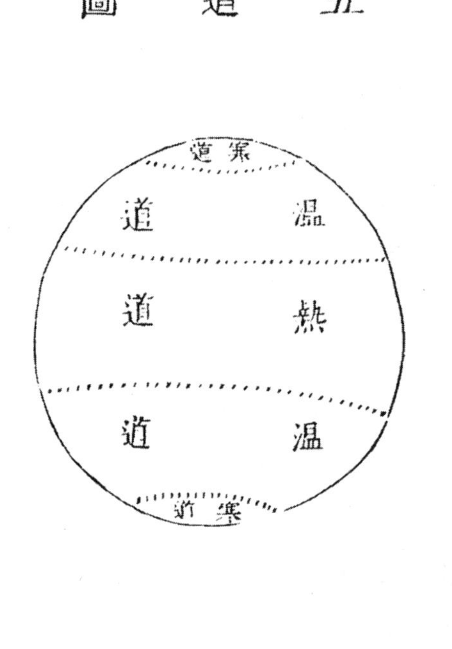

緯經二度論

古之人以地體爲平坦東西之相距較南北甚寛故立緯線以量二極相離之遠近立經線以量東西相距之長短其緯度則從二極算起其經度則從鉄島算起蓋以爲昔鉄島地方之午線即至西最末之午線也迨後世之人考查詳明深悉地球之形體而欲準定地面各處之所在仍用緯經二線之法其法先以地球分爲一百八十段每段横畫一圈寛一度均與赤道週圍相平在赤道之北者九十圈南者亦九十圈其圈則爲平行

線其度則名曰緯度每一度六十分每一分六十秒又以赤道于地球上分爲三百六十格每格直畫一圈寛一度均達南北二極與赤道相搭爲直角其三百六十度分爲兩半不拘從何圈算起往東一百八十度往西亦一百八十度至背面相對之處而止其圈則爲午線其度則名曰經度也每度數亦與緯度相同則地球之上各處皆有平行線與午線相搭而各處之地位居于何度相離若干無不了然是以欲知不拘何所于地球上或在南或在北祇觀其居于第幾平行線與午線相

搭之處即可明矣今凡論地緯者乃一處之相距于赤道也凡論地經者乃一處之午線相距于第一午線也其緯度在于午線上計算從赤道而起往北九十度往南九十度其在北者則曰北緯度在南者則曰南緯度而地之愈近于極則其緯數愈多愈近于赤道則其緯數愈少各處之緯數至多不能越九十度蓋赤道之離二極也亦各九十度午線由赤道至于極亦各九十度也其經度在赤道上計算從第一午線而起往東一百八十度往西一百八十度其在東者則曰東經度其在

西者則曰西經度其定立午線之首前欵已爲詳明其緯度因地球二極處形扁相離雖稍有差別然甚覺微細爲數無幾可以毋庸較論故諸察地理者一般計算未曾區別也但其經度之數有長短之別與緯度不同蓋因地球體圓自赤道南北兩分而前漸近于二極其平行線漸覺圈小而其午線之相離亦漸窄盡于樞紐之處故離赤道六十度之處其經度較之在赤道上者不過一半所以午線相離之至遠者在赤道上而經度之至長者亦在赤道上也故各處之經度凡論遠近總

應歸赤道上計算也其經線可以按度數而算亦可以按時刻而算按度數而算則每一度分爲六十分每一分分爲六十杪按時刻而算則每十五度作爲四刻每一度作爲四分又每十五度有遲早一點鐘之差别在東者遲四刻在西者早四刻蓋日之類行由東而西先過東邊之地方後過西邊之地方所以東邊得日在先西邊得日在後及至在西者方届其時而在東者已越其時矣故東遲西早每十五度有一點鐘之差譬如京師時届午正以東十五度之處則已交未初以西十五

度之處則尙係午初再東再西總以十五度爲限按此類推卽可知其時刻也今繪緯經二度圖于後以備覽

緯經二度圖

丙丁一線爲赤道經局如戊字爲一處地方其緯度卽從巳至戊之線其經度如以甲癸乙一圈爲第一午線從癸至巳卽其經度也若庚字爲一處地方其緯度卽從辛至庚之線其經度卽從癸至辛也如辛字爲一處地方則無緯度因其在赤道上其經度亦從癸至辛也如癸字爲一處地方則緯經二度皆無蓋因其在赤道上故無緯度在第一午線上故無經度也

以上所論以類推可見其一凡居于赤道上之處不見緯度蓋緯度從赤道起算直至二極必須離開赤道或往南往北一杪半杪方有可計算者凡居于第一午線上之處不見經度蓋經度從第一午線起算直至東西必須離開第一午線或往東往西一杪半杪方有可計算者所以若居于第一午線與赤道交會之處者緯經二度皆不見其理亦然其二凡同居一午線之上者或南或北彼此于赤道相距同遠則緯數相同時刻不異但因其所居南北不同方故彼此有晝夜長短之别譬如

在南者晝五十二刻夜四十四刻是晝長夜短也在北者則晝四十四刻夜五十二刻是晝短夜長也若北方晝長夜短則南方必晝短夜長此理之所必然也又若四季亦彼此相反在南者時届春令在北者則爲秋令在南者時届夏令在北者則爲冬令若北方春令則南方秋令北方夏令則南方冬令蓋其所居同線異方故緯數相同時刻相等晝夜相異四季相反也其三凡居兩面相對一午線之上者或在南或在北彼此于赤道相距同遠則緯度相同方位各異但因其所居東西相

對故彼此有子午正對之差譬如在東者時交午正在西者則爲子正若東方子正則西方必午正也又其晝夜之長短相等四季之時令相同蓋因彼此距于赤道同遠緯度之數目不異也

再各平行線因離于赤道漸遠其圈漸小每度數目雖仍爲六十分每分六十秒然而較之赤道上者則愈遠愈爲短少至二極之處而盡故今將各平行線較赤道祇有若干之數目算明書圖開列于後以備查閱

平行線	分	秒	微
第一	五十九	五十九	二十四
第二	五十九	五十七	三十六
第三	五十九	五十五	一十二
第四	五十九	五十一	三十六
第五	五十九	四十六	一十二
第六	五十九	四十	一十二
第七	五十九	三十三	三十六
第八	五十九	二十五	一十二
第九	五十九	一十五	三十六
第十	五十九	四	四十八
第十一	五十八	五十三	二十四
第十二	五十八	四十	四十八
第十三	五十八	二十七	三十六
第十四	五十八	一十三	一十二
第十五	五十七	五十七	〇
第十六	五十七	四十	一十二
第十七	五十七	二十二	四十八
第十八	五十七	三	三十六
第十九	五十六	四十三	四十八
第二十	五十六	二十二	四十八
二十一	五十六	〇	三十六
二十二	五十五	三十七	四十八
二十三	五十五	一十三	四十八
二十四	五十四	四十八	六
二十五	五十四	二十二	四十八
二十六	五十三	五十五	四十八
二十七	五十三	二十七	三十六
二十八	五十二	五十八	一十二
二十九	五十二	二十八	四十八
三十	五十一	五十七	三十六

平行線	分	秒	微
三十一	五十一	二十五	四十八
三十二	五十	五十二	四十八
三十三	五十	一十九	一十二
三十四	四十九	四十四	二十四
三十五	四十九	九	〇
三十六	四十八	三十二	二十四
三十七	四十七	五十五	二
三十八	四十七	一十六	四十八
三十九	四十六	三十七	一十二
四十	四十五	五十七	三十六
四十一	四十五	一十六	四十八
四十二	四十四	三十五	一十二
四十三	四十三	五十二	四十八
四十四	四十三	九	一十二
四十五	四十二	二十五	四十八
四十六	四十一	四十	四十八
四十七	四十	五十五	一十二
四十八	四十	九	〇
四十九	三十九	二十一	三十六
五十	三十八	三十四	一十二
五十一	三十七	四十五	四十八
五十二	三十六	五十六	二十四
五十三	三十六	六	三十六
五十四	三十五	一十五	三十六
五十五	三十四	二十四	十
五十六	三十三	三十三	十
五十七	三十二	四十	〇
五十八	三十一	四十七	一十二
五十九	三十	五十四	二十四
六十	三十	〇	〇

平行線	分	秒	微
六十一	二十九	五	二十四
六十二	二十八	一十	一十二
六十三	二十七	一十四	二十四
六十四	二十六	一十八	〇
六十五	二十五	二十一	三十六
六十六	二十四	二十四	三十六
六十七	二十三	二十七	〇
六十八	二十二	二十八	四十八
六十九	二十一	三十	三十六
七十	二十	三十一	一十二
七十一	一十九	三十二	二十四
七十二	一十八	三十三	〇
七十三	一十七	三十二	二十四
七十四	一十六	三十一	四十八
七十五	一十五	三十	一十二
七十六	一十四	三十	三十六
七十七	一十三	三十	〇
七十八	一十二	二十八	四十八
七十九	一十一	二十七	〇
八十	一十	二十五	一十二
八十一	九	二十二	[illegible]
八十二	八	二十一	一十二
八十三	七	一十九	四十八
八十四	六	一十六	四十八
八十五	五	一十三	二十四
八十六	四	一十一	二十四
八十七	三	八	〇
八十八	二	五	〇
八十九	一	三	[illegible]
九十	〇	〇	〇

地球時刻道論

古之察地理者除以地球分爲五道乃熱道一段寒道溫道各二段外又以六十道分之而寛狹不一南北二方各三十段名之曰時刻道其故有二焉一則指明各處地方彼此相去之遠近二則辨明各處地方晝夜時刻之長短但欲指明地球各處之所在或南或北或東或西緯經二度既已縮定詳明而各處所在必能洞悉胸中斯能不迷于所視顧後世之察地理者未嘗多用其法以指示各處所在今因此法可以指明各地晝夜

長短之別實有補助故仍論之夫時刻道者乃地球一段地方間于二横圈之中者也凡居每道上之人其時較于相挨道上者之時有二刻之差別又有一月之差別蓋屢試屢驗凡居于赤道上之處晝夜均平日則六時夜則六時若所居相距赤道者凡日之類行越于春秋分處愈近夏至之處晝則漸長夜則漸短日至其處而止愈近冬至之處晝則漸短夜則漸長日亦至其處而止且其晝夜之度時刻之數愈離于赤道或南或北則逐道漸漸愈爲加增甚而至于南北二圜線之處其

晝之長者竟增至十二時之多再由二圜線至二樞紐之處竟增至六箇月之久有晝無夜皆爲白日是以按時刻之差別若干即分地球爲若干道自赤道起至日長六時二刻之處横晝一圈爲第一道自一道起至日長六時四刻之處又横晝一圈爲第二道因此每于多二刻差別之處即晝一圈至二圜線之處日則長至九十六刻圈則共晝二十四道又自二圜線起至二樞紐之處日長則逐月加增所以由圜線至日長一箇月之處横晝之圈由日長一箇月之處至日長兩箇月之處又横晝

一圈因此每于多一箇月差别之處即晝一圈至二樞紐之處日則長至六箇月圈則共晝六道從此可見由赤道至圜線共有二十四道每道遞增二刻由圜線至樞紐共有六道每道遞增一箇月南北相同每方三十道統計六十道再二刻之道離赤道愈遠其道愈窄一箇月之道離圜線愈遠其道愈寛今將各道離赤道若干寛窄度數日長時刻開列于後以備便覽但其所論之月因中華與西域之月數不同且在北方者多一日在南方者少一日故改爲按日而計也

赤道上　　周歲　　日長六時

第一道	離赤道八度三十四分	道寬八度三十四分	日至長六時二刻
第二道	離赤道十六度四十三分	道寬八度九分	日至長六時四刻
第三道	離赤道二十四度十分	道寬七度二十七分	日至長六時六刻
第四道	離赤道三十度四十六分	道寬六度三十六分	日至長七時
第五道	離赤道三十六度二十八分	道寬五度四十二分	日至長七時二刻
第六道	離赤道四十一度二十一分	道寬四度五十三分	日至長七時四刻
第七道	離赤道四十五度二十九分	道寬四度八分	日至長七時六刻
第八道	離赤道四十八度五十九分	道寬三度三十分	日至長八時
第九道	離赤道五十一度五十七分	道寬二度五十八分	日至長八時二刻
第十道	離赤道五十四度二十八分	道寬二度三十一分	日至長八時四刻
十一道	離赤道五十六度三十六分	道寬二度八分	日至長八時六刻
十二道	離赤道五十八度二十五分	道寬一度四十九分	日至長九時
十三道	離赤道五十九度五十七分	道寬一度三十二分	日至長九時二刻
十四道	離赤道六十一度十六分	道寬一度十九分	日至長九時四刻
十五道	離赤道六十二度二十四分	道寬一度八分	日至長九時六刻

十六道	離赤道六十三度二十分	道寬五十六分	日至長十時
十七道	離赤道六十四度八分	道寬四十八分	日至長十時二刻
十八道	離赤道六十四度四十六分	道寬四十分	日至長十時四刻
十九道	離赤道六十五度二十分	道寬三十二分	日至長十時六刻
二十道	離赤道六十五度四十六分	道寬二十六分	日至長十一時
二十一道	離赤道六十六度六分	道寬二十分	日至長十一時二刻
二十二道	離赤道六十六度二十分	道寬十四分	日至長十一時四刻
二十三道	離赤道六十六度二十八分	道寬八分	日至長十一時六刻
二十四道	離赤道六十六度三十二分	道寬四分	日至長十二時
二十五道	離赤道六十七度二十三分	道寬五十一分	日至長北方三十日南方三十日
二十六道	離赤道六十九度五十分	道寬二度二十七分	日至長北方六十日南方六十日
二十七道	離赤道七十三度二十九分	道寬三度四十九分	日至長北方九十日南方八十九日
二十八道	離赤道七十八度三十分	道寬四度五十一分	日至長北方百二十日南方百十七日
二十九道	離赤道八十四度五分	道寬五度三十四分	日至長北方百五十日南方百五十日
三十道	離赤道九十度	道寬五度五十五分	日至長北方百八十日南方百七十八日

辨四季寒暑論

前地球循環欵内已論地球本體之轉有二一則日週一則年週日週者本體之週而復始也晝夜運動西向東旋隨旋隨升年週者旋于日外之週而復始也因其隨旋隨升盡歷十二宮位是以有四季之分寒暑之别也今將四季寒暑之故特爲詳明夫地球循環日外之逕乃黄道中線也其南北二極與天之南北二極常爲直對相應雖運行不息二極所指永不更移葢因其軸若于黄道直竪則地球週圍循環日光常居赤道其二極

總無近遠之别而日之光照終年南北相同既同何能有四季寒暑之别其軸若于黄道平横則地球週圍循環日光一時居于赤道一時在北極頂上一時在南極頂上所有地上各午線之處無不絡繹而偏照雖其處不無四季寒暑但日體出乎二帶之外何能有夏冬二至也祇因其軸于黄道略爲偏斜有二十三度二十八分之鋭角故地球週圍循環有時北極近日而南極則遠于日有時南極近日而北極則遠于日有時赤道與日相對凡至二極近日故有夏冬二季赤道與日相對故有

春秋二季也葢地球在春分之黄道與赤道交會處其二極同距日遠而所受日光照臨二方相同故北方温和南方凉爽在北者則爲春在南者則爲秋若離春分之處向北而往則北方之天氣漸漸變爲暑熱是由春而夏南方之天氣漸漸變爲寒冷是由秋而冬也地球在夏至之黄道與北帶相連處其北極近于日南極遠于日而所受日光照臨二方相異故北熱而南冷在北者則爲夏在南者則爲冬若離夏至之處向南而旋則北方之天氣漸漸變爲凉爽是由夏而秋南方之天氣

漸漸變爲温和是由冬而春也地球在秋分之黄道與赤道交會處其二極亦同距日遠而所受日光照臨二方相同故北方凉爽南方温和在北者則爲秋在南者則爲春若離秋分之處向南而往則北方之天氣漸漸變爲寒冷是由秋而冬南方之天氣漸漸變爲暑熱是由春而夏也地球在冬至之黄道與南帶相連處其南極近于日北極遠于日而所受日光照臨二方相異故南熱而北冷在南者則爲夏在北者則爲冬若離冬至之處向北而旋則北方之天氣漸漸變爲温和是由冬

之人觀日如進戌宮穀雨之時地入卯宮地上之人觀日如進酉宮小滿之時地入寅宮地上之人觀日如進申宮夏至之時地入丑宮地上之人觀日如進未宮大暑之時地入子宮地上之人觀日如進午宮處暑之時地入亥宮地上之人觀日如進巳宮秋分之時地入戌宮地上之人觀日如進辰宮霜降之時地入酉宮地上之人觀日如進卯宮小雪之時地入申宮地上之人觀日如進寅宮冬至之時地入未宮地上之人觀日如進丑宮大寒之時地入午宮地上之人觀日如進子宮雨

水之時地入巳宮地上之人觀日如進亥宮也其十二宮按西域天文書皆用記號以便認辨今將其記號開列于後備覽

♈戌宮	♉酉宮	♊申宮	♋未宮
♌午宮	♍巳宮	♎辰宮	♏卯宮
♐寅宮	♑丑宮	♒子宮	♓亥宮

地球循環本道已為解釋詳明今將地入每宮四季寒暑之別繪圖于後備覽

而春南方之天氣漸漸變為凉爽是由夏而秋也由此類推而上論各道日之長短差別益可以明悉矣今晝此地球循環日外並四季寒暑二圖于後以便備覽

地球循環日外圖

甲乙丙丁一圈乃地行本道也其式如卵形四方距日有遠近之別前已解釋茲繪圖置日于其中者以明地行各宮之節氣并四季之時令也夫地之本道分為十二段每段應一宮自乙字處起是為第一段乃戌宮從右遞數第二段則為酉宮第三段則為申宮第四段則為未宮第五段則為午宮第六段則為巳宮第七段則為辰宮第八段則為卯宮第九段則為寅宮第十段則為丑宮第十一段則為子宮第十二段則為亥宮也地行每約一月之期則過一宮春分之時地入辰宮地上

四季寒暑圖

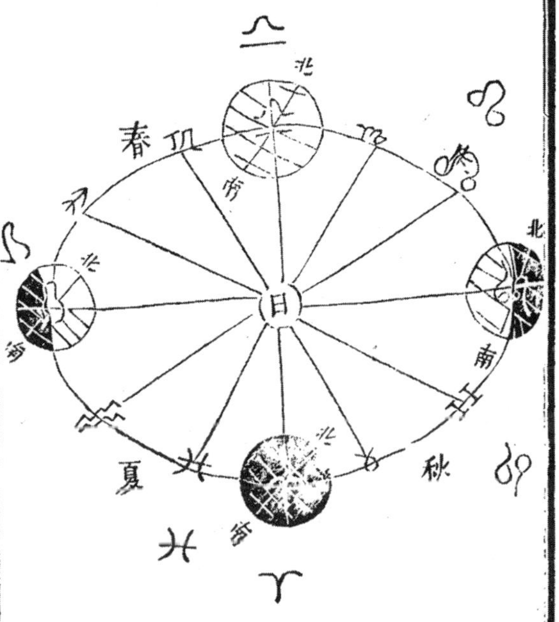

黃道上四球乃地球也各球上北字乃為北極南字乃為南極中通一線為地之軸與黃道相搭為二十三度二十八分之銳角週圍循環二極定向永不更移各地球上白色者乃向日之半邊黑色者乃背日之半邊本體之轉雖一日週而復始然向于日者總是半邊凡地在辰宮人則見日如在戌宮乃北方春分之時南方秋分之時也地之赤道與日正對南北二極相距同遠受日光照臨二方相同故北方溫和南方涼爽各處從赤道兩分或往北或往南太陽卯正而出酉正而沒晝夜盡為均平日終六時夜間六時也自辰宮行至丑宮人則見日如在未宮乃北方夏至之時南方冬至之時也北極近于日南極遠于日北方受日光直照則熱南方得日光斜射故冷北方各處從赤道往北見日者多則晝長夜短按各處時刻道自六時增至六月南方各處從赤道往南見日者少則晝短夜長亦按各處時刻道自六時增至六月也自丑宮行至戌宮人則見日如在辰宮乃北方秋分之時南方春分之時也地之赤道與日再為正對南北二極相距同遠受日光照臨二方亦

相同故北方涼爽南方溫和各處從赤道兩分或往北或往南太陽亦卯正而出酉正而沒晝夜盡為均平日終六時夜間六時也自戌宮行至未宮人則見日如在丑宮乃北方冬至之時南方夏至之時也南極近于日北極遠于日南方受日光直照則熱北方得日光斜射故冷南方各處從赤道往南見日者多則晝長夜短按各處時刻道自六時增至六月北方各處從赤道往北見日者少則晝短夜長亦按各處時刻道自六時增至六月也自未宮行至辰宮人則見日如在戌宮乃北方

又春分之時南方又秋分之時此十二宮一週之始終
四季循環之次序也

新釋地理備考全書卷二

目錄

新釋地理備考全書卷二

氣論　　　　大西洋瑪吉士著

凡運動流行於地球四面者名曰氣由地上升不過數十里而即止其去地近者則厚而密去地遠者薄而稀人物無不藉此而生活穹窿亦皆以彼而輝耀其爲氣也無影無踪無臭無味視之莫見撫之莫獲放之則彌六合卷之則退藏于密故有輕重剛柔之殊人物爲其所包羅以通呼吸而延壽命若絶之則難活矣且又易

于聚散其散也則爲熱之故其聚也則爲冷之故是以所受之熱愈炎而愈散所受之冷益寒而益聚一散一聚無不流動焉夫何有是氣哉乃地上之山川人物水火金石穀蔬草木等萬物之所發者也試以其重驗之比水約輕八百五六十倍既有輕重其包羅人物之外者應重勢必壓伏難舉而人何以不覺其重蓋因所包羅者上下週圍均同故人不覺也譬如人入水底何以不覺其重若以身接飛泉下流何以又覺其重蓋在水底者上下週圍均爲水所載雖重而不覺其重也其接飛泉下流者水往下傾身之上皆爲水壓伏雖輕而仍覺其重也又譬如將手入于桶水之中不覺其重若將桶開一孔以瀉水以手承之則手自被水壓而往下此何故也蓋手在水中週圍有水包之故不覺其重手在水下惟有上流之水下壓故覺其重也再譬如將海沫一團以線繫于大木桶之底隨後用水貯滿桶内海沫體質本極綿軟而其上壓之水甚多且重何以不能將海沫壓損蓋海沫中已浸滿水體外之水雖多乃週圍包之故不能壓損況其體中所浸之水雖少亦可敵外

面之水也氣之理亦然所以雖重而人不覺其重焉且氣比水尤輕水既週圍包羅不覺其重氣亦週圍包羅所以尤不覺其重也又氣越厚密越重越薄稀越輕地方所在越高其氣越薄稀而輕越低其氣越厚密而重是以人居地面則服其氣若去地遠則氣力薄而不能保其生命也曩者嘉慶年間西域有人乘風球而上升去地約十四五里之遠其人即覺有耳聾者有手痺者又有受萬種凄涼莫可名言者諸各不同倘若離地愈遠不知更作何狀由此可見人祗可稍離地面而不可

過于高遠也又因氣之輕重厚薄各處各時皆不相同故西域製造陰晴表以備度量其輕重再凡運動流行之物皆有輕重之質而氣則除輕重外猶有剛柔之性其體質若有外力制之可以由大而縮小然其體質亦具有力或去其外力之制又可以舒小而復大也譬如以皮氣球將氣裝滿封固其口人或以手按之則氣必收縮而曲斂將手離開則必舒放而復元惟人手按之之際但覺其氣勢騰起而拒手若將氣球擲地勢必跳躍可見氣若非有剛柔之力何能如此再其剛柔之力

有多寡之別若按之力小其騰起之勢亦小按之力大其騰起之勢亦大且本性原有三等可見一則雖按之不論幾多年限其力始終如一並無稍減消滅實非他物之所能者也二則熱之愈甚其力愈大故人所抑之氣其力時刻欲舒若值甚熱之際其欲舒之力更甚也三則若無阻隔抑壓者其舒而發散實爲彌漫無窮也但氣之厚密各處不同故欲定其高之量非易所以氣之凝也愈遠于地面而愈薄焉

雲論

雲者氣也其厚而下冒者則謂之霧其輕而上騰者則謂之雲苟被風吹散則人莫之見倘無風飄蕩則可以遮蔽太陽其所以使之上騰者乃日也其所以變化爲雲者乃江湖河海池沼川澤之氣也至夏時較冬爲尤甚至于使其上騰之故確然有可證據譬如以溼布展曝于日光之下少時之間其濕盡去其布復乾又如以槃將水貯滿置于當天之下其水漸漸消耗以至乾涸一滴無存且水何以能竭哉不過因日曝烈皆變爲氣而氣上騰變化爲雲耳除日之外則火亦可以令水變

爲氣也譬如將水放于火上炊之使滾轉瞬即有熱氣上騰若不將水挪開離火其水必漸熬乾一滴無存其所發之氣皆水之所變者也若以手覆于其上則手中必有蒸蒸之水也其雲之上騰有時所高無幾或在山頂之上或在半山之中至于其色有青黃赤白黑五者之別一則因受日光射照而然一則因所化之氣各殊而然故雲有屬雨屬風屬雷之不同也

風論

夫氣既爲運動流行之物而其本性原寂靜不動上下

四旁不偏不倚常爲均平若其理無疑蓋凡有一處失其均平之勢則週圍之氣皆因之而動其動也者則總名爲風其成風之由時常亦不過因夫二者一則曰熱一則曰冷熱則令氣發散而此一處較彼一處尤爲輕稀冷則令氣凝聚而彼一處比此一處更覺稠密緣氣動有遲速之殊故風起有和迅之別屢次試驗嘗見四刻之內有行二三里者有行一百五六十里者且風所以常變不定皆因其由來使然若其由來常如一轍則風亦始終不變也凡在海上駕舟之人常見熱道之間

週年東風名曰不易之恆風其故皆因日之類行從東而西將在下之氣曝之使散其氣俟日過復凝于是其氣已歉則東方之氣從西流而彌縫之故常隨日俱西流動不息週而復始所以恆變爲東風也又有言其處所以恆發東風者其故乃因地球本體一日一週也蓋地球每日由西而東旋轉其面上之氣自必流行其上從東而西如舟行逆水或由西而東其水過于舟身必從東往西而流也其風亦有時偶因他故稍爲變易其故不一今就南北二帶之風言之其風凡從一方而起無

甚變幻其名爲二帶風者乃由赤道至北約三十度至南亦約三十度南帶北帶之間所發者也有三等之別其一名曰恆吹風北方永從東北而起南方永從東南而起近于赤道永從正東而起惟在赤道上及去赤道或南或北二三度之處雖恆吹東風然亦稍有變異不能永爲一定也其二名曰當令風乃六箇月從一方而起再六箇月從相對之方而吹其風凡轉對方之際每有烈風暴雨雷電交作乃春秋二分之時也其三名曰海地微風乃每日自子時至午時則由地向海而吹自

午時至子時則由海向地而吹因其風微細所吹不過自起處約二三十里之遙即爲息故也

雷電論

雷者空中燗電發燒之聲也其鳴爲雷霆又名霹靂其光則爲閃電又名雷鞭夫何以有是雷電哉凡天氣炎熱從地而必有能焚之氣如硝磺等之類發洩而上騰至其氣在空中積滿之際則焚而化爲雷電故于夏令之時居多若于冬令雖有亦鮮矣雷鳴之聲或云皆因于硝氣迸焚發洩所至故雲中若無硝氣惟有電掣而

無雷鳴又若雷鳴必先閃電而後雷響其鳴之聲長短亦因有山以應其音是以其聲悠長若在谷中其聲更爲長而且巨聲之或大或小或疾或緩乃相離遠近故先見其光後聞其聲也其雷在熱道一帶地方時所恒有若在赤道之上則更甚焉所鳴之聲愈爲洪巨屋宇舟車及人物等無不震動凡雷行縱衡不定常于空中且進且退往返迴環一時則千盤萬旋而不已其所以致雷下降者每因雲積甚厚倘一遇風則吹散消滅而雷不鳴凡塔頂之金銅等物亦皆有吸雷下降之力故

凡雷鳴時在高處較低處爲尤多再雷鳴之時撞鐘放炮皆屬不宜蓋因鐘礮之聲均能動氣恐氣動而致雷下降也凡至雷鳴所有硝磺火藥等易燚之物必須安妥恐被雷火引著而轟擊也

流星論

流星者乃捷行之光也亦以能然之氣從地上騰其氣值天氣晴明而上騰本屬微細適逢燚燒而發光焰且燚著必由引線之路而行燚盡卽滅緣其光如星輝故名曰流星總而言之空中凡所燃之火光皆從地面而上騰能燚之氣也

虹論

虹者乃日相映而現于空中之色象也其形如弓其色有七乃紅黃金黃綠藍洋藍紫是也但人視之惟見四色最易分辨乃紅黃綠藍其金黃與黃並爲一色洋藍與藍亦並一色而紫色甚淡故人所見之色惟四焉其所以成虹之故乃日光斜射于細雨降淋因而照于人目也至虹之出現有高低大小不同若太陽所升未遠其弓則高而大若日升已高其弓則低而小視日爲高

低故其所現之弓有一二三四道不等一道乃人所常見者二道雖亦人所常見然而較之一道者則覺少三道人罕見之四道人見更罕焉凡見一道弓形其色之次第乃紅黃綠藍也二道弓形則分上下因下形之色深濃故爲第一上形之色淺淡故爲第二其色之次第上形乃藍綠黃紅下形乃紅黃綠藍與上形相對也三道弓形則分上中下因下形之色深濃故爲第一中形之色稍微淡故爲第二上形之色更甚淺淡故爲第三其色之次序上形與下形相同中形與上下相對也四

道弓形亦從下逆算至上分爲第一二三四道其色之次序乃兩兩相對也凡虹之出現朝則在西方午則在北方暮則在東方常與日相對也

光環論

光環者乃光明之圈偶或環繞于日月各星之外者也其圈有時而光發其色如虹有時不能辨色其所以有之故乃因空中所聚上騰之氣甚多或日或月並各星等之光照射直透所以成爲光環其環因氣上騰遠近而見故有大小之別也

日月重見論

日重見者乃雲上所形之日體也皆由太陽之光映射于浮雲內故人視之如另有別日也凡日遇有重見卽有光環相隨于後且必有或雨或雪相繼而下日之重見有多寡不等而人之常見者則惟一焉其二雖亦人所時見然而較之于一者則覺少其三四五六人罕見之順治十八年啵囉呢啞有同時見七日者月重見者乃雲上映照之月體也其數之多寡與日約畧相同其所重出之月一時或旋繞于眞月之外一時或竝列于眞月之旁也

北曉論

北曉者乃北方空中常現之光也因其光每近于天邊猶如昧爽之光故名曰曉也凡初現于天邊之上其形如弓而此弓之所現于人目者光輝燦爛照曜外射後則漸漸升于天頂宛似光環週圍均有光芒各色不一也往常向西十度或十二度始爲消滅一時儼如光彩之雲或白或赤或黑顏色莫定其上皆有光煇映射照徹繼以暈出暈過仍發光芒一時或如光明之柱遇有

兩柱相逢之際則變爲密雲轉瞬方顯光明其光有時或白或紅或藍色亦不等也其所以有此之故亦皆因雲中聚有能燃之氣既燃而發但非比電光之迅速也至于各色之不同者不過因其上騰之氣不一而然耳時常所見惟有一弓形若二弓三弓雖亦有之而見者罕矣凡出現之時均屬夜間日入後三四點鐘之際其現之久暫遲速亦無一定乾隆二十九年大西洋地方有出現二時餘之久方熄者其北曉之隱現莫定一時屢現不休一時並不出現惟極北之處較北方他處所

現者爲尤多其素常現時乃自秋分起以至次年夏至或小暑而止按西域哈嚕者推算其離地約有一百三十或七十里之高也

雨論

雨者乃空中所聚蒸溼之氣其積甚多其體沉重或因過爲稠密或爲風所飄搖或因天氣薄稀彼此衝激不能停留于空中故化爲甘霖而下降也其蒸溼之氣凡浮而在上則爲雲飄而下降則爲雨有用顯微鏡窺察者見氣之上騰皆爲水泡極細如塵若完好如故則上騰猶可停留倘彼此聚合稠密衝激破碎卽變爲水較氣尤重勢必下墜譬如松香或木槵子水泡順風放去其泡漸漸颺高若遇兩泡相逢衝激破碎卽化爲水而落下雨降之理亦然且落雨有大小多寡之別四季均有惟夏令較冬令尤多而大皆因夏日空中之停雲甚高而上騰蒸溼之氣極盛凡遇彼此衝激其雨必大有由然也至冬令停雲亦不甚高溼氣亦不甚盛雖偶有大雨淋漓較夏令究爲鮮矣春秋二季雨水調勻亦可類推也再以晝夜論雨之多寡則晝多夜少按赤道之

處而言則愈近而愈多也況潤萬物者莫大乎水故雨尤爲切要能減酷夏之炎暑能養源泉之滋生灌溉田苗澤及草木無不仰賴于雨也降于地上積流于河海借日曬之力變爲溼氣上騰復化爲甘霖下降或騰或降週而復始永無間斷一時或被風飄散亂一時或因地面欹斜週流無所不至其爲功于世也實大矣

雪論

雪者乃雲中蒸溼之氣將欲變爲雨點下墜先遇嚴寒而凝之也其寒不必近于地面而然如在空中溼氣停留之處亦可凝結而成雪焉其色則白其形如絮紛霏不一下落延緩極北之處雨雪極多且大甚至掩覆屋宇至于極高之山所落之雪週年永不融化也

雹論

雹者乃雲中蒸溼之氣變爲雨點下降之時忽遇嚴寒而凝之也其形常圓如同水點凡雨滴甚多相遇凝結其雹則厚而且大能傷人物損害田苗其體沉重空中不能停留故其下降甚覺急速有時則下落者如冰夏日較冬日爲多也

露論

露者乃稠密之溼氣變爲極細水點夜間清晨在空中下降者也其夜間所降者名曰夜露無非日落之後所墜之潤液溼氣也其所以稠密之故乃因日沒而天氣漸涼是以空中不能停留而緩緩下降也其降之時無形無聲人莫見聞迫須臾之頃始覺沾潤又夜露所被足以害人但其爲害有輕重之分皆因各處地勢不同溼氣各異也其清晨所降者名曰朝露無非炎熱之時夜間從地面所發之溼氣與夜露相聚而下墜者也其

氣因夜間清涼摶聚稠密其勢不能上騰高遠迨旭日始旦之候而天氣則漸熱漸散是以空中不能停留而緩緩下降也其雨少之處朝露愈多亦足以滋潤萬物至草木花葉之上清晨所綴水珠並非盡是朝露因草木本體原有溼氣發洩乃彼此匯聚也且露水沾濡于各物之上若不滲乾必因日而蒸爲溼氣故日出天邊上升無幾而露則盡爲消滅矣倘遇天氣寒冷卽結爲霜若積聚愈衆則被日光所吸卽變爲霧也

霜論

霜者乃遇寒而結之露也本非爲雪其凝結則形如雪霰凡落于草木庶物之上或似針監或如錐立下注之後始變成形若于空中凝結其體沈重則下降勢必如雹但其降也無聲故落後而成形者也

霧論

霧者乃濕氣重蒸重凝下降或積聚之露被日所吸遂釀爲霧但爲日光吸露而成者其散甚易此乃天朗氣清之預兆也有時其霧甚重迷漫天邊究而言之雖爲蒸溼之氣而成但其體質並非甚密故不能爲雨而下

降也凡多雨之處其霧亦盛潮溼之地較乾燥之處爲多有時轉瞬卽消有時經日不散在北海之處雖秋季天氣晴明之時亦常有大霧溟濛甚至一二步之外對面不能見人日光亦不能透澈也凡鄰近有氷之處其霧更爲濃厚焉

氷論

氷者乃嚴寒所凝結之水也夫水本流行之物一凝則靜而不動其體堅實必須剖之始開擊之方碎蓋水之凝結爲氷其體較前微輕卽復化爲水亦不能照前之

重也而其性光明透澈一凝爲氷卽不透澈若復化爲水則仍舊光明透澈也且凝結之量包涵甚大試觀貯水之器往往被其鼓裂凡石罅中若凝結充滿亦可裂開而山之崩墜亦或因其故且氷之堅脆惟按其所凝之體厚薄耳凡寒冷至極則凝結之氷可以堆積如山距赤道數十度之處見于海面者甚高且大宛如巨山半浮于水上半沒于水中冬令甚多如山相連春初以及穀雨之時每有人近于其山迨穀雨之後則無人敢近恐被融化傾墜而壓之也近于二極之處雖大暑之

時亦不融化也其二極之氷甚多所以南方離赤道六十八度北方離赤道八十一度之處恆爲積氷所阻經夏不消有不能越而過者也

潮論

潮者乃海水之動而不失其常也每日十二時三刻四分必有二次之消長長足則漸消消盡而復長其長也則名曰上潮其落也則名曰下潮蓋日月衆星皆有吸水之力視遠近爲微甚而尤近于地者乃月是以地球週圍所包之海水凡在月正對之下者勢必被月吸起

故各處地方月至當頭其處海水必然長高其長則爲上潮也但各處地方上潮不惟月至當頭爲然卽月至下面天頂其上面地球之處亦如月在當頭仍爲長潮可見月至上面天頂上面地球正對處長潮而下面亦長月至下面天頂下面地球正對處長潮而上面亦長蓋地球上下二面各處正對之水其與月相離至近者則月吸之甚力其潮上起其與月相離至遠者則月吸之不力其潮下墜勢必相離于地球中心而較週圍各處之水逾高愈下所以地球上下二面之水各爲增長

地球各處地方凡距上下二頂各九十度之間者其海水一上一下分流勢必消減而並落其落則爲下潮也又因月行于本道每至一午線之上必經由二次一則于上面一則于下面並須十二時三刻四分方能一週是以四海之水十二時三刻四分二次消長焉夫潮每一月之內定有兩次消長較平日爲尤甚名曰大潮卽在月之朔望則然蓋因朔日之時乃日月相遇交會並在一處其所相吸之力更大故地球上面之潮其上也甚高而下面之潮其墜亦甚大也望日之時乃日月相

距間對列在兩邊其所分吸之力亦大故地球上面之潮其長也較甚而下面之潮其墜亦較盛也其長既較平日甚大而其落亦比平日尤低理之所必然也又每月之內定有兩次消長較平日為尤小名曰小潮即在月之上弦下弦則然蓋因上下二弦之時日月相距九十度之遠若月與潮長之處正對其落處乃日正對之下若日與潮長之處正對其落處乃月正對之下其因月吸而落之水又被日吸而長其因日吸而落之水又被月吸而長兩下分其水勢然而月則近于地其吸力

較大日則遠于地其吸力較小故此時之潮雖長而不能大其但因月吸之力勝于日吸之力而然者也再大潮每年之內有二次較各月尤大小潮亦有二次較各月尤小即在立春立秋之時則然蓋因凡至是時日近于地而其所吸之力較大所以潮之或長或落較他月為尤甚且潮之長落乃因乎月故時常與月相隨由西而東焉是以月每于朔望而至一處午線之上其處即為潮長矣日月則必須遲至三刻四分方能再至是午線上而潮亦必須遲至三刻四分是處始能再為長也故凡各處十二時三刻四分之內有二次之長落六時一刻九分三十秒有一次之長落也凡知一處每日長潮落潮之時以後每一日多加三刻四分即明曉矣日日遞遲總以三刻四分為度然潮之長落因地球並非四面盡皆包涵于水故各處不能相同况且山峽洲島攔阻水流所以潮或高或低或大或小或長落或不長落之別也

水流論

夫海水之動前于潮論已為詳釋此外尚有別動之端

其名曰流而流之動與潮之動迥不相同亦不相碍其故皆因地球本體西向東旋是以洋海之水其流皆常由東而西但為山峽洲島之阻隔不能盡屬順流故有分岐或變為南向北流北向南流西向東流不等然終歸一派仍西向而流也總而言之其各流甚急且大常令舟行退回十分險要故駕舟之人凡過其處務宜預為留心防備以免失路遲悞之患也

泉論

泉者乃水之根源為落雨融雪而成者也屢為試驗凡

江湖河海上騰之溼氣在空中既變爲雲按天氣之熱冷而積聚化雨復因凝結變爲雪霜等而下降也前已釋明無可疑義夫雨雪等凡降于地面或仍變溼氣復爲上騰或遇罅隙滲入地中其入于地中者日積月累漸漸聚多及日久勢必由地之穴孔仍復鑽出其在山上者則爲山泉又名瀑布其在地中者則爲井泉又名地水其泉凡遇久旱之時則必爲涸竭即或有水外出亦甚微弱迨雨雪下降之後而涸者復流微者復湧可見其所以成泉者總以雨雪等爲本也又有不關乎雨

之落與不落而夏日則流冬日則涸者此乃因雪之故也蓋夏日炎熱其雪融化而滲入地中可以補其水氣之不足故見流也冬日寒冷其雪凝結而聚于地面無以濟其水氣之不逮故見涸也又有改流他處而本流之處盡涸者此乃因地震之故也蓋凡遇地大動之時將地中水路彌塞而他處又新綻裂故泉水由彼而流出也况水之來路不必皆在接近之處而流出或有數十里數百里不等者倘于中塞斷其出水處必然涸竭自應又從他處而流出也凡出水之處並非山頂或在山谷之中或于山坡之上其流若由高而下必有別山更高居其臨近之處方能然也若在沙岡土阜之上均無泉水倘或掘地爲井皆可得泉雖有大小之分深淺不同而無水之地亦鮮矣

河論

夫泉水相合而爲澗爲溪澗溪之水相合而爲河爲江故河者乃澗溪之水滙聚而成者也或澗或溪或河或江其水皆流終歸于海所以海水之與地水彼此運動週而復始也河水既入于海由海邊以至河源其地勢

自必次第漸高故河水之源總出于高處也且河身自來源至于海邊有數百里之長者亦有數千里之長者遠近異勢大小異形但其河身愈長而其地勢愈高也至于其水流之性有洶湧而急有遲滯而緩各自不同但或急或緩其水面之流較水中之流爲更急水中之流比水底之流爲尤急也

地震論

地震者乃地内硫磺等各石類之燃燒也實爲天下至兇險之災人欲防之而不能避之而不得亦莫知其動

者至于何處其預兆甚速難以逃矣倘或有時尚可以趨避然亦不識應至何處之爲宜也其爲硫磺等各石類燃燒而成者已有實據可證西域有嘞嗼哩者將鐵末硫磺與水三者和勻通共約重三十八斤掘地爲穴埋于其中越數日其鐵末等發起以致地面震動墳起且有火焰發出也又乾隆二十年大西洋京都地動甚危所受損傷傾覆之害自古罕見且地面綻裂非惟一處從地縫中所出之黑塵㧻灰甚多皆有硫磺氣味其縫中或有水翻滾亦有硫磺氣味總而言之凡地中有

溫泉及硫磺等各礦其處則必頻頻遭地震之患也所以然者乃地中㧻灰硫磺各石等其性不一有相合者有相反者譬如灰與水二者之性相反若兩相值勢必發而驟發其在地中者亦然凡相反者一遇聚合即發燒爆發若地中之竅寬濶足以舒其所發之性則無地動倘地竅窄狹不能舒其所發之性其發必將週圍搖動發盡而動方息也又地中有一竅發燒而臨近各竅亦必被其殃及譬如火藥若有少許引線一處發燒而各處亦必被其殃及其在地中者亦然故凡地動一處

旣動而相離數十里之遠近者轉瞬之頃皆動也又凡地中各竅旣燃其上面週圍之處均爲搖動譬如以重物擊壁之中心其壁之上下兩旁週圍必皆震動因其體之愈爲剛硬者其震動愈遠而地動亦然也再地動有本處之動而震動他處者有他處之動而震動本處者凡本處之動上下搖動其動也大他處之動兩旁搖滉其動也小再凡地動之際皆有聲響其故乃地中發燒其氣發散之音也再凡有地之大震必有各預兆于其先其一天邊有黑雲出現緩緩上騰彌漫空中其二

地上酷熱上騰之氣被其散漫而大風暴發其三天氣極熱微風不動所有萬物無不煩燥也故凡或風暴或地震必先有異兆即天地寂靜萬籟無聲而樹木無風自動此皆危險之將至也再凡有地動大作之時彼處所有河海之水必然暴長汎濫蓋因地一動其水不能均平無偏故有或長或落異于尋常者譬如一木桶其中有水滿貯若置之不動則所盛之水四圍平正倘將木桶搖動其中之水勢必兩旁滉蕩一起一落漫溢于桶之外越少時方能如故在地之水亦然但非地震之

甚巨者則不爾也總之其震動之或大或小皆非意料所及誠爲天地間非常之奇變也

火山論

火山者乃地中之火由此發竅而出之路徑也其穴口之所吐者于烟火中並有浮石温石等隨火發出而所出之烟常爲黑色亦間或有白色者灰燼渣滓往外飛騰者甚多有時上騰空中密密如濃雲以致在臨近之地皆被其遮蔽日光而不明也且火山有高低不等或高或低無不有漿水噴出其低者則火由穴口發出而

高者則山旁綻裂火由裂縫外出其山中噴出之石灰漿水等山之愈低者則愈爲常有愈高者則愈覺罕然蓋天下之火山現有火出者大小共六十八處其在洲上者二十有八其在島中者有四十今已無火其形仍舊者大小共九十二處其在洲上者四十有五其在島中者四十有七後釋其地再爲註明

終

新釋地理備考全書卷三

目錄

新釋地理備考全書卷三

大西洋瑪吉士著

邦國法度原由政治貿易根本總論

地理志一書原以解釋各國爲本而各國古今之稱謂各殊先後之人民迥異欲明各國源流必追遡曩昔是以不能不將自古迄今人類肇端畧述其梗槩以備閱者得以洞悉各國本末之情形也夫天地開闢之事各國傳述紛歧以太西經史較之則大旨相同惟年數差異皆因日久無稽遂致以訛傳訛故印度國相傳自開

闢以來已越四百萬餘年咖咇旺國相傳已越十五萬年中華相傳自盤古氏起至燧人氏共八萬餘年啊嚍哪嘶國人則云先有吾國後有太陽咇咖喲啞國人則云先有吾人後有太陰噗吐嘢國人則云天地始肇以來共有四日球其三日球皆已消滅其第四日球即現在之日球俟世界窮盡方滅以上皆荒唐不經之論甚爲謬妄况排種炊爨製造諸存養生命之計各國經典俱記其始肇年數如中國記伏羲神農黃帝之時創造存養生命等具可見自此以前天地之始必不遠耳不然自此以前既無飲食衣服諸事民將何賴而生縱上古之人穴居野處茹毛飲血然亦斷不能有數萬年或數百萬年之久且孔子刪述六經凡此無稽之談黜而不道蓋經不傳疑而傳信也粤稽太西綱鑑俱記乾坤始奠以來迄今大清道光二十五年共計五千八百五十二載愚按中華史鑑自本年直遡伏羲共計四千六百九十七載兩相較畢自伏羲以至開闢之始但有一千一百五十五載耳又按太西聖經天地之始第六日爰生原祖男名啞嚐女名咆嚱配爲夫婦人類由是而始生此乃太古之事也自開闢以後越一千六百五十六年

至洪水爲患之時即唐堯之七載也生齒日繁萬物滋茂歷時既久其技藝雖漸爲精巧然罪孽則日爲深重習俗澆漓積惡忘本縱欲敗度肆行無忌以致天威震怒是以普降洪水汜濫天下彼時除嗁嘁及其妻并三子三媳一家八口之外其餘人類盡爲滅絕且洪水汜濫之事各國皆有記載惟傳述紛歧并非盡一至水災以後天下較前變更不能如曩時之豐盛也嗁嘁于災後率其妻子等八口始則同居一處其地名曰㖔㗱嚩嗟嗟啞而人類由是再爲孳長也繼則自此分離四散各赴一

方其長子名噌者爲呃吥嚠啞啦嗅啞二國暨啞㘓啞東方之始祖也次子名喇者爲呃咀嘜國及啞啡哩咖之始祖也三子名咀吡嚏者爲啞㘓啞西北二方同嘅囉吧各國之始祖也是以其三人之名數百年前仍存于本處人皆稱頌歷古不朽但其時因值上古似無他業之營謀惟獵獸網禽以圖餬口之計蓋彼時禽獸蕃育交於中國故以力能驅逐殲滅者爲之主是以有哰呦者聲名顯著因其武力絶人故爲一方之魁首于洪水後越一百零一年（即虞舜之六年也）興邦定國創建畿土名

曰吧吣囉呢啞是爲洪水後之第一國未幾有名啞嘛咊者乃噌之次子也開創一國名曰呢咻味再越五十九載（即夏后啓七歲也）即有噶嘁之孫嗞嘶啦嚈者創建一國名曰呃咀嘜後又建立四郡一名嚔吧嘶一名嚔喇一名們啡嘶一名嗟呢嘶設官分職秩然有序從此以後衆庶蕃衍各居一方悖遺傳之聖訓叛天命之性教惟啞囉啷一人仍爲虔尊眞宰故特蒙上天寵眷擇爲兆民宗主是年乃洪水後四百二十七載（即夏后不降五十七歲也）斯時黎庶未修和好之情先爭爭鬬之釁彼此相仇載肆

干戈以強陵弱互相殘害是以咱咴哂啞國王名吼昀嘮嚀者爲舉兵刼掠吞并邦國之首然其麾下軍卒盜非衆多所以刼奪啞囉啷之一次獲物退兵之際被啞囉啷率其家衆追及竭力戰鬬將該王所刼之物仍復奪回越未久歲值凶荒啞囉啷不得已而棄其本土咖嘞咹遷赴呃咀嘜國中彼時其地國富力強民康物阜朝臣濟濟武備文修無不竭盡忠誠以輔其君實爲當代諸國之冠昔日其地諸小國分據各不相屬至是時則盡行歸服成爲一統故其君爲大國皇帝而嚈嘁之

次子名喇者乃開基之鼻祖也嗣後歷代相傳以帝繼帝無不宵衣旰食以求治克勤克勉而爲國故政令日就純美法度遞臻完善越二百載政治咸宜典型有序分設郡邑建立閣院任賢使能以備會議軍機造庫修倉以爲積蓄糧餉由是則貿易寖興利有攸往而一國之人含哺而遊鼓腹而歌得以安享其豐盛富庶之福也故文學技藝極一時之盛戰陣攻守得六畧之要其文武之法後則傳授與呃㗭哂啞國人由呃㗭哂啞遞傳與囉嗎國人由囉嗎再傳與今日嘅囉吧諸國漸次

歷練日進精美呢咻啦與吧唦囉呢啞久分兩國至啊蘇咔之子呢啵踐位有幷吞之意求開拓之畧將吧唦囉呢啞歸于已有合爲一國迨呢啵崩後其妻哂咪啦咪嘶緒承鴻業廣大邦基日漸昌盛是以啞細啞一洲之地半隸版圖其邦名曰啞哂嚟啞咀吧嘚之子名咀彎者乃呃呦哂啞國之始祖其子小啞細啞西方之海洲創設國基後有僑居之人由此地始赴嘔囉吧諒必如是也哂哂嗯國乃咍嗽嘶咀者所建衆論皆云在洪水後二百五十八年之際（即少康二十六歲）約逾九十載（即夏后芒年間也）始有呃咀嗖國人遷入呃呦哂啞地方自改其名曰喲呥圖謀于彼處安置另立一國即照呃咀嗖國之政治法度措施但自有喲呥國以後所歷未幾即爲潰散而呃呦哂啞國人仍如曩日粗野之陋習後又有啞細啞數國之人移居其地將其國之鄙俗悉爲改易其首自啞細啞而來者一名嚱吶呱一名啊咀咁于洪水後四百九十八年（即夏后孔甲二十一歲）在呃呦哂啞地方之啊咻嚬嘶及啞喲喋棲止啊咀咀後代事蹟未悉其詳惟嚱吶呱盡心竭力將呃呦哂啞四方遊民善爲安集故

後嗣寖昌邦基孔固焉以上各國源流皆上古事蹟匪時代遼隔難以細考茲第述其大槩云爾

自喏喴以後歷古及今政俗藝務互市交易由此而起洪水之前各種技藝喏喴當盡悉其詳迨水患之後喏喴必傳授與三子其三子亦必各傳與後人後人去其先祖不遠所創立之國得以守其先人矩矱故未幾即有來往交接而于生計有益之技藝日進美善稼穡樹藝上古之人業經通曉蓋喏喴曾栽種葡萄囉咯之時咖吶咹地方已有無花果與杏二實也鐵基器具未見于呃嘶哂啞地方之先早于聖經備載又啞細啞同呃咀嗖之古國于創建之時必已有耕種諸務否則舉國之人何以資生可見農事上古皆有之矣至貿易本隨農業而興雖不能陳明上古各國始於何時通商交易然按太西聖經所載片言畧及知其先必有貿易也又按各國史書所載彼時互市未以金銀償值之先彼此交易已屬熙來穰往可見以金利用太古尚未流通且其時并未製造權衡無以定觔兩亦未有鼓鑄無以辨眞僞也迨啊嚨唧時購買塋地始以白金償值其後財

用日豐因人皆以銀易貨故鑄就記號花錢以分高低之等色而免平兌之煩瑣也至洪水後五百二三十年（即商王太甲年間也）已有商賈之說攜本國土物前赴呃咟嘆等各國售賣其所帶各貨除日用所需者尚有浮華靡麗之物彼國皆盡能售賣可見其地孳生富足技藝精巧方能費用物而不賤玩物也凡論貿易之事必須辨明水陸二路其水路貿易較陸路貿易為較緩乃後所興起者嗤嘁之後人居于吧嚓嘶吶嘞海邊首為乘舟航海以便貿易事務故上古之人因別而名之曰客商後

于呃咖哂啞地方名曰啡呢哂啞人者亦即此人也原其所居之地土瘠不毛祇得學習技藝以利其處且彼處之人尤以生意為首務按古史言凡有裨于貿易者皆其人所創在啞嚨啷之時已為大國其水路之生意無往不利呃咖哂啞沿海各處地方皆彼國人前往貿易至如天文一學當噠咯時（即商王沃丁年間也）即有數國得悉月循環復過之數始按月循行步推綜核若干月日以為一歲其以年分月以月分旬每旬七日者上古各國皆然蓋上古以牧羊為業之人恆居曠野仰觀天邊月光每二十八日有餘則見其形週而復始故定四旬餘為一月其務農之人得悉每月日期必察覺越十二月四季之時令一週復始并無差異因定一年之期又按聖經所載上古已有觀恆星之事可見其時天文之學雖未精諳而所曉者亦不鮮矣以上各藝業俱為呃咟嘆及啞唎啞數國人所精習者也

啞哂嚓啞與呃咟嘆二國自建立以來日漸昌熾其中數百政令書缺有間今就啞哂嚓啞國而論自哂嗤啦嗤嘶之子呢呢啞嘶者嗣位（即夏后不降十三歲也）務于奢華不

勤政事因而國勢漸衰崩後雖有世三十年八百餘載并無傳述之事其嗣君皆沈湎色荒驕縱無道朝政日非罔有悛改者是以古史無所記載也就呃咟嘆國而論雖歷代皆有明君繼緒然古史但以彼時兵革之行役國家之變亂為著述記載故其歷代之賢君善政美舉均未及殫述焉自啞咲吸啡嘶溺斃紅海後（即商王祖辛十二祀也）哂嗦嘶吶哩嗣位乃為該國賢明之君克勤克勉盡心政治故武備文修極一時之美當其臨御及乃子乃孫嗣緒之際呃咟嘆國為當世至強其國人約二千

七百萬餘口惟古史彰著炫人耳目且白哂嗦嘶哟哩登位迨至哎哥嚟嘶臨御之時其間共有七百一十一載其國歷傳各王名諱不能盡悉該國尚遺人民自本國遷赴他處開創國基故啞嘸喲嘶國得爲聲名文物之邦實賴哂哥咯于洪水後七百九十五年間（即商王外壬十二祀）率呢咀嘜國哂哟嘶人前赴彼處地方建國移其粗陋之風易其鄙野之俗也在哂哥咯未至之先啞嘸喲嘶國人尚不知禮節不明人倫者得哂哥咯化之而風俗丕變迨哂哥咯殂有咖啦嘰嘶者仍循其教化之方勸勉訓誨故其國人得以油然向化也方哂哥咯及咖啦嘰嘶于啞嘸喲嘶國教化其人民之際而前已受呢咀嘜與啞嘞啞各國人所教呢吻哂啞地方中之數國均已秩然有序故是時（即商王沃甲十三祀也）有才能兼備衆所推服欽仰者名喝嘰哟咹運籌畫策欲將呢吻哂啞所有不相統屬之各國盟會和好以免彼此吞併而禦外侮乘勢侵伐即以所籌備之策布告于列國之君繼則選其才辯游說各國因得十二國聯屬會盟彼此互相保護嗣後每國遣使臣二人每歲二次前赴嘸咻嚛

吡㘃地方會聚公議凡有裨于各國之善政立即酌定遵行也喝嘰哟咹因思欲延國祚綿長必須立教遵奉遂將嘸咻咈嘶堂并諸善士歷獻積蓄衆多之資財交出併會十二國之二十四人管理焉夫設此會聚之舉根本堅固實爲呢吻哂啞諸國之元機且諸國雖不歸爲一統然而緩急相關共享福庇于無窮也緣其彼此相合併力禦侮是以啲咻哂啞國每興兵侵奪其地無不敗北爲其所勝焉其會盟之計誠爲當時之妙策也因此呢吻哂啞各國昔者皆不相合彼此侵奪時有兵革不休今則盡爲和睦彼此保護永得昇平之利是以偃武修文經商貿易越二百餘載後（即殷王祖甲年間）駕舟載運本國土產貨物前赴各處貿易無往不利日漸昌盛并各帶本國之人至噶咻㗎嘶等處地方創建新國也若按呢吻哂啞各國未曾結盟之先而論每國各有領袖以主之興兵之時則爲元帥治國之事則爲主君判斷其詞訟首理其祭祀但不能擅自專主耳蓋每國之人皆分若干部落每部落各有首領其部落首領之權勢亦不爲小每有不相和睦之時各率其所轄之部

落彼此互為戕鬬或過君命逆其私意亦領所屬而攻擊之如此情形為君者實無威服之權柄為臣者恆有犯上之悖衆上下交征危亡之禍不從此而起乎故喝哾哃哎不能不盡心竭力孜孜教導諄諄勸勉以改移其惡習也由啞嚍喲嘶國之事可見凡國之勢不合則弱而衰雍睦則強而且大也洪水後一千一百一十七年（即殷王廩辛六祀也）啞嚍喲嘶國王名嚍嗲者武勇絶倫才能廣具是以聲名遠播揚溢四方因自思本國向分十二部落于政治事務深為不便自身既具有為之才力復

操可為之權柄若將凡有阻碍不利于國政者盡行削除毫無掣肘自必成功也因此急為圖謀將已得庶民之心初則保而守之繼則堅而固之復儘力離散其附和首領之衆又裁汰國内之各衙署惟建會議公堂一所至其所恃者不但新立各章程之舉並且設立禮節招徠四方恩結遠人輕稅薄斂懷柔撫綏是以其處昔為彈丸之地兹則漸為昌盛竟成通都大邑故其國其王較呃哋哂啞各處更為盡美盡善日增光榮國中大權盡歸于一人統制而各部落首領以前之強霸鬬狠

衡行無忌擾亂國政今皆漸為凌替焉嗣後啞嚍喲嘶一國得以永享昇平之福也此為聊述呃哋哂啞地方中一國大槩之約畧其餘各國亦相彷之惟啞嚍喲嘶國本無自操悠久之運未幾即有新興勢力者將一國之人心引誘轉向離國君及各尊爵之力亦不能勝之也蓋嚍嗲以啞嚍喲嘶一國之人分為三等其一則為尊爵紳袊其二則為百工匠役其三則為農夫庶民因一等之人權力甚大思欲削減其勢故于二三兩等之人逾格恩施廣需德澤迨其崩後嗣位之君名哷嚍咯

嘶率由舊章仍錫厚惠因此下二等之人一則蒙君殊恩實增榮顯一則百工技藝日進精巧是以產業興隆資財豐裕漸漸昌大無所仰賴于人心志高驕輒欲專主于己及哷嚍咯嘶崩（即周康王十五年也）其二三等之人以此後必無如先君宵衣旰食保愛元元之賢者足以克當重任而登大位故欲乘此際遇削除國内名爵遂揚言惟叺哾嚍哧為本國之君更無別主也（叺哾嚍哧者乃該國供奉宗神之首也其揚言叺哾嚍哧為君者即不欲更立國王也）遂立會議官長以執政事嗣後有呃哋哂啞之別國名曰嚍吧嘶未幾亦效其所為

驅逐國君設立官長也原嘧吧嘶國係咖嗹嚓嘶者于洪水後約一千零六十七八年間即殷王武丁年間也帶領啡呢哂啞國人遷于是地所建立之國也其國自開創以來歷傳皆爲國君相繼嗣緒至國末之君因與隣邦戰鬭軍旅敗北故其國人亦效啞嘧喲嘶所爲乘機裁革王爵也從此呃吻哂啞地方中其餘各國盡爲效尤紛紛逐君革爵設官秉政也再啞嘧喲嘶與嘶吧咔嗹二國彼此各不相下當時較別國甚爲超卓遂將呃吻哂啞各處之風俗民情政治事務倡率盡爲改易是以不

得不復述其變亂之事逐一分晰詳細陳明也蓋啞嘧喲嘶國末君名嚀嘧喀嘶者崩後吾儕居今稽古得窺其無君專主之心初則萌于啞嘧喲嘶國人後則滋蔓于各國也惟啞嘧喲嘶國人雖然革除國王之名爵實未盡削國王之權勢因設立官長一員常存不易名之曰啊吥吁威勢權柄約與國君相等其官仍係嚀嘧喀嘶後人歷傳繼緒迨日久乃思本國既得以自專之地今立啊吥吁官執掌國政永不更換與君有何異哉所以自立是官越三百三十一載即周平王三十六年也該國人復

爲圖謀仍用執權截短年限削減其官職分位遂議定每官以三年爲期任滿即行更換究其國人之心尚未厭足而專主之欲愈得愈驕遂蔑視其君是以越五十五年即周惠王七年也又議每歲立官九員以任其職係公議選舉者于任滿卸事之時必需述職于民每至更換之期常有危險之舉不能善爲結局也以後啞嘧喲嘶國人惟以自主專擅爲心縱性強爲肆欲靡度無所不至是時該國尚未定立法度其前王之制雖隨事屢行更易漸爲裁革然專主之心一時興起亦不能拘束其悖

亂之性情因此國中諸才智之士始思定立各等政治視平昔變亂不啻妥善者無不仰望嗹啦咽才能畢具足任創造法律之事可以約束本國人狂猛可抗之性惟嗹啦咽之爲人雖才德純粹然性氣甚嚴遂于議立九官之後越五十六載即周襄王二十四年也纂修法制但其所立之法過爲嚴酷故古時之史官有言曰嗹啦咽所書之例條誠爲以血寫就並非墨迹書成蓋罪無大小盡定斬決其法實如火上添油愈增變亂越數十載以至唆喻之時即周靈王年間也蓋唆喻者乃望族之人係當時

俊傑舉止良善才德兼備誠爲出類拔萃故諸人公議
推其爲定立法度者之首而唆喻雖爲公衆議舉但自
心久爲躊躇不肯慨然承任嗣後因念此舉實爲一國
公便定立雖有諸多掣肘終不可因私廢公是以立意
料理修改律例除發命擬抵之罪外所有嗹嚨啦唎定立
之例條盡行刪革另創國中法度漸爲修纂改訂期于
平允妥協遂將一國之人按貲財之多寡分爲尊卑貴
賤之四等其四等至貧卑賤之人不得爲官作宰但凡
有通國聚集會議要公務其人亦可參以己意以定

其事曉喻又恐通國皆得會議人多語衆勢必紛亂有
謀于公因而另建議事廳大理寺一署其議事廳定額
四百人每等之人一百名凡有應庶民會議之事斯
人頭爲纂修其大理寺乃才能幹員公議會衆因其人
正直廉潔智慧練達赫然若有威嚴之名素爲民所欽
仰倚賴故民無不言聽計從也且此等仕官之人並非
民間任意揀選者必須訪其名望察其素履果眞爲
才德之實然後公議舉之爲大理寺官員此乃嘫所
定國中政治章程之大要其餘各國于斯時多有效其

舉以定國法也茲不及贅其嘛吧吶國則名啦嘿嚧
嘩呢啞因其國之制度于別國不同故不能不撮其要
而若迷之原嘶吧吶嚧國名有其主而天子即名嘛吶嘶爲第一代之首君踐
位在洪水後八百三十二年（即商王乙七祀也）歷代相傳越四
百一十四年（即周成王十一年也）至一代有兄弟二人者一名嘛
哩時嚧哪嘶一名吶嚧嘶嗟同登君位嗣後相傳嗣
君皆係一人登位至九百年之久其國永爲一君此事
深屬奇異迦嚹呢嘶踐位之時（即秦始皇帝年間也）復改

一人繼位爲君也若論其國之政令自開基以來并無
新奇至立法名士唎咕呢之時（即周惠王年間也）國政始爲
盡美盡善也而唎咕呢所立之法度規條與前詳之
啞嚧嚹嘶等國大抵相同其議事廳及庶民會議等署
以爲護庇二元而免擅專自主之弊者亦皆有之其與
啞嚧嚹嘶等國大相懸殊者惟國有一君耳雖有之其權
勢有一定限制不能遞然國君爵位乃歷代繼稱世
襲罔替也更有一端唎咕呢所立法以安一國之民間
行兵之役亦皆爲之額料而不違也是以著修華麗及

凡可以蕩人心志迻人性情之物盡爲嚴行禁止銀錢不准行使飲食祇許犒糲幼者則教之以尊老敬長壯者則教之以操兵練武故其國人不以戎事爲艱辛及有軍旅之役而猛勇爭先強悍善戰其無敵之勇誠言語莫能形容也至唎咕吶呃之法度久行于嘶吧吶噠國中未嘗改易若啞嚒喲嘶國峻喻所立之法度因遭吡哂嘶噠啦哅之暴虐狎侮侵位篡國僭竊爲王盡爲廢弛故不能如唎咕吶呃之悠久也當其時咱吶哂啞國王名噠嚟喲者生貪嗜之心興兼併之意況又有啊

嚒喲嘶國人曦吡啞嘶者被逐奔赴其國而慫慂之並圖報復啞嚒喲嘶國人燒毀嚨吶哅嘶村之仇因而興兵數萬征伐其國是時乃周敬王十六年也惟咱吶哂啞之士卒或奢華過度或僕役辛勞是以精神衰弱筋力疲倦不能如昔年哂咯在位時伐啞嘣啞之勁旅也而啞嚒喲嘶國中尚有英傑武勇之士心存報國庇身之念迨咱吶哂啞國人引步軍十萬馬軍一萬前來攻擊其國人惟率兵一萬迎敵戰于嗎啦哆哪地方大獲全勝敵軍敗北奔潰約逾二十載咱吶哂啞國王噠嚟喲之子名喒咴嗨嘶者志圖報復親自率領馬步舟三軍二百一十萬衆復攻呃咖哂啞之啞嚒喲嘶等國以雪先仇更思吞併被呃咖哂啞各國人奮勇衝鋒背城一戰其水陸二軍盡爲敗績國王喒吶嗨嘶乘漁舟潛逃奔赴啞嘣啞地方此次之戰雖係呃咖哂啞得勝實爲榮幸然而其國日後之禍患皆由此勝而興也蓋非爲征鬭時喪失其英勇之士卒乃因戰勝後厚獲夫敵國之貲財並非戰陣之時軍民等艱辛勞瘁實係罷戰之後與敵國來往交接以致呃咖哂啞各國盟好因其離間而彼此

背叛國人因滅敵仇而驕矜無忌交相爭鬬彼此侵奪均由覬覦敵財起意各生貪得無厭之求因此始有啞嚒喲嘶與嘶吧吶噠二國爲首背盟侵伐而牽制各小國互爲附和是時乃周考王十年也由是各國相爲仇敵干戈不休紛紛滋擾漸入變亂甚至國貧民弱盡爲衰微不可勝載也越九十三載即周顯王三十一年也遂有嗎嘶哆呢啞國王啡嚟嗶者乘無準備之地率兵潛襲盡降其衆乃爲呃咖哂啞通國之主夫此舉爲古史中第一不以戰而得之者也蓋啡嚟嗶竭其計巧盡其詭謀預以賄賂收買

人心復以重餌要結人情並多方慫慂煽搖蠱惑使通國之人皆墜其權術而呃吻哂啞各國歸于其有此國盟會根本之義盡爲喪失庶民會議之舉從風而靡國中宣布教化之人皆以貨取而賡颺新君雖有嚨嘑吐喲吶嘶一人忠誠無匹才德超卓盡其生平才辯之雄談竭其磨世匡時之深畧奈孤掌難鳴羣小擾亂期必中之方亂民心曲用阿諛之詞移人志向啡嚟啤立意開闢其所屬疆土越于呃吻哂啞國界限之外但因其克後早殞未果如願其子名啊嘞咄嚨哩者嗣位後除

啞嚧喲嘶嚨吧嘶二國外所有呃吻哂啞地方中各國公立之爲主帥以伐咱吇哂啞國而啞嚧喲嘶嚨吧嘶二國尙不欲歸其統轄奈衆意難違祗得勉從所以啊嘞咄嚨哩疑懼之心盡爲解釋爰率步軍三萬馬軍五千前赴咱吇哂啞國征勦焉其大獲全勝望風臣服不但呃吻哂啞所識之國即素不知名及並無傳聞之天竺諸邑等處古今史中無不詳細註載其緣由誠爲天下之奇傳也啊嘞咄嚨哩屢戰屢勝未逾數載遂崩于吧叱囉呢啞國（是時乃周顯王四十六年也）嗣後其將軍等專務從彼貪位之私心不顧恤其眷屬之繼嗣將其所統轄之國互相分割占據其間事務紛繁茲不多贅惟接述呃吻哂啞國人之技藝學問後則續言囉嗎國之事可也

呃吻哂啞國自哂咯嘶𠴕御（是時乃周顯王七年也）至啊嘞咄嚨哩登位之時（即周顯王三十五年也共二百零四載）其間文名顯著之人不可勝計二百餘年以來百工技藝漸皆進于至精至巧無以復加雖東方之人建造宮室堂宇赫然高大而呃吻哂啞國人則美輪美奐更爲超越壯觀誠爲天下第一工作之極盡巧妙者也叺吮嚨吇與喲啞喲之廟

堂二所爲第一精美工程啡哩吔嘶者乃其國爲首雕刻名匠工作之美名傳後世迄今猶爲稱讚不休也咻哂嘶吧啦哂咗嘶喲嘛嚧嗚嘶三人爲當時丹青妙手繪畫如生呃吻哂啞國各種詩書文字最爲奧妙今之披覽者難以澈達也且其國之人不獨工于務藝即格物窮理者亦不鈌之除嗦哥啦嚨才學淵博道德純粹爲衆所欽仰者之外其門下弟子一名吧啦噔一名啊哩吐哆嚨嘞一名啦嗯颯嚨者亦皆仁義兼全才德倫其也緣其國中才德之士甚爲衆多若逐名備載實難

完竣今惟述其國人于軍旅之事曰爲學習而兵丁之出戰原爲愛國保家顯姓揚名故奮勇爭先並非因懼其長上之督催也是以前者與啪咴哂啞國戰鬬時兵數雖多少懸殊亦敢勇往迎敵而得大獲全勝此乃本國前人立法盡善之美故能如斯也

囉咩喀者乃創建囉嗎國之人也建立時乃周平王十八年也若按其聚集不過數亡命匪徒奸滑游民而觀之則甚爲非關緊要之事也若按其建立至大至強之國使當時所有各地方幾盡爲歸附一興一衰爲嘅嚨吧二次大變

而觀之則彼舉止措施不能不深爲關係也原其人之性情甚向于武況且曦吷唎啞地方本分列國雖皆爲褊小然各不屬轄其政治與凡有武勇之才者實爲利祿之場是以囉咩喀與諸隣國非甲即乙時常爭鬬不休而戰陣乃爲其人之專務真鬬此可以自爲昌大而養育其身也惟囉咩喀與隣國征鬬其所守之法乃爲囉嗎國人日後所常守者因而得以日漸昌熾而王于天下也蓋凡戰勝攻取并不屠戮勦滅反將其人民地土合于本國而爲一所以囉嗎國每戰勝一翻勢力愈增一翻其所合隣國之民日見加少而本國之民則日見加多也凡與交兵之國若見其所用之軍器紹略均勝于己即將自用者盡爲棄置而效從彼國者也又因各敵國之諳練日爲經歷以致其國人漸皆用兵井井遣將藹藹是以囉嗎國富力強民康物阜也且囉咩喀雖恒與隣邦戰鬬而國內政事永無怠荒設立議事廳一所以名譽顯著才智幹練者百人會議商辦又創立法度章程以理政治以束人欲凡朝政國事無不盡心竭力圖謀自開基以來越三十六載即周桓王三年也按古史

所載者而測度之大約被其所派議事百人之中者私弑焉以後嗣位之人皆出類拔萃非凡之品者也呶嗎繼緒踐祚爲其後之首君臨御以後設立本國教規禮節復啓諸國人心以敬遵盟約之禮永毋違背本國軍法以此爲要其後四人一名嘟喀嘲吐喲嘢一名咹嘢嗎咴哂喲一名噠咴吧嘘吡嚟嘶嘢一名嗱咴囉喲嘟喺執掌邦畿之時均爲賢君無不專務開闢疆土富國強兵以光前裕後也迨七世之君名噠咴唉嘘嘛吡咴啪者敗亂倫常篡弑妻父嚷咴雌喲嘟喺僭竊踐位爲

君時殘忍暴虐無道已極其子名嘜吐哆嗟咴啖嘿用強姦汚命婦戌啦哘啵之妻名嚧嗬嘞哂啞者以致通國之人羞辱難堪均爲激怒即將其父子眷屬盡行驅逐出國嗣後并君位亦皆裁革永不拱立也惟因常與他國軍旅從事不能不推立主帥以爲領兵之首是以另立官長二員代理國君之權務每屆一年期滿即爲更換此舉于囉嗎國實深裨益也蓋是等官員因所操權勢不能長久皆欲行一美舉以留名望于後也其新任之官更爲盡心辦理以爲超邁舊任之官故囉嗎國人日爲率領攻討各處新結仇敵若論其國之人性本向武爲勇敢所招無不𠢕勉從事通國之人皆能充當兵卒強悍善戰衝鋒對壘原爲捍衛疆土保護妻孥越數百年之久能爲曦吹喇啞一帶地方盡歸于版圖之內何足怪哉夫囉嗎國人見內患已平更無近仇交戰始顧外方遠處之敵因覩咖吹嗟嘓國實爲勁對之雄者也原咖吹嗟嘓國係啡呢哂啞國人于洪水後一千四百八十二年（即周厲王十年也）遷赴啞啡哩咖州之嗼喲嚧啉嘩即中海地也海濱所建之國在囉嗎國一百一十

六年之前斯國之人仍按其開基之祖以貿易駕舟爲專務無不隨事而應嗼喲嚧啦嚧海濱兩邊皆歸其掌握除啞啡哩咖海濱一帶地方幾皆爲其所有此外其所屬之地已延及嘣囉吧之咪吐吧呢啞（即大呂宋也）如此其權勢赫然以致海面皆歸其管轄貿易盡屬其統率遂將噶吹哂啊與嚨吹喲呢啞二島俱爲占據嗣後復謀侵奪哂哂哩啞島是島之人難以自行護衛而囉嗎國人被其恐嚇一時殆不敢興兵阻截自此以後囉嗎與咖吹嗟嘓二國常常兩相結抗永不休息且咖吹嗟嘓雖然國勢富強究不能比勝于囉嗎也蓋咖吹嗟嘓雖已成巨邦之時囉嗎猶爲蕞爾褊邑然咖吹嗟嘓國則風俗敗壞人民衰弱而囉嗎國則正當初建政治精勤咖吹嗟嘓國則招募異鄉之人充當軍卒代爲衝鋒對敵囉嗎國則盡係本國之民嫻練軍旅禦敵保國衛家是以二國雖甚相懸殊其以此伍戰豈能禦之哉彼兩國初次之戰綿延二十三年之久囉嗎國實因此戰始學其法而習水戰以先則未之諳也彼時有咖吹嗟嘓國船一隻遭風損傲于囉嗎海濱囉嗎國人則以斯

船爲式三閲月即造成師舟一郡啷嘰嘐者乃當時在任之官率兵駕舟始與敵國水戰而大捷焉其二國爭鬬之始末兹不及贅惟按嘞呱囉之舉止可見囉嗎國人志高義重實莫有能及之者也蓋嘞呱囉當兩國交兵之際被咖吩嗟囒國所虜監押令其旋說本國之人願將各俘交換彼同國至議事廳不第弗求交换並激切而言曰本國法度凡出戰疎失被俘于敵者從無拯救返國之例語訖遂毅然仍回敵國就死毫無懼怯顧戀之情也至于咖吩嗟囒國雖習俗疲憊然仍不乏才

智幹練之人而囉嗎國與凡對敵者從無若啊呢吧吩之驍悍也斯人乃咖吩嗟囒國者其父名啊嗟唎咖吩于其童稚之時以與囉嗎國人永有不共戴天之仇啓發于其心如此命衆備辦公祭獻于叺哒嚧吩之前並率其子啊呢吧吩至祭臺前詢其願否隨父征討囉嗎國是時啊呢吧吩年齒雖屬幼稚志氣素具勇敢不但甘心首肯並于神前發誓即求父以戰陣韜畧教誨父曰爾若誓于神前嗣後與囉嗎永結莫釋之仇吾即欣然訓導于汝啊呢吧吩立刻遵依嚴命而誓之且此次明誓公然安敢違背自兹以後靡能動搖而移其志向也啊呢吧吩至二十五歲之際本國公衆爲帥膽敢引軍渡呃咱咯河越吡嘞嗵與啊吩吡嘶峻極之嶺未幾即抵曦吠唎啞國進兵攻勦囉嗎國與之連敗四次勢將傾頽危在旦夕幾不能保存疆土也哂哂嗶啞之人皆投降于啊呢吧吩麾下哂啦咕囒之君啶囉呢嚀者乘勢亦背叛囉嗎國焉至于曦吠唎啞一帶地方殆皆乘勢遺棄囉嗎而叛離也如斯狼狽已極而囉嗎國之幸存者賴有三傑士一名嘜吡喲嗎哂嚀一名嗎吩嗹

囉一名哂吡喝設法保護始免歸于敵人之掌握也蓋囉嗎國于敵兵臨境之時通國之人衆口嘈雜關心激切即欲迎敵堵禦而嘜吡喲嗎哂嚀則置若罔聞惟濡滯游戰以老其師暫爲羈縻于前亟圖振發于後整頓戎行備辦軍需也嗎吩嗹囉則率兵圍困嗺啦地方復收服哂啦咕囒城後因本國兵丁屢戰勞瘁志氣頽頹精力疲憊即勸勉激勵以鼓其氣以壯其膽也斯二人者囉嗎通國之人無不褒獎欽慕焉至于哂吡喝則尤爲奇異超卓緣其戰則必勝攻則必克動作咸宜無不

遂欲而獲故黎庶擬其由天而降常與神仙交接而其舉止如此慫令人堅信也至二十四歲時前赴曦吐吧呢啞國征討新咖吶嗟嚁隨攻而拔勢如破竹是年乃秦始皇帝末年也復往啞啡哩咖征勦旂開得勝馬到成功靡不納款投降又率兵直進咖吶嗟嚁其國人心惶惶深爲悚懼束手無策莫能禦之軍卒敗潰人民糜爛十六年之前啊呢吧吶凡與囉嗎交兵無戰不勝至此時本國之人不得不請之旋師護衛國家乃徒費辛勞亦無濟矣後則納款送質歸其屬下並立若無囉嗎國之命永不

准擅自與別國交兵之約是年乃漢太祖高皇帝六年也囉嗎國未伐咖吶嗟嚁之先戰則甚多勝則無幾迨伐咖吶嗟嚁之後戰則無幾勝則大捷當斯時諸國分而爲二一則爲囉嗎與咖吶嗟嚁二國戰鬬之塲一則乃啊嘞咄嘧哩崩後麾下將軍等分據其所屬之國互相爭鬬之事迄今擾擾未休呃咖哂啞與呃咀嗄及啞嘣啞東方三處乃爲其戰塲也至于呃咖哂啞各城于是時得免他國之管轄分爲同盟之三國一名呃哆哩啞一名啞咖嚦一名咱啊哂啞此三國公同會議官長勢力之至大者

乃呃哆哩啞也而嗎嘶哆呢啞國君仍爲其地之長當時之君啡嚟啤者因其數爲暴虐之舉喪失民心呃咖哂啞國人均爲嫌棄而呃哆哩啞國人則更深憎惡探聞囉嗎國人之兵雄戰勝即迎請其師至本國協助驅逐暴君啡嚟啤者出國呃咖哂啞國人得囉嗎國舉兵相濟遂勝之但此勝貲于囉嗎國大有裨益也蓋嗎嘶哆呢啞國之軍卒盡被逐去歸國並令其國君啡嚟啤納款輸貢于囉嗎而呃咖哂啞各處又不能自爲專主其權柄皆歸于囉嗎而爲之藩屬也呃哆哩啞國人後

覺思勦之錯誤即陋更易以補救而其運籌之計策于本國則愈爲危險于囉嗎則更屬裨益也其人因初則迎請囉嗎國兵相助得以逐去啡嚟啤者今則再爲迎請哂哩啞國君名唉哂嗡嗬者率兵前來衛助以爲驅除囉嗎國人此際咖吶嗟嚁國之啊呢吧吶亦往哂哩啞國求助蓋因唉哂嗡嗬乃東方至大權勢者昔啊嘞咄嘧哩于啞嘣啞所有管轄之地茲亦盡歸于其掌握也而唉哂嗡嗬雖然啊呢吧吶告以囉嗎國人干犧吠喇啞地方最爲易破等語仍不欲赴犧吠喇啞故不允

其所請但率兵無幾前往呢吻哂啞相助呢哆哩啞國人不期皆被囉嗎國人衝擊敗潰唉喲喲嘶祇得逃奔啞唎啞囉嗎國人復隨其後而追襲之水陸夾攻大獲全勝威逼唉喲喲嘶出具降服之約實爲貽辱不淺也是年乃漢孝惠帝五年也囉嗎國人于征服敵國之後仍准其各安本土率由舊章並不改其政治法度惟令之會聚結盟此舉乃虛假盟會之名實陰藏挾制之意可見嗣後凡其號令役使均不能推辭違抗也按囉嗎國人最善軍旅之事每戰皆易奏凱惟與喇哆國王名嘰喲哩嗟喔

者相持其國尚能抗拒延至二十六年之久而後征服實令人深覺罕異也原斯國交界有嗝嗬嘶山爲之屏藩其山險峻已極人不易到況兼本國人民皆爲強壯精神健銳從不以逸樂而致衰弱故囉嗎國人較之啊呢吧咴叭難收服也至所有呢吻哂啞與啞唎啞各國始覺囉嗎權柄之重而不能避其拘轄者無不欣悅有嘰喲哩嗟喔之一君敢與囉嗎抗拒皆甘心歸于其陰庇也究竟嘰喲哩嗟喔祇得隨其命運被囉嗎國人哂啦與嚧咕嘛連次攻擊敗潰竟爲喇啷勦滅國失命喪焉是年乃漢孝文帝後元年也　嗣後囉嗎國于啞啡哩咖交兵無不得心應手及嗎嚓喲勝叺咕咴嗟之後是年乃漢元封五年也啞啡哩咖各處盡爲俯首領命歸附于囉嗎即啊咴吡嘶山外所有各夷國亦無不覺囉嗎國堅甲利兵之重也蓋嚼嚓啞地方歸于囉嗎國爲一省之後遂有喇啤哩唔哆呢嘶與嚈囉吧北方餘國之夷狄強進其地而嗎嚓喲在啞啡哩咖如此英勇威震諸邦即將嚈囉吧北方之人盡爲聞名悚懼倒戈旋奔而歸其本土也且囉嗎國于天下各處交兵攻討克拔之際國中非無同人爭

鬬干戈相向之事其本國之亂乃自鼎建以來即紛擾不休也蓋囉嗎國人民自驅逐國君裁革權柄以後雖得有自專自主之勢然而不能全備焉緣議事廳官員之後嗣名爲吧喲嚓哂喃日積月累皆得沐無數遞格優免偏庇姑息之恩而庶民又不能不仰仗其人凡事代爲經理是以定議而裁之因此黎庶與彼人常有辯論分爭永不和睦究竟總係左袒私惠日見其敗而自專自士日見其勝也此等辯論分爭囉嗎國人一存秉彝之德尚無危險之舉其吧喲嚓哂喃者皆有愛國忠

誠每每甘心遜讓推辭以慰庶民之意而庶民雖得有
規例准許皆能爲顯職巨任並得遂欲選舉官員然而
其人仍係揀選吧喲嗦哂哂之人爲顯官也迨征伐諸
國之後各處之繁華豐盛靡不洞悉而西都儒弱貪婪
之弊漸染其心即將顏面體統咸爲喪失以遂其欲況
人心不齊各從黨類是以國家竟爲其子孫所傲遂有
啊啦啁巨亂之事以啓官員與庶民永結不釋冤仇之
衅而開好事之說客常爲撥亂謠惑之漸斯時諸人愛
國之心不過徒有虛名耳其富貴之人已然僥倖尊榮

嬌柔嫩弱曷肯自屈于軍法森嚴之間其當兵之人但
係卑賤市井亡命下流曷能自振于赫卓縉紳之中各
兵丁除首領之外其餘均不尊敬皆隨本標之下交鋒
戰鬬攻伐刼掠若因其首領之故即捨命傷生亦所甘
心是以首領如令其盡行屠戮本國之人亦必允諾而
不辭此等之人惟以戰場爲國家以主將爲官長凡其
首領之論無不欽此欽遵也囉嗎國因屢有征伐勢不
能不連兵不解常常駐紮預爲准備故國中之變亂瞞
日遲久未得一時驟然而作此等軍士各相約束彼此

阻遏若非哂啦之兵囉嗎國自必爲嗎㗊喲之軍卒所
征勦也畢竟臥嘐嗦嚧吩者與（是年乃神爵四年也）其征服嗅嘁
之人實于囉嗎大有裨益也嗣後于哇吩嚧哩啞勝其
對于嘣嘌未幾于呃咀嘜啞嘣哩啞等處無不戰勝攻取
也夫如是故囉嗎以其爲一統之主後有𠯋嚧哆之一名
咖哂喲一名共謀于議事廳刺之以免囉嗎聽其一人
之命斯二人者雖免囉嗎國歸于臥嘐嗦嚧吩一人之
掌握然其國究不能無別主之管轄也後乃落于嗎吩
咯咹哆呢喲之手管轄未幾又被臥嘐嗦嚧吩之姪名

嗦嚧吩嚬嗟囉喲者于嘿咖喲水戰敗之復爲奪回奄
有其國（是年乃建始二年也）而囉嗎所有愛國之士不欲其本國
聽命于一人者于斯時亦無可奈何是以盡爲自刎焉
嚬嗟囉喲乃自名爲嗅嗎吐哆復稱皇帝再無他人騷
擾驚動之也當囉嗎國內地變亂之際其軍士之威名
尚播揚于中外彼時雖未定孰爲其本國之君而囉嗎
素強遂將咖吩嗟嚬咱吩哂啞呃吻哂啞啞哂哩啞嗎
國人已決然爲天下各國之主矣以其軍法嚴肅銳氣
嘶哆呢啞等各國之威風光榮盡爲掃滅惟囉嗎國之

聲名卓然獨立行政於天下也嚬嗟嚟喲臨御未幾四方之國使雲集于囉嗎皆納款獻賦焉嘰吔喲吡啞國使人求和吧吩喲啞國昔與囉嗎仇深似海恨積如山今則自願解釋使人結盟和好天竺國命使前赴會盟其餘各國或畏其威或歸其屬無不恪遵命令也當其時水陸無警兵革休息嚬嗟嚟喲親閉吻喃廟門（吻喃者乃其國之神也凡有戰鬬之事其廟門則啓若）至干戈寧靜則閉其廟門以示天下太平也從此四海昇平景物熙和越三載（建平三年）即漢孝哀帝（建平三年也）耶穌乃降誕于咖嘸啞國（耶穌降誕之時按俗計係于漢元壽二年今述建平三年者因昔人計算錯誤四載各國雖均悉其誤并未更易但仍其舊也西洋各國皆書年號曰一千八百若干載乃自耶穌降誕之時算起也）囉嗎國之政治始末業經敘述詳備今惟以其文學技藝稍爲陳錄焉當鼎建維新之時囉嗎國人于所有文墨之事皆未經心研究惟以軍旅政治農業稼穡三者是習迨攻克咖吶嗟嚬國之後更無可畏外方仇敵咸就寧謐爰修文學既攻之則日新月益長進甚速蓋因既勝呃吻哂啞後其國中所有珍奇精妙美觀之物盡爲囉嗎所獲嗣後啊咖啞遭囉嗎攻拔凡其地積聚存貯者亦歸囉嗎所有是以囉嗎國人昔爲粗鄙鹵莽之人今則彬彬文雅凡各國之文藝華麗精奇與妙無不洞悉常取高談雄辯之才以爲遷升高位之大路也至文章詩賦著作撰述不乏其人其出類拔萃者乃哂嚜囉嚟吩咁嘮呃啦哂喲嚟嚟喲嗟哂哆等再囉嗎國自嗅嗎吐哆以後所有皇帝除數君之外其餘皆爲殘暴之君動作舉止敗亂倫常誠有辱于人類也至國中政事舊章雖未盡行裁汰而通國之人皆如僕使賤役毫不能專主自由且此等國君既以酷虐待民而已身亦不能自主又如被弁兵所役既使天下聞名悚懼而已身反畏三軍如此則囉嗎漸爲嘅囉吧至強至霸之國也總而言之欲澈悉其國衰政之情形即觀回國現在之制度足以盡知故毋庸贅敘其歷代臨御之皇帝及朝政殘敗之情節也但論昔囉嗎舉兵征勦所降服者不過呃吻哂啞咖吶嗟嚬啞咖啞等處內地之國人至邊外夷狄尚未收服後嗣各帝欲出征嘅囉吧各夷人如啞哩嘎噢喀吥嚟端及嘶哥嚒嘲遠隔絕域等則猶爲鄰舉此等各處之夷雖昔日皆被囉嗎國之將帥查探明悉但彼時尚未征服况且各夷性雖粗蠢力實猛烈

將來被囉嗎所降服者並非其勇敢不足乃因囉嗎軍法森嚴戰陣精銳遂能不定焉按囉嗎史書嗹哂哆者所記啞哩嘎國爲囉嗎攻勦竭力堅拒而後歸降其餘𠱁囉吧夷國亦非容易征服彼此殺傷甚衆尸積如山血流成海以致𠱁囉吧各地方每每荒涼至極皆爲曠野其人民或戰死于沙場或被擄而爲奴其投降者不過懦弱無能之輩耳如是景况深爲無益于人類也然而諸夷既歸順于囉嗎日漸得以與之來往交接乃學習其國技藝文學言語風俗此樂實出于無奈緣土地

被人占據身體爲人奴僕上有貪婪之官剝削苛求毫無顧恤下有強悍之兵拘管約束甚爲謹嚴如此狼狽已極祇以炎凉轉易人事變遷爲念黽勉含忍負荷自思必有休息之日也再囉嗎國管轄之地日漸開闢以致勢力不逮權柄不足况且當時放辟邪侈之弊已浸于國中又有極北之呃嘟及呸嗟喀等夷一時強進疆界以速其國之敗此等兇猛之夷由此而來報復前仇者或寄居于囉嗎未曾收服之啊哩嘎各地或寄居于現在吠呢噹嗅咱囉呢啞呃囉嘶等所駐之𠱁囉吧北

邊與啞𠹭啞西北各地方原其人素性莫定反覆無常因此日離本國前赴他處擄掠占據其先至霸侵者無不被囉嗎軍法嚴肅抗拒驅逐也但此次驅逐並不令之畏懼更觸其報復夙仇之心彼夷遂旋本國因同人尙未悉其底裡故先告以彼處民豐物阜田土膏腴等語復述戰鬭之事親友昆仲戕生殞命者不可勝計語言激切以聳本國人急欲復仇之心遂通國之人執矛操戈並攜妻子奴僕六畜器皿蜂擁而往以謀報冤洩忿以圖占地移居更有他方游民附和同行沿途所過

之地如水湧流無不掃蕩淨盡遇室則縱火焚燒逢人則挺刃殺戮良莠莫辨玉石不分無論老幼男女尊卑貴賤靡不遭其蹂躪以致肝腦塗地血流漂杵其時修史之人欲述其事之始末書不盡言言不盡意竟不能備載其災難也及咗吐哂哂嗬踐位之時（即晉孝惠帝光熙元年也）始尊奉耶穌之教臨御無幾乃自囉嗎遷移建都于咗吐哂哂嗬啦國勢大爲改變東西二方各省分爲兩處各有其主管轄（是年乃晉成帝咸和三年也）原咗吐哂哂嗬東遷時所有囉嗎之兵把守嘞呶與嗹吺吡啲河濱者皆爲

再耶穌六百餘年間即唐中宗嗣聖年間此嘞吖呢啞即今之㘘咭唎國也南邊至膏至腴之省歸于嚇㗑呢啞國人噢嚧地方歸于呿啣咕國人曦嘶吧呢啞即今之大呂宋國也歸于呃嘟國人噫吠哩啞及各隣近之省歸于嚨吧咻哆國人至于囉嗎國之政治法度技藝文學等僅存微踪細跡各處地方凡政事律例風俗衣冠言談話語人名國號盡爲更新與古大相懸殊由是時以後數百年㘓囉吧一帶地方只有呃嘟之鄙陋風俗憂鬱狀貌當此數百年之間文才學業殆將廢弛即顯宦縉紳等亦不能誦讀書寫

其餘之人更不攻習甚至性情愚昧毫無知識也至耶穌八百年即唐貞元十六年也咖吠嘛嗎哥啵踐位爲㖊囒哂啊哩嘎二國之君兼攝噫吠哩啞國數省嗣後越數十載有嘆咭唎國王名啊咻吠嚅嘟者斯二君各于本國盡心導引愚民令之攻習文學事業以消其暗昧性情而啓發知識也但當時民心愚昧至極故二君徒費精神不能遂其所欲是以㘓囉吧地方皆爲鄙陋愚蒙也嗣後因各君以所得之地分封國中之政治法度遂漸爲更變也蓋導引諸夷攻勦其地之國君首領等以所得調赴東方護衛是舉乃如自撤西方之藩籬開門揖盜啓戶進狼也當是時囉嗎爲西方之都喧吐咞啲唶咟啦爲東方之都如此舉措實于囉嗎甚爲衰微以致被夷人侵奪占據之其昔日之光榮顯耀妄冀萬年不朽者今則一旦泯滅焉而諸夷首中之一人名响哆啞嚧者于西都即位爲君自此以後各地方常被夷狄侵奪霸占不休也囉嗎國中所有宮室堂宇其工程並非一時所能修造完竣者惜乎皆被其人折毀亦需數百載方得傾覆罄盡也其軍旅嚴肅如法設立甚有紀律故

傳留後世猶有效驗若非國君積惡成慾人民性情敗壞豈能爲敵國仇人所勝哉嗟乎囉嗎國君德不堅政不行先王之道日見其衰暴虐之心日見其盛歷代相傳祇以廣闢疆土是爲專務通國政治置乎不聞欲滿其貪得無厭之心遂不惜罄之公帑之資財竭盡一國之智巧以致王師敗績辱國損威莫大于此雖天下之繁華富麗俱已受享遠方絶域莫非已有究竟酷虐殘暴肆行無忌惟與化外夷狄狼心狗行並有相稱自取其禍夫復誰尤其如是猶冀國祚綿長豈可得乎

之地與其大夫將軍授職分授並令出其凡有征伐堵禦之役每地主應出軍若干名以備助戰捍衛之結約而大夫將軍等亦效其君之法在所封授之地與其麾下之人分授地方出具甘結均爲相同所約無異然而運籌此法雖似足以保護地方防範寇仇究竟變爲逼迫下屬欺壓小民之風緣紳衿豪貴之輩倚仗勢力任意縱橫強奪霸占實屬難堪以致庶民人等束手無策裹足不前終日困守而不能自由也其宦官紳士封授之田必皆分與庶民耕種是則紳士反爲田主而庶民

反作佃丁其爲佃丁者實如用主之奴僕也凡紳士若將田畝轉售或與人交換其佃丁亦永不能自主祇得相隨出土歸于他主而聽其役使也再各顯宦紳衿等若受同僚之凌辱皆率所屬攻擊報復而對手之人亦領麾下堵禦護衛其攻者禦者兩家之親屬治下必然皆被累及永不得置身局外也各國君見其大夫將軍專動強霸欺眾殃民深爲不忍況且各仕宦等不惟侮虐下民之舉并有挾制君上之心若不另立夫官職即無以禦其強橫故運籌計畫遐格錫恩于庶民鄉黨之

中以助其勢以分厥權而庶民自沐隆施其被屈含冤漸得伸解至各處之氓于斯始立會議公所自行選舉官員代爲經理約束既得自主之權實于黨類大有裨益盡爲變更也昔則愚蒙暗昧一無知識惰慢怠荒全無勤奮今則講習討論以養其才能勉勵以修其身復以貿易生涯傾心致志靡不專務本業始得大爲興隆也夫貿易之復爲茂盛各國之再相交接其故非一而致然原東方之都啗吐咉哟啱啪啦當極北之阨嘟與哐嗟咯等夷攻破西都之時獨彼未遭傾覆所以此

國中之文學事業仍存一二迨數百年後其地又爲利市埠頭而天竺國之珍奇貨物巧妙工作尚可行銷其本國之人始與噫吠哩嘶國人再爲來往教以文學之事嗣後因薩啦嚓㕭國人占據咖嚨啞國之都咀咯㗂𠹭凡㗂囉吧各奉耶穌教之君會盟共逐薩啦嚓㕭國此㗂囉吧諸國之人與啞嘣啞東方之人始通來往交接是年乃宋哲宗紹聖三年也各國三軍或赴咀咯㗂𠹭或歸本國無不會集于啗吐咉哟啱啪啦且㗂囉吧各國此次興兵東征雖不以貿易爲意但爲救挽咀咯㗂𠹭起見不

料衆心莫齊徒勞無益未克如願而各國之生意實賴此尚有裨益尤能經久而不間斷也迨各國干戈休戢之後有噫吷哩啞國人名吅㖃啞別名咈啦嗺哟者始造羅盤故往來遠方更為便易彼此交接日漸親密是年乃元成宗大德六年也從此噫吷哩啞各國之人始赴東方各處及吧咀嚒諸埠販買天竺土產奇巧各物帶歸本國發賣與㗱囉吧諸地方甚獲利益其去之至多者乃㖃嘅嚧與咀啵呱二國之人而㗱囉吧衆國于所運各奇巧之物漸覺嗜好焉至耶穌一千三四百年之間乃元大德年間至明建文帝年間也㗱囉吧之貿易多係噫吷哩啞國人經營彼時其人別名為嚨吧咴哆合夥至各地方開設公司行貿易所以往來販貨道造各物皆係其人且噫吷哩啞國人既在㗱囉吧南邊勤力營運大有結局至耶穌一千四百年間其在㗱囉吧北方之人無不奮勉營謀當是時隣近吧咴哟咯海之哟嗡嗎咴咖喘㖞等國猖狂已極于該處海面盜竊為患因此嚧吡唴喁咴咴呃二府之人與噫吷哩啞通商交易未幾不得不彼此結盟互相保護此舉深為利便而他方別府遂皆附和之以

圖庇佑也不久啞哩嘍及咈嘣哋二國之至富者八十城約同會盟互為護衛威嚴已極甚至別郡亦皆求為和好大國之君亦甚懼其震怒也其各城會約之人始立貿易章程公議辦理㗱囉吧餘國遂有各樣財物堆積存貯其至多者乃咈嘣哋國啄嚧咀城而其貿易皆有次序嚨吧咴哆國人常販天竺土產並本國貨物前來彼處交易雖所換之貨微粗究屬于己適用者也啄嚧咀城既為嚨吧咴哆及會盟各國商賈聚集之所咈嘣哋國人遂在該城與㗱囉吧南北各處之人互市交易實為深有利益以致其國人皆盡心于工作也不久咈嘣哋與其隣近各城皆得為㗱囉吧至富至庶之福土也嗣後嗼咭唎國王名㘈嘟啊呀哆者是時乃元文宗致順元年也見各城物阜民豐已察其故遂于本國人中勸勉其竭力經營盡心貿易蓋因其國之人當初猶如瞽目居于高處便利之美視而不見將來得享優裕之福毫無念及貿易工作置之度外全不經理本國所有土產物料盡供他國之人採辦故該國王招徠咈嘣哋工匠居于國中並立妥善章程以庇貿易未久嗼咭唎國始有

呢絨疋頭織造成就焉以後百工技藝均令其學習紬緞製造精巧是以其國今爲貿易第一等盡善盡美之埠頭也再奉耶穌教各君往救咀嚕嗷㗉敗績之後因舊蒙古別名噠咴哷嘶㖿各王聲名播揚于㗇囉吧及啞㗅啞至遠之方遂圖結約和好以拒吐㖞嗟啞國人(其人即回回也)蓋因是時凡奉耶蘇教者皆被回民深爲仇恨且其人前則雖然不過一羣遊居無定之輩凡有干戈之事即投軍應募後則漸爲結黨成羣于啞㗅啞極美之國騷擾擄掠也其奉命爲使前赴蒙古者多半皆爲

僧人緣其人素本雲游四海力圖推善並不畏難苟安因而遠方絕域無不歷遍其爲首赴蒙古記錄沿途所經之地方古蹟者乃喏𠸄咖吥嗔也于耶穌一千二百四十六年(即宋理宗淳祐六年也)時有數僧人相隨同往賫教主會函一封投遞蒙古國王御前懇其關照庇佑在所轄各地方之奉教人等嗣後未幾前往蒙古印度等處者不乏其人迨耶穌一千三百八十九年之間(即明太祖洪武年間)蒙古國王名噠咴吥𠻘者乃當世賢君即印度遠方絕域無不攻克彼時㗇囉吧人已于其部落充當兵卒爲數非鮮後由其地攜帶彼國火藥礮位運用之法旋歸㗇囉吧地方但火藥礮位雖耶穌一千三百四十年間(即元順帝至元六年也)㗇囉吧已有啊哩嘎國人名𠺕吥㘉嘶者造成然而所造者尚未齊備不過偶然而得者也蒙古國王噠咴吥𠻘見吐㖞嗟啞國勢日漸昌熾深爲妬忌因此多方扞禦阻彼前進及其薨後㗇囉吧之奉教諸人皆旋本國遂以印度等東方之邦國富民豐地饒物阜之語啓發本國人前往臨闕之心並言海面水路亦直達各處而西洋國人向來凡于駕舟之事皆專心經

理以致名馳四方現在暎咭唎國之貿易得以興隆者實賴西洋人等得好望海角之助而然其駕舟先則不過游奕啞啡哩咖近處海邊等頁地方漸次循序而進後則漸漸向南駕駛幸于耶穌一千四百九十七年(即明孝宗敬帝弘治十年也)將舟駛越好望海角始爲疏通赴東海及印度港脚中華日本等國之水路(中華日本等國鼎建之始未曾追遡因西洋人最者尚未得越好望海角並不知有中華之地及逾好望海角之後于明正德年間親歷其地始知中華建國年限已經悠久故未備載)彼時西洋人專務由東方赴印度之際有咁𠺕呱國人名哥㗇啵者擬由西方而赴彼處遂與

本國人言明已意而本國之人不但不肯聽信反以其言爲孟浪之談哥𠸄啵復以已意陸續奏明咈𠻳哂㖿唓唎大西洋三國王駕前而三王皆不錄用未克酬其所願此事若係他人自必棄置度外而哥𠸄啵雖此行必須花費多金自身又屬囊空如洗然而仍爲始終不變無奈祇得前赴曦𠯿吧呢㗂國再三奏懇越八載之後幸蒙國后施恩方得如願原曦𠯿吧呢㗂國有一人名啫𠿝嗹哩嘶者才學淵博交接寬廣滿朝之中無不欽佩因識哥𠸄啵爲人賢哲并非無能無品之輩是以

與之深相契洽遂會同本處醫士一人素于天文之學高明超越者公同詳細察閱遂悉其所立之術次序井井十有其八必然能行故于心深爲喜愛其後𠻳哩嘶遂竭力保舉代爲奏請因此國后恩准並願賞發盤費銀兩以供其費恰遇其別友名吒嚧咀者預先支付應需銀兩所以勿庸國后發給于是哥𠸄啵備船三隻于耶穌一千四百九十二年（即明孝宗敬帝弘治五年也）開行西往此舉實屬天下至艱至難者也啓舟之後所受辛勞不勝屈指衆梢水人等往往不相和睦又因行歷日久皆爲

不悅逼其速爲反棹更以語言震嚇如不允旋即欲棄擲海中惟因船主爲人志堅意誠必要前進且行越三十三日方探得前途已有洲島衆心稍爲平寧及臨近其地不料所見地土並非印度所遇人民言形殊異遂知其爲新域向日永無人臨之者今之名爲㗂吽哩咖者即此地也後卷註明茲不及贅再囉嗎國敗績之後𡀔囉吧倏邦皆遭大幽暗世衰道微國人幽禁文學攸斁迄耶穌一千四百年間（即明成祖永樂年間）以後復如田禾旱槁得雨還甦漸爲匡正再爲文雅況新等得各邦土渟然

復興且有創造印刻纂撰書籍文修學習道美理善百工技藝于是乎得一時之全交接貿易於是乎獲萬年之盛故耶穌一千四五百年間諸史推爲今世第一要時也厥後𡀔囉吧之諸邦始爲定國立位雖然歷次或本國自爲作亂或隣邦互相交兵然而國內政治迄今更變實鮮也以上追述不過歷陳開闢以來各古國始末之要旨至于列國後世之情形緣由俟釋及本國再爲備細詳明焉

終

新釋地理備考全書卷四目錄

本内或人或地名名皆按北音讀之但以北音繙譯未能全備故特用廣音以補其缺

凡遇啞字為首則讀音若一 若遇二啞字首讀廣音次讀北音

凡遇咖呀嘰三字皆以廣音讀之

新釋地理備考全書卷四

大西洋瑪吉士箸

地球總論

夫地球原以土水二者為本也土則分為或山或谷或島或洲或至硕之磐石或至細之沙泥水則分為或海或江或河或湖或莫測之淵潭或極淺之澗溪上下週圍天涯到處飛者飛潛者潛動者動植者植而人類不離于其面也古者之探訪地球也些須無幾以所尋得之地分為三州一名甌羅巴一名亞細亞一名亞啡哩

咖三者之中並無備悉惟知一二迄耶蘇一千四百九十二年即明孝宗敬帝宏治五年也尋出新域之後新域詳見諸著第三卷地理志者得增一州而名之曰亞美哩咖嗣後各駕舟者歷時尋出亞細亞與亞美哩咖中間之大海海島衆多或聚或散紛紛不一因此凡新著地理志之人皆以一切歸為一州命之曰啊噻啞呢啞是以近者地球分為五六州也一甌羅巴二亞細亞三亞啡哩咖四亞美哩咖五啊噻啞呢啞又諸諳地理者既知地球圓線週圍共九萬里復以所得古今各處廣計二推度量地面

週圍約有積方二垓五京七兆九億六萬里五大州內所尋之地所訪之島所遊至近之區處所徹極遠之邦土各方共計地則約有六京八兆八億二萬五千里水則約有一垓八京九兆一億三萬五千里水陸二面兩相比較地則一分水則三分至于人麗雖議論紛繁各不相符然諸造地理書者既存心細意推極窮究各國版籍皆揣摩云其數上下約有九垓四京五兆若每州而分論歐羅吧則二垓二京七兆七億口啞嘞啞則五垓九京七兆三億口啞啡哩咖則六京口啞嘆哩咖則

三京九兆口啊嚷啞呢啞則二京一兆口焉千億之衆分為五種或白或紫或黃或青或黑有五色之分其白者乃歐羅吧一州啞嘞啞東西二方啞啡哩咖東北二方啞嘆哩咖北方之人顏色純白面貌卵形而俊秀頭髮直舒而且柔乃其人之態度也其紫者乃啞啡哩咖北方啞嘞啞南方除天竺及啞嘞啞所屬數海島不同外其餘之人顏色黑紫鼻扁口大髮黑而且鬈乃其人之態度也其黃者乃印度一國啞嘞啞南方啞嘆哩咖南方之人顏色淡黃鼻扁目突髮黑而且硬乃其人之

態度也其青者乃啞嘆哩咖大半之人顏色青綠面貌毛髮與黃者頗為相等也其黑者乃啞啡哩咖本地諸人顏色烏黔容凸顴高口大唇厚髮黑而且捲猶如羊毫鼻扁而且大類似獅準乃其人之態度也但其地亦有白色之人住居東北二方其人俱係歐羅吧啞嘞啞二處曩時遷移棲遲于彼地者也又啞嘞啞南方及其各海島亦有黑人而形容體態與啞啡哩咖之黑人迥殊焉又天下萬國之人有下中上三等之分夫下者則字莫識書莫誦筆墨學問全弗透達所習所務止有漁

獵而已矣原此等人並無常居惟遊各處隨畜牧也夫中者則既習文字復定法制遂出于下等始立國家而其見聞仍為淺近更無次序也夫上者則攻習學問培養其才操練六藝加利其用修道立德義理以成經典法度靡不以序河清海晏之時則交接邦國禮義相待軍興旁午之際則捍禦仇敵保護身家焉按以上五州萬國人之文詞而論約有八百六十樣之分也歐羅吧則有五十三其至通用者共一十有七一大西洋一大呂宋一噫吠哩啞一嘶嚹哂以上四者乃囉嗎國辣丁

話所分派者也一啞哩㒓一嚽嚹一咈啦嘶呀一呹呢一喘噢一哪嗶以上六者乃古嗰哆呢咖話所分派者也[illegible][illegible]吃喇其話乃辣丁嗰哆呢咖二國所相並者也一呃囉噺一哄嗝哩啞一啪囉呢啞一吥喴嗞啞以上四者乃古噺咖啦嗃呢啞話所分派者也一呃咖哂啞其話乃古呃咖哂啞國所留傳者也一囘囘其話乃囘鶻又名囘黑國所留傳者也啞嗰啞則有一百五十三其至通用者共一十有五一囘囘一啞啦嘷啞即天方也一咱吥哂啞一囘黑一中華一滿洲一蒙古一日本一高

麗一琉球一暹邏一越南一阿瓦一印度一西藏等話啞咔哩咖則有一百一十五其至通用者共五一咱嗰嗶喇一噎哰嗬嘷啞一咻嘰哩哂啞一嗝喃嗟一嗓啵等話其天方話亦通行于此州之北方啞咦哩咖則有四百二十二其至通用者除土話外多係別州之語一噗咭唎一大呂宋一大西洋一咈囒哂一嚽嚹一哌喲嗎嗰咖一喘哂啞等話啊嚷啞呢啞則有一百一十七其至通用者惟嗎啸話也以上八百六十樣話若按省而分論之約有五千餘樣更按府縣村鎮而論則甚爲紛繁數莫能計指不勝屈矣今將各州及各州之邦國省郡按文質政三者次序衍釋逐一詳明開列于後以備查閱

嘔囉吧全志

嘔囉吧雖爲地球中五州之至小者然而其處文學休雅技藝精巧較之他處大相懸殊故自古迄今常推之爲首也

文論

位其地緯度離赤道往北三十五度起至七十二度止

經度自吧嚟噺第一午線詳見第一卷午線論西十二度起至東六十度止

界東連啞嗰啞西至啞嘸嗰啲海南統黑海及地中海北至氷海

廣東北至西南長約一萬五千六百里北至南寬約一萬零八百里地面積方約五百九十一萬六千里

質論

山嘔囉吧州各山不一其至高且大者有九一名啞吥嗶噺山在嘛嗱嚧唵吠哩啞咈嗡哂三國之間一名嘅

嗹吽嘶山在大呂宋㘈嘛哂二國之間一名啞啤㖂㘓山直穿噫吷哩啞通國地方之長一名哥啦㖒嘶山在哄哥哩啞北方一名哆吠哩喲山在喏嚕嘁呀噹哂啞二國之間一名咖咦㖒啵啞山分呃囉嘶國為二半於嘔囉吧半於啞嘣啞一名囉哆唄與嘿嚤山在吐吁嘍啞一名噫嗶哩啞山在大呂宋一名嗚啦㖩山在嘔囉吧啞嘣啞之間至于各山之高卑大小後釋其地再為詳細備述焉

火山　嘔囉吧共有四火山一名㘈蘇嘁喲在噫吷哩啞地

哪吥唎嘶國一名喉噫喲在哂哂哩啞一名喉哥㖨一名咖嗟嚧咀皆在㘓嘶嘛㘆啞

谷　嘔囉吧之谷較啞嘣啞啡哩咖啞咦哩咖三州者甚小一名下噫吺㘈喲谷一名中噫吺㘈喲谷以上二谷皆在哄哥哩啞一名唎谷在噫吷哩啞一名唻㗊谷在吧嚅與嗎噎嚏之間一名囉噫吺谷在㘈嗌囉一名嗟啦嘁谷在咖啉㘆啞以上六谷乃其至大者至于喘嚕嘁呀嘶哥哂啞之各谷皆奇形異式其地窄而且長往往有湖于其間而形亦如之除此之外尚有嚾啵啞㖃咖哂啞吺吡嘛呀嗎嘶哥喲囉嘛等谷皆在噢嘶喲哩啞地方其在㘈嗌嚾大呂宋大西洋㘈嚗哂等國之谷亦不一但無上六谷之大耳

海　嘔囉吧內外共有一十四海迴環穿繞其至大者三一名氷海為北方之界一名啞噫嚗喲海為西方之界故又名曰西海一名地中海為南方之界其餘小者十一一名白海乃氷海之分派一名吧嘛喲哥海一名北海一名嘍㖩海一名噎吥嚗吷海以上四者皆係啞噫嚗喲海之分派一名喏呢喲海一名啞嘛㗩咱啦㗑海

一名嗎吥嗎啦海一名黑海一名啞㖩㘈海以上五者皆係地中海之分派一名咖嘶㖂喲海此海原係天下至大之湖是以俗名為海居于嘔囉吧之東與各海均不相通也

海灣　嘔囉吧共有十二海灣其至大者四一名啵喲呢啞海灣在喘哂啞同呃囉嘶之間一名啡嚗喲啞海灣在呃囉嘶以上二者皆係吧吥喲哥海之分派一名吡嘶咖啞別名咖嘶哥呢啞海灣在㘈嚗哂同大呂宋之間乃啞噫嚗喲海之分派一名嘁吶嚾海灣又名啞喲㘓

啞哋咯海在噫吠哩啞噢嘶喲哩啞吐咡嗼啞三國之間乃地中海之分派其餘小者八一名哩嘀呢啞別名嚟咖海灣在呃囉嘶乃吧咻喲哥海之分派一名嘶噎嘚咻吱海灣在噴囒乃北海之分派一名呧嚄嚧海灣在大呂宋東邊一名嚅喝海灣在咈囒哂南邊一名嘘㗅呱海灣在噫吠哩啞西北方一名嗟啉嗖海灣在噫吠哩啞一名嚅啷哆海灣在呃囉嘶一名嚈嗦呢咖海灣在吐咡嗼啞南邊以上六者均係地中海之分派。

【海峽】嘁囉吧共有十五海峽北方者八一名啞呀哋嘶峽在呃囉嘶之北一名咖喲呀峽乃通連北海與吧嘛喲嘚海者一名嚓噫峽一名大啪嘛喲峽一名小啪嘛喲峽以上三峽皆咖喲呀峽之分派一名咖嚅峽在咈囒哂與嘆咕唎之間一名㕭嘘嘛啪峽在噎嘛囒吠海之南一名北峽在噎嘛囒吠海之北南方者七一名咀吧啦嘛吠峽在大呂宋與啞啡哩咖之間乃通連啞噫囒喲海與地中海者一名啵嚓哂喲峽在嘚嘛哂呀與嚧嘛喲呢啞二島之間一名嗨哂喲峽在哂哂哩啞與噫吠哩啞之間一名啊噫囒哆峽在噫吠哩啞與吐咡嗼啞之間乃通連啞喲嚓啞哋咯海與嗜呢喲海者一名嗟嘛嗟叻囉峽在嘁囉吧之吐咡嗼啞與啞嘣啞之間乃通連啞嘛嗡啪啦啊海與嗎嘛嗎啦海者一名嗜吐哷喲嗐啪啦峽乃通連嗎咻嗎啦海與黑海者一名咖嘜峽在嘰嚓嘆啞與啞嘣啞之間乃通連黑海與啞嚓咈海者

【海角】嘁囉吧共有三十三海角乃其至大者也啞嘛喲哥海者三一名叩啦呢啞在嘶嗦咻啦之北一名北角在喘哂啞之北一名嗐嘶嚷又名嗐嘛喻在啡嗽嗎嘛咖極北啞噫囒喲海者九一名嘶咖嚒在叭噫啦呢啞之北一名啊呃在咈囒哂西北一名嗚啦在嘶哥哂啞地方一名嘛嗦在嘆咭唎西南一名哥嚅啞嘛在噎嘛囒吠西北一名啡呢嘶噫嘛啦在大呂宋西北一名囉咖在大西洋之西一名㕭嚨嗦哋在大西洋之南一名嚱嘶吡啥嘛在大西洋之西地中海者五一名呀嗟一名吧嗦嘶一名嗓嗎哩嗜一名哥嚼嘶以上四者皆在大呂宋地方一名哥嘛嚓在哥嘛嗟呀之北地中海各分脈者十四一名咹嘶在囉嗎地方一名嗷吧呐嗽一名

曦吐吧哧畇嗢嘟以上二者皆在咖啦吡哩啞地方一名嗲嚓一名吧嚧喀皆在哂哂哩啞地方一名噫嘞哥囉呢在咖啦嚊哩啞地方一名㕦噠嗎哩啞在呃噫繭哆地方一名皺囉嚎哆唎在噫吐畇哩啞地方一名嗎噠嗷一名嗎哩喲皆在嚤嘞啞地方一名哥囉呢在舊啞畇哥地方一名嘿嗟喲在呸嚕呀嚓啞地方一名鶉嚼嗦吶嘞一名噠哥嚓皆在哥哩嗼啞地方吧爾畇哥海者二一名哆嘶嗼吶嘶在呱爾繭吡啞地方一名吭嗚畇在啡繭畇啞地方

河歐囉吧共有四十九河乃其至長者也一名吡嚼啦河注于氷海一名北嘟曦喲河注于白海一名哆爾吶啞河一名吶嚄河一名嘟喲河一名嚓咖嘟曦喲河一名聶嘢河一名雖吐嘟啦河一名嗬嚧爾河以上七河皆注于吧爾畇哥海一名嗬嘮嘢又名嗬嘮嚖河在咖畇呀之北一名喊嚧爾河一名唻嗯河一名咖嚧河一名嘶咖爾噠河一名噠嗟嚧河一名嘟喉噫河一名嘽河以上八河皆注于北海一名嚏喲河一名嗦嘿河以上二河皆注于嘆吵海一名吵嗷河一名嚧喊爾吶河

一名嚧啞啦河一名吵嗹吠河一名呀囉喲河一名啞嘟爾河一名咪嚱河一名哩嘿河一名咖嘎嗖河一名啞喊河一名吗囉河一名嗃呀河一名嗌噫嗬河一名嚓嘶河一名噫叺河一名嚧嚐河一名呱畇啞喲河一名呱噠爾嘰嚓哶河以上十八河皆注于啞噫囒畇海一名喉吥嚕河一名喀噠嚐河一名啞哧嚐河一名嘁啪嚓河以上四河皆注于地中海一名嘜河一名啞畇咀河以上二河皆注于喊吶嚧海灣一名噠啵吡喲河一名畇聶吧爾河一名畇囁嘶噠嚽河以上二河皆注於黑海一名噭河注於啞嗦咈海一名嗃爾呀河一名嗚啦哶河以上二河皆注于咖嘶吡喲海

湖歐囉吧共有二十六湖乃其至大者也北方者九一名喊喲吥湖一名喊噠吥湖一名嗨嘞爾湖以上三湖皆在嚅哂啞地方一名嚏嘿湖一名嗬吶呀湖一名啦哆呀湖一名嗶吥嘶湖一名噎爾嘢湖一名唦喀湖又名白湖以上六湖皆在呃囉嘶地方中央者七一名咔咈吵噫爾湖一名咀吶吥啦湖一名嚧嚏爾喲湖一名嘸嚓喀湖以上四湖皆在嘸嗑嚧地方一名嗆吐呬嘰

湖在嘸嗌㘔與啞哩嚘之間一名吽呰嗟嚙湖一名吧啦噭湖以上二湖皆在哄哥哩啞地方南方者十一名嗎嘘吼湖一名嚧咖嗯湖以上二湖皆在嘸嗌㘔與嚧吠哩啞之間一名哥嚤湖一名呱嚙嗒湖一名哥嘛嗆喲湖一名啪嚧噻湖一名啵吩噻喲湖一名嘍啦呶湖以上六湖背在噫吠哩啞地方一名唑哋又名嘶呱嗟嚟湖在吐吼嘶啞地方一名曦吐呱啦湖在大西洋地方

厶

島嘔囉吧共有六十六島乃其至大者也在氷海者五島一名嘶噂喲吧嚙一名嘶嗦呩啦一名啞呀喲嘶一名咖嚙嗚嗚吠一名囉嘣嘣其中數島在啞嚏嚙喲海者十七島其大者有三一名大嘆一名嚏嚙嚙吠一名曦嘶嚙喲啞其小者十二一名嘰唻其中數島一名嗒嚏嚙其中數島一名嚙咖嗟其中數島一名唉呩哩嗟其中數島一名嗦嚙嗒啞其中數島一名嚙嘁吧一名呱嚧嚎嘶一名啪哩喧啦一名嗐呧嚙味噔吼一名嚏嘞嚧一名嚏嘞嚏嘿一名嘀嘞嚮一名啪嚙嗒呀其中數島一名吧嗟嘛哩啞其中數島在地中海者十一島其大者有三一名嚆吩哂呀一名嚂嚙喲呢啞一名哂哂哩啞其小者有八一名嘣嚙咯嚏嗽一名嚏嚇㘔一名嗎喲嚙咖一名嘆嗐嚙咖一名啶哩嘶其中數島一名唉嚙吧一名嚟吧唎其中數島一名嗎嚙嗟在吧嚙喲哥海者十一島一名啞嚙其中數島一名嗟嗬一名唉噻嚙一名嗬嚙一名呃嚏嚙一名嚧嗯一名啵吼嚧嚙嚤一名啦嚙一名噘嚙嘶嗟吼一名嚟嚙一名啡喲呢啞在北海者四島一名哂嚙哋一名嘿嚟嗬嚙一名嚏嗆嚙一名噻嚙的啞以上四者其中均有數島在嚏嚙嚙吠海者二島一名嚘一名唉嚅哂啞在嚘吵海者四島一名嚷嚏一名噢嚟呢一名嗆嚙吶噻一名咀嚙噻以上四者其中均有數島在喏呢喲海者七島一名哥吩嘣一名吧啅一名吕嗟咖啦一名喲啞嗆一名嘶噘囉呢啞一名吕嚏一名噻哩嚬以上七者其中均有數島在啞喲嚟啞哋咯海者有噫哩唎咖島其中數島在啞嚙嗆啪啦嗬海者四島一名噉喲啞一名吶哥囉嘣哆一名嚄嗐嘶別名嘶嗟嚏嗨喲一名哂咖啦嗟其中數島以上各島屬於何國及釋其國再為詳細述明也

枕地

嘔囉吧共有七枕地枕地者乃其地三面環海一面與他處相連故名之其大

者三第一喏哂啞喏嚕嘁呀之地其三面皆以啵喲呢啞海灣吧𠺝喲哥海北海啞嘚囒喲海爲界一面與啦啵呢啞相連第二大西洋大呂宋之地其三面皆以咖嘶哥呢啞海灣啞嘚囒喲海地中海爲界一面與咈囒哂相連第三噫吠哩啞之地其三面皆以地中海喏呢喲海噠啉嗖海灣啞喲嚟啞吔咯海爲界一面與噢嘶喲哩啞相連其小者四第一叺嘚囒喲啞之地其三面皆以北海吧㖞喲哥海爲界一面相連本國呧喲嗎𠺝咖第二嚀啛啞之地其三面皆以嚅啝哆海灣喏呢喲海地中海啞𠺝唂咱啦啊海爲界一面相連本國呃呦哂啞第三哥哩嘆啞之地其三面皆以黑海啞嗦咈海爲界一面相連本國呃囉嘶第四吡呢吐之地其三面皆以啞嘚囒喲海爲界一面相連本國大西洋

徑　嘔囉吧至大之徑惟二徑者左右臨海中間微地兩端與他處之地相連故名之一名哥啉嗖徑在呃呦哂啞地方通連哧嘞啞與哩呱喲啞二地一名吡嘞噶嗷徑在呃囉嘶地方通連哥哩嘆啞與呃囉嘶二地

平原　嘔囉吧𣗋啞𠺝啞啞啡哩咖啞嘆哩咖三州之地甚

小、而平原則深屬寬廣、一邊自倫敦起直至呃囉嘶之㘓嘶嗨、與咖𠯠、一邊自吧嚟嘶起直至呃囉嘶之啞嘶噠啦吁其間皆爲一路平陽之地、其咈囒哂北方各處嗊囒國、啞哩嘎國北方、吥嚌哂啞國、啪囉呢啞與呃囉嘶二國之大半、皆包于此平原之中也、

野荒　嘔囉吧地方、若論廣莫之野、則無至于荒蕪之地則有其至闊者皆在呃囉嘶、一名啉荒地在嘀𠺝咖與嗚啦唎之間、一名嘀吥咖荒地在嘀吥咖河與嗷河之間、其在哥哩嘆啞、與吡啅㖩之荒地、乃爲至長者也除呃囉嘶外其次者在喏嚕嘁呀、喏哂啞二處地方而在喏吥囒、啦啵呢啞、哂呢喲啞者乃爲此二處之至大者也在噢嘶喲哩啞、嘰哥哩啞啞喏嘁𠺝三國中者甚多其在咟吥𠺝呃與吥嚕哂啞者人所共曉而咈囒哂之囒嘚嘶與咀嚨吠地方多半爲其阻隔至於哪吥唎嘶之吧唎地方亦皆有之

地氣　嘔囉吧地方大半位在北温道其居于北寒道者祇有十二分之一至于地氣則可以分爲四等第一自緯三十五度起北至四十五度乃熱第二自四十五度至

五十五度乃溫、第三自五十五度至六十五度乃寒、第四自六十五度至七十二度乃極寒也、但四等之內或熱、或溫、或寒、或極寒、皆有損其太過益其不及之故、其臨亞德蘭的海一面之各國、冷則由南而北漸漸加甚、熱則有海風向吹、以解散其暑氣也、其臨地中海一面之各地、冷則乍寒乍暖、不時變易、由西而東漸為加增、熱則按風更變、全無定准、而東方之處、較之西方、微覺涼爽也、其枕亞細亞一面之各處、冷則雖屬嚴凜、然由南而北無甚差別、熱則因其冷之已甚、所以深為炎酷、

也、若按四季而論、其第一二三等、雖各按時令、然皆有先後之別、遲早之分也、其第四等之地、祇有二季、居北寒道各處、寒凍徂極、甚至七八月間、水銀凝結、有越三月不夜之天、遂有數月尤長之夕、如此之久、只有北曉懸于空中、故冬長而且冽、乃因久無日光之故、夏短而且炎、乃因常有日照之由也、

地寶　歐羅巴地方所產金銀寶玉、較之他州、雖屬微鮮、然其所有銅鐵錫鉛煤水銀等礦、及鹽田、均勝於別處、以補助之也、今將歐羅巴諸處所產各上項之至多者開列于後、

鑽石產於呃囉嘶國、其餘寶石產於嗅嘶的哩亞、嚧嘵嗦呢亞二國、金產於呃囉嘶、嗅嘶的哩亞、嚧爾的呢亞等國、

銀產於嗅嘶的哩亞、嚧嘵嗦呢亞、亞喏㖿爾、吐咡嗼亞、吥嚕哂亞、暎國、咈囒哂、喏嚕㖿呀、哞嗡、嚧爾的呢亞、噉㖿亞等國、

銅產於暎國、呃囉嘶、嗅嘶的哩亞、喏嚕㖿呀、吐咡嗼亞、吥嚕哂亞、大呂宋、咈囒哂、亞喏㖿爾等國、

鐵產於暎國、咈囒哂、吥嚕哂亞、喏嚕㖿呀、瑞哂亞、嗅嘶的哩亞、哆爾咖喲、大呂宋、吐咡嗼亞、吧㖿吔啦嚧、的呢亞、嘩嗡等國、

錫產於暎國、嚧嘵嗦呢亞、嗅嘶的哩亞、吥㖿㗂亞等國、

鉛產於暎國、大呂宋、嗅嘶的哩亞、吥嚕哂亞、亞喏㖿爾、咈囒哂、嗡嚧、嚧嘵嗦呢亞、噉㖿亞、嚧爾的呢亞等國、

煤產於暎國、吡吥咀咖、咈囒哂、吥嚕哂亞、嗅嘶的哩亞等國、

水銀產於大呂宋、嗅嘶的哩亞、吧㖿吔啦等國、

臚產於呃囉嘶、噢嘶啲哩啞、咈囒哂、大呂宋、嘆國、大西洋、吥嚕哂啞、礒啦嘰啞、嚤哰嗟嚨啞、嚨哰啲呢啞、哂哂哩啞、吧嘁吔啦、噫吠哩啞、嚅嚕嘁呀、呃嘞哂啞等國及噫呢啞各海島。

草木　歐囉吧一州之地，臨北方者則多，近赤道者則寡，故凡熱域之草木實爲難得。然而其靠地中海各海邊，凡啞咔哩咖北方與啞嘣啞西南諸處所有之花卉樹木、百穀等，亦皆有之，頗無差異。且諸物中或草或木或五穀等，皆以地道爲限，莫能到處相宜。設若啊唎礒樹與

葡萄、黍稷之類，皆產于南方者，故生于東邊愈多，近于大海彌寡。若離赤道往北三十六度則有，四十九度外全無矣。歐囉吧西方內諸處，較之啞嘣啞東方北極出地同度者，頗爲卑下，所產草木甚爲懸殊。除四海同生之草木外，其餘可謂獨宜于二方極北之地者也。至於歐囉吧中央所產者，甚爲不同，雖或有高山由巔至末，樹木最繁，花卉萬種，與歐囉吧自寒道至於啞嘅囒啲海各處所有者，往往亦皆有之，然祇宜於此一方者也。其各方所產草木、穀卉之至多者，特載大畧，以備閱覽。

橡樹在歐囉吧北方甚爲高大，以致名曰樹王。檞、松、桱、楡等樹，乃北方所共有者。黑楊、皂角等樹叢茂成林，亦在北方溫道之末。惟松、桱二樹最多，其餘雖有而亦小也。離赤道往北六十八度，殆無樹木。至四十四度，皆有丁香、香矮雲香及栢等樹。其水松則至四十六度。曦吐哥哂啞松樹及白楊樹，至六十度皆有。其橡樹至六十二度，椴樹至六十三度，桱樹至六十七度皆有。至於所產五穀，皆足以供養歐囉吧一州之人。呃囉嘶、啲囉呢啞、啞哩嘪等國，五穀豐登，除本國食用外，尚可以外運

接濟他處。咈囒哂地方麥菽甚豐。呃囉嘶、啲囉呢啞、啞哩嘪麥菽二者皆有。噫吠哩啞種杭稻，吐咡嗟啞種黍稷。嚅嚕嘁呀、蘇噏嚨二國五穀甚鮮，只有油麥可以當溫道末之寒冷也。麥至六十二度外則無，菽麥還可至六十四度。至於果菜雜糧，歐囉吧各處亦皆有之，至南方則愈爲茂盛也。檸檬、橘子、啊唎礒果、桑椹、甘蔗等，皆聚于歐囉吧之南方。其啊唎礒樹至四十四度外即無，但在地中海邊所生者甚爲高大。其檸檬、橘子樹至四十三度，桃樹至五十度，無花果樹則可微遠也。葡萄乃

爲歐羅吧至美之果品、各色繁多、或至四十五度、或至五十度、方無黃蔴苧蔴之類、歐羅吧中央特爲用意栽種桑樹、歐羅吧南方一帶栽種以備養蠶也、至于顏料藥材等生在熱道者較多於他處、其香料亦生於熱道者多、種類不一、然而通行常用者、各國山中皆有之也、

[四靈] 歐羅吧州人則所在生齒日繁、地則各方種植日盛、禽亦林林充斥、獸亦總總成羣、若較之他州、頗覺鮮寡、至于惡毒尤爲亡幾、蓋人烟日漸稠密、戶口日就繁滋、是以此一州人凡於其惡者毒者、務將除絕、若於其利

者裨者、始終務參所以增之、所以善之也、其州所產野獸、近日幾乎迹微、但咹叮咯唎啞、嗡嘞哆、吡哩咔噺等山尙有熊獸、毛色不一、而噺嚱嚨及噺吁哋哪喊啞之啞嚹嗶、同啞咊吪等山亦皆有之、種類各異、其豺狼狐狸豪豬二豬等、皆生于深山幽谷曠野叢林之地、其麋鹿麅兎松貂二鼠等、不缺于游畋狩捕、與圍射獵之人、至于畜牲之數、日增月盛、甚爲奇妙、蓋其種昔則尙屬矮小、似不雄駿、今則既配合于他方者、所生亦皆高大、更增雄駿也、其至多者乃馬牛羊犬等、各處充盈、種類

繁多、至于野鳥則鷹鷲鷄鳶等、徧林皆滿、家禽則鷄鴿鴨鵝等、不可勝數、其文彩輝煌、可以爲飾之羽、如孔雀等、其音韻宛轉、可以悅耳之鳴、如白鴿等、所在皆有、其集于水畔而啄百多、如白鶴等、其飛于空際而嚙各蟲如烏燕等、無不備具、至于蟲豸、較之他方、雖覺甚寡、然而其州尙有毒蛇、其種非一、其它虫蟾蚍等、亦皆有之、各種實屬紛多、至于魚類、原屬甚盛、滋味美極、海中者、河中者、靡弗若是、萬類之中、或裸或鱗、或介或甲、種則繁盛、味則甘濃焉、

政論

[戶口] 歐羅吧一州之人共約有二垓二京七兆七億口、

[教門] 除回回國外、其餘歐羅吧各國皆奉耶穌教、大同小異、各從其門、至何國所奉何門、及述其地、再爲詳明、

[政治] 歐羅吧中所有諸國政治紛繁、各從其度、有或國王自爲專主者、有或國主與羣臣共議者、有或無國君、惟立冢宰執政者、彼此相異、茲不贅載、後譯該國再行備及、

[文藝] 天下五州之內、所有文學技藝、其至備至精者、惟歐

囉吧一州也其餘各州亦皆有之但未能如其造於至極焉譬如各文學鐫刻地理音樂等書他州各國通行者殆皆係嘓囉吧人所著作者也其鑄造修製鐘表鎗礮風球火船陰晴表寒暑針等凡有裨于人類之器其雜物以及織造各色疋頭大半皆創造于其地更為修飾以增精美也

史天嘓囉吧久為鹵莽之州後其地因又於呃咀嘜相近又於啞㗱啞相連故呃吻哂啞國始得離暗就明棄俗歸雅且其人民才能旣高敏慧超羣遂文藝理學政

治彝倫靡弗盡心攻修以臻其至時有啡呢哂啞國人由啞㗱啞而來在本州南方各處教以貿易汎渡事務建立貨局邀請商賈其後咖𠸄嗟呃國人始至焉而呃吻哂啞國人旣由本國海邊雲集噫吹哩啞地方遂立新國卽囉嗎也是時不惟噫吹哩啞諸地歸其所有抑且暎國及呀哩啞哩嘎呃吻哂啞等國皆為其所得焉且囉嗎千叛百亂之後日失其序國覆人亡僉為倭嘓囉吧東方極北之族降服彼時天主教旣始于啞㗱啞復入于嘓囉吧又徧布于四方其咱吐啢喃嚙㗂啦

於斯興焉傳國數百餘載迨夷狄占據嘓囉吧後所建新國非一其噢嚧地方歸於咕啷咕人管轄其㕧嘶吧呢啞地方歸於雖哂嘢哆人管轄其暎國地方歸呃𠽌嗦呢啞人管轄其俄羅斯地方歸於古嘶吁喲㘉雖啞國之呱吻呃人管轄嗣後由吹呢哪嗹而至之嘏㗂嘎海寇占據咈嘲哂國之一省由啞啡哩咖而至之回人侵犯大呂宋國之數地而囉嗎國則歸于天主教王管轄其昔者所屬各地方大半皆被咈嘲哂國王咖𠸄喙嗎嘢㕭者征服歸其所有更定新國剏業垂統嘓囉吧

現在諸國乃耶穌降生後數百年間始為建立至于各國何時開創何人統御及歷傳始末情形後釋各國再為詳明茲不贅述

國嘓囉吧一州分為十六處地方每處中或一國或數國不等共大小八十八國其一大西洋內一國卽名大西洋國其二大呂宋內二國一名大呂宋國一名㗊哆嘞國其三咈嘲哂內一國卽名咈嘲哂國其四嘞𠽌𠽌內二十二國一名嗡哩嗦國一名𠰻嘛呢國一名呱咪嘶國一名呱嗚啲國一名嚒哂嘧國一名嗓呀𠸄國一

名嘶嘹咄國、一名嚧嚉嘛唥國、一名啞嘛啊嚿啞國、一名咈哩吥嘛呃國、一名嗚嚟國、一名爲嗺嚱喲嘶國、一名咖啦啝嘶國、一名吽咈嘭噫吶國、一名嚩嘛啊嚿啞國、一名嗡噫嘛呱哩喲國、一名唆嘩嘞國、一名吧嘞國、一名啞嗙嚘嘛國、一名爲嘭咈嚜國、一名咀吶吧啦國、一名嘛嘵國、其五啞哩嚘內三十六國、一名吧喊㗊啦國、一名呱嘛嗷吧吓國、一名啞嚆喊嘛國、一名嚱嘵嗦呢啞國、一名吧嗷國、一名唉嚓國、一名唉嚓咖嚜嘛國、一名嚱嘵嗦呢啞喊嗎吶國、一名嗨咯唛吥嘛呃嘶唬

嚳國、一名嗨咯唛吥嘛呃嘶噫嘞喇咃嘶國、一名啊嘛嘶喲喑啊嘛嗷吥嘛呃國、一名唥嚿國、一名吥崘嚅嘵國、一名嚱嘵嚉咯吥嘛呃嚬嚏國、一名嚱嘵嚉嗨嚀噫國、一名嚱嘵嚉啞嘛嗷吥嘛呃國、一名唉唥嘛噫嚿國、一名唉唥嘛啪吶呢吥嘛呢國、一名唉唥嘛咯嗷國一名嚠嘶咯嘞嘶國、一名嚠嘶噫吐嘥喇嘶國、一名嚠嘶嚁嗙嘶喲喑國、一名嘶呱嘛嘶吥嘛呃嚧噫吓嘶嚏國、一名嘶呱嘛嘶吥嘛呃嚓噫吓嘭嗪國、一名哩嗶噫喲嘑嘛國、一名哩嗶嘵嘣吥嘛呃國、一名嚱嘛噫咯國一

名啊嗔嗦嘞嘛嚆嘛啉嚒國、一名啊嗔嗦嘞嘛唉嚓嚒國、一名咧吱嗷吐嗷國、一名唉嚜哄吥嘛呃國、一名咈啷嘵咈嘛喲國、一名吥唻嗨國、一名喁吥嘛呃國、一名嚧嗶咯國、一名呢嚒嚓國、其六嗅嘶喲哩啞內一國卽名嗅嘶喲哩啞國、其七吥嚕哂啞內一國卽名吥嚕哂啞國、其八嚽嚆內一國卽名嚽嚆國、其九吡嘛咀咖內一國卽名吡嘛咀咖國、其十噫吠哩啞內九國、一名嚱嘛喲呢啞國、一名吧嘛嗎國、一名嚤噫哪國、一名嚧咖國、一名嚤嘞哥國、一名嚜嗎哩嚧國、一名哆嘶咖嘞國、

一名主教堂國、一名二哂哂哩啞國、其十一喺嘞嗎吩咖、內一國卽名喺嘞嗎嘛咖國、其十二嚆嚕喊呀內二國、一名嚅哂啞國、一名嚆嚕喊呀國、其十三嘆咭喇內一國卽名嘆咭喇國、其十四呃嚁嘶內三國、一名呃嚁嘶國、一名啵嚁呢啞國、一名咖啦哥嚁啞國、其十五吐咡堪啞內四國、一名吐咡堪啞國、一名嚜咡嚁啞國、一名嚱啦嘰啞國、一名嚤嘛嚏嚁啞國、其十六呃嘞哂啞內二國、一名呃嘞哂啞國、一名嘧呢啞海島國、以上十六處、其大小八十八國、其國君或皇帝或教主或王或

公或侯或伯或子或男或宰相至某國該君係何爵位、後述其地再為註明、

大西洋國全志

大西洋古名嚧哂嗟呢啞今稱啪嘛都呀哩在毆囉吧極西故于中華又俗曰大西洋國、

文論

位　其地緯度離赤道往北三十六度五十六分起至四十二度七分止經度自吧喙嘶第一午線西八度四十六分起至十一度五十一分止

界　東北二方皆連大呂宋國西南二方皆至啞噫嘣哋海、

廣　南至北約長一千三百里東至西約寬五百里地面積方約五萬一千二百五十里、

質論

山　大西洋國除海邊與各河岸之平原外其餘皆峮嶙岡陵由大呂宋國纏聯山嶺之分脈而來者所向不一其至高之峯一名嗦啞啫岡高約五百九十二丈零一名咄嘞嘶岡高約五百八十五丈零一名嚎噫哂嘘岡高約五百六十丈零一名哦嘶噫嘞啦岡高約五百一十六丈零其餘尚有二十二峯高則不外三百六十丈低則不啻四十九丈零、

谷　大西洋國岡陵重疊絡繹不絕山谷各處繁盛不一、其在嗖啉暨嗟啦嘶噫嘶嚎噫哩二省之間乃本國之至大者也、

海隅　此國海隅惟二一名嚜嘱吧嘛一名啦咯嘶、

海曲　此國海曲則三一名啵嗃啞一名咪啦一名哂吶嘶

海角　此國海角則六一名嚎噫呃海角一名囉咖海角一名哎嘶吼嚧咴海角一名啞喊嗦哟海角一名咖咴嘛呃唉囉海角一名啞嗟嗎唎啞海角

河　此國之河非一其至長者源在大呂宋國流入其地其餘之源皆在本處二者多注于啞噫嘣哋海大小共有二十一條一名咪嘘河由大呂宋而來約長七百五十里其中惟有七十五里大舟不能駕駛連海之處名曰咖咪呢啞一名咬嗝啦河由大呂宋之啞咽呀岡發源而來連海之處名曰咖咪呢啞一名嚟嘴河由大呂宋而來其中惟小舟可以駕駛連海之處名曰雛呀嗡

一名吶嘰河由啞咱嚧山發源而來連海之處相近雖呀嘞地方一名咖吼哆河在本國之叩嘞嘶罔發源連海之處名曰曦嘶啵嗪嘧一名啞喊河由咖嚊喏嗽山發源而來連海之處乃本國吁嘧縣一名唻嚧河由蔼咏吧山發源而來連海之處名曰嗎嘟哂嗟一名吽囉河由大呂宋之嗚吹嗅唛山發源而來連海之處名曰咱呷哆其中水流甚急一名嗃嗚呀河在本國啤嗽省之山發源連海之處名曰啞嘁囉一名嚎嘧呢河在本國之曦嘶嘧嘞啦罔發源連海之處名曰啡呃嗽此河

乃本國發源之至大者水流甚急兩岸實爲壯觀一名哩嘶河在本國之嚅哩啞地方發源連海之處名曰嘑嘶一名啞嘲哥吧嚧河在本國之啞嘲哥吧嚧縣發源注于嗎喲嘲呀嚮之田則息一名啞嘲喏啞河在本國喃嗅哆嘶地方隣近之處發源注于喃嗅哆嘶湖則止一名嘧叺河由大呂宋之啞嘲吧啦嘶罔發源而來注于啞嘧嘞喲海乃爲諸河中之至大者也一名嚧嘟河在本國啞嘮嘧叺省發源注于啞嘧嘞喲海一名喃嘧嗤啦河在本國之嚎咟嗆罔發源注于啞嘧嘞喲海其中惟小舟可以駕駛至冬令河口淤沙泉斷各舟均不能出入也一名啵嘲喲嚎河在本國之嚎咟嗆罔發源注于啞嘧嘞喲海一名呱嘲嘧嗽河在本國嗶唎呀嘲嘁省發源連海之處名曰呱嘲嘧嗽一名吼嘲咈吹嚤嗦河在本國啞唎呀嘲嘁省發源連海之處名曰嚄囉一名嚜呱河在本國啞唎呀嘲嘁省發源連海之處名曰嗟嘁辣一名呱喲呀哪河由大呂宋而來穿越啞嘮嘧叺省入于啞嘧嘞喲海以上各河分支岔流甚爲繁多今不備載

湖大西洋國共有七湖乃其至大者也一名曦吐呱啦湖一名嘞啵吠湖一名嚨呀又名哈吓嚓吠湖一名吧哱湖一名嚧嘶嚊喏湖一名喃吡哆湖一名吧喲啞呃喲咖嗪湖以上各湖有通別水者有不通別水者其曦吐呱啦與嚨呀相通喃吡哆乃海水灌注而成其口門間常有淤沙塞斷以致水滿而溢必須開挖疏通以御其溢

泉大西洋國之泉實甚衆多其水皆爲甘美更有或溫或鹹或鐵氣或礦味各等泉於醫病深爲裨益最有名

礬而人常赴洗浴焉、一名嘧嘞嘶、一名吠吧嘶、一名高嘧嗽嘶、以上各泉皆在咪嚧省、一名嗱嚅哆、一名㗭呱喲、一名咇喊嘶、一名嚎嘧爾嗬、以上各泉皆在嗟啦嘶嘧嘶嚎嘧呭省、一名南嗓啤哆囉、一名呱爾嗟嚀、一名啞爾咖㗭吐、一名呱嗹㕭唎、以上各泉皆在啤嗽省、一名咱啦嘶、一名國后溫泉、一名啞爾咖㗭哩啞、以上各泉皆在嚱嘶嘧嘞嗎嘟啦省、一名咖啤嗦喲嗺哋在啞嘮嘧叺省、一名嚎咟嗡在啞唎呀爾喊省

島、大西洋國海邊小島、實爲衆多、隣近其地、其至大者、一名啪爾嗒呃嘶島、在嚱嘶嘧嘞嗎嘟啦省、啪呢吐埠頭對面、一名㗭𠺝島、在啞唎呀哢喊省、㗭𠺝埠頭對面、一名呢嘸啞島、在咖咪呢啞地方對面、一名桃樹島在啪爾哆哥嗃地方對面、一名啞唎㗭哪島、在咖啦吧嘧嗽地方對面、一名砂島、在响哏地方對面、但離大西洋國約三千三百三十三里、大海之中、有啞嗦唎嘶數島亦屬其國管轄、後于分省論中、再爲註明

平原　大西洋國、雖山岡徧地、然平原非鮮、其至大者、則在嗃嗚呀嚎嘧呃嘧叺嚯嘟等河濱間、及咇喊嘶吥啦嗷嚯呱爾嘧嗽哂哩嗺嘶等城郭外、

地氣　大西洋國地氣、大抵言之、甚爲平和、冬令至冷、小溪小河、雖然凝結成氷、究不能勝人行走、夏令至熱、寒暑針中、雖然水銀上升、究不能越三十度、惟其通國之地、高低不等、或離海面較近、或離海面較遠、故有數處之地氣、大相懸殊、由嗟啦嘶嘧嘶嚎嘧呭省之北、以至吧啦咹嚯城、由啤嗽省以至嚱嘶嘧嘞啦岡之西、所有諸處、乃爲其國至冷之地、冬令之時、常常落雪、其落於嗦啞嗒咀嘞嘶嚱嘶嘧嘞啦等岡穴中之雪、週年永不融化、其吽囉河兩岸地方、與嚾咖海角南方各處、乃爲其國至熱之地也、至于四季節氣、可謂多歧、隨時而應、蓋因通國之地、有或高或低、或近於海邊、或遠於洋面之別、故各處之交春令、有或二十日、或三十日先後之殊、自十月間、直至來年正月內、則陰雨時若、自二月間至三月內、則天氣時變、其五穀百果之豐登欠歉、多賴于此時焉、凡有西南風作、則霪雨連綿、凡值東方風動、則寒暑按季、若遇西北之氣、則海邊諸處、盡爲清涼、過歲皆然、是以其國除數處隰澤之地外、其餘靡不佳美也

地寶　大西洋國各色花石、在嘰吐嚧嘞嚀斯啞啦叱呋、嗎咲嗽、嚎嚧嘞嗷嘟、哏嚧咹哂嘚、咖嘶哎嘶嘶噠嗽喋啦唎嘶等處所產、乃最美而且奇者也、其青磨灰等石通國繁多、至砒霜寒水二石、惟產數處、其火石產於啞哂囔啦地、不灰木產于吧噠哩啞地、至于藍寶石、紫石英、細金星石、榴珠、紅寶石、水晶等、叩嘞嘶嘰嘶嚧嘞啦、啵吩噠唻哥嘞等岡、亦皆有之、其膠泥以造各式陶器者、產于嘰吐嚧嘞嚀斯噎唎嗦啦、咖嘶哎嘶咖啦哆嚷嚶、吧啦等處、其瓷土以爲各樣磁器者、產于嚧嚧喧嘛地、

煤則嗓啪嚧嘛噠哥嚈所產充牣、喃啞嘛哥岡角亦皆有之、黑礬硫磺國中出產不乏、其黃金產於啞哟嚾呃、噎嘶嚷嘶德嘞啦嚾吩嚷噠嘶囉嘶嗎呢啞嘛等岡、及嚓嘶河分派之噁嘛嘰河口、惟啞哟嚾之礦現在開採、白金產于巴嚧咖吐噠岡、及嗑嘣吩嚧、吧啦咹嚾二處之間、鐵產於嗎嘢咖吥嚾咯、咖嘛呱嘿哟哟嘛呦斯嘶、噠嗽哆嗎嘛啡哈囉等處、鉛產於嗎嘛吰嚷嘶嚧嘞啦、啦嘆嚬嚩嘛嚾、嗢嘟噻囉等處、錫產於雖嗲嗑嘣嘛嚧二地、窩宅產於啦嗎嘶嘁啦嘛啁嚩嘛嚾、哥雖咯啞吩

啡哪等處、銅產於咖嘛哆嗽、喉吩嚈嘶啵嘛噠唻哥嘞、啞唎呀嘛嘁等處、水銀產於啞啦咈嗽哥嚷哟二地、吸鐵石產于嘶噠嗽地、寶砂產于嗑哥嘛嚆地、至於鹽田、則沿海各處皆有所產、甚多、用之莫盡也、

草木　大西洋國樹木茂盛、果實更繁、松柏栗橡等樹、充斥成林、槐楊楓椵等木、長殖各處、其梨、橘桃、梅、櫻桃、核桃、杏仁、波羅、佛手、檸檬、無花果、啊唎嚈等、不但各種繁多、以致通國饒裕、抑且行於隣國者、則不勝其數也、至於葡萄、其種其味、所生最繁、別處莫及、其所釀之酒味實

美、其酒多有積至數載、愈久愈美、價則彌高、終年運出外國者、實爲甚多、靡弗珍之、至於菜蔬、如椰菜、生菜、芥蘭菜、苦蕒菜、西瓜、甜瓜、黃瓜、茄子等、偏圃皆植、種類紛歧、難以備述、至于五穀、黍則多產于咪嘘省、啤嗽嚷嘶、嚧嘞嗎嘟啦二省、亦有數地出產、菽則多產于噠啦嘶嚧嘶嚎嚧哋啤嗽啞吩噠二省、麥則多產于嚷嘶嚧嘞、嗎嘟啦啞嘮嚧、叺啞唎呀吩嘁三省、以上三穀、乃爲通國庶民所食者也、其大麥、油麥、高粱、稷子、逐歲收成、實爲豐茂、杭稻則歷年種植、日見其多、薯芋則終日栽培、

漸爲均饒、至于菽類、如豌豆、蠶豆等、其種繁多、通國共有、菉豆扁豆等、其類本鮮、惟產數處、其牧養牲畜各草、曦嘶噫嘞啦嚎嚨喋嘟二岡之上、所產乃國中之至多者也、

畜 太西洋國所有大牢、種類雖美、食用不敷、而備其所需者、多賴呀唎嘘地也、其少牢則通國有之、而至多者、乃曦嘶噫嘞啦岡及啞嗲噫叺省二處、各種羫羘充牣其中、凡此地所出之羊毫品等、則超于別省、至於驢騾騍駬、亦不敷用、其騾馬之良善者、皆大呂宋所供者也、

啞嗲噫叺省波羅樹豐盛、故此省畜養豬豨、裕于舉國、除北方二省外、其餘無不均沾厥利、是以啞嗲噫叺之釀腸、啦嘆呢之烟豚、勝於他處、鹿兎山豬、不乏乎國中、麔麖獐麙、祇得於園囿、狼狸貛貉騷鼠黃鼠狼等、亦皆有之、至於家禽鵝鴿鴨鵝火雞等、所在充斥、若論野鳥、鳴鳩鸕鴣鶺鶉鴉等、實爲其珍、至於百豸、蛇則通國皆有、而七寸蛇、惟數處或見、若夫養蠶、除國中高地及啦嘆呢隣近之處外、餘則雖地土膏腴、足以種桑、然今實爲寥寥、非復昔日之盛也、而貲林則甚屬豐茂、國人採之不盡、其至佳者、乃呡噫岡之產也、若按魚而論、大西洋國臨海諸處、所產紛繁、種類甚多、茲不及贅、惟言鰲魚、雖常游于大洋之中、而其國人亦皆漁之、以取其油焉、

政論

戶口 大西洋國人共約有三兆五億三萬口、

教門 大西洋國所奉教門、乃囉嗎天主公教、其外國另奉別教之人、寄居其地、現在亦准各從其門、不爲禁止、但不許公然建堂、祇可私室禮拜、

政治 大西洋國王位、歷代相傳、男女皆得臨御、長者則立之、

軍 大西洋國兵馬、大淸道光八年以前、四方寧輯、則共有步兵四萬、馬兵五千、軍興旁午之際、則增多約五萬、卒師舟則除雙桅十數門礮之稽查巡船、及三桅運載兵丁糧餉器械之官船外、共有大兵船二十八隻、現則共有步卒三萬、馬軍三千三百餘名、此外尚有壯丁、以備不虞、太平之日、則各歸本業、變亂之時、則齊集營伍、數目莫定、兵船則除各官船巡船等之外、尚有戰船大小三十五隻、火船二隻、其礮位七百六十二門、

【城臺】大西洋國礮臺各省內外皆有、此外更有堅固城池、其至多者則在邊界與大呂宋接壤之處、其在海邊一帶者、除噫叺河與吡呢吱埠之礮臺外、其餘金城湯池亦不爲少、

【技藝】天下諸邦擅長技藝、大西洋國靡弗攻習、他處百工所造各物、較本國所製者、或有多有並有、或有雖未能及其精美、究必盡心學習、以冀造極、譬如其國所造軍器、磁器、鐵利器、玻璃器、金銀器皿、各色紙劄、帽子、紬子、綿布、蔴布、印花布、綿線襪、金銀辮、硝熟皮、糖糕、糖果等

與別國來售者實無差異耳、

【貿易】大西洋國貿易之勢、較之昔日頗爲疎淡、顧其地多肥撓、產生豐厚、故市中仍擁擠、四遠輻輳、吧啦呀嗡嗎唻噢嘶、吧啦咬嚾、啁噢吧啦、嚅嚓啞咯嘁啦啼帕啁噠哆嗡、嘞呢哩嘰嘶、呢唧啦等處、則內地之大埠頭也、哩嘶啵啞啪啁哆、嗦嚼吧咻、嚄囉、哋嗡啦嘁啞嘞等處、俱海邊之大馬頭也、本國所出貨物、則酒、鹽、油、燒酒、羊毫、蜂蜜、麻布、洋印花布、乾鮮糖果、各雜貨等、外國所入貨物、則絨、綿、麻、紬、麪、茶、煤、表、銅、鐵、鋼、木、醃肉、顏色、嫻油、嫻飾、各雜貨等、倘遭歉歲、則入五穀、由彼呂宋常入馬牛、

【形質】大西洋國人之形容也、不甚高、不過矮、四體相稱、不甚胖、不過瘦、骨格適宜、容顏既豐而且彩、肌膚微紫而偏白、目多於純黑而巨、慧睛亦有微藍而露光、至於性質、美秀而文、和愛樸實、雄壯而勇、禮賓篤、備冒險、營大品性頗急、但係秉柔順、儻然無矜、遭災不退、遇艱不激、雖多勤勞慣苦、亦有怠惰、殊戀梓里、甚愛鄉人、恆重異邦、決無藐褻、

【風俗】大西洋國人舉止端方、交接溫和、其地之風俗敦厚醇樸、廉靜寡欲、貴賤相遇、免冠爲禮、故知相逢、握手問候、一國雖酒多、而路上罕見醉人、各家凡款賓、則終日厚意相待、男娶女嫁、臨時議婚、不爲預聘、夫倡婦隨、沒世靡他、無敢二色、君臣衣冠、大典則各按其品、不時則隨意適便、男女服色、出入則各因其力、素常則並無定規、然而婦女多有以金寶爲飾、佩帶諸香者、其富貴人家、實屬豐華、若貧窮者、雖至於求乞之從、未有因貧而露宿者、其村鄉之人、糲食粗衣、除粟米、麪頭、青菜、吸烟

外別無美味之物、宮室大西洋國或京或省、宮室殿宇華麗高大、學校庠序、所在皆有、堂院塔橋實屬非鮮、後釋各省再為詳明、茲不及贅、

史 大西洋國乃古嚧哂噠呢啞地也、昔日所居人民不一、各皆分據、以為己邑、並無國君、惟有宰臣匡扶政治、其後有啡呢哂啞國人聞知噫嗶哩啞地方民豐物阜、乃興兵侵犯、遂克而得之、越數載、啡呢哂啞國人被咖咊噠呢國人驅逐奪取、即主於其地、越三百餘載、（即漢太祖高皇帝年間）又被囉嗎國人逐出、盡獲其地、改名曦嘶吧呢啞、分為內外二處、大西洋則在其外處者、耶穌四百零九年至十六年之間、（即晉安帝義熙五年至十二年也）其地又被㖋嘚囉啨嗃啞啦呶嚟嚐嚬等國之人隨時陸續強進、而嚧哂噠呢啞國但為啞啦呶與啨嗃二國人所得之、迨耶穌五百八十五年、（即隋文帝開皇五年也）遂有嗬嘍國王名嚠嚹喞啲喲者、率本國人占據其地、居住一百二十六年至耶穌七百十一年、（即唐睿宗景雲二年也）傳至囉嚹嚟哥王、被回人所挫、甫二年久、通國之地皆為回人侵奪已盡矣、由

是以後回人與咖嘶嚍嗹國王時常交兵、干戈紛擾、永未休息、而嚧哂噠呢啞數城亦漸為咖嘶嚍嗹國君之所得也、至耶蘇一千零九十四年、（即宋哲宗紹聖元年也）咖嘶嚍嗹國王啞𡅅噝者因咈囒哂國王囉啲哆之曾孫嘆嚟嚌者至咖嘶嚍嗹地方與回人交兵、深有汗馬功勳、是以將所克嚧哂噠呢啞各地賜之、封為伯爵、復以己女妻之、厥後嚧哂噠呢啞伯之子啞𡅅噝嘆嚟嚌者承襲父職、於耶穌一千一百三十九年、（即金熙宗天眷二年也）與回人戰鬪、大獲全勝、是以本國眾庶立之為王、乃大西洋國開基之元君也、以後歷代嗣君漸為征服回民、遂得開闢、益廣、至耶穌一千四百九十七年、（即明孝宗敬帝宏治十年也）始疏通水路至啞啡哩咖、小西洋各地方、收服屬國不一、耶穌一千五百八十年、（即明神宗顯帝萬歷八年也）大西洋國王嘆嚟嚌薨後、因無子嗣位、有大呂宋國王啡哩嗶者乘時舉兵、估據歸為一統、後緣其國王常與嘳囒國兵革從事、紛紛滋擾、致將大西洋昔者所有屬國大半喪失、原大西洋國人統轄于大呂宋國者不過六十年之久、其間所遭貪刻殘暴、酷虐難堪、如陷水火之中、冀登衽

席之上於耶穌一千六百四十年（卽明懷宗愍帝崇禎十三年也）通國計議驅逐呂宋所派守官以避虐政而解倒懸遂自立吧啦咹囉公名喏嗡者爲本國之君從此兩國始動干戈屢戰不息連至二十八年之久後因大呂宋國智竭力窮大失所望自知徒勞無益必難救復於耶穌一千六百六十八年（卽大清康熙七年也）只得勉立大西洋另爲一國不歸統屬之約兩國由是罷兵載戢干戈各守疆界也耶穌一千八百零七九十三年間（卽大清嘉慶十二十四十五年也）有咈囒哂兵三侵大西洋國均被大西洋與暎咭唎二國

協力戰退而咈囒哂未能如意至耶穌一千八百十一年間乃班師旋國耶穌一千八百二十五年（卽大清道光五年也）始立吧啦哂唎地方另爲一國不屬大西洋國管轄省大西洋國共有六省中央二省一名曦嘶噫嘞嗎嘟啦一名啤[口柬]南方二省一名啞嘐噫叺一名啞唎呀嚼嘁北方二省一名叫囉咪嚧一名嗟啦嘶噫嘶嚟噫嗤耶穌一千八百三十三年（卽大清道光十三年也）其啤[口柬]分爲二省一名啤[口柬]啞[口爾]噠一名[口柬][口拜]唦其叫囉咪嚧分爲二省一名叫囉一名咪嚧後釋各省之長寬界限戶口府

縣等仍按古制解明

第一省曦嘶噫嘞嗎嘟啦省城名哩嘶啵啞東南二方至啞嘐噫叺省西統啞噫囒喲海北連啤[口柬]省長約六百里寬約二百五十里地面積方約一萬二千九百六十里戶口共約八十二萬六千七百人地多肥饒其臨噫叺河者更爲豐厚地氣平和河溪徧地穀果最繁領府十一開列于左

哩嘶啵啞府乃大西洋國之京都也城內長三十七里寬則十二里餘建于噫叺河右邊由河濱至于高陵樓

臺觀起景色宏雅其泊舟之所寬深平穩四時無妨一帶河邊皆有礮臺護衛要害甚屬嚴肅其中戶口共約二十六萬八四方輻輳實爲鬧市耶穌一千七百五十五年（卽大清乾隆二十年也）此府遭地震之災所有宮殿屋宇盡爲傾覆人民死喪尸積如山嗣後重修再建故今屋宇高大其齊如一塔樓獨出街衢寬濶其直如矢四路通達城中宮殿宏峻美麗其至大者名啞咖噫至於廟堂學校衙署書庫及各院等不一而足翰林院國子監觀星臺古玩庫軍功廠藥草圃演戲臺等各所在皆美輪

美奐、甚爲壯觀、此府領縣三、一名喕嘁㖔、其地有田庄一座、深爲佳雅、一名嗷吺咖嘣虵、其地有織造局一座、遠近馳名、一名嘣啡咖、其地實屬美麗、更有田庄數座、嚍嚟嘁嚍㖔府、其地屋宇廟堂、較之哩嘶㗘啞、實屬稀少、而田園四方、皆有葡萄林徧地充斥、此府離京一百里、領縣五、一名吡㖔嘶、其地有田庄一座、游地數所、甚爲幽雅、一名咖哃㗃嘶、其地乃有城池之埠、礮臺二座、一名嗧嚧嘶、其地有行宮一所、御庄隣附、一名嗎呿啦、其地有行宮一座、修院一所、皆爲嚈囉吧中之絶麗者

也、一名呃哩嗟㖔、其地並無奇蹟

㘉嘶嚍吶㖔府、其中屋宇寥寥、田地甚屬豐厚、離京八十里、領縣二、一名嚨㖔嘐啷咖、一名啞哴嗹啦、其地之泊岸實屬寬廣、更有織蔴布局一處

啞嘐嗧吟府、其中屋宇與上二府頗爲相等、更有廠堂五座、醫院紙局各一所、離京一百里、領縣三、一名咖吟吠嘶、其地温泉甚多、能醫諸病、故四方之人赴浴如市、更有醫院一所、隣近左右、一名吵嚊嘶咖、一名嘶嗹啦、其地景色美麗、有行宮一座、田莊數所、

嘞嚟啞府、建於哩嘶河邊、其地甚爲富庶、物產極豐、境勢佳美、屋室非鮮、其首堂主教府、乃爲至大者也、更有學塾醫院各一所、玻璃廠一座、足供大西洋通國及各屬地之用、隣近各山松林叢茂、此府離京四百里、領縣三、一名吧嗹哩啞、其地有巨堂一座、備極精巧、耶穌一千三百八十五年、卽明太祖洪武十八年也、大西洋與大呂宋交兵於此、地大獲全勝、故建是堂以誌武功、垂不朽焉、一名吡呢吐、其地金湯鞏固、故爾馳名、一名嘣吧嘛、其地土產薤麥大麥黍稷酒油、實屬豐盛、更有帽作一所、

啞嘛哥吧噠府、其中屋宇非鮮、大西洋國開基首王所建巨堂、迄今仍存、內有書庫一座、各種書籍靡弗備、其更有先王陵寢數座、土產綿布手巾棹布等、其綿市每日皆有二百五十張機織造、此府離京三百四十里、領縣二、一名吡嚍嘛吶㖔、其地在海邊、城垣非大、而甚堅固、一名哩嗎嘛㗅嘘、其地在海邊、有造船廠一所

哆嘛嘛府、其中屋宇蓋造精巧、甚爲美觀、廟堂一座、赫然高大、凡嚈囉吧名筆丹青之畫圖、畢集於內、更有太醫育嬰養濟等院各一所、織綿布機房一座、此府離京

三百里、領縣三、一名吡嘟囉唎、其地凡鎔化燒煉作房甚多、一名啞吧啷嚧嘶、建於嚧叺河右邊、地氣平和、貿易豐盛、四圍田地膏腴、一名嚾𠻝嘟啞咡、其地土產油酒五穀百果、極爲豐饒、園獵禽獸甚多、

嘓嚧府、建於峻陵之上、道路難通、衛城四圍屋宇寥寥、田地頗瘠、離京三百四十里、領縣一、名曰喇𠻝哆啲嚓嘶、其地在哵嚧山麓、

嘀哊吻哂府、建於高陵之上、屋宇人烟較嘓嚧府更爲零落、田地膏腴、土產酒美粟盛、離京約四百里、領縣一、

名曰啞咕嘡、

吒嘡嘚府、建於嚧叺河右邊、房屋甚多、而且華麗、買賣興隆、田地饒腴、五穀葡萄酒啊唎㘓油所產豐盈、實爲大西洋國繁華衝要之地、離京二百里、領縣三、一名呃嘞唉、其地平原寬廣、土產五穀各豆葡萄啊唎㘓樹實、屬茂盛、一名哆嘞啫㘓嘶、其地屋宇衆多、週圍墻垣護衛、內有織綿布機房一所、一名嚾𠻝哌嚧啦啲嗎呱嘶、其地隣近嚧叺河左邊、禽獸充斥、有行宮一座、以備國王冬日圍獵駐劄、

嚶𡃤吧𠻝府、建於嚾嘟河右邊、泊所甚闊、巨舟皆可拋泊、屋宇稠密、廟堂九座、醫院二所、四圍景色幽雅、土產酒魚鮮果、而所出之鹽、實爲通國至盛之處、有時外運八百舟之多、本地尚有餘存、誠似取之不盡、用之無窮也、離京九十餘里、領縣四、一名嚶嘾吥啦、其地在啞嚧嘣啲海邊、布罟甚多、一名啞𠻝嗎嘡、建於嚧叺河左邊、其地寄貯本國之酒發賣、一名啞𠻝嚧啞咖嘞呀、一名啞𠻝咖嚶𠻝哆嚾咡、其地在嚾嘟河右邊、鹽池甚多、土產鹽席魚等物、

第二省、嗶𠿕省城名啯唊吧啦、自分爲二省之後、其嗶𠿕啞咻嘡省城名雌𠱷嗶𠿕、嗶𠿕哶吵省城名咖嘶嚧囉吧嘟咕、此省東接大呂宋國、西至啞嚧嘣啲海、南界嚱嘶嚧嘞嗎嘟啦、省北連嘡啦嘶嚧嘶嚎嚧哋省、長約六百里、寬約三百里、地面積方約一萬四千二百二十里、戶口共約九十六萬二千五百人、其地嶄巖參差、而物產極豐、人烟稠密、澗泉羅布、領府十一、開列於左、

啯唊吧啦府、建於山坡之上、樓臺陵夷、至於嚎嚧呢河右邊、形勢幽雅、甚壯觀瞻、屋宇堂院塔橋、實爲通城之

美、五穀豐茂、百果繁盛、日用所需、無不齊備、較之別處更爲美益、其中除書庫、藥圃、古玩庫、觀星臺外、尚有國學一所、實爲大西洋人文藝也、是學之內各門學業皆可習肄、故凡本國行成名立之人、皆由此出、土產磁器蘇布、其地實爲士人交易之區、離京四百八十里、領縣四、一名啡䗁啦、其地在噱𠹭呃河右邊、泊所平穩、入口甚艱、土產油鹽酒果等、一名㗆啷吷哟哥㗳嗃、其地建於山麓、一名嘍𠮶、其地在嘍𠮶山麓、逐年藏氷運赴京都、一名吡吶㗒、

啞咏咖呢㕧府、其地屋宇寥寥、惟有學塾醫院各一所、離省一百一十里、領縣一、一名日㖿㘓嘶、其地在㘓嘶㗁嘞啦岡麓、地勢甚低、入冬、則日光難以射照、有小礮臺一座、甚屬堅美、

啞㖦囉府、建於嗃嗚呀河口左邊、埠頭甚大、水土欠佳、屋宇人烟較之昔日甚覺寥落、四圍佳境、實多、土產油鹽酒魚蠔橘玻璃磁器等、離省一百五十里、領縣三、一名咪啦、其地冬日水禽甚多、一名噎唎啞嗃、其地離海邊二十餘里、一名㖸㘓、

啡嗦府、建於山谷之中、田地膏沃、房屋非多、廟堂醫院各二座、離省二百一十里、領縣二、一名啊𠹭㗳、其地在小河岸邊、土產多魚、一名啊㗳㖦㗒哟啞㗊嗼嘶、

㘓哆府、建於㘓嘶𠹭嘞啦岡西邊、屋宇人烟較多於他府、鎭市廣大、此地製造金銀寶石器皿、極盡精巧、生意昌盛、土產綿布牲畜魚等、因有小河甚多、穿繞其中、故其地雖高、仍爲膏腴、離省一百五十里、領縣三、一名吡嘷㗳㘓、一名嘿喏嗡哟啞㗳㖓嘶、一名㖿㗳㖦㗒哆吁哟、以上三縣、其地均無奇蹟可載、

啦嘆呃府、建於山谷之中、隣近吗囉河左邊、屋宇甚多、地土肥饒、土產酒牲畜烟豚等、本國開基首君昔日曾於是府會集羣臣、定立法度、故此府至今赫赫有名、離省二百八十里、領縣四、一名啞嘍咖、其地土產蔴枲布極佳、一名嚜嗎㗳哟嘘哆嘶㘓囉嘶、一名吡哩㘓、一名啞㗳吶㗒嘶、其地在吗囉河左邊、土產酒鹽、生理紛繁、吡嚙咏府、建於山上、屋宇人烟較啦嘆呃甚相懸殊、廟堂修院醫院各一座、離省三百五十里、領縣一、一名日啞咏嘆嗟、其地爲大西洋國邊疆要隘、與大呂宋國接壤、

腴，物產豐裕，離省二百五十里，領縣二，一名嚎𠰘哆，其地在高山之上，四面有墻垣圍繞，其中礮臺甚爲堅固壯觀，一名嚨嘞嚜嗟嘶，其地無可詳述。

第三省，啞嘧𠾼叭，省城名呢𡂿啦，東連大呂宋國，西至啞𠾼𡁷吶海，南接啞唎呀嘞㖸省，北枕㘓嘶𠾼嘞嗎嘟啦、啤𡂿二省，長約五百餘里，寬約三百九十里，地面積方約一萬四千里，戶口共約三十八萬四千五百人，此省所產五穀、百菓、羊毛、綳餠、禽獸、牲畜、油酒、蜜蠟等，最爲繁多，較之他省更爲富庶，或人或地或居住之房屋

或身體之形勢，皆屬華美，比之他省尤爲絕麗，以其所有可供別處之乏，至於所運一時難以籌算，若論地氣在北方則甚屬清虛，至海邊則微有烟瘴，河溪非鮮，穿於其中，山岡頗高，分於別省，大湖惟二，温泉甚多，大西洋國至堅之城，至固之池，皆在此省之中也，領府八，開列于左

呢𡂿啦府，建於山陵之上，四面平陽，田土五穀甚屬膏腴，豐饒地勢清雅，屋宇充斥，堂院瑰麗，學校庠序，醫修各院亦皆有之，昔日囉嗎國人所建石水梘一條迄今城池堅固，建於吽囉河左邊分派之𠺝啞小河岸，

嗟𠺝哥㖸府，建於廣濶平原之中，四面圍墻包護，其上峻塔高聳共十五座，城則七門，內有礮臺一座，甚爲嚴肅，離省二百七十里，領縣一，名曰嘽嗒𠻳哷啤嘶𠺌𡂿，其地人烟寥寥，

呱㗊嗟府，建於㘓嘶𠾼嘞啦岡麓，其地週年之內大半嚴寒，夏令有三月酷熱，土產綿布、鮮菓，廟堂六座，其首堂甚屬精麗美觀，離省三百里，領縣四，一名哥㖸㖞，其地在㘓嘶𠾼嘞啦岡中間，土產綿布、襪子、羊絨等，更有

染房、碾光布局，温泉生理昌盛，一名嚎𠾼咯嘶，其地在㘓嘶𠾼嘞啦岡，土產羊絨大呢等，一名𡁷囉嚟咯，其地在𠸍𠾼呢河口，隣近㘓嘶𠾼嘞啦岡麓，一名𠹌嗒，其地週圍多果園、栗樹、葡萄林等，更有織造綿布羊絨機房，

嚟𠻳啞唎嘶府，屋宇寥寥，人烟稀疎，乃幽僻之地也，離省二百餘里，領縣一，名曰咈咻喏嘶，

咖嘶𠾼囉吧𠺝咕府，建於啉囖河邊，週圍城垣包護，其上有峻塔七座，屋宇頗密而高大，街衢潔淨而正直，廟堂二座，其首堂新建，深爲美觀，更有醫院二所，田地膏

尚存其哋啞嘞古廟所餘無幾此府離京三百四十餘里領縣二一名曦吐嚓嘞嘩嘶其地半在高陵半居山谷金湯鞏固田地膏沃廟堂九座醫院一所更有軍器庫一座甚為寬廣土產磁器陶器等物貿易昌盛一名新嚎嚓嘩吩其地建在岡麓地勢美麗莊觀四圍田庄清雅土產陶器

啤嚱府建於廣陵之上週圍城垣一道旁衛峻塔四十衛塗潔淨景色雅麗地腴氣清人安物阜屋宇密布堂院巍峩更有四方礮臺一座高接雲漢遠眺五百里甚

屬威嚴土產五穀百菓油酒等離省一百五十里領縣三一名嚀啦一名嗹嚼吧以上兩縣田地豐腴物產充盈與大呂宋國之唉嗹嚧哂啞交易甚巨一名啯吧其地之貿易稍次於二縣

噹嚓嵱府建於高陵之上屋宇人烟較上二府徵鮮田地相等其地即耶穌一千一百三十九年本國開基首君與回人交兵戰勝之處至耶蘇一千五百三十三年即明萬歷元年也當時國王命建廟堂二座牌坊一座于是地以誌前王武功而垂不朽也此府離省二百八十里領縣四一名嗨嚏吵哪其地屋宇雖覺寥寥田地實屬豐厚一名响嚓哋啦其地在响嚓哋啦河右邊屋宇人烟田地生意均為適中並非巨埠一名嗼嗮哆啦其地在呱喲呀哪河岸邊一名喊啦嗇呱喲哋嗮嘢嚓吐其地在响嚓哋啦河口左邊乃貿易埠頭也

嗺啦喊嗦嚨府建於山谷之中徧地澗溪穿繞於內屋宇高大而且麗街衢寬濶而且直廟堂學塾亦皆有之更有府第一座凡公爵者居之工作精巧修飾華麗乃通府至美之宮室也隣近巨囿一所週圍約四十里佳

木葱蘢清泉蕩漾麋鹿麕兎充物其中此府土產酒油五穀離省一百里領縣二一名哱嗮嚓嘞其地在小陵之上墻垣四圍屋宇寥寥一名啞嗮嚓嗮哆吽其地在啞喊河邊

呢哩嚹嘶府建於山坡之上隣近呱喲呀哪河右邊其地金城湯池乃大西洋國第一堅固者也屋宇宏峻人烟稠密廟堂修院甚屬巍峩其至麗者乃首堂也更有學醫院各一所鑄礮局演戲臺各一座其石水檻一道實為奇巧工作田地肥饒物產豐盈貿易昌熾商賈輻

轃離省一百六十里領縣二一名喊喇嗎喲嘛其地在呱喲呀哪河右邊分派之咖壢小河岸邊一名喋鄉其地隊近呱喲呀哪河

啵吹嗟嘞嗋嘮府地多肥饒民極豐富屋宇雄峻人烟稠密貿易甚爲昌盛土産實屬繁多五穀百果旣豐且美織造羊絨綿布等局極其寬大所售紛繁離省一百八十里領縣三一名咖嘶嚒囉哰嗺哋一名嗎吹啞其地在峭直山坡之上天然保障無假人力一名呢嚾其地建在平原之處

咖啦哆府建於河邊四圍城垣護衛屋宇人烟土産貿易較之上府頗爲寥落離省一百四十里領縣一名曰嚏吹嚐

啞嚨嘶府建於山上人烟稀疎屋宇寥寥離省一百一十里領縣三一名吡哪嗢嚒其地在河邊除屋宇堂院外尚有行宮一所一名哥嚧吐其地建在山麓四面平原甚爲膏沃一派景色實屬雅緻一名吚嗾嗼呢啞其地在呱喲呀哪河右邊乃大西洋國至堅固之小城也

第四省啞唎呀吹喊省城名嚵囉東臨呱喲呀哪河乃分大西洋與大呂宋二國之界水也西南二方皆至啞嚒囒喲海北連啞嘮嚒吠省長約三百四十里寬約一百里地面積方約三千四百里戶口共約一十二萬九千八百人地氣平和田土膏腴通省穀果繁衍沿海魚蝦雲集土人雄壯與武相稱若使駕舟更爲相宜此省昔日原爲小國至本國歷代之君旣戰勝回民之後始收其地改爲一省然其國名迄今仍存領府三開列于左

嚵囉府建於呱嘛咈嘛嚀嗦河口城垣圍護街衢寬直

四面平原地土豐饒更有田庄點綴以增美麗景緻屋宇高大人烟稠密廟堂醫院非一而且壯觀土産五穀百果人民多習於漁離京五百五十里領縣二一名哂唎嗚嘶其地在小河邊人烟蕭疎水土欠佳一名嗞哥嚱其地建在山麓土産百果極豐乃爲本縣人民餬口之生計也

嗟嚨嗽府建於嚏呱河兩岸河上橫造石橋一道通達兩邊來往行人屋宇宏峻而且麗堂院獨出人烟稠密而且繁貿易惟勤地氣平和田土肥饒穀果豐登泉水

徧處四面廣植葡萄河中滿布罟網離省六十餘里領縣三一名嘍嘞其地在小陵上四面樹木叢雜甚屬豐茂山麓銀銅二礦採取不盡一名咖嘶啣噜嗎嘮其地在呱哟呀哪河右邊凡問徒罪之人均于此地安置一名嗺啦嘞啞哧其地在呱哟呀哪河口之內耶蘇一千七百七十四年即大清乾隆三十九年也重修再建街衢則繩直如矢而寬濶屋宇則款式歸一而高大較之昔日尤為華麗美觀也

啦咯嘶府建於海邊其海隅亦名啦咯嘶甚為寬廣深

沉無論巨舟大艦皆可泊於其中屋宇人烟土產貿易較之嗟嗺嗦府頗覺蕭條離省一百三十餘里領縣四一名嘁啦嚅呱哟啪嘛吔嚎其地在哂嘛嘁小河邊泊所寬大貿易繁盛一名啞嘛吥啡啦其地隣近呱嘛嚍嗦河邊拋舟之處亦甚廣濶更有礮臺護衛港口土產魚蝦繁多一名嚎呫嗆其地在山谷中四所有温泉能治百癥故其名赫赫聞于四方一名嚯嗆嘞嘶其地四面田庄花園圍繞土多肥饒物產最繁本國開基首君昔日常居是地建立學院一所以備教育人才其行成名立之人毎查啞啡哩咖西邊各處新地者多由于此縣而出焉

第五省呌囉咪嘘省城名吧啦咖自分為二省之後其呌囉省城名啪嘛哆咪嘘省城名吧啦咖此省東連嗟啦嘶嚍嘶嚎嚍哋省及大呂宋國之咖嚟嚍省西至啞嚍嚍哟海南接嗥嗦省北枕大呂宋國之咖嚟嚍省長約二百五十里寬約一百五十里地面積方約三千零四十里戶口共約九十萬零七千九百人地氣温和田土肥饒樹木叢生而成林牲畜蕃衍而成羣酒則次於

他省者觭則逾乎二百座民勤俗儉樂於貿易領府七開列于左

吧啦咖府建於咖哌哆河與嚍嘶嗟小河中間之平原屋宇峻麗人烟稠密堂院多而且美田地厚而且豐土產五穀百果洋帽軍器鐵具麻布金銀器皿蜜餞糖菓等物工價物值均屬甚廉離京九百里領縣二一名哟吧嚱嘶一名吧啦哆其地在咖哌哆河右邊人烟屋宇皆為非鮮

啪哧哆府建於呌囉河右邊樓臺疊起地勢清幽屋宇

高大街衙闊直堂院多於別府學塾教勝他鄉除京都外此府實爲本國富庶之地也貿易興隆四方輻輳田土膏腴物産極豐更有製造冠冕尺頭布疋磁器鐵具等局工作精巧價値甚廉離京七百四十里離省一百四十里領縣三一名嘿喏嗡噠咈嘶一名啵嗃啞啲呱吩喔一名吡哆囉嗦以上三縣皆爲僻區無可記載

吡哪啡啰吩府此地較之上府甚爲寥寥零落除首堂一座工程峻麗其餘並無奇蹟可以稱述屋宇人烟亦甚蕭條離省六十里領縣一名曰咖嘞嚨嘶

嘰嗎啦嘆嘶府建於平原之地屋宇建造精巧街衙修理寬闊本國開基首君昔日誕於是地曩爲京師名揚四方其宮殿樓閣雖多傾覆然故基舊趾仍有留存土産棹布鐵具牛皮糖菓等物離省四十里領縣二一名啞嗎啷啲其地在吽囉河分派之噠咪咖小河邊地氣溫和景物清雅堂院庠序亦皆有之河上石橋甚爲堅美一名咀嘞嘶其地溫泉甚多

嗺呀喲府建於噤嗎河口泊舟之所甚屬妥便更有礮臺護衛港口四面墻垣實爲堅固城分五門上建望樓

堂院則靡非峻麗街衙則莫不闊直屋宇人烟皆係稠密貿易土産俱獲豐盈地生穀果足供通府之需河産魚蝦備濟四外之運離省七十餘里領縣三一名嘣𠹭啲嚓嗎其地在嚓嗎河右邊河上石橋廣闊共有二十二孔田地膏沃物産饒裕一名吒噠嗎嘛吠哆吽囉一名嚎嗦其地溫泉非一赴浴之人雲集

𠼻嘛嚤囉嘶府建於咖呱哆河右邊河上石橋甚爲堅美城垣塔樓實屬威嚴屋宇華麗街衙濶直田地豐厚貿易昌隆離省四十里領縣三一名嚱嘶啵嗦𠹭其地

在咖呱哆河右邊拋舟之處甚爲穩便一名嗺啦𠹭啯啲其地隣近啞嘁河口河中罟網密布市頭生意茂盛一名嘆嘛呀嗦乃大西洋國極北之地土産火腿甚多

呱噠嚄府建於咪嚧河左邊與大呂宋國之嚼嘁縣隔河相對離一礮之遙乃大西洋國堅固城池之一也屋宇寥寥人烟稀疏離省一百二十餘里領縣一名曰咖咪呢啞其地在咪嚧河左邊人烟寥落鹽池充斥

第六省噠啦嘶𠹭嘶嚎𠹭呭省城名吧啦咹噠東連大呂宋國之喰省西至吽囉咪嚧省南接嘩啉省北枕大

呂宋國之咖嚟礶省長約三百三十里寬約二百二十里地面積方約四千五百五十里戶口共約三十一萬八千六百人其地雖係嶄巖峻塞然而谷中則河溪徧處五穀茂盛百果最繁山中則牲畜充斥禽獸蕃衍蜜蠟極豐至若葡萄桑樹叢簇成林如論地氣冷則長至九月之久而甚爲凜烈熱則但有三月之速而極其炎酷領府四開列于左

吧啦咹嚹府建於山陵之上屋宇非多人烟寥寥田地雖爲肥饒而水泉不佳土產尺頭絲貨離京八百九十里領縣二一名𠺝噦嘶其地隣近呌囉河分派之噠咪咖小河右邊河上建造十八孔之石橋甚爲堅美城中礮臺學塾俻醫各院甚屬高大郭外溫泉湯池昔日實爲雲集之區一名嚎噠嘞哥哆其地屋宇人烟均甚稀疎

咣嘀嗟府建於呌囉河右邊屋宇人烟甚覺零落此地昔日原爲堅固之城人民亦盛今則所有圍墻盡行坍塌離省一百四十里領縣一名曰囉咣啊嗦其地在邊疆人烟雖屬寥落而城池實爲牢固

嚎哥嘣嘱府建於呌囉河與𠯿啵嘶小河中間人烟屋宇較多於上二府內有織造尺頭絲貨機房一所甚爲寬大生意興隆土產葡萄酒極美離省二百里領縣一名曰哯嘣嘧嗦其地在呌囉河分派之嘶𠯿小河右邊其中惟有石橋一座甚爲堅美餘則無可錄記

嘁啦哩啞嘣府建於呌囉河分派之哥咴嚬小河岸邊此府於耶穌一千八百三十三年即大清道光十三年也改爲省城其地屋宇宏峻人烟稠密田土肥饒景物清雅河上有石橋一座堅固美麗離省二百里領縣一名曰咣嘛喲嘞呱其地在山坡之上土產葡萄酒爲通省第一嘉美者市中則四方輻輳生意則萬商雲集週年發賣之酒價約五六百萬金

屬地　大西洋國除六省外尚有數地歸其統屬一名啞嗦唎嘶海島在啞噫嘣喲海與大西洋國相對一名嗎咃曦嗽一名咖啵嘁嘣喲一名咹嘀啦一名巴哆㖼及𠯿嚓嗮咣一名嘆嗓嗕喲以上五處皆在啞啡啤咖州一名小西洋及其屬轄各處皆在啞嘣啞州一名咃們嗦囉咴等處皆在啊嚙啞呢啞州今惟言及啞嗦唎嘶海

島至于亞嘣亞亞吽哩咖啊嚤亞呢亞三州內之各處
地方後釋其地再為詳細註明
夫亞唻唎嘶乃羣島之總名按大西洋國言即鷹島也
蓋昔人初尋是島見其地鷹鳥甚多故以此而名之焉
共有九海島乃其至大者也南方者二一名呾嗟嗎哩
亞一名呾嗞嗡嘛中央者五一名嚧嘛嚤嗽一名呾嚧
嘣咀一名咖啦哂喲嚨一名嘫呀吩一名吡哥北方者
二一名嘸囉唎嘶一名哥吵篙此外小島紛紛不一茲
未備載其地離大西洋國約二千七百五十里緯度離

赤道往北三十六度五十八分起至四十度三十二分
止經度自吧嚟嘶第一午線西二十七度起至三十四
度止地氣温和于體相宜夏令雖熱而有海邊之風消
減冬季之冷更有陰雨烈風加增山頂則罕見凝雪地
中則常遭震動海邊山勢嶙峭壁立島內田土膏腴肥
饒五穀百果所產紛繁飛禽走獸蕃衍充斥非豐非歉
中平年景除各島之中週年自用外仍可以其土產運
載五十舟之多赴四方各國銷售實為富庶之鄉也戶
口共約二十二萬五千人

呾嗟嗎哩亞島長約五十里寬約三十七里地勢東高
西低土產麥黍稷酒大麥牲畜花石磁粉石灰等物
呾嗞嗡嘛島長約二百二十五里寬約六十里地勢兩
邊高凸中間低窪滿山柏林叢簇茂盛温泉甚多人皆
赴浴島中一城名曰嘣嗟嚧唎咖吠貿易興隆商賈雲
集屋宇峻麗人民勤儉乃大埠頭也
嚧嘛嚤嗽島長約八十七里寬約五十里週圍共約二
百五十里山頂昔日出火迄今踪跡仍存樹木叢雜牲
畜充斥田莊幽雅穀果豐登所造之酒實係中品土產

黃麻等物島中一城名曰喝哥啦城內廟堂修院學塾
屋宇均為美麗壯觀貿易昌盛街市繁華大西洋國欽
派鎮守總督一員駐劄於此統轄各島
呾嚧嘣咀島長約一百五十里寬約二十五里土產葡
萄酒較他處尤美牲畜甚多麥果實繁林木茂盛堪造
船隻
咖啦哂喲嚨島長約五十里寬約二十五里田土肥饒
地氣温和五穀百菓燒酒嬭餅葡萄酒啊唎嘰油所產
極嘉

噘爾呀島長約五十二里寬約四十里地氣平和田土膏腴酒非極美椵樹甚多土產五穀百果牲畜𪏆油麻布等物屋宇學校亦皆美麗珈蘇一千六百七十二年即大清康熙十一年也其山出火甚爲猛烈

吡哥島長約二百里寬約六十二里地勢西邊則嶄巖參差而吡哥山頂獨出于其上高約六百丈昔日本爲火山今則頂上惟有烟出晝夜不息山旁穴孔常有水出山麓平原廣潤土產五穀百菓其至多者乃葡萄所釀之酒甚甘美

咈囉唎嘶島長約七十五里寬約三十七里四外山勢峭直中央層巒叠出其地雖多肥饒然而非遭地震即被烈風有害農家之望徧山柏樹叢雜成林平原牲畜蕃衍成羣避風之處除粟之外餘穀皆生甚宜白蕎蘿種葡萄海邊石土滿是茜草境中機房但織羊絨

哥喇噶島長約七八里寬約三四里乃九島中之至小者也土產五穀牲畜羊絨等物

大呂宋國全志

大呂宋古名噫啤哩啞又名犧嘶吧呢啞今則仍稱㘚嘶吧呢啞在𠯈囉吧西南中華俗名大呂宋者因啊嚒啞呢啞州之小呂宋地歸其統屬故以此而名之焉

文論

位　其地緯度離赤道往北三十六度起至四十四度止經度自吧㗭嘶第一午線東一度起至西十二度止

界　東至地中海西連大西洋暨啞𠯈囒哟海南統啞𠯈囒哟海暨地中海北接咖嘶哥呢啞海灣暨吡哩吽嘶山

廣　西南至東北長約二千四百五十里東南至西北寬約二千零八十里地面積方約二十一萬八千七百六十里

質論

山　大呂宋國各處崇山峻嶺徧地絡繹不絕分南中北三方之山南方者三一名吶呱吠岡峯巒八其至峻者名曰咮哩啞㗭峯高約八百七十五丈零一名嗎哩啞嘝岡峯巒二其至峻者名曰嘁咖啦㗳峯高約四百四十五丈零一名哆嘞嗖岡峯巒一名呱㗊嚕啤峯高約三百八十四丈零中央者二一名咖嘶吡哆嘁哆呢咖山

峯巒七其至峻者名曰𠿕㘓哆嘶峯高約七百八十二丈零一名噫嗥哩啞山峯巒二其至峻者名曰㠓咖𠲿峯高約七百二十丈零北方者一名曰吡哩吽嘶山原此山自地中海起至啞噫㘓哰海止共有四名隨地而呼其在大呂宋咈㘓哂二國之間爲兩邦之界限者則名吡哩吽嘶山峯巒四其至峻者名曰嗎啦噫吙峯又名吶嘟峯高約八百五十七丈零其在本國之㘓吶呱啦哈吥嘶呱吡嘶咖啞啞啦𠽋四省之間者則名吁嗟吥囉山峯巒三其至峻者名曰啞啦𠸎𡃁峯高約五百二

十八丈零其在本國之啞嘶嘟哩啞嘶哏二省之間者則名啞嘶嘟哩啞嘶岡峯巒六其至峻者名曰吡呢啞㘓吙峯高約八百二十五丈零其在本國之咖嚟𠽋省者則名咖嚟𠽋吡哩吽嘶山峯巒五其至峻者名曰噫嘞㖔㖃咖峯高約七百二十丈零其餘小岡紛紛不一未及備載

谷　大呂宋國山嶺既多谷亦非鮮其至大者一名嚨咖哧一名吧噫𠯈一名嚅𡃁𡅏

海隅　大呂宋國海隅非一其至大者則在吡嘶咖啞咈囉嗬哥噜哂啞雖嚬咖吔嘶咀吧啦哧吙咖嗬嗟嚧㘓啞唎吁㘓呱㖃𡅏囉𡅏嗎噫嗬咖嗎吁等處

海峽　大呂宋國海峽惟一名曰咀吧啦嗬吙乃其至大者也長約八十里寬約五十里通連啞噫㘓哰海與地中海者

海角　大呂宋國海角甚多其至大者四方皆有東方者四一名哥嚁嘶在咖嗟噜呢啞省一名𠯈哆唆哆呢哰一名㗂嗎嗬哰嘘皆在呱㖃𡅏省一名吧囉嘶在味嗬哂啞省西方者二一名哥嚧吡嗟一名𠰻呢嘶噫𡃁皆在

啞嚟𠽋省南方者三一名啞嗟一名嗟嚟𡃁一名嗟啦𡃁嗬咖嗬皆在咀吧啦嗬吙峽北方者三一名𡁠嗬噫咖嗬在啞嚟𠽋省一名吡呢啞嘶在啞嘶嘟哩啞嘶省一名嗎㖔咖咕在吡嘶咖啞省

河　大呂宋國所有之河或注於啞噫㘓哰海或注於地中海其注啞噫㘓哰海者七一名吡嗟嚟啞河源在吡哩吽嘶山穿㘓呱啦省將大呂宋咈㘓哂分爲二邦一名㘓喻河乃啞嘶嘟哩啞嘶省之至大者也一名咪嘘河源在㠓哆吶嘟岡穿咖嚟𠽋省將大呂宋大西洋分

爲二國連海之處名曰咖咪呢啞一名吽囉河源在嗚嗬嗅哆穿本國之舊咖嘶噫嗽暨哏二省入大西洋國連洧之處隣近啪嗬哆分派小河則五其一吡噝呃嗬咖其二嚄嗬噫啦嘟嚷其三呃嗬嚄其四啞嗬噠咀其五哆嗬咲嘶一名噫叺河乃本國之至大者也源在啞嗬吧啦嘶岡過本國之新咖嘶噫嗽暨嚱嘶噫嘞嗎嘟啦二省入大西洋國連海之處隣近哩嘶啵啞分派小河則八其一唦啦嗎其二嚇嚩哪嘞嘶其三呱噠啦嗎其四啞嗬啪嗬咖其五啞啦唛其六嗎咖嘶喍其七嚄

囉嗬其八嘿唫嘞嘶一名呱喲呀哪河源在本國之嚇唦省穿本省暨嚱嘶噫嘞嗎嘟啦省入于大西洋國所有分派小河惟咀嗡啦河尚大其餘極小而且甚多玆未備載一名呱噠嗬㘔囉嗬河源在本國咖啦唫吠省極邊之地穿咋喑哥嗬哆吼嚷嘁哩啞三省過咖喲嘶省分派小河則二其一呱噠哩嗎嗬其嗼呢嗬其注地中海者四一名嚷嘶嗽河源在嘋咖啦岡穿味嗬嚄啞省分派小河則二其一嚎哆其二嚄嗬呐嚛一名嗠咖嗬河源在啞嗬吧啦嘶岡西邊山坡上穿本國之啯噗

咖暨吼唆嚄二省分派小河則二其一嚞哾嗬其二啞嗬吧喲啞一名呱噠啦囉呀嗬河别名嘟嗬又名嘟哩啞河源在啞嗬吧啦嘶岡穿本國啞啦啯省之南方暨吼唆嚄省之中央一名呃啵囉河源在嚅喏嚄谷中所穿本國之省非一分派小河則九其一嚄喻其二嚜嗎嗬喲嗺其三呱噠嚧啤其四啞啦唛其五咖嚅嚬其六嚷哥嘞其七嘶咖其八喏嗡啦哩吧哥㖷嚄嗡其九喏嗡啦吧嘞嚅嚄此外尚有二河一名嘟啪嘞咖一名噫嗬乃本國咖噠嚕呢啞省之小河也

湖大呂宋國所有之湖雖多皆甚淺小其至大者惟三一名啞嗬吥啡嗽湖在吼唆嚄省一名啪咋嗬湖在新咖嘶噫嗽省一名咖囉吁噠湖在啞啦啯省以上三湖廣濶淵深各種魚蝦靡弗充斥

泉大呂宋國河溪既多泉池徧地其中或温或凉或鹹或鐵氣者或礦味者紛紛不一于醫各病甚爲裨益一名哩嘁嗽泉一名啞吧叺泉皆在嗬囉啵哆府一名喲哩嗕泉一名嚄嗟嗷泉皆在新咖嘶噫嗽省一名嘞噫嘶嗎泉在哏省一名吥嗦池在啞唎吁喲縣一名啞嗬

吶㘈喀池在舊咖𠯿嚏𠻗省一名啞爾哈喲池在味爾哂啞省此池之水實爲甚熱以上各泉池左邊皆有醫院一所以備安置赴浴病人

[島] 大呂宋國週圍海邊所有各島並非廣濶其至大者惟四一名噪一名吧喲唎一名嗎嘶一名啞囉嚨皆在咖嚟嚨省其在吔㗅囉河口者更小惟離本國二百二十五里于地中海所有數島實屬廣大一名嗎嘘爾噪一名咪喏㖿噪一名噎囉嚨一名㖔爾們嚏𠻗除此之外更有小島數座在於其中以上諸島總名曰吧哩啞

唎嘶島其地長寬戶口土產後論及省再爲詳明

[平原] 大呂宋國山雖甚多至於平原則各省皆有較大西洋國之所有者更爲廣濶其在㖩嘶嚏嘞嗎嘟啦㗒嗟嚧哂啞二省之中乃本國之至大者也

[地氣] 大呂宋國地氣除春日及陰雨而外大抵燥煖之日多南方之地皆向啞啡哩咖州故其氣及夏日酷熱難堪人多發燒北方之地多近吡哩吽嘶山故其氣於冬令嚴寒凌人山頂積雪然而或南或北仍有海邊之氣山谷之風以消其炎夏之熇烈調其隆冬之冱寒東西二方或冷或熱較之南北更屬勻和若彼中央地面甚高從海面至平地高約一百四十四丈零乃㗅囉吧至高之地也故其週圍雖屬赫炎然有山谷之風爲之除熱生凉冬日雖冷而本國之人永不煬火

[地產] 昔者大呂宋國因其所產金銀各礦甚多且豐是以其地名揚四方今則不然除嚕嘞喲罔呱嗟爾咖喲爾地之銀礦外其他處俱無矣若論金礦更屬稀罕其所以不見之故或土不復產人不復挖未得其詳然尚有數礦甚豐富者水銀則產於㗎吵省啞咏嗎噢地其礦

非一所產尚盛雄黃則生於啞爾咖𡃁嘶地窩宅則產于㗎吵省銅則產於大西洋國連界之邊疆錫則出在咖嚟嚨省鉛則徧地皆有所產非止一處鐵則所產仍如昔日之豐美至於石類白礬生於啞爾咖呢嘶𡀔與不灰木生於啞啦㘓啞嘶嘟哩啞嘶二省之地牙硝硼砂硫磺石膏磨石靑石火石各色花石等則非止一處出產至於寶玉如鑽石藍綠寶石紫石英石榴珠紅玉碧玉瑪瑙琥珀水晶等雖非衆多亦皆有之㗒嘟嘍爾產膠泥味爾哂啞出鹼土若論鹽池則非止一塲也

草木 大呂宋國之地大槩甚爲肥饒草木茂盛穀果豐登或草或木或穀或果種類甚多更屬紛歧徧地皆宜稼穡各處僉稱栽植木爲嚈㘓吧極豐之地也若論松柏栗櫟槐楊楓椴等甚易種植叢雜成林至於椽樹則分八種其生最繁所碑甚廣如言檸檬柑橘石榴銀杏無花菓啊唎𠿒等多產南方各園充斥至於葡萄則無定數其類廣多其味極美山谷中則滿生藥草園囿內則徧植名花或至海邊各省其產尤爲紛繁咖嚟𠿒省則所生之林木甚屬茂盛凡造船隻實爲相宜若彼內省

罕見其種此國樹木既爲豐茂五穀菜蔬亦猶是耳或黍或稷或菽或粱或至美之秔稻或極貴之麰麥其生最繁非惟一所至於何處所產何種或沃或瘠或豐或荒後釋各省再爲註明

四靈 大呂宋國所產馬匹實爲通㰍㘓吧之良驥也凡生於本國咹嗹嚧哂啞省者尤爲雄駿騾驢亦美負馱非寡大牢則多產於𠸄嘶𠿒嘞嗎嘟啦咖嚟嚌二省之地所生豬豚豕彘種甚繁多少牢則多產於啞啦啊𠰻呧啦二省之處所產咹嚟喏羊毛實佳美㘔嚹哂南方之

地所產各種野獸靡弗皆見於斯國大呂宋北邊之省所生熊羆麋鹿實屬充牣於其山野亦多產於咹嗹嚧哂啞省豺狼惟生於本國深谷叢林羚羊則爲吡哩吽嘶山之所產箭豬乃係咊吻哂啞省之滋生至於家禽野鳥皆與隣近各國相同若豸類蟲屬凡在本國諸省均有惟𠸄嘶𠿒嘞嗎嘟啦咹嗹嚧哂啞二省恒遭蝗蚱之災皆由啞啡哩咖州飛來耳至於魚類外海內河並皆產生種類紛繁難以枚舉按其土人之好以外洋所產者爲美其地中海所產者則不甚貴重也

政論

戶口 大呂宋國人共約有一京三兆九億口

教門 大呂宋國所奉教門惟囉嗎天主公教至於別教雖暗尊奉亦必嚴禁

政治 大呂宋國王位歷代相傳男女皆得臨御惟長者則立之

軍 大呂宋國兵馬四方寧輯之時則共有五萬餘卒軍興旁午之際則增至十七萬衆至于師舟則大小共有五十六隻

城臺 大呂宋國城臺甚多城池亦屬非鮮其在𠯈啡咴喃㗂吧吺哂囉喲哑唎吁哟咖囒嗹嗻喲咖哟斯吧嗹嗽斯㗼唎嗢嚏囉哟嚓咯城啡囉囒㘓𠵼𠯈嚷吧嘶哟㗇㗇咴囉喲𠯈哆呢哑等處乃為至大者也至於咖哟斯啡囉囒嗹𠸄喲等皆在海邊乃三座堅固之埠又為本國兵船灣泊之所

技藝 大呂宋國工作技藝較之嗰囉吧州數國雖屬稍拙然而其地仍有作坊數座所造各物亦為精巧華麗譬如𡁠哩哑哆嚓嚷喊哩哑咖啦嗱呋嗎啦喋哑囒呱斯

等處所有皮局製造精美其嗹啦嚏嚆嘞嚏嚷斯咖咻等處所造大呢甚屬細密至于𠯈嘟㖶囒嚎嘢蘇之鏡哑囒咬嗎嚎哩哋二處之紙及各印花布吧吺嗹囉喲之綿布嚎𠯈嘆哑哑囒哥𠹭二處之磁器吧嗹嗽嘶之冠帽咖嗹嚕呢哑呱㖊𡃏味囒哂哑嗹啦喊𠹭等處之尺頭絲貨以上各地所造之物靡弗盡善盡美至於各種雜貨如棹布花帶金銀器皿銅鐵器具等亦不次於他處所造者呱㖊嚏嗎啦喋咖哟嘶暨味囒哂哑毘連之地亦產呀囒米

貿易 大呂宋國貿易有內外二者之分其內地者並非甚巨其邊外者實屬昌盛本國所出貨物則油鹽酒烟紙燒酒羊毛尺頭黑鉛鋼鐵硫磺水銀鮮果馬匹𠹭嚓喏羊各雜貨等外國所入貨物則五穀各豆乾鹹等魚粗細布疋各樣絲毛貨物錦緞麻布黃麻鹹肉𡅏油𡅏餅木料牲畜玻璃什物銅錫及各器皿等其嗎嚎哩哋吥囒呢嘶嚏啦呢撒𡁠哩哑哆嚓吧嗹嗽嘶哥囒哆呱晗嘞嘶咖啦嗱呋哑囒吧嗹哟味吺哂哑嚄囉哟等處乃為本國內地之大埠頭也其嗎啦喋哑囒咦哩哑咖囒

嚎𠹭喲哑唎吁哟呱㖊嚏咖斯嚎倫哑唎㗹給斯嗗斯吧囒嚓囉喲嗎嗹囉咖哟斯嚜喊哩哑囃嚄哥嚧呢哑啡嚓囉囒唄啰𠯈嚐嚎囒吡囒咆𠯈嘶吧吐哟唉等處乃本國海邊之大馬頭也

形質 大呂宋國地方寬濶土人形質紛紛不一大抵言之身量高大頭髮黑黟面貌雖不甚白而形容多屬俊俏若彼婦女則最為姸媚身體苗條姿質靈秀至于性質則舉止愼重心志恆堅忠信明決交友情深

風俗 大呂宋國之風俗貴賤非一尊卑不等其尊貴者靡

不效法嘣嚪哂國其卑賤者仍從古制並無改易通國之人飲食甚爲節儉衣冠不務奢華每餐必有豆惟酒則買屬寡飲飯後必午寢此俗則非止一國其國之人于稼穡貿易不甚奮勉乃爲至大之病也是以隣近各國郛郭田莊多而且麗若彼大呂宋則惟有棚寮遍滿郊外至於各省之人彼此大相懸殊與他邦迥異也其居於海濱者因與別國之人常有交接來往故言詞溫和人亦聰敏其居於中央者囿于本鄉之俗遂致固執已見故舉止驕盈人亦魯鈍

宮室　大呂宋國宮室甚多其至高大者乃噫嘶嗬哩啞嚩宮並附近之堂進深七百四十步面寬五百八十步其中徧懸書圖寶多而且美觀前王陵寢亦甚轟轟此外尚有啞啷嚥嘶嗦噎嚩噫嘡嚇二宮皆在京師其餘如堂院府塾等亦屬峻麗後釋各省再爲詳細註明茲不及贅

史　大呂宋國乃古噫啤哩啞地也昔日始居於其地者紛紛不一有啞啡哩咖州人由明吧啦嚩吹海峽而至者有呀嚇國嗪嚩嗟人越吡哩咔嘶山而至者有啡呢哂啞與咖嚩嗟呃二國之人因貿易而至者其究竟統制其地者惟咖嚩嗟呃國人至洪水後二千一百五十一年（即漢太祖高皇帝三年也）乃被囉嗎國人所逐盡奪其地而主之越六百餘載囉嗎衰敗之時遂有咗嘧囉嗨嗡啞啦啜等侵佔西方諸地至耶蘇六百載（即隋文帝開皇末年也）其地全爲嗺哂嗬哆人所獲創建巨邦又越一百一十二年（即唐睿宗太極元年也）有伯爵吚㖣者因大受污辱於本國王囉嘧嚟嗬者激怒難堪暗引回人遂君佔國從此以後七百載之久征伐舉發干戈未息國分民散血流成河除

啞嘶嘟哩啞嘶吡嘶咖啞二省暨嘞吭啦省數處外其餘全歸於回人之屬下而爲其所得者也嗣後回君所封總督鎮守各省先後無不背叛自立僭分稱王當是時本國侯啪啦嘞者心切救國百計千方勸衆勉力執戈驅敵既獲大勝衆立爲王乃爲啞嘶嘟哩啞嘶第一王也繼體各君漸衍邦土以所得各地方仍爲分建數國嗣後列君互相婚配彼此贊助逐賊出境至耶蘇一千四百七十九載（即明惠宗純帝成化十五年也）啞啦啁君非嚩囉哆既娶咖嘶噫嗽后啵嘣啪嚩遂將列國歸於一統越十

三年啡嗬囒哆王攻克咖啦嗱吹地之後所有回人槃爲征服當是時又有嗎嗤啵者爭出新域詳見第二本中卷於曦嘶吧呢啞國實屬大眾啡嗬囒哆薨後噢嘶啲哩啞第一等公啡哩嗶者既娶先王之女嗟啞嘝爲妻遂即君位迨其子咖嗬囒嘶者臨御之時大呂宋國實爲嚉吧至富至強之邦也耶蘇一千五百八十載即明神宗顯帝萬歷八年也本國王啡哩嗶者吞并大西洋歸爲一統及其子登位之際大呂宋國所有回人子孫共約百萬之眾槃爲逐出境外自此以後本國貿易較之昔日漸爲零

落耶蘇一千六百四十載即明懷宗愍帝崇禎十三年也當時之君雖多方籌謀仍欲收服大西洋國究竟未獲如願祇得勉爲自屈耶蘇一千七百載即大清康熙三十九年也其國王咖嗬囉嘶因乏子嗣臨薨遺囑傳國于咈囒哂王嚧曦嘶之孫啡哩嗶者是以咈囒哂與噢嘶啲哩啞二國之君互相舉兵爭競其地究爲咈囒哂所得即遵遺言立孫爲王至耶蘇一千八百零八載即大清嘉慶十三年也本國王咖嗬囉嘶者因國政紛擾即退位立子啡嗬囒哆爲君當是時咈囒哂國王哪啵哴者請其父子二人赴臨吧哟哟地

方遂羈囚莫釋而自立其弟爲大呂宋國王嗣後大西洋大呂宋暎咭唎三國協力合軍挫敵救國興復大呂宋室而迎舊王之子啡嗬囒哆者還國登位迨啡嗬囒哆薨後其女喥嗷啪嗬於耶蘇一千八百三十三載即大清道光十三年也即位爲后乃大呂宋國現在之君也

省 大呂宋國分析其地古今互異大相懸殊通邦之中分爲或國或畿或省其國則九一名新咖嘶嘚𠲖一名舊咖嘶嘚𠲖一名哏一名咖嚓嚧一名咖啦嗱吹一名呱唛嚧一名味嗬哂啞一名啞啦啊一名嘝呱啦其畿

則三一名啞嘶嘟哩啞嘶一名咖哇嘈呢啞一名呲嘶咖啞其省則二一名曦嘶嘚嘞嗎嘟啦一名咹嚏嚧哂啞耶蘇一千八百三十三年即大清道光十三年也欽奉諭旨將本國各地暨所屬隣近諸海島改爲四十九省分上中下三等其上者則八中者則七下者三十有四內有二省在國外海島之間每省派一道員鎮守茲釋各地長寬界限戶口數目先論古國現分幾省後言省城所領何處按序開列解明備覽

第一國新咖嘶嘚𠲖東至呱唛嚧西連曦嘶嘚嘞嗎嘟

啦豐哴南接噛啲與昧嘲哂啞北界舊咖嘶噫蝀長約七百五十里寬約六百里地面積方約二萬里戶口約一百四十一萬人地勢甚高惟遭風患故冬令之冷禀烈難堪地氣平和田土膏腴今分五省開列於左

嗎噫哩咃乃上等之省也省城亦名嗎噫哩咃係現在大呂宋國之京都建於噛嚱哪勒嘶小河左邊地多沙瘠四圍峻嶺其中戶口約二十萬人形勢美麗街衢相稱宮殿非一乃為通省美觀廟堂雖多然非頭等精麗若彼屋宇實屬繁眾有玻璃窗扉者甚為鮮少至各院

等如翰林院國子監觀星臺古玩庫軍功廠藥草園演戲臺大醫院療啞院等靡非雄麗甚為壯觀城外盤桓之處河上石建之橋甚屬雅緻此城實為貿易之所四方輻輳人民勤謹交接優渥土產各色疋頭紬緞地氈印花洋布綢絮裟布等國家養贍瓷器作坊實為最大費用浩繁所領之地一名咈囉哩噠一名咖嗽噫嘲啯啪一名咀噠啡一名嘞咖吶嘶一名啤嗶一名啞嘲咖啦一名嗎嘲嗼嗱呾一名噫嘶嗎哩啞嘲

呱噠啦啲㗎乃下等之省也省城亦名呱噠啦啲㗎建於嘿嗱嘞嘶小河左邊離京一百三十里戶口約七千人屋宇雖係寥寥然而地尚有行宮廟堂石橋各一座甚屬美觀昔日行成名立之人多由於此出焉土產疋頭天下馳名織造機房實為繁多所領之地一名哂呱喑嘸一名吡哩喊呀一名喲哩嚕一名嚤嚓吶

哆嘞哆乃中等之省也省城亦名哆嘞哆建於噫叺河左邊小陵之上離京一百五十里戶口約一萬五千人昔日乃為各回王占據之處其地繁華雖較曩時漸覺衰敗然而尚有王宮廟堂醫院學塾實屬峻麗若彼首

堂更為輪奐屋宇高大街衢窄曲地氣殊惡夏日酷暑泉水缺鮮土人常飲塹中積雨土產五穀百果酒油傘紙牲畜等物所領之地一名啞嘟嚕嘶一名喃咖呢啞一名哄嗙咖啦一名嗎喲哩嘞叺嘶一名嗟啦喊嗽

咽嗑咖乃下等之省也省城亦名咽嗑咖建於坵陵之上離京三百五十里戶口約九千人屋宇高大街衢狹窄廟堂各院等繁多其首堂工作則照古規土產蜜蠟牲畜各色紋石所領之地一名嘞喏喲一名喿喏嘞啁啲一名呼呃噫一名叺噠嚓啞

嘘嗟哩啞吽别名喘吵乃下等之省也省城亦名嘘嗟哩啞吽建於平陽之地離京三百七十里戶口約八千人屋宇宏峻街衕濶直其地織造疋頭細緞各機房貿爲廣大更有水銀礦數座所產甚繁每歲發售負馱牲畜貿屬衆多所領之地一名啞爾嗎嘆一名啞爾嗎喃囉一名喘嗟哪嘞嘶一名呱爾噫吡呢啞一名啞爾嚀哆呱吽一名嚹嗦一名咖啦嗟嗽嚥

第二國舊咖嘶噫嗽東至啞啦啊暨喲呱啦西連哯國南接新咖嘶噫嗽北界吡嘶咖啞暨啞嘶嘟哩啞嘶長

約七百七十里寬約四百六十里地面積方約一萬五千里戶口約一百二十五萬人地勢或高而嵬崛或低而複陸種種不一是以地氣亦不同或則酷熱或則嚴寒各按本處其山岡之中或赤金或石灰或青礞石或不灰木或白石英或花紋石所產紛繁其平原之地雖甚寬濶而缺木料人行其地罕見樹林非惟一處爲然今分六省開列于左

吥嘣呃嘶乃下等之省也省城亦名吥嘣呃嘶建于坵陵之上離京五百四十里戶口約一萬二千人其地房屋雖然稠密大半皆係參差廟宇貿屬繁多首堂更爲超群田土膏沃地氣平和土產五穀百果所領之地一名啞囒吠一名嘞嘛嗎

囉哥囉嘘乃下等之省也省城亦名囉哥囉嘘建於呃啵囉河邊戶口約八千人境勢淸雅地氣佳善土產五穀百菓乃商賈輻輳之處所領之地一名咖啦啊嗽一名啞爾嚟囉一名啞哥嘞吠一名曦嘶咖唻一名哈囉

吀嘗噫爾乃下等之省也省城亦名吀嘗噫爾建於吡嘶咖啞海邊戶口約一萬九千人屋宇稠密廟宇非鮮

其地泊舟之所實爲深闊是以四方之舟雲集其中地土膏腴貿易昌盛土產五穀百果黃蔴牲畜郊外煤窰不一而足所領之地一名啦嘞哆一名吀喲哩啞嘞一名吀哆呢啞一名曦嘶吡嚐嚨

嗦哩啞乃下等之省也省城亦名嗦哩啞建於山谷之中相近吽囉河口離京四百八十里戶口約五千四百人屋宇稀疎廟堂九座另外尚有修院七所醫院學塾各一座其處雖覺嚴寒然而地氣美善西北二方嶆嶬參差五穀牲畜亦尚蕃衍每歲運赴他方羊毫貿屬豐

盛所領之地惟一名曰呴嘶嗎

嗏嚹嚛啞乃下等之省也省城亦名嗏嚹嚛啞建於高陵之上離京二百四十里戶口約一萬三千人屋宇稠密廟堂宏峻其首堂與武學二所乃爲至鬼至浩工程尚有水檻一道實爲美觀街衢窄曲地氣寒冷土產五穀百果等物其中疋頭玻璃紙筍各作坊非惟一所貿易豐隆所領之地惟一名曰巴嘟嚱嘛嚨嘢嚥

啞嚕啦乃下等之省也省城亦名啞嚕啦建於啞嘛嗟咀小河岸邊離京二百七十里戶口約四千人屋宇蕭

條廟堂數座其中學院一所實爲通省之美者也土產棉布機房不一所領之地一名唉哟嚹嚹嘓吥一名啞嘞呱嚛一名吡哪嚪吠

第三國 嗅東至舊咖嘶嚨嚛西連咖嚓嚾暨大西洋國南接曦嘶嚨嘞嗎嘟啦北界啞嘶嘟哩啞嘶長約七百里寬約四百五十里地面積方約一萬四千餘里戶口約一百一十四萬三千人此國或地氣或土產較上二國尤爲平和豐登今分五省開列于左

嗅乃下等之省也省城亦名嗅建於寬美山谷之中離京九百三十里戶口約八千人其地昔爲嗅國京都屋宇高大地多肥饒郊外盤桓之處甚屬雅緻清幽四圍多出白玉土產疋頭貿易豐盈所領之地一名啞嘶囉嘛呀一名嚾哈嗹一名嘣啡啦吠一名嘣毗嘞

吧唛哂啞乃下等之省也省城亦名吧唛哂啞建於平原之地離京一百八十里戶口約一萬一千餘人五穀百果歲產最繁人民勤謹作坊非一屋宇稠密廟堂峻麗其首堂則更壯觀瞻醫院學塾亦皆有之郊外遊地甚屬雅緻所領之地一名哆嘛哈嗎吠一名嚾嘛嗟呢

啞一名嗏嘛嘁嚛一名咖哩唆

呱哩啞哆嚓乃中等之省也省城亦名呱哩啞哆嚓建於吡蘇吔嘛咖小河左邊離京三百五十里戶口約二萬餘人地氣大抵甚屬佳善冬令之際頗冷且濕屋宇紛繁廟堂遍處田土極腴物力豐富五穀百果較之他省甚屬饒裕又有造船木料生於此地實係堅美其疋頭冠帽磁器綿紗帶花露水襍物等各作坊非惟一所現今貿易頗覺零落非復昔日之盛也所領之地一名哆嘛哟哂唎嘶一名吡嗱啡呃嘛

嚧啦嚎咖乃下等之省也省城亦名嚧啦嚎咖建於哆㘈㗝嘶河邊離京五百里戸口約一萬四千人此城屋宇或昔日所造者或今時所構者無不規模宏峻工程精巧現則大半皆被敵寇傾覆然而尙有首堂一座修院數所學塾醫院等實壯觀瞻其河上石橋共有二十七孔甚爲觀美也曩時是處乃爲聲聲文物之邦而行成名立之人多由于此出焉土產五穀百果黃蔴牲畜所領之地一名𠯿哆嗘嘶嚎嚾一名囉哋嚟咯城一名啤哈㖿一名曦嘶啤哈

嚧嚤㗷乃下等之省也省城亦名嚧嚤㗷建於吽囉河右邊高陵之上離京四百六十里戸口約一萬人屋宇稠密廟堂繁多修醫各院亦屬非鮮土產五穀葡萄黃蔴羊毛等物所領之地一名哆囉一名啡爾嚎嚒嘞一名嚤啦唎嘶一名吡哪嚧嘫一名嚎啤

第四國咖喺嚾東連嗅㗝嘶㘈哩㗝嘶南至大西洋之咪嚧省西北二方皆臨㗝嘫嘯晌海長約五百里寬約四百五十里地面積方約二萬零六百四十里戸口約一百三十五萬人地多肥饒山滿叢林冷溫泉池無一不備海邊地氣甚濕是以春分節令微草枯萎遍地若彼山谷及夫平原地氣炎酷與海邊各地大相懸殊也土產五穀不敷本處養贍地中食草實屬繁茂豐盈故其所牧牲畜庶滋蕃衍耳今分四省開列于左

哥嚕呢㗝乃上等之省也省城亦名哥嚕呢㗝建於海隅其泊舟之所實爲大呂宋國之至美者也離京一千二百里戸口約二萬三千人地多肥饒民康物阜商賈輻輳貿易豐盛港口兩邊礮臺甚屬堅固昔日所建峻塔迄今猶存屋宇稠密廟堂峻麗修醫各院書庫學塾

戲臺船廠靡弗畢具土產牲畜魚蝦等物其錦緞冠帽布疋手巾各作坊非惟一所所領之地一名𠯿晌㗝哃一名嚎囉嘶一名吧嚨喻一名啤嚅嗦一名啡囉嘯

嚧嘫乃下等之省也省城亦名嚧嘫建於咪嚧河右邊戸口約一萬二千人昔日囉嗎國人所建城垣至今猶存其咪嚧河左邊所有溫泉名馳四方土產黃蔴棹布冠帽襪子等物作坊非一其地首堂與議事廳實爲諸室中之至美而壯觀者也所領之地一名嚎哆吶嘟一名嚎吧喲

哃喴噻乃下等之省也省城亦名哃喴噻建於咪嚧河左邊戶口約五千人田土膏腴物力豐富河上所建石橋工作精巧郊外所有温泉浴疾靈效土產火腿葡萄酒咖咕啦等物所領之地一名嚓吧噠嗺啞一名噱嚧嘞一名哃嗢哂啞

嘣嚧喊噠嗽乃下等之省也省城亦名嘣嚧喊噠嗽建於海邊戶口約五千人地多肥饒穀果豐登貿易興隆四方雲集剪絨疋頭冠帽銅器各作坊甚屬紛繁所領之地一名嚼嚱一名吧喲喲一名嗺嚬

第五國咖啦嗱吠東連咊嚩哂啞南至地中海西北二方均接咹噠嚧哂啞長約八百里寬約二百六十里地面積方約一萬二千六百六十里戶口約九十萬人其地雖近赤道然而水土甚爲平善今分三省開列于左

咖啦嗱吠乃上等之省也省城亦名咖啦嗱吠建於吽囉河邊離京八百五十里戶口約八萬人其地昔日貿爲壯觀今雖大相懸殊然而其中屋宇廟堂修醫各院尚屬峻麗若彼首堂王府更爲華美田土膏腴物產豐盈惟貿易漸衰非如曩時之盛也所領之地一名啞哩呀嗎一名囉啲一名嗚啪吻嚩一名嗺嘶咖嚩一名吧嚧一名呱啲嘶一名啞嚩嚓嗤咖呭一名嗱嚧嚓一名嚧嚩嗺嘶吽

啞嚩㖞哩啞乃下等之省也省城亦名啞嚩㖞哩啞建於啞嚩㖞哩啞河口戶口約一萬九千人其地泊舟之所深潤穩便地多肥饒貿易繁昌隣近之山多產各色玉石瑪瑙等物所領之地一名啞噠啦一名噠哩啞嘶一名咊㖿咖嚩一名喊嘞嘶

嗎啦呀乃上等之省也省城亦名嗎啦呀建於地中海

海邊戶口約五萬二千人地多肥饒五穀百果無不豐登泊舟之所甚爲寬廣大小船隻皆可灣拋貿易昌熾四方輻輳其地乃通商埠頭故內省所有貨物無不運赴其處與各國商船交易也所領之地一名嗎嚩嗶嗽一名喊嘞嘶嗎啦呀一名喻吠一名咖啦嚾嘞嗎一名咹喲嗡嗽一名啞嚩嗡哆喲一名嚱嘶嚧嗤嚩

第六國呱喴嚾東南二方皆臨地中海西連新咖嘶嚧嗽豎咊嚩哂啞北接啞啦嗰豎咖噠嚕呢啞長約七百里寬約二百里地面積方約九千里戶口約一百二十

萬人地氣溫和海邊之風消散炎暑冬令融暖凡見氷
凌深爲詫異今分三省開列于左
呱唛嚨乃上等之省也省城亦名呱唛嚨建於呱達吰
㘓呀嘛河邊清雅豐饒平原之中離京八百里戶口約
六萬六千人屋宇峻麗貿易興隆土產酒油五穀百果
等物其地紬緞大呢各作坊非惟一所所領之地一名
喃嘮一名嗱嘛嘰一名哩嚓啞一名嚤嘛㘓吔哆囉一
名呱嘞𠼻一名啞嘛哂𠼻一名㕭啡哩嚊一名嚎嚒嚨
啞唎吁哟乃中等之省也省城亦名啞唎吁哟建於地

中海海邊二山之間離京九百五十里戶口約二萬二
千人屋宇高大街衢潤直消所寬穩客船甚多貿易興
隆四方輻輳實呂宋國之大埠頭也出貨窩宅白礬黑
鉛銀硃藍靛百葉葡萄酒葡萄乾等物以上各物有本
地所產者有自別省至者所領之地一名唉噫哗嘚一
名嚒呢啞一名唉哩啞一名啞嘛嘚啦一名喃哩喨𠼻
一名吥嚅呱嘛一名嘛𠯈一名嘛𠾴
咖嘶嚒喻嘚啦吓𠼻嚹乃下等之省也省城亦名咖嘶
嚒喻嘚啦吓𠼻嚹建於海邊戶口約一萬五千人其地

土產貿易與上省相同惟屋宇畧爲稀少所領之地一
名嚟喃嘛嗶一名啞嘛嘚𠼻一名嗺嘞囉嘶一名吼㖸
咖嘛哆一名嗺𠼻哩呀哷一名吼呢嘶嘚𠼻一名嚀嘞
𠼻

第七國 味嘛哂啞東連呱唛嚨西接嘚啦嗱吚南至地
中海北界新咖嘶嚒𠼻長約三百三十里寬約三百一
十里地面積方約一萬零五百里戶口約六十萬人其
地銀銅錫硫黃白礬等礦不一而足更有鹽池所產茂
盛五穀百果亦爲豐登今分三省開列于左

味嘛哂啞乃中等之省也省城亦名味嘛哂啞建於嚟
呱𠼻河邊清雅豐饒山谷之中離京九百六十里戶口
約三十六萬人屋宇廟堂學塾修院靡弗宏峻華麗其
首堂議事廳主教府織紬局四座更爲美觀地氣佳善
土產充盈五穀百果葡萄酒等歲皆豐登所領之
地一名咖嘛嗟嘵喲一名囉嘛咖一名啞嗱喲一名啞
哩呀嗎一名咖啦咖嘰一名嚀哩喲一名嚀啦嗟𠼻一
名哆嗟喲
啞嘛吧嚓哟乃下等之省也省城亦名啞嘛吧嚓哟建

於平原之中戶口約九千人屋宇稀疎廟堂鮮少土產布疋牲畜銅鐵器具等物所領之地一名嚨𠯿哩啞一名嚨嘞喲一名啞嘛嚇嚧一名啞嘛咖啦嘶

第八國啞啦㖞東連咖嗞噜呢啞西接喲叭啦暨新舊咖嘶嚒𠻗二處南至叭𠳏嚨暨新咖嘶嚒𠻗北界吡哩吽嘶山長約七百二十里寬約四百八十里地面積方約一萬里戶口約八十萬人其處山多而且高是以地氣紛歧谷中則熱山上則冷土產麥酒油蔴百果牲畜等物至於銅鐵錫白礬不灰木等礦亦皆有之今分三

省開列于左

嚨啦呃嗽乃中等之省也省城亦名嚨啦呃嗽建於呃啵囉河兩岸河上建造石橋通達來往離京七百二十里戶口約四萬三千人昔日屋宇廟堂甚屬華麗宏峻迨國亂之後大半凌替凋敝土產五穀百果菽豆牲畜等物至於貿易較不及於別省興軍之後更爲衰敗也所領之地一名嗟囉咖一名咖啦嗟嘆一名嗟啦嗦喲

嗚呃嘶咖乃下等之省也省城亦名嗚呃嘶咖建於平原之中戶口約三千餘人其地屋宇雖爲寥寥然而形勢甚屬華麗廟堂學塾醫修各院亦皆有之城外田土實爲膏腴土產穀果歲皆豐盈所領之地一名哈咖一名吧嘛吧嘶哆囉一名啞吔嘛嗶一名咲嘰嚨嘘

嚒噜呃嘛乃下等之省也省城亦名嚒噜呃嘛建於山陵之上隣近呱嗟啦囉呀嘛河戶口約八千人地氣雖寒然於身體深爲舒暢廓外田地甚多五穀百果蜜蠟牲畜所產充斥週圍之礦非衆而爲煤滑石石綠等物乃其所生所領之地一名啞嘛哥呢嘶一名咖嘶嗶一名啞嘛吧啦嘶

第九國喲叭啦東連啞啦㖞西接啞啦嚧暨嘧吥嘶呱南至舊咖嘶嚒𠻗北界嘸嚾哂國長約三百里寬約二百五十里地面積方約三千二百里戶口約二十四萬七千人通國之地或腴或瘠甚相懸殊土產黍稷大麥油麥豆粟等物各山之中造船木料甚盛更有五金之礦所產非鮮今改爲一省開載于左

喲叭啦別名啝吥囉喲乃下等之省也省城亦名啝吥囉喲建於平原之中乃堅固之城也戶口約一萬二千人屋宇高大廟堂峻麗街衢寬濶游覽之地甚多田土

肥饒貿易興隆所領之地一名嚱嘶德嗽一名囑德嗽一名㖣嘞嗽一名嗟發嗽

第一鐵啞嘶嘟哩啞嘶東連舊咖嘶嘚嗽西接咖嚓嚾南至哏北臨啞德嘣啲海長約四百六十里寬約一百五十里地面積方約三千里戶口約四十萬人彼南方者雖或巉巖參差或幽谷深邃各自不同然而農家勤謹澗溪遍處是以其地較之他方更爲美麗山頂之上滿結寒冰故其地氣冬令時節較之通國尤爲寒冽其餘三季雖覺潮溼仍屬佳善於體無害土產五穀百果

栗子佛手等物山中或銅或鐵或錫或煤或窩宅或代赭石各等礦亦皆有之至于石類如銅黄石金星石信石白礬水晶紋石等所產足供別省之用所生駿馬甚堪嘉尚今改爲一省開載于左

㖡嚕啵哆乃中等之省也省城亦名㖡嚕啵哆建於山谷之中戶口約一萬人地多肥饒水土佳善屋宇廟堂宏峻美麗所領之地一名啞嚕嘞嘶一名咄啢一名唫嚕啞

第二鐵咖嗹嚕呢啞東南二方皆臨池中海西連啞啦㗑北至分㖊嘣㖫國之哋哩吽嘶山長約七百里寬約五百里地面積方約一萬五千里戶口約一百二十五萬人地氣佳善澗溪甚多穿繞通省或山上或谷中叢林充斥穀果繁登土產五金紋石水晶白玉白礬黑礬硇砂藍寶石等纖內作坊不一所造精巧人民勤慎貿易興隆堅固城池非惟一處其至強者乃吧嘣噻囉啲嗹啦嗬啲哆嘣哆嚾嘞嚟嗹吲囉啲啡嗡嗽嘶嘝嘞嚾各等城今分四省開列于左

吧嘣嚓囉啲乃上等之省也省城亦名吧嘣噻囉啲建於地中海海邊離京一千二百里戶口約十二萬人田地肥饒貿易昌盛人民勤儉工作精美實爲大呂宋國之大埠頭也城中屋宇廟堂皆爲宏峻華麗學塾修院無不甚壯觀瞻更有礮臺數座護衛其地土產五穀百果等物每歲所出之貨非鮮其至多者乃葡萄酒與燒酒所領之地一名嚾啦嚼啷咖一名嘻呱啦吠一名嘣嘞嚾一名㠓嘶嗽喲一名嗎嗹囉一名嗹啦嚾一名嚾嗷

嗹啦嗬啲乃下等之省也省城亦名嗹啦嗬啲建於海

边離京一千一百里戶口約一萬一千人其處雖然常遭烈風而地氣則仍爲佳善所產五穀百果實爲豐饒但酒味甚薄屋宇堂院較之昔日雖屬凋零然而其中尚有數座實爲峻麗其地所有尺頭機房非惟一座工作精巧所領之地一名嗰嘶一名呱嘛嘶一名哆嘛哆蘼一名啞嘛唆哈

嘞嘐嗟乃下等之省也省城亦名嘞嘐嗟建於山坡之上戶口約一萬八千人屋宇堂院雖屬弗鮮然而其地並非華麗田土肥饒物產豐裕所領之地一名嚜嘛嘁𠺕一名㗂嘛嗦嘞一名咖嘛哆嘞一名嗚嘛嘧呀

叫囉嘞乃下等之省也省城亦名叫囉嘞建於山麓戶口約六千人其地金湯鞏固田土膏腴穀菓豐盈物產相稱本國變亂之際此城深遭蹂擾所有屋宇廟堂暨修各院等多半凋零所領之地一名巳嗟嗎哩啞一名啡呃𠺕一名囉哂嘶一名㗂囉哟一名哩吱嘛一名咖嘶嘧囉哟咬𠰌哩啞

第三處吡嘶咖啞東連嘞呱啦聲佛嘞哂國西南二方均接售咖嘶嘧辣北至咖嘶呵呢啞海灣長約三百里

寬約二百五十里地面積方約四千里戶口約四十五萬人五穀百果其生最繁黑金紋石所產實盛造船木料遍山充斥今分三省開列于左

吡嘶咖啞乃下等之省也省城名吡喇咆建於平原之中離京九百里戶口約一萬五千人屋宇高大廟堂華麗街衢濶直遊地淸雅田土肥饒物產極豐貿易興隆四方輻輳實大呂宋國之大埠頭也通國所有羊毛俱積此地以便行銷於他方所領之地一名嗦嚀囉嘶嘧囉一名啵嘛嘟呀嘞哟一名嘟唧嚬

哈𠰌嘶呱乃下等之省也省城名巳嗦吧嘶哟㖥建於山麓離京九百里戶口約九千人貿易昌熾物產極豐耶蘇一千八百十三年（即大清嘉慶十八年也）本國與咈嘲哂戰鬬其地慘罹兵燹礮臺傾陷屋宇灰燼嗣後重修再建較之昔日更爲美麗所領之地一名嚐嗟啦嗥啞一名嚎嗟啦呢一名吧啦嗦哂啞一名嘧囉嚄一名㖿嘀咖辣一名嗃呢啞嘧

啞啦嚛乃下等之省也省城名嚨哆哩啞建於平原之中戶口約一萬二千人其地屋宇堂院貿易土產均與

上省相類所領之地一名呃嘛嗚嘚一名嚧嘛嘰嚕嘘
一名嗬嘛嘟呢啞
第一省嚱嘶嘚嘞嗎嘟啦東連新得咖嘶嘚竦二地西
接大西洋國南唉噠嚧哂啞北界哴長約六百六十里
寬約四百六十里地面積方約一萬九千零二十里戶
口約六十五萬人其處田土雖多肥饒然而地氣則大
抵炎熱今改為二省列于左
吧噠嘫嘶乃下等之省也省城亦名吧噠嘫嘶建於呱
啲呀啲河右邊平原之中離京八百里戶口約一萬二

千人乃堅固之城也河上石橋一座長一千八百步寬
二百步橋孔二十有八屋宇廟堂學塾修醫各院等實
為峻麗地多肥饒貿易昌盛土產五穀百果菽酒牲畜
等物所領之地一名啞嘛吥嘛哈一名嗬哩嗢嚧一名
嚧咈啦一名唉哩噠一名咧嘞啲一名咖嗶嘞啲嘿
咖嗦嘞嘶乃下等之省也省城亦名咖嗦嘞嘶建於平
原之中戶口約一萬人田地膏腴其生最繁大牢少牢
所產充斥所領之地一名咖嚧嘛啲咖嗦嘞嘶一名啞
嘛吁噠竦一名呧唛哂啞一名吧啦嗦哂啞一名嘚哩
啞一名嘟嚧唏嚕
第二省唉噠嚧哂啞東連味嘛哂啞暨地中海西接大
西洋國南至地中海北界嚱嘶嘚嘞嗎嘟啦暨新咖嘶
嘚竦長約一千一百五十里寬約五百里地面積方約
三萬六千里戶口約二百一十萬人此省各山或則叢
叢或則濯濯穀果絲綿蜜酒油鹽甘蔗牲畜莫不產於
斯地更有銅鐵窩宅水銀硇砂各礦所生豐隆時屆夏
令炎熱難堪土人凡事夜營晝輟以避其苦今改為五
省開列于左

噻嚾哩啞乃上等之省也省城亦名噻嚾哩啞建於呱
噠嘛嘰嚾嘛河左邊寬濶平原之中離京八百七十里
戶口約九萬一千人地氣甚佳或於人命或於物育靡
弗有裨田土膏沃物產豐盈屋宇廟堂甚屬宏峻人民
勤奮作坊充斥所領之地一名呱噠嘛咖嗡嘛一名咖
嚾啦一名唁吐㖔啲嗡一名嗚嘚嘞竦一名咖嘛嘩嗡
一名呃嘈嘫一名嗬嚒嗡一名嚱嘶噠吧
嗚呃嘛嚈乃下等之省也省城亦名嗚呃嘛嚈建於海
邊戶口約八千人其地泊舟之所甚屬廣濶所網魚蝦

實爲充盈除通省日需外尚足供濟隣近各處貨用所領之地一名啞㗑嚎嚒一名㦔𠴰嘛一名㗱吧啦一名吧喺嘶一名啞啦嚏喲

咖啲嘶乃上等之省也省城亦名咖啲嘶建於㗅島南角之上離京一千四百里戶口約五萬三千人此城乃嘔囉吧至大至美堅固城池之一也屋宇堂院甚屬華麗庠序學校遍處羅列昔日貿易興盛今則頗覺凋零廓外田土膏沃海中鱗介充斥所領之地一名㘈啡爾喃嗖一名咖啦㗅一名啪嘛哆嘞啞喠一名嘆哩喲哂哆呢啞一名囉吠一名嗟嚓嚄一名啞嘛咀哂竦一名㗅囉䑇

哥嘛哆呱乃中等之省也省城亦名哥嘛哆呱建於㕸嗟嘛㗭㘓嘛河右邊離京八百里戶口約五萬七千人屋宇高大樓臺叠起四圍城垣塔樓傑出街衢窄而且曲路途穢而不潔田土肥饒穀果充斥所領之地一名吧呢喲一名吥嗽啣嚏一名嚧嚏喲一名吩啲啢嘸㗅喲一名嚧啱嗡嚵一名咖嘛囉吠一名嚎啲哩啞一名吡哩呃嚩

嗽嗜乃下等之省也省城亦名嗽嗜建於山麓戶口約一萬九千人田地雖然肥饒土人不甚勤奮郊外園圃甚多其中源泉遍處所領之地一名啞嘛咖啦嘞啞嘛一名嗎嘛哆嘶一名咹嘟嚂嘛一名吧呃嚏一名嗚嗶吠一名哩喹唎嘶一名咖囉哩喲一名吧嚧嘶

第一島總名吧哩啞唎嘶在本國對面東方地中海內相離二百二十五里緯度離赤道往北三十八度五十分起至四十度五分止經度自吧嚓嘶第一午線西一度十分起至東二度五分止凡五大座一名嗎嚂嘛㗅島長二百里寬一百四十里戶口約十五萬五千人一名咪啱嘛㗅島長一百三十里寬四十里戶口約六萬五千人一名噎囉𠸄島長八十里寬四十里戶口約二萬七千人一名㗅嘛啲嚏嚹島長三十里寬二十里戶口約二千人一名咖嗶嘞竦島長二十里寬十里戶口約一千人共爲一省亦名吧哩啞唎嘶乃下等之省也省城名吧嘛嗎建於嗎嚂嘛㗅島上地氣溫和田土肥饒土產五穀百果紋石鹽酒等物廟堂學塾乙修各院亦皆有之中古之時東方諸國貿易咸集其地所領之

處一名嗎嗱噶嗮一名啵唛嗹一名㗭嘞嗮一名嗳啦呢吐一名嘘噠嚔㖞一名嗎吁一名噎嗺嚾

第二島總名咖嗱咧嘶在啞啡哩咖州西邊啞嚔嗮喲海内凡海島大小二十座共爲一省亦名咖嗱咧嘶乃下等之省也省城名曰吠呱嚕嘶建于首島嚔吶嚟啡之上其各島之長寬戸口土産等項後釋啞啡哩咖州再爲詳細註明

[屬地]大呂宋國或於啞啡哩咖或於啞嘆哩咖或於啊嚜啞呢啞三州之内皆有屬地其在啞啡哩咖者一名嘍嗟一名吡嗷嚔嘁嘞嘶一名啞嚧嚜㘄嘶一名嘆哩嚟啞一名咖嗱哩啞嘶各小處其在啞嘆哩咖者一名咽吧一名啪嗮哆嚟咯各海島其餘如嘆嗜哥新咖啦嗱吠吡嚧吧啦啡吧啦吠嚌唎等處皆已背叛自立不歸統屬其在啊嚜啞呢啞者一名小呂宋一名嗎嚟啞㘄各海島後釋各州再爲詳明

咹哆嘞國全志

夫咹哆嘞建於大呂宋國咖噠嚕呢啞省極邊吡哩吽嘶山南坡小谷之中谷名亦曰咹哆嘞爲嚜哥嘞河分派吧唎啦小河所穿者其地甚小長寬皆不上七十里嘣嗬哂國王與大呂宋國嗚嗮嗻咡府教主互相庇之其國人除自立領官一員職司會議外尚有嘣嗬哂國王與嗚嗮嗻咡主教所差副領官二員審問判斷其人民以本鄉樹林所産材木及鐵匠所造器具易本國所乏之穀果同日用所需各物省城亦名咹哆嘞建於吧唎啦河邊戸口約二千人所領之地惟一名曰咖呢囉乃小村也土産鐵器

大西洋瑪吉士輯譯

大西洋國全志

大西洋國古名嚧哂噠呢啞今稱啪嘟咖哩在歐囉吧州極西其國土在北極出地三十六度五十六分起至四十二度七分止經線（凡論經線皆係自京都吧嚟斲第一午線算起後皆倣此）自西八度四十六分起至十一度五十一分止東北二方皆連大呂宋國西南二方皆至啞𠿪嚨哋海南北相距約一千三百里東西相去約五百里地面積方約五萬一千二百五十里烟戶三兆五億三萬口本國除海涯與河岸各平原外其餘各地皆岡陵重疊絡繹不絶河之至長者則八一名咪嚧一名嚟嘪一名吽囉一名嗃嗚咖一名嚎𠿪呃一名𠿪叺一名嚨啊嘟一名哌哂啞哪湖之至大者則六一名㦤吐呱啦一名嘞嗷吙一名嚨咖一名吧咇一名囉嘶嘽咯一名嗬吡哆田土肥饒穀菓豐登花卉茂盛地氣溫和四季時若甚宜人物土產金銀銅鐵錫鉛窩宅水銀煤礬硫磺花石砒石寒水石紅藍寶石紫石英吸鐵石寶砂水晶磁器等

靡弗豐盛至于朝綱王位歷代相傳男女皆得臨御惟以長幼為序所奉之教乃囉嗎天主公教若有外國人寄寓本國或奉别教者不爲禁止工肆林立技藝精巧貿易興隆四方輻輳原本國昔日居民不一各皆分據地方以爲已邑不立國君惟設宰臣司理政治其後有啡呢嘶啞國人聞知其地民豐物阜乃興兵侵擾遂克而得之迨後被咖𠿪噠呃國人驅逐奪取即主于其地三百餘載又被囉嗎國人所取至耶蘇四百零九年及十六年之間（即晉安帝義熙五年至十二年）又爲啞啦哌與嘀嗃二國之人所取至耶蘇五百八十五年（即隋文帝開皇五年也）遂爲哥㗅國王嚁嗤喞哟占據于耶蘇七百十一年（即唐睿宗景雲二年也）傳至囉𠿪嚟哥王乃被囘人所挫甫二年僉通國之地除啞嘶嘟咧嘶山與咖嚟㦤地方外其餘皆盡爲囘人侵奪矣耶蘇一千零九十四年（即宋哲宗紹聖元年也）咖嘶𠿪辣國王啞嚸蘇者因咈嚨哂國王嚁啪𠿪哆之曾孫㖈嚟哈至咖嘶𠿪辣地與囘人交兵深有汗馬功勳是以即將所克嚧哂噠呢啞各地賜之封爲伯爵復以己女妻之厥後㖈嚟哈之子啞嚸蘇㖈嚟哈承襲父職于

耶穌一千一百三十九年（卽金熙宗天眷二年也）大敗回人本國黎庶立之爲王是爲大西洋國開基之元君也其後歷代嗣君漸次征服回人遂得開闢益廣耶穌一千五百八十年（卽明神宗顯帝萬歷八年也）時國君嘆嚟喻薨後絕嗣大呂宋國王啡哩嗶乘時舉兵占據取歸一統越六十載卽耶穌一千六百四十年（卽明懷宗愍帝崇禎十三年也）國人驅逐呂宋派委守官自立吧啦唉囉公名喏喻者爲本國之君耶穌一千八百零七年（卽大清嘉慶十二年也）有咈囒哂兵侵占大西洋國本國之君攜眷出奔所屬之吧啦哂唎地方越

十四年卽耶穌一千八百二十一年（卽大清道光元年也）復歸大西洋國再越四載始立吧啦哂唎地方自爲一國不相管屬其先大西洋國分爲六省今則改爲八省一名㬢嘶噫嘞嗎嘟啦省首府名哩嘶啵啞乃本國京都也建于噫𠺕河右邊由河濱至于高陵樓臺疊起景色雅緻宮室堂院靡弗峻麗四方輻輳實爲閙市一名嗶𠻴啞嘛噠省首府名囄哆一名嗶𠻴咩哆省首府名咖嘶噫囉吧啷咕一名啞𡃶噫𠺕省首府名呢嗃啦一名啞唎呀嘛㖃省首府名𪢮囉一名呌囉省首府名啪嘛哆一名咪嗜省首府名吧啦咖一名噠啦嘶噫嘶嚎噫呭省首府名吧啦唉囉其國通商衝繁之地內外不一吧啦咖喻嗎咪嘆嘶吧啦唉囉咽嘆吧啦嚅哩啞咯㖃啦喝啪嘛噠哆喻嘞呢哩𠸄嘶呢嗃啦等處則內地之大埠頭也哩嘶啵啞啪嘛哆嚜嘱吧嘛𪢮囉啡喻啦㖃啞喲等處乃海邊大馬頭也除八省外尚有數處歸其統屬一名啞嗦唎嘶海島在啞噫囒哟海與大西洋國東西相對共有九島是爲至大之島一名嗎哋㬢啦一名咖啵㖃嘛哟一名唉㖆啦一名吐哆嘆暨吡𡃶哂吡一名

嘆嗓嗥喻以上五處皆在啞啡哩咖州一名小西洋暨其屬轄各處皆在啞嘣啞州一名哋們嗦囉嘛等處皆在啊嚜啞呢啞州後釋其州再爲詳明

大呂宋國全志

大呂宋國古名噫嗶哩啞今稱㬢嘶吧呢啞在歐羅吧州西南其國土在北極出地三十六度起至四十四度止經線自東一度起至西十二度止東至地中海西連大西洋國暨啞噫囒哟海南統啞噫囒哟海暨地中海北接咖嘶哥呢啞海灣暨吡哩吽嘶山西南距東北約

二千四百五十里東南距西北約二千零八十里地面積方約二十一萬八千七百六十里烟戸一京三兆九億日本國崇山峻嶺絡繹不絶河之至長者十二一名叱嗟嘌啞一名喲喻一名咪嚧一名吽囉一名嚧叭一名呱喲呀、哪一名呱嗟嘀嘰噼嘀以上各河皆注于啞嚧嚙喲海一名嘢咖嘀一名呱嗟啦噼呀嘀一名呃啵囉一名嘮啪嘞咖一名嚧嘀以上各河皆注于地中海湖之至大者惟三一名啞嘀呸啡嗽一名啪咋嘀一名咖囉吁嗟或平原或山谷靡弗膏腴肥饒五穀百果實爲豐登草木茂盛禽獸蕃衍地氣參差不能畫一北則冷中則熱南方酷暑潮溼土產金銀銅鐵錫鉛水銀窩宅煤礬硝磺硇砂石膏花石礪石青石火石藍綠寶石鑽石紅玉碧玉瑪瑙琥珀水晶紫石英石榴珠等莫不富庶至于朝綱王位歷代相傳男女皆得臨御惟以長幼爲序所奉之教乃囉嗎天主公教別教旁門嚴行禁止工作技藝較嘁囉吧州之數名國雖爲稍拙然而其地工肆亦非鮮少所造各物倘屬精麗通商貿易判若兩途陸路稍狹水程實繁原本國乃古嚧嘽哩啞地也

在昔編氓不一究爲咖嘀嗟呃國人所得至洪水後二千一百五十一年（即漢太祖高皇帝三年也）乃被囉嗎國人所逐盡奪其地而主其國越六百載囉嗎衰弱之時遂爲北狄侵占耶蘇六百載（即隋文帝開皇末年也）其地盡爲噼哂嘚哆人所取刱建巨邦耶蘇七百十一年（即唐睿宗景雲二年也）被回人侵擾占據彼時本國侯啪啦喲因回人自相不睦紛紛背叛遂激勵黎庶奮勉驅逐既獲大勝衆立爲王是爲啞嘶嘟哩啞嘶第一王也繼緒各君漸衍邦土以所得各地分建數國互相贊助逐賊出境耶蘇一千四百七十九載（即明憲宗純帝成化十五年也）啞啦啯之君啡嘀噼哆既娶咖嘶嚧嗽后哝嘣啪嘀爲妻遂將列國歸于一統迨啡嘀噼哆甍後嗅嘶喲哩啞國頭等公啡哩嘽者既娶先王孤女喏啞嘞爲妻遂即君位耶蘇一千七百載（即大清康熙三十九年也）時君咖嘀囉嘶因之子嗣臨甍遺囑傳國與嘣嚙哂國王嚧曦嘶之孫啡哩嘽者是以嘣嚙哂與嗅嘶喲哩啞二國舉兵互爭究爲啡哩嘽所得耶蘇一千八百零八載（即大清嘉慶十三年也）本國王咖嘀囉嘶因國政紛擾遂傳位于其子是年其國被嘣嚙哂國王哪啵㖏者占據

立其弟爲君嗣後大西洋大呂宋㕵咭唎三國協力合
軍挫敵救之復立前王之子啡㗚囉哆爲君迨薨後其
女㖖㗰咱㗚于耶蘇一千八百三十三載（即大清道光十三年也）
即位聽政乃大呂宋國現在之君也大呂宋國昔日分
爲十二國二省今則連國外海島共改爲四十九省開
列于後

第一國新咖嘶噠㖞改爲五省一名嗎噫哩吔首府亦
名嗎噫哩吔乃本國京都也建于㗲㰷哪㗰嘶小河左
邊地多砂磧四圍峻嶺屋宇廟堂庠序醫院靡弗華麗

壯觀一名呱嗟啦㰷㖞首府亦名呱嗟啦㰷㖞一名哆
㗰哆首府亦名哆㗰哆一名咽嗌咖首府亦名咽嗌咖
一名嚧嗟哩啞㖊又名㗲㰷首府名嚧嗟哩啞㖊

第二國舊咖嘶噠㖞改爲六省一名吥㗚呃嘶首府亦
名吥㗚呃嘶一名囉哥囉嘘首府亦名囉哥囉嘘一名
㕧嚕噫㗚首府亦名㕧嚕噫㗚一名㗭哩啞首府亦名
㗭哩啞一名嘜嚹㗗啞首府亦名嘜嚹㗗啞一名啞㗗
啦首府亦名啞㗗啦

第三國㖩改爲五省一名㖩首府亦名㖩一名吧㖑哂
啞首府亦名吧㖑哂啞一名呧哩啞哆㗳首府亦名呧
哩啞哆㗳一名嚾啦㘓咖首府亦名嚾啦㘓咖一名嚾
㗚㖞首府亦名嚾㗚㖞

第四國咖㗳嚾改爲四省一名哥嚕呢啞首府亦名哥
嚕呢啞一名嚧嚹首府亦名嚧嚹一名㘉㖑嚎首府亦
名㘉㖑嚎一名㘉噫㖞嗟㖞首府亦名㘉噫㖞嗟㖞

第五國咖啦嗱吷改爲三省一名咖啦嗱吷首府亦名
咖啦嗱吷一名啞㗚嘆哩啞首府亦名啞㗚嘆哩啞一
名嗎啦呀首府亦名嗎啦呀

第六國呱㖑嚾改爲三省一名呱㖑嚾首府亦名呱㖑
嚾一名啞唎吁喲首府亦名啞唎吁喲一名咖嘶噫噏
㖿啦吥㖞㘉首府亦名咖嘶噫噏㖿啦吥㖞㘉

第七國咮㗚哂啞改爲二省一名咮㗚哂啞首府亦名
咮㗚哂啞一名啞㗚吧嚎喲首府亦名啞㗚吧嚎喲

第八國啞啦啊改爲三省一名嚾啦呃㗰首府亦名嚾
啦呃㗰一名嗚呃嘶咖首府亦名嗚呃嘶咖一名噫嚕
呃㗚首府亦名噫嚕呃㗚

第九國㘉呱啦改爲一省名㘉呱啦又名哪吥囉㗚首

府亦名啝吓囉喲

第十國啞嘶嘟哩啞嘶改爲一省名㖃㘓㖡哆首府亦名㖃㘓㖡哆

第十一國咖嗟嚕呢啞改爲四省一名吧㘔㗭囉喲首府亦名吧㘔㗭囉喲一名嗟啦㖃喲首府亦名嗟啦㖃喲一名嘞㘓嗟首府亦名嘞㘓嗟一名咀囉喲首府亦名咀囉喲

第十二國吡嘶咖啞改爲三省一名吡嘶咖啞首府名吡㘔咆一名嗡吓嘶呱首府名呾㗭吧嘶啲㖼一名啞啦呧首府[illegible]哩啞

第一省㘗嘶㦖嘞嗎嘟啦改爲二省一名吧嗟㘔嘶首府亦名吧嗟㘔嘶一名咖㗭嘞嘶首府亦名咖㗭嘞嘶

第二省唉嗟嚧哂啞改爲五省一名㗭㘓哩啞首府亦名㗭㘓哩啞一名嗚呝㘔㘊首府亦名嗚呝㘔㘊一名咖啲嘶首府亦名咖啲嘶一名哥㘔哆呧首府亦名哥㘔哆呧一名㘔嗜首府亦名㘔嗜

第一島吧哩啞唎嘶改爲一省名吧哩啞唎嘶首府名吧㘔嗎

第二島咖㖠唎嘶改爲一省名咖㖠唎嘶首府名呾嗟㖅嚕嘶

其國通商衝繁之地有二處之分一名嗎㦖哩㘓一名吓㘔呝嘶一名㘔啦呝㘃一名呧哩啞哆㘓一名吧嗟㘔嘶一名哥㘔哆呧一名咖啦㖠吠一名啞㘔吧㗭啲一名咊㘔哂啞一名㘓㘓啲等處乃內地大埠頭也一名嗎啦呀一名啞㘔㖪哩啞一名咖㘔㦖㦖喲一名啞唎吁啲一名呧嚝㘓一名嚠嘶一名吧㘔㗭囉喲一名嗎嗟㘓一名咖啲嘶一名㗭㘓哩啞一名㘓㘓等處乃

海邊大馬頭也除四十九省外尚有數地歸其統屬一名㗐嗟一名吡㘓㦖㘊嘞嘶一名啞㘓㗭喲嘶一名㖪哩㘓啞一名咖㖠哩啞嘶以上各處皆在啞啡呷咖州一名啊吧一名㖃㘔哆㘓咯海島皆在啞㖪哩咖州一名小呂宋一名嗎㘓啞喲海島皆在啊㗭啞呢啞州後

釋其州再爲詳明

唉哆嘞國全志

唉哆嘞國在大呂宋國之咖嗟嚕呢啞省極邊吡哩吽嘶山南坡小谷之中谷名亦曰唉哆嘞爲㗭哥嘞河分

派吧喇啦小河所穿者其地甚小長寬皆不及七十里咈蘭西國王與大呂宋國嗚爾嚧呭府主教互相覆庇其官除國人自立領官一員職司會議外尚有咈蘭西國王與嗚爾嚧呭主教派委副領官二員辦理事務其人民以土產材木及製造鐵器易本國所乏穀果與日用所需各物省城亦名唆哆嘞建于吧喇啦河邊烟戶約二千口所領之地惟一名曰咖呢囉乃小村也土產鐵器

咈蘭西國全志

咈蘭西國古名嗅嚧又名呀哩啞在歐羅吧州之中其國土在北極出地四十二度二十分起至五十一度五分止經線自東五度五十六分起至西七度九分止東至吧敦蘇嗌囖囖爾哟呢啞等國西統啞噫𡂿哟海南接地中海暨呲哩咩嘶山北連嘀𠯿海暨呲爾咀咖國南北相距約二千二百五十里東西相去約二千零六十里地面積方約二十七萬里烟戶三京二兆口本國西北二方邱陵寥寥平原甚廣東南二方岡嶺層層峯巒出參天河之至長者則二十有一一名嘞㦖一名咮吁噻一名曦嘶咖爾嗟一名㗊嗼一名噻嗍一名嗬爾呐一名嚾嘞一名蘭噻一名嗬哩哟一名吧啦噦一名嚾嘞呐一名囉啞爾一名噻噦嘞嗟爾噫嘶一名嘢蘭噫一名咀喻呋一名啞嘟爾一名嗬噫一名嘿囉爾一名囉嗟嚐一名啞爾吒一名呱爾湖之至大者則九一名咖爾敦一名噻爾噫一名噪嗡呐一名嗰咖哟一名哂嗾一名嗨一名咖嗎喇嗡一名吡嘞一名吡咖哩啞西北地方溼而且寒田土肥饒穀果豐登惟乏葡萄東南二方燥而且煖禽獸蕃衍草木茂盛葡萄充斥土產金銀銅鐵錫鉛水銀窩宅煤鹽信礬寶石鑽石白玉水晶花石石膏銀硃磁粉等莫不富庶至于朝綱王位歷代相傳惟男得以臨御冊立以長所奉之教通國之人奉囉嗎天主公教者十五分之十四奉別教者十五分之一至于外國人寄寓本國者所奉何教槩不禁止聽其自便至若工巧藝精匠肆林立貿易昌盛商賈輻輳較之別國尤為衝繁原本國在昔噻爾嗟人分派所居耶蘇生前四百八十載即漢孝元帝初元元年也乃被囉嗎國皇帝啖嘐噻嘞爾者征服統歸一省迨囉嗎衰弱之際遂有極

北戎狄侵擾其地南方各省則爲囉哂哥哆人所取西方各省則爲吥爾喀噥人兼併其餘各省皆歸于唆啷哥人耶蘇四百八十一載（即齊高帝建元三年也）唆啷哥首領哥囉囉嘶者既遂各狄遂以呀哩啞國一帶地方盡歸掌握自立爲王肇造邦基改建國號名曰唆啷嚧耶蘇七百五十二載（即唐明皇帝天寶十一年也）傳至嗣王喀爾吡哩哥者乃被國人所廢更立冢宰吡吡喏爲君及其子咖爾喙嗎哥吸踐祚不惟通國盡歸掌握而且西方各地三分已有其二焉耶蘇九百八十七載（即宋太宗雍熙四年也）其朝遂

亡國人更立公爵嗞嚬咖嗶哆者爲君其時國內只有三省傳至咖嗬喙嘶迨薨後絕嗣更立第三起啡哩嗶之孫吼囉曦嘶者爲君于時嘆咭唎國王曦嘟啞爾哆因與先君有舅甥之親覬覦分封乃舉兵索地干戈不息至其孫咖嗬喙嘶臨御後再見太平耶蘇一千五百七十四載（即明神宗顯帝萬歷二年也）傳至嘆嚓喀在位時內變復生爲國人所弒其朝遂亡乃立第四起嘆嚓喀爲君耶蘇一千七百七十四載（即大清乾隆三十九年也）傳至第十六起嚧曦嘶國勢大亂至耶蘇一千七百九十二載更甚（即大清乾隆五十七年也）乃裁革王爵更立會議官員辦理國務越七載又改立領事官三員其首員名哪啵喰者因有叛亂除惡禁邪止叛將勇兵強平定國家之功于耶蘇一千八百零四載（即大清嘉慶九年也）通國之人共立爲皇帝耶蘇一千八百十五載（即大清嘉慶二十年也）與嘆咭唎等國戰敗于嘀噫爾喙地方本國人復立前王嚧曦嘶者爲王及薨國人更立其弟咖嗬喙嘶爲王在位九載因亂被廢耶蘇一千八百三十載（即大清道光十年也）更立嚧曦嘶啡哩嗶爲王即現在之君也本國變亂以前共有三十三省大小不等

今則改爲八十六府或以經流之河爲名或以相近之山爲名其序如左開列備覽

第一省嘖哩啞嚧嘟嚸嚃改爲五府一名嚜嘞府首邑名吧嚓嘶乃本國京都也建于嚜嘞河兩岸其地或屋宇或廟堂或宮第之雄麗或庠序之峻美甚屬壯觀工程絕妙或牌坊或橋梁或街衢之寬直或花園之雅緻靡弗精華景色尤佳匠肆林立製造精巧貿易昌隆商賈雲集一名喃吼嘶府首邑名啵嘁一名喰嘶呢府首邑名啦咳一名嚜嘞喃吼嘶府首邑名嘁嘀嚜咧嘶一

名噻喲嗎嚈吶府首邑名咲喻
第二省呿啷嚧嘞改爲二府一名嗐嚈府首邑名嗽唎
第三省啞嚈哆啞改爲一府名吧哟咖嚅府首邑名啞
啦嘶
第四省吡咖嚈哟啞改爲一府名嗦咲府首邑名啞哏
第五省嗐嚈嘀哟啞改爲五府一名下噻喲府首邑名
嚧喝一名咖嚈呱哆嘶府首邑名咖暵一名嘀吵府首
邑名嗦哟囉一名嗬嚈吶府首邑名啞嚧嗓一名嶼嘞
府首邑名呃嘁嗶

第六省嚔吧呢啞改爲四府一名啞嚈嚧吶嘶府首邑
名咲哂吔嚈一名嗎嚈吶府首邑名吵嚨一名嗬嗶府
首邑名嚧囉嘆一名高嗎嚈吶府首邑名嘵嚎
第七省囉嘞喲改爲四府一名咪吁嚗府首邑名吧嚈
嘞嘟一名味嚗嘞府首邑名咲哟一名味嚈嚧府首邑
名囊哂一名嘀嘶咀府首邑名呃吡喲嚈
第八省嘖吶改爲二府一名嗎吔吶府首邑名啦呱嚈
一名嚾嚈哆府首邑名嘞叱
第九省唆咖改爲一府名嘖吶囉啞嚈府首邑名唆嗻

嚈
第十省吡嘞嗟呢啞改爲五府一名嘘唎嚹嘞吶府首
邑名嘞吶一名嗬哟嘟嗐嚈府首邑名嗱嚧吡哩嶼咯
一名啡呢嘶嚧啦府首邑名啁暵啤嚈一名嚗嚈吡哰
府首邑名呱吶一名囉啞嚈府首邑名嚡嚧嘶
第十一省啵啞嘟改爲三府一名啱嚧府首邑名吥嚈
嘣啱嚧一名二嚗嘁嘞府首邑名嘘嚈一名嚡吔吶府
首邑名啵啞噔
第十二省嗬呢改爲一府名下吵嚹嚧府首邑名囉嗆

嘞
第十三省嗪噹咀喝嚈咕味啞改爲一府名吵嚹嚧府首
邑名喝嚈咕嘞咲
第十四省咡哩啞吶嘶改爲三府一名嶼嘞囉啞嚈府
首邑名吵嚈嚧嘞一名囉啞嘞府首邑名嗬嚈嘎一名
囉啞嚈啥咡府首邑名啵囉呱
第十五省嘟嘞吶改爲一府名喑嚧嘞囉啞嚈府首邑
名嘟嚈
第十六省吡唎改爲二府一名啥咡府首邑名吥嚈咁

一名嗗嚏嘞府首邑名唦哆嚧
第十七省呢㗀𡀔呐改爲一府名嚆雖嘞府首邑名呐
雖𡀔
第十八省吥𡀔啵呐改爲一府名啞唎𡀔府首邑名咊
嚧
第十九省嗎𡀔哋改爲一府名哥嚁嘶府首邑名嗬嘞
第二十省喙味咩改爲二府一名高雖吔呐府首邑名
哩嚀咀一名哥嘞嘜府首邑名喲嘰嘞
第二十一省嗬㗀𡀔呐改爲二府一名吥噎嚏哆嗼府

首邑名哥嘞𡀔嚎一名嗷嗟𡀔府首邑名嗬哩啦
第二十二省啞𡀔嗷嘶啞改爲二府一名下嘞㗊府首
邑名嚱嘶嗟啦嘶吥𡀔呢一名高嘞㗊府首邑名哥𡀔
嗎㖿
第二十三省㖓啷㗭嗒嚏改爲三府一名高㗂呐府首
邑名㗀嚇𡀔一名嘟嗰府首邑名吡㕥嚓一名㗭啦府
首邑名嚨嘞㗂𡀔嘳㖿
第二十四省吥𡀔嗬呢啞改爲四府一名喲呐府首邑
名嗬哈嘞一名哥嚏哆𡀔府首邑名喲吻一名㗂呐囉

啞𡀔府首邑名嗬嗷一名吧嗼府首邑名吥𡀔呃
第二十五省哩嗬呐改爲二府一名囉呐府首邑名哩
喁一名囉啞𡀔府首邑名嚎吡哩嚓
第二十六省嚏𡀔啡呐改爲三府一名嚱嗹嘞府首邑
名哥𠹭嗒嘞一名哆囉嗼府首邑名呱㖸嚧一名高
啞𡀔嗶嘶府首邑名呷
第二十七省吥囉嗢嚧改爲四府一名嚐哥㗅嘶府首
邑名啞㗀噥一名下啞𡀔嗶嘶府首邑名喲嚭一名吥
哋嚏囉呐府首邑名嗎𡀔嚙哩啞一名呱𡀔府首邑名

嗟啦嗡嗽
第二十八省啷嗡嚏改爲八府一名高囉啞𡀔府首邑
名吥噎一名囉嚓嘞府首邑名嘪嚏一名啞𡀔嚏哋府
首邑名吡哩呱一名咖𡀔府首邑名呢嗼嘶一名呃囉
𡀔嚏府首邑名嚎嚏吡唎𡀔一名嗬嚏府首邑名咖𡀔
咖㗂呐一名嗟𡀔呢府首邑名啞𡀔吡一名高咖囉呐
府首邑名嘟囉嚜
第二十九省嗨啞改爲一府名啞唎哘府首邑名嗨啞
第三十省嚧哂嘩改爲一府名東吡哩吽嘶府首邑名

吡嗬吼㖃

第三十一省嗎吔喲改爲九府一名吲𠳀吠府首邑名啵嗬哆一名哆嗬哆呢啞府首邑名嗶哩㖧一名囉咖囉吶府首邑名啞吒一名囉府首邑名咖嗬一名啞嗺喻府首邑名囉嚍嘶一名噠嗬呢咖囉吶府首邑名㘓嚍啝一名噫嗬府首邑名㖧哋一名㘓嚍府首邑名㘓嚍嗎嗬吂一名高吡哩吽嘶府首邑名噠嗬嗶

第三十二省啪嗬吶改爲一府名下吡哩吽嘶府首邑名啵

第三十三省哥嗬嚜呀改爲一府名哥嗬嚜呀府首邑名啞㖢哂喲其國通商衝繁之地有二處之分一名吧嚟嘶一名哏一名嚧喝一名吂哆嚱嘶嚍啌一名啵嗆嗬一名囃嚍嘶一名嘟嚧嚜一名咖嗬咖嗦吶一名呢唉嘶一名㘓嚍吡唎嗬一名嗶嗋嗬一名嚟唎一名嚱嘶噠啦嘶吥嗬呃一名囃吺一名味喀㖢等處乃內地大埠頭也一名㖞嗆嗬嗆一名啵囉呢啞一名噎嗶一名啞咈嘞一名㖢哟嗎嚓一名囉哏一名囉咟㖞一名吥嗬噂一名吧喲喲一名嚜哟一名嗎嗬嚜哩啞等處乃海邊大馬頭也除八十六府外尚有所屬地方在孖啞㖞啞啞啡哩咖啞唉哩咖三州之內後釋其州再爲詳明

蘇嗌嚾國全志

蘇嗌嚾國古名嘿嗬喊哂啞在𠷮囉吧州之中其國土在北極出地四十五度五十分起至四十七度四十九分止經線自東三度四十三分起至八度五分止東至噢嘶哟哩啞國之哟囉嘞省西連咈嚪哂國南接噢嘶哟哩啞國之喻吧嗬哆喊呢哂啞㗅省暨嚾嗬哟呢啞

國北界啞哩嘎之吧嗷呱嗬嗷吧咡二國南北相距約五百里東西相去約七百五十里地面積方約二萬四千里烟戶一兆九億八萬口本國週圍四方峯巒叠起絡繹不絕河之至長者惟四一名嘞㗊一名囉噠啱一名嚍哂㗅一名喑湖之至大者十四一名喑嘶㖞嚾一名呾吶吧啦一名嗎喲嗬一名嚧咖㗅一名吽咈㖤嚍嗬一名嚤啦一名㖞吶一名嚾嚟哋一名嚧噢嗬嗱一名嘶咯一名呱㖠嘶噠一名吡嗹嘶一名嗷一名㖢吧哋地氣雖屬濕和然有三者之分山上則冷平原則溫

谷中則熱田土不一高則瘠下則沃平隰之地非惟一處所產穀果蔬敷其需草木豐茂禽獸充斥土產金銀銅鐵錫鉛煤白玉紅玉碧玉瑪瑙水晶硫磺硼砂石膏信石及各種花石等靡弗備具至于朝綱不設君位惟立官長貴族等辦理國務所奉之教乃二一則為囉嗎天主公教一則為咖爾喊噃所修之天主教通國之人奉公教者二十分中之八奉修教者二十分中之十二人民勤慎製造精巧貿易昌隆匠肆林立原本國昔為囉嗎國皇帝啖嘝噻㘈爾者征服而統屬之迨囉嗎衰

弱遂有吥嘱𡀔噥人強侵占據始為咈囒哂國所有究為啞哩嘎國所取焉至耶蘇一千三百載（即元成宗大德四年也）因啞哩嘎國皇帝啞哩啪嘱哆者臨御之際嚴酷相處暴虐已極國人遂叛誅戮督守以避水火之政越八載有嗚嚓𪘲㘈的嘶嗡𡃔嘱吚哩喲三國彼此會盟互相救援其餘各國亦皆絡繹接踵相效至耶蘇一千五百十三載（即明武宗毅帝正德八年也）凡會盟者共十有三國也耶蘇一千七百九十八載（即大清嘉慶三年也）囌嗌嚾國又為咈囒哂兵馬佔據易其政治乃將一國改為十九小國迨耶蘇一千八百十五載（即大清嘉慶二十年也）咈囒哂之哪𡁷㖡敗績後囌嗌嚾國非惟復得自立為國更有嗅嘶喲哩啞國會議將咁呐吧啦吚唻嘶咩咈吵𡃔嘱三國附于宇下共為二十二小國素不養軍每國各按戶口多寡應出壯丁若干以防不虞逐一開列解明備覽

其一嗡哩嚓國長三百五十里寬一百八十里地面積方三千八百八十里烟戶八萬八千口應出壯丁一千六百名地居東方通國分為三處每處自立官長互相結盟各不統屬其三處一名嗡哩嚓首郡嘘唧一名咖

𡃔首郡呱嚓一名嗦嗡哩啞首嗟噶嘶

其二啪嘱呢國長三百里寬二百里地面積方四千七百六十里烟戶三十五萬口應出壯丁五千六百二十四名地居中央至于朝綱不設君位共立官長二百九十九員辦理國務首郡亦名啪嘱呢

其三吚唻嘶國長三百餘里寬十餘里地面積方約二千五百四十里烟戶七萬口應出壯丁二百八十名地居南方至于朝綱不設君位共立官長七十六員辦理公務首郡名哂𠹭

其四吼嗚喲國長一百八十里寬一百五十里地面積方一千九百五十里烟戶十七萬口應出壯丁一千二百八十名地居西方至于朝綱不設君位共立官長一百八十員辦理國事首郡名囉嚨喇

其五嚒哂嗯國長一百三十里寬一百二十里地面積方一千四百八十里烟戶十萬零二千口應出壯丁七千八百零四名地居南方至于朝綱不設君位共立官長七十六員辦理公務首郡並無常處惟以吡嚧嗦吶嚧咖啱囉咖嘲吸三地迭相爲首每至六載輪流更換

其六嗓呀嘛國長一百五十里寬一百一十里地面積方一千一百里烟戶十四萬四千口應出壯丁二千六百三十名地居東方至于朝綱不設君位共立官長一百五十員辦理國事首郡亦名嗓呀嘛

其七嚇嚟哋國長一百二十里寬一百一十里地面積方一千二百四十里烟戶二十一萬八千口應出壯丁三千七百名地居北方至于朝綱不設君位共立官長二百一十二員辦理公務首郡亦名嚇嚟哋

其八嚧嚇嘲嗱國長一百二十里寬一百里地面積方一千里烟戶十一萬六千口應出壯丁一千七百三十四名地居中央至于朝綱不設君位共立官長一百員辦理國務首郡亦名嚧嚇嘲嗱

其九啞嘲啊雖啞國長一百二十里寬八十里地面積方一千里烟戶十五萬口應出壯丁二千四百一十名地居北方至于朝綱不設君位共立官長大官一百五十員小官十三員會聚公議辦理國務首郡名啞囉

其十咈哩吓嘲呃國長一百二十里寬七十里地面積方六百四十里烟戶八萬四千口應出壯丁一千二百

五十名地居中央至于朝綱不設君位共立官長一百四十四員辦理公務首郡亦名咈哩吓嘲呃

其十一嗚嚟國長一百三十里寬六十里地面積方六百七十里烟戶一萬三千口應出壯丁二百三十六名地居中央至于朝綱不設君位共立官長十三員總攝會議外倘有幾署人員分職司理首郡名啞嘲哆吁咈

其十二嘞曦喲嘶國長九十里寬六十里地面積方六百一十里烟戶三萬二千口應出壯丁六百零二名地居中央至于朝綱不設君位共立官長三百三十員辦

理公事首郡亦名覲曦喲斷
其十三咖啦咧斷國長九十里寬五十里地面積方四百里烟戶二萬八千口應出壯丁四百八十二名地居中央至于朝綱不設君位共立官長八十員辦理國務首郡亦名咖啦咧斷
其十四吽咈吵嚏嚹國長九十里寬五十里地面積方四百里烟戶五萬一千口應出壯丁九百六十名地居西方至于朝綱雖屬吙嚕哂啞國王管轄然而尙有國君分派之官四十五員國人設立之官三十員會同公議辦理國事首郡亦名吽咈吵嚏嚹
其十五𡀔嚹嗬囉啞國長一百里寬八十里地面積方四百六十里烟戶八萬一千口應出壯丁一千五百二十名地居北方至于朝綱不設君位共立官長一百員辦理公務首郡名𠾶啦嗢啡嚹
其十六嗡嚏嚹吙哩喲國長八十里寬六十里地面積方三百三十里烟戶二萬四千口應出壯丁三百八十二名地居中央至于朝綱不設君位通國分爲二處每處自立官長辦理公務互相結盟各不統屬其二處一

名上嗡嚏嚹吙哩喲首郡名𠻺喃嗱一名下嗡嚏嚹吙哩喲首郡名斷嚐
其十七唆咩嘞國長一百二十里寬八十里地面積方三百五十里烟戶五萬三千口應出壯丁九百零四名地居北方至于朝綱不設君位民間自立官長辦理國務首郡亦名唆咩嘞
其十八吧嘞國長八十里寬五十五里地面積方三百四十里烟戶五萬四千口應出壯丁九百八十名地居北方至于朝綱不設君位共立官長一百五十員辦理公事首郡亦名吧嘞
其十九啞嗱嗘嚹國長一百里寬六十里地面積方一百九十里烟戶五萬五千口應出壯丁九百七十二名地居東方至于朝綱不設君位通國分爲內外二處每處自立官長辦理公務互相結盟各不統屬內地首郡亦名啞嗱嗘嚹外地首郡名哆囉咔
其二十吵咈嗘國長七十里寬四十里地面積方二百二十里烟戶三萬口應出壯丁四百六十六名地居北方至于朝綱不設君位共立官長七十四員辦理國事

首郡亦名吵咈嚛
其二十一吅吶吧啦國長七十里寬約二三十里地面積方約一百二十里烟戶五萬二千五百口應出壯丁八百八十名地居西方至于朝綱不設君位共立官長二百七十八員辦理公務首郡亦名吅吶吧啦
其二十二蘇吭國長五十里寬三十里地面積方一百五十里烟戶一萬四千口應出壯丁二百五十名地居中央至于朝綱不設君位民間自立官長辦理國務首郡亦名蘇吭

其國通商衝繁之地一名吧嘞一名蘇嚟哋一名吅噾呱一名啉哟咖囉一名咖啦唎嘶一名喉哩嚧一名吽咈吵噫嘛一名囉哥嘞等處皆爲內地之大埠頭也

啞哩嘪國全志

啞哩嘪國又名吅嘛嗎呢啞在歐囉吧州之中其國土在北極出地四十五度三分起至五十五度止經線自東二度三十分起至十八度止東至吥嚕哂啞嗅嘶哟哩啞啵囉呢啞咖啦哥嗺啞四國西連咈嘣哂嗊嘣咣嘛咀咖三國南接蘇噝嚧噫吠哩啞二國暨啞哟喙啞哟咯海北界北海與吧嘛哟哥海暨嗞啷嗎嘛吶國長約二千四百里寬約二千二百里地面積方約三十三萬六千里烟戶一京三兆九億口本國除北方各地或坦夷平陽或荒砂澤隰外其餘三方岡陵接連絡繹不絕河之至長者則九一名噠吺吡哟一名嘞㗊一名嘿咦嘶一名嘁嚷嘛一名嘿哩吧一名噠啦喊一名呱嘛吶一名噹呢哟嘶一名响噫嘛湖之至大者十二一名喧嘶哂嚾一名啞咦嘛一名嗚嘛嚤一名嘝一名啡噫嘛一名嚤喙哟嘶一名哥嘛嗊一名噫嘞嗪一名啵囉

一名嘶啞嚐一名啦噫嘶吥嘛呃一名噔咈唎嘶國內地氣甚相懸殊其在中央常多溫和北方則嚴寒凜冽地多潮溼烟瘴傷人南方則稍爲煦暖峻嶺和風舒暢宜人東方則與中央相同西方則與中央互異西南二方則四季時若東北二方則變易無常至于田土除嚧嘛嘶吥嘛呃嚧吶吥嘛呃吧啷哟吥嘛呃暨喊吐噫啖哩啞各地外其餘所產五穀百果花卉鳥獸甚屬豐茂至若呿啷哥呢啞蘇啞啤二處尤爲蕃衍土產金銀銅鐵錫鉛水銀碯宅各色寶石玉石花石䃴石滑石磁石

陽起石黑礬白礬硝磺硼砂磁粉等甚屬豐富至于朝綱或立王以臨御或封公以攝理或設官以垂治變易不一所奉之教有三一為囉嗎天主公教一為喀嘚囉修教一為咖喇喊喏修敎國人奉囉嗎天主公教者約有十分之七奉喀嘚囉修教者約有五分之二奉咖喇喊喏修教者為數無幾各種技藝四十年來靡弗精良製造奇巧匠肆林立貿易昌盛商賈雲集原本國昔日寄寓民人紛紛不一雖每遇戰鬬糾合相禦然戰後仍彼此分據各從其酋迨囉嗎國無敵之軍征服四方本

國大半亦歸于屬下然猶未盡為其統轄耶蘇八百載即唐德宗貞元十七年也嘸囒哂國君咖喇嘛嘶嗎哷呶者臨御後將厥土地民人全為收服越一百十一載即梁太祖乾化元年也啞哩嘎國人又立嘸唧哷呢啞公館啦哆為君從此以後本國歷代各君并非繼緒相傳乃黎庶公立遂有異派之君各以勢力軍威得為臨御因此紛紛滋亂其嚧咙嗦呢啞咭唧哷呢啞嚇啞雖啞三家之人于是陸續即位承接大統耶蘇一千四百三十八載即明英宗睿帝正統三年也噢嘶喲哩啞國人為君之時始定世代相傳迨耶蘇

一千八百零六載即大清嘉慶十一年也嘸囒哂國君哪啵喠者既攻入噢嘶喲哩啞國即更易前制另立結盟章程再越八載當嘞囉吧州軍興兮仒之際各國公使會集于嗚吔喲地議定啞哩嘎諸國各守疆界互相結盟現在其地分為眾小國者皆由此始也通國分為三十六小國今則與噢嘶喲哩啞吓噜哂啞嚍囒哌哪嗎喇咖四國會同結盟是以共為四十盟國一切政事必須公同會議經理每國各派公使一員齊集于咈唧哷咈喇喲地方而噢嘶喲哩啞國之公使恆為會議首領再啞哩

嘎國之軍有二者之分一則額設兵丁一則接應兵丁耶蘇一千八百二十二載即大清道光二年也公同會議凡結盟之國各按人數多寡出兵若干以備守禦每百人應出額設兵丁一名每二百人應出接應兵丁一名彼此聯絡互相保護軍分十二隊隊則多寡不同通共約有兵丁三十萬零三千四百餘名其統領之元帥乃各國會議拜舉者也盡係陸營並無水師茲釋其地惟將本處各小國言之遞相開列俾明倫覽其噢嘶喲哩啞吓噜哂啞嚍囒哌哪嗎喇咖四國結盟各地後述其國再為

詳明
其一吧喴吔啦國長一千一百四十里寬八百四十里地面積方四萬零四百里烟戶四百零七萬口應出兵丁三萬五千六百名地居南方至于朝綱王位歷代相傳惟男得以臨御首郡名嚛呢唴乃本國京都也
其二吽㘓啵吧㖂國長五百里寬三百六十里地面積方九千六百里烟戶一百五十二萬口應出兵丁一萬三千九百五十五名地居南方至于朝綱王位歷代相傳子孫繼緒首郡名嘶嘟嚍呀㘓乃本國京都也

其三啞喏喴㘓國長八百七十里寬五百四十里地面積方一萬九千一百六十里烟戶一百五十五萬口應出兵丁一萬三千零五十四名地居北方至于朝綱王位歷代相傳惟男得以臨御首郡名啞喏喴㘓乃本國京都也
其四𠼻嘵嗦呢啞國長五百里寬三百里地面積方九千三百八十里烟戶一百四十萬口應出兵丁一萬二千名地居中央至于朝綱王位歷代相傳子孫繼緒首郡名嚍嘞嘶嗟乃本國京都也

其五吧啵國長七百里寬三百四十里地面積方七千五百四十里烟戶一百一十三萬口應出兵丁一萬名地居南方至于朝綱頭等公爵統攝子孫繼緒世守首郡名咖㘓嘶嚧嚇乃本國京都也
其六喉嚒國長三百二十里寬二百里地面積方五千三百五十里烟戶七十萬口應出兵丁六千一百九十五名地居中央至于朝綱頭等公爵統攝男女皆得臨御惟以長幼爲序首郡名嗟啦嚕嘶嗟乃本國京都也
其七喉嚒咖嚒㘓國長四百里寬二百五十里地面積

方五千六百六十里烟戶五十九萬二千口應出兵丁五千六百七十九名地居中央至于朝綱頭等公爵統攝歷代相傳繼體之君未滿一十八歲不得即位或母后或至戚暫爲居攝俟其成立然後反政踐祚首郡名咖嚒㘓乃本國京都也
其八𠼻嘵嗦呢啞喴嗎㘓國土地版圖迫近隣國或爲四面環繞或爲兩相間攝以致四散距隔彼此不相聯絡故不能定其長寬里數總計地面積方約有一千八百二十里烟戶二十二萬二千口應出兵丁二千一百

名地居中央至于朝綱頭等公爵統攝歷代相傳子孫繼緒首郡名㠌嚜喇乃本國京都也

其九嗨咯𠻗吥喃呢㗨唲嘧國長四百里寬二百八十里地面積方六千四百六十里烟戶四十三萬一千口應出兵丁三千五百八十名地居北方至于朝綱頭等公爵統攝歷代相傳子孫繼緒首郡名㗨唲嘧乃本國京都也

其十嗨咯𠻗吥喃呢㗨嚒勒唎吔㗨國長一百八十里寬一百里地面積方九百九十里烟戶七萬七千口應

出兵丁七百十七名地居北方至于朝綱頭等公爵統攝歷代相傳子孫繼緒首郡名嗬喃噉吥喃呢乃本國京都也

其十二嗱㗨國長二百二十里寬一百五十里地面積方二千七百九十里烟戶三十三萬七千口應出兵丁三千零二十八名地居中央至于朝綱公爵統攝歷代相傳子孫世襲首郡名㗨嘶吧噉乃本國京都也

其十三吥喻喘唴國土地版圖並非相連或爲吥嘈嘯啞國之省包括或爲啞𠿭㗊爾國之府環繞總計地面積方約有一千九百六十里烟戶二十四萬二千口應出兵丁二千零九十六名地居北方至于朝綱公爵統攝歷代相傳子孫世襲首郡亦名吥喻喘唴乃本國京都也

其十四𠸄唴噉咯吥喃呢嘚嗟國土地版圖不相聯絡錯落別國疆域之中總計地面積方約有二千二百里烟戶十四萬五千口應出兵丁一千三百九十四名地居中央至于朝綱公爵統攝歷代相傳子孫繼緒首郡名咯吥喃呢乃本國京都也

其十五𠸄唴噉嗨嗱𠺝國長五百里寬一百二十里地面積方一千二百里烟戶十三萬口應出兵丁一千二百六十八名地居中央至于朝綱公爵統攝子孫世襲首郡名嗨嗱𠺝乃本國京都也

其十六𠸄唴噉啞喃噉吥喃呢國乃合啞喃噉吥喃呢囉吶吥喃呢㗂嗓吡喃咯三處之地共爲一國總計地面積方約有六百九十里烟戶十萬零七千口應出兵丁一千零二十六名地居中央至于朝綱公爵統攝歷代相傳子孫繼緒首郡名啞喃噉吥喃呢乃本國京都

也
其十七唉嘻㘓嚜嗌國土地版圖不相聯絡錯落別國
疆域之中總計地面積方約有四百六十里烟戶五萬
六千口應出兵丁五百二十九名地居北方至于朝綱
公爵統攝歷代相傳子孫繼緒首郡名嚜嗌乃本國京
都也
其十八唉嘻㘓啪㘓呢吥㘓國土地版圖錯落吥嚕哂
啞國疆域之中分爲上下二處總計地面積方約有四
百三十里烟戶三萬八千口應出兵丁三百七十名地
居北方至于朝綱公爵統攝歷代相傳子孫繼緒首郡
名啪㘓呢吥㘓呢乃本國京都也
其十九唉嘻㘓咯嗷國土地版圖不相聯絡分爲四幅
二在嘿哩吧河之左二在嘿哩吧河之右總計地面積
方約有四百里烟戶三萬四千口應出兵丁三百二十
四名地居北方至于朝綱公爵統攝歷代相傳子孫承
緒首郡名咯嗷乃本國京都也
其二十嚠嘶咯嘞嘶國長七十里寛五十里地面積方
一百九十里烟戶二萬五千口應出兵丁二百零六名

地居中央至于朝綱侯爵統攝歷代相傳子孫繼緒首
郡名咯嘞嘶乃本國京都也
其二十一嚠嘶噫吐嗡唎嘶原與嚠嘶囉嗙嘶喲喑同
爲一國耶蘇一千八百二十五載（即大清道光五年也）分而爲二
本國地面積方約有二百七十里烟戶三萬口應出兵
丁二百八十名地居中央至于朝綱侯爵統攝歷代相
傳子孫承嗣首郡名噫吐嗡唎嘶乃本國京都也
其二十二嚠嘶囉嗙嘶喲喑國自分域之後地面積方
約有三百二十里烟戶二萬七千五百口應出兵丁二
百六十名地居中央至于朝綱與嚠嘶噫吐嗡唎嘶盡
皆相同首郡名囉嗙嘶喲喑乃本國京都也
其二十三嘶呱㘓嘶吥㘓呢嚧嘧咡嘶嗟國長九十里
寛七十里地面積方五百七十里烟戶五萬七千口應
出兵丁五百三十九名地居中央至于朝綱侯爵統攝
歷代相傳子孫世襲首郡名嚧嘧咡嘶嗟乃本國京都
也
其二十四嘶呱㘓嘶吥㘓呢嗦嘧咡吵嗦國長一百二
十里寛六十里地面積方四百九十里烟戶四萬八千

口應出兵丁四百五十一名本國地位朝綱與㖊呱嘛㖊吓嘛呢嚧嚒哩㖊嗟盡皆相同首郡名㖊嚒哩㗋㖊乃本國京都也

其二十五哩嗶嚒哰嘛國長一百二十里寬一百里地面積方五百七十里烟戶七萬六千口應出兵丁六百九十一名地居北方至于朝綱侯爵統攝子孫世襲首郡名嚒哰嚒嘛乃本國京都也

其二十六哩嗶嘵嘀吓嘛呢國長八十里寬三十里地面積方二百七十里烟戶二萬六千口應出兵丁二百四十名地居北方至于朝綱侯爵統攝歷代相傳子孫繼緒首郡名吓嗡吓嘛呢乃本國京都也

其二十七㘗嘛嚒咯國長一百二十里寬八十里地面積方六百里烟戶五萬四千口應出兵丁五百十八名地居中央至于朝綱侯爵統攝歷代相傳子孫繼緒首郡名哥嘛吧吐乃本國京都也

其二十八哃嚏嚓嘞嘛唶嘛嘫國長一百二十里寬七七十里地面積方五百五十里烟戶三萬八千口應出兵丁三百五十六名地居南方至于朝綱侯爵統攝子

孫承緒首郡名唶嘛啉嘫乃本國京都也

其二十九哃嚏嚓嘞嘛嗾嚓嘫國長八十里寬三十里地面積方一百五十里烟戶一萬五千口應出兵丁一百四十五名地居南方至于朝綱侯爵統攝歷代相傳子孫繼緒首郡名嗾嚓嘫乃本國京都也

其三十哃吱嗷吐嗷國長六十里寬三十里地面積方一百八十里烟戶六千口應出兵丁五十五名地居南方至于朝綱侯爵統攝歷代相傳子孫世襲首郡亦名哃吱嗷吐嗷乃本國京都也

其三十一嗾嚏哄吓嘛呃國分爲二區一名哄吓嘛呃一名嘆嚏吶嘆不相聯絡總計地面積方約有一百八十里烟戶二萬一千口應出兵丁二百名地居中央至于朝綱伯爵統攝歷代相傳子孫繼緒首郡名哄吓嘛呃乃本國京都也

其三十二㖊哪咵㖊嘛哂國土地版圖不相聯絡總計地面積方約有一百四十里烟戶五萬四千口應出兵丁四百七十五名地居中央至于朝綱不設君位黎庶自立官長八十五員辦理國務首郡亦名㖊哪咵㖊嘛

喲

其三十三吥唻嚀國四方境土皆爲啞喏喊爾國環繞地面積方約一百里烟戶五萬口應出兵丁四百八十五名地居北方至于朝綱不設君位黎庶自立官長辦理公務首郡亦名吥唻嚀

其三十四喁吥嘀呃國土地版圖錯落間隔不相聯絡總計地面積方約有一百七十里烟戶十四萬八千口應出兵丁二百九十八名地居北方至于朝綱不設君位民間自立官長辦理國事首郡亦名喁吥嘀呃

其三十五嚧啤咯國土地版圖錯落間隔不相聯絡總計地面積方約有一百五十里烟戶四萬六千口應出兵丁四百零六名地居北方至于朝綱不設君位庶民自立官長辦理國務首郡亦名嚧啤咯

其三十六呢啜喋國四方境土皆爲喃嘀嗷吥嘀呃環繞總計地面積方約有十二里烟戶二千八百五十九口應出兵丁二十八名地居北方至于朝綱不設君位庶民自立官長辦理公事首郡亦名呢啜喋

國內通商衝繁之地一名喁吥嘀呃一名吥嗦嗨一名嚧啤咯一名囉嘶哆啶等處乃海邊大馬頭也一名嚅吥哂咯一名喋呢喲嘶一名嘈德一名吥喻嘀啶一名啡啷啶咈嘀喲一名哈嘵一名噢嘶吥嘀呃一名嗎喧嚾一名嚇呢啶等處乃內地之大埠頭也

地理備考卷五終

新釋地理備考卷六

大西洋瑪吉士輯著

噢斯啲哩亞國全志

噢斯啲哩亞國在歐羅吧州之中其國土在北極出地四十二度起至五十一度止經線自東六度起至二十四度止東至呃囉嘶嘩爾噠嚼亞嚱啦嚟亞三國西連薩爾啲呢亞囌嗌薩吧喊吔啦三國南接吐耳堪亞噫吠哩亞二國暨亞啲嚟亞吔咯海北界薩啶嗦呢亞吥噆哂亞啵囉呢亞三國長約三千一百三十五里寬約

一千八百三十七里地面積方約三十四萬零二百四十里烟戶三京二兆口本國大抵峻嶺疊起峯巒參天冰雪凝積永不融化河之至長者十八一名嘿哩吧一名嘞嗯一名嘀嚏爾一名嚨嘶嘟啦一名噠啵吡哟一名嗫吐嚏爾一名啵一名亞啲咥一名吧啪哩喲吶一名咱唆吠一名吡亞喊一名哂嘞一名嗶嗢嚒一名噠哥哩亞們哆一名哩喙嗦一名嘁爾咖一名噻啲嘝一名嘝喻吠湖之至大者則十一名吧啦嗷一名吹嚙嚏爾一名嚏爾嗟呢吔嘶一名嚎嚏一名亞嚏爾一名噠啦嗢一名咖爾吠一名哥嘆一名嗎噫爾一名嚧咖嗯中東二方田土甚爲膏腴五穀百菓實屬豐登其餘各方地勢高燥物產微鮮地氣溫和甚宜人物各種金石靡弗備具較之別國尤爲富庶至于朝綱皇帝臨御歷代相傳男女皆得踐祚惟以長幼爲序所奉之教其羅嗎天主公教國人所奉者過半其呃呦哂啞國暨咖爾喊喏咯嘚囉等各修教國人所奉者無幾至若以德亞古教國人所奉者尤屬寥寥其百工技藝數十年來靡弗精巧匠肆林立貿易豐盈原本國所有諸地大半乃

古之嘞哂亞喏叻咖吧吶呢亞等國之地耶蘇三十三載（即漢光武皇帝建元九年也）皆爲囉嗎國人征服厥後越四百餘載有夷狄之人哇德囉嘿咯嘞嚬德等絡繹侵擾其地肇造邦國迨耶蘇七百九十一載（即唐德宗貞元七年也）爲咈嚙哂國君咖爾嚕嘶嗎哥敉者所克將喏叻咖等處歸于一統改國號曰噢斯啲哩亞耶蘇一千二百八十二載（即元世祖至元三年也）亞哩嘆國君囉德嘛嗝者既獲其地改爲公爵統攝之邦封其世子亞爾啪嘝哆爲君其土地積方不及三萬里又越數十載歷代嗣君漸廣邦基創業

垂統且因與隣邦陸續結婚所以附近各地盡為其所有耶蘇一千八百零四載（即大清嘉慶九年也）其國君甚至進爵為皇帝駉後國内之地雖曾被彿噸哂國君哪啵喉攻克占據過半然至耶蘇一千八百十四載（即大清嘉慶十九年也）兩國講和後除嗊噸仍自為國外其前失各地仍復歸還現在其國實為嘅囉吧州至富至強名國中之一也本國所屬各地雖有啞哩嘎啵囉呢啞噫吠哩啞嗡峪哩啞四者之名然統分為十有五省大小不等次第開列解明倫覽

第一嗅嘶喲哩啞省分而為二一名下嗅嘶喲哩啞一名上嗅嘶喲哩啞其下者長四百一十里寬三百五十里地面積方一萬里烟戶約一百萬餘口省城名嚨吔喲乃本國京都也建于噠呶吡喲河右邊屋宇廟堂雕弗華麗學塾醫院甚屬壯觀百貨駢集人烟輻輳實為嘅囉吧州頭等富麗繁華地中之一也其上者長五百五十里寬一百八十里地面積方九百三十里烟戶約七十七萬四千餘口首郡名噽嘶

第二㖷吐喲哩啞省長五百里寬四百五十里地面積方一萬一千里烟戶約七十七萬餘口省城名咖啦噫嘶

第三喲囉㗎省長六百里寬四百五十里地面積方一萬四千四百里烟戶約七十四萬餘口省城名嗗嘶咱囉咯

第四𠯿㖃咄啞省長一千一百里寬七百里地面積方四萬九千里烟戶約三百二十八萬餘口省城名吧啦咖此地昔為一國迨後歸服方改為省

第五嚤啦𠾴啞省分而為二一名嚤啦𠾴啞一名吵嘞

哂啞其嚤啦𠾴啞長五百五十里寬三百六十里地面積方一萬六千四百里烟戶約一百七十五萬餘口省城名𠯿喻其吵嘞哂啞地面積方約有二千四百里烟戶約三十五萬餘口首郡名嚒囉啵

第六噎嚟哩啞省分而為二一名咮吧吐一名喲哩吔嘶噫其咮吧吐長一千一百一十里寬九百里地面積方一萬零八百三十里烟戶約六十四萬餘口省城亦名咮吧吐其喲哩吔嘶噫地面積方約有六百四十里烟戶約五十萬餘口首郡亦名喲哩吔嘶噫以上六省

皆與啞哩嘍國結盟故名其地曰啞哩嘍應出兵丁九萬四千八百二十二名

第七咖哩嘣啞省長一千三百五十里寬五百里地面積方四萬二千二百里烟戶約三百二十三萬餘口省城名畯嘩爾咯此地昔爲一國迨後歸服方改爲省

第八咘嗬囉嘣省長四百五十里寬二百八十里地面積方六千六百里烟戶約五十四萬餘口省城名嗪爾唦啵囉以上二省皆名曰啵囉呢啞地其咖哩嘣啞昔爲啵囉呢啞國之地耶蘇一千七百七十二載即大清乾隆三十七年也歸于本國管屬故仍名其地曰啵囉呢啞其咘嗬囉嘣昔爲吐呷㗫啞國之地後歸本國管屬改之爲省因與咖哩嘣啞隣近故亦名其地曰啵囉呢啞

第九倫吧嘞哆喊呢哂啞唦省長五百里寬四百里地面積方二萬三千六百八十里分而爲二一名咮嘟省城亦名咮嘟烟戶約二百二十萬餘口一名嘁吶囒省郡亦名嘁吶囒烟戶約九十二萬餘口此省地名曰噫吠哩啞在昔本爲噫吠哩啞國之地耶蘇一千八百零五載即大清嘉慶十年也嘞囒哂國君哪啵㖞者立爲一國後歸本國管屬改之爲省故仍名其地曰噫吠哩啞

第十嗡㗅哩啞省長二千里寬一千二百五十里地面積方十七萬一千一百二十里烟戶約七百五十二萬餘口省城名喃吩此地在昔自爲一國後歸本國管屬改之爲省

第十一嘶咖啦嗃呢啞省長六百二十里寬二百二十里地面積方八千八百里烟戶約二十八萬八千餘口省城名㗅嚤咯此地昔爲一國迨後歸服方改爲省

第十二哥囉呧哂啞省長六百里寬四百里地面積方一萬零一百里烟戶約五十六萬餘口省城名啞哥嘟此地在昔自爲一國後歸本國管屬改之爲省

第十三嗟嘞嗎哂啞省長八百七十里寬一百五十里地面積方八千三百里烟戶約三十萬餘口省城名囉啦此地在昔自爲一國後歸本國管屬改之爲省

第十四噎嘟哂哩呧呢啞省長七百里寬六百里地面積方三萬零八百七十里烟戶約一百八十萬餘口省城名咖嘮㖡吥嘞呢此地在昔自爲一國迨後歸服方改爲省

第十五邊疆之地共四處合爲一省一名斷咖啦窩呢啞地面積方約有四千里烟戶約二十三萬餘口首郡名吡嚏爾呧咡𠾖唷一名哥囉呧哂啞地面積方約有八千一百里烟戶約四十萬餘口首郡名啞哥啷一名喻𠰷哩啞地面積方約有五千二百里烟戶約十八萬餘口首郡名嚏嘆嘶呧爾一名躂啷哂哩呧呢啞地面積方約有六千八百七十里烟戶約十四萬餘口首郡名嘿爾嘮嘶噠以上六省總名其地曰喻𠰷哩啞耶蘇一千七百十三載即大清康熙五十一年也歸于本國均改爲省

此國通商衛繁之地有內外之分如喲哩吔嘶嚏嘁吶𡅏啡呸嘆啦咕𡅏嘶吧啦哆囉咖噠囉囉嗹噥各等處乃海邊之大馬頭也其嗹吔喲吧啦咖嗾嘶哆啵囉喲啷嘷爾嚧嘶咪啷嗹嗪哂啞吧嘟啞嗹囉喲各等處乃內地之大埠頭也

吥嚕哂啞國全志

吥嚕哂啞國在歐羅吧州之中其國土在北極出地四十九度起至五十六度止經線自東三度三十分起至二十度三十分止通國分爲東西二處東方則東至呢囉嘶啵囉呢啞嗅嘶喲哩啞三國西連啞𠲍嘁爾吥喻喃哾二國南接啵囉呢啞嗅嘶喲哩啞𡃼哾嗦呢啞三國北界嗬咯㖃吥爾呃嘶咴㖫嗬咯㖃吥爾呃嘶嚏勒唎吔嘶二國暨吧爾喲嘶海長二千一百二十五里寬一千一百三十七里地面積方十萬零八百五十里西方則東至啞𠲍嘁爾啞哩嘎之㗂嚜嘷嘫等國西連嗊𡄔吡爾咀咖二國南接㖷𡄔哂國北界嗊𡄔啞𠲍嘁爾二國長七百五十里寬約六百餘里地面積方約一萬七千五百里總計烟戶一京二兆四億六萬八千口本

國東北二方平坦廣濶地勢低窪頗爲荒瘠西南二方岡陵聯絡田土膏腴中有磽埆河之至長者則九一名嘆㗊爾一名吥𠹭咀爾一名嗹吐嘟啦一名㖃嚏嚙一名㗊哩吧一名嘁𡅏爾一名嘿嘆嘶一名嘞嗯一名咪吁㗊湖之至大者則八一名咕嚟吐一名啡嚟吐一名㘓吐嚏喲嘆爾一名嘶吡爾叮一名哥啵囉一名嚧嗊一名嗎𡁷哾一名啦吐土產金銀銅鐵錫硝磺礬煤雄黃信石白玉琥珀瑪瑙碙砂磁粉及各色花石等寶爲富庶穀菓敷用牲畜蕃衍至于朝綱則王位臨御歷代

柏傳子孫繼緒所奉之敎乃路得囉修敎暨囉嗎天主公敎通國之人奉修敎者五分之三奉公敎者五分之二至于外國人寄寓本國所奉何敎概不禁止匠肆雖爲寥寥然而技藝實屬精良貿易興隆商賈雲集原本國在昔居民皆北狄之類自爲統屬不受外轄耶蘇一千二百三十七載即宋理宗嘉熙元年也始有啞哩嘎國人進薄其地與之交兵既經五十六載方盡服之敷敎宣禮耶蘇一千四百六十六載即明憲宗純帝成化二年也啞哩嘎國人年深日久暴虐無道而本國人冀避水火之政號拯于啵

囉呢啞國王咖哂咪囉者越十二載反爲啵囉呢啞國所轄耶蘇一千六百十九載即明萬歷四十七年也啵囉呢啞國君薨後絕嗣其地歸于本國吧啷嘚吥爾呢侯管轄即位後始廣邦基開闢疆域至耶蘇一千七百零一載即大淸康熙四十年也其時君長得以自立爲國歷代嗣君雖遭干戈之苦然皆自能創業垂統耶蘇一千八百零六載即大淸嘉慶十一年也時國君與咈囒哂國戰敗闔邦皆爲哪啵哏者所取再越九載各國公使集囉吔喲地會議將本國昔日與咈囒哂國交戰所喪各地復歸版圖此外尚有

薩吃嗦呢啞囉吐嘚發哩啞等處地方並爲歸之現在此國實爲歐囉吧州巨邦中之一也通國分爲八省一名吧啷啲吥爾呢省首府名咱爾嚧乃本國京都也建于嘶啵嘞河岸邊宮室廟堂甚屬峻麗醫院庠序靡弗壯觀貿易興隆匠肆林立百貨駢集人烟輻輳一名啵美啦呢啞省首府名嘶嘚叮一名細嘞哂啞省首府名吡嘞嘶嘮一名啵森省首府亦名啵森一名吥嚕哂啞省首府名哥呢嘶吡爾一名薩吃嗦呢啞省首府名嗎嘚吥爾呢一名囉吐嘚發哩啞省首府名蒙嘶嘚爾一

名嘞哪喲省首府名哥囉呢啞以上八省之內其吧啷啲吥爾呢啵美啦呢啞細嘞哂啞薩吃嗦呢啞囉吐嘚發哩啞嘞哪喲等六省乃與啞哩嘎國結盟通共應出兵丁七萬九千二百三十四名其國通商衙繁之處內外不一如明嘈吃美嚤爾嘶嘚叮哥呢嘶吡爾嘶嘚啦嘚孫哥啪爾各等處則海邊之大馬頭也其咱爾嚧吡嘞嘶嘮嗎嘚吥爾呢吧爾們哥嘞啡爾由嘚哥囉呢啞嘿哩嗶爾啡咡各等處乃內地之大埠頭也兼轄之地惟一名曰咔咈吵嘚爾在囌嗌薩國境內業經詳明今

不再贅

嗊蘭國全志

嗊蘭國在歐羅巴州之中其國土在北極出地五十一度七分起至五十三度止經線自東一度起至四度四十八分止東連亞哩嘎之亞喏嘁爾國暨吥嚕啞亞之㗎吐噫㗚哩亞省南接吡爾咀咖國西北二方皆至北海長約六百五十里寬約三百五十里地面積方一萬八千三百三十里烟戶二兆五億五萬八千口本國除喻爾噫嘞暨嚧𠸄吥爾呃二處邱阜寥寥外其餘各地

平坦低窪莌沙澤隰間隔紛歧河則不一其至長者惟五一名㖡吐咖爾嗟一名咪吁嚏一名嘞噁一名㗅哂一名嘿咦嘶湖則甚多其至大者有一名曰啞咘嘐因其過巨故又名海地氣𤍠寒不甚嘉美若論田土北方則穀菓微鮮不敷所需南方則禾稼豐盈不可勝食土產胡蔴茜草材木烟葉滑石生鐵各色花石無不備其惟煤甚屬富庶禽獸蓄衍鱗介充斥至于朝綱王位歷代相傳儘男繼緒則以長幼爲序若無應嗣之男方得立女踐祚所奉之教其咖爾喊喏倘教國人所奉者過

半其天主公教暨喏𠯁㗚修教國人所奉者紛歧不一其數稍次若有外國人寄寓本國或奉别教者不爲禁止工肆林立技藝精巧百貨駢集人烟輻輳原本國耶蘇未生之前皆爲咖喇啞暨啞哩嘎二國之地所居之民名曰吧嗟啲爲囉嗎國人所克服耶蘇降生後四百年間始則盡爲咈啷哥人所取繼則歸于咈蘭哂國統屬至耶蘇九百餘載咈蘭哂國變亂衰敗本國諸酋或公或伯各因其勢紛紛自立約分其地爲十七小國後乃十有六七漸歸于咈蘭哂國之吥爾𡁠呢啞公管轄

迨耶蘇一千四百七十七載即明憲宗純帝成化十三年也其地盡歸㖿嘶啲哩啞國所取㖿嘶啲哩啞國君傳位于呂宋國王耶蘇一千五百七十九載即明穆宗莊帝隆慶十三年也呂宋國王設立稽查邪教院凡本國之人有信從左道者從重治罪因此酷虐已極國人叛亂廢君逐官分道國爲七省自立官宰辦理公務互相結盟各不統屬再越二百十六載即大清乾隆六十年也本國又遭咈蘭哂兵馬占據迨咈蘭哂國君哪𠶀㖊臨御之後封建其弟復立爲國惟其弟踐祚四載即推位讓國而哪𠶀㖊復統之于咈蘭哂合

爲一國迨哪啵㖿敗績後本國人乃將吡爾叩咖國合爲一邦嗣耶蘇一千八百三十一年（卽大清道光十一年也）吡爾叩咖國人滋生變亂不服管轄自立爲國而本國莫能降服祇得聽其分建矣迺國分爲十一省一名吡賓囒省首府名啞㖿嘶噫爾噔乃本國京都也建于㖂河岸邊其地繁華較之昔日雖爲稍次然而屋宇峻麗廟堂壯觀學校醫院靡弗備具貿易通隆商賈雲集百工精巧諸貨駢臻仍爲㗭囉吧州富麗名國中之一也一名南賓囒省首府名嗨呀一名嘶囒啲啞省首府名咪噫咡吥爾呃一名北吧啦咈啲省首府名吥啞嘞𠹭咯一名嗚噫嘞吱省首府亦名嗚噫嘞吱一名嗡爾噫嘞省首府名啞爾啼一名㖂嘁爾嘰噻咡省首府名㗋爾一名噫喻喝省首府名啞啉一名哥囉啼咖省首府亦名哥囉一名咈哩嘧省首府名嘧㕵爾敬一名嚧吥爾呃省首府名嘖吐啲哩㗃除此十一省外尚有一區名曰嚧啉吥爾呃在本國境內長二百五十里寬二百里地面積方三千九百四十里烟戶二十九萬五千口首地亦名嚧啉吥爾呃與啞哩嘎各國結盟應出兵丁二千

五百五十六名其地應爲頭等公爵統攝即賓囒國王也其國通商衝繁之地乃啞㖿嘶噫爾噔囉噫爾噔咪噫咡吥爾呃咈嘞喔啞此啊爾哆爾噫嘞吱哥囉啼咖嗚噫嘞吱等處所兼攝各地凡啞啡哩咖啞咦哩咖啊嚟啞呢啞三州亦皆有之後釋其州再爲詳明

吡爾叩咖國全志

吡爾叩咖國在㗭囉吧州之中其國土在北極出地四十九度三十二分起至五十一度二十八分止經線自東十五分起至三度四十六分止東至賓囒吥嚕哂啞二國西連咈囒哂國暨北海南接咈囒哂國北界賓囒國長約五百里寬約三百里地面積方一萬五千里烟戶三兆五億六萬口本國地勢北方則平原坦闊南方則小陵稀疎河之至長者惟三一名㖂吐咖爾㗃一名咪吁嗹一名嘞㗂地氣溫和田土膏腴穀菓烟蔴貫腐豐登鳥獸草木靡弗蕃衍煤鐵紋石各礦所產富庶工肆雲集製造精良百貨畢備四方輻輳至于朝綱王位歸御歷代相傳子孫繼緒所奉之教其天主公教國人所奉者過半其𠿡喝囉修教國人所奉者爲數無幾外

國之人寄寓其地若奉別教槩不禁止原本國嘗嚽囒國被㕭啷哷人攻克時一並歸其統屬直至嚽囒國人離叛之際本國一切始末緣由與嚽囒國之情形並無差異迨嚽囒國廢其君逐其官自立爲邦後而本國猶未能自立仍屬大呂宋國管轄耶穌一千七百十四載即大清康熙五十三年也呂宋國王將本國讓與嗅噺哟哩啞國君統攝越八十一載即大清乾隆六十年也本國與嚽囒國同爲咈囒哂國攻克統轄迨咈囒哂國君哪啵㖿敗績後本國與嚽囒國雖合爲一然而兩國之人品性相殊敎化差

異風俗言語逈然不同且嚽囒人凡于顯爵則不令本國人居之一切稚子則不爲本國人敎之種種薄視實難隱忍是以于耶穌一千八百三十載即大清道光十年也本國呸嚕㖷啦嘶人首倡變亂驅逐嚽囒監守官員嗣是各處接踵效尤兩國之兵對壘交鋒尸積如山血流成海究竟嚽囒三軍皆被逐出境外越數月本國人公同會議立𠾗呢嗷咯呸爾呢㑨嚁啵爾哆者爲君由是復析爲二國焉本國分爲九省一名南吧啦㗂哟省首府名呸嚕㖷啦嘶乃本國京都也建于㗂呐河岸邊宮殿巍峩堂宇輪奐景色雅緻甚壯觀瞻一名咹嘟呃嘛吡啞省首府亦名咹嘟呃嘛吡啞一名東發囒㗂嘶省首府名吁哟一名西發囒㗂嘶省首府名呸嚕咀一名海嚙㗂省首府名㘎㖼一名哪㘓嘛省首府亦名哪㘓嘛一名唎咀省首府亦名唎咀一名林呸嘛呃省首府名嚽嘶哟㖷啞一名嚧㖼呸嘛呃省首府名啞嘛喻其國通商衝繁之地內外不一如呸嚕㖷啦嘶吁哟唎咀哪㘓嘛嘟嘛叻噎吡㘃㖼㘓啞喲各等處乃內地之大埠頭也其咹嘟呃嘛吡啞㖃嘶㪲㗂呸嚕咀吽啵嘛各等

處乃海邊之大馬頭也

噎吠哩啞國全志

噎吠哩啞國在歐囉吧州之南其國土在北極出地三十七度起至四十七度止經線自東四度起至十六度止東至嗅噺哟哩啞國暨啞哟㗭啞咄咯喏呢哟二海西枕地中海暨咈囒哂國南界地中海北連𠵾唅𠾗嗅嘶哟哩啞二國長約三千里寬約一千四百里地面積方十五萬一千八百二十里烟戶二京一兆四億口本國地勢或岡陵或平原兩相間隔紛紛不一地氣溫和

四季時若河實紛繁其至長者名曰皷湖則非一其至大者名曰咖嘞噠田土肥饒穀菓豐登花卉鳥獸甚屬蕃衍土產金銀銅鐵各種石類百工技藝較之嘸囒哂啞哩嘎暎咭唎等國雖爲稍庸然而匠肆亦非鮮少所造各物尚屬華麗若論丹青音樂則獨甲于天下遠近馳名四方輻輳本國分爲十有三國各國朝綱或王或公或侯或民首或教宗名位不一所奉之教乃囉嗎天主公教其呃吻哂啞國教暨嘧啰囉咖嘞嘁喏二修教雖亦有奉之者然而爲數甚鮮原本國稱名不一始名

嚨嘟嘞呢啞次名呃喏哋哩啞再名噢嗦呢啞今則名曰噫呋哩啞自囉嗎國人創建邦基後本國民人先後爲之克服一切田土靡不歸其統制其時囉嗎國實獨甲于天下也耶蘇降生後四百年間始有夷狄之人侵擾本國建邦厥土占據三百餘載至嘸囒哂國君咖嘞喙嗎嘢呶卽位後征伐其地遂取而與嘸囒哂合爲一國厥後嗣君勢力漸衰國威日減莫能如前日之強盛于天下也本國之人乃分析其地各建邦國立君設官不相統屬衆君之中有啪喴咀嘞者乘其強力漸服諸

酋各國田土盡歸掌握嗣因暴虐無道通國之人于耶蘇九百四十五載（卽後晉開運二年也）共議廢之乃以啞哩嘎國皇帝爲本國之主從此以後或外攻或內亂紛紛不一其先則受轄于人後則自操于已始則本爲一君繼則改爲列君此乃本國數百年之事也迨耶蘇一千八百零五載（卽大清嘉慶十年也）嘸囒哂國君哪皷哏者復克其地自王其國再越十載各國公使齊集嚨哋喲地方會議將本國分爲十三國大小不等其中統屬有屬于別國管轄者有不屬于別國管轄者其屬于別國管轄者則四

一名喻吧嘞哆嘁呢哂啞吸一名嚒哂嗯國之三首郡一名哵嘞嗦呀一名嗎嘞噠以上四國內前三國先于噢嘶啲哩啞蘇嗌嚨嘸囒哂三國志內業經詳明茲不再贅其後一國俟述暎咭唎國再爲解釋其不屬于別國管轄者則九別其序次如左

其一嚨嘞啲呢啞國東至嚒哂嗯吧嘞嗎哆嘶咖喲嚤嚒哪四國西連嘸囒哂國南界地中海北接嚨嗌嚇國長九百里寬七百三十里地面積方四萬一千九百四十里烟戸四兆三億口至于朝綱王位臨御歷代相傳

子孫繼緒通國分爲十省一名嘟嚧省首府亦名嘟嚧乃本國京都也一名咕嚕省首府亦名咕嚕一名啞嘞吶噫哩啞省首府亦名啞嘞吶噫哩啞一名嗒吼啦省首府亦名嗒吼啦一名啞嗬嘶嗟省首府亦名啞嗬嘶嗟一名呢嚧省首府亦名呢嚧一名吲嗒禨省首府亦名吲嗒禨一名嚧啵啞省首府亦名嚧啵啞一名咖哩呀唎省首府亦名咖哩呀唎一名嚧嚉唎省首府亦名嚧嚉唎其咖哩呀唎嚧嚉唎二省皆在本國海島之中

其二吧嘛嗎國東至嚀噫哪國西連哆嘶咖喲嚧嘛哟

呢啞二國南接嚀噫哪哆嘶咖喲二國北界啵河長寬皆二百里地面積方二千六百里烟戶四億四萬口至于朝綱公爵統攝歷代相傳子孫承襲通國分爲五府一名吧嘛嗎府首邑亦名吧嘛嗎乃本國京都也一名吧啦嗪嚧府首邑亦名吧啦嗪嚧一名呱嘶嗟啦府首邑亦名呱嘶嗟啦一名啵嘛嚬㘓哆呢啜府首邑亦名啵嘛嚬㘓哆呢啜一名啵嘛嗬噫囉府首邑亦名啵嘛嗬噫囉

其三嚀噫哪國東至教宗國西連哆嘶咖喲吧嘛嗎二

國南接哆嘶咖喲嚧咖二國北界喻吧嘛哆喊呢哂啞啜國長三百里寬一百四十里地面積方二千二百六十里烟戶三億八萬口至于朝綱公爵統攝歷代相傳子孫繼緒通國分爲四府一名嚀噫哪府首邑亦名嚀噫哪乃本國京都也一名嘞咟喲府首邑亦名嘞咟喲一名咖嘛嘫嗱吶府首邑亦名咖嘛嘫嗱吶一名嗎嚉咖啦嘞府首邑名咖啦嘛

其四嚧咖國東南二方皆連哆嘶咖喲國西至地中海暨嚀噫哪國北接嚀噫哪哆嘶咖喲二國長九十里寬

五十里地面積方五百六十里烟戶一億四萬三千口至于朝綱公爵統攝歷代相傳子孫承襲通國分爲十二邑首處亦名嚧咖乃本國京都也

其五嗙喲嗂國週圍四方皆爲嚧嘛哟呢啞國包括長三十五里寬二十里地面積方六十里烟戶六千五百口至于朝綱侯爵管轄歷代相傳子孫世襲首處亦名嗙喲嗂乃本國京都也

其六嚜嗎哩嘘國週圍四方皆爲囉嗎國包括地面積方約有五十里烟戶四千五百口至于朝綱不設君位

國人自立官宰辦理公務首處亦名喱嗎喱嘘建于山
上
其七哆嘶咖喇國東至囉嗎國西連地中海暨嚧咖國南枕地中海北接嚧咖嚀嘫哪囉嗎三國長四百五十里寬三百八十里地面積方九千五百里烟戶一兆二億七萬五千口至于朝綱頭等公爵統攝歷代相傳子孫繼緒通國分爲五府一名咈囉唦嚨府首邑亦名咈囉唦嚨建于啞嘛喏河岸邊乃本國京都也一名啞嘞喇府首邑亦名啞嘞喇一名哂吔喲府首邑亦名哂吔

喲一名哥囉嗦哆府首邑亦名哥囉嗦哆一名吡嚨府首邑亦名吡嚨
其八教宗國又名囉嗎國東至二哂哂哩啞國西連哆嘶咖喇嚀嘫哪二國南枕地中海暨哆嘶咖喇國北界啞喲哩啞吔咯海暨喻吧嘛哆嘁呢哂啞奴國長九百五十里寬四百七十里地面積方二萬二千四百里烟戶二兆五億九萬口至于朝綱教宗管轄歷代相傳遞嬗繼立通國分爲二十一府一名囉嗎府首邑亦名囉嗎建于喲吡喙河岸邊乃本國京都也屋宇廟堂甚爲

壯麗至若首堂華絶無比凡天下萬方丹青畫圖珍寶奇觀靡不畢集其中形勢華美動人覩望一名喊嘞嚎哩府首邑亦名喊嘞嚎哩一名咈囉哂喏吶府首邑亦名咈囉哂喏吶一名吡吶嗢哆府首邑亦名吡吶嗢哆一名嚌雖嗟喊哄啞府首邑亦名嚌雖嗟喊哄啞一名雖嚎嘛啵府首邑亦名雖嚎嘛啵一名嘛雖吔哆府首邑亦名嘛雖吔哆一名哩吔喲府首邑亦名哩吔喲一名嘶啵嘞哆府首邑亦名嘶啵嘞哆一名吡嚧咀啞府首邑亦名吡嚧咀啞一名咖嘆哩喏府首邑亦名咖嘆

哩喏一名嗎嚟啦吠府首邑亦名嗎嚟啦吠一名啡嘛嚀府首邑亦名啡嘛嚀一名啞嘶哥嚟府首邑亦名啞嘶哥嚟一名囉嘞哆府首邑亦名囉嘞哆一名咹哥喲府首邑亦名咹哥喲一名嗚嘛吡喏府首邑亦名嗚嘛吡喏一名咈嘛嚟府首邑亦名咈嘛嚟一名啦喊喲府首邑亦名啦喊喲一名啵囉哪府首邑亦名啵囉哪一名啡啦㖡府首邑亦名啡啦㖡
其九二哂哂哩啞國東至喏呢喲海西連囉嗎國南枕喏呢喲地中二海北界啞喲哩啞吔咯海暨囉嗎國其

囉河布一名吧嘞𡂿嘑省首府亦名吧嘞𡂿嘑一名咦哂㘈省首府亦名咦哂㘈一名咖嗟呢啞省首府亦名咖嗟呢啞其地亦有火山一座名曰唉嚧㘈乃歐囉吧州中至大之火山也一名哂啦咕囌省首府亦名哂啦咕囌一名咖𡂿嗟呢嗹吠省首府亦名咖𡂿嗟呢嗹吠一名咀𡂿唲啲省首府亦名咀𡂿唲啲一名嗟啦吧呢省首府亦名嗟啦吧呢以上七省皆在哂哂哩啞島㗾囉河在其國通商衝繁之地內外不一如咀喏㰠呢薩哩㖃𡂿吶咹哥㘈哂呢咖哩啞嚌㘐嗟喊嗔啞哪吥嘞

斯吧嘞𡂿嘑咦哂㘈各等處乃海邊之大馬頭也其嘟嚧㘈囉唛嶐囉嗎唦囉哪嚧咖吡哂啞嗚𡂿吡喏㘈咀啞各等處乃內地之大埠頭也

㖃㘈嗎𡂿咖國全志

㖃㘈嗎𡂿咖國即常稱大尼國也在歐囉吧州之北其國土在北極出地五十三度二十二分起至五十七度四十五分止經線自東五度四十五分起至十度十四分止東至咖㘈呀海峽暨吧𡂿㘈哥海西枕北海南接亞喏喊𡂿國北連斷咖叩𡂿啦咯别名叭嚧囒海分長

地分而為二一名哪吥嘞斯長六百四十里寬五百八十里地面積方四萬一千零九十里一名哂哂哩亞長約六百餘里寬約三百六十餘里地面積方一萬四千二百七十里烟戶共計七兆四億二萬口至于朝綱王位臨御歷代相傳子孫繼緒通國分為二十二省一名哪吥嘞斯省首府亦名哪吥嘞嘶建于㗎喋哆河右邊在嗺嚧喊㘈咆哂哩唦二山之間乃本國京都也地勢幽雅景色美觀其嗺嚧喊㘈山頂出火晝夜不息一名啦嗃𡂿省首府名咖嗟𡂿嗟一名內吡嚧哂吧哆省首

府名嚧嘞𡂿㕭一名外吡嚧哂吧哆省首府名啞喊哩啞一名嘑哩嚧省首府名吁吥吧囌一名內啞吥嚕囌省首府名咭吔吔一名外啞吥嚕囌省首府名嚧啦嘑一名又外啞吥嚕囌省首府名啞幾𡃕一名咖吡嗟㫖哆省首府名㗾咀啞一名吧唎省首府亦名吧唎一名㗊嚧囒哆省首府名嘞嗹一名吧哂哩咖吠省首府名啵嗽嶐一名內咖啦吡哩啞省首府名哥嗪囉一名外咖啦吡哩啞省首府名嘞咀㘈一名又外咖啦吡哩啞省首府名咖冊嶐囉以上十五省皆在哪吥嘞斯地㗾

九百八十里寬四百里地面積方約二萬三千里烟戶一兆九億五萬丁本國地勢言其大概平原居多坎坷徵鮮海邊雖屬陡坡險峻而地面仍係砂磧低陷至若西方尤爲荒蕪河則無幾其至長者惟四一名嘿噫嘶一名呃哩吧一名嗟啦嘁一名咕嗷湖則甚多其至大者有七一名啞嘞一名呃嘶喀一名嗎唎唛噎一名啵囉嗢一名嚹唛一名啦嘶吥嘛呃一名嗲啊嘛海島不一東則吧嘛喲哥海西則北海極北則啞嘫嘛喲海所在皆有其至大之島名曦嘶嘀哋啞內有火山一座晝

夜吐火不熄名曰喉嘌嗽所有各島惟在吧嘛喲哥海中者田土膏腴穀菓豐登其餘則次之通國土產鐵礬磁器木料熟皮禽獸蕃衍鱗介充斥地氣雖潮仍屬溫和沿海一帶地方與人尤爲相宜其或冷或熱一如冬夏二季或朝或暮恆多大霧彌漫至于朝綱王位歷代相傳男女皆得臨御惟以長幼爲序所奉之教乃啫嘚囉修教其囉嗎天主公教暨咖嘛嘁嘴喻教所奉之人爲數無幾百工技藝較之別國雖屬稍庸然而其地匠肆亦非鮮少貿易興隆民人勤奮原本國始與嘴嚕嘁

呀喘哂啞二國并稱嘶吁喲哪呱國也初則爲啡啵囉啡吶嚷等夷狄所居之地繼則爲哥嗖夷人所克之邦其極北之嚅嘛嚇喲啞海寇向日將嚱囉吧州盡爲虜劉者皆出于此焉維時嘶吁喲哪呱國人群居罟酋各不統屬迨本國之哥嘛嚩者居酋時自立爲王其時嚅嚕嘁呀國之哈囉嘛嗯者喘哂啞國之呃哩哥者接踵效尤互相稱王耶蘇降生後一千年間至咖吸唆王乃兼併嚅嚕嘁呀國再越三百餘載至嗎嘛咖哩嗟后時喘哂啞國亦歸其統御及憂三國土地皆並于啞哩嘎

國君爲耶蘇一千四百四十八載即明英宗睿帝正統十三年也本國與嚅嚕嘁呀國更立响嘛嘶嚎唔公嗪唎嘶喲啞嗷者爲王時二國更立新君未與喘哂啞國謀及因此該國民人藉端再爲分析集衆另立一君及嗪唎嘶喲啞嗷後嗣興師攻克耶蘇一千五百二十載即明武宗毅帝正德十五年也喘哂啞國之咕嘶嗟啣者率衆救援免受人制自此以後本國與喘哂啞國永不復合耶蘇一千八百零七載即大淸嘉慶十二年也　嚱囉吧州擾攘之際本國亦遭咈嘛哂國君哪啵唲者攻其土地圍其京師迨各國公使齊集雖

吡吶地方會議之時乃割諾嚕威呀國并于瑞西亞國將瑞西亞國附近本國各地裁歸本國通國分爲五省一名哌吶嗎爾咖省首府名哥啤嚙嗡乃本國京都也屋宇廟堂學塾醫院靡弗峻飛甚屬壯觀工肆林立製造精巧百貨駢集商賈輻輳一名以噫嘣省首府名啞爾啵吽一名咟嘞蘇嗑啶省首府亦名咟嘞蘇嗑啶一名响爾嘶噫喑省首府名响嚧咯嘶一名嘮嗼吥爾呃省首府亦名嘮嗼吥爾呃後二省乃與啞哩嘎國結盟通共應出兵丁三千六百名其國通商衝繁之地乃哥

啤喲嚙啞爾哆喲呢爾嗹吶爾咈啵嘶啵爾嗷哼噫咟嘞蘇嗑啶咔喙噫哩哂啞等處所兼攝各地凡啞嗰啞啞啡哩咖啞嘆哩咖三州亦皆有之後釋其州再爲詳明

瑞西亞諾嚕威呀國全志

瑞西亞諾嚕威呀國原分二國耶蘇一千八百十五載（即大淸嘉慶二十年也）各國公使齊集吡吶地方會議隨將二國合而爲一惟二國田土衆多風俗不一故仍爲分釋俾讀者于二國之中孰大孰小何腴何瘠一覽靡不了然

瑞西亞國在歐羅巴州之北其國土在北極出地五十五度二十分起至六十九度止經線自東九度起至二十二度止東至呃囉嘶國西連諾嚕威呀國南枕吧爾哟哥海北界諾嚕威呀國暨冰海長約二千七百里寬約一千里地面積方約二十四萬里烟戶二兆八億口本國地勢孤山獨嶺各不相聯湖河水澤互相間隔居北六十度外地多荒蕪人居罕少河之至長者一名哆爾呐啞一名嚧嘞啞一名咖嗲噻唎一名嗹嘞咖爾哩

啞一名咖啦㗱一名嗹嚀㗱一名响嗹湖之至大者一名嘁呐爾一名嘁噫爾一名吔爾嗎吽一名嘆啦爾一名哂哩嘫一名嘶噫嚹通國田土概屬不毛南方稍有數處沃壤而北方則盡是低陷砂磧土産銀銅鐵錫窩宅白礬硫磺花石木料熟皮等物至若地氣春則風雨交作冰雪不乏入夏熇烈時少日長九時秋則天氣淸朗雲霞不張迨冬寒凍日多夜長九時其在極北冬則有夜無晝夏則有晝無夜至于朝綱王位歷代相傳惟男得以臨御所奉之教乃路得囉修教若有外國人寄

甯本國或奉别教者不爲禁止本國之人不乏勤奮惟是技藝除鐵器外餘不甚精適敷所需内外貿易較之喏嚕㖃呀國尤爲茂盛原本國于耶穌一千五百二十載即明武宗毅帝正德十五年也既得不制于哌㘓嗎㗎咖國其國人乃立首領咕嘶㗖唎者爲王及踐位後始改古教即奉路得囉修教至㗊唎嘶㖧哪后癖好文學無心朝政因此禪位于表兄咖㗎㖆嘶者自之囉嗎國永不旋歸其咖㗎㖆嘶踐祚後興師攻克哷囉呢啞國之地過半及薨哷囉呢啞哌㘓嗎㗎咖呢囉嘶三國之君結盟合謀

率軍齊至相攻欲廢嗣君本國之君揣知其謀遂舉三軍逐去哷囉呢啞國王圍困哌㘓嗎㗎咖國都其呢囉嘶國兵馬盡爲戰敗由是本國之君赫然有威于㗇囉吧州之各邦焉越數載再爲興師征勦哷囉呢啞國之嗚哥唻㘓古省自臨行陣不幸敗績奔潰兵馬摧折過半乃奔赴吐㖿㗊啞國之㖞嘜爾城請救于該國之王守候五載未獲如愿乃旋本國後復往喏嚕㖃呀國圍其啡㗊嗲唦爾地方遂薨于該處因無嗣其姊登位耶蘇一千八百零八載即大清嘉慶十三年也本國大亂遂廢其君

更立嘶㗊爾嚤呢公咖㗎㖆嘶者爲王耶穌一千八百十五載本國與喏嚕㖃呀國分而爲一其事前于哌㘓嗎㗎咖國志内業經述明茲不再贅耶穌一千八百十八載本國之君咖㗎㖆嘶者臨終無嗣遺命傳國與首將咱爾㖔哆㖧者及即位亦改名曰咖㗎㖆嘶即現在本國之君也通國分爲二十四府一名嘶㗊哥爾嚤府首邑亦名嘶㗊哥爾嚤乃本國京都也建于㖃啦爾湖岸邊屋宇高大廟堂華麗樓臺聳起景色雅緻貨物駢集人烟輻輳一名嗚㖆㗊啦府首邑亦名嗚㖆㗊啦一

名㖃吐㗊唻嘶府首邑亦名㖃吐㗊唻嘶一名呢哥㖵府首邑亦名呢哥㖵一名㖪勒哷囉府首邑亦名㖪勒哷囉一名咖爾囉嘶㗖府首邑亦名咖爾囉嘶㗖一名嘶㗊啦哥吧爾㗓㖿府首邑名㗗喻一名咀啡勒哷爾府首邑亦名咀啡勒哷爾一名㗻哥㖵府首邑亦名㗻哥㖵一名咖爾嗎㖿府首邑亦名㘓爾嗎㖿一名㖫哥㖵府首邑亦名㖫哥㖵一名哥囉喏㗓爾府首邑名㖃㖵㖧一名哷勒唫咀府首邑名咖爾囉嘶哥囉㘓一名嘶咖啦哷爾府首邑名嗎唎嘶㗖一名吔爾㗋嘶哷㖿

府首邑名喊吶爾嘶啵咡一名嗬嘧啵咡府首邑名嗬敦吥爾呃一名啞𠷈嚤嘶嗟府首邑亦名啞𠷈嚤嘶嗟一名嗤唎嘶哋唉嘶嗟府首邑亦名嗤唎嘶哋唉嘶嗟一名嗎𠷈嚤呼嘶府首邑名嗎𠷈嚤一名嗬𠷈嚧府首邑名嗚曦嘶吡一名喏𠷈啵敦府首邑名吡𠷈啞一名喊嘶𠷈啵敦府首邑名嗚㗒啞一名喊嘶𠷈喏咡𠷈府首邑名嘿𠷈喏𠷈一名哟𠷈府首邑名嗬嘶𠷈𠷈𠷈其國通商衢繁之地內外不一如嗬嘞啵囉咖𠷈囉嘶嗟喴喻吻哥嘆嗤唎嘶哋唉嘶嗟各等處乃內地

地理備考卷六　三十二

之大埠頭也其嘶𠷈啞𠷈𠷈嗬嗷吥𠷈呃喏𠷈哥嘆咀啡嘞呢哥嘆嗎𠷈嚤咖𠷈嗎咡嗚曦嘶吡各等處乃海邊之大馬頭也所兼攝之地惟一名曰𠷈吧𠷈𠷈囉嗷海島在啞㗒哩咖州內後釋其州再為詳明喏嚕喊呀國在歐囉吧州之北其國土在北極出地五十八度起至七十一度止經線自東三度起至十度止東至瑞西亞國西枕北海南接咖哋呀海峽北界氷海長三千四百里寬八百里地面積方約十五萬五千里烟戶一兆零六萬六千日本國地勢由南而北斷嚴爹

塞川澤湖河間隔迭出河之至長者一名哥囉們一名嗟啦們一名囉嚤嘶嗟𠷈一名𠷈𠷈敦一名哆𠷈吶啞一名啞𠷈敦一名嗟喇湖之至大者一名咪喲嗦一名𠷈們一名哟哩嘶一名嚓嘶田土雖多砂磧荒蕪然南方地甚膏腴稼穡收功四倍既速且豐樹林雖密菓實則鮮土產五金惟銀最多各種石類紋石極美禽獸蕃衍鱗介充斥至若地氣北方則嚴寒凜冽氷雪凝積南方則燠煦溫煖暑熱頗煩冬令有夜無晝七十五日內不見金烏夏季有晝無夜七十五日內不見玉兎至于

地理備考卷六　三十三

朝綱與瑞西亞國同王而異法所奉之教乃路得𠷈修教其天主公教暨咖𠷈喊喏修教雖亦有奉之者然而為數無幾國內工肆寥寥技藝庸常惟貿易昌隆商賈輻輳通國分為一十七府一名啞咀咧嘶府首邑名嗤唎嘶哋啞呢啞一名嘶嗎嘞𠷈府一名哩𠷈嗎𠷈𠷈府一名𠷈唎嘶哋唉府一名吥嘶𠷈嚧府一名吧啦𠷈嘶吡𠷈府一名吶𠷈呢嘶府一名𠷈嗟𠷈府一名嘶嗟𠷈咱𠷈府一名哟𠷈嚧嘶𠷈咡府一名南𠷈𠷈𠷈府一名北𠷈𠷈𠷈府一名囉𠷈嘶嗟𠷈府一名南𠷈喻哷哨府

一名北德𠲎啲唶府一名喏𡃇𡅗府一名吩嗎㘓㖡府各府中除首列一府外其餘各府首邑原文均未開載是以未曾備録本國通商衝繁之地内外不一如啤𡃇吘噠啦們𡁷唎嘶啲啞呢啞各等處乃海邊之大馬頭也其啷咁𠹭㗋唎嘶啲唉嘧𠲎啲唶啞㖃噠𡃇啊嘶嘧𡃇嚧嗦吁嘮𡃇𡃶咯喘嘶啤𡃇各等處乃内地之大埠頭也

暎咭唎國全志

暎咭唎國又稱大暎在歐囉吧州之西北其國土在北

極出地五十度起至六十一度止經線自西三十五分起至十三度止四面枕海其海在東曰北海在西曰啞嘧𡅗啲海在南曰嗼𠲿海在北亦曰北海長約二千一百里寛約一千零六十里地面積方約十二萬六千三百二十里烟戶二京三兆四億口山陵衆多峻峭極少其在嘶哥哂啞國内之㖋呐𡃶嘶山乃通國之至大山也高僅四百三十七丈零海島甚多四面迴環至若西方尤爲充斥河之至長者一名噠𡁷𡃷一名啉咱𡃇一名嗼𡃇𡃶一名𡃶㖃𡃇呐一名嘟𡁷嘧一名𠯿𡃇嘶一

名吠一名哥㖡嘧一名嘶啤一名咄嗽一名吧嘍一名嚟啡一名𠲿湖之至大者一名𡃶喃嘧𡃇𠯿咡一名哥呢嘶嗷一名嘧𡃇嗢一名囉們一名嘧𡃇一名啞喻一名吁一名嘰啦𡃇呐通國田土概屬荒蕪國人勤勞稼穡適敷所需土産銅鐵錫鉛窩宅𥑮砂紋石火石磁器信煤等物地氣温和不時更變或瞑霧迷漫或陰雨淋漓四季具有時若實罕遇歲寒日居多終年暑天甚少春則颷風暴雨雹雪交錯秋則桂月菊天霜露互墜至于朝綱王位歷代相傳男女皆得臨御惟以長幼爲序

所奉之教乃咖𡃇𡅗𡃶修教其天主公教國中噎𡃇𡅗吠地方之人所奉者過半若嘧𠯿囉等各修教亦有奉之者百工技藝極盡精巧匠肆林立諸貨駢集内外貿易靡弗昌隆販夫商舶來往不息原本國曩時居民皆𡁷𡃇噠人分派後有哥嗖國人蘺入其地占其田土驅逐其人並歸本國耶穌未生之前五十五載即漢孝宣帝五鳳三年也囉嗎國皇帝㕭嘢𡁷𡃇𡃇者率行侵擾時徧垠紛繁越三十一載乃克其地統歸一省歷代兼攝至四百七十五載當囉嗎國衰弱之際一切地土爲啤㗅嗷人所

據後咖喇哆呢啞地即本國現今之斷哥哂啞地也之嘶咯哆暨吡嘧嘶等人頻擾其地卑嘞噉人無術自存因此哀懇嚧嚏嗦呢啞吡喇咀咖二國之哥嗖派居咹咯囉人協助一臂之力而咹咯囉人反乘機便占去地方過半互分七國各霸一方七王之中惟有呃啪嚧者英力邁衆耶蘇八百載即唐德宗貞元十六年也平七國于一統當是時始有嘅喲嗎咖國人絡繹擾亂本國耶蘇一千零十七載即宋真宗天禧元年也甚至一切地土皆爲所據越二十四載本國人甫復興復舊邦再越二十五載又有嚙嚙嚎啲啞公嗆

咧嚙嗼者統率舟師親駕征伐戰敗其軍遂王本國耶蘇一千一百七十二載即金孝宗乾道八年也時君嗼嘛嗆者攻克噎喇嚙呋國歸于一統後婚于咈嚙哂國古省啞嗆嗟呢啞公之女因此獲地甚多耶蘇一千二百八十二載即元世祖至元十九年也嗣君兼併咖嘞嘶地方復克嘶哥哂啞國歸爲一統惟嘶哥哂啞國人吥嚕嘶者于耶蘇一千三百十四載即元仁宗延祐元年也率衆拯救復獲自立如初耶蘇一千六百零三載即明神宗顯帝萬曆三十一年也本國之君薨後無嗣其嘶哥哂啞國王嚥嗆嘶者因與先君有瓜葛之

誼乃得臨御本國由斯以後本國與嘶哥哂啞國合而爲一稱曰大嗼耶蘇一千七百七十五載即大清乾隆四十年也本國所轄啞嗼哩咖地方始行叛亂驅逐嗼官自立爲國而本國屢戰不克越八載祇得聽其自立不爲統屬耶蘇一千七百九十三載即大清乾隆五十八年也本國與咈嚙哂國交兵越九載方爲和息未幾咈嚙哂國君復率舟師進攻幸本國師船雲集如林擁塞河道不能進發至耶蘇一千八百十五載即大清嘉慶二十年也大敗咈嚙哂于嗃嘧嚙嘛地方始得安然耶蘇一千八百三十七載即大清道光十

七年也時君嗆咧嚙嗼者薨後無嗣其姪女雖哆哩啞者接統踐祚即本國現在之君也本國有嗼咭唎嘶哥哂啞噎喇嚙呋三國之分其嗼咭唎分爲五十二府東方則六一名嗞嘧嘞嘛嘶首邑名倫敦乃本國京都也建于嗟嗞嘛河岸邊宮殿衙署屋宇廟堂極盡華麗甚屬壯觀庠序學校樓臺閣院靡不宏峻實爲輪奐工肆林立商賈雲集諸貨畢備五方輻輳誠爲噉囉吧州頭等繁華富麗地中之一也一名嗐咡咈喇哾一名嗦咈嚙哾一名嘓吡嚓咀一名嘿嚙嘧咈咡一名呃嚓嘶西方

則十二一名啡啉嘧一名嗷吡咯一名哦嗱嘛嚩一名唉哥嘞噻一名嗼嘑吶一名喋嚜嘀嗼哩一名啦嚜喏嘛一名咖嘛喲唆一名哸吥囉咯一名嘓嘛嗎咡敦一名吡嘞咯喏吭一名咖啦嚤嘛唉南方則十一名哏嚜一名嚾嗓嘶一名嚇嘞一名吡嘛吭一名嚇嚐啵嗷一名嗚嚱嘛嚜一名嗦嗼嘛噻一名哆嘛噻一名喲嚩一名哥嘛呶哌哩嘶北方則六一名嚆嘛喇吡咡囒一名啊吡咡囒一名嘁嘶嚜噤咡囒一名噠嘛嘁一名喲嘛吭一名囒咖嘶嚜嘛中央則十八一名吱嘶嚜嘛一名嚜嘛吡一名嗨啶嗝一名啉哥嘛吶一名哈囉啵一名嘶嗟嘣嘛一名嚅噻嘶嚜嘛一名嚕嚜囒一名嗰咡嗻嘛一名嗃咡噻嘶嚜嘛一名嗃嘛雒吭一名嚆嘛嗦啵嗷一名嘔叮嗷一名嘛哨一名哥囉噻嘶嚜嘛一名嘀哥嘶嘣嘛一名吧啌嘁一名吡嚜嘣嘛

其嘶哥哂啞分爲三十三府南方則十三一名噎叮吥嘛呃首邑亦名噎叮吥嘛呃一名啉唎嚜呃一名哈叮嗷一名吡嘛雒吭一名嗪啡嗶一名嚄嘛一名嗚喧嘀嗷一名嚧嗱嘛吭一名吡啵嘞嘶一名噻嘛嗆咡吭一

名囉哥嘶吥嘛呃一名啱啡唎嘶一名嗆嘛咖嚜吡哩啞北方則六一名嘛哥喲一名嚆吶嘶一名嚇噻嘛囒一名囉嘶一名哥囉嗎嘛喲一名嗜嘁嘛吶嘶中央則十四一名啞嘛咱嘞一名吡吁嚜一名吶噎嘛哪一名嚓咪一名咿咈一名啞吡嘛嚬一名嗞呀嘛一名唉哌嘶一名咱嘛嘶一名嚹噎吠一名哯囉嘶一名咖啦吭嗎喃一名嘶嚜嘛嚀一名嚐吧嘛嗷

其噎嘛囒吠分爲三十二府東方則十二一名嘟咱啉首邑亦名嘟咱啉一名嘮嘶一名噎嘶嚜嗞一名嗚喧哥嘆一名嘁哥嘶嘣嘛一名嘰嘛嗆呢一名咖嘛唛一名嘰嘛嚜噎咡一名啯喑嘶嗃嗡喲一名啌嘶嗃嗡喲一名嘁嘶嚜嗞一名哪嘣嘛西方則五一名嘞嚜嚧一名嘶嚓咯一名囉嘶哥嚇一名嗎喲一名咖嘛嘁南方則六一名哥嚐喧嘛一名哩嚤嚓吭一名嗆嚓一名嘀嘛吭一名嗃嚜嘛嘣咡一名喲嗶啦嚓北方則九一名唉嚜哫一名叨呢一名啞嘛嗎嘀一名喲喻一名嚙嗷嚜嚓一名嚜吶咖嘛一名啡嘛嗎哪嘀一名咖嚌一名嚤哪唉

其國通商衝繁之地內外不一如𠵍敦嚓㖃嘝吥嚕叱嚟嘶嚈嘝吹咖嘶嚈𠹀咖啦嘶𡁻噎吖吥喇呢啞吡嘝喲啼嘟咱咻嗝嘝哾咀吧啦嘝吠各等處乃海邊之大馬頭也其嘜吱嘶𠼻嘝嚟吔嘶啵嘝嗷吧嘞嘶嗷𠺝吖嘚嗝𠹌喲哩哈哩𠹈咯嘶㗂嘁嘝吶嘶各等處乃內地之大埠頭也

所兼攝各地凡五州之中亦皆有之其在𠻬囉吧州者一名哂唎島大小共一百四十五座地多膏腴穀菓豐登一名嘜島長一百里寬五十里地面積方二百五十

里鐵錯二礦所產富庶五穀百菓靡不充盈一名咀嘝嚤島長四十里寬三十里地面積方七十里山勢峻峭田疇肥腴一名蛉嘝呢嚤島長三十里寬二十里迴環一百二十里川野沃潤田土膴厚地氣溫和四季時若一名嘿唎喇嘝島人烟稀疏綱罟羅列一名咀吧啦嘝吠在大呂宋國吙嚏嚧哂啞省內延袤十餘里三面環海直接咀吧啦嘝吠峽惟一逕達嚤囉哩啞府地勢嶙峋嶄巖嶮巇礮火足倫金城湯池屋宇高大景色美麗五方輻輳貿易興隆一名嗎嘝吠島長七十里寬四十里迴環二百里田土膏腴穀菓茂盛天氣溫和四季時若昔屬噫吠哩啞國管轄今則歸于本國統屬其在亞嚹啞啞啡哩咖亞㖭哩咖啊嚜啞呢啞四州之中者詳釋于後

呢囉嘶國全志

呢囉嘶國分見三州一在𠻬囉吧州一在亞嚹啞州一在亞㖭哩咖州疆土甚廣烟戶實繁今將隸𠻬囉吧州者詳釋聲序其在亞嚹啞亞㖭哩咖二州之內者分序於後

呢囉嘶國在𠻬囉吧州之北其國土在北極出地四十度起至七十度止經線自東十六度起至六十二度止東至嗚啦嘝山暨咖嘶吡喲海西連㖿哂啞吥嚕哂啞啵囉呢啞嗅嘶喲哩啞四國暨吧嘝喲嗝海南接吐嘢嗼啞咖啦嗝囉啞二國暨黑海北枕氷海長約七千六百六十里寬約五千五百里地面積方約二百七十五萬里烟戶五京六兆五億日本國地勢平坦居多坎坷微鮮東南邊地山阜紆軫絡繹參差湖河之巨獨出諸𠻬囉吧州各國之中河之至長者一名𠼻嘶咖一名𠼻

一名嗕嗶㕽一名吡喏啦一名嗬吶咖一名嘟吶一名吶䃼湖之至大者一名啦哆咖一名嗬吶咖一名嚧嘡嗎一名吡嘡咘一名吧呀嗍一名嘡㕽們其山土附近噉曁嗕嗶㕽兩河岸邊者極爲膏腴其在哩嚀呢啞地者則次之其在嚀㕽咖河岸邊者又其次焉其餘北方各地至六十度外皆屬不毛西南二方黍麥豐登東方則砂磧瀉鹵北方則菸油二麥種植適宜中央則胡黄二蔴遍地茂盛土產黄金銅鐵礬硝白玉水晶紋石滑石磁器等物至若地氣極不相同北方則隆冬之時寒

凜異常十月之久川河氷凝有夜無晝四月餘不見金烏炎夏之季暑熱難禁終日之間雲霧瀰漫有晝無夜二月餘不見玉兎南方則天氣晴和萬物化醇風不鳴條雨不破塊至于朝綱帝位歷代相傳男女皆得臨御惟以長幼爲序所奉之教乃吔嘞哂啞天主教其餘別教人或奉之概不禁止百工技藝數十年來亟盡精巧匠肆林立諸貨駢集貿易興隆商賈輻輳原本國古稱嚧㕽嗎哂啞乃嘶咖啦唎呢啞分派所居之地也迨嘶吁喲哪嘁啞國人喺唎喝者興師克之後肇基王績設

官立法傳至嗚啦喲咪㕽曁厥子嚀囉嘶啦者始定律例建學闢肆實爲本國人闓澤之樂焉耶穌一千二百二十三載（即金宣宗元光二年也）爲蒙古國人侵占統屬越二百五十四載至本國王嚾嘛踐位時非惟不受制于人抑且征服乎咖㗎曁啞嘶嗟啦吁二處所居之蒙古人嗹取哂嗶哩啞一帶地方歸于掌握耶穌一千六百零四載（即明神宗顯帝萬歷三十二年也）時君啵唎嘶薨後國政紊亂先則爲啵囉呢啞國王啦喲嘶嘮者所奪後則爲本國囉嗎喏地之嗞㗅㕽者所踞嗣傳至啪哆囉者年方十七歲

卽繼世龍飛汲汲于國計民生務稼穡以贍民用通闤市以便交易興師旅以攻嗤哂啞國儀型百官威震鄰邦因謚曰太傳至女帝第二起咖嗟唎喲者宵衣旰食以圖治安之策乃發兵攻克啵囉呢啞國三分之二吞併吐耳㗎啞國各屬地方歸爲一統大闢疆土嗣稱爲嗹囉吧州頭等強富巨邦中之一也至啞嘞㕷嗯嚟君者與嗅嘶喲哩啞國君結盟協力共拒嘣囉哂國君哪啵㖦者因俱爲所挫及薨其弟呢嗝嘮于耶穌一千八百二十五載（即大清道光五年也）承繼大統卽皇帝位是本國現

一名咖嘛吻吧嘛哟哥海中則三一名噠𠯿一名呃嚜嘛一名啞𡃁其省則四一名嗷一名嗃咖嗦皆在東南方一名吡呵嚟嘶𠿝在西方一名吡𡅏啦吡啞在南方其國通商衝繁之地內外不一如嗓吡𠿝嘛嘶吥嘛呃嚟咖𠯿𠿝嚧噹咖囉啞嘛吁咀咡啞嘶噠啦吁吧咕各等處乃海邊之大馬頭也其𡀔嘶嗕噎呱𠿝嗃啘咖𠴨嗚噎嘛哪哟啡嚟嘶哆嗎嗦咖唎嘶各等處乃內地之大埠頭也

耶蘇一千八百十四載有啵囉呢啞國者統歸本國其

國土在北極出地五十度起至五十五度止經線自東十五度起至二十二度止東至呃囉嘶國西北皆連吥嚕哂啞國南接咖啦哥𡃁啞國長約一千二百五十里寬約八百里地面積方約六萬三千七百里烟戶三兆九億二萬五千口土地平坦湖河間隔田土肥饒穀菓豐登林木叢茂禽獸蕃衍土產銀銅鐵錫煤白玉紋石硫磺磁器等物地氣溫和一望平陽無山障蔽北風甚烈人莫能堪所奉之教乃囉嗎天主公教其餘別教人或奉之概不禁止技藝稍庸匠肆鮮少通國分為八省在之君也本國地分鎮省其鎮四十有九北方則十二一名嗓吡𠿝嘛嘶吥嘛呃首邑亦名嗓吡𠿝嘛嘶吥嘛呃建于吶𠻳河濱乃本國京都也屋宇宏峻整齊如一街衢寬濶其直如矢宮殿巍峩廟堂華麗學醫各院靡弗備具書庫星臺甚屬壯觀實為嚦囉吧州中繁華富麗之區也一名啞嘛吁咀咡一名啡𡃁哟啞一名𠯿嘞吶一名嘶哆呢啞一名哩嗃呢啞一名吡嘶哥咈一名喏咈哥囉一名嗃囉𠯿噠一名哟𡁷嘛一名咀囉嘶啦一名哥嘶𠿝囉嗎南方則四一名吭一名噏嘛㖔一名

呃咖𠿝嚟喏嘶啦一名嗵哩噠西方則八一名呱嘛哪哟啞一名𡁷𠿝吡嘶哥一名嚤喧嘞𡁷一名哵嘶吭一名𡃁哩喲一名哥囉𠿝喏一名嗃嚟呢啞一名啵哆哩啞東方則八一名咱嘛嚤一名𡃁呀𠿝咖一名𠯿喻吥嘛呃一名咖𠴨一名嘶吡嘛嘶吭一名嗙𡅏一名𡅏啦𠿝吚一名啞嘶噠啦吁中央則十四一名𡀔嘶嗕一名嘶嚤唆嘶哥一名呱啦哟𡂝嘛一名呢吶喏嗎𠯿囉一名咖嘍嚛一名吽啦一名哩呀𠴨一名噹啵咈一名𠯿嘞嘛一名咕嘛嘶吭一名嗃囉呢咀一名嗜嘛呃𠯿咈

一名瑪嗦雖亞首府名吼爾嗦雖亞乃省城也每年由
呃羅嘶國皇帝欽派總督官一員駐劄節制一名咖啦
哥雖亞首府名嘧爾喉一名㕦哆嗤爾首府名啦咚一
名咖唎嘶首府亦名咖唎嘶一名嚕啪啉首府亦名嚕
啪啉一名啵囉咯首府亦名啵囉咯一名啵噠啦黔亞
首府名嘛噫呦一名亞嗚嘶哆嘺首府名蘇吼爾黔其
國通商衙繁之地乃吼爾嗦雖亞嚕啪啉咖啦哥雖亞
咖唎嘶各等處

咖啦哥雖亞國全志

咖啦哥雖亞國原啵囉呢亞國之地當啵囉呢亞國版
圖入呃羅嘶國時呃囉嘶國皇帝欲行兼併一統而噢
嘶啲哩亞國皇帝又以其地附近本國亦欲據之因互
相爭競議論紛紜迨耶蘇一千八百十五載即大清嘉慶二十年也各國公使齊集嚇吔納地方會議時將其地兩不歸
併另立一國且議以呃囉嘶噢嘶啲哩亞啤嚕嘶亞三
國鄰近之邦互相覆庇其國土在北極出地四十九度
五十八分起至五十度十六分止經線自東十度五十
三分起至十七度五十二分止東北皆連啵囉呢亞國
西界吡哩呢咖河南枕雖嗹嘟啦河地面積方約有六
百二十里烟戶一億一萬四千口本國一望平原景色
雅緻田土肥饒穀菓豐登至若地氣較之啵囉呢亞國
尤為暖煦至于朝綱不設君位黎庶自立官長辦理公
務每屆二載舉行更易所奉之教乃囉嗎天主公教其
餘別教人或奉之概不禁止民人勤勞貿易昌盛省城
亦名咖啦哥雖亞建于雖嗹嘟啦河岸邊屋宇廟堂靡
弗壯觀街市衢路寬爲坎坷匠肆林立貨物駢集其咖
啦㖊哆嚓啦哥爾噻嗦雖嘶二處溫泉甚多赴浴如市

乃本國人烟輻輳之地也

吐咡基亞國全志

吐咡基亞國分見三州一在歐囉吧州一在亞細亞州
一在亞啡哩咖州地土廣潤烟戶繁滋今將隸歐囉吧
州者詳釋聲序其在亞細亞亞啡哩咖二州之內者分
序于後

吐咡基亞國在歐囉吧州之南其國土在北極出地三
十六度二十分起至四十八度二十分止經線自東十
三度起至二十七度三十分止東至呃囉嘶國暨黑海

西連嗅嘶哟哩啞國暨喏呢喲啞國暨喏呢喲啞哟嚟啞吔咯二海南枕地中嗎嘲嗎啦二海暨呃咖吧㗎國北接呃囉嘶嗅嘶哟哩啞二國長約二千五百里寬約二千里地面積方二十五萬里烟戶九兆口本國地勢言其大槩南方則嶄巖嵾㟪綿繹不絕北方則平原坦濶邱阜微鮮湖河紛歧間隔其地河之至長者一名嚏吸吡喲又名嚾㖃一名囒嘶噫嘲一名嚀啦嘰一名吥嚕噫一名嗎嚟嚾一名呱嘲嚏吘一名啞嘶啵囉啵嚏㖃一名嚒嘞噫一名哟啉湖之至大者一名啦嚒喑一名嘶咕噫嚟一名嗬嗝哩吹一名咀呢喲一名咖嚏㗎一名吔呢咀一名吡吱咯一名嚏嘰喏嘶一名咖嘲㗎嘶一名哆啵哩啞嘶田土最膴穀菓極豐南方諸國所產草卉移植本國靡弗適宜林木稠密山川皆然嘔囉吧州各國罕見之藥材罔不備具土產銅鐵錫鉛𪊲礦紋石等物地氣溫和四季時若惟汙穢瀰犯人多疾病至于朝綱在昔帝位歷代相傳于今分為四國或帝或王稱謂各異所奉之教乃嗬嗎嘲回教其餘別教人若奉之預為捐貲方不禁止工作技藝實為平庸除咱吐

㖡哟喏啲啦嚾囉呢咖咹哟嚟喏啲嘞㗎喇嘶嚓啦名等處匠肆林立人民勤勞外其餘各地所造貨物僅敷所需水陸貿易靡不興隆惟官長掣肘庶民荒棄是以國內生理盡係外客經營原本國昔歸囉嗎國管屬由來已久迨囉嗎國西遷後本國復遭夷狄侵擾耶蘇一千二百九十餘載即元成宗年間有古咖啦嗎呢啞國仕人嗬哆嗎喏者蒙君封以啡哩咀啞一區邊地耶蘇一千二百九十八載即元成宗大德二年也遂侵奪呃咖哂啞國之吥嚕嚾地方肇造邦土僭稱為王即以已名建立國號名曰嗬哆嗎喏國傳至其子開闢疆土日漸廣濶越六十一載其孫嘿啦噫者嗣位後統師攻陷咹哆嚟喏啲嘞城乃建都于其地及薨遂有㗅囒哂啞哩嘎二國興師六萬進攻其國本國與之相持日久終得大捷厥後蒙古人侵犯啞㗎啞州所屬各地本國之君吧吔哂噫者前赴救之乃被蒙古王嚏嘆嘲囒者擒獲拘留傳至嚀啦哆者占據嘆咭喇國屬地甚多後與嗡噝哩啞國人在呱嘲喲地方交鋒挫之迨其子嗎嗬嘆噫者踐祚後興兵攻克咱吐㖡哟喏啲啦城遷都其地此後歷代嗣君

與𠻮囉吧各國之君互相交兵頻頻不休因此遺害非鮮迨耶蘇一千六百八十三載後（即大清康熙二十二年也）本國銳氣始為衰頹每逢興師恆多敗北耶蘇一千七百八十九載（即大清乾隆五十四年也）傳至㗱嚟嚤者與哑囉嘶國交戰喪地甚多再越九載復失呃咀嗖于咈囒哂國三年之後再為克復耶蘇一千八百零七載（即大清嘉慶十二年也）國人變亂廢逐㗱嚟嚤君更立嚤嘶𠻝嚟為王未逾一載仍被廢置又立嗎哈㗂噫者臨御即本國現在之君也通國昔分七省今改四國一名吐㗂嗼啞又名哂哆嗎噤一名㗱爾㗊啞一名㘓啦㗝啞一名㗜爾㗇㗊啞其㗱爾㗊啞等三國雖自立為國不歸吐㗂嗼啞統轄但每歲仍須納貢于其國以存舊屬之誼今將四國序次于左

其一哂哆嗎噤國東枕黑海西至㗎呢㗝海暨嗅嘶喲哩啞國南統嗎爾嗎啦暨地中二海北連嗅嘶喲哩啞㗱爾㗊啞㘓啦㗝啞等國地面積方約十五萬三千里烟戶七兆口至于朝綱帝位臨御歷代相傳子孫繼緒通國分為四大省一名囉㗂哩啞首府名喧吐㕶喲噤咱啦乃本國京都也建于喧吐㕶喲噤咱啦峽在黑海與嗎爾嗎啦海之間從外而觀則宮殿巍峩廟堂輪奐樓臺叠起景色美麗自內視之屋宇樸素宅第卑陋街衢曲隘形勢惡劣然學醫各院書庫浴室靡弗備具市廛林立商賈雲集惟路塗汙穢瘟疫流行一名啵嘶呢啞首府名啵嘶哪𠸄唻一名哂哩嘶喲嚟啞首府亦名哂哩嘶喲嚟啞一名咀𠸄噎爾首府名咖嚟咘哩

其二㗱爾㗊啞國東至㘓啦㗝啞國西連哂哆嗎噤國之啵嘶呢啞省南接囉㗂哩啞省北界嗅嘶喲哩啞國長約七百里寬約三百五十里地方積方二萬二千五

百里烟戶三億八萬口至于朝綱侯爵統攝歷代相傳子孫承襲通國分為十七府首府名㗑嚧噫㗱啞首邑名㗱們喲哩啞建于咀㗋㘓㗇㘓㗂㗝兩河交滙之處乃本國京都也

其三㘓啦㗝啞國東南二方皆至㗇㘓㗝喲河西連㗱爾㗊啞喲㗝哩啞二國北接㗜爾㗇㗊啞國暨嗅嘶喲哩啞國之㗇啷哂哩呱呢啞省長約一千里寬約五百五十里地面積方三萬一千一百二十里烟戶七億九萬口至于朝綱侯爵統攝歷代相傳子孫繼緒通國分

為十八府首府名噎哩咈首邑名吥咖嘞嘶哆建于咚啵嗱喧喲嚾河岸邊乃本國京都也

其四嚌嘶嗟嗱啞國東至呃囉嘶國西連嚶嘶喲𡌳啞國南接嗟㕥吡喲河暨𡂄啦嘰啞國北界呃嚁嘶嚶嘶喲哩啞二國長約七百五十里寬約四百里地面積方二萬一千四百五十里烟戶四億五萬口至于朝綱侯爵統攝歷代相傳子孫世襲通國分為十三府首府名嚽哂首邑亦名嚽哂建于高阜之上乃本國京都也其國通商衝繁之地内外不一如喧吐吶喲喏啪啦嚾囉呢咖呱嚁嘣咖哩啵嚓呃㕥嘶吧唻𠹭咖啦嗝嘶各等處乃海邊之大馬頭也其咹喲哩喏啪嘞嚎哪嘶喲嚁嗦啡啞嘶咕𠺪嚓咖啦嗝嗱啞吡嚁咖啦𠺪吥嗝嘞嘶𠺪嚽哂各等處乃内地之大埠頭也

呃㗎哂啞國全志

呃㗎哂啞國在𣾀囉吧州之南其國土在北極出地三十六度起至三十九度止經線自東十八度起至二十三度止東枕啞嚁哈咱啦嗬海西接喏呢喲海南界地中海北連吐吅嚸啞國長約七百五十里寬約五百里地面積方約二萬零八百三十里烟戶七億口本國地勢嶄巖參差絡繹不絕湖河眾多皆非甚巨河之至長者一名啞嘶吥嚕啵嗟嚌一名嚁啡啞一名啞嚁嗟湖之至大者一名嗟㕥哩啞嘶一名嗞嗦𡂄嘰一名嘶吁嚸嘞島嶼灣峽迴環羅列田土膴腴穀菓豐登五金各礦昔日備具今則缺乏紋石之類所產富庶各色紛繁地氣温和四季時若至于朝綱王位歷代相傳子孫繼緒所奉之教乃呃㗎哂啞天主教其餘别教人或奉之槩不禁止百工技藝不甚精巧匠肆寥寥貿易零落原本國乃禮義衣冠之地聲名文物之邦初則分數部落群居置酋各霸一方不相統屬每遇戰鬭糾合相與然戰後仍彼此分據各從其酋繼則盡為囉嗎國所克歸于一統迨囉嗎國西遷後數百年來歷代皇帝繼緒相傳至耶蘇一千四百五十三載即明景帝景泰四年也復為吐吅嚸啞國攻克統轄歸為一省從此以後四百餘載本國之人遭其虐政迨耶蘇一千八百二十載即大清嘉慶二十五年也遂行背叛驅逐守官以避水火之政血戰七載後賴咈嚁哂嘆咭唎呃囉嘶三國護庇乃得不受其制自立為

國通國分為十省一名啞㘉喋首府啞嚧㘝斷乃本國京都也建于啞嚧㘝斷海灣在昔為文物之地禮義之邦名士異人實繁有徒今則宮殿寥寥屋宇零落街衢狹窄景色蕭條一名啞嘛哥嚟吠首府名嗰吡哩啞一名啞咖啞首府名吧嗟㖨斷一名嘆嚏呢啞首府名啞嘛咖㘉啞一名啞嘛咖㘉啞首府名㘉嚟啵哩嚨一名啦哥呢啞首府名㖸斷嗟啦一名啞咖嘛嗱呢啞首府名呱啦嘵嚟一名囉哥嚟吠首府名囌囉㘝一名嘎嗶啞首府名㘉哥囉嘣哆一名啱咖啦吠首府名嘿嘛嘩啵唎斷其國通商衝繁之地一名啱啦一名噎嗟啦一名嗰吡哩啞一名吧嗟㖨斷皆海邊之大馬頭也

噫呢啞海島全志

噫兜啞海島在㰜囉吧州之南其國土在北極出地三十六度起至四十度止經線自東十九度三十分起至二十三度十分止在呃咖哂啞國之西南方除諸小島外其至大者惟七烱戶一億七萬六千口山勢峻峭石阜間隔田土磽瘠穀菓數用地氣溫和四時咸若至于朝綱不設君位黎庶自立官長辦理公務每屆五載舉行更易所奉之教乃呃咖哂啞天主教技藝庸常貿易昌盛原本國昔屬哂哂哩亞國管屬耶穌一千七百九十八載即大清嘉慶三年也為㗎囒哂國君㖠啵㖉者克服取歸掌握迨與各國戰敗後各國公使齊集㗴吔㘝地方會議時將本國另行建立民議以暎咭唎國永為覆庇暎國派官輔理凡有國務與暎國派官互相酌議通國以七巨島分為七省一名哥噃啸長一百六十里寬一百里迴環四百里首府亦名哥嗰㗎乃本國京都也一名吧㖸迴環六十里首府名㘉嘛哆㖦一名𠱁嗟㘉啦地

面積方約一百五十里首府名啞嗎嘚嚌一名喧嗟㗁又名嚧啞嚌長六十里寬二十五里首府名呱㘉一名嚜嗲囉呢啞長一百五十里寬約五六十里迴環五百五十里首府名啞嘛哥嘶哆嚎一名𠱁嚧長五十里寬三十里地面積方一百八十里首府亦名𠱁嚧一名塞嚟咯迴環一百八十里首府名呷嚧嚟其國通商衝繁之地一名𠱁嚧一名哥嘛㘃一名啞嘛㖿嘶噥唎皆海邊之大馬頭也

地理備考卷六終

新釋地理備考全書卷之七

大西洋瑪吉士輯著

亞㘓亞州全志

亞㘓亞州五州之一也地輿寬廣人烟繁衍石類衆多草木備具地氣温和用土膏腴五州莫比其盛茲特詳于左

文論

位 亞㘓亞州緯度距赤道自北一度起至七十八度止經度自吧嚓嘶第一午線東二十四度起至西一百七

十二度止

界 州內東連大海曁咱唅海峽西至𠲖囉吧亞啡哩咖二州南接印度中國二海北枕氷海曁呢囉嘶國

廣 州內東北西南相距約二萬二千七百五十里南北相距約一萬八千二百五十里地面積方約二千零八十九萬一千二百五十里

質論

山 州內岡陵衆多有峻同于別州者有高逾于別州者而地球中之至峻者皆具于本州之內其至巨且長者共十座一名嘀咖嗦在咖嘶呲㘓海黑海之間一名嗚啦㘓在𠲖囉吧亞㘓亞二州之間一名亞㘓嘴咖一名嘶噠㖃吶皆在呢囉嘶國中國之間一名噎嗎唻亞乃地球中之至峻者在印度中華二國之間一名嘩嘀嘶自印度國起至極南囉嗎呢亞海角止一名咖𠺕嘶自印度國起至南方嘩嚧海角止一名嗰囉一名哩吧喏皆在吐㖃嗼亞國內一名嘿啦𠲖在亞啦鼻亞國內

火山 州內火山不一東方居多其餘各方間或有之在哂𠾍哩亞之唸咋嚧咖地方有五火山焉其至大者名曰

嘰哩嗚啁嘶㗖而嘚哩亞嘶咖亞亞㖃咋則次之在咕哩𠲖嘶海島者九其至大者名曰嗚㘓吡喈在日本國內者十其至大者則呢吻海島之呋哂喏呀嗎而哂啦呀嗎亞𠹭嗎呀嗎則次之在伊犂天山北路者一名曰咱山天山南路者一名曰合州山在印度之吧喻海島者一俱皆晝夜吐火不息此外尚有數山較小不復贅

谷 州內山既廣斥谷亦紛繁難以枚舉其至大者即在㖷㘓嘶㖃咡呢吧㘓𠯈咀亞㘓嘆呢亞嘀咖嗦亞𡃈𠹭㘓㗲嘫西藏四川雲南等處之內者也

海州內外共有一十三海其大者四一名氷海沿流呃囉噺國之哂啤哩亞地面一名印度海在南方沿流天堂印度阿丟暹邏交趾等國一名大海在東方沿流中華日本二國暨呃囉噺國之哂啤哩亞地面一名地中海在西方沿流吐呷嘶亞國其小者九一名咖噺吡吻海沿流噬爾啽噺吩國一名黑海一名嗎爾嗎啦海一名亞爾啽咱啦嗬海皆沿流吐呷塞亞地面一名中國海又名南海沿流中華安南暹邏等國一名黃海沿流中國一名日本海在日本中華二國之間一名嗬咯嘜

嘶咯海沿流哂啤哩亞地面一名咱哈海在亞細亞亞咪哩咖二州之間

海灣州內海灣甚多其至大者有十一名嗬吡在哂啤哩亞之北一名亞哪啲爾一名唫咋嚒咖皆在哂啤哩亞之東北一名吡嘰哩一名東京一名暹邏在東京暹邏等國之南一名嘮咖喇在印度阿丟二國之間一名嗬嘆又名天堂海在印度天堂二國之間一名咱爾哂亞在天堂咱爾哂亞二國之間一名天堂又名紅海在天堂國亞啡哩咖州之間

海峽州內海峽大者有十一名咱哈在亞細亞亞啡哩咖二州之間一名吠啦嘐在滿州國吠啦嘐島之間一名啦吡嘚哂在吠啦嘐島日本國之間一名吀咖喇在日本國咬噤呢吩二島之間一名高麗在高麗日本二國之間一名新嘉坡在新嘉坡嗎啦咖二處之間一名嗎啦咖在嗎啦咖噝嗎嗒喇二處之間一名嗎哪爾在印度東南一名啊喇咻嘶在咱爾哂亞海灣之口一名吧咱爾嘆嚒喥在紅海口

海角州內海角衆多至大者共有二十一名嗬嘞吶一名吠咪爾嘶嘰一名噻㖃囉啣嘶哆咥吶又名哩海角一名嘶㖃亞哆㖃喏嘶一名咥啦哥嘶嘰皆在北氷海一名東海角在咱哈海峽一名囉吧嚒咖在大海一名噹咖吥嘚在南方嗎啦咖海峽一名囉嗎呪亞在嗎啦咖之南一名吶咖啉嘶在嘮咖喇海灣一名哥嚤哈一名嗑嘶皆在印度海一名嚤嚨嗷在咱哧哂亞海灣一名啦薩爾咖哋一名嚄爾咁哥皆在嗬漫海灣一名啦噺畔爾在紅海一名嗡哩哆呢亞在地中海一名吧吧在亞爾啽咱啦嗬海一名嗡哈喥一名唧嚒咟皆在黑海

河　州地爲五州之最但各江河則次于啞喋哩咖州焉其至長者共有十九一名响吡一名咱呢嚏一名嘞哪皆注于氷海一名啊味嘛又名黑龍江注于㑚咯嘆嘶咯海一名黄河一名洋子江皆注于黄海一名喋吣河注于中國海一名喋𡃤注于暹邏海灣一名嚾亂一名嚱㗅㖖喲一名吧啦嗎吥嗟喇一名吁咀嘶一名咯咑喊哩一名嘰嘶噫哪哥皆注于㗻咖喇海灣一名吣噫又名印度注于响嘎海灣一名虎河一名呦嘜啦噫嘶皆注于咱嘛哂啞海灣一名啞啦𠹭嘶注于咖嘶吡喲海一名咀㗊又名响咕嘶注于啞啦嘛湖

湖　天下大湖本州爲最除咖嘶吡喲湖結方十六萬八千里啞啦嘛湖結方一萬二千里以其廣濶無比改稱爲海外其餘大者尚二十有三一名噫嘞咕哩一名咖吽咕啦皆在嗟嘛嗡嘶哪國一名囉𠰷一名㗑嘶㗊皆在天山南路一名吧嘛咖㖓㕧咡一名噫𡅊㖧㗦皆在天山北路一名嚏呵喏嘛又名青海在青海地方一名㖿咗一名呀嘛啵囉嘡咗一名嗎哪嚹㘓哌嘛皆在西藏地方一名嚏啦在咖吥嘛地方一名吧哥噫咀咹一

名嗎啦咖皆在咱嘛哂啞地方一名哥咯㗎在啞嘛喋呢啞地方一名哌咥吥啦咳又名萬一名啞嘶嘜嘛㘈吠又名死海皆在本州吐咡嗟啞地方一名鄱陽在饒州一名青草在岳州一名丹陽在潤州一名洞庭在鄂州一名太湖在蘇州一名咩咖嘛一名㖃味嘛皆在本州呃囉嘶地方

島　州内海島衆多有數座一名者有一座一名者其數座一名者九在氷海名咧哥唱又名新哂啤哩啞者二島同名極爲廣大在大海暨响咯嘆嘶咯海名咕哩喇啞嘶者二十五島亦皆同稱在大海名日本者有五島名琉球者有三十六島均各同呼在㗻咖喇海灣名嚁嘛嘰者有六島甚大名咳嗟嘎者亦有六島名呢咯吧嘛者有十四島在印度海名嗎嘛哋哌嘶者有一千五百島名啦嗡喲哌嘶者有三十二島並各同名其一座一名者十二在咱哈海者曰呃囉哈嗦在中國海者曰臺灣曰海南在印度海者曰錫蘭在印度海西者曰嗑嘪曰响啞即小西洋島也在咱嘛哂啞海灣口者曰响嘛味嘶在咱嘛哂啞海灣者曰吧哈哈在地中海者曰𠼢啤哩

日囉噫嘶曰嚨嘐嘶在嗎𠯿嫣啦海者曰嗎𠯿嫣啦

［莖地］州內莖地有七一東莖地即阿瓦暹邏安南三國一西莖地即印度南方之地一啞啦嗅啞一啞哪哆哩啞一唫咋噫咖在哂啤哩啞東方一嗎啦咖一咕嚧𠽌噫

［平原］州內平原寬廣莫比其在吁叩嘶嘘啦㕭𠰌嘞哪唛呢㗋𠰌吡𠽌嘧𠰌唃嘜啦噫嘶等河岸邊甚濶在別處者次之後釋其地再為詳明

［荒野］州內荒野衆多沙漠寬廓其呃囉嘶國之哂啤哩啞北方除數沃野外餘皆一望平曠藪澤相間南方亦然

寬則次之此外尚有數處一名𠯿𠯿吟嘶大半在嘘𠯿𠯿嘶㕭地方一名啍在哆啵𠯿嘘𠯿𠰌啞之間一名吧啦𠯿在嘘𠯿𠰌啞𠰌吡之間一名沙漠又名瀚海在蒙古地方一名咖唎嘶嘐一名咖啦𠯿一名𠯿嘶𠯿𠯿皆在嘘𠯿𠯿嘶㕭國一名啞噫𠽌咦𠯿在印度國一名啞噫叩噠一名咲咖𠰌皆在咱𠯿哂啞國一名吧㗋𠯿嗱在吐㕭堪啞國其天方國內不一大者名曰啞咖呋

［地氣］州地氣候不同者有四由北界至六十二度則嚴寒凜冽甚屬難堪烟霧迷空苔痕遍地由六十二度至五十二度則寒冷畧輕仍難隱忍草木稀罕穀菓[illegible]多[illegible]五十二度至三十五度則地高氣溫寒凍亦甚五穀[illegible]菓亦堪種植由三十五度至南界寒少暑多當春[illegible]夏五穀百菓靡弗茂盛統按五方而論北則寒南則暑東則溫和西則燥熱中則冬日多而極冷夏日少而酷烈

［地寶］天下各種金石本州具有所產繁衍取之不盡其石類有不多見者祇因採法未精耳今將多產金石之處開列于左

鑽石產于印度國暨呃囉嘶國之咱𠯿嘐啊喻吥𠯿呃

二處其各寶石產于阿瓦暹邏呃囉嘶中華咱𠯿哂啞嘘𠯿𠯿嘶㕭等國暨錫蘭海島

金產于日本中華西藏呃囉嘶阿瓦安南暹邏等國暨嘆咭唎國所屬之啞嗓地方

銀產于中華呃囉嘶日本吐㕭堪啞等國

銅產于日本呃囉嘶吐㕭堪啞中華西藏安南印度咱𠯿哂啞等國鐵產于呃囉嘶印度中華西藏暹邏安南吐㕭堪啞阿付干咱𠯿𠰌啞日本等國

錫產于阿瓦暹邏中華安南等國暨嗎啦咖地方

鉛産于中華呃囉嘶日本咱嘛哂啞啞啦㖿啞吐呷嗟啞等國

水銀産于中華日本西藏等國暨錫蘭海島

煤産于中華別國皆有惟不開採

鹽産于中華印度呃囉嘶咱嘛哂啞啞啦㖿啞吐呷嗟啞等國

【草木】州內草木隨地而生在北方寒冷凄慘百卉蕭條而南方溫和煦嫗萬物化醇天方波斯二國海邊所産花卉莫能比擬印度中華二國東南所生穀菓莫能逾越

歐羅吧州諸國之花卉草木穀菓菜蔬大半皆由本州移植每歲所用茶葉棉花藍靛香料靡弗從本州載運是以本州貿易特盛往來不休此外藥材木料樟腦冰片等物産生最富裨益極廣

【蟲類】歐羅吧州所産蟲類靡不具于本州而本州所出或不産于歐羅吧州其印度荳地錫蘭海島象虎狼猴犀牛之類生産紛繁遍地成羣波斯鹵林天方沿海兕獅猛程山狗之屬種類充斥到處結隊至于馬牛羊犬麋鹿麕兕麞麔駱駝水牛豺狼指不勝屈在在皆有獨峯駝多産于南方四不相惟育于北域麝香一獸恒出于西藏之中貂銀二鼠蕃衍于極北之地至于家禽野鳥一州皆有種類紛繁名色各異其翎羽之華美者則孔雀為最錦鷄次之其聲音之巧妙者則白翎為魁黃鸝亞之蟲豸之類名色甚多而蠶之吐絲實甲于蟲族鱗介之屬種類實繁而蚌之藏珠尤珍于甲類

政論

【戶口】本州人民統計五垓九京七兆三億口

【教門】本州民風異趣教門分歧曰儒曰釋曰道以及回回

天主大秦唲嚈哪吶咣各等教紛紛事奉趣向不一其某國某教孰多孰寡後釋其地再為詳明

【朝綱】本州國土既多朝綱各異其中稱帝稱王或為官長或設總督名位各殊等第不一其各國朝綱如何設施俟釋其地再為分序

【技藝】本州技藝在昔精巧遺書古玩是其明證今則工作不無荒疏然觀其布疋紬緞精美滑潤紙劄書籍織細紬光以及磁器各等深堪嘉尚足見高材名工不少于茲其某國某貨何工何藝俟釋其地分序備覽

國本州之地除噶囉吧州兼攝外餘分建各國曰中華曰滿洲曰蒙古曰西藏曰㕭㖿曰高麗曰琉球曰日本曰印度曰嗎爾吔呱嘶曰阿瓦曰暹邏曰嗎啦咖曰安南曰噠爾峪嘶㖿曰咱爾嘶啞曰阿付干曰嘿啦德曰吡囉咭嘶㖿曰啞啦嗶啞其噶囉吧州之呃囉嘶吐呷㗅啞大英大西洋咈囒哂哌哪嗎嘛咖國兼攝之地分序于後

西藏國全志

西藏國在啞細啞州之中其國土在北極出地二十七度起至三十六度止經線自東七十度三十九分起至九十七度三十九分止東至四川雲南二省西連阿付干嘁啯二國南接印度之郭爾喀啞嗓二地北界新疆庫可諾爾二處東西相距約六千里南北相去約二千二百里地面積方約一百二十萬里本國地勢偏僻險阻層巒叠聳氷雪凝積難于消化湖河實多沃潤其地河之長者有六曰咿啦呱咰曰嘓咖曰啵嚼啪曰咖喇嗚嘶曰㖼囀曰㘉嚹湖之大者有六曰嗎珀穆達賴曰雅木魯克曰伊克曰巴哈冂騰喝里囮郎噶田土瘠薄

樹木稀疏山搨平原不宜種植土産牲畜獸皮水銀硫磺硇砂花石等物五金之類弗多開採地氣嚴冷人莫能禁四季氣候不齊寒暑俱極至于朝綱不設君位或爲達賴喇嘛統攝或爲中國大臣管理所奉之教乃黃衣釋教技藝庸拙工肆蕭條惟境内貿易興隆與中華印度通商通國分爲前後二藏其前藏内有八城一名布達拉乃本國京都也達賴喇嘛中國大臣皆于此城駐劄一名察木多一名碩般多一名薄宗一名拉里一名江達一名扎什一名江孜其後藏内有七城一名扎什倫布乃本藏首城也一名結定一名絨轄一名聶拉木一名濟嚨一名宗喀一名阿里

㕭㖿國全志

㕭㖿國在啞細啞州印度西藏二國之間其國土在北極出地二十六度二十分起至二十九度止經線自東八十六度十分起至九十二度五十五分止東至啞嗓國西連阿付干國南接嘮咖喇地方北界西藏國長約一千六百里寬約七百里山陵聳起人烟稠密田土肥饒湖河潤澤五穀百菓鳥獸草木靡弗蕃衍棉花大黃

黑金紋石實爲豐盛地氣温和四季順時至于朝綱王位歷代相傳所奉之教乃黃衣釋教人民黽勉貿易興隆通國分爲二省一曰嚒咱啦咋首府名嗟哂嘛噉乃本國京都也一曰吡嘶呢首府亦名吡嘶呢

高麗國全志

高麗國又名朝鮮在亞細亞州之東其國土在北極出地三十五度起至四十一度止經線自東一百二十四度起至一百二十九度止東界高麗海峽西枕黃海南接中國海北連滿洲國長約一千五百里寬約七百五

十里山陵綿亘峯巒層疊人烟稠密生齒繁衍田土膴腴稼穡繁多穀菓絲棉人參烟葉所産豐盛金銀銅鐵黑鉛紋石各礦俱備地氣嚴冷冰雪凝積至于朝綱王位歷代相傳每歲納貢中國所奉之教士則業儒俗則崇釋技藝庸常貿易昌盛通國分爲八省一名京畿在中方首府漢陽乃本國京都也一名呼唆一名黃海一名咮嘶皆在西方一名唫囉在南方一名唫唆一名江源一名先京皆在東方

琉球國全志

琉球國在亞細亞州東海之中日本國之南其國土在北極出地二十四度起至二十八度止經線自東一百二十六度起至一百二十八度止四面枕海共有三十六島相距甚近其至大者名曰琉球島長約一百八十里寬約五十里餘皆次之人烟稠密地氣嘉美冬季雖冷山陵可蔽風寒夏令雖熱海風能解暑氣田土膴腴隴畝沃潤穀菓鳥獸靡弗蕃衍土産銅鐵茶薑樟腦珊瑚珍珠等物人民純良黽勉從事貿易豐盛技藝庸常至于朝綱王位臨御歷代相傳每歲獻貢中國所奉之

教乃釋道二教本國京都在琉球島之中

日本國全志

日本國在亞細亞州之東其國土在北極出地二十九度起至四十七度止經線自東一百二十六度起至一百四十八度止四面枕海東曰大海西曰日本海南曰東海北曰坎拉該海東北西南相距約五千八百里東西相去約九百里地面積方約二十八萬里烟戸三京餘口地勢嶄巖峯巒叠起衆山之中有晝夜吐火不熄有氷雪凝積弗化有樹林叢密常茂風景非一形色迥

殊湖河甚多地方沃潤河之長者有五一名吶哆咖𡁷一名哱嗗咖𡁷一名啞啦咖𡁷一名哆吶咖𡁷一名咿哥咖𡁷湖之大者有四一名嗬喧哟嘶一名噝𡁷一名咖嘶嗞喋嗚喇一名咿哪吧田土膴腴穀菓豐稔花卉充斥禽獸蕃衍土產金銀銅鐵錫鉛絲茶漆竹樟腦棉花紋石瑪瑙磁器等物地氣屢更寒暑俱甚風暴地震不時交作至于朝綱帝位臨御歷代相傳惟男繼立所奉之教乃嘶嘧釋儒三教其奉儒教者爲數無幾技藝精巧工肆林立貿易不乏惟與中華高麗暹囒等國商人通市埠頭不一惟有㗊嗬島之嚷咖𠸄哄地方可泊客船通國分爲七十二省首郡名吔哆乃本國京都也在嚤嗬省此外又有吔嗦海島及咕哩唎啞嘶島呋啦𠹭島之南方皆屬本國兼轄本國通商衝繁之地乃吔哆嗞呀哥嘀𠸄咖囔咖𠸄哄喲哂嗟咕𠸄嗞啞嚤囉哥咕𠸄嗓咖哆𠸄等處

印度國全志

印度國又名天竺在亞𡂿亞州之南其國土在北極出地七度起至三十六度止經線自東六十五度起至九十三度止東至阿丐國暨㗨咖喇海灣西連阿付干國暨嗬嘆海灣南枕印度海北界西藏長七千五百里寬五千五百里地面積方約一百六十六萬里烟戶一垓三京四兆餘口本國地勢彼此各異東南北三方董岡疊嶺迤邐延袤中央一方平原坦潤風景幽雅湖河甚多地方沃潤河之長者有九一名唆咀一名印度一名吧喇嗞呢一名瑪哈㕭哟一名哥嗟嘁嚓一名嗤嘶嘧哪一名咖嘁唎一名吶嘛吥嗟一名嗟吥哟湖之大者有四一名㘓嘛喋一名嘟啦咿嘛一名咻一名嗟嘛田土膏腴穀菓豐盛草木禽獸靡弗蕃衍土產金銀銅鐵錫鉛珍珠水晶硇砂鑽石花石鴉片棉花藍靛木料香料等物地氣酷熱海風清涼南方高山峻嶺南北綿亘迤邐冬夏互異冷熱懸殊每十二時風色兩轉由子至午風向海去則酷熱異常由午至子風向岸來則清涼復生至于朝綱名位不一或爲王或爲酋或自設官長或外來總督所奉之教或吧啦嗎或哪吶哓或囘囘或天主或釋氏等教紛紛事奉趣向不一技藝精巧工肆林立貿易昌盛五方輻輳史書紀載淵源久遠年歲迢

遐耶蘇未誕之前異邦使覆實多耶穌降生之後一千年間回王肇居北偏耶穌一千四百九十七載即明孝宗敬帝弘治十年也大西洋國人航海訪獲水路遂至居其地而噴蘭嘆咭唎佛囒西三國次第接踵先後獲地所得境土惟嘆咭唎國人居多通國之地約分爲三一屬于別國管轄一不屬于別國管轄一進貢于嘆咭唎國今先釋其二其一附後歐羅吧州各國兼攝之地再爲詳明其一分內建四國一名嘶哟啞一名塞哥一名唁吔一名呢吧爾其嘶哟啞國在印度之中東西南北四至皆

嘆國兼攝之地土地版圖不相聯絡錯落別國疆域之中統計地面積方約有四萬一千三百餘里烟戶四百萬口至于朝綱王位歷代相傳通國分爲三方一名啞咖啦首城呱唎嘛乃本國京都也建于平原之中屋宇峻麗人烟稠密百貨駢集貿易豐盛一名吁嚕喧咥首城吓啷吓嘛一名嗎嚧礮首城哂咀嗒其喥哥國在印度西北中爲嗟嘧嘞咥河分岐在河左者爲嘆國兼攝別序于後在河右者東界哂臧西界吡囉咭嘶呥阿付于二國南界唁吔國北界西藏阿付干二國長約二千五百里寬約一千里地面積方約十八萬零五百五十里烟戶八百萬口至于朝綱昔則列君分據各霸一方彼此結盟不相統屬今則一君統攝王位臨御歷代相傳子孫繼緒通國分爲十二省一名味嗒首府曰嘮嘛乃本國京都也建于啦雖河岸邊昔屬繁華今頗蕭條貿易仍爲興隆技藝猶屬精巧一名咽喧嘶呥首府曰啦嘧咖嘛一名咖吱嗞嘛首府亦曰咖吱嗞嘛一名嗜嚧首府曰啞嘧咯一名啞囖嘞首府亦曰啞囖嘞一名吡嘲嘁嘛首府亦曰吡嘲嘁嘛一名嘰嘛咖嘛吓呏首

府亦曰嘰嘛咖嘛吓呏一名味嘛呥首府亦曰味嘛呥一名嘞啞首府亦曰嘞啞一名嘧啦曦嘶嗎咿嘛汙首府亦曰嘧啦曦嘶嗎咿嘛汙一名嘧啦哈哂汙首府亦曰嘧啦哈哂汙一名吧哈呱嘛吓呏首府亦曰吧哈呱嘛吓呏其唁吔國在印度之西東界啞咀嗞嘛咖吱二省西界吡囉咭嘶呥國南界咖吱省暨嘛嘎海灣北界吡囉咭嘶呥塞哥二國長約一千餘里寬約五百里地面積方約五萬五千五百五十里烟戶一百萬口至于朝綱王位歷代相傳首郡名嗨嘧啦吧乃本國京都也

其通商衝繁之地一名噠吠一名哥啦嚌一名給咿爾吥咡一名啦爾咖喲一名呶吵㖨其呢吧爾國在印度之北東界吥丹國西界德咧省南界嗚德國暨啊爾省北界西藏長一千六百里寬四百里地面積方約五萬五千五百六十里烟戶二百五十萬口至于朝綱王位臨御歷代相傳通國分爲九邑一名呢吧爾首城曰咖德滿嘟乃本國京都也一名念四汗首城曰哥爾喀一名念二汗首城曰嚌咿唎一名嗎咯咗吥爾首城亦曰嗎咯咗吥爾一名嘰啦德嘶其中各汗分據首城非一

一名咖嚐首城曰喻嚐一名吼咭吥爾首城亦曰吼咭吥爾一名薩吧帶首城曰哪喇咖唎一名嚒隆首城曰雒嘍啞吥爾

其一分內建十二國一名嗚德一名德吁一名哪哥吥爾一名喝爾咖咡一名賣嗦爾一名咀呱爾一名喇咀吥德一名哂啉德一名哪德爾吁一名啵喍爾一名薩噠啦一名噠啦咗哥爾其嗚德國在印度之北東界吧啊爾西界德咧暨啞咖啦南界啞啦哈吧爾德北界呢吧爾國長約九百里寬約三百五十里地面積方約二萬三千三百三十里烟戶三百萬餘口至于朝綱王位歷代相傳首郡名嚧咯嘶乃本國京都也建于嗃嗡喲河岸邊其通商衝繁之地一名啡薩吧爾一名嘰啦吧一名吧唻吱一名丹噠其德吁國又名呢嗓在印度之南東界哪哥吥爾國西界薩噠啦國南界咖爾哪德省北界嗎爾蘿省長約三千七百五十里寬約三千三百里至于朝綱王位歷代相傳通國分爲五省一名嗨德啦吧首府亦名嗨德啦吧乃本國京都也一名吡德爾首府亦名吡德爾一名吡啦爾首府名呃嚓吱吥爾一名啞吸啷咖吧首府亦名啞吸啷咖吧一名吡咋吥爾首府名薩咖爾其哪哥吥爾國在印度西南東界啊喇薩省西界呢嗓國南界哂爾咖咡省北界啞啦啞吧省長約一千五百里寬約一千里地面積方約八萬里烟戶二百四十七萬口至于朝綱王位歷代相傳首郡亦名哪哥吥爾乃本國京都也其通商衝繁之地一名嚨嗓爾一名啷德咯一名昭吥爾一名啦噔吥爾一名嗎哈囉一名咧吥爾一名呫噠一名喊啦哈爾其喝爾咖咡國在印度之西東界爾喲啞國西界咕薩啦喲省南

界吁喲喛省北界喇咀吥嚎國地面積方約一萬五千里烟戶一百二十萬口至于朝綱王位歷代相傳首郡亦名喝嘛咖咡乃本國京都也其嘖嗦嘛國在印度之南東南二方界咖嘛哪嚎省西界咖哪喇省北界唄喳吥嘛省長約七百五十里寬約六百里地面積方約四萬五千里烟戶二百二十七萬口至于朝綱王位臨御歷代相傳首郡亦名嘖嗦嘛乃本國京都也其通商衝繁之地一名哪咖囉嘛一名嘰哪吧噔一名嘰嚎嘛嚎啦嚨一名嚷啦一名哥喇嘛其咀呱嘛國又名咕喧咖

呱嘛在印度之西東界啞嘆吠吧府西南北三方皆界嗬嘜海灣長約五百五十里寬約四百餘里地面積方約二萬三千五百里烟戶二百萬口至于朝綱王位臨御歷代相傳首郡名吧囉嗟乃本國京都也其喇咀吥嚎國在印度西北東界啞哥啦省西界阿付干國南界咕嘶啦嚎省北界嚏哥國長約一千二百六十里寬約七百二十里地面積方約九萬里烟戶三百餘萬口至于朝綱侯位相傳各分部落通國分為九部一名咀喧吥嘛首府亦名咀喧吥嘛一名哥嗟首府亦名哥嗟一

名嗙喲首府亦名嗙喲一名嗬吪吥嘛首府亦名嗬吪吥嘛一名叺嚎吥嘛首府亦名叺嚎吥嘛一名嚐嚨首府亦名嚐嚨一名咀嚩嘛嗞咡內有諸酋分部首府亦名咀嚩嘛嗞咡一名吡咖呢嘛首府亦名吡咖呢嘛一名吧喲內有諸酋分部首府名吧喲呢嘛其哂啉嚎國即嚩嚎嘞咥河左之嚏哥國也在印度之北東界嚎咧省西北界嚏哥國南界喇咀吥嚎國長約八百餘里寬約四百里地面積方約三萬餘里至于朝綱諸酋統轄各分部落首郡一名吧喲啞啦一名嗟吶嚩嘛一名啦

喲啞嘞一名嗡吧啦其哪嚎嘛吁國在印度之中東界嗚嚎國西界嘶喲啞國南界啞啦哈吧省北界嚎咧省長約六百里寬約五百餘里地面積方約三萬里至于朝綱諸酋統轄各分部落首郡一名吡嚎嘛吥咡一名嘸一名吥哪其啵喍嘛國在印度之中東南界啞啦哈吧省西北界嘶喲啞國長寬皆約三百里地面積方約九千里至于朝綱王位臨御首郡亦名啵喍嘛乃本國京都也其嚩嗟啦國在印度之西週圍四方皆為嘆國屬地吡嚎吥嘛省包括長約五百里寬約四百里地面

積方約一萬餘里至于朝綱王位臨御首郡亦名嚨嗟啦乃本國京都也其通商衙繁之地一名嗎哈吡哩嘈㘓一名唉嚓哑一名嘏嚍㘓咊吅一名哈嗟呢其嗟啦吐嗝㘓國在印度之南東北界咖㘓哪嚍省西南界海長約五百餘里寬約二百餘里地面積方約一萬里至于朝綱王位臨御首郡名喲哩嚩嚍啵乃本國京都也其通商衙繁之地一名嗟啦吐嗝㘓一名啵㘓喍一名咽嚹一名唆咗咖

嗎㘓吔呱嘶國全志

嗎㘓吔呱嘶國在哑嘣哑州之南居印度海中其國土在北極出地十五分起至七度二十分止經線自東七十度三十分起至七十一度三十分止週圍枕海地不相連海島共一千五百座彼此相近自南而北約二千里其烟戶所在惟四五十島地氣溫和寒暑相稱田土不澤隴畝稀疎穀菓甚鮮椰子太多海出蠶龍土產珊瑚玳瑁等物貿易興隆商船絡繹至于朝綱王位臨御歷代相傳所奉之教乃回教也本國京都在嗎㘓島中乃通國之首島也

阿瓦國全志

阿瓦國在哑嘣哑州之南其國土在北極出地六度起至二十七度十分止經線自東八十九度四十五分起至九十八度五十分止東至中國雲南省暨暹邏國西連印度國南接嘮咖喇海灣北界哑嗓國南北相距五千五百里東西相去二千里地面積方約四十萬零五千里烟戶七兆餘口本國地勢北方則岡嶺層疊迤邐綿亘中央則邱陵稀疎峻峭無幾南方則平原坦濶恒遭淹浸其咿啦呱喲哂噹嚨嚻嚍哪嚜嚧哑喇吁等乃

本國最長之河縱橫貫徹沃潤地土田畝甚腴穀菓極豐禽獸草木靡弗蕃衍土產金銀銅鐵錫鉛寶石鑽石琥珀紅玉碧玉硫磺花石信石棉花烟葉甘蔗藍靛木料等物地氣溫和人物咸宜非雨則熱每歲如常至于朝綱帝位臨御所奉之教乃釋教也其貿通市與印度中華居多原本國初為吡咕國管轄迨既自異別為一國耶穌一千七百四十載（即大清乾隆五年也）國中變亂賊寇猖獗越十二載吡咕國人復行攻奪時本國人哑嚨吧啦率衆逐之大獲全勝與國立業踐祚為君其後歷代嗣

君開闢疆域將國內分爲十有一省一名阿瓦首府亦曰阿瓦乃本國京都也建于伊啦啝喲河左茅舍居多木室亦有至若磚瓦屋宇爲數無幾一名亞啦吁一名咖嚸一名哷嗦囒一名囉嗎屾一名嗎嘛嗟啜一名咦嘛嗰喧一名吡咕一名嗟啞一名噫哪嚤嚧一名嘌屾其通商衙繁之地曰喞哯曰啵囉咦曰喋哰嘩此外又有進貢屬地一名咖哩咹一名嚾吧唷一名哯一名嗟嗡嚛一名嗑一名吧喇咹一名咻嗦一名啦嚱一名嗟嘵一名嚾啦嗡

暹邏國全志

暹邏國在亞細亞州之南其國土在北極出地八度起至二十一度三十分止經線自東九十七度起至一百零一度止東至安南國西連嗎啦咖海峽南接嗎啦咖國北界中國雲南省長約三千三百餘里寬約一千里地面積方約二十萬零一千一百餘里烟戶三兆六億口本國地勢西方則重岡疊嶺峪嶧延袤此外則邱阜㝫㝫平原坦濶每遭水溢河之長者一名咦嚨一名嚾嚩一名噴嘓湖則甚小爲數無幾田土膏腴河道派潤惟官長犂肘耕種休棄五穀百菓僅敷所需土產金銅鐵錫鉛鹽窩宅燕窩象牙荳蔻沉香胡椒烟葉甘蔗木料等物地氣濕熱風俗樸素至于朝綱王位臨御所奉之教乃釋教也其餘別教人或奉之槩不禁止貿易興隆商賈雲集與稽國史自耶穌一千六百八十八載至一千七百八十一載（即大清康熙二十七年起至乾隆四十六年止）日尋干戈時事屠戮迨耶穌一千七百八十二載廢立舉行名器更易越三十二載有噶囉嗎呷者郎位其後兵革斂戢國事乃定首郡名哪噶乃本國京都也建于咦喻河口

宮殿廟堂則用磚瓦閭閻房屋俱用木版其通商衙繁之地一名哂喲喲啞一名嚧嚀一名啷吅喲吶其兼攝之地一名眞臘又曰東浦寨一名老撾又曰越裳一名哩嘚嘛一名嘣噫喻一名吧嗟呢一名咖囒吽一名喲嚧咖喘一名嗡嗟一名吻嚜喻島或隸版圖或派官居守或受其貢焉

嗎啦咖國全志

嗎啦咖國在亞細亞州之南其國土在北極出地一度二十二分起至九度三十分止經線自東九十六度二

十分起至一百零二度止東西南三面枕海北界暹邏國長約二千餘里寬約五百里地面積方約十萬里人烟稀疎地勢嶄巖岡陵綿亘叢林廣佈水澤瘴癘島嶼充斥樹木蔚茂湖河稀小貫徹其地田土頗瘠菓實署多禽獸蕃衍魚鹽豐盈土產金鐵錫蜜蠟藤珍珠燕窩豆蔻檳榔血竭兒茶象牙牛皮甘蔗木料沙穀米吧嗎油各等物地氣溫和至于朝綱王位臨御歷代相傳所奉之教乃回教也貿易興隆商賈輻輳國內地方哩哥彌等處現歸暹邏國兼攝詳見前志其吡喇吃首郡亦名吡

喇吃嚨嚧哥彌首郡名哥啷嘘响彌首郡亦名嘘响彌吧吭首郡亦名吧吭嚨唦首郡亦名嚨唦各等處自為立主不相統屬國人號曰嗎唻然猶有嚨吡哟啞吆吡呶啞之目焉

安南國全志

安南國又名交趾在亞細亞州之南其國土在北極出地八度四十五分起至二十三度止經線自東八十七度四十五分起至一百零七度止東南皆枕中國海西連暹邏國北接中國南北相距三千七百里東西相去

一千五百里地面積方約三十九萬三千七百五十里烟戸三京三兆口本國地勢山陵綿亘平原坦濶河則甚多其至長者一名嘖嘣一名嗓嘭一名吱唻一名哆吵湖則甚鮮其至大者一名吒一名嘮田土膴腴穀菓豐稔草木茂盛鳥獸充斥土產金銀銅鐵錫絲茶漆靛蔗棉花檳榔沙藤肉桂胡椒象牙藥材木料等物地氣溫和萬物咸宜至于朝綱王位臨御歷代相傳所奉之教儒釋不一技藝精良貿易昌盛通國分為五省一唐冲首府曰順化乃本國京都也建于化河岸邊一唐外

即東京首府曰峪喳一平順首府曰占城一嘉定即東浦寨又名眞臘首府曰柴棍一咆噹首府曰唻國中部落四散任居不屬統轄名目紛繁茲不及贅其逋商衛繫之地一名柴棍一名吨咈一名哱呾一名峪喳

噠彌嗡嘶呶國全志

噠彌嗡嘶呶國在亞細亞州西北其國土在北極出地三十四度起至五十五度止經線自東四十七度起至八十度止東至天山北路西枕咖嘶吡哟海南接咱嘛哂啞阿付于二國北界呃囉嘶國之哂嗶哩啞長約五

千里寬約三千五百里地面積方約一百七十八萬里烟戶四兆餘口本國地勢東南峯巒峻聳冰雪凝積西北平原坦闊沙漠相間河之長者一名啞味嗟哩啞一名哂㗭嗟哩啞又名哂㗭一名嚧喇嚥一名吐噫一名呫嚮一名咖㗭嚌湖之大者一名啞啦㗭又以其過大而稱海一名嚒嘞嘶呫㗭一名咖吥呫啦一名咖啦呫㗭一名嗟嚂一名吧嗟吁哊㗭田土膴厚濱地尤腴穀菓草卉禽獸鱗介麀弗蕃衍五金各礦無不備具惟鐵開採餘皆禁取土產礬煤寶石紋石礦砂烟葉熟皮藥

材等物地氣溫和寒暑俱極至于朝綱諸汗統轄各分部落所奉之教乃回教也工作技藝惟吥咖啦人善于織造餘皆耕牧爲業貿易興隆人民勤勉商侶營運結隊而行盜風太劇往來維艱通國分爲二十部落一名吥咖啦首郡亦曰吥咖啦建于平原之中乃通國之最富強者也一名嗜㗭嚓啵嘶首郡亦曰嗜㗭嚓啵嘶一名咿嚧㗭首郡亦曰咿嚧㗭一名唉嗐首郡亦曰唉嗐一名唉嗎嚁首郡亦曰唉嗎嚁一名吧㗭啶首郡亦曰吧㗭啶一名呫㗭嚁首郡亦曰呫㗭嚁一名哯嘟嘶首郡亦曰哯嘟嘶一名嗟嚓吁首郡亦曰嗟嚓吁一名吧喇嗟嘢呫首郡曰啡嚧吧啶一名嚒㗭吪嘶首郡亦曰嚒㗭吪嘶一名呫啦啵首郡亦曰呫啦啵一名啞吡㗭㗭嘥首郡亦曰啞吡㗭嘥一名喇嗟首郡亦曰喇嗟一名咖㗭吡内有諸酋分部首郡不一一名咖啡哩嘶哷内有諸酋分部首郡不一一名哥吁首郡亦曰哥吁一名哄㗭噫嘶土人素稱哥嚧啶内分上中下三部一名哄曦首郡亦曰哄曦一名咖喇咖㗭吧内有諸酋分部遷移無常靡有定居一名嘟㗭咯嗎呢啞内有諸酋

分部徙處不一並無定止

咱㗭哂啞國全志

咱㗭哂啞國又曰曦嚂曰啵嘶在啞㗭啞州之中其國土在北極出地二十五度三十分起至三十九度止經線自東四十一度四十分起至六十一度三十分止東至嘿啦嚒阿付干吡囉咭嘶哷三國西連吐㖷𠿬啞國南接咱㗭哂啞啊嘜二海灣北界嗟㗭唥嘶哷呢囉嘶二國暨咖嘶吡㘃海長約四千五百里寬約三千里地面積方約六十萬里烟戶九兆餘口本國地勢山陵叠

赸砂磧綿邈河之長者曰嗡啦曰咖喻曰噠啵曰哂噠囉吁曰喲嚆嚧曰咽嗬曰嗡哂嚕森曰嗎𠯋噫喃湖之大者曰嚛嘞又名嘟喇海曰嗒啦㖶曰嗚喃𠹗啞曰咿哩啶田土磽瘠惟嗬啦嘶咿嘶吧哶嚨喃嗎𠯋噫嗬等處平原亦屬膏腴穀菓豐茂禽獸充牣樹木蕭條土產銀銅鐵鉛絲蔴烟酒窩宅花石硫磺硇砂磁器棉花珍珠藥材香料大黃鴉片氊毯牛皮等物地氣互異西冷南熱中溫至于朝綱王位相傳所奉之教乃回教也技藝精巧工肆林立貿易興隆人烟輻輳凡與隣國交易

地理備考卷七　三十二

靡弗結隊而行馱負運載原本國初併于嘆𠲎啞國于耶蘇未誕之前五百六十載即周靈王十二年也有哂嗓嘶者復立國基即克服嘟喃嘆𠲎啞暨啞嗰啞州西方等處越二百零七載傳至噠哩喲有嗎嚛哆呢啞國君啞嘞𡀔噫嚓攻奪其地迨崩後麾下諸將互相分析其地各霸一方自稱爲王未幾各嗣君陸續皆被囉嗎國君所侵惟本國屢挫其三軍不致盡隸版圖耶蘇六百三十六載即唐太宗貞觀十年也爲天方回人侵奪迨耶蘇一千二百五十八載即宋理宗景定五年也又爲蒙古人兼併越一百二十六

載吐呢嘰啞國人逐去蒙古人而據其地其後嗣君暴虐無道于耶穌一千六百九十四載即大清康熙三十三年也國中變亂廢弒迭興嗦啡嘶君之後裔噠嗎嘶者招兵買馬用賊首哪喲嗬吵爲將許以重賞率討叛寇大獲全勝盡復失地其後哪喲嗬吵貪婪無厭以酬不及功爲詞遂行背叛將噠嗎嘶君囚而弒之篡位爲王迨耶穌一千七百四十七載即大清乾隆十二年也被臣所弒其後紛紛爭位干戈四起國之變亂較昔尤甚以致國人各分黨羽皆欲立其酋爲君是以殺戮搶奪無所不至東方各地

地理備考卷七　三十三

竟爲阿付干國所獲另建一國西方各地則被哪喲嗬吵家臣嗡嚧者所據即位後任賢舉能興利除害保愛元元懷柔遠人爲一時之明君矣在位約三十載乃崩國中黎庶靡弗哀痛時其弟嚨喲者欲竊君位乃以鴆謀毒嗣君其後妻從子啞哩味啦亦欲竊位爲君遂佯爲保君護國聲言嚨喲欲行篡逆乃率衆攻之先將哂啦嘶城合圍越九月既陷遂將嚨喲暨嗣君一併弒害僭立爲君時國內復亂兵革滋擾耶穌一千七百八十五載即大清乾隆五十年也啞哩味啦薨後國事未定其嘢嚰酋

總督呾啡爾者就便僣位稱王中涓嗎啊嘆素懷謀國率衆攻之乃爲所挫復興三軍戰勝卽位及薨其姪吧吧嚤爾嗟呀接統踐祚耶穌一千八百十三載卽大清嘉慶十八年也與呢羅嘶國交兵又喪咁爾咀啞地方通國分爲十一省大小不等一名曦啦啞咀嚨爾首府噫嘿𠿪乃本國京都也建于平原之中一名嗟吧喇嘶呌首府嗟嗎嘔一名嗎啷噫𠿪首府𠹭嚎一名曦𠿪首府嘞𠲎一名啞嚤爾咩𠹭首府噫吥喇嘶一名咕爾喇嘶呌首府嘰爾嘐吼一名咕哂嘶呌首府吖嚨噫爾一名嚃爾嘶首府嚌嘞嘶一名嗡爾𠾎首府哂爾𠹭一名咕曦嘶呌首府吱嘿喇嘶呌一名哥喇嗪首府嘆吱噫其通商衢繁之地一名啞吥吱爾一名咊噫爾啞吧哂一名啼哂喇一名吧爾嘔𠹭吱

阿付干國全志

阿付干國又名咖吥爾在亞細亞州之中其國土在北極出地二十八度起至三十六度止經線自東五十七度起至七十度止東至㗎哥國西連咱喇哂啞國南接吡囉咭嘶呌國北界噠喇翰斯呌國長三千二百餘里寬約二千里地面積方約十五萬二千七百餘里烟戶四兆二億口本國地勢東南西南平原坦濶其餘各方峻嶺重叠湖河甚少河之長者惟一名曰印度又名吣噫湖之大者有二一名嚧啶一名嗚嘞爾其田土西方則磽瘠過半沙漠無垠餘方則隴畝膴腴穀菓豐茂土産鐵錫礬鹽寓宅礪砂硫磺烟葉棉花阿魏青黛丹參甘蔗地毯等物地氣互異一則溫和居多一則冷熱俱極至于朝綱王位歷代相傳長幼皆得臨御諸臣公舉惟賢繼立所奉之教乃回教也技藝庸陋貿易平常商賈負販結隊而行學稽本國來歷渺茫自耶穌一千五百零六載卽明武宗毅帝正德元年也有吧嗶爾者既獲咖吥爾嚌嘶呢吁嗟爾等處遂卽位稱帝創業垂統歷傳二百餘載至耶穌一千七百二十載卽大清康熙五十九年也復取咱爾哂啞國歸于一統越十七載咱爾哂啞國君啲喇嘞爾吵興師擊逐反取本國迨薨後本國復興自爲一國時君名啞嘆哩吵耶穌一千八百載卽大清乾隆四十五年也傳至㗎嘍吵者被弟嗎嚎篡逐以後綱紀敗壞國亂民變莫忍拮陳越十餘載㗎哥國㗎爾地酋長啉咁喔者乘機侵擾占

地甚多其兼攝諸地亦皆背叛惟阿付干哂嘶哹等處尙存現改九省一名咖吥喇首府亦曰咖吥喇乃本國京都也建于平原之中屋宇稠密人烟輻輳街市繁華風景美麗一名囉咯嘆首府曰啲喇一名咀喇啦吧首府亦曰咀喇啦吧一名哈嘶哪首府亦曰哈嘶哪一名哂雖首府亦曰哂雖一名吁嗟哈喇首府亦曰吁嗟哈喇一名嘜唻首府亦曰嘜唻一名嘟吼唲首府亦曰嘟吼唲一名咿嗱嗟喇首府亦曰咿嗱嗟喇其通商衝繁之地曰咖吥喇曰吁嗟哈喇曰哈嘶哪

嘿啦嚨國全志

嘿啦嚨國又名東啰囉巴在亞細亞州之中其國土在北極出地三十三度起至三十六度止經線自東五十八度起至六十五度止東南界阿付干國西連咱喇哂啞國北接嗟喇哈嘶哹國長約一千五百里寬約七百里地面積方約八萬里烟戶一兆五億口地勢嶄巖岡陵峪嶂湖河甚少田畝肥饒穀菓豐稔草木紛繁牲畜充牣土產鐵絲蘇烟阿魏棉花香料藥材鴉片等物地氣溫和人物咸宜至于朝綱王位臨御所奉之教乃回教也技藝精良工肆林立貿易昌盛商賈輻輳通國分為三省一名嘿啦嚨首府亦曰嘿啦嚨乃本國京都也建于平原之中昔甚富麗今稍凌替一名嗄嘏首府亦曰嗄嘏一名吧咪喝首府亦曰吧咪喝

吡囉咭嘶哹國全志

吡囉咭嘶哹國在亞細亞州之中其國土在北極出地二十五度起至三十度止經線自東五十八度起至六十七度止東至嘍啰嘶啲啞二國西連咱喇哂啞國南接嗬嘆海灣北界阿付干國長約一千餘里寬約六百

二十里地面積方約十萬餘里烟戶三兆餘口本國地勢岡陵重疊沙漠廣闊湖河甚小盜夏畧涸田土頗瘠樹林稀疎五穀百菓僅敷所需各種鳥獸罔不充牣土產金銀銅鐵錫鉛礬靛窩宅硫磺硇砂花石茜草棉花等物地氣溫和四季相適至于朝綱諸酋統轄各分部落所奉之教乃回教也技藝庸拙貿易清淡通國分為六省每省部落不一曰嚯啦嚕省首那嘛吱曰咖吱吁嗟呱省首郡吁嗟呱曰犪啦嚕省首郡嚇嚓曰嚧嘶省首郡吡喇曰嘆咖囒省首郡嘧嚨明曰咕嘰嘶哹省首

郡咊喇

啞啦鼻啞國全志

啞啦鼻啞國又名天方在啞𠲖啞州之西其國土在北極出地十二度起至三十四度止經線自東三十度起至五十七度止東至㘓嘍咱𠼢哂啞二海灣西枕紅海南連㘓嘍海灣暨印度海北界噝喉嘶徑暨吐咡嗟啞國長約六千里寬約五千里地面積方約八十萬里烟戶一京二兆口本國地勢沙漠居多邱陵甚少一望平原四顧曠野河之大者有二曰嘆吻曰吼㖀其餘小川不注于海田土磽瘠荒野寥絶東南濱地頗爲膴腴土產銅鐵鉛靛穀菓烟蔗香料胡椒棉花熟皮珍珠白玉珊瑚瑪瑙礵砂硫磺花石等物禽獸蕃衍馬匹極良地氣互異近山稍爲溫和谷處甚屬炎熱泉少水缺人物難堪至于朝綱諸酋統轄所奉之教乃回教也技藝庸陋貿易興隆原本國自古開基以至耶穌六百二十二載即唐高祖武德五年也歷代相傳並無分踞其後有本國嘆咖城牙儈嗎㘓嘆者佈傳新教煽惑民心同鄉者𠿚曉其譎紳衿家皆拂其言且圖杜絶其教而未能也乃去嘆

咖城入嘆㘞喲邑居無何名溢遐邇授徒甚衆因率之以攻嘆咖城既陷其地復強其民遂即位爲君敷布新教通國皆從風而靡及薨嗣君復以新教流布于啞𠲖啞啞啡哩咖㰚囉吧三州取地甚多其後國勢凌替五相分拆喪地于吐咡嗟啞國者甚多通國分爲六域一名嘿𠾞𡃏嘶首郡嘆咖建于山谷之中屋宇宏峻街衢潤直一名吔們首郡𠯆哪一名啞嗟啦吒首郡嗎㗲㖀一名㘓嘍首郡嗎嘶咖𠾞一名喇吵首郡亦曰喇吵一名㖠喲噫首郡𠾞嘞嗼

呃囉嘶國兼攝之地全志

本州之地隸呃囉嘶國者曰哂啤哩啞曰咀𠼢咀啞曰𠯋𠼢𠾞曰啞𠼢嘆呃啞曰𡂎咪嘞哆曰㗱哥嘞哩啞曰嗟吅嘶㖸曰哂𠼢咖哂啞曰啞吧哂啞曰嗃咖㖔各等處序列于左

哂啤哩啞在啞𠲖啞州之北緯度自北四十八度起至七十度四十分止經度自東五十度起至一百八十九度止東枕咱哈㘓咯嗖嘶咯二海西連嗚啦𠼢山南接嗟𠼢㘅嘶㖸蒙古滿洲三國北界北海長一萬三千里

寛五千餘里地面積方約五百六十六萬九千四百五十里烟戶一兆餘口地勢平坦海濱潟鹵南方峯巒叅天湖河甚多河之長者曰㖪吡曰咀呢嗹啞曰啞啷吧㗂曰嘞啷曰嘆喲咀嗰咖曰㗊曦嘿曰啞啷喲嗰曰啞咮嗰曰曦嗰喲吐湖之大者曰咩咖嗰曰啞嗰喲喑㖃哶曰噫哈呢曰吡呀㖡咯曰𠾴𠽌曰吵喃咖噫嚓至于田土北方槩屬荒蕪人物寂寥西南實為膏腴穀菓豐茂土產金銀銅鐵錫鉛礬硝硫磺硼砂信石紋石磁器各種獸皮等物地氣嚴寒冰雪太甚冬日多而極冷夏

日少而酷烈所奉之教或回或釋或大秦或天主趣向不一紛紛尊崇技藝平常貿易豐盛其地有鎮省郡三者之分其鎮則四一名噫㗇嗰嘶咯首府亦曰噫㗇嗰嘶咯一名哆咮嘶咯首府亦曰哆咮嘶咯一名吔呢㗂嘶咯首府曰啦嘶𠳐啞嗰嘶咯一名曦嗰咕噫嘶咯首府亦曰曦嗰咕噫嘶咯其省則二一名㖪嚤嘶咯首府亦曰㖪嚤嘶咯一名啞咕噫嘶咯首府亦曰啞咕噫嘶咯其郡則二一名㖪哥噫嘶咯一名嗰吼噫咖

咀嗰咀啞在啞𡁷啞州之西緯度自北四十九分起至四十二度四十八分止經度自東四十一度起至四十五度止東至哫嗰嚩地暨咖嘶吡喲海西枕黑海暨啞嗰嘆呢啞地南接吐呠㖦啞咱嗰哂啞二國北界嗃咖㖸山長約一千里寛約六百餘里烟戶三億口境內崇山峻嶺絡繹不絕田土膴腴穀菓豐稔草木禽獸甚屬繁茂地氣參差寒暑俱極技藝庸陋貿易淸淡首郡名喲啡唎嘶

哫嗰嚩在啞𡁷啞州之西緯度自北三十八度四十分起至四十一度三十八分止經度自東四十二度四十

分起至四十七度三十九分止東枕咖嘶吡喲海西連咀嗰咀啞地南接咱嗰哂啞國北界嗹咀嘶呣地東西相距八百里南北相去五百里地面積方約一萬二千二百里烟戶一億五萬口境內岡嶺層叠峯巒參天冰雪凝積永弗融化田土膏腴穀菓豐登禽獸充牣草木茂盛地氣温和四季相適技藝庸常貿易蕭疎首郡名吧咕

啞嗰嘆呢啞在啞𡁷啞州之西半屬吐呠㖦啞國兼攝半屬呢囉嘶國兼攝其屬吐呠㖦啞者別序于後其屬

阨囉嘶者又名嘿哩嚩昔爲咱嘣哂啞國管轄于耶穌
一千八百二十八載即大清道光八年也始爲本國兼攝東北界
咱嘣咀啞地西連吐咡嗤啞國南接咱嘣哂啞國長寬
皆約七百三十里地面積方約九千九百里烟戶一億
六萬口境內岡陵平原互相間隔田土肥饒穀菓豐茂
地氣溫和人物咸宜西北地名嘿哩嚩首郡亦曰嘿哩
嚩東南地名哪咯嘶嚌嚩首郡亦曰哪咯嘶嚌嚩
曦咪嘞哆在啞嘣啞州之西黑海之邊岡陵重叠峯巒
參天平原區區沃壤寥寥土產穀菓木料等物魚類充

斥土人弗攻地氣溫和人安物阜首郡名咕嗪哂
咧哥嘞哩啞在啞嘣啞州之西東至曦咪嘞哆地西枕
黑海南接咀嘣咀啞地北界哂嘣咖哂啞地長約五百
里寬約一百五十里烟戶約十萬口境內岡陵接連絡
繹不絕樹林居多隴畝無幾菓實茂盛禽獸充斥土產
絲酒極爲紛繁首郡名咪嚊喲
嗹咀嘶咞在啞嘣啞州之西緯度自北四十度三十三
分起至四十三度四十八分止經度自東四十三度三
十分起至四十六度四十分止東枕咖嘶吡喲海西連

哂嘣咖哂啞咀嘣咀啞二地南接嗹嘣嚩地北界嗃咖
嗪省長約九百三十里寬約二百二十里地面積方約
一萬二千里烟戶二億六萬口境內崇山峻嶺絡繹不
絕湖河甚多田土膴厚穀菓豐茂葡萄成叢不植自生
禽獸蕃衍鱗介充斥土產錫鐵硫磺等物地氣不一冷
熱互異技藝蕭疎貿易淸淡首郡名咕吧
哂嘣咖哂啞在啞嘣啞州之西緯度自北四十一度五
十二分起至四十五度十一分止經度自東三十四度
二十分起至四十四度四十五分止東枕咖嘶吡喲海

暨嗹咀嘶咞地西界黑海南接咀嘣咀啞地北連嗃咖
嗪山長約二千里寬約五百里地面積方約二萬七千
七百三十里烟戶二億六萬餘口境內岡陵層層峯巒
參天氷雪凝積永弗融化湖河甚多灌溉田畝稼穡甚
茂種植適宜土產穀菓絲棉禽獸鱗介等物地氣互異
平原溫和高陵寒凜地列兩名一曰大咖吧嘣嗹一曰
小咖吧嘣嗹
啞吧哂啞在啞嘣啞州之西緯度自北四十二度三十
分起至四十四度四十五分止經度自東三十四度四

十八分起至三十八度二十一分止東至唎哥嘞哩啞地西連哂爾咖哂啞地南枕黑海北界嗃咖嗦山長約八百餘里寬約五百里烟戸一億九萬餘口境内岡陵居多平原間隔田土膴腴穀菓極豐鳥獸草木靡弗蕃衍土產蠟蜜熟皮等物地列兩名一曰大啞吧哂啞諸酋統攝各分部落一曰小啞吧哂啞隸呃囉嘶國兼攝

嗃咖嗦省在啞細啞州之西緯度自北四十度起至四十五度止經度自東三十五度起至四十七度止東枕咖嘶呲喲海西連哂爾咖哂啞地南接嗃咖嗦山北界

地理備考卷七　四三

黑海長約二千餘里寬約七百二十里地面積方約四萬五千里烟戸一億三萬口境内山陵綿亘峯巒層疊隴畝膴腴穀菓豐茂地多潟鹵土產蠟蜜牛狐貂鼠海虎各皮地氣温和人安物阜首郡名嘶嗟嘀嗶啵爾

吐咡唭啞國兼攝之地全志

吐咡唭啞國兼攝之地亦曰吐咡唭啞在啞細啞州之西緯度自北三十度起至四十二度止經度自東二十三度起至四十八度止東至明爾咱啞地暨咱爾哂啞國西枕地中海暨啞爾谷咱啦啊海南接啞啦嚊啞國北界嗎爾嗎啦海暨黑海長四千里寬二千六百里地面積方約七十二萬里烟戸一京二兆五億口境内巉巖嵾差岡陵延袤山之至高者曰噵囉曰哩吧諾曰啞啦喇曰啊哈咱曰曦吠曰咖爾咦囉河之最長者曰唷發啦德曰喲咖嘞曰嘰哂爾曦爾嗎曰嘎德嘞曰啫爾明曰嚇啦吧湖亦錯雜大者曰嚆曰啞嘶嘜爾喲德又名死海曰吧咖嗎曰啞啵囉呢啞曰啞嘶咖呢喲曰嗟嘘啦曰啞哥咦爾嘆吏羅列巨者曰哂吓嘞曰吧嗟嘜嘶曰囉德嘶曰哂嚅曰嘞嘶啵嘶曰德吶德嘶田土肥

地理備考卷七　四四

饒稼穡繁多菓實樹木甚為豐茂金石各礦靡弗具備禽獸之類實屬充斥土產絲酒油蜜香料藥材等物地氣互異山頂嚴寒凜冽氷雪凝積平原赫炎熇烈暑熱難禁技藝精良貿易豐盛所奉之教乃回教也其地分為五省一名小啞細啞省又名啞哪哆哩啞在西方内六府曰啞哪哆哩啞曰啞嗟哪曰咖啦嗎呢啞曰嗎啦吐曰哂嘁嘶曰德嘞呲嘥嗟一名啞爾嘆呢啞省在東方内五府曰嘿爾嘶嘜曰嚆曰咖爾嘶曰啞咖爾哂嗚曰喲呀爾嗡嚊咡一名咕爾喲嘶嘝省在東方内二府

日喀嘞蘇爾日嚦蘇喇一名美嗦吓嗟嘫啞省又名啞喇吅哂㗴在東南内三府曰吧咖嗟曰啦咖曰吧嗦啦一名哂唎啞省又名㖷在南方内四府曰啞嘞啵曰嗟嗎嘶哥曰啞喲嘞曰哟嚟吓哩其衝要繁華之地一名嚧嘞吡𠯆嗟一名喲啦𠯆一名啞嗎哂啞一名嘶嘫爾哪皆在啞哪哆哩啞省一名哟啞爾喲吡咡一名㖷爾嘫一名吧嗦啦一名吧咖嗟皆在啞爾叩哂啦省一啞嘞啵一名嗟嗎嘶哥一名啞喲嘞一名咀嚧𠯆嚧一名咱唛即耶蘇降生之地皆在哂唎啞省

嘆咭唎兼攝之地全志

本州之地隸嘆咭唎者實爲衆多有國君專管之地即錫蘭海島有公司（即東方印度公司也）兼管之地即印度之嘮咖唎等十九省暨啞嗪啊喇吁嗎爾嗟啜嗟啞新埠息㖞嗎啦咖各等處分爲四總督管攝一在嘮咖喇駐劄一在啞咖喇駐劄一在嗎嗟啦嘶吠駐劄一在嗑嗩駐劄其序如左分晰備覽

錫蘭海島在印度之南緯度自北五度五十分起至九度五十二分止經度自東七十七度三十分起至七十九度止長約一千里寬約四百里烟戶一兆五億口田土肥饒穀菓豐登土產稻烟絲蔴椰子檳榔胡椒桂皮棉花木料等物至于金石之類所產豐富禽獸充牣鱗介紛繁地近赤道氣仍溫和暑日居多寒天甚少貿易昌盛商舟絡繹首郡名哥喻啵有國君欽派總督一員駐劄

嘮咖喇省東界阿瓦國西界啊啦哈吧暨吧哈爾二省南界印度海北界吓呞國長寬皆約一千二百五十里地面積方十五萬六千二百五十里烟戶二京五兆三

億口地勢土產于印度國志業經詳明今不具論貿易興隆五方輻輳總領十八府首府名咖爾咕嗟乃省會也建于嗚哈嚟河之左地勢平坦澤隰間隔屋宇峻麗甚屬壯觀吧哈爾省東界嘮咖喇省西界嗚𠽤國暨啊啦哈吧省南界嗰嘟啞哪省北界呢吧爾國長一千里寬七百五十里烟戶一京餘口總領六府首府名吧嗟哪乃省會也

㖷嚟𠯆省東界嘮咖喇海灣西界嗰嘟啞哪省南界哥嗟㖞喇河北界嘮咖喇省長寬皆約三百里總領六府

首府名咕嗟嘵乃省會也
啊嘟啞哪省東界喃嚟嚨省西界吡啦嘛哏啲吐二省南界曦嘘啦吧北哂嘛咖唓二省北界嗎嘛嚱啊啦哈吧二省長二千里寬一千八百里地面積方十五萬四千四百里烟戶三兆口爲暎國兼攝者只東北二方首府名㾀吧嘛吥咡以上四省皆屬駐榜咖喇之總督管轄
啞咖啦省東界嗚嘘國暨啊啦哈吧省西界啞咁嗻嘛省南界嗎嘛嚱省北界嘘唎省長九百里寬六百里烟

戶六兆口總領五府首府亦名啞咖啦乃省會也
啊啦哈吧省東界嗶哈嘛嘮咖喇二省西界嗎嘛嚱啞咖啦二省南界啊嘟啞哪省北界啞咖啦省暨嗚嘘國長九百七十里寬四百三十里烟戶七億口總領六府首府亦名啊啦哈吧乃省會也
嘘唎省東界嗚嘘國西界啞咁嗻嘛省南界啞咖啦省北界咕嘛哌嘞省長寬皆約五百里烟戶八兆口總領六府首府亦名嘘唎乃省會也
咕嘛哌嘞省東界呢吧嘛國西界嘮嘛府南界嘘唎省北界西藏長約一千里寬約八百里烟戶五億口總領三府首府名哂哩哪嘟嘛乃省會也
啞咁嗻嘛省東界啞咖啦省西界阿付干國南界咕嚏啦嘘省北界嘮嘛府長一千二百六十里寬七百二十里烟戶三兆口此省惟首府啞咁嗻嘛爲暎國兼攝以上五省皆屬駐啞咖啦之總督管轄
咖嘛哪啲省東南界榜咖喇海灣西界嗟啦吐嗎嘛暨嚏嗦嘛二國北界吡咁吥嘛省長二千里寬約三百里總領十府首府名嗎嗟啦噺吠乃省會也

嗎咦吧嘟嘛省東界咖嘛哪啲省西界嗎啦吧嘛省南界叮啲咕嘛府北界咖啲山長約五百里寬三百里烟戶六億口總領二府首府亦名嗎咦吧嘟嘛乃省會也
嗎啦吧嘛省東界嗎咦吧嘟嘛省西界海南界嗟啦吐嗎嘛國北界咖哪啦省長七百里寬二百里烟戶九億口總領二府首府名咖哩咕嘟
咖哪啦省東界嚏嗦嘛國西界大海南界嗎啦吧嘛省北界吡咁吥嘛省長七百里寬約二十里烟戶三億九萬口總領五府首府名嚎咖囉嘛乃省會也

吧啦咖省東界咖㗅哪㘞省西界咖哪啦省南界㖞壚省北界曦嚒啦吧省長一千里寬八百里烟戶二兆口總領二府首府名吡啦唎乃省會也

北哂㗅咖咡省東南界嗙咖喇海灣西北界嗃㘓嚾省長一千二百五十里寬約二百里烟戶五兆五億口總領五府首府名吁嘟㗅乃省會也以上五省皆屬駐嗎嗟啦嘶吠之總督管轄

𠿟嚨咖吧省東界嚒吁國之東吡嚒㗅府西界𠿟嘎海灣南界吡咀呩㗅省北界㖮㘞吐省長約六百里寬約

五百五十里總領十府首府名嗑嗊乃省會也

吡咀呩㗅省東界曦嚒啦吧省西界印度海南界嘖嗦㗅國暨咖哪啦省北界𠿟嚨咖吧省長一千三百里寬七百五十里烟戶七兆口總領五府首府亦名吡咀呩㗅乃省會也

㖮㘞吐省東界吡啦㗅省西界咕嚏啦嚒省南界𠿟嚨咖吧省北界嗎㗅礒省長六百五十里寬約五百里總領三府首府名嗃㗅哪乃省會也

咕嚏啦嚒省東西南界海北界啞咀㗂㗅省長一千四百里寬六百五十里地面積方約四萬四千里烟戶二兆一億六萬口總領四府首府名蘇啦㘞乃省會也以上四省皆屬駐嗑嗊之總督管轄

啞嗓緯度自北二十五度三十分起至二十七度四十五分止經度自東八十八度二十四分起至九十三度三十分止東北界西藏西連印度國南接阿瓦國長約一千一百餘里寬約五百里烟戶一兆餘口境內重岡疊嶺絡繹不絕河之長者曰㘞咯嚨曰嘍嘶曰㘞嗦吔曰噔嚏哩啞田土膴腴穀菓豐茂土產金銀銅鐵茶烟

棉花甘蔗胡椒香料材木煤炭等物地氣濕熱人物不宜技藝精良貿易昌盛首郡名喏㗅哈嚒昔自為一國今為嘆咕唎所兼攝

啊喇吁在阿瓦國之西長約一千八百里寬約二百里烟戶二兆六億口境內岡陵平原兩相間隔田土肥饒穀菓豐稔鳥獸草木靡弗充斥土產金銀鹽蠟象牙等物地氣濕熱不甚相宜技藝寥寥貿易興隆首郡亦名啊喇吁昔自為一國今為嘆咕唎所兼攝

嗎㗅嗟嗷東連暹邏國西枕大海南接喋地北界吡咕

地統計地面積方約一萬三千五百里烟戶五萬餘口境內岡陵接連絡繹不絕田土膴厚穀菓豐登土產米鹽藍靛棉花豆蔻烟葉象牙木料等物地氣溫和人物咸宜首郡亦名嗎𠻗嗟㗢昔本阿瓦國一省今為𠲎咭唎兼攝之地

嗟唖東接暹邏山西枕海南界吧喂河北連嗎𠻗嗟㗢省長一千一百五十里寬一百五十里地面積方約一萬七千里烟戶三萬口境內岡陵延袤絡繹不絕田土膏腴穀菓豐稔鳥獸草木靡弗蕃衍土產錫蜜鹽靛象

牙燕窩沙藤材木荳蔻香料等物地氣溫和人安物阜其地分為三省一名嘆首府亦名嘆一名嗟唖首府亦名嗟唖一名嚒哪嚤噓首府名嘆𠻗嘰昔本阿瓦國之省今為𠲎咭唎兼攝之地

新埠島又名布路檳榔在嗎啦咖海峽之間長六十里寬三十里地多肥饒菓木茂盛

息辣島又名新嘉坡在嗎啦咖海峽口田土膴腴菓木豐茂貿易昌盛商賈雲集

嗎啦咖前為大西洋國所取今為𠲎咭唎所併人烟寥寥貿易蕭疏以上各該處于耶穌一千八百三十載（大清道光十年也）皆受駐劄咖喇之總督節制

大西洋國兼攝之地全志

㖿礁又名小西洋在印度之西緯度自北十四度五十四分起至十五度五十三分止經度自東七十一度三十分起至七十二度五分止東南至咖哪啦省西枕㖿嘎海灣北界吡咱𠻗𠻗省長二百五十里寬一百二十里地面積方約一千五百里烟戶三億一萬餘口內有一十九島岡陵疊起絡繹迴環田土肥饒穀菓茂盛土

產鹽蘇棉花荳蔻胡椒椰子檳榔等物禽獸草木靡弗蕃衍地氣炎熱夏多颶風技藝平常貿易清淡其地分為三省一名㖿礁首府哪啃設有總督衙門一名薩爾嘩首府嗎𠻗啊一名吧𠻗噫嘶首府嗎𠻗嚧此外又有新疆之地內分十省一名嘣嗟首府𠯿嗎㖞一名咖哪哥㘈首府亦名咖哪哥㘈一名吡嗑嚧首府咖薩嗶一名薩嗟唎首府嗓𠯿嚧一名吡爾嗞首府咖㗢吡一名啊嘶噫啦咖𠻗首府哩哌哪一名吧嚟首府亦名吧嚟一名嘆吧爾吧呀首府嗓啯嘆一名順嗟啦哌𠳽首

府啞嗎哪一名咖哥喇首府亦名咖哥喇
噠𠾐在印度國咕嚤啦喲省內其地甚小長寬不過數十里烟戶約一萬五千口在昔貿易興隆今則甚屬凌替
喲[illegible]在印度國內地方狹窄人烟稀疎海口深濶泊舟便利

咈𠾭哂國兼攝之地全志

咈𠾭哂國兼攝之地皆在印度國內分為五府一名嘣喲吱嚓府在咖嘣哪喲省內于北極出地十一度五十

五分經線自東七十七度三十一分烟戶四萬口土產米糖藍靛鴉片藥材等物首邑亦名嘣喲吱嚓設有總督衙門一名咖嚓㗶嘣府亦在咖嘣哪喲省內于北極出地十度五十五分經線自東七十七度二十八分烟戶一萬五千口土產棉花首邑亦名咖嚓㗶嘣一名呀哪咹府在北哂嘣咖咡省內于北極出地十六度五十五分經線自東七十九度五十分烟戶一萬八千口土產木料首邑亦名呀哪咹一名嘀嘧嘣哪哥咡府在嘮咖喇省內于北極出地二十二度五十五分經線自東八十六度九分烟戶一萬五千口土產鴉片首邑亦名嘀嘧嘣哪哥咡一名嗎嘿府在嗎啦吧嘣省內于北極出地十一度四十二分經線自東七十三度十六分烟戶一萬口土產胡椒首邑亦名嗎嘿

哌哪嗎嘣咖國兼攝之地全志

哌哪嗎嘣咖國兼攝之地俱在印度國內一名哂畯呀嘣府在嘮咖喇省內嗚喻嚓河之右于北極出地二十二度四十五分經線自東八十六度六分烟戶一萬三千口設有總督衙門一名噠嘟喻吧嘣府在咖嘣哪喲

省內于北極出地十一度十五分經線自東七十七度三十四分烟戶一萬二千口

地理備考卷七終

新釋地理備考卷八

大西洋瑪吉士輯著

亞非哩咖州全志

天下五州最難盡悉者乃亞非哩咖州也蓋其地極爲酷熱人不能堪難以遍歷故迄今亦惟沿海一帶地方能悉確切其境内山川人物地勢土産不能周知而諸察地理者所述不過爲之擬議焉兹釋其州僅序大畧云爾

文論

〔位〕亞非哩咖州緯度距赤道自北三十八度起至南三十五度止經度自吧嚓嘶第一午線西十九度起至東四十度止

〔界〕本州東連蘇喉嘶徑暨紅海印度海西界亞德蘭哟海南枕南海北接咱吧啦𠸄𠯆海峽暨地中海

〔廣〕本州南北相距一萬八千里東西相去一萬六千五百里地面積方七百五十萬里

質論

〔山〕本州之山不一所越歷者無幾知其峻而且長者約

有八座一名亞噠啦嘶在吧𠸄吧嚓亞地之南一名亞吡吐在東北方紅海之濱一名𠲾咱𠸄吟啦又名月山在本州之中一名嚧吧噠在本州東南方海濱一名𠹭蘇嘿喀一名德咖啦皆在西方一名吟嶺在上幾吶亞地之北一名嘞㖿𡁷在塞吶吁吡亞地方其餘各山如噠咈哟𠲾𠸄啵噠哈嚧哇嗎咖𠻗嚦咖𠹭噠吥嘞塞吶咖𠸄等則次之

〔火山〕本州火山約有數焉一在亞吡哂呢亞地一在喁嘚啦咮𠲾啦二國之間名曰𡁷喻嘟𠯈吡其在海中者一名𠻉吶嚓啡在𠻉吶嚓啡島一名嘚𡃋哪在蘭嚏囉𠻉島此外尚有三座一在火島一在𠲾𠸄嘣島一在嘚嚦囉島

〔谷〕本州山谷大小不一其在亞吡哂呢亞吡嘿咮唫叩啁嘚咱𠻗咮吁咖嘪嚐啵蘇嘟𠸄吧咖啦嘞吶各等處者乃其大者也其在呢囉河濱域中者乃其長而窄者也

〔海〕本州之海與歐囉吧亞𠺕啞二州之海相通一名地中海在北方界乎歐囉吧之間一名紅海在東北方界

平亞喇亞之間一名印度海在東方一名亞嚏囒啲海在西方其南海則在本州之南與上二州不相通達

海灣 本州海灣居六一名亞啦吡哥又名紅海在東北方一名亞叮在東方一名吡嗙一名曦呐亞又名吡呀唆啦皆在亞嚏囒啲海一名咖啤嘶一名哂噠啦皆在地中海

海隅 本州海隅居四一名嘟呢嘶在地中海一名嚾爾噠呢亞一名嘰爾嚾皆在亞嚏囒啲海一名啦哥曦在南海

海峽 本州海峽居二一名咀吧啦爾吠在亞啡哩咖㰷囉吧二州之間通連亞嚏囒啲海與地中海一名吧吡爾嚎嚏在東方通連亞啦吡哥海灣與亞叮海灣

海岔 本州海岔居一名曰嘆㗊嗥峪在東南方與印度海交滙

海角 本州海角衆多大者約有十五一名嘣一名嘐噠皆在吧爾吧嚟亞地一名唦嚄哆爾一名吧哪哥皆在嘟呢嘶國一名綠一名紫皆在嚟呐吁吡亞地一名吧爾嗎嘶一名三頭一名囉啤嘶一名黑皆在曦吶地一名好望一名亞咕咧嘶皆在南方一名哪噠爾在嗎噠咖嘶咖爾島之北一名嚏爾咖哆在嘆㗊嗥峪地之北一名呱爾噠吠在亞㗅地之北

河 本州大河約有十四曰兜囉注于地中海曰塞呐咖爾曰啁吡亞曰啫嚟吧又名呢咀爾曰嚽嘞曰吪嚾曰啊嚪咀皆注于亞嚏囒啲海曰嗓啤塞又名呱囑曰囉啡曰嚥嚏爾曰嗚呥哆曰嚜吡皆注于印度海曰呥曰㕭嚟皆注于㕭嚏湖

湖 本州大湖所知有十曰嘢嚾嘞曰嗐嚨曰嗎嘚皆在

呃咀嗹國曰噹啤亞又名㗂哪在亞吡哂呢亞地曰嗎啦㗊在嘆㗊嗥峪地之西曰吵嚏在呢峪哩哂亞地曰咀吥在疆域之中曰嚧嚏亞在嘟呢嘶國曰嘆哩咀在亞嘛咀㖃國曰吡爾嗎在東北方

島 本州海島大小不一或數座一名或一座一名其大者約有十九在亞嚏囒啲海者十一曰亞嗦咧嘶其中數座曰嗎嚏㗂曰咖哪咧嘶其中數座曰咖吥㖀爾嚏其中數座曰嗓嚧曦嘶曰啊嘞亞曰啡爾囖嚏唦曰吡啉哂啤曰嗓哆嘆曰亞㖀嘣曰㗊噠呃嘞哪在印度海者八曰囖嚏嚟

咯曰㘈啷𠻗又名吒哩哂啞曰吥嘛嘣曰嗎嗟咖嘶咖嘛曰哥嚈嘞其中數座曰嗓哂吧嘛曰嚂哈嘞其中數座曰嗼嚆哆啦

〔徑〕本州徑一名曰𡁻喉嘶在東北方通于啞嘣啞州

〔平原〕本州平原甚屬寬廣其在𡁩吶咖嘛啁吡啞哥啦呢囉等河濱暨𡁩啷嘛地方者乃其至坦者也

〔荒野〕本州荒野衆多沙漠遼絶有曰𠻗啊啦者乃其至寬者也至于㕧吡啞呃咱㗻啞嘛咱咡諸國等處者則次之若夫啞嘫嘶嗶吧二處海邊一望無際四面空虛

〔地氣〕五州地氣本州最熱其地位居熱道者多居溫道者寡海邊等處尚覺清涼其餘各地熇烈異常人所難堪至若域中尤為酷熱水土猛烈瘴癘流行每十二時寒熱相間即本土之人亦屬難堪其異邦之人每易中病易季之時雷鳴電閃風雨交作陰雨之際熇烈稍減既霽其熱如故

〔地寶〕本州金石之類尚多未悉今將可考者開列出產于左

寶石一類惟鑽石尚未見餘皆產于呢嗡哩哂啞吐呵嗟啞之地暨嗎嗟咖嘶咖嘛海島各等處

金產于東方及呢嗡哩哂啞暨呢囉河濱等處

銀產于東方及呢嗡哩哂啞等處

銅產于東南方及呢嗡哩哂啞呢囉河濱等處

鐵產于東南方及呢嗡哩哂啞嗎嗟咖嘶咖嘛島呢囉河濱嗎哥嘞等處

水銀產于啞嚱啦山

硇砂產于東南北方等處

鹽產于嗎哥嘞呢嗡哩哂啞暨咖吥㖕嘛嚱咖哪咧嘶嗎嗟咖嘶咖嘛各海島

〔草木〕本州草木惟產于海濱等處者人所備悉其域中人所罕至未盡詳明故難定論然沿海所產穀菓花卉甚屬茂盛如大麥小麥稻子橘子甘蔗檸檬石榴佛手波羅蜜葡萄大薯乜角無花菓靛花胡椒棉花香料等靡弗具備

〔蟲類〕本州之地與啞嘣啞州接壤而其所產蟲類形狀多有不同域中諸處獅程充斥駝象蕃衍犀牛山狗虎豹猿猴甚屬紛繁至于家禽野鳥種類甚衆指不勝屈豸

屬無幾鱗介甚多

政論

戶口 本州人民約計七京餘口

教門 本州風教不一而足曰回回曰耶穌曰大秦紛紛尊崇趣向不一其某國某教孰多孰寡俟釋其地再爲詳載

朝綱 本州各國朝綱名號不一或稱王或爲酋或設官權理稱謂各殊彼此不同俟釋其國再爲分序

技藝 本州之人多以貿易爲業故其技藝較之嘔囉吧啞

𠺕啞二州畧爲膚次然沿海等處織紡製造一切工作仍屬精巧銅鐵物件金銀器皿龐弗華麗木窯物件亦皆佳美其呢嗡哩哂啞國編織簟席曦吶琢磨玉器甚屬細緻深堪嘉尚

國 本州之地分建二十二國曰嗎囉咯曰啞爾叩既曰嘟呢嘶曰啲嚓吥哩曰呃咀嗖曰叺吡啞曰啞吡哂呢啞曰呀嘛哆嗗曰噠爾吷咡曰呢嗡哩哂啞曰噻吶嘣吡啞曰嘰吶啞曰吣嚬曰喔嗥吧哂啞曰啢叮哆啲嘘曰啞嘧嘛曰啞嘫曰嗓嗡吧嘛曰嗼㕭嗅嗡曰嚤嚙嚦噠吧曰咖咈嘞哩啞曰嗎噠咖嘶咖嘛此外尚有嘔囉吧州之吐呣嗟啞大西洋咈嘣哂大嘆大呂宋嘖嘣哌哪嗎嘛咖各國啞㕷哩咖州之合省國啞咖啞州之啞啦鼻啞國兼攝之地分序於後

嗎囉咯國全志

嗎囉咯國在啞咈哩咖州之西北其國土在北極出地二十七度起至三十五度止經線自西二度起至十四度止東至啞爾咀咡國西枕啞嚧嘣啲海南連嚧啊啦沙漠北界地中海暨咀吧啦嘛吷海峽南北相距二千

五百里東西相去一千五百里地面積方四十六萬七千七百七十里烟戶六兆餘口本國地勢由西南而東北啞嚧啦嘶山橫貫其中砂磧居多甚屬瘠旱田畝無幾寶爲膏腴穀菓豐登駝馬蕃衍土產銅鐵錫蠟窩宅棉花熟皮木料等物河之長者名曰咻嗾啞居于本國與啞嘛咀咡國之間其嚓吥嚦嘛嗶啞嗷啃咈則次之地氣溫和週歲如一夏季酷熱海風解之沙漠薰氣峻嶺薇之至于朝綱帝位歷代相傳所奉之教乃回教也通國分爲六省一名嗎囉咯一名咈嘶一名蘇嘶一名

噠啦吟一名噠啡嘞一名哂咀嘛咦嚧本國京師昔在嗎囉咯省之首府嗎囉咯今則遷于啡嘶省之咦㗨呐嘶府其貿易興隆工肆林立之地所在衆多而尤盛者乃嗎囉咯省之嘫咖哆嘛城也每歲所出油蠟菓硝皮羽木料樹膠地氊棉花布哆囉呢綢緞紙劄等物甚屬繁多內地貿易或與天方國人或與本土黑人皆結隊而行

啞㕹咀吽國全志

啞㕹咀吽國在啞啡哩咖州之北其國土在北極出地三十二度起至三十七度止經線自東七度五十分起至西四度三十分止東至嘟呢嘶國西連嗎囉咯國南接薩啊啦沙漠北界地中海長二千一百五十里寬一千八百里地面積方二十四萬九千三百里烟戶二兆五億餘口地勢嶄巖岡陵絡繹東南方尤甚峯巒參天氷雪凝積沿海一帶陡坡險峻不易登臨河之長者曰吱哩咈曰呱嘫咀喲田土極腴穀菓甚豐而士人不勤稼穡境內沙漠亦屬遼絕其至寬者名曰嘚咖啦土產金銀鐵錫礬硝珊瑚等物地氣溫和人安物阜然每多

地震之患至于朝綱不設君位昔歸吐吽嗱啞國兼攝今屬咈囒哂國統轄所奉之教乃回教也技藝平常貿易清淡通國分為六省曰啞嘛咀吽曰㗝吐吶喲㗋曰嗎嘶咖啦曰喲嚧唎曰噠吥曰嗥嘛吡吽京師亦曰啞嘛咀吽建于山坡之上樓臺疊起景色雅緻其通商衝繁之地一名哂喲啡嚧咥一名薩嘛咀吽一名嚧吶嘶一名嚃嘶噠㖃哼一名吥咀啞一名㖞㖃哪一名㗝吐吶喲㗋

嘟呢嘶國全志

嘟呢嘶國在啞啡哩咖州之北其國土在北極出地三十二度起至三十六度三十分止經線自東五度起至九度止東至喲嚓吥哩國西連啞嘛咀吽國南接薩啊啦沙漠北界地中海長一千五百里寬八百里地面積方五萬五千五百六十里烟戶二兆八億口本國地勢岡陵無幾沙漠居多河濱一帶膏腴膴厚其餘各地均屬磽瘠烈日之下莫不焦燥沿海瀉鹵甘泉缺之河之長者名曰㗋咀嘛噠湖之大者名曰嚧嚧啞土產銀銅錫蠟水銀硇砂等物獅程猴獐山狗野貓結隊成羣山

禽野鳥亦皆充斥地氣濕熱人物富庶幾至于朝綱王賴衆舉仍請命于吐吓嗟啞國君所奉之教乃回教也技藝稀疎製造無幾然民人亦甚黽勉爲啞啡哩咖州禮義邦之一也貿易興隆商賈輻輳其內地尤爲昌盛往來營運多以結隊而行通國分爲二省一名啲哩嘰啞一名嗟啦嘰嘶京師名嘟呢嘶建于啵咖嘶小湖濱高阜之處街衢狹窄屋宇卑陋惟有宮殿廟堂頗爲峻麗其通商衝繁之地如嗬嘞嗟哈嗎嘆嚹嚧咊哪嘶啲嘛啞嘛嘆嚫啞各等處乃海邊之大埠頭也其嗌曦嘛咣嘟噻嘛等處乃內地之大埠頭也

啲嚟吥哩國全志

啲嚟吥哩國在啞啡哩咖州之北其國土在北極出地二十四度起至三十四度止經線自東六度三十分起至二十六度三十五分止東至呃咀嗖國西連嘟呢嘶國南接嚾啊啦沙漠北界地中海長四千里寬二千五百里地面積方二十五萬里烟戶二兆五億餘口山陵甚少沙漠居多其啲㖠河貫徹于中隴畝之地甚屬膏腴土產穀菓皮羽蠟棉花硫磺滑石丹參金砂等物山

禽野獸蕃衍成羣其中猛獸毒蟲尤爲充斥地氣酷熱晝暑夜寒土性不藏歉歲時逢至于朝綱王位歷代相傳仍請命于吐吓嗟啞國君所奉之教乃回教也技藝麤疎貿易豐盛其內地營運者多以結隊而行通國分爲四省一名啲嚟吥哩一名吧𠼻咖一名啡𠮷一名啞嗟嘆京師亦名啲嚟吥哩建于海濱屋宇壯麗街衢濶直諸貨駢集五方輻輳其通商衝繁之地一名嘞啵嗟一名嘆嚇啦嗟一名𠽌咖哂一名嗟嘛㘎

呃咀嗖國全志

呃咀嗖國在啞啡哩咖州之東北其國土在北極出地二十三度二十三分起至三十一度三十七分止經線自東二十二度十分起至三十三度二十二分止東枕紅海暨嚇嗾嘶徑西連啲嚟吥哩國暨哩吡啞沙漠南接啾吡啞國北界地中海長寬皆約一千七百五十里地面積方二十四萬里烟戶四兆餘口通國分爲上中下三處其上中之東西二方岡陵綿亘地勢如谷其下者平原廣濶溪渠間隔河之長者一曰呢囉南北通流湖之大者曰㘉嚾啦曰嘆喇曰吥嘛囉曰嗎嘐啲河濱

一帶膏腴膴厚其餘各地砂磧居多而隴畝之肥磽相
河水之消長每歲夏至水長秋後水消若長不過甚則
年必豐稔否則歲必荒歉土產穀菓蘇䕷棉花紋石等
物禽獸蕃衍駝馬尤良地氣熇烈陰雨甚罕四季之內
非春即夏沙漠蒸蒸不宜于人瘟疫之害不時傳染至
于朝綱不設君位乃吐呫嗹啞國所派總督政事皆決
焉所奉之教乃回教也其餘各教或有奉之者概不禁
止貿易興隆五方輻輳原本國乃古者巨邦之一也英
圭名君歷代相傳享國悠久耶蘇未誕之前四百二十

四載即周威烈王十六年也咱嘞哂啞國王嘓吡嘶者首奪其地
越二百載復有啞嘞呲嚧嚓君率師攻克迨崩後麾下
諸將互相分析其地本國乃為將軍咱嚧囉嘿所據及
囉嗎國王噢呱嘶嚧時兼併其地歸為一統至囉嗎國
衰弱之際本國又為啞啦嘷啞國君啲嗎爾者所奪耶
蘇一千二百五十載即宋理宗淳祐十年也啞啦嘷啞國駐防軍
士叛亂弒君自推一首領為王厥後與吐呫嗹啞國屢
次交兵終為吐呫嗹啞國人所克耶蘇一千七百九十
八載即大清嘉慶三年也有咈嘣哂國率軍抵境攻克越三載咈

嘣哂國人仍將其地歸還吐呫嗹啞國後即派總督一
員統轄其地通國分為二十五省曰咖曦囉首府亦名
咖曦囉建于砂磧平原之中曰哈哩嗎啵曰吡嘛啤曦
嘶曰嘛啤曰咪咖嗎爾曰咘囌嗽曰嚏噠吔吠曰哈吡
爾曰噹噠曰咲嚓曰咲吸曰吶咀嘞曰嘛啊曰噠嗎吸
爾曰啞嘞咄嚧嚓啞曰嚧堪嗹曰啞嚧啡曰咱呢嚐咈
曰嚈嚨曰噠呢啞曰豪嚈嚇曰哂吁嚧曰嚌爾咱曰哈
吶曰喉嘶吶其通商衝繁之地一名啞嘞咄嚧嚓啞一
名啞吥嘰爾一名囉嚜噠一名噠嘫吔吠一名咖曦囉

一名哂吁嚧一名嗷嚧蝀此外尚有兼攝之地數處其
大者曰哂嗚啊曰啲咀啦皆在西方曰哥嚜曦爾曰嘛
喉嘶皆在東方

吸吡啞國全志

吸吡啞國在啞啡哩咖州之東北其國土在北極出地
九度起至二十四度止經線自東二十六度起至三十
七度止東枕紅海西連呢哈哩哂啞國南接啞吡哂呢
啞豎哥爾哆吩二國北界吔咀嗳國長三千里寬二千
里地面積方三十萬里烟戶二兆餘口本國地勢東南

峻嶺重疊川谷間隔西北沙漠遼絶隴畝寥寥其呢羅河與各支派由南而北貫于其地河濱之地實爲膏腴土産蘇烟米酒麰麥甘蔗棉花檀香烏木象牙金砂等物鳥獸尤斥駝馬最良地氣極酷人物難禁至于朝綱不設君位耶蘇一千八百二十二載（即大清道光二年也）始歸呃咱唆國兼攝所奉之教乃回教也技藝疎慵貿易豐盛多與呃咱唆國人交易通國分爲四小國一名吸吡啞一名嚐哥竦一名嚓哪爾一名吡咱嘶其通商衝繁之地曰咖爾咚曰嚓哪爾曰嗦哟曰新嗹哥啦曰蘇啊經曰噠嗼爾曰喝嗡嘞

啞吡哂呢啞國全志

啞吡哂呢啞國在啞非哩咖州之東北其國土在北極出地七度起至十六度三十分止經線自東三十三度四十分起至四十一度止東枕紅海暨啞叮海灣西連吸吡啞國南接啞噫爾地暨嘁咖山北界吸吡啞國長二千三百七十里寬二千餘里地面積方四十五萬里烟戸三兆餘口本國地勢嶄巖嵾嵳岡陵重疊河之長者曰吧嘞啝嚜咯又名藍河其啞嘞咖嗎嘞啵哵噫爾哈嘰吐等河則次之通國田土甚屬肥饒土産麥粟蘇畜大麥棉花木料等物各種禽獸麋彿蕃衍獅豹山狗之類尤爲充斥地氣温和人物咸宜惟有紅海一帶地方頗爲熇烈霹靂不時風雨交作自五月至十月滂沱傾注有礙行人至于朝綱諸酋分攝所奉之教乃天主大秦二教相參技藝疎慵製造寥寥除日用所需器皿布疋外餘無所見貿易淡薄土人怠惰通國分爲七小國曰哷嗡嘞曰吣噠爾曰喝哥啤爾曰喝哈啦曰喝哥曰哪嘞啞曰蘿嗎啦

哷爾哆嘴國全志

哷爾哆嘴國在啞非哩咖州之東北其國土在北極出地九度起至十五度止經線自東二十三度起至三十度止東北界吸吡啞國西連噠爾呋咡國南接啯山長約一千五百里寬約一千二百里地面積方約二十二萬里烟戸一兆餘口本國地勢沙漠環繞南方山陵寥塞河之大者名曰吧嘞啦吡啞東南貫徹田土肥饒黍稷豐盈土産鐵器棉花等物禽獸蕃衍種類不一地氣炎熱土人色黑多以耕種爲業國中火山吐燄不息至

于朝綱不設君位歸于呃咀嗖國兼攝所奉之教乃回教也技藝寥寥貿易與隆往趂吹吡啞嗟嘛呋呷二國皆以結隊而行首郡名唦嗶噫乃昔日本國京師也地之衝繁惟吧啦城餘皆幽僻星宇傾頽氓庶逃散

嗟嘛呋呷國全志

嗟嘛呋呷國在啞啡哩咖州之東北其國土在北極出地十一度起至十六度止經線自東二十三度三十分起至二十七度三十分止東至哥嘛哆嚁國西南接蘇呀國北連哩吡啞沙漠南北相距一千二百五十里東

西相去八百里地面積方九萬五千里烟戶二億餘口本國地勢沙漠居多湖河甚小田土漑旱惟南方地獨膏腴樹林叢簇鳥獸充斥土產黃蔴胡椒烟葉象牙材木香料等物五穀之次黍稷最多石類之中紋石極繁他如玉硝硇砂亦屬蕃衍地氣熇烈人物難堪至于朝綱王位歷代相傳所奉之教乃回教也技藝麤疎製造拙鄙通國民人業農為多每歲國君率領臣宰親臨耕種為勸農之舉貿易興隆往來接踵惟邊境盜賊太多凡營運貨物皆以結隊而行人數每至千餘以防刼掠

之患其馱負之數亦多或二千或　萬不等首郡名曰哥嗅乃本國京都也而國王常御于嘛嗘哈呷距京不遠其餘各處皆屬荒僻茲不具載

呢哈哩哂啞國全志

呢哈哩哂啞國又名嘛呀在啞啡哩咖州之中其國土在北極出地六度起至二十三度止經線自東七度起至三十一度止東至吹吡啞暨啞吡哂呢啞二國西連噻吶啁吡啞國南接嘰吶啞國暨啮山北界嚨啊啦沙漠長約六千里寬約四千二百五十里地面積方二百

四十五萬里烟戶約二京餘口人盡黑色本國地勢岡陵稀疎平原廣濶湖河沙漠兩相間隔河之長者曰呢咀嘛曰哥啦曰嗖曰吵喇湖之大者曰吵噫曰喲唎曰啡噫嘞河濱壟畝甚為膴腴土產稻黍蔴棉靛烟穀菓象牙金砂皮革等物野禽猛獸毒蟲惡豸充斥難數地氣炎熱遠人難堪至于朝綱列君分據各霸一方不相統屬所奉之教乃回教也技藝罕有人多業農通國分為二十二小國曰啵嘛奴首郡咕咖曰吧哋嘛嘆首郡嘆嗎曰吡嘛咕首郡嗚啊啦曰嗓咖啦首郡亦名嗓咖

啦曰吥嘞首郡亦名吥嘞曰㖾吁首郡亦名㖾吁曰嗃
哪嗦嘞首郡哂咖啦曰上咈吧啦首郡嗏咯曰下咈吧
啦首郡咀吶曰嗎啨哪首郡亦名嗎啨哪曰吧嗹首郡
喲㗖㖃喊㖮曰喲嘞喃首郡啞㖮㖿喲啞曰叮吥咯嘟
首郡亦名叮吥咯嘟曰呀嗚唎首郡亦名呀嗚唎曰呢
啡首郡嗹吧啦曰啵㖮咕首郡吥薩曰呀嗦吧首郡㗖
吪曰吡㗄首郡亦名吡㗄曰呱首郡嗐咖啦吧㖮曰吟
首郡亦曰吟曰咖啦哪首郡亦名咖啦哪曰嗹吟吧首
郡呀嗚喲

嗪吶啊吡啞國全志

嗪吶啊吡啞國在啞啡哩咖州之西其國土在北極出
地十度起至十八度止經線自西九度起至二十度止
東至呢㖷哩哂啞國西枕啞㦃㘓喲海南接㗨吶啞國
北界薩啊啦沙漠長約二千七百五十里寬約二千里
地面積方五十五萬里烟戸一京二兆餘口本國地勢
平原居多沙漠相間山陵寥寥樹林叢雜河則嗪吶咖
㖮為首啊吡啞暨哪㖮（即大河也）則次之田土饒腴物產最
盛穀菓藥材㢀弗具備禽獸蟲豸極為紛繁土產金銅

鹽琥珀紋石象牙等物地氣熱癘烈難禁由五月至
八月陰雨連綿暑氣稍降土人黑色毛髮卷曲至于朝
綱列君分攝或歷代相傳或公議選立各霸一方不相
統屬所奉之教乃回教也通國分為二十小國曰咈嗹
哆囉首郡嗐囉曰咈嗹咀囉首郡叮吥曰咈啦嘟首郡
咈咖哂曰咖啄首郡嗎㗎㖮曰㘓嘟首郡吥嘞吧吶曰
呀呢首郡咖嗹吧曰咈㗖呢首郡咀嘞嘍曰嗚嚓首郡
嗎喲哪曰噔喲哩啞首郡吡呢嗪啦㗖㖮曰吩嗹首郡
㗅㖮吧哪曰咖喃㖮嗹首郡咀喲咖曰咈吥咯首郡㗅
㖮吧哪曰薩噠首郡咖嘚吶曰咖吥首郡㖿㗖嚧曰咀
喲囉咈首郡㖃㖮㖪曰嘶首郡咀啞嗃曰嗚啊囉首郡
嗹哈哪曰吧㖮首郡唧咱曰咖喲㖮首郡唧㗅嘶曰嚧
喻首郡咖咕

㗨吶啞國全志

㗨吶啞國在啞啡哩咖州之西其國土在南極出地一
度起至北十一度止經線自西十二度起至東十八度
止東至㖗喲喲吡啞沙漠西南接啞㦃㘓喲海北界嗪
吶啊吡啞呢㖷哩哂啞二國長約八千五百里寬約三

千里地面積方一百零五萬里烟戸一京餘口民八大半黑色鹵莽無文本國吆山爲呢哈哩哂啞嗟吶啯吡啞二國分界之處海邊地勢低陷烟瘴觸人河之長者名曰呢咀㘃由呢哈哩哂啞貫徹本國而注于啞嚧嚹喲海其次者曰嗹嘞啷咹𠸍河口沙灘甚多水流洶湧田土肥饒穀菓豐稔土產黃金珊瑚琥珀紋石甘蔗烟葉香料等物山林海濱禽獸蟲豸種類紛繁靡弗充斥地氣炎熱午時尤甚自五月至九月陰雨連綿至于朝綱列君分攝各據一方不相統屬所奉之教或拜山河

或奉禽獸各從其志初無一定技藝缺乏耕種皆女通國分爲數十小國茲姑擇其要者曰喲嗎呢啞首郡㘃吧曰咕啷嘚首郡嘚啊咖曰噘嚓嗎哪首郡嚈啦吧曰咖吥嚎嚧首郡咕嗟啞曰嗓咽唷首郡亦名嗓咽唷曰咖㕶唎首郡亦名咖㕶唎曰啞吁喲啞首郡咕嗎哂啞曰嗟啊嘆首郡啞啵嘆曰啞㘃嗟啦首郡啞啦嗟曰吧嗟哈哩首郡亦名吧嗟哈哩曰啦咯嘶首郡亦名啦咯嘶其餘小國未及悉載

吆嚬國全志

吆嚬國又名下嘰吶嚈在啞非唎咖州之西南其國土在南極出地一度起至十七度止經線自東八度起至十八度止東至咀呀咖地西接啞嚧嚹喲海南連嘽嗶吧哂啞國北界上嘰吶啞國長約三千八百里寛約一千四百里地面積方四十四萬里烟戸四兆餘口本國地勢東方岡陵重疊絡繹不絶衆河發源于此其長者名曰吆嚬又名嗟嘞四面環繞貫徹其地田土最腴庶物極豐禽獸蟲豸族類紛繁土產銅鐵甘蔗胡椒烟葉薯粉象牙等物地氣熇烈難禁海濱平原皆然技藝缺

乏貿易稀踈至于朝綱列君分攝紛紛不一有屬于別國管轄者有不屬于別國管轄者其屬于別國管轄者分序于後其不屬于別國管轄者分爲二十一小國一名囉喟嚬一名吆嚬一名喃吧一名嚾啦一名嗼嚧啊嘶一名唬嘆一名咖𠯈咀一名啊咯咱啦一名啊一名啊囉唎一名咀哵咖一名嘰嚛啊一名咕嗟哆一名咕嗱咖一名噹吧一名哩啵囉一名嘰𠸍嗎一名嗟啦一名咱喻哆一名嚈嗒一名吡嘿

嘽嗶吧哂啞國全志

喔啤吧哂亞國在亞啡哩咖州之南其國土在南極出地十八度起至二十五度止經線自東十度起莫知所至故于東未晰其界西接亞嘚囒哟海南連哃叮哆啲亞國北界吟嚬國長約二千七百五十里地面積方約三十四萬里烟戶約二億餘口本國地勢海濱艱險平原磽薄一望沙漠並無出產國之荒野莫此爲甚人民蕭條猛獸充斥地氣失和難以居棲本國之人名曰喔啤吧𠯿皆爲無籍遊民

哃叮哆啲亞國全志

哃叮哆啲亞國在亞啡哩咖州之南其國土在南極出地二十三度起至三十二度止經線自東十三度起至二十五度止東至咖嘜啦哩亞地西接亞嘚囒哟海南連咖吓地北界喔啤吧哂亞國長約二千五百里寬約二千二百里地面積方二十八萬里烟戶四億餘口本國地勢南北則崇山峻嶺絡繹不絕中央則沙漠居多沃壤無幾沿海一帶甚屬低陷南方各處時有颶風河之長者名曰哃嘣咀由東而西貫徹其地海濱膏腴物產豐盈凶禽猛獸遶林飛躍毒蟲惡豸沿河擾害地氣溫和人物咸宜至于朝綱不設君位諸酋分據各爲部落曰哥啦哪曰哪嗎呱曰嗹嗎啦曰吓嘈啊哪曰哝吱嘶嘎名目不一技藝疎庸貿易淸淡國人多以牧養爲業怠于稼穡

亞嘚爾國全志

亞嘚爾國在亞啡哩咖州之東亞吡哂呢亞國東南其國土自吧啤嘛嚎嘚咡海峽起至呱嘛嗟啡喧海角外人罕至是以迄今長寬不知戶口未悉至于地勢西南重岡疊起東北平原廣濶衆河貫徹隴畝肥饒不甚陰

雨而極熇烈土產金砂黍稷乳香胡椒象牙等物通國分爲部落常與亞吡哂呢亞國人交兵貿易蕭條技藝鮮少所奉之教乃回教也

亞嘫國全志

亞嘫國在亞啡哩咖州之東其國土在北極出地二度起至十一度止經線自東四十八度起未定所至東枕印度海南接嗓嗡吧嘛國北連亞嘚嘛國長約一千九百里地面積方約五萬六千里烟戶約六萬餘口本國地勢北方峯巒疊起絡繹不絕東方磽瘠荒野沙漠居

多其西南等處人迹罕到尚未詳明土產香料爲多別色甚鮮編氓固庶教亦紛歧沿海所居乃天方之人皆以貿易爲業面目差白内地所棲乃本國之人俱以牧獵爲生皮肉皆黑通國分爲十數小國各霸一方不相統屬其大者名曰吧啦嘎首郡亦名吧啦嘎建于海濱其地棲泊穩便舢艫雲集貿易興隆諸貨駢臻

嗓給吧爾國全志

嗓給吧爾國在亞非里加州之東其國土在北極出地二度起至南十度止經線自東三十四度起至四十五

度止東枕印度海西連呢啊吻地南接嗼三嚊給國北界亞嘫國長約四千里寬約七百里地面積方二十八萬里烟戶約二兆餘口本國地勢海邊則平原低陷濘隰居多叢林稠密野象成群内地則重岡疊嶺絡繹參差他如西南尤爲嶄巖江河甚多貫澈其地曰哩嚇吔爾曰嚧嘞曰嘰哩嗎吶乃河之大者也由西北而下注于印度海田土膴腴不能盡一土產金銀銅鐵穀菓糖蠟棉花象牙鳥羽木料藥材等物兇禽猛獸族屬紛繁地氣不馴熇烈難堪至于朝綱列君分攝各霸一方不相統屬所奉之教乃回教也貿易興隆稼穡豐茂通國分爲數十小國其至大者曰嘰囉啊首郡亦名嘰囉啊曰嚎吧嚧首郡亦名嚎吧嚧曰嗼咻嚧首郡亦名嗼咻嚧曰嗎咖哆嘲首郡亦名嗎咖哆嘲其餘小國茲不俱載

嗼三嚊給國全志

嗼三嚊給國在亞非里加州之東南其國土在南極出地十度起至二十五度止經線自東二十六度起至三十八度止東枕印度海暨嗼三嚊給海岔西界嚧吧嗟

山南接咖啡嘞哩亞國北連嗓給吧爾國長約四千四百里寬約一千里地面積方四十六萬里烟戶三兆餘口本國地勢岡陵重疊絡繹不絕叢林稠密野象紛繁田土膴腴穀菓豐稔金礦甚多金砂滿岸地氣不馴苦于居棲至于朝綱不設君位有諸酋分攝者有大西洋國管轄者紛紛不一其歸大西洋國管轄者分序于後其諸酋分攝者如嗎咕啊嚎咖咻嘛嘽等處仍納貢于大西洋所奉之教或耶蘇或回回趣向不同尊崇互異技藝寥寥貿易興隆本國首郡亦名嗼三嚊給建于海

島之中有大西洋國總督駐劄其地

嚒喏嚒噠吧國全志

嚒喏嚒噠吧國在亞啡哩咖州之東南其國土在南極出地十五度起至十九度止經線自東二十七度起至三十一度止東界嚎嗦啦河西南接嘜𠵍啦山北枕嗓啤嗪河長寛皆約一千里本國地勢嶄巖參差重岡疊起江河不一貫徹其地其大者曰嗓啤嗪曰嗎咖啦曰嚎嗦啦曰嚧唉嚾沿河一帶地方甚屬膏腴五穀百菓靡弗豐茂叢林稠密野獸充斥土産金鐵象牙甘蔗樹膠等物地氣熇烈不便居棲人民黧黑形容不異至于朝綱昔日帝位歷代相傳迨賊寇猖獗之後列君互相分據各霸一方不相統屬技藝缺乏貿易冷淡各國惟嚒咖啷呱是爲最強

咖咈嘞哩啞國全志

咖咈嘞哩啞國在啞啡哩咖州之南其國土在南極出地二十三度二十分起至三十三度三十分止經線自東二十四度二十分起至三十一度三十分止東枕印度海西連嗬叮哆啲啞國西南接咖吓地方東北界嚒

喏嚒噠吧國長約四千里寛約一千里地面積方八十四萬里烟戶二兆餘口本國地勢東方層巒疊聳迤邐延袤各處沙漠居多泉水缺乏河之大者嗎咈嚒哪吧咖啲啵啊啖等皆流于南方是爲本國之界山谷膴腴叢林稠密五穀百菓屬類蕃衍土産金銀銅鐵石類珊瑚琥珀等物猛獸之類獅豹猴象海馬人熊羚羊水牛野鳥之屬鵠鷃鷹鷲蟲豸之種蛇蠍鼉鱷充斥紛繁地氣甚熱不便居棲至于朝綱列酋分攝各爲部落不相統屬技藝麤疎貿易鮮少土人多以稼穡爲業各部惟咕𠵍噹吓嗆吡吓嗆皆居海濱其吡哩咖噠嘣嗎哈吧囉喔嗎嚧啲哂嗎啨嗎嘰呢皆住内地乃通國部落之大而強者也

嗎噠咖嘶咖嘣國全志

嗎噠咖嘶咖嘣國在啞啡哩咖州之東南其國土在南極出地十二度十分起至二十六度止經線自東四十三度起至四十九度止四面枕海南北相距約三千八百里東西相去約一千里幅員八千里地面積方二十五萬里烟戶二兆餘口本國地勢重岡疊嶺懸崖陡壁

瀑布飛流叢林稠密谿谷寬敞平原坦濶種種形勢實爲壯觀由南而北山陵綿亘北方峻峯名曰雖咖哷鶇南方高嶺名曰喝吧哟嘆吶江河泉多貫徹沃潤其長者曰嚰喱噠吼曰噠嗍嚓嚎發源西岡東注于嘆㠯嗊唸海沿其海濱一帶澤洿過半瘴癘觸人甚屬難堪地氣熇烈不便居棲異邦之人每易中病田土肥饒穀菓豐登各獸充斥惟獅虎象馬獨少鱗介紛紜畜豸蕃衍土產絲蘇蜜蠟竹木甘蔗樹膠青黛烟葉白胡椒沙穀米各等物銀銅錫鐵黑鉛水銀各礦亦皆備具寶石水

晶遍山出產土人惟鐵是採至于朝綱列酋分攝各爲部落不相統屬所奉之教乃回教也技藝踈窳貿易豐盛通國部落紛紛不一其大者曰嗬吼嘶曰噻哥啦吼嘶曰咹噠吼嗰嘶曰嗥啶嚾啦曰嗥噠呢嘆吶曰咹噠嘶曰咹噠吼嗰嘶曰嗥啶嚾啦曰嗥噠呢嘆吶曰咹噠哂嘆其餘小部茲不俱載

吐呣嗟啞國兼攝之地全志

本州之地隸吐呣嗟啞國者曰嘟呢嘶曰哟嚓吥哩曰呢咱嗄曰呶吡啞曰哥嗬哆嚼前已詳明茲不再贅此外尙有嗎嚇啊郡在啞吡哂呢啞國嗎嚇啊海島之中烟戶稀疎泊所穩濶貿易興隆商賈雲集地氣熇烈人民難堪

大西洋國兼攝之地全志

本州之地隸大西洋國者有五皆設總督管轄

其一嗎噁曦嗾島在啞嘸嚁哟海西北長一百八十里寬七十里烟戶一億二萬餘口山勢峭直難以登臨地氣溫和甚合居棲田土肥饒穀菓豐稔他若葡萄尤爲茂盛首郡名嘈吡嗍

其二咖吥㘎嗍噁島在啞啡哩咖州之極西緯度自北十四度四十五分起至十七度二十分止經度自西二十四度五十五分起至二十七度三十分止內有十島其大者名曰嗓哟嗬啊烟戶一萬七千餘口首郡名雖啦噠吧喇啞土產穀菓棉椰藥材甘蔗藍靛葡萄烟葉等物地氣熇烈不害居棲畜獸充斥鱗介蕃衍十島中名嗓啡哩嘷者乃出火之島也

其三嗓哆嘆曦吡啉哂嘷島在本州之西曦吶啞海灣之中分而爲二一名嗓哆嘆島迴環四百里首郡亦名

嗓哆渼地氣不馴田土最膴穀菓鳥獸靡弗蕃衍一名吡啉哂啤島長八十里寬六十里地氣溫和田土禽獸穀菓均與嗓哆渼島相等

其四噶嘀啦嗙嗡啦二小國皆在本州吆嚬國內其噶嘀啦國東界嗎唛吧河西枕啞嗹囒喲海南連嗙嗡啦北接呷噠河地勢嶄巖叢林稠密谿谷平原靡弗膏腴穀菓鳥獸甚屬紛繁河之長者曰哩咈吶曰呷噠曰咮咯貫徹其地流注于海地氣酷熱海風清凉金銀銅鐵各礦罔不畢具通國分爲四省一名嘰噠嗎一名噠吡

一名敦吡一名嘀啶哆首郡名囉咹噠建于囉咹噠島設有總督衙其嗙嗡啦國東界沙漠西枕啞嗹囒喲海南接喔啤吧地北連噶嗡啦北方岡陵叠巘叢林幽邃南方平原廣闊沙漠間隔河之長者曰嚨咯曰呢咯曰咖咚吡啦曰嚦彌哆猛獸充斥野禽甚多土產地氣較之噶嘀啦國頗爲稍遜首郡名嗓啡哩啤設有總兵官管攝仍受命噶嘀啦總督節制

其五嘆叿嗅嗡國內有七處爲大西洋兼攝一名嗡啉啤首郡名曦啵一名嘆叿嗅嗡首郡亦名嘆叿嗅嗡設有總督衙門一名嘰哩嗎吶首郡名嗓嗎彌吖一名塞啝首郡名嚧喲一名嗦嘜啦首郡亦名嗦嘜啦一名曦嚨吧吶首郡亦名曦嚨吧吶一名囉啉嗦嗎彌嗡嘶首郡亦名囉啉嗦嗎彌嗡嘶各派總兵官一員鎮守皆受嘆叿嗅嗡總督節制以上各處統計烟戶幾二萬口地氣不甚馴櫌田土膴腴物產豐饒至于貿易較之昔日甚屬淸淡

嘆咭唎兼攝之地全志

好望海角爲嘆國兼攝本州地方之要害也在啞啡哩

咖州之極南緯度自南十度起至三十五度止經度自東十六度起至二十六度十分止東至咖咈嘞哩啞國西枕啞嗹囒喲海南接南海北連嘀吖哆喲啞國長約二千里寬約一千里分爲二省十二府首郡名咖吥建于噠嘞曁哴二山之麓屋宇廟堂甚屬壯觀貿易興隆五方輻輳地氣溫和甚合居棲海口險阻泊所不穩爲歟囉吧往來啞咖啞夷船必經之路多于此採辦火食焉

噻啦嘞嘀吶地在本州之西嘰吶啞國之中岡陵叠起

絡繹不絕叢林稠密猛獸成羣田土亦腴稼穡頗稀地氣不馴弗便居棲異邦之人至其地者每易中病貿易昌隆商賈雲集土人凡與內地交易多以結隊而行首郡名啡哩城設有總督衙門附近各處多受本總督管轄

哥嘶嗟吘囉郎金濱也金砂豐盛因以爲名田土膴腴穀菓豐登金石之類靡弗充斥土產棉花藍靛樹膠白蠟皮革等物貿易昌熾商賈接踵地氣酷熱人不能堪首郡名咖呩哥爾蘇設有總督衙門尚餘彈丸之地亦

爲統轄焉

吒嗟呢嘞啷島在啞噫𡅏啲海西南方緯度自赤道而南十五度五十五分經度自第一午線而西八度九分長四十里寬二十五里地面積方九十里岡陵重疊平原無幾地氣溫和甚合居棲海濱一帶實爲荒瘠內地隴畝皆屬膴腴首郡名咀嗞嘶城設有總督衙門此島實爲有名之處（佛𡅏哂國君哪啵𠳐者殞命于此詳見佛𡅏哂國志）其亞森嗦啡嘝囔哆啵啲哩嘶哵各海島皆屬本總督管轄

吒哩哂啞島在印度海東南方緯度自赤道而南二十度起至二十一度止經度自第一午線而東五十六度起至五十七度止迴環約五百里地氣熇烈尚可居棲田土膏腴穀菓豐稔首郡名啵爾哆嚧㕭嘶設有總督衙門其嗹咶嘞共三十島亞爾嘧𡅏噫共十一島暨囉噫嗲嗡嘶啲喲哥咖哩哂啞啞咖嘞咖各海島皆屬本總督管轄

佛𡅏哂國兼攝之地全志

本州之地隸佛𡅏哂國兼攝者一名啞爾咀㕲國前已詳明一名嚜嚧㕭嘶島首郡亦名嚜嚧㕭嘶田土膏腴

貿易興隆地氣弗馴不便居棲一名哥嘞啞島首郡亦名哥嘞啞烟戶稀疎泊所穩便貿易昌熾商賈接踵凡佛𡅏哂船往亞㗏啞者必至其處一名嗚啊囉國現在其地賊寇猖獗庶民離散四望空虛以上各處皆在噻吶啊吡啞國中一名吥爾嘣島在印度海長一百八十里寬一百三十里烟戶約八萬五千口田土膴腴地氣溫和內有火山一座晝夜吐燄不熄土產黑金珊瑚穀菓桂皮棉花烟葉材木香料等物泊所不穩有妨船隻首郡名嚜噫呢嘶有總督駐劄其地

大呂宋國兼攝之地全志

本州之地隸大呂宋國兼攝者一名哆嗹任嗎囉咯嘶國呾吧啦爾吠海峽之東金城湯池烟戶八千餘口泊所不穩貿易甚微一名吡噥哷嘁嘞嘶一名亞嚧嗹嗎嘶一名嗼嚓嗽是皆城池堅固一名咖哪哩亞嘶內有二十島在亞嘫嚹哷海之西北其大而高者名曰嘫哷哩啡地氣濕熱田土瘠薄土產酒菓糖蜜黍麥豆薯絲等物樹林稠密材木豐裕首郡名巴嗹哥嚧嘶泊所穩便貿易興隆其衝繁之處一名啦咕哪一名嗬囉吖呱其吧爾嗎城在咖哪哩亞嘶島之中此島田土較之各島甚爲膏腴其嘫嘰嗦城在嚹嗦囉嘫島之中內有火山一座晝夜吐燄不熄

嗊嚹國兼攝之地全志

本州之地隸嗊嚹國兼攝者甚屬寥寥其名呢嚹咪哪城建于嘰哷亞國中烟戶約一萬口景色甚屬壯觀貿易興隆商賈接踵設有總督駐劄其地其咹哆呢嗬嚹哷亞亞咕哪嗬嚹呾嗦吧嘶哷吚哪嘫亞啷各等城俱屬褊小皆受該總督節制

哌哪嗎嚪咖國兼攝之地全志

本州之地隸哌哪嗎嚪咖國兼攝者曰哈哩嘶哷吧嚪咯其城在嘰哷亞國中地多肥饒物產豐盛貿易昌熾技藝精巧設有總督駐劄其地其嘫嗎哷啵啡唎嘫嚓嘶呍嚪咯亞嗹哈呢嘶嚬嚍塞喑嘶嚬各等城甚屬彈丸皆受該總督節制

亞嗼哩咖州合衆國兼攝之地全志

耶蘇一千八百二十一載（即大清道光元年也）亞嗼哩咖州合衆國人在嘰哷亞國嗬嚇啦哆河濱創立一地名曰哩嗶唎亞其居民皆由亞嗼哩咖州遷徙首郡名嚎啦嚡亞現甚興隆學館書庫靡弗備具貿易豐盛商賈輻輳

亞啦嗕亞國兼攝之地全志

本州之地隸亞啦嗕亞國兼攝者一名嘰囉啊島在東方幅員十數里土產甚屬寥寥四面險阻船隻難渡一名嚎啡亞島長三百三十里寬三四十里田土膴腴物產豐盛一名嗓哂吧嚪島長二百五十里寬五十里泊所穩便貿易興隆一名嗙吧島幅員三百五十里地多肥饒土產木料本島爲亞啦嗕亞管轄者三分之一

名嗦哥嘧啦島長二百五十里寬一百里泊所穩便貿易冷淡地多磽瘠泉水甚乏土產象膽朱砂禽獸等物

地理備考卷八終

新釋地理備考卷九

大西洋瑪吉士輯著

亞美理咖州全志

亞美理咖州即所稱新域是也中分兩區界枕四海版輿亞于亞細亞州水道之多甲于天下田土膏腴物產豐盈人烟稠密地氣互異種種形勢不一而足兹特詳序于左

文論

［位］亞美理咖州其方位自緯度北七十一度起至南五十四度止經度自吧嚟嘶午線西三十六度起至一百七十度止

［界］本州之地四面枕海東至亞嘧嘣喲海西至大海暨咱冷海峽南至南海北至冰海

［廣］本州地分南北長寬各別在北者南北相距一萬三千三百里東西相去一萬一千七百里在南者南北相距一萬六千五百里東西相去一萬零九百三十里統計地面積方一千五百四十八萬零五百五十里

質論

山　木州之山實爲衆多由南而北重岡叠嶺迤邐延袤州之北有山名曰囉嘛嗦位在西偏由咱哈海峽起至吧哪嗎啞止跨越數處名目以異故有雖嘛嚤岡咯吓嘞岡嗎嚒嘞岡之稱其啞嘞咖呢山亦曰啞吧啦吐位在東偏由東北而西南直達合衆國長約四千里峯巒層遞翠微參天州之南各山絡繹尤爲巑巖其唉嚒嘶山位在西偏由吧哪嗎啞起至咈囉嘁嘛海角止綿亘一萬七千里天下之山未有如此之長者峻嶺叠起冰雪凝積其名各異中多火山至于嘮咖嘁哩啞嘣咀嘛

叮嚎喲峪嚥噠嗶等乃東方之山也

火山　火山之多本州爲最各山惟唉嚒嘶山居多而海島之中亦復不少火燄猛烈莫之能比其曰巳噠呢哩啞曰啵吓咖喲吡嘛曰哥哆吧吐曰吡啨吼曰啞嘞嘰吧曰唉喲薩哪曰㾑嚓嚧吧等乃州內山之最高而火之最烈者也

谷　本州山谷甚多南北皆然其南更甚于北其哥嗡吡啞國之嘀咖嗎噠嘞哪嘰哆等河濱與夫吡嚧國之咚咕啦呱嘵嚃等處並吧啦哂唎國之哩吩嚌咯㗅嚌咖國之哩喲嚒喏嘛喲各山谷乃本州之最者也

海　本州有外海內海外海者東啞嚒嘛喲海西平海又名大海南南海北氷海四面環繞並皆相通內海者東唉喲咧嘶海西咱哈海北吧啡㖞啊嚒嗦二海各自爲道不相通達

海灣　本州海灣二十有四其較大者有三曰嗓囉㖶嗦在啞嚒嘛喲海曰㖞嘮哥在唉喲咧嘶海曰咖嚓咈嘛呢啞又名紅海在西方其畧小者二十有一曰喲嘶哥曰北海灣皆在吧啡㖞海曰䶢嘟啦嘶曰噠嗹曰嗎咖啄

啵曰吧唎啞皆在唉喲咧嘶海曰嗓唉哆呢曰嗓嚧嘛吧皆在啞嚒嘛喲海曰喏嘛嗷曰吡唎嘶嗖嘛皆在咱哈海曰嘁嚎咖曰吧吧咖喲曰呢哥哂啞曰吧哪嗎曰呱呀嘰曰嘶嚅嘶曰吡哪嘶曰聖母皆在大海曰哥哼喃曰嗎哽嗤曰第四嚒嘛咀皆在啞嚒嘛喲海其更小者茲不具載

海隅　本州海隅十有一曰嘞喃嚧曰咀㖞吐在啊嚒嗦海曰㖶哥在吧啡㖞海曰吭吡𠱓曰嘍啦㗅嗞曰咈囉唎噠皆在㖞嘮哥海灣曰嘁喲曰嚨咀嘶嘛曰啦嘁嘞曰

國之西北曰喋嚧咖嘶在咖嚟啡爾呢啞地之南曰西海角在西北與啞㘓啞州東海角相對

河　江河之長本州為最在南者尤甚于北除較小不列外其較大者南北約十有二曰啞瑪喋哪又名瑪啦嚓乃江河之首也曰喃嘞啫哥曰哆吁喨曰喋呿嚌咯曰銀河皆注于啞噫囒喲海曰瑪嗟嘞哪注于唉喲唎嘶海是為南河之最曰瑪嗊呰注于氷海曰喋囉䘣喋曰噫啦㖾嘞曰啵哆瑪哥皆注于啞噫囒喲海曰咪哂哂嗶曰北河皆注于嗼蒔哥海灣是為北河之最

湖　本州之湖最盛北區尤甚每有因陰雨漲溢氾濫國中北區湖之大者曰噫嘶哥啦嚙在新叱嘞嗟呢啞地曰蘇嗶哩喲爾曰咪嚌咹曰呼喻曰呢唎曰嗚嗟哩喲皆在合衆國之北曰呢咖啦呱在呱喲瑪啦國南區湖之大者曰嗎咖咪啵在哥喻叱啞國曰喲喲咖咖在叱嚧國曰嚌啦叱嘶在叱嚧吧嗞晒喇二國之間曰吧噫嘶在吧啦哂唎國之南其餘小湖備序于後

島　本州海島甚多有一島一名者有數島同名者曰咀嘆嘶曰蘇噔啵噉皆在啊噫喍海曰噫啦喏㖾曰喋啫咥薩吱哥曰啫哩叭皆在啞噫囒喲海尚有小海隅未及悉載

海峽　本州海峽甚多其大而著者有九曰囒咖嘶噫爾在吧啡嘆海西北曰嗟嘍嘶直達吧啡嘆海與啞噫囒喲海曰咖咱爾囒曰啊噫喍直達啊噫喍海與啞噫囒喲海曰叱嘞噫唎在新叱嘞嗟呢啞島與啦吧啦哆爾海濱之間曰吧啊嗎在合衆國之南曰嗎咖哏嘆嘶曰嘞嗊唎在吧嗟哥呢啞國之南曰咱哈在啞㘓啞啞嘆哩咖二州之間

海角　本州海角衆多其較大者十有八曰啡爾唔爾在哥嚕嗃囒喲啞地之南曰喳噫喋在新叱嘞嗟呢啞島之北曰嗥嘞啵在嘞啊爾島之東曰嚧嗥嘞在新嘶哥哂啞地之南曰嘟哆曰啊噫啦嘶在合衆國之東曰咈囉唎嗟又名啞嚌在咈囉唎嗟地之南曰咖哆嗖在吁咖呷省之北曰喋咹哆呢在咕吧島之西曰嚬啦嚌啞在呱喲嗎啦國之東曰北海角在啊嗎嘶哪河口曰喋囉哈在吧啦哂唎國之東曰喋吠嗎唎啞曰喋咹哆呢在吧啦嗟河口曰嗑爾呐在火地之南曰白海角在叱嚧

嘆曰唉喲哥嘶嗙曰嗹哈喻皆在喍囉啵嗦海灣曰吡嗬嚛嗟嘶中有數島曰啷咖皆在啞嘚囒喲海曰嚧咖啞中有數島曰吧哈嗎曰嚧咖啞曰新啵囉嘍嗹哂啞曰喍嚯嗬嘁哆呣曰大唉喲咧嘶中有數島曰咕吧曰嘍嘪咖曰嗓嘟咯嚬嘶曰啵嗬哆嚟咯曰小唉喲咧嘶中有數島曰嘚噒嗟喲曰嗎嗬喲呢咯曰呱嘚嚧嗶曰哆咪呢咯曰吧嗬吧嘚曰唉喲咯啊曰𠯈嗟咕嚧嘶皆在啞嘚囒喲與唉喲咧嘶二海之間一名嗲嗬哥囒中有數島曰嚐嘍咱嗬咱啞曰嗎咖嗹嚱嘶皆在南海曰嚌囉㗒曰喏嘆嗲嗬囄嘚嘶中有數島曰啞啦吧嚬中有數島曰嘞嘍咧嚟咱哆曰呱嗟啦曰咗咕嘍嗬中有數島曰嗜嘚咖曰哥响啞咯皆在大海曰咖啦嗬哥曰嗓嗎嚯嘶曰嗓㗇囉曰嗓喏嗬咱曰啞啵嘚嘶中有數島皆在咱哈海

徑地　本州徑地居七曰哥囉呃囒喲啞曰啦咈喇哆嗬曰嘶嘶哥哂啞曰咈囉喇嗟曰咖哩咈嗬呢啞曰吁咖呣曰啊啦嘶咖

徑　本州徑一名曰吧哪嗎爲南北二區相通之路

平原　本州平原實屬覃廣其在嗎㖔些咪哂哂吡二河之間者名曰咪哂哂吡嗎㖔些地面積方約有三百三十七萬五千里其在南方者名曰啞嗎嗦哪地面積方約有二百六十五萬里其在唉嘚嘶山吧啦哂喇各山啞嘚囒喲海暨嗎咖嗹嚱嘶峽之間者名曰銀河平原地面積方約有一百六十八萬七千五百里其在咖哈吠河濱至嗬嘞嗒哥河口者名曰呱嘍呀嘞嗬嘞嗒哥地面積方約有三十六萬二千五百里其較小者不及備載

荒野　本州荒野亞于啞嘣啞啞啡哩咖二州之廣而磽瘠則同之曰啞嗟咖嗎在吡嚧嚌喇二國之間曰嗦味啦在吡嚧國嘟嚧嗜囉海濱曰吡嗬嚨吥咯乃其較大者也

地氣　本州地氣南北互異其南方夏暑與北方冬寒均甚于嘔囉吧州寒道嚴冷南北皆然物產維艱人多寒疾溫道炎熱西南爲甚人物咸宜甚便居棲熱道溫和靡弗便利以視啞啡哩咖州之酷烈爲人物所難禁者則本州未之有也

地寶　金銀之多本州中熱道爲最他州莫及至于銅鐵錫
鉛以及水銀石類等項靡弗備具今將出產之處開列
于左
鑽石產于吧啦哂喇國之毬哪嘶咀哧嘶地方
各種寶石產于吧啦哂喇哥喻吡啞嚌喇等國
金產于哥喻吡啞吧啦哂喇嗼嵵哥嚌喇高吡嚧下吡
嚧合衆等國銀產于嗼嵵哥高吡嚧嚌喇合衆等國
銅產于嚌喇下吡嚧嗼嵵哥合衆等國
鐵產于合衆嗼嵵哥吧啦哂喇哥喻吡啞等國暨咖哪

嚏地方
錫產于下吡嚧嗼嵵哥等國
鉛產于合衆嗼嵵哥等國
水銀產于下吡嚧嗼嵵哥等國
煤產于合衆嚌喇等國暨吡勒𠯿海島
鹽產于合衆吧啦哂喇哥喻吡啞嗼嵵哥啵哩囃唖等
國暨吧哈嗎嗓哈𠾾嘶𠽋嚜二島
草木　本州草木紛繁別州莫之與比叢林稠密千葩萬卉
地道各別名目紛繁如穀菓豆菽來自他邦甚屬豐稔
黍稷烟葉素產本土並皆繁衍胡椒芭蕉薯芋呀𠹭米
等熱道最盛松柏橡栗榆椵槐楊等溫道極多其秔稻
黍稷甘蔗菠蘿香料藥材顏料棉花葛薯咖啡等隨地
豐植因人製用雖出產不同而芳茂自別真可謂瑞草
之魁也
蟲類　本州草木既爾紛繁蟲類亦爲充斥其形狀大小不
一種類異乎他州在北河濱一帶叢林之中麋鹿獐能
豺狼狐狸以及羚羊水獺灰銀貂鼲各鼠結隊成羣不
可勝數至于火雞產自本土畜于人家其馬牛豬羊貓

犬等來自他邦育于閭閻日漸蕃衍形無或異野鳥之
屬或羽毛華彩或聲音宛轉種類極多不能勝計所產
鷹鶴鴉雁等與𠲎囉吧州者頗異蜂繁蛇衆鱗介充斥
在南者兇禽猛獸毒蟲惡多以及鱗介等族更覺繁多
種類各別溫道平原之中馬牛成羣河濱涔澤之內鼂
鼉蕃衍

政論

戶口　本州人民約計三京九兆餘口
教門　本州原屬古教自𠲎囉吧州人前來居住始有奉耶

蘇之教迄今奉古教者三十分之一但所奉耶蘇之教名目各殊曰公教曰脩教曰喀嘚囉曰咖嘣嘁啫曰呃吻哂啞國教各從所尙趣向不同又有奉大秦古教者至某國某教孰多孰寡後釋其地再爲詳序

朝綱 本州各國朝綱多有不設君位大半皆立官宰理其宰理之員有黎庶公舉者有歷代相傳者至于歐囉吧州兼攝之國照屬國之例所有各國朝綱如何設施後釋其地再爲分序

技藝 本州技藝與歐囉吧州技藝相同葢三百年來自㗅

咭唎㖞囒哂啞哩嘾等國前來居住後所有技藝靡弗相授因得工作精巧織紡佳美然各國中惟合衆國爲魁百工製造俱與歐囉吧州精巧相等其㗅嘚哥吡嚧哥喻吡啞嚌唎吧啦哂唎等國則次之然吧啦哂唎之哩喲嘜吶囉吧㘓啞咱嘣喥吥咯等處仍屬精巧

國 本州分建各國曰合衆國曰㗅嘚哥曰嘫吵曰呱喲嗎啦曰嗓𡁻嘣㖃哆㖤曰嗰嘟嘞嘶曰呢咖啦呱曰哥嘶嘚嘣嚓咖曰新咖啦哪吠曰呃呱哆嘣曰嘮呐喘嗽曰吡嚧曰啵哩囉啞曰嚌唎曰吧啦吠河合衆國曰吧啦㖞曰嗚啦㖞曰吧啦哂唎曰嗨哋其歐囉吧州之英咭唎呂宋㖞囒哂嗊囒㖠哪嗎嘣咖呃囉嘶喘哂啞等國兼攝之地暨吧𠯿啊呢啞部落分序于後

合衆國全志

合衆國卽所稱花旗又曰咪唎堅是也在啞㗅哩咖州北區之中其國土在北極出地二十五度起至五十二度止經線自西七十度起至一百二十七度止東枕啞嚧囒喲海西界大海暨㗅嘚哥國南連㗅嘚哥國暨㗅嘚哥海灣北接新吡嘞𠯿呢啞長約一萬里寬約四千

八百五十里地面積方三百一十六萬里烟戶一京七兆餘口本國地勢平原廣濶岡陵延袤山勢峻峭其啞吧啦吐山爲東方之首在啞嚧囒喲海濱跨越諸地囉嘰嗦山爲西方之魁北江大半皆出源于此山河之長者曰咪哂哂吡曰咪嚇唎曰喁嗱吡啞曰啞吧啦嚌嘚唎曰嚦吡嘞曰嚧啦㖃嘞湖之大者曰嚇啤哩喲嘣曰呼喻曰咪嚌咹曰呃唎曰㕧𠯿啤喲曰嚋吧啦喑地氣五異各有不同冷熱西南爲甚田土參差不一物產西南爲最穀菓甚屬繁衍國人多務農業土產金銀銅鐵

鉛煤礬磺烟蔴棉花香料藥材等物禽獸蟲豸靡弗紛繁至于朝綱不設君位國人各立官長司理政事班次首領正副權理國政四載一舉周而復轉所奉之教乃修教也其餘各教任人尊奉槩不禁止技藝精良工肆林立貿易興隆商賈輻輳原本國昔為咦咭唎國兼攝之地耶蘇一千七百七十五載（即大清乾隆四十年也）國人自立驅逐咦咭唎官別為一國咦咭唎國與戰越八載不克乃聽其自立不復為統屬耶蘇一千八百十二載（即大清嘉慶十七年也）本國復與咦咭唎國交兵越三載始為和息此

後干戈寧戢國泰民安通國分為二十六省曰嘖吶首府名噢咕嘶嗟曰新吭嘛嘞首府名吆哥爾曰唉爾嚎首府名噤嘧吡咧爾曰嗎嚧味噻首府名啵嘶敦曰囉噁島首府名啵囉唉噔嘶曰哥吶啲咕首府名哈爾噁咈㕧曰新喲爾啶首府名啊爾吧呢曰新咀爾噻首府名嗷嚟嚟曰嗨咽爾呅呢首府名哈嚟嘶呅爾曰噁啦唉爾首府名哆唉爾曰嗎嚟啷首府名啊啷啵嚟曰唥爾嚌呢啞首府名哩吱嚎曰北咖咯嘮首府名啦嘞曰南咖咯嘮首府名嘢嚨吡啞曰噁爾咀啞首府名嗟嘞咯嚨嘞曰啊啦吧嘛首府名嘟嘶咖嘘嚨曰咪晒晒吡首府名啜哥嗏曰嚧喧晒咹首府名新爾哴曰啥喲啞哪首府名啥喲啞哪呅嚟曰噫嚟叻首府名嘶吡哈啡爾曰嗟嚈唎首府名咀吽嚈嗏曰噁吶晒首府名哪吐雖嘞曰哏嘟嗤首府名唆啷咈爾曰呵喧喲首府名哥嚨啵曰嗟嗐唉首府名噁哆囉噫曰啊嘯吁嚨首府名啊嘯哥呅嚟京都名呅嘘嗽建于啵哆嘛哥河岸邊屋宇廟堂靡弗峻麗學塾醫院亦甚壯觀街衢寬濶其直如矢花園雅緻景色幽佳匠肆林立製造精巧百貨駢

臻遠方輻輳為本州富麗之一也其國通商衝繁之地一名新喲爾啶一名啡啦噁啡啞一名啵嘶敦一名吧爾啲嚒爾一名新爾哴一名吡爾嘞嘶嗷皆沿海之大馬頭也

咦嗬哥國全志

咦嗬哥國在亞咦哩咖州北區之西南其國土在北極出地十六度起至四十二度止經線自西八十九度起至一百二十六度止東至合衆嚨吵二國暨咦嗬哥海灣西枕大海南接嘛喲嗎啦國暨大海北連合衆國長

約一萬里寬約三百里地面積方約一百一十八萬四千七百八十里烟戸約一京二兆餘日本國地勢中高邊下由東南而西北岡嶺層層峯巒參天啵啵咖嘚啤亦曰烟山與啊唎𠹭吧啵嘶叮啪哥唎嗎喏路囉等乃火山之峻者吐火甚烈晝夜不熄平原坦濶坎坷甚少河亦無幾長者則四曰吧啦嗃又名北河曰哥囉啦哆曰嗦嗬喇曰𡅅吡哪湖則衆多大者居六曰咳嘎曰咋吧啦曰喳嚹哥曰嘚嘶咕哥曰咪哪哦曰𠾴嚌咪嚹哥田土膏腴隴畝沃潤五穀百菓靡弗豐登土産金銀銅

鐵錫鉛礬煤絲蘇蠟蜜水銀寓宅人言棉花烟葉甘蔗胡椒呀嚹米以及木香藥材石類等物禽獸蕃衍鱗介充斥地氣互異甚屬懸絶海濱一帶酷熱難堪水土不馴不便居棲凡嘔囉吧人至此者每多中病至于內地甚屬温和其地彌高其熱彌少其氣彌和若高至四五百丈之多則有如芳春景象人安物阜倘或再高氣亦遞寒至于氷雪凝積則數日間春夏冬之景象俱騈集概見若夫朝綱不設君位國人各立官長司理地方朝內有正副首領權理國政所奉之教乃耶蘇公教也技

藝庸拙工肆寥寥貿易清淡內外皆然原本國素稱強富之邦文物之地其黎庶號曰啞嘶嘚哈耶蘇一千五百十九載（即明武宗毅帝正德十四年也）有嚱嘶吧呢啞國人哥嚹嘚嘶者訪知其地遂率兵侵擾竟克取焉隨該國王派總督守其境迨耶蘇一千八百一十載（即大清嘉慶十五年也）國人倡叛相拒九載終爲大呂宋國克取惟國人苦于苛政思自脫離甫越一載盡將大呂宋國所派官兵一概驅逐扶立國人嚱嘟嚹吡嗟爲君耶蘇一千八百二十三載（即大清道光三年也）國人復去嚱嘟嚹吡嗟乃立官司理國政

通國分為十九省四府其省曰嗼嗬哥首府名嗟啦嚹嘏曰嗆嘞叮囉首府亦名嗆嘞叮囉曰呱哪㖮啊哆首府亦名呱哪㖮啊哆曰𡂝唎吁首府名呅啦哆嚟曰唦嚟嘶哥首府名呱嗟啦唦喇曰𡅅咖嘚啝首府亦名𡅅咖嘚啝曰嗦嗬啦首府名嚯啦嘚嘛嚹喲曰嚌嘩嘩首府亦名嚌嘩嘩曰嘟嘟嚬首府亦名嘟嘟嚬曰啅哈啊啦首府名嚎哥囉呱曰新啝首府名嚎嘚嘞曰嗟吒嚟吧首府名啊呱喲曰嗓嚧噫嘶啵哆嚓首府亦名嗓嚧噫嘶啵哆嚓曰嘍啦咕嚧嘶首府亦名嘍啦咕嚧嘶曰

喃喽吧喇首府亦名喃喽吧喇曰嗶吵咖首府亦名嗶吵咖曰嚌啊吧首府名嚧哇嘞啊𠿪曰哇吧嘶哥首府名巨哟啊咯曰吁咖嗷首府名嗼哩哇其府曰咖哩咘𠿪呢啞首邑名嗓咖𠿪嚎嘸嗗曰新嗼嗀哥首邑名巨哇啡曰哇啦嘶咖喇首邑亦名哇啦嘶咖喇曰哥嚟嘛首邑亦名哥嚟嘛京都亦名嗼嗀哥建于嘸嘶咕咯湖西平原中屋宇宏峻廟堂華麗景色雅緻街衢潤直學監各院靡弗畢備爲本州富麗之一也其通商衝繁之地一名喽啦咕嚧嘶一名嗗吡咯一名嗎嚨嘸嘞一名嗓吧喇嘶一名啊咖吥𠿪咯皆境内之大馬頭也

嘸吵國全志

嘸吵國又名嘖嘞哆呢啞在啞嗼哩咖州北匾之中其國土在北極出地二十七度三十分起至三十四度止經線自西九十六度起至一百零六度止東至合衆國西連嗼嗀哥國南接嗼嗀哥國暨嘸吵海灣北界合衆嗼嗀哥二國長約二千餘里寬約六百餘里地面積方十七萬一千五百里烟戸三億二萬餘口本國地勢西方岡陵稀疎東南北平原甚廣景色雅緻有河曰吧喇唔又名北河暨嚨吡哪吧喇嗦哥囉啦哆呶咖嘁嘸嗞嗟哟等乃河之大者也田土極膴穀菓最豐金石草木鳥獸蟲豸所産甚繁靡弗具備地氣温和惟一望平陽叢林稠密中藏瘴氣遠人至此每多中病至于朝綱不設君位庶民自立官長權理國政所奉之教乃囉嗎天主公教也技藝庸拙貿易冷淡原本國于耶蘇一千六百八十四載即大清康熙二十六年也有咈𠿪哂國人欲進開疆事竟不果越六載遂爲呂宋國人占踞迫嗼嗀哥國不服呂宋時本國接踵相繼惟地小民稀未能自立自附于嗥哈咽啦地合爲一省耶蘇一千八百二十九載即大清道光九年也國人有自立之志遂叛嗼嗀哥嗼嗀哥國人與戰屢敗越六載聽其自立爲國通國分爲二十七縣曰喇呀曰吆嚨嘞曰啊嚟嘶吥哩曰嗄嘶嗷曰畯嘶啤𠿪曰喇吧嘛曰吧喇嗦哩啞曰哥囉啦哆曰咕嘜咍曰哥哩咀啡嘞嗱曰喇吧咖曰嚟啤𠿪哟曰嘛嘸嗬𠿪哇曰嗞啷曰嗞𠿪曰咪哪曰哪哥哆吐曰嘞嚟喽𠿪曰嘞呋咀哟曰嚨吡哪曰巨哇咕嘶哟喑曰巨嗗哆呢啞曰嗓啡哩嗥曰嗓吧哟嚟哂哟曰哇哪哈曰哇啦喽曰呡嗞敦

京都名嗅嘶㘓喑建于吧喇嗦河濱日噺興隆商賈雲集與㖞嘶嗷啤吵嘛二城皆通商衝繁之地也

呱哟嗎啦國全志〔附四國一嗓嚨嚼呢哆咡一㘓嘟啦嘶一呢咖啦呱一哥嘶嘧嘓嚓咖〕

呱哟嗎啦國在啞嗼哩咖州北區之南其國土在北極出地八度起至十七度止經線自西八十四度四十三分起至九十六度四十分止東枕咹哟咧嘶海西界大海暨嗼嗠哥國南接大海北連嗼嗠哥國暨咹哟咧嘶海長約三千六百里寬約一千里地面積方四十萬里

烟戶一兆六億五萬餘口本國地勢平原居多中高邊下有咹嗟嘶山由東南直達西北峯巒叠起火山甚眾有晝夜吐火不熄者有或吐或熄者湖河不一河之長者八曰嗓喏嘆曰噭喇呱曰嗚嚧啊曰啊囉嗄曰啵㗋嘶曰嗬嘣㖔曰嚇嘛嘶嗟曰呀嘞湖之大者三曰呢咖啦呱廣約一千五百里曰哏曰啊哟㖊土產穀菓金石禽獸鱗介木料顏料藥材香料珍珠琥珀雲母殼各等物地氣互異東則温和甚便居棲西則熇烈每苦瘴患中則氣和惟多震動每有不虞至于朝綱不設君位黎庶各立官長權理國政所奉之教乃囉嗎天主公教也技藝麤疎貿易淡薄原本國昔爲呂宋國兼攝迨嗼嗠哥不服呂宋時本國亦相接踵自附于嗼嗠哥迨嗼嗠哥國君曦嘟嘛吡嗟被廢之時本國亦相違背至耶蘇一千八百二十四載〔郎大清道光四年也〕自立爲國不歸統屬越十五載國人會議將現在五省改號五國大小不等民數不一開列于左

一呱哟嗎啦國長約一千零四十里寬約四百里京都名新呱哟嗎啦建于高廠平原之地地氣温和隴畝膴

腴貿易興隆百貨駢集其通商衝繁之地一名嗦哥吹嘶咯一名嘘嗡嚎啦一名曦囈啤嘛一名嗬嚒啊一名呾哆嘛嘶

一嗓囈嘛呟哆咡國統計地面積方約有三萬七千五百里京都亦名嗓囈嘛呟哆咡離呱哟嗎拉國約七百里田土肥饒物產豐盛地氣炎熱火山甚多技藝貿易皆屬茂盛其通商衝繁之地一名嵷嗦哪嚒一名曦囈嘛哥一名嗓㗑嗦嚒一名嗎嗟吧一名嗓嗵嗡嘛

一㘓嘟啦嘶國長約一千二百五十里寬約五百里人

烟稀疏地氣濕熱田土膏腴穀菓豐饒京都名唶嘛呀呱又名呡喇哆唎建于嗚嚧啊河濱其通商衝繁之地一名哥嗍咘嘶一名嘟嚧嗋囉一名嗬嘌啊

一呢咖啦呱國東西相距南北相去皆約一百八十里烟戶約十萬餘口地氣溫和甚便居棲田土肥饒物產畢備京都名喰建于高廠平原之中其通商衝繁之地一名呢咖啦呱一名嗎囖啞一名咖啦哪吠一名嗎哪呱一名嘞啞嘞喏一名呢哥啞

一哥嘶嚍嗮嚓咖國東西相距約六百里南北相去約四百里烟戶約五萬餘口地氣溫和田土膴厚京都名哫喏嚓建于平原之中其通商衝繁之地一名咖嗮嗟嚽一名啵嚧咖

新咖啦哪吠呢呱哆嗮喽吶喘嗽三國全志

新咖啦哪吠呢呱哆嗮喽吶喘嗽三國原爲哥倫吡亞國于耶蘇一千八百三十一載（即大清道光十一年也）分爲三國不相統屬茲釋國志仍以哥倫吡亞國括之三國之地分序于後

哥倫吡亞國在亞美哩咖州南區之北其國土在北極出地十二度起至南六度止經線自西六十一度起至八十五度止東枕啞嗹嗮哂海暨吧啦哂唎國西連吡嚧哥嘶嗹嗮嚓咖二國暨大海南接吧啦哂唎吡嚧二國北界咹哂唎嘶海暨大海長寬皆約五千里地面積方一百二十五萬里烟戶二兆八億餘口本國地勢西方岡陵重疊絡繹不絕東方平原覃廣江河貫徹河之長者九曰喃嚓喘哥曰嗎啦嗅曰嗎嗟嘞哪曰嗃咖曰啞嗹啦哆曰呱呀嚌嗮曰呱啦吡啽曰咖哩啞哥曰唦哥嘞湖之大者七曰嗎咖唻啵曰吧嚓嗎曰吸嚹哂啞

曰嗟咖嚓呱曰嚾吧哆囉曰噫吧吸曰啞嗎咖田土極腴穀菓最豐土產金銀銅鐵鉛水銀鹽煤寶石木香藥材棉花烟葉藍靛等物叢林稠密禽獸蕃衍地氣互異各有不同海濱平原熇烈難禁水土不馴內地高處靡弗溫和甚便居棲至于朝綱不設君位國人各立官長司理政事所奉之教乃囉嗎天主公教也其餘各教任人尊奉概不禁止技藝庸拙貿易蕭條原本國始自耶蘇一千五百零二載（即明孝宗敬帝宏治十五年也）有噫吠哩啞國人哥倫啵者由呂宋國前往訪知其地遂取而屬于呂宋

分析爲三一名新咖啦哪吠一名咖啦㗋一名嘆哆各
置總督鎮守迨耶蘇一千八百十載（即大清嘉慶十五年也）國人
啵喱呱嘣率衆攻逐呂宋國守官戰越八載于耶蘇一
千八百十九載（即大清嘉慶二十四年也）自復其國建號曰嘪喻吡
啞越十二載分爲三國不相統屬
一新咖啦哪吠國東至嘍吶喘𠻗吧啦哂唎二國西枕
大海暨嘪嘶嚓嘣㗋咖國南接吧啦哂唎呃呱哆嘣二
國北界唉喲咧嘶海暨嘍吶喘𠻗國長約三千里寬約
二千五百里地面積方三十四萬里烟戸一兆三億二

萬餘口地氣濕熱北方爲甚田土膏腴物産最繁通國
分爲十八省曰啵嘪吠首府亦名啵嘪吠乃本國京都
也建于高廠平原之中曰唉喲唷嗼啞首府名嚁嚓哈
曰吶吧首府亦名吶吧曰嗎㗋嚌吠首府名㖦吠曰啵
吧嗎首府亦名啵吧嗎曰吧嘶哆首府亦名吧嘶哆曰
呠嚎哪嗢嘟啦首府名曦嘶啗嚓曰嚨咯首府名嘩啵
哆曰吧哪嗎首府亦名吧哪嗎曰嘍啦呱首府名呾喲
啞嘪嘍啦呱曰咖嘣噠咀哪首府亦名咖嘣噠咀哪曰
嚎啵吐首府亦名嚎啵吐曰呾噠嘛嘣吠首府亦名呾

噠嘛嘣吠曰哩喲哈吵首府亦名哩喲哈吵曰咚、咀首
府亦名咚、咀曰啣呸囉哪首府亦名啣呸囉哪曰嗦咯
囉首府亦名嗦咯囉曰咖嚧哪嘞首府名啵嘞
一呃呱嘣哆國東至吧啦哂唎國西枕大海南接吡嚧
國北界新咖啦哪吠國長寬皆約三千里地面積方三
十八萬里烟戸六億三萬餘口地氣溫和甚便居棲田
土肥饒貿易興隆通國分爲八省曰吡嘈咋首府名嗼
哆乃本國京都也建于山谷之中曰啡啵啦嗦首府名
哩喲啣吧曰噗吧呸啦首府名曦吧啦曰呱啞嗼嘣首

府亦名呱啞嗼嘣曰嗎哪吡首府名啵嘣哆嗺吔嗒曰
啗咖首府亦名啗咖曰囉吵首府亦名囉吵曰嚶唶首
府亦名嚶唶
一嘍吶喘𠻗國東枕唉喲咧嘶海暨咕呀吶地西連新
咖啦哪吠國南接吧啦哂唎國北界唉喲咧嘶海長約
三千五百里寬約二千二百五十里地面積方四十一
萬里烟戸八億五萬餘口地氣互異、各有不同平原瘺
烈山谷溫和高阜嚴寒田土膴厚物産極豐通國分爲
十二省曰咖啦㗋首府亦名咖啦㗋乃本國京都也建

干山谷之中曰咖啦啵啵首府名呱𠲖哂啞曰嗎啦𠵘啵首府亦名嗎啦𠵘啵曰嗝㘓首府亦名嗝㘓曰嘟嚧嗬囉首府亦名嘟嚧嗬囉曰嗼嚟嗟首府亦名嗼嚟嗟曰嘅嚟哪首府亦名嘅嚟哪曰啞吥嘞首府名啞吵呱曰呱呀哪首府名喝嗝嘶嘟啦曰咕嘛哪首府亦名咕嘛哪曰吧嘛嚤囉哪首府亦名吧嘛嚤囉哪曰嗎嘛咖嚟吠首府名啞嘧嗓

吡嚧國全志

吡嚧國又曰下吡嚧在啞嗼哩咖州南區之西其國土

在北極出地三度起至二十三度止經線自西六十九度起至八十四度止東至吧啦哂唎啵哩嚨啞二國西枕大海南接啵哩嚨啞國暨大海北界嗝𠵘吡啞吧啦哂唎二國長約五千三百里寬約二千六百五十里地面積方七十八萬三千里烟戶一兆七億餘口本國地勢西方崇山峻嶺絡繹嵯峨東方叢林稠密平原覃廣湖河無幾地震甚多河之長者曰嗎啦嗚曰啊吥哩嘛曰唔咖呀嘞曰呱啦咖湖之大者曰哂咖咖又名咮咕喧哆田少膴腴野多沙漠土人雖勤稼穡維艱土產金銀銅鉛水銀黍稷麥麪棉花甘蔗藥材椒膠顏料香料等物禽獸蕃衍蟲豸充斥地氣互異各有不同海濱溫燥山中調和平原濕熱嶺上寒冽至于朝綱不設君位庶民自立官長宰理國政所奉之教乃囉嗎天主公教也技藝庸拙貿易蕭條原本國于耶蘇一千五百二十四載（卽明世宗嘉靖三年也）有呂宋國人吡𡁻囉啊𠯿嗎嗝囉等訪知其地率兵侵克虐待其衆民莫能堪呂宋國另派總督守之迨耶蘇一千八百零八載（卽大清嘉慶十三年也）嘞𠯿哂國率兵侵擾呂宋國時呂宋所屬各

國俱棲不服本國亦相接踵謀爲自立惟時呂宋兵衆事竟不果越十三載國人協同遏唎國軍伎擾喇嗎城遂將呂宋兵馬戰敗官員驅逐卽自立爲國不歸統屬未幾民亂復興賊宪猖獗以至國分爲二有高下之稱其後疆界雖析挾嫌如故通國分爲七省曰喇嗎首府亦名喇嗎乃本國京都也建于喇嗎咯河濱曰啊哋嗟咯首府亦名咕嘶咯曰啊呀咕嚨首府名呱嗽咖曰以吧首府亦名啊嘞嗟吧曰吥嗃首府亦名吥嗃曰咕嘶哼首府名嘩䵋嗝曰喇嗶喇嗲首府名嘟嚧嗬囉其通

商衢繁之地一名咖嘮一名啊嚓咖

啵哩雖啞國全志

啵哩雖啞國又曰高呲嚧在啞嗼哩咖州南區之西其國土在南極出地十一度起至二十四度止經線自西六十度起至七十三度止東至吧啦哂唎吧啦吠河合衆二國西連呲嚧國暨大海南接吧啦呢嚌唎吧啦吠河合衆三國北界吧啦哂唎呲嚧二國長約四千里寬約一千五百里地面積方三十九萬六千里烟戸一兆三億餘口本國地勢有祟山峻嶺絡繹不絶有平原廣

濶一望無際其唉嗟嘶山由北而南東西分岐在東者峭壁參天氷雪凝積在西者峯巒叠起火燄不熄河之長者曰呱嗶曰呲呢曰呲嘶嘢嘛啲曰嗎嘶嚦嘞湖之大者曰啲啲咖㗅咖界于呲嚧之間田土互異東方膏腴物産最豐西方磽瘠沙漠居多至若土産與呲嚧國相等地氣懸殊高低不同然東南西大抵温和不害居棲惟北方熱氣薰蒸每多爲患至于朝綱不設君位庶民自立官長宰理國政所奉之教乃嚾嗎天主公教也技藝庸拙貿易蕭條原本國與下呲嚧同爲一國迨呲嚧違背呂宋時本國亦相接踵不受管轄耶穌一千八百二十五載即大清道光五年也乃去呲嚧自爲一國分設六省曰咮嗼薩咖首府亦名咮嗼薩咖又名咋嘛咖嘶又名啦吧喇吠乃本國京都也建于平原之中曰吧嘶首府名吧嘶嗟呀咕啵曰啢嚕囉首府亦名啢嚕囉曰啵哆哂首府亦名啵哆哂曰嘢吵吔吧首府亦名嘢吵吔吧曰吒嗟咕嚧嘶首府亦名吒嗟咕嚧嘶

嚌唎國全志

嚌唎國在啞嗼哩咖州南區之西其國土在南極出地

二十五度起至四十四度止經線自西七十二度起至七十七度止東至吧啦吠河合衆國暨吧嗟啢呢啞地西枕大海南接唖嚛咖海灣暨吧嗟啢呢啞地北界啵哩雖啞國長約四千五百里寬約四百二十里地面積方十五萬五千里烟戸一兆四億餘口本國地勢近海岡陵羅列峯巒參天火山衆多其大者十有六晝夜吐火不熄内地平原廣濶邱陵稀疎湖河不一間隔其地河之長者曰啢嘞曰呲哟呲哟曰薩啦哆曰噢嘶嘢日唎嗎哩曰㗅囉嗟曰嗎噫啵曰哆嘛嗷曰吸嘛啲雖啞

曰嗦豐哆曰唏哀啫瑚之大者曰吥咖嘞嚎曰咖咕宜曰啵咀嚧咖曰嗷噠咕哀𠸄曰啊咕嗰曰噠呱吋咕啊曰啦咕喑曰嗚哪𠸄呱吡田土極膴物產最豐穀菓金石靡弗備具禽獸草木甚屬紛繁地氣畧同亦頗溫和惟多震動每有不虞至于朝綱不設君位庶民自立官長司理國政技藝庸拙貿易淡薄原本國末爲呂宋并吞之前與吡嚧國同爲一君迨耶蘇一千五百三十六載即明世宗肅帝嘉靖十五年也有呂宋國人啞𠸄嗎哷囉者訪知其地富庶極欲取之但因水土不馴衢路崎嶇且國人堅

守事竟不果越四載復有𠻝𠸄喲嚡啞者引兵侵擾時得地無幾其後十三載竟爲啊咾吁人所殺呂宋國即以其地撥歸吡嚧總督管轄迨耶蘇一千七百七十三載即大清乾隆三十八年也本國土地盡爲呂宋國所取惟啊咾吁地方堅守不降耶蘇一千八百十載即大清嘉慶十五年也國人相效違背呂宋因合謀驅逐守官自立爲國惟設官立法意見不同各不相睦內亂復興耶蘇一千八百十四載復爲呂宋國所取及戰經四載乃克復其國通國分爲八省曰叵喲呀嗬首府亦名叵喲呀嗬乃本國京都

爲八省曰叵喲呀嗬首府亦名叵喲呀嗬乃本國京都
也建于哆啵咖𠸄嗎河岸左曰啊吣咖呱首府名嗓咔哩嗶曰哥啢唤啵首府亦名哥啢唤啵曰哥𠸄咋呱首府名咕嗦咯曰咖嘞首府名嗃喻吔嘶曰吣嚏嗓首府亦名吣嚏嗓曰𠻝𠸄喲嚡啞首府亦名𠻝𠸄喲嚡啞曰嚌嚧哀首府名嗓咖𠸄嚧嘶其通商衢繁之地一名𠻝𠸄吧啦嚱嗦一名嗓咔哩嗶一名嚏嘞哪一名嚌囉𠺕

吧啦吠河合衆國全志

吧啦吠河合衆國又曰啊𠸄吒喲啲在啞嗼哩咖州南

區之中其國土在南極出地二十度起至四十一度止經線自西五十五度起至七十二度止東至吧啦哷嗚啦哷二國暨啞𠺕𠸄喲海西連吧噠嗬呢啞地暨嚌喇啵哩𠸄啞二國南接吧噠嗬呢啞地暨啞𠺕𠸄喲海北界啵哩𠸄啞國南北相距約七千六百里東西相去約三千八百里地面積方一百四十萬里烟戶二兆餘口本國地勢內地與東平原覃廣一望無際西北重岡疊嶺迤邐延袤河之長者曰吧啦吠曰吧啦哪曰吧啦哷曰曦呱蘇曰嗚啦㖤曰吡𠸄哥嘛喲曰𠻝𠸄嗼嗒曰𠻝

啦哆曰嘟咕嘎湖之大者曰吵啦咁曰噎嗶嘹曰嗎嗹啦曰吧嘛哂嚯曰哎嗹嘛咖啦田土肥饒穀菓金石鳥獸鱗介所產紛繁地氣各殊温和居多夏雨連綿雷電交作山頂氷雪凝積至于朝綱不設君位庶民自立官長司理政事所奉之教乃囉嗎天主公教也技藝頗精貿易日盛原本國于耶蘇一千五百零九載（即明武宗正德四年也）有呂宋國人嗦喇嘶者訪知其地遂爾攻取國委總督鎮守迨耶蘇一千八百零八載（即大清嘉慶十三年也）國人倣照各國不受轄制謀爲自立興師攻擊戰越二載遂

去呂宋守官自立國人攝政又越五載即自立爲國通國分爲十四省曰吥喧喏嗪喇首府亦名吥喧喏嗪喇乃本國京都也建于吧啦吙河濱曰暗嚒嘞哩哊嘶首府名吧吵吙曰哥嗹嚒首府亦名哥嗹嚒曰叵嗹啡首府亦名叵嗹啡曰哥嘛哆吼首府亦名哥嘛哆吼曰叵哊呀嘚呢嘶嚒囉首府亦名叵哊呀嘚呢嘶嚒囉曰嘟咕嘎首府亦名嘟咕嘎曰嚾嘛嗹首府亦名嚾嘛嗹曰咖嘰首府亦名咖喘曰咖嗹嗎嘛喋首府亦名咖嗹嗎嘛喋曰哩哊啵首府亦名哩哊啵曰嗦啫嘆首府亦名嗦啫嘆曰嗦嚧噫嘶首府亦名嗦嚧噫嘶曰吧吗哆嚾首府，亦名們哆嚾其通商衝繁之地一名吥喧喏嗪喇一名哥嗹嚒一名哥嘛吼哆一名們哆嚾

吧啦啡國全志

吧啦啡國在亞嘆哩咖州南區之中其國土在南極出地二十度起至二十八度止經線自西五十六度起至六十一度止東至吧啦哂喇國西南連吧啦吙河合衆國北界啵哩嗺亞吧啦哂喇二國長約二千里寬約八百里地面積方三十四萬三千里烟戶二億五萬餘口

本國地勢平原廣濶山陵稀踈河之長者曰吧啦啡在西方曰吧啦哪在東南曰啵嚧哆曰啵嚒嘹曰哆吧哊曰嘰吧吶曰吡嘞皆在北方曰咖哪嗶曰哊吡呱嘹皆在南方每遇陰雨各河漲溢積久難消遂成大湖水退泥淤其地膏腴土產穀菓草木大黄血竭桂皮甘蔗藍靛棉花烟葉土茶蜂蜜呀嚩米等物禽獸充斥鱗介尤繁地氣互異溼熱燥寒各有不同至于朝綱酋長統攝所奉之教乃囉嗎天主公教也技藝稀踈貿易淡薄原本國于耶蘇一千五百二十六載（即明世宗嘉靖五年也）有噎

吠哩啞國人噻吧嘶哰映咖啵訪知其地據之越九載其地爲呂宋所取撥與耶蘇會僧人管攝後該僧奏請毋庸派設官守並禁呂宋國人前往其地以免日久篡奪致廢教規呂宋國君均依所請是以二百年來政事皆歸僧人攝理耶蘇一千七百六十七載即大清乾隆三十二年也呂宋國王將耶蘇會僧盡逐出境本國遂附于吧啦吠河合衆國爲一省派總兵官鎮守迨呂宋所屬各國不服統轄驅逐守官時本國亦相接踵逐官自立將各地分爲二十縣首邑名啊嵩喙乃本國京都也建于吧啦

啡河岸左其通商衝繁之地一名哟唩嚬一名嚦啦嘞啊嗍一名曦呱嘪哟喲一名嚦啦嚟咖一名咕嚧呱哟

嗚啦啡國全志

嗚啦啡國在啞咩哩咖州南區之東南其國土在南極出地三十度起至三十五度止經線自西五十五度起至六十一度止東至吧啦哂唎國暨啞嘚囒哟海西界嗚啦啡河南枕啞嘚囒哟海暨吧啦吠河北接吧啦哂唎國南北相距約一千二百五十里東西相去約一千三百里地面積方八萬三千里烟戶七萬餘口本國地

勢南方山阜絡繹北方則平原覃廣一望無際有河曰吧啦吠嗚啦啡吶哥囉嚸啵啦哟等乃河之長者也貫徹四方沃潤其地田土肥饒物產極豐禽獸蕃衍鱗介亢斥地氣溫和不害居棲至于朝綱不設君位庶民自立官長司理政事所奉之教乃囉嗎天主公教也技藝寥寥貿易蕭索原本國始爲吧啦吠河合衆國之地繼爲吧啦哂唎國所取號曰嗜嘶吧啦哟哪迨耶蘇一千八百二十六載即大清道光六年也國人叛而自立不歸統屬將各地分爲九府曰嚎嘚嚸嚨曰嗎嘯哆哪哆曰咖吶囉

吶嘶曰喙喏噻曰哥囉呢啞曰嗉嚟啞呶曰咱𠯋嘟曰嘟啦咯吸曰噻嚧啦嘯嗬本國京都亦名嚎嘚嚸嚨建于吧啦吠河岸右

吧啦哂唎國全志

吧啦哂唎國在啞咩哩咖州南區之東其國土在北極出地四度二十分起至南三十三度五十五分止經線自西三十七度起至七十五度止東枕啞嘚囒哟海西連吧啦哼啵哩嚸啞呲嚧呢呱哆嘯新咖啦哪吠暨吧啦吠河合衆等國南接吧啦哼嗚啦哼二國暨啞嘚囒

啲海北界嘍吶端嗽國暨咕呀哪地長約九千五百里寬約九千里地面積方二百五十六萬九千八百六十里烟戶五兆餘口本國地勢或岡陵或平原兩相間隔紛錯不一湖河甚多貫徹沃潤河之長者曰啞嗎㗋哪又名嗎啦㘚曰嗎嘚嚱啦曰哆吧㘗曰㖿咕曰哆吁叮曰嗓咈啷哂嘶哥曰吧啦嗎曰吧啦𠯿曰啊喇呱啞曰吧啦哪嚱嚨湖之大者曰吧嘟嘶曰咪嗒曰𡃼吸咖曰嘿啦又名咖㗂嘞田土極腴稼穡最豐穀菓草木藥材香料禽獸鱗介各種金石所產紛繁靡弗畢備粤稽嘅

囉吧啞㗊啞啞啡哩咖三州之出產本國不少概見而本國所產樹木禽獸蟲豸別國多有罕見地氣溫和甚便居棲至于朝綱帝位歷代相傳所奉之教乃囉嗎天主公教也此外各教任人尊奉概不禁止技藝頗精貿易日盛原本國于耶蘇一千五百載即明孝宗敬帝宏治十三年也有大西洋國人啪嘚嚕啊嘛吸唎嘶者訪知其地遂歸于大西洋國兼攝派總督鎮守迨大呂宋率兵侵擾大西洋國時本國亦為嚬囒人攻取耶蘇一千六百四十載即明懷宗愍帝崇禎十三年也大西洋國驅逐呂宋後遂與本國逐去

嚬囒復歸大西洋國兼攝耶蘇一千八百二十五載即大清道光五年也大西洋國君封其太子啪嘚嚕于吧啦哂喇自為一國不相統屬越六載啪嘚嚕返國傳位于其子遏國分為十八省曰哩㘗嚹吶嚧首府亦名哩㘗嚹吶嚧乃本國京都也建于海濱屋宇廟堂靡弗峻麗學塾醫院甚屬壯觀工肆林立百貨駢集貿易興隆五方輻輳曰哩嚽嚧首府亦名哩嚽嚧曰吒噠咖噠哩嘞首府名嘚嘶嘚囉曰哩啪嘚嚕首府名啪喇噠嘞嗡嘞曰嗎嘚噶囉嗦首府亦名嗎嘚噶囉嗦曰啊啊嘶首府亦名啊

啊嘶曰𡃼哪咀咻嘶首府名嚬囉吥嚐哆曰嘶吥嚟哆吒哆首府名嚺哆哩啞曰吧嚱啞首府亦名吧嚱啞曰嚾嚹咀唄首府名埾嗼喇嘶哆嘡曰啊啦啊吸嘶首府亦名啊啦啊吸嘶曰啪嚒嚨吥咯首府名嘞哂啡曰吧啉嘮首府亦名吧啉嘮曰北哩㘗哥囒啲首府名哪噠哩曰哂啊啦首府亦名哂啊吐曰嘌噫首府名啊喊嗽嘶曰嗎啦㘚首府名哩嚧嚱嘶曰咖啷吧啦首府名啪嗒其通商衝繁之地一名哩㘗嚹吶嚧一名吧嚱啞一名啪嚒嚨吥咯一名嗎啦㘚一名吧啦

嗨哋國全志

嗨哋國在亞咉哩咖州北區之東南其國土在北極出地十八度起至二十度止經線自西七十一度起至七十七度止四面枕海東向啵喇哆喙咯島西對嘜嘪咖咕吧二島南界咹哟唎嘶海北接亞嗱嘣哟海長約一千五百里寬約五百五十里地面積方六萬里烟戶一兆餘口本國地勢或山陵延袤或平原廣濶海濱一帶陸坡峭壁河道甚多其長者曰哂啵曰咴嘛曰呀喑又名呀嚹曰啞嘛哟啵呢嚜曰啊嘩嘿曰嗎嘢嘞曰嗚嚯

嚹湖則無幾其最大者曰嗦嗎吐又名啞喘曰咦嚟嘰喀曰哆噻田土膏腴穀菓豐饒土產銅鐵沉香棉花烟葉藍靛甘蔗咖啡呀嘣米等物禽獸鱗介靡弗蕃衍地氣潮濕民性不馴至于朝綱不設君位國人自立官長司理政事所奉之教乃囉嗎天主公教也技藝庸常貿易淡薄原本國于耶蘇一千四百九十二載（即明孝宗敬帝宏治五年也）有噫吠哩啞國人哥喻啵者訪得其地取名曦嘶吧呢哟啦越數載其東土為大呂宋國所取西土為咈嘣哂國所獲迨耶蘇一千七百九十一載（即大清乾隆五十六年也）西土黑人首叛咈嘣哂國其後東土之人亦相接踵彼此相依遂于耶蘇一千八百二十二載（即大清道光二年也）合為一國不受統屬迺國分為六府曰西府首邑啵嘛嚜吡嚐噻乃本國京都也建于哥哪啵海濱曰南府首邑咖吔嘶曰啞嘛哟啵呢嚜首邑哥叻婆嘶曰北府首邑咖吓喉嚬曰東北府首邑吐哟啞嚬曰東南府首邑吐哆明咯嘶

咦咭唎國兼攝之地全志

本州之地隸咦咭唎國兼攝者曰新吡嘞嗟呢啞曰北極之地曰吡喇嗥嗟曰咹哟唎嘶曰嚧咖啞嘶曰咕呀哪曰嗎嗦曦哪嘶曰嗎咖喰咦嘶分序如左

新吡嘞嗟呢啞在啞咦哩咖州北區之北緯度自北四十二度起至七十八度止經度自西五十三度起至一百四十三度止東枕吧啡咦海暨嗟唛嘶海峽西接大海暨呃囉嘶啞咦哩咖地南連合衆國北界冰海長約一萬三千里寬約七千里地面積方四百六十七萬七千里地分六境一名下咖哪嗟首邑嚹嗶唴一名高咖哪嗟首邑哟嘛唴又名哆喻哆兩地長約二千里寬約

一千八百里烟戶一兆二億餘口湖河不一貫徹沃潤河之長者曰喍囉畯嗦曰嗚嗟吸曰嚎嗹嚒啵哂湖之大者曰嘶嗶哩喲㗉曰嘍呢嗶地多肥饒穀菓豐登禽獸蕃衍蟲豸充斥地氣嚴寒不害居棲土產金銀銅鐵鉛煤水銀烟葉等物一名新吥喻喘嘵南北相距約八百三十里東西相去約六百里地面積方三萬七千五百里烟戶一億六萬餘口平原覃廣叢林稠密地氣嚴寒湖河無幾土產穀菓木料等物首邑咈嘞嗹哩嘵城一名新嘶哶哂啞長約一千里寬約三百五十里地面

積方一萬八千里烟戶一億七萬餘口沿海磽瘠北地宜稼湖河泉多地氣寒冷土產銅鐵煤滑石等物首邑哈嚓噝吐一名嗓喏嘆又名曦嘟吸㗉嗖郡島長約三百里寬約一百里烟戶一萬二千餘口田土膴腴物產豐饒禽獸鱗介靡弗紛繁首邑咖㗉囉嗹城一名嗹啦嚅吸長約一千里寬約八百里烟戶七萬餘口厓岓峭立沙灘羅列地氣極冷氷雪凝積地多不毛叢林稠密土產鐵煤紋石木料皮革等物首邑嗓喏嘆

北極之地名分三境一名北嗹嘔緯度自北七十五度起至七十七度止經度自西八十度起至九十五度止地多寒氷人迹罕到一名北咁㗉咀啞緯度自北七十五度起未定所至經度自西九十七度起至一百十七度止地多海島大者則四曰嘆㗉雕嘞曰囉吡哪曰吧嗟嘶嗹曰吡咩嗎㗉叮堅氷凝積惟夏稍消可通舟楫人烟寥落一名吧啡嘆吧唎在吧啡嘆啞嗹喺二海之間中多海島曰哥咕吧㗉呢曰嚇噔敦曰嗚喑嗹㗉曰吡嘶咩㗉曰嘘㗋嘶曰新咖囉㖸曰北嗦嘿㗉嗹嗹地氣極冷土產甚鮮人烟蕭條

吡㗉嘆嗟島在啞嘆哩咖州北區之東緯度自北三十一度五十五分起至三十二度二十分止經度自西六十四度起至六十五度止大小四百島大者曰吡㗉嘆嗟曰嗓喏㗉咀曰嗓嗟㘎曰咕嗶㗉曰嗦嘆㗉嗹首邑名嗓喏㗉咀在嗓喏㗉咀島中泊所穩便蠻舶輳嘥

喲咧嘶島在啞嘆哩咖州之中緯度自北十度起至二十七度五十分止經度自西六十二度起至八十七度止大小不一其中島嶼爲嘆咭唎兼攝者惟十有八地氣炎熱田土膴腴穀菓藥材禽獸鱗介靡弗蕃衍首邑

名哪㗊在啵囉㘓嗷嘶島中貿易興隆商賈雲集
嚧珈啞島又名吧哈嘛在啞嗼哩咖州北區之東南緯
度自北二十度起至二十八度止經度自西七十二度
起至八十二度止大小五百島大者十四地氣溫和田
土肥饒
咕呀哪在啞嗼哩咖州南區之北緯度自北三度四十
分起至七度四十分止經度自西五十九度起至六十
二度止東至嚌嚩國兼攝之咕呀哪地西南連哥喻吡
啞國北界啞噫嚩喲海長約一千里寬約三百八十里

地面積方三萬五千里烟戶一億四萬七千餘口平原
廣潤叢林稠密地分三州曰曦嘶𠲖啵曰噫嗼啦唎曰
吡嘯吡嗦首邑名喏嘯咟城泊所穩便估舶雲集貿易
興隆百貨駢臻
嗎喺曦哪嘶島又名𠿘哥嚩在啞嗼哩咖州南區之南
緯度自南五十一度起至五十三度止經度自西五十
九度起至六十五度止內有九十餘島大者曰𠿘哥嚩
曰嗦嘞嗟地氣溫和人安物阜泊所非一皆屬穩便
嗎咖哴嗼嘶又名火地在啞嗼哩咖州南區之南緯度

自南五十二度三十分起至五十五度五十九分止經
度自西六十七度十四分起至七十七度十分止中多
島嶼大者無幾地氣嚴寒不便居棲田土磽瘠物產維
艱首邑名响吧囉建于曦嘶嗟哆島中

呂宋國兼攝之地全志

本州之地隸大呂宋國兼攝者一啊吧島在啞嗼哩咖
州北區之南緯度自北二十度起至二十三度止經度
自西七十六度起至八十七度止長約二千七百里寬
約五百里烟戶七億四萬餘口岡陵重叠絡繹不絕河

則甚多貫徹沃潤其長者曰嗃嘟曰嗟吶嘶曰喉又名
黑人河田土膴腴穀菓豐稔金銀銅鐵以及水晶吸鐵
石等物所產紛繁靡弗具備地氣燥熱南方尤甚地分
三府曰西府首邑名哈嘅哪建于北方海濱泊所穩便
舳艫雲集貿易興隆商賈輻輳曰中府首邑名吒嗟嗎
哩啞曰東府首邑名吒喲呀嚬
一啵嘯哆嚓喀島在啞嗼哩咖州北區之南緯度自北
十七度五十四分起至十八度三十分止經度自西六
十八度起至七十度止長約五百里寬約一百五十里

地面積方四千五百里烟戶三億餘口由東而西岡陵延袤地氣温和田土肥饒穀菓棉花禽獸鱗介種類甚多靡弗蕃衍地分七縣首邑名嗓喏嘆啵嘛哆噝咯

嘸嘣哂國兼攝之地全志

本州之地隸嘸嘣哂國兼攝者曰咕呀哪在啞嗼哩咖州南區之北緯度自北二度十六分起至五度五十五分止經度自西五十三度五十分起至五十八度三十五分止東南連吧啦哂唎國西接嘪嘣國兼攝之咕呀哪地北界啞嚏嘣喲海長約一千六百里寬約一千一

百里地面積方七萬六千二百里地多荒蕪人烟寥落首邑名咖吺哪泊所穩便而貿易冷淡此外尚有數島在本州之中一名嗎嘛喲呢咖一名呱嗟嚧嗥一名𠱃嚏嘶一名嗎哩啞咖嘣吠一名吡喲嚏嘛一名嚏哂喇嚏一名嗓嗎嘛叮其嗓嗎嘛叮島二歸嘸嘣哂兼攝一歸嘪嘣所屬曰嗓啪嚏囉曰大嗞嗡喻曰小嗞嗡喻各島總名曰嘸嘣哂唉喲唎嘶大小不等泊所非一穩便居多近年貿易日盛往來如市

嘪嘣國兼攝之地全志

本州之地隸嘪嘣國兼攝者曰咕呀哪又名嚤哩嚷在啞嗼哩咖州南區之北緯度自北三度起至六度止經度自西五十四度起至六十度止東南連嘸嘣哂咕呀哪地西接嘆咕唎國之咕呀哪地北界啞嚏嘣喲海長約七百五十里寬約六百五十里地面積方五萬里烟戶九萬餘口中有一河名曰嚤哩嚷由南而北貫徹其地其餘大河曰嗎囉呢曰嚤啦嗼咖曰咕吧哪嘛曰嗞嗡唎曰哥嗲叮田土膴腴地氣不馴首邑名吧啦嗎噝啵建于嚤哩嚷河岸左泊所寬濶帆檣如織貿易興隆

商賈輻輳此外尚有七島一名咕啦嚿首邑名嘍嗲嘶嗟一名啵叻嘞一名啞嘍嘶一名啞嚧吧一名𠱃哆吪嘶嗟嗞喲首邑亦名𠱃哆吪嘶嗟嗞喲一名嚾吧一名嗓嗎嘛叮皆在本州之中總名曰嘪嘣唉喲唎嘶大小不等田土肥饒物產極豐貿易昌盛諸貨駢集

哌哪嗎嘛咖國兼攝之地全志

本州之地隸哌哪嗎嘛咖國兼攝者一曰曦嘶嘣喲啞在啞嗼哩咖州北區之東北緯度自北六十三度七分起至六十六度四十四分止經度自西十九度四十分

起至二十八度五十五分止四面枕海長約九百里寬約七百五十里地面積方三萬九千里烟戶五萬餘口乃北極氷海大島也岡陵叠起火山不一其大者曰唉哥辣晝夜吐火每多爲患湖河衆多貫徹沃潤河之長者曰雖嗟曰喲㖃嚹曰哈嚹嚦㘓皆在南方曰啦咖喇曰呩嚕啊皆在東方曰喉吵啦曰嘶咖嚹呖喲啞曰喏咕嚹曰嘶咖吧嗟皆在北方湖之大者曰㴑哌曰叮哌啦㖊曰咪嘶咯㖊其中有常吐熱氣者田土瘠薄穀菓甚鮮土産銅鐵鉛玉瑪瑙水晶硫磺紋石等物地氣

嚴寒不便居棲地分三州曰南州首邑名嘞㖷㘓吃曰西州首邑名嘶嗟㖃曰東北州首邑名嗎嘟嚕哌嚹

一曰哥㘓嘆嚹喲啞又名嚷喲嘛嗎在啞㗂哩咖州之東北緯度自北五十九度三十八分起經度自西二十度起均未詳所止東北枕氷海西南界吧啡㗂海長約六千里寬約二千里地面積方一百十一萬里烟戶二萬四千餘口地氣寒時居多常見氷雪暑天甚少一熱則非常熇烈田土瘠薄物産不備人多業漁地分南北南邑首名咖唎呢吵哈北邑首名呃咁嚒嘶哌嚒

一曰㖊哪嗎嚹咖咹喲唎嘶中有三島一曰嗟咕嚧嘶長約八十里寬約三十里一曰哆㗂長約六十里寬約三十里一嗓喏嘆長約六十里寬約三十里皆在啞㗂哩咖州北區之南地氣温和居棲甚便田土膴厚物産豐裕首邑名蛤哩嘶喲㖿嘶嗟在曰嗟咕嚧嘶島中

呃囉嘶國兼攝之地全志

本州之地隸呃囉嘶國兼攝者有陸地有海島土人殊名分序如左

陸地曰呃囉嘶啞嘆哩咖在啞嘆哩咖州北區之西北

緯度自北五十四度四十分起至七十五度止經度自西一百三十三度起至一百七十度止東連新吡嘞嗟兜啞地西枕咱哈海南接大海北界北海暨咱哈海峽長寬皆約四千餘里地面積方約四十萬里烟戶五萬餘口峯巒叠聳氷雪凝積嚴寒凜冽人莫能禁地多磽瘠物産維艱地分九省曰㖊嘶㙂㖊曰嗼嚒吶曰咪吃嚌曰哥叻蛤曰蛤叻塞曰咪咖咥曰嗚咖嗟哩咪吁嚒曰咕嚧咥曰新咖哩咈嚹嗾首郡名嗜嚒咖建于海島之中

海島一名咕嚧啞一名咋𠸄咖一名哥啲啞咯一名蝦
嘧嚏斯各島地氣嚴寒不便居棲田土磽瘠物產維艱
庶民生計惟在漁耳

喘哂啞國兼攝之地全志

本州之地隸喘哂啞國兼攝者曰嗓吧𠸄哆囉嘆乃咹
哟𠺝嘶島之一也居緯度北十七度五十五分經度西
六十五度十分迴環約五十里烟戶一萬六千餘口田
土肥饒樹木上品泊所穩便舳艫相繼首邑名咕嘶嗟
嗹啞

吧嗟嗬呢啞部落全志

吧嗟嗬呢啞部落在啞嘆哩咖州南區之南緯度自南
三十六度起至五十六度止經度自西六十五度起至
七十八度止東枕啞𠽌嚾哟海西接𠯿喇國暨大海南
界南海北連吧啦吠河合衆國長約五千里寬約二千
里地面積方六十六萬六千里烟戶約二億餘口山陵
層疊峯巒參天氷雪凝積永不消化其昭𠯿嗎哟呱嘆
哟咖啦哪𠯗哥嚅哘哟乃火山之大者也湖河衆多貫
徹沃潤河之長者曰吶哥囉曰咖啦嚜呢嘶曰咖嚅嚬

湖之大者曰大湖曰嚏呼𠸄曰哥嚧呱嗶田土不毛禽
獸蕃衍地氣嚴寒不便居棲國人身高力大性情溫和
素不衣冠居無常處多務畋獵各分部落不相統屬其
人有曰嗪𠯿曰吥𠸄吱曰啞咾啊曰嚏吸嘞各等名目
總名之曰吧嗟啊地名亦于此取焉

地理備考卷九終

新釋地理備考全書卷十

大西洋瑪吉士輯著

啊嗘啞呢啞州全志

啊嗘啞呢啞州五州之一也重洋叠島地狹國鮮田土膏腴土産豐饒黎庶不一政治各殊詳繹如左

文論

位　啊嗘啞呢啞州緯度距赤道自北三十五度起至南五十六度止經度自吧嚟嘶午線東九十一度起至一百零五度止

界　本州東枕大海西接印度海南連南大海北界北大海暨啞𡁠啞嘆哩咖二州

廣　本州四面皆海衆島散布于中南北相距約二萬二千七百五十里東西相去約四萬一千里統計地面積方約四百二十萬零五千五百里

質論

山　本州島嶼充斥山陵紛繁較之别州重岡叠嶺迤邐延袤雖所不及顧其崇山峻嶺峭壁參天殆亦不乏如哈啞島之啷哪囉啊山高約一千四百丈有奇嚹嘛咯喇島之𡂿啡𡄔山高約一千二百九十丈有奇新嘢𡃤𪡚啞島之喉哥嚎山高約一千三百三十丈有奇嗟曦𪡚島之嗬囉呃喲山高約一千四百丈有奇爪哇島之吧啦呼山高約一千二百丈有奇啝咖島之吧𡄔嗎𠵘山高約一千九十丈有奇其餘各島各山遞相次之後釋其島再爲詳明

火山　本州火山不一大者十二曰吡啦吡曰咕嚨噉啵皆在嚹嘛咯喇島曰嗹𠾵又名嗟咖𡄔在爪哇島曰嗎嚀又名啞𡄔咱曰嗟啊𡄔曰啞啦咃𠾵皆在小呂宋島曰嗹𡄔哪嗹在嚧嚧咖嘶島曰嗚嘂啊吡在啝嗟島曰嗗啵囉在嘧吧啄島曰哆𡁠啊在嚐咖島曰嗟哪在嘜囉嘶島曰啷哪嗃囉咮曰喻咾啞皆在哈啞島

谷　本州山谷亦甚紛繁其在新嘢𡃤嚹嘛咯喇爪哇婆羅嗘嘞嗶嘶小呂宋等各島中者乃谷之最大者

海　本州之海中國爲首其次者七曰爪哇在嚹嘛咯喇啝咖吡哩𡁠婆羅各島之間曰㗖嗟在爪哇東方暨吧喇嚨嘜𡁠吧呅吡咖咪嗘嘞嗶嘶婆羅各島之間曰嗘嘞嗶嘶在嗘嘞嗶嘶北方暨婆羅嚹嘶嗟嘵各島之

間曰蘇喙亦曰哵哆囉又名啡哩吡哪嘶在蘇喙婆羅小呂宋哵噠嘵吧啦啘各島之間曰嚒嚧咖嘶在噻嘞嗶嘶嚌囉咯薩爾呧喲新曦吶啊嚧嚜爾嗎噠咃們各島之間曰嘟嘰哆爾在新嗊囒北方暨咃們喲嚒爾嘮各島之間曰珊瑚海在新咖嘞哆呢啞新嗊囒薩蒙囉吧吥啊哂啞各島之間

［海灣］本州海灣咖爾嗱噠哩啞爲最其啡靈嘚爾嘶島之嘶嗱噻爾嗓維森嘚灣噔們地方之灣噔們京嚌囉咯島之咳啊薩噠等則亞之

［海隅］本州海隅居八曰海狗在喑噠啦咥曰咀爾嗚唊咯曰啵囉喊叮哂啞曰嚜咕嚧呃爾皆在吧吥啊哂啞西邊曰曦啦哪在哵噠嘵島曰啵呢曰哆囉曰哆咪呢皆在嚷嘞嗶嘶島

［海峽］本州海峽甚多其大而著者二十有二曰嗎啦咖在啞細啞州嗎啦咖地與本州蘇嘛咯喇島之間曰嗯棘在嗯棘兵噹二島之間曰哪咖在蘇嘛咯喇哪咖二島之間曰咖嘶吧爾在哪咖吡嚟噋二島之間曰咖哩嗎噠在吡嚟噋咖哩嗎噠二島之間曰噀噠在蘇嘛咯喇

爪哇二島之間曰吧唎在爪哇吧唎二島之間曰嚨嚩在吧唎嚨嚩二島之間曰啊啦嘶在嚨嚩崧吧呧二島之間曰薩吡又名崧啵在崧吧呧崧啵二島之間曰蒙咖啸在崧啵咈囉唎嘶二島之間曰咃們在嗡咱咃們二島之間曰嗓咱爾哪喲嗽在呂宋薩嗎爾二島之間曰嚌囉咯在嚌囉咯嗟嚛二島之間曰嗎咖薩在噻嘞嗶嘶婆羅二島之間曰嚒嚧咖嘶在噻嘞嗶嘶嘚爾哪嘚二島之間曰噹唎爾在新吡嘞噠呢啞吧吥啊哂啞二島之間曰嗓喏爾咀在新吡嘞噠呢啞新噎爾囒吠

二島之間曰哆嘞嘶在新曦吶新嗊囒二島之間曰吧嘶在新嗊囒噔們二島之間曰咕咯在曦咖哪嗎喊噠咥吥哪嚜二島之間曰咈嗃在噠咥吥哪嚜嘶嘟爾二島之間

［海角］本州海角紛繁其較大者十七曰喲啞嘆喲在蘇嘛咯喇島之北曰爪哇曰嗓呢嗝嘮皆在爪哇島曰㕶哆在婆羅島之西曰哈吶嗡唊在婆羅島之東曰喑咖嘁在呂宋島之東北曰噠啦啵在噻嘞嗶嘶島曰嗚嗬吐曰好望曰嗚曦哩唅嘶皆在吧吥啊哂啞島曰喲爾吭

曰嗚嚱𠿝嘹曰嚠喑曰喁𠯝嗼皆在新嗊囒島曰𠵹𠿝嚍𠿝在嚁門島曰北海角曰南海角皆在𨘝嘶嗎呢啞島

河　本州江河較別州甚小其中亦有大者曰咖啦𠾂嘶曰嚟吱嚎曰吡嚟嘶吧呐曰呀𪁺嘶吧嚟曰吧嚍𠿝嘹曰哈嘶叮曰嗎嘶呱咧曰啦啞囒曰天鵞曰𡃁唻曰噠𠿝嚧皆在新嗊囒島曰嚍𠿝嗢曰噠嗎𠿝皆在嚁門島曰嘖唛咖曰啞吧皆在嚱咖哪嗎喊島曰㗅咀𠿝嗎喤曰咖呠啊嘶又名[illegible]喲呀哪咯皆在婆羅島曰喑喲啊

吅嚟又名咖彎吽曰哂呀咯曰吧𠹭吚又名嚤哂曰嘶𪁺𠿝皆在𡃤嘛嗒喇島曰嗦囉又名㗅啊彎曰𪁺喲唎皆在爪哇島曰吧𠹭嚌又名啜咋唎在喇𠾂嘵島曰噠喏在小呂宋島曰嚌嗚啦嘞在𡃘嘞啤嘶島

湖　本州之湖遜乎別州其中究亦不小曰𡃘呐吧嚧在婆羅島西北方迴環約三百餘里曰嘮嘟嘵曰嘶咖啦皆在𡃤嘛嗒喇島曰吚嚌唎在喇𠾂嘵島北方曰嘪噹咯在喇𠾂嘵島南方曰咩湖在小呂宋島東南方曰噠𠿝在小呂宋島南方曰噠吧啦咖唎𠹭曰嚃吡皆在𡃘

嘞啤嘶島曰啊𠿝嘟𠿝在嚁門島曰囉哆嘟啊在嚱咖哪嗎喊島曰蹪吡在新𡃘囒喲啞島皆湖之大者也

島　島之衆多本州爲最境之廣袤西方爲首曰新嗊囒曰婆羅曰新嚱呐曰𡃤嘛嗒喇曰爪哇曰呂宋曰喇𠾂嘵曰𡃘嘞啤嘶曰吧哪嚤曰嚱咖哪嗎喊曰北𠾂嘶嗎呢啞皆島之大者也餘島別序于後

平原　本州平原甚少如新呀唎嘶藍山之西乃平原之廣者也其𡃤嘛嗒喇島之東則亞之若夫新嗊囒婆羅新嚱呐等處尚未周知莫能詳述餘島平原均屬褊小

荒野　本州荒野較別州爲小獨新嗊囒境内荒野畧爲廣濶

地氣　本州地氣温和居多内有數島洿澤甚衆熱氣薰蒸觸人難堪其何地何氣孰優孰劣詳序于後

地寶　本州所産金石尚未詳悉難以殫述然西方所産錫礦最爲繁富婆羅島所産黄金豐裕莫及其寶石煤鹽亦屬紛繁今將多産各處開列于左

鑽石産于婆羅島之㗅咀𠿝嗎喤嗓吧嘶𡃤咖噠喲吼嚧呢等國金産于婆羅𡃤嘛嗒喇𡃘嘞啤嘶呂宋喇噠

嘵咃門等島

銅産于蘇嘛喀喇島之亞齊國暨呂宋咃門㘓嘞嗶嘶新呀喇嘶等島鐵産于吡哩𠹭𠾃嘛喀喇㘓嘞嗶嘶婆羅噔嘝各島

錫産于啷咖蘇嘛喀喇吡哩𠹭嚧咖㘓嘞嗶嘶等島

鉛産于呂宋新呀喇嘶二島

煤産于新呀喇嘶噔門二島

鹽産于爪哇㘓嘞嗶嘶吧喇等島

草木 本州草木在東方與啞㖄哩咖州相近者不甚相同

在西方與啞嘣啞州相近者亦頗少異在州中者品策蕃衍諸色布散然各島出産不一芳茂自別後釋其地再爲詳序

蟲類 本州蟲類紛繁各島所産懸殊有與別州相同者有罕見于他州者如獸畜一種新嘪𠹭東方各小島之中惟有豬犬貓鼠並無別種後有旅人挈帶牛羊等類前來此地遂爾蕃育至如鱗介種類極多四州莫比河海充斥名目紛繁

政論

戶口 本州人民約計二京零三億餘口

教門 本州風教不一曰回教曰釋教曰諸神教曰耶蘇公教曰咖𠹭𠹭啱教各從所尚趣向不同至某國某教孰多孰寡後釋其地再爲詳明

朝綱 本州朝綱視別州無異其中稱王稱帝稱酋稱長或歷代相傳或庶民自立稱謂各殊彼此不同後釋其國再爲分叙

技藝 本州人民不一技藝各殊視他州迥別其黑人惟林是居無所事事凡日用器物槩不知造其嗎唻人稍爲

辛勤或佃或漁或駕舟或開礦以爲養生之計至若陶器多造于吧吥啊哂啞人篁席多編于嚾啷嘰人其㘓嘞嗶嘶吥𡃁嘶嘞㖿爪哇等各島之人織紡最優工作細緻其㘓喲嚐咖嗟㘓喲嘟𠹭嗦等各島之人工作製造亦屬精良凡鎔造金銀琢磨玉石刋斵竹木雕刻牙角在在不乏其最精者乃婆羅爪哇及吥哩吶哂啞各島之人

疆域 本州地分三域一名西啊㘓啞呢啞亦曰嗎嘞嘣啞又名喏嗟哂啞緯度自北十二度起至二十一度止經

度自東九十三度起至一百三十二度止島嶼紛繁散布其中曰蘇嘛嗒喇曰爪哇曰崧吧呱𡂿門曰𠹭嚧嘶曰嚜嘞嗶嘶曰婆羅曰呂宋一名中啊嘍啞呢啞又名噢嘶噠啦哩啞緯度自北一度起至南五十五度止經度自東七十六度起至一百八十一度止其島曰新嚌嚬凹吧吥啊哂啞曰嚧曦哂啊噠曰新呲嘞噠呢啞曰嚩囉嚎曰呲嚧嘶曰嘶囉嘶曰新咖嘞噠呢啞曰嚹嚬咈嚬唴曰噠嘶嗎呢啞曰噔門呢啞一名東啊嚜啞呢啞又名吥哩吶哂啞又名嗟哿囉吶哂啞緯度自北

三十五度起至南六十五度止經度自東一百二十五度起至一百零五度止各島曰嚤嚀嚌嚬咖呢咯曰嗎嚟啞嚪曰吧嘮曰咖囉嚟嚪曰嚤嚬咖啦喊曰嚨哟曰嚐咖曰嚯唎嚬呢曰哈嚒啊曰嗡嚬嗎哟曰咕咯曰嘟啵㖫曰噠曦哟曰咆嚒喥曰門噠哪口哈啞曰嘶啵啦吠茲先釋其島次序其國後及所受轄者

蘇嘛嗒喇島全志

蘇嘛嗒喇島亦曰蘇門嗒喇在啊嚜啞呢啞州之極西緯度自北五度起至南五度止經度自東九十三度起至一百零三度止長約三千五百里寬約五百五十里烟戶六兆餘口本島地勢重岡疊嶺迤邐延袤其最峻者曰嗬啡嚬曰咕嚷哿嚓吧啦火山不一地震時作田土膴腴穀菓豐稔叢林稠密禽獸蕃衍土產金銀銅鐵錫硝磺冰片胡椒椰子甘蔗藥材沙谷米等物地氣互異每多陰雨貿易興隆商賈雲集本島疆域或不屬于別國管轄或歸于嚌嚬國兼攝其自為國者三曰啞嚌在島之北疆域狹窄人烟稀疎京都亦名啞嚌建于西北屋宇樸陋街衢彎曲曰哂啞哿在島東之哂啞哿河

兩岸數酋分攝各霸一方海濱之人多務刼掠首郡亦名哂啞哿貿易蕭條庶民紛擾曰吧噠嘶又曰吧噠唴在島西海濱與啞嚌毗連數酋分攝不相統屬其歸嚌嚬攝者一名吧嚐在島之西首邑亦名吧嚐地勢褊小貿易昌盛一名嘆嚷咖吥在島之中首邑亦名嘆嚷咖吥一名吧㖨哪在島之東田土肥饒稼穡豐茂首邑亦名吧㖨哪一名嘟嘣在島之南地多洿澤人烟稀疎首邑名嘟嘟㗂哐

島之東西小島臚列各設酋長東島一名嚧吧一名哪

叭嘛一名嚧咹長約一百八十里寬約一百里一名呉嘴長約一百里寬約四十里一名噹嗒吡囔內有哩喲城貿易興隆商賈輻輳一名啰咖長約五百四十里寬約一百五十里人烟寥落錫礦繁衍一名吡嘧嗷多產黑金西島一名嘆咖喏迴環約一百里田土膴腴地氣嚴寒一名啵咁又曰哪𡃤島嶼甚多不產秔稻椰竹沙谷米等甚屬蕃衍一名啵啦又曰啣啵啦島嶼不一大者長約三百里寬約六十里一名蜘吡嚧長約二百七十里寬約四十里內有火山晝夜吐燄不熄一名吧嘟

一名呢啞嘶長約一百八十里寬約六十里田土膏腴穀菓豐稔一名吧吡一名吧呢啞嗝長約六十里寬約二十里

爪哇島全志

爪哇島在啊𡁷啞呢亞州之西嚤嘛咯喇島之東南緯度自南六度起至九度止經度自東一百零二度起至一百十二度止長約二千四百里寬約五百里烟戶五兆餘口本島地勢岡陵層叠絡繹不絕高之峻者曰吧啦呼曰吧囔咕嘵曰吧𡅅彎曰啦喲啢嘛曰嚶嘛吧咘

曰蚣呉曰蜥哆囉河之長者曰喏啊哪曰𡁷嗟兜又名哃咀唛田土極腴物產最豐其嚱囉吧州南方等處所產五穀百菓靡弗備具叢林稠密猛獸蕃衍上品樹木亦屬充斥地氣熇烈汚澤甚多濕熱蕉蒸觸人難堪惟海濱一帶地方海風消暑頗爲清凉數十年來本島盡歸嗒囒兼攝地分二十省首郡名吧嗟囉亞常稱咖喇吧設有總督駐劄貿易興隆五方輻輳爲嗒囒國兼攝地方大埠其通商衝繁之地曰𡅅嘛唧曰嚤啦吧啞曰吧𡅅嚧喦曰嚤啦咖嘛吠

其餘各島一名嗎嘟啦在爪哇島之東北長約三百里寬約六十里地面積方一千八百里五穀之中秔稻爲最三酋分攝各據一方一名吧唎又曰小爪哇在爪哇島之東長約二百七十里寬約一百六十里地面積方二千六百一十里田土肥饒地氣不馴土產金鹽稻粟棉花烟葉等物八酋分攝不相統屬一名嗱啵唍在吧喇島之東長約一百八十里寬約一百五十里崇山峻嶺峯巒參天田土膏腴五穀豐登一名君島在爪哇島之西北長約五十里寬約四十里田土低陷叢林稠密

此二島皆屬一酋統攝

嵩吧呱吔們各島全志

嵩吧呱島在啊嚟啞呢啞州之西嚨啵唲島之東緯度自南八度十分起至九度七分止經度自東一百十四度二十二分起至一百十六度五十分止長約七百里寬約一百五十里田土肥饒穀菓豐登土產金砂燕窩珍珠油木等物島中火山名噹啵囉吐燄猛烈晝夜不熄通島分爲十數小國其畧大者六曰吡嘛曰噹啵曰嵩吧呱曰噹啵囉曰嗶咖曰喙咖嘛各有酋長統攝其

雄強者推吡嘛爲首

咈囉喇嘶島在啊嚟啞呢啞州之西嵩吧呱島之東緯度自南七度五十三分起至九度三分止經度自東一百十七度三十七分起至一百二十度四十五分止長約七百里寬約二百里火山衆多大者名曰囉呱喲咯晝夜吐火不熄土產穀菓桂皮檀香棉花紅木等物島之西境屬吡嘛酋長兼攝餘俱各酋分理不相統屬

蘇錄島在啊嚟啞呢啞州之西咈囉唎嘶島之東長約二百里寬約五十里田土膴腴穀菓豐茂土產與咈囉喇嘶島相同各酋分理俱屬大西洋國兼攝

嚄啵嘮島在啊嚟啞呢啞州之西蘇錄島之北長約一百四十里寬約六十里田地土產亦與前島相等

嵩吧島又名喙吧在啊嚟啞呢啞州之西咈囉喇嘶島之南長約三百四十里寬約一百里田土肥饒穀菓豐稔島中土產檀香爲最餘乃白蠟燕窩棉花等物各酋分攝不相統屬

吔們島在啊嚟啞呢啞州之西嚄啵嘮島之東緯度自南八度三十分起至十度三十分止經度自東一百二

十一度起至一百五十五度止長約八百里寬約一百五十里山陵綿亘川河紛繁田土膏腴物產豐饒叢林稠密木多上品地氣不馴有礙居棲土產金銀檀香木料等物闔島共六十三酋分理東偏屬大西洋國兼攝南偏屬嘪嘛國兼攝隣近吔們小島不一曰哂嘡曰囉喲曰嗵曰嚄鳴各有酋長統攝

嚌嚧咖嘶各島全志

嚌嚧咖嘶島又名美洛居亦號米六合在啊嚟啞呢啞州之西嚟嘞嗶嘶島之東緯度自北三度起至南十度

止經度自東一百十七度起至一百三十度止島嶼紛繁火山不一地震時作每有不虞地氣濕熱不便居棲田土互異土產各殊島中或設酋長管理或附嚽囒總督統攝島之大者曰咹啵嘰哪長約二百里寬約三十里田土肥饒地氣炎熱土產硫磺丁香咖啡藍靛沙谷米等物樹木充斥東方爲最禽獸蕃衍鱗介庶衆曰噻啷長約七百五十里寬約一百五十里山勢峻峭田土膴腴五穀百菓靡弗豐登諸酋分攝各據一方曰吓嚧迴環約一百七十里地面積方約二千六百里岡陵巍

峩川河紛繁田土肥饒穀菓豐稔鳥獸鱗介靡弗充斥諸酋分攝各霸一方曰哪嗟內計十島皆有火山地震時作每有不虞地氣不馴有礙居棲其吶嘰𠿕哪哆嘰嚹咕噥啊叱吓嚧啊嘰乃十島中之大者皆屬嚽囒國兼攝曰嚽囉咯又名啊啦嗎呢𠿕長約八百里寬約一百五十里境土錯落不相聯絡田土膴厚物產豐饒地氣炎熱不便居棲島分三屬北屬嚍嚹哪哟島酋長兼攝首邑名哒喏咧南屬哟嚍嚹島酋長兼攝首邑名咖嘞𠿕中爲本島諸酋分轄不相統屬其南北二處于道

光四年有嚽囒國總兵駐劄于此始爲兼攝曰嚍嚹𠿕哟迴環約九十里內有火山晝夜吐燄田土膏腴金砂寶繁島中一酋統攝亦歸嚽囒兼轄曰哟嚍嚹長約十里寬約八里本島較嚍嚹哪哟雖小而庶民則過之一酋統攝亦屬嚽囒兼轄曰吧嗍長約二百里寬約四十里田土肥饒穀菓豐茂金礦蕃衍一酋管理曰大响吡長約二百五十里寬約四十里田地土產與吧嗍島相等諸酋分攝各霸一方曰嗻嚓嚹長約一百七十里寬約五十里諸酋分攝不相統屬曰啵啵乃衆島總名也

大者亦名啵啵迴環約一百七十里一酋管屬曰嚦嚹嗬長約二百二十里寬約六十里田土膴腴人烟寥落歸于嚍嚹哪哟島酋長兼攝曰嚹哩吧啵乃衆島總名也大者三一名哆嚕唎一名嚹哩吧啵一名咖啵囉嘣田膴穀豐人烟稠密諸酋分攝不相統屬曰們咱嘶乃衆島總名也大者一名哪嚍嚹一名咖囉嗟一名咖嚹咖嚹啷皆歸嗍嗟嘵島酋長兼攝

噻嘞嗶嘶島全志

噻嘞嗶嘶島在啊噻啞呢啞州之西婆羅嘫嚧咖斯二

曰嗜啦曰吥嗷曰囉啦啄嘛

婆羅島全志

婆羅島又名文萊在啊嚜啞呢啞州之西緯度自北七度起至南四度二十分止經度自東一百零六度四十分起至一百十六度四十三分止長約二千九百里寬約二千五百里地面積方四十萬里烟戶約三兆餘口本島地勢重岡叠嶺迤邐延袤火山不一地震時作地氣各殊不馴居多穀菓豐登禽獸蕃衍土產金銅鐵錫鉛鹽鑽石珍珠檀香甘蔗胡椒鮮薑豆蔻丁香棉花樟

腦木料等物島中外人罕到迄今尚未詳悉海濱地勢廣濶人烟紛繁通島分而為三一屬嗊囒國兼攝一歸蘇祿王兼攝一不受別國管轄其屬嗊囒國兼攝者分為二省一名西省內地曰吒吧嘶曰嚎吧呱曰嘣喲啞哪曰囒嗟曰喙咕曰嘡啷曰嗎吶曰嗰嗟呱咹一名東省內地曰哥嘛呃曰哪吥咹曰咓嗟呱曰大嗟啞哥曰小嗟啞哥曰啷咀嘛曰嗟哪嘮此外內地尚有數名曰嗟吖嘶曰嗎嘛嗟吥啦曰咖啷喑噹曰嘟咕咖嚷曰嘟咕嚌唎曰嘟遜至東北一帶地方乃歸蘇祿王兼攝其

島之間緯度自北二度起至南六度止經度自東一百十七度起至一百二十三度止南北相距約一千七百里東西相去約七百里烟戶三兆餘口本島地勢錯落不相聯絡田土極腴穀菓最豐叢林稠密木多上品家禽野獸麋沸充斥地氣熇烈海風清凉土產金鐵硫磺水晶秔稻棉花丁香豆蔻烏木檀香椰子沙谷米各等物島中朝綱兩端一係嗊囒派官鎮守一係自設土酋仍附嗊囒其嗊囒派官者有四一名嗎咖嚨又名茫咖嚨在島之西南貿易興隆商賈雲集一名喃嗟喑在島

之南去嗎咖嚨二百五十里一名嗎囉嘶在島之北去嗎咖嚨一百二十里一名嗎哪哆在島之東北貿易日盛諸貨駢臻其自設土酋者數國互相結盟曰啵呢曰呱叭曰嚧呼曰嗎咖嚨嘛曰嘜嗟嘛曰嗟吶嚈曰嗦呩曰啃嚈嚧曰嗡咕喧嚇曰哥啊其嘟啦嚈內三酋分攝各霸一方不相統屬其嘓吧冉吥囒係貢于嚈嘛哪喲酋長諸島中惟啵呢嗦呩人烟稠密頗屬強大餘皆地僻人稀茅舍居多

島之南北數島臚列大者六曰嗓嚌嘛曰哂喌曰咘咖

通商衝繁之地曰嗎嚧嘟曰吧㩦丹曰啊咱曰達啦嗷
其不受别國管轄者數國大者曰婆羅曰吧喈嘯曰哥
喲曰蘇錄曰吡啞㗎
島之四面小島臚列大者曰哪嘟喲曰啊囃吧曰咖喱
嗎嗟皆在西方曰㗊喻啵曰吥嚕嘮皆在南方曰嗎啦
嘟啦在東方曰咖咖唁又名嗐囉曰吧啣嗷皆在北方

呂宋島全志

呂宋島原名啡哩吡喲嘶又名嗓啦嚾囉在啊噻啞呢
啞州之西緯度自北五度起至二十度止經度自東一

百十四度起至一百二十五度止統計千島大者名曰
呂宋其嘲嗟嘵蘇錄吧啦嚮等則次之岡陵巍峩火山
紛繁地震時作地氣炎熱颶風暴雨不時交作田土極
腴穀菓最豐叢林稠密木多上品土產金鐵鉛蔴水銀
硫磺朱砂寶石甘蔗桂皮咖啡胡椒等物各種禽獸靡
弗蕃衍島列四名一名啡哩吡喲嘶一名嘲嗟嘵一名
蘇錄一名吧啦嚮序列于左
一啡哩吡喲嘶內島紛繁呂宋乃其大者也長約一千
四百里寬約四百里境土兩屬一屬大呂宋國兼攝一

自設酋長管轄其屬大呂宋兼攝者十有五省曰嗷哆
首郡名嗎呢辣人烟稠密五方輻輳貿易興隆諸貨駢
臻泊所穩闊帆檣如林曰咖囉嘚首郡亦名咖囉嘚曰
吸唛咖嘶首郡亦名吸唛咖嘶曰吥啦吁首郡亦名吥
啦吁曰啦咕喲首郡名吧嚾呢啞嘶曰吧噹啊首郡亦
名吧噹啊曰嗟啞吧首郡亦名嗟啞吧曰啝啝啊首郡
名啵哥囉嘶曰嗓吧嘞首郡名嚓㖃曰啝咖哂囔首郡名
嚧咖唁曰㗭囉咯嘶首郡名囉咹曰咖咖唁首郡名㗭
啦咹曰新呃哂咋首郡名吧嘞嘯嘚曰咖嗎哩吶嘶首

郡名哪咖曰啊嘯咱首郡亦名啊嘯咱其自設酋長管
轄者東方海濱暨島中一帶地方皆各立酋長管理其
嗓嗎嘯島外屬大呂宋國兼攝中屬酋長管轄其嘞嘚
島西方海濱屬大呂宋國兼攝餘皆酋長管屬曰噻吥
曰哕喇皆屬大呂國兼攝曰吶哥囉嘶其海濱係大呂
宋國兼攝餘皆酋長管轄曰吧叨其海濱係大呂宋
國兼攝內地爲酋長管轄曰咖啦咪啞哪屬大呂宋國
兼攝曰嘲哆囉大呂宋國兼攝無幾酋長管轄居多
一嘲嗟嘵島又名嗎吽嗟嘵長約一千里寬約五百里

迴環約二千八百里地分三屬一屬大呂宋國兼攝一屬哷噠嘵王統轄一係酋長自爲管屬其屬大呂宋國者分爲三省首郡曰嗓啵喎唉在西南方曰唑嚍咪嘶在北海濱曰咖啦咖在東海濱其屬哷噠嘵王者境土廣濶首郡名嗛嚍唉建于吡嚍咀河濱乃本國京都也其酋長管屬者在西方内設三十三酋各霸一方互相結盟

一蘇錄島小島紛繁大者有三曰蘇錄曰噠嚹噠嚹曰吧嚓嚍皆屬蘇錄王統攝首郡名吡嚮乃本國京都也

土人多務刼掠海面尤爲滋擾

一吧啦嚮島又名吧啦呱長約九百五十里寬約一百二十里内地土人自理海濱大半爲蘇錄王兼攝東北海濱爲大呂宋國兼攝

新嗊嚍島全志

新嗊嚍島又名嗅嘶噠啦哩啞在啊嚟啞呢啞州之中緯度自南十度起至三十九度止經度自東一百十度起至一百五十二度止南北相距約七千五百里東西相去約九千五百里地面積方三百八十五萬里島中外人罕到迄今尚莫能悉至于海濱亦未甚詳其間更重疊人迹罕至河之長者曰呀嚙嘶吧嚓曰嗎咖唑哩曰啦哎嚍皆在東方其自㸐煤炭生鐵等物多產于南山之中草木花卉靡弗充斥叢林稠密禽獸蕃衍地氣互異各有不同北方酷熱人莫能堪中央温和甚便居棲南方或寒或暑與嚹囉吧州相等技藝缺乏土人愚魯通島各地有屬唊咭唎兼攝有爲酋長管理海濱有東西南北之號其東方又名南新呀唎嘶凡酋長所屬地方人民鄙陋舍宇皆無遷徙無常靡有定居其屬唊

咭唎者曰咭嚨吶屋宇壯麗貿易日盛曰啵嚍呢嗶曰吰咖嘶嚍爾曰吧啦嗎吠曰咀嘛啡嘶曰嗎咖唎曰啡哩嗶西方曰嚠嚧曰呢嚍嚓曰唁噠啦啞南方皆屬唊咭唎兼攝地分四名曰㗂喧嚍嘶曰啡嚛嚍爾曰啵啶曰咖嚍北方皆屬唊咭唎兼攝地分四名曰嚹嚍曰嚹噇嗎曰嗬嚍唎唷曰咖嚍啉噠哩啞

吧吥啊哂啞島全志

吧吥啊哂啞島又名新㕭吶在啊嚟啞呢啞州之中新嗊嚍島之北緯度自南一度起至十度止經度自東一

百二十八度起至一百四十七度止長約三千六百里寬約九百里山勢峻峭叢林稠密島中外人罕到迄今尚莫能悉至于海濱亦未甚詳土産椰蕉沙谷米等物人民樸陋日逐建篷造船營生謀食通島分爲四酋管轄其餘各島曰嘲吆曰囖嘝吸哋曰咖啊曰吧啶吋曰啡哩喊哩曰嚐吆曰嘈嗷曰啊喀［內有］一島曰咻呿歸于哟噫嘝酋長統攝

嚧曦哂啊嗟島全志

嚧曦哂啊嗟島在啊嚒啞呢啞州之中吧吥啊哂啞島

之東緯度自南八度起至十二度止經度自東一百四十八度二十分起至一百五十二度十分止地勢錯落不相聯絡所居民人皆食人肉島中備細外人尚莫悉其詳島之巨者曰囉嚗嘝曰哩嗾喃曰嗜噫哩咖嘶噫曰囉嘶哋曰哆囉吱咳

新吡嘞嗟呢啞島全志

新吡嘞嗟呢啞島在啊咮啞呢啞州之中嚧曦哂啊嗟島之北緯度自南四度起至六度二十五分止經度自東一百四十六度起至一百五十度止地勢錯落不相聯絡火山不一晝夜吐燄叢林稠密禽獸充斥人民紛繁生性兇猛島之大者曰新吡嘞嗟呢啞又名吡啦啦曰新曦嘝嘛嗟又名嚐吧啦曰喲嘝咯又名啞咖嗎吹曰新啊喏喊嘝其餘頗小兹不悉載

嚤囉嚎島全志

嚤囉嚎島又名新咀嘝哰啞在啊嚒啞呢啞州之中新曦吶島之東緯度自南四度起至十二度止經度自東一百五十二度起至一百六十一度止島嶼臚列樹木稠密人烟紛繁遷徙無常島之巨者曰吥咖曰㗅咖唶

喊哩曰𠯌吷曦嚤咀嘝曰咀嘝咀啞曰呱嗟嘛咖嘞嘛曰𠯌嘰哩嘶哆嗱其哂嚤嘛咖島雖小火山吐燄猛烈

吡嚧嘶島全志

吡嚧嘶島又名𠯌嗟咕嚧嘶在啊嚒啞呢啞州之中嚤囉嚎島之南緯度自南八度三十分起至十二度十五分止經度自東一百六十三度二十分起至一百六十七度四十分止地勢錯落不相聯絡島之大者七曰咹嗟呢又名呢嗷哟曰啶嘞嘢吒內有火山一座吐燄猛烈曰吨呢嘢嗒曰哆吥啞曰啡囉嘿曰嗖咈曰嘛吶哟

嗼囉嘶島全志

嗼囉嘶島又名新哩吡哩吠亦號大哂咖啦噫在啊嗦啞呢啞州之中新嚊嘯島之東緯度自南十四度二十九分起至二十度四分止經度自東一百六十五度起至一百六十八度止中有二十一島大者九曰嘶吣哩哆叿哆曰嗎哩哥囉曰叿嘟曦咥曰曦嗤吡咯曰噠哳曰叿吧嘛哆囉咪啊曰噢囉啦曰咊噫哥嘶啲曰曦囉吡咖

新咖嘞噫呢啞島全志

新咖嘞噫呢啞島在啊嗦啞呢啞州之中新嗼囉嘶島之西南緯度自南十九度三十七分起至二十二度三十分止經度自東一百六十一度十七分起至一百六十三度五十三分止長約八百里寬一百五十里烟戶一萬五千口地瘠不毛不宜種植人民鄙陋遷徙無常四面小島不一大者曰啊嗦嘛啵哆嚕曰囉呀嘛吔曰啵吠呢咖曰啊吸嚅

嗤嘯咈嘛哾島全志

嗤嘯咈嘛哾島在啊嗦啞呢啞州之中新咖嘞噫呢啞並噠嘶嗎呢啞二島之間緯度在南二十九度經度在東一百六十五度四十九分其島細小田土肥饒果穀豐登地氣温和人物咸宜中有三島曰嗤嘛咈嘛哾曰呢吡咹曰啡哩嗶

噠嘶嗎呢啞島全志

噠嘶嗎呢啞島又名新嗦嘯吔啞在啊嗦啞呢啞州之南緯度自南三十四度起至四十七度止經度自東一百六十四度起至一百七十八度止分而為二曰曦咖哪嗎嗺又名北噠嘶嗎呢啞曰噠嘺吥哪嗨亦號南噠嘶嗎呢啞其北噠嘶嗎呢啞長一千八百里寬五百七十里人烟紛繁頗屬強大田土膏腴樹林稠密地氣酷熱海風清凉諸酋分攝不相統屬其南噠嘶嗎呢啞長二千里寬五百餘里人烟稀少田土較瘠南北居民性甚兇狠互相殘殺風俗鄙陋禮法全無四面島嶼甚多大者曰喃嘚噉曰哔啲曰唫嗶哩曰啊咖哈曰嗎咖哩

噔嘝呢啞島全志

噔嘝呢啞島在啊嗦啞呢啞新嚊嘯之南緯度自南四十度四十二分起至四十三度三十八分止經度自東

一百四十二度二十二分起至一百四十六度五分止南北相去六百三十里東西相距五百五十里田土肥饒穀果豐登叢林稠密禽獸充斥土産銅鐵礬玉雲石煤炭等物地氣温和人物咸宜其島爲暎咭唎兼攝分列九屬大者曰啊囉嘛其唎喹嚎咾啫嘶噉二處則次之本島所屬島嶼不一曰咘嘧呢曰嗎哩啞曰吵喇曰咐嘛嗒曰啞乃其大者也

嚎嗱嘀嘛咖呢咯島全志

嚎嗱嘀嘛咖呢咯島在啊嚓啞呢啞州之北島嶼甚多分而爲四一名嚎嗱嗬嘛中有八十九島一名嗝咖呢咯島嶼紛繁火山不一一名東島一名西島其中田土朘瘠地氣寒燠尚未詳明所居人民俱是日本自爲部落不受管轄

嗎嘌啞喲島全志

嗎嘌啞喲島在啊嚓啞呢啞州之北小呂宋島之東北緯度自北十二度三十分起至二十度十三分止經度自東一百四十一度起至一百四十三度止田土肥饒穀果豐登地氣温和海風清凉中有十七島大半爲呂宋管轄各島惟五島有居民俱在南方曰磺又名嗶啫喹曰哟呢咹曰嚓吽曰啞嗤唎吁曰啞咮嗓

吧嘮島全志

吧嘮島在啊嚓啞呢啞州之北咖囉嘌哪島之西緯度自北六度五十三分起至八度九分止經度自東一百二十七度三十九分起至一百三十三度四十分止中有十八島人烟稠密物産豐阜人民良善作事勤勞島之大者曰啵嗥嘟咿曰嗬囉曰呢唎嗤嚓嘟

咖囉嚓哪島全志

咖囉嚓哪島在啊嚓啞呢啞州之北嗎嚓啞喲島之南緯度自北六度起至十二度止經度自東一百三十三度起至一百六十七度止中有三十島地勢錯落不相聯絡人烟紛繁樹林稠密地氣温和風雨不時島之大者曰啞吧曰哦哩曰嚒嗒哅曰喺呢啞嘁呐曰呃啞嘯

嚎嘛咖啦嘁島全志

嚎嘛咖啦嘁島在啊嚓啞呢啞州之中嗎嚓啞喲島之東南緯度自北一度起至十度止經度自東一百六十八度起至一百七十一度止田土瘠薄物産不阜島之

大者曰吥喀呢曰喇嗟咯曰喇咧喀曰嘶咖唦喀曰㖡嘶咪㗹

嗺喲島全志

嗺喲島在啊嗉啞呢啞州之中嚓㗹咖啦嘁島之南緯度自南十五度四十五分起至十九度四十二分止經度自東一百七十四度四十分起至一百七十九度四十分止長一千二百五十里寬一千一百里地勢錯落不相聯絡田土膴厚物產豐饒諸酋分轄不相統屬島之大者曰嗺喲嚓吻曰吁吥咻曰嘩嘣嚓吻曰囉嘶曰

嚐嗼

嚐咖島全志

嚐咖島又名啞咪在啊嗉啞呢啞州之中嗺喲島之東南緯度自南十三度二十分起至二十五度三十分止經度自西一百七十三度十八分起至一百七十八度三十八分止中有一百五十島大者惟三曰嚐咖曰㖃㖃啊曰噫呃啞田土肥饒物產豐厚地氣酷熱海風清㖡人民壯健作事勤勞諸酋分轄不相統屬

哤咖嘛呢島全志

哤咖嘛呢島在啊嗉啞呢啞州之中地勢錯落不相聯絡島之大者曰呃呱曰好望島曰啊嘛呢

哈嚥啊島全志

哈嚥啊島在啊嗉啞呢啞州之中緯度自南五度三十分經度自東一百五十二度十七分中有七島諸酋分轄島之大者曰唦喇曰啊呀喇㖃曰唦嗱曰囉吵

㗳嘛嗎喲島全志

㗳嘛嗎喲島在啊嗉啞呢啞州之中嗺喲島之南緯度自南三十度三十六分經度自東一百七十八度五十

分中有三島曰喇呃咡曰嗎咭唻曰㗑嘛喲嘶

咕咯島全志

咕咯島在啊嗉啞呢啞州之中緯度自南十八度四十五分起至二十一度二十六分止經度自西一百五十九度四十五分起至一百六十二度十五分止地勢錯落不相聯絡島之大者曰嗎嗱呀曰啞喲呃

嘟唦嗦島全志

嘟唦嗦島在啊嗉啞呢啞州之中緯度自南二十三度三十分經度自西一百五十二度地勢錯落不相聯絡

島之大者曰嘟啵哀曰嚕嘟曰嚟嗎吖喇曰[illegible]吙外曰嚕嘟噫

嗟曦喲島全志

嗟曦喲島在啊噻啞呢啞州之東緯度自南十七度二十九分經度自西一百五十一度田土肥饒穀果豐登上品樹木亦屬充斥地氣温和人物咸宜島嶼不一諸酋分轄島之大者曰嗟曦喲曰哋嘟囉啞曰㖠嘞啞曰嘪哋啞曰吪㕁呢曰喇呀喲啞曰吖吓曰皺喇啵喇曰哦啤喲曰嘟咩

咆嚦嗖島全志

咆嚦嗖島在啊噻啞呢啞州之東緯度自南十四度起至二十三度止經度自西一百五十二度起至一百四十度止島嶼紛繁地勢低陷島之大者曰喇吵嘞曰蠅島曰噢囉嘴曰吧嚟咐

們嗟嗱島全志

們嗟嗱島在啊噻啞呢啞州之東緯度自南七度五十分起至十度三分止經度自西一百四十度起至一百四十三度止島嶼紛繁分為兩區在東南者曰嗎嘛嗡吵山勢峻峭峰巒參天在西北者曰嗃神嗷地勢高燥層巒聳峙其餘各島曰嗟嗖噫吙曰嗟嚧啞吹曰吙皺啞曰吙嚧咖

哈嚁島全志

哈嚁島又名檀香山在啊噻啞呢啞州之東北緯度自南十九度起至三十三度止經度自西一百五十六度起至一百六十四度止田土肥饒穀果豐登地氣温和人物咸宜諸酋分轄不相統屬中有十三島大者曰哈嚁曰哦嗺曰嗃啞嚧曰啞嗺

嘶啵啦吹島全志

嘶啵啦吹島在啊嘌啞呢啞州之南北居千南之大島有六曰味咻曰吧嗡嘶曰吵喇曰啊嚓啞哪曰啞嘛嘟呷曰嚜咱嘛哪嘟居千北之大島有五曰吧喇吖曰囉啤嘶曰嚜吧嘛哆囉嚦曰嚜吧哆囉曰囉咃嘶各島人民稀少物產不阜

地理備考卷十終

島之大者曰嘟㖃㖔曰嚕嘟曰嗦嗎吖喇曰唻吰咻曰嚕嘟噫

嗟曦喲島全志

嗟曦喲島在啊噻啞呢啞州之東緯度自南十七度二十九分經度自西一百五十一度田土肥饒穀果豐登上品樹木亦屬充斥地氣溫和人物咸宜島嶼不一諸酋分轄島之大者曰嗟曦喲曰啼嘟囉啞曰嗱嘞啞曰嘪啼啞曰吡吥呢曰喇呀的啞曰吖吓曰㗅喇㗅喇曰哦嗶喲曰嘟咩

咆嚤嗖島全志

咆嚤嗖島在啊嚓啞呢啞州之東緯度自南十四度起至二十三度止經度自西一百五十二度起至一百四十度止島嶼紛繁地勢低陷島之大者曰喇吵嘞曰蝠島曰噢囉嘈曰吧嚟喌

吶嗟唫島全志

吶嗟唫島在啊噻啞呢啞州之東緯度自南七度五十分起至十度三分止經度自西一百四十度起至一百四十三度止島嶼紛繁分爲兩區在東南者曰嗎嘫嗡吵山勢峻峭峰巒參天在西北者曰嗃神嗷地勢高燥層巒聳峙其餘各島曰嗟嗖噫嘅曰嗟嚧啞吠曰嘅㗅啞曰嘅嚧咖

哈嗹島全志

哈嗹島又名檀香山在啊噻啞呢啞州之東北緯度自南十九度起至三十三度止經度自西一百五十六度起至一百六十四度止田土肥饒穀果豐登地氣溫和人物咸宜諸酋分轄不相統屬中有十三島大者曰哈嗹曰哦嗺曰嗃啞嚧曰嘡嗺

嘶㗅啦吠島全志

嘶㗅啦吠島在啊嚓啞呢啞州之南北居于南之大島有六曰咻啉曰吧喻嘶曰吵喇曰啊嘛啞哪曰啞嘛嘟呷曰嚜咱嘛哪嘟居于北之大島有五曰吧喇吖曰囉嘽嘶曰嚜吧嘛哆囉嚒曰嚜吧哆囉曰嗺吔嘶各島人民稀少物產不阜

地理備考卷十終